ISBN 978-0-365-43371-2
PIBN 11263212

1 MONTH OF
FREE
READING

at

www.ForgottenBooks.com

By purchasing this book you are eligible for one month membership to ForgottenBooks.com, giving you unlimited access to our entire collection of over 1,000,000 titles via our web site and mobile apps.

To claim your free month visit:

www.forgottenbooks.com/free1263212

English
Français
Deutsche
Italiano
Español
Português

www.forgottenbooks.com

Mythology Photography **Fiction**
Fishing Christianity **Art** Cooking
Essays Buddhism Freemasonry
Medicine **Biology** Music **Ancient
Egypt** Evolution Carpentry Physics
Dance Geology **Mathematics** Fitness
Shakespeare **Folklore** Yoga Marketing
Confidence Immortality Biographies
Poetry **Psychology** Witchcraft
Electronics Chemistry History **Law**
Accounting **Philosophy** Anthropology
Alchemy Drama Quantum Mechanics
Atheism Sexual Health **Ancient History**
Entrepreneurship Languages Sport
Paleontology Needlework Islam
Metaphysics Investment Archaeology
Parenting Statistics Criminology
Motivational

Statuten

des Vereins für niederdeutfche Sprachforfchung gemäfs den Befchlüffen der Generalverfammlung zu Stralfund,

Pfingften 1877.

§ 1. Der Verein fetzt fieh zum Ziele die Erforfchung der nieder-deutfchen Sprache in Litteratur und Dialekt.

§ 2. Der Verein fucht feinen Zweck zu erreichen

1) durch Herausgabe eines Jahrbuches und eines Korrefpondenz-blattes,

2) durch Veröffentlichung von niederdeutfchen Sprachdenkmälern.

§ 3. Der Sitz des Vereins ift vorläufig in Hamburg.

§ 4. Den Vorftand des Vereins bilden wenigftens fieben von der Generalverfammlung zu erwählende Mitglieder, von denen zwei ihren Wohnort am Sitze des Vereins haben müffeu. Aus dem Vorftande fcheidet jährlich ein Mitglied aus, an deffen Stelle die Generalverfammlung ein neues erwählt.

§ 5. Die Generalverfammlung findet jährlich zu Pfingften ftatt.

§ 6. Die litterarifchen Veröffentlichungen des Vereins beforgen im Auftrage des Vorftandes Redaktionsausfchüffe. in denen wenigftens je ein Mitglied des Vorftandes fich befinden mufs.

§ 7. Der jährliche Minimalbeitrag der Mitglieder ift fünf Reichsmark. Für denfelben wird die Zeitfchrift und das Korrefpondenzblatt geliefert.

Vorftand des Vereins.

Denfelben bilden zur Zeit die Herren:

Dr. Al. Reifferfcheid, Profeffor, Geb. Rég.-Rat, Greifswald.
Vorfitzender.

Dr. F. Joftes, Profeffor, Münfter i. W.

Dr. K. Koppmann, Archivar, Roftock.

Kaufmann Joh: E. Rabe, Hamburg 1 (gr. Reichenftr. 11).

Dr. G. Roethe, Profeffor, Göttingen.

Dr. W. Seelmann, Profeffor, Oberbibliothekar, Berlin.

Dr. Chr. Walther. Hamburg.

KORRESPONDENZBLATT

DES VEREINS

FÜR NIEDERDEUTSCHE SPRACHFORSCHUNG.

HERAUSGEGEBEN

IM AUFTRAGE DES VORSTANDES.

JAHRGANG 1901.

HEFT XXII.

HAMBURG.

NORDEN & LEIPZIG. DIEDR. SOLTAU. 1902.

Jahrg. 1901. urg. Heft XXII. № 1/2.

Korrefpondenzblatt

PF 5601
V 52
v. 22-29

des Vereins
für niederdeutfche Sprachforfchung.

I. Kundgebungen des Vorftandes.

1. Korrefpondenzblatt.

Von diefem Hefte XXII an wird der Druck des Korrefpondenzblattes nicht mehr in der Fr. Culemann'fchen Buchdruckerei zu Hannover, fondern in der Diedr. Soltau'fchen zu Norden hergeftellt. Es wird daher gebeten, Bemerkungen und Klagen, welche fich auf Versand und Empfang des Blattes beziehen, künftig an letztere Buchdruckerei richten zu wollen.

Die Veränderung hat ihren Grund in der Notwendigkeit einer Vereinfachung der Gefchäftsleitung. Die Adreffenlifte an drei Orten zu führen war zu umftändlich und hat unliebfame Irrtümer im Verfand veranlafst. Durch die Vereinigung von Druck und Verlag aller Vereinspublikationen in Einer Hand werden folche Verfehen in der Folge eher zu vermeiden fein, vorausgefetzt dafs die geehrten Mitglieder belieben, etwaige Adreffenveränderungen baldigft dem Kaffenverwalter Herrn Joh. E. Rabe, gr. Reichenftrafse 11, Hamburg 1, zu melden.

Da uns langjährige Bande der Pietät mit der Druckerei unferes verdienten einftigen Vorftandsmitgliedes Senator Friedrich Culemann verbanden, fo hat der Vorftand nur nach langem Befinnen und mit aufrichtigem Bedauern das Gefchäftsverhältnis gelöft, zumal da der Nachfolger, Herr K. M. Leonhardt, das Intereffe des Vereins ftets fo wahrgenommen hat, dafs der Vorftand fich ihm zu warmem Danke verpflichtet bekennt.

2. Veränderungen im Mitgliederftande.

In den Verein eingetreten find die Herren:
Dr. Liefau, Bremen.
Hugo Weber, Beamter, Hamburg.
Otto Steinbach, Gymnafial-Oberlehrer, Bielefeld.
Friedrich Kohn, Rechtsanwalt, Dortmund.
B. Moormann, Gutsbefitzer, Werne a. d. Lippe.
Herm. Volfch, Amtmann, Bork a. d. Lippe.
Wynen, Bürgermeifter, Werne a. d. Lippe.
Dr. Karl Helm, Privatdocent, Giessen;
ferner: die Naffauifche Landesbibliothek zu Wiesbaden und der Plattdeutfche Verein Quickborn zu Kiel.

Der Verein betrauert den Tod feiner Mitglieder, der Herren
Geh. Hofrath Dr. Bolten, Roftock.
Paftor F. J. E. Vett, Hamburg.
Kaufmann J. Wiengreen, Hamburg.
Kaufmann J. F. Goldfchmidt, Hamburg.
Geh. Reg.-Rath Prof. Dr. Karl Weinhold, Berlin.

---

3. Kaffenbericht für das Jahr 1900,

erftattet in der Generalverſammlung zu Dortmund am 30. Mai 1901.

Einnahme.

Barfaldo am 1. Juni 1900	Mk.	141.02
347 Mitgliederbeiträge, einfchliefslich Reftanten und Mehrzahlungen	„	1747.—
Ueberfchüffe aus den Publikationen des Vereins		
a. Jahrbuch und Korrefpondensblatt, alte Jahrgänge . . . . . . Mk. 126.59		
b. Denkmäler, Wörterbücher, Drucke und Forfchungen . . . . . „ 57.18		183.77
Erlös aus dem Verkauf von Doornkaat Koolman's Wörterbuch, bisher feparat verwaltet und jetzt laut Vorftandsbefchlufs mit dem Vereinsvermögen verfchmolzen	„	1057.32
	Mk.	3129.11

Ausgabe.

Jahrbuch 24 und 25.		
Verfandt 665 Exempl.. . . . . . Mk. 1596.—		
Verfendungskoften . . . . . . „ 103.70		
	Mk.	1699.70
Jahrbuch 26. Honorar	„	308.50
Denkmäler. Honorar	„	250.—
Generalverfammlung, Druckkoften und Portoauslagen .	„	108.46
	Mk.	2366.66

Einnahme . . . . Mk. 3129.11
Ausgabe . . . . . „ 2366.66
Verbleiben Mk. 762.45

Hiervon find Mk. 750 dem Sparkaffenbuch hinzugefügt, fodafs in Kaffe ein Barbeftand von Mk. 12.45 verbleibt.

Das Guthaben des Vereins in der neuen Sparkaffe zu
Hamburg betrug laut Buch 55083 am erften Juni
1900 . . . . Mk. 4588·94
gutgefchriebene Zinsen per 30. Juni 1900 . . . . . „ 157.15
neu belegt (fiehe vorftehend) . . . . „ 750.—
Gegenwärtiges Guthaben Mk. 5496.09

Hamburg, Ende März 1901

Joh: E. Rabe,
Kaffenführer des Vereins für niederdeutfche Sprachforfchung.

1. Abrechnung und Bibliotheksbericht der Dr. Theobald-Stiftung,

attet in der Verfammlung des Vereins für Hamburgifche Gefchichte am 25. März 1901.

a. Abrechnung

ür den Zeitraum vom 1. Mai bis 31. December 1900.*)

Einnahme.

Saldo der Sparkaffe	Mk.	455.11
Kaffenfaldo	„	212,20
Zinfen der Staatspapiere	„	87.50
Zurückerftattung einer im Jahre 1898 irrtümlich geleifteten Ausgabe	„	23.25
	Mk.	778.06

Ausgabe.

Bücher und Zeitfchriften	Mk.	124.53
Buchbinder	„	82,00
Poftgebühren	„	2,05
Saldo der Sparkaffe	„	455.11
Kaffenfaldo	„	114,37
	Mk.	778,06

Da die Abrechnung diesmal kein volles Jahr betrifft, fo find die
ı der Sparkaffe nicht zu verzeichnen.
Das Stammvermögen der Stiftung — Mk. 5000 — ift in Hamburgifcher
:ocentiger Staatsrente angelegt.   H. J. Jänifch, Dr.

b. Bibliotheksbericht.

Der Bericht über das Jahr 1900 kann kurz gefafst werden. Es ift
Buch ausgeliehen worden. Der Beftand hat fich um 26 Bücher ver-
:, fodafs die Bibliothek 643 Nummern oder circa 1200 Bände umfafst.
'latz in den beiden zur Aufftellung dienenden Schränken reicht nicht
fo dafs die Stiftung auf Befchaffung neuer Repofitorien wird bedacht
nüffen.
An Gefchenken find mit verbindlichem Danke zu verzeichnen: De
Hettema, Frieske, Hilgelaonner en Noardfrieske Rymkes. Doccem 1841.
fachträge zur Gefchichte der Greifswalder Kirchen und Klöfter,
3, von Prof. Dr. Theodor Pyl. Greifswald 1900. Vom Herrn Ver-
— Johan Winkler, Studiën in Nederlandfche Namenkunde. Haarlem
Vom Herrn Verfaffer. — Volks- und Kinderreime aus Lübeck und
gend, gefammelt von Prof. Colmar Schumann. Lübeck 1899. Vom
. Verfaffer. — Jahresbericht XIV des Hiftor. Vereins für die Graf-
Ravensberg. Bielefeld 1900. Vom löblichen Verein. — Richard
dlo, Mecklenburgifche Volksüberlieferungen. Bd. II: Die Thiere im
e des Volkes. Theil I. Wismar, Hinftorff'fche Hofbuchhandlung,
Von der löblichen Verlagsbuchhandlung. — W. A. Quitzow, Hanne
r un fin Mudder. Th. I. II. Leipzig, Koch, 1877/8. Hamburg,
ılft. Von Herrn G. Kowalewski in Hamburg. — Korrefpondenzblatt

---

*) Das Verwaltungsjahr des Vereins für Hamburgifche Gefchichte und fomit auch
ın ihm verwalteten Dr. Theobald-Stiftung lief bisher von Mai bis Ende April, fällt
on 1901 an mit dem bürgerlichen Jahr zufammen.

des Vereins für fiebenbürgifche Landeskunde, hrsg. v. Dr. A. Schullerus. Jgg. XXIII. Hermannftadt 1900. Vom löblichen Verein. — New-Yorker Plattdütfche Poft. Jgg. IV, 1886, Nr. 5 (von Herrn Rud. Schnitger in Hamburg) und Jgg. XVIII, 1900, Nr. 1 (von Herrn M. Börsmann in Hannover). — Feftfchrift dem hanfifchen Gefchäftsverein und dem Verein für niederdeutfche Sprachforfchung dargebracht zu ihrer Jahresverfammlung in Göttingen Pfingften 1900. Göttingen 1900. Von Herrn Dr. H. Nirrnheim in Hamburg. — De truge Husfründ. Plattdütfche Wochenfchrift. Stralfund, Fritz Worm. Vom Jgg. II, 1899—1900, 19 Nummern und vom Jgg. III, 1900—1901, 10 Nummern mit Beiträgen des Herrn Otto von Arend in Hamburg. Vom Herrn Verfaffer. — Joh. Mathias Seling. Sein Leben und fein Streben zur Linderung der fozialen Not feiner Zeit. Von Dr Franz Joftes. Mit einem Bildnis Selings und einer Auswahl aus feinen Gedichten. Münfter i. W. 1900. Verlag der Afchendorff'fchen Buchhandlung. Von der löblichen Verlagsbuchhandlung.

C. Walther.

II. Mitteilungen aus dem Mitgliederkreife.

1. Lobbe, lubbe, luffe (XXI, 90).

Sollte das von Sprenger befprochene Wort »luffe« nicht mit »lobbe, lubbe« (Mnd. Wb. 2, S. 710) zufammenhängen? Und was ift die eigentliche Bedeutung des Letztern, etwa das Formlofe, Ungeftalte, Ungefchlachte? Dafs eine beftimmte Geftalt das Namengebende fei, fcheint mir nicht annehmbar, auch nicht bei »luffe«.

»luffe«, Weizenbrot aus grobem (ungebeuteltem) Mehl, nach ten Doornkaat Koolman ziemlich grofs und flach, nach Schambach länglich, nach Campe (3, S. 160), wenigftens in Braunfchweig, länglichrund.

»luffen«, die Erzeugniffe des erften groben Erzguffes, Geftalt unbekannt.

»lubben«, Dachfchindeln (Nemnich, Neues Waaren-Lexikon 1, S. 654).

»lobbe«, Stockfifch, der Gröfse nach unterfchieden als »koningeslobben« und »gemeine lobben« (Bruns, Die Lübecker Bergenfahrer und ihre Cbroniftik S. LXXII), auch »lubbe« (z. B. Hanfereceffe II, 1, 381 § 34); im Wappen der Lübecker Bergenfahrer (abgebildet in der Zeitfchr. f. Lüb. Gefch. 2, Taf. 1), doch nicht ganz korrekt (Bruns, S. CXV Anm. 4); dazu die Bemerkung: »Schon das Abfchneiden des Kopfes kennzeichnet den ausgenommenen Fifch als Stockfifch. Wir nennen ihn *lobbe*, ein Ausdruck, welcher das unförmlich dicke Vorderteil des Stock- und Rundfifches charakterifiert. Sonft kommt *lobbe* vor für einen grofsen Hund mit hängendem Maule, für dicke Halskraufe, für einen plumpen Kerl« (Mantels, Ztfchr. f. Lüb. Gefch. 2, S. 549 Anm. 13).

»lobbe«, Handkraufe, infonderheit die lang hangenden Frauen-Manfchetten, in Osnabrück »lowwen«, früher auch Halskraufe (Brem. Nf. Wb. 3, S. 76—77). Im Buch Weinsberg (Höhlbaum 2, S. 374) heifst es »oben umb uud vor ein wenich sicht man eiz nit dan grois krause lobben, gekreuset ingelesen wie wolken, darin wirt der meist pracht der hemder eiz getriben. Von zu wambismauwen sigt man bei mir teglichs kein lobben.

dan ein oder zwein staithemder gebrauch ich zu den ehren, neigst den henden mit lobben« und (S. 375): »der krach darvon bedeckt das hemt ohn die Iobben«. Bekannt ift die Stelle bei Lauremberg: »Ehr noch de groten lubben quemen vor den dach, ... Men do de dicken lubben würden so gemeen, Dat se üm eren hals wold dragen idereen (Braune v. 611. 621. 622; vgl. Brem. Nf. Wb. 3, S. 77; Schiller-Lübben 2, S. 710).

»lobbe«, m., ein grober ungeschlachter Menfch (Dähnert S. 281); ·lobbes«, Schimpfwort auf einen groben ungefchickten Menfchen (Brem. Nf. Wb. 3, S. 77). »lubbe«, ein grober, ungefchickter, fauler Menfch (daf. 3, S. 92). »lobbe«, m.: »he hett dor enen lobben lopen laten«, er hat da einen groben Streich begangen (Dähnert S. 281), kann aus dem vorhergehenden »lobbe«, m., nicht verftanden werden; gehört es zum folgenden?

»lobbe«, Hannoverfch, ein grofser Hund, vermutlich [?] wegen des hangenden Mauls (Brem. Nf. Wb. 3, S. 77).

»lobbe«, dicke Lippe (Br. Nf. Wb. 3, S. 1 u. 77), gehört wohl nicht hierher, fondern zu »labben«. Das 'vermutlich' in der vorhergehenden Erklärung beruht wohl nur auf diefem Wortbegriff und auch die Wirtshausbezeichnung »in den dikken lobben« (daf.) geht wohl· nicht auf einen Mann mit dicken Lippen, fondern auf einen Stockfifch (im Wirtshausfchilde) zurück, wie iu Lübeck feit 1716: »der Bergfahrer zunfthus, de grote lobben genöhmet« (Bruns, Die Lübecker Bergenfahrer und ihre Chroniftik S. 232 Anm. 1). Campe (3, S. 1) verzeichnet »labbe« f., 1. Lippe, 2. Name eines Fifches mit dicken Lippen, Grofslabbe (Mugil circa labia rubescens Richt.), 3. Art Möven, Strandjäger (Larus parasiticus L.).

Beiläufig verweife ich auf meine Befprechung der Mollwo'fchen Edition des Handlungsbuches von Hermann und Johann Wittenberg (Hanf. Gefchsbl. 1900), wo ich bemerkt habe, dafs die Stelle: »en wingeren (= vingeren, Ring), dat heft enen Iobben (Stockfifch)« die Erklärung bringe für: »twe smaragdus nude ok ene lobbe soffyr« (Mnd. Wb. 2, S. 710).

Roftock.   K. Koppmann.

2. Beiträge zu früheren Mitteilungen.

1. Beim Flötenmachen gefungen zur Löfung des Baftes (XXI, 85, 2).

An vielen Orten des Amtes Wolfenbüttel wird gefungen:

Plockfloitje wutt 'e gahn,
Ick will dick in de Dören flahn,
Dören fchüllt dick ftäken,
Raben fchüllt dick fräten.
Kamm de ole Hexe
Mit'n brei'en Mefte,
Sneit Hals af, Bain af,
Köttel vor'en Marfe af,
Biff, baff, knack af,
Awwe, awwe fchaft 'e fäin,
Süin, fäin, fäin, fäin!

Während diefes Gefanges wird mit dem Griffe des Tafchenmeffers der vorher in der Form, die die »Plockfloitje« bekommen foll, gefchnittene

Plock (von salix alba) geklopft. Ift am Schluffe des Gefanges die weiche Rinde noch nicht los, fo »well et nicht mehr lechten« (loslaffen, nur von Baumrinde), ift es febon zu fpät in der Jahreszeit, und die Kinder wenden fich andern Spielen zu.

2. Zur Unterhaltung der Kinder (XXI, 85, 3).

De Wind dei waiet.
De Hahne dei kraiet.
De Vofs fatt up'm Tune,
· Plücke gäle Plumen.
Ick fä, hei fchöll mick aine geben;
Sä, hei woll mick Steine geben,
Steine will ick der Strate geben,
Strate fchall mick Eere geben,
Eere will ick en Lanne geben,
Land fchall mick Stroh geben,
Stroh will ick der Mukkau geben,
Mukkau fchall mick Melk geben,
Melk will ick der Kettje geben,
Kettje fchall mick Muife fengen,
Dei will ick boben in 'n Schoftein hengen.

3. Jakob und Ifaak (XXI, 86, 5).

Jakob un Ifaak
Betten fick um'm Twiback.
Jakob beit tau, beit Ifaak'n in'n Schau.
Ifaak beit wädder, beit Jakob'm in't Lädder.
Jakob beit dulder, beit Ifaak'n in de Schulder
(oder: in'n Snulder [penis]).

4. Prieche (XXI, 87).

Im Gebiete der oftfälifchen Mundart ift der Ausdruck nicht allein fehr gebräuchlich, fondern fogar die einzige Bezeichnung für Kirchenempore. Ebenfo ift priechen der alleinige Ausdruck für fchweres Atmen infolge fehr anftrengender Arbeit oder fehr grofser Fettleibigkeit. Das fchwere Atmen infolge rafchen und anhaltenden Laufens heifst jifchen.

5. Fidikàns (XXI, 89).

Fidikàn heifst im oftfälifchen foudichkaun.
In's Hochdeutfche fcheint es hier erft fpäter übernommen zu fein und heifst hier faft ebenfo, fúdigkaun.   . .

6. Rutenùtfpeler (XXI, 90).

Routn heifst in mehreren Oertern der Wefergegend carreau im Kartenfpiel. Ein Routenutfpeler würde demnach einer fein der routen oder fchellen beim Kartenfpiel ausfpielt. Eine andere Bedeutung ift hier gänzlich unbekannt, obgleich auch die Fenfterfcheiben hier »Routen« heifsen.

7. Luſſe (XXI, 90).

›Luſſe‹ iſt ein Gebäck aus ›büllen‹ (der minderwertigſten Sorte des
Weizenmehles), Mehl ohne Zuſatz von Milch (nur mit Waſſer zu Teig ge-
macht) hergeſtellt.
Plattdeutſch femininum, hochdeutſch masculinum.

8. Horenſeggen (XXI, 91).

Nach meinem Dafürhalten iſt die Sprenger'ſche Anſicht die richtige.
›Ick häww 'et blot von hörensäggen‹ ich will nicht behaupten, daſs es
genau ſo iſt, wie ich es erzählt habe, ſowie daſs es überhaupt wahr iſt.
In der Bremer Mundart heiſst Glück noch heute Gluck, wie dort die Umlaute faſt nicht vorhanden ſind (vgl. W. Rocco's Vor veertig Jahr). Die
Doornkaat Koolman'ſche Anſicht wird hier von niemand vertreten, wie ich
aus ſehr zahlreichen Nachfragen weiſs, der mit den Intimitäten der Mundart
nur einigermaſsen bekannt iſt

9. Wen't Kermes eſs (XXI, 91).

In meinen Kinderjahren (1846—54) ſangen wir:
Wenn't Oftern (Pingeſten) is, wenn't Oftern is,
Denn flacht't mäin Va'er en Bock.
Denn danſse wäi, denn danſse wäi,
Denn kräi 'k en näien Rock.
Niemals aber habe ich mehr gehört und bin deshalb der Meinung, daſs es
weitere Strophen nicht giebt.

10. Upbinden (XXI, 90).

›upbinnen‹ kenne ich nur in den Redensarten:
›La'at dick nist upbinnen‹, ›cäne hätt ſe wüer wat upebunnen‹ ›datt
is'n Dämel, däne biunet ſe allebott wat up, dai Dummerjahn löft allens ‹
›Bind mick emal mäine Schörte (Schau) up.‹ Das Losbinden der Hunde
heiſst faſt immer ›losmaken‹ hin und wieder ›losbinnen‹, bei Kühen auch
›outbinnen‹, hauptſächlich wenn der Hirte bläſt: ›Bind hille de Kaie out!‹
Braunſchweig. Th. Reiche.

3. Volksüberlieferungen aus Wiedenfahl (vgl. XXI, 72 ff. 84 ff.).

(1.) Ueber Wiedenfahl (1901).

Wiedenfahl, platt Wienfaol, hat ſeinen Namen zum Teil von dem in
der Mitte des Orts befindlichen Teiche, dat saol genannt, ſo daſs jemand,
der Freud am Vermuten findet, ſich denken mag, die Bedeutung des
Ganzen könnte vielleicht Wald-, Weiden- oder Heiligenfee ſein.
Neben der Pfarre lag einſt der Edelhof. Einer der edlen Herrn, die
dort gehauſt, iſt wohl ein grimmiger Kerl geweſen, denn es heiſst, er habe
aus Aerger über einen Hahn, der oft über die Hecke flog und im adeligen
Garten kratzte, ſeinen Nachbar, den Paſtor, maustodtgeſchoſſen.
Drauſsen, wo jetzt die alte Windmühle ihre Flügel dreht, hat vor
Zeiten ein Schloſs geſtanden. Es iſt lange verſchwunden, nur der Brunnen
blieb ſpäter noch ſichtbar, bis ſchliefslich das Gras darüber wuchs. Als
die drei Frölen, denen das Schloſs gehörte, nach Bockeloh zogen, ſchenkten

fie ihr Land, die **wiäme**, der Pfarre, den Wald der Gemeinde. Dafür mufsten die Wiedenfahler eine Abgabe in Geld entrichten. Mal liefs fich der Mann, der es hob, mehre Jahre nicht blicken. Dem damals regierenden Burgemeifter kam es bedenklich vor, wenn es fo weiter ginge und dann die Summe auf einmal gefordert würde. Drum ging er los, um fich perfönlich deshalb zu erkundigen. In Bockeloh, wo die Sache bereits gründlich vergeffen war, hat man ihn fehr gelobt und freundlich entlaffen mit der feften Verficherung, dafs die Rückftände eingezogen und die Abgabe wieder regelmäfsig geholt werden follte, was denn auch pünktlich gefchah.

Nicht weit von der Wiedenfahler Grenze zieht fich im Schauenburger Walde der Schanzgraben oder Drufenwall hin. Eine Stelle, an der er doppelt ift, nennt man den Pferdeftall. Rückten nun die Schlüffelburger von der Wefer her, wie fie öfters thaten, zum Sengen und Plündern aus, dann zogen fich die Wiedenfahler hinter den Wall zurück, und regelmäfsig eilte ihnen der tapfere Ritter von Bückeburg mit feinen Leuten zu Hülfe. Die Wiedenfahler waren nicht undankbar. So oft die gnädige Frau in Wochen kam, brachten fie ihr Eier und junge Hähnchen. Was aber gutswillens gefchah, wurde fpäter ein Zwang. Die Eier und Hähnchen mufsten nach Bückeburg geliefert werden, ob die Gnädige in Wochen war oder nicht. Bis um die Mitte des letzten Jahrhunderts ift die Verpflichtung inkraft geblieben.

Die Zeit kramt alles um; nur thut fie es in abgelegener Gegend etwas fpäter als anderswo.

Erft mit den zwanziger Jahren verlor fich der Brauch, in der Hespe, einem Fahrweg zwifchen zwei Hecken, die Schweine von gemeindewegen durchs wilde Feuer zu treiben.

Noch zu Ende der dreifsiger oder anfangs der vierziger Jahre fah man das Halseifen, als Wahrzeichen einftiger Bufsen, am fteinernen Kirchhofsthor.

Alle ländlichen Häufer waren mit Stroh gedeckt. Ueber dem offenen Heerde unter der **oosten***) hing der Keffel oder ftand der Topf auf dem Dreifufs. In der Döntzen am drehbaren Holzarm fchwebte abends der Krüfel mit Thran gefüllt.

Noch immer wurde der Tabak, dreifsig Pfund für 'n Thaler, auf dem Wiedenfahler Jahrmarkt von den Landsberger Bauern verkauft. Noch immer holten fich die Grofsväter aus dem Wald ihren **tunder** und dörrten und klopften ihn tüchtig, damit er gut Funken fing.

So war es einmal. Jetzt find es »gefchichten ut oler welt«.

(2.) Spukedinger (1850).

Bei der Steinftiege in den Wiefen liefs fich, wenns dunkel wurde, befonders bei Miefterwetter, der Gutenabend vernehmen. Wer ihn hörte,

---

*) Däi **oosten**, die Oofte ift ein hölzernes, horizontal von der Brandmauer vortretendes Schutzdach gegen die auffteigenden Funken. Würfte, Schinken, Speckfeiten fchwebten frei im Dampf an einem Querbalken des Haufes. Nur einmal fah ich über der Oofte einen Gitterverfchlag, hab aber nicht gefragt, wie das Ding biefs.

Das Wort **wieben** kenn ich nur in zwei Verbindungen: **heunerwieben** = Hochfitz der Hühner; **bummelwieben** = Wurftkrone. Diefe hängt auf der Rauchkammer, die felbftverftändlich in den alten weftfälifchen Bauernhäufern ohne Schornftein nicht vorkommt.   W. B.

ging ſtillſchweigeud weiter, ſo ſchnell er nur konnte. Mal indeſs kam ein betrunkener Kerl an die Stelle. Gudenabend gudenabend! ſagte plötzlich eine Stimme dicht neben ihm. Dank heft! gab er zur Antwort. Up dat woord hew eck nu all hundert jahr clurt! rief der Gutenabend und blieb weg ſeit der Zeit. Der Kerl, dem dies paſſierte, meinte nachher, ſein Dampf wäre ihm dabei doch ſchnell von der Naſe gegangen.

Einſt ging ein Mann durchs Holz, da rief wer Oweh oweh! aus der Erde. Was is denn owch? fragte der Mann, worauf ihm geſagt wurde, er möchte herunter kommen, es ſtänden drei Pullen da, wenn er denen die Pröppe abzöge, ſollt es ſein Schaden nicht ſein. Der Mann that, wie ihm geſagt war, und als er nachhaus kam, ſtand ein Keſſel voll Gold hinterm Ofen.

Ein luſtiger und dreiſter Schuſter, der auswärts gearbeitet hatte, ging abends ſpät überſeld zurück. Auf einmal wurde was hoch in der Furche. Wen hat de düwel denn dar? fragte der Schuſter. Im ſelben Augenblick ging ein langer Kerl an ſeiner Seite, der hatte einen grünen Jägerrock an und einen dreitimpten Hut auf, und auf jedem Timpen brannte ein Licht. No! ſagte der Schuſter, wenn der Kerl ihm zu nahe kam, und gab ihm dabei jedesmal einen Rippenſtoſs. Erst gegen Morgen flog der Spuk weg als feueriger Klumpen, ſo dick wie ein eiſerner Pott. Der Schuſter aber hat nie wieder laufen können ſeitdem.

Ein Bauer hatte einen falſchen Eid geſchworen wegen der Grenze. Dafür muſste er nach ſeinem Tode im Kampe umgehen als feuriger Mann. Die Flammen ſchlugen ihm rund ums Leib herum aus dem Hoſenqueder heraus. Sein Nachbar hat ihn eines nachts ganz in der Nähe beſehn und wollte dann ſtill wieder umkehren. Aber ſofort hing ſich ihm der feuerige Kerl auf den Nacken, und ſo hat er ihn ſchleppen müſſen bis dicht vor die Haustbür. Bald hernach bekam der Nachbar eine zehrende Krankheit und ſtarb daran.

Eine Frau hat keine Ruhe im Grab gehabt. Sie ſpukte im Stall uud ritt und plagte die Pferde. Man brachte ſie ins Ellerbruch auf jenſeit der Güle. Sie kriegte eine durchlöcherte Fülle und einen Keſſel ohne Boden mit; und nicht eher darf ſie wiederkommen, bis ſie den Keſſel voll Waſſer hat.

Der alte Feldſcher, meinte man, wäre glücklich begraben geworden. Die Leute kamen vom Kirchhof zurück. Aber ſiehda, der alte Feldſcher guckte ſchon wieder aus der Giebelluke ſeines Hauſes heraus und lachte dazu. Für die Erben war das nicht angenehm. Man ſchickte zum Paſtor. Er ſprach den Geiſt an und verwies ihn zur Ruhe. Es half nur nicht. Man muſste die Paters aus Minden holen, die verſtanden es beſſer. Die haben den alten Feldſcher in einen kupfernen Keſſel gebetet, und dann ſind ſie mit ihm quer durch die Hecke gefahren und haben ihn hinter der Ils ins Huſtener Bruch gelegt. In der Hecke hat aber nie wieder was wachſen wollen.

Wer im Huftener Bruch einen Keffel findet, foll ihn ja liegen laffen. Eine Frau fand da mal einen, der noch ganz gut war, und fie freute fich und trug ihn nachhaus und hängte ihn über das Feuer, um Bükewaffer drin heifs zu machen. Inzwifchen fah fie im Stall nach den Schweinen. Es war ein fchöner Schreck, den fie kriegte, als fie zurück kam. Aus dem Waffer, das grad im heften Kochen war, ftieg ein alter Kerl in die Höhe, in Schlafrock und weifser Timpelmütze, und fetzte fich auf den Rand des Keffels und rauchte gemüthlich eine irdene Pfeife. Da hat fich die Frau beeilt, den Keffel wieder hinzutragen, wo er gelegen hatte.

Den alten Apotheker X., weil er das Spuken nicht liefs, haben fie fchliefslich über die Ils ins Darlater Holz gebracht. Dort ift er in einen Baum gebannt. Noch jährlich müffen ihm feine Nachkommen ein Bund Stroh liefern, fonft kommt er wieder. Als mal Arbeiter da ihr Vefperbrod afsen, rief einer zum Spafs: Aftäiker, kumm un et mee, wenn de wutt! Da entftand, obgleich fich fonft nirgend ein Blättchen rührte, in dem Baum, worunter fie fafsen, ein fo furchtbares Saufen, dafs fie fchnell wegliefen, denn fie hatten Angft, dafs er umfiel.

(3.) Ueber Hexen (1850).

In alter Welt gab es noch Viele, die Künfte konnten; feit aber der alte Fritz das Hexen verboten hat, ift es feltener geworden, und das ift auch nur gut.

Wenn damals ein gewiffer Karren vor einem Haufe ftand, dann wufte man, es follto wieder Eine an die Wefer gefahren werden, um zu feben, ob fie oben fchwamm.

Mal war eine Hexe, die melkte an einem hölzernen Ständernagel in ihrer Küche des Nachbars Kühe aus. Sie that immer fehr fromm; wie das Gericht fie abholte, fang fie gerade ein geiftliches Lied. Man warf fie zur Probe in die Wefer. Da kam ein Rabe geflogen und brachte ihr eine Nähnadel ftatt der Eifenftange, die ihr der Teufel verfprochen hatte. Die Hexe fchwamm. Als der Schinder fie wieder wegfuhr, rief der Kerl, der fie angezeigt hatte: Na, Anneke, wie gefiel dir das Bad? Für das Wort mufste er drei Tage fitzen.

Eines Morgens wurde eine Frau als Hexe festgenommen. Ihre Töchter, die bisher noch nichts gemerkt hatten, verfluchten fie deshalb. Scheltet nicht, fagte die Alte; ich habe vom Teufel fchon Schläge genug gekriegt, weil ich euch das Hexen nicht lehren wollte, als ihr noch Kinder wart. Meine Mutter war fchlechter als ich.

Eine Frau biefs die Müfemakerfche fo lange fie lebte. Nämlich, in ihrer frühften Kindheit konnte fie aus Bratbeeren fchon Mäufe machen. Das hatte fie von ihrer Grofsmutter gelernt. Aber es waren immer nur Mäufe ohne Schwänze.

Wer einen verdächtigen Apfel effen will, foll dreimal ftillfchweigend ausfpucken vorher. Ein kleines Mädchen verfäumte das. Sie mufste lange liegen, bis fie fchliefslich eine **Kielspogge** ausbrach; die blieb erft noch auf der Bettdecke fitzen und fah fich ordentlich grall um, als wenn fie fagen wollte: Ja fiehfte, fo bin ich. Dann huckte fie weg und verfchwand.

In Abwefenheit einer Frau, die mehr Garn fpinnen konnte, als andere Leute, fand die Magd auf dem Spinnrad eine dicke fchwarze Fliege und warf fie auf den Mift. Darüber war die Frau, als fie wiederkam, fehr erfchrocken. Sie lief hinaus und rief freundlich lockend:

> Use maged unverwiäten (unbewufst)
> hat di ut'n huse smiäten.
> Kumm, lerche, kumm.

Da fetzte fick das fchwarze Deert wieder hin, wo es gefeffen hatte.

Eine andere Hexe, wenn fie ihren Teufel her haben wollte, rief:

> Herodianna, Herodianna!

Einem Manne war gefagt, feine Schwiegermutter fei eine Hexe. Um zu fehen, ob es wahr wäre, zwang er fie, ihm in der Mainacht bei der Grützemühle mit dem Krüfel zu leuchten. Punkt zwölf läfst fie das Licht finken und wird ftockfteif. Er giebt ihr eine Ohrfeige, dafs fie umfällt. Da ift's ein alter Weidenftrunk. Den andern Tag lag fie krank zubett. Ihr Schwiegerfohn zeigte fie beim Gericht an, und fie wurde verbrannt.

In der Mainacht verfteckte fich ein Junge hinter den Heerd und fah zu, wie feine Wafe den Befen falbte. Mit den Worten

> Awer hagen un tüne

ritt fie zur Thüre hinaus. Der Junge macht alles nach, nur hat er nicht genau zugehört. Er fagt

> Dör hagen un tüne

und fo kommt er ganz klaterig auf dem Blocksberge an, wo er fich in einem Gebüfch verkriecht. Die Hexen tanzen und trinken. Der Junge fteckt fich heimlich ein Weinglas mit goldenem Fufs in die Tafche. Die Braut feines Vetters ift ebenfalls da. Sie wird gefchlachtet und aufgegeffen. Der Junge nimmt eine Rippe weg, die fehlt nachher, als man die Knochen fammelt. Denn mufs es auch ohne das gehn, biefs es, und das Mädchen wurde wieder lebendig gemacht trotz der fehlenden Rippe. Für die Rückreife kriegte jeder ein Thier zum Reiten. Der Junge kam auch herzu. Junge, Junge, fagte feine Wafe, wie willft du wieder nach Haufe kommen? was zuletzt ftehen bleibt, da fetze dich drauf; aber kein Wort darfft du fprechen. Es war ein jähriges Kalb, was er kriegte. Unterwegs fprang es mit einem einzigen Satze über einen breiten Strom. Das war 'n Satz für ein jähriges Kalb, rief der Junge. In demfelben Augenblick lag er auch febon unten auf der Erde. Sein febönes Glas war nur noch ein alter Pferdehuf, und fechs Wochen mufste er marfchieren, bis er wieder zurück in die Heimath kam.

Das Rettungsrätfel einer Hexe lautete folgendermafsen:

> Up'n bome satt eck,
> ungeboren fläisch att eck,

hartläiv lüchte mi'
un doch grüode mi.

Sie gab als Löfung an, dafs fie nicht blofs eine fchwangere Frau um-
gebracht hatte, fondern auch Herzlieb ihr eigenes Kind, deffen Fett fie
zum Brennen benutzte.

(4.) Von Zwergen (1850).

Die Zwergbütchen.

Als eines Abends ein Schäfer bei feiner Heerde auf dem Felde lag,
fah er viele ganz kleine Zwerge, die riefen in ein Erdloch hinein:

       Smiet häutken herut,

und jeder kriegte ein Hütchen herausgeworfen, und wenn er es auffetzte,
wurde er unfichtbar. Das gefiel dem Schäfer. Er rief auch in das Loch:

       Smiet häutken herut.

Da rief es von innen: Is näine mehr
                             ans den grotevaar sin büot.

Aber der Schäfer antwortete: Is ok all gäet.

Und das traf fich auch günftig, denn der gröfsere Hut war für den dicken
Kopf des Schäfers grad paffend. Im Dorf war Hochzeit. Da gingen die
Zwerge hin, und der Schäfer ging mit, und weil fie keiner fehen konnte,
afsen und tranken fie, fo viel fie nur wollten. Nun hätten die Zwerge
ihrem Grofsvater feinen Hut dem Schäfer gern wieder abgenommen. Sie
konnten nur nicht dran reichen. Da beredeten fie den Schäfer, er follte
fich doch über die grofse Schale mit Reisbrei, die auf dem Tifche ftand,
zum Spafs mal in die Hurke fetzen, und wie er das that und fich klein
machte, fchnupp, riffen ihm die Zwerge den Hut weg, fo dafs er plötzlich
dafafs in feiner Blöfse vor den Augen der Hochzeitsgäfte. Und fo 'ne
Tracht Schläge, wie da, meinte der Schäfer, hätt er vorher noch nie
gekriegt.

Der alte Rune (Wallach).

Mal wohnten Zwerge unter einem Pferdeftall. Alles ging gut im
Haufe, bis der Bauer den alten Runen kaufte. Mehrmals beklagten fich
die Zwerge, der alte Rune ftände grad über ihrer Kammer, und da liefe
immer die Jauche durch die Decke und den Kindern ins Bett; ob fich
denn das nicht ändern liefse. Aber der alte Rune blieb ftehen, wo er
ftand. Bald hernach find die Zwerge fortgezogen und verfchwunden und
mit ihnen das Glück und der Wohlftand des Hanfes.

Das kleine Patchen.

Wenn du 'n Kind krigst, denn will eck vadder stan, fagte ein Bauer
im Scherz, da hat er eine dicke Uetfche gefehn. Einige Wochen fpäter
erfchien ein Zwerg und erinnerte ihn an fein Verfprechen und nötigte ihn
zu Gevatter. Es war eine luftige Kindtaufe. Nach Verlauf eines Jahres
brachte der Bauer einen Himten Weizen als Patengefchenk. Beim Abfchied
dagegen gaben die Zwerge ihm Pferdeköttel, und fein kleines Patchen, das
fcbon laufen konnte, kletterte ihm in die Tafche und trampte die Köttel
feft, dafs recht viele hineingingen. Als dann der Bauer nachhaufe kam,
hat er die ganze Tafche voll Gold gehabt.

Das Oel der Zwerge.

Einftmals in der Nacht kam ein Zwerg und holte die Hebamme. Als nun das Kind da war, mufste fie es einreiben mit Oel, und weil ihr grad das linke Auge thränte, fo wifchte fie ein paarmal drüber mit der Hand. Darauf gab ihr der Zwerg Geld. Aber die Wöchnerin rief fie ans Bett und flüfterte ihr zu, wenn fie wegginge, follte fie von dem Fegedreck, der draufsen vor dem Süll läge, fich nur tüchtig was mitnehmen. Das that fie denn auch, und als fie zuhaus nachfah, hatte fich das Geld in Pferdemift, der Kehricht in Goldftücke verwandelt. In der nächften Woche ging fie auf den Jahrmarkt. Der Zwerg war ebenfalls da. Er nahm aus den Buden, was er wollte, ohne dafs es die Leute zu merken fchienen. Guten Tag, Herr Zwerg. Na, find Sie auch hier? fagte die Hebamme und tupfte ihn auf die Schulter. Könnt Ihr mich denn feben, liebe Frau? rief der Zwerg mit Erftaunen. Warum denn das nicht? fagte fie. Mit beiden Augen? fragte der Zwerg. Sie hielt das linke Auge zu. Ne, nu feh ich Sie nicht. Sie hielt das rechte Auge zu. Ja, nu feh ich Sie wieder. Puh! machte der Zwerg und blies ihr ins linke Auge, und von der Zeit an war fie blind damit bis an ihr feliges Ende.

(5.) Hackelberg (1850).

Hackelberg fein Hund.

Des abends in den Zwölften hatten mal Leute vergeffen, rechtzeitig ihre Thüren zu fchliefsen. Da jagte Hackelberg durchs Haus. Er liefs einen Hund zurück, der legte fich auf den Heerd und frafs nichts wie Ufel*) und blieb liegen bis übers Jahr um diefelbe Zeit. Dann kam Hackelberg wieder und nahm ihn mit. Das Haus ift bald hernach abgebrannt.

Hackelberg fchläft.

Während der Heumachezeit brachte eine Frau das Effen nach der Wiefe. Da fah fie unter der Hecke einen fchlafenden Jäger liegen mit zwölf Hunden, die hatten ihre Köpfe dicht an ihn gedrückt, grad als ob fie fögen an ihn. Die Frau rief ihre Leute herbei. Der Jäger wachte auf, und da gings giffgaff giffgaff! und weg war er. Es ift Hackelberg gewefen, der fich geraftet hat.

(6.) Die Mahrt (1850).

An einem hellen Sommerabend hat mal ein Schäfer in feinem Karren dicht an der Wefer gelegen. Da kam den Strom herunter eine fchöne Jungfer gefegelt, die ftand und fuhr in einer zerbrochenen Mulde und ftieg ans Ufer und ging nach dem nächften Dorfe hinzu. Während dem nahm der Schäfer ihr Schifflein weg, und als fie zurückkam und fand es nicht mehr, fing fie zu weinen an und rief:

---

*) Afche. Ufel nannte man befonders die verkohlte Leinwand in den Zunderbüchfen und den alten Küchenfeuerzeugen für Stahl und Stein.   W. B.

Radderadderat min mollenschaart,*)
eck mot noch vandage in engelland brut stan
und bin noch hier!

Das that dem Schäfer leid, und er gab es ihr wieder. Da fagte die Jungfer, den nächften Abend follte dort links im Gebüfch was liegen für ihn, und dann ift fie weiter gefahren. Man meint, es fei eine Mahrt gewefen. Der Schäfer aber vergafs, was die Jungfer gefagt hatte. Erft ein Jahr fpäter fah er nach zwifchen den Weiden und fand zwei Packen vom feinften Leinen, das fchon längft verrottet und nicht mehr zu brauchen war.

(7.) Der fprechende Rabe.

Eine Frau hatte einen Raben, der konnte fprechen. Mal, als fie ausgegangen war, hat die Magd fich heimlich einen Pfannkuchen gebacken, mufste ihn aber, weil die Frau unerwartet zurückkam, gefchwind in den Drankeimer werfen. Das hatte der Rabe mit angefehn, und nun ging er im ganzen Haus herum, und fprach immer, wo er ging und ftand, vor fich hin:

Use maged pankedrank
use maged pankedrank,

fo dafs die Frau fchliefslich die Befcherung im Eimer entdeckte und die Magd ihre Sünde bekennen mufste. Seitdem warf das Mädchen einen tödtlichen Hafs auf den Raben, und gleich das nächfte Mal, wie die Frau nicht zuhaus war, nahm fie den armen Vogel beim Wickel und nähte ihm mit einem ftarken Zwirnsfaden den Bürzel zu. Es war nur ein Glück, dafs die Hausfrau bald wiederkam. Sowie der Rabe fie zu fehen kriegte, fchrie er in einem fort:

Use maged pankedrank
prün as täo, prün as täo!

und da merkte die Frau, wo es ihm fehlte, und holte eine Scheere und machte ihm Luft. Aber der graufamen Magd hat fie ohne weiteres den Dienft gekündigt.

(8.) Gerdmann und Albeid.

Gerdmann der Gante und Albeid die Gans gingen mal in der Herbftzeit aufs Feld hinaus. Gerdmann, der vorfichtige, blieb auf dem hohen Rücken des Ackers, von wo er weit umher fehen konnte, während Albeid in der tiefen Furche frafs, weil da die grünften Spiere ftanden. Als nun der Fuchs heran gefchlichen kam, rief Gerdmann warnend:

Albeid,
sühste nich, wat dar in de fohre geit?

---

*) Sonft fand ich das Wort fchaart nur noch in Wiäferfchaart, Weferfcharte = Porta Weftphalica. — Dafs man den Unholdinnen nur neckifche Transportmittel gelaffen hat, fcheint natürlich zu fein. Die Holden von ehedem, mit allem was drum und dran war, find eben unter dem Drucke des neuen Glaubens verkümmert und fchäbig geworden. Einft hatten fie ftolze Rolle, oder Adler- und Schwanenhemden zu ihrer Verfügung, jetzt müffen fie fich begnügen mit Schweinen, Kälbern, Befen, Ofengabeln, zerbrochenen Sieben und Mulden.   W. B.

Doch Alheid fchnatterte forglos:

> tatterrattat!
> ette wat, ette wat.

Inzwifchen fchlich der Fuchs immer näher. Zweimal noch vergebens erhob Gerdmann feine warnende Stimme. Jetzt fprang der Fuchs zu und packte Albeid beim Halfe. Da fchrie fie kläglich:

> Gerdmann, Gerdmann, sühste nich,
> wo häi mi ritt, wo häi mi tüht?

Aber Gerdmann rief

> Recht di da—t, recht di da—t!

breitete feine Fittiche aus und flog ins Dorf zurück.

(9.) Die launifche Ziege.

Es ift mal ein Schneider gewefen, der fchaffte fich eine Ziege an. Er hatte drei Jungens, denen befahl er, einem nach dem andern, fie zu hüthen, draufsen an der Hecke, bis fie fatt fei. Das thaten fie denn auch mit allem Fleifs, und jedesmal, ehe fie aufhörten mit Hüthen, fragten fie ausdrücklich, ob fie genug hätte, und jedesmal gab die Ziege zur Antwort, fie wäre fo fatt, dafs fie kein Blatt mehr möchte; kamen fie aber nachhaus mit ihr und der Vater fragte nach, dann fagte fie immer das Gegentheil. Auf die Bengels ift kein Verlafs, dachte der Schneider, ich mufs felbft mit ihr los. Als er nun meinte, fie hätte fich dick gefreffen, fragte er doch noch der Sicherheit wegen: Na Ziege, bift du nu fatt?

> Eck bin säo satt,
> eck mag näin blatt,

verficherte die Ziege. Als er aber mit ihr nach Haufe kam und nochmals die nämliche Frage ftellte, fing das launifche Vieh an zu meckern und fchrie:

> Ne!!
> Dar satt noch 'n blatt,
> härr eck dat noch chat,
> säo wör eck satt.

Das war dem Meifter denn doch zu bunt. Er wurde kraus, nahm feine grofse Scheere, fchor die Ziege auf einer Seite rattenkahl, fchnitt ihr ein Ohr ab und prügelte fie mit feiner Elle bis in den Wald hinaus. Hier wollte fie fich verftecken in einer Höhle, aber im Hintergrund fafs der Fuchs und rief ihr drohend entgegen:

> Halbgeschoren halbungeschoren,
> wer herein kommt,
> dem rutsch ich, dem stutz ich
> den stuupsteert (Stumpffchwanz) vor'm ase weg.

Da kriegte fie's mit der Angft, dafs fie den Schwanz auch noch miffen follte, und fing zu laufen an, immerzu in die weite Welt hinein, und wenn fie nicht aufgehört hat mit Laufen, denn läuft fie noch heute.

(10.) Zwiegefpräch.

Ein Reuter, der in den Krieg gezogen war, hatte mit der Tochter feines Wirts ein Verhältnifs gehabt. Sie kriegte einen todten kleinen

Jungen, den fie heimlich begrub. Nach einem Jahr, als der Reuter zurück kam, hätte er gern wieder angebändelt und gefragt, was inzwifchen paffiert war. Aber das Mädchen liefs fich nie mehr allein fprechen. Deshalb knüpfte er mit ihr öffentlich die folgende Unterhaltung an.

Ans et tejahr ümme düsse tied was,
do smeet eck'n appel in't grüne gras.
Mich soll wundern, mich soll wundern,
ob der apfel ist erfunden.
Jawol, sä säi.
Allewo läit häi?
Anse häi, sä säi.
Wol auf der erden?
Nein, unter der erden.
Noch 'n mal? sä häi.
Ne ne!· sä säi.

So wufste nun der Reuter befcheid, ohne dafs die Leute, die dabei waren, etwas verftanden hatten.

(II.) Das harte Gelübde.

In einem dichten Walde war eine Frau mal ganz verbieftcrt. Es wurde fchou Nacht. Da kam aus dem Gebüfch ein granes Männchen und fagte, wenn fie ihm das verfpräche, was fie unter dem Herzen trüge, fo wollte er ihr helfen. Die Frau, in ihrer Angft, verfprach es ihm. Da lachte das Männchen und fagte, in zwölf Jahren müfste aber der Knabe, den fie kriegen würde, hier an derfelben Stelle drei Fragen beantworten, fonft gehörte er ihm für alle Ewigkeit. Darauf führte das Männchen die Frau ans dem Walde, und nach einiger Zeit brachte fie auch richtig einen Knaben zur Welt, der wurde fehr klug. Einft, weil feine Mutter immer fo traurig war, fragte er, was das hiefse, und da erzählte fie ihm alles und was fie dem Männchen verfprochen hatte. Das war hart, fagte der Knabe. Aber nun wurde er noch fleifsiger als bisher und ruhte nicht eher, als bis er alle nur erdenklichen Fragen beantworten konnte. Zur beftimmten Stunde ging feine Mutter mit ihm in den Wald. Das Männchen war febon da. Es fing auch gleich zu fragen an. Was ift härter als ein Stein? Antwort des Knaben: Mutterherz. Was ift weicher als ein Daunenbett? Antwort: Mutterfchoofs. Was ift füfser als Honig? Antwort: Mutterbruft. Da verfchwand das graue Männchen. Der Knabe war gerettet und feine Mutter konnte wieder ruhige Tage haben.

(12.) Ilfebein.

Es war mal ein Mädchen namens Ilfebein, die war fchon hübfch alt geworden und hatte noch immer keinen Mann kriegen können, weil fie kürzfichtig war. Endlich, für den Nachmittag, liefs fich ein Freier anmelden. Ich will mich doch felbft überzeugen, dachte er, ob es mit dem Mädchen feinen Augen wirklich fo fchlimm ift, wie die Leute behaupten wollen. Da holte Ilfebein fchnell eine Leiter und ftellte fie draufsen an die Hausthür und fteckte in den Querbalken darüber eine Nähnadel von der feinften Sorte. Als nun der Freiersmann auf den Hof kam, lief ihm Ilfe-

bein entgegen und nahm ihn freundlich bei der Hand, und als fie an die
Thür kamen, da rief fie überrafcht: Ei fich doch mal, da oben fteckt eine
Nadel. No, dachte der Freier, die ficht ja fchärfer als ich, die will ich
nur nehmen. In der Döntze wurden die Beiden auch bald recht vertraulich
und gefprächig zufammen. Alles fchien gut zu gehn. Mittlerweile trug die
Frau Wafe das Vefperbrod auf, darunter auch eine fchöne dicke Butterwälze.
— Katzut!! febrie Ilfebein und fchlug mit der Hand in die Butter, dafs
es nur fo fchwappte, denn fie meinte, die weifse Katze wär auf den Tifch
gefprungen. Die Unterhaltung ftockte. Der Freier wurde kleinlaut und
entfernte fich bald. Er fagte zwar: No denn auf Wiederfehn! Aber Iife-
bein pafste vergebens auf ihn und ift zeitlebens eine Jungfer geblieben.

(Wiedenfahl. Doch ift der Name Ilfebein dort nicht gebräuchlich.)

(13.) Betrübte Braut.

Es wollt ein Bauer freien,
Er freit nach Seinesgleichen,
Er freit nach feiner Braut fieben Jahr.
Die junge Braut wollte den Herrn nicht haben.
Der Bräutigam kam gefahren
Mit vierundzwanzig Wagen.
Wo ift denn meine herzliebfte Braut,
Die mich fo freundlich willkommen heifst?
Sie fitzt wol in der Kammer,
Beweinet ihren Jammer,
Beweinet ihren Jammer und Leid,
Dafs fie ertrinken mufs in dem Rhein.
Und als fie auf den Wagen ftieg,
Nahm fie von ihren Eltern einen traurigen Abfchied:
Ach Eltern, herzliebfte Eltern mein,
Unfer Lebtag werden wir uns nicht wiederfehn.
Und eh fie auf die Brücke kamen,
Begegnet ihr eine Schwalbe.
Ach Schwalbe, du fliegft wo deine Freud ift
Und ich mufs fahren wo mein Unglück ift.
Und als fie vor die Brücke kamen,
Iliefs fie den Fuhrmann ftille ftehn.
Nun zieht mir aus mein hochzeitlich Kleid
Und machet mich hier zum Tode bereit.
Und als fie auf die Brücke kamen,
Da brach der Brücke ein Brettlein entzwei,
Da fiel die junge Braut in den Rhein.
Der Bräutigam ftand daneben,
Sah feine herzliebfte Braut fchweben.
Ach hätt ich doch meine Ketten bei mir,
So könnt ich mein liebes Kind retten hier;
Nun aber hab ich meine Ketten hier nicht,
Nun kann ich mein liebes Kind retten auch nicht.
Dies ift nun meine fiebente Braut,

Vielleicht wird's auch die letzte wohl fein.
Was zog er aus feiner Tafche?
Ein Meffer das war von Gold fo roth,
Damit ftach er fich felber zu todt.

(14.) Kinderfpiel.*)

Jammer jammer! höret zu
Was ich euch will fagen.
Ich hab verloren meinen Schatz.
Mach auf, mach auf den Garten,
Ob ich ihn kann finden,
Und wenn ich ihn gefunden hab,
Fall ich ihm zu Füfsen
Um feine Hand zu küffen.
 Machet auf das Thor!
 Machet auf das Thor!
 Ich hab mein Schatz gefunden.

Mechtshaufen am Harz.   Wilh. Rufch.

---

4. Prieche (XXI, 74. 87).

Als ich bei der Arbeit am Muret-Sanders zu dem Worte Prieche kam, wufste ich fo wenig Rat wie andere Etymologen. Wie Sandvoss trotz dem mangelnden Confonanten im Auslaut in der mir unzugänglichen Bayerifchen Zeitung die Identität von Prieche und pergola, πέργαμος, pergamum erwiefen hat, weifs ich nicht. Aber follte er fich getäufcht haben, fo würde ich jetzt Prieche auf περιοχή, perioche, »dafs was einen Gegenftand oder Ort umgibt, u. a. die Umfchanzung«, gewis alfo auch eine umlaufende Gallerie zurückführen. Brügge ift eine weitere Entftellung, die fich an brügge im Sinne von »erhöhtes Gerüft« anlehnt und fogar darin aufgeht.

Berlin.   Max Roediger.

---

5. Kahe, kān, m. halbwüchfiger Eber.

Zwifchen Saale und Wefer hat man für den Zuchteber das Wort de kempe, bezeugt aus Halberftadt, Fallersleben, Braunfchweig, Südhannover und dem heffifchen Amte Sababurg (Vilmar unter »kämpe«). Im weftlichften Teile von Südengern wird der Eber bar, der verfchnittene Eber burch, der halbwüchfige Eber aber kan genannt. So lautet das Wort in Aufzeichnungen aus den Kr. Herford, Bielefeld und Paderborn-Büren, in letzteren freilich als »verfchnittenes männliches Schwein« erklärt. Echterling, Lippifche Wörter, in Frommanns Ma. VI, 244 hat »kahe, m. das zum belegen gehalten werdende männliche Schwein.«

---

*) Vgl. K. Müllenhoff, Sagen, Märchen und Lieder der Herzogthümer Schleswig-Holftein und Lauenburg, S. 485, 4.   C. W.

Für beide Wörter giebt es keine befriedigende Erklärung. kampen
bedeutet in der nl. Provinz Zeeland ›ehebrechen‹.

In kan mag das 'n der Objektskafus fein, in welchem manche fchw.
Subftantive dort überhaupt ftets erfcheinen, oder umgekehrt kann Echterling
aus dem Accufativ kan eine Nominativform kahe felber konftruiert haben.
Im letzteren Falle könnte das Wort auf fcherzender Anwendung des früher
bei den Mitteldeutfchen beliebten ›knan‹ == Vater beruhen. (›Ich
fragte meinen knan‹ in Grimmelshaufens Simpliciffimus.) Mit kod(d)e,
Ferkel, welches übrigens weftfälifch, nicht engrifch ift, kann es nach den
Ausführungen von Woefte nichts zu fchaffen haben.

Segeberg.   H. Jellinghaus.

6. Zu früheren Mitteilungen.

1. XXI, 91, 19. Das hier mitgeteilte ‚Lied kenne ich auch aus
Cattenftedt a. Harz; es lautet mit geringer Abweichung:

Wenn't öftern is, wenn't öftern is,
Denn schlacht min väder 'n bok,
Denn schpinnt mine mutter, denn schpinnt mine mutter,
Denn kri'k en röen rok.

2. XXI, 91, 18. Sprengers Erklärung der oftfr. Redensart boren-
seggen is half gelogen fcheint mir nicht zutreffend. Dafs Huren lügen,
ift eine dem Volke geläufige Auffaffung. Auch ändert Sprenger den Sinn
der Rda., wenn er erklärt, dafs Hurenrede 'nur halbe Lüge' fei, während
gemeint ift, dafs das, was Huren fagen, in der Regel oder mindeftens zur
Hälfte gelogen ift.

3. fidikàn! XXI, 89. Diefer Ausdruck lautet in Cattenftedt a.
Harz fùtikàn und in Schambachs Wtb S. 284 fùtekan; dort ift er unter
Hinweis auf Grimms Gr. III, 304 erklärt.

4. XX, 13, 7. Die Erklärung des Ausdrucks pri vallee aus 'fri
Vorlööf' fcheint mir nicht ohne lautliche Schwierigkeit zu fein. Man fieht
keinen Grund, warum in einem deutfchen Worte, das noch vielfach in
Gebrauch ift — auch in Schambachs Wtb. S. 264 findet fich verlöaef —
gerade in diefer Wendung das auslautende f abgefallen fein follte. Ich
glaube, dafs der Ausdruck aus lat. privilegium entftanden ift, und fo
erklären ihn auch viele Braunfchweiger. Fremdwörter erfahren ja im
Volksmunde meift Veränderungen oder Verftümmelungen.

Blankenburg a. H.   Ed. Damköhler.

7. Dithmarfifch Döfft.

a. In einem Auffatze der ›Deutfchen Heimat‹ Jahrg. 4, Heft 43
erklärt Adolf Bartels Döfft in den Bezirknamen Strandmannsdöfft, Wefter-
döfft, Mitteldöfft, Ofterdöfft, das früher als ›Taufbezirk‹ erklärt wurde,
mit Anlehnung an defftig == tüchtig als ›Webrbezirk‹. Mit dem auch
im Quickborn zu findenden adj. defti hat der Ausdruck jedoch nichts zu

thun, man vergleiche vielmehr ags. **thoftscipe** = consortium, societas, **gethofta** = consors, socius; ahd. **kidofto** = socius, **gadofta** = socia. Die Ableitung des Stammes 'ift fraglich. Zu vergleichen ift, was J. ten Doornkaat Koolman, Oftfries. Wörterb. I, 354 über den nautifchen Ausdruck **duft, doft** = Ruderbank bemerkt hat.

Northeim. R. Sprenger.

b. Die Zurückweifung der Erklärung aus »deftig« ift gewifs richtig. Uebrigens beruht diefe Deutung auf einem Einfall von Dahlmann, den er aber felbft mit den Worten zurückwies: »Doch wollen wir, fo lange wir nichts Befferes wiffen, lieber beim Alten bleiben«, nämlich der hergebrachten Meinung, dafs döft eine Bezeichnung für Vereinigungen von Taufkirchen fei; »obgleich wir nicht fo ganz gläubig diefe Anficht annehmen; auffallend ift es jedenfalls, dafs die Wilftermarfch in Dochte eingetheilt ift, und vielleicht fteckt fowohl in diefer als in jener Eintheilung etwas, was auf das Kriegswefen hindeutet;«. f. Gefchichte Dithmarfchens, nach F. C. Dahlmann's Vorlefungen im Winter 1826, hrsg. v. W. H. Kolfter (1873) S. 89. Kolfter verweift wegen des Ausdruckes auf feine beiden Meldorfer Schulprogramme von 1851 und 1852, die mir nicht zu Gebote ftehn. Der Ableitung von Prof. Sprenger pflichte ich bei, wie ich denn auch in meinem Handexemplar des Mnd. Wbs. diefelben ags. und ahd. Wörter zur Erklärung herbeigezogen habe, wenn ich nicht irre, infolge einer gelegentlichen mündlichen Aeuferung des verftorbenen Prof. Müllenhoff, die fich die lautliche und bedeutliche Uebereinftimmung derfelben mit dem ndd. doft und ducht bezog. C. Walther.

---

8. Zum mnd. Wörterbuch: büchten.

a. Mnd. Wtb. I, 443: »büchten, biegen?« Diefe mit einem Fragezeichen verfehene Bedeutung hat das Wort ohne Zweifel. fek buchten kommt heute noch in Cattenftedt vor in der Bedeutung fich biegen und wird gebraucht, wenn fich Zweige unter der Laft des Schnees oder der Früchte, oder wenn lange Balken in der Scheune fich unter der Laft des Getreides biegen. Dafs das Wort nur aus dem Koker belegt ift, fpricht vielleicht mit für deffen Entftehung in Braunfchweig.

Blankenburg a. H. Ed. Damköhler.

b. Dafs vom Subftantiv Bucht, Beuge, Biegung, ein Verbum buchten, büchten gebildet worden ift, hat nichts auffälliges; fo ftammt fluchten, flüchten von Flucht. Ebenfo bildet das Dänifche von Bugt das Verbum bugte, nur mit intranfitiver Bedeutung »fich fchlängeln«, doch auch reflexiv gebraucht bugte fig, bugtet »gekrümmt, krumm«. Desgleichen hat das neuere Niederländifche ein hochten fich erlaubt mit der befonderen Bedeutung »Vieh zufammen und in eine bocht, einen Viehhagen treiben«. Im Deutfchen ift diefelbe Verbalbildung von Frifchbier im Preufifchen Wörterbuch I, 92 nachgewiefen, aber gleichfalls nur in abgeleitetem, fpeciellem Sinne: »bochten, buchten, in Unordnung bringen, niederdrücken, zertreten und dadurch Buchten machen. Kinder, die im Bette fpielen, verbochten das Bett. Die Wiefe, das Getreidefeld verbochten, auch zer-

hechten.‹ Hier erhalten wir nun zum erften Male ein willkommenes
Zeugnifs, dafs 'buchten' im Braunfchweigifchen als Synonym des intranfitiven
fchwachen 'bögen' gebräuchlich ift.

Allein für die Erklärung der Stelle im Koker S. 324: vele wardt
begreppen myt der handt, dat me darmede wyl büchten, fcheint
die Bedeutung »biegen‹ doch nicht zu paffen. »Vieles wird mit der Hand
ergriffen, was man (oder: dafs man es) damit d. h. mit der Hand (oder:
dadurch d. h. durch das Ergreifen) biegen will‹ ift eine Sentenz, die man
dem Verfaffer des Kokers nicht zuzufchreiben braucht. 'Darmede' auf
'vele' bezogen gäbe 'biegen' keinen Sinn. 'Buchten' mufs ein anderes Wort
fein, als wie die, noch dazu erft in der Neuzeit nachweisbare, Ableitung
von 'Bucht'.

Im Supplement zum Mndd. Wb. findet fich verzeichnet ein Subftantiv
buchter und ein Verbum bichten, refp. buchten aus Jofep's Gedicht
von den fieben Todfünden. Dat is der hoverdighen buchter fede, ...
Legen, bedregen, is ore bedriff 5008; Kleine daed unde grote
word Werden van den buchteren hort 5016; Bach unde dar to
ydele ere Darmede kan de: homode (der Hochmüthige, fo Wb. Suppl.
S. 86; dagegen homod S. 67).sere, Vor den luden he bichten kan
5003. Lübben bemerkt S. 67: „Von fpäterer Hand ift über das 'i' ein
kleines 'v' gefetzt, fo dafs darnach zu lefen ift buchten, welches wahrfcheinlich die richtige Form ift.‹ Diefe Stellen kommen in dem Abfchnitt
vor, der 'Jactantia' oder deutfch »Bach‹ überfchrieben ift. Babucke hat
in feiner Schrift über das Gedicht S. 1 'buchter' durch Prahler überfetzt;
Lübben thut daffelbe, erklärt ebenfo 'bichten' oder 'buchten' durch prahlen
und fragt, ob diefe Wörter etwa von 'bàch', altfächf. 'bàg', m. das Rühmen,
Sichbrüften, Prahlerei, abgeleitet feien. Ob diefe Ableitung möglich und
ob ein 'bichten' neben einem 'buchten' denkbar ift, weifs ich nicht. Jedenfalls aber fetzt 'buchter' ein Verb 'buchten' voraus und da die buchter in
dem Kapitel von der Janctantia oder dem Bage befprochen werden, fcheinen
buchten und bagen daffelbe oder ähnliches Gebahren zu bezeichnen, wie
das die drei angeführten Stellen nicht bezweifeln laffen. 'Baghen' wird in
einem Gloffar bei Diefenbach, Gloffarium Latino-Germanic. mediae et intimae
aetatis nicht nur durch hovart driven, fondern auch durch overmöd driven
umfchrieben. So mag auch buchten nicht blofs prahlen bedeutet haben,
fondern ebenfalls entweder »feinen Uebermut treiben‹ oder auch »in nichtiger, eitler Weife tändeln‹ oder Aehnliches. Der Gedanke jener Sentenz
im Koker wäre, wenn wir dies Verb hier wiederfinden wollen, dann etwa:
Mancher fetzt fich in den Befitz von Dingen, (nicht um fie zweckmäfsig
zu gebrauchen, fondern) um mit ihnen zu prahlen, fein übermütiges Spiel
zu treiben, feiner Eitelkeit und Hoffahrt zu fröhnen.

    Hamburg.   C. Walther.

---

9. Gammelwaare (XXI, 89)

gehört nicht, wie zu vermuten wäre, dem eigentümlichen Rotwelfch an, das
von den »Knochenhauern‹ in Braunfchweig noch jetzt gefprochen wird,
fondern ift nd. Nach dem Brem. Wb. I, 479 ift gammlig, »was anfängt

zu fchimmeln und daher einen üblen Gefchmack erhält‹. Es wird hier, nicht fehr wahrfcheinlich, auf gammel = penis zurückgeführt. Vgl. auch Schambach S. 59. ten Doornk. Koolm. I, 584 ff.

Northeim. R. Sprenger.

---

10. Zur Mundart in Hornburg.

Wie ich im Nd. Jahrbuch 22, S. 140 feftgeftellt habe, fpricht Hornburg monophthongifch, während Wenkers Sprachatlas cïs und weïn für diefen Ort angiebt. Für die Richtigkeit meiner Angabe und Zuverläffigkeit meiner Beobachtung fpricht noch die von dem Hornburger Bernhard Topp in feinen niederdeutfchen Schriftchen angewandte Mundart, die monophthongifch ift. (Näheres über Topp im Nd. Jahrbuch 22, S. 118). Aufserdem ging mir auf eine Anfrage die briefliche Mitteilung von Herrn Topp zu, dafs man in feiner Jugendzeit — Topp ift 1815 geboren — ebenfo gefprochen habe und jetzt noch fpreche, wie er gefchrieben habe. Auf den umliegenden Dörfern aber klinge ›das e und o im Anfchlage kurz vor‹. Der Grund für die Hornburger Sprechweife liegt nach Topp wahrfcheinlich in dem ftarken Zuzug zur Grenzfefte Hornburg von aufsen her, wodurch fich der Vorlaut e und o verwifcht habe.

Blankenburg a. H. Ed. Damköhler.

---

11. Altfächfifch gital, talhed.

Die Strafsburger af. Gloffen geben ›pernicitas‹ durch tálhéd. Wadftein in feiner Ausgabe der Kleineren altfächfifchen Sprachdenkmäler (Ndd. Denkmäler VI) S. 227 überfetzt das, allerdings fragend, durch ›Gefährlichkeit‹. Ich glaube, dafs diefe Deutung nicht richtig ift. Wie Wadftein zu ihr gekommen ift, geht aus feiner Anfetzung des Wortes als talhéd hervor. Er fah, wie es auch Schmeller und Heyne gethan haben, die erfte Silbe auf Grund der Schreibung tál als lang an und mufste demnach auf agf. tûl, tâl, an. tâl, ahd. zâla, mhd. zâl rathen und pernicitas für uls pernicies mifsverftanden halten. Ob jedoch die fporadifchen Accente in der Handfchrift nur die Länge des Vocals bezeichnen follen, fcheint mir zweifelhaft. Während vielen langen Vocalen das Zeichen gebricht, find ficher kurze, wie ftafuúrt, ándod, uucruon, umbiuérti, accentuiert. Vermuthlich hat der Schreiber den Acut auch als Zeichen der Betonung und zur Unterfcheidung von einfachen und zufammengefetzten Wörtern verwendet; fo wohl in tálhéd, damit es als tal-hed und nicht etwa als talhed (h = ch) aufgefafst und gefprochen würde.

Dafs tálhéd als tal-héd und nicht als tál-héd verftanden werden mufs, beweift das Gloffem pernicitas d. i. Schnelligkeit, Behendigkeit, Hurtigkeit. Das dem Compofitum zugrunde liegende Adjectiv wäre tal. In diefer Form ift dasfelbe nicht überliefert, wohl aber in der von gital durch die Gloffe zu Heliand 987 in dem Prager Fragment: quam thie helago gest fon them alowaldon obana te Crista, was im an gelieneffia lungras (darüber die Gloffe gitalas) fuglas, diurlicaro dubon; (f. Ein neuentdecktes Blatt einer

Heliandhandfchrift, hrsg. v. Hans Lambel, in den Sitzungsberichten der philofophifch-hiftorifchen Claffe der Wiener Akademie der Wiffenfchaften, Jgg. 1880, Bd. 97, S. 613 ff.). Ebenfalls im Angelfächfifchen ift das Adjectiv wenigftens einmal nachgewiefen von Grein aus der poetifchen Ueberfetzung des Pfalters, Pf. 56, 5 (6): wæron hyra tungan getale teonan gehwylcre; f. Grein, Bibliothek der angelfächfifchen Poefie II, 155. III, 462. Vielfach bezeugt ift bekanntlich das althochdeutfche Adjectiv gazal, gizal (agilis, alacer, velox, levis) als Beiwort für Krieger, Rofs, Fufs, Sprache, Pfeil, das Adverb gizalo und das Subftantiv gizeli (velocitas, levitas); f. Graff, Althochdeutfcher Sprachfchatz V, 655. Der Häufigkeit im Ahd. entfpricht, dafs das Wort fich als gezal (fchnell, behende) im Mhd. noch einigermafsen gehalten hat, während von einem getal oder tal im Mudd. keine Spur mehr zu finden ift.

Hamburg.   C. Walther.

12. Puhaner (XXI, 89).

Es mufs auffallen, dafs Herkunft und Bedeutung von Puhaner Schwierigkeiten macht. Der »Pfau« heifst im rheinifchen Platt allgemein der Puhahn. Damit ist alles erklärt.

Linz a. Rhein.   H.

13. Bonewart (XXI, 90).

Sollte das Wort nicht eine Entftellung von Bonaparte fein? Zur Bezeichnung eines »Radaumachers« würde fich der Name wohl fchicken.

Hamburg.   C. Walther.

14. Rûtenûtspeler (XXI, 90)

ift urfprünglich nicht ein Mann, der Rauten oder Fenster einfchlägt, fondern ein Kartenfpieler. Im Kartenfpiel heifst carreau noch jetzt rute(n). f. Mnd. Wb. III, 536.*)

Northeim.   R. Sprenger.

15. Der alte Maitag.

Auch in diefem Jahre ftiefs ich wieder bei alten Leuten auf die Mitteilung, dafs man früher auf alten Maitag, d. 8. Mai, die Kühe ausgetrieben, Bohnen u. a. gepflanzt habe. Was hat es damit auf fich? Der »verbefferte Kalender« ift doch feben im Jahre 1700 bei uns in Niederfachfen gültig geworden, und da beträgt doch der Unterfchied zehn Tage.

Poppenbüttel bei Hamburg.   L. Frahm.

---

*) Diefe, auch oben S. 6, 6 gegebene Erklärung ift gewifs richtig. Die Verwendung des Ausdrucks für einen Krakehler mag einem Spiel entnommen fein, in welchem Ruten Trumpf ift?   C. W.

16. Horen feggen is half gelagen (XXI, 91, 18).

Zu diefer Redensart, wie ich fie gedeutet habe, vergleicht fich inhaltlich auch die englifche Redensart: ›I consider Report (das Gerücht), in a general way, to be a fool and a liar.‹ Three Christmas Stories, hrsg. v. Dr. Herm. Conrad (Leipzig, G. Freytag, 1900), S. 3.

Northeim.   R. Sprenger.

_____

17. Forjit my net.

J. Winkler hat in einem 1890 in einer friefifchen Zeitfchrift er-fchienenen Auffatze ›Hebel end Halbertsma‹ die poetifchen Anregungen nachgewiefen, die Eeltje Halbertsma um 1818 durch die alemannifche Volksdichtung erhielt. Eins von H.'s Liedern ›Schippers Sankje‹ (Forjit my net as bolle wyntjes waje), zuerft im Lapekoer 1822, vgl. jetzt Rimen ind Teltjes fen de Br. Halbertsma 4. Aufl. 1895, ift nicht nur unter den Friefen des deutfchen Reiches, fondern auch plattdeutfch unter den Anwohnern der Nordfee bis an die achtziger Jahre des vorigen Jahrh. fangbeliebt gewefen. Ich hörte es 1867 in Halle von fchlesw.-holft. Sol-daten, fpäter in Kiel zur Ziehharmonika fingen. Abgedruckt ift es u. A. in Ehrentraut's Frief. Archiv 1849, im Globus von 1872 und in den ›D. Mundarten im Liede‹ 1875. Nach ihm dichtete M. Niffen ein nord-friefifches ›Jü trau söster hern song‹. Mir fcheint die in Deutfchland dazu gefungene Melodie eine gewiffe Aehnlichkeit zu haben mit der fränki-fchen bei Ditfurth II, 79 ›Verdenk mir's nicht, dafs ich dich meide.‹ In Wolke's ›Saffifchen Sinngedichten‹ Lpz. 1804 s. 154 ff. fteht eine Ballade, die eine Sage über die Entftehung des Blumennamens Vergifsmeinnicht behandelt. Titel und häufiger Refrain ift Vergit-nig-mi. Der Verfaffer ftammt wohl aus der Wefergegend, denn er läfst die Saaten ›up fetten börden grönen‹ und er hat in der Weife des 18. Jahrh. Nordifches ge-lefeu, denn er fagt: ›de Ingen (die Jungfrauen) gan int dal.‹ Vielleicht liegt diefer Ballade ein einfaches niederdeutfches oder dänifches Lied zu Grunde?   H. Jellinghaus.

_____

18. De Häifter un de willen Duben (XXI, 72. 86).

Wie Prof. Roethe angiebt, hat auch It. Wolfidlo in feinem durch Reichhaltigkeit und Behandlung ausgezeichneten Buche 'Mecklenburgifche Volksüberlieferungen' diefes Tiermärchen mitgeteilt und zwar in vielen verfchiedenen Faffungen. Andere Aufzeichnungen aus anderen Gegenden hat mir Herr Rud. Schnitger in Hamburg in der Zeitfchrift 'Die Heimat' nachgewiefen. In der 'Heimat' Jgg. VII (Kiel 1897) S. 85 fteht die Er-zählung nach Segeberger Ueberlieferung, S. 180 nach Schwanfener Relation und wird andererfeits bezeugt, dafs fie in Angeln bekannt fei. Die October-Nummer deffelben Jahrganges brachte darauf von unferm Mit-gliede Herrn Oberlehrer J. Bernhardt einen Hinweis auf 'Niederfachfen' Jgg. II und von anderer Seite auf Mafius, Naturftudien. In 'Niederfachfen' II (Bremen 1896/7) S. 241 und S. 347 werden zwei hochdeutfche Texte gegeben, aus dem Hoyafchen und dem Lingenfchen.

Ich kenne noch zwei niederdeutfche Faffungen. Die eine, aus der Gegend von Hagen in Weftfalen, bringt L. Woefte, Volksüberlieferungen in der Graffchaft Mark (Iferlohn 1848) S. 38. Die andere habe ich vor ca. 30 Jahren von meinem Vater vernommen und darauf niedergefchrieben. Diefer war von jemand um Auskunft über die Anfertigung einer Arbeit gebeten worden. Nach den erften erklärenden Worten hatte der Frager aber gemeint, nun wiffe er genügend Befcheid und werde es fchon können. Als er wegeilte, meinte der Alte lächelnd: Deun' geit dat ook grad' so as de wilde Duv'. Auf meine Frage, wiefo, erzählte er dann das Dööntje folgendermafsen: »De wille Duv' keem mal tum Ileifter un fä(d'): wyf' my doch, wo maakftu eegentlich fo'n Neft? Sü! fo maak ik myn Neft, antwoord' de Heifter und lä(d') eerst en paar Stück Holt krüützwyf' över 'n anner. Eer dat de· Heifter wider booen kunn, reep de Duv: ah! ik weet al, ik weet all un flöig' wech. De Heister boo't fik en rund un dicht Neft. Avers de Duv' is ny wider kamen, as dat to doon wat fe den Heister domals affeen hett. Se föcht en paar Twygen, fchüdt den Stoff un Dreck af, lecht fe verdwars op en een, un dat mutt denn är Neft heeten.« Auf meine Erkundigung, woher er die Fabel habe, erwiderte mein Vater, dafs fie ihm einft in der Schule erzählt fei von einem Mitfchüler, der fie von feinem Vater, einem früheren Schäfer aus der Lüneburger Heide, gehört hatte.

Hamburg.   C. Walther.

---

19. Das Schwein Dirk und die Kuh Barteld (XXI, 72).

Die Wiedenfahler Relation der Fabel von dem Heifter und den wilden Tauben verlegt die Begebenheit in die Zeit ans dat fwin Dirk häit un de käo Barteld. Diefe Umfchreibung für »in längftvergangenen Zeiten« verdient Beachtung.

Den Namen Dirk (Dietrich) für das Schwein kann ich fonft nirgends finden. Vergleichen läfst fich höchftens, dafs nach niederländifchem und niederrheinifchem Volksglauben Derk met den beer (Dietrich mit dem Eber) in der Chriftnacht feinen Umgang hält; f. Grimm, Deutfche Mythologie, 2. Ausg, S. 194. Dagegen begegnet der Name Bartelt oder Bartel für die Kuh öfter und in verfchiedenen Gegenden. Dafs fchon Fifchart im Gargantua 1582, M. 7 rw. (im Neudruck von Alsleben S. 167) Barthel als üblichen Rufnamen für die Kuh bezeugt, hat Willi. Wackernagel, Die Deutfchen Appellativnamen (in Pfeiffer's Germania IV, 151. W. Wackernagel, Kleine Schriften III, 86) nachgewiefen. In der Klucht van de fchoefter, of gelijke monniken, gelijke kappen, Dordrecht 1660 (J. van Vloten, Het Nederlandfche Kluchtfpel III, 38), werden die umftändlichen Angaben des Gefellen über eine Kundin vom Meifter verfpottet durch die noch genauere: er vaaders koe hiet Bartell Strodtmann, Idioticon Osnabrugenfe, 1756, S. 20 bringt die Redensart: Et is fcheen in aulen Jahren, as de Kau Bartelt bedde [lies 'hette'] un de Bulle Janst, wird denen zur Antwort gegeben, die eine Sache gar zu genau wiffen wollen; Dähnert, Wörterbuch der Pommerfchen und Rügifchen Mundart, 1781, S. 24: Dat was as de Koo Bartelt heit un de Bulle Joust,

das ift fehr lange her. In De Lapekoer fen Gabe Seroar (von J. E. und II. Halbertsma), 1834, 3. Ausg. S. 222 wird ein friefifches »Teltje« eingeleitet durch die Zeitbeftimmung: Yn'e tiden, doe de kou Bartele bjitte.
Hamburg.   C. Walther.

---

20. Eine fprichwörtliche Redensart bei Brun v. Schonebeck.

a. In Bruns v. Schonebeck Paraphrafe des Hohen Liedes findet fich die Redensart: daz ist war also amen 4000, iz ist war als amen 3115. Ich bemerke dazu, dafs fie mir aus meiner in Quedlinburg verlebten Jugendzeit in der Form: »Das ift fo wahr wie Amen in der Kirche« geläufig ift. Es wäre mir intereffant zu erfahren, ob fie auch in niederdeutfcher Form fich findet.
Northeim.   R. Sprenger.

b. Dat is fo wifs, as Amen in der Karken; Richey, Idiot. Hamburg., 1755. — So wifs, as Amen un Ja; Strodtmann, Idiot. Osnabrug., 1756. — Dat ifs fo wifs, as Amen in de Kark, das wird ganz gewifs fo kommen; Dähnert, Wb. der Pommer. u. Rüg. MA., 1781. — Dat is fo wifs, as Amen in de Karken is; Schütze, Holftein. Idiot., 1800. — Dat is fo gewiss as't Amen in de Kärk; Danneil, Wb. der Altmärk. MA., 1859. — Alfo ftets »fo gewifs als«, nie »fo wahr als«.
Hamburg.   C. Walther.

---

21. Auch eine Erklärung vom Urfprunge des Minorats
(XIX, 59. 80. 93. XX, 39).

London and its environs; or the general Ambulator and pocket companion for the tour of the metropolis and its vicinity, 12th ed. London 1820, II pag. 85: »Dorking, a market-town in Surrey. It is remarkable, that, according to the custom of the manor, the youngeft fon or brother of a customary tenant is heir to the cuftomary estate of the tenant dying inteftate. This custom is thought to have originated from the right anciently ufurped by the lords of this manor, of claiming, and occafionally exercifing, the privilege of paffing the wedding-night with the bride of every tenant.« Alfo das viel behandelte Jus primae noctis des Gutsherrn foll das Minorat veranlafst haben. Die Erklärung fcheint mehr fein erfonnen als richtig zu fein, da das Minorat grade vielfach bei Bauern gilt, die in hiftorifcher Zeit auf freiem Eigentum fafsen. Und überdies wird das Jus primae noctis, wie es gedeutet zu werden pflegte, wohl der Sage angehören.
Hamburg.   C. Walther.

---

22. Zum Siebenfprung (XXI, 79).

a. Vgl. J. Bolte in Ndd. Jahrbuch XVIII, 16 f.
Segeberg.   II. Jellinghaus.

b. Den meklenburgifchen Text zum Siebenfprung (Uufe Katt hüt fiiben Jungen u. f. w.) hat Fr. Latendorf im Ndd. Korrefpondenzblatt XIII, 39 mitgeteilt.
Hamburg.   C. Walther.

23. Unverfroren.

Franz Sandvoss behauptet im Korrefpbl. II, 95 das bekannte Berlinerifche »unverfroren« fei eine Entftellung aus niederd. unvervêrt, unerfchrocken. Dafs aber verfrarn (verfroren) = erfchrocken ift, beweift folgende Stelle aus dem Widmungsgedichte an den Kronprinzen, das an der Spitze von Klaus Groths Quickborn 2. Teil (jetzt in den Gefammelten Werken 2. Teil S. 263) erfchien:

Wa war't uns gan, uns Früud de Dün
Wenn de uns fung!
Wi hörn't all rasseln uten Norn,
Er »Hurräh« klung uns in de Ohrn,
Wi seegen van uns Strand und Thorn
Al Damper und Smok.
Un sünd wie ok ni licht verfrarn:
Nadenkli doch ok.

Demnach ift es nicht nötig, unverfroren als eine Entftellung anzufehen; es fcheint vielmehr buchftäblich aus dem Niederdeutfchen übernommen.
Northeim.   R. Sprenger.

24. Salzfeller (I, 96. II, 28. 59).

In meiner Jugend lebte das alte fellen = verkaufen noch fort in der Bezeichnung des amtlich beftellten Salzverkäufers (es war zur Zeit, als noch die Salzfteuer in Preufsen heftand), der allgemein der Salzfeller genannt wurde. Mit dem Amte ift auch das Wort verfchwunden.
Northeim.   R. Sprenger.

25. Auf jeden Käfe (I, 6).

Für die Ableitung der Redensart »dat is en annern Kêf« von engl. case »Fall« fpricht auch die hochdeutfche Redensart: »Das ift auf jeden Käfe richtig.«
Northeim.   R. Sprenger.

III. Litteraturanzeigen.

Hjalmar Pfilander. Die niederdeutfche Apokalypfe. Upfala. Akademiska Bokhandelen. Upsala Universitets Årsskrift 1901. XVI, 90 S. 1 kr. 75 öre.

›Die Tatſache, daſs Reimwerke nd. Dichter des 12.—13. Jh. in
›halbhochdeutſcher Ueberlieferung auf unſere Zeit gekommen find, läſst
›ſich nicht durch die Annahme erklären, daſs fremde Schreiber die nd.
›Schreibform der Originalhandſchriften verwiſcht hätten; ſie ſpiegelt die
›urſprüngliche Eigenart jener Literatur wieder, die unter naiver oder be-
›wuſster Abhängigkeit von hochdeutſcher Kunſt entſtanden iſt.‹

Für die Apokalypſe kann man dieſen Worten des Herausgebers hinzufügen, daſs ſie in Diktion und Versbau unverkennbar altniederländiſche
Züge an ſich trägt. Der Verfaſſer war ſicher ein Niederdeutſcher, dem
grade charakteriſtiſche nd. Laute und Wörter oft in die Feder flieſsen.
Vielleicht dichtete er in mitteldeutſcher Umgebung oder an der Südoſt-
grenze Altſachſens.

Da die Apokalypſe eine Schrift iſt, die aus tiefer Kenntnis der
Menſchheitsgeſchichte verſtanden ſein will, ſo iſt die augenſcheinlich be-
deutende poetiſche Gabe des Verfaſſers an ihr zu Schanden geworden.
Ihre gewaltigen hiſtoriſch gedachten Bilder werden von ihm in kümmer-
licher Anwendung nur auf das Thun und Laſſen des Einzelnen verbraucht.
Seinen Quellen getreu operiert er mit allerlei wüſten gnoſtiſchen Mythen.
Dazwiſchen liegen dann einzelne Goldkörner urchriſtlicher Auslegung, die
dem Gedichte einigen Sinn und Glanz erhalten.

Der Dichter braucht für ſtark (vom Donner) ſtranc, für Tempel
munster und bethchus. Für Kleider gebraucht er das lat. stola (ere
ſtolen). Satgron, ſattgrün, dunkelgrün würde man nicht ſo früh zu
finden erwarten. Zu lepetungen (züngeln) hätte ndd. lipen (anmaulen)
erwähnt werden müſſen.

Der Herausgeber hat alle 7 Handſchriftfragmente des Gedichtes und
auch die jüngere Recenſion des 15. Jh. benutzen können und hat uns
auſser dem Texte in knapper Form eine zureichende Unterſuchung desſelben
geſchenkt. H. Jellinghaus.

Notizen und Anzeigen.

Beitragszahlungen find an unſerm Kaſſenführer Herrn Joh⁸ E. liabe, Hamburg 1,
gr. Reichenſtraſse 11, zu leiſten.

Veränderungen der Adreſſen find gefälligſt dem genannten Herrn Kaſſenführer
zu melden.

Beiträge, welche fürs Jahrbuch beſtimmt find, belieben die Verfaſſer an das Mitglied
des Redactions-Ausſchuſſes, Prof. Dr. W. Seelmann, Charlottenburg, Peſtalozziſtraſse 103,
einzuſchicken.

Zuſendungen fürs Korreſpondenzblatt bitten wir an Dr. C. Walther, Hamburg 3,
Krayenkamp 9, zu richten.

Bemerkungen und Klagen, welche ſich auf Verſand und Empfang des Korreſpondenzblattes beziehen, bittet der Vorſtand direct der Expedition, ›Diedrich Soltau's Verlag
und Buchdruckerei‹ in Norden, Oſtfriesland, zu übermachen.

Für den Inhalt Verantwortlich: Dr. C. Walther in Hamburg.
Druck von Diedr. Soltau in Norden.

Ausgegeben: September 1901.

Jahrg. 1901.   Hamburg.   Heft XXII. № 3.

Korrespondenzblatt

des Vereins
für niederdeutſche Sprachforſchung.

I. Kundgebungen des Vorſtandes.

Mitgliederliſte des Vereins
im November 1901.

(Die geehrten Mitglieder werden erſucht, etwaige Unrichtigkeiten gütigſt zu entſchuldigen und deren Berichtigungen dem Kaſſenverwalter Herrn Joh. E. Rabe, Hamburg 1, gr. Reichenſtraſse 11, gefälligſt zugehen zu laſſen.)

Nr. der Liſte	Name	Beruf.	Wohnort	Mitglied ſeit
1020	Abraham, B.	Dr. jur., Rechtsanw.	Neumünſter	1897
923	Aldenhoven	Dr. ph., Hofrat	Köln	1894
1079	Almſtedt, H. B.	Dr. ph., Univerſitäts-Profeſſor	Columbia, Misſouri	1901
1046	Anz, Heinr.	Dr. ph., Oberlehrer	Barmen - Rittershauſen	1899
96	Babucké, Heinr.	Dr. ph., Gymn.-Dir.	Königsberg i. Pr.	1875
703	Bachmann, Fr.	Paſtor	Zernin, Mecklbg.	1885
980	Baefecke, Georg	Dr. ph.	Göttingen	1896
403	Baethke, H.	Dr. ph., Oberlehrer	Lübeck	1878
791	Bäumker, Wilh.	Dr. th., Pfarrer	Rurich, Rh.-Prev.	1888
1078	Baufe, Jos.	Gymnaſiallehrer	Wongrowitz (Prov. Pofen)	1901
1056	Beefe, Wilh.	Dr. ph.	Kiel	1900
878	Beets, A.	Dr. ph.	Leiden, Holland	1891
120	Begemann, W.	Dr. ph., Schulvorſt.	Charlottenburg	1875
1047	Benezé, E.	Dr. ph., Lehrer	Hamburg	1899
977	Berger, A.	Dr. ph., Univ.-Prof.	Kiel	1895
922	Berlage	Dr. ph., Dompropſt	Köln	1894
863	Bernhardt, J.	Oberlehrer	Solingen	1890
41	Bernheim, E.	Dr. ph., Univ.-Prof.	Greifswald	1875
437	Bertheau, C.	Dr. th., Paſtor	Hamburg	1879
1063	Bettmann, H.		Göttingen	1900
12	Bigot, F.	Dr. phil.	Hamburg	1874
417	Bindel, C.	Profeſſor	Schalke i. W.	1878
726	Blümcke, O.	Dr. ph., Profeſſor	Stettin	1886
919	Blumſchein, Gustav	Dr. ph., Oberlehrer	Köln	1894

Nr. der Lifte	Name	Beruf	Wohnort	Mitglied feit
607	Börsmann, M.	Kunftmaler	Hannover	1882
949	Bojunga, K. H.	Dr. ph.	Hannover	1895
644	Bolte, J.	Dr. ph., Gymn.-Prof.	Berlin	1883
388	Bolten, K.	Rentner	Schwerin	1878
1019	Borchling, Conrad	Dr. ph.	Göttingen	1897
589	Brandes, H.	Dr. ph., Oberlehrer	Potsdam	1881
772	Brandl, Al.	Dr. ph., Univ.-Prof.	Berlin	1887
129	Braune, W.	Dr. ph., Univ.-Prof.	Heidelberg	1875
478	Brehmer, W.	Dr. jur., Bürgermeifter	Lübeck	1879 '
707	Bremer, O.	Dr. ph., Univ.-Prof.	Halle a. S.	1885
1002	Brennekam, Max	Dr. ph., Oberlehrer	Pankow bei Berlin	1896
1042	Brinkmann, W.	Oberlehrer	Efchweiler bei Aachen	1899
1018	Brons, B.	Konful	Emden	1897
702	Brümmer, W.	Senator	Roftock	1885
63	Brütt, Fr.	Geheimrat	Rendsburg	1875
1044	Burchardi, G.	Dr. ph.	Paris	1899
536	Burdach, K.	Dr. ph., Univ.-Prof.	Halle a. S.	1880
831	Burg, Fr.	Dr. ph., Bibliothek-fekretär	Hamburg	1889
1075	Bufch*), Herm.	Amtmann	Bork a. d. Lippe	1901
854	Campe, Victor	Dr. ph., Profeffor	Putbus, Rügen	1890
351	Carftens, H.	Lehrer	Dahrenwurth b. Lunden	1878
1016	Claerhout, J.	Abbé	Pitthem, Belgien	1898
482	Collitz, H.	Dr. ph., Profeffor	Bryn Mawr Collg., Philadelphia	1879
561	Contzen, L.	Dr. ph., Gymn.-Dir.	Bonn	1881
774	Creizenach, W.	Dr. ph., Univ.-Prof.	Krakau	1888
1054	Crome, Bruno	Dr. phil.	Göttingen	1900
479	Crull, F.	Dr. med.	Wismar, Meckbg.	1879
630	Damköhler, Ed.	Profeffor	Blankenburg a. H.	1882
1064	Deicke, Ludw.	Dr. ph.	Göttingen	1900
852	Dirkfen, Karl	Lehrer	Meiderich bei Ruhrort	1890
681	Diffel, C.	Dr. ph., Profeffor	Hamburg	1884
1031	Döhner, Richard	Dr. ph., Geh. Ar-chivrat	Hannover	1899
906	ten Doornkaat Kool-man, J.	Fabrikant	Norden	1893
867	Ehrismann, Guftav	Dr. ph.	Heidelberg	1891
1021	Elliffen, O. A.	Dr. ph., Gymnafial-Oberlehrer	Einbek	1898
892	Euling, Karl	Dr. ph., Gymnafial-Oberlehrer	Königsberg i. Pr.	1893

*) In der vorigen Nummer S. 1 ift leider durch einen Lefefehler der Name zu Volfch entftellt worden, was wir freundlichft zu entfchuldigen bitten.

Nr. der Lifte	Name	Beruf	Wohnort	Mitglied feit
1053	Evers, G. A.	Buchhandlung	Groningen	1900
348	Fabricius, G.	Oberlehrer	Bützow	1878
874	Fafs, C.	Dr. ph., Oberlehrer	Halberftadt	1891
5	Feit, P.	Dr. ph., Gymnafial-Direktor	Breslau	1874
760	von Fleifchhacker	Dr. ph.	Graz in Steierm.	1887
917	Franck, J.	Dr. ph., Univ.-Prof.	Bonn a. Rh.	1894
22	Frensdorff, F.	Dr. jur., Univ.-Prof., Geh. Juftizrat	Göttingen	1875
665	Freybe, Alb.	Dr. th. u. ph., Profeffor	Parchim	1884
939	Friebe, Carl	Dr. ph., Oberlehrer	Greifswald	1894
1005	Fritz, Gottl.	Dr. ph., Oberlehrer	Charlottenburg	1897
160	Fuhlhage, K.	Profeffor	Minden	1876
261	Gallée, J. H.	Dr. ph., Univ.-Prof.	Utrecht	1876
952	Gafter, B.	Dr. ph., Oberlehrer	Stralfund	1895
373	Gebert, W.	Dr. ph., Gymnafial-lehrer	Bremen	1878
842	Gillhoff, J.	Lehrer	Parchim	1889
884	Gloede, O.	Dr. ph.,ʒOberlehrer	Doberan	1891
986	Goebel, F.	Dr. ph.	Hannover	1896
872	Goedel	Marine-Oberpfarrer	Wilhelmshafen	1891
450	Goetz, G.	Dr. med., Ober-Medizinalrat	Neuftrelitz	1879
1037	Gohdes, O.	Oberlehrer	Bielefeld	1899
965	Golther, W.	Dr. ph., Univ.-Prof.	Roftock	1895
191	Grabow, Aug.	Dr. ph., Schulrat	Berlin	1876
64	Gräfe, Luc.	Buchhändler	Hamburg	1875
1043	Graffunder, P.	Dr. ph., Oberlehrer	Schöneberg bei Berlin	1899
449	Graupe, Bruno	Dr. ph., Profeffor	Berlin	1879
462	Grevel, W.	Rentner	Düffeldorf	1879
17	Hänfelmann, Ludw.	Dr. jur., Prof., Stadt-Archivar	Braunfchweig	1874
382	Hagedorn, A.	Dr., Senatsfekretär	Hamburg	1878
868	Hahn, Diedr.	Dr. jur.	Berlin	1891
929	Hamm	Geh. Juftizrat, Ober-landesger.-Präf.	Köin	1894
857	Hanfen, Ernft	Oberlehrer	Flensburg	1890
1080	Hanfen, Reimer	Dr. ph., Profeffor	Oldesloe	1901
914	Harder, Chrift.	Dr. ph., Oberlehrer	Neumünfter	1894
761	Hartmann, Hugo	Dr. ph., Oberlehrer	Steglitz b. Berlin	1887
139	Hattenbach	Landesgerichts-präfident a. D.	Oldenburg i.Grht.	1875
1077	Helm, Karl	Dr. ph., Privatdocent	Gieffen	1901
384	Henning, R.	Dr. ph., Univ.-Prof.	Strafsburg	1878
104	Heyne, M.	Dr. ph., Univ.-Prof.	Göttingen	1875

Nr. der Lifte	Name	Beruf	Wohnort	Mitglied feit
721	Hoeck, N. E.	Oberlehrer	Rendsburg	1885
162	Hölfcher, L.	Dr. ph., Prof. emer.	Herford	1876
695	Hofmeifter, A.	Dr. ph., Univerfitäts- Bibliothekar	Roftock	1885
1081	Holft, Clara, Fräulein		Kriftiania, Valky- riegade 7 II.	1901
1062	Horftmann, L.	Buchhändler	Göttingen	1900
786	v. Hülft, Th.	Gutsbefitzer	Lintel b. Norden	1888
395	Hünnekes	Dr. ph., Progymn.- Direktor	Linz a. Rhein	1878
813	Ilgen	Dr. ph., Archivar	Münfter i. W.	1889
848	Ipfen, J.	Landrichter	Hamburg	1890
1032	Jacobi, C. Ad.	Kaufmann	Bremen	1898
184	Jänifch, J.	Dr. ph.	Hamburg	1876
427	Jellinghaus, C.	Paftor	Wallenbrück b. [Enger	1879
16	Jellinghaus, H.	Dr. ph., Realfchul- Direktor	Osnabrück	1874
899	Joachim, II.	Dr. ph.	Hamburg	1893
686	Joftes, Franz	Dr. ph., Univ.-Prof.	Münfter i. W.	1885
766	Kahle, B.	Dr. ph., Univ.-Prof.	Heidelberg	1887
713	Kalff, G.	Dr. ph., Univ.-Prof.	Utrecht	1885
751	Kauffmann, Fr.	Dr. ph., Univerfitäts- Profeffor	Kiel	1887
723	Kehrbach, K.	Dr. ph., Profeffor	Charlottenburg	1885
950	Kirchhoff, F.	wiffenfch. Lehrer	Leer, Oftfriesl.	1895
940	Kluge, F.	Dr. ph., Univerfitäts- Profeffor	Freiburg i. B.	1894
1061	Knauer, Fr.		Göttingen	1900
592	Knoop, Otto	Oberlehrer	Rogafen	1881
424	Kochendörffer, K.	Dr. ph., Ober- Bibliothekar	Königsberg i. Pr.	1879
8	Köhler, II.	Lehrer	Hamburg	1874
549	Könnecke	Dr. ph., Archivrat	Marburg i. H.	1880
841	Köfter, A.	Dr. ph., Univerfitäts- Profeffor	Leipzig	1889
1073	Kohn, Fr.	Rechtsanwalt	Dortmund	1901
767	Konrath	Dr. ph., Univerfitäts- Profeffor	Greifswald	1888
7	Koppmann, K.	Dr. ph., Stadt- Archivar	Roftock	1874
1039	Kraufe, G.	Dr. ph., Oberlehrer	Düffeldorf	1898
1041	Kraut	Oberamtsrichter	Lüneburg	1899
981	Kück, Ed.	Dr. ph., Oberlehrer	Friedenau bei Berlin	1896
1059	Langenberg, R.	Dr. ph., Handelsfchul- lehrer	Osnabrück	1900

Nr. der Lifte	Name	Beruf	Wohnort	Mitglied feit
1048	Lappenberg, A.	Dr. jur., Senator	Hamburg	1899
978	Leithäufer, J.	Dr. ph., Oberlehrer	Barmen	1896
988	Leitzmann, Alb.	Dr. ph., Univerfitäts-Profeffor	Jena	1896
415	von Lenthe	Obergerichtsrat a. D.	Lüne bei Lüneburg	1878
743	Lenz, Fr.	Geh. Kommerzienrat	Berlin	1886
805	Leonhardt, K. M.	Buchdruckerei-befitzer	Hannover	1889
203	Liebermann	Dr. ph., Profeffor	Berlin	1876
1069	Liefau	Dr.	Bremen	1901
969	Linfe, E.	Dr. ph., Profeffor	Dortmund	1895
411	Loerfch	Dr. ph., Univ.-Prof., Geh. Reg.-Rat	Bonn	1878
833	Loewe, Rich.	Dr. phil.	Berlin	1889
976	Lonke, A.	Oberlehrer	Bremen	1895
732	Lücke, Otto	Dr. ph., Gymnafial-Direktor	Leer, Oftfrsld.	1886
663	Luther, Joh.	Dr. ph., Bibliothekar	Berlin	1884
642	Maafs, Ernft	Verlagsbuchhändler	Hamburg	1883
968	Mack, H.	Dr. ph., Archiv-affiftent	Braunfchweig	1895
752	Manke, P.	Profeffor	Anklam	1887
45	Martin, E.	Dr. ph., Univ.-Prof.	Strafsburg i. E.	1875
784	Maurmann, E.	Dr. ph.	Marburg i. H.	1888
958	Meier, John	Dr. ph., Univ.-Prof.	Bafel	1895
948	Meifsner, R.	Dr. ph.	Göttingen	1895
641	Mencke, Max	Univerfitäts-Buch-händler	Erlangen	1883
1017	Menfing, Otto	Dr. ph., Gymnafial-lehrer	Kiel	1897
1065	Merkel, J.	Dr. jur., Univ.-Prof.	Göttingen	1900
1027	Meyer, Heinr.	Dr. ph.	Göttingen	1898
277	Meyer, Joh.	Direktor der Idioten-anftalt	Kiel	1877
909	Meyer, K.	Dr. ph., Bibliothekar	Hannover	1893
737	Meyer, Rich. M.	Dr. ph., Profeffor	Berlin	1887
1009	Michels, Victor	Dr. ph., Univ.-Prof.	Jena	1897
48	Mielck, J. B.	Dr. ph., Apotheker	Hamburg	1875
3	Mielck Ww., Frau Dr. W. H.		Hamburg	1896
855	Möller, B. P.	Hauptlehrer	Hamburg	1890
1074	Moormann, B.	Gutsbefitzer	Werne a. Lippe	1901
276	Mofen, R.	Dr. ph., Ober-Bibliothekar	Oldenburg i. Gr.	1877
725	Muller, J. W.	Dr. ph.	Leiden	1885

Nr. der Lifte	Name	Beruf	Wohnort	Mitglied feit
331	Mummenhoff, W.	Profeffor	Recklinghaufen	1877
495	Napier, A.	B. A., Profeffor	Oxford	1879
704	Nehring, K.	Dr. ph., Profeffor	Berlin	1885
30	Nerger, K.	Dr. ph., Gymnafial-lehrer	Roftock	1875
645	Niffen, C. A.	Dr. ph., Profeffor	Kopenhagen	1883
253	Nitzfch	Dr. ph., Geh. Reg.-Rat	Bielefeld	1876
650	Nörrenberg, K.	Dr. ph., Bibliothekar	Kiel	1884
1040	Nöldeke, Otto	Paftor	Mechtshaufen	1899
967	Nolting, H.	Lehrer	Annenkamp	1895
905	·von Oefele, Felix, Baron	Dr. med., Arzt	Bad Neuenahr	1893
798	Oftendorf	Gymn.-Direktor	Bunzlau	1888
271	Pauli, C.	Dr. ph., Profeffor	Lugano	1877
494	Peters, Ignaz	Profeffor a. D.	Leitmeritz i. B.	1879
973	Petfch, R.	Dr. ph.	Würzburg	1895
882	Pickert, W.	Oberlehrer	Stolp i. P.	1892
869	Pietfch, P.	Dr. ph., Profeffor	Berlin	1891
776	Pott, Aug.		Witten a. d. R.	1888
451	Prieger, Erich	Dr. ph.	Bonn	1879
956	Priefack, J.	Dr. ph., Archivar	Breslau	1895
273	Prochownick, H.	Dr. med., Arzt	Hamburg	1877
789	Puls, A.	Dr. ph., Gymnafial-Profeffor	Altona	1883
393	Pyl, Th.	Dr. ph., Univ.-Prof.	Greifswald	1878
740	Rabe, Johs. E.	Kaufmann	Hamburg	1887
871	Rabius	Oekonomie-Kommis-fionsrat	Lüneburg	1891
1000	Raebel, Otto	Dr. ph., Rektor	Finfterwalde	1896
1052	Rapp, G.	Dr. jur., Rechtsanwalt	Hamburg	1899
1036	Rathje	Buchhändler	Neumünfter	1897
557	Rautenberg, Ernft	Dr. ph., Prof., Real-fchul-Direktor	Hamburg	1880
992	Reichard, E.	Dr.	Bremen	1896
793	Reiche, Th.	Lehrer	Braunfchweig	1888
1025	Reicke, J.	Dr. ph., Bibliothekar	Göttingen	1898
183	Reifferfcheid, Alex.	Dr. ph., Geh. Reg.-Rat, Univ.-Prof.	Greifswald	1876
889	Reimers, Fr.	Dr. jur., Rechtsanwalt	Hamburg	1892
610	Remmers, J.	Superintendent	Harburg a. Elbe	1882
515	Reuter, Fr.	Profeffor	Altona	1880
233	Rimpau, W.	Dr. ph., Amtsrat	Schlanftedt bei Wegeleben	1876
777	Ritter, Fr.	Dr. ph., Profeffor	Emden	1887
1015	Rivnác, Fr.	Buchhändler	Prag	1897

Nr. der Lifte	Name	Beruf	Wohnort	Mitglied feit
659	Rüdiger, Max	Dr. ph., Univ.-Prof.	Berlin	1884
347	Röhrs, L. C.	Redakteur	Northeim	1878
1055	Römheld, Heinr.	Dr. ph.	Veckerhagen, Heffen-Naffau	1900
620	Roethe, G.	Dr. ph., Univ.-Prof.	Göttingen	1882
662	Roettcken, H.	Dr. ph., Privatdocent	Würzburg	1884
885	Rogge	Dr. ph, Gymnafial-Direktor	Neuftettin	1892
1049	Rofenhagen, G.	Dr. ph., Oberlehrer	Hamburg	1899
545	Rothftein, J. W.	Dr. th., Univ.-Prof.	Halle a. S.	1880
4	Rüdiger, Otto	Dr. ph.	Hamburg	1874
961	Räther, H.	Paftor	Neuenwalde, Kr. Lehe	1895
989	Ruhfus, W.	Dr. ph.	Dortmund	1896
755	Runge, Fr.	Profeffor	Osnabrück	1887
293	Sandvofs, F.	Redakteur der Weimar. Zeitung	Weimar	1877
76	Sartori, A.	Gymnaf.-Profeffor	Lübeck	1875
913	Safs, Karl	Dr. ph., Oberlehrer	Glückftadt	1894
553	Sauerwein	Dr. ph., Schulrat	Neu-Brandenburg	1880
81	Schäfer, Dietr.	Dr. ph., Univ.-Prof.	Heidelberg	1875
910	Schäfer, H.	Gymnafial-Direktor	Hannover	1893
838	Schaper, W.	Dr. ph.	Blankenburg a. Harz	1889
837	Schaub, Ed.	Dr. ph., Oberlehrer	Colberg	1889
212	Schlüter, W.	Dr. ph., Univ.-Ober-Bibliothekar, Hofrat	Dorpat	1876
997	Schmidt, Ad.	Senator, Kaufmann	Bremen	1896
754	Schmidt, Erich	Dr. ph., Univ.-Prof.	Berlin	1887
963	Schmidt-Wartenberg, H.	Dr. ph., Univ.-Prof.	Chicago	1895
529	Schöffer, C.	Kaufmann	Amfterdam	1880
666	Schrader, Th.	Dr. jur., Land-gerichtsdirektor	Hamburg	1884
826	Schriever	Domkapitular	Osnabrück	1889
130	Schröder, C.	Dr. ph., Reg.-Rat u. Bibliothekar	Schwerin	1875
319	Schröder, Edward	Dr. ph., Univ.-Prof.	Marburg i. H.	1877
794	Schröder, H.	Dr. ph., Gymnafial-Lehrer	Kiel	1888
1014	Schröder, Ludwig	Lehrer	Iferlohn	1897
861	Schröder, Otto	Dr. ph., Gymn.-Prof.	Berlin	1890
792	Schüddekopf, C.	Dr. ph., Affiftent am Goethe- u. Schiller-Archiv	Weimar	1889

Nr. der Lifte	Name	Beruf	Wohnort	Mitglied feit
974	Schünemann	Gymnaf.-Profeffor	Greifswald	1895
799	Schultz, Frd.		Wismar	1888
1045	Schulze, Osw.	Oberlehrer	Gnefen	1899
1006	Schulze, Wilh.	Dr. ph., Univ.-Prof.	Göttingen	1897
315	Schumann, C.	Profeffor	Lübeck	1877
77	Schufter, J.	Dr. ph.	Hamburg	1875
954	Schwarz, Friedr.	Dr. ph., Gymnafial-Lehrer	Roftock	1895
971	Schwering, E.	Dr. ph., Privatdozent	Münfter	1895
274	Seelmann, W.	Dr. ph., Profeffor, Ober-Bibliothekar	Charlottenburg	1877
648	Seitz, K.	Dr. ph., Gymnafial-Direktor	Itzehoe	1883
769	Siebs, Th.	Dr. ph., Univ.-Prof.	Greifswald	1888
1012	Sieveking, Herm.	Dr. med., Phyficus	Hamburg	1897
911	Sievers, Ed.	Dr. ph., Univ.-Prof.	Leipzig	1893
779	Singer, S.	Dr. jur. u. ph., Univ.-Profeffor	Bern	1888
1066	Singer, R.		Bronswice, Galiz.	1900
938	Soltau, Otto	Verlagsbuchhändler	Norden	1894
1050	Spitzer, Joh.	Dr. ph., Bibliotheks-Sekretär	Hamburg	1899
317	Sprenger, R.	Dr. ph., Profeffor	Northeim	1877
651	Staehle, A.	Hauptmann a. D.	Neuenhaus bei Osnabrück	1886
167	Starck, Chr.	Dr. ph., Profeffor	Doberan	1876
1072	Steinbach, Otto	Gymnaf.-Oberlehrer	Bielefeld	1901
902	Stoelting, Alwin	Oberlehrer	Witten i. W.	1893
893	Stoett, F. A.	Dr. ph., Gymnafial-Lehrer	Amfterdam	1893
333	Strauch, Ph.	Dr. ph., Univerfitäts-Profeffor	Halle a. S.	1878
783	Stübe, Joh.	Kaufmann	Hamburg	1888
258	Stuhlmann, E. J. A.	Dr. ph., Schulrat	Hamburg	1876
975	Teut, H.	Poftverwalter	Fuhlsbüttel bei Hamburg	1895
361	Tümpel, H.	Dr. ph., Oberlehrer	Bielefeld i. W.	1878
74	Ulex, G.	Apotheker	Hamburg	1875
716	Verdam, J.	Dr. ph., Univ.-Prof.	Leiden	1885
762	Vogt, F.	Dr. ph., Univ.-Prof.	Breslau	1887
13	Voigt, J. F.	Dr. jur., Rat	Hamburg	1874
1013	Volckmar, Erich	Oberlehrer	Höxter	1897
1028	Vofs, C.	Lehrer	Kiel	1898
920	Voulliéme, Ernft	Dr. ph., Bibliothekar	Halenfee bei Berlin	1894
1022	Wadftein, Elis	Dr. ph., Univ.-Prof.	Gotenburg	1897

Nr. der Lifte	Name	Beruf	Wohnort	Mitglied feit
1060	Wagner, Ferd.	Dr. ph., Stadtarchivar	Göttingen	1900
634	von Waldberg, Max, Freiherr	Dr. ph.. Univ.-Prof.	Heidelberg	1883
2	Walther, C.	Dr. phil.	Hamburg	1874
1071	Weber, Hugo	Beamter	Hamburg	1901
75	Welpmann, Karl	Profeffor	Hagen i. W.	1875
332	Wendeler, C.	Dr. ph., Prof.	Steglitz bei Berlin	1877
205	Wenker, G.	Dr. ph., Prof., Ober-Bibliothekar	Marburg i. H.	1876
964	Wernfing, Heinr.		Greenview, Illinois	1895
523	Wesmöller, Franz	Profeffor	Brilon	1880
935	Wiepen	Dr. ph., Profeffor .	Köln	1894
483	Wiefemann, A.	Marine-Oberpfarrer	Kiel	1879
51	Winkler, Joh.	Arzt	Haarlem	1875
499	Wohlwill, A.	Dr. ph., Profeffor	Hamburg	1879
875	Wolff, H.	Kommerzienrat	Braunfchweig	1891
696	Woffidlo, Rich.	Gymnaf.-Oberlehrer	Waren i. Mecklb.	1885
708	Wrede, F.	Dr. ph., Univ.-Prof.	Marburg i. H.	1885
1076	Wynen	Bürgermeifter	Werne a. d. Lippe	1901
364	Zahn, W.	Bibliothekar	Hamburg	1878
881	Zernial	Dr. ph., Profeffor	Gr. Lichterfelde	1892
126	Zimmermann, Paul	Dr. ph., Archivar	Wolfenbüttel	1875
946	Zincke, Th.	Dr. ph., Univ.-Prof.	Marburg	1895

Anstalten und Vereine.

Nr. der Lifte	Ort	Namen	Mitglied feit
676	Aurich	Oftfriefifche Landfchaft	1884
137	Berlin	Gefellfchaft für das Studium der neueren Sprachen	1875
144	Berlin	Königliche Bibliothek	1876
145	Berlin	Univerfitäts-Bibliothek	1876
339	Berlin	Gefellfchaft für deutfche Philologie	1878
694	Berlin	Germanifches Seminar der Univerfität	1885
722	Berlin	Verein Quickborn	1885
1038	Berlin	Verein der Mecklenburg-Schweriner	1898
18	Braunfchweig	Stadtbibliothek	1874
89	Braunfchweig	Gymnafialbibliothek	1875
679	Bremen	Archiv	1884

2

Nr. der Lifte	Ort	Namen	Mitglied feit
990	Bremen	Stadtbibliothek	1896
982	Bryn Mawr Pa. U. St.	Bryn Mawr College	1896
1067	Danzig	Stadtbibliothek	1900
422	Detmold	Landesbibliothek	1879
170	Düffeldorf	Königliche Landesbibliothek	1876
859	Einbeck	Realprogymnafium	1890
493	Emden	Bibliothek der Gefellfchaft für bildende Kunft und vaterländ. Altertümer	1879
936	Emmerich	Gymnafialbibliothek	1894
1051	Eutin	Grofsherzogliche Bibliothek	1899
845	Freiburg i. B.	Univerfitätsbibliothek	1889
735	Giefsen	Univerfitätsbibliothek	1888
944	Glückftadt	Gymnafium	1894
844	Göttingen	Königl. Seminar für deutfche Philologie, Univerfität	1889
1010	Gothenburg	Stadtbibliothek	1897
828	Greifswald	Univerfitätsbibliothek	1889
829	Greifswald	Germaniftifches Seminar der Univerfität	1889
657	Halle	Königliche Univerfitätsbibliothek	1884
99	Hamburg	Stadtbibliothek	1875
154	Hannover	Stadtbibliothek	1876
248	Heidelberg	Univerfitätsbibliothek	1876
1058	Innsbruck	Kaif. Königl. Univerfitätsbibliothek	1900
481	Kaffel	Ständifche Landesbibliothek	1879
1008	Kiel	Germaniftifches Seminar der Univerfität	1897
1026	Kiel	Schleswig-Holft. Landesbibliothek	1898
1070	Kiel	Verein Quickborn	1901
110	Königsberg	Königliche Univerfitäts-Bibliothek	1875
904	Leiden	Maatfchappij der Nederlandfche Letterkunde	1893
247	Leipzig	Univerfitäts-Bibliothek	1876
710	Leipzig	Königl. deutfches Seminar der Univerfität	1885
349	Lübeck	Stadtbibliothek	1878
865	Marburg i. H.	Germaniftifches Seminar der Univerfität	1890
895	Marburg i. H.	Univerfitätsbibliothek	1893
970	Münfter i. W.	Königliche Paulinifche Bibliothek	1895
107	Oldenburg	Grofsherzogliche öffentliche Bibliothek	1875
750	Quedlinburg	die Stadt	1887
886	Riga	Gefellfchaft für Gefchichte und Altertumskunde der Oftfeeprovinzen Rufslands	1892
173	Roftock	Grofsherzogliche Univerfitäts-Bibliothek	1876
880	Roftock	Gymnafialbibliothek	1892
896	Salzwedel	Altmärkifcher Verein für Vaterländifche Gefchichte und Induftrie	1893
436	Schleswig	Königliches Staatsarchiv	1879

Nr. der Lifte	Ort	Namen	Mitglied feit
360	Schwerin	Verein für Mecklenburgifche Gefchichte und Altertumskunde	1878
639	Soeft	Verein für die Gefchichte von Soeft und der Börde	1883
272	Stade	Verein für Gefchichte und Altertumskunde der Herzogt. Bremen und Verden und des Landes Hadelu	1877
520	Stettin	Gefellfchaft für Pommerfche Gefchichte und Altertumskunde	1880
358	Strafsburg	Kaiferliche Univerfitäts- und Landesbibliothek	1878
1057	Tübingen	Königliche Univerfitätsbibliothek	1900
887	Upfala	Königliche Univerfitätsbibliothek	1892
582	Weimar	Grofsherzogliche Bibliothek	1881
101	Wernigerode	Fürftlich Stolbergfche Bibliothek	1875
1068	Wiesbaden	Naffauifche Landesbibliothek	1901
504	Wismar	Bibliothek der grofsen Stadtfchule	1879
19	Wolfenbüttel	Ortsverein für Gefchichte und Altertumskunde	1874
86	Wolfenbüttel	Herzogliche Bibliothek	1875
864	Worms	Paulus-Mufeum	1890

II. Mitteilungen aus dem Mitgliederkreife.

Büchten (XXII, 20).

a. In der Stelle im Koker S. 324: vele wardt begreppen myt der handt, dat me darmede wyl büchten haben wir nach Walther nicht das Verb büchten, nnd. buchten 'biegen' zu fehen, fondern ein anderes buchten, das wie bagen nicht blos prahlen, fondern ebenfalls entweder 'feinen Uebermut treiben' oder auch 'in nichtiger, eitler Weife tändeln' oder Aehnliches bedeutet haben mag. Der Gedanke der Sentenz im Koker wäre etwa: 'Mancher fetzt fich in den Befitz von Dingen, um mit ihnen zu prahlen, fein übermütiges Spiel zu treiben, feiner Eitelkeit und Hoffahrt zu fröhnen', während die (übrigens nicht von mir gegebene) Ueberfetzung: 'Vieles wird mit der Hand ergriffen, was man (oder: dafs man es) damit d. h. mit der Hand (oder: dadurch d. h. durch das Ergreifen) biegen will' eine Sentenz enthielte, die man dem Verfaffer des Koker nicht zuzufchreiben brauche. Für feine Anficht macht Walther noch geltend, dafs buchten 'biegen' eine erft in der Neuzeit nachweisbare Ableitung von Bucht fei.

Wenn auch buchten erſt in der Neuzeit nachweisbar iſt, ſo geht daraus nicht mit Notwendigkeit hervor, daſs dieſe Bildung nicht älteren Datums ſein kann. Ich für meine Perſon halte ſie für älter. So oft ich den Koker geleſen· habe, habe ich den Eindruck gehabt, daſs er nach Inhalt wie Sprache nicht mehr rein ſei, und doch ſtimme ich Walther bei, daſs er älter iſt, daſs er von dem Braunſchweiger Zollſchreiber Herman Bote verfaſst iſt (Nd. Korr. VI, 67 ff.). Wie erklärt ſich dieſer Widerſpruch? Die Sentenzen, die der Koker enthält, ſind echt volkstümlich, ſtammen aus dem Volke, und Volksſprache und Volksauffaſſung damaliger Zeit ſtehen von Sprache und Auffaſſung des Volkes heutiger Zeit nicht ſo weit ab, wie man nach Sprache und Inhalt der andern rund. Denkmäler annehmen ſollte. Der Koker zeigt, wie zur Zeit ſeiner Entſtehung das Volk ſprach und dachte, und lehrt, daſs buchten, obwohl erſt in der Neuzeit nachweisbar, doch älter iſt. Vgl. auch ags. byht, mittelengl. boght 'Bucht'.

Walthers Anſicht, dass an unſerer Stelle büchten nicht 'biegen' bedeuten könne, hängt mit ſeiner Erklärung derſelben zuſammen. Weder die Ueberſetzung: 'Vieles wird mit der Hand ergriffen, was man damit biegen will' noch die andere: 'Mancher ſetzt ſich in den Beſitz von Dingen, um mit ihnen zu prahlen' ſcheinen mir das Richtige zu treffen. Ich halte vele nicht für Subſt. Vieles, ſondern für das Adverb viel, häufig und überſetze: 'Häufig wird (dasjenige) mit der Hand befaſst, angefaſst, was man damit d. h. mit der Hand biegen will.' Man denke ſich nur, man wollte einen fingerdicken Stock oder überhaupt Holz mit der Hand biegen, z. B. zu einem Bogen (bejjel) an der Senſe, ſo läſst ſich das nicht mit einem Ruck ermöglichen, ſouſt würde das Holz brechen, ſondern durch allmähliches Biegen, indem man die Hand immer ein wenig weiter ſetzt und ſomit das Holz viel, oft be- oder anfaſst. Das kommt im praktiſchen Leben oft vor, ich kenne es aus eigener Erfahrung. Die Sentenz entſpricht also thatſächlichen Verhältniſſen und iſt echt volkstümlich. Der Zuſatz myt der handt, der in Walthers Ueberſetzung nicht hervortritt, aber gerade weſentlich iſt, ſpricht beſonders gegen die Richtigkeit ſeiner Deutung. Die Sentenz iſt vermutlich in übertragenem Sinne gebraucht wie ſo viele andere; ſo bedeutet in Cattenſtedt die Redensart: wën de kau hèrt, dö ſât ſe bî'n ſchwanze ein jeder ſorge für oder bekümmere ſich um das Seine, ſonſt geht es verloren.

Blankenburg a. H. Ed. Damköhler.

b. In der Ueberſetzung der Verſe im Koker durch 'Häufig wird (dasjenige) mit der Hand befaſst, angefaſst, was man damit, d. h. mit der Hand biegen will' kann ich keinen allgemeinen Erfahrungsſatz erkennen. Gar manches wird gleich beim erſten Griff gebogen. Man hätte erwartet: vele wardt vaken begreppen etc., vieles wird häufig befaſst. Ebenſo ſteht 'vele' für 'vieles' Koker S. 337: vele wart vor dem halſe vorſmacht (abgedarbt, durch Hungern erſpart) und wart doch denne nicht geſpard. Aber 'vaken' fehlt in der ſtreitigen Sentenz; dagegen ſoll 'vele' dasſelbe beſagen und 'vele begripen' vom häufigen Anfaſſen verſtanden werden. Nun iſt zwar richtig, daſs 'vele' im Mndd. nicht bloſs eine Vielheit, Menge bezeichnete, ſondern auch als Adverb ſowohl vor anderen Adverben und vor Adjectiven, wie im Mhd., als auch vor Verben den Begriff derſelben verſtärkte und ſchliefslich ſogar zur Bezeichnung der Wiederholung des Verbalbegriffes diente. In einem Vocabular bei Diefenbach, Novum Gloſſarium etc., wird ſaepe z. B. gloſſiert: dicke, vel, vele, vake, vaken, ſtedeliken. Allein ſolche iterative Verwendung von 'vele' fand doch gewiſs ihre Einſchränkung durch das Gebot der Verſtändlichkeit. In 'vele wardt begreppen myt der handt' würde 'vele', als 'häufig' verſtanden, unrichtig getrennt von 'begreppen' ſtehen; es hätte heifsen müſſen: 'dat wardt vele begreppen myt der handt etc.' Wie aber die Worte lauten, 'vele wardt begreppen etc.', wird jeder Leſer ohne weiteres 'vele' als 'vieles' verſtehen. Die Auffaſſung als 'häufig' läſst ſich auch nicht aus dem Sprachgebrauch des Kokers rechtfertigen.

Vele im Sinne von oft, häufig wird meiſtens in Verbindung mit vaken und dicke gebraucht, ſo auch im Koker: de vaken und vele wil drinken S. 630; men roept vaken und vele to yodute S. 331; de wart vaken und vele beſtolen S. 347; de let ſik vaken und vele beſchauwen S. 360; de doen dicke und vaken ſchaden S. 367; vele wenen und vaken ſüchten, dat maket eyn unfrölik herte S. 324. Ferner wird gerne im Vorderſatz 'vele', im Nachſatz ein Synonym gebraucht: de vele wil in den düſtern ghau, de ſtott ſik vaken an de ſchenen S. 310; we de vele rennet in der ſchare, den ſüt me dicke ſtorten S. 317; de vele wil ryen ane toem, de licht vaken in dem ſaude S. 318; wor men dat haer wil vele plücken, dar kumpt dicke overmaut ut S. 369. Wo 'vele' allein ſteht, reicht man zum Verſtändnifs mit den Bedeutungen 'viel' oder 'ſehr' aus: wat men me dar vele raſſelen[1]) dar me umb natelremen plutert[2]) S. 339; mennich ſik mit pralen vele vormit (ſich vermiſst, ſich auffpielt), und is doch men idel armant S. 322. Den Sinn von 'häufig' kann ich höchſtens bemerken in der Stelle S. 341: dar me de keſſerlinge vele wetert,[3]) dar denkt men wer (weder) to ſeden efte (noch) to braden. In dieſen Fällen ſteht 'vele' aber dicht vor dem Verb, zu dem es dem Sinne nach gehört. Wenn das Adverb 'oft' den Satz beginnt, ſo vermeidet der Koker das misverſtändliche 'vele' und ſetzt 'vaken' dafür: vaken ſyn grote ſtanke in eyner kulen S. 313; vaken eyn dem andern drauwet S. 317; we ſine vyende to ringe vorſleyt, vaken dat it öme achterna ruwet S. 358. Dieſer Sprachgebrauch ſpricht ſtark gegen Damköhler's Erklärung.

Sodann buchten im Sinne von biegen und als ſchon mittelalterliches Wort. Wie 'flüchten' nicht ganz dasſelbe bedeutet wie 'fliehen', ſondern urſprünglich 'in die Flucht ſchlagen' und 'durch Flucht in Sicherheit bringen' und ſich erſt ſpät aus dem reflexiven 'ſich flüchten' die intranſitive Notion 'fliehen' entwickelt hat, ebenſo haben die von mir angeführten bugte, hochten, verbochten nicht den allgemeinen Sinn von 'biegen', ſondern drücken begrenzte Modificationen des Begriffes aus. Und dasſelbe wird auch mit dem Braunſchweigiſchen buchten der Fall

---

[1]) eig. lärmen, toben, ſpeciell mit den Würfeln raſſeln und klappern, würfelſpielen, dann überhaupt ein Glückſpiel ſpielen, endlich ſoviel wie durch Glückſpiel und ſonſt ohne Mühe, durch Zufall gewinnen; ſo hier und in Bote's Schichtbuch (Hänſelmann, Braunſchweig. Chron. II, 415, 4): dar konde neymet neyn vordel mer ane raſſelen, an einer Geldſorte keinen Profit mehr machen.

[2]) pluteren? natelremen, Neſtel-, Hoſenriemen.

[3]) wo man die heifsen Steine (in der Badſtube) zur Qualmerzeugung mit Waſſer begiefst, im Gegenſatz zur Benutzung der Kieslinge beim Feuerſchlagen.

fein. Schon dafs es, wie aus Damkühler's Angabe wohl gefchloffen werden darf, nur reflexiv gebraucht wird, gehört dahin. Schwerlich wird man es tranfitiv gebrauchen, wie in der Stelle des Kokers angenommen ift, und etwa fagen: 'ek buchte den Stock', höchftens intranfitiv: 'de Stock buchtet'? Ich möchte ·faft vermuthen, dafs dies buchten vielleicht gar keine Ableitung aus dem Subftantiv Bucht ift, vielmehr aus Misverftändnifs der obfolet gewordenen Praefensform he bucht des stark flectierten bügen, refp. bëgen, fich biegen, intranf. biegen, vom Volke gebildet worden ift. Diefe Form findet fich im Koker z. B. S. 365: beter is de rode de dar bucht, wen (als) de rode de da brikt und knicket, während er das aus 'bugen' abgeleitete fchwache bogen tranfitiv verwendet: we da eynen penning to fere boget, de breke wol draden fuelle entwey S. 376. Mag 'buchten' aus 'de Bucht' oder aus 'he bucht' ftammen, fo läfst fich meines Erachtens daran nicht zweifeln, einmal dafs es eine moderne Wortbildung ift und zweitens dafs es als kein blofses Synonym von 'bogen, bögen' betrachtet werden kann.

Hamburg.   C. Walther.

Zum Annoliede.

727 do stuont dir ein stuol ledig unt cirlich:
Seint Anno wart sinis vil gemeiht.

Statt gemeiht fetzt Roediger in feiner Ausgabe (Hannover 1895) des Reimes wegen vrôlich. Der Ueberlieferung entfprechender wäre gémelich.

Northeim.   R. Sprenger.

Der alte Maitag (XXII, 23).

Der alte Maitag ift hier nicht der 8. Mai, fondern der 12. Mai. In Eiderftedt gehen noch heute die Dienftboten ›old Mai‹ in den Dienft und aus dem Dienft. In Dithmarfchen und Stapelholm heifst es ›old Mai mutt fik en Krai in'e Rogg verfteken kunn'‹. Wie mir ein nunmehr verftorbener Freund mitteilte, hätte ehedem auch ein ·old Michaelis‹ in Dithmarfchen eine Rolle gefpielt.

Dahrenwurth b. Lunden.   .   Heinr. Carstens.

Talhêd (XXII, 22).

a. Zu der zweifellos das richtige treffenden deutung von af. talhêd in den ftrafsburger gloffen möchte ich auf meine anmerkung zu Gerhard von Minden 122, 19 hinweifen: dort ift das einfache adjektiv tal 'munter, wacker' aus dem rävensbergifchen und diepholzifchen belegt, und es fcheint mir noch immer, dafs talicheit und léfgetal daran angeknüpft werden müffen.

Jena.   Albert Leitzmann.

b. Die Stelle des Mindener Aefop, auf die Prof. Leitzmann fich bezieht, findet fich in einer Fabel, welche Fliege und Ameife fich über die Vorzüge ihrer verfchiedenen Lebensweifen ftreiten läfst. Die Fliege trumpft damit auf: min talicheit fo höget mi; du arme krup, wat vrouwet di? (Die Fabeln Gerhards von Minden, hrsg. v. A. Leitzmann, Halle a. S. 1898 S. 191.) Statt 'talicheyt' der Wolfenbütteler Handfchrift hat die Münchener 'tallicheit', welche Form die Kürze des Vocals verbürgt.

Hoffmann von Fallersleben, Niederdeutfcher Aefopus, Berlin 1870, S. 25 hatte das Wort als gleichbedeutend mit leeftalicheit, mndl. lief-tallicheit (Liebenswürdigkeit) genommen Das einfache talicheit dem zufammengefetzten leeftalicheit gleichzuftellen geht aber fo wenig an, wie Würdigkeit der Liebenswürdigkeit; das Beftimmungswort verleiht dem Compofitum eine befondere Bedeutung. Auch ift die Fliege weder liebenswürdig noch beliebt; al de werlt, de is di hat (hafst dich), entgegnet Z. 45 die Ameife. Man mufs Leitzmann beipflichten und talicheit als Munterkeit, Hurtigkeit, Gewandtheit verftehen. Das Subftantiv ift ohne Zweifel mit jenem Adjectiv tal gebildet, und diefes mag im Adjectiv (Adverb?) talle = munter (von Hunden in der Gegend von Diepholz gebraucht; f. Jellinghaus, Weftfäl. Grammatik S. 108) noch fortleben.

Vielleicht dürfen wir dasfelbe Wort auch im tâl der Göttingifchen und Grubenhagenfchen Mundart (f. Schambach, Wörterbuch), welches fchlank bedeutet, wiederfinden trotz des langen Vocals und der abweichenden Bedeutung. Es läfst fich dazu nämlich das engl. tall vergleichen, welches von Eduard Müller, Etymolog. Wörterbuch der Engl. Sprache, wohl mit Recht auf ein, freilich nicht überliefertes, aber aus jenem getäl und leoftäl zu folgerndes angelfächf. täl zurückgeführt wird: »in dem älteren Engl. hat tall zugleich, wo nicht vorzugsweife den Sinn tüchtig, tapfer, nach Junius hatte es auch die Bedeutungen obedient, obfequious, every way flexible, und fo könnte es aus dem agf. täl, wie fmall aus fmäl, entftanden fein, mit welchem täl Ettmüller (Lexicon Anglofaxonicum p. 520) das goth. tals in untals, indoctus, vergleicht; die Begriffsentwickelung wäre dann: paffend, tüchtig, ftark, grofs.« Die Verlängerung des Vocals haben wir ebenfo in fchmahl = mhd. fmal, und die Bedeutung fchlank fteht der urfprünglichen noch näher, als die von grofs.

Das angezogene agf. leoftäl, mndl. liefghetal, -ghetael, -ghetalligh, mndl. lieftallig, -talig, mndd. leif-, leefghetal, -talich, taldich, am Ndrrhein noch jetzt leeftalig, Bremifch (Brem. Wb.) leeftalig und entftellt leefdalig, oftfrief. (Stürenburg und Doornkaat) leeftallig, auch leeftaddig gefprochen, hufumifch (Schütze, holft. Idiot.) leeftadig, liebreich, freundlich, gefällig, ift (f. Franck, Etymologifch Woordenboek der Nederlandfche Taal, S. 571) mit tal, gital gebildet; welche Bedeutung diofes in der Zufammenfetzung hat, ift jedoch, wie Franck bemerkt, noch nicht aufgeklärt. Ob das Compofitum aufser am Niederrhein und in Oftfriesland noch fonft in Norddeutfchland erhalten ift?

Hamburg.   C. Walther.

Zum Siebenfprung (XXI, 79. XXII, 26).

Wegen diefes Tanzes ift vor allem hinzuweifen auf den intereffanten und ausführlichen Artikel von F. Höft in der Zeitfchrift »Am Urds-Bruunen« Bd. 6, Jgg. 7 S. 1—8, wo eine Anzahl Texte und auch Melodien mitgeteilt find.

Dahrenwurth.   H. Carftens.

Der meklenburgifche Text zum Siebenfprung (XIII, 39. XXII, 27).

Es fcheint Latendorf entgangen zu fein, dafs der Text zum Siebenfprung fich auch in Reuters Stromtid findet. Vgl. 3. Theil, K. 40 (Volksausg. 7. Bd. S. 359): »Un as de Polonäs' tau Enn' was, fpelte David
Berger en langfamen Walzer: 'Du, du, liegft mir am Herzen, Du, du, liegft
mir im Sinn,' un ut de Firn' antwurt'te em en anner Mufikkur: 'Unfe Katt
hett negen Jung'n, Dat hett Nabwers Kater dahn,' un as hei wider fpelte:
'Du, du machft mir viel Schmerzen, Weifst ja wie gut ich dir bin,' kamm
ut de Firn' de Antwurt: 'Nimm den Kater, Smit'n in't Water,' un fo wider,
denn Fru Nüfslern hadd dat anordnirt, dat de Lüd ok danzten in den
Melkenkeller.«

Northeim.   ————————   R. Sprenger.

Lobbe (XXII, 4).

Zu verweifen ift noch auf J. ten Doornkaat-K. Oftfrief. Wb. II, 517.
Northeim.   ————————   R. Sprenger.

Huke und Hucke.

In mehreren Orten des Braunfchweigifchen Landes war es üblich, den
Kindern, die an gefchwollenen Zäpfchen litten, »de Hnke uptetrecken.«
»Huke uptrecken hilpet allebott,« war das herrfchende Wort. Einzelne
Leute ftanden in dem Rufe, befonders gefchickt darin zu fein.

Man fafste einen Schopf Kopfhaare des kranken Kindes, der dicht
hinter dem Wirbel wuchs und rifs mit einem kräftigen Ruck daran. Ein
Wort, das man einem Verfolgten zurief: »Teuf, ick will dick de Huke uptrecken!« beftätigt, dafs es gewifs nicht ohne Schmerzen bei dem kräftigen
Ruck abgegangen ift.

Nun gab es bekanntlich in den Niederlanden bei den Damen die Mode,
die fich im 16. Jahrhundert auch in Deutfchland, zumeift in den Haufe-
ftädten, einbürgerte, eine »Hucke« zu tragen. Ein folche Hucke war ein
einfacher, mantelartiger Umhang, der über den Kopf gezogen wurde, und
der vorn einen pilzförmig ausfehenden Schmuck aus Metall hatte, deffen
fcheibenförmige, bisweilen trichterförmig vertiefte Platten, aus deren Mitte
eine mit Quaften verzierte Handhabe emporftieg, auf die Stirn gefetzt
wurde, um zur Befeftigung des Umhanges oder des Schleiers zu dienen.
Sind beide Wörter desfelben Urfprungs?

Braunfchweig.   ————————   Th. Reiche.

Ufel = Afche (XXII, 13).

Das Wort war bisher auf niederd. Gebiet in diefer Form und Bedeutung als lebend nicht belegt. Vilmar, Kurhef. Idiot. S. 428 bemerkt
unter Uffeln: »Diefes alte Wort ift in Oberheffen, befonders in deffen füd-
lichem Teile, noch allgemein üblich, mufs jedoch im Anfange diefes Jahrhunderts auch in Niederheffen, wo es fich nicht mehr will auffinden laffen,
üblich gewefen fein, denn die Funken, welche im verbrannten Papier hin-
und herlaufen (an deren Laufen, als an 'den Leuten, die aus der Kirche
gehen', fich die Kinder zu ergetzen pflegen) hiefsen damals im öftlichen
Heffen die Isseln.« Vgl. auch Müller-Zarnckes Mhd. Wb. III, 195; Lexer II,

2017. Die mnd. Form ift osele = Funkenafche, Lichtfchnuppe; f. Schiller-Lübben III, 242. In letzterer Bedeutung wird es auch verzeichnet im Brem. Wb. III, 274 und bei Schambach S. 148; vgl. 146.
Ussel f. »verglimmender Funke« verzeichnet auch P. J. Fuchs in feinem Deutfchen Wörterbuch auf etymologifcher Grundlage. Stuttgart 1898 S. 313. Er irrt aber, wenn er vermutet (S. 201), dafs dicfes Wort mit dem nd. Ose = Dachrinne verwandt fei. Ueber letzteres (zufammengezogen aus ovese, got. ubizva, ahd. opasa, altn. ups, ufs, agf. efese, engl. eaves) ift zu vergleichen F. Grimm, Rechtsaltert. S. 549, 5; Schiller-Lübben Bd. 3, S. 287; ten Doornkaat Koolman Oftfrief. Wb. II, 688; Stürenburg Oftfrief. Wb. S. 170; Brem. Wb. (oese) S. 273. Schmeller-Frommann I, 164. 165 verzeichnet als bayerifch: Uessel, Issel, Funkenafche, Isel »Kehricht, Unrat, Kot«; ferner Ysel »Abtritt« und Popen-Eissel »Rauchfang-Ziegel, Gogk-Eissel, Ziegelftein von halber Breite«. Auch hier fcheinen die beiden verfchiedenen Worte vermengt.
Northeim.   R. Sprenger.

Bichte = Geld.

Die Erwähnung der Stelle aus dem Koker S. 234 (XXII, S. 21) erinnert mich daran, dafs in dem Rotwelfch der Fleifcher in Braunfchweig (vgl. XXII, S. 21, Z. 3 v. u.) Bichte = Geld ift, wovon, wenn ich mich recht erinnere, auch das Verbum bichten = bezahlen gebildet wird. Ob dies zur Erklärung der fchwierigen Stelle beiträgt, wage ich nicht zu entfcheiden; doch möchten weitere Mitteilungen über das eigentümliche Wort erwünfcht fein.
Northeim.   R. Sprenger.

Polkafchlächter.

So heifst in der Provinz Sachfen ein Fleifcher, der nicht bankmäfsiges Fleifch verkauft. Polk (Danneil) heifst nd. ein nicht ausgewachfenes Schwein. Ich glaube aber, dafs der Ausdruck hergenommen ift vom Pólak (mit diefer Betonung auch als Eigenname), dem Polen, dem ja der Deutfche allerart Unordnung zutraut.
Northeim.   R. Sprenger.

Die betrübte Braut (XXII, 17).[1]

Chriftinchen in dem Garten,
Drei Rofen zu erwarten.
Das hat Chriftinchen am Himmel gefehn,
Dafs fie im Rheine follt untergehn.

Sie ging zu ihrem Vater.
Ach Vater, herzliebfter Vater,
Könnte dies und das nicht möglich fein,
Dafs ich noch ein Jahr könnte bei euch fein?

---

[1] In den »Volksüberlieferungen« find XXII, 9 f. bedauerlicherweife ein paar Druckfehler ftehen geblieben. S. 9 Z. 21 v. o. mufs es 'lachen' ftatt 'laufen' heifsen; und Z. 2 v. u. S. 10 Z. 1 v. o. 'Hufteer Bufch' (ftee = Stätte).

Ach nein, das kann nicht gehen,
Diefe Heirat mufs gefchehen.
Mein Kind, das bilde dir ja nicht ein.
Du mufst wohl fahren noch über den Rhein.

Sie ging zu ihrer Mutter.
Ach Mutter, herzliebfte Mutter.
Könnte dies und das nicht möglich fein,
Dafs ich noch ein Jahr könnte bei euch fein?

Ach nein, das kann nicht gehen,
Diefe Heirat mufs gefchehen.
Mein Kind, das bilde dir ja nicht ein.
Du mufst wohl fahren noch über den Rhein.

Der König kam gefahren
Mit vierundvierzig Wagen.
Eine Kutfche die war mit Golde befchlagen,
Darin er wollt Chriftinchen fahren.

Und als fie auf die Brücke kamen,
Zerbrachen gleich zwei Bretter.
Das hat Chriftinchen am Himmel gefehn,
Dafs fie im Rheine follt untergehn.

Was zog er aus feiner Tafche?
Ein Tuch fchneeweifs gewafchen,
Ein Meffer, das war von Golde fo roth.
Damit ftach er fich felber todt.

Diefe Faffung des Liedes wurde mir vor langen Jahren aus der Einbecker Gegend mitgetheilt.
Mechtshaufen am Harz.   —————   W. Bufch.

Hifen, hiffen (XIX, 78. 81. XX, 1).

a. Lübeck fagt hiffen.
Lübeck.   C. Schumann.

b. Hë'fs de Flagg up (mit langem e, etwas ins i nachklingend, und fcharfem s) heifst es hier an der 'Waterkante'. Als Infinitiv hatte ich in der Stadt nur hiffen gehört, was den Seeleuten für hochdeutfch gilt.
Wismar.   F. Techen.

Zu den Volksüberlieferungen aus Wiedenfahl (XXII, 7 ff.).

Nr. 2. Zum »Gutenabend« vgl. H. Pröhles Harzfagen 2. Aufl. Leipzig 1886, S. 134 »Das vertriebene Gefpenft« aus Klaufthal.

Nr. 8. »Albeid die Gans.« Es ift bemerkenswert, dafs hier derfelbe Name der Gans erfcheint wie in Reinke de Vos 1779.

Nr. 9 Die Verfe: »Ich bin fo fatt, Ich mag kein Blatt« wurden von uns Kindern in Quedlinburg fcherzhaft gebraucht, wenn wir bemerken wollten, dafs wir gefättigt waren. Die Gefchichte von der launifchen Ziege fcheint früher weit verbreitet gewefen zu fein.
Northeim.   R. Sprenger.

Zum Mnd. Wörterbuch.

VI (Nachtrag), 253: fchelbrade? Dat punt von den fchelbraden (vom Schweine) vor 11 Pfg. Gött. Urk. v. 1527. — Jedenfalls daffelbe, was Schellnbraod'n, der Rippenbraten, befonders vom Schweine bei Danneil, Wb. der altmärkifch-plattd. Mundart S. 184. Das Wort ift bei Schambach nicht verzeichnet und fcheint im Göttingifch-Grubenhagenfchen erlofchen. In Quedlinburg wurde noch in meinen Kinderjahren der ›Schell-braten‹ auf den Tifch gebracht. Dort wird auch noch heute, wie mir meine Frau mitteilt, von den Fleifchern die ›Schellribbe‹ verkauft, die hier ›Rippenftück‹ heifst. Da das Fleifch fich in gebratenem Zuftande leicht in kleinen Stücken ablöft, fo kann an Ableitung von ndd. fchell'n, ab-fchälen gedacht werden; vgl. auch fchelwern, fchilwern, fich in kleinen Platten (Schuppen) ablöfen. Schambach S. 183.

Northeim. ———————— R. Sprenger.

Druwappel?

Wer giebt eine nähere Beftimmung der Druwäppel mit denen bei Reuter (Werke Bd. VI, S. 206 Volksausg.) Lining und Mining verglichen werden. J. Brinckmann, Kafpar Ohm 5. Aufl. Roftock 1894 S. 39 führt auf: bottergele Druwappels.

Northeim. ———————— R. Sprenger.

Billenbrod (XVIII, 43).

Da in Quedlinburg häufig i ft. ü gefprochen wird, fo halte ich es doch jetzt für wabrfcheinlicher, dafs das Gebäck von dem durch' Reiche (XXII, 7) nachgewiefenen hüllen, einer Sorte Weizenmehles den Namen hat.

Northeim. ———————— R. Sprenger.

III. Litteraturanzeigen.

Woffidlo, Rich., Ein Winterabend in einem mecklenburgifchen Bauern-haufe. Nach mecklenburgifchen Volksüberlieferungen zufammengeftellt. Wismar, Hinstorff'fche Hofbuchh. 1901. (60 S. u. 3 Taf.) 1 Mk.

Ein plattdeutfches Theaterftück mit Gefang und Tanz. Der Titel erinnert an die plattdeutfche Idylle ›De Winterawend‹ des Mecklenburgers Joh. Heinr. Vofs. Das Stück ift bereits vor dem Druck in Malchin und in Berlin vor-trefflich aufgeführt und hat eine freundliche Aufnahme gefunden. Der Herausgeber nennt dasfelbe eine Blütenlefe heimifcher Volkspoefie und will durch dasfelbe feine Landsleute von dem Werte alter Ueberlieferung und alter Sitte überzeugen. Es treten auf: Bauer und Bäuerin nebft zwei Töchtern, die Grofsmutter, der Kuhfütterer, der Grofsknecht, der Hütejunge, zwei Mägde und ein junger Nachbarfohn, zufammen elf Perfonen. Das weniger an Handlung als an alten Sprichwörtern und Redensarten über-reiche Stück beginnt nach einem mufikalifchen Vorfpiele mit einer Erzählung von den Unterirdifchen im Nibelungenlied feitens der Grofsmutter, woran der Kuhfütterer in altertümlicher Mundart Hexenfagen anknüpft; dann vergnügt fich die ganze Gefellfchaft an Rätfeln und Rätfelfragen, und Annmrick fingt das nach Text und Melodie am weiteften verbreitete aller deutfcben Volkslieder, das niederdeutfche Lied von den zwei Königskindern, die einander fo lieb hatten, zu einander aber nicht kommen konnten, weil

ein tiefes Waffer fie trennte. Sodann giebt der Grofsknecht den alten
Hochzeitsbitterfpruch zum Beften, und alle beteiligen fich an der Wiedergabe der verfchiedenen Leberreime, wie fie in der Gegend von Brudersdorf,
Waren, Barlin, Gorlofen, Woldzegarten, Redefin, Vipperow und Kämmerich
zubaufe find. Verfchiedenen alten Volksliedern: »Oh ne, oh ne«, »Hans
hatte grofsen Durft«, »Oll Mann wull riden« folgen der Schäfergrufs und
der Erntekranzfpruch, jener ein Zwiegefang zwifchen Grofsknecht und Kuhfütterer, diefer von der Magd Fick vorgetragen. Dies giebt Gelegenheit
und Veranlaffung Tanzreime zu fingen, hochdeutfche und plattdeutfche,
und Tänze zu arrangieren, Kiekbufch und Schuftertanz, Polka und Schlufs-
walzer, womit das Stück endigt. Die fämtlichen Vorführungen der alten
Gebräuche werden natürlich feitens der Handelnden in Koftümen ausgeführt.
Das Buch ift mit drei Abbildungen gefchmückt, einem Trachtenbild aus
der Gegend von Rehna und zwei Darftellungen der Bühne, Gefchichten-
erzählen und Schuftertanz, und mit vielen Mufikbeilagen verfehen, zum
Vorfpiel, zu den Liedern, zum Erntekranzfpruch, zu den Tanzreimen und
zu den Tänzen. Die meiften Melodien ftammen aus Malchin, Mirow, Ret-
fchow, Waren und Warfow und find von den Herren Mufikdirektor Köhler
in Waren, Mufiklehrer Rieck in Malchin, den Lehrern Angebauer, Breeft,
Klockmann und Langmann aus dem Volksmunde aufgezeichnet, nach alten
Tanzweifen zufammengeftellt, mit Klavierfatz verfeben, zweiftimmig gefetzt
worden. Ihre Fixierung und Aufzeichnung ift ein befonders wertvoller Teil
des vaterländifchen Büchleins.

So haben viele dazu berufene Kräfte, getragen von Heimatsliebe, ein
Werk gefchaffen, das denen, welche Mutterfprache und Landesfitten feft-
und hochhalten, befonders aber den plattdeutfchen Vereinen, viele Freude
und Erbauung fchaffen wird, fowohl denen, die es handelnd und redend,
fingend und tanzend vorführen, als auch denen, die es lefen, febeu und hören.

Berlin-Schöneberg.   Harzen-Müller.

Notizen und Anzeigen.

Beitragszahlungen find an unfern Kaffenführer Herrn Joh. E. Rabe, Hamburg 1,
gr. Reichenftrafse 11, zu leiften.

Veränderungen der Adreffen find gefälligft dem genannten Herrn Kaffenführer
zu melden.

Beiträge, welche fürs Jahrbuch beftimmt find, belieben die Vorfaffer an das Mitglied
des Redactions-Ausfchuffes, Prof. Dr. W. Seelmann, Charlottenburg, Peftalozziftrafse 103,
einzufchicken.

Zufendungen fürs Korrefpondenzblatt bitten wir an Dr. C. Walther, Hamburg 3,
Krayenkamp 9, zu richten.

Bemerkungen und Klagen, welche fich auf Verfand und Empfang des Korrefpondenzblattes beziehen, bittet der Vorftand direct der Expedition, »Diedrich Soltau's Verlag
und Buchdruckerei« in Norden, Oftfriesland, zu übermachen.

Für den Inhalt verantwortlich: Dr. C. Walther in Hamburg.
Druck von Diedr. Soltau in Norden.

Ausgegeben: November 1901.

Jahrg. 1901.   Hamburg.   Heft XXII. № 4.

Korrofpondenzblatt

des Vereins
für niederdeutfche Sprachforfchung.

I. Mitteilungen aus dem Mitgliederkreife.

Zur mittelniederdeutfchen Medicin.

Schreiber diefes ift Oberdeutfcher; er kann Jahrhunderte zurück feine Vorfahren als Gothen am Brennerpafs erweifen. Ich habe mich aber aus Intereffe an der Gefchichte der Medicin und Naturwiffenfchaften anfser in die mittelhochdeutfche auch in die mittelniederdeutfche Sprache eingearbeitet. Das kann aber immer nur Stückwerk bleiben, da ich, wie gefagt, durch Geburt und Erziehung den niederdeutfchen Sprachen und Dialekten urfprünglich fern ftehe und aufserdem mein Lebensberuf kein philologifcher ift; denn ich bin praktifcher Arzt.

In niederdeutfcher Sprache find nun äufserft intereffante medicinifche Texte erhalten, welche es verdienen würden, den Aerzten, welche fich mit Gefchichte der Medicin befaffen, allgemein zugänglich gemacht zu werden. Prof. Regel mit Beftrebungen in diefer Richtung ift leider längft geftorben. Andere Herren halten aber wohl folche Studien bei dem vielfach fchwindenden wiffenfchaftlichen Intereffe weiterer ärztlicher Kreife für undankbar. Das ift aber durchaus nicht der Fall. Es treten dafür andere Intereffenten ein.

Aus alter Hieroglyphenzeit mehren fich von Jahr zu Jahr die Funde gröfserer zufammenhängender medicinifcher Texte. Meift bleiben Krankheitsbezeichnungen, angewandte Arzneimittel und felbft vielfach die Körperteilnamen einftweilen unbeftimmbar. Wo fich aber bekanntere und damit beftimmbare Worte in diefen drei Richtungen fanden, ergeben fich fehr häufig mittelniederdeutfche Paralleltexte im Gothaer (oder Utrechter) Arzneibuche.

Bei vereinzelten Stellen wird dafür der Völkergedanke nach Baftian mobil gemacht. Hier ergiebt fich aber, wie fchon Georg Ebers publicierte, ein anderer Weg. Aegyptifche Medicin wird auf die Kopten vererbt, dann von den Arabern als angeblich »griechifche« Medicin in das Arabifche überfetzt. Von mohamedanifch-chriftlichen Convertiten, z. B. Conftantinus Africanus, erfolgen lateinifche Ueberfetzungen, befonders in Salerno. Und in Mönchsklöftern werden diefe Schriften in die Volksfprachen übertragen: 1) mittelprovençalifch, mittelnormannifch, mittelenglifch, 2) mittelhochdeutfch, mittelniederdeutfch und mitteldänifch. Ein Anklang an Völkergedanke mag infofern vorliegen, als die mittelniederdeutfchen Arzneibücher, foviel ich bis jetzt beurteilen kann, inftinctiv gerade vielfach die Traditionen altaegyptifcher Medicin fammelten, während ich mittelhochdeutfch vielfach Refte von Keilfchriftmedicin fand.

Als Beifpiel fei erwäbnt, dafs diefer Tage Profeffor Erman einen
bisher unpublicierten Berliner Papyrus, welcher mehr als 3500 Jahre alt
ift, herausgab: »Zauberfprüche für Mutter und Kind«. Unter den drei
vereinzelten Recepten diefes Papyrus lautet das zweite: »Spitzen (?) von
Papyrus (?) und Bilfenkrautfamen fein zermahlen und tem-
perieren mit der Milch einer Frau, welche einen Knaben geboren
hat (in koptifcher Sprache kann durch Aenderung eines einzigen Vokales
ftatt »gebären« »fäugen« verftanden werden). Man giebt einen Krug
voll für ein Kind. Er giebt bei Tag und bei Nacht einen guten
Schlaf.« Im Gothaer Arzneibuch fol. 9a finden wir mit Einfügung von
Mohnfamen und Lattichfamen als Verftärkungsmittel der Bilfenfamenwirkung:
De nicht flapen enkan de neme wyt maenfaet vnde byllenfaet vnde lattikfaet
jewelkes eyn lot, ftot dyt vnde do dar to vrouwen melk de eyn knechtken
foget .... dat gift guden flap.

Es wäre darum für culturhiftorifche Nachweife, für die Erforfchung
der hieroglyphifchen Pflanzennamen und nicht zuletzt für Gefchichte der
Gelehrten- und Volksmedicin eine dankbare Aufgabe, das fyftematifche
Medicinwerk des Gothaer Arzneibuchs, welches 85 Blätter umfafst, herauszugeben.

Was nicht Regel veröffentlicht hat, befitze ich in photographifcher
Reproduction, fo dafs mir perföulich die Texte ftets zugänglich find. Aber
nach meinen Andeutungen werden fich weitere Kreife dafür intereffieren
und Zweck des Vereins für niederdeutfche Sprachforfchung ift es doch auch,
weitere Kreife heranzuziehen. Ich felbft bin zu wenig Philologe, um folch
gröfseren Text zu edieren. Ich hoffe aber mit Realien und realen Parallelen
einem folchen philologifchen Herausgeber unterftützend an die Seite treten
zu können. Wer ift nun bereit, die Medicin feiner mittelniederdeutfchen
Voreltern unter dem Scheffel hervorzuholen und weiteren Kreifen erftrahlen
zu laffeu?

Bad Neuenahr, Rheinpreufsen.   Oefele.

---

gammelware (XXI, 89. XXII, 21).

Unter Hinweis auf das altn. »gamall« wird von Schiller-Lübben 2,
S. 9 »gam(m)elen«, alt werden, verzeichnet und »gammelmat« im Gebrauch
von Lauremberg und Schuppius nachgewiefen. Wie beim »gammelmad«,
alte Speife, Eingefalzenes, Pökelfleifch, fo hat auch bei »gammelviin«, alter,
hlanker Wein, und bei »gammelost«, alter Käfe, das »gammel« im Dänifchen
keine üble Nebenbedeutung, fondern das Betreffende hat entweder durch
das Alter allein oder zugleich auch durch die befondere, feinen fpäten
Genufs ermöglichende Zubereitung eine höhere Güte erlangt. Der Niederdeutfche gebraucht das Wort »gammelig«, foviel ich weifs, nur von Fleifchwaaren und immer mit dem übeln Nebenbegriff: durch Alter in Fäulnifs
gerathen und zwar in eine bei Fleifchwaaren entweder überhaupt nicht
gewollte oder über das für den haut-goût erforderliche Maafs hinausgehende
Fäulnifs. So gebraucht man das Wort wenigftens in Hamburg und in
Roftock. Die Fäulnifs, welche fich in der Schimmelbildung ausdrückt und
nicht durch das Alter, fondern durch die Aufbewahrung an feuchten oder

aber eine Freikarte, »freekârt«, auf die man beiwerfen oder mit einem
Trumpf einftechen mufs. Sitzt nun der Spieler eines »lütten solo« in der
Mitte, fo ift es ihm, wenn er die Trümpfe nicht fauftdick in der Hand bat,
höchft unangenehm, wenn »de vorhand« die Carrean-Sieben ausfpielt, da
er dann entweder den Stich und eventuell die Erften aufgeben oder fo hoch
einftechen mufs, dafs »de achterhand« nicht überzuftechen vermag, wodurch
er unter Umftänden zum »rumsmiten« gebracht wird. In der Freude über
die dem Gegner bereitete Ungelegenheit bedient fich daher »de vorhand«
beim Ausfpielen der Carreau-Sieben der Gelprede: »ruten ût« oder mit
einem wortfpielenden Zufatz: »ruten ût, secht de glâfcher« und fehr oft
antwortet diefer ein: »dat ha(dd) nich kamen müsst, hett mi doch de
verfluchte ruten-söben dat gantze spill rungeniert.« Mit dem mir nicht
bekannten Ausdruck »rutenûtspeler« könnte alfo fehr wohl Jemand, der
einem Andern gern 'einen Schabernack anthut' oder 'ein Bein ftellt',
freilich nicht mit Fug ein 'Radaumacher' bezeichnet werden.

Roftock.   K. Koppmann.

Zum meklenburgifchen Siebenfprung-Text (XIII, 39. XXII, 27. 44).

Der Text, den Latendorf, woran Walther erinnert, als bei der Weife
des von Muffäus verzeichneten Tanzes »Sieben Sprünge« gebraucht, mit-
theilt, und den Reuter, worauf Sprenger aufmerkfam macht, für einen von
ihm nicht näher bezeichneten Tanz, offenbar ohne jene Bezeichnung zu
kennen, dem Volksmunde entlehnt, erinnert mich an folgenden Vers, den
ich von den Kinderjahren her kenne und der, wenn mich das Gedächtnifs
nicht täufcht, neben fo manchen andern beim Abzählen, »afmelen«, her-
gefagt wurde:

> Een, twee, dree, veer, fief, soss, söhen,
> Unse katt hett junge kregen;
> Dat hett nabbers kater dahn;
> De sall ook gevadder stahn.

Zweifelsohne liegt hier nicht eine zufällige Uebereinftimmung, fondern eine
wirkliche Verwandtfchaft vor; ob aber bei dem Hamburger Abzählvers der
meklenburgifche Tanztext oder jener bei diefem benutzt worden ift oder
ob beide auf ein unbekanntes Drittes zurückgehen, mufs ich dahin geftellt
fein laffen.

Roftock.   K. Koppmann.

Zu den Volksüberlieferungen aus Wiedenfahl.

XXII, 11—12: vgl. Woffidlo, Mecklenburgifche Volksüberlieferungen 1,
Nr. 963 (S. 198); fpeziell zu »hartläiv luchte mi« vgl. dort »liche liebe
lücht't mi« und S. 321—322: »and my love she gave me light«.

XXII, 14: »prün as täo« vgl. daf. 2, Nr. 320, 3 (S. 368): »Fru,
magd prüün noors to«.

XXII, 15: »Eck bin säo satt«, hd. in der Grimmfchen Sammlung
»Kinder- und Haus-Märchen« Nr. 36 (Tifchchen deck dich, Goldefel und
Knüppel aus dem Sack); das 'ich bin fo fatt' (CXXII, 46) und die hier

ſich findende Gegenrede: 'Wovon ſollt' ich ſatt ſein?' ſind wohl aus ihr in vieler Kinder Mund übergegangen.*)

XXII, 16: »Ans et tejahr ümme düsse tied was« vgl. Woſſidlo I, Nr. 5 (S. 238): 'Heut iſt ein jahr und tag'.

XXII, 16: 'Mutterherz, Mutterſchoofs, Mutterbruſt' vgl. Woſſidlo I, Nr. 974, 5 (S. 224): »Mien mudder ehr schoot, Mien mudder ehr böst, Mien mudder ehr hart«.

Roſtock.   K. Koppmann.

Pritzſtabel.

So heiſst noch heut in Berlin der Stromauffſichtsbeamte oder Waſſer- und Fiſcherei-Vogt der Oberſpree; ſ. Brandenburgia 1901 S. 142, wo auf Dr. G. Eberty's Auffſatz in der »Allg. Fiſcherei-Ztg.« XVIII vom 14. Jan. 1893 hingewieſen wird. Es gehört, wie ſo manche Bezeichnung der Fiſcherei, auch Namen der Fiſche, dem Sorbo-Wendiſchen an, liebt aber auch ſo wie eine Entlehnung aus dem mittelalterlichen Curial-Latein aus. Könnte es princeps ſtabuli ſein, wie der frz. Connétable, engl. conſtable, unſer 1848 in Berlin Conſtabler genannter heutiger Schutzmann, urſpr. der Comes ſtabuli war? Hat der Ortsname Pritzwalk irgend eine Beziehung zu princeps? Etwa auch Prenzlau?

Weimar.   Franz Sandvoſs.

---

giskertan? giſtortan?

Wadſtein im Gloſſar ſeiner Ausgabe der Kleineren altſächſiſchen Sprach- denkmäler (Ndd. Denkmäler VI) S. 185 verzeichnet, allerdings fragend und ohne Bedeutungsangabe, ein Verb. giskertan. Er ſchlieſst es aus einer Stelle von St. Petrier Gloſſen, wo überliefert iſt: »ci giſtertanne (ad ſtrudem, diſtructionem)«. Es iſt wohl ſtruem, ſowie deſtructionem zu leſen. deſtructio iſt = Zerſtörung, und dem entſpricht auch ſtrues in der Bedeutung »Haufen regellos übereinander liegender Gegenſtände«. Damit ergibt ſich auch für giſtertanne die Beſſerung giſtortanne, ſo daſs alfo hier das ſchw. v. giſtórtan, umſtürzen vorläge; vgl. mnd. de muren ſtorten, umſtürzen, zerſtören: Mnd. Wb. 4, S. 416b Z. 27. Für ſtrudem, das keine lateiniſche Form iſt, könnte man auch ſtragem vermuten.

Northeim.   R. Sprenger.

Runzler

als Familienname im Göttingiſchen iſt wohl runſeler »einer der aus dem Schachern mit Sachen ein Gewerbe macht«. T. Doornk. Koolm. III, 72.

Northeim.   R. Sprenger.

---

*) Die Wiedenſahler Erzählung iſt ſieber nicht aus jenem Heſſiſchen Märchen bei den Gebrüdern Grimm entlehnt; ſchon allein die zweite und dritte Reimſtrophe verbürgen ihre Originalität. Die Geſchichte von der launiſchen Ziege wird ein altes ſelbſtändiges Volksmärchen ſein; in der Heſſiſchen Ueberlieferung iſt ſie mit einem andern von den drei Zaubergaben als Einleitung zu dieſem verbunden worden.   · W.

reirig.

Diefes mir erft kürzlich hier zugetragene Wort wird in verfchiedenen Bedeutungen verwendet. Reirig ift eine Pflanze, welche nur wenige Blätter hat, ein Feld, auf dem die Kartoffeln oder Rüben nur fpärlich aufgegangen find: diefe felbft ftehen reirig (oder wie man auch fpricht reiherig, d. h. nicht dicht, fondern gleichfam in Reihen, die den Durchblick geftatten). So ift auch ein Menfch reirig, d. h. zerftreut und daher auch nnzuverläffig und ähnl. Das hier allmählich ausfterbende Adjektiv hängt natürlich mit mhd. mudd. reren, abfallen, und rere, Abfall, zufammen, ift mir aber bis jetzt fonft nirgends begegnet.

Lübeck.   C. Schumann.

Zu Luffe (XXI, 90. XXII, 4. 7. 44).

Das Wort ift mir feit Jahren auch im Sinne von Ohrfeige bekannt. Ich kann mich nicht entfinnen woher, aber diefe Bedeutung ift mir jüngft von einem Herrn aus dem Göttingifchen beftätigt worden. Als Weifsbrot fand ich es im Sommer im Südharz, doch im Begriffe, infolge des Fremdenverkehres durch das »feinere« Brötchen verdrängt zu werden.

Lübeck.   C. Schumann.

Zur Flachsbereitung. (Aus Wiedenfahl.)*)

lien (n.) Leinfamen.

flass (n.) Flachs.

saien, fäen.

wüen, gäten.

luken, lupfen, aufziehen.

spier, Halm.

knutten, Knoten, Samenkapfeln.

knuttenkaff,

van der büänen up un aff,

fchnell wiederholt, dient zur Sprechübung der Kinder.

reepen (f.) die Raufe.

Zu beiden Seiten der eifernen Kämme ftehen Frauensleute und

reepen, rupfen die Knoten ab.

Müfsige Zufchauer, falls fie zahlungsfähig find, am Arm mit Flachs gebunden, müffen fich löfen durch senten sluck. Den gereepten Flachs, von Kindern herbei getragen, bindet ein Mannsbild in kleine Bunde, in

waoterboten,

die dann zu der

rötekulen, der Rottekule,

vor's Dorf gefahren werden. Wer auf dem Fuder fitzt, hat zu erwarten, dafs man ihn unterwegs mit Waffer begiefst.

spreen, ausbreiten des gerotteten Flachfes auf Stoppel- oder Wiefenland, wo er mit der

spielen, einer glatten zugefpitzten Stange, gewendet wird.

---

*) Vgl. Jahrbuch III, 152—161 (aus Geldern-Kempen; Göttingen-Northeim; Lüneburg-Blekede) und Korrefpondenzblatt XI, 71 (aus Oschersleben).

sünnigen, fonnen.

döschen, drefchen, zum vorläufigen Erweichen.

braoken, brechen, vermittels der ganz hölzernen

bracken (f.).

striapeln, abftreifen des gebrochenen Baftes, der

schiäwe (f.)

    mit einer Brake, die innen eiserne Leiften hat.

ribben, fchaben,

    geschieht auf dem Schoofs. Das Gerät dazu ist ein hölzerner Handgriff, worin der Länge nach ein eifernes Meffer fitzt.

swingen, fchlagen, mit einem breiten hölzernen Schwert, am

swingebock, einem aufrecht ftehenden Brett, unten feitwärts geftützt, oben zur Zierde ausgefägt und vorn in der Mitte von aufsen her mit einer Kerbe verfehn, um die

rissen, die Handvoll Flachs, hinein zu legen, die gefchwungen werden foll.

hiäkeln, hecheln.

been (f.) Hede.

diessen (f.) Hedewickel, für den Rocken beftimmt.

knubben (f.) Flachszopf.

    Zum Gebrauch wird die Knubbe mit ihrem einen Zipfel hinter das Schürzenqueder gefteckt, auf dem Schofse fein ausgebreitet, über den

wockenstock

    gewickelt, um die Mitte das breite

wockenblatt,

    worauf ein Spruch fteht, um die Spitze das fchmale gelegt; der

wocken

    ift fertig, ift

anedaon, ift angethan,

    und das Spinnen kann losgehn.

Mechtshaufen am Harz.   W. Bufch.

Büllen (XXII, 7), Billenbrod (XVIII, 43. XXII, 47).

1. Sollte »Billenbrod«, »Büllen« nicht mit Bühl, Beutel, zufammenhängen? hüllen = beuteln, Billenbrod = Beutelbrod d. h. Brod aus gebeuteltem Mehl gebacken?

Dortmund.   F. Kohn.

2. In Gloddow, Kr. Rummelsburg (öftl. Pommern) bezeichnet man mit »dat Bulke« das Weifsbrot, den Stuten. In Zwilipp bei Colberg heifsen die kleinen runden Brötchen, die aus dem erften Roggen gebacken werden, »Bullen«. S. Blätter für Pom. Volkskunde III. S. 149. Auch in Rogafen (Prov. Pofen) heifsen die runden Weifsbrote, die auf der oberen Seite nur einen Schnitt haben, »Bulken«, und im Polnifchen ift bulka ebenfalls die Semmel. Offenbar ift das pommerfche »Bulke« das polnifche Wort.

Rogafen.   O. Knoop.

Ökels.

E. M. Arndt, Erinnerungen aus dem äußeren Leben, her. v. R. Geerds, Leipzig, Reclam, S. 35 erwähnt bei der richtigen Erklärung von Ökelname (f. Mnd. Wb. III, 221) ein sonst nicht belegtes Ökels »Auffatz, Erhöhung, z. B. Auffatz auf einem Bienenkorb«. Danneil, altmärk. Wb. S. 149 hat: Ok'l »der oberste Teil des Hanfes unter den Sparren; eigentlich der Winkel, den die Sparren mit dem Boden bilden«. Im Brem.-niederf. Wb. III, 261 heifst es: »Oker, plur. Okern, der scharfe Winkel, den der unterste Theil des Daches mit dem Boden, oder Söllerboden macht: der Theil oder die Ecke des Bodens dichte unter dem Dache, welche auch wohl pflegt abgekleidet zu fein. In Renners Gloff. Fris. msc. heifst Oke der äußerste Rand am Dache, die äußersten Latten am Dache: und Rhan-oken das äußerste Ende der Segelftangen. In Hamburg ift nach Richey Oken der oberste Hausboden im Dache: welcher bei uns Hanebalken heifst. Sprchw. Gladde Katten gaat nig under de Okern: Weiber, die täglich geputzt find, greifen keine Hausarbeit an.«

Northeim.   R. Sprenger.

___

Windheike.

Die Wiedergabe diefes Wortes durch das hd. »Windbeutel« bei ten Doornkaat Koolman, Oftfrief. Wb. II, 59 entfpricht nicht der Grundbedeutung. »Windbeutel« bezeichnet nach dem bekannten Gebäck aus Mehl, Eiern und Butter einen innerlich hohlen Menfchen. Ein wind-heike ift aber vielmehr ein Menfch, der, wie es in Oftfriesland heifst, »de heik' na den wind banget«. Diefe Rda. findet fich auch im Niederfächfifchen. S. Brem. Wb. II, 644 und vergl. auch »wendehoike« im Mud. Wb. V, 668.

Northeim.   R. Sprenger.

___

Huke und Hucke (XXII, 44).

Das von Reiche aus dem Braunfchweigifchen erwähnte Mittel gegen das Anfchwellen des Zäpfchens wird auch in anderen Gegenden Niederdeutfchlands angewendet. Vgl. Schambach S. 87: »hûk, huk, (hauk), der Hauk, das Zäpfchen im Halfe. de·hûk is mek efchurret oder runder efchurret. Um das Uebel zu heben, werden nach dem Aberglauben die Wirbelhaare mit einer Kneipzange gefafst und in die Höhe gezogen.« — Danneil S. 85: »Huck, das Zäpfchen im Halfe, de Huck is fchaoten bedeutet das Angefchwollenfein des Zäpfchens. Um dies zu heilen zieht man einige Haare im Scheitel (Warw'l) ziemlich ftark in die Höhe; das nennt man: de Huck upptén«. Das Mnd. Wb. II, 328 hat: »hûk m. das Zäpfchen im Halfe, bef. im angefchwollenen Zuftande.« Auch ten Doornkaat K. II, 112 und das Brem. Wb. II, 665 fowie Schütze verzeichnen das Wort. Nach Doornkaat und dem Brem. Wb. ift es mit hûk, hôk, Ecke, Spitze einerlei Urfprungs, während im Grimmfchen Wb. das gleichbedeutende Hauch, bez. heuch, huch, mit fkr. kâkud, kâkuda (Mundhöhle, Gaumen) und kâkalaka (Kehlkopf, Schildknorpel) verglichen wird. Zu hûk, Ecke, Winkel gehört wohl, wie auch fchon Adelung vermutete, de huke, das Niederfitzen mit zufammengezogenen Knieen und

2

gekrümmtem Rücken (in Quedlinburg verhochdeutfcht »in der Hûche fitzen«)
fowie das Verb. hûken [vgl. Mnd. Wb. II, 329; Doornkaat II, 112; Brem.
Wb. II, 665; Schambach S. 87; Danneil S. 86]. Hierher gehört auch das
ins Hochdeutfche übergegangene Hucke-back »mit gekrümmtem Rücken«.*)
S. Brem. Wb. II, 666, wo auch die Bezeichnung des drückenden Alps als
»Hukk-up« erwähnt wird, sowie Schambach S. 87, Danneil S. 85, 73.
So erklärt fich wohl auch der Höken, eine winkelige Strafse am Markt
zu Quedlinburg.

Für Hucke = mantelartiger Umhang hat das Mnd. Wb. II, 281,
wo das Kleidungsftück genau befchrieben wird, die Formen: hoike, heike,
huke, hoke. Das Brem. Wb. II, 643 hat Heiken, Heuken in derfelben
Bedeutung. Ueber die Etymologie diefes Wortes handelt ausführlich Doornkaat II, S. 59. Doch haben mich seine Ausführungen nicht überzeugt,
und ich glaube nicht, dafs beide Wörter desfelben Urfprungs find. Schambach S. 77 hat heike. Aus Quedlinburg kann ich die Rda.: »Geh mir
von der Hacke« beibringen, welche meine Mutter gebrauchte, wenn wir
Kinder ihr zu läftig wurden. Auch hier bezeichnet die Haeke (ags. hæeee)
das weibliche Kleidungsftück.

Northeim.   R. Sprenger.

Druvappel (XXII, 47).

1. Nach Nemnich, Polyglotten-Lexikon der Naturgefchichte, Hamburg
1793, heifst der Traubenapfel auch Apiapfel, franz. pomme d'api oder
blofs api. Er befchreibt ihn als parvum, glabrum, hinc fubflavescens, inde
splendide purpureum, inodorum, brumale, alfo ein kleiner, glattfchaliger,
geruchlofer Winterapfel, auf der einen Seite gelblich, auf der andern
prächtig purpurroth.

In dem Botanifchen Tagebuch des Roftocker Profeffors Peter Lauremberg (1627—1639), über welches Ludwig Kraufe in Koppmann's Beiträgen
zur Gefchichte der Stadt Roftock Bd. I Heft 4 S. 41—64 ausführlich und
anziehend berichtet hat, wird diefer Apfel mehrfach genannt: Drufapfel
S. 49 f., Traubapfel S. 49. In dem Verzeichnifs Lauremberg's »über
diejenigen Leute und Orte, bei denen bezw. wo es damals gute Aepfel gab,«
werden aufser den feinigen noch fieben Gärten in oder bei Roftock aufgezählt, wo die Druffepfell gezogen wurden.

Hamburg.   C. Walther.

2. (Angabe eines Mecklenburgers:) 3—4 kleine gelbe Aepfel wachfen
beifammen; aber — »dann ift da immer eine rothe Backe.«

Einem Vierländer waren die Druwappels wohl bekannt: »Daar sitten
woll 5, 6 tohopen; aber de sind ut de Mod'.«

Die pommes d'api in Nordfrankreich bilden förmlich Trauben. Es
find hellfarbige, glänzende Aepfelchen mit fehr auffallend fich abhebender
dunkelrother Wange und — »lieblich anzufehen«. — 'Ses jones sont deux
pommes d'api', ein dem Franzofen geläufiger Vergleich.

Hamburg.   J. Schufter.

*) Vgl. Bürgers Weiber von Weinsberg Str. 10: huckepack.

Prieche (XXI, 74. 87. XX, 18.)

Prof. Roediger's Ableitung von prieche aus perioche ist scharffinnig und wohl überlegt; fie befriedigt fo völlig alle Anfprüche, welche in fprachlicher wie fachlicher Hinficht zu ftellen find, dafs ich von der Zulänglichkeit derfelben frappiert war, als im Jahre 1898 bei Gelegenheit der Befichtigung einer alten Priechenkirche in Gandersheim durch die von Eimbek ausgeflogenen Hanfeaten und Niederdeutfchen ein Herr — ich weifs nicht ob aus Muret-Sanders oder aus eigenem Funde — gefprächsweife diefe Etymologie mittheilte. Nachträglich ward mein Glaube aber durch drei Thatfachen erfchüttert. Erftens liefs fich nicht feftftellen, dafs das griechifche Wort ins Mittellatein aufgenommen fei. Zweitens ift zwar Prieche die verbreitetfte und fchriftdeutfch gewordene Form, in Ravensberg (Jellinghaus) fagt man aber Pruicheln (Plur.), in Oftfriesland (Doornkaat, Stürenburg) Priechel und Priekel, bei Kiel (Schütze) Priegel. Drittens wird in den von Diefenbach (Gloffarium Latino-Germanicum) gefammelten mittelalterlichen Gloffen das lat. pergula überfetzt durch: »gang, letner, laube, ercker, porkirche, furfpitz an einem hufs, foler«; das Wort pergula mufs alfo in der Baugefchichte eine wichtige Rolle fpielen und ward auch für das, was Prieche bedeutet, gebraucht.

Zu einer ficheren Entfcheidung über die Etymologie des Wortes Prieche entbehrt man leider der Belege aus früherer Zeit. Die ·ältefte bekannte Erwähnung von Prieche ift von Chr. Schultze, Aufnahme und Abnahme der Stadt Gardelegen, Stendal 1668 (f. J. L. Frifch, Teutfch-Latein. Wbuch I, 144 a); die nächfte in des aus Hannover gebürtigen Profeffors in Halle J. H. Böhmer Ius parrochiale 1701 (f. Lexer im Grimm'fchen Wbuch unter 'Prieche'). Frifch nennt Schultze's Schreibung eine üble. Er felbft fetzt es als 'Brüge' an und umfchreibt die Bedeutung durch »ein erhabener Ort, worauf man denen Schau-Spielen zufieht, oder in der Kirche zuhöret«. Es fei diefes Wort nicht überall gebräuchlich; in Nieder-Sachfen oder Ober-Sachfen am meiften. Doch habe es auch das Schweizerifche Lexicon des Jofua Maaler oder Pictorius, Zürch 1561: brüge, f. 'machina, tabulatum', als Bühne im Theater, Pl. brüginen = Stände im Schaufpielhaus oder Gänge im Schiff; und das des Strafsburgers Petrus Dafypodius, 1535: »brüge mitten im fchawhausz, orchestra, pulpitium«. Aus Pictorius bringt er aufserdem das Diminutiv brügel, tile, planca. Jacob Grimm hat im Deutfchen Wbuch I, 422 das Wort brüge fcbou in der Mitte des 15. Jahrhunderts nachgewiefen aus des Schwaben Heinrich Wittenweiler Dichtung 'Der Ring', wo prügi gebraucht wird von einem Brettergerüft zum Zufchanen beim Turnier. Grimm zeigt auch, dafs laut des Schweizerifchen Idioticon von Stalder. in der Schweiz noch brüge, brügi gebraucht werde für »Erhöhung von Brettern, Heuboden, Fufsboden im Stall, Gerüft zur Aufbewahrung von Baum- und Erdfrüchten, Bühne im Schaufpiel«.

Es fcheint der Ausdruck 'brüge' nur im füdweftlichen Oberdeutfchland zuhaufe zu fein. Schmeller hat ihn im Bayerifchen Wörterbuche nicht. Aus Mitteldeutfchland ift er gleichfalls nicht weiter bezeugt, als dafs Frifch fagt, er fei in Oberfachfen gebräuchlich; leider giebt er die Form nicht an. Ebenfo ift 'prieche' in Niederdeutfchland auf einige Landftrecken befchränkt, wie fchon Prof. Sprenger (XXI, 87) bemerkt hat. Nachgewiefen ift es aus

der Provinz Sachfen, Braunfchweig, Niederfachfen zwifchen Wefer und Elbe,
dem Ravensbergifchen, Oftfriesland, Hamburg, wo es aber für mehr länd-
liches Wert ftatt des ftädtifchen Lekter oder Lector gilt, und aus Holftein. Im eigentlichen Weftfalen und am Niederrhein fcheint es nicht
vorzukommen, ebenfo nicht in Bremen, in Lübek und im ganzen Often von
Norddeutfchland.

Weitere Nachweife fowohl ältere litterarifche aus Chroniken, Kirchen-
rechnungen, Lehrbüchern der Baukunft u. f. w., wie neuere aus den Mundarten könnten vermuthlich zur Aufhellung der Gefchichte des Ausdruckes
beitragen.

Für die Ableitung aus 'pergula' fallen die ndd. Formen mit auslautendem 'l' einigermafsen ins Gewicht. Diminutive von 'priecche' find fie
ficher nicht. Umgekehrt liefse eine Verkürzung von 'priegel' zu 'prieche'
fich durch die Annahme erklären, dafs man die Endung -el irrthümlich als
verkleinernd empfunden habe. Einen gleichen Entwickelungsgang kann
man an den Wörtern beobachten, welche aus dem mlat. crusibulum,
crosibulum (Tiegel, Leuchtfafs, Lampe) gefloffen find: aus krufel,
krofel wurde, als man wegen der Endung ihm diminutiven Charakter
beimafs, das mhd. krufe, nhd. kraufe, das ndd. krûs und krôs gebildet,
welchem Wort man, nur die Vorftellung eines irdenen Gefäfses fefthaltend,
dann wiederum die fpecielle Bedeutung eines Trinkgefäfses gab, während
jenem kräufel, krüfel, kröfel vorwiegend die urfprüngliche Bedeutung
der Lampe, des Tiegels blieb.

Hamburg.   C. Walther.

Paltrock.

Dafs dies Wort (Mnd. Wb. 3, 295) früher auch in Quedlinburg
bekannt war, beweift ein von Dr. Kohl in der Zeitfchrift des Harzvereins
in den 70er Jahren herausgegebener Hexenprozefs, wo es fälfchlich als
»Pelzrock« erklärt wird.

Northeim.   R. Sprenger.

Zu früheren Mitteilungen.

1. (XXII, 23. 42) Oll Maidag ift hier der 13. Mai. Der 12. Mai
ift Oll Maidag Avend, der letzte Tag der fogenannten erften Zwölften
(Zwölfnächte), während deren Donar und Frija ihre Hochzeit feierten.

2. (XXI, 79. XXII, 26) Siebenfprung, Vers und Tanzart fiehe bei
R. Andree, Braunfchweiger Volkskunde S. 478.

3. (XXII, 15. 46) Ich bin fatt, mag kein Blatt, fagt die Ziege
in Grimms Märchen »Tifchlein, deek dich«.

4. (XXII, 14. 46) Albeid heifst die Gans, weil fie der Vogel der
(Sonnen-)Göttin Frija ift.

Lübeck.   C. Schumann.

Hörenfagen (XXI, 91. XXII, 7. 19. 24).

Ueber Hörenfagen vgl. noch Moritz Heynes Deutfches Wörterbuch II, 198.

Northeim.   R. Sprenger.

Huke en Hucke (XXII, 44).

De Nederduitsche woorden Huke (het lelletje in de keel) en Hucke (ouderwetsche vrouwen-kapmantel) zijn in der daad twee geheel verschillende woorden, en staan met elkanderen in geenerlei verband.

Het uitstekende verlengsel van het zachte gehemelte in de keel heet in het Nederlandsch huig, in het Friesch hûch; en de mantel heet in beide talen huik. De oorsprong van 't woord huig is mij niet bekend; maar het woord buik is van het Fransche hueque ontleend. Immers reeds in de 16de en 17de eeuw, toen de buiken in Nederland en Neder-Duitschland gedragen werden, kwam »de mode« uit Frankrijk, even als thans.

»Jemand de huig lichten« is in Holland, »imman de hûch lichte«, is in Friesland bij het volk zoo goed bekend als »Een de Huke uptrecken« in het Land van Brunswijk. Het Friesch Woordenboek (Leeuwarden, Meyer en Schaafsma, 1900) vermeldt deze zaak, op het woord hûch, in dezen vorm: »de huch lichte: immen it middelste hier út 'e dwarl boppe op 'e holle útlûke« = Einem das mittelfte Haar aus dem Wirbel oben auf dem Kopfe ausziehen. Men trekt namelijk, om de gezwollene huig zoogenoemd te lichten, in Holland en Friesland niet een geheel bos haar uit, als in Neder-Duitschland, maar slechts een enkel haartje, dat evenwel juist het middelste baartje zijn moet.

Haarlem.   Johan Winkler.

De oude Meidag (XXII, 23. 42).

Als oude Meidag, Friesch »Alde Maeye« geldt nog heden in geheel het Nederlandsche Friesland de 12de Mei, ofschoon in al de andere Neder-landsche gewesten de 1ste Mei de dag is, waarop de huur van huizen, enz. en van dienstboden ingaat. En zoo is het ook met Allerheiligen, 1 November, in al de Nederlanden; maar in Friesland geldt slechts »Ald Alderhil'gen«, 12 November.

Haarlem.   Johan Winkler.

Krüfel.

Vor dem Petroleum ift allmählich die kleine aus Eifenblech geformte Thran- und Oellampe gewichen, die bis in das vorige Jahrhundert hinein in fo mancher Spinnftube, bei fo manchem Handwerker und armen Manne oft das einzige Beleuchtungsgerät war. Ueber die Herkunft des Namens find fehr verfchiedene Anfichten ausgefprochen. Schiller-Lübben erläutert eine kleine, hängende Lampe von gekraustem Metall. Hier ift alfo an eine Ableitung von krûs gedacht, was wohl fchon um deswillen zurück-zuweifen, weil nur höchft felten, ausnahmsweife ein Krüfel aus »gekraustem« Metall vorkommt — er ift faft ftets glatt. Sehr weit griff Breufing (Jabr-bueh für niederdeutfche Sprachforfchung 1879 S. 1) aus. Nach ihm follen Wort und Sache durch baskifche Thrantierjäger über See nach Nieder-deutfchland gelangt fein: im Baskifchen heifse eine folche Lampe crisuela. Ich felbft habe wegen der annähernd krugförmigen Geftalt an ndd. krös, kraus, krûs als Stammwort gedacht (Braunfchw. Volkskunde. Zweite Aufl. S. 255 Anmkg. 3).

Wie ich einer Belehrung des Herrn Prof. Hugo Schuchardt in Graz
verdanke, ift als richtig Folgendes zur Etymologie unferes Wortes Krüfel
hinzuftellen. Das baskifche Wort Kriseln, Kruselu ift nichts anderes als
das fpanifche crisuelo, Lampe; im Provençalifchem ift creissieu, crisiò eine
Lampe von antiker Form. Wir müffen daher im romanifchen Sprachgebiete
nach dem Urfprung unferes Wortes Krüfel fuchen. Es führt auf ein lateinifches cruciari, fchmelzen, daher altfranzöfifch croisuel, die Nachtlampe
und der Schmelztiegel, neufranzöfifch creuset, Schmelztiegel. Ebenfo
crogiuolo im Italienifchen. Offenbar ftammt unfer Krüfel daher aus dem
Romanifchen, ob durch Vermittlung der baskifchen Thrantierjäger, wie
Breufing will, wäre erft näher nachzuweifen.

Braunfchweig. R. Andree.

II. Litteraturanzeigen.

Die Sprache der Buren. Einleitung, Sprachlehre und Sprachproben.
Von Heinrich Meyer, Dr. phil., Affiftent am Deutfchen (Grimm'fchen) Wörterbuche. Göttingen, Franz Wunder. 1901. — XV u. 105 S. — 2,00 Mk.

Unter der Reihe von Schrift- und Litteraturfprachen, die fich im
Verlaufe des 19. Jahrhunderts aus bisherigen Dialekten erhoben haben und
zu dem alten Beftande der Culturfprachen hinzugekommen find, hat kaum
eine über das ihr eigentümliche Gebiet und den engen Kreis der philologifchen Fachmänner hinaus gröfsere Wirkungen ausgeübt. So bedurfte es
auch erft des gewaltigen Kampfes, der nun fchon feit mehr als 2 Jahren
zwifchen England und den Burenftaaten um die Vorherrfchaft in Südafrika
tobt, um die Aufmerkfamkeit eines gröfseren Publikums auf die neue füd-
afrikanifche Schriftfprache, die Sprache der Buren, zu lenken. Aufser Ernft
Martin, der in einem Artikel der Strafsburger Neueften Nachrichten (Nr. 99
vom 28. April 1900) die erfte Ueberficht über die Sprache des Burenvolkes
gab, verdanken wir in Deutfchland auf diefem Gebiete alles den Arbeiten
Heinrich Meyers. Dem engeren Kreife der niederdeutfchen Fachgenoffen
legte er auf der Göttinger Jahresverfammlung Pfingften 1900 feinen ausgezeichneten Auffatz »Ueber den Urfprung der Burenfprache« vor, der die
Ergebniffe der bisherigen Arbeiten afrikanifcher und holländifcher Gelehrten
mit ficherer philologifcher Kritik durchmufterte und zufammenfafste. An
ein gröfseres Publikum wendet fich das vorliegende Buch Meyers, es will
in erfter Linie eine praktifche Sprachlehre fein, mit deren Hülfe fich auch
ein nicht philologifch gefchulter Deutfcher leicht und gründlich in die Burenfprache einarbeiten kann. Dafs dem Buche trotzdem auch ein nicht geringer Strom neuen philologifchen Materials zugefloffen ift, möchte ich befonders hervorheben und verweife vor allem auf die S. 94 ff. abgedruckten
Bemerkungen des Herrn N. M. Hoogenhout, eines geborenen Capholländers.
Aber auch dem Texte Meyers merkt man es auf Schritt und Tritt an, dafs
er inzwifchen die lang erfehnten Bücher aus Südafrika erhalten hat. Die
Denkmäler der jungen afrikanifchen Litteratur find ja faft durchweg in
Capftadt oder in der Paarl ans Licht getreten, da ift es gerade in diefen
Kriegsjahren mit den gröfsten Schwierigkeiten und einem unerhörten Auf-
wande von Zeit und Geduld verbunden, eine einigermafsen vollftändige
Sammlung diefer Bücher zufammenzubringen. Wir find deshalb Meyer zu

um fo gröfserem Danke verpflichtet, als er fein Buch durchaus auf den
primären Quellen aufbaut.

Das Werk felbft zerfällt in drei grofse Teile, eine gefchichtliche Einleitung, die Sprachlehre und eine reiche Sammlung von Sprachproben.
Dem praktifchen Zwecke der Spracherlernung find Teil 2 und 3 gewidmet.
Die Sprachlehre legt die grammatifchen Arbeiten S. J. du Toits, des eigentlichen Begründers der füdafrikanifchen Schriftfprache, und W. J. Viljoens
zu Grunde und pafst fie den Bedürfniffen des deutfchen Publikums an.
Tiefere fprachwiffenfchaftliche Kenntniffe werden nirgends vorausgefetzt
und Erläuterungen faft immer nur aus dem Deutfchen geholt, felbft die
unumgänglichen Hinweife auf das Holländifche find auf das Notwendigfte
befchränkt worden. Für norddeutfche Lefer, an die fich Meyers Buch doch
in erfter Linie wendet, wären öfter noch, als Meyer es thut (vgl. S. 48
mit zu en Augen, S. 51 sutjen), erläuternde Beifpiele aus den niederdeutfchen Dialekten und der niederdeutfch gefärbten Vulgärfprache erwünfcht gewefen. Manche Eigenheiten der burifchen Flexion und Wortbildung treten dadurch aus ihrer fcheinbaren Ifolierung heraus; ich führe
hier nur an feuls te veul S. 39 § 18 e, das mir als vööls to vööl ganz
geläufig ift, ferner die pleonaftifche Verwendung von sin in Ausdrücken
wie dat's min sin S. 42 § 25 c, und die Accentverfchiebung in waráchtig
u. ä S. 94. Dafs auf der andern Seite die Sprachlehre des Meyerfchen
Buches trotz aller Popularifierung an mehr als einer Stelle über die praktifchen Bedürfniffe des Laien hinauswächft und z. B. im Capitel über die
Bildung der Deminutiva mit geradezu peinlicher Genauigkeit alle Möglichkeiten der Formenbildung ausfchöpft, ift dem Verfaffer felbft nicht entgangen.
Wer das Buch nur als Sprachführer benutzen will, thut alfo gut, Meyers
Wink S. IX der Einleitung nicht zu überfeben. — An Einzelheiten habe
ich nur wenig Ausftellungen vorzubringen: Die Bemerkungen über den
Accent der Burenfprache, die Meyer S. 93 f. nachträgt, werden am Eingange der Sprachlehre fehr vermifst. § 7 der Grammatik wären die beiden
e u fchärfer zu trennen, hier mufste das fprachgefchichtliche Moment etwas
ftärker betont werden; der Philologe fieht ungern das Umlauts- e u (aus o o)
in einem Atem mit dem dialektifch aus e entwickelten e u zufammengeftellt.
Den Aufftellungen der afrikanifchen Grammatiker ift Meyer § 19 d S. 40
zu eng gefolgt: in diilänse, anderlandse saad, slawetyse ménse
haben wir ohne Zweifel die alte niederländifche Adjectivendung -sch zu
erkennen; wenn man für das -se jetzt zuweilen syne fchreibt, fo ift das
nur eine verkehrte Ausdeutung, die durch den überhandnehmenden Gebrauch
des enklitifch angehängten -se = syn hervorgerufen ift. Dafs gerade
du Toit noch öfter einmal fich zu willkürlichen Conftructionen hat verleiten laffen, um die afrikanifche Schriftfprache dem Holländifchen möglichft
abzurücken und fie zugleich einheitlicher zu geftalten, fcheint mir auch
aus anderen Punkten zu erhellen. Ich verweife z. B. auf Meyers Anmerkung
zu Stück 1,3 (S. 60): das von Meyer mit Recht beibehaltene e t in
gebeur et, das Hogenhout in der 2. Auflage feines Werkchens regelmäfsig in d i t corrigiert hat, ift natürlich nicht die Abkürzung von dit,
fondern ein Ueberreft des alten nld. het, das fich in der Enclife hinter
dem Verbum erhalten hat; hier überall d i t einzufetzen, ift Schulmeifterei.

Die der Grammatik S. 56 ff. beigegebenen Sprachproben find gut
ausgewählt, fie befriedigen nicht nur das fprachliche Intereffe, fondern

führen zugleich auch in die eigentümliche Denkweise der Buren ein und geben uns einen kleinen Ausschnitt aus dem Sprachkampfe und den socialen Gegensätzen zwischen den beiden afrikanischen weisen Racen. Nur die Uebertragung des Goethesehen Erlkönigs, die sich weder durch sprachliche Reinheit noch durch dichterischen Wert auszeichnet, würden wir nicht vermissen. Meyers Commentar zu den einzelnen Stücken sei eifrigem Studium empfohlen, er steht in ununterbrochener Wechselwirkung mit der Sprachlehre und macht sie erst recht fruchtbar. Auch die am Schlus des Buches beigegebenen Register sind eine wertvolle Ergänzung der Grammatik und der Anmerkungen.

Die geschichtliche Einleitung endlich, die der Sprachlehre vorangeht, giebt eine knappe, aber hinreichende Einführung in den Werdegang des Burenvolkes und seiner Sprache. Capitel 1 beschäftigt sich mit der Geschichte der niederländischen Besiedler Südafrikas von dem Tage der Besitzergreifung des Caps am 9. April 1652 an bis auf die Schreckenstage der Gegenwart, wo die holländische Nationalität in Südafrika den entscheidenden Kampf um ihre Existenz kämpft. Ueberall hebt der Verfasser diejenigen Punkte besonders heraus, die für die Bildung und Entwicklung der Nationalität und der Sprache von Wichtigkeit gewesen sind. Nationalität und Sprache sind bei den Buren ganz ähnliche Wege gegangen. Beide sind starken äuseren Beeinflussungen durch fremde Völker ausgesetzt gewesen. Noch deuten die Familiennamen der Buren darauf hin, dafs ein starker Procentfatz deutscher und französisch-hugenottischer Bevölkerung in ihnen aufgegangen ist, aber trotz der hohen Ziffer vor allem der deutschen Elemente, von der wir S. 4 mit Staunen hören, hat der niederländische Grundstock alles Fremdartige in sich aufgesogen, und nichts wäre verkehrter als die heutigen Buren ein Mischvolk zu nennen. Den Nachweis einer ähnlichen Entwicklung in der Sprache der Buren führt das 2. Capitel der Einleitung. Gerade hier häufen sich aber die Probleme für den Sprachforscher, die Meyer an dieser Stelle nur kurz hat berühren können; er handelt über diese Dinge ausführlicher in dem Aufsatze der Festschrift, den ich für diesen Punkt also meiner Besprechung mit einschliese. Die Sprache der Buren ist, ihrem grammatischen Aufbau, ihren Lautformen und selbst ihrem Wortschatze nach, durchaus ein Dialekt der niederländischen Volkssprache, nicht eine Mischsprache. Die Theorien früherer Forscher, nach denen die mancherlei Eigentümlichkeiten dieses Dialektes auf einer organischen Verbindung mit dem Englischen oder dem Französischen beruhen sollten, sind scbou von Viljoen und eingehender noch von Hesseling in seinem gelehrten Werke ›Het Afrikaansch‹ (Leiden 1899) mit Recht zurückgewiesen worden. An das Englische ist überhaupt nicht zu denken, denn bei der ersten näheren Berührung der Buren mit den Engländern vor etwa 100 Jahren war die Sprache der Buren längst bis in alle Einzelheiten ausgebildet. Aber auch das Französische, das bereits 36 Jahre nach der Gründung der Capstadt mit den hugenottischen Colonisten seinen Einzug hielt, und von dem man lange angenommen hatte, dafs es nicht nur den Wortschatz, sondern auch die Structur der Sprache der jungen Colonie stark modificiert habe, hat weiter keine Spuren in ihr hinterlassen, als eine unbeträchtliche Anzahl von Lehnwörtern; die Sprache war eben auch damals schon im Grofsen und Ganzen fertig. Nur wenig gröfser ist die Zahl der Lehnwörter aus dem Deutschen und den Eingeborenensprachen.

Neuerdings hat nun Heffeling in feinem eben erwähnten Buche den Verfuch
gemacht, einer anderen, nicht europäifchen Sprache, dem Portugiefifch-
Maleiifchen (Kreolifchen), den tiefgehendften Einflufs auf die Entwicklung
der Burenfprache zuzufchreiben. Heffelings Aufftellungen find z. T. recht
verlockend: er weift nach, dafs das Kreolifche, die damalige lingua franca
der indifchen See und der Oftindienfahrer, in der Capcolonie wohlbekannt
war und nicht nur von den Schiffern, fondern weit mehr noch von den
zahlreichen Sklaven gefprochen wurde. So findet fich denn auch eine grofse
Zahl von kreolifchen Lehnwörtern in der Burenfprache wieder, Heffeling
zählt über 70 Entlehnungen auf gegen 24 aus dem Franzöfifchen, Deutfchen
und den Eingeborenenfprachen zufammengenommen. Wenn er nun aber
weiter geht und auch eine ganze Reihe von grammatifchen Eigenheiten
der Burenfprache aus der Einwirkung des Kreolifchen erklären will, fo
müffen wir diefe von ihm conftruierte burifch-kreolifche Mifchfprache durchaus
ablehnen. Feftfchrift S. 110 ff. weift Meyer an einigen Hauptpunkten nach,
dafs wir im letzten Grunde die Wurzel aller diefer Erfcheinungen im
Burifchen felbft und feinem Charakter als niederländifchem Dialekt zu
fuchen haben und nirgends auf die fcheinbaren, oft aber auch fehr zweifel-
haften Analogien fremder Sprachen zu recurrieren genötigt find. Wenn
das Burifche manche der im Niederländifchen vorhandenen fprachlichen
Tendenzen fchneller und confequenter ausgebildet hat, als irgend ein anderer
niederländifcher Dialekt, fo liegt das eben in der Abgefchiedenheit der
burifchen Siedelungen und ihrem recht geringen Zufammenhange mit den
litterarifchen und fprachlichen Bewegungen des Mutterlandes begründet.
Aber nicht darin allein: nicht nur die Keime diefer Entwicklung, fondern
bereits ganz kräftige Anfätze und Sproffen derfelben hat die Burenfprache
fchon aus ihrer europäifchen Heimat mitgebracht. Meyers Darftellung ift
für diefe Periode der Sprache nicht fo klar und einwandsfrei, wie fonft in
feinem Buche. In dem Artikel der Feftfchrift und dem gröfseren Teile
von Cap. 2 der Einleitung des Buches vertritt er die Anficht, dafs die
Burenfprache ein nordhollandifcher Dialekt, vielleicht der der Hafenbevölkerung von Amfterdam, fei, der erft nach der Anfiedelung der Coloniften
in Südafrika auf dem fremden Boden fein eigenartiges Gepräge erhalten
habe. Das ift der Gefichtspunkt, von dem alle früheren Gelehrten, auch
Heffeling noch das Afrikanifche betrachteten, und dem fich auch Meyer, .
der ja hier befonders mit Heffelings Buch abrechnet, nicht hat entziehen
können. Nun haben aber die Forfchungen Viljoens und Heffelings das
Alter der heutigen Burenfprache immer weiter hinaufgerückt Während
Viljoen noch damit zufrieden war nachzuweifen, dafs die Entwicklung der
Sprache noch unter der hollandifchen Herrfchaft in Südafrika abgefchloffen
worden fei, wiffen wir jetzt, dafs bereits die umfangreichen Dagverhalen
des Gründers und erften Gouverneurs der Capcolonie Jan van Riebeck
1652—1662, die zwar im allgemeinen in hochhollandifcher Sprache abgefafst find, doch fchon deutliche, wenn auch noch vereinzelte Spuren
gerade der merkwürdigften Idiotismen des Afrikanifchen zeigen. Dazu
ftimmt, dafs das heute fo weit umgrenzte Gebiet des Afrikanifchen faft
gar keine dialektifchen Differenzen aufweift, und dafs die Sprache das
Franzöfifche der Hugenotten überaus fchnell aufgefogen hat. Die Vertreter
der alten Anfchauung müfsten jetzt alfo annehmen, dafs die Sprache der
füdafrikanifchen Coloniften in den erften Jahren der Befiedelung eine

plötzliche, tief einfchneidende Veränderung durchgemacht habe, um dann
mehr als zwei Jahrhunderte hindurch ganz ftillzuftehen oder jedenfalls nur
ganz langfame und geringfügige Wandelungen zu erleiden. Auf den richtigen Weg führt hier eine Hypothefe, die Meyer S. 17 f. am Ende des
Capitels, gewiffermafsen als eine Anmerkung anhängt, die aber einen ganz
neuen Gefichtspunkt aufftellt, nach dem die früheren Abfchnitte des Capitels
und der Auffatz in der Feftfchrift umzumodeln wären. Er fagt da: »Vielleicht
ftanden die Grundzüge der Sprache fchon vor der Befiedlung feft und ihre
Entwicklung gefchah gar nicht in Afrika. Mit andern Worten, vielleicht
hatte der blühende überfeeifche Handel auch beim Holländifchen eine ähnlich
abgegriffene und entartete Mifchform als Sebiffer- und Küftendialekt erzeugt,
wie fie fich heim Portugiefifchen viel früher herausgebildet hatte.« Den
Vergleich des letzten Satzes will ich nicht preffen, das Hauptgewicht liegt
auf den erften Worten. Die Sprache der holländifchen Coloniften hatte
alfo bereits in der Heimat ein doppeltes Element in fich aufgenommen,
einmal die Laute und den Wortfchatz eines holländifchen Dialektes und
dazu eine Reihe von fyntaktifchen und Flexionseigentümlichkeiten nebft
einem anfehnlichen Wortvorrat aus der Amfterdammer vulgären Volks-
und Schifferfprache. Die dialektifche Färbung der Burenfprache zeigt
keinen durchaus einheitlichen Grundcharakter: den fpecififch nord-
holländifchen Erfcheinungen, die Viljoen aufgezeigt hat, ftehen mehrere
füdholländifche Elemente gegenüber. So gehören z. B. die Formen
kos, begos (= koste, = konste, begonste) heutzutage
wenigftens nur noch den Südholländifchen an, vgl. Winkler, Dialektikon
II, 113. Jellinghaus, Die nld. Volksmundarten, S. 81. Es ift doch auch
nicht aufser Acht zu laffen, dafs nach den urkundlichen Nachrichten
die Mehrzahl der Siedler aus Südholland ftammte, wie das Waifenhaus von
Rotterdam einen Teil der Stammmütter des Burenvolkes geliefert hat.
Bei der Unterfuchung der dialektifchen Eigentümlichkeiten der Burenfprache
mufs man natürlich durchaus auf die holländifchen Dialekte des 17. Jh.
zurückgehn, in denen z. B. die in der Burenfprache wiederkehrenden friefifchen Lautformen viel weiter reichten als heute. Im Laufe des 17. Jh.
ift auch durch den mächtig aufblühenden oftindifchen Handel der Niederlande
eine vulgäre Sprache der Schiffer- und Hafenbevölkerung der holländifchen
Haupthafenplätze aufgekommen. Wollen wir diefe bisher noch felten für
fich betrachtete Form der holländifchen Sprache des 17. Jh. näher kennen
lernen, fo ift dazu einmal die genaue Unterfuchung der gewöhnlichen holländifchen Umgangsfprache diefer Zeit, wie fie aus den Werken der Amfterdammer Luftfpieldichter bekannt ift, anzuftellen. Wie ertragreich eine
folche Unterfuchung für die Gefchichte der Burenfprache fein würde, lehrt
ein Blick auf die Zufammenftellung volkstümlicher Worte und Wortformen,
die der Dichter Langenbeek in der 2. Auflage feiner Werke durch gebildetere Ausdrücke erfetzte, vgl. te Winkel in Pauls Grundrifs ², Bd. 1, S. 888;
fiehe auch Heffeling S. 92 sub voce Jofi. Ferner ift aber die gefamte
Umgangsfprache der in Oftindien lebenden Holländer und ihre Rückwirkung
auf die Sprache des Mutterlandes näher zu ftudieren Noch heutzutage
gebrauchen gerade die aus Indien zurückkehrenden Niederländer die meiften
maleiifchen Wörter, wie fie auch manche in Indien aufgekommene Bedeu-
tungsveränderung rein niederländifcher Wörter in die Heimat verpflanzen,
vgl. te Winkel a. a. O. S. 921. In diefem grofsen Zufammenhange wird

die Sprache des Caplandes, der »Grenzfeftung von Indien«, wo fich nnauf-
hörlich die Wege der von und nach Indien Reifenden kreuzten, eine befonders wichtige Stellung einnehmen; fo betrachtet, wird auch Heffelings
oft genanntes Buch erft feinen richtigen Nutzen bringen. Mich wundert,
dafs Meyer bei dem Durchfehen der langen Liften malciifch-portugiefifcher
Lehnwörter, die Heffeling giebt, nicht die bemerkenswerte Thatfache con-
ftatiert hat, dafs die Mehrzahl der im Afrikanifchen nachgewiefenen kreolifchen Lehnwörter auch im Niederländifchen des Mutterlandes ein mehr
oder weniger dauerhaftes Leben geführt haben. Dafs das Afrikanifche
immer eine etwas gröfsere Zahl folcher Wörter befeffen hat als das Holländifche, ift nur natürlich; geht man noch weiter öftlich bis nach Niederländifch-Indien felbft, fo werden fich die kreolifchen (oder heutzutage, wo
das Portugiefifche längft feine Rolle ausgefpielt hat, die rein malciifchen)
Wörter Schritt für Schritt vermehren.

Wie weit nun diefe holländifche Schifferfprache in der Abfchleifung
der Flexionsendungen und dem Zufammenfall der Wortformen und Wort-
klaffen vorgefchritten war, als die Colonie am Cap der guten Hoffnung
angelegt wurde, vermag ich im Einzelnen nicht anzudeuten. Die füdafrikanifchen Siedler blieben jedenfalls, wie Heffeling fehr hübfch ausgeführt
hat, die erften Jahrzehnte noch durchaus unter ihrem Einflufs, und erft
da mag die Entwickelung der uns heute vorliegenden Burenfprache ihren
Abfchlufs gefunden haben. Als die Colonie aber aufhörte, eine blofse Er-
frifchungsftation auf dem Wege nach Indien zu fein, und das Schwergewicht
fich auf die allmählich immer weiter ins Innere vordringenden Nieder-
laffungen concentrierte, entwuchs die Sprache allmählich den Einwirkungen
der Seemannsfprache, fie wurde landfeft und hat fich feitdem bis in unfere
Tage recht confervativ gezeigt. Während in Niederländifch-Indien heute
nur noch das von der farbigen Bevölkerung gefprochene Holländifch an
die Burenfprache erinnert (Heffeling S. 75), die Sprache der Gebildeten
aber durch den unaufhörlichen Zuflufs aus dem Mutterlande längft der
höheren Umgangsfprache zuzurechnen ift, hat fich in Südafrika die alte
Vulgärfprache ein riefiges Territorium erobert, auf dem fie die alleinherr-
fchende Verkehrsfprache aller niederländifchen und eingeborenen Elemente
darftellt.

Wenn nun in den letzten Jahrzehnten der energifche Verfuch gemacht
wurde, diefe Verkehrsfprache auch zu einer Schriftfprache zu erheben und
auszugeftalten, fo hatten diefe Bemühungen mit doppelten Schwierigkeiten
zu kämpfen. Als ihr Gegner trat nicht nur das mächtig vorwärtsdringende
Englifche auf, fondern auch das Schriftholländifche, das feine Alleinherr-
fchaft in der kirchlichen Sprache niemals aufgegeben und auf dem Gebiete
der Schule und der officiellen Amtsfprache mit wechfelndem Erfolge gegen
das Englifche verteidigt hatte. Diefen fchweren Kampf gegen zwei fo ein-
flufsreiche Gegner hat das Afrikanifche nicht eben glücklich geführt. Die
Unfähigkeit feines Führers du Toit kommt hinzu, jedenfalls zeigt die knappe
Gefchichte der Sprachbewegung und der Litteratur des Afrikanifchen, die
Meyer im letzten Capitel feiner Einleitung giebt, dafs nicht das Afrikanifche,
fondern das reine Niederländifch den Löwenanteil der grofsen Erfolge der
südafrikanifchen Niederdeutfchen in den letzten 20 Jahren davongetragen
hat. Mir für meinen Teil kommt diefer Mifserfolg des Afrikanifchen nicht
verwunderlich vor, ich bedaure ihn aber auch nicht. Sollte es den nieder-

ländifchen Elementen jemals gelingen, ein burifches Südafrika zu fchaffen, wird das Holländifche zunächft feine officielle Regierungsfprache werden müffen. Dafs die eigentliche Burenfprache daneben als allgemeine Verkehrsfprache der holländifchen und der farbigen Bewohner ruhig weiter beftehen würde, ift ebenfo ficher. Den praktifchen Wert ihrer Erlernung, wie fie Meyers Buch befördern will, fetze ich damit alfo nicht herab. Ein unbeftrittener endlicher Sieg der Engländer würde allerdings alles anders geftalten!

Göttingen.   Conrad Borchling. .

Dähnhardt, Oskar, Heimatklänge aus deutfchen Gauen I. Aus Marfch und Heide. Leipzig, B. G. Teubner 1901. XIX, 170 S geb. 2,60 M.

Eine Blumenlefe plattdeutfcher Gedichte und Profaftücke. Die Titelangabe »aus Marfch und Heide« ift ungenau, es find Schriftfteller aller plattdeutfchen Länder und Provinzen vertreten, alfo nicht blos folche von der Nordfeeküfte und dem Wald- und Heidegebiet. Die Auswahl hat der Verfaffer felbftändig getroffen. Der eng bemeffene äufsere Umfang des Buches, vereint mit dem Wunfche eine gröfsere Anzahl Proben zu geben, hat bewirkt, dafs kürzere Gedichte ufw. bevorzugt wurden. Das Buch ift geeignet, eine Anfchauung der neueren plattdeutfchen Dichtung zu vermitteln, erfüllt aber diefe Aufgabe nicht fo ausgiebig als das inhaltreichere Buch Regenhardts, Die deutfchen Mundarten (Bd. I, 2. Aufl. 1899).

W. S.

Stillfried, Felix, Biweg'lang. Ok en Strufs Läufchen un Rimels. 2. Aufl. Roftock, H Koch 1901. (172 S.). 2 M., geb 2,80 M.

ders. Hack un Plück. Gefchichten. ebd. 1901 (302 S.). 3 M., geb. 3,80 M.

Die Mundart fteht der Reuters nahe. Hack un Plück bietet neun mit Gefchick und in guter Sprache erzählte Gefchichten in Profa, Biweg'-lang minder gut erzählte und fchlecht gereimte Läufchen, deren Sprache durch hochdeutfche und miffingfche Formen entftellt ift.   W. S.

Notizen und Anzeigen.

Beitragszahlungen find an unfern Kaffenführer Herrn Joh* E. Rabe, Hamburg 1, gr. Reichenftrafse 11, zu leiften.

Veränderungen der Adreffen find gefälligft dem genannten Herrn Kaffenführer zu melden.

Beiträge, welche fürs Jahrbuch beftimmt find, belieben die Verfaffer an das Mitglied des Reductions-Ausfchuffes, Prof. Dr. W. Seelmann, Charlottenburg, Peftalozziftrafse 103, einzufchicken.

Zufendungen fürs Korrefpondenzblatt bitten wir an Dr. C. Walther, Hamburg 3, Krayenkamp 9, zu richten.

Bemerkungen und Klagen, welche fich auf Verfand und Empfang des Korrefpondenzblattes beziehen, bittet der Vorftand direct der Expedition, »Diedrich Soltau's Verlag und Buchdruckerei« in Norden, Oftfriesland, zu übermachen.

Für den Inhalt verantwortlich: Dr. C. Walther in Hamburg.
Druck von Diedr. Soltau in Norden.

Ausgegeben: Januar 1902.

Jahrg. 1901.   Hamburg.   Heft XXII. № 5.

Korrefpondenzblatt

des Vereins

für niederdeutfche Sprachforfchung.

I. Kundgebungen des Vorftandes.

1. Veränderungen im Mitgliederftande.

Der Verein betrauert den Tod feines Mitgliedes Herrn Prof. Dr.
C. Pauli, Lugano.
Veränderte Adreffen der Herren
Landes-Oekonomierath Rabius, jetzt Northeim (Hannover).
Gymnafiallehrer F. Kirchhoff, jetzt Ilfeld am Harz.
Dr. ph. G. Baefecke, jetzt Marburg (Heffen).
Neueingetreten find die Herren
Dr. Hennemann, Wittenberge (Priegnitz).
Realfchullehrer E. Spehr, Roftock (Meklenburg)
und als Nachfolger des Wolfenbütteler Vereins für Gefchichte und Alter-
thumskunde:
das Herzogliche Landeshauptarchiv zu Wolfenbüttel.

2. Generalverfammlung zu Emden Pfingften 1902.

Der Vorftand giebt den geehrten Vereinsmitgliedern kund, dafs nach
Befchlufs der Dortmunder Pfingftverfammlung 1901 die Generalverfammlung des Jahres 1902 um Pfingften zu Emden in Oftfriesland ftattfinden wird. Zugleich fpricht er die Bitte aus, die für diefe
Zufammenkunft beabfichtigten Vorträge und Mittheilungen möglichft
bald bei dem Vorfitzenden Geh. Rath Prof. Dr. Al. Reifferfcheid
in Greifswald anmelden zu wollen.

II. Mitteilungen aus dem Mitgliederkreife.

Zur mittelniederdeutfchen Medicin (XXII, 49).

Herr Dr. v. Oefele hat in der letzten Nummer diefes Blattes nach-
drücklich auf das fehr vernachläffigte Gebiet der mnd. Medicin hingewiefen
und die niederdeutfchen Philologen zunächft einmal zur Herausgabe des
nd. Gothaer Arzneibuches in feinem fyftematifchen Teile aufgefordert. Ich
benutze die Gelegenheit, den umfaffenden Plan einer Ausgabe der wichtigften

fyftematifchen mnd. Arzneibücher des 14. und 15. Jahrhunderts, der zur Zeit dem Vorftande des Vereins für niederdeutfche Sprachforfchung zur Begutachtung vorliegt, hier in kurzen Worten einem weiteren Kreife zu fkizzieren. Herr Dr. v. Oefele hätte neben K. Regels Arbeiten zu den mnd. Arzneibüchern W. H. Mielck und feine verdienftvollen Studien auf diefem Gebiete nicht vergeffen dürfen zu nennen. Leider hat auch ihn ein frühzeitiger Tod dahingerafft, bevor er die von langer Hand vorbereitete Ausgabe mehrerer umfangreicher nd. Arzneibücher ernftlich zum Abfchlufs bringen konnte. Keiner wäre wohl fonft wie er nach Abftammung, Beruf und Neigung dazu befähigt gewefen, hätte wie er Sach- und Wortkunde für die fchwierige Aufgabe in feiner Perfon vereinigt. In Mielcks Nachlafs fanden fich die vollftändigen und mehrfach nachverglichenen Abfchriften dreier mnd. Arzneibücher vor, der grofsen Wolfenbüttler Handfchrift (Auguft. 23. 3 in 4⁰), des Hannoverfchen und des Roftocker Arzneibuchs. Mit der Edition diefer drei Manufcripte nach den Mielckfchen Abfchriften hatte mich der Verein für niederdeutfche Sprachforfchung bereits vor längerer Zeit beauftragt. Ich habe die Arbeit daran bisher nicht fo fördern können, wie ich wohl gewollt hätte, weil meine Hauptarbeit, die Katalogifierung der mnd. litterarifchen Handfchriften, zu viel Zeit in Anfpruch nahm, aber auch deshalb, weil ich mir erft einen genauen Ueberblick über das gefamte vorhandene Material an mnd. medicinifchen Handfchriften verfchaffen wollte. Jetzt, wo ich auch die Wolfenbüttler Bibliothek und ihre reichen nd. Schätze durchforfcht habe, überfehe ich wohl im Grofsen und Ganzen diefes Material. Da ändert fich denn aber die Aufgabe des Herausgebers der Mielckfchen Abfchriften in einem wefentlichen Punkte: Bei der Vergleichung aller mir bekannt gewordenen gröfseren fyftematifchen mnd. Arzneibücher des 14. und 15. Jahrhunderts (es find im Ganzen 7—8 folcher Handfchriften) auf ihre Zufammenfetzung hin ergiebt fich nämlich das Refultat, dafs von den drei von Mielck zur Ausgabe beftimmten Arzneibüchern nur zwei einen felbftändigen Wert befitzen, während das dritte, die Roftocker Handfchrift, mit dem Gothaer Arzneibuche und einigen anderen Handfchriften zufammen nur ein einziges Werk (oder richtiger zwei mit einander verknüpfte Werke) repräfentiert.

Zu diefer Gruppe des Gothaer Arzneibuches gehören folgende vier Handfchriften:

a) Die ältefte und wie es fcheint die befte ift die Gothaer Handfchrift felbft, der Regel befonders feine Studien gewidmet hat. Nach Regels Zerlegung der Handfchrift (Progr. Gotha 1872, S. 1—6) kommen für unfere Aufgabe nur die erften beiden Beftandteile des Arzneibuches, die Dudefche Arftedie Bl. 7ᵃ—85ᵃ und die Practica Bartholomaci Bl. 85ᵃ—103ᵇ in Betracht.

b) Kopenhagen, Univerfitätsbibl., Mfcr. Arnamagn. 820 in 4⁰. Vgl. meinen 2. Reifebericht (Göttingen 1900), S. 103—105.

c) Kopenhagen, Grofse Kgl. Bibl., Mfcr. Thott. 675 in 4⁰. Meine Befchreibung, Bericht II S. 50—52, ift dahin zu verbeffern, dafs Stück 1 nur Prolog und Cap. 1 der Practica Bartholomaei enthält; in Wahrheit find Stück 1—3 die Dudefche Arftedie der Gothaer Handfchrift, und das 2. Arzneibuch in Stück 4 ift die Practica Bartholomaei. Die Umfetzung des Bartholomaeus-Kopfes mufs fchon in der Vorlage der Handfchrift ftattgefunden haben.

d) Roftocker Arzneibuch (vgl. Bericht II, 187 f.). Es enthält nur die Dudefche Arftedie.

Das Verhältnis diefer vier Handfchriften zu einander ift zu unterfuchen, und darauf eine kritifche Ausgabe der Dudefchen Arftedie und der Practica Bartholomaei aufzubauen. — Diefer Gruppe treten alle übrigen Handfchriften als felbftändige Arbeiten gegenüber, find alfo alle ungekürzt zu veröffentlichen. Es find das

1) Das Wolfenbüttler Arzneibuch, ein fehr umfangreiches Werk.

2) Das Arzneibuch des Arnold Doneldey in Bremen von 1382, jetzt im Kgl. Staatsarchiv zu Hannover, Mfer. A. A. 16 (vgl. Bericht I, Göttingen 1898, S. 235).

3) Das Utrechter Arzneibuch, abgedruckt von Gallée im Nd. Jahrb. 15 (1889) 105—149.

Eine Edition des gefamten Stoffes zerlegt fich alfo von felbft in zwei Teile oder Bände. Der erfte foll die felbftändigen Werke umfaffen, der zweite die Gruppe des Gothaer Arzneibuches. Jedem Bande foll ein ausführliches Gloffar beigegeben werden, das vor allem den befonderen Wortvorrat der medicinifchen Termini verzeichnet und ganz kurz zu erläutern fucht. Dafs die felbftändigen Werke vorangeftellt werden, entfpringt dem Wunfche, die Mielckfchen Abfchriften zunächft erft einmal zu publicieren. Ein Wiederabdruck des Utrechter Arzneibuches wird nur dann notwendig werden, wenn die Collation der jungen Hamburger Handfchrift Mfer. med. 858 in 4° (Ber. I, 142 f.), die u. a. auch auf pag. 73 ff. die gröfsere Hälfte des Utrechter Arzneibuchs in einer noch unbekannten Handfchrift enthält, wefentliche Ergebniffe für den Text des Werkes haben foilte. Souft würde der Benutzer des Gloffars zum 1. Bande meiner Ausgabe, in dem der Wortfchatz des Utrechter Arzneibuches auf alle Fälle mitverzeichnet werden wird, auf den leicht zugänglichen Abdruck Gallées zurückgreifen müffen.

Der befonderen Schwierigkeiten, welche die Herausgabe der zumeift noch an Corruptelen reichen Handfchriften der mnd. Arzneibücher für mich als Philologen mit fich bringt, bin ich mir wohl bewufst. Um fo glücklicher darf ich mich preifen, in Herrn Dr. v. Oefele einen gelehrten Kenner der mittelalterlichen Medicin gefunden zu haben, der mir fchon jetzt Rat und Hülfe für die Realien der Ausgabe mit gröfster Bereitwilligkeit angeboten und erwiefen hat.

Göttingen. Conrad Borchling.

Polka (XXII, 51).

Ofschoon de benaming »Polka-slachter« mij nooit is voorgekomen in mijne vaderstad Leeuwarden, noch elders in de Nederlanden, zoo was daar toch omstreeks het jaar 1848 en later de uitdrukking »Polka-haar«, voor eene bijzondere soort van haardracht, die toen sterk »in de mode« was, even zoo algemeen in gebruik als te Hamburg. In die jaren was het daar, in de hoofdstad van het Nederlandsche Friesland, wat »Polka« aangaat, juist zoo gesteld als, te boven aangehaalder plaatse, van Hamburg en Rostock gemeld wordt. Toenmaals kwam het daar, voor het eerst in gebruik om soda (koolzure soda, carbonas sodae) bij de zeep in het waschwater te doen, waardoor het zoogenoemd »harde« water »zacht«

werd en beter schuimde, en waardoor de duurdere zeep werd uitgespaard.
Die soda kreeg toen onmiddellijk bij het volk den naam van »polka-zeep«
in het algemeene Nederlandsch, of »polka-sjiepe« in het bijzondere
Friesch; en onder dien naam (ook wel enkel »polka‹) is ze daar nog bekend.
Haarlem.   Johan Winkler.

Flachsbau und Flachsbereitung.

Die Notizen über Flachsbereitung in XXII, Nr. 4, S. 55 veranlaſſen
mich zu folgender Mitteilung, die ich deshalb für wichtig halte, weil hier
ſeit einigen Jahren der Flachsbau völlig aufgehört hat. — Auf der hieſigen
von mir erpachteten Domäne wurden nach Ausweis der Bücher von 1827
bis 1832 durchſchnittlich im Jahre 95 Morgen Flachs gebaut, zum kleineren
Teil zur Verarbeitung auf eigene Rechnung des Pächters, zum gröſseren
Teil als Deputat für Geſinde und Tagelöhner. Von 1890 bis 1894 war
der Flachsbau (ausſchliefslich Deputat) auf durchſchnittlich 10,3 Morgen
beſchränkt und hörte dann allmälig ganz auf, indem die Leute anſtatt des
Flachslandes mehr Kartoffelland erhielten. Die folgenden niederdeutſchen
Ausdrücke, welche mit dem Bau und der Bereitung des Flachſes zuſammenhängen und die ich, ſoweit ſie mir nicht ſelbſt noch geläufig ſind, von
zuverläſſigen älteren Leuten erfragt habe, werden daher in kurzer Zeit
hier vergeſſen ſein.

Man unterſchied freuflass und spätflass. Erſteres — flass iſt auch
hier Neutrum — wurde im April beſtellt, während für dat saien von spätflass
der 15. Juni als Normaltag galt. Frühflachs brachte mehr Ertrag, vorausgeſetzt, dafs es gelang, des Unkrautes Herr zu werden. Beim Spätflachs-
Beſtellen waren bereits viele Unkräuter aufgegangen und konnten durch
die Ackergeräte vernichtet werden. Für den Domänenpächter bot Spät-
flachs den Vorteil, dafs die Beſtellung nicht mit der der anderen Sommer-
früchte zuſammen fiel. Etwa bis 1875 wurde hier Spät-, von da an Frühflachs gebaut.

Die Gröſse der jedem der Leute zuſtehenden flass-kabel (Flachsacker-
Parzelle) wurde noch in den 60er Jahren nicht nach rauen (Quadratruten),
ſondern nach dem Einſaatquantum bemeſſen; der Mann bekam en scheppel
(Scheffel) oder veerfaat (Vierfafs = ¼ Scheffel) lien-saien (Leinſäen).
Die Zuteilung geſchah in der Weiſe, dafs das Maſsgefäfs auf ein aus-
gebreitetes Laken geſtellt wurde, in welches der Landempfänger ſein saat-
lien (Saatlein) ſchüttete. Nachdem dann der Verwalter mit dem striekholt
(Streichholz) das Gemäſs abgeſtrichen hatte, füllten die Säer die Saat in
ihre umgehängten saatlaken und beſtimmten die nötige Fläche nach der
Schrittzahl. Der hergerichtete Acker war vorher durch parallele Furchen
mit genau abgemeſſenem gleichen Abſtande in Streifen von gleicher Breite
geteilt. Der erſte Säer ſchritt dann längs der Furche die nötige Länge
der Kabel ab. Später wurden die Kabeln nach Bodenfläche zugemeſſen,
wobei auf ein Vierfafs 30 Quadratruten kamen. Die Grenze jeder Kabel,
welche nach 2 Seiten durch die Furchen beſtimmt war, wurde nach den
2 anderen Seiten durch frielen (auch freilen geſprochen) bezeichnet, womit
man das von dem Landempfänger vollzogene Pflanzen einer Reihe von
Bohnen- oder Erbſenhörſten in etwa fufsbreiten Abſtänden benannte, die
nach dem Aufgange als Grenzmerkmal für die Kabel dienten.

Die Reihenfolge der Flachslandempfänger war durch Obfervanz ftreng vorgefchrieben: fie begann mit dem älteften homester (Hofmeifter) und endete mit der jüngften Tagelöhner-Wittwe. Wenn die Flachspflänzchen etwa fingerlang waren, erfolgte das weicn (Gäten). — Kurz vor der Reife holte die Frau des Landempfängers meift eine flassprauwe — das w wurde meift nicht ausgefprochen — (Flachsprobe), um fie auf Länge und Qualität zu prüfen.

Nach dem flasstrecken (Aufziehen des Flachfes) wurde der Flachs, in Seile gebunden, den Leuten vor die Wohnungen gefahren und hier durch reppeln (Abkämmen) von den knutten (Knoten, Samenkapfeln) befreit. Der einzelne eiferne Kamm biefs reppelbusch; deren waren mehrere auf einem reppelboom (hölzernen Balken) befeftigt; oder auch auf einem alten Wagenrade, das man auf ein Wafchfafs legte und mit grofsen Steinen befchwerte. Der gereppelte Flachs wurde nun in einfaches Stroh in bötchen (kleine Bunde) gebunden und deren 10 zufammen in ein geknüpftes Strohfeil.

Die knutten wurden auf Laken an der Sonne getrocknet; dann erfolgte das knutten-döschen (Knotendrefchen) mit der fläre (dem Flegel), meift im Freien, und das knutten-wörpen (Knotenwurfen) zum Reinigen des Leinfamens vom knutten-kaaf (Knotenkaff, leeren Samenkapfeln). Als fcherzhafte Sprechübung ift hier in Gebrauch: »use kau kaut knutten-kaaf, knutten-kaaf kaut use kau « (Unfere Kuh kaut etc.)

Die Flachsbunde wurden nach der flass-rote, dem rote-graben (Flachsrotte, Rottegraben) gefahren und, mit Steinen befchwert, ins Waffer gelegt. Nachdem der Flachs genügend gerottet war, erfolgte dat utwaschen (Auswafchen) der einzelnen bötchen und fodann das opstuken (Aufftauchen) derfelben auf einem dazu ungepflügt liegen gelaffenen benachbarten Stoppelfelde. Die stuken wurden dadurch gebildet, dafs die Strohbände der bötchen an das obere Ende gezogen und der Flachs, mit den Wurzelenden nach unten, kegelförmig ausgebreitet wurde.

Der genügend getrocknete Flachs wurde nun in Bunden bis zum nächften Frühjahr auf dem Stallboden aufbewahrt. An warmen Tagen erfolgte dann das sunnen (Sonnen, dünnes Anlehnen der aufgelöften Bunde an eine Südwand). Nun folgte das bönen des Flachfes mit dem bönebōttel auf dem bönestein (Klopfen mit einem cylindrifchen, unten mit Stiel verfehenen hölzernen Schlägel auf einem grofsen glatten Steine). Der bönebōttel diente in feinen Mufeftunden den kleinen Mädchen oft nach Umwickeln einiger Lumpen als Puppe.

Jetzt kam nach nochmaligem sunnen das braken des Flachfes auf der brake (hölzernes Brechholz, deffen Konftruktion ich als bekannt vorausfetze), wodurch der zähe nutzbare Baft der Pflanze von den fpröden, zerbrechenden Holz- und Epidermisteilen gelöft wurde, welche z. Tl. unter der brake als schoewe zu Boden fielen, z. Tl. nachher durch heckeln auf der hack-heckel als hack (mit scheewe vermifchte grobe Heede) ausgefchieden wurde. Nun folgte das kauen des Flachfes auf der kaue, einer feineren brake mit ftählernen, anftatt hölzernen Leiften, hierauf das beckeln auf der middel-heckel und nach nochmaligem kauen das heckeln auf der fienen heckel (feinen Hechel), wodurch die letzte Heede (hee) entfernt wurde. Nach dem zweiten kauen wurde der Flachs oft noch — nicht immer — mit dem swingebolt (einem flachen Brettchen mit Stiel) auf der swinge (einem aufrecht ſtehenden Brette mit ſcharfer Oberkante) ſchlagend bearbeitet. — Schon nach dem braken wurde der Flachs in kleine, bequem mit der Hand zu haltende Portionen, riſten, geteilt und deren 10 zu einer hucke zuſammengedreht. Nach jeder der folgenden Operationen bis zur Feinhechel geſchah dies wieder, und dann wurden 30 hucken zu einem Bunde vereinigt und bis zum Spinnen aufbewahrt.

Um aus einer hucke eine dieſe (die auf dem Spinnrad, wocken, befeſtigte Portion Flachs) zu machen, wurde ein Ende der hucke hinter das Schürzenqueder geſteckt, dann auf dem Schofse dünn und gleichmäſsig ausgebreitet (dieſse-breien), um das öberwöckel (Stock oben am wocken) gewickelt und in der Mitte mit dem wockenblad (einem mit Malerei und Sprüchen verſehenen Pappſtreifen) durch ein darum gewickeltes Seidenband, am oberen Ende mit dem lüttgen wockenblad (kleinem Wockenblatt) in gleicher Weiſe befeſtigt. — Unter der dieſse befand ſich an dem öber-wöckel ein in der Mitte durchbohrtes kleines Blechgefäſs, dat ſtippeding, welches mit Waſſer zum Befeuchten der Finger beim Spinnen gefüllt wurde. Am wocken bezeichnete man das ſchmale Hölzchen, welches das Trittbrett mit der Radkurbel verbindet, als wocken-knecht; das rad trieb durch den radsnauer (die Radſchnur) die rulle (Rolle), welche ſich um die ſpille (Spindel) dreht.

Wenn einer Spinnerin der Faden rifs, ſo pflegte ihr ein etwa gegen-wärtiger Burſche die dieſse fortzunehmen, die ſie mit einem Kuſſe wieder einlöſen muſste.

Folgendes Märchen von der heckel erzählte mir meine 1790 zu Helmſtedt geborene Groſsmutter, das ſie in ihrer Jugend gehört hatte:

Eine Fee kam zu einem armen ländlichen Ehepaar und verſprach ihm, drei Wünſche ſofort zu erfüllen. Die Frau wünſchte ſich ſofort ›ne rechte fiene heckel.‹ Der Mann rief, ſich über dieſen zu beſcheidenen Wunſch ärgernd, als die Hechel erſchienen war: ›ek wolle, dat dek diene heckel vorm' arse ſeite.‹ Sofort drang die Hechel der Frau in dieſen Körperteil, und es blieb nun als dritter Wunſch nur übrig, ſie davon zu befreien.

Schlanſtedt, Kreis Oſchersleben. W. Rimpau.

Apollo Grannus.

In einer Reihe von Inſchriften aus Süddeutſchland, auch Rheinland finden ſich Widmungen: Apollini Granno (et Sironae). F. Sander, La Mythologie du Nord s. 62 f. weiſt mit Recht auf ahd. grana, Schnurrbart, got. grana, ſpaniſch greña, verworrenes Haupthaar hin und bringt Aquis-grani, Aachen damit in Verbindung. Wenn er aber dann dieſen bärtigen und haarigen Apoll als eine Transſcription von Balder erklärt, ſo ſcheint es eine einfachere Erklärung zu geben: In einer Urkunde von 1067 aus Flandern bei Aubertus Miraeus, Opera dipl. s. 511 heiſst es ›et salinas in Scintonis, quas Grenos vocant, si redactae in terram cultibilem ex benificio maris accreverint.‹ Die greni ſind hier doch wohl urſprünglich Dorn-geſtrüpp, welches zur Gewinnung des Seeſalzes verwendet wurde. Lautlich identiſch ſcheint nl. green, greneboom, meklemburg. gräne (vgl. Kbl. 17, 69), Fichte, Kiefer. Auch in alten ndd. Ortsnamen kommt dies gran, gren nicht selten vor. Apollo wird alſo wohl hier in Beziehung zu Bädern mit Einrichtungen ähnlich unſern Gradierwerken geſetzt ſein.

Osnabrück. H. Jellinghaus.

Horenſeggen (XXII, 19, 6).

In Tunnicius' Sprichwörterſammlung, herausg. von Hoffmann von Fallersleben 1870, wird S. 53, Nr. 549 'Hören ſeggen is half gelogen' von Tunnicius überſetzt: auſcultata ferens ſolum mentitur aperte, und S. 88, Nr. 1079 heiſst es: 'An horenſeggen lücht men vele to'. Beide Stellen fehlen im mnd. Wtb. Hiernach kann kein Zweifel mehr an der Bedeutung von horenſeggen ſein. Meine frühere Erklärung nehme ich zurück.

Blankenburg a. H.   Ed. Damköhler.

In den roſen ſitten.

Der Chroniſt Hermann Korner berichtet, Herzog Heinrich von Braunſchweig-Lüneburg ſei, nachdem Graf Adolf IX. von Schaumburg über die Dänen 1410 Auguſt 12 bei Eggebeck auf der Sollerupper Haide geſiegt hatte, von der Königin Margaretha durch Geld bewogen worden, die Sache der Kinder Herzog Gerhards von Schleswig aufzugeben und heimzukehren. In der deutſchen Bearbeitung heiſst es: »Alſo toch hertich Hinrik van dar unde leet de kindere in den roſen ſitten«. Wie erklärt ſich dieſer Ausdruck? Doch wohl in ironiſchem Sinne?

Roſtock.   K. Koppmann.

Zu den Lübeker Faſtnachtſpielen. (Vgl. Ndd. Jb. VI, 1 ff. u. XXVII, 1 ff.)

In dem Titel des im Jahre 1430 aufgeführten Stückes: Do der godynnen de sparwer gegeven wart vermutet Walther Jb. 6, 31 mit Recht eine Verderbnis, da keine antike Mythe noch mittelalterliche Sage vorhanden iſt, in der einer Göttin ein Sperber zuteil ward. Er vermutet, daſs ſtatt »godynnen« »magedynnen« zu leſen iſt und vermutet, daſs das Spiel eine dramatiſche Bearbeitung der von Berthold von Holle bearbeiteten Geſchichte von Demantin und Sirgamote geweſen ſei. Nun findet ſich aber unter den kleinen mhd. Erzählungen, die v. d. Hagen als »Geſammtabenteuer«[*)] herausgegeben hat, im 2. Bd. als Nro. XXII, unter dem Titel »Der Sperwære«, ein Schwank, deſſen Stoff mir zur dramatiſchen Verwertung in einem Faſtnachtſpiel wohl geeignet ſcheint. Der Inhalt iſt nach v. d. Hagen folgender:

»In einem ſtattlichen Frauenkloſter wetteiferten Alte und Junge im Gottesdienſt, und waren auſserdem nie müſsig, ſondern wehten und wirkten, zeichneten und ſchrieben. Kein Mann durfte das Kloſter betreten, und nur die Nonnen im Amte kamen herfür: die jungen unerfahrenen blieben ſtets drinnen, und die Schulmeiſterin lehrte ſie ſingen und leſen, ſprechen und gehen, und im Chore ſtehen und ſich verneigen, dem Orden .gemäſs. Unter ihnen war ein ſo ſchönes Jungfräulein, daſs ſie untadelich erſchien, und ihr durchaus nichts gebrach, als daſs ſie gar nichts von der Welt auſserhalb des Kloſters kannte, in welchem ſie ſchon 15 Jahre gelebt hatte. In dieſer klöſterlichen Einfalt ſtand ſie einſt an der Ringmauer des Kloſters, unweit der Thüre an der Landſtraſse. Da kam ein Ritter daher, zu Roſſe, einen Sperber auf der Hand. Sie grüſste ihn und fragte, ob er das Vöglein weit her führe; und als er verneinte, fand ſie es wunderſchön; es ſinge gewiſs auch ſüſs, und die Frau, der er es bringe, müſſe ihm immer hold

---

[*)] Eigentl. Geſammt Abenteuer d. i. »Geſammelte Abenteuer«.

fein. Der Ritter, ihre gute Einfalt erkennend, fagte, es fei ein Sperber und ihm wohl feil. Die Jungfrau beklagte, dafs fie kein Geld habe; jedoch wolle fie gern fonft etwas dafür gehen. Da erbot ihn der Ritter für ihre Minne. Diefe war ihr unbekannt: fie habe in ihrem Schrein nur zwei Bilder, drei Nadeln, eine Scheere, zwei neue Haarbänder, ihr feiertäglich Gewand und ihren Pfalter; darunter gebe fie ihm die Wahl. Der Ritter beftaud jedoch auf ihre Minne, die er bald bei ihr finden würde. Sie wollte ihn gern fucheu laffen. Er hub fie von der Mauer, führte fie in einen Baumgarten, band das Rofs und den Sperber an einen Aft, fafs mit der Schönen in den Klee und fand bald die Minne, zu beider Freuden, fo dafs fie fich nicht durch Kargheit verfünden wollte, fondern ihn aufforderte, fich nach Herzensluft bezahlt zu machen. Darnach hob er fie wieder auf die Mauer, und ritt weg. Das Fräulein ging fröhlich mit dem Sperber zu ihrer Lehrmeifterin, erzählte ihr den wohlfeilen Handel und beklagte, dafs das Klofter keinen folchen Minnefucher habe, für den fie alle ihre Pfründe hergeben follten. Die Alte fchalt fie, dafs fie ein Weib geworden, raufte und fchlug fie zwier zu Boden, fo dafs fie faft todt lag. Die Junge gedachte es wieder gut zu machen, und wartete frühmorgens heimlich auf der Mauer, bis der Ritter wiederkam. Sogleich forderte fie ihre Minne und Magdtum für den Sperber zurück. Der Ritter war bereit; er that ihr abermals, wie zuvor, und fie hielt genau darauf, dafs er ihr die Minne fo dreifach wiedergab, wie er fie genommen. Dann eilte fie vergnügt zur alten Nonne, verkündigte ihr den glücklichen Taufch und rühmte den ehrlichen Mann, der dem Klofter fehr zu wünfchen wäre. Die Alte rügte die überfchwängliche Einfalt der Jungen, die das Uebel ärger gemacht; warf fich felber jedoch vor, dafs fie fich nicht beffer vorgefehen hatte, und liefs ihren Zorn über das Unwiederbringliche.‹

Die Beliebtheit diefes Stoffes durch mehrere Jahrhunderte bekunden nach v. d. Hagen a. a. O. S. VI acht Handfchriften des Gedichtes und eine niederrheinifche Umfchreibung. Dafs er auch dem Lübecker Faftnachtfpiele von 1430 zu Grunde gelegen habe, dürfen wir vermuten, wenn wir annehmen, dafs der Titel urfprünglich gelautet hat: »Wo der baghynen de fparwer gegeven wart; Wie der Begine der Sperber gegeben wurde.‹ Die Entftellung von »baghynen‹ in »godynnen‹ fcheint mir glaublicher, als dafs der Schreiber das häufige magedyneu nicht richtig gelefen haben follte; dafs aber ftatt des überlieferten »Do« »Wo« zu lefeu ift, lehren die Titel der Stücke von 1447, 1456—59, 1475, 1477 und 1500.

Auch in Bezug auf das 1433 aufgeführte Stück, deffen Titel nach der Angabe im Ndd. Jb. Bd. 6, S. 3 ›de krake‹ lautete, möchte ich eine Vermutung ausfprechen. Ebd. Bd. 27, S. 7 bemerkt Walther: »Nachdem der Schreiber die Faftnachtdichter diefes Jahres genannt hat, wiederholt er den Titel, aber als de kraucke. Bei der Gleichheit der Buchftaben u und n in mittelalterlicher Schrift läfst fich ebenfowohl de krancke lefen.‹ Ich teile durchaus die Vermutung Walthers, dafs der Schreiber an erfter Stelle de kräke, d. i. de kranke, in feiner Vorlage fand, möchte aber diefen Titel anders deuten. Kraneke, Kränke ift noch jetzt hier die übliche Bezeichnung für den Kranich (Ardea grus L., Grus cinera Bechft.)*],

---

*) S. Schambach, Götting.-Grubeuhag. Wb. S. 110.

die gewifs früher weiter verbreitet gewefen ift. Danach könnte das Spiel
von 1433 einen ähnlichen Stoff behandelt haben wie das von 1430.
V. d. Hagen Bd. 2 S. VI berichtet von einem altfranzöfifchen Gedicht
De la Grue, vom Kranich, deffen Inhalt er in kurzem folgendermafsen
angibt: »Ein Burgherr hat feine fchöne Tochter zur Sicherung ihrer Ehre
mit ihrer Amme in einen Turm verfperrt. Während diefe einen Löffel holt
und die Thür offen läfst, kommt ein Knappe mit einem durch einen Sperber
gebaizten Kranich. Nach dem erften Schaden geht die Amme abermals
weg und holt ein Meffer, den gerupften Kranich zu bereiten, und nach
dem rückgängigen Handel nimmt ihn der Knappe wieder mit fich weg.«
Diefe kurze Inhaltsangabe v. d. Hagens, der fich auf Barbazan-Méon N, 250
beruft, erlaubt allerdings kein vollkommenes Urteil über den Stoff, deffen
weiterer Verbreitung nachzuforfchen, ich einem Kundigeren überlaffen mufs.
Northeim, im Dezember 1901. R. Sprenger.

Noch einmal buchten (XXII, 20/21 und 39/42).

Walthers Ausführungen haben mich von der Richtigkeit feiner Erklärung der betr. Stelle im Koker nicht überzeugt; andrerfeits ift es mir
inzwifchen gelungen, noch mundartliches Material aufzufinden, das für die
von mir gegebene Deutung zu fprechen fcheint. In meiner Ueberfetzung
'Häufig wird (dasjenige) mit der Hand be- oder erfafst, was man damit
(mit der Hand) biegen will' kann Walther keinen allgemeinen Erfahrungs-
fatz erkennen, weil manches gleich beim erften Griff gebogen werde. Nun
find allerdings die meiften Sentenzen im Koker von fo unanfechtbarer
Richtigkeit wie die: »Were eynem perde eyn voeth ave, So möste
dat ghan up dreu benen« S 309, aber es finden fich auch nicht wenige,
die zwar im allgemeinen richtig find, aber doch Ausnahmen zulaffen, fo
S. 306: We flytygen worna rynget, De krycht des wol eyn grot
stücke. S. 309: We in den huse alle wynkel besocht, De vynt
broken pötte un olde schoe. S. 314: Wat oldynges eyne gude
wyse is gewest, Dat düncket nu den yungen övel laten u. a. m.
Zudem entfpricht, wie fich noch zeigen wird, buchten in den heutigen
Mundarten keineswegs fchlechtweg hd. biegen, nd. bôgen; in keinem der
Fälle, in denen in der Cattenftedter Mundart buchten vorkommt, würde
man dafür bôgen (bèn) fagen können.

Wenn Walther ferner meint, man hätte erwartet: »vele wardt
vaken begreppen« etc., 'vieles wird häufig erfafst', fo wird dadurch der
Begriff 'vieles' in die Sentenz hineingelegt, der eben nicht darin liegt und
m. E. auch ftörend ift. Dafs vele als Adverb unrichtig von begreppen
getrennt wäre, kann ich nicht zugeben; es fteht an betonter Stelle, gerade
wie S. 317 betontes vaken im Anfange des Satzes und vom Verb getrennt
fteht: Vaken eyn dem andern drauwet. Warum foll nicht auch fynon.
vele fo geftellt werden dürfen? In der Bedeutung 'häufig', meint Walther
weiter, laffe fich vele aus dem Sprachgebrauch des Kokers nicht rechtfertigen, weil es im Sinne von 'oft, häufig' meift in Verbindung mit vaken
oder dicke, oder im Vorderfatze gern vele, im Nachfatze ein Synonym
gebraucht werde. Urfprünglich find vele und vaken der Bedeutung nach
verfchieden, vaken ift iterativ, vele quantitativ; letzteres geht aber natur-

gemäfs öfter in die Bedeutung des erfteren über. Ift vele in unferer Stelle Adverb, fo kann es bei begripen nur iterativ fein. Die meiften Sentenzen im Koker ftammen wohl aus dem Volksmunde, manche von ihnen find heute noch im Volke üblich, so die S. 318: De wynt weyet wol sandbarghe tohope, Sunder nickt (l. nicht) twe vette erse, welche in Cattenftedt lautet: de wint weijet wol dikke schneiweltern, äwer keine dikken ârschbakken, d. h. von nichts kommt nichts; oder S. 314: Alle dat de Su rodet un ummeweulet, Dat moten öre varcken entgelden, eine Sentenz, die übrigens auch nicht immer zutrifft; oder S. 313: De da myt wülffen is vorladen, De moed myt öne ane twyvel hulen. Die allitterierende Verbindung vaken und vele wird der Dichter fchon im Volksmunde vorgefunden haben, fie hat übrigens meift ihre urfprüngliche Bedeutung bewahrt wie S. 306 [nicht 630]: De vaken un vele wyl dryncken, De moth vaken netten den thun. Diefe Sentenz ift nicht mehr zutreffend, fobald vaken oder vele fehlt, fie pafst nicht auf den, der oft, aber wenig; oder der viel auf einmal, aber felten trinkt. Von Sprachgebrauch kann man hier wohl nicht reden, die Worte find durch den Gedanken bedingt. Ebenfo S. 324: Vele wenen un vaken suchten, Dat maket eyn unfrölych harte. S. 360: De leth syck vaken un vele beschauwen. S. 367: Doren de syck sülven wanken, De doen dyeke un vaken schaden u. s. w. Noch heute laffen im Volksmunde derartige allitterierende Verbindungen ihre urfprüngliche Bedeutung erkennen.

Wenn nun auch im Koker einem vele im Vorderfatze oft ein Synonym im Nachfatze folgt, fo kann ich auch darin keinen beftimmten Sprachgebrauch des Dichters erkennen, das hängt nicht von deffen Belieben, fondern vom Sinne der Sentenz ab, wie Walther felbft richtig erkannt hat, wenn er fagt: »Wo vele allein fteht, reicht man mit den Bedeutungen 'viel' oder 'fehr' aus«, und, fetze ich hinzu, wo es nicht allein fteht, reicht es meift nicht allein aus. Wenn z. B. die Redensart vèl wint vèl krich in zwei vollftändigen Sätzen ausgedrückt würde, fo würde ein vèl nicht genügen, ebenfo wenig in der Sentenz wèr vèl frit, dë vèl schit. Ein Beifpiel mit vaken kann ich nicht anführen, weil diefes Wort in der Cattenftedter Mundart und auf dem ganzen nd. Harze fehlt. Die beiden Synonyme fand der Dichter wahrfcheinlich fchon in der Volksfprache vor. Ob an unferer Stelle vele quantitativ oder iterativ fteht, macht wenig aus, auf den Ausdruck ‚häufig' fteife ich mich nicht, es kommt darauf an, dafs vele Adverb ift. Dafs es als folches nicht oft im Satzanfange fteht, ift natürlich, doch kommt es, wenn es ftärker betont ift, im Volksmunde nicht felten im Anfange des Satzes vor.

Die von Walther behandelte Spracheigentümlichkeit ift nicht auf den Koker befchränkt, fie findet fich auch in Tunnicius' Sprichwörterfammlung, herausgegeben von Hoffmann von Fallersleben 1870, die auch einige Sentenzen enthält, die fich im Koker finden. Wiederholung desfelben Wortes oder eines Synonyms zeigen die Sprichwörter Nr. 300: De vele lüsteren of runen, de leigen vake. Nr. 821: Mit velen steit he ovel, de alle tyt gèrne kift. Nr. 1059: De grot sprikt unde vele sik vormit, maket vake kyf. Nr. 46: De vele kleder heft, de tüt vele an. Nr. 321: De vele eier heft, de maket vele doppe. Nr. 1026:

Vele gerichte maken vele etens. Auch andere Worte werden wiederholt.
Nr. 328: De wol doet, de sal wol vinden. Nr. 654: Bolde gewunnen
is bolde vorloren. Nr. 922: Quât ei, quât kûken. Statt vaken
könnte auch vele ſtehen in Nr. 1053: Harnasch, hôker unde wyve
sal men vake bruken. Umgekehrt vaken ſtatt vele in Nr. 732: Dem
einen behaget de ſtille, dem anderen de vele röpt. Von Sprachgebrauch einer einzelnen Perſen in dieſen ſprichwörtlichen Redensarten
kann natürlich nicht die Rede ſein.

Daſs buchten aus bucht abgeleitet iſt, macht in buchten ſehr
wahrſcheinlich, das ſicher von dieſem Subſtantiv gebildet iſt, welches ſeinerſeits zu biegen gehört. Ueber die Bedeutung des Subſtantivs geben die
nd. Wtb. folgendes an.

Mnd. Wtb. VI, 88: bucht, ein eingefriedigter Raum, Pferch. ſeptum, bocht.
Dief.; ſeptum, een loke, een biunne, een bucht. Hor. belg. 7, 19; bucht,
bocht, insluiting, omperking. Oudem. — To enge my ſelfs is disse
bucht. Aeſop (v. Hoffm. v. F.) S. 80.

Richey: bucht, Biege, Krümme.

Dähnert: bucht, Biegung, Krümmung. Ein befriedigter Raum auf den
Höfen für Vieh. Swin-Bucht.

Schütze: boog, bugt, Biege oder Richtung und Umwendung des Schiffes
im Segeln des Ufers [lies: Segeln, (Biege) des Ufers. C. W.].

Danneil: bucht, ein befriedigter Raum, beſonders um Weidevieh hinein-
zujagen. to Bucht driw'n, eigentlich das Vieh in die Bucht treiben;
figürlich: zu Paaren treiben. Tüffelbucht, Kôlbucht ſind umzäunte
Ackerräume zum Anpflanzen von Kartoffeln und Kohl.

Mi: bucht, Umzäunung, in de Bucht springen, aushelfen.

ten Doornkaat Koolman: bugt, bucht, Bucht, Biegung, Krümmung, Ein-
biegung, Buſen etc.

Hertel, Thüringer Sprachſchatz: bucht, 1. Muſikantenbucht = Orcheſter.
2. kleiner Verſchlag in Ställen, enge Wohnung, Schäferhütte.

In Weſterhauſen zwiſchen Blankenburg und Quedlinburg bedeutet
bucht ein altes baufälliges, windſchiefes Haus.

Aus Lentner, Taſchenbüchlein der Forſtſprache 1833 führe ich noch
an: Bucht heiſst der runde Zwiſchenraum der Einſchnitte an den Blättern
der Eichen u. a. Bäume. Buchtenhölzer werden bogenförmig gewachſene
Hölzer genannt, die beim Schiffbaue gebraucht werden.

Das Subſtantiv bucht iſt alſo weit verbreitet, ein Verb buchten
kennen die angeführten Wtb. nicht, kommt aber in der Braunſchweiger
Gegend und vermutlich auch anderwärts noch vor. In Cattenſtedt und
Umgegend bedeutet sek buchten nicht ſchlechtweg 'ſich biegen', ſondern
'infolge anhaltenden oder wiederholten Druckes ſich allmählich biegen,
nachgeben' und wird von ſolchen Gegenſtänden gebraucht, die ſich überhaupt nicht oder nur mit Mühe von menſchlicher Hand biegen laſſen, wie
Balken, Bäume, ſtarke Aeſte und alte baufällige, windſchiefe Häuſer. Sehon
hieraus lieſſe ſich ein mnd. tranſitives buchten mit der Bedeutung 'allmählich und vorſichtig biegen' vermuten. Um Schöppenſtedt kommt nach
Mitteilung meines Kollegen Borrmann buchten heute tranſitiv vor, z. B.
dêne will'k ſchón buchten. Auch in intranſitiver Bedeutung kann ich es
jetzt mehrfach belegen. In Braunſchweig ſagt man, wie mein Kollege

Demuth, ein Braunfchweiger, mir mitteilt: dë kleine hunt buchtet nich
vôr den grôten; diefelbe Wendung ift mir auch für Lochtum am Nordrande des Harzes angegeben. buchten bedeutet hier 'weichen, nachgeben'. Um Schöppenftedt fagt man von einem Baume, den man ausroden
will und dem man die Wurzeln fchon zum Teil abgehauen hat, der aber
noch feft fteht, fich noch nicht zur Seite biegt, 'hei buchtet noch nicht'.
Hier fteht das Wort in demfelben Sinne wie im Koker S. 365: beter is
de rode de dar bucht, wen de rode de dar bryckt un knycket.
Daher glaube ich auch, dafs an diefer Stelle bucht für buchtet fteht
und nicht von hûgen herkommt, wie Walther annimmt. Dafs von diefem
bucht ein buchten hätte gebildet werden können, halte ich für ausgefchloffen. Uebrigens fcheinen mnd. bugen und bogen nur mundartlich
verfchieden zu fein; im mnd. Wtb. f. v. bogen werden aus der Münft. Chr.
die Beifpiele angeführt: so heft der kouingk in den schnoir geboicht
dicke penninge und Joachims dalers, und: dat beste silver, dat
'heft der koningk in die seiden schnoir gebueget.
  Da buchten heute noch reflexiv, tranfitiv und intranfitiv gerade im
Braunfchweigifchen vorkommt, fo ift es mir durchaus wahrfcheinlich, dafs
auch buchten im Koker dasfelbe Wort ift. Es ift von bucht abgeleitet
wie auch das in Blankenburg noch bekannte inbuchten, d. h. Schafe in
eine bucht, einen Abfchlag, bringen. Wenn man nämlich, wie das vor
50—60 Jahren in Blankenburg noch üblich war, die Schafe melken wollte,
fo machte man im Stalle einen länglichen, fchmalen Abfchlag, nicht breiter
als dafs etwa vier Mann nebeneinander fitzen und melken konnten. Man
nannte das ne bucht fchlàn. Wie alt die Sitte ift, Schafe zu melken
und einzubuchten, weifs ich nicht, wird aber fchwerlich jung fein. In
Robert Motherby's Tafchen-Wörterbuch des Schottifchen Dialekts, 1828,
das zum heffern Verftändnis der Werke Scott's, Burns' u. a. dienen foll,
findet fich 'bught, bucht, Einzäunung, in welcher die Schaafe gemelkt
werden; eine Biegung, Schlinge in einem Tau' und 'buchtin-time, die
Zeit wenn die Schaafe zum Melken in die Verzäunung gebracht werden'.
buchtîn ift vermutlich Ptc. Praef., und damit wäre auch für das Schottifche,
das fo viele nd. Worte enthält, unfer Verb belegt. Ift es auch hier eine
Neubildung? Wenn ein Wort auch erft fpät in der Schriftfprache erfcheint,
fo kann es trotzdem fchon lange vorher im Volke in Gebrauch gewefen
fein. Wunderbar wäre es, wenn in der fchottifchen und niederdeutfchen
Sprache, die feit Jahrhunderten in keinerlei Beziehung zu einander getreten find, zu ungefähr derfelben Zeit diefelbe Neubildung erfolgt fein follte.
  Wenn buchten im Koker 'prahlen' bedeuten foll, dann ift bei begripen der Zufatz myt der handt überflüffig und entbehrt fogar des
nötigen Gegenfatzes; die Bedeutung 'biegen' dagegen macht ihn nötig, weil
Gegenftände auch anders als mit der Hand gebogen werden können. Für
mnd. buchter, Prahler, ift, wie Walther wohl richtig vermutet, anderer
Zufammenhang anzunehmen.
  Blankenburg a. H. ———————— Ed. Damköhler.

Dönken.

Gelegentlich eines unlängft (28. November 1901, f. ausf. Bericht
Mekl. Ztg. Nr. 559) in Schwerin gemachten fehr dankenswerten Verfuchs,

durch meklenburgifche »Dönkenabende« in weiteren Kreifen wieder Zuneigung zu plattdeutfcher Dichtung, befonders auch plattdeutfchem gefungenen Liede zu erwerben, hielt der Oberlehrer Dr. Hamann-Schwerin einen einleitenden Vortrag, in dem er zum Eingang auch eine Erklärung des Wortes »Dönken« gab; es fei ein Diminutiv von Ton und bedeute mithin ein kleines Lied. Eine kurz vorher auf eine Briefkaftenanfrage der Mekl. Zeitung eingegangene gleichlautende Erklärung dürfte auf denfelben Urheber zurückgehen. So fehr ich mich des neuen Unternehmens gefreut habe, fo wenig bin ich imftande, diefe Erklärung als richtig annehmen zu können. Wol kennt Schiller-Lübben Bd. I, 539 ein »Don«[*], aber nur im Sinne »Weife, Melodie«, was doch noch nicht ohne weiteres auf den Inhalt des Liedes zu¯ übertragen ift. In der Bedeutung »Liedchen« ift das Wort Dönken mir aber auch aus neuerer Zeit weder in der Literatur noch im Volksmunde begegnet. Meines Erachtens ift Dönken, hamb.-holfteinifch Döntje (auch hochdeutfch Doenchen kommt vor) Diminutiv des Infinitivs 'dòn', 'dòut', der, wie Schiller-Lübben VI, Nachträge S. 103 erweift, auch fubftantivifch gebraucht wird; »döntken«, »doenken« ift ein kleines Gefchehnis, eine kleine Gefchichte. Richtig erklärt daher Mi (= Sibeth) in feinem Wörterbuch der mekl.-vorpomm. Mundart 1876: dönken = Hiftörchen. Genau ebenfo John Brinckman[**] im Gloffar zu feinem Dönkenbook Vagel Grip; die von ihm an zweiter Stelle beigefetzte Bedeutung »kleines Lied« dürfte wol erft von ihm übertragen, nicht aber dem Volksmunde entnommen fein. Uebrigens fchrieb auch Piening 1866 »dat Hamborger Dööntjenbock (fo Seelmann Jahrb. XXII, 98; anderswo lefe ich »Döötjenbook« angeführt), ich weifs aber nicht, ob in Poefie oder Profa, erfteres nach Art der Piening'fchen Mufe wol wahrfcheinlicher. (S. a. a. O. auch unter Scheller u. a.)

Zernin bei Warnow i. M.   Fr. Bachmann.

Prieche (XXI, 74. 86. XXII, 18. 59).

a. Bei der Lectüre der letzten Mittheilung über Prieche habe ich gerade die Herzogl. Lauenburgifchen Acten zur Hand, die fich auf den Herzogl. Lauenburgifchen Kirchenftuhl in der Ratzeburger Domkirche beziehen. In ihnen, die mit 1589 beginnen, findet fich der Ausdruck Prieche zum erften Male in einer Regiftratur v. d. Ratzeburg 25. 2. 1734, handelnd von der Baufälligkeit des Fürftl. Sachfen-Lauenburgifchen Kirchenftuhls in der Fürftl. Meklenburgifchen Domkirche »in einer mit Fenftern verfehenen Emporkirche oder Prieche« beftehend.

Schleswig.   Hille.

b. Zu dem Worte prieche bemerke ich, dafs es auch aus Eiderftedt nachzuweifen ift. In der ungedruckten Eiderftedtifchen Chronik des Jon

---

[*] Ein Teil der Belegftellen fällt übrigens wol beffer unter don = thun, z. B. die aus dem Sündenfall und dem Schaekfpel.

[**] Nicht Brinckmann, wie Korr.-Bl. XXI Nr. 4 S. 52. 53 gegen mein Manufkript gefetzt ift; Brinckman fchrieb fich felbft nie mit nn, fchon auf dem Titel feiner älteften Werke — unter denen bei Seelmann a. a. O. fehlt: Faftelabendpredigt för Johann, de nah Amerika fuhrt will. Güftrow 1855 — fo fteht auch noch auf dem Titel feines tiefergreifenden hochdeutfchen opus pofthumum, Die Tochter Shakefpeares, Roftock 1881. (Uebrigens hat die falfche Schreibart auch Seelmann.)

Ovens, abgefaſst ca. 1625 (vgl. Ztſchr. der Geſellſchaft für Schleswig-Holſtein. Geſchichte Bd. 25, 1895, S. 188 ff.) heiſst es: »Anno 1584 wardt de bove in Witzwordt kercken genomet de pricke mit de ſtolte haven und under der höre gemaket.« Etwas unleſerlich iſt das Wort mit; es ſcheint beinahe zu heiſsen int, das paſst aber nicht zu ſtolte. Es ward alſo de bove (oder hore, Empore?) der Kirche zu Witzwort, die pricke, mit dem Geſtühl über und unter der Empore gemacht. Die jetzige (dieſelbe) Kirche zu Witzwort hat keine Empore; das Schiff iſt durch ein Gewölbe von dem Chor getrennt. Die frühere Orgel hat eine Empore gehabt und darauf muſs das Wort böre gehen. Für »bove« iſt wohl »bore« zu leſen; die Handſchrift iſt nämlich nicht das Original von Ovens, ſondern ein paar Jahrzehnte ſpäter, ca. 1640, und nicht ganz ſorgfältig geſchrieben.

Oldesloe. R. Haufen.

c. Die Stelle aus Ovens iſt in mehrfacher Beziehung wertvoll: wegen der Form »pricke«, weil das Wort dadurch auch für Nordfriesland, wenigſtens deſſen ſüdlichſten Theil belegt wird, weil dies Zeugniſs älter iſt als die bisher bekannten, und weil die Art, wie es zum einheimiſchen allgemeinen Ausdruck für Bühne erklärend geſetzt iſt, auf damals erſt geſchehne Einführung der Emporen und damit der Bezeichnung ſolcher Bauten ſchlieſsen läſst. Ich halte nicht bloſs »bóve«, ſondern auch »böre« für verſchrieben und zwar ſtatt »hone, böne« des Originals. Bove iſt ein nirgends bezeugtes Wort, und die bore iſt wohl in Oberdeutſchland für Empore zuhaufe, läſst ſich aber für ſächſiſches und frieſiſches Gebiet nicht nachweiſen. Auch »der böre« muſs verderbt ſein aus »dem böne«; denn höne, das für das Binnenniederdeutſche freilich ſebon im Mittelalter auch als ſtark und vorzugsweiſe ſchwach flectiertes Feminin bezeugt iſt, kommt in den küſtenländiſchen und ſpeciell den nordelbingiſchen Mundarten, mudd. und nndd., nur als ſtarkes Masculin vor. Ferner fäilt »mit de ſtolte« auf. Wenngleich »mit« im Mudd. auch den Accuſativ regieren kann, ſo iſt doch der Gebrauch des Dativs das Gewöhnlichere. Iſt hier Accuſativ anzunehmen, ſo wäre zu überſetzen: mit den Geſtühlen. Wahrſcheinlicher hat aber im Original entweder geſtanden »mit dě (d. h. dem) ſtolte« oder (ſtatt »int«) »und de ſtolte«. Es ſcheint, daſs das Wort pricke nördlich der Eider nicht gewurzelt hat; wenigſtens kenne ich kein Zeugniſs aus dem neueren Nordfrieſiſchen. Chr. Johanſen, Die Nordfrieſiſche Sprache nach der Führinger und Amrumer Mundart, Kiel 1862, S 5 giebt: böön, msc.

Emporkirche. C. W.

d. Brucke (brügge) = erhöhter Sitz findet ſich ſeben in Wirnts von Gravenberg Wigalois 7468 ff: frouwe Jaſite ûf einer höhen brücke ſaz, daz nie dehein brücke baz von hetten wart geflihtet, mit tepichen wol berihtet. Lexer Mhd. Handwb. L, 363 fügt noch hinzu aus v. der Hagens Minueſingern 2, 158ᵃ: ſo muez oven und brugge erwagen (erheben, wanken). Nach Schmeller-Frommann, Bayer Wb. I, 347 iſt die Bruck, eigentl. Brugg, und die Bruggen »eine breite Liegeſtatt von Brettern am Ofen und an einer Seitenwand der ländlichen Wohnſtube. Sie wird benutzt für fremde Gäste oder, wenn zur Winterszeit jemand im Hauſe krank wird. Der Raum unter ihr iſt gewöhnlich dem Hühnervolke angewieſen: Ofenbruck; Hennenbruck«. Wenn Schmeller dabei auf Britſchen (I, 370)

verweift, fo meint er wohl die Bedeutung des Wortes als »hölzerne Ruhe-
ftätte (fläm. brits)«. Ob für letzteres mit Kluge, Etymolog. Wb., wirklich
Zufammenhang mit Brett anzunehmen ift? Jetzt hört man nur noch felten
Britfche, ftatt deffen, wie die Stellen in M. Heynes Deutfch. Wb II, 1292
beweifen, fich fchon lange Pritfche eingebürgert hat.

Northeim   R. Sprenger.

Der alte Maitag (XXII, 23 42).

Dazu ift nachzutragen, dafs »old Allerhilgen« in Eiderftedt den
Gegenfatz bildet zu »old Mai«, da auch an diefem Tage, alfo am 12. November, die Dienftboten ab- und zugeben; und was mir mitgeteilt worden
über »old Michaelis« in Dithmarfchen, wird fich auf »old Allerhilgen« bezogen haben.

Dahrenwurth b. Lunden.   Heinr. Carftens.

Pritzstabel (XXII, 54).

Dafs Pritzftabel eine entftellte flavifche (Sorbo-Wendifche?) Form
ift, kann wohl kaum zweifelhaft fein; es bezeichnet urfprünglich wohl jeden
Auffichtsbeamten. Zu vergleichen ift das bekannte ruffifche Priftaw
»Auffcher, Polizeibeamter«.

Northeim.   R. Sprenger.

Krüfel (XXII, 60. 61 f.).

Dafs das Wort aus dem Romanifchen ftammt, glaube auch ich. Im
Mittelengl. erfcheint croslet (crosselet) = Schmelztiegel, wofür jetzt
crucible (mlat. crucibulum = a hanging lamp; an earthen pot for mel-
ting metals: Wehfter) gebraucht wird. Es ift das altfrz. croisel, f.
Stratmann-Bradley, A Middle-English Dictionary S. 141. Ueber die Etymologie von croslet hatte man früher allerlei vage Vermutungen. Auch
zu feiner Erklärung wurde von Webfter das nd. Krôs, Krûs = Krug (holl.
kroes; dän. kruus; fchwed. krus; engl. cruse) herbeigezogen. Sogar mit
cross = crux verfuchte man das Wort zufammenzubringen. Webster bemerkt darüber: »According to some etymologists, it is derived from Lat.
crux, cross, because these pots were marked with a cross, to prevent the
devil from marring the chemical operation.«

Northeim.   R. Sprenger.

Zum Siebenfprung (XIII, 39. XXII, 27. 44).

In der neuen (5.) Ausgabe des Hohenzollernjahrbuchs wird berichtet,
dafs die Königin Luife mit ihrem Bräutigam, dem Kronprinzen Friedrich
Wilhelm, und ihrer Schwefter Friederike: »Unfere Katz hat fieben Jungen«,
alfo den meklenburgifchen Siebenfprung, gefungen haben.

Northeim.   R. Sprenger.

Huke (XXII, 57).

›Das Niederſitzen mit zuſammengezogenen Knieen‹ heet in het Frieſch (Nederlandſch Friesland): ›Op'e hûken sitte‹, in de algemeene Nederlandſche taal: ›Op de hurken zitten‹ of ›gehurkt, neêrgehurkt, zitten‹. Met het Nederlandſche woord ›bock‹ (Ecke, Winkel) heeft deze uitdrukking zekerlijk geen verwantſchap, zoo min als met huke (het lelletje in de keel, huig) en hucke (kapmantel, buik).

Haarlem.   Johan Winkler.

Die St. Petrier gloſſe giftertanne.

Sprenger hat im Korreſpondenzblatt XXII, 54 vorgeſchlagen, die wahrſcheinlich fehlerhafte gloſſe (ci) giftertanne ›ad strudem, distructionem‹, Kl. altſächſ. ſprachdenkmäler 83.3, in giftortanne (von aſächſ. *giftortan ›umſtürzen‹) zu verheſſern. Dieſer an und für ſich ſehr anſprechende vorſchlag (welcher übrigens durch faktiſch vorkommende verwechslungen von e und o in derſelben handſchrift — s. Kl. aſächſ. ſprachd. 147 — geſtützt werden könnte) dürfte aber deshalb nicht anwendbar ſein, weil die fragliche gloſſe offenbar hochdeutſch ſein muſs; wird ſie doch von einer hochdeutſchen präpoſition: ci (= zi) regiert.

Die von mir im gloſſar der Kl. aſächſ. ſprachdenkmäler vorgeſchlagene beſſerung: giſcertan, welche eine noch kleinere änderung als diejenige Sprengers vorausſetzt (c und t werden bekanntlich in den alten handſchriften oft ſehr gleich geſchrieben und ſind ebenfalls in den St. Petrier gloſſen mehrmals verwechſelt worden, s. meine a. a. s. 147), habe ich mit rückſicht auf ahd. scartan, scertan ›lacerare‹ (Graff), ›verletzen, verſtümmeln‹ (Schade) aufgeſtellt. Gegen dieſe iſt aber zu bemerken, dafs die bedeutungen nicht ſo gut ſtimmen, wie zu wünſchen wäre. Deshalb habe ich ſie in der a. a. mit einem fragezeichen verſeben.

Göteborg.   Elis Wadſtein.

Notizen und Anzeigen.

Beitragszahlungen ſind an unſern Kaſſenführer Herrn Joh: E. Rabe, Hamburg 1, gr. Reichenſtrafse 11, zu leiſten.

Veränderungen der Adreſſen ſind gefälligſt dem genannten Herrn Kaſſenführer zu melden.

Beiträge, welche fürs Jahrbuch beſtimmt ſind, belieben die Verfaſſer an das Mitglied des Redactions-Ausſchuſſes, Prof. Dr. W. Seelmann, Charlottenburg, Peſtalozziſtrafse 103, einzuſchicken.

Zuſendungen fürs Korreſpondenzblatt bitten wir an Dr. C. Walther, Hamburg 3, Krayenkamp 9, zu richten.

Bemerkungen und Klagen, welche ſich auf Verſand und Empfang des Korreſpondenzblattes beziehen, bittet der Vorſtand direct der Expedition, ›Diedrich Soltau's Verlag und Buchdruckerei‹ in Norden, Oſtfriesland, zu übermachen.

Für den Inhalt verantwortlich: Dr. C. Walther in Hamburg.
Druck von Diedr. Soltau in Norden.

Ausgegeben: Februar 1902.

Jahrg. 1901.   Hamburg.   Heft XXII. № 6.

Korrefpondenzblatt

des Vereins

für niederdeutfche Sprachforfchung.

I. Kundgebungen des Vorftandes.

1. Veränderungen im Mitgliederftande.

Der Verein betrauert den Tod feines Mitgliedes, des Herrn Ober-
gerichtsraths a. D. von Lenthe zu Alt-Schwarmftedt.

Neu eingetreten find die Herren:

Pfarrer Sander, Hünxe, Kr. Ruhrort.
Oberlehrer Dr. Liefenberg, Cattenftedt bei Blankenburg am Harz;
und das Königl. Gymnafium in Kiel.

2. Generalverfammlung zu Emden Pfingften 1902.

Der Vorftand giebt den geehrten Vereinsmitgliedern kund, dafs nach
Befchlufs der Dortmunder Pfingftverfammlung 1901 die Generalverfammlung des Jahres 1902 um Pfingften zu Emden in Oftfriesland ftattfinden wird. Zugleich fpricht er die Bitte aus, die für diefe
Zufammenkunft beabfichtigten Vorträge und Mittheilungen möglichft
bald bei dem Vorfitzenden Geh. Rath Prof. Dr. Al. Reifferfcheid
in Greifswald anmelden zu wollen.

3. Gefchichte der mittelniederdeutfchen Literatur.

In Paul's Grundrifs der germanifchen Philologie, Strafsburg, Karl
J. Trübner, ift bekanntlich die Gefchichte der mittelniederdeutfchen Literatur
von Dir. Dr. H. Jellinghaus bearbeitet worden. Es wird die Mitglieder unferes
Vereines intereffieren, dafs von der zweiten verbefferten und vermehrten
Ausgabe, die fochen in der zweiten Auflage des Grundriffes erfchienen ift,
ein Sonderabdruck unter dem Titel: Gefchichte der mittelniederdeutfchen
Literatur von Hermann Jellinghaus, 2. verbefferte und vermehrte Auflage,
Strafsburg, Karl J. Trübner, 1902, für 1 Mark 50 Pfg. durch die Buch-
handlungen zu beziehen ift.

II. Mitteilungen aus dem Mitgliederkreife.

Dönken (XXII, 80).

a. Paftor Bachmann-Zernin lehnt die gelegentlich eines Vortrages
vom Oberlehrer Dr. Hamann-Schwerin gegebene Ableitung von mnd. dön(e)
= Melodie, Weife ab und fieht in Dünken ein Verkleinerungswort des

fubftantivierten Infinitivs dön(t) (›ein kleines Gefchehnis, eine kleine Gefchichte‹). Lautlich ftcht beiden Ableitungen nichts im Wege: beide laffen den heutigen Umlaut ö(i) aus mnd. ö(u) entftanden fein. Das t der anfcheinend weit verbreiteten Nebenform Döntje ift aber für die Etymologie belanglos: das Eindringen eines unorganifchen t zwifchen n und j ift unfchwer zu erklären (vgl. z. B. Lüneburg. Bon-t-jes Bonbons, aueh die Analogie der vielen Eigennamen auf -tje(n) könnte das Auftreten des Dentals*) vor der Diminutivendung -je noch begünftigt haben). Doeh damit ift der Bachmannfchen Vermutung nur eine fchwache Stütze genommen. Auch auf die Lücke des Beweifes, der übuliche Verkleincrungsbildungen zu fubftantivierten Infinitiven hätte beibringen müffen, fei nur kurz hingewiefen. Der Einwand jedoch, dafs die Bedeutung von mnd. dön ›Melodie, Weife‹ nicht ohne weiteres auf den Inhalt des Liedes zu übertragen fei, hält nicht Stich, da diefer Uebergang doeh fehr nahe liegt: auf hochdeutfchem Gebiet meint ›Weife‹ oft Melodie und Text zufammen. ›Ton‹ felbft bezeichnet wiederholt das Lied felhft, von ›Gefang‹ ganz zu fchweigen. Aber Bachmanns Hauptgrund ift ein anderer: „In der Bedeutung ›Liedchen‹ ift das Wort mir auch aus neuerer Zeit weder in der Literatur noch im Volksmunde begegnet." Dom fei das wertvolle Zeugnis des Br. Wb. I 228 (1767) entgegengeftellt: ›Döneken und Döntje, ein Liedlein, Arie. Holländifch Deuntje‹.**) Und aus der 1857 erfchienenen Sammlung ›Döntjes un Vertellfels‹ des Oftfriefen Foecke Hoiffen Müller (bei Dähnhardt, Heimatklänge I 49):

> ›He gung alleen, fe fatt alleen
> Un fung hör föt Döntjes hier up de Steen
> In Dunkeln under de Bom‹ (›ihre füfsen Lieder‹).

Darin, dafs Mi's (Sibeth's) Ueberfetzung ›Hiftörchen‹ das Richtige trifft, bin ich mit Bachmann einverftanden, aber fie gilt für die heutigen mecklenburgifchen Dialekt, auch für das Osnabrückifche (vgl. F. W. Lyra bei Dähnhardt I 60), das Lüneburgifche (dort in der Form Döntje und gern mit dem Nebenfinn des ›Lögenhaften‹) und reicht ohne Zweifel noch weiter. Dagegen ift die Mi'fche Erklärung für die Etymologie des Wortes irreführend. Dafs John Brinckman an der angezogenen Stelle die zweite Erklärung (›kleines Lied‹) nicht dem mecklenburgifchen Sprachfchatze entnommen hat, ift auch meine Anficht: aber ich möchte weniger an ein taftendes Etymologifieren als an die Benutzung des Br. Wb. denken. —

Wie kommt es nun, dafs daffelbe Wort urfprünglich (und landfchaftlich wenigftens bis in die Mitte des vorigen Jahrhunderts) das ernfte Lied und daneben fpäter (und in weiter Verbreitung noch heute) Erzeugniffe niederdeutfcher Gefpafsigkeit bezeichnet? Die Erklärung ›Arie‹ könnte darauf deuten, dafs die Gefchichte des Wortes mit der Entwicklung der komifchen Oper auf niederdeutfchem Boden zufammenhängt. Bekanntlich fank in ihr die Arie zum Couplet herab: zeigen etwa früher oder fpäter diefe Couplets einen im mecklenburgifch-lüneburgifchen Sinne ›dönkenhaften‹ Charakter? Friedenau-Berlin.   Eduard Kück.

---

*) Auch in der Form Dööntken (bei Lyra, a. a. O.) vermag ich nur eine unorganifche Bildung zu feben, eine Mifchform aus Dööne)ken und Dööntjen.
**) Das Wort wird von (dem vorangehenden) dönen (tönen) abgeleitet.

b. Piening's Buch führt den Titel: Dat Hamborger Dööntjenbook, im Vorwort gebraucht er aber Dööntjebook und den Plural Dööntjes. Piening fchreibt nur in Profa; wenigftens kenne ich keine Gedichte von ihm. Gegen die verfuchte neue Etymologie des Wortes dönken, döntje laffen fich doch mehrere Einwendungen machen.

Im Meklenburgifchen Dialekte ift das adeutfche und afächf. ô (= mhd. uo = nhd. û = nndl. oe) durchweg zu au entwickelt und mit Umlaut zu äu, eu. Wenn dönken alfo von dôn (thun), mklb. daun ftammen follte, fo müfste es däunken, deunken lauten. Nun haben aber F. G. Sibeth und John Brinkman die Form dönken. Folglich wird es nicht von daun (thun) abzuleiten fein.

Ein Theil der Belegftellen des Mndd. Wbs. für »dôn, done, msc. und fem. Melodie, Weife; Wort; Art und Weife« falle wohl beffer unter »dôn, das Thun, z. B. die aus dem Sündenfall und dem Schakfpil«. Prüfen wir diefe! In jener Dichtung fchliefst die Schlange ihre Verführungsrede mit der Aufforderung an Eva: num (= nim), wif, den appel ande love minem done 986. Eine Gefchichte hat fie nicht erzählt, fondern ihren Rath, vom Baume zu offen, mit Ausführung von 1. Mofes 3, 4. 5 begründet. Da kann love minem done doch nur heifsen: glaube meiner Rede, meinem Worte. Adam, altersfchwach, feudet feinen Sohn Seth zum Paradiefe, um das ihm bei feiner Verftofsung aus diefem von Gott verheifsene Oel der Erbarmung (olie der entfermeniffen, der barmherticheit) zu holen. Er befchreibt ihm den Weg dahin; dar wandere hen, min lêve fone. Seth antwortet: Vader, ik wil dôn na dinem done 1360, nach deinem Worte, deinem Befehl. Hier pafst doch wiederum weder »Thun«, noch »Gefchichte«. Die Stellen im Schakfpil dürfen fchon darum nicht zu dôn, Thun, gebracht werden, weil das Wort in ihnen als Feminin gebraucht wird: in minnichliker done 839, in rechter done 1776. 4619. Der fubftantivierte Infinitiv heifst dagegen dat dôn oder dônt.

Ein mndd. döneken, Liedchen, kleine Weife, ift bislang nicht gefunden; es wird aber beftanden haben. Die begriffliche Entwicklung von Liedchen zu Gefchichtchen, Anekdote, Schnurre, Spafs ift jedenfalls erft nach dem Mittelalter erfolgt. Dafs die Entwicklung aber fo ftattgehabt hat, dafür zeugt unwiderfprechlich die des ndl. deun, msc., Diminutiv deuntje, von »Lied, Gefang« zu »Scherz, Kurzweil« (Kilianus: ludus, facetiae, nugae). Sie läfst fich auch leichter verftehn, als die vermuthete von »Thun, That« zu »Gefchehn, Gefchichte, Erzählung«.

Wir fagen dönken, döntje, der Niederländer deuntje; unfer ô weift auf altes ô, das ndl. eu auf ö und älteres û zurück: nndl. dône, Ton, Schall, agf. dyne (engl. din). Nicht blofs auf die Bedeutung, fondern auch auf die Form des ndd. dône hat demnach das als dôn herübergenommene lat. tonus eingewirkt, während nur auf die Bedeutung des ndl. döne, denn. Oder fagt man bei uns auch noch irgendwo dönken. deuntje (kurzes tonlanges ö) ftatt dönken, döntje?

Hamburg. C. Walther.

Krûp unner, krûp unner, de Welt is di gramm!

Ich erinnere mich aus frühfter Jugend, dafs meine Mutter, wenn ich, im Bette liegend, die Bettdecke von mir ftiefs, mich liebevoll zudeckte mit den Worten: »Krûp unner, krûp unner, de Welt is di gramm!

Meine Mutter fprach felbft nicht mehr ›Plattdeutfch‹, das fchon lange
unter den Bürgern Quedlinburgs nicht mehr für fein galt; fie hatte aber
manchen niederdeutfchen Spruch (f. Korrefpbl. II, S. 90) als Erbe einer
alten Bafe treu im Gedächtnis bewahrt. Später lernte ich das Sprichwort
als Motto von Klaus Groths ›Unruh Hans, de letzte Zigeunerkönig‹ kennen.
Es lautet hier:

>Krub ünner, krub ünner!
De Welt is di gramm!
Old Taterleed.‹

Woher Groth die Angabe hat, dafs der Spruch einem alten Zigeunerliede
entftammt, weifs ich nicht. Jedenfalls hat er hier die Bedeutung, die
Schütze im Holftein. Idiotikon 2. Teil, S. 357 angiebt: ›ünnerkrupen:
unterkriechen, auch fterben, daher das Sprw. Krup ünner, krup ünner,
de Welt is di gramm: ftirb, die Welt giebt auf dich nichts mehr.‹

Joh. Carl Dähnert in feinem Platt-Deutfchen Wörter-Buch nach der
alten und neuen Pommerfchen und Rûgifchen Mundart S. 259 verzeichnet:
›Krup unner, de Welt is di gramm. Ein fpöttifcher Rath an übermäfsig betrübte‹.

Weiter fand ich den Spruch in einem niederdeutfchen Gedenkblatt
Friedrich Ludw. Jahns, des Turnvaters, welches er einem Reichstagsgenoffen
der Paulskirche zum Angedenken gefchenkt hat. Es ift abgedruckt in
Guftav Schwetzfchke's ausgewählten Schriften. Halle 1864, 2. Abt. S. 32
und lautet:

›De Lünebörger Heid keñft Du. Da wôhnte fus up de Affide nah
Morgen to, ên unwirfch Volk, de Wenden. De wären fchef gewicket (lies:
gewickelt), falfch gewegt,[1] uñ verkehrt gewifcht. Ere Oellern flögen fe
dod, weñ fe fwack werden. Darto hadden fe êue grote Hûsküle,[2] uñ de
ftraṁfte Bengel föhrde den Slag up Vader uñ Moder. De Kuhl was vörher
to reiht (l.: recht?) mâkt, un fo fteten fe ohn Moihe den Lyknahm in't
Loik (l.: Lock), als de Schinder ên Aas. Dat was ên kort Grüwnifs, ohne
alle Köft.[3] De Erde trampelten fe faft, uñ de Rawenkinder fungen darto:

>Krup unner, Krup unner!
De Werlt is Dy gram.‹

Hüdiges Dages giwwt dat noch Wenden, ôk in Frankfort in Pagelskerken,[4]
uñ up Turnplätzen.‹

Jahn hat mit Groth das gemeinfam, dafs er den Spruch als Teil
eines alten Liedes fafst, das, wie in Holftein den Zigeunern, in der Mark
den Wenden zugefchrieben wird. Sollten wirklich noch weitere Strophen
diefes Liedes zu finden fein? Danneil in feinem altm. Wb. kennt nur den
mir aus Quedlinburg bekannten Gebrauch. Er fchreibt S. 119: ›Das
Sprichwort: krûp unner, krûp unner, de Welt iss di gram hat bei
uns nicht die Bedeutung: ftirb nur, man giebt auf dich nichts mehr, wie

---

[1] Nach der Volksmeinung follte richtiges Wiegen die Kinder klug machen (daher
ein gewiegter Kenner), wogegen Bafedow das Wiegen überhaupt bekämpfte.

[2] Der bekannte Schlegel, der fich noch vor kurzer Zeit an den Thoren märkifcher
Städte fand, mit der Infchrift: ›Wer feinen Kindern giebt fein Brot und leidet nachher
felber Not, den fchlag' man mit der Keule tot.‹

[3] Gewöhnlich Hochzeits-, hier Leichenfchmaus.

[4] Die Frankfurter Paulskirche.

in Hamburg, fondern wird nur beim Tündeln mit kleinen Kindern gebraucht, die im Bette liegen und gern die Bettdecke von fich ftofsen, oder die beim Spiele fich das Gefiebt verhüllen und die Hülle rafeh wieder abnehmen.« Dafs der Name eines Wirtshaufes im Kirchdorfe Rellingen Krup under (f. Korrefpbl. II, 88) auf den Spruch zurückgeht, glaube ich nicht.

Northeim.   R. Sprenger.

Zu Reinke de vos.

1924. Dorfte ik, ik bcde half gnade.

Im Reinaert I, her. v. E. Martin, V. 1985 fteht: here Ifingrin, half ghenade! Ich glaube jetzt (vgl. Jahrbuch X, 108) annehmen zu dürfen, dafs half hier den Begriff verftärkt und verweife dazu auf einige Beifpiele aus dem familiären Englifch. In Mrs. Craik's Erzählung Cola Monti, her. v. Opitz (Leipzig, G. Freytag), S. 32, 25 fagt Jacob Lee »I had rather by half have father's cotton-mill«. Der Herausgeber erklärt dies durch »ich möchte weit lieber haben.« by half (halves) verftärkt den Begriff des Adjektivs auch in folgenden Beifpielen, die ich Murets Wörterb. I, 1022 entnehme: to be too clever by halves, fehr gerieben fein; you are too clever by halves, Sie find ein Schlauberger. I have half a mind to buy that houfe, ich möchte mir diefes Haus kaufen. Vgl. R. V. 4240: Ile krêch wol half einen twifelen môt.

4762.   fe laten fik ok nicht entfermen,
          mogen fe men krigen vette kroppe;
          den armen laten fe nonwe de doppe,
          wan fe en der eiger bebben berovet.

So die Interpunktion bei Lübben und Prien, während Schröder nach ent-fermen Kolon, nach kroppe Komma fetzt. krop überfetzen Lübben und Schröder im Wörterverzeichnis durch »Kropf«, während das Wort bei Prien fehlt. Eine Bemerkung fteht in keiner der Ausgaben, obgleich fie mir durchaus nötig fcheint. Da ich fchon früher einmal bemerkte, dafs krop hier nicht »Kropf« fein kann, aber damit wenig Glauben fand, fo will ich nochmals darauf aufmerkfam machen, dafs das adj. vett zu krop in diefer Bedeutung nicht pafst. Zwar bezeichnet krop, mhd. kroph, kropf nicht nur den krankhaften Auswuchs am Halfe des Menfchen, fondern — in Uebertragung von den Vögeln — auch den Vormagen (f. Lexer I, 1749 und Mnd. Wb. II, 578). Man fagt daher wohl einen vollen, aber nie einen vetten kropf haben, effen u. f. w. Was follte es auch für den Schlemmer für ein Genufs fein, wenn ihm der Magen recht fettig wird? Wenn wir nun hier nach einer anderen paffenden Bedeutung von krop fuchen, fo bietet fich die eines Gebäckes, des hochd. Krapfen. Dafs diefe in Fett gebackenen Küchlein im Mittelalter beliebt waren, wiffen wir u. a. aus Wolframs Parcival 184, 24, wo es bei Schilderung der in Pelrapeire herrfchenden Not heifst:

          »ein Trühendlingœr phanne
          mit kraphen felten dâ erfchrei.«

Dafs kröpel (Verkleinerungsform von krop) in Göttingen nach alter Sitte befonders um Faftnachten mit Schmalz oder Oel in der Pfanne noch jetzt gebacken werden, erwähnt Schambach S. 114. Sie werden gewöhnlich

Fettkröpel genannt. Nach Schambach a. a. O. und Mnd. Wb. II, 578
wird in alten Gloffaren cropolo durch »panis pistus in oleo« erklärt.
Ich glaube daher, dafs die Verfe R. 4762 f. zu überfetzen find:

>Sie kennen auch kein Erbarmen, wenn dabei nur fette Biffen
für fie abfallen.«

Ich glaube nemlich, dafs vette kroppe hier die erweiterte Bedeutung
einer befferen Speife überhaupt hat, wie wir fagen: fette Häppchen, fette
Bifschen. Im Reinke V. 106 wird fo ein vet morfeel (Stück) gebraucht.
Uebrigens ift es nicht ausgefchloffen, dafs Lübben, wenn er krop durch
»Kropf« überfetzte, dabei an das Gebäck gedacht hat. Denn diefes ift
nach Heynes D. Wb. II, 489 auch Name eines gefüllten Backwerks. Dafs
wie Heyne meint, dies zu Kropf = guttur, branca gehört, ift nicht anzunehmen; es ift vielmehr nur das mnd. krop »artocrea« ins Hochdeutfche
übertragen. Die Interpunktion Lübbens ift der Schröders vorzuziehen.

Die Vorfe 4762 f. haben im Reinaert an diefer Stelle nichts Entfprechendes, doch glaube ich, dafs dem niederd. Ueberarbeiter, als er diefe
Verfe niederfchrieb, die V. 5050 ff. (Martin) vorgefchwebt haben:

ende als si swelghen mogben ende asen (fchmaufen)
die vette morseel ende die goede spise,
so sijn si vroeder dan di wise
Salomon of Aristoteles.

Dem vette morseel der Vorlage würde dann das vette kroppe des
Reinke entfprechen und meine Auslegung dadurch beftätigt werden.

Northeim.   R. Sprenger.

_____

Das Adverb vele und das Verb buchten im Koker
(XXII, 20. 40. 77).

Gegen Damköhler's Erklärung der Stelle im Koker S. 324: vele
wardt begreppen myt der handt, dat me darmede wyl büchten
durch: »häufig wird (dasjenige) mit der Hand befafst, angefafst, was man
damit d. h. mit der Hand biegen will«, hatte ich zweierlei eingewendet.
Erftens dafs »vele« nicht das Subftantiv »vieles«, fondern das Adverb
»häufig« fein folle; zweitens dafs »buchten« foviel wie »biegen« bedeuten
folle. Eine Befeitigung meiner Bedenken hätte durch Entkräftung der
Gründe, auf welche fie fich ftützten, gefchehen müffen, alfo bewiefen werden
müffen 1) dafs fich auch fonft im Koker Beifpiele fänden von einem
folchen Gebrauch des adverbiellen vele im Anfang des Satzes und in
Trennung vom Verbalbegriff durch ein anderes Wort, 2) dafs buchten im
Sinne von »biegen« auch fonft im Mudd. vorkomme oder, wenn nicht,
wenigftens fein Vorhandenfein angenommen werden dürfe.

Ob Damköhler im Kbl. XXII, 77 ff. diefe Nachweife geliefert hat?
Nach meiner Anficht nicht. Ueber das Wort vele, Subftantiv und Adverb,
wird lang und breit gehandelt und fein Gebrauch mit alten litterarifchen
und modernen volksthümlichen Beifpielen belegt, aber diefe Beweisführung
geht entweder um den Kernpunkt herum oder ift mislungen. Z. B. werden
fechs Belege aus der Sprichwörterfammlung des Tunnicius angezogen, um
zu zeigen dafs die Spracheigenthümlichkeit, welche ich behandelt habe,
nämlich der Gebrauch eines adverbiellen vele nicht auf den Koker befchränkt

fei. Wo habe ich das behauptet? und was thut das zur Streitfrage aus? Die Beifpiele find übel gewählt; denn in vieren derfelben, Nr. 821. 46. 321. 1026, fteht vele adjectivifch oder fubftantivifch, alfo nicht adverbiel. Ferner: »auch andere Worte werden wiederholt«. Habe ich das etwa geleugnet oder trägt diefe Beobachtung irgend etwas zur Aufhellung über den Sinn bei, den vele in »vele wardt begreppen« haben mufs oder kann? Der Zweck, den Damköhler mit der Auftifchung fo vieler Sprichwörter verfolgt, ift einzig der, darzuthun, dafs man bei folchen nicht von einem Sprachgebrauch einer einzelnen Perfon reden könne. Nun »ftammen die meiften der Sentenzen im Koker wohl aus dem Volksmunde«, folglich fei mein Verfuch, Damköhler's Deutung jener Stelle im Koker aus deffen Sprachgebrauch als unwahrfcheinlich zu erweifen, ohne Werth und hinfällig.

Diefer Behauptung mufs ich aber durchaus widerfprechen. Es find nur eine mäfsige Anzahl Sprichwörter in den Koker aufgenommen, aber auch diefe find felten vom Verfaffer ganz in der volksthümlich geprägten Geftalt verwendet. Daran ward der Verfaffer fchon dadurch verhindert, dafs er jede Sentenz auf zwei Zeilen vertheilte und dafs er, wenngleich nicht diefe mit einander, doch das ganze Werk fich reimen liefs. Man darf daher mit vollem Recht von einem Sprachgebrauch des Kokers reden. Alle Schriften, die wir von Herman Bote kennen, haben nun auch in der Handhabung der Sprache ein fo individuelles Gepräge, dafs der Nachweis, den ich 1892 in einem Vortrage zu Braunfchweig über den Verfaffer des Kokers geliefert habe, nicht zum geringften Theile grade auf der Uebereinftimmung des Stils und Sprachgebrauchs in diefem Gedichte mit denen der unbeftritten von Bote herrührenden Schriften beruhte. Oben S. 40 hat Damköhler meinem Schluffe auf Bote als Autor des Kokers zugeftimmt.*) Damit kann ich feine auf S. 77 ff. vorgetragene Anficht über Bote's fklavifche Abhängigkeit von bereits durch den Volksmund formulierten Sprichwörtern nicht in Einklang bringen. Wenigftens hätte er den Beweis führen müffen, dafs die von mir auf S. 41 beigebrachten Beifpiele des Gebrauches der adverbiellen Ausdrücke vele, vaken unde vele, vele — vaken nicht blofs dem Volksmunde entlehnte Lebensweisheit enthalten, fondern dafs fie in derfelben Faffung in den Sprichwörterfammlungen des 16. Jahrhunderts überliefert find. Für die Begründung jenes allgemeinen Urtheils über die Herkunft der Sentenzen des Kokers würde das jedoch nicht genügen; vielmehr wäre dazu die gleiche Unterfuchung auf alle folche auszudehnen, welche Damköhler für blofs entlehnte Sprichwörter hält. Soweit ich den Koker zu kennen meine, fchätze ich das Refultat einer derartigen Vergleichung der Sprüche des Kokers mit Sprichwörtern für unbedeutend und nicht günftig für Damköhler's Meinung, die mir auf einer vollftändigen Verkennung der Abficht zu beruhen fcheint, welche Bote zur Abfaffung des Kokers bewog. Doch auf diefen Punkt kann ich hier nicht weiter eingehn: wohl aber will ich als zur Sache dienend die Verwendung des adverbiellen vele aus den übrigen Schriften Bote's zu belegen fuchen.

---

*) Unrichtig wird dabei auf Korrefpondenzblatt VI, 67 ff. verwiefen. Denn dort, in der fummarifchen Wiedergabe meines 1881 zu Herford über den Koker gehaltenen Vortrages, wird Bote gar nicht erwähnt. Die Unterfuchung über den Verfaffer habe ich erft fpäter unternommen. Es wäre auf das Jahrbuch XIX, 79 zu verweifen gewefen.

Voraus bemerke ich, dafs die copulative Verbindung von vaken und
vele und dicke, welche vor dem 15. Jahrhundert nicht nachweisbar ift,
gewifs nicht volksthümlicher Ausdrucksweife, fondern der Schriftfprache
entftammt, namentlich der umftändlichen, durch Synonyme eine ftärkere
Wirkung erftrebenden Rede von Geiftlichen, Hiftorikern und Juriften. Und
vornehmlich aus diefer Paarung mit vaken oder dicke wird wohl die Verwendung des vele allein im Sinne von »häufig, oft« entfprungen fein. Bote
bedient fich der Bindung von vele mit vaken noch im Boke van veleme
Rade XI, 85 (Ndd. Jb. XVI, 36): als id leider vaken unde vele fchuet
(gefchieht); im Schichtboke (Hänfelmann, Braunfchw. Chroniken II) S. 399, 14:
unde kumpt denne ock vaken unde vele, dat etc., und 469, 7: funte
Autor befft dufle ftad vaken unde vele befchuttet unde befchermet.
Dicke unde vaken fteht Schichtbok 423, 11: wente vor bedacht wat na
[mach?] komen, dat deyt dicke unde vaken velen fromen (Nutzen).
»Vele« allein als Adverb babe ich im Boke v. v. R. nicht gefunden,
dagegen im Schichtboke, aber nur in der auch im Mhd. üblichen Stellung
vor dem Comparativ: vele ftarker (um vieles ftärker) 307, 33. Mit einem
Zeitwort verbunden ift es mir weder in quantitativem (fehr) noch iterativem
Sinne (oft) aufgeftofsen; denn 357, 10: me fchal neynen vorköp don in des
Rades gebede, des wanteber vele ghefcheyn is, braucht nicht verftanden
zu werden als »was bisher vielfach gefchehn ift«, fondern wird fein: »deffen
bisher viel gefchehn ift«. Der Sinn ift freilich derfelbe, aber eben deshalb
läfst es fich nicht für »vele wardt ergreppen« verwerthen, weil in diefem
Satze, jenachdem man »vele« als Subftantiv oder als Adverb fafst, fich ein
ganz verfchiedener Sinn ergiebt.

Wie Bete's Ausdrucksweife überhaupt auf Deutlichkeit abzielt, fo hat
er auch vele nur fo gebraucht, dafs man ohne weiteres merkt, wie er es
verftanden haben will. Als Adverb verwendet Bote das Wort einmal zur
Verftärkung des Adjectivs und Adverbs, z. B. vil na (beinahe) und vele
ftarker (f. oben); zweitens bei Zeitwörtern und zwar bei intranfitiven,
dagegen bei tranfitiven nur dann, wenn fie einen Accufativ regieren, fo
dafs kein Zweifel über die adverbielle Natur des vele entftehen kann. Von
den oben auf S. 41 angeführten Stellen des Kokers zeigen adverbielles vele
bei intranfitiven Verben: S. 331 vele ropen, 347 vele beftolen werden, 360
vele befchauwen, 324 vele wenen, 310 vele ghan, 317 vele rennen, 318 vele
ryden; ferner Van veleme Rade XI, 85: vele fcheen oder fcheyn; Schichtbok
399, 14: vele komen. Bei einem tranfitiven Verbum mit Object finden wir
adverbielles vele in: wor men dat haer wil vele plücken*), Koker 369 und:
dar me de keferlinge vele wetert S. 341, und Schichtbok S. 469, 7:
S. Autor hefft dufle ftad vele befchuttet. In der Stelle des Kokers S. 306:
de vaken und vele wil drinken, hat Damköhler S. 78 richtig vele für fubftantivifch erklärt. Ebenfo ift zu faffen Koker S. 339: vele raffelen =
vieles gewinnen. Nun bleibt noch die eine befondere Verbindung des vele
mit einem reflexiven Verbum: mennich fik mit pralen vele vormit, Koker
S. 322. Hier fehlt das Genitivobject; aber fik vormeten begegnet auch
fonft fo ohne diefes und mit einem Adverb, wie ja Damköhler S. 78 diefelbe

*) dat haer habe ich conjiciert ftatt dat hare, vielleicht ftand in der Hdfchrft
aber der bare, dann ftünde vele hier fubftantivifch mit Genitiv.

Wortfügung (de vele fik vormit) aus Tunnicius nachgewiefen hat. Es ift zweifelhaft, ob man hier »vele« als Accufativ zu nehmen hat; für das Mhd. bringt Lexer im Mhd. Handwörterbuche für »fich vermezzen« mit Accufativ ein einziges Beifpiel: fwaz er fich vermizzet. Wie »mennich fik vele vormit« nun auch grammatifch zu conftruieren ift, fo kann doch über den Sinn deffelben keine Unklarheit fein. Inbetreff des ftreitigen Satzes »vele wardt begreppen mit der handt«, wo vele mit einem tranfitiven Zeitwort verbunden ift, mufs ich dagegen bei der Anficht bleiben, dafs dem Erfordernifs der Verftändlichkeit und dem Sprachgebrauch Bote's eine Ueberfetzung »vielfach wird (das) mit der Hand ergriffen (was etc.)« nicht entfpricht, fondern dafs es foviel bedeutet wie »vieles wird mit der Hand ergriffen«: »vele« mufs das Object zu »begripen« fein.

Im zweiten Abfchnitt feines Auffatzes hat Damköhler fich bemüht nachzuweifen, dafs buchten aus bucht abgeleitet fei. Vom modernen Wort buchten habe ich das fo wenig geleugnet, dafs ich vielmehr diefe Ableitung durch die Vergleichung anderer germanifchen Dialekte geftützt habe. Ich habe nur geleugnet, dafs es ein mudd. Verb buchten = biegen gegeben habe. Was Damköhler dagegen und für feine Annahme eines folchen Zeit-wortes beibringt, liefert wieder keinen Beweis; fo das Verzeichnis über das neundd. bucht und feine verfchiedenen Bedeutungen, und ebenfo wenig der Nachweis des Verbums buchten = biegen im intranfitiven, tranfitiven und reflexiven Gebrauch des neueren Braunfchweigifchen Dialektes und des fchottifchen to bught = in eine Verzäunung treiben, und endlich die Ver-muthung, dafs he bucht im Koker nicht vom Infinitiv bugen, fondern von buchten fei.

Das Hauptwort Bucht läfst fich noch aus mehr nudd. Dialekten belegen; es kommt fchon im 17. und 18. Jahrhundert bei hd. Schriftftellern, die aus Norddeutfchland ftammen, in ziemlich allen Bedeutungen vor, welche das Wort in der heutigen Schriftfprache und in den modernen ndd. Mund-arten haben kann; auch für das Mndd. ift das Wort durch mehr als jene eine Stelle im Mudd. Wb. zu belegen; fogar fchon im Agf. finden wir das Wort byht. Da das alles aber kein Verb buchten verbürgt, fo verfpare ich mir die Nachweife des Subftantivs auf eine andere Gelegenheit. Zu unferer Frage mufs ich wiederholen, dafs ich nirgends in älterer Zeit auf ein Zeitwort buchten = biegen, beugen geftofsen bin.

Dafs buchten im neueren Braunfchweigifchen Dialekt erft eine junge Bildung aus bucht ift, macht die analoge neuere Entwicklung im Ndl., Dän. und Schottifchen durchaus glaublich. Das Ndl. kennt auch eine Adjectivbildung bochtig, das Nndd. buchtig, das Engl. boughty. Wichtig fcheint der Nachweis eines tranfitiven buchten in der Redensart: dêne will'k fchôn buchten. Ich kenne diefelbe aus Niederelbifcher Gegend: den will ik buchten. Das heifst aber nicht »den will ich biegen«, fondern »den will ich in die Bucht treiben«; man fagt in derfelben Bedeutung: den will ik to Hûs driven, dem will ich heimleuchten.

Die Verbalform bucht in: de rode de dar bucht, möchte Damköhler lieber für verkürzt aus buchtet halten als für die regelrechte 3. Prf. Praef. Sing. vom ftarken Verb bugen. Mir fcheint diefe Annahme nicht philo-logifchen Grundfätzen zu entfprechen. Da »bucht« die grammatifch regel-rechte 3. Sg. Praef. von bügen ift und da die Bedeutung von bügen hier dem Sinne des Satzes völlig genügeleiftet, fo ift doch kein Grund, eine andere Ableitung diefer Verbalform zu fuchen, gefchweige fie als Flexion von einem fonft nicht nachweisbaren Worte aufzufaffen. Warum foll »bucht« grade »an diefer Stelle« von buchten zu leiten und nicht an anderen? wie z. B. in: wes fachtmodich alfo en rode, de vor deme winde bucht, Cato 444 (Ndd. Jb. 23, 22); wu (je) en menfche oitmodigher is, wu (defto) he fyder bughet, unde wu he fyder bucht, wu he beter vrucht voertbrenckt, Veghe's Predigten 367, 37 f.; dat fe fick dre gude gerichte laten updragen, dat de difeh bücht*), N. Gryfe, Spegel fol. Nn. 4ᵇ. Diefe letzte Stelle citiert Jacob Grimm Dtfch. WB. I, 1816; er leitet bücht von bugen ab. Endlich wäre auch hier nach dem Sprachgebrauch Bote's zu fragen gewefen, ob er von den fchwachen Verben, deren Stamm auf einen Konfonanten + t ausgeht, die 3. Perf. Sg. Praef. zu verkürzen pflege, alfo ob »he bücht« ftatt »he büchtet« feiner Sprache gemäfs fei. Während er fich der verkürzten Formen gerne im Praeteritum und im Particip. Praeteriti bedient, fcheint er fie für die 3. Sg. Praef. zu meiden. Mir find wenigftens neben fehr vielen Belegen voller Form in feinen Schriften nur drei Fälle der verkürzten aufgefallen, auf die ich aber nicht eingehe, weil ein Verb buchten dadurch nicht bewiefen werden kann. Aber Damköhler hätte fich meines Erachtens die Frage vorlegen und die Unterfuchung anftellen müffen, als er den Glauben fafste, bucht könne von buchten gebildet fein ftatt von bugen.

Bûgen und bôgen find nicht blofs mundartlich verfchieden, fondern jenes ift ein ftark, diefes das aus deffen Praeteritum gebildete fchwach flecticerende Verb, jenem eignet intranfitive, diefem tranfitive Bedeutung. Später wird bûgen bisweilen auch fchwach gebeugt und wird auch tranfitiv gebraucht. Die Berufung auf die Münfterifche Chronik von ca. 1540 ift unftatthaft, da »die Handfchrift nicht vom niederdeutfchen Verfaffer Oreshek herrührt, fondern von einem oberdeutfchen oder doch nicht rein nieder-deutfchen Abfchreiber« (Münft. Chron. Bd. II, hrsg. v. C. A. Cornelius S. LXIII). Bote verwendet bogen, bögen nur tranfitiv, refp. reflexiv; aufser an der oben S. 42 von mir citierten Stelle noch Koker S. 319: de kny bögen; Bok v. v. Rade IV, 3: de fik boghet; im Schichtbok fcheint weder bugen noeh bogen vorzukommen. Das reflexive Intenfivum fick bücken findet fich im Koker S. 311 und 344. Ein buchten = biegen aber begegnet, wie überhaupt im Mndd. nicht, fo auch nicht bei Bote. Dies Zeitwort ift zwar in der neueren Sprache vorhanden, allein, foviel ich feben kann, eine moderne Bildung. Ich bezweifele demnach die Annahme deffelben für die in Rede ftehende Stelle des Kokers nach wie vor. Das »myt der handt« gehört als nothwendige nähere Beftimmung zu »begripen«, denn (f. Mndd. WB.) diefes Zeitwort konnte in verfchiedener finnlichen und übertragenen Bedeutung verwendet werden; darum aber braucht »darmede« nicht auf die Haud bezogen zu werden. Was buchten in den Verfen bedeutet, weifs ich nicht; dafs es nicht foviel wie biegen fein kann, fcheint mir feftzuftehen. Meinen Hinweis auf ein anderes buchten habe ich nur hypothetifch gegeben, weil ich die Notion »prahlen« nicht recht paffend für die Stelle des Kokers erachtete. Darum habe ich auf die Möglichkeit eines anderen verwandten

---

*) »bückt« im Mndd. WB. ift Druckfehler.

Begriffes hingedeutet. Ich habe nicht behauptet, dafs die von mir verfuchte Erklärung auf jeden Fall das Richtige treffe; dagegen behaupte ich, dafs man bei einer Deutung des buchten im Koker das bichten oder buchten und das Subftantiv buchter in Jofep's Gedicht von den fieben Todfünden nicht unberückfichtigt laffen darf.   C. Walther.

Niederdeutfche Gefchäftsreclame (XXI, 92).

· ET · MI · UP · ist die gefetzlich gefchützte, erst kürzlich von der grofsen Cakes-Fabrik H. Bahlsen hier angewandte Bezeichnung einer neuen Cakes-Sorte. In der Neuzeit ift dies wohl eine einzig daftehende Anwendung ·des Plattdeutfchen in diefer Richtung. Schade, dafs nicht auch ein auf dem Eiufchlagpapier vorhandener Vers in gutem Plattdeutfch abgefafst ist.
Hannover.   M. Börsmann.

Polka (XXII, 45. 51. 71).

Zu »Polka« erlaube ich mir auch auf meine »Vierhundert Schlagworte« (Leipzig, Teubner, 1901) S. 4 f. 68 hinzuweifen.
Berlin.   Richard M. Meyer.

Westengrifch duür, dür, die Thür.

Diefe Form herrfcht (ftatt dör) in der westlich der Wefer heimifchen westengrifchen oder ostwestfälifchen Mundart, die fich in zahlreichen Lauten, Wörtern uud Wortformen fo charakteriftifch von der niederfächfifchen und münfterifchen abhebt.
Ravensbergifch duür, dativ duüren, noch westlicher aus Achelriede ö. Osnabrück: achter der düüren, Lyra f. 146, lippifch de dür Frommann's Ma 6, 58, paderborn. dühr Niu lustert mol f. 37. Soester Börde füer der düär Korrbl. 2, 71, fauerländifch iut der diähr Grimme, Schwänke (1872) f. 48. Woefte fchreibt dör. Das Häkchen unter dem o wird den ü-Laut bezeichnen follen. (In den Schriften von E. Hoffmann und F. Holthaufen über die lippifchen und Soester Laute kann ich das Wort nicht finden).
An ein Eindringen des hochdeutfchen ü-Lautes gerade in diefes Wort ift nicht zu denken. Vielmehr hat fich hier ein älteres befonderes Wort erhalten, dem nur noch ags. pȳre n. Öffnung, Loch und adj. pȳr, durchbohrt, entfprechen.
Osnabrück.   H. Jellinghaus.

Der Ortsname Pye.

Bei M. Niemeyer in Halle ift eine ausführliche Sammlung und Erklärung der altenglifchen Flurnamen von H. Middendorff erfchienen (56 S. gr. 8°). Der Verf. hat den Gegenstand mit viel Fleiss und mit Kenntnis behandelt. Nur leidet das Buch unter dem Umftande, dafs es viele Wörter in den ags. Grenzbefchreibungen, die Kemble und noch neuerdings Scarle als Perfonennamen aufgefasst hatten, mit (meist feltenen) ags. Wörtern zu intendificieren fucht.

Ein fchlimmer Lapfus ift dem Verf. aber S. 103 mit dem Namen des
Piesberges bei Osnabrück paffiert, indem er denfelben mit dem ags. Pis-
crundel und Pisleáh zufammenftellt und ihn fo durch piseln, leife regnen,
in feinem Strahle auslaufen erklärt. Der Berg heifst eigentlich »der Hohe«,
wie aus einer Ueberlieferung v. J. 1344 hervorgeht: nemus dictum Hoen
seu Pedesberch. (Osnabr. Mitt. 18, 134). Er hat feinen Namen von der
darunter liegenden Bauerfchaft Pye (gefprochen Pi-e). Diefe heifst urkundlich 1160 Pythe, 1209 Pithe, 1180 Pethe, noch im 16. Jh. Pede.
Aus dem Übergang des i in e erhellt, dafs i altes kurzes i ift. Zur Erklärung giebt es nur das bekannte and. pith, das Mark, und es ift ja
auch möglich, dafs man eine am Fufse der unfruchtbaren Hügel im fruchtbaren Thale angelegte Bauerfchaft »das Mark« nannte. Dürre bezieht
auch das Pathi der Corveyer Traditionen auf Pye, was ganz unmöglich
ift. Es könnte eher Padhorft im Kr. Halle fein.

H. Jellinghaus.

Krûfel (XXII, 60 f. 83).

In eigentümlicher Bedeutung verzeichnet das Wort Dähnert S. 258:
»Ein Geftell von verfchiedenen gegen einander überftehenden Haken an
einem Hangefeil, das auf- und niedergelaffen werden kann, um an die Haken
Fleifch und andere Efswaren im freyen Raum zu hängen.« Wie erklärt
fich das Wort in diefer Bedeutung? Mit dem adj. krüs = kraus hat es
doch wohl nichts zu thun, wie das folgende: »Krûfels in kraufe Falten
gelegte Leinwand, Bänder und dergleichen. Halskrûfels, Armkrûfels u. a.«

Northeim. R. Sprenger.

Buffe = Wiege

gebraucht »De olle Nümarker« in feinem Buche »Van mienen Keenich
Willem« 2. Aufl. Jena 1869 S. 131 u. ö., einmal auch in übertragener
Bedeutung: de Busse van de Reformatschon = die Wiege der Reformation (S. 237). Busse ift hier hd. Büchse; man vergl. engl. box, Korb
zur Aufnahme der Kinder im Findelhaufe.

Northeim. Sprenger.

Zum niederdeutfchen Wörterbuche.

IV, 243: slippe bildl. Streifen (Landes)? Ludeke unde Hans kregen
(proceffierten) umme bû ... dat entfchieden dy fchepen alfo etc. Dat Hans
gebûwet hedde, dat fchal bliven unde dy flyppen, dy Hans anfprake, dy
fchal Ludeken bliven unde up dy flippen fchal Hans nicht buwen. Hall.
Schöppenb. fol. 31ᵇ. Vgl. Ncoe. 2, 290 u. 296. Nach Mor. Heynes D.
Wb. 3, 402 ift: »Schlupfe f. Schlupfwinkel, latibulum (Stieler); umge-
lautet fchlüpfe, enger Raum zwifchen zwei Häufern, lieber in verderbter
mitteld. Form fchlippe«. Ebd. S. 395: »Schlippe f. enger Raum
zwifchen den Wänden zweier Häufer zur Ableitung des Regenwaffers,
Frisch: landfchaftliche mitteldeutfche Form für fchlüpfe, zu fchlupf und
fchlüpfen gehörig.« G. Freytag, Bilder a. d. d. Vergangenheit II, 1, 8

S. 135: »Die Häufer ftehen mit dem Giebel auf die Strafse, in der Regel nicht dicht aneinander, denn zwifchen ihnen find Schlupfe, in denen das Regenwaffer herabgeleitet wird.« In Quedlinburg gibt es eine Pérfchlippe, ein Petersgäfschen, jetzt amtlich »Peterslippe« genannt.

Northeim.   R. Sprenger.

III. Litteraturanzeigen.

Bergische Ortsnamen. Von Julius Leithaeufer. Elberfeld 1901. XII u. 291 S. 5,00 Mk.

Für die Erklärung niederrheinifcher Ortsnamen ift fchon mancherlei gefchehen; befonders haben fich Ohligfchläger und Crecelius darum verdient gemacht. Doch find die Arbeiten diefer beiden Männer — fie ftammen fchon aus den 60er Jahren — teilweife durch fpätere Forfchungen und Arbeiten überholt. Einzeldeutungen von Ortsnamen find in Zeitfchriften oder fonftwo zerftreut und infolge deffen fchwer erreichbar. Diefen Uebelftänden ift jetzt abgeholfen. Herr Oberlehrer Leithaeufer in Barmen hat, nachdem er fchon in der Zeitfchrift des Bergifchen Gefchichtsvereins (34. Bd., 1898) eine Arbeit über Ortsnamen im Wuppergebiete, die eine Zufammenfetzung mit »Waffer« enthalten, geliefert hatte, nunmehr die Bergifchen Ortsnamen im Zufammenhange zum Gegenftand wiffenfchaftlicher Unterfuchung gemacht. Der erfte Teil derfelben, der die »Naturnamen« umfafst, liegt jetzt vor, als zweiter Teil follen die »Kultur- und Siedelungsnamen« folgen. Behandelt wird I. das Gelände (Berg und Thal, Wafferfcheide, Ebene, Flur; Bodenart, -befchaffenheit, -geftaltung; Graben, Strafse, Weg, Pfad), II. die Gewäffer (Fluss, Bach, Quell, Brunnen; See, Teich, Aue, Lache, Sumpf; Infel, Furt, Brücke, Steg. Dazu eine Reihe einzelner Flufsnamen), III. die Gewächse (Baum, Strauch, Gebüfch, Wald, Rodung; Heide, Weide, Wiefe, Brühl, Bleiche; Acker, Feld, Garten, Pflanzung, Wüstung). Aus diefer kurzen Inhaltsangabe geht fchon die ungemein grofse Reichhaltigkeit des behandelten Stoffes hervor, und ein flüchtiger Blick in das Werk lehrt, welch ungeheuren Fleiss der Verf. darauf verwendet hat, alles Material herbeizufchaffen, zu fichten und zu ordnen. Die fonftigen Vorzüge des Buches laffen fich in folgende 3 Punkte zufammenfaffen: 1. Der Verf. geht auf die älteften erreichbaren Namensformen zurück, 2. er zieht in möglichft ausgiebiger Weife die mundartlichen Formen heran, die ihm bei feiner genauen Kenntnis von Land und Leuten zu Gebote ftehen und vielfach eine von der Schriftform abweichende, den Urfprung der Namen treuer bewahrende Geftalt aufweifen[1]), 3. er verwertet

---

[1]) Leider verfäumt er es, die Ausfprache der Namen genau anzugeben, fodass man nicht nachprüfen kann, ob die von ihm gegebene Deutung richtig ift. Wird z. B. Hackenberg S. 8 mit »kurzem« oder »langem« a gefprochen? Davon hängt es nämlich ab, ob die gegebene Deutung »Habichtsberg« richtig ift. Dafs ck im Ndd. und fo auch im Bergifchen häufig die »Länge« des vorhergehenden Vokals anzeigt, ift bekannt, ob es aber immer der Fall ift, ift doch fraglich. Ferner erfährt man aber auch nichts über die Qualität der Vokale; fo wird wohl niemand auf den Gedanken kommen, dafs der zwifchen Gräfrath und Sonnborn gelegene Hof Nocken nâken gefprochen wird, eine

98

die Namen älterer Katafterkarten und Flurbücher, die eine vortreffliche
Ergänzung fonftiger Orts- und Flurnamen bilden.

Der Verfaffer nennt fein Buch ›Bergifche‹ Ortsnamen; es finden fich
aber viele Hinweife auf Ortsnamen aus andern Gegenden, befonders aus
dem benachbarten Weftfälifchen, wie auch umgekehrt Ortsnamen aus andern
liegenden, foweit fie dem Verfaffer zugänglich waren, und Wörter aus
andern Mundarten zur Erklärung der bergifchen herangezogen werden.
Jedem Grundworte ift eine genaue Etymologie beigegeben, auch ift auf die
Möglichkeit verfchiedener Erklärungen jedesmal hingewiefen.

Es fei mir geftattet, einige Bemerkungen hinzuzufügen, von denen
ich glaube, dafs fie ein allgemeines Intereffe haben. S. 6 Anm. 8 wird
von der Form Guodan = Wodan gefprochen und gefagt: ›vielleicht ift
diefer gutturale Anlaut kein Zufatz‹. Er ift ficher kein Zufatz, denn fonft
hätten die Romanen nicht auf den Gedanken kommen können, germanifche
mit w anlautende Lehnwörter mit gu zu fprechen, fie müffen alfo vor dem
w einen Laut gehört haben, der ihrem Ohre wie g klang; ob es wirklich
ein g war oder vielleicht der Stimmbänderexplofivlaut, ift zunächft gleichgültig. — S. 117 ›Vielfach ift der w-Laut in auwe zu g verhärtet‹. Sollte
nicht vielleicht eine Form zu Grunde liegen, die beide Laute enthielt, und
bald der eine, bald der andere weggefallen fein? Auffällig bleibt allerdings,
dafs in verfchiedenen Mundarten g für w eintritt, ohne dafs zunächft der
Grund erfichtlich wäre. — S. 48 wird unter ›kerbe‹ von einem ›euphonifchen‹ l gefprochen; beffer wäre vielleicht von einem l in der Kompofitions-
fuge zu fprechen, das auch im Hd. vorkommt, z. B. Wendeltreppe. — Der
Wechfel von ch und f (S. 30 Anm. 64) findet im Ndd. nur in der Verbindung ft › cht ftatt, im Bergifchen fällt dann das ch unter Diphthongierung
des vorhergehenden Vokals weg, alfo verkoft › verkocht[1]) › verkaut;
graft (gräfte) › gracht[2]) › jraite ›Graben‹; *grufti › *grüchte ›
jröüte[3]) ›Rinnftein‹. Das in derfelben Anm. angeführte Stiefbögel =
Steigbügel gehört, da hier der Vorgang umgekehrt ift, nicht hierher, und
der Wechfel mufs einen andern Grund haben. — S. 53 klimp. Im
Bergifchen ift zwar auslautendes b nach m noch erhalten, z B. kroumb
= ›krumm‹, fodafs man klimp wohl mit klimmen zufammenftellen könnte.
Ob aber das b auch inlautend, und zwar als p erhalten fein könnte, dürfte
doch zunächft zweifelhaft fein; in der Solinger Mundart fällt es im Inlaut
jedenfalls weg, alfo kaumb (kanmp) ›Kamm‹, aber kaimen ›kämmen‹,
auch tritt in diefer Ma, wie aus den angegebenen Beifpielen erfichtlich,
vor mb, mp Diphthongierung ein. Doch ift mir die Ma. der Gegenden,
wo Namen wie Klimpenhaus vorkommen, nicht näher bekannt. — S. 122

Ausfprache, die ich von älteren Gräfrathern gehört habe. Für die Erklärung des Namens
Solingen ift es von Wichtigkeit zu willen, dafs die ältere Ausfprache fälich lautet.
Das å kann in der Solinger Mundart auf kurzes o oder langes a zurückgehen. Nun aber
ift die ältefte Form Salingen (ob der Perfonenname Salinger daher kommt, weifs ich
nicht; er wäre dann viel älter als der Name Solger, den Andrefen von Solingen ableitet),
und auf dem Titelblatt von Büchern, die in Solingen gedruckt find, findet fich die Form
Salingiaci. Es fcheint demnach, dafs man für die Erklärung nur von der Wurzel sål
ausgeben darf.

[1]) holländ.; Mülheim (Ruhr) chekoch, chrach.

[2]) Korr.-Bl. IV S. 27 meint Crecelius fälfchlich, in greute fei ein r eingefchoben
und das Wort fei = goete; dies hat aber andern Vokal und kommt von der √ gut giefsen.

Anm. 26. 27. Im af. giebt es für Bach auch die Form biki. Das Wort Bach felhft ift urfprünglich nur im Oberdeutfchen masc., im Mitteldeutfchen und Ndd. dagegen fem, vgl. z. B. die Ketzerbach in Marburg; auch die Königsberger (Simon Dach u. a.) gebrauchen es als fem. — Die Gleichung S. 167 Wipper : Wupper = Lippe : Lupia ftimmt nicht, da die Form mit u bei Lupia die ältere, bei Wupper die jüngere ift. Flüffe mit dem Namen Wipper giebt es mehrere; woher kommt aber das u in Wupper? Doch wohl durch die Nachbarfchaft des w, vgl. wohl, Woche. — S. 196 wird ick = eike, éke gefetzt; es entzieht fich meiner Kenntnis, ob der Uebergang von ei, é zu i aufser vor h, r, w möglich ift. Und wie wird das i in dem Worte gefprochen? vgl. oben Anm. 1. — S. 200 Anm. 56. Dasfelbe Wort (fchwed. elf) fteckt auch in Elbe; es mufs genauer heifsen: Elbe (plattdeutfch Elf) ift dasfelbe Wort. — S. 240 Anm. 146 wird gefagt, Wald heifse bergifch wold; dies ift wohl die in Barmen gebräuchliche Form, in Solingen würde es wauld heifsen, wenn es vorkäme[1]), vgl. auld »alt«, kauld »kalt«. Ueberhaupt führt L. als bergifch mit Vorliebe die ihm geläufigen Barmer Formen an, während die Mundart des oberen Kreifes Solingen einen ganz andern Vokalismus aufweift.

Auch fonft bedürfen die Angaben über Wörter und Formen der bergifchen Mundart mehrfach einer Berichtigung und Ergänzung. Das Wort Foche S. 26 hat in Solingen aufser der von L. angeführten noch die Bedeutung »Klappe im Ofenrohr oder Küchenherd«. — S. 89 Anm. 216 wird behauptet, denen, döüen fei = drücken; das ift falfch, es ift = mhd. diuhen, mnd. duwen, douen. Es wird allerdings im Bergifchen hd. durch drücken wiedergegeben, dabei ift aber zu bemerken, dafs man im Bergifchen auch drücken fagt in Fällen, wo man anderswo fchieben gebraucht. Ift alfo in döüen nicht gg ausgefallen, fo wird auch der Ausfall in bröü »Brücke« zweifelhaft; vielleicht liegt hier eine andere Form zu Grunde, vgl. dün. bro. — S. 130 Anm. Halfe bedeutet in der Solinger Gegend »Mieter«. — Von »Ufer« wird S. 157 gefagt: »Unfere heutigen nrh. und wf. Mundarten kennen das Wort nicht mehr«. Das verftehe ich nicht. In Solingen und Umgegend wird es noch häufig gebraucht in der Bedeutung »fteil anfteigende Erhebung«. — S. 193 Anm. 37. »Eine eigentümliche Verwendung findet dick, deckes, döckes . . . in der Bedeutung oft.« Es ift einfach das mhd. dicke, mnd. dücke mit angehängtem s, wie es fich im Ndd. häufig findet. — S. 220. Bergifch nd oft = ng. In echt ndd. Wörtern wird nd immer zu ng.

An fonftigen Einzelheiten ift noch folgendes zu bemerken. S. 4 wird Bernebecke wohl mit Unrecht zu dem Stamme barm gezogen. S. 16 Anm. 31 wird Dirksen zitiert, ohne dafs ein Werk näher angegeben wäre. S. 22 wird das Wort ebbe als fem. verzeichnet, dem widerfprechen einige der aufgeführten Namen: im Ebbe, aufm Ebbe Könnte vielleicht S. 91 fondern, fundern mit »Süden« zufammenhangen? S. 133 Anm 53 konnte zu dem engl. fleet »abrahmen« hannov. Flott, dän. fiøde »Rahm« hinzugefügt werden. Ueber Lache S. 137 vgl. jetzt Kluge, Zeitfchr. f. deutfche Wortforfchg. II 283. Zu falhund S. 151 ift dän. sælhund

---

[1]) Der Ort Wald bei Solingen heifst ndd. Waul, hier fehlt das d, weil es urfpr. im Inlaut ftand (Walde), vgl. baul = balde, kaulen = kalten usw.

zu vergleichen; ob der erſte Beſtandteil = ›See, Meer‹ iſt, weiſs ich nicht, da ›See‹ dän. ſø (auch ſjø) heiſst. Sollte Dorn S. 194 nicht eine weitere Bedeutung als die von ›Dornbuſch‹ haben und z. B. ›Brombeerſtrauch‹ bedeuten können? Bei wanne S. 203 wäre zu fragen, ob es nicht zuweilen die gewöhnliche Bedeutung von Wanne, d. h. Mulde haben könnte. Unter mark S. 224 Anm. ist auf an. mörk ›Wald‹ verwieſen, demnach müſste der Stamm markw- heiſsen, da ö der u-Umlaut von a ist; vielleicht gehört das an. Wort zu dän. mørk ›dunkel‹.

Wenn erſt der zweite Teil dieſes Werkes, dem hoffentlich auch ein alphabetiſches Verzeichnis und eine Erklärung der Beſtimmungswörter beigegeben wird, vorliegt, wird man wichtige Ergebniſſe über die Wanderungen der Stämme, über die Art ihrer Anſiedelungen, über Anſiedelungsperioden, vielleicht auch über Dialektverſchiebungen u. a. daraus ableiten können. Es wäre zu wünſchen, daſs ſich der Verf. auch mit dieſen Fragen, die er in der Einleitung ſchon berührt, eingehender beſchäftigte. Jedenfalls hat er aber auch ſo ſchon ein für jeden Ortsnamenforſcher wichtiges Werk geliefert.

Solingen. J. Bernhardt.

Clara Holst, Mnt. omlydsforhold belyst ved danske laanord. Arkiv for nordisk Filologi XVIII, 210—25.

Die Verfaſſerin liefert den ſichern Nachweis, daſs mnd. ô und o in den däniſchen dem Mnd. im 14.—15. Jh. entlehnten Fremdwörtern als ö, û und u als y auftreten. — Auch aus andern Erſcheinungen, z. B. in den jetzigen Mundarten, geht ja hervor, daſs der Umlaut in mnd. Zeit durchgeführt war. Warum hat ihn aber die Schrift nicht bezeichnet? Wahrſcheinlich war es — wie auch Cl. Holst andeutet, der Einfluſs der umlautloſeu Weſtniederländer, der zur Zeit der Entſtehung des mnd. Schriftweſens die Kennzeichnung der umgelauteten Vokale im Intereſſe einer möglichſten Schrifteinheit von Dünkirchen bis Riga verhindert hat.

Osnabrück. H. Jellinghaus.

Notizen und Anzeigen.

Beitragszahlungen ſind an unſern Kaſſenführer Herrn Joh: F. Rabe, Hamburg 1, gr. Reichenſtraſse 11, zu leiſten.

Veränderungen der Adreſſen ſind gefälligſt dem genannten Herrn Kaſſenführer zu melden.

Beiträge, welche fürs Jahrbuch beſtimmt ſind, belieben die Verfaſſer an das Mitglied des Redactions-Ausſchuſſes, Prof. Dr. W. Seelmann, Charlottenburg, Peſtalozziſtraſse 103, einzuſchicken.

Zuſendungen fürs Korreſpondenzblatt bitten wir an Dr. C. Walther, Hamburg 3, Krayenkamp 9, zu richten.

Bemerkungen und Klagen, welche ſich auf Verſand und Empfang des Korreſpondenzblattes beziehen, bittet der Vorſtand direct der Expedition, ›Diedrich Soltau's Verlag und Buchdruckerei‹ in Norden, Oſtfriesland, zu übermachen.

Für den Inhalt verantwortlich: Dr. C. Walther in Hamburg.
Druck von Diedr. Soltau in Norden.

Ausgegeben: April 1902.

Register*) zu Heft XXII

von

W. Zahn.

Sachen.

---

*) Die eingeklammerten römischen Ziffern weisen auf die früheren Hefte.

Wörter*) und Wortbestandteile.

acht (im Kartenspiel) 52.
achterhand 53.
afmelen 53.
ald Alderhilgen, frs. 61. 83.
alde maeye, frs. 61.
Alderhilgen, ald A., frs. 61. 83.
Albeid, die Gans 14 f., 46. 60.
åmen: dat is so wiss as å. und ja (in der karken) 26.
anderlandse saad, burisch 63.
anedaon 56.
Api, Apiapfel 58.
Apollo Grannus 74.
Aquisgrani 74.
armkrüsels 96.
ass (Karte) 52.
au, mecklenb. 87.
auge, auwe 98.
auld (alt) 99.
auwe: auge 98.

bach, fem. 99.
bäch 21.
håg, as. 21.
bagen 21. 39.
baghen 21.
bar (Eber) 18.
barm, Bernebecke 99.
Bartel(d) als Kuhname (XXI, 72) 25 f.
hasch (Piquedame) 52.
basta (Piquedame) 52.
bastäsch (Piquedame) 52.
baul (bald) 99.
begòs, burisch (= begonste) 66.
Bernebecke 99.
beslagen = verschimmelt 51.
? bethchus 28.
bewussen = verschimmelt 51.
bichte 45.
bichten 21. 45. 95.

biki, as. 99.
billenbrod (XVIII. XXI) 47. 56.
billensât 50.
blauels 52.
bocht, ndl. 20. 79.
hochten 20. 41.
bochtig, ndl. 93.
bogen 42. 80. 94
bögen 21. 77.
boght, mittelengl. 40
bön 82.
böne 82.
bönebüttel (bönebettel XI) 73.
bönen flass 73.
bönestein 73.
bonewart (XXI) 23.
bontjes = Bonbons 86.
boog 79.
hörden 24.
bore (bove? böne?) 82.
bötchen 73.
boughty, engl. 93.
bove (bore? böne?) 82.
box, engl. 96.
brake 56. 73.
braken 56. 73.
braoke 56.
braoken 56.
brett, davon britsche? 83.
Brinckman, nicht Brinckmann 81.
brits, fläm. 83.
britschen 82 f.
bro, dän. 99.
bröö, berg. 99.
bruck, hair. 82.
brücke, mhd. 82.
brüge 18. 59.
brügel 59.
brugg,bruggen,bair.82
brügge 18. 82.
brügi, schweiz. 59.
brüginen 59.
bucht, subst. 20. 39. 79. 93, to b. driwen, in de b. springen 79, tüffel-, köl-, musikanten-bucht 79.

bucht, bücht = III Sing. Pr. von buchten oder bugen 42. 80. 93 f.
? buchten, büchten, sek b. 20 f. 89 f. 77. 79. 90. 93 f.
buchtenhölzer 79.
buchter 21. 80. 95.
buchtig, ndd. 93.
buchtin-time,schott.80.
? bückt 94.
bugen 42. 80. 93 f.
bught, schott. 80.
bugt 20. 79.
(sig) bugte, dän. 20. 41.
bühl 56.
bükewasser 10.
hulka, poln. 56.
bulke 56.
bullen (e. Art Brot) 56.
büllen 7. 56
büllen = beutelu 56.
bummelwiehen 8.
bûr (Karte) 52.
burch (verschnittener Eber) 18.
busse (Wiege) 96.
by half (halves), engl. 89.
byht, ags 40.

case, engl., davon: dat is en annern käs 27.
ch und f 98.
chekoch 98.
chrach 98.
cht, ft 98.
comes stabuli 54.
connétable 54.
constable, engl. 54.
creissien, provenç. 62.
creuset, franz. 62.
crisiò, provenç. 62.
crisuela, bask. 61. 62
crisuelo, span. 62.
croginola, ital. 62.
croisel, afrz. 83.
croisuel, altfranz. 62.
cropele 90.

crosibulum: krosel: krôs 60.
cross, engl. 83.
cros(se)let, mittelengl. 83.
cruciari, davon krüsel 62.
crucible, engl. 83.
cruse, engl. 83.
crusibulum: krusel: krûse 60.

d im Inlaut ausgefallen 99.
dam (Karte) 52.
daun, mecklenb., = thun 87.
deckes (oft) 99.
defftig 19 f.
Derk met den beer 25.
deuen, berg. 99.
deun, ndl. 87.
deuntje. ndl. 86. 87.
diähr (Thür) 95.
dick (oft) 99.
dicke un vele (vaken) 41. 77 f. 92.
diesso 74.
diessebreien 74.
diessen 56.
diilänse, burisch 63.
din, engl. 87.
Dirk als Schweineuame (XXI 72) 25.
dit im Burischen 63.
diuhen, mhd. 99.
docht 20.
dückes (oft) 99.
döfft, Strandmanns-, Wester-, Mittel-, Osterdöfft 19 f.
doft 20.
döne, ndd. 87.
döm(e), mndd. 85--87.
done, mndl. 87.
döneken 86. 87.
dönen 86.
dönken 80 f. 85 f., -abend, -bôk 81, -haft 86.

---

*) ? vor mittelniederdeutschen Wörtern bedeutet, dass diese überhaupt oder nach ihrer Form oder in einer besonderen Bedeutung im Wörterbuch von Schiller und Lübben vermisst werden.

dòn(t), davon dönken? 81. 86.
döntje 81.86 f, Plural: döntjes 87.
döntjenbòk: dat Hamborger Dööntjenbook 81.
dòntken 81.
dôntken 86.
döntze 8. 17.
Dööntje(n)book (v.Piening) 87.
dör 95.
dorn 100.
döschen 56. 73, knutten- 73.
douen, mndd. 99.
dööen, berg. 99.
Druffepfell 58.
Drusenwall 8.
druwappel 47. 58.
düär (II) 95.
ducht 20.
döcke (oft). mndd. 99.
duft = Ruderbank 20.
dür 95.
dnür 95.
duwen, mndd. 99.
dyne, ags. 87.

e als Vorlaut im Horneburger Dialekt 22.
é, dafür i 99.
eaves, engl. 45.
ebbe, im, auf m Ebbe 99.
efese, ags 45.
ei, dafür i 99.
eike 99.
eis 22.
eissel, popen-, gogk- 45.
éke 99.
Elbe, Elf 99.
et im Burischen 63.
Et mi up 95.
en, ndl. 87, in der Burensprache 63.

f und ch 98.
vaken unde vele (dicke) 41. 77 f. 91. 92.
vele = oft: v. -vaken, vaken (dicke) un v. 40 f. 77 f. 90 f.
verbochten 20. 41.
vèrfàt liensaien 72.
verfrarn 27.
verkaut 98.
verkocht 98
verkoft, verkocht, verkant 98.

verlöaef 19.
vette kroppe 89 f, vet morsecl,90.
fettkrüpel 90.
feuls te veul, burisch 63.
fidikàn! (XXI) G. 19.
vil na 92.
fläre 73.
flass 55, freu-, spät- 72.
Hasskabel 72.
Hassprau(w)e 73.
flassrote 73.
flasstrecken 73.
to flect, engl. 99.
fløde, dän. 99.
flott = Rahm 99.
foche 99.
vôls to vôl 63.
vorhand 53.
sik vormeten 93.
fondichkann! G.
frag', frage gross (beim Solospiel) 52.
freilen 72.
frékàrt 53.
freuflass 72.
frl vorlööf (XX) 19
frilen 72.
ft, cht 98.
fudigkann! G.
fütekan! 19.
fütikàn! 19.

g statt w 98.
gadofta, ahd. 20.
gamall, an. 50.
gammel = penis 22.
gam(m)elen 50.
gammelig 21 f. 51.
gammelmat, -mad (dän) 50.
gammelost 50.
gammelviin, dän. 50.
gammelwaare (XXI) 21 f. 50 ff.
gammlig 21 f. 51.
gazal, ahd. 23.
gemeiht 42.
gêmelich 42.
Gerdmann, der Gänserich 14 f.
getàl, ags. 48.
getale, ags. 23.
gethofta, ags. 20.
gewiegt 88.
gezal, mhd. 23.
giskertan, as. 54. 81.
ci gistertanne (gistortaune?) 54. 84.

gistortan; ci gistortanne? 54. 84.
gital, as. 22. 43.
gizal. ahd. 23.
gizalo, ahd. 23.
gizeli, ahd. 23.
gluck 7.
goete (IV) 98.
gogkeissel 45.
gracht 98.
graft (gräfte), gracht, jraite 98.
grana, ahd. 74.
gräne (XVII) 74.
grannus, Apollo G. 74.
green, ndl 74.
greña, span. 74.
greneboom, ndl. 74.
Greni, salinae 74.
greute (IV) 98.
* grüchte 98.
* grufti 98.
Guodan = Wodan 98.

hæcce, ags. 58.
hack 73.
Hackenberg 97.
backheckel 73.
haeke; geh mir von der lk. 58.
? half 89.
half, halves: by h, engl. 89.
halfe, berg. 99.
halskrüsels 96.
banebalken 57.
hartläiv lüchte mi 12. 53.
harte im Kartenspiel 52.
Hauch 57.
beckel, back-, middel-, fine 73. 74.
heckeln 73.
hee, been (Heede) 56. 73.
heike 58, de beik' na den wind bangen 57.
hèïss de Hagg up 46.
hennenbruck 82.
Herodianna! 11.
flespe 8.
het, ndl. 63.
heuch 57.
heuken 58
hennerwieben 8.
hiäkeln 56.
bisen (XIX. XX) 46.
hissen (XIX. XX) 46.
hochtyt (beim Solospiel) 52.

hoek, ndl. 84.
hoike, hoiken 58.
hôk 57.
boke 58.
Höken, Strasse in Quedlinburg 58.
homester 73.
horenseggen, hörensagen (XXI) 7. 19. 24. 60. 75.
buch 57.
bûch, frs.; imman de h. lichte 61.
hûche, in der II. sitzen 58.
huck 57.
hucke 44. 57 f. 61. 84, h. flass 74.
hucke-back (-pack) 58.
hucque, franz. 61.
huig, ndl.; jemand de h. lichten 61.
huik 61.
hûk 57.
huke 44. 57 f. 61. 84. op'e huken sitte, frs. 84.
hûken 58.
bukk-up 58.
hurke, ndl.; op de hurken zitten 84.

i statt ei, ê; u statt i nach w 99.
ick = cike, éke, berg. 99.
inbuchten 79. 80.
ingen 24.
isel 45.
issel 44. 45.

ein jahr und tag 54.
Jaust, der Bulle 25.
-je, -tje, Diminutivendungen 86.
jischen 6.
Joust, der Bulle 25 f.
jraite 98.
jröüte (Rünsteiu) 98.
jung (Karte) 52.

kaf(f), knutten- 55. 73.
kaïe 18 f.
kaimen (kämmen), berg. 98.
kàkalaka, skrt. 57.
kàkud, kùkuda, 'skrt. 57.
kämpe 18.
kampen 19.

Anzeigen und Besprechungen.

Dähnhardt, Heimatklänge aus deutschen Gauen I 68.
Holst, Mnt. omlydsforhold belyst ved danske laanord 100.
Jellinghaus, Geschichte der mittelniederdeutschen Literatur 85.
Leithaeuser, Bergische Ortsnamen 97 f.

Meyer, Die Sprache der Buren 62 f.
Psilander, Die niederdeutsche Apokalypse 27 f.
Stillfried, Biweg'lang 68.
— Hack un Plück 68.
Wossidlo, Ein Winterabend in einem mecklenburgischen Bauernhause 47 f.

Verzeichnis der Mitarbeiter
am zweiundzwanzigsten Jahrgange des Korrespondenzblattes.

R. Andree.
F. Bachmann.
J. Bernhardt.
C. Borchling.
M. Börsmann.
W. Busch.
H. Carstens.
E. Damköhler.
L. Frahm.
R. Hansen.
Harzen-Müller.

Hille.
Hünnekes.
H. Jellinghaus.
O. Knoop.
F. Kohn.
K. Koppmann
E. Kück
A. Leitzmann.
R. M. Meyer.
F. v. Oefele.
Th. Reiche.

W. Rimpau.
M. Roediger.
F. Sandvoss.
C. Schumann.
J. Schuster.
W. Seelmann.
R. Sprenger.
F. Techen.
E. Wadstein.
C. Walther.
J. Winkler.

Druckfehler.

S. 1, Z. 5 v. u. lies Busch statt Volsch.
S. 6, Z. 9 v. u. lies Fidikân statt Fidikâns.
S. 7, Z. 10 v. u. lies Freude statt Freud.
S. 9, Z. 21 v. o. lies lachen statt laufen.
S. 9, Z. 2 v. u. und S. 10, Z. 1 v. o. lies Husteer statt Hustener.
S. 20, Z. 22 v. o. lies auf die statt die
S. 41, Z. 2 v. o. lies Diefenbach statt Diefenbach.
S. 41, Z. 14 v. o. lies 306 statt 630.

S. 43, Z. 15 v. u. lies -taldich statt taldich.
S. 59, Z. 1 v. o. lies XXII 18 statt XX, 18.
S. 90, Z. 23 v. o. lies entfprechen statt entsprechen.
S. 91, Z. 3 v. o. lies adverbiell statt adverbiel.
S. 96, Z. 12 v. u. lies mittelniederdeutfcben statt niederdeutfchen.

orrespondenzblatt

des

Vereins für niederdeutsche Sprachforschung.

Jahrgang 1902.

Heft XXIII.

Norden und Leipzig.

Diedr. Soltau's Verlag.

1903.

Statuten

des Vereins für niederdeutfche Sprachforfchung gemäfs den Befchlüffen der Generalverfammlung zu Stralfund, Pfingften 1877.

§ 1. Der Verein fetzt fich zum Ziele die Erforfchung der nieder-deutfchen Sprache in Litteratur und Dialekt.

§ 2. Der Verein fucht feinen Zweck zu erreichen

1) durch Herausgabe eines Jahrbuches und eines Korrefpondenz-blattes,

2) durch Veröffentlichung von niederdeutfchen Sprachdenkmälern.

§ 3. Der Sitz des Vereins ift vorläufig in Hamburg.

§ 4. Den Vorftand des Vereins bilden wenigftens fieben von der Generalverfammlung zu erwählende Mitglieder, von denen zwei ihren Wohnort am Sitze des Vereins haben müffen. Aus dem Vorftande fcheidet jährlich ein Mitglied aus, an deffen Stelle die Generalverfammlung ein neues erwählt.

§ 5. Die Generalverfammlung findet jährlich zu Pfingften ftatt.

§ 6. Die litterarifchen Veröffentlichungen des Vereins beforgen im Auftrage des Vorftandes Redaktionsausfchüffe, in denen wenigftens je ein Mitglied des Vorftandes fich befinden mufs.

§ 7. Der jährliche Minimalbeitrag der Mitglieder ift fünf Reichsmark. Für denfelben wird die Zeitfchrift und das Korrefpondenzblatt geliefert.

Vorftand des Vereins.

Denfelben bilden zur Zeit die Herren:

Dr. Al. Reifferfcheid, Profeffor, Geh. Reg.-Rat, Greifswald, Vorfitzender.

Dr. F. Joftes, Profeffor, Münfter i. W.

Dr. K. Koppmann, Archivar, Roftock.

Kaufmann Joh. E. Rabe, Hamburg 1 (gr. Reichenftr. 11).

Dr. G. Roethe, Profeffor, Göttingen.

Dr. W. Seelmann, Profeffor, Oberbibliothekar, Berlin.

Dr. Chr. Walther, Hamburg.

KORRESPONDENZBLATT

DES VEREINS

FÜR NIEDERDEUTSCHE SPRACHFORSCHUNG.

HERAUSGEGEBEN

IM AUFTRAGE DES VORSTANDES.

JAHRGANG 1902.
HEFT XXIII.

HAMBURG.
NORDEN & LEIPZIG. DIEDR. SOLTAU. 1903.

Jahrg. 1902.   Hamburg.   Heft XXIII.   № 1.

Korrofpondenzblatt

des Vereins

für niederdeutfche Sprachforfchung.

I. Kundgebungen des Vorftandes.

Programm der Jahresverfammlung.

Siebenundzwanzigfte Jahresverfammlung*)
des Vereins für Niederdeutfche Sprachforfchung
in Emden

Montag, den 19. Mai.

Von Abends 8 Uhr an: Gefellige Vereinigung im Club zum guten Endzweck am Neuen Markte.

Dienstag, den 20. Mai.

9 Uhr: Gemeinfame Verfammlung des Hanfifchen Gefchichtsvereins und des Vereins für Niederdeutfche Sprachforfchung im grofsen Saal des Rathhaufes. Begrüfsung beider Vereine.
  1. Oberbürgermeifter Fürbringer-Emden: Ueber die Veränderung des Stadtbildes von Emden feit der Hamburger Zeit und die Sehenswürdigkeiten der Stadt als Einleitung zu den Befichtigungen.
  2. Geh. Juftizrath Profeffor Dr. Frensdorff aus Göttingen: »Karl Hegel und die Gefchichte des deutfchen Städtewefens«.
11¹/₂ Uhr: Frühftück in Schoy's Central-Hôtel.
12¹/₄ Uhr: Sitzung des Vereins für Niederdeutfche Sprachforfchung im Magiftratszimmer des Rathhaufes:
  Oberlehrer Dr. phil. Ed. Kück aus Friedenau bei Berlin: Ueber die alte Frauentracht der Lüneburger Heide.
1¹/₂ Uhr: Befichtigung des Rathhaufes (Silberfchatz, Rüftkammer, Urkunden), (2¹/₄ Uhr) der Gafthauskirche, (2³/₄ Uhr) der Grofsen Kirche (Enno-Denkmal, Confiftorienftube, Bibliothek), (3¹/₂ Uhr) der Sammlungen der Gefellfchaft für bildende Knnft und vaterländifche Alterthümer.
5 Uhr: Feftmahl im »Tivoli« (M. 3,50).
7 Uhr: Fahrt vom Rathhausplatze aus auf Motorbooten durch den Hafen nach Nefferland. Spaziergang nach der Mole des Aufsenhafens und von Abends
8 Uhr ab: Gefellige Vereinigung im Empfaugsgebäude des Aufsenhafens. Rückfahrt mit der electrifchen Bahn.

---

*) Vgl. das mit der vorigen Nummer des Korrefpondenzblattes verfandte Gefammt-programm.

Mittwoch, den 21. Mai.

8¹/₂—9¹/₄ Uhr: (nicht öffentliche) Sitzung des Vorstandes des Vereines für Niederdeutfche Sprachforfchung im Magiftratszimmer.

9¹/₂ Uhr: Gemeinfame Sitzung beider Vereine im Rathhausfaale.
Profeffor Dr. Gallée aus Utrecht: »Das niederländifche Bauern-haus«.

10¹/₂ Uhr: Sitzung des Vereins für Niederdeutfche Sprachforfchung im Magiftratszimmer:
1. Jahresbericht, Kaffenbericht, Vorftandswahl.
2. Dr. Borchling aus Göttingen: Die niederdeutfche Litteratur Oftfrieslands.
3. Conful B. Brons aus Emden und Oberpoftfekretär Jacobs aus Hannover: Vorträge in oftfriefifcher Mundart.

1¹/₄ Uhr: Mittageffen im »Weifsen Haufe« (Hôtel Albers) und Schoy's Central-Hôtel an der table d'hôte (M. 2).

2¹/₂ Uhr: Fahrt vom Rathhausplatze auswahlweife mit der electrifchen Bahn oder mit Motorbooten nach Nefferland zur Abfahrtsftelle der Dampfer am Aufsenhafen.

3 Uhr: Abfahrt vom Aufsenhafen auf einem von der Aktiengefellfchaft »Ems« zur Verfügung geftellten Dampfer nach Delfzyl. Befich-tigung des Hafens und der Stadt.

6¹/₂ Uhr: Abfahrt von Delfzyl nach Emden.

8¹/₂ Uhr: Abendtrunk im Rathhaufe, von der Stadt dargeboten.

Donnerstag, den 22. Mai.

Ausflug nach Jever. Abfahrt von Emden früh 9 Uhr 15 Min. vom Haupt-bahnhof über Leer-Oldenburg. Ankunft in Jever 1 Uhr 25 Min. Mittageffen am Bahnhof. Gedeck zu M. 1,50. Befichtigung des Ede Wimcken-Denkmals (1564) in der Stadtkirche unter Führung des Herrn Archivrath Dr. Sello aus Oldenburg. Falls die Zeit ausreicht, Befichtigung des Renaiffance-Plafonds (1566) im Schloss.

Die an der Jahresverfammlung theilnehmenden Mitglieder und Gäfte unferes Vereins werden gebeten, fich in ein Album einzuzeichnen, welches im Verfammlungsraum auf liegen wird. Ebendafelbft werden auch Beitrittserklärungen durch den Vorftand angenommen.

2. Veränderungen im Mitgliederftande.

Dem Vereine beigetreten ift Herr
Oberlandesgerichtspräfident Dr. Fabricius in Breslau.

Am 4. April entfchlief zu Herford im achtundachtzigften Lebensjahre Herr Profeffor Dr. K. G. Ludwig Hölfcher, unfer langjähriges, feit 1876 ordentliches und feit feinem fechzigjährigen Doctorjubiläum am 24. Juni 1897 Ehren-Mitglied. Im Korrefpondenzblatt XIX, 65 ift bei jener Gelegen-heit feinem Lebenslaufe und feinen Leiftungen, vor allen denen für die heimifche Gefchichte und Sprache eine eingehende Befprechung gewidmet worden. Nach langem treuen und erfolgreichen Wirken am Herforder Gymnafium ift es ihm vergönnt gewefen, noch faft zwei Jahrzehnte in geiftiger Frifche zu verleben und blofs wiffenfchaftlich thätig zu fein. Erft

in den letzten Jahren war er durch fein Alter gezwungen auf Reifen zu
verzichten; früher nahm er öfter an unfern Jahresverfammlungen theil.
Im Jahre 1881, als eine gemeinfame Tagung unferes Vereins mit dem
Hanfifchen zu Pfingften in Danzig fich als unausführbar erwiefen hatte,
verdankten wir ihm eine Einladung auf den Herbft nach Herford. Er
vornehmlich trug viel zu dem recht befriedigenden Verlauf diefer fiebenten
Jahresverfammlung bei, unter anderm auch durch einen gehaltreichen
Vortrag über die ältere niederdeutfche Litteratur feiner Vaterftadt. Diefes
und feine fonftigen Verdienfte um den Verein, namentlich auch feine Unterftützung des Korrefpondenzblattes und des Jahrbuches fiebern ihm ein
dauerndes ehrenvolles Andenken.

II. Mitteilungen aus dem Mitgliederkreife.

Pritzftabel (XXII, 54. 83).

Dafs Pritzftabel »Waffervogt, Fifchereiauffeher« (fo in Kürfchners
Univerfal-Converfationslexikon) mit dem ruff. Priftaw »Auffeher, Polizeibeamter« zu vergleichen ift, daran zweifele ich um fo weniger, nachdem
ich folgende Stelle aus Seumes Spaziergang (S. Werke her. v. Wagner S.
74) wieder gelefen habe: »Die Ruffen thun fich etwas darauf zu gute, dafs
man fie fo weit herab in ihrer Mutterfprache verfteht.... Ich felbft
erinnere mich, als ich vor mehreren Jahren aus Rufsland zurückkam und
einen alten ruffifchen Grenadier als Bedienten bei mir hatte, dafs er mir
in der Laufitz in der Gegend von Lübben fagte: 'Aber, mein Gott, wir
find ja hier noch ganz in Rufsland; hier fpricht man ja noch gut ruffifch.'
So viel Aehnlichkeit haben die flawifchen Dialekte unter fich, von dem
ruffifchen bis zum wendifchen und krainifchen.« Mit Anlehnung an den
bekannten Konftabel (frz. connêtable, engl. constable) wird das Wort
erft in neuerer Zeit diefe Form erhalten haben; eine Entlehnung aus dem
mittelalterlichen Curial-Latein fcheint mir dagegen ausgefchloffen.

Northeim.   R. Sprenger.

pujjen

wird in Quedlinburg gebraucht = ein fchreiendes Kind durch Wiegen zufrieden ftellen. Ist das Wort identifch mit oftfrief. paien, poien, pôjen
»fchmeicheln, liebkofen, ftreicheln« (ten D. Koolm. II, 693)? Allerdings
gebraucht man auch pujje = Wiege, doch könnte dies erft aus dem Verbum
gebildet fein.

Northeim.   Sprenger.

Zur Reimnovelle »De truwe maget«.

K. Schmidt hat im Ofterprogramm 1901 des Gymnafiums zu Elberfeld (gedruckt bei Sam. Lucas) eine kritifche Bearbeitung des von Efchen-
burg, Denkm. S. 235—254 aus der livländifchen Sammlung unter dem
Titel »Studentenglück« herausgegebenen, und von F. H. v. d. Hagen, Gefammtabenteuer II, S. 309 ff. (Nr. 42) unter dem oben angegebenen Titel
wieder abgedruckten niederdeutfchen Gedichtes veröffentlicht. Er hat nach-

gewiefen, dafs der hd. Text, obgleich arg entftellt und ftark interpoliert, doch an einigen Stellen, wie V. 444, 557 u. ö., die richtige Lesart bietet. Auch an den folgenden beiden Stellen kann die Verderbnis der ndd. Faffung durch Vergleichung des hd. Textes berichtigt werden.

In den Verfen 1—127 der ndd. Fassung wird, entfprechend den V. 1—26 des hier ftark gekürzten hd. Textes, berichtet, wie der Schüler, nachdem er von Vater und Mutter Abfchied genommen hat, fich auf die Reife begiebt. Dann heifst es weiter:

Ndd. Faffung.	Hd. Faffung.
128. he nam orloff unde reyt.	er nam urlaup und reyt.
he wart herde wal beleyt	er wart fo recht wol becleyt
van vrunden und van magen,	von freund und von magen,
de one begunden to elageu,	30. die irs kauffs pflagen,
wente on was vor·ome leyde.	
vor ener groten heyde,	
de do fine vrund weren,	
135. de heyt he wedder toruge	
keren;	
he reyt alleyne in godes fegen.	
do affreyt he underwegen	
kramere unde coplude;	
dat fage yk jw hude:	
140. he grotte fe herde temelik.	
fe weren weldich unde rik	
und danckeden ome myd vlyten.	
he begonde myd on to ryden;	
al in godes namen	
145. reden se tosamen	
myd vrauden und ok myd yle	
des weges festich myle.	
do gingen fe ome ave;	die gingen im alle ab,
fe becoften grote have	wann fie verkaufften grofs hab.
150. und moften to hus weder varn.	der fchreyber wol acht tag reyt,
	das er fo wol was becleyt
	35. von freunden und von magen,
	die irs kanffs plagen.
	fi gingen im alle ab
	und müsten heim wider farn,
	wan fie verkaufften grofs hab.
he fprack: ›wene god wil	40. der fchreiber fprach: ›wen got
bewarn,	wil bewarn,
›de ys to allen tyden wal behut.	›der ist trewn wol behuet.
›er yk vorterde hir al myn gut,	›ieh füre hie feil myn guet,
›yk rede er alleyne.‹	›ich reit hie allein‹,
155. der junge fcriver reyne	fprach der jung fchreyber rein.
gar drovelik reyt uth der ftat.	fo trawn er zu der ftat reyt, . . .

Die Vergleichung beider Texte ergibt, dafs der Verfaffer der hd. Faffung nach feiner Gewohnheit ftark gekürzt hat, indem er die Begegnung des Schülers mit den Kaufleuten ausläfst. Dafs aber in feiner Vorlage von diefer berichtet wurde, ergibt fich aus dem V. 30, die irs kauffs pflagen, der fich nicht auf die begleitenden Freunde, fondern nur auf die begegnenden Kaufleute beziehen kann. Wie diefer als Flickvers aus dem Zufammenhange der Vorlage willkürlich herausgenommen und in V. 36 wiederholt ist, fo fcheinen auch die übrigen Verfe 31—36, die den Zufammenhang herftellen follen, höchft ungefchickt aus Beftandteilen derfelben zufammengeleimt. Dabei ergibt fich zugleich, dafs der hd. Schreiber den ndd. Text an einer Stelle völlig mifsverftanden hat, denn verkaufften V. 32 und 39 kann fchou deshalb nicht kauften == ndd. bekosten fein, wie Schmidt S. 17 meint, weil letzteres dem nhd. »beköstigen« entfpricht. In der nnd. Vorlage ftand vielmehr vorkoften (= vorkosteten) »verzehrten«; der hd. Schreiber verlas aber vorkoften »verkauften«. Da nun vorkoften feiner Bedeutung nach genau dem vortern in V. 153 der ndd. Faffung entfpricht, becoften V. 149 »die Koften, befonders für den Unterhalt jemandes, tragen« aber nur mit einem Accufativ der Perfon, nicht der Sache, verbunden werden kann, fo ergibt fich, dafs ftatt deffen vorkoften auch in V. 149 der ndd. Faffung einzufetzen ist. Der Schüler ift froh, dafs er die reichen, üppigen Kaufleute, die grofsen Aufwand machen, nicht länger zu begleiten braucht, weil er fürchtet, in ihrer Begleitung in kurzer Zeit feine ganze Habe zu verzehren (V. 153 f.).

V. 218 ff. erklärt die Hausfrau dem Schüler, dafs fie ihn in Abwefenheit ihres Ehemannes nicht beherbergen könne. Auf feine wiederholte Bitte fagt fie:

Ndd. Faffung.	Hd. Faffung.
232. »eya vil hertzeleue kint,	96. Se fprach: »liebes kint,
»yk dede dat gerne, went nu fint	»ja tet ich es gern, fo fint
»de lude alfo uuflicht,	»die leut als ungeflacht,
»dat dar nemant blifft	»das nymat bleibt unverdacht.«
unvordicht.«	

V. 234 ff. werden von Schiller-Lübben Bd. 5, 78 fo erklärt, dafs unflibt »feindfelig, höfe«, unvordicht »unbefagt, unverdächtigt« bedeute. Der hd. Text pafst zu diefer Auffassung; auch entfpricht er dem Zufammenbange am besten, wenn fich die Frau vor übler Nachrede fürchtet. Schmidt macht dagegen geltend, dafs unverdächtigt unverdacht heifse, und dafs ein i in der Endfilbe bei dem Worte völlig ausgefchlossen fei. Mit Recht verwirft er auch die Aenderung unflacht oder ungeflacht (: unvordacht), da dies kein niederdeutfches Wort ist. Die Frau fürchte die unehrlichen Landfahrer, denen man nicht trauen könne, denn fie feien unflicht »nicht offen«. Unvordicht = unvordichtet müsse einen Mann bedeuten, der von dem dichten der anderen verfchont bleibe. Dagegen ist zu bemerken, dafs unvordicht, das nur an diefer Stelle vorkommt,[*] nicht richtig überliefert fein kann. Denn dichten ift zwar in der Bedeutung »erfinnen, erdichten« belegt, doch ist jemand vordichten »ihn durch erdichtete Rede verleumden« und fomit auch unvordicht(et) »von erdichteter Rede verfchont« nicht fprachgemäfs. Beide Texte fcheinen entftellt, und ich glaube, dafs die Stelle urfprünglich gelautet hat:

---

[*] Es ist weder bei Schiller-Lübben noch im Mnd. Hdwb. in der Reihenfolge der Worte, fondern nur im 5. Bd. S. 78 unter unflicht zu fiuden.

»eya, vil hertzeleue kint
»yk dede dat gerne, went nu fint
»de lude alfo unflecht,
»dat dar nemant blifft unvorfecht.

Da flecht neben flieht im Mnd. mehrfach belegt ist, fo dürfen wir auch unflecht ohne weiteres annehmen; unvorfeget, unvorfecht »unbefcholten, unangefochten« ist bei Schiller-Lübben 5, 90 mehrfach belegt. Durch diefe Aenderung werden die Bedenken, die Schmidt gegen die Erklärung bei Schiller-Lübben erhoben hat, befeitigt. In der Vorlage des hd. Textes ftand wahrfcheinlich ungeflècht »feindfelig, höfe« (f. Lexer II, 1868). Nachdem er diefes ihm nicht geläufige Wort in ungeflacht verändert hatte, lag ihm unverdacht als entfprechendes Reimwort nahe.

Auch an diefen Stellen weifen die Mifsverftändnisse der hd. Faffung darauf hin, dafs dem Schreiber ein ihm nicht geläufiger ndd. Text vorlag.

Northeim.   R. Sprenger.

Zu den kleineren altfächfifchen Sprachdenkmälern von Wadftein.

Der im Korr.-Bl. 22, 84 gemachte Verfuch einer Befferung der St. Petrier Gloffe ci gistertanne brachte mich auf die Vermuthung, es könnte vielleicht an ein urfprüngliches gistorianne gedacht werden, das zu strudem und distructionem ganz gut paffen würde. Prof. Wadftein, dem ich meine Conjectur mittheilte, war fo gütig, mir ftatt gistorianne ein richtigeres gistorranne zu empfehlen. Freilich gäbe es in gistertanne zwei Schreibfehler, wie in boctibret, herehcrclil, f. Wadftein's Anmerkungen S. 147.

Leitmeritz.   J. Peters.

Drei Conjecturen zu Gerhard von Minden.

1. Leitzmann gibt 6, 10 f. im Anfchluss an die Handfchrift ik delen wil dissen vank al sunder nit und deutet durch Punkte dahinter an, dafs zu diefem nit und dem folgenden Reimworte is ausgefallene Verfe die richtigen Reime geboten haben dürften; 'inhaltlich ift keine Lücke bemerklich', wie Leitzmann fagt. Ich glaube, dafs eine leichte Befferung des Textes nahe liegt und empfehle ftatt des handfchriftlichen nit mis zu lefen. Man fehe bei Lexer die Belege für mhd. sunder mis (misse) nach und vergleiche den Doornk. Koolm. 2, 605, Kilian (3. Ausg.) 316: mis, erratum, malum.*)

2. Der Vers 32 der 11. Fabel, Leitzmann S. 16, hat in Behaghels Literaturblatt 1899 Sp. 301 eine kaum fehr anfprechende Aenderung erfahren. Ich möchte herzuftellen rathen: en ennouwe vör der helle pin. Das gibt den paffenden Sinn: den Mächtigen reut fein Hochmuth nicht, bevor ihn nicht die Pein der Hölle bedrängt. Erft wie er mit den Seinen vom Feuer bedroht ift — was fich im Magdeburger Efop anfchaulicher darftellt — gibt der Adler feinen Raub zurück. Vielleicht ift, beiläufig mit bemerkt, im V. 19 das mit vom V. 18 irrthümlich gefetzt und heffer in zu lefen.

*) Mndd. mis, msc.: des de huszwert heilt nenen mys; Bote, Van veleme rade VII, 73 (Ndd. Jb. 16, 28). fe bebben des neuen fchaden eflte mys; IX, 77 (S. 32). C. W.

3. Statt **vorhege** in der Fabel 16 V. 34 kann m. E. **vorhöge** in den Text kommen. Der Sinn ift: Verfuche zuerft unten Boden zu finden, dann richte mit Bedacht deinen Leib in die Höhe. Zur Vergleichung bietet fich zu — hege ftatt — hoge das im Münchner Bruchftück ftehende wolde ftatt welde in 122, 47 (Germania 31, 92 V. 47).

Leitmeritz. J. Peters.

Oftfriefifche Redensarten mit Erläuterungen und litterarifchen Nachweifen.

1. **kört för sin fege dagen**, feinen letzten Tagen, kurz vor feinem Lebensende; denn die veigen sint, die müezen ligen tòt, gleich: die dem Tode Geweihten. Wate im Kudrunliede (Text von Bartfch) Str. 1519: welt ir niht balde mir die rehten zeigen, die fremeden zuo den friunden müezen alle wesen hie die veigen.*) Stürenburg bemerkt in feinem oftfr. Wörterbuch auf S. 52, dafs obige Redensart gebraucht werde, wenn jemand feine Natur ganz und gar geändert habe, derfelbe etwas thut, was man nicht von ihm erwarten follte. In demfelben Sinne findet fich die Redensart in Walter Scott's ›The Pirate‹ (fiehe Tauchnitz Edition v. 1846 S. 60): ›She must be fey‹, he said, and in that case has not long to live. Scott fügt der Redensart die folgende Erklärung hinzu, die fich mit der vorfteheuden von Stürenburg deckt: ›When a person changes his condition suddenly, as when a miser becomes liberal, or a churl good-humoured, he is said, in Scotch, to be fey; that is, predestined to speedy death, of which such mutations of humour are received as a sure indication.‹

Otto von Corvin, Erinnerungen I (3. Aufl.) S. 54: In die Kirche war er (der Vater) nie gegangen und zum Abendmahl noch weniger u. f. w. Als daher mein Vater Erkundigungen einzog, wie man fich heim Abendmahl zu verhalten habe und im Februar 1822 wirklich zum Abendmahl ging. da machte das in der Stadt förmlich Auffehen und alle Welt fagte: Der Poftmajor ftirbt bald. S. 55: Er ftarb am 29. März 1822. Auch Göthe, Sprüche in Profa 5. Abt. (Sämtl. Werke B. 20, S. 48): Man fagt: er ftirbt bald, wenn Einer etwas gegen feine Art und Weife thut. Kotzebue, Feuerprobe 22. Auftr.: Da fprichst du endlich einmal vernünftig. — Gelafius: Ach, dann ift gewifs mein letztes Stündlein nahe!

Bei Stürenburg, desgl. ten Doornkaat Koolman B. I, S. 431 auch die Redensart: De kranke ligd to bedde un de fege ›der dem Tode Geweihte, indes zur Zeit noch Gefunde‹ sit d'rför, welche auch von Schröder in deffen ›Plattd. Sprükwörder-Schatz‹ auf S. 18 unter Nr. 287 aufgeführt fteht. Schröder fchaltet hinter Kranke das Wort ›Soldat‹ ein und erklärt ›Fege‹ im Anhang auf S. 62 mit: der Feige. — Diefe Erklärung ift felbftredend unrichtig. —

›Wi beide sünt nog nêt fege‹ bemerkt man, wenn man mit einem zufällig ein und dasfelbe Wort zu gleicher Zeit ausfpricht, denfelben Gedanken äufsert. Auch wird auf die Bemerkung: ›Net datsülfige (gerade dasfelbe) wul ik ök seggen‹ wohl entgegnet: Dan lefen wi nog en jär mit 'nander.

---

*) In Freidanks Befcheidenheit 54, 1. 2 (Bezzenberger S. 115) fteht das Wort veige für: unfelig, verdammt, dem ewigen Tode verfallen.

2. **'n dôrn in't oge wesen** (Doornkaat Koolman B. I., S. 318: in't flès) — von einem Menfchen, den man nicht feben mag, nicht leiden kann, aber auch von einer Sache, die einen ärgert — nach 4. Mof. 33, 55: Werdet ihr aber die Einwohner des Landes nicht vertreiben von eurem Angeficht, fo werden euch die, fo ihr überbleiben laffet, zu Dornen in euren Augen. Bei Fifchart in: Notwendiger Kehrab auf den Schmachfpruch 575 (Kurz, Fifchart's Dichtungen II. Teil). Bei Schiller in Wallenfteins Tod 2. Aufz., 3. Auftr.

Heinrich von Freiberg, Triftan (5284) in demfelben Sinne: ein blierz-berc in ongen und in herzen (Bechftein S 216) — ein Vergleich, der fonft nicht vorkommt, bei welchem dem Dichter offenbar Gottfried's Triftan (17848—17851) vorfchwebt. Geiler 33, 3: stecken jr (den Ehefrauen) ein dorn in die augen (Scheible S. 407).

3. **de heike na de wind setten** (auch: na de wind hangen).
heike, altfr. hoyke, mnd. boike, nld. heuk = Mantel, wie man denn auch fagt: de ›mantel‹ na de wind hangen. Tunnicius 707: Men mot de hoiken na dem winde hangen. Hans Sachs 3, 172*) und 24, 232.

Geiler 18, 1 und 18, 3: hencken den Mantel, wo der Windt herbläst. Luther, Tifchreden (Ausw. von Schmidt) S. 242: Erasmi Propofition und vornehmfte Lehre ift, man foll fich nach der Zeit richten und den Mantel nach dem Wind hängen, wie man fagt.

Schou Triftan 262, 32. 33 (Bechftein II, S. 14): Man sol den mantel kéren, als ie die winde sint gewant. —

De heike up beide schullers dragen = den Mantel auf beiden Schultern tragen; ›auf beiden Seiten hinken‹, wie der Prophet Elias (1. Kön. 18, 21) dem Volke zum Vorwurfe macht. Freidank, Befcheidenheit 129, 23. 24: zwei Wege zugleich gehen wollen:

> Swer zwêne wege welle gân,
> der muoz lange schenkel hân.

Boner, Edelftein: heiz und kalt hân in fineem munde. Brant, Narrenfch. 18, 17. 18: otem warm und kalt. Geiler 18, 3: aus einem maul kalt vnd warm reden. Schiller, in ›Die Kunft, fein Glück zu machen‹ (1. Aufz., 2. Auftr.): mit allen Winden fegeln.

Meiderich, Reg.-Bez. Düffeldorf.　　　　　Carl Dirkfen.

Fritt.

Die Etymologie des Ausdruckes für einen kleinen Handbohrer, der befonders feine Anwendung findet, wenn man Löcher für Nägel ins Holz bohren will, nhd. frittbohrer, nudd. frittbör, -bär, -bar oder früher blofs fritt, ndl. noch fret, ift längft feftgeftellt, fodafs es überflüffig wäre davon zu reden, wenn nicht immer wieder falfche Ableitungen vorgebracht würden.

---

*) An diefer Stelle fteht die Redensart für: fich nach der Decke ftrecken.
　　Armft sprach: Thû der red geschweygen!
　　Ich kan gering vnd mefsig zehren
　　Vnd nach dem wind den mantel keren.

Fritt, fret ift nämlich ficher ein Fremdwort, aus dem Lateinifchen oder dem Romanifchen entlehnt. Daher erklärt fich die Zufammenfetzung mit dem gleichbedeutenden Worte »bor, borer«; man verftand das »fritt« eben nicht mehr. Das Compofitium hat dann wiederum die Volksetymologie angeregt, den Fremdling mit einer oder der anderen anklingenden deutfchen Wurzel in Verbindung zu bringen. Dadurch und durch die falfche Vor-ftellung, dafs »fritt« aus »frittborer« verkürzt fei, haben fich dann manche Gelehrten verleiten laffen, den wahren Urfprung des Wortes zu verkennen.

So hat das Dänifche daffelbe an vride, drehen, angelehnt, indem es vridbor fpricht, und Molbech erklärt darum im Danfk Ordbog, das In-ftrument habe daher feinen Namen, weil man es beim Gebrauche mit der Hand drehe. Vielleicht hat die dänifche Form den Hamburger Richey veranlafst, zu fritt, frittbahr, wie er in feinem Idioticon richtig anfetzt, noch die Vermuthung zu fügen, es hiefse richtiger writtbahr. Im neueften Hefte des Grimm'fchen Deutfchen Wörterbuches (Bd. XIII, Sp. 2) wird danach angenommen, dafs in diefem Worte »fr« an die Stelle von »wr« getreten fei und dafs es zu ndd. wriden, drehen, gehöre. Jacob Grimm felbft leitete es dagegen nach dem Vorgang von Adelung vom oberd. fretten, mhd. vretten, wundreiben, reiben, und od. fratt, ahd. vrat, wund; D. Wb. IV, 1, a, 220. Den Niederdeutfchen lag die Ableitung aus freten, freffen, näher. So Schütze im Holftein. Idioticon: weil er fich gleichfam ins Holz einfrifst. Als zweifellos hat diefe Ableitung noch wieder Frehfe in feinem Wörterbuch zu Fritz Reuter's Werken gebracht, vermuth-lich auf Grund der volkstümlichen Vorftellung. Wenn man ferner im Oftfriefifchen neben »frittbâr« auch frikbâr fagt, fo wird man an oftfrief. frikken = wrikken, drehen, hin und her bewegen, angeknüpft haben.

Die richtige Ableitung hat, foviel ich weifs, zuerft Weigand in feinem Deutfchen Wörterbuch aufgeftellt: »aus dem gleichbedeutenden franz. der foret, mlat. forêtum vom lat. forare, franz. forer = bohren.« Ihm ift ten Doornkaat Koolman im Oftfrief. Wörterbuch gefolgt, der aufserdem die Ableitung von mhd. vretten durch den Hinweis widerlegt, dafs »fritt« erft aus dem Ndd. ins Nhd. aufgenommen fei und dafs ndd. t im Worte nicht zu mhd. t ftimme.

Neu war übrigens Weigand's Etymologie nicht. Im Niederländifchen des 16. Jahrhunderts lautete das Wort noch ganz wie im Französifchen foret, und bereits Cornelius Dufflaeus fchlofs deshalb im Etymologicum Teutonicae Linguae, Antverpiae 1599: foret = boorken, terebellum, a forando, gallice foret. Wie das nndl. fret aus forét contrahiert ift, fo mufs das nndd. frit aus forit geworden fein Und inderthat lautet das Wort fo im Mudd. Ein Hamburgifches Vocabular aus der Mitte des 15. Jahrhunderts, das ich für das Mudd. Handwörterbuch verwerthet habe, bietet forid mit der Erklärung bôr (d. i. bör). Aus der Schreibung mit d darf man wohl fchliefsen, dafs damals noch die zweite Silbe auch mit langem Vocal gefprochen ward. Daneben begegnet fchou 1454 die Schreibung mit t: eyn forit, ene keden tom hunde, eyn bett (Gebifs) tom tome, in der Unkoftenrechnung einer Lüneburger Romfahrt, mitgetheilt von G. von der Ropp in den Hanfifch. Gefchichtsblättern 1887 S. 37. In etwas jüngerer Form findet der Ausdruck fich auch im Mndd. Wb. ver-zeichnet, nur verlefen als fanit ftatt farit und daher an unrichtiger Stelle.

Aufserdem bringt daffelbe Wörterbuch V, 528 unter »fretten« ein »wereth« und fafst es gleich »vret, vrit«: is't ein timmermahn, fo gewet hei eine wereth und eine handtbylenu, aus Haeberlin (Frz. Domin. oder Karl Frdr.? und welche Schrift mag gemeint fein?) p. 476. Ich bezweifele einigermafsen, dafs hier ein Beleg für »foret« vorliegt.

Während das ndl. foret, fret entweder aus lat. foretum oder frz. foret ftammt, fo ift das ndd. forit, frit gewifs aus keinem der beiden gefloffen, fondern aus einer mlat. Nebenform mit i ftatt e. Diefe hat Diefenbach's Gloffarium etc. unter »foreta« als »forica« beigebracht, wofür ficherlich forita zu lefen fein wird; gloffiert werden foreta, forita durch fpikel-, fpikerboor, winder.

Das Ndl. und das Küften-Ndd. haben das urfprüngliche foret, forit zu fret, frit contrahiert, letzteres hat dann das Wort mit dem entfprechenden heimifchen Worte bor componiert. Einen andern Weg haben einige binnenländifche ndd. Mundarten eingefchlagen. In ganz eigenthümlicher Weife haben fie die Aneignung des fremden Wortes durch Verquickung mit dem einheimifchen vollzogen, indem fie die Endung jenes an diefes gehängt haben. So ift die Zweifilbigkeit bewahrt geblieben. In Meinerfen an der Oker gilt neben hör für Bohrer berit, msc., für den kleinften Handbohrer; Bierwirth, Vocale der Mundart von M. § 200. Ebenfo in der Altmark baor und, nur in Diminutivform, baorittchen; Danneil S. 13 und 255. Das Güttingen-Grubenhagenfche gebraucht börit (alfo betont börit?), ntr, im allgemeinen Sinne als Synonym der msc. bör und börel, bezeichnet aber den kleinen Handbohrer mit fritbör, fritbär; Schambach S. 29 f. 280. Die Form »fritbär«, welche nicht den ober-engerfchen Lautverhältniffen entfpricht, läfst vermuthen, dafs frittbör, -här erft in der Neuzeit von Norden her eingedrungen ift. Für Osnabrück giebt Strodtmann S. 355 an, dafs die Hamburgifchen fritt und frittbahr auch dort üblich feien. Wahrfcheinlich hat er nur unterlaffen, das bahr in Osnabrückifches hohr, bor zu ändern; doch könnte auch hier Entlehnung vorliegen und »borit« daneben im Gebrauch fein oder gewefen fein. Die fo lange fchou vermifste Ausgabe des handfchriftlichen Osnabrückifchen Idiotikons von Klöntrup würde die Frage wohl entfcheiden.

Wie weit mag das Gebiet von »borit« fich erftrecken? wie mag der Nagelbohrer und mit welchem Genus, msc. oder ntr., in Weftfalen, in den Städten Hannover, Celle, Hildesheim, Braunfchweig, Magdeburg, der Mark Brandenburg, in Weft- und Oftpreufsen genannt werden?

Hamburg.   C. Walther.

Weihnachtsgebrauch.

Hier pflegen die Kinder in den Tagen vor Weihnachten ihre Schuhe an das Fenfter oder das Bettende zu ftellen, damit das Chriftkind eine Gabe (Nafchwerk oder Spielzeug) hineinlege. In einem Auffatze über englifche Weihnachtsgebräuche lefe ich: »There is a custom amongst English children of hanging up their stockings at the foot of their bed on Christmas eve in expectation of finding them in the morning filled with toys and sweets.«

Da ich diefen Gebrauch in anderen Provinzen nicht gefunden habe, fo halte ich es für wahrfcheinlich, dafs er in Hannover erft im 18. Jrh., wie fo manches andere, aus England eingeführt ift. Ich würde dankbar fein für Nachweife etwaigen Vorkommens diefer Sitte in anderen Gegenden. Northeim.   R. Sprenger.

Zum Magdeburger Aefop. (Gerb. v. Minden ed. Seelmann).

61, 42. Ik wil ju wisen, wur men sette
de warde unde wur men one vinde
unde wor he lopet uppe de winde
unde wor he ok to watere wil.

uppe de winde lopen ift bisher nicht erklärt. Sollte hier das alte winne (winde) ›Wiefe, Weide‹ erhalten fein, das im Mnd. Handwörterbuche S. 586 aus dem auch im Oftfrief. (f. ten Doornkaat Koolman III, 556) belegten winneworp (winde-, winworp)] nach got. winja vermutet wird? — Auch das Winnfeld, eine ebene Waldblöfse an der weftlichen Kette des Osning (Teutoburger Waldes), in dem man zur Zeit der Befreiungskriege den Schauplatz der Varusfchlacht finden wollte, — man erklärte es fälfchlich durch Gewinnfeld — könnte fo gedeutet werden. S. Daniel, Deutfchland I⁶, S. 409.

Northeim.   R. Sprenger.

Dönken, Döntje (XXII, 80. 85 ff.).

Meine Frage auf S. 87 kann ich felbft bejahend für Hamburg beantworten. Ich habe mich nachträglich entfonnen, dafs neben döntje auch döntje in Hamburg gilt. Jene Form mit langem ö ift die hochdeutfche; das Wort wird nämlich ganz gewöhnlich in hd. Rede gebraucht. Da aber das Hd. kein tonlanges kurzes ö kennt, fo werden ndd. Namen und Wörter hd. mit langem ö gefprochen; z. B. wird der Name der holfteinifchen Stadt Plön (af. Pluni, mndd. Plone) zu hd. Plön, das auch in hd. Rede verwendete Köm (Kümmel, mndd. komin, komen) zu Köm, und fo auch Döntje zu Döntje. Die Form Döntje mit kurzem Vokal ift aber im hamburgifchen Niederdeutfch die übliche Form. Dafs daneben auch die Form Döntje gebraucht wird, halte ich für eine Einwirkung des Hochdeutfchen. Bewiefen fcheint mir dies dadurch zu werden, dafs, während im Hamburger gemeinen Platt der Umlaut jedes langen o, fowohl des urfprünglichen wie des aus au kontrahierten, gerne zu oi vergröbert wird, nie dointje gefagt wird. Dafs döntje die richtige Ausfprache ift, geht ferner aus der Bedeutung des Wortes hervor: es wird nie für Ton, Melodie oder Lied verwandt, fondern nur für eine Schnurre, Anekdote. Wir haben auch noch das Grundwort des Diminutivs erhalten, dön, allerdings nur, foviel ich weifs, im Plural döns für alte Gefchichten, ›ole Kamellen‹. Dön (= agf. dyne, af. *duni, mudd. done, msc.) wird eigentlich Rede, Gefchwätz, Schnack bedeuten; denn dönen heifst bei uns foviel wie fchwatzen, fchnacken, vornehmlich in langweiliger, eintöniger Weife fprechen oder erzählen, wofür auch drönen gefagt wird; z. B. he dönt mi da fo völ vor, dat ik rein döfich un dummerich war(d); wenn he dat olde Gedön doch man leet (nur liefse). Ganz in demfelben Sinne verzeichnet Dähnert für das Vorpommerfche docnen und Gedön; in der Bedeutung »tönen«, die er aufserdem dem Verb docnen zuteilt, habe ich das Hamburgifche dönen nie gehört. Während aus Dähnert's verfchiedenen Schreibungen docnen und Gedön fich kein ficherer Schlufs auf die Ausfprache des Vokals ziehen läfst, fchreibt das Bremer Wb. (1767) dem dönen, für welches es aber nur die Bedeutung »tönen« kennt, langes ö zu. »Daher«, heifst es dann weiter, »Döneken und Döntje, ein Liedlein, Arie«. Diefe Wörter können alfo nicht auf done, döne, fondern müffen auf dön = Melodie, Weife zurückgeführt werden. Zum Bremer Wb. ftimmt Joh. Heinr. Vofs, der im Idyll De Winterawend (1775) Z. 34 ein Drehorgellied, das nur einen Schilling gekoftet hat, als old Schillingsdöhnken vam Lindworm bezeichnet. Vofs nämlich (f. feine Anmerkungen zum Gedicht) drückt das lange »ö« durch ō aus, während er das kurze oder »den Mittellaut zwifchen ö (dem es näher ift) und ä« durch oe giebt. Als Bedeutung von Döhnken fetzt er ausdrücklich »Liedlein« an.

Bedeutend früher läfst fich das Wort dönken aus einem »Freudenfang« auf den Fürften von Oftfriesland belegen, der dem Memoriale linguae Frificae des Joh. Cadovius-Müller (1691, hrsg. von L. Kükelhan, Leer 1875 S. 103) angehängt ift. Der Text des Gedichtes ift fchlecht überliefert, fo dafs manches unverftändlich bleibt. Aber, wenn es an einer Stelle heifst: Lafst uns heute Morgen vor Freuden tüchtig tanzen,

Aailff fpiehlmon fill noch wall ohn froylyck dönken macky;
raick ym ehn ftücksken jilld in zyhnen dudelfacky.[1]

und an einer anderen:

Men witt werll vor wy nu deit döncken macken haad,
ma wy kan nat, as wy wulln, deit witt di liafe Gaad.[2]

fo fcheint doch fo viel klar zu fein, dafs der Verfaffer dönken in doppelter Bedeutung verwendet, einmal für die Tanzweife des Spielmanns und einmal für die Worte feines eigenen Gedichtes. Ueber die Befchaffenheit des Vocals im Worte wage ich keine beftimmte Entfcheidung zu fällen; weil aber der Verfaffer die langen Vocale durch Verdoppelung oder nachfolgendes h oder e zu bezeichnen pflegt und beide langen »ö« fonft durch ay, oy und öh ausdrückt (fteyt = ftofse, bayfe = höfe, froylyck, oifen = üben, bedroifen = betrüben, byröhr = berühre), fo vermuthe ich, dafs das ō in dönken kurz fein und das Wort aus altem »duni« gebildet fein dürfte. Ift dies richtig, fo hätten wir hier einen Beweis dafür, dafs auch das einheimifche Wort duni, done die Bedeutungen »Melodie, Weife, Lied« entwickelt hat.

Vielleicht läfst fich das Wort döneken noch über hundert Jahre weiter rückwärts verfolgen. Nic. Gryfe im Spegel des Paweftdoms, Roftock 1593, fol. Kk 4b tadelt den mittelalterlichen Brauch, am Oftertage, um der Feftfreude einen Ausdruck zu geben, luftige Gefchichten in die Predigt

---

[1] Aalf der Mufikant foll noch wohl [wall ift fonft = will, weyl = wohl; l. weil?] eine fröhliche Melodie (Weife) machen; gieh ihm [l. ym?] ein Stückchen Geld in [auf?] feinen Dudelfack.

[2] Man weifs wohl [l. weill? wor?] vor [? wor vor, wofür, weshalb?] wir jetzt das Lied gemacht [l. macket? oder ift macky in die ftarke Conjugation übergetreten?] hatten [haben?]; nur können wir nicht, wie wir wollten, das weifs der liebe Gott.

einzuflechten, wie er deren unter vielen hunderten nur »eine einige« nach dem Vorgange von Joh. Mathefius erzählt, um einen Begriff von der Art diefer Oftermärlein zu geben. »Alfe de Here Chriftus vor de Vorborch der hellen quam und mit dem crütze an de döre ftötte, hebben twe düvele ero langen nefen tho regelen (Riegeln) darvor gefteken; alfe överft de(r) föhne Gades alfo hardt ankloppede, dat döre und angel thogelyke upgingen, hebbe he den twen düvelen de nefen afgeftöth.« Diefer Schwank foll fein abfprechendes Urtheil über die früheren Ofterpredigten illuftrieren, das fo lautet: »Up Ofteren fantaferet men mit den ofterfladen, pafche-eyeren, bradtwürften etc. und prediget ghar weinich van Chrifti uperftandinge unde fehr vele van famerdöreken und oftermereken, welckere oftermoreken men Rifus Pafchales genömet hefft.«

Samer heifst bei Gryfe der Sommer; aber döreken? Ich weifs das Wort nicht zu erklären; wenigftens kann es meines Erachtens keine Bildung aus dör, Thor, thöricht, fein und nicht etwa »Thorheiten« bedeuten. Sollte, wie fehr oft in diefem Buche, hier ein Druckfehler vorliegen und döneken zu lefen fein? Samerdöneken könnten etwa folche Abfchnitte der Ofterpredigten meinen, in denen die zeitlich mit dem Ofterfest zufammenfallende Entwickelung der Natur zum neuen Leben des Sommers in Beziehung zum neuen geiftigen Leben der Menfchheit durch die Auferftehung Chrifti gefetzt wurde und die ebenfo wie die Auferftehungsgefchichte mit, die Heiterkeit der Zuhörer weckenden, Schwänken ausgefchmückt waren.

Hamburg.   C. Walther.

Koog, Kuug.

Bekanntlich nennt man ein durch Eindeichung dem Fluffe oder der See abgewonnenes Marfchland in Ditmarfchen einen koog, in Nordfriesland einen kung. Kürzlich um die Etymologie des Wortes gebeten, konnte ich antworten, dafs ich eine annehmbare Erklärung gefunden zu haben glaubte, die ich mit ausführlicher Begründung demnächft veröffentlichen würde. Weil ich aber jetzt einfehe, dafs ich vor dringenden Arbeiten in der nächften Zeit nicht zum druckfertigen Abfchlufs meines Auffatzes gelangen kann, und doch der Bitte, die behufs baldiger Verwerthung der Deutung beim Unterricht geftellt war, gerne entfprechen möchte, theile ich hier kurz das Refultat meiner Unterfuchung mit. Koog und kung find zufammengezogen aus fächfifchem ko-hag und friefifchem ku-hag, der Kuhhagen, die eingehegte Weide.

Hamburg.   C. Walther.

Tegen den doet eyn is nyn fchilt (Jahrbuch XXVII, 9. 11.).

     Entgen den doet is gein fchilt;
     Darumb leeft, als du fterven wilt.
     Wat is dit klein unftedich loven!
     Bedenk dat recht, du machs wail beven.

Aus dem Schatzboichlin der Gotlicher lieffden, gedruckt zo Cöllen durch Eucharium Hirtzhorn (16. Jahrh.) mitgetheilt von A. Birlinger in Bartfch' Germania XIX, 97.

Hamburg.   C. Walther.

In den rosen fitten (XXII, 75).

Der Ausdruck bedeutet urfprünglich »fich im Wohlleben befinden« und ift hier ficher ironifch gemeint. Dähnert S. 387 verzeichnet in diefer Bedeutung »Up Rofen danzen«. Man denke auch an die hochdeutfche Rda: »Nicht auf Rofen gebettet fein«, dh. fich in übler Lage befinden.

Northeim.   R. Sprenger.

III. Litteraturanzeigen.

Die Stadtbuch-Chronik von Quakenbrück. Vom Profeffor Rich. Bindel. Programm des Real-Gymnafiums zu Quakenbrück. Oftern 1902.

Diefe Mitteilungen aus dem Stadtbuche (des stades bock) der alten Hauptftadt des Artlandes, deffen Aufzeichnungen vom Jahre 1492 bis tief in das 18. Jhdt. reichen, verdienen auch in fprachlicher Beziehung Beachtung, da fie manche feltene und im Mnd. Wb. bisher nicht belegte Worte und Formen bieten. Freilich erweift fich manches auf den erften Blick auffällig erfcheinende als Schreibfehler. So ift S. 5, Z. 10 hemelickhat in h. hat zu trennen; ebd. Z. 3 v. u. gherige in gheringe »fchnell, plötzlich« zu verbeffern, S. 7, Z. 5 ift verfturde, S. 9, Z. 2 bykant »ungefähr«, Z. 32 wente me (= men) zu lefen. Ebd. Z. 38 mede ft. mode zu lefen. S. 12, Z. 6 ift ersogen wohl in (sick) ertogen »fich zeigen, feine Aufwartung machen« zu ändern, während husfelten (Z. 20, 21, 22) für hussetten (hier = »Mietsleute«) verfchrieben ift. S. 21, Z. 5 v. u. lies: leyendecker »Schieferdecker«, S. 23, Z. 18: messingen. S. 25, Z. 21 fcheint deyensz aus daucus entftellt. S. 27, Z. 3 lies: erdbevinge. S. 28, Z. 3 v. u. lies: in einer fule (ft. fule) »an einer Säule« Gemeint ift die stupe, woran Verbrecher gebunden werden. S. 29, Z. 16 ift vorseukeden kaum mundartliche Form, fondern in vorsuckeden zu ändern, Z. 7 v. u. entmoth »begegnet« zu lefen; ebenfo ift wohl bes nur Schreibfehler für bet; Z. 9 ift mit den (ft. der) velle zu lefen, denn vel als femin. ift nicht nachzuweifen.

Sprachlich beachtenswert fcheint mir folgendes: S. 6, Z. 16 v. u. behelt den segevechtich »gewann den Sieg«. Das Wort war bisher nur als adject. belegt. Zu dem auch unbelegten kercksworen (S. 7, Z. 11) vgl. Feldgefchworener, Berggefchworener. Es bezeichnet jemand, der für ein Kirchenamt beeidigt ift (f. M. Heyne, D. Wb. III, 547). Auch kerkract »Kirchenrat« S. 30, Z. 6 v. u. war bisher nicht belegt. S. 7, Z. 2 v. u. der r. gulden van der fluwassen (vgl. fluwerde r. gulden S. 24, Z. 6 v. u.) weifs ich nicht zu erklären; ebenfowenig vurstael S. 8, Z. 5 und 19. halfpel*) S. 8, Z. 20 v. u. und S. 19, Z. 21 ift die Hälfte eines Wispels, der 2 Malter (molt) mifst. In leesbar Z. 21 v. u. fcheint mir lees = hd. lis in lispunt, talentum livonicum. Z. 17 v. u. ein galich yaer] galich fcheint von galle abgeleitet; es ift alfo in übertragener Bedeutung »ein bitteres Jahr«. Z. 5 v. u. lanthure »Ackerpacht« fehlt im Mnd. Wb. goer S. 9, Z. 21 und S. 25, Z. 20 ift ein fpitzwinkeliges Acker-, Wiefen- oder Waldftück, als »Gehre« und »Gier«

---

*) umbtseut ift in umtrent »ungefähr« zu beffern.

noch häufig als Flurname in Weftfalen oder Rheinland. S. 9, Z. 27:
utbclagen fehlt ebenfalls im Mnd. Wb.; belegt ift nur das Subft. ut-
klacht »Klage bei auswärtigen Gerichten«. Diefelbe Bedeutung hat das
bisher nicht belegte utbgerichte. Z. 32 in einer Strafbeftimmung wegen
»Verkaufs« ift solteker eine fonft nicht belegte Nebenform zu solter
»Salzverkäufer«. Auch toholden für das einfache holden Z. 3 v. u. ift
bemerkenswert. Ueber stacken' unde wackenn S. 11, Z. 1 vgl. Mnd.
Wb. IV, 352, V, 577. S. 11, Z. 23: de Toesleger unde Trentlager
unde de anderer kempe besitter] Wie Toesleger und Trentlager
hier zu erklären find, ift nicht deutlich. Letzteres Wort ift im Mnd. Wb.
überhaupt nicht, erfteres nur in der Bedeutung »eine Corporation, deren
Gerechtfame hauptfächlich im Einpacken von Waren beftand« verzeichnet,
die hier, wo das Wort auch in Verbindung mit Woltlüde erfcheint, nicht
pafst. Auch drifftgut »Strandgut« fand ich bisher nicht belegt. S. 12,
Z. 11 v. u. als de huer sich (!) belop] sik belopen in diefer Bedeutung (vgl. hd.: »die Koften belaufen fich auf 100 Mark«) ift im Mnd. Wb
nicht belegt. eine berwe Z. 6 v. u. ift eine Tragbahre; vgl. barf,
berve ten Doornk. K., Oftfrief. Wb. I, 104; Stürenburg im Nchtr. Zu
unste »bis« S. 19, Z. 19 vgl. mhd. unz. S. 20, Z. 13: myt den tho-
nyessen un myt den anderen swynen] Das von Tonnies (Antonius)
gebildete Adjekt. fehlt im Mnd. Wb. über die Antoniusfchweine, f. dort IV,
576 und Vilmar, Kurheff. Idiot. S. 14, Z. 5 v. u. findet lich das bisher
nicht belegte Compofit. urklocke. S. 22, Z. 4 v. u. fcheint hertszen
entftellt aus kotsen (kotze, grobes, zottiges Wollenzeug, Decke oder Kleid
davon, Lexer I, 1691). Z. 2 v. u. beyân »ja fagen, geftehen« fehlt
im Mnd. Wb. S. 24, Z. 10 fcheinen steckewercke, die neben
kleynnode genannt werden, geftickte Teppiche, Wandbehänge und dergl.
zu bezeichnen. Z. 21 ein Emekesvat beer] Emekes: einbeckifch ift
als Adj. zu fassen und von vat zu trennen. Z. 12 v. u. un moften de
perde becleden den hals myt fwarten alfeyn cappen]. alfeyn,
das entftellt fcheint, weifs ich nicht zu deuten. Sollte halscappen zu
lefen fein? S. 24, letzte Zeile, findet lich heerpannc in der Bedeutung
»Pechpfanne«, wodurch die Frage des Mnd. Handwörterbuches S. 143
erledigt wird; ebenda fomige »einige« ft. des gewöhnlicheren fome uud
fomelike. Z. 27 ift die Rda. in groten fummen ftan »teuer zu ftehen
kommen« bemerkenswert. S. 26 Z. 18 hertoge J. myt fynen togedan]
togedan »der Zugehörige« als Subst. ist bisher nicht belegt. S. 27 Z. 3
eyn koftel weder] koftel = koftbar, hier iron. zu fassen. Z. 16 dat
eyne befte bedde myt fyner allruge]. Welcher Teil der Bettausftat-
tung die allrugge ift, weifs ich nicht anzugeben. Ebenfo ift vyfftinge
Z. 20 noch zu deuten. klossen Z. 22 find »Galofchen« (in Diefenbachs
Gloffar 156c. cloczen (15. Jh.). Z. 22 hale find wohl »Keffelhaken«,
f. Mnd. Wb. II, 177. Ten Doornkaat K. Oftfries. Wb. II, 11: vathe de
gebunden fin] wohl auf das früher übliche »Binden« der irdenen Gefäfse
mit Draht bezüglich. S. 29 Z. 8 ift zu lefen und interpungieren: radt
un borgers utfluhn (flohen hinaus), dan allene u. f. w. Nach older
Z. 20 ift ein Komma zu fetzen. S. 30 Z. 5 v. u. lies myt dem tinfe
vorderen (ft. vorzeren) »mit dem Eintreiben des Zinfes.«

    Northeim.   R. Sprenger.

P. Bronifch, Die flavifchen Ortsnamen in Holftein und im Fürftentum Lübeck. Prgr. der Realfchule in Sonderburg 1901 u. 1902. 4⁰. Buchftabe A—Q. 14 u. 10 S.

Ueber die Bedeutung diefer Unterfuchung für die flavifche Sprache und flavifches Volkstum wird ein Kundiger urteilen müffen. Ref. hat den Eindruck, dafs der Verfaffer in feinen Erklärungen auf einer breiten ficheren Bafis flavifcher Sprachkunde fteht. Vortrefflich ift es ihm gelungen, zahlreiche abfonderliche Flufsnamen des öftlichen Holfteins auf ihre polabifche Form zurückzuführen.

Balleratz: bjala rjeçka, weifser Bach, **Fetthörn:** vodchorna, Scheune, **Lohfack:** ljosek, Wäldchen, **Peerkopp** Kathe b. Saalfeld: prjekop, Durchftich, Graben, **Corinthenteich:** koryto, Trog, **Sophien-blatt:** sovine bloto (Sumpf). Manche Ortsnamen, die man für das Deutfche in Anfpruch nahm, werden wohl mit Grund von B. dem Slavifchen zugefprochen. Dahin fteht freilich, ob nicht manche uralte Wohnftätten und auch Flüffe wie die Bille, Lieuan, Linbach, Glafau, Trave, Pinnau, einen viel älteren, von den Polaben nur umgedeuteten Namen tragen.

Krems bei Wardes kann nicht das Agrimesou bei Ad. v. Bremen fein. — **Grunswedighe** oder Papenholt. Gewifs nicht vodka, Wäfferlein. wedighe ift mehrfach in Ortsnamen die holfteinifche Form von mnd. wede, Gehölz. — **Hansühn** (to der Hansune) ift doch »Hochficht«*). Wenn B. recht hätte, fo müfsten wir flavifche Vorpoften tief in Stormarn und Holftein haben. So foll **Dätgen** b. Nortorf (Dodeke) djadek, Grofs-väterchen fein! Flur Gremsbalken Ksp. **Nienftädten:** grjębska vloka, Hufe am Grenzwall. **Kaden** kadjenje, das Räuchern. **Jahrsdorf** bei Hohenweftedt zu gorška, bergig! **Peiffen** picuy von pica, die Viehweide. **Pemeln** bei Hademarfchen po mlynu, an der Mühle. **Martons** ebendort marlov, Ort der Toten. Alles doch höchft zweifelhaft!

Osnabrück. H. Jellinghaus.

*) Ohne Zweifel, wie ich es 1877 in einem Vortrage und zwar, meines Wiffens, zuerft nachgewiefen habe. C. W.

Notizen und Anzeigen.

Beitragszahlungen find an unfern Kaffenführer Herrn Joh⸳ E. Rabe, Hamburg 1, gr. Reichenftrafse 11, zu leiften.

Veränderungen der Adreffen find gefälligft dem genannten Herrn Kaffenführer zu melden.

Beiträge, welche fürs Jahrbuch beftimmt find, belieben die Verfaffer an das Mitglied des Redactions-Ausfchuffes, Prof. Dr. W. Seelmann, Charlottenburg, Peftalozziftrafse 103, einzufchicken.

Zufendungen fürs Korrefpondenzblatt bitten wir an Dr. C. Walther, Hamburg 3, Krayenkamp 9, zu richten.

Bemerkungen und Klagen, welche fich auf Verfand und Empfang des Korrefpondenz-blattes beziehen, bittet der Vorftand direct der Expedition, »Diedrich Soltau's Verlag und Buchdruckerei« in Norden, Oftfriesland, zu übermachen.

Redigiert von Dr. C. Walther in Hamburg.
Druck von Diedr. Soltau in Norden.

Ausgegeben: Mai 1902.

Jahrg. 1902.   Hamburg.   Heft XXIII. № 2/3.

Korrefpondenzblatt

des Vereins
für niederdeutfche Sprachforfchung.

I. Kundgebungen des Vorftandes.

1. J. Bertram Mielck †.

Der Vorftand erfüllt die fchmerzliche Pflicht, das am 29. Juni zu Hamburg erfolgte Ableben feines früheren Mitgliedes, des Herrn Dr. ph. J. Bertram Mielck, dem Vereine anzuzeigen.

Bertram Mielck war wie fein Bruder Wilhelm, dem er fo bald nachgefolgt ift, feines Berufes Apotheker. Sprachftudien ftand er fern, aber er hatte gleich diefem ein warmes Herz für feine heimatliche Mundart und darum ein lebhaftes Intereffe an den Beftrebungen unferes Vereins, dem er gleich nach feiner Gründung im Jahre 1875 beitrat. Nach dem Tode feines Bruders im Frühjahr 1896 übernahm er die Kaffenführung des Vereins. Von feinem bedeutenden Gefchäfte, einer zahlreichen Familie und verschiedenen bürgerlichen Ehrenämtern vollauf in Anfpruch genommen, ftand der gewiffenhafte und befcheidene Mann anfangs im Zweifel, ob er diefe verantwortungsvolle Arbeit, wie wir es im Intereffe des Vereins wünfchten, auf fich nehmen dürfte. Jedoch um der Sache willen und auf dringende Bitte des Vorftandes entfchlofs er fich endlich zu der Annahme des Amtes, das er dann vier Jahre lang mit derfelben Energie und Treue verwaltete, die er allen seinen Obliegenheiten widmete. Im Mai 1900 aber zwang ihn eine schwere Erkrankung das Amt niederzulegen, wie er denn auch bald, da das Leiden chronifch ward, auf alle gefchäftliche und amtliche Thätigkeit verzichten mufste. Länger als zwei Jahre noch hat feine kräftige Conftitution mit der Krankheit gerungen, bis ein plötzlicher neuer Anfall des Uebels fein frühes Ende im 55. Lebensjahre herbeiführte. Der Vorftand betrauert in dem Heimgegangenen einen wegen feines gediegenen Charakters hochgefchätzten und um unfern Verein wohlverdienten Collegen, deffen Namen er dankbar in Ehren halten wird.

2. Veränderungen im Mitgliederftande.

Der Verein betrauert aufser Herrn Dr. J. B. Mielck auch den verftorbenen Herrn Prof. Dr. C. Wendeler in Steglitz bei Berlin, fein Mitglied feit 1877.

Als neue Mitglieder find eingetragen:

die Stadt Emden, und die Herren
A. F. Brons, Senator a. D., Emden.
E. Dragendorf, Dr. ph., Archivfekretär, Roftock.

J. Jacobs, Oberpoftfekretär, Hannover.

J. H. Kern, Dr. ph., Profeffor, Univerfität Groningen.

Veränderte Adreffen:

Prof. Dr. G. Kalff, jetzt Univerfität Leiden.

Oberlehrer Dr. F. Kirchhoff, jetzt Norden.

Prof. Dr. J. W. Muller, jetzt Univerfität Utrecht.

E. Spehr, jetzt Oberlehrer an der Realschule, Roftock.

Zu berichtigen ift die Wohnortsangabe des Herrn Lehrers H. Nolting im Korr.-Blatt XXII S. 34 in: Arrenkamp bei Dielingen, Kreis Lübbecke.

---

3. Abrechnung über das Jahr 1901,

erftattet in der Generalverfammlung am 21. Mai 1902.

Einnahme.

Baarfaldo laut voriger Abrechnung		Mk.	12.45
346 Mitgliederbeiträge einfchliefslich Mehrzahlungen . . .		„	1736.—
Ueberfchüffe aus den Publikationen des Vereins:			
a. Jahrbuch und Korr.-Blatt	Mk 227.32		
b. Denkmäler, Wörterbücher, Drucke und Forfchungen	„ 119.75		
	Mk. 347.07		
Einnahme für verkaufte Exemplare von Doorn- kaat Koolman's Wörterbuch	„ 60.—		
		„	407.07
		Mk.	2155.52

Ausgabe.

a. Jahrbuch			
nachträgl. Verfand alter Jahrgänge . .	43 Exempl.		
Verfand Jahrbuch 26	351 „		
	394 Exempl.		
à Mk. 2.40	Mk. 945.60		
Verfandkoften	„ 83.10		
	Mk. 1028.70		
Honorar Jahrbuch 27	„ 311.—		
	Mk. 1339.70		
b. Korrefpondenzblatt			
Druckkoften Heft 21 Nr. 1—6	Mk. 603.80		
Regifter „ „	„ 32.—		
	„ 635.80		
Reifen der Vorftandsmitglieder, Druckkoften verfchiedener Formulare, Portoauslagen der Kaffenführung	„ 153.52		
	Mk. 2129.02		

Einnahme	Mk.	2155.52
Ausgabe	„	2129.02
Kassensaldo	Mk.	26.50

Das Guthaben des Vereins bei der Hamburger „neuen Sparkaſſe" betrug laut letzter Abrechnung, auf Buch 55083   Mk. 5496.09
hierzu gutgeſchriebene Zinſen . . . .   „ 164.34

gegenwärtiges Guthaben   Mk. 5660.43

Joh: E. Rabe,

d. Z. kaſſenführendes Vorſtandsmitglied.

Hamburg, 5. Mai 1902.

Vorſtehende Abrechnung mit den Belegen verglichen und richtig
befunden.

Hamburg, 13. Mai 1902.   C. H. F. Walther, Dr. ph.

---

4. Abrechnung der Dr. Theobald-Stiftung für 1901.

Einnahme.

Saldo der Sparkaſſe . . . . Mk. 455.11
Kaſſenſaldo . . . . „ 114.37
Zinſen der Staatspapiere . . . . „ 175.—
    „   „   Sparkaſſe . . . . „   14.98

Mk. 759.46

Ausgabe.

Bücher und Zeitſchriften . . . . Mk. 84.55
Buchbinder . . . . „   28.90
    Saldo der Sparkaſſe . . . . „ 513.84
Kaſſenſaldo . . . . ' . . . . „ 132.17

Mk. 759.46

Das Stammvermögen der Stiftung — Mk. 5000 — iſt nach wie vor
in Hamburgiſcher 3½ %iger Staatsrente angelegt.

Hamburg, 19. März 1902.   H. J. Jäniſch, Dr.

---

5. Bibliotheksbericht der Dr. Theobald-Stiftung über das Jahr 1901
(abgeſtattet im Verein für Hamburgiſche Geſchichte am 24. März 1902).

Die Dr. Theobald-Bibliothek hat ſeit dem letzten Berichte nur einen
mäſsigen Zuwachs von 20 Nummern gewonnen, wobei nicht mitgerechnet
ſind die Fortſetzungen von Zeitſchriften und noch nicht abgeſchloſſenen
Werken. Der Geſamtbeſtand betrug am Ende des Jahres 662 Nummern.
Verliehen wurden fünf Bücher an drei Entleiher.

An Geſchenken ſind mit verbindlichem Dank zu verzeichnen: J. Schilter,
Theſaurus Antiquitatum Teutonicarum; ed. J. G. Scherzius. T. I. II. III.
Ulmae 1727/8. (Vermächtnifs des am 15. Juli 1901 verſtorbenen Herrn
J. F. Goldfchmidt.) — Monats-Nachrichten von 'n Fritz - Reuter - Club to
Dresden Jgg. II, 1901. Nr. 3, nehſt e. Abendprogramm des Vereins und
dem Programm des Künſtler-Konzerts in Plön 14. Febr. 1901 (von Herrn
A. N. Harzen-Müller in Schöneberg bei Berlin). — Protokolle über die

Sitzungen des Vereins für die Gefchichte Göttingens. Bd. I, Jgg 1. 2. 4. 5.
Bd. II, Jgg. 6 (von Herrn Joh⁸ E Rabe in Hamburg). — F. W. Schulze,
Beiträge zur deutfchen Wortforfchung. Zur Erinnerung an die Ver-
fammlung des Hanf. Gefchichts- u. des Nddtfchen Sprachvereins zu Quedlin-
burg 1886 (von Herrn Prof. Dr. W. Sillem in Hamburg). — L[upus],
Plattdütfch ut Düötm. Dortmund 1886; und H. Wefthoff, Bismarck-
Gedichte. 2. Aufl. Dortmund 1899 (von Herrn Verlagsbuchhändler Dr.
W. Ruhfus in Dortmund). — Unf' Moderfprak. New-York. Jgg. I, 1875.
No. 1—18. 22. 27. nebft Plattdtfch. Volksfeft-Zeitung No. 1—6, 1875
Sept. 6/12 und Plattdtfch. Volksvereen-Feftzug, 6. Sept. 1875. New-York
(von Herrn Kunftmaler M. Börsmann in Hannover). — K. Schmidt, Zu
nddl. Gedichten der Livländ. Sammlung. Elberfelder Gymn.-Progr. 1901
(vom Herrn Verfaffer Oberlehrer Dr. K. Schmidt in Elberfeld). — Herr
O. v. Arend in Hamburg fpendete diejenigen Nummern der beiden Zeit-
fchriften »De truge Husfründ«, Stralfund, Jgg. III, 1900/1, und »De
Eekboom«, Berlin, Jgg. IX, 1901, welche Beiträge von ihm enthalten;
aufserdem die Probenummer der Zeitfchrift »Unkel Bräfig«, Neuftrelitz,
Dec. 1901. — Die Stadtbibliothek in Hamburg überliefs von ihren Dub-
letten: Antiquarifke Annaler. Bd. IV. Kjøbenhavn 1827; Frz. Bockel, Das
Lied vom Schiffe. 2. Aufl. Itzehoe 1841; J. Niederländer, Die Mundart von
Namur Bonner Diff. Halle 1899; J. W. Bruinier, Kritifche Unterfuchungen
zu Wernher's Marienliedern. Diff. Greifswald 1890; Auctionskatalog der
Bibliothek des Prof. Dr. Hoffmann v. Fallersleben. Breslau 22. Mai 1843;
und Bibliotheca Hoffmanni Fallerslebenfi». Leipzig 1846. — Vom Altmärk.
Verein f. vaterländ Gefchichte u. Induftrie zu Salzwedel empfingen wir
deffen 27. Jahresbericht, Magdeburg 1900; vom Hiftorifch. Verein für die
Grafichaft Ravensberg deffen 15. Jahresbericht, 1901; von dem Verein für
fiebenbürgifche Landeskunde den 24. Jgg., 1901, feines Korrefpondenzblattes. — Recenfionsexemplar: Heinrich Sundermann, friefifche nnd niederfächfifche beftandteile in den ortsnamen Oftfrieslands. ein beitrag zur
fiedelungsgefchichte der nordfeeküfte. Emden, Verlag von W. Haynel, 1901.

Hamburg.   C. Walther.

II. Bericht über die 27. Jahresverfammlung des Vereins für niederdeutfche Sprachforfchung
in Emden am 20. und 21. Mai 1902.

Oftfriesland gehört nicht zu denjenigen Landfchaften, in die fich
Ströme von Befuchern aus den übrigen Gauen Deutfchlands ergiefsen, um
wegen ihrer Schönheit berühmte Gegenden oder durch irgend eine Bedeutung
anziehende Städte zu befuchen; die nicht geringe Anzahl Reifender durch-
ftreift es auf der Eifenbahn, um möglichft bald die Abfahrtftellen der Dampf-
boote nach den Nordfeebädern zu erreichen; aber Land und Volk bleiben
von ihnen unbeachtet und in ihrem Wefen unberührt und unverändert.
Auch das rührige, aufftrebende Emden, das fich den fchönften Hoffnungen
wegen feiner neuen, grofsartigen Hafenanlagen hingiebt, liegt noch etwas
abfeits von den grefsen Verkehrsftrafsen des deutfeben Gefamtvolkes.

Oftfrieslands Bevölkerung hat nicht nur für die Darftellung feiner Gefchichte und die Erfchliefsung ihrer Quellen, fondern auch für die Verzeichnung feiner mundartlichen Eigentümlichkeiten und die Sammlung feiner Lieder und Sprichwörter fleifsig geforgt und ift daher der deutfchen Gelehrtenwelt längft rühmlich bekannt. Emden war es zwar nicht befchieden, im Mittelalter in die Hanfa aufgenommen zu werden; aber es war doch im 15. Jahrhundert ein Mittelpunkt nicht unbedeutender hanfifchen Unternehmungen. Aus diefen Gründen war es berüfen, einmal eine Jahresverfammlung der beiden verbündeten Vereine in feinen Mauern aufzunehmen, derfelben neue Erkenntnis aus feinen reichen Schützen mitzuteilen und neue Anregungen von ihr zu empfangen. Dazu kam, dafs eine Teilnahme der niederländifchen Nachbaren zu erwarten war. Wer darum mit der Erwartung angenehmer Tage zu Pfingften in die alte, viele mittelalterliche Gebäude und mancherlei Giebelhäufer holländifchen Gefchmacks aufweifende Stadt einzog, ift während des dreitägigen Aufenthalts dafelbft nicht getäufcht worden. Die Bürger nahmen die Gäfte freundlich auf und beteiligten fich, Herren und Damen, in grofser Anzahl an den wiffenfchaftlichen Verhandlungen, fo dafs es bisweilen fchwer wurde, noch einen Platz zu erlangen, befonders wenn ein Vortrag über ihre engere Heimat fie anzog. Auch an den Veranftaltungen zur Unterhaltung der Gäfte beteiligten fie fich und waren zuvorkommende Führer bei den vielen Sehenswürdigkeiten, welche Emden in feinen Sammlungen, fei es in denen des Rathaufes (Rüftkammer, Silberfchatz, Urkunden), fei es in der Grofsen Kirche mit dem Enno-Denkmal, der Konfiftorienftube und der Bibliothek, fei es in der „Kunft“, befitzt.

Am Abend des zweiten Pfingfttages kamen zuerft die Feftgäfte mit den Emdern im fchönen Saal des nunmehr hundertjährigen Klubs 'zum guten Endzweck' zufammen und befreundeten fich mit ihnen fchnell. Jeder Feftteilnehmer erhielt folgende Schriften: 1) Emden. Ein Führer durch feine Baugefchichte, Sehenswürdigkeiten und Hafenanlagen. Mit Plan der Stadt und zahlreichen Abbildungen. Bearb. v. Oberbürgermeifter Fürbringer. Emden 1902; 2) als Feftgabe der Stadt Emden: Das Stadtwappen von Emden. Von Dr. iur. G. Sello, Grofsh. Oldenb. Archivrat. (Abdruck aus dem Jahrbuch der Gefellfchaft für bildende Kunft und vaterländifche Altertümer zu Emden, Bd. 14, 1902.) Diefe Schrift geht über den engen Rahmen des Emder Wappens hinaus durch die Befprechung der heraldifchen Jungfrauenadler und Kronen überhaupt nebft der friefifchen Kronenfage und ift polemifch gegen die Darftellung des Emder Wappens mit einer Mauerkrone anftatt der Kaiferkrone über dem Schilde in der »Oftfriefifchen Wappentafel« nach Prof. Ad. M. Hildebrandts Entwurfe und gegen die Aberkennung des Rechtes auf eine Krone überhaupt im »Deutfchen Herold«, Jahrg. 25 (1894), S 117; 3) Die Rüftkammer der Stadt Emden. Vortrag, gehalten in der Gefellfchaft für Kunft und vaterländifche Altertümer am 26. Nov. 1901 von Dr. Othmar Potier (Separatabdruck aus der »Emder Zeitung«); 4) Nordfeebad Borkum, Saifon 1902. Illuftrierter Führer, hrsg. von der Bade-Direktion. — Endlich wurde übergeben ein Profpekt nebft Probe der neuen Ausgabe von Carl Dirkfen's »Oftfriefifchen Sprichwörtern und fprichwörtlichen Redensarten«, welche »im Herbfte diefes Jahres erfcheinen und Karl Weinhold zum bleibenden Gedächtnis gewidmet werden foll«; Beſtellungen auf die neue Ausgabe des u. a. von Germaniſten wie Heyne, Weinhold und Suringar ſehr günſtig beurteilten Werkes, das höchſtens 7 M. koſten wird, nimmt Herr Carl Dirkſen in Meiderich (Niederrhein) entgegen.

Am Morgen des 20. Mai hiefs Herr Oberbürgermeiſter Fürbringer die beiden Vereine im grofsen Saale des Rathauſes willkommen, zugleich im Namen des Herrn Regierungspräſidenten v. Eſtorff für den Regierungsbezirk Aurich, und Herr Bürgermeiſter Dr. Brehmer-Lübeck eröffnete die Verhandlungen nach einigen Dankesworten für den freundlichen Empfang.

Herr Oberbürgermeiſter Fürbringer hielt darauf einen Vortrag über die Veränderung des Stadtbildes von Emden ſeit der Hamburger Zeit und die Sehenswürdigkeiten der Stadt unter ſtetem Hinweis auf die, die Wände reichlich bedeckenden Pläne und Bilder. Der Redner ging von der Geſtalt Störtebekers aus, indem er berichtete, dafs das Konſiſtorium zu Aurich die Wiederherſtellung der Störtebekerkammer im Kirchturm zu Marienhafe beabſichtige und die hiſtoriſche Gefellſchaft befchloſſen habe, ihr Störtebekers Hemd zu überweiſen. Es wurden nun die Streitigkeiten der Häuptlinge unter einander, der Parteien der Schieringer und der Vetkoper, und die Beteiligung der Vitalienbrüder an ihnen gefchildert, welche 1431 zur Befetzung Oſtfrieslands durch die Hamburger führte. Dieſe fuchten energifch Ruhe und Ordnung im Lande herzuſtellen, aber da die Aufgabe die Kräfte der Hanſeſtadt überſtieg und die Haufe ſie im Stiche liefs, ſo übergab ſie ſchliefslich die Herrſchaft an Ulrich Cirkſena. Dia hamburgiſche Verwaltung war für Emden ſehr ſegensreich, da für deſſen Befeſtigung und die Hebung feiner Bedeutung alles aufgewandt wurde. Es wurde nun Emdens Wachstum und die Gefchichte feiner Bauten von der Hamburger Zeit bis in die Neuzeit verfolgt. In ſehr anziehender Weiſe wurden die Gefchicke der deutſchen, aber holländiſchen Einflüffen ſo ſehr ausgeſetzten Stadt, welche zur Zeit der ſpaniſch-niederländiſchen Wirren der ſiebere Zufluchtsort der freiheitliebenden Niederländer war, aber auch ſich gegen einen Ueberfall Albas wappnen mufste, der gar zu gern ſie, eine Hochburg des reformierten Bekenntniſſes, in feine Gewalt gebracht hätte. Von der Wehrkraft ihrer tapferen Bürger zeugt die Rüſtkammer im Rathaufe, das 1574/6 Arends aus Delft auf dem Grunde des ehemaligen Dorfes Mittelfaldern errichtet hat. Die noch in der Hamburger Zeit erbaute Klunderburg, ſpäter ein Beſitz der Familie Inn- und Knyphaufen, erzählt von der Handelsgefchichte der Stadt, die die Merchant adventurers dort 1564 aufnahm und 1751 die von Friedrich dem Gr. gegründete Oſtindiſche Kompanie, von der man eine Welthandelsſtellung erhoffte, nachdem Emden das Portofrankorecht erhalten hätte. Es wurde dann die Gefchichte des Hafens vorgeführt von der Zeit an, wo die Ems noch in einer Breite von 600 Metern zwiſchen der Stadt und der ehemals anfehnlichen Infel Nefferland dahinflofs, bis in die neueſte Zeit: wie der Strom verſchlammte und nur mit gröfster Mühe wiederholt neue Fahrwaſſer hergeſtellt werden mufsten, wie endlich in den letzten Jahren der Dortmund-Ems-Kanal gegraben und der bedeutende Aufsenbafen ausgebaut wurde. Alle Zuhörer, einheimifche und fremde, folgten gefpannt dem aufserordentlich intereſſanten, frei vorgetragenen Berichte und dankten dem Herrn Oberbürgermeiſter Fürbringer durch lebhaften Beifall; die hefte Folge aber zeigte ſich ſpäter bei den Stadtbeſichtigungen.

Es folgte nun ein Vortrag des Herrn Geh. Juſtizrat Dr. Frensdorff
aus Göttingen: ›Karl Hegel und die Geſchichte des deutſchen Städtewelens‹.
Am 5. Dezember 1901 belchloſs der ausgezeichnete Profeſſor Hegel zu
Erlangen ſein arbeitsreiches, der Erforſchung des Städtewelens gewidmetes
Leben, ohne Spuren greifenhafter Schwäche trotz ſeiner 89 Jahre. Vom
italieniſchen Städtewelen ausgehend, behandelte er das gelamte Städtewelen
Deutſchlands und ſomit auch das der Hanle, ſo dafs er dem Hanſiſchen
Geſchichtsverein ein Geführte und Lehrer geworden iſt. Als Sohn des
Philoſophen Hegel, beſchäftigte er ſich anfangs nicht mit Geſchichte, er
war ihrem Studium ſogar abgeneigt; er ſtudierte Philoſophie und bald
darauf Theologie. Es waren Schloſſer und Cervinus, welche ihn auf Italien
hinwieſen; er beſchäftigte ſich nun mit Kulturgeſchichte und vergleichender
Geſchichte, zugleich mit dem Studium Dantes. Als er mit dem Ehepaar
Gervinus nach Italien reiſte, zog ihn die Geſchichte des dortigen Städtewelens an. Savigny hatte behauptet, die italieniſchen Städteverfaſſungen
ſeien aus dem römiſchen Municipalrecht hervorgegangen, und Eichhorn
hatte nachzuweiſen geglaubt, die Verfaſſung von Köln beruhe auf demſelben
Rechte und von dort aus habe ſich dieſes einerſeits nach Süddeutſchland,
andererſeits nach Soeſt und Lübeck verpflanzt. Beiden widerſprach Hegel;
er erkannte in der deutſchen Gemeindefreiheit die Wurzel des deutſchen
Städtewelens. 1846/47 erſchien ſeine zweibändige Geſchichte der Städte-
verfaſſung von Italien; damit war ſein Ruf als Hiſtoriker begründet, und
er wurde 1856 Profeſſor zu Erlangen. Pertz' Anregung, die deutſchen
Städtechroniken zu ſammeln, fand eifrige Förderung durch den König
Maximilian II. von Bayern, welcher 1858 die ›Hiſtoriſche Kommiſſion bei
der kgl. Akademie der Wiſſenſchaften‹ zu München begründete. Auf Pertz'
Antrag übertrug dieſe Hegel die Leitung der Herausgabe der Städtechroniken, und deſſen 1859 vorgelegter Arbeitsplan fand allgemeine
Billigung. Zunächſt nahm Hegel Nürnberg in Ausſicht, deſſen reichhaltige
Geſchichtsquellen das deutſche Bürgertum in ſeiner höchſten Entwickelung
widerſpiegelten, und das Hegel trotz ſeiner Berliner Heimat und ſeiner
15jährigen Wirkſamkeit in Roſtock beſonders anzog. Er fand dort Alman
Stromers ›Püchel‹ und gab es in einem lesbaren Texte heraus; dabei wies
er auf den Charakter der ›bürgerlichen Geſchichtsſchreibung‹ mit ihrer
eigenartigen Auffaſſung und freimütigen Kritik der Vorgänge in eigenen
und fremden Mauern und im ganzen Reiche. Jetzt ſind 27 ſtattliche Bände
erſchienen, unter denen die Bände für Nürnberg und Augsburg voranſtehen,
und in denen bereits ſolche Glanzſtücke, wie die Magdeburger Schöppen-
chronik, die Chronik Fritſche Cloſeners und die Lübecker Chroniken enthalten ſind; diejenigen von Bremen und Stralſund werden hoffentlich in
nicht allzulanger Zeit herausgegeben werden. Im ganzen iſt die Sammlung
noch nicht gebührend berückſichtigt worden, am meiſten noch von den
Philologen; Hegels Freund Lexer war beſtrebt, ſie für die Sprachforſchung
zu verwerten, und für Grimms Wörterbuch iſt ſie ſehr ſtark benutzt worden.
Der Redner beſprach ſodann Hegels Verhältnis zu andern Forſchern über
das Städtewelen, ſpeciell Arnold und Nitzſch. 1891 erſchien Hegels Werk
›Städte und Gilden der nordgermaniſchen Völker im Mittelalter‹, 1898
veröffentlichte er ›Die Entſtehung deutſchen Städtewelens‹. Ueberwiegend
eine Gelehrtennatur, hat er ſeine Werke weniger zum Leſen, als zum

Studieren beftimmt. Dem grofsen väterlieben Namen getreu, hat er ftets vorwärts geftrebt mit unermüdlichem Wiffensdrang, und durch fein Wirken im befchränkten Kreife hat er Grofses erzielt. Anmutig ift feine Selbft- biographie, welche zeigt, wie feft und klar er fein Ziel verfolgt hat. Der hanfifche Gefchichtsverein betrauert in feinem Verlufte den eines feiner älteften und treueften Mitglieder. Seine Geftalt fteht mahnend unter uns: »Mögen jüngere Kräfte nachfolgen und es mir vorthun«.

Der Vortrag wurde mit lebhaftem Intereffe verfolgt und fand am Schluffe allgemeinen Beifall.

Am Nachmittage hielt der Verein für niederdeutfche Sprachforfchung im Magiftratszimmer des Rathaufes eine Sitzung für fich unter dem Vor- fitze des Herrn Geheimerat Prof. Dr. Reifferfcheid. Der Herr Vorfitzende verkündete zu allgemeiner Freude, dafs die Stadt Emden mit dem vier- fachen Beitrag Mitglied des Vereins geworden fei. Der Vorfitzende be- grüfst fodann die Kollegen aus den Niederlanden. Herr Profeffor Dr. Gallée übermittelt die Grüfse der Utrechter Genootschap und zugleich des Vorftandes des Vereins für die Erforfchung des öftlichen Holland. Darauf erhält Herr Dr. Kück von Berlin das Wort zu einem Vortrage über die alte Frauentracht der Lüneburger Heide. Der Saal war dicht gefüllt, namentlich von Damen, welche das Thema angelockt hatte. Auf einem Tifche lagen Mützen, Bandproben und fonftige Bekleidungsgegenftände in reicher Auswahl, unter anderem war da auch eine als Braut aus der Lüneburger Heide angezogene Puppe mit einer prächtigen Krone auf dem Kopfe. Indem der Vortragende auf die nahe Berührung des Gebietes der Volkstrachten mit den Beftrebungen unferes Vereins hinwies, wünfchte er zunächft die Herftellung einer Sammlung der Kleiderordnungen und Luxus- gefetze, für die u. a. das Lüneburger Archiv, z. B. das »Buch mit der Kette«, eine reiche Ausbeute gewähren würde. Die Litteratur über die Trachten der Lüneburger Heide ift noch gering. Hottenrotbs und Kretfch- mers Trachtenwerke zeigen eigentlich nur die Bardowiker Tracht, die nicht für die Heide in Betracht kommt, cheufo Duller's »Das deutfche Volk«; im Grunde ift nur das Bardowikerinnen-Bild aus Suhr's Hamburger Ausruf vom J. 1808 reproduciert worden. Diefer Tracht eigentümlich ift der Kopfwulft, mit dem die Bäuerinnen den Gemüfekorb auf dem Kopfe tragen, der »Wafch« (d. i. *waseke, von mndd. wase, alfo Bündelchen [rheinl. Wöfch, wie der Herr Vorfitzende bemerkt]; fchon auf einem Bilde von Merian aus dem 17. Jahrh. begegnet man einer Bäuerin mit einer Laft auf dem Kopfe, in ihrer Nähe erkennt man die Stadtmauer von Lüneburg. Die Stammesunterfchiede der Germanen und Slaven unter den Heidebewohnern find in Bezug auf die Tracht ziemlich abgefchliffen; z. B. der Tracht der wendifchen Klageweiber begegnet man wieder in den Kleidern aus weifsen Laken bei Leichenbegängniffen in fächfifchen Gegenden, fo in Hollenftedt. Die alte Tracht ift natürlich vielfach ftädtifchen Ein- flüffen gewichen; sik Lüneborgsch dregen heifst foviel, wie die alte Tracht ablegen. Wichtig für die Erhaltung der alten Tracht ift der Einflufs der Kirchfpiele, bef. im Stadifchen. Es foll im Vortrage vor- nehmlich der Nordweften berückfichtigt werden.

Von grofser Wichtigkeit für die Gefchichte und die Erhaltung der Volkstracht ift ihre Abhängigkeit von der Hauswirtfchaft. Erlaubt gröfserer

Wohlſtand, aus nahegelegenen gröſseren Städten fremde, koftbarcre Stoffe
fich zu verfchaffen und mit mehr oder weniger Gefchmack zu verarbeiten,
fo wird fich zwar eine gewiſſe Tracht an einem Orte ausbilden, die aber
einer Volkstracht fchon deshalb trügerifch gegenüber ſteht, weil fie der
Mode unterworfen iſt, z. B. die Bardowiker Tracht; Volkstracht und diefe
Modetracht müſſen strenge unterfchieden werden. In der Heide hat fich
nun eine Volkstracht erhalten, weil es an Verkehr und daher auch an
barem Gelde mangelte und die Bewohner fomit ihre gewöhnliche Kleidung
aus dem herftellen mufsten, was die eigene Hauswirtfchaft bot: Wollgarn
von den Heidfchnucken, Leinengarn von Hanf, felten von Flachs. Ein
Gewebe aus hanfenem Aufzug und wollenem Einfchlag biefs Beiderwand
oder Halfwullen. Das Strumpfftricken (hasen knütten) war eine
männliche Befchäftigung der Hirten, Altenteiler und Knechte. Die Strumpf-
wolle war indigoblau (pickfarw); nur die Strumpfenden oben und unten
waren weiſs.

Die Arbeitstracht der Männer bildeten im Sommer leinene, im Winter
wollene oder halbwollene ungefärbte Kleidungsſtücke; die Weſte hatte zwei
Reihen Knöpfe, die Hofe reichte bis ans Knie, wo fie über den langen
Strümpfen zufammengebunden wurde. Der Feldarbeiter trug einen hohen
Filzhut (Spint), im Süden auch einen Dreifpitz (enen drêeggeden Hôd);
fonft hatte man für gewöhnlich, bef. die Jugend, als bequeme Kopftracht
die Zipfelmütze (Klingelbüdelmütz). An Feſttagen waren die Kleider
von blauer Farbe, fonft aber von demfelben Stoffe wie die werkeltäglichen;
die Schuhe wurden dann über dem tiefen Einfchnitt mit Spangen verziert.
Beim Abendmahl trug man einen langen, fchwarzen oder blauen Lakenrock.
Bei Cello hatte man auch rote Weften.

Die Frauen trugen bei der Arbeit über dem enganfchliefsenden Hemde,
deſſen Aermel bis an den Ellenbogen reichten, zu allen Jahreszeiten ein
Untertuch und darüber den ärmellofen „Rump", in der kalten Jahreszeit
über diefem auch eine warme Jacke aus Beiderwand. Der fchlichte Rock
war mit dem Rumpf durch den an diefen genähten »Queder« verbunden;
im Stadifchen trugen die Frauen weit gefaltete Röcke; auch strîpte
Röck, Röcke aus geftreiftem Stoffe, kamen vor. Der Platen, eine ge-
färbte oder buntbedruckte Schürze, vervollftändigte die Arbeitstracht. Den
Kopf bedeckte bei der Feldarbeit der Pêrkopp, ein gewölbter, länglicher
Strohhut, zu Haufe eine abgetragene Sonntagsmütze. — Die Sonntags-
tracht war nicht wefentlich anders; nur waren öfters Rumpf und Jacke
mit filbernen Knöpfen verziert, und die letztere war mit einem kattunenen
Brufttuch, deſſen Zipfel über den Nacken hing, bedeckt. Einen bunt-
gemufterten Sammetgürtel (de Lifband) hielt ein filbernes Filigranfchlofs,
mit Glasflufs befetzt, (de Lifhaken) zufammen. Von gleichem Metall
war eine Brofche (Dôknatel). Später, bei wachfendem Reichtum, trat
an die Stelle des filbernen der goldene Schmuck: ein feidener Gürtel
mit goldener Schnalle, daher auch eine goldene Tuchnadel mit kleinen
Bommeln, grofse goldene Ohrbommel, ein goldenes, mit einem Gummiband
feftgehaltenes Armband, endlich um den Hals 4 bis 5 filberne Ketten, feitwärts durch goldene Schieber, hinten durch ein goldenes Schlofs zufammen-
gehalten (sülberne Keern mit gollen Schübers). Die Kopftracht
bildete bei allen eine Mütze mit violettem Band ohne Unterfchied für

Verheiratete und Unverheiratete. — Zur Kirchtracht gehörten Aermel-
jacken für Frauen und Mädchen ohne Ausnahme; ftatt des kattunenen
Brufttuches nahm man gern ein feidenes, und ein leinenes Tafchentuch lag
auf dem Gefangbuch. Die Kirchenmütze war in Hermannsburg fchwarz.
— Beim Abendmahl trugen alle einen fchwarzen Tuchrock. Während aber
dabei die Mädchen weiſse Schürzen, Schultertücher und Hauben hatten,
gingen die Verheirateten ganz fchwarz.

Auf dem Kopfe wurde allgemein die Pappmütze getragen, von alten
Frauen gewöhnlich die bequemere »Moppe« mit einer fchnabelförmigen
Stirnbinde, urfprünglich wohl eine Nachtmütze. Das altdeutfche Gebende
erhielt fich in der Stirnbinde, die in der Heide meiſt Leppken oder
Koppleppken heiſst. Ihre fchnabelförmige Geſtalt, die ihr auch den
feltneren Namen Snebb, Snibb (zu mudd. fnibbe, Schnabel; daher auch
Trauerfchneppe) verfchaffte, wurde etwa im Anfang des 19. Jahrh. von
der ftädtifchen Tracht herübergenommen. — Die Pappmütze, nach dem
fchnabelförmig vorfpringenden Rande auch Snebbmütz genannt, wird jetzt
ohne Stirnbinde getragen. Sie wurde von der Mützenneiersche hergeſtellt und mit 7—9 cm breiten, zufammen etwa 1½ m langen, fchwarzen
und bunten Bändern verziert. Sie faſs auf dem Haare, das auf dem
Hinterkopfe zufammengewickelt wurde, und wurde am linken Ohr mit
herabhängenden Enden zugebunden. Das Haar, das unter der Mütze
herausfah, hieſs der »Pudel«; wie ſtolz war das Mädchen, das im Dorfe
den fchönſten »Pudel« befaſs! — Zu Hochzeiten und zum Gottesdienſt
erhielt die Mütze befondere Verzierungen; hübfch nahm fich dann an ihr
ein weiſser Strich aus Tüll aus. — Zur Ausſteuer gehörte häufig eine
Schachtel mit verfchiedenen Mützen, z. B. Sonntagsmützen mit buntem
Seidenzeug, mit Spitzen (Knüppels, daher Knüppelsmütz), mit fchwarzer
Seide überzogene und mit goldenem und filbernem Flitterfchmuck benähte
(Blankmützen, daher Blankmützenweder, Blankmützendag).
6 Hauben, darunter eine goldene mit 4 Reihen Perlen, auch filberne, gehörten am Ende des 16. Jahrh. zur Ausſteuer der reichen Lüneburger
Patriziertöchter. Seit den vierziger Jahren des 19. Jahrhunderts gaben
auch die reicheren Heidebauern ihren Töchtern bisweilen ein Dutzend
feidene oder mit Brokatſtoff befetzte Mützen zur Hochzeit mit. — Kon-
firmandinnen trugen bei der Einfegnung und dem Abendmahl Mützen mit
weiſsem Atlas; zu Trauermützen gehörte ein Ueberzug von glanzlofem
Taffet und ein glanzlofes Band, in der Halbtrauer fchwarze Seide. Arme
Mädchen trugen bei allen feierlichen Gelegenheiten nur ihre Sonntagsmütze.
— Die alte Mützentracht kommt jetzt unter dem Einfluſs der Mode
immermehr ab. Seit den fiebziger Jahren des vorigen Jahrhunderts dringen
überall die ftädtifchen Putzmützen aus Band und Spitzen ein, und infolge
deffen herrfcht auch fchon die ftädtifche Haartracht vor.

Es blieb nun noch die Schilderung der Hochzeitstracht übrig. Das
Kleid war fchwarz mit roten Bändern. Befonders charakteriſtifch aber
war für diefe Feier die »Krone«, welche im Pfarrhaus hergeſtellt, aufbewahrt und an die Bräute vermietet wurde. Sie war ca. 15 cm hoch,
oben offen und beſtand aus einem gefütterten Drahtgeflecht, woran künſt-
liche Blumen und fich zitternd bewegende Flittern (»Bebers«) feſtgenäht
wurden. An manchen Orten kamen auch höhere, oben gefchloffene kiepen-

förmige Kronen vor. Sie wurden mit Haarnadeln im Haar befeftigt, und während um die Stirne ein Sammetband lag, wallten Bänder, befonders rofafeidene mit grünen und weifsen Blumen bis auf die Taille herab. Nach Hottenroths Meinung ift die Krone urfprünglich wendifch; das ift aber nicht richtig, vielmehr ift es eine germanifch-flavifche Sitte, und auf Föhr wird die Krone fogar bei der Arbeit getragen. In Lüneburg war die Krone übrigens am Ende des 16. Jahrh. nur Sülfmeifter- und Patriziertöchtern geftattet; die übrigen Bräute mufsten fich mit dem Perlenkranze begnügen. Auf der Heide kannte man aber diefen Unterfchied nicht.

Der Vortrag fchlofs mit dem Bedauern, dafs die neueren Werke auf dem Gebiete der Volkstrachten zu wenig die Volkskunde und die Sprache berückfichtigten. Möge man daher in Zukunft mehr die Befonderheiten von Gegend, Boden unh Wirtfchaft beobachten und die Volkstrachtenkunde zur Volkskunde machen!

Dem Redner dankten die Zuhörer und Zuhörerinnen durch lauten Beifall für den ungemein fleifsig zufammengeftellten Vortrag und betrachteten noch lange die ausgeftellten Schmuckgegenftände der Heidebewohnerinnen.

Die Vorträge des erften Tages waren nun zu Ende. Es folgten Befichtigungen der hervorragenden Gebäude und Kunftfchätze der Stadt, fodann das Feftmahl und endlich ein Ausflug nach dem Aufsenhafen.

Als man am folgenden Morgen den Rathausfaal zu einer gemeinfchaftlichen Sitzung der beiden Vereine wieder betrat, waren die Wände mit Hunderten von Karten, Bauriffen und Bildern von Bauernhäufern und Volkstrachten bedeckt. Es war eine aufserordentlich reichhaltige Sammlung, welche Herr Profeffor Dr. Gallée aus Utrecht mit Bienenfleifs zufammengetragen und hier für feinen Vortrag über »das niederländifche Bauernhaus« ausgeftellt hatte. Redner verglich zunächft Dialektforfchung, Volkstrachtenforfchung und Bauernhausforfchung in ihrer Bedeutung für die Feftftellung von Stammverwandtfchaften in den Niederlanden. Das Dialektftudium fei fehr wichtig; er habe z. B. gefunden, dafs in den öftlichen Teilen Hollands öfters fächfifche Spracheigentümlichkeiten vorkämen, welche in den deutfchen Grenzgebieten unbekannt feien (z. B. bei Apeldoorn spreked = wir fprechen), fo dafs die Sage vom Einbruch der Sachfen in Holland begründet zu fein fchiene. Aber weit weniger ficher könne man aus den Volkstrachten fchliefsen, da diefe immer durch die Mode beeinflufst würden. Aber fehr ergiebig fei die Bauernhausforfchung. Die innere Einrichtung des Bauernhaufes ftehe ja im engen Zufammenhange mit dem ganzen Wirtfchaftsleben, dem Feld- und Ackerbau und der Viehzucht; da die Weife der Wirtfchaft fich nicht ändere, fo halte man auch im Hausbau ftrenge am Alten feft, er fei mit dem ganzen Volksleben in Sitte und Branch zu eng verknüpft.

Leider fei in Holland für die Hausforfchung noch wenig gefchehen im Gegenfatz zu Deutfchland, wo die Werke von Henning, Meitzen, Lazius und Heyne exiftierten und das vortreffliche Werk »Das Bauernhaus im Deutfchen Reiche« im Erfcheinen begriffen fei.

Redner zeigt nun die Uebereinftimmung des niederländifchen Haufes mit dem niederdeutfchen und weift die Annahme Meitzens, der einen keltifchen Urfprung annehme, zurück; aus Cäfars Angabe, die germanifchen Ufipetcr hätten nach der Vertreibung der Monapier in deren Häufern gewohnt, dürfe man keine Schlüffe ziehen. Aeufserlich habe zwar das franzöfifche Einzelhaus eine gewiffe Achnlichkeit mit dem deutfchen, weil beide auf feebs Säulen ruhen; aber fie unterfchieden fich wefentlich dadurch, dafs jenes fechzehn Familien beherberge, diefes nur eine mit oft recht zahlreichem Vieh. In Brabant, Belgien und Frankreich finde man flache Giebel, in Holland nur fpitze; erft mit dem franzöfifchen Einfluffe fei auch der flache Giebel gekommen.

Mit dem Overijffelfchen Wörterbuch befchäftigt, habe Redner in den Bauerhäufern zu erforfchen gefucht, wo die Wirtfchaftserzeugniffe aufbewahrt werden. Für das 16., 17. und 18. Jahrhundert habe er auch die Werke der niederländifchen Maler in Bezug auf die dargeftellten Häufer angefehen, aber gefunden, dafs ihnen gegenüber grofse Vorficht geboten fei; denn nicht alle Künftler feien Realiften gewefen, fondern die meiften hätten Ideallandfchaften mit Gebäuden aus der Sächfifchen Schweiz oder gar Italien geliefert. Der konfervative Niederländer erbaue auch in der Fremde fein Haus nach demfelben Typus, wie in der Heimat, fo der Friefe in Amerika, der Bur in Transvaal, wo allerdings auch vielfach franzöfifcher Einflufs im Hausbau herrfche.

Redner charakterifiert nun die verfchiedenen Typen von Häufern und Hofanlagen, die fich in den Niederlanden finden. Hauptfächlich müffe man beachten, wo Heu und Futtergewächfe aufbewahrt würden. Im friefifchen Langhaufe gefchehe dies in einem Raume, dem »Gulf« (der auch andere Bezeichnungen hat), welcher vom Erdboden bis zum Dache reicht. Es werden nun die Landfchaften angegeben, wo Abweichungen davon vorkommen, wo derartige Gegenftände im »Spiker« aufgefpeichert werden. Ganz im Often des Landes kommt das fächfifche Haus vor, wo die Wohnung nicht von der Diele getrennt ift, fo dafs es von dem »Vlet« aus ganz überfehen werden kann; die Hausbür liegt in der Giebelwand; das Haus ⁄umgeben Eichen, der Eekwal. Ganz anders ift die keltifche franzöfifche Bauart, die fich bereits im füdlichen Limburg findet; eigentümlich ift ihr die Gruppierung um den Düngerhaufen und das flache Dach.

Von Friesland und Nordholland glaubt Redner fagen zu können, dafs kein Unterfchied exiftiert. Auf den Zufammenhang zwifchen Trachten und Hausbau einzugehen, verbot die vorgefchrittene Zeit, fo dafs nur wenig Charakteriftifches angeführt werden konnte, z. B. für Brabant und Limburg die Spitzenhaube. Auch einige intereffante Fragen konnten nur hingeworfen werden, z. B. Ift es nur Zufall, dafs die Grenze des niederfächfifchen Haufes mit der des niederfächfifchen ô für ndl. oe (fpr. ü) zufammenfällt, wenn auch die Endung des Pluralis Präfentis auf -ed noch weftlich vorragt? Redner fchlofs mit der Wiederholung, dafs die Erforfchung der Dialekte, der Trachten und der Hausanlagen gemeinfam in den Dienft der Ethnographie zu ftellen fei.

Weil durch diefen kurzen Bericht der mit vielen Einzelheiten und Terminis technicis ausgeftattete Vortrag nur unvollkommen wiedergegeben und Anfchauungsmaterial nicht gut entbehrt werden kann, fo hoffen wir, dafs er, mit dem Teile ergänzt, welcher aus Zeitmangel wegfallen mufste, im Drucke erfcheinen möge. Die hohe Bedeutung der Arbeit wird ficherlich nicht nur in den Niederlanden, fondern auch weit über deren Grenzen hinaus, vor allen in ganz Niederdeutfchland gewürdigt werden.

Nach diefem Vortrage trennten fich die Mitglieder unferes Vereins von denen des Hanfifchen Gefchichtsvereins, um im Magiftratszimmer den Jahresbericht und fodann Herrn Dr. Borchlings Vortrag über die niederdeutfche Litteratur Oftfrieslands zu hören. Der Saal war gedrängt voll von Herren und Damen, welche der mit grofser Spannung erwartete Vortrag des aus Emden gebürtigen Gelehrten angezogen hatte. Mit Rückficht auf die mit Recht vermutete lange Dauer des Vortrages wurden der Jahresbericht und die übrigen Vereinsgefchäfte in gröfster Kürze erledigt. Herr Geheimrat Reifferfcheidt berichtete, dafs endlich das Schmerzenskind unter den Vereinspublikationen, das Waldeckifche Wörterbuch, für den Druck fertig fei. Das fatzungsmäfsig aus dem Vorftand ausfcheidende Mitglied, Herr Dr. Walther, wurde wiedergewählt. Sodann verlas der Kaffierer Herr Rabe den Kaffenbericht, worauf ihm Entlaftung erteilt wurde.

Hierauf hielt Herr Dr. Borchling feinen Vortrag über die niederdeutfche Litteratur Oftfrieslands. In Oftfriesland hat zweimal die Landesfprache einer von auswärts eindringenden Schriftfprache weichen müffen, zuerft das Friefifche der mittelniederdeutfchen Verkehrs- und Schriftfprache Niederfachfens und der Hanfa und nach zwei Jahrhunderten das Plattdeutfche, das zum Volksdialekt herabfank, dem Hochdeutfchen und Niederländifchen; infolge der politifchen und religiöfen Entwickelung fiel das Groningerland dem Niederländifchen und das heutige Oftfriesland nebft dem oldenburgifchen Friesland dem Hochdeutfchen anheim. Mit dem reformierten Bekenntnis bürgerte fich im Weften Oftfrieslands mit der Hauptftadt Emden das Niederländifche als Kirchen- und Schulfprache fo feft ein, dafs es erft im 19. Jahrhundert wieder dem deutfchen Einflufs erlag. Somit hat Oftfriesland eine Litteratur in vier Sprachen, die wichtigfte und reichfte aber ift die niederdeutfche, welche in zwei Perioden zerfällt: 1) in die vor ca. 1650, 2) in die Dialektlitteratur des 19. und 20. Jahrhunderts. Zwifchen ca. 1650 und ca. 1800 erfchienen höchftens niederdeutfche Kalender; fonft herrfchte das Hochdeutfche und das Niederländifche, in welch letzterem Jan Tönnies zu Emden fcbou 1689 fein grofses Jofeph-Drama fchrieb.

Die älteften niederdeutfchen Denkmäler find aufser Urkunden Ueberfetzungen von Landrechten; das allgemeine Landrecht des Grafen Edzard I. von 1515 war von vorne herein niederdeutfch. Unficher ift der oftfriefifche Urfprung von Jofeps Gedicht von den fiehen Todfünden, des fchönen Pfalters der Bibliothek der Grofsen Kirche zu Emden, der Oldenburger Margarethenpaffion und eines Gedichts von den feebs Klagen unferes Herrn. Sicher oftfriefifch ift eine Reihe kleiner hiftorifcher Spott-, Triumph- und Klagelieder, gröfstenteils von Eggerick Beninga aufbewahrt, u. a. auch das Störtebekerlied und die Lieder aus der Zeit des Grafen Edzard des Grofsen. Im 16. Jahrhundert traten an ihre Stelle religiöfe Streitlieder und drei langatmige Reimchroniken: 1) Das Epitaphium Edzards des Grofsen (1528), 700 fchlechte Verfe, 2) die Harlingifche Reimchronik des Hieronymus Greftius von Herford (1555), 3) der kürzere, aber poetifch wertlofe »Denckzedel der Klofter in Ooftfriesland« mit einer Klage über die Vergeudung der Kirchen- und Kloftergüter. Die Lyrik befchränkt fich auf die geift-

lichen Lieder und auf verfifizierte Zänkereien der Reformationszeit.
Bedeutende Dramen kommen damals nicht vor, höchftens Schulkomödien,
wie das Jeverfche Faftnachtsfpiel von 1531.

Weit bedeutender ift die Profalitteratur des 16. Jahrhunderts; es ift
die Zeit der Entftehung berühmter Gefchichtswerke und einer Unzahl
theologifcher Schriften. Merkwürdigerweife übergeht der damals auf-
kommende Buchdruck — der erfte Drucker war Kort van Wynfum, 1528 —
die erfteren aufser der jüngften Schicht, nimmt fich aber eifrig der geiftlichen Litteratur an, fodafs neun Zehntel aller oftfriefifchen Drucke des
16. Jahrhunderts ihr angehören, voran eine Verteidigungs- und Bekenntnis-
fchrift der Emder Prädikanten; eine Verzeichnung diefer geiftlichen Litteratur
ift eher die Aufgabe einer oftfriefifchen Buchdruckergefchichte. Unter den
Chroniken ift die bedeutendfte Eggerik Beningas Chronyk van Ooftfriesland,
welche zwar zwifchen Gefchichte und Sage nicht unterfcheidet und nicht
unparteiifch gegen Nichtfriefen ift, aber wegen ihrer fchlichten und treu-
herzigen Erzählung und der wichtigen Bewahrung von Altertümern und
alten Liedern ausgezeichnet ift; eine neue Ausgabe ift erwünfcht. Zehn
Jahre nach Beninga fchrieb Remmer van Sedik feine Chronik, dem Sello
auch einen Teil der Chronica Jeverenfis beilegt. Aufserdem giebt es einige
unbedeutendere anonyme Chroniken. Zu bemerken ift Bürgermeifter Moor-
mans Jeverfche Stadtchronik (1553—1564), ferner die Hauschroniken der
Paftoren Oldeborch zu Bunde und Elfenius zu Norden. Abel Eppens in
Emden verfafste die Ommelander Chronik. Ferner giebt es Genealogieen
der Häuptlingsgefchlechter. Jünger find die hiftorifchen Werke von Dav.
Fabricius, Ravinga und Harkenroht; Fabricius fchrieb auch Van Ifslandt
unde Grönlandt.

Redner fpricht fodann über die Urfachen der Verdrängung der nieder-
deutfchen Schriftfprache durch das Hochdeutfche und das Niederländifche.
Der Rückgang tritt fchon in der erften Hälfte des 17. Jahrhunderts zu
Gunften des Hochdeutfchen, der gräflichen Kanzleifprache feit 1560, ein.
Das Eindringen des Niederländifchen als Schrift- und Kirchenfprache ift
nicht der Uebereinftimmung des gröften Teils von Oftfriesland mit den
Niederlanden in konfeffioneller Beziehung, auch nicht dem maffenhaften
Eindringen der Niederländer in Emden während ihres Krieges mit Spanien
zuzufchreiben; denn die Sprache der reformierten Predigt und Litteratur
war bis ca. 1650 niederdeutfch, und die niederländifche Einwanderung begann
ca. 1560. Vielmehr folgt Redner der Anficht Bartels' in deffen Auffätzen
über die Gefchichte der holländifchen Sprache in Oftfriesland, dafs, nachdem den angehenden Theologen Oftfrieslands die ehemaligen reformierten
Univerfitäten in Deutfchland entzogen waren und fie nur auf die niederländifchen angewiefen waren, fie nun auch deren Sprache auf die Heimat
übertragen hätten.

Das Wiederaufleben einer plattdeutfchen Litteratur in Oftfriesland
begann in der zweiten Hälfte des 18. Jahrhunderts. Schon das Bremer
Wörterbuch, 1767—71, regte an; fodann aber machte der treffliche Wiarda
auf das Plattdeutfche aufmerkfam. Gut gemeint, aber wunderlich waren
die Verfuche des ruffifchen Hofrats Wolke aus Jever, es zu beleben. Mit
dem Beginn des 19. Jahrhunderts tritt eine ftattliche Reihe z. T. nicht
unbegabter Dichter auf; deren Erzeugniffe erfchienen 1828 in der Sammlung
S a n g h f o n a (d. i. das Singmädchen), hg. von J. H. Lange, verlegt von

Woortman in Emden; Lange und Woortman beteiligten fich felbft daran mit Gedichten. 1838 erfchien nach Langes Tode, aber mit einer noch 1834 von diefem gefchriebenen Vorrede die um einen zweiten Band vermehrte zweite Auflage. Leider ift jetzt die Sanghfona faft vergeffen. Später gab der Brokmerländer Focke Hoyffen Müller, Mathematiklehrer in Berlin, »Döntjes un Vertellfels in Brokmerlander Taal« mit den reizenden Liedern »Meesken wil vreejen« und »Wat fick de Swaalkes vertellen« heraus. Karl Tannen's Dichtungen un Spreekworde up fyn Moermerlander Ooftvrees, Leer 1892, find etwas mit dem Bremer Dialekt verfetzt. Aufser Enno Hectors aus Doornum derben dramatifchen Scherzen wird vom Redner noch eine Anzahl neuerer Erzeugniffe der plattdeutfchen Mufe Oftfrieslands genannt und fchliefslich auf die eifrigen Beftrebungen für das oftfriefifche Plattdeutfch aufmerkfam gemacht, namentlich auf ten Doornkaat Koolmans Wörterbuch und Dirkfen's Sprichwörterfammlung

Der Vortrag, der ein fehr bedeutendes Material zu bewältigen hatte, war fo vortrefflich disponiert und mit intereffanten Charakteriftiken ausgeftattet, dafs die Zuhörer ihm gefpannt laufchten und ihn mit lautem Beifall belohnten. Uebrigens wird er im Jahrbuch vollftändig herausgegeben werden.

Den Schlufs der Sitzung machten einige Vorträge im oftfriofifchen Dialekt. Herr Paftor Lüpkes in Marienhafe trug feine Ueberfetzung des Störtebekerliedes ins Plattdeutfche vor. Ihm folgte Herr Dirkfen mit zwei Gedichten. Herr Dr. Johan Winkler aus Haarlem vertrat den durch Erkrankung verhinderten Herrn Konful B. Brons aus Emden und erfreute mit drei Liedern in niederländifchem Friefifch, wobei fein köftlicher Humor von den dankbaren Zuhörern voll gewürdigt wurde. Zu guter Letzt recitierte Herr Oberpoftfekretär Jacobs aus Hannover eine Anzahl eigener und fremder Gedichte und profaifcher Erzeugniffe im Platt feiner oftfriefifchen Heimat.

Am Nachmittage wurde eine Dampfbootfahrt über den Dollart nach der holländifchen Stadt Delfzijl unternommen, und am Abend verabfchiedeten fich die dankbaren Gäfte bei dem von der Stadt dargebotenen Trunke von derfelben. Am folgenden Morgen machte noch eine Anzahl Feftteilnehmer einen Ausflug nach Jever zur Befichtigung dortiger Gebäude und Denkmäler.

Hamburg. W. Zahn.

III. Mitteilungen aus dem Mitgliederkreife.

Oftfriefifche Redensarten mit litterarifchen Anmerkungen.

5. Dat kumd up as 'n grummelfchur = fo plötzlich, unerwartet wie ein Gewitter. Hartmann von Aue, »Erftes Büchlein« 229: gähes als ein donerslac. Göthe, Clavigo 3. Akt: So fchnell als ein Donnerwetter; Göthe, Grofs-Kophta H. Aufz., 5. Auftritt: unerwartet (unwillkommen herabfahren) wie ein Donnerfchlag. Schiller, Maria Stuart 2. Aufz., 4. Auftr.: Es traf fie alle wie ein Donnerftreich. Hartmann von Aue, Der arme Heinrich 153. 154: Ein fwinde vinfter donerflac zebrach in finen mitten tac.

6 up de hund komen = verarmen, wie: vom Pferd auf den Efel kommen. Hans Sachs: fo weit herunter kommen, dafs die Katze das befte Vieh ift (im Schwank vom 29. Aug. 1554). Nicht felten trägt die vom

Mifsgefchick betroffene Perfon felbft daran die Schuld, z. B.: »Wo das Weib lang pleibt aus«, wird das heft Viech die Kaz vnd Mans (Kurz, Fifchart's Dichtungen HI. Teil, S. 261). »up de hund wefen«, heruntergekommen fein; auch in dem Sinne von: elend, kränklich, leidend fein.

7. **Dat kind bi de regte nâm nömen.** Reuter in »Kein Hüfung«: 't Kind bi 'n rechten Namen nennen, d. h. eine fchlechte Handlung nicht entfchuldigen, fondern als fchlecht bezeichnen, »nicht bei vornehm umgebogenem Namen«, wie Immermann im Oberhof Kap. 10 es nennt: Es giebt Müssiggänger, fchlechte Ehen und böfe Weiber auch hier in Stadt und Land, aber fie heifsen »bei ihren und nicht bei vornehm umgebogenen Namen«. — Göthe im 1. Teil feines »Fauft«: Wer darf das Kind beim rechten Namen nennen? Fifchart, Nachtrab 3695. 3696; Reveille matin 33.

8. **legen as gedrükt** = lügen wie gedruckt. Hochdeutfch bei Kotzebue in der Poffe »Die refpekt. Gefellfchaft«, 3. Auftritt. Hans Sachs vom verlogenen Knecht: log als wär ibm's Maul gefchmiert (Schwank vom 4. Dec. 1563); Murner, Narrenbefchwörung 6, 41; 56, 6 und 75, 32; desgl. Schelmenzunft XV, 14: lügen, dafs die Balken krachen. Dedekind, Grobianus 4609. 4610:

> Sag ju von alten Römer kriegen,
> Vnd leug, dafs fich die balcken biegen.

Reuter, Läufchen un Rimels I, 3: Unfe Kirls, de legen, dat fick de Balken dorvan bogen. Narrenbefchwörung 6, 44: lügen durch einen ftählernen Berg; ebendafelbft 6, 42: mit Spafs ein Brett von dritthalb Ellen durchlügen. Fifchart, S. Dominici Leben (das Gedicht felbft) 201: (Der lofe Schneiderknecht) lenget, das die Werckftatt kracht; ebendaf. 525: (Die Franz. und Domin.) liegen, das die Klöster brechen. Fifchart, Aller Prakt. Grofsmutter S. 30: (Die Sterndeuter) lügen, das die Himmel krachen. Pestalozzi, Lienhard u. Gertrud (Reclam'fche Ausgabe) S. 89: lügen, dafs man es mit den Händen greifen kann. — Reuter: Dit kan ja doch en oll Wicf mit en Stock fäuhlen. Fifchart, S. Dominici etc. Leben (Das Gedicht felbft) 530—532:

> Ire lögen allefampt,
> Die trappeln auff Holtzfchuhen her,
> Das man fie merckt fo hart und fchwer.

9. **fük bi 't bên krigen laten** für: fich anführen, betrügen lassen; urfpr. von einer Fraueusperfon. — Reuter iu der Einleitung zu »De Reif nah Konstautinopel«: fick 'ne Kuf uttrecken laten; in Meiderich: fich by de pôt krige lote. —

Hans Sachs im Schwank »Der bauer mit dem bodenlofen fack« 79. 80: Jemandem ein Hälmlein durch den Mund ziehen.

> »Bauer, du hast mich betrogen,
> das helmlein durch das maul gezogen.«[*]

---

[*] Gemeiut ift ein Grashälmchen mit Blütenrifpe. Die Redensart erinnert au ein auch in Ostfriosland unter dem Namen »heksen- un blaufarfenleren« beliebtes Kinderfpicl, durch welches man arglofen Kameraden einen Poffen fpielt. Man fragt nämlich, ob jemand Luft habe, das Hexen und Blaufärben zu erlernen. Wird die Frage bejaht, fo legt man dem betreffenden zwei mit langen Blütenrifpen verfehene Grashalme kreuzweife in den Mund und zieht diefelben gefchwind durch die nur lofe gefchloffenen Lippen, fo dafs er die Spelzen und audern leicht abftreifbaren Teile auf die Zunge bekommt, was gerade nicht angenehm ift.

10. **na de bômkes gân.** Wenn jemand kränkelt und keine Ausficht vorhanden ift, dafs er wieder beffer wird, fagt man in Oftfriesland:
de geid na de bômkes, d. h. er ftirbt. Vom Geftorbenen heifst es:
de is na de bômkes gân.

In Meiderich und der ganzen Ruhrgegend kommt die Redensart vor:
noch niet an et krufe bômke fin, d. h. noch nicht an dem Orte fein,
an welchem das kraufe Bäumchen (wohl die Trauerweide) das Grab über-
fchattet. Man wendet diefe Redensart beifpielsweife an, wenn von der
Verfchwendungsfucht einer Perfon die Rede ift; möglicherweife könne diefelbe vor ihrem Ende noch Mangel leiden. — Krummacher behauptet, dafs
die Redensart von dem »kraufen Bäumchen« auf der hohen Furt bei
Rellinghaufen im Landkreife Effen herrühre, welches zur Erinnerung an
den im Jahre 877 zu Effen verftorbenen Bifchof Alfred von Hildesheim,
den Begründer der Abtei Effen und den erften christlichen Sendboten in
der dortigen Gegend, gepflanzt worden fei. Seine Worte find: »Alfred
ftarb im Jahre 877 zu Effen; die Bewohner des Landes aber weinten um
Alfred wie um ihren Vater und begruben ihn auf der Höhe des Landes,
wo er zuerft die Gegend befchauet hatte. Und fie pflanzten einen Baum
auf fein Grab, eine Linde, und daneben ein Kreuz zu feinem Gedächtnis.
Daher ftammt das Sprichwort: Wohl dem, der glücklich das kraufe
Bäumchen (d. h. das Ziel) erreicht hat! bis auf den heutigen Tag.«

Krummachers Angabe füge ich berichtigend hinzu, dafs das erwähnte
Steinkreuz laut Infchrift erft im Jahre 1877 errichtet wurde, nachdem der
Baum abgeftorben und nicht mehr vorhanden war. Der Ort führt freilich
auch heute noch den Namen »am kraufen Bäumchen« und wird denfelben
auch behalten. Die Kreuzinfchrift lautet: Quo loco ante mille annos evan-
gelium J. Chr. praedicatum est. Haec crux erigebatur anno MDCCCLXXVII
die iubilaei episcopalis papae Pii IX (mithin am 21. Mai 1877).

Es wäre mir fehr erwünfcht, zu erfahren, ob die Redensart »na de
bômkes gân« bzw. »an et krufe bômke fin« auch anderswo vorkommt. Wie
die von mir beigefügten Erläuterungen zeigen, find beide Redensarten im
Grunde gleichbedeutend. Allem Anfcheine nach erinnern fie an eine vor
Anwendung der Grabfteine übliche Sitte, am Grabe des Verftorbenen einen
Baum aufzurichten, um deffen Andenken zu ehren. Dafs in der oftfriefifchen Redensart der plur. bômkes fteht, läfst übrigens die Vermutung
aufkommen, dafs die Sitte auch dann noch heftehen blieb, als bereits
gemeinfame Begräbnisftätten gefchaffen waren.

Meiderich, Reg.-Bez. Düffeldorf. Carl Dirkfen.

Volkstümliche Wendungen bei Fritz Reuter.

In meinem (demnächft bei Max Hesse in Leipzig erfcheinenden)
»Mecklenburger Volksmund in Fritz Reuters Schriften« habe ich
die volkstümlichen ndd. Redewendungen und Sprichwörter bei Fr. Reuter
in alphabetifcher Reihenfolge zufammengeftellt und zu erklären verfucht.
Eine kleine Nachlefe derartiger Wendungen, die in dem Buche nicht mehr
berückfichtigt werden konnte, mag hier zum Abdruck kommen, und wird,
wie ich hoffe, das Intereffe des einen oder anderen Lefers fo weit in Anfpruch nehmen, dafs er fich zur Mitarbeit an der Erklärung einzelner noch

ungelöfter oder wenigftens nicht vollbcfriedigend gelöfter Probleme angeregt findet.

1. **Mit Abend un All** (wedder tau Hus fin) = mit Anbruch des
Abends, zu Abend; Franzofentid cp. 19. Diefe cigentümliche allitterierende
Verbindung, die fich im Hd. nicht entfprechend überfetzeu läfst, wird auch
bei Berghaus (Sprachfchatz der Saffen, I 26) in der Form »mit'n Awend
un all (keeme he an) = gegen Abend (traf er ein)« erwähnt mit dem
lakonifchen Zufatze: »un all ist ein Flickwort«, — wörtlich fo, wie febon
in Schützes holft. Idiot. HI 324 gedruckt fteht. Dähnert (plattd. W. pag. 7)
bietet ähnlich: mit Lügen un mit all; er giebt dies merkwürdig gewunden
wieder: »o welche Lügen! Mit allen dem.*) In aller Rückficht. Wenn ich's
recht erwäge.« Die letztere Verbindung läfst fich wohl einfach erklären
= mit Lügen und »allem Möglichen« (z. B. nicht zum Ziel kommen).
Mit Abend un All fcheint mir noch ftärker verkürzte Ausdrucksweife;
etwa = mit Anbruch des Abends und wenn alles, das ganze Tagewerk,
gethan ift?

Das mndd. mit alle = gänzlich (Schiller-Lübben III 105) läfst fich
zur Erklärung diefer Wendung fchwerlich verwerten.

2. **Dat makt den Kohl nich fett** = das verbeffert die Sache
nicht; Stromtid III 39. Dähnert 248 überfetzt diofe Wendung: »davon
wird niemand reich werden«, Danneil (Wörterbuch der altmärkifch-plattd.
Mundart) 112: »damit wird man nichts ausrichten«. Um den Kohl recht
fchmackhaft zu machen, mufs man reichlich Fett hinzuthun; blofs in Waffer
gekocht fchmeckt er nicht. Es findet fich auch umgekehrt im bildlichen
Sinn: »es ift gut Speck in unferem Kohl«; vgl. Grimms Wb. V 1581.

3. **(wen) 'nen korf gewen** = (jem.) eine abfchlägliche Antwort
erteilen; Stromtid II 14.

Ueber Urfprung und Bedeutung diefer auch im Hd. üblichen Ausdrucksweife wird in Grimms Wb. V 1800 ff. eine lichtvolle Auskunft erteilt.
Charakteriftifch ift (und aus dem Urfprung der Wendung leicht erklärlich),
dafs fie auch heutzutage noch, obwohl in ihrer Bedeutung völlig abgefchwächt, vorwiegend Frauen in den Mund gelegt wird; Männer teilen für
gewöhnlich keine Körbe aus.

4. **Nich Muck feggeu** = keinen Laut von fich geben, ganz ftill
fein; Reis' nah Belligen 7. Danneil 140 hat dafür: ken Mucks feggeu.
Muck ift die Interjektion eines leife Brummenden, der kaum den Mund
zum Reden öffnet. Auch im Hd. »er wagt nicht muck zu fagen« = er
erhebt keinen noch fo leifen Widerfpruch: Grimm VI 2605. Aehnlich wird
das verbale »nicht mukfen« gebraucht.

5. **Meint Hei, dat mi de Gedanken up den Puckel waffen?**
= glaubt Er, dafs mir die Gedanken fo ohne weiteres, fo ganz von felber
kommen? Stromtid III 37 (i. A.). Vgl. hd. Schillers Jungfrau von Orleans,
Aufz. I, Sc. 3 (a. E.): »Kann ich Armeen aus der Erde ftampfen? Wächst
mir ein Kornfeld in der flachen Hand?« Die (befonders heutzutage)
beliebte Redensart »fich etwas aus den Fingern faugen« hat eine etwas
andere Bedeutung.

---

*) Mit allen dem ift ein bef. Gloffem, das Folgende die Gloffen dazu. C. W.

6. En **Puuſt-de-Lamp-ut** wird in Dörchläuchting 2 ſcherzhaft für
einen alten dreikantigen Hut gebraucht, wie ihn der Conrector Aepinus
(ca. 1775) zu tragen pflegt.

Schütze III 8 bemerkt zu **Puus de Lamp ut**: »Hamburger Pöbel-
ſpott auf die unmodiſchen dreieckigten Hüte und deren lampenähnlichen
vier (?) Spitzen.« Auch bei Stürenburg (oſtfrieſ. Wörterbuch 188) wird
dieſer ſcherzhafte Ausdruck erwähnt mit dem Zuſatz »ſo genannt wegen
der Aehnlichkeit mit den alten dreieckigen Tbranlampen«. Das iſt
doch ganz unwahrſcheinlich, denn dann würde das Volk den Hut einfach
»Thranlamp« nennen (vgl. den modernen Ausdruck »Cylinder« für einen
röhrenförmigen Hut). Die Bezeichnung rührt wohl daher, daſs man durch
kräftiges Schwenken des groſsen dreikantigen Huts leicht die Lampe auslöſchen konnte oder wenigſtens auslöſchen zu können vermeinte.*)

7. **en Beten mit Rechtſch un Linkſch ſpelen** = ein Bischen
Hazard ſpielen; Läuſchen un Rimels II 25. Sachverſtändige verſichern
mir, daſs bei den gebräuchlichſten Hazardſpielen, z. B. »meine Tante —
deine Tante« und »luftige Sieben«, die Karten abwechſelnd rechts und
links gelegt werden. Die Wendung iſt wohl aus dem Hd. ins Ndd. eingedrungen.

Zu den in meinem »Mecklenburger Volksmund« gegebenen Erklärungen
möchte ich an dieſer Stelle noch folgendes nachtragen:

Zu Nr. 8 in den **Achterfälen kamen** = zurückgeſtellt, ausrangiert
werden (Str. II 23). Dieſe Wendung findet ſich bereits in dem Wedewen
Spegel von Nic. Gryſe (Roſtock 1596): olde bedagede Wedewen kamen
gahr balde in den achterfelen = alte betagte Witwen kommen gar
bald ins Hintergeſchirr. Wiechmann (Meklenburgs altniederſächſiſche Literatur, H 146) bemerkt dazu: »Hinterſiehle, die ſchwerſte Stelle im vier-
ſpännigen Zuge«, meines Erachtens verkehrt, denn es ſoll doch nicht heiſsen,
daſs die alten Witwen am meiſten angeſtrengt werden. Der Sinn iſt
vielmehr: ſie kommen in Rückgang, werden zurückgeſetzt. Ich denke mir
alſo, daſs das »Hintergeſchirr« metonymiſch zu faſsen iſt = der letzte
Wagen in einer längern Reihe. Man wird die neueſten und ſchmuckſten
Geſpanne am liebſten vorn rangieren; was abgängig und unſcheinbar geworden iſt, wird den achterfälen zugewieſen.

---

*) Der im Jahr 1830 verſtorbene Prediger am Hamburgiſchen Waiſenhauſe, Karl
J. H. Hübbe, ein mit dem Dialekt und dem Volksleben ſeiner Vaterſtadt gründlich ver-
trauter Mann, hat im Journal »Hamburg und Altona« 1805 Bd. 1, 193—207; 2, 50—70;
Bd. 2, 285—299; Bd. 3, 23—31 und 1806 Bd. 1, 194—203 Beiträge zu einem künftigen
Supplementbande des holſteiniſchen Idiotikons von J. F. Schütze veröffentlicht, die wegen
Eingehens des Journals mit dem Buchſtaben R abbreche. Zu der oben aus Schütze
angeführten Stelle bemerkt er Bd. 2, 293: »Puus de Lamp uth, auch kürzer puus
u th. Dieſe erſt vor einigen Jahren entſtandene Benennung eines dreiſchnäbeligen Huthes
hat nicht bloſs die Aehnlichkeit mit den Lampenſchnautzen, ſondern ein Factum zum
Grunde. Im Altonaer Schauſpielhauſe ſtand ein Zuſchauer mit einem ſolchen Huthe von
ungewöhnlicher Größe in der Couliſſe, ſo daſs er vom Parterre geſehen werden konnte,
welches nicht bloſs über ſeine Unhöflichkeit unwillig wurde, ſondern über ſeine Unhöflichkeit unwillig wurde,
weil er den Huth aufbehielt. Der Zufall ſtrafte ihn. Er kam unvermerkt einer Lampe
zu nahe und der Huth fieng Feuer. Puus uth, puus de Lamp uth, erſcholl es nun von
allen Enden. So iſts mir erzählt und ſe non e vero etc.« **C. W.**

Zu 81: In de Brüch' kamen, »in die Brüche, d. h. in Verlegenheit kommen«, mit der Erklärung: »Wohl fo viel, wie in die Bruchrechnung, die fchwierige Rechnung mit gebrochenen Zahlen kommen und fich darin nicht zurecht finden können«. — Dazu bemerke ich nachträglich: Die Deutung anderer Erklärer diefer (auch im Hd. verbreiteten) Wendung, entweder = in Strafe, oder = in den Sumpf geraten, ift meines Erachtens ausgefchloffen. »Brüche« = Strafgelder, Strafe, heifst ndd. in Mecklenburg bröke; der Bruch = fumpfiges Land, Moorland, ift ndd. brank, plur. bräuker (vgl. Franzofentid 13). — In der »newen Comoedia von Dionyfii Syracufani und Damonis und Pythiae Brüderfchafft (Roftock 1578), Akt V, Sc. 1 finden wir den plur. brüch' in der Bedeutung »Därme«; aber daran wird bei unferer Redensart doch nicht zu denken fein.

Zu 263a: dat Häkfchen bögd fick all tidig taum Spitzbauwen (Schurr-Murr 4, i. A.) und zu dem hd. Sprichwort »was ein guter Haken werden will, krümmt fich bei Zeiten« vgl. Tunnicius 969: it mot gut tyt (= lange zeit) krummen, dat ein gut hake werden fal.

Zu 303a: en Hunnendanz up Socken = eine tolle Gefchichte; Läufchen un R. I 39, II 1. Ueber »Hundetanz« weifs ich auch jetzt nichts Genaueres anzugeben. Der Zufatz up Socken bedeutet wohl nur eine Potenzierung des Begriffs. Wenn der ndd. Arbeiter bei einem improvifierten Tanz Holzpantoffeln anhat, fo wirft er fie bei Seite und tanzt nun ausgelaffen (wie toll) »auf Socken«.*)

Zu 312 hüt geiht dat: immer mit den Hut! = heute geht das immer luftig. Zur Erklärung diefer Wendung läfst fich anfer dem Angegebenen vielleicht auch verwerten, was vom Springeltanz bei den alten Dithmarfchern berichtet wird. Wenn diefer getanzt werden follte, begann der Vorfänger mit einem Glafe in der Hand fein Tanzlied, deffen erfter Vers dann von der ganzen Gefellfchaft im Chor wiederholt wurde. Nachdem der zweite Vers gefungen war, ftand der Vortänzer, feinen Hut in der Hand haltend, auf und tanzte im Zimmer umher. Das war für die ganze Gefellfchaft das Zeichen zum Beginn des gemeinfamen Tanzes. Aehnlich berichtet Viethen (ca. 1750) aus Büfum vom Schwerttanz: »Der Vortänzer und der, fo in der Mitten, tragen einen Hut, die übrigen tanzen mit entblöfstem Haupte.«

Zu 569: dat kann wol Rath werden = dazu könnte wohl Rat, das könnte wohl Entfchlufs werden; Dörchlüuchting 4. Vgl. mudd. des to rade warden = das Befchliefsen z. B. in der Gefchichte von Alexander dem Grofsen aus dem XV. Jahrh. (bei Wiechmann III 85, Z. 1 v. o.).

---

*) Das Wort Hundetanz fcheint in keinem hd. noch ndd. Wörterbuche notiert zu fein. Er kommt vor in »Johann Hinrich Wichern« von F. Oldenburg Bd. 1, 104, wo von einem wiffenfchaftlichen Verein junger Hamburger berichtet wird, dem Wichern in feiner Gymnafialzeit angehörte und der fich wöchentlich einmal abwechfelnd bei den verfchiedenen Mitgliedern zufammenfand. »Als an einem fchneenaffen Sonnabend die Freunde fich im Mutzenbecher'fchen Haufe verfammelt hatten, fah die wackere Hausfrau mit wohl zu verftehendem Entfetzen, dafs die rein gefcheuerte Treppe und der faubere Flur in zahllofen Zeichen die künftlerifchen Fufsfpuren der Gäfte trug. Das ift ja ein Hundetauz! fagte fie hernach mit kaum verhaltenem Verdruffe zu ihrem Ferdinand. Und als der nächfte Sonnabend kam, fragte fie: Wo wird heute der Hundetanz fein? Mit grofser Heiterkeit hörten die Freunde davon, und feitdem hiefs der Verein unter ihnen der Hundetanz.«   C. W.

Zu 666: mi kümmt 'ne Sak' ſpanſch vör = höchſt ſonderbar, wunderlich. Vielleicht ſtammt die Redensart aus der Zeit, als die Niederlande unter ſpaniſcher Herrſchaft ſtanden, wenn man nicht der von mir a. a. O. pg. 104 gegebenen Erklärung den Vorzug geben will.

Kiel.   C. Fr. Müller.

Zu früheren Mitteilungen.

1. lobbe, lubbe (XXII 4).

Das Wort lobb oder lubb iſt mir in einer andern als XXII 4 angegebenen Bedeutung bekannt; es bedeutet in Glückſtadt und wahrſcheinlich auch in andern Gegenden Holſteins (von Krempe z. B. weiſs ich es ſicher) »Haarbüſchel« (plur. lübb): he hett mi 'n ganſen lubb haar utreten. Auch die Büſchel in Bürſtenwaren heiſsen im Volksmunde lübb, während die Bürſtenmacher ſelbſt »Bündel« ſagen. Bei ten Doornkaat-K. II 517, worauf Sprenger XXII 44 verweiſt, finden ſich u. a. folgende Wörter angeführt: *mnld.* lobbe, lobbeken = canis villoſus; *aengl.* lobbe = canis villoſus; *an., iṡl.* lubbi = hirſutus.

2. Amen in der Kirche (XXII 26).

In Glückſtadt heiſst es: dat is ſo gewiſs as amen inne köreh. Mir ſcheint, daſs das Wort gewiſs heſſer paſst als wahr; denn daſs im Gottesdienſt amen vorkommt, iſt gewiſs, iſt lieber. Hierbei ſei auch eines Volkswitzes gedacht. Wenn jemand aus der Kirche kommt und gefragt wird: »Na, wat ſę de paſter?« ſo antwortet er: »Amen«.

3. Polak (XXII 45).

Sprenger ſagt, daſs der Deutſche dem Polen allerlei Unordnung zutraue. In Glückſtadt ſagt man von Leuten, die in wilder Ehe leben: Se levt pôlſch. Ob der mit dem Worte pôlſch verbundene Begriff der Unordnung auch veranlaſst hat, daſs der Volksmund aus der Redensart »in Bauſch und Bogen« in pôlſchen hâgen gemacht hat?

Merkwürdig iſt die Bedeutung von Pólak = ſtehengelaſſener Reſt eines Getränkes: he ſupt ümmer de pólakken ut.

4. Dönken (XXII 80. 85).

Das Wort bedeutet in Glückſtadt »Anekdote, Schnurre« und hat tonlanges offenes œ: dœntje. Es ſtimmt lautlich alſo genau zu holländ. deuntje; dem holl. eu entſpricht bei uns œ, z. B. ſteunen: ſtœnen[1]) (ſtützen), deuk: dœk (Beule, im plattd. aber nur von einer konkaven, ſozuſagen negativen Beule gebraucht), deugen: dœgen (taugen), jeuken: jœken (jucken), geul: gœl (Rinne) uſw. Als frieſiſch finde ich dünti[2]) (Föhr) und düntjĕ (Sylt), beides in der Bedeutung »Erzählung, Stückchen«[3]), ich kann aber nicht ſagen, auf welchen urſprünglichen Vokal hier das ü der Stammſilbe hinwelſt.

Solingen.   J. Bernhardt.

---

[1]) Das hd. ſtöhnen heiſst bei uns ſtęnen, vgl. holl. ſtenen, grch. στένειν.

[2]) A. J. Arffſten ſin Düntjis, hgg. v. Bremer, Halle 1896, ſind Geſchichten in Proſa.

[3]) Siehe im Gloſſar zu den Sylter Luſtſpielen. Greifswald 1898.

Die Blenke

heifst in Quedlinburg ein Geftell, in dem Gefchirr aufgeftellt wird. Ift das Wort, das mir fonft nicht begegnet ift, von dem blanken (geputzten) Kupfer- und Meffinggefchirr herzuleiten?

Northeim. R. Sprenger.

Bôss = Viehftall (vgl. Lübben, Mndd. Handwörterbuch S. 93).

a. In einer im Auguft 1623 an den Herzog von Gottorp gerichteten Supplication der Gundel Jonfs, feligen John Jacobfs uf dem billigen Lande nagelatenen Witwe heifst es:

J. F. G. kan ick arme olde wedewe hirmit underteniglich nicht vorholden, wat mathen unse capitein der eddele und ernvefte junckher Hans Hoyer, do he hir vorgangen vorjahr upt landt gekamen, flucks tho my in minem huse ingetagen is und my faft wedder minen willen uth miner ftufen, dar ick ein kachelaven in hebbe, in den boosen by mine pferde und beefte gedrungen heft, dar ick arme wedewe my duszen vorgangen sommer und beth nu her hebbe behelpen möten . . . . .

Schleswig. Hille.

b. Das Zeugnifs für das Vorkommen des Wortes in der früheren Helgolander Sprache ift wichtig; denn die neuere Sprache fcheint es nicht mehr zu kennen. Wenigftens giebt Oelrichs, Wörterbuch der Helgolander Sprache 1846 S. 45 nur ftal, fkiaapftal für Stall, Schafftall an; Hoffmann von Fallersleben in Frommann's Deutfchen Mundarten Jgg. III, 1856, S. 30 fkün, alfo eine Uebertragung der Benennung des Heu- und Kornraums auf den Viehraum. Intereffant ift auch, dafs die helgolandifche Wortform boofen, m., was auf älteres boofem zurückzuführen ift, zu der allgemein nordfriefifchen ftimmt. So, bofem lautet das Wort nach Outzen (in Brecklum), Gloffarium der frief. Sprache 1837 S. 72. Johanfen, Die Nordfrief. Sprache nach der Föhringer und Amrumer Mundart 1862 S. 132 giebt busham (zu lefeu bufam); Bendfen, Die Nordfrief. Sprache nach der Mohringer Mundart 1860 S. 31: baufem, msc.; J. P. Hanfen (Silt), Nahrung für Lefeluft in Nordfrief. Sprache 1833 Th. 3 S. 10: buusem. Davon abweichend ift die eiderftedtfche und dithmarfche Form boos (in Dithm. fem.), entfprechend dem angelfächf. bôs, engl. boofe, amud. bâss, m., dän. baas, (en), fchwed. bås, n. Bekanntlich haben wir diefe einfilbige Form im Ndrfächf. und Thüringifchen in älterer Geftalt als banfe, fem., jedoch in der Bedeutung von Korn-, Stroh-, Holzraum und -Haufen; fo auch febou got., mit anderer Bildung, banfts, m. = Scheune. Dem nordfrief. bofem fteht in der Form aber wieder gleich fchlefifches banfam, msc., für den Garbenbehälter hinter der Tenne; f. Hoffmann von Fallersleben in Frommann's Mundarten Jgg. IV, 1857, S. 164.

Hamburg. C. Walther.

Blangen-, Blankenmoor.

Aufser dem in der Nähe von Eddelak (Süderditmarfchen) gelegenen Dorfe Blangenmoer, in des Neocorus Chronik des Landes Dithmarfchen I, 242 Blankenmhor giebt es in unferer Provinz verfchiedene Flurnamen,

welche bl̦angenmoor oder blankenmoor heifsen. Ein recht augen-
fälliger Beweis für die Richtigkeit der gewifs längft gedruckten (im Korrefpondenzblatt habe ich das Wort vergebens gefucht) Deutung hilang, bi-
lank dem môre ift der fo genannte Teil der Breitenburger Hölzungen,
welcher lich an Collmoor (dem kolden môre) hinzieht. Zu vgl. hlang-
dör, Seitenthür, Schütze Holft. Idiotikon 1, 109 und blangen oder
blangbräd, wie hier die Seitenbretter des Ackerwagens beifsen.

Itzehoe. _____ Seitz.

alsmets (f. Doornkaat, Oftfrief. Wb. 1, 29).

Vor etwa 30 Jahren wollte man mich in Marne in Ditmarfchen
unter anderm daran als Nichtditmarfcher erkennen, dafs ich towilen für
»zuweilen« gebrauchte. Auf meine Frage, wie man denn hier fage, erwiderte der alte »Vullmach« (Vollmacht, Landesgevollmächtigter, Land-
fchaftsdeputierter) X., nachdem er fich lange vergeblich befonnen: »Ja —
dat hett'n ins mit, dat een bifchurn fo'n Wort ni' infallen will.« Da
hatte ich gleich zwei Wörter für eins.

Mir war als Oftfriefen nur der Ausdruck alsmets oder smets bekannt (die Form altmets ift mir nicht erinnerlich): follte das nicht aus
(al-) ins mit entftanden fein können? Die Doornkaatfche Etymologie
(altsmets, altmets, faterländifch altomits aus al und to und mits) hat
mir immer nicht einleuchten wollen und wegen des s wäre vielleicht zu
erinnern an oftfrf. gliks, tidels (Doornkaat tils), hats, up ftüns, efkes,
fachtjes, fôtjes, man so bären(d)s (nur fo thuend, zum Schein), welches
Doornkaat ohne s als 'man fo bürend' verzeichnet, das ich aber nur in
diefer Form mit s kenne.

Itzehoe. _____ Seitz.

Geklander.

Joh. Peter Eckermann, der Gehülfe Goethe's bei der Redaction feiner
Werke und Herausgeber der Gefpräche mit Goethe, gebraucht das Wort
in der Schilderung einer Elbfahrt von Hamburg nach feiner Vaterftadt
Winfen an der Luhe (f. feine Gedichte, Leipzig 1838, S. 288):

Am naffen Strande Gänfe dort in Schaaren,
Die mit Geklander fich zur Flucht bereiten;
Nur wen'ge ruhen fort auf breiten Füfsen,
Langhälfig mit Gefchrey uns zu begrüfsen.

Ins Grimm'fche Deutfche Wörterbuch ift der Ausdruck, wohl nur aus Verfehn, nicht aufgenommen. Auch ein zu Grunde liegendes Verb klandern
und ein Subftantiv Klander finden fich im Wörterbuch nicht; die verzeichneten lind anderer Bedeutung und Herkunft. Geklander fcheint entweder allgemein Geräufch zu bedeuten oder eher ein befonderes. Das gewöhnliche Gefchnatter oder Getater der Gänfe kann im letzteren Falle
nicht gemeint fein, wie aus den obigen Verfen erhellt. Ob es einen eigen-
thümlichen Laut bezeichnet, den fie vorm Auffliegen ausftofsen? oder das
Geklapper der Flügel? Wegen der Bedeutung laffen fich vergleichen das
Schallwort bei Doornkaat Oftfrf. Wb. in klits klats klander und die ab-
lautenden klunden, klunderen, poltern, lärmen (Mndd. Wb.), mudl.

klunderen pulfare (Kilian. Dufflacus). Im Laute, jedoch nicht in der Bedeutung ftimmen überein anord. kland, n. klandr, n. Ungemach, Befchwerde, Anfechtung, Beleidigung; klanda, klandra, anfechten, bedrücken, beleidigen; und fchwed. klander, n. Tadel, Einfpruch; kiandra, tadeln, gerichtlich anfechten. Der Osnabrücker Seling († 1860) fagt von einem Ofenhocker, Mutterföhnchen: De Junge mott bi'n Annern, he häfft jä gar kein Drall! Wat geiht dat Fuulwamms klannern, weet nicks van Tied of Tall! Frz. Joftes, Joh. Mathias Seling S. 37. Welche Bedeutung hat »klannern gaun?«

Die Vermuthung, dafs Eckermann mit Geklander ein heimifches ndd. Wort in die Schriftfprache eingeführt hat, erfcheint natürlich; vielleicht hat es der Winfener Schiffer bei der Gelegenheit als terminus technicus für das Auffliegen der Gänfe gebraucht. Auch ein anderes Wort, deffen Eckermann fich in den Gedichten S. 54 bedient, haufen für häufen, auffchichten, wird dem Lüneburgifchen Dialekt entlehnt fein:

Die Scheuren werden bald zu klein,
Zu eng die weiten Sparren.
Man banfet tief bis hoch hinauf,
Was nur die Räume faffen.

Das Hauptwort Banfe ift freilich auch ein mitteldeutfches Wort, aber das Verb banfen ift befonders im Niederfächfifchen beliebt. Jacob Grimm bringt banfen im Deutfchen WB. ohne Beleg; hier haben wir einen aus der Schriftfprache.

Hamburg.   C. Walther.

Alle bate hilpt.

Von Joh. Chrph. Frd. Guts-Muths (1759—1839), dem man jetzt in feiner Vaterftadt Quedlinburg ein Denkmal zu fetzen fich rüftet, find handfchriftliche Aufzeichnungen über Volksausdrücke feiner Heimatftadt erhalten. Zu bate bemerkt er: »Es ift nur noch wenig gebräuchlich. Man fagt: alle Bate*) hilpt 'alle kleinen Verfuche zur Beförderung eines Dinges helfen' tragen zu feiner Vollendung bei«. Vollftändiger hat die Rda. Schambach S. 17: »Alle häte helpet, seggde de mügge, un mêg in den Rin: Alle Hülfe hilft, fagte die Mücke, und pifste in den Rhein, d. h, um mit einem anderen Sprichworte zu reden, Viele Tropfen machen den Eimer voll.« ten Doornkaat Koolman Oftfrief. Wb 1, 210 verzeichnet das Sprichw. »elk bot helpt, sä' de mügge, do piste sê int mêr.« Die Rda. wird hier fälfchlich unter bot 'Mal' geftellt. Bot könnte hier nur = mnd. bote, hute 'Zubufse, Beihülfe' fein. Da aber das Sprw. (f. ebd. S. 114) in Oftfriesland auch in der Form geht: »alle hate helpt« sä' de mügge, do piste se in't mêr, »jeder Beitrag hilft«, fagte die Mücke, »da pifste fie ins Meer«, fo beruht bot ftatt hate vielleicht nur auf einem Hörfehler.

Faft in derfelben Form wie bei Schambach ift das Sprichw. im Bremifch-niederfächfifchen Wörterbuche I, 61 überliefert: »Alle Bate helpt, sede de Mugge, as se in den Rhin piffede: alle Vortheile (oder eine jede Beyfteuer) helfen, wenn fie auch noch fo gering find«. Hier wird Bate 'Nutzen' von hebr. yצב hergeleitet. Doch ift an Herlei-

---

*) Man fpricht hier jetzt häte (mit kurzem a), nicht bäte, wie Sch. fchreibt.

tung aus dem Judendeutfch nicht zu denken, da fchon mnd. bate, bade
f. 'Förderung, Nutzen' belegt ift. Es ift mir auch fraglich, ob wie
Schmeller, Bayer. Wb. I², 300 meint, das Wort »eigentlich niederdeutfch«
ift. Ueber bāden, batten 'helfen, nützen' handelt auch Vilmar, Kurheff.
Idiotikon S. 22. Zu den von Schmeller und Vilmar verzeichneten Stellen,
an denen über das Wort gehandelt ift, füge ich noch ten Doornkaat
Koolman I, 114 ff.

Northeim.   ————   Sprenger.

Rampelfand.

In Doornkaats Oftfr. W. fowie in den dazu von Dirkfen gegebenen
Nachträgen vermiffe ich das Wort: rampelsand, franzöfifch remplaçant
Stellvertreter, Erfatzmann. Vor Einführung der allgem. Wehrpflicht kaufte
man fich in Oftfriesland, wenn man fich »feft gelooft« hatte, einen rampelsand, die, je nachdem die Zeit mehr oder minder kriegerifch ansfah,
im Preife verfchieden waren. Ich erinnere mich aus meiner Kinderzeit,
dafs ein r. 3—400 Thaler koftete.

Itzehoe.   ————   Seitz.

Siebenfprung (XXII, 83 u. ö.).

Scheffels Ekkehard, Stuttgart, Metzler 1871 S. 252: »aus fernem
Mittelalter klingt noch die Sage herüher von den »sieben Sprüng« oder
dem »hunnifchen Ilupfauf«, der als Abwechslung vom einförmigen Drehen
des Schwäbifchen und als Krone der Fefte feit jenem Tage dort land-
üblich ward«.

Northeim.   ————   R. Sprenger.

Brûse f.

Das nd. Brûse in der Bedeutung: »eine Beule am Kopfe vom Fall
oder Stofs« hatte fich, wenigftens in meiner Jugend vor 40 Jahren, in
Quedlinburg in der hd. Umgangsfprache der bürgerlichen Kreife erhalten.
In Göttingen kennt man die Brûse dagegen nur in der Bedeutung »trich-
terförmiger und durchlöcherter Auffatz an der Giefskanne, fowie diefe
felbft«, was in Quedlinburg völlig unbekannt ift. Beide Worte haben natürlich verfchiedenen Urfprung. Danneil S. 26 hat: Brûsch, Anfchwellung
am Kopfe. Dähnert S. 58: Brusch, Brunsch »eine Beule am Kopf vom
Fall oder Stofs«. Der Auffatz der Giefskanne heifst bei ihm Brufe.
Nur letzteres Wort kennen Schambach und ten Doornkaat Koolman I, S. 240.

Northeim.   ————   R. Sprenger.

Nachtrag zu XXI, 90.

Auch II. Kurz, Der Sonnenwirt (Gef. Werke 5. Bd.) S. 23 hat: »Die
Hand vom Butten, Vetter, 's find Weinberen d'rin«.

Northeim.   ————   R. Sprenger.

Zum niederdeutfchen Jahrbuch XXVII, 7—12.

1. Die Verfe: In fchanden und uncren moth vortzagen etc. bietet
Agricola, Sprichwörter, unter Nr. 97.

2. Do ick rike was und konde geven: V. 1—4 = 2. Hulth 135
(Belg. Muf. 6, 195 V. 307—310).

3. Ouh, edel gefelle van hoger art: V. 13—14 bilden den Schlufs
einer Eintragung, die fich in einem Genter Stammbuche des 17. Jahrh.
findet. Der Wortlaut derfelben

> Ift Anmuth ein Ehr,
> fo bin ich ein Herr:
> ift wenig viel,
> fo hab' ich, was ich will.
> hab' keines Gelts gebrech
> dan Sontags und ganze Wech.

ift von Mone im Anzeiger f. Kunde der teutfchen Vorzeit 5 (1836), 342
mitgeteilt.

V. 15—16 enthält die Roftocker Hs. des 15. Jahrh. Theol. Nr. 39
in 4° (Borchling, Bericht über mnd. Hdfchrften II S. 177). Auffallend ift,
dafs die Verfe:

> Jegen den dot en is nen fchilt.
> Levet, alfe gij sterven wilt.

hier mit den Verfen:

> De vyent, de werlt unde dat vlefch,
> Wanner duffe hebben oren eyfch,
> So is de eddel fele vorloren,
> De god fo vrundeliken heft vorkoren

in Verbindung gebracht find, die dem kleinen mnl. Gedichte von der Welt
Untreue (= V. 19—22) angehören, das ich im Nd. Jahrb. 13, 111—112
veröffentlicht habe. Eine mnd. Redaktion diefer Dichtung begegnet in der
dem 15. Jahrh. entftammenden Deutfch-Nienhofer Hs. 199 (Borchling
Bericht II S. 168), eine ndfr. hat C. Schröder im Nd. Jahrb. 2, 52 aus
einer Wiener Hs. publiciert. Der Anfang des Gedichts (V. 1—14 mit
Auslaffung eines Verspaares) fteht im Schatzboechlin der Gotlicher lieffden
und ift von Birlinger in der Germania 19, 98 abgedruckt, die Schlufsverfe
(V. 21 ff, ohne das letzte Verspaar) finden fich ebd. in einem vorhergehenden Abfchnitte.

In der Wiener Hs. find dem Gedichte 14 Verfe angehängt, die auch
in mnl. Faffung vorhanden find. In diefer bilden fie einen Beftandteil
der von Bäumker im Nd. Jahrb. 13, 104 ff. zum Abdruck gebrachten
Sammlung (Einzelheiten: Zs. f. d. Altrt. 34, 53). Dafs es fich aber bei
der in der Wiener Hs. vollzogenen Vereinigung nicht um eine vereinzelte
Erfcheinung handelt, ergiebt fich aus dem Umftande, dafs in der Deutfch-
Nienhofer Hs. die Verfe dem Gedichte ebenfalls folgen.

Potsdam. Herman Brandes.

Zur Lenorenfage (VIII, 43. 82. XIV, 75).

Nach langem Suchen fand ich endlich auch hier in Norderditmarfchen
eine Lesart zur Lenorenfage, ähnlich der von Müllenhoff in feiner Samm-

lung »Sagen, Märchen und Lieder u. f. w.« Nr. CCXXIV aus Ditmarfchen mitgeteilten. Den Reim De Maan de fchient fo hell kennen viele. Eine Eiderftedterin wufste fogar, dafs das Mädchen (wie bei Müllenhoff) Greetjen geheifscn habe; aber weiter wufste man auch gar nichts, bis ich denn letzthin von der alten Frau Peters in Lehe bei Lunden die vollftändige Sage hörte.

Dahrenwurth bei Lunden.　　　　　　　　　H. Carftens.

Jüberack.

Nu geit he ävern Jüberack, in ähnlicher Bedeutung wie: nu geit he ävern Harz, hörte ich neulich von einem hiefigen Einwohner. Offenbar ftammt die Redensart aus der Schifferfprache; denn rack — die Eider ift in racke, d. i. Strecken von Bucht zu Bucht, abgeteilt — ift Schifferausdruck. Aber was foll man mit jüher anfangen?

Dahrenwurth bei Lunden.　　　　　　　　　II. Carftens.

Schinneleich.

Schinnelæk fchinneleich führt Schambach, Ndd. Mundart von Göttingen und Grubenhagen, S. 184 als ein Schimpfwort an, dessen Sinn er nicht näher beftimmen kann. Auch Ad. Ziemann in feinem Mhd. Wb. S. 362 unter fchinleich Ungeheuer, portentum bemerkt: »fchinggeleich ift ein ndd. Schimpfwort.« Dafs das Wort, wie Schambach vermutet, mit agf. fein-læca = magus, fein-lác = portentum, ahd. fcin-leih = monftrum (vgl. Grimm, Gramm. II, 362) zufammenhänge, halte ich nicht für wahrfcheinlich, da diefe Worte langes i haben, während fchinneleich mit kurzem Vokal gefprochen wird. Sollte das Wort vielleicht mit fchinnig, räudig, grindig zufammenhängeu? Angaben über Vorkommen und Bedeutung des Wortes wären erwünfcht.

Northeim.　　　　　　　　　　　　　R. Sprenger.

Pritzftabel (XXII, 54. 83).

Zu Pritzftabel gehört wohl auch der Name des Dorfes Prieftäblich in der Nähe von Eilenburg, alfo auf wendifchem Siedlungsgebiete.

Berlin.　　　　　　　　　　　　　C. Ebermann.

Ueber eine fymbolifche Anwendung des Kuffes.

Im Grimm'fchen Deutfchen Wörterbuch V, 2869 bringt Rudolf Hildebrand aus des Eilenburgers Chriftian Ludwig Teutfch-Englifchem Lexicon, Leipzig 1716, S. 1092, eine Redensart, die er als »eigen« bezeichnet, da fie fich fonst nicht weiter belegen läfst: die Schwelle küffen, to promife never to return. Treffend erklärte Hildebrand: »Abfchiedskufs mit einer Art Urfehde.«

Die Redensart wird aus einem alten Rechtsbrauch entfprungen fein, von dem ich nicht zu fagen weifs, ob er nachgewiefen ift. Ein ähnlicher Brauch aber kommt im alten Hamburgifchen Recht bei der Entfetzung eines Rathmannes aus dem Rathftuhl vor, wenn er überführt worden war, dafs er fich bei der Ausübung feines richterlichen Amtes habe beftechen laſſen; Stadtrecht v. J. 1292 A. § 1: vorbat (ferner) fo fcolen dhe gbene, dhe in dheme Rade fin, alle jar jo veir warve (je viermal) tofamene komen unde fpreken bi creme edbc, ofte (ob) erer jenich (ihrer einer) van dheme anderen hebbe gbehort, dat he miede (Miethe, Beftechung) hebbe nommen twifchen twier lude claghe weder recht; mach men ene des vorwinnen (ihn deffen überführen) mit III ratmannen, dhe fine viende nicht ne fin, dhe des jares in dheme ftole fittent (mit 3 Rathmännern aus der Zahl derer, die im betreffenden Jahre in der Stadtverwaltung functionierten): van eme ne fcal men nene edhe nemen (Reinigungseide annehmen), mer (fondern) den ftoil feal he kuffen unde nimmermeier in den Raet komen.

Lappenberg, Hamburgifche Rechtsalterthümer S. 100 bemerkt zu »kuffen«: »lies miffen«. Den Sinn hat er damit allerdings getroffen, aber die fymbolifche Handlung, mittels welcher der Rathmann auf feinen Sitz im Rathe Verzicht leiften mufste, hat er bei diefer Emendation eliminiert. Dafs »kuffen« richtige Lesart und nicht verfchrieben ift, wird bewiefen durch eine Gloffe zum Stadtrecht v. J. 1497 A, 4, welcher Artikel von der Würdigkeit der Rathsperfonen zum Bürgermeifteramte handelt .... fusz vyndet me noch in olden fcbryfften, dat jarlykes de gantze Radt fick vorgaderde, malkander (einander) vorkuntfchoppeden eft (ob) jemant van ene (ihnen) twyfchen twen parten (Rechtsparteien) hadde ghyfте edder gave namen; wor men fuszdane (folche) eme mochte nabringen unde avertugen myt twen anderen perfonen uth dem fulven Rade, de mofte kufszen den ftoel effte (oder) fyne ftede unde wefen der namals nicht werdich (Lappenberg S. 183). Dafs an diefer Stelle nicht jenes Verfehen auf S. 100 korrigiert, noch überhaupt StR. 1292 A, 1 angezogen ift, wird vermuthlich darauf beruhen, dafs Lappenberg's vorzügliche Ausgabe der Hamburgifchen Stadtrechte ein Werk zwanzigjähriger Arbeit war und dafs nicht er, fondern fein Mitarbeiter Dr. Baumeifter die Behandlung der Gloffen zum Stadtrecht übernommen hatte (f. Ztfchr. f. Hamb. Gefch. II, 336).

In dem Küffen der Schwelle bei der Verbannung, des Amtsfitzes bei der Entfetzung und, darf man wohl hinzufügen, der Ruthe durch das Kind nach der Beftrafung liegt offenbar das Geftändnis: mir ift recht gefchehen.

Giebt es fonftige Beifpiele für folches fymbolifche Küffen in den Rechtsquellen oder anderswo?

Hamburg.   C. Walther.

Auwer (XXII, 99).

In der Befprechung des Leithaeuferfchen Werkes »Bergifche Ortsnamen« in Nr. 6 von Heft XXII lefe ich die Aeufserung des Verfaffers jenes Werkes »Unfere heutigen nrh. und wf. Mundarten kennen das Wort (Ufer) nicht mehr.« Ich erlaube mir, dem gegenüber darauf hinzuweifen, dafs in dem ganzen nördlichen Teile der Graffchaft Mark noch heute das Wort in der Form Auwor als Bezeichnung für Böfchung allgemein im Gebrauch ift.

Dortmund.   Fr. Kohn.

Polka (XXII, 52).

Die angefühlten Verfe find mir aus Halle an der Saale in folgender Geftalt bekannt:

Komm, du altes Reibeeifen!
Komm, ich will dir Polka weifen.
Das rechte Bein, das linke Bein,
Alfo mufs die Polka fein.

Berlin. C. Ebermann.

Zum Redentiner Spiel.

a. 457 (Schröder):

Se hebben vornamen enen glans
Unde hebben eines monke (monkes?) dans.

Carl Schröder überfetzt Z. 458 mit Ettmüller und Froning: »und heben einen Mönchstanz an, d. h. geberden fich toll«, und bringt zur Stütze der handfchriftlichen Lesart mehrere Stellen bei, aus denen fich ergibt, dafs unter Mönchstanz ein befonders ausgelaffener Tanz verftanden wird. Von einem Braunfchweiger hörte ich vor 30 Jahren dafür den Ausdruck Kuttenjubel. Mit Kutte kann wohl nur der Kuttenträger = Mönch (Seume, Spaziergang nach Syrakus 2,20) gemeint fein. Man vergleiche aus den von Schröder für den Mönchstanz beigebrachten Beweisftellen befonders Brants Narrenfchiff 61, 21: Do dautzen pfaffen, mynch und leyen, Die kutt musz fich do hynden reyen; was die niederdeutfche Ueberfetzung Dat nye fchip van Narragonien (hrsg. von Carl Schröder, Schwerin 1892) fo wiedergibt Z. 4135:

Dar dantzen mönneke unde leyen,
De kappe moct denne achter weyen.

Northeim. R. Sprenger.

b. Es ift mir lieb, dafs fich mir hier die Gelegenheit bietet, einmal meine im Jahrbuch XVI, 46 geäufserte Conjectur, dafs ftatt »monke dans« zu lefen fei »morisken dans«, da Schröder's Note zu den Verfen fie als verkehrt erwiefen hat, zurückzunehmen, und fodann etwas zur Vertheidigung der Lesart »monke« gegen Ettmüller's und Schröder's Vermuthung »monkes« beizutragen.

»Eynes« gehört nach meiner Anficht nicht zu »monk«, fondern zu »dans«. Der Tanz eines Mönches kann nicht gemeint fein, fondern mouke ift entweder Genitivus Pluralis oder monkedans ift als Compofitum zu faffen. Beides kommt dem Sinne nach auf dasfelbe hinaus: es ift ein Reigentanz von München gemeint. Dans fteht für danses. Bei Subftantiven, die auf s ausgehen, kann ja auch im Mnd., Mndl. und Md. das Genitivfuffix-es oder -s wegfallen, zumal im Reim; f. Weinhold, Mhd. Grammatik, 2. Ausg., § 448, und Franck, Mndl. Gr § 123, 3. Ueber den von »haben« abhängigen Genitiv fehe man Grimm's Grammatik 4, 647. An unferer Stelle hat der Genitiv keine partitive Bedeutung, noch »hebben« die von »baben oder befitzen«. Es wird entweder die von »halten, üben, pflegen« (vgl. Weiland's Ausgabe der Sächs. Weltchronik 95, 20 und Strauch's Gloffar dazu; hier ift der Satz allerdings negativ und das verlangt fchon den Genitiv, »hebben« ift jedoch Uebersetzung von lat. uti in den Annales Stadenfes) oder die von »anheben, beginnen« verlangt.

Hamburg.   C. Walther.

Zu den oftfriefifchen Redensarten XXIII, 7.

Zu fêg = moribundus verweife ich noch auf das Brem.-niederfächs. Wb. I, 364 fowie auf Vilmars Hess. Idiotikon S. 100, der bemerkt, dafs das Wort in der gemeinhochdeutfchen Bedeutung nirgends in Hessen üblich fei. Befonders bemerkenswert ift die fprichwörtl. Rda.: »De nig fege is, ftarvet nig: deffen Lebensziel noch nicht da ift, der genefet wieder.« Im Mhd. entfpricht dem die häufig vorkommende Wendung ez fterbent wan (nur) die veigen. Moriz Haupt hat in feiner Ausgabe der Erzählung Von dem übelen Weibe z. V. 502 Belege dazu gefammelt, ohne jedoch eine Erklärung hinzuzufügen. Zu vergleichen ift noch Müller Zarncke, Mhd. Wb. III, 289; Lexer III, 45, Schmeller-Frommann, Bayer. Wb. I, 696; Mnd. Wb. V, 220. — Zu dem ostfries. Sprichw. bei ten Doornkaat Koolman I, 431: de kranke ligd in't bedde un de fêge fit d'r för ift zu vergleichen die von Schmeller a. a. O. angeführte Rda. aus Henifch, Teutfche Sprache und Weisheit (Augsburg 1616): »Wer vor dem Bette fteht, ift oft feiger (dem Tode näher), als der Kranke, der darauf liegt.«

Northeim.   R. Sprenger.

Knackfchälig

wird in Quedlinburg von krankhaftem Ausfehen gebraucht. Auch Danneil S. 109 hat knackfchäölig »was nicht fo ift, wie es fein foll.« Dähnert S. 238 hat: knükfchälig »was am Knochen fitzt; was vom Knochen abzueffen ift.« Danach wäre ein knackfchäliger Menfch einer, bei dem fich das Fleifch von den Knochen zu löfen fcheint.

Northeim.   R. Sprenger.

Scorteveddere.

Eins der merkwürdigften Wörter des deutfeben Sprachfchatzes ift wohl das ahd. fcerdifedera, fcerdvedera, fcartifedar, fceertifedera, für das einmal die Bedeutung oftrea, fonft testudo in den Gloffen ange- geben wird. Die mhd. Form ift fcherzveder, fodafs alfo der erfte Theil des Wortes alle drei Stufen der Dentale zeigt: d, t, z. Wunderlicherweife giebt aber die einzige Stelle, an welcher das Wort in der mittelhoch- deutfchen Litteratur verwendet wird, im Renner des Hugo von Trimberg, wenigftens in der Ausgabe des Bamberger hiftorifchen Vereins (Bamberg 1833) es mit Umftellung von 'er' zu 're' als fcherzveder: fi tund, als die fcherzveder tut, die vorn hat ein freuntlich antlûtz, ir zagel ift aber der gift ein fprûtz, Z. 4112 S. 51. Dafs jedoch die gewöhnliche Form fcherzveder war, erfieht man aus des Erasmus Alberus' Dictionarium Latino- Germanicum, Francf. 1540, welches nach Angabe von Joh. Leonhard Frifch (Teutfch-Lateinifches Wörter-Buch, Berlin 1741, II, 175ª) unter dem Wort »Fifch« verzeichnet: »fcherz-fedder, echinometra, ex echinorum genere, legt viel Eyer, calicem habet echinatum, eine fcharfe Schale.« Nach dem lateinifchen echinometra haben das Mhd. Wb., Lexer und das Grimm'fche

Wb. als mhd. Bedeutung »Meerigel« angefetzt. Für ein Thier der See und zwar ein Schalthier — dies Wort in weiterem Sinne verftanden — fprechen auch die alten Gloffeme ostrea (Aufter) und testudo (Schildkröte), fowie eine mhd. Gloffe in Diefenbach's Novum Gloffarium p. 359ᵃ: tortuca fcherten gevider, da das lateinifche Wort fonft mit fchorp, fchildepadde, fchiltkrot wiedergegeben wird. Jener Vergleich falfcher Leute mit dem Thier, das mit dem Schwanze Gift fpritzt, läfst freilich eher an einen Scorpion denken.

Das Wort hat bisher aller Etymologie widerftanden, wenigftens der erfte Beftandtheil. Für den zweiten hat man an die frühere Nebenbedeutung von Feder »Floffe« erinnert. Auffallend, zumal falls ein Seethier gemeint ift, mufste erfcheinen die einzige Ueberlieferung auf hochdeutfchem Sprachgebiete. Dafs es jedoch auch im Niederdeutfchen bekannt war, wird durch den Namen eines Lübeckifchen Bürgers zwifchen 1317 und 1355 bezeugt, den W. Mantels, Ueber die beiden älteften Lübeckifchen Bürgermatrikeln, Lüb. Progr., Oftern 1854, S. 23 (Neudruck in: Beiträge zur Lübifch-Hanfifchen Gefchichte von W. Mantels [hrsg. v. K. Koppmann] Jena 1881, S. 86) verzeichnet hat: Scorteveddere. Der Name weicht im erften Vocal von den hd. Formen ab, was aber grade für feine ndd. Originalität ins Gewicht fallen könnte. Möglicherweife ift aber, da e und o fich in mittelalterlicher Schrift oft zum Verwechfeln ähnlich feben, scerteveddere zu lefeu; doch ift die Schreibung see- im 14. Jh. fchon felten.

Hamburg.   C. Walther.

Zu Reuters Stromtid. Vgl. Jahrb XXV, 108.

Mehrere Zufchriften an mich bezeugen, dafs in älteren mecklenburgifchen Gefangbüchern in dem Liede Erdmann Neumeifters »Mofes« für »das Gefetz« fteht. Mofes als Ankläger des Sünders erfcheint in geiftlichen Schaufpielen, auch im Düdefchen Schlömer.

Northeim.   R. Sprenger.

Weihnachtsgebrauch (XXIII, 10).

a. Herr Oberlehrer O. Steinbach in Bielefeld teilt mit, dafs in feiner Heimat Breckerfeld und in der feiner Frau, Schwelm, beide im Kreife Hagen in Westfalen, das Schuhaufftellen vor Weihnachten regelmäfsig geübt wird, und dafs auch in Bielefeld feine Kinder in den Wochen vor Weihnachten ihre Schuhe abends ins Fenfter ftellen, um fie am Morgen gefüllt zu finden. Schon aus diefer Mitteilung ergibt fich, dafs der Brauch nicht aus England eingeführt ift.

Northeim.   R. Sprenger.

b. Der Brauch haftete urfprünglich wohl mehr am St. Nikolaustage (6. Dec.), als an Weihnachten. Er ift nach Berghaus, Sprachfchatz der Saffen II, 143 erhalten geblieben in Weftfalen, Oftfriesland, am Niederrhein, in den Niederlanden und im nördlichen Frankreich. In Weftfalen fetzen an diefem Tage auch Knechte und Mägde Schüffeln und Teller vor die Thüre, auf welche die Herrfchaft ihnen Aepfel und Nüffe zu legen pflegt; Kuhn, Weftfäl. Sagen, Gebräuche und Märchen II, 100 § 309. Ueber das Schuhaufftellen der Kinder in Limburg und Brabant f. Dautzenberg in der Zeitfchrift für Deutfche Mythologie I, 177; in den nördlichen Niederlanden f. van Vloten, Nederlandfche Baker- en Kinderrymen S. 75 ff. Im Often mufs die Sitte früher ebenfalls beftanden haben; denn der Stralfunder Bürgermeifter Nik. Gentzkow berichtet in feinem Tagebuch (hrsg. v. E. Zober) zum 5. Dec. 1562: upn avendt dede ick miner vruwn 2 gantze und ¹/₂ daler, die fie den dren kindern in S. Niclaufes namen in die eppeln ftack. In Hamburg war zu Anfang des vorigen Jahrhunderts von diefer Feier des Nikolaustages wenigftens noch eine Spur im Waifenhaufe übrig, wo die Kinder am 6. Dec. ein Gefchenk an Kuchen, Aepfeln und Nüffen bekamen, was fie einen Klas nannten; f. Hübbe in der Zeitfchrift, Hamburg und Altona Jgg. IV (1805) Bd III, 25. Sonft hatte fich damals fchon in Nordelbingien die Kinderbefcherung auf Weihnachten verfchoben: die Kinder fetzten Schüffeln ins Zimmer und fanden fie am Weihnachtsabend mit Konfekt, Früchten und Spielfachen gefüllt, oft nach einem vorherigen »myftifchen« Geklingel; der Ausdruck war en Schöttel utfetten; Schütze, Holftein. Idiotikon IV (1806), 65. Nach Handelmann in den Jahrbüchern für die Landeskunde von Schleswig, Holftein und Lauenburg IV, 274 biefs folche Schüffel in Nordfriesland Skelk (Schälchen), Dänifch Julefad (Weihnachtsgefäfs). Vgl. auch Handelmann, Weihnachten in Schleswig-Holftein, Kiel 1866. Vielleicht darf als ein Ueberbleibfel der alten Weife der Befcherung auch betrachtet werden, dafs vor fünfzig Jahren in einigen Hamburgifchen Familien die Kinder nicht am Abend vor, fondern am Morgen des erften Weihnachtstages ihre Gefchenke bekamen, welche ihnen in der Nacht das Chriftkind oder der Knecht Rubbert gebracht haben folite.

Hamburg.   C. Walther.

Zu Dönken (XXII, 80, 85; XXIII, 11).

Das sw. verb. dönen, dönen »gemütlich fchwatzen« verzeichnet, allerdings als ziemlich veraltet, Schambach S. 42. 44. Ebenfo döneken n., »eine kleine Gefchichte, Schnurre, Schwank« und dönerie f. »langweiliges Gefchwätz«.

Northeim.   R. Sprenger.

Notizen und Anzeigen.

Beitragszahlungen find an unfern Kaffenführer Herrn Joh: E. Rabe, Hamburg 1, gr. Reichenftrafse 11, zu leiften.

Veränderungen der Adreffen find gefälligft dem genannten Herrn Kaffenführer zu melden.

Beiträge, welche fürs Jahrbuch beftimmt find, belieben die Verfaffer an das Mitglied des Redactions-Ausfchuffes, Prof. Dr. W. Seelmann, Charlottenburg, Peftalozziftrafse 103, einzufchicken.

Zufendungen fürs Korrefpondenzblatt bitten wir an Dr. C. Walther, Hamburg 3, Krayenkamp 9, zu richten.

Bemerkungen und Klagen, welche fich auf Verfand und Empfang des Korrefpondenzblattes beziehen, bittet der Vorftand direct der Expedition, »Diedrich Soltau's Verlag und Buchdruckerei« in Norden, Oftfriesland, zu übermachen.

Redigiert von Dr. C. Walther in Hamburg.
Druck von Diedr. Soltau in Norden.

Ausgegeben: September 1902.

Jahrg. 1902.   Hamburg.   Heft XXIII. № 4.

Korrefpondenzblatt

des Vereins
für niederdeutfche Sprachforfchung.

I. Kundgebungen des Vorftandes.

Veränderte Adreffen der Herren:

Prof. Dr. G. Roethe, jetzt Univerfität Berlin.
Prof. Dr. A. E. Berger, jetzt Univerfität Halle a. S.
Dr. Ilgen, jetzt Archivdirector in Düffeldorf.
Dr. R. Meifsner, jetzt Profeffor in Göttingen.
Prof. Dr. Edw. Schröder, jetzt Univerfität Göttingen.
Prof. Dr. K. Burdach, jetzt Univerfität Berlin.
Dr. G. Baefecke, jetzt Charlottenburg.
Dr. F. Liefan, jetzt Eifenach.

II. Mitteilungen aus dem Mitgliederkreife.

Bomlitz (XVIII, 85)

Den Namen der Bomlitz, eines Nebenfluffes der in die Aller mündenden Böhme, hat Focke für flavifch erklärt: »Der einzige flavifche Flufsname im Gebiete der Wefer ift die Bomlitz, d. i. die kleine Böhme«. Jellinghaus hat das (XVIII. 85) ohne Widerfpruch gelaffen. Und doch wäre das Auftreten eines einzigen flavifchen Namens und dazu eines Bachnamens in rein deutfcher Umgebung etwas fo Unbegreifliches, dafs die Behauptung wohl eine Prüfung verdient. Wenn diefer Bach noch auf der linken Seite der Böhme, von Often her ihr zuflöfse! aber er kommt von Norden zwifchen Viffelhövede und Soltau her, auf der rechten, weftlichen Seite der gleichfalls von Norden kommenden und dann in ihrem niederen Laufe südweftlich fliefsenden Böhme, in welche die Bomlitz zwifchen Fallingboftel und Walsrode mündet. Auf einer Strecke von mehr als acht Meilen nach Often, bis Lüneburg und Uelzen begegnet man keinem wendifchen Namen; wie follte fich da ein wendifchen Urfprung des Namens Bomlitz denken laffen! Zu der Meinung von folcher Herkunft des Namens ift Focke offenbar durch die Endung -itz verführt worden. Wenn alle Namen mit diefer Endung flavifche fein follen, dann müfsten wir Giflitz (in Waldeck, im 8. Jhdt. Iuffelze), Coftnitz (= Conftanz am Bodenfee), Wafchnitz (Nebenflufs des Rheins bei Lorfch, im 8. und 9. Jhdt. Wisgoz, Wisgotz, Wisscoz) und

Wernitz (Nebenflufs der Donau bei Donauwörth, im 9. Jhdt. Warinza) auch wohl für flavifch halten? Bomlitz foll »die kleine Böhme« bedeuten. Nach J. Grimm's Deutfcher Grammatik III, 699 f., wo er die flavifche Diminution befpricht, gefchieht diefe durch k = Suffix, das auch durch vorgefetztes tfch (böhm. ć, poln. cz) verftärkt werden kann; von einem -itz oder gar -litz weifs Grimm nichts. Bis alfo etwa dennoch ein flavifches Suffix -itz oder -litz mit diminutiver Kraft nachgewiefen werden kann, bleibt jene Erklärung von Bomlitz eine Vermuthung ohne Gewähr und wird ohne Weiteres Bomlitz für deutfch zu halten fein.

Aber auch wenn jenes flavifches Suffix wirklich vorhanden wäre, wird Bomlitz doch für einen deutschen Namen gelten dürfen, denn feine ältere Form ift offenbar Bomlofe gewefen. Allerdings ift diefer Name für den Flufs nicht überliefert, fondern nur für die an ihm gelegene Bauerfchaft Bommelfen : Bomlofen 1389, Sudendorf Braunfchweig-Lüneburg. U.-B. Nr. 109, S. 116, 39; villa Bomlofe, Jürgens Ein Amtsbuch des Klofters Walesrode S. 18; Bomelofe im 12. Jhdt. nach Förftemann, Alt-deutfches Namenbuch II, 2. Aufl. Sp. 219, ohne Beleg. So gut wie das Dorf Böhme, im Mittelalter Bomene (vgl. Henneke van der Bomene, in der 2. Hälfte des 14. Jhdts., anfäffig im nahe bei Böhme gelegenen Dorfe Bierde, Sudendorf V, Nr. 226, S. 265, 17; Henneke Bomene VI, Nr. 49, S. 53, 45) feinen Namen von der an ihm vorbeifliefsenden Böhme, mittelalterlich Bomene (f. Förftemann) entlehnt hat, ebenfo wird das Dorf Bomelofe nach feinem Fluffe genannt fein. Aus einem verkürzten Bomlis, Bomles, Bomels oder Bommels kann fehr leicht in hochdeutfcher Zeit Bomlitz gemacht fein. Vermuthlich wird diefe neue Form auch jetzt noch nicht volksthümlich fein, wenigftens wohl nicht für den Bach, fendern höchftens für den aus einer Mühle und einigen Häufern beftchenden Ort Bomlitz bei Benefeld, der neueren Urfprungs zu fein fcheint.

Der Name des Fluffes Bomene und der feines Nebenfluffes Bomelofe ftehen ohne Zweifel in Beziehung zu einander; in welcher, ift fchwer zu fagen, da der Sinn des in vielen Ortsnamen und auch in Flufsnamen er-fcheinenden lofe noch nicht klar geftellt ift. Wenn, wie Förftemann annimmt, in Bomene und Bomelofe als Beftimmungswort das Appellativ bôm = Baum zu erkennen wäre, fo liefse fich die Vermuthung wagen, dafs Bomene den Flufs bedeute, der zwifchen Bäumen fliefst, Bomelofe dagegen den, welcher baumlofes Gelände durchläuft. Nebenbei fei noch bemerkt, dafs der erftere Name fich einige Meilen öftlich wiederholt in dem zufammengefetzten Wardböhmen, früher Werdebomene (Sudendorf V, Nr. 226, S. 263, 19. 29. Jürgens S. 19) für ein Dorf, das an einem auf den Landkarten namenlos gezeichneten kleinen Nebenbache der Meiffe liegt.

Hamburg. C. Walther.

Symbolifche Anwendung des Kuffes (XXIII, 43).

a. Veranlafst durch die Befprechung diefes Brauches a. a. O. möchte ich auf Reinke de Vos Z. 1601 f., fowie auf den letzten Vers des Fontane'-fchen Gedichts »James Monmouth« aufmerkfam machen. Letzterer lautet:
»Das Leben geliebt und die Krone geküfst,
Und den Frauen das Herz gegeben,

Und den letzten Kufs auf das fchwarze Gerüft —
Das ift ein Stuart-Leben.‹

Wismar i. Mecklbg. Fr. Schultz.

b. Mit meinem Dank für den Nachweis der beiden Stellen aus der
Litteratur verbinde ich, da nicht jedem Vereinsmitglied der Reinke Vos
zur Hand fein wird, einen Auszug der erfteren, die meinem Gedächtnis
entfallen war. Reinke hat feinem Beichtvater, dem Dacbfe, gebeichtet und
bittet um Abfolution und Beftimmung der Bufse.

> Grimbart was liftich unde vroet,
> he brack ein rys by deme wegbe
> unde fprack: ›om, nu flaet yu dre fleghe
> up yuwe hud mit deffeme ryfe
> unde legget id dan, dar ik yu wyfe,
> und fpringet dar drewerf over her
> funder ftrumpelen over dwer.
> 1601 denne kuffet dat rys funder nyd
> in ein teken, dat gy ghehorfam fyd.
> deffe penitencie ik yu fette.‹

Die Verfe find Ueberfetzung der Stelle im niederländifchen Original
Z. 1686 ff. (Reinaert. Willems Gedicht Van den Vos Reinaerde und die
Umarbeitung und Fortfetzung Reinaerts Hiftorie, hrsg. u. erläut. v. Ernft
Martin. Paderborn, F. Schöningh, 1874. S. 151):

> Grimbert was liftich ende vroet
> ende brac een rijs van eenre haghe
> ende fprac: ›oom, nu flaet drie flaghe
> op u huut mit defer gheerde.
> daer na legt fe neder op die eerde
> ende fprinct daer driewarf over aen een
> fonder fnevelen of bughen hen.
> dan kuft fe vriendelic fonder nijt
> in teiken dat ghi ghehoorfam fijt
> der penitencie die ic u fette.‹

Zu bemerken ift noch, dafs diefe poffenhafte Poenitenz, deren Schlufs-
handlung zum Rutheküffen des gezüchtigten Kindes ftimmt, erft durch den
jüngeren Bearbeiter in die Dichtung gebracht ift. Bei Willem Z. 1672 ff.
(Martin's Ausgabe S. 51) hiefs es dagegen:

> Grimbeert was wijs ende vroet
> ende brac een rijs van ere haghe
> ende gaffer hem mede veertich flaghe
> over alle fine mesdade. C. W.

Zum Bericht über die Jahresverfammlung (XXIII, 24 ff.)

In dem Teil des Berichtes über die 27. Jahresverfammlung, der meinen
Vortrag über die alte Frauentracht der Lüneburger Heide betrifft,
finden fich mehrere Ungenauigkeiten. Der Vortrag hatte in verhältnis-
mäfsig kurzer Zeit einen umfangreichen Stoff und befonders auch eine
Maffe von Einzelheiten zu bewältigen, und deshalb liegt mir fern, etwa

gegen den Herrn Verfaffer des Berichtes einen Vorwurf zu erheben, aber andererfeits wird auch der Wunfch, zu verhindern, dafs unrichtige Auffaffungen durch den Bericht geweckt oder gar mit Berufung auf ihn weitergegeben werden, eine Berichtigung wenigftens der wichtigften Punkte rechtfertigen. Im übrigen wird auf die für fpäter geplante Veröffentlichung des ganzen Vortrages verwiefen.

Zu *S. 24 Z. 9* (v. u.): Die gleiche Tracht der Klagefrauen (übrigens nicht ›Kleider aus weifsen Laken‹, fondern umgefchlagene weifse Laken) wurde nicht als Beifpiel neuerer Abfchleifung, fondern einer bemerkenswerten **alten** germanifch-flavifchen Uebereinftimmung angeführt.

— *Z. 3* (v. u.): Weniger der **Einflufs** der Kirchfpiele für die ›**Erhaltung‹**, als der für die **Entftehung** und **Abgrenzung** der Volkstrachten wurde betont.

S. 25 Z. 14 (v. o.): Mit der ›Pickfarw‹ oder genauer der ›**fwatten** Pickfarw‹ wurde nicht blau gefärbt, fondern fchwarz (z. B. die Kleider der Frauen).

— *Z. 1* (v. u.): Statt ›mit violettem Band‹ lies ›mit buntem Band‹ (die Farbe richtete fich nach der des Mützenbefatzes).

S. 26 Z. 4 (v. o.): Statt ›war‹ mufs es ›ift‹ heifsen.

— *Z. 15* (v. o.): Statt ›Die Pappmütze ... wird jetzt ohne Stirnbinde getragen‹ war zu fagen: ›D. P.... wurde ftets o. S. g.‹

— *Z. 23* (v. u.): Statt ›mit buntem Seidenzeug, **mit** Spitzen‹ lies ›mit buntem Seidenzeug **und** Spitzen‹.

— *Z. 11* (v. u.): Statt ›Die alte Mützentracht kommt jetzt ab‹ u. f. w.: Die alte Mützentracht ift vollkommen verfchwunden. Seit den fiebziger Jahren begannen die verheirateten Frauen die ftädtifchen Putzmützen zu tragen, die jungen Mädchen gaben die Kopfbedeckung ganz auf und gingen zur ftädtifchen Haartracht über.

— *Z. 6* (v. u.) ift ›mit roten Bändern‹ zu ftreichen.

Friedenau-Berlin. E. Kück.

Banfen (XXIII, 40).

1. Als ich 1854 mit meinen Eltern nach Göttingen kam, brauchte der Arbeiter, der das klein gefchnittene Holz auf dem Boden zurecht packte, dafür den Ausdruck ›banfen‹. Uns war der Ausdruck neu. Wir kamen aus dem Lüneburgfchen, fogar aus demfelben Orte, aus welchem Eckermann ftammt, aus Winfen an der Luhe. Ich weifs aber ganz beftimmt, dafs wir die Redensart nicht kannten.

Grofs-Lichterfelde bei Berlin. Prof. Zernial.

2. Banfen = häufen wurde in obiger Anwendung auch vor etwa vierzig Jahren in Quedlinburg gebraucht, ein folcher aufgefchütteter Haufen Holz hiefs eine Banfe.

Northeim. Sprenger.

Brufe (XXIII, 41).

Auf dem rechten Elbufer, Magdeburg gegenüber, fagte man in der hd. Umgangsfprache der bürgerlichen Kreife, wie ich fie vor 35—30 Jahren öfter gehört habe, die Brüfche für eine Beule am Kopfe, alfo ähnlich wie Danneil und Dähnert das Wort anführen.

Grofs-Lichterfelde bei Berlin. Prof. Zernial.

klannern (XXIII, 39 f.)

Walther citiert a. a. O. aus Frz. Jostes, Joh. Mathias Seling S. 37, dafs dort von einem Ofenhocker, Mutterföhnchen gefagt wird: »De Junge mott bi'n Annern, he häfft jä gar kein Drall! Wat geit dat Fuulwamms **klannern**, weet nicks van Tied of Tall!« und fragt nach der Bedeutung von »klannern gaun?« Die Antwort gibt das Mnd. Wb. II, 418 unter **kalant**: »Von dem chriftlichen Kalant ift uns nichts übrig geblieben als das Andenken in dem Sprichworte: die ganze Woche herumkalandriren, oder plattdeutfch: klandern, d. h. fie auf Bierbänken verbringen. Ein tüchtiger **koland** heifst im Plattd. ein kapitaler Jux.« Seibertz in Wigands Arch. V, 85. — Da es bei dem **Klandern** gewöhnlich recht laut herzugeben pflegt, fo kann auch das aus Joh. Peter Eckermanns Gedichten citierte **Geklander** »Geräufch, das die Gänfe beim Auffliegen verurfachen« fehr wohl darauf zurückgeben.

Northeim.   R. Sprenger.

Jegen den dot en is nen fchilt (XXIII, 42).

Es führt noch ein Weg von den Schlufsverfen von »Och, edel gefelle van hoger art« zu dem Gedichte von der Welt Untreue. In der Hf. 16 der Paulinifchen Bibliothek zu Münfter Bl. 43 b (Borchling I, 276) geht den Verfen 15—16 in der Faffung:

> Vor den doet en ys nyn fchilt:
> Levet, als gy fterven wylt,

ein Verspaar voraus:

> Och, Wad he all vorlueft,
> De tijtlick dyuk vor ewyeh kuft!

Daffelbe Verspaar:

> Ach, barmhertige god, wat grotes gudes he vorlefet,
> De tijtlik gud vor ewich kefet!

fteht in der in meinem vorigen (S. 42) Artikel erwähnten Roftocker Hf.; es folgt hier den Verfen 15—16. Die beiden Verspaare haben fich fomit in der münfterfchen Hf. nicht zufällig zufammengefunden. Da der dem Gedichte von der Welt Untreue zugefetzte Abfchnitt mit den Verfen:

> Och, wat he vele verlieft,
> De dit rike vor dat ewighe leven kieft!

fchliefst, fo wird nicht in Zweifel gezogen werden können, dafs Beziehungen zwifchen den im Ndd. Jahrbuch XXVII, 9 veröffentlichten Verfen und der mnl. Dichtung beftehen. Ich möchte noch eine Vermuthung äufsern. In den Verfen »Och, edel gefelle« und dem mnl. Gedichte finden fich Anklänge an das ebenfalls von dem Zuftande der Welt, dem Pfennige und dem Tode handelnde Gedicht De mundi miferia, das in den Hff. häufig in Verbindung mit der Vifio Fulberti auftritt. Bilden die nd. Verfe wirklich einen Beftandteil des Dramas De olde man, fo fcheint es mir nicht undenkbar, dafs der Epilog deffelben in den übrigen Teilen ähnliche Ausführungen enthielt, wie fie der Schlufs des Schlömer (Drucke des Vereins f. Nd. Sprachforfchung Bd. III) bietet, der befonders in den Verfen 3541 ff. der Vifie Fulberti fehr nahe fteht.

Potsdam.   Herman Brandes.

Redensarten von der Katze.

1. Was bedeutet die Rda. »de kan fin katte wol »pûs« héten« in ten Doornkaat-K's Oftfrief. Wb. II, 187? In Sibotes Der Vrouwen Zuht V. 504 f. (Erzählungen und Schwänke her. v. Ilans Lambel 2. A. Leipzig, F. A. Brockhaus. S. 345 = v. d. Hagen, Gefammtabenteuer Bd. I. 54, V. 498) fagt die Frau:

»ja ich hiez fine katze Mûs
und nante fineu wint Rin.
ich wil fin meifter immer fin.«

Vgl. meine Bemerkung in Bezzenbergers Beiträgen III (1879), 85 ff. und Lambels Bem. z. d. St.

2. Zu der mir allerdings nur hochdeutfch bekannt gewordenen Rda.: »Nun wird dir die Katze den Magen nicht forttragen« vergleiche ich Gerbard von Minden her. von W. Seelmann 49, 27 ff., wo der Wolf zum Käfer fpricht:

'Nu fegge, heftu dit ungemak
mi gedân, du worm unreine?
du bift darumme jo to kleine,
dat du mi dedeft folke fér.
Ik wônde, dat mi wilen êr
ne fcholde nicht fo fere irzagen,
oft mi ginge eiu kat in den magen.'

Northeim.   R. Sprenger.

Lop, Lok (XXIII, 37).

Lop u. pl. löpc bedeutet hier eine Anzahl von 10 Gebinden Garn. Mit lobbe, lowwe, canis villofus hat das Wort natürlich nichts zu thun. Dagegen verweift Schambach wohl mit Recht auf lok, das bedeutet 1. den dritten Teil eines Getreide- oder Kleebundes, 2. eine unbeftimmte Menge überhaupt: en lok eppele, minfchen, geld.

Northeim.   R. Sprenger.

Toft

bedeutet hier nicht nur einen Baumzweig, fondern auch das ausgezupfte Ende einer Peitfchenfchnur (f. Schambach S. 233). Aus Quedlinburg kenne ich die Rda. 'einem einen ganzen Toft Hare ausreifsen'. Der Vergleich ift wahrfcheinlich von dem 'Klap' oder der 'Smitze' genommen.

Northeim.   R. Sprenger.

Weihnachtsgebrauch (XXIII, 48).

In Quedlinburg war es in meiner Jugend — und ift es wohl auch jetzt noch — in den Bürgerfamilien üblich, am Weihnachtsmorgen nach der Chriftmette zu befcheeren. Auch hier ift dies noch üblich.

Northeim.   R. Sprenger.

Swaenke. Zu Lauremberg I 82.

Den Hundenamen *Swaenke* hat Bolte Jahrb. 13, 54 auch bei dem aus Colberg gebürtigen Stockholmer Schulmeifter Petrus Pachius (1639) nachgewiefen, und zwar in einer Anwendung, welehe »die Ableitung von Sehwan« ficher ftellt. Wenn Sprenger diefe Stelle gekannt hätte, würde er fchwerlich haben drucken laffen, was von ibm Jahrb. 15, 84 zu lefeu fteht. Aber auch die Bezugnahme auf den friefifchen Frauennamen *Swanke, Swaneke, Swientje* (Braune S. 114) ift unnötig: denn dabei handelt es fich nur um Kurz- und Kofeformen zu *Swanhild* und ähnlichen älteren Vollnamen, nnfer Hundename aber bezeichnet einen fchneeweifsen Hund ebenfo direkt als »Schwan«, wie etwa ein fchwarzes Pferd »Rappe« d. i. Rabe genannt wird. Den Beweis dafür gibt mir eine kleine Lifte, mit der kürzlich Herr Archivar Dr. Fr. Küch meine Saınmlung von Hundenamen bereichert hat; fie ftammt aus d. J. 1557 und gibt ein Verzeichnis der Hunde Landgraf Philipps des Grofsmütigen von Heffen: *Schwenchen, Schnellchen, Schwan, Soldan, Judas, Heida, Tace*. Da haben wir alfo »Schwänchen« und »Schwan« beieinander.

Göttingen.   Edward Schröder.

Prophetendans.

Hermann Langenbeck, Anmerkungen über das Hamburgifche Schiff- und See-Recht. 2. Aufl. (1740) S. 493 berichtet, es fei von den Flanderfahrern in Hamburg aus ihren Rechnungsbüchern zu beweifen, dafs fie von 1480 bis 1592 nach Heiligdreikönige ihre Faftel-Abends-Feftivität oder [ihren] Höge drei und zuletzt zwei Tage gehalten haben. S. 494: »Man hat in dem Höge-Haufe oder auf dem Platz hinter dem Haufe einen Baum aufgerichtet; fie haben unter freyen Himmel 3 folenne Täntze gehalten, als des Sonntags den Propheten-Tantz, des Montags den Jungfern-Tantz und des Dienstags den Staats-Tantz. Zu diefen Täntzen feyn die Fürnehmften von der Gefellfchaft [d. h. durch die G.] invitiret worden, und habe ich die Defignationes gefunden, dafs 12 Paar von den Vornehmsten diefer Stadt Familien tantzen müffen, und die Nahmen derer, welche bey dem Tantze gewefen, jährlich aufgezeichnet worden. Der Propheten-Tantz ift eine Ahrt von Masquerade gewefen, mit Bärten und gefoderten Heucken, geftalten in einer Rechnung von 1528 finde: vor foderde hoicken to den propheten-danß thor hure 4 marck 1 ß[chilling] und vor 14 prophetenbarde 20 ß. 4 pennig. Diefe musquirte Propheten haben mit gewiffen Reimen und Spröcken, welche ihnen die Graumönche gemachet, die Gefellfchaft unterhalten müffen, wie denn auch gewiffe Knaben gewefen, welche in der Gefellfchaft gereimet [Reime hergefugt haben?], wie fich findet in beregter Rechnung: etlicken kindern de rieme(n)den 6 ß; vor papier to der propheten riemen 5 ß 4 ₰; den graumöncken vor der propheten fpröcke to vermede [lies: vormende, ahzufaffen? vormede, Lohn??] 2 mk. 1 ß.«

Der Ausdruck **prophetentanz** begegnet für einen Ton in den Meifterliedern der Kolmarer Handfchrift (S. 161 und 186), die K. Bartfch 1862 herausgegeben hat; f. Lexer, Mhd. Handwb.

Ob das Wort fonft nachzuweifen ift? und ob der Tanz anderswo vorkommt?

Hamburg.   C. Walther.

Münznamen.

Zur Ergänzung einer Studie über die deutſchen Münznamen ſind mir dringend erwünſcht Mitteilungen über das Fortleben älterer Münzbezeichnungen ſei es in directer Uebertragung auf unſere neuen Geldſtücke, ſei es in der Anwendung als Rechenmünze. Auch Spottnamen und Ausdrücke der Geringſchätzung für die kleinen Geldſtücke ſammel ich, und ſchliefslich iſt mir die Bewahrung alter Münznamen in ſprichwörtlichen Redensarten von Intereſſe. In welchem Umfang ›Grote‹ und ›Schilling‹, ›Stüber‹ und ›Mattier‹ und ſo manche andere noch heute ein ſprachliches Fortleben friſten, und wieweit damit noch wirklich ein Begriff verbunden wird, darüber erbitt ich mir Notizen an meine Adreſſe (Prof. E. S. in Göttingen). Fallen die Zuſchriften ſo reichlich aus wie ich hoffe, dann verſprech ich einmal im Korreſpondenzblatt zuſammenhängende Mitteilungen zu machen. Namentlich bitt ich die Münzfreunde unter den Leſern den Gegenſtand im Auge zu behalten.

Göttingen.   Edward Schröder.

Gottes Klage über die undankbare Welt (XXI, 11 f. 54).

Die von Bolte hochdeutſch und niederländiſch mitgetheilten Verſe ſind auch in einer niederdeutſchen Faſſung überliefert durch Nicolaus Gryſe, Spegel des Antichriſtiſchen Paweſtdoms und Luttheriſchen Chriſtendoms, Roſtock 1593, fol. Cc j [b]:

In etlyken papiſtiſchen klöſteren ſyn im altar offentlyken diſſe wordt iderman vorgeſtellet geweſen, up dat dorch ſolcke klagerede Chriſti, de ſe leſeu edder hörelen leſeu, thor waren bekerung mochten gereitzet werden:

> Ick bin ſchou, men fryet my nicht;
> Ick bin eddel, men denet my nicht;
> Ick bin ryke, men biddet my nicht;
> Ick bin ein lerer, men fraget my nicht;
> 5 Ick bin ewich, men ſocht my nicht;
> Ick bin warhafftich, men gelövet my nicht;
> Ick bin de wech, men wandert my nicht;
> Ick bin dat levent, men begeret my nicht;
> Ick bin barmhertich, men trüwet my nicht;
> 10 Ich bin rechtferdich, nemandt erfocht my nicht:
> Werde gy denne vordömet, ſo vorwytet ydt my nicht.

So ſehr auch dieſe Verſe mit jenen im Kbl. XXI, 12 abgedruckten im allgemeinen übereinſtimmen, ſo weichen ſie doch in Einzelheiten ab, was von Gryſe herrühren mag. Er wird z. B. in Z. 11 ›denne‹, vielleicht auch ›ſo‹ hinzugefügt und wohl in Z. 1 ›fryet‹ eingeſetzt haben für das zu ſeiner Zeit veraltete „minnet‹, welches Wort der ndl. Text bietet und das durch das ›liebet‹ der hd. Texte beſſer wiedergegeben wird. In Z. 10 kann ›nemandt erfocht my nicht‹ ſchwerlich richtig ſein. Auch hier verlangt die concinne Faſſung der übrigen Verſe für ›nemandt‹ ein ›men‹. Für ›erfocht‹ bietet der ndl. Text ›outſiet‹, der zweite hd. das ſynonyme ›fürchtet‹; danach kann ›erfocht‹, deſſen Unrichtigkeit ſchou allein wegen Z. 5 nicht zu bezweifeln ſteht, auf ›entſüth‹ oder ›entfrocht‹ oder blofses ›vrocht‹ (für ›entfrochtet, vrochtet‹) zurückgehn. Ein ›ervrochten‹ iſt

57

mndd. nicht zu belegen, fonft dürfte man auch »ervrocht« vermuthen, und
falls Gryfe die Verfe während feines fiebenjährigen Aufenthalts in katholifchen Landen (f. feine Vorrede) etwa in Oberdeutfchland kennen gelernt
und copiert haben follte, fo würde diefer Lesart der Vorzug zu geben fein,
weil das Mhd. die Zufammenfetzung »erfürchten« gebrauchte. Allein er
fpricht nicht von Klöftern, in welchen er diefe Verfe gefehen habe, fondern
fagt, dafs diefelben in etlichen papiftifchen Klöftern an oder auf dem Altar
dargeftellt gewefen feien. Wenn er diefe Notiz famt den Verfen nicht aus
irgend einem Buche entlehnt hat, wogegen jedoch eben die Entftellung
von Z. 10 fpricht, wird demnach feine Kenntnifs der Verfe wohl auf
Anfchauung einer folchen Infchrift in einem früheren Klofter feiner niederdeutfchen Heimat beruhen und werden die Verfe möglicherweife von ihm
aus dem Gedächtnifs gegeben fein.

Durch Gryfe wird die Möglichkeit, dafs »eine alte Tafel im Dome zu
Lübeck« mit folchen Verfen gewefen fei, aufser Frage geftellt. Es bleiben
aber noch die Fragen zu beantworten: woher ftammt diefe Angabe des
Buches »Deutfche Infchriften an Haus und Gerät»? ift die Tafel noch
vorhanden? ftanden auf ihr die Verfe in der a. a. O. gegebenen hochdeutfchen Faffung oder find fie vom Herausgeber der Infchriftenfammlung,
bzhgw. feinem Gewährsmann aus dem Niederdeutfchen überfetzt worden?
Der Inhalt der Verfe hat fo wenig fpeciel katholifches Gepräge, dafs die
Erneuerung einer älteren ndd. Infchrift in hd. Schriftfprache des 17. oder
18. Jahrhunderts, ja felbft die erfte Errichtung der Tafel mit hd. Infchrift
in diefer Zeit durch proteftantifche Kirchenvorfteher fehr wohl möglich
gewefen ift.

Hamburg. C. Walther.

Allerlei Oekelnamen aus Hamburg.

Apotheker: Pillendreier, Plaufterkaker.
Barbier: Putzbüdel.
Diener: Hackenkieker.
Hebamme: Mudder Griepfch.
Hutmacher: Koppfchoofter.
Kleinmädchen, ndd. Lüttmeid: Lüttfleit. (Fleit = Flöte.)
Krämer: Tütendreier.
Küper (Böttcher): Rumdriewer (eig. Herumtreiber, Vagabund).
Küfter: den Paftor fien Goddswoordnabarker. (Harke = Rechen.)
Nachtwächter: Uhl (eig. Eule).
Schreiber: Fedderveeh.
Tapezier: Kliefterputt.
Difcher (Tifchler) wird auch von einem Spielverderber gebraucht.
Püttjer (Töpfer) bedeutet auch einen Menfchen mit befchränktem
   Gefichtskreis; daher püttjerig foviel wie kleinlich oder ein bischen
   verrückt.
Zylinderhut: Spint. (Spint eigentlich ein Mafs trockener Dinge =
   ¼ Himpten oder 1/16 Scheffel.)
Geftärkte Wäfche: Mehlfpief.

Hamburg. Juli? E. Rabe.

Zum Mittelniederdeutfchen Wörterbuche.

1. **dascliken** (I, 488) in der Stelle aus Korner fol. 36a: wo mochte dat wefen, dat fe fo dascliken dorften fpreken, das von Franz Pfeiffer durch ›kühn‹ erklärt ward, ift wohl aus **bascliken** verfchrieben. Ueber **bask** in übertragener Bedeutung = ftreng, heftig f. Bremer ndfäch. Wb. I, 60. Schambach S. 17 (bafcb), Mnd. Wb. I, 155.

2. **kattrepel** (II, 434). Sollte der zweite Teil des Wortes nicht zu **reppen** ›fteigen‹ gehören? Vgl. hd. Katzenfteig. Guftav Frenffen, Jörn Uhl. Berlin, 1902. S. 253: ›Er fteigt auf den Wall‹, fagte Jörn Uhl, ›er will verfuchen, ob er den Hof noch 'mal feben kann. Und der kennt in Hinterindien jeden **Katzenfteig**‹.

3. **karfpüle** (II, 454). Wie Schambach ift es auch mir bis heute entgangen, dafs im Göttingen-Grubenhagenfchen nicht nur die bekannte Strafse in Göttingen, fondern auch ein Flüfschen bei Hardegfen diefen Namen führt. In unferem Wochenblatte las ich am 22. Nov. vor. Jahres: ›Fuhr-leute der hiefigen Domäne holten vom Lande unterhalb des Gladeberges mit Ochfengefpann Rüben vom Felde. Dabei ftürzte ein wertvoller Zug-ochfe in die hochangefchwollene **Carfpüle** und ertrank‹. Auf meine Nach-frage bei Schülern aus dem Städtchen erfuhr ich, dafs die **Carfpüle** ein kleines, etwa 4 km langes Nebenflüfschen der Espolde ift. Unzweifelhaft rührt der Name daher, dafs das klare Waffer zur Anlage einer Kreffen-pflanzung benutzt wurde. Eine folche findet fich, ohne dafs der Name geblieben ift, auch in Northeim in einer klaren Quelle, die, von der Berg-mühle kommend, fich nach kurzem Laufe in die Rhume ergiefst.

4. **loder** (II, 714): ›der loden macht? (Schufter, Schneider› fartor?).‹ im Mnd. Hwb.: ›der loden, Fetzen, macht? fartor?‹ In der Belegftelle bei Liliencron, Hiftor. Volkslieder 2 nr. 166, 254: Noch was dar ein alt vellefchroder, dat was Brunhenneken de **loder**, ift das Wort wahrfcheinlich eine Schelte, alfo = loder, lodder, lockerer Menfch, Tange-nichts (II, 712).

5. **niper.** III, 188 wird citiert aus dem Lüneburger Stadtrecht, hrsg. von Kraut (1846) 15,8: Gerard Lambrachtes fone des **nipers**. Lübben vermutet, dafs niper einen Handwerker bezeichne. Sollte es aber nicht vielmehr das allgemein gebräuchliche nnd. Kuiper, ›Kneifer› = Häfcher, Polizeidiener fein? Auch der Familienname **Nieper** fcheint mir auf diefes Wort zurückzugeben, das übrigens auch einen Mann, der den Leuten etwas abzwackt, alfo einen Geizhals, bezeichnet. Knips als Spott-name für Henker und Büttel findet fich in Bürgers Raubgraf (f. M. Heyne Deutfch. Wb. II, 405); Magifter Knips in Freytags Verlorn. Handfchrift foll durch den Namen wohl als ärmlich (knipperig) lebender Menfch be-zeichnet werden.

6. **rosdare?** (III, 508) ›in demfulven jar (1582), dewile de winter bahr froß und neen fchnee fiel, vordarf de weete febr, und de noch tho-rechte quam, vordarf fordan up den fommer durch **roßdar** und ftarke blitzent.‹ Lübben fragt, ob Darre, durch den Roft verurfacht, gemeint fei. Ich glaube, dafs roft ftatt roß zu lefen und **dar** davon zu trennen ift. Schon in den Gloffen der Herrad von Landsberg fteht (f. M. Heyne, Dtfch Wb. III, 140): rubigo, r e ft, vel quod in fegete fpicas rubeas et inanes

facit, miltow. Ueber Darre als Bezeichnung einer Krankheit an Pflanzen
f. M. Heyne, Dtfch. Wb. I, 546.

7. roffer? (III, 510) ›als nu grave E. de kundfchap kreeg, tooch
he mit fiuer ganzen macht ruiter und knechten nae den Broeckzetel ...«
leet de fchutten und een roffer hen aentchen, um to vornemen, waer de
furften dat hovet hen boden; Beninga, Oftfrief. Chron. 541.‹ Obgleich
der Herausgeber der Chronik (im Jahre 1723!) bemerkt: eques hand
dubie, fo glaube ich doch nicht, dafs fich diefe Form wird belegen laffen,
vermute vielmehr, dafs hier eine Verderbnis vorliegt und zu lefeu ift: und
een roffer thein d. h. nach der bekannten Formel: etwa zehn Roffe
(mit den Reitern).

8. vogelkenwant (V, 295 und 594: 1 fogelken wand, ›mit Vögeln
durchwebtes [?] oder netzartiges Zeug‹: Mantels, Memor. Dunckelgud f.
193ᵃ. Wohl auf diefe Stelle*) bezieht fich die Bemerkung des Mnd. Handwörterbuches S. 554: ›want, n.? Netz, Garn‹. Nach ten Doornkaat Koolman, Oftfrief. Wb. III, 510 bedeutet want das Netzwerk für den Heringsfang. Iu der Jägerfprache hat es aber überhaupt die Bedeutung von
aufgeftellten Netzern [oder Tüchern] zum Fangen des Wildes; f. M. Heyne,
Dtfch. Wb. III, 1330.

9. kunkeltunne? (VI, 192). Das ift wohl eine Tonne Bier, die
als Leihkauf bei abgefchloffenem Handel oder Mietsvertrage gegeben wird;
denn den Begriff des Heimlichen wie im Göttingifchen (kungeln, kunkeln
bei Schambach S. 116), Altmärkifchen (kunkeln bei Danneil S. 120) und
Oftfriefifchen (kunkeln bei Doornkaat K. II, 407) hat kungeln ›handeln,
verkaufen‹ im Weftfälifchen Heffen (Vilmar, Kurheff. Idiotikon S. 232) nicht.
Oder ift der oftfrief. Kunkelpot ›Schwatz- oder Klatfch-Topf, der Topf wobei
geklatfcht wird, Thee- oder Kaffeotopf‹ (Doornkaat II, 408) zu vergleichen?

Northeim.   R. Sprenger.

bucht = buchtet.

Auf diefen Gegenftand komme ich erft jetzt zurück, weil ich infolge
einer überftandenen Influenza und auch aus andern Gründen mich bisher
auf meine dienftliche Thätigkeit befchränken mufste.

Korr. XXII, S. 93 fagt Walther: ›Die Verbalform bucht möchte
Damköhler lieber für verkürzt aus buchtet halten als für die regelrechte
3. Perf. Präf. Sing. vom ftarken Verb bugen. Mir fcheint diefe Annahme
nicht philologifchen Grundfätzen zu entfprechen‹ und S. 94: ›Endlich wäre
auch hier nach dem Sprachgebrauch Bote's zu fragen gewefen, ob er von
den fchwachen Verben, deren Stamm auf einen Konfonanten + t ausgeht,
die 3. Perf. Sg. Präf. zu verkürzen pflege, ob alfo he bucht für he büchtet
feiner Sprache gemäfs ift. — Er fcheint fie für die 3. Sg. Präf. zu meiden.
Mir find wenigftens neben fehr vielen Belegen voller Form in feinen Schriften
nur drei Fälle der verkürzten aufgefallen, auf die ich aber nicht eingehe,
weil ein Verb buchten daraus nicht bewiefen werden kann. Aber Damköhler hätte fich meines Erachtens die Frage vorlegen und die Unterfuchung
anftellen müffen, als er den Glauben fafste, bucht könne von buchten
gebildet fein ftatt von bugen.‹

---

*) nicht auf diefe allein. C. W.

Diefe Sätze enthalten nicht geringe Vorwürfe. Aber es ift fchon eine völlig irrige Annahme Walthers, wenn er meint, ich hätte den 'Glauben gefafst', bucht könne für buchtet ftehen. Ich glaubte nicht, fondern ich wufste, dafs bei den fchwachen Verben, deren Stamm auf einen Konsonanten + t ausgeht, Kürzung der 3. Perf. Sg. Präf. nicht nur im Koker felbft zweimal vorkommt, fondern auch in andern mnd. Gedichten begegnet. Koker S. 368: De myt eynem leddern-facke fycht, im Reime auf nicht. Die Form fycht fteht für fychtet von fichten (fiften) ›fichten, beuteln (das Mehl)‹, mnd. Wtb. IV, 203, oder von fichten ›fieben‹, mnd. Wtb. VI, 261 (falls diefe beiden Verben wirklich voneinander zu trennen find), wie der Nachfatz im Koker ›Dem ftüfft dat meel nicht in de ogen‹ deutlich erkennen läfst. Uebrigens ift diefe Stelle des Kokers im mnd. Wtb. unberückfichtigt geblieben. Die andere Kürzung fteht S. 369: ›We fyck eynes dynges vorplycht im Reime auf nicht.

Hieraus ergiebt fich für den Sprachgebrauch des Kokers, deffen Verfaffer übrigens noch nicht mit Sicherheit ermittelt ift, folgendes. 1. Kürzung der 3. Perf. Sg. Präf. erfcheint bei fchwachen Verben, deren Stamm auf cht ausgeht. 2. Sie kommt nur im Reime vor. 3. Sie begegnet nur dann, wenn des Reimes wegen die volle Form unmöglich war, fonft fteht die letztere: barftet : garftet, taftet : haftet S. 324; koftet : bepoftet S. 352; beballaftet (Ptc.) : betaftet S. 375. Da nun ein Verb buchten im Koker belegt ift, fo ift meine Annahme, dafs bucht im Reime auf fucht für buchtet fteht, durch den Sprachgebrauch des Kokers hinlänglich geftützt und entfpricht durchaus philologifchen Grundfätzen.

Die in Frage ftehende Kürzung begegnet in der Weife, wie fie im Koker vorkommt, gerade in Gedichten, die entweder ficher oder vermutlich in Braunfchweig entftanden find, bez. Brunswicismen enthalten. Bote's Bok van veleme Rade III, 2: bericht*) im Reime auf ghedicht (Nd. Jahrb. 16, 13). Das Faftnachtfpiel Henfelin, für welches Walther felbft aus fprachlichen Gründen braunfchweigifchen Urfprung annehmen möchte, hat folgende Kürzungen: beveft (: left), wacht : acht, betracht (: klacht), wacht : acht, fecht (: lecht), Nd. Jahrb. 3, 21—22. Im Reinke Vos, der auch braunfchweigifche Dialekteigentümlichkeiten hat, finden fich die Kürzungen acht (: macht 4195, betracht : acht 5355/6, flacht (: macht 5360. Es mufs allerdings dahingeftellt bleiben, ob diefe Formen dem Ueberfetzer angehören oder fich fchon in der Vorlage fanden. Häufiger find fie in Dat nye fehip van Narragonien, herausg. von Carl Schröder. In vielen Fällen findet fich die Kürzung auch in der hd. Vorlage und ift vom Ueberfetzer einfach beibehalten. Daraus darf man aber doch wohl folgern, dafs fie ihm nicht anftöfsig erfchienen fein kann, fondern feiner Sprache gemäfs gewefen fein wird. In andern Fällen dagegen hat er unbeeinflufst durch die hd. Vorlage die Kürzung vorgenommen: 2811 befrucht (: lucht = lügt), 2914 richt (: licht = liegt), 3204 acht (: nacht), 3345 richt (: ficht = ficht), 3786 recht (: flecht = Gefchlecht), 4304 acht (: getacht), 2205 rycht (: flicht) u. f. w. Eine eingehendere Unterfuchung über das Vorkommen diefer Kürzung im Reime habe ich bis jetzt nicht anftellen können, aber wenn ich recht beobachtet habe, fehlt

---

*) bericht könnte allerdings auch für berichte fiehen.

fic in den Fabeln Gerhards von Minden, im Sündenfall, Theophilus, Cato, Valentin und Namelos und den mnd. Faftnachtfpielen, herausgegeben von Seelmann; fie fcheint alfo auf folehe Gedichte befchränkt zu fein, die fieber oder vermutlich braunfchweigifchen Urfprungs find. Nun finden fich aber diefelben Brunswicismen, die der Reinke Vos aufweist, zum grofsen Teil auch im Narrenfchiff: to plas komeu; befchetten, gretten = geretten oder toretten 2775, toretten, yck vorgette, vorgetten, wetten, wettet; daneben erfcheinen auch Formen mit einfachem t. nedder neben neder, unwedder 5982 neben weder 8046; hoddel 5365, 6054; rudden 4975, rodde 7616; reddelick neben redeliken 6787; on, om, ore neben den häufigeren Formen mit e; ladder 3039; laddich 3965, 4687, 4872, 5265, 6447, 6774, 6778; laddichganck 6450; laddychgenger 6442, 6443, 6445, 6467; laddichgandes 6772; bare 4689, 4970; vorbrant ftatt vorbrent 5582. Vgl. Walther im Nd. Jahrb. 1, 92 ff.; Damköhler im Korr. 10, 83. Diefe Beifpiele mögen genügen. An diofe Brunswicismen, die vermutlich derfelben Quelle entftammen wie die im Reinke Vos, d. h. dem Braunfchweiger Stadtfchreiber Bote, darf meines Erachtens die oben befprochene Kürzung im Reime angereiht werden. Noch bemerke ich, dafs wie im Koker fo auch im Narrenfchiff vaken mehrfach im Anfange des Verfes fteht und dafs die Verbindung von vaken und vel öfter begegnet. Vielleicht läfst fich auch daraus ein Schlufs auf die Perfon des Ueberfetzers ziehen, wenn man in ihr eine Spracheigentümlichkeit des Verfaffers des Kokers feben will.

Was aber Walthers Annahme, bucht fei die 3. Perf. Sg. vom ftarken Verb bugen gänzlich hinfällig erfcheinen läfst, ift folgendes. Das Verb buchten ift heute, foweit fich bis jetzt ergeben hat. lokal, auf Braunfchweig und Umgebung befchränkt. Wir dürfen annehmen, dafs es auch früher nicht weiter verbreitet war; mithin brauchen wir uns nicht zu wundern, wenn es nicht in Schriften begegnet, deren Entftehungsort die Braunfchweiger Gegend nicht ift oder deren Verfaffer nicht von dort ftammen. Umgekehrt ift das ftarke Verb bugen nicht nur heute, foviel fich mir durch meine Nachforfchungen ergeben hat, für die Braunfchweiger Gegend nicht nachweisbar, fondern auch in früherer Zeit nicht und ift, worauf es vor allem ankommt, dem Sprachgebrauch des Kokers fremd. Entfpricht es nun etwa philologifchen Grundfätzen, aus der ftrittigen Form bucht ein dem Koker unbekanntes Verb bugen zu folgern? Walther hätte erft nachweifen müffen, dafs bugen dem Sprachgebrauch des Kokers gemäfs ift, ehe er das Recht gewinnt, es anzufetzen und mir einen Vorwurf daraus zu machen, dafs ich bucht von buchten ableite. Die im mnd. Wtb. und von Walther angeführten Beifpiele, in denen bugen vorkommt, beweifen nichts, da die Schriften, denen fie entnommen find, dem Braunfchweiger Gebiete nicht angehören. Das Narrenfchiff kennt das refl. fek bogen, aber kein bugen, und wenn im Reinke Vos nigen unde bugen einmal belegt ift, fo wiffen wir doch nicht, ob es vom Ueberfetzer ftammt. Aufserdem legen die Beifpiele im mnd. Wtb. es nahe, dafs bugen in der Verbindung mit nigen fchwach flektiert: fe negeden unde bugeden; fe nigeden unde bogeden. Zugleich ergiebt fich, dafs bugen und bogen ganz in derfelben Weife gebraucht find, alfo doch wohl nur dialektifch verfchieden find. Dafs meine Berufung auf die Münfterifche Chronik unftatthaft ift, weil ›die Handfchrift nicht vom niederdeutfchen Verfaffer Gresbek herrührt, fondern von einem oberdeutfchen oder doch nicht rein niederdeutfchen Abfchreiber‹, geht aus diefer Thatfache für mich noch nicht mit Notwendigkeit hervor. Warum foll der Abfchreiber bugen und bogen nicht haben unterfcheiden können? Und ift es denn wirklich fo ficher, dafs es neben bugen nicht ein nur dialektifch verfchiedenes bogen gab? Wie will man das heutige ftarke Verb bén (Harz) oder böügen (Schambach), woneben es wenigftens in Cattenftadt ein fchwaches bén giebt, erklären? Doch nicht etwa fo, dafs aus û ein ô geworden wäre?

Walther behauptet, buchten 'biegen' fei eine Neubildung. Beweifen kann er es nicht. Dafs diefes Verb im Mnd. fonft nicht begegne, ift kein Beweis und kann aus den oben angegebenen Gründen nicht mehr geltend gemacht werden. Nun ift aber ein Verb buchten im Koker belegt, deffen Identität mit buchten 'prahlen' nicht erwiefen ift, und die Bedeutung 'biegen' giebt einen befriedigenden Sinn, während 'prahlen', wie ich von verfchiedenen Seiten erfahre, geradezu für finnlos gehalten wird. Dafs die Form buchten nur einmal erfcheint, darf kein Bedenken erregen; auch das Wort waul erfcheint nur ein einziges Mal im Mnd., und zwar im Koker*), und doch ift das Wort noch heute im Braunfchweigifchen in lebendigem Gebrauch. Da ferner neben flucht, frucht, licht, acht etc. im Mnd. die Verben fluchten, fruchten, lichten, achten etc. heftehen, warum foll es neben bucht kein buchten gegeben haben? Ich habe keinen Grund von meiner Deutung abzuweichen, und Walther hatte keine Urfache fich eines folchen Tones gegen mich zu bedienen, wie er es gethan hat. Ich bedanke mich heftens dafür.

Blankenburg.   Ed. Damköhler.

Abwehr.

Der vorftehende Auffatz Damköhler's, der mir vor kurzem zugegangen ift, erheifcht eine Entgegnung meinerfeits. Zwar nicht in Bezug auf die Streitfrage, über die jeder Lefer fich aus den gewechfelten Erörterungen (vgl. XXII, 20 ff. 39 ff. 77 ff. 90 ff.) ein Urtheil bilden mag, auch nicht in Betreff der im Vorftehenden behandelten Fragen, obfchon ich gegen Damköhler's Beantwortung derfelben manche Einwendungen machen kann. Sondern betreffend feinen gegen mich erhobenen Vorwurf und eine Eigenthümlichkeit feiner Polemik. Weder habe ich die Abficht gehabt, einen Vereinsgenoffen verletzend zu behandeln, noch meine ich das gethan zu haben. Ich habe blofs von dem Rechte Gebrauch gemacht, das bei wiffenfchaftlichen Controverfen felbftverftändlich beiden Parteien zuftcht, nämlich Schwächen oder Lücken, die man in der Beweisführung des Gegners findet, als folche zu bezeichnen. Für eine folche Lücke mufste ich die Nichtbegründung der Möglichkeit der Annahme halten, dafs ›he bucht‹ verkürzte Form für ›he buchtet‹ fei. Diefen Mangel konnte ich mir nicht anders erklären, als dafs die Nothwendigkeit der Unterfuchung, ob ›bucht‹ gleich ›buchtet‹ genommen werden dürfe, Damköhler entgangen fei. Wie ich jetzt erfahre, habe ich mich darin geirrt; aber eben Damköhler's Mittheilung, dafs er die Frage zuvor erwogen hatte, rechtfertigt die von mir an feinem Beweife gemachte Ausftellung. Zweitens glaube ich Urfache zu

---

*) Ob das im mnd. Wtb. unter wôl aufgeführte woll (: Magerkol) daffelbe Wort ift, erfcheint mir fehr fraglich.

haben, dagegen zu proteſtieren, wie er mich citiert. Schon früher im Verlaufe unſerer Controverſe babe ich mich verwahren müſſen, daſs er Behauptungen, die ich nicht aufgeſtellt habe, als ſeien es meine bekämpft. Im letzten Artikel findet ſich wieder ein Beiſpiel, nur mit dem Unterſchiede, daſs diesmal meine vermeintliche Behauptung ihm als Waffe gegen mich dienen muſs. Er ſagt: »Das Fastnachtſpiel Henſelin, für welches Walther ſelbſt aus ſprachlichen Gründen braunſchweigiſchen Urſprung annehmen möchte.« Damköhler wird das aus Jahrbuch III (1877) S. 35 f. herausgeleſen haben, wo es heiſst: »aus jener Gemination« [nämlich in der Sprache des mitteldeutſchen Gedichtes von der Gerechtigkeit, das Reinhold Köhler in der Germania XVIII, 460 aus einer Weimarer Handſchrift herausgegeben hat] »möchte ich auf braunſchweigiſchen Urſprung des Gedichtes rathen und ferner, wie ich in meinem Aufſatze über das Dialektiſche im Reinke Vos« [Jahrb. I (1875), 92 ff.] »für die niederdeutſche Uebertragung dieſes Epos gethan, desgleichen im Henſelin einen Einfluſs jener geiſtig regſamen oſtfäliſchen Stadt auf Lübek's Geiſtesleben vermuthen.« Hier meine ich doch »Urſprung« und »Einfluſs« unterſchieden zu haben. In der Beſprechung des Henſelin (Jahrb. III, 24 ff.) habe ich verſucht, die Abhängigkeit des Henſelindichters von dem Weimarer Gedicht nachzuweiſen, aber andererſeits auch darzuthun, daſs an dem lübekiſchen Urſprunge des Stückes nicht zu zweifeln ſei.

Hamburg. ————————— C. Walther.

III. Litteraturanzeigen.

O. **Schütte**, Braunſchweiger Perſonennamen aus Urkunden des 14. bis 17. Jahrhunderts. (Wiſſenſch. Beilage z. Jahresber. d. Herz. Neuen Gymnaſiums zu Braunſchweig, Oſtern 1901.)

Der Verfaſſer geht von dem richtigen Grundſatze aus, daſs für die Deutung der Perſonennamen der hiſtoriſche Weg der ſicherſte ſei. Er hat eine gröſsere Anzahl Urkundenbücher des Braunſchweiger Stadtarchivs aus der Zeit vom 14. bis zum 17. Jahrhundert durchgearbeitet und legt nun in zwei Abſchnitten (Vornamen, Familiennamen), nicht ohne Berückſichtigung der einſchlägigen neueren Veröffentlichungen, die Ergebniſſe ſeiner Forſchungen vor. Beſonders auf die Deutung mancher Familiennamen fällt neues Licht; es iſt lehrreich, hier den Darlegungen zu folgen, wie ſich — oft bei demſelben Einzelweſen — die Namensform, häufig auch infolge einer falſchen, ſei es nun naheliegenden oder auffälligen Anlehnung Namensform und Bedeutung geändert hat. Mit Recht wird wiederholt darauf hingewieſen, wie ſolche Wandlungen die richtige Deutung erſchweren, ja unmöglich machen würden, wenn nicht die älteren Formen zu Gebote ſtänden. — Ein beſonderer Teil iſt am Schluſs den imperativiſchen Namen gewidmet. Leider begnügt ſich der Verfaſſer hier in der Hauptſache mit einer Zuſammenſtellung der betreffenden Namen. Dadurch, daſs auf die Deutung kaum irgendwo eingegangen wird, bleibt manches unklar. Beiſpielsweiſe welche Anſchauung liegt dem Namen Snidewint zu Grunde? Erſt im D. Wb (IX, 1278, Schneidewind), das hier auf Andreſen fuſst, habe ich gefunden, daſs Sch. als imperativiſche Bildung, wie Schneideluft, einen

Landstreicher bezeichnet. Bei Pipop wäre paffend auf D Wb. I 699 (aufpfeifen) und die dort verzeichneten Stellen (z. B. aus Luther: pfeif auf, lafs hören deine Kunft u. f. w) verwiefen worden. Bei Puchut auf mnd. ût-puchen (auspochen, ausplüudern). Bei Ridup auf mnd. up-riden (hinreiten, zu einem Tage). Was bedeutet Reddop (1364)? Hängt (Hy(g)es-nicht mit mnd. hi(g)en = höhnen zufammen? Welche Bedeutung von mnd. not liegt in Notupp vor? Aufser Ulenfpeghel enthält das Verzeichnis einen Uhlenhod, Henning (1419). Der Verfaffer, der offenbar mit dem Thätigkeitswort ulen rechnet, hätte hier zu Jeeps Deutung des Namens Ulenfpeigel (ul den fpeigel = verre podicem) Stellung nehmen müssen. Meines Wiffens fehlt bisher ein mnd. Beleg für ulen. Deutet nun Schütte hier: ul den hod (= Hut, mnd. hôt)? Ich will daran aber gleich die weitere Frage fchliefsen: Sollte nicht vielmehr das mnd. hode (Hütung, Weide) vorliegen[1]) und das Wort überhaupt aus der Reihe der imperativischen Namen auszufcheiden fein? Auch Richteftech ift meines Erachtens zu befeitigen (mnd. richteftech Richtfteig). In diefem Beifpiel bildet den erften Beftandteil nach meiner Auffassung ein Dingwort (richte = die gerade Richtung). In andern Beifpielen — und eine Sichtung gerade in diefer Hinficht fcheint dringend nötig — dürfte in dem für eine Befehlsform ausgegebenen Beftandteil lediglich der Stamm des betreffenden Thätigkeits-wortes enthalten fein. Wenn der Verfasser meint »Was foll man mit Storttekare oder mit Stortekol und gar mit Stortewin anfangen, wenn man fie nicht als Imperative anfehen will«, fo ift darauf zu erwidern, dass ftortekare doch wohl die Karre zum Stürzen ift, ftortekol[2]) die Kuhle, in die andere hineinftürzen follen (vgl. Schiller-Lübben), und bei Stortewin jedenfalls die Möglichkeit vorliegt, zu erklären, »einer, der den Wein ftürzt«.

Diefe Ausftellungen an der fprachlichen Behandlung des Schlufs-abfchnittes können mich jedoch nicht abhalten, der fleifsigen, förderlichen Schrift unter den Freunden des Niederdeutfchen recht viele Lefer zu wünfchen.

Friedenan-Berlin. Ed. Kück.

[1]) Vgl. Uhlenbrok, Uhlenhof. — [2]) Man denke auch an den Namen Lebmkuhl.

Notizen und Anzeigen.

Beitragszahlungen find an unfern Kaffenführer Herrn Joh: F. Rabe, Hamburg 1, gr. Reichenftrafse 11, zu leiften.

Ve nder ngen der Adreffen find gefälligft dem genannten Herrn Kaffenführer zu meldeнä u

Beiträge, welche fürs Jahrbuch beftimmt find, belieben die Verfaffer an das Mitglied des Redactions-Ausfchuffes, Prof. Dr. W. Seelmann, Charlottenburg, Peftalozziftrafse 103, einzufchicken.

Zufendungen fürs Korrefpondenzblatt bitten wir an Dr. C. Walther, Hamburg 3, Krayenkamp 9, zu richten.

Bemerkungen und Klagen, welche fich auf Verfand und Empfang des Korrefpondenz-blattes beziehen, bittet der Vorftand direct der Expedition, »Diedrich Soltau's Verlag und Buchdruckerei« in Norden, Oftfriesland, zu übermachen.

Redigiert von Dr. C. Walther in Hamburg.
Druck von Diedr. Soltau in Norden.

Ausgegeben: Dezember 1902.

Jahrg. 1902.   Hamburg.   Heft XXIII. № 5.

Korrofpondenzblatt

des Vereins
für niederdeutfche Sprachforfchung.

I. Kundgebungen des Vorftandes.

1. Veränderungen im Mitgliederftande.

In den Verein eingetreten find die Herren
Hennemann, Dr. H., Direktor, Anklam,
Schütte, Otto, Oberlehrer, Braunfchweig.

---

2. Generalverfammlung zu Magdeburg Pfingften 1903.

Der Vorftand giebt den geehrten Vereinsmitgliedern kund, dafs nach
Befchlufs der Emdener Pfingftverfammlung 1902 die Generalverfammlung
des Jahres 1903 um Pfingften in Magdeburg ftattfinden wird. Zugleich fpricht er die Bitte aus, die für diefe Zufammenkunft beabfichtigten
Vorträge und Mittheilungen möglichft bald bei dem Vorfitzenden
Geh. Rath Prof. Dr. Al. Reifferfcheid in Greifswald anmelden zu
wollen.

II. Mitteilungen aus dem Mitgliederkreife.

Federproben in Büchern des Niedergerichts zu Roftock.

1. Yk bun bugaten sunder nat:
   myn valsche vrunt dede my [dat?].
2. Nach der schonen rughet[1]) allent, dat dar levet;
   myn mut zik hevet.
3. Mich wundert, wo.
4. God help, des yk buginne,
   dat ik des guden ende wynne.
   (1—4 aus der Swaren Tafel v. 1414—1419.)
5. Elende unde unbekant
   bringhet menghen zorghe an vromede laut.
6. Elende bûn ik:
   deme dat erbarme, de troste mycb.
7. Elende   wedder wende   to ende.

---

[1]) rugen, ruyen: mit Ungeftüm laufen, fich hindrängen, hinftreben.   C. W.

8. Hofen ist myn stûre;
wes ik beghere, dat is my dure.
9. God help uns ute alle unser noet
dorch zyne hilgen wif wnden roet. Amen.
10. Jummer, ach, we langhe.
11. Ik bun vorwildet uppe der zee;
myn dat lich an sturebort.
(5—11 aus dem Scheltungsbuch v. 1414—1440.)
12. Wunslicken schone is se ghestalt,
Maria, de konynghinne.
13. Help Ghot ut noet!
dar is ghen schilt vor den dot: [2])
de in deme crutze let den dot,
de wil uns helpen ut aller not.
(12 u. 13 aus: Protokolle I v. 1523—1524.)

Roftock.   K. Koppmann.

Bomlitz (XXIII, 49).

Es ist gewifs nicht nötig, in diefem Flufsnamen eine flavifche Ab-
leitungsfilbe -litz anzunehmen. Gegenüber Walthers Deutung des Namens
aus Bomlofe, dem Namen einer an diefem Fluffe gelegenen Bauerfchaft,
möchte ich aber eine näherliegende Erklärung vorfchlagen. Die Silbe -litz
stelle ich zu mnd. leke, liki, das wiederum mit uuferem nhd. Leck (Riss,
wodurch Waffer geht), lecken stillare, mnd. lecken tröpfeln laffen und
deren Stammverwandten zu einer Gruppe gehört. mnd. leke ist ein den
Flufsnamen (und von Flufsnamen abgeleiteten Ortsnamen) eigentümlicher
Stamm; Beifpiele dazu hat Förftemann, Altd. Namenbuch, Band 2 (2. Aufl.),
Sp. 987 f. gefammelt. Vgl. ferner Jellinghaus, Weftfül. Ortsnamen nach
ihren Grundwörtern, S. 94. Sundermann, Friefifche u. nds. Beftandteile
in den On. Oftfrieslands, Emden 1901, S. 32 f. Die affibilierte Form ist
im Uebrigen nur auf friefifchem Boden zu Haufe, Sundermann a. a. O.
verzeichnet reichliche Beifpiele von letze, letz, -litz. Zu den von ihm
genannten Namen Vorlitz und Herlitz füge ich noch die Abelitz, den Namen
eines Canalzuges bei Emden. Wir hätten dann alfo in der Form Bomlitz
zugleich ein neues wertvolles Beifpiel für den Zetacismus in nordhanno-
verfchen Namen. Die nächften Parallelen dazu bieten die von Seelmann,
Nd. Jb. 12, 72 angeführten 3 Flufsnamen auf -bizi in der Nähe von Celle:
Smeribizi, Wihtinbizi, Ibizi (Urk. von 1060), bei denen fich heute
allerdings das -beck wieder durchgefetzt hat.

Göttingen.   C. Borchling.

hundesvot.

Item Peter Rebbesin heft geklaget aver ßinen steffone, dat he ene
vor 1 halffpapen und vor 1 hundeßfôth gefchulden bedde. Protokolle I
(des Niedergerichts) v. 1550—1551 fol. 27.

Roftock.   K. Koppmann.

---

[2]) vgl. XXIII, 42. 53 und C. Borchling, Bericht über mittelniederdeutfche Handfchriften III, 66. C. W.

Brûfche, Brûfche (XXIII, 41. 52).

Brûfche war um 1860 in Berlin allgemein bekannt für eine durch
Fall, Stofs oder Hieb entftandene — nicht für eine andere — Kopfbeule.
Berlin.   F. Liebermann.

Im Oftfälifchen heifst es broufche und bedeutet eine Anfchwellung,
die durch einen Stofs oder Schlag hervorgebracht ift.
Braunfchweig.   Th. Reiche.

Richey im Hamburgifchen Idioticon (2. Aufl. 1755) S. 25 f. unterfcheidet brufe, den durchlöcherten Auffatz an der Röhre eines Garten-
Gieffers, wodurch die Pflanzen mit Waffer befprützt werden, und bruuß,
Beule am Kopfe, vom fallen, ftoffen oder fchlagen. Schütze im Holfteinifchen Idiotikon I (1800), 170 chenfo, doch kennt er als Nebenform für das
zweite Wort brus auch bruufch, Braufche, Beule am Kopf vom Fall,
Stofs oder Schlag. Ich habe für Kopfbeule bruufch nie gehört, fondern
nur brûfs (fem.), Plur. brûfsen, während man allerdings hd. in Hamburg
braufche gebraucht, und für den durchlöcherten Auffatz der Giefskanne
brûf' (fem.), Plur. brufen.

Das Quedlinburgifche brufe und das Hamburgifche brûfs ftimmen zufammen im s-Laut gegenüber fonft bezeugtem sch, weichen aber von einander ab, indem jenes ein weiches oder tönendes, diefes ein fcharfes oder
tonlofes s hat. Zu dem von Sprenger angeführten Pommerfchen brufch,
bruufch und Altmärkifchen brûfch ftellt· fich Meklenburgifches (Mi d. i.
Sibeth) brufch, Fallerslebifches (Hoffmann) brûfche, f., Oftfälifches (f. oben)
broufche, Preufsifches (Frifchbier) brûfch, f. und m., hd. braufche, f.
und brûfch (f. Nachtrag II, 514), und die bemerkenswerten Formen mit
Umlaut: Oftmagdeburgifch (f. hier S. 52) brüfche, f., Berlinifch (f. oben)
brüfche, wozu Der Richtige Berliner auch briefche angiebt, und als
Preufsifch die von Frifchbier als Nebenformen von brûfch verzeichneten
brüfch und brifch. Diefes brüfch, fowie das Pommerfche brufch fallen
auf durch den kurzen Vokal; oder follte brüfch Druckfehler für brûfch
fein und hat Dähnert brufch nur wegen der alphabetifchen Reihenfolge
angefetzt, weil er es vor brufe, brufen ftellt? brufch bei Sibeth wird
lieber als brûfch zu lefeu fein; er fchreibt auch tufch (Taufch), krifchen
(kreifchen), puft (Athem) u. f. w., wo der Vocal ficher lang ift.

Sprenger hat darauf aufmerkfam gemacht, dafs der Ausdruck weder
bei Schambach (Göttingen-Grubenhagen) noch bei ten Doornkaat Koolman
(Oftfriesland) verzeichnet ift, während fie brufe für Giefskanne bringen.
Ebenfowenig kennen ihn Stürenburg (Oftfriesland), das Bremer Wb., das
ihn im Nachtrag V, 343 nur als Hamburgifch aus Richey anführt, Strodtmann (Osnabrück), Jellinghaus (Ravensberg), Echterling (Lippe), Woefte
(Weftfalen), Küppen (Dortmund), Vilmar (Heffen), der dagegen brufe für
Giefskanne aus den ndd. Theilen Heffens kennt*). Desgleichen mangelt
das betreffende Wort für Kopfbeule den udländ. Dialekten. Demnach be-
fchränkt fich die Verbreitung desfelben auf das öftliche Niederdeutfchland.
Die Weftgrenze wird, foviel bis jetzt ermittelt werden kann, durch Ham-

---

*) Diefes Wort für den durchlöcherten Auffatz einer Giefskanne und diefe felbst
haben auch faft alle ndd. Idiotika, während md. und obd. es nicht zu kennen fcheinen;
es wird alfo wohl in Niederdeutfchland gebildet fein.

burg, den Drömling, Braunfchweig, Quedlinburg beftimmt. Im ganzen
wird wahrfcheinlich an diefem Ergebniss nicht viel zu berichtigen fein,
aber es wäre doch von Belang zu wiffen, ob und in welcher Geftalt der
Ausdruck z. B. in Hildesheim, in Lüneburg, in Celle, in Hannover, in Stade,
in Ditmarfchen und in Holftein heimifch und nicht nur durch das lid.
braufche bekannt ift.

Das nhd. braufche läfst fich auf kein mhd. Wort zurückführen, obfchon im erften Bande des Mittelhochdeutfchen Wörterbuchs von Benecke-
Müller S. 271 ein brûfche, ftf., Braufche, mit Blut unterlaufene Beule,
aus der Livländifchen Reimchronik angeführt wird, was dann ungeprüft
oft wiederholt worden ift und, wie es fcheint, noch jetzt vielfach für richtig
gilt. Das ift aber ein Irrthum und beruht auf einem Misverftändniss des
in diefer Chronik mehrfach begegnenden Ausdruckes zu brûfe, prûfe,
brûfche, prufen gën, wie Leo Meyer in feiner Ausgabe und in der Zeitfchrift für deutfche Philologie IV, 429 nachgewiefen hat. Völlig klar geftellt hat die Redensart in der Germania XVIII, 210 Fedor Bech, der
Meifter in exegetifchen und lexikalifchen Unterfuchungen. Danach liegt
hier das ftm. brûs, prûs oder brûfch und einmal das Verb prûfen vor,
und die Bedeutung ift: zu Braus d. h. zum Sturm, Kampf gehn, fich in
den Kampf ftürzen, herzhaft auf den Feind eindringen, in Kampfeswuth
darauf losgehn. Auch den Wechfel von fch und s, p und b in jenen Stellen
hat Bech fonft nachgewiefen: er vergleicht das mhd. brûfche, f. bei Lexer
I, 371 für Braufen und für Wafferbraufe; in nld., nd. und md. Dialekten
finde man pruyfchen (Cornel. Kilianus ed. Haffelt 509, bullire, fervere,
infervere cum murmure), brûfchen (= braufen, Schambach 34b) neben
pruyfen, brûfen.

Demnach ift kein mhd. Wort brûfche, ftf. im Sinne von Beule, nachzuweifen. Ebenfowenig bieten es die neueren oberd. Dialekte, noch von
den mitteld. die weftlichen. Dagegen für Oberfachfen wird es durch Adelung in feinem Wörterbuche bezeugt. Von oberfächfifchen Schriftftellern
wird es der nhd. Schriftfprache zugeführt fein. J. L. Frifch, Teutfch-Lateinifches Wörterbuch, Berlin 1741, I, 129 verzeichnet es bereits, doch
ohne Beleg: braufche, f., eine mit Blut unterlauffene Bäule. Als älteften
Beleg bringt Jacob Grimm im Deutfchen Wörterbuch I, 328 eine Stelle,
an welcher peule und praufche verbunden vorkommen, aus der Ueberfetzung des Don Kichote de la Mantfcha von Pahfch Bafteln von der Sohle,
welches Buch nach Goedeke, Grundrifs zur Gefchichte der Deutfchen Dichtung II (2. Ausg.) S. 504 § 192, 292, zu Cöthen im Jahre 1621 herauskam. Da Paafche oder Pafche die ndd. Geftalt des Namens Pafchalis ift,
der befonders im Gebiete der mittleren Elbe beliebt gewefen zu fein fcheint,
fo. darf die Heimat des (pfeudonymen? Sohle = Saale?) Verfaffers in Anhalt oder doch in einer diefem nicht fern liegenden Landfchaft angenommen
werden, trotz des p ftatt b in jenen beiden Wörtern. Oberfachfen begriff
aufser den md. Ländern Meifsen und Thüringen auch urfprünglich ndd.
Gebiete, wie Anhalt, Mansfeld, Halle, Wittenberg. Es wäre alfo möglich,
dafs erft feit der politifchen Verbindung des Kurfürftenthums Sachfen mit
der Markgraffchaft Meifsen das ndd. prûfche in letzteres Land Eingang
gefunden hätte; ebenfowohl kann es freilich von altersher, wie manche
andere Ausdrücke, dem Md. und Ndd. gemeinfam gewefen fein. Es wäre

darum wichtig zu wiſſen, ob Adelung, wenn er das Wort oberſächſiſch nennt, nur an Anhalt, Halle, Leipzig, Dresden oder auch an Thüringen gedacht haben kann. Ob es in Thüringiſchen Dialekten vorkommt und dort altheimiſch iſt? Vor hundert Jahren wird es dort wenigſtens in der Sprache der Gebildeten vorhanden geweſen ſein, da Goethe ſich desſelben ein paar Mal in den »Aufgeregten« bedient (ſ. Grimm, Wb.); es müsste ihm denn das Wort aus ſeiner Leipziger Studentenzeit wieder eingefallen ſein, was aber der Wahrſcheinlichkeit entbehrt. Grimm ſchliefst aus dem Vorkommen von »baule krcwnj (Blutbeule) brauſche« bei Jungmann, dafs es in Deutſchböhmen gangbar ſei. Bei dem Einfluſſe, den die Sprache des benachbarten Sachſen auf die eines grofsen Theiles von Deutſchböhmen geübt haben wird, kann das nicht anfallen. Auch dafs Theodor Bernd 1820 das Wort brauſche für Poſen verzeichnet, kann dasſelbe nicht als ein urſprünglich mitteldeutſches beweiſen. Ob es in Schleſien gebräuchlich iſt?

Die Form bruſe kommt im Laute ganz mit engl. bruiſe für Quetſchung, Beule, Brauſche überein; das engl. to bruiſe, quetſchen, zerſtoſſen, geht auf afrz. bruiſer, bruſer mit derſelben Bedeutung zurück. Das frz. Wort wird aus dem Deutſchen ſtammen; die afränk. Form iſt nicht überliefert, wohl aber die agſ. brȳſan mit derſelben Bedeutung. Dieſe Verben hängen wohl lieber mit mhd. mudd. brûſen, mndl. bruuſchen (brauſen), nndl. bruiſen (bei Kramer-Moerbeek bruiſſen), bruizen (ſchäumen), nudd. brûſen, im Bremer WB. auch brûſken, brûſken (brauſen, rauſchen, lärmen; überkochen; geil auffchieſſen und wachſen), bei Schambach brûſchen (rauſchen) zuſammen; ſ. Franck, Etymologiſch Woordenhoek 155: De ſtammen brus en brusk beteekenen eigenlijk »breken, verbrijzelen«, welk begrip (b. v. op de tegen het ſtrand brekende baren toegepast) van zelf overgaat in den zin van »ruiſchen« of »ſchuimen«. Franck erklärt nndl. bruiſen als aus älterem bruiſchen entſtanden. Ebenſo kann vielleicht das hamb. brûſs, wenn es auf älteres brûſſe zurückzuführen iſt, aus brûſche geworden ſein.

Hamburg.   C. Walther.

Banſen (XXIII, 40. 52).

Im Waldeckſchen iſt der Ausdruck »banſen« noch jetzt ganz geläufig. Man bezeichnet damit das Aufhäufen des Heus auf dem Heuboden, der Bünne.

Hamburg.   Diſſel.

Im Bereiche der oftfäliſchen Mundart ein ſehr gebräuchliches Wort, bezeichnet das Zurechtlegen der Garben oder der Stroh- und Heubündel auf dem Wagen oder im Scheuncnfache; z. B. ick will uprecken (aufreichen), du ſchaſt (ſollſt) hauſen.

Braunſchweig.   Th. Reiche.

Banſen iſt der in ländlichen niederdeutſchen Kreiſen wohl allgemeine verbreitete Ausdruck für das ordentliche Aufſchichten von gleichartigen Gegenſtänden nach einem beſtimmten Syſteme, wodurch der Raum (die Banſe) möglichſt gut ausgenutzt wird. Die Getreidegarben, das gebundene Stroh, das gebundene Heu von Futterkräutern werden »gebanſt«; auch »banſt« man ungebundenes Wieſenheu, wenn auch nicht ganz in demſelben

Sinne, indem man es, Hohlräume vermeidend, gleichmäfsig in den auszufüllenden Raum, die Heubanfe, einpackt.

»Der Banfer« wird der Arbeiter genannt, welcher das ihm von den
eine Reihe bildenden übrigen »Banfeleuten« (meift Frauenzimmer) zu-
gereichte Material ordnungsmäfsig auffchichtet. Diefe Arbeit erfordert,
befonders wenn es fich um das Baufen von Diemen (Feimen, Schobern)
handelt, Uebung und Gefchicklichkeit, wird daher höher als gewöhnliche
Arbeiten bezahlt.

Dafs übrigens »Banfe« und »banfen« nicht nur provinzielle, fondern
in der deutfchen Schriftfprache allgemein gebräuchliche landwirtfchaftliche
Ausdrücke find, zeigt deren mehrfache Anwendung in Krafft's illuftriertem
Landwirtfchafts-Lexikon, Berlin 1888, in dem Artikel »Scheuer« S. 793 u. f.

Schlanftedt, Kreis Ofchersleben.   W. Rimpau.

Banfen bedeutet um Halle herum Heu und Korn auf den Boden
bringen, dagegen in Hohegeifs im Harze: Holzkloben und -fcheite nicht
fchränken, regelrecht auffchichten (zu einem Schrank, Holzftofs), fondern
nur auf einen Haufen, die Banfe, werfen. Heu bergen heifst dort ftopfen.

Lübeck.   C. Schumann.

In der mansfeldifchen Mundart der sog. Grunddörfer zwifchen
Eisleben und Mansfeld (vergl. Zeitfchrift für hochdeutfche Mundarten
II, 176 ff) ift neben den fubftantiven banfen m., bäns-chen n., banfe f.
auch das zeitwort haufen bei alt und jung ganz allgemein in gebrauch.
Als mansfeldifch überhaupt führt es Jecht, Wörterbuch der Mansfelder
Mundart S. 76 auf. Für Leipzig belegt es Albrecht (die Leipziger Mundart
S. 84), für die verfchiedenen gebiete des Thüringifchen aber Hertel
(Thüringer Sprachfchatz 63). Nach Vilmar (Idiotikon, 1883, S. 25) ift es
in Kurheffen ganz allgemein üblich. Er weift zugleich auf die bei Kopp,
Handbuch 1, 415. 312 angeführten belege aus den älteren heffifchen verordnungen hin. Demnach ift das verb haufen ein fefter beftand weiter
mitteldeutfcher sprachgebiete. — Im hennebergifchen Oftfränkifchen find
die genannten wörter nicht bekannt.

Anklam.   H. Hennemann.

Dôkmaget.

Im mnd. Wörterbuche und Handwörterbuche ift zu den Erklärungen
der Dôkmaget*) ein Fragezeichen gefetzt. Mit Recht! Denn die Erklärung
ift viel zu eng, eine Dôkmaget konnte ebenfo gut eine Verkäuferin in
einem Gewandhaufe wie eine Dienftmagd fein, ja fie konnte auch ohne
Stellung fein und nur einem unfauberen Gewerbe dienen. Denn die Dôkmaget ift eine Hure, wie aus folgenden Stellen, die ich aus Braunfchweiger
Urkunden anführe, hervorgeht.

Im Orgichtboke lefen wir 1560, dafs Anneke Rofenboms unzüchtig
gelebt hatte. Sie wurde freilich nicht aus der Stadt verwiefen, aber der

---

*) Das Wort ift im mnd. Worterbuche nur einmal aus der Rigaer Bürgerfprache
204 belegt: vortmer budet de rad, welk dokmaget vine loen denet, de fal neyn fmyde
dregen, edder men fal er dat nemen laten. Die Herausgeber des Wörterbuchs fragen:
„Mädchen, das im Gewandladen als Verkäuferin thätig ift? oder blofs 'ein Mädchen mit
einem Tuche' = Dienftmädchen? Vgl. das thüring. Mantelmädchen.“

Rat »gaf ohr einen Dock, den fette fe op«. Im Jahre 1562 hatte l'ich Juditt Ridders von ihrem Herrn befchlafen laffen. Sie wurde gefragt, warum fie nicht »einen Doeck up gefettet« und fo in den Haaren gegangen, da fie doch keine Jungfer gewefen. Agneta Wedderkops wurde 1583 mit Carften Meyer »nackend« im Bette gefunden. Sie entfchuldigte fich gleichwohl, als fei fie gar rein, wiewohl das »gemeine Gefchrei« ging, fie habe lange den »Hurenwagen getrieben«. Deswegen foll ihr ein Tuch gegeben und fie ein Jahr lang aus der Stadt vertrieben werden.

Im 10. Memorandenbuche fteht im Jahre 1571 die Verfügung, dafs die »untüchtigen» Frauen, die öffentlich ein unehrliches Leben führen, »korte wandes heicken up ohren höüeden dragen« follen.

Im Blutbuche fteht die Ausfage der Mette Schunhoff, die Dortie aus Hildesheim fei eine Hure gewefen. Als fie fie einft in der »dorntzen« habe ftehn fehn »un de har flicht umb gelecht«, da habe fie zu ihr gefagt, »idt fcholde einen doeck up fetten alfe einer horen to gehort«. (1572.)

Im 8. Memorandenbuche wird 1598 beftimmt, dafs der Anneke Arndes, die Hurerei getrieben hatte, ein Tuch aufgefetzt werden folle.

In den Acta colloquiorum reverendi minifterii wird 1612 erwähnt, dafs zwei Jungfern mit Reitern weggelaufen feien. Nun fie wieder gekommen feien, gehe die eine noch in Haaren, die andere habe fich bedeckt. Und im Pfarrfachenbuche wird im Jahre 1653 beftimmt, dafs die Braut des Leonhard Wulff wegen Konkubinats nicht im Kranze, fondern unter der Mütze oder dem Tuche getraut werden folle.

Braunfchweig.   Otto Schütte.

Wat feggst nu, Flefch?

Diefe Redensart findet fich bei Fr. Reuter zweimal, Franzofentid cp. 19 und Stromtid II, cp. 26, beide Male, um die eigene Befriedigung einem andern gegenüber auszudrücken; etwa = »gelt? dagegen läfst fich doch nichts einwenden!«

In meinem »Mecklenburger Volksmund« habe ich unter Nr. 196, durch den Text der gröfseren Reuter-Ausgabe von 1875, bez. 1877, und den hier gegebenen Deutungsverfuch (»wohl von einem Fragefpiel 'Fleifch up 'n Teller' übertragen«) verleitet, Fleifch als richtige Lesart angefehen und drucken lassen; die Hinftorfffche Volksausgabe bietet, ebenfo wie die Auflagen von 1862, 1866, 1871, die ficherlich auch von Reuter im Mscr. gegebene Form Flefch. Die Vermutung, die ich a. a. O. ausfprach, Fleifch fei als Eigenname zu betrachten (wie übrigens auch in der Note zu den beiden betreffenden Stellen in der Volksausgabe angenommen wird), hat fich inzwifchen, wo ich den Urfprung diefer Redensart ermittelt habe, als richtig herausgeftellt. Ich verdanke diefe Ermittelung Herrn Wilhelm Wegener in Schwedt, der mir vor kurzem mitteilte, er erinnere fich, die Redewendung vor 50 Jahren in einem Werke Cramer's, Hasper a Spada, in einer Scene, in der fich zwei Bauern unterhalten, gelefen zu haben. Seine Erinnerung hat ihn nicht getäufcht.

»Hasper a Spada«, eine Sage aus dem XIII. Jahrhundert, 1794 erfchienen, ist ein heutzutage längst vergessener dickleibiger Schauerroman in dramatifcher Form von jenem Karl Gottlob Cramer (1758—1817), der, ebenfo wie Spiefs, Vulpins und Genossen, als Verfasser zahlreicher Ritter-,

Räuber- und Geistergefchichten voll roher Plattheiten, abenteuerlicher Unnatur und unverhüllter Frivolität bis ins dritte Jahrzehnt des vorigen Jahrhunderts das Entzücken aller Wachtftuben und Herbergen, ja auch der vornehmeren Stände (vermittelst der Leihbibliotheken) bildete. Aus diefer Tatfache erklärt fich's, dafs eine von ihm gelegentlich gebrauchte Wendung in den Volksmund übergehen konnte.

Im zweiten Teil jenes Hasper a Spada treten zwei thüringifche Bauern, Jochen und Flefch, auf, die unmittelbar vorher im Gebüfch verfteckt die wilden Reden vorüberfprengender Ritter und Knappen mit angehört haben.

Jochen (indem er feinen Kopf zum Bufch herausftreckt): Was fägst de nau, Flefch?

Flefch (fchüttelt den Kopf): Ich gefäg nifcht . . . ufw.

Wir haben alfo hier einen der überaus feltenen Fälle vor uns, wo eine volkstümliche niederdeutfche Redensart auf einen beftimmten Autor zurückgeführt werden kann; ftreng genommen würde daher diefe Wendung unter Büchmann's »geflügelte Worte« zu rechnen fein (vgl. »der Mecklenburger Volksmund in Fr. Reuters Schriften«, Vorwort pg. VIII).

Kiel. C. Fr. Müller.

Weihnachtsgebrauch (XXIII, 10, 47).

Auch in Dortmund ift eine gewiffe Feier des Nikolaustages geblieben: die Kinder finden morgens, fei es unter dem Bett, fei es auf dem Fenfter- brett oder einem Tifche, einen Teller mit Aepfeln, Nüffen und einem flachen, kleinen Gebäck in Tier-, Herz-, Stern- und ähnlichen Formen, das nur in der Zeit zwifchen Nikolausabend und Weihnachten gebacken wird und noch heute ganz allgemein »Zinteklâse« (nach St. Nikolaus) heifst.

Dortmund. Fr. Kohn.

Für das Beftehen des Gebrauches fpricht auch ein Gedicht von Lulu von Straufs und Torney (Bückeburg) im »Daheim« 39. Jahrg. Nr. 12:

Weifst du es noch? Schon Wochen voraus,
Wenn Flocken über die Felder trieben,
Flog manches Briefchen im Wind hinaus,
Das wir dem Christkind im Himmel fchrieben;
Und der kleine Schuh mit den Lederfpangen,
Der abends wartend am Bette ftand,
Den fand man morgens, gefüllt zum Rand —
Knecht Ruprecht war ja vorbeigegangen.

Northeim. R. Sprenger.

Symbolifche Anwendung des Kuffes (XXIII, 43, 50).

Der Kufs beim Ordal.

Wer zum Gottesgericht ins Waffer gefenkt wurde oder zum Feuer- ordal fchritt, küffte Evangeliar und Kreuz Chrifti, laut Formeln feit dem 9. Jahrhundert bei Zeumer Formulae 619, 654, 711 und in den Angei- fächfifchen Gefetzen Ordal 4, 1.

Berlin. F. Liebermann.

Die Fuchtel küffen.

Auch bei dem preufsifchen Militär fcheint es früher Sitte gewefen zu

Plattdeutsche Bücherei
M. Börsmann.

Sammlung
des niederdeutschen Schrifttums
und der auf
dasselbe bezüglichen Arbeiten.

Hannover, 1902, Schillerstr. 39 A

Sehr geehrter Herr!

Beseelt von dem Bestreben, eine Stätte zu schaffen, an der möglichst jedes plattdeutsche Werk vorgefunden und zugleich für die Nachwelt aufbewahrt wird, bin ich seit Jahren bemüht, die gesammte, in Deutschland und Amerika erschienene plattdeutsche Litteratur zu erwerben. Es ist meine Absicht, dass meine Sammlung, welche einschliesslich ihres sprachwissenschaftlichen Bestandteiles bereits 2400 Nummern und ausserdem eine grosse Anzahl Sonderabdrücke u. s. w. umfasst, dereinst in den Besitz einer deutschen öffentlichen Bibliothek übergeht.

Die Bücher meiner Sammlung habe ich mit wenigen Ausnahmen durch buchhändlerische Vermittlung erworben. Ich möchte sie vervollständigen durch solche kleinen **Gelegenheitsdrucke**, die nicht in den Buchhandel kommen. **Den Verfassern bezw. Besitzern solcher Schriften würde ich zu grossem Danke verbunden sein, wenn sie ein Exemplar in meine plattdeutsche Bücherei stiften wollten.** Ich habe besonders im Auge:

1. Festzeitungen und Drucksachen plattdeutscher Vereine;
2. Hochzeits-, Carnevals- und andere Gelegenheitsgedichte, auch ältere;
3. Sonderabdrücke, Zeitungen und Ausschnitte, welche plattdeutschen Text bieten oder die plattdeutsche Litteratur betreffen;

ferner Nachweis von hochdeutschen Büchern mit besonderem plattd. Teil.

Es wäre mir auch hochwillkommen, wenn plattdeutsche Schriftsteller handschriftlich von ihnen vorhandene Werke meiner Bücherei übereigneten, damit sie in und mit ihr für spätere Zeiten erhalten bleiben.

Ein Verzeichnis mir noch fehlender Bücher erlaube ich mir mit der Bitte umstehend beizufügen, mich gegebenenfalls von der Möglichkeit des Erwerbs des einen oder des anderen Werkes gütigst in Kenntnis setzen zu wollen. Sowohl zu Eintausch als Ankauf würde ich bereit sein. Dasselbe gilt von allen plattdeutschen Schriften des 19. Jahrhunderts, welche in W. Seelmann's „Plattdeutsche Litteratur" etwa nicht verzeichnet sind.

In vorzüglicher Hochachtung

ganz ergebenst

M. Börsmann.

Gesuchte Bücher. — Desiderata.

Erbitte Angebote oder gütigen Nachweis von käuflichen Exemplaren.

Zeitschriften:

De politische Kannengeeter. Hamburg 1743.

De Plattdütsche. Ene Wochenschrift etc. Berlin 1772·

Up ewig ungedeelt. Bernburg 1878.

De gode Fründ. Königsberg u. Kiel 1879/80.

Hamborger Drüppen. Hamburg 1881.

Husmannskost. Ad Hinrichsen. Güstrow 1883/84.

De drullig Papagei. Berlin 1894/95.

Annas, W. E. Familie Klappspohn up de Vergnügungsreis. 1888.

Anners, C. Kunterbunt. Rostock 1888.

Baasch, A. J. Erholungsstund. f. Declamat. in plattd. Sprache. Hamburg 1840.

Bärmann, J. N. De lütje Plattdüütschmann etc. Hamburg 1859.

Brandenburg, J. F. Plattdeutsche Parodien. Berlin 1827.

David, J. H. Heute!!! Lokalposse. Hamburg 1860.

Ewen, Fr. Jan in't Examen. Weener 1868.

Friedheim, M. Een Polterabends-Riemels etc. Berl. 1855.

Harms, Cl. Den Bloodtüügn för unsen Glooben etc. Kiel 1817.

— Uebungen im Uebersetzen etc. Kiel 1817.

Hirschel, H. alle plattd. Theaterstücke. Hamburg 1883—1887.

Holzmayer. Biller ut Hamborg. vor 1857.

Horn, W. Ernst und Humor. Neuhaldensleben (1890).

Josephy, J. Uns' Krieg mit den Franzos 1870/71. Stralsund 1871.

Kabalist, H. Harm upp de Kriegstribüne. Leer 1859.

Kasiski, F. W. Dei Dodg in: Deutscher Sprechwart, 4, 6.

Keller, Ernst. Meister Lampe etc. 1870.

— Eene Turnerfoahrt etc. Berlin 1895.

— Eene Herren-Parthie etc. Berlin 1895.

Krüger, D. Dei andere Deil ower de Kunst etc. Magdeburg 1847.

Löffler. Gruoss ut de Mark Brannenborch. Gotha 1864.

Linden, Arnold. „Hie Welf!“ Leipzig 1869.

Lyser, J. P. T. Linorah oder die Wallfahrt etc. Altona 1860.

— Melkmann Claas sin Fastnacht. Hamburg 1861.

— Leiden eines schwarzen Schafbocks.

— De Geschichte van de ole Fru Beerboomsch etc. Altona 1862.

Mansfeld, A. Reise d. Familie Eggers etc. Hamburg 1886.

Meier, H. 200 plattd. Räthsel etc. Weener 1868.

— ostfriesische Kinder- und Volksreime. Weener 1868.

Meyer, Johs. Jan Bumann ut Poppenbüttel etc. Hamburg 18 . .

— Stereoskopbilder a. Hamburgs Ecken etc. Hamburg 18 . .

Neomarchicus, Aug. Friedrich des Grossen Oewergang by Güstebiese. 1759.

Prinz'n, Berndin. Vieruntwintig schöne Leere von Robert Burns, denn Schott-länner. Leipzig 1869.

Reusch, B. F. Plattdeutsche Gedichte etc. Berlin 1863.

Rienau, H. Ut dat Volk, för dat Volk. Heft 1. 1884.

Schölermann, J. Reise d. Familie Eggers etc. Hamburg 1886.

Steffin, Hugo. 'Ne Dörpgeschicht. Berlin 1883.

Tiemann, Theod. Johann Bumz im Mässigkeitsverein. Hamburg 1842.

Vaupel, W. Hamborger Döntjes. Hamburg 1892.

Vorbrodt, F. A. Obbeswemmt. Schönebek a. Elbe 1876.

Voss, Juls. von. Neue dramatische Schwänke. Berlin 1817.

Voss, Hans. Leester Buschwark. I. Bremen 18 . .

Wagenfeld, F. Tobias uppen Quenenmarkt. Oldenburg 1845.

Weber, Mart. Körung. Verden a. Aller 1877.

Weyden, E. Kölns Legenden etc. Köln 18 . .

1779. Politsche Gespräke öbern Krieg etc. Berlin.

1810. Den Herrn van Uszler bi sinen Dienstantritt etc. Goslar.

1813. De Hochtit. „Kukern seggt unse Hahn" etc. in: Heidelb. Jahrb.

1814. Korte Beschriewung v. d. Specktaakel twisch. d. franschen Douanen u. d. Koffeedrägers etc. Hamburg.

1846. Wie se te Mörsch stechlen, oxtrekken etc. Meurs.

1849. Lorbeerreiser d. dänischen Kriegsmacht. Flensburg.

1867. De plattdütsche Kladderadatsch. Mühlheim.

1870. So spröäken de norddütschen Bur'n. Berlin.

1881. Bruder Lampe's poet. Sendung etc. Mitau.

1891. Dat Hanseatenleed v. hans. Jäger Wurre etc. Lübeck.

1893. Düsseldorfer Carneval 1886—1893. Düsseldorf.

Köln wie es ist — und trinkt. vor 1857.

Klas Arenstaken im Pannkaukenbiärge.

Van den Detmerschen is dyt ghedicht. Nachdruck Schleswig.

Augustiny. Chronik d. Kirchspiels Hollingstedt. vor 1857.

Rüssow. Chronica d. Prov. Lyfflandt. Barth 1584.

Hennig. Preuss. Wörterbuch. Königsberg 1785.

Vollbeding. Wörterbuch d. plattd. Sprache. Zerbst 1806.

Bock. Idioticon prussic. 1759.

Moser, E. Hoch-, mittel- u. niederdeutsche Mundarten. Dessau 1888.

Eppers, K. Klaus Groth u. d. plattd. Dichtung. Hamburg 1885.

Plattdeutsche Bücherei M. Börsmann, Hannover, Schillerstr. 39 A.

fein, dafs der beftrafte Soldat die Fuchtel (den breiten und langen Degen) des Zuchtmeifters küssen mufste. Der Invalide Würges in Paul Heyses Colberg I, 10 fagt:

> . dafs der alte Fritz im Grabe fich
> Umkehrte, wenn er was von Jena hörte
> Und Auerftädt und Magdeburg und Stettin.
> Und dafür noch Refpect und **Fuchtelküffen**?
> Nein, fetzt es Prügel, lieber doch vom Feind,
> Als erft von euch, ihr Herrn, und hinterdrein
> Erft recht vom Feind.

Northeim.   R. Sprenger.

_____

Kattreppel· (XXIII, 58).

Kattreppeln ift Name einer Strafse in Braunfchweig, wie auch in einigen anderen Städten.

Braunfchweig.   Th. Reiche.

Kattreppel ift doch gewifs dasfelbe wie **Katerftig** hier in Lübeck und anderswo; es ift zu **Katzentreppe** geworden, womit wir als Kinder auch einen in beftimmter Form zufammengefalteten Streifen Papier benannten.

Lübeck.   C. Schumann.

_____

Polka (XXII, 45, 51).

Dafs **Polka** in Zufammenfetzung überhaupt den Begriff des Gemeinen bezeichnet, beweift das von Stofch (Kluges Zeitfchr. f. d. Wortforfchung III, 365) aus David Kalifch's Posse »Berlin bei Nacht« S. 7 (v. J. 1850) belegte »Polka-Kneipe«.

Northeim.   R. Sprenger.

_____

Stortekare, Stortekol, Stortewin (XXIII, 64).

Zu diefem Namen möchte ich bemerken: skandinav. *kar* = Becher. **Stortekare** = Störtebecker, ebenfo **Stortewin**, vielleicht auch **Stortekol** aus skandin. *ftorte kul* = ftürze um (nämlich den Becher oder »alles«).

Putbus.   V. Campe.

_____

Bemerkungen zu früheren Auffätzen.

_____

Amen in der Kirche (XXII, 26, XXIII 37).

In hiefiger Gegend fagt man: Dat es *fau fcker*, as 't Amen in de Kerke.

Polak (XXIII, 37).

Mit diefem Worte bezeichnet mancher Raucher den nicht verbrannten Tabakrest in der Pfeife, der, wenn er nach einiger Zeit wieder in Brand gefetzt wird, nicht befonders angenehm fchmeckt.

Alle Bate hilpt (XXIII, 40).

In Dortmund und dessen Umgegend ift eine vielgebrauchte Redewendung: *Dat bat nich* = das hilft nicht.

Dortmund.   Fr. Kohu.

_____

Oftfälisches zu einigen in XXIII Nr. 4 behandelten Ausdrücken.

Lopp (S. 54) bedeutet im Braunfchweigifchen 10 Gebinde (felbst-gefponnenen) Garns.

Toft (S. 54) ift ein kleiner Schopf Haare; daher auch das Schimpf-wort fnoppentoft (dem der Schnupfen in den Haaren fitzt).

Mattier (S. 56 Münznamen) wird noch häufig gebraucht für 4 Pfennig; es war eine frühere braunfchweigifche Kupfermünze. „Mattierzoll" ift der Name einer Halteftelle zwifchen Börffum und Jerxheim.

Loder (S. 58, 4). „Der Loder", Ueberfchrift einer Erzählung von Schmidt in der „Gartenlaube", bedeutet Faulenzer, Müffiggänger. Im Oftfälifchen heifst es loddei für Faulpelz, auch lodderhaft.

Niper (S. 58, 5). niepe heifst „genau", faft nur vom Sehen ge-braucht, z. B. kiek emal ganz niepe tau. Ein nieper kann deshalb auch ein ganz genauer = fehr fparfamer fein, der Geldeswert bis auf einen Pfennig anficht.

kunkeltunne (S. 59, 9). Die erfte Hälfte des Wortes kommt im Oftfälifchen vor in kunkeldicke, die in die Schweinsblafe gefüllte Blut-wurft. Sollte dies Wort mit kungeln zufammenhängen? Kungeln heifst allerhand unreelle Ein- und Verkäufe machen, weshalb man eine Frau, die fich damit befafft, auch eine kungelwâfche nennt.

buchten (S. 59) ift ein fehr häufig gebrauchtes Verbum und heifst: fich fürchten, fich nicht foviel Kraft zútrauen wie einem andern. Doch wird es ftets nur mit Verneinung gebraucht: ick buchte vor däne niche. Die dritte Perfon lautet bucht, was ich eigentlich bucht't fchreiben möchte: dei bucht't vor twei pund fleifch niche, er ift der Meinung, dafs er fie in einer Mahlzeit verzehren kann.

richte (S. 64). in de richte, ein näherer Weg, wird fehr häufig gebraucht. dat is in de richte, das ift der nächfte Weg.

Braunfchweig. Th. Reiche.

Zu Koneman. (f. Jahrb. XVIII, 19; Korrbl. XV, 93.)

V. 79 ff. des Sellofchen Textes:

>Man fal is den gegunnen
de daz irwerben kunnen
mit zucht unde mit güte,
mit eindrachten mûte,
broderlichen, funder vare
de fpehen fin uphare;
der fall man wefen vrie.‹

Nach meiner Anficht ift V. 84 f. richtig überliefert und zu überfetzen: ‹Die Spötter mögen zurücktreten; von ihnen foll man fich frei machen.‹ Vgl. uphór ftan ›bei Seite treten‹ (s. Mnd. Wb. 5, 113) und den Reim uphóre : vore. Vielleicht ift fin (feien) aus ftan verfchrieben.

Northeim. lt. Sprenger.

III. Litteraturanzeigen.

C. F. Müller, Der Mecklenburger Volksmund in Fritz Reuters Schriften. Sammlung und Erklärung volkstümlicher Wendungen und fprichwörtlicher Redensarten im mecklenburgifchen Platt. 8⁰. (XII und 132 S.) 1,80 M. Leipzig, Heffe (o. J.).

Derf., Zur Sprache Fritz Reuters. Ein Beitrag zur Kenntnis der mecklenburg. Mundart. 8⁰. (50 S) 0,80 Mk. Leipzig, Heffe, 1902.

Die Mundartenforfchung und die Volkskunde haben die reichen Schätze, die Reuters Werke bergen, noch immer nicht gehoben. Daher find die beiden neuen Erfcheinungen der Reuterlitteratur von vornherein dankbar zu begrüfsen.

Die erfte Schrift verfolgt nicht etwa in engeren Grenzen ein ähnliches Ziel wie die von Woffidlo herausgegebenen »Mecklenburgifchen Volksüberlieferungen«, wenngleich es an Berührungspunkten nicht fehlt. Der Verfaffer will in erfter Linie der Erklärung dienen; der Geächtspunkt der Volkskunde tritt dem gegenüber zurück. Diefem entfpricht auch die Anordnung: von einer fachlichen Gruppierung der gefammelten Wendungen ift abgefehen und ftatt ihrer die alphabetifche Anordnung gewählt worden. Müller fchreibt zunächft für »die Reutergemeinde befonders in Mittel- und Süddeutfchland«, glaubt aber mit Recht, dafs feine Arbeit »zugleich der niederdeutfchen Sprachforfchung erwünfchte Dienfte leiften und Baufteine zu einem mecklenburgifchen Idiotikon liefern könne«. Es fei nur kurz auf eine Reihe Redensarten hingewiefen, die durch ihn wohl zum erften Male ihre Erläuterung gefunden haben: 169 *(Hei ftt hir as Excellenz bi Bufchen)*, 201 *(Hei ftunn dor as Matz Fots von Dresden)*, 416 *(Hei is fo lang, as Lewerenzen fin Kind)*, 657a *(Du Snackfatt von de Eck)*. Mit richtigem Empfinden wird 723 *(Wen' ordentlich up de Tähnen fäuhlen)* vom Pferdehandel abgeleitet. Die Entfcheidung, ob eine Redensart volkstümlichen Urfprungs ift oder nicht, mag dem Verfaffer nicht immer leicht gefallen fein. Sie war noch dadurch erfchwert, dafs feine Heimat und fein jetziger Wirkungskreis aufserhalb Mecklenburgs liegen (Verden, Kiel). Im grofsen und ganzen wird aber auch hier feiner Entfcheidung beizuptlichten fein, doch wäre durch Heranziehung der übrigen niederdeutfchen Litteratur Mecklenburgs in manchen Fällen ohne Zweifel ein noch fefterer Boden für fie zu finden gewefen. Leider hat der Verfaffer verfäumt, die Stellen nach den Seitenzahlen anzuführen: diefes (unter Zugrundelegung beftimmter Ausgaben) würde die Schrift befonders für wiffenfchaftliche Zwecke ungleich brauchbarer gemacht haben. Die Anführung nach Kapiteln erfchwert das Nachfchlagen ungemein, und oft fehlt jede Angabe.

Kein Freund Reuters wird das Buch ohne Anregung und Belehrung aus der Hand legen, auch kein niederdeutfcher Philologe. Dass aber trotz des Geleifteten, zum grofsen Teil wegen der geringen Vorarbeiten, auch jetzt noch manches zu leiften übrig geblieben ift, dem verfchliefst fich der Verfasser felbft nicht; er felbft erklärt, jede Mitarbeit aus dem Kreife feiner Lefer werde von ihm dankbar begrüfst werden. Um fo lieber fteure ich die folgenden Ergänzungen und Vorfchläge bei.

29. Ueber den Brauch, in den April zu fchicken ('fchwerlich volks-

tümlich, der Bauer kümmert fich um Aprilwetter nicht fonderlich'), urteilt der vf. kaum richtig. Der Brauch ift zwar nicht volkstümlichen, nicht einmal deutfeben Urfprungs, aber er hat nach feiner Einführung aus Frankreich allmählich wie fo manches andere daher Stammende (Fremdwörter, Beftandteile der Tracht) eine volkstümliche Bedeutung gewonnen. In der Lüneburger Heide (im Nordwesten, dem auch die nachher anzuführenden Beifpiele angehören) ruft man dem Ueberlifteten zu: (*in 'n*) *April, April kann 'n dummen Narren fchicken, keen 'n* (= wen man) *will*, mit deutliebem Anklang an das im D. Wb. I 538 verzeichnete: *Am erften April | fchickt man die Narren, wohin man will*. Auch die ebenfalls als ›kaum volkstümlich‹ bezeichnete Redensart: (*Worin*) *as in 'n gollen Beker 'rinner seihn* (52) ift in der L. H. durchaus volkstümlich; es heifst da: *He kiekt dorin* (in den betreffenden Menfchen) *as in 'n gollen Beker*.

Bei *Dat Blad hett sick wen'nt* und *Dat Blad ward fick eklich dreihn* (58) ift wohl beffer mit Heyne (I 445) von den ›Gaukeleien mit Büchern und Kartenblättern, wie folche von Landfahrern getrieben wurden‹ auszugehen.

99: (*Wen*) *tau'm Buren hollen:* Mi (Wörterbuch der Mecklenburgifch-Vorpommerfchen Mundart) verzeichnet auch das einfache *buren* = aufziehen, zum besten haben; in der L. H. fagt man *för'n Burn hemmen*.

Das Verbum *däfen* (114) ift auch mecklenburgifch, Mi: *däfen* = ohne Zweck umhergehen, träumerifcb wandeln.

Zu 118 (*Vör Dau un Day*) fei auf Nergers Gr. 157 verwiefen; Nerger fieht in der Wendung eine verdunkelte und vergeffene Participialfügung (*vör dauen dug*, altmeckl. *vor douwendeme daghe* = unte diem rorautem).

Zu 134 vgl. noch Mi (*Drank*): *Wenn fo vel Gören kamen, ward de Drank ümmer dünner*. In der L. H. und wohl bis Hannover füdwärts (vgl. J. Sackmann bei Regenbardt S. 95): *Vel Swin makt den Drank dünn*.

Bei *Nu bidd' ick einen um dufend Pund* (151) ift an das alte Zahlpfund, das Pfund Silbers zu denken. Vgl. z. B. die im D. Wb. VII 1811 angeführte Stelle des Nib.: *wol bi hundert phunden gap er âne sal*.

Bei *de Knüppel bliwwt doch ümmer baben* (380) hätte ausser auf *de Knüppel liggt bi den Hund* auch auf 183 *Fett swemmt baben* verwiefen werden können: beide Wendungen fcheinen zufammengeflossen zu fein.

465: *'t is Mis as Mus*. Eine echte Form der Redensart fcheint mir das holfteinifche *Dat is Muus as Maus, de Katt fritt fe beede* (Berghaus II 667), alfo *Muus* und *Maus* als Bezeichnung für gering und vornehm. Daneben hat fich eine zweite Wendung herausgebildet *dat's Mis as Mau*; diefe letztere (bei Mi S. 55) entbehrt des oben angeführten Nachfatzes; natürlich, denn Mis ift die Katze, wie Mi richtig erklärt, und Mau meint fie ebenfalls (vgl. auch mnd. *mauwen* = miauen); Mis foll wohl die feinere, Mau die volkstümliche Bezeichnung fein Von diefen Redensarten aus gelangen wir zur richtigen Beurteilung der Reuterfchen Wendung: *Mus* gehört in fie gar nicht hinein, fondern ift ein Eindringling aus der erwähnten holfteinifchen Fassung. Ebenfo fällt jetzt auf die von Müller benutzte Wendung Dähnerts Licht: *Dat is Mis as Mau, de Katt bitt fe alle beide*. Nämlich auch hier find beide Faffungen vermengt: der Vorderfatz für fich giebt Sinn, gehört aber nicht zu dem Nachfatze.

466: Die Wendung *Mi is dat nich mit,* die Vf. »nie in Hannover· gehört hat, ift in der L. H. fehr gebräuchlich.

569: In *Dat kann wol Rath worden* ift *dat* Verderbnis des alten Genetivs *des.* Im Mnd. wurde *des* oft auch als Nominativ verwendet; das Sprachbewusstfein hat in der Redensart allmählich *»des«* als Nominativ gefasst.

592: »*(Wen) bi den erften Schäpel Roggen wen'n«* = jmd. beim erften Scheffel Roggen gewöhnen. Zu diefer »nirgends belegt gefundenen« Ausdrucksweife fei bemerkt: In der L. H. fagt man von einem, der in einem Haufe noch fremd ift, fich erft einleben mufs, Heimweh hat u. dgl.: *He mutt irft'n Schepel Ruggen verteren* (auch *'n Spint Sult).*

639: *Seelfack* (= Körper) erinnert an den *»Madenfack«,* die im 16. Jh. und zunächft als Kraftwort geiftlicher Kreife aufgekommene Bezeichnung des menfchlichen Leibes (vgl. D. Wb. VI 1427).

706: *Hüt fünd noch din Stutenwochen.* In der L. H. heifst es: *Irft de Stutenweken, denn de Snutenweken.* Die Wendung wird gern von den neu eintretenden Schulkindern und Dienftboten gebraucht. Die aus dem Br. Wb. angeführte Bedeutung »Flitterwoche« für »Stutenweke« gehört übrigens fchon der mnd. Zeit an, und fo nahm die Redensart thatfächlich wohl urfprünglich auf die Freuden und Leiden des jungen Eheftandes Bezug.

761: *Hei namm de fülwigen Breiw' up,· de hei (up den Rahnftädter Ball) funnen hadd.* Die Rede ift von Fritz Triddelfitz, der Luife Hawermann mit derfelben Anrede (Fräulein) beehrt wie die fünfundzwanzigjährige Bürgermeifterstochter auf dem Balle. In der L. H. fagt man von einem Menfchen, der Redeweife, Manieren, Behauptungen u. f. w. eines andern angenommen hat: *He het fin Pepieren* (feine Papiere) *funnen.* Ebenfo hat Triddelfitz auf dem Ball fich die befagte Anrede angeeignet. Die erwähnte Redensart wird alfo in der L. H. nicht etwa mit der Einfchränkung auf Befolgung der »geheim gehaltenen Praxis« eines andern*) gebraucht, und auch Reuter hat wohl die Redensart ohne diefe Einfchränkung gekannt und angewendet.

783: *Bi Tiden Vörpal flagen:* Vgl. noch Mi (unter *Pricken) en Pricken vörflan* = ein Hindernis bereiten. Lübben-Walther hat *vor-pil* = (Furchen-,) Grenzpfahl; hier wird das Wort mit *vore* = Furche zufammengebracht. Mit diefer Deutung hätte fich Müller auseinanderfetzen müffen; ich felbft glaube nicht an ihre Richtigkeit; die Furche heifst im Meckl. noch heute ohne Umlaut *Fohr,* in der L. H. *Fuhr.*

786: *Hei wull dat nich för fin Vull hewwen, för finen Vull annemen:* die Vermutung, dafs in *Vull* Folio ftecke, ift zurückzuweifen, vielmehr liegt bei »*för fin Vull«* das mnd. *vulle* (ft. f.) = das volle Mafs vor; bei *för finen Vull* erklärt fich das Masculinum fich aus mnd. *vulle* (fw. m.), während die Form Vull wohl aus dem ftarken Femininum übertragen ift.

831: Zu »*en X för en U maken«* beiläufig folgendes: Der bis jetzt

---

*) Vgl. Giliboff, Korr. XX 40. Urfprünglich werden die Redensarten *«Breiw finnen»* ·und *«Pepiern finnen»* allerdings in diefem engeren Sinne gebraucht fein, wie denn auch Gillhoff das teilweife Fortleben diefer Bedeutung in Mecklenburg überzeugend nachweift. Der Begriff des Geheimniffes, was ich gegen) e Gillhoff bemerke, liegt übrigens nicht in dem Worte *Breiw';* *Breiw'* (vgl. mnd. *bréf*▭*r* alles Gefchriebene, Urkunde etc.) faffe ich als gleichbedeutend mit *Pepiern.*

bekannte ältefte Beleg dürfte der von Heyne für 1597 gegebene fein (er
ift an der angeführten Stelle übrigens nicht zu finden); aber fchon in
Caspar Grüters Katechefis (Vorrede von 1528) heifst es: *wie es dann
yetzund, Gott erbarmbs, in der welt alzuofeer gemain ift, ain x für ain v
zuo machen* (Mon. G. Paed. XX 363, 13).

Den bisherigen Einzelbemerkungen mögen nunmehr zum Schlufs
noch einige andere unter einem beftimmten Gefichtspunkte an-
gofchloffen werden. Warum wird z. B. 199 *(Sick up de Flüchten maken)*
Danneil und nicht mnd. *vlucht* citiert? Warum bei *Mort* (473) die ahd.,
mhd. und engl. Form und nicht das mnd. *mare, mâr?* Bei *Sälen* (609)
vermifst man das mnd. *fele*, für *Näs'water* (489c) war ein (fogar aus
Wiechmanns Meckl. a. Lit. ftammender) Beleg bei Schiller-Lübben *(nefewater)*
zu finden, für *Pijon* (523) bei Lübben-Walther *pione* (noch nicht bei Sch.-
L.) Ich meine: bei der Erklärung niederdeutfcher Wörter und Wendungen
fehe man fich grundfätzlich zunächft beim Niederdeutfchen um und in
erfter Linie aufser bei den etwa vorhandenen Idiotiken beim Mittelniederdeutfchen. Reichen diefe Quellen nicht aus, dann mag das Gotifche,
Angelfächfifche, Hochdeutfche u. f. w. herangezogen werden. Wir befitzen
heute gute mittelniederdeutfche Wörterbücher: da gilt es auch, fie plan-
mäfsig ausnutzen, nicht blos hier und da gelegentlich heranzuziehen. Man
wird einwenden, dafs an den angeführten Stellen mit diefem Zurückgreifen
auf das Mnd. wohl eine berechtigte formale Forderung erfüllt, aber keine
fachliche Förderung erreicht worden wäre. Das ift richtig, aber es fehlt
auch nicht an Stellen, wo mit Hülfe des Mnd. Irrtümer zu vermeiden und
Rätfel zu löfen gewefen wären oder doch die Erklärung an Schärfe und
Anfchaulichkeit gewonnen haben würde.

Spänen (zu 89, nach Danneil) mag heute landfchaftlich nur vom
Entwöhnen der Kinder gebraucht werden, aber in mnd. Zeit beftaud diefe
Einfchränkung des Begriffes kaum *(gespenet kalf,* Sch.-L. IV 316).

163: *Von Ur tau En'n* (= von Anfang bis zu Ende) wird erklärt:
»Ur = Anfang, wohl nur in diefer Verbindung, die aber auch im Ndd.
nicht überall verbreitet zu fein fcheint.« Vgl. dazu *van orde to ende* = vom
Anfang bis zum Schlufs (L.-W. 257). Bei dem kurz vorher angeführten
Wen äwer En'n hollen hätte ftatt auf Schütze auf das mnd. *over ende*
= aufrecht hingewiefen werden follen.

Bei 231 *(wat gelt mi dat an)* auf das mnd. *angelden* (angehen,
betreffen).

Bei 276 *(Hauttöppel)* liegt mnd. *top* (Klunker, Troddel) zu Grunde.
Müller hat *Töppel* nur bei Mi (= Käppel, Haube der Vögel) gefunden.
Auch diefes *Töppel*, das z. B. im meckl. *Töppel-lewark* (Haubenlerche)
begegnet, geht auf das mnd. *top* (in der Bedeutung »Schopf«) zurück.

Dat geiht in de Krats (395) ift falfch erklärt worden. Im D. Wb.
kam nicht der Artikel *Kratze*, fondern *Krätze* in Betracht. *Krütze*
= Abgang vom bearbeiteten Metall, alfo = in den Abfall kommen,
verloren gehen. Ebenda (V 2073) die Bemerkung: »Man findet auch in
die »Kratze« gehen.« Auch mnd. fchon *krez(e)*.

410. *Wen en lütten Lack anhängen.* Das weithin (über das Oftfr.,
Niederl., Engl.) verbreitete *Lack* (Fehler, Mangel, Gebrechen) darf nicht

als »verkürzte Form von Klack« angefehen werden. Es handelt fieb um zwei gar nicht verwandte Wörter. Schon mnd. und mndl. begegnet *lak* in demfelben Sinne.

472: Die Vermutung, dafs *Bir* = Eber wohl nur in Mecklenburg vorkomme, trifft nicht zu. Berghaus verzeichnet *Beer* und *Bair* in derfelben Bedeutung. Auch mnd. *bêr, beier* = Eber.

475: Zu *Müggen gripen* vgl. den mnd. Plural *mucke*. Zu *all Bott helpt* Mi: *All Bodd helpt.* In der L. H. fagt man: *All Bet* (= jedes Bifschen) *hilpt, sä de Migeem'* (Ameife), *da piss se in de Ilw'* (Elbe).

513: Dafs *Pagelun* (Pfau) eine Verderbnis aus Pawelhuhn fei, erfcheint unglaublich. Es müfste bei diefer Ableitung doch Neutrum fein?

539: *Prahlsacht* war thatfächlich ein Kleidungsftoff, alfo der Zweifel in diefer Hinficht nicht berechtigt, vgl. L.-W. (noch nicht bei Sch.-L.), ferner Frifchbier, Pr. Wb. II 176.

541 *'n groten Prat maken:* Sollte hier nicht vielmehr mnd. *b(a)rât* = Pracht, Herrlichkeit, Lärm zu Grunde liegen? Das Wort ift allerdings Neutrum, aber das gleichbedeutende mnd. Mascul. *bras, brâfch* könnte auf das Gefchlecht eingewirkt haben.

584: Dafs bei der Redensart *Rick un Schick heuwen* mit Rick die bölzerne Stange (mnd. *ricke, rik*) gemeint fei, möchte ich nicht annehmen. Sollte vielleicht eine (durch den Wunfch zu reimen) veranlafste Verderbnis aus mnd. *reke* (= richtige Befchaffenheit), fpäterem *Räk'*, vorliegen?

Bei 726 *(so wid tau sin* = fo weit zu Grunde gerichtet fein) hätte paffend auch auf die vielen Zufammenfetzungen des Mnd. (z. B. *tobiten, toddwen, toboken, tobreken, todélen, tohouwen)* hingewiefen werden können.

754c: Die mit einem Fragezeichen aus Frifchbier angeführte Redensart *Hei ös ön e Uleflucht gebore* findet ihre Erklärung wohl durch mnd. *ulenvlucht* = Abenddämmerung (bei L.-W., noch nicht bei Sch.-L.)

768 *ullüchten:* vgl. fchon mnd. *ûlluchten* (L.-W.).

791 *Sin Leben up de Way' leggen:* Müller meint »fchwerlich volks-tümlich, kaum echt ndd.« Aber mnd.: *in de wage hengen* od. *setten, to wage setten* = aufs Geratewohl wagen.

793: Zu *Waschhölter* bietet L.-W. bereits ein *wusch(e)-holt.*

801 *gaud in de Wehr sin:* Die Redensart wird richtig abgeleitet von mnd. *were* (= Befitz, Haus u. Hof). Bemerkenswert fcheint aber, dafs das *heutige* Sprachbewufstfein hier an die Wehr = Abwehr (mnd. ebenfalls *were*) denkt. Das zeigt Mi's Erklärung *in de Wehr sin* = »in gutem Zuftande fich befinden, fo dafs man Widerftand leiften kann«, darauf deutet auch die in der L. H. mir begegnete gleichbedeutende Wendung *dat Kind hett sick good 'rutwehrt.*

812: Ein Beleg für *an de Wid hängen* im Sinne von »aufgeben« fchon im Mnd. Wb. V 707 bei Gryfe *(hefft he den katen an de wyde gebunden).* —

Die zweite Schrift enthält zwei recht lefenswerte Abhandlungen zur Sprache Reuters. Von diefen behandelt die erfte Reuters franzöfifche Ausdrücke und Wortbildungen nach dem Französifchen, teilweife die Ergebniſſe von Mentz (Franzöſ. im meckl. Platt, Progr. Delitzſch 1897. 98) berichtigend und ergänzend, die zweite Reuters Verkleinerungsbildungen auf *-ing*. In der erſten Abhandlung habe ich wieder die mir ſchon von Mentz her bekannte Ableitung von *extern* = quälen, vexieren (vgl. auch Mi *extern* = quülen, ängſtigen) aus franz. *exciter* gefunden. Ich vermute vielmehr, daſs hier eine Fortbildung des mnd. *angesten, anxten* = ängſtigen (vgl. auch *beanxten* = in die Enge, Not, Angſt bringen) vorliegt. S. 45 wird *Dining* als Koſcunmo von Ferdinandine aufgefaſst; die Volksausgabe giebt an der betreffenden Stelle die Ableitung von Bernhardine; mir ſelbſt iſt aus dem Hannoverſchen Dine als Verkürzung von Konradino bekannt; eine beſtimmte Deutung iſt wohl nicht möglich. Bei *Schäukings* (S. 46) und anderen Bildungen mit *-king* (S. 47) war hervorzuheben, daſs hier eine doppelte Diminution erfolgt iſt. Die Behauptung (S. 47), daſs bei der Deminutivbildung die Wörter mit umlautsfähigem Stammvokal »gewöhnlich« umlauten, Ausnahmen jedoch »nicht ſelten« ſind, hätte ſich ſchärfer etwa ſo faſſen laſſen, daſs bei Pluralumlaut der Grundwörter auch die Verkleinerungswörter in der Regel den Umlaut erhalten. Beſonderes Intereſſe verdient der Schluſs der zweiten Unterſuchung, wo die Frage nach dem Aufkommen der Verkleinerungsſilbe -ing aufgeworfen wird. Wenn auch die ältere mecklenburgiſche Litteratur keineswegs im vollen Umfange unterſucht worden iſt, ſo ſcheint doch das Ergebnis, daſs dieſe Bildungen erſt etwa mit dem Anfange des 19. Jahrhunderts beginnen, hinreichend geſichert.

Die von Mi gebotene Form *Witick* (Weifsfiſchchen) gegenüber der Reuterſchen *Witing* wird S. 43 als »ſchwerlich richtig« bezeichnet, aber ſchou im Mnd. findet ſich neben *witink wit(t)ik* und *wit(t)eke*.

Zum Schluss ſei ein entſtellender Druckfehler berichtigt: S. 34 iſt *einkalürig* und *kunterbirlich* zu leſen.

Friedenan-Berlin.   E. Kück.

Notizen und Anzeigen.

Beitragszahlungen find an unſern Kaſſenführer Herrn Joh: E. Rabe, Hamburg 1, gr. Reichenſtraſse 11, zu leiſten.

Veränderungen der Adreſſen find gefälligſt dem genannten Herrn Kaſſenführer zu melden.

Beiträge, welche fürs Jahrbuch beſtimmt find, belieben die Verfaſſer an das Mitglied des Redactions-Ausſchuſſes, Prof. Dr. W. Seelmann, Charlottenburg, Peſtalozziſtraſse 103, einzuſchicken.

Zuſendungen fürs Korreſpondenzblatt bitten wir an Dr. C. Walther, Hamburg 3, Krayenkamp 9, zu richten.

Bemerkungen und Klagen, welche ſich auf Verſand und Empfang des Korreſpondenzlattes beziehen, bittet der Vorſtand direct der Expedition, »Diedrich Soltau's Verlag und Buchdruckerei« in Norden, Oſtfriesland, zu übermachen.

Redigiert von Dr. C. Walther in Hamburg.
Druck von Diedr. Soltau in Norden.

Ausgegeben: Januar 1903.

Jahrg. 1902.   Hamburg.   Heft XXIII. № 6.

Korrespondenzblatt

des Vereins

für niederdeutfche Sprachforfchung.

I. Kundgebungen des Vorftandes.

1. Veränderungen im Mitgliederftande.

Der Verein hat den Tod dreier Mitglieder zu beklagen, der Herren
M. Börsmann, Kunftmaler in Hannover,
W. Brümmer, Senator in Roftock,
O. Schulze, Oberlehrer in Gnefen.
In den beiden Erfteren miffen wir langjährige treue Freunde.
Eingetreten in den Verein find die Herren
Dr. G. Haack, Oberlehrer in Altona a./Elbe,
H. Saake in Genua,
Dr. Willner in Eutin.
Ihren Wohnort haben verändert die Herren
Director Dr. B. Gafter, jetzt: Antwerpen,
Prof. Dr. Th. Siebs, jetzt: Breslau.

2. Generalverfammlung zu Magdeburg Pfingften 1903.

Der Vorftand giebt den geehrten Vereinsmitgliedern kund, dafs nach
Befchlufs der Emdener Pfingftverfammlung 1902 die Generalverfammlung
des Jahres 1903 um Pfingften in Magdeburg ftattfinden wird. Zugleich fpricht er die Bitte aus, die für diefe Zufammenkunft beabfichtigten
Vorträge und Mitteilungen möglichft bald bei dem Vorfitzenden
Geh. Rat Prof. Dr. Al. Reifferfcheid in Greifswald anmelden zu
wollen.

3. Bitte.

Der Unterzeichnete bittet diejenigen Mitglieder unferes Vereins, die
ihren Beitrag für 1902 noch nicht entrichtet haben, ihm folchen bald-
gefälligft zukommen zu laffen. Die rechtzeitige Fertigftellung der Jahresrechnung hängt hiervon ab.
Ein Poftanweifungsformular findet fich im letzten Jahrbuche.
Hamburg, März 1903.   Joh⁹ E. Rabe, Schatzmeifter.

II. Mitteilungen aus dem Mitgliederkreife.

Zu den niederdeutschen Münznamen.

Meine Anfrage in der vorletzten Nummer des Korrefpondenzblattes nach dem Fortleben älterer Münzbezeichnungen und Münzwerte bis herab unter die Herrfchaft der Reichswährung hat nur einen mäfsigen Erfolg gehabt. Ich danke zunächft den freundlichen Einfendern und verfichere ihnen, dafs alle ihre Mitteilungen für mich in der einen oder anderen Richtung Wert gehabt haben. Für diesmal mach ich nur von einigen wenigen Notizen Gebrauch, indem mir vor allem daran liegt, durch Hinweis auf einige befondere Erfcheinungen diefer überrafchend reichen und für die Verkehrs-gefchichte wie für die Volkspsychologie fo ergiebigen Wortgruppe das Intereffe an diefen Dingen zu verftärken. Nach wie vor bitte ich, einfchlägige Mit-teilungen an mich direct einzufenden — befonders appellier ich diesmal an die Mecklenburger und Hannoveraner!

Göttingen. Prof. E. Schröder.

1. Spottnamen für kleinste Münzsorten.

Das Bremifche Wörterbuch, diefer überaus achtfame Berater und Auskunftfpender, führt Bd. III S. 348 auf: Poggenoge als Bezeichnung einer »gewiffen Gattung ganz kleiner Schwaren, deren 5 auf einen Groten gehn«. Da dies Verhältnis, 5 Schwaren = 1 Groten, feit dem 14. Jh. bis ins 19. fich immer gleich geblieben ift, kann es fich doch wol nur um die gewöhnlichen Schwaren handeln, deren Silbergehalt und Gröfse freilich allerlei Schwankungen unterlag.

Der Ausdruck gibt eine genaue Entfprechung zu den ältern Vinken-ogen, die feit dem Ende des 14. Jahrhunderts in der Neumark (wo der Ausdruck zufrühft auftaucht), in Vorpommern und Mecklenburg als kleinfte Silbermünze erfcheinen und im Verkehr eine folche Bedeutung gewinnen, dafs mit der Mark oder dem Pfund Finkenaugen bis ins 16. Jahrhundert hinein auch im Grofsverkehr der wendifchen Städte vielfach gerechnet wird. Die Deutung auf das Münzbild, die man verfucht hat, trifft nirgends zu, ganz töricht war es, in dem vinken- ein 'feinchen' zu fuchen und darin einen Hinweis auf den Feinfilbergehalt, das gute Korn der Münze zu erblicken. Das Geldftück wurde einfach feiner Kleinheit halber mit ftarker Uebertreibung 'Finkenauge' genannt — ganz ähnlich wie die weitverbreitete niederländifche Mite (eigtl. Milbe).

Zu diefem hyperbolifchen Scherzwort liefert nun wieder eine hübfche Parallele ein Ausdruck, den mir Herr Pfarrer Sander aus Hünxe bei Wefel an der Lippe übermittelt hat. In feiner Gegend, fchreibt er, fei die Bezeichnung Filzlüsken für das kleine, fochen aus dem Verkehr wieder zurückgezogene filberne Zwanzigpfennigftück ganz geläufig. Mitteilungen über die weitere Verbreitung diefes und über das Vorkommen ähnlicher fcherzhafter Ausdrücke wären mir fehr erwünfcht.

2. Kerkendaler

für das Einpfennigftück (natürlich in feiner Eigenfchaft als Opfermünze für den Klingelbeutel) ift ein lustiger Scherzname. den ich demfelben Gewährsmann verdanke.

Ich füge hier an, dafs in Kurheffen für die ftattlichen kupfernen Achthellerftücke Landgraf Friedrichs II aus den JJ. 1772—1778 fich der Ausdruck Schufterdaler lange erhalten hatte — offenbar in demfelben Sinne gebildet wie Schufterkarpen für die früher wenig beachtete Schleie, Schufterkarbonade für den Handkäfe und ähnliches.

3. Papphahn.

In John Brinckmans »Kasper-Ohm un ick« 5. Aufl. S. 233 las ich neulich »dat Frugenzimmer ...., besüht sick ümmer irsten för föftig Daler Wor, ihr se för 'n Papphahn köfft.« S. 73 wird dem Küfter Knaak ein 'Papphahn' in die Hand gedrückt und später von ihm vorgewiefen. Die Anmerkung erläutert beidemal lakonifch »25 Pfennige«. Ob das Wort auch bei Fritz Reuter vorkommt, kann ich im Augenblick nicht feftftellen. Aber das »Wörterbuch der Mecklenburgifch-Vorpommerfchen Mundart« von Mi (d. i. F. G. Sibeth) hat unfer Wort auf S. 61 und erläutert es als »eine fchwedifche Münze, die 4 Schillinge galt, jetzt nicht mehr vorhanden ift«. Ich vermag mir die Bezeichnung aus den mir bekannten fchwedifchen Münzbildern nicht zu erklären und frage an, ob einem der Lefer eine Erklärung bekannt ist. Des weitern erführ ich gern, ob der Ausdruck etwa auf mecklenburgifche Vierfchillingftücke, wie folche z. B. noch 1838 für Schwerin, 1846 für Strelitz geprägt find, oder gar auf die preufifchen $2\frac{1}{2}$-Silbergrofchen übertragen wurde, und ferner, ob er als Rechenmünze d. h. alfo für den Münzwert von einer Viertelmark noch heute fortlebt.

4. Witten.

'Witten ein Dreiling' notiert die zuletzt angeführte Quelle S. 108. Wie fo viele Silbermünzen hat fich der alte Witten im 17. Jahrhundert in Mecklenburg, Stralfund und anderwärts die Degradierung zur Kupfermünze gefallen laffen müffen, gegen die doch fchon fein Name Widerfpruch zu erheben fcheint. Das hat offenbar bis ins vorige Jahrhundert angehalten, wo wir z. B. in Kasper-Ohm S. 89 und 108 »'n köppern Witten« und »'n köppern Dreeling« als gleichwertige Bezeichnung eines Roftocker Dreipfenningftückes antreffen. Als kupfernes Dreipfenningftück hat fich der Witten in Mecklenburg ausgelebt: nach dem Jahre 1846 treten die filbernen Dreilinge gänzlich zurück. Aber ich erführe nun gern, ob man die von 1843 bis 1869 fo maffenhaft ausgeprägten Mecklenburg-Schweriner Dreipfenningftücke und die entfprechenden Münzen von M.-Strelitz, Roftock und Wismar bis zuletzt Witten oder aber nur Dreelinge genannt hat.

5. Löwe.

Verfchiedene Gewährsmänner haben mir — mündlich — für das füdliche Hannover, und noch für die vierziger und fünfziger Jahre des vorigen Säculums, den Ausdruck Löwe bezeugt: einer von ihnen wufste auch noch beftimmt, dafs er fich in erfter Linie auf die heffifchen 'guten Groschen' ('24 einen Thaler') bezog, die im letzten Drittel des 18. und im erften Viertel des 19. Jahrhunderts maffenhaft ausgeprägt wurden und gewiss auch das Nachbargebiet überfchwemmt haben. Für die gleiche Münzgattung kennt H. Grote aus feiner Göttinger Studienzeit (Anfang der 1820er Jahre)

1*

den Scherznamen Strevekatten: diefe Bezeichnung gaben nach Neocorus
z. J. 1612 die Städte den Doppelfchillingen Herzog Johann Adolphs von
Schleswig-Holftein, nach dem Bremifchen Wörterbuch IV 1063 ist er auch
für gewiffe mecklenburgifche und pommerfche Münzen mit dem Greifen
gebraucht worden.

Die mir zu Gebote ftehenden Mitteilungen laffen es zu, dafs die Bezeichnung 'Löwe' nicht auf die heffifchen guten Grofchen befchränkt war,
fondern auch auf die gleichwertigen hannoverfchen Münzen (im Gegenfatz
zu den 'Mariengrofchen') übertragen oder auch für den Münzwert $^1/_{24}$
Thaler' gebraucht wurde, ebenfo wie noch heute in norddeutfchen Landfchaften vielfach von 2, 4, 8 guten Grofchen die Rede ift, wo man doch
nur den Wert einer viertel, halben und ganzen Mark meint.

Weitere Angaben von Kollegen beftätigen mir aus der Stadt Hannover
die Bezeichnung 'Löwe' für Grofchen d. i. guter Grofchen für die 1850er
und 1860er Jahre — die Vorftellung, die mir in einem Falle begegnete,
dafs es fich um ein Zweigutegrofchenftück handle, dürfte irrig fein. Es
wird mir beftimmt mitgeteilt, dafs die Bezeichnung fogar auf die preufsifchen
Silbergrofchen übertragen fei, die dann »Silberlöwen« genannt wurden.
Auch hierzu erbitt ich Mitteilungen.

Ueber Mattier will ich in der nächsten Nr. handeln; die Angabe von
Reiche enthält gleich einen fundamentalen Irrtum: braunfchweigifche
kupferne 4 Pfennig-Stücke hat es nie gegeben, und auf die hannoverfchen
ift die Bezeichnung erft ganz zuletzt übertragen worden.

Bomlitz (XXIII, 66).

Bei Bommelfen a. d. Bomlitz ift überfehen, dafs diefes Dorf in den
Corveyer Traditionen des 9. Jh. Bam-line-ftade heifst. Ztfch. f. weftf.
Gefch. 42², 31. Die Bomlitz felber nennt Manecke im 18. Jh. die Bommelfe.
Wegen line, das durch lofe erfetzt wurde, vergleiche man z. B. die Line,
einen alten Arm der Unterwefer.

Osnabrück.   H. Jellinghaus.

frôn und hêlag (billig) in der Bdt. »in geiftlichem Befitze«?

Unter dem Titel »Ahd. frôno als elliptifcher Plural« hat Hermann
Möller in Kluge's Ztfch. f. d. Wortforfchung IV, 95—124 eine Abhandlung
veröffentlicht, welche zum Schluffe fagt, dafs die Bdt. von frôno (= der
Götter) einerfeits in »heilig« und »in geiftlichem Befitze«, andererfeits in
»öffentlich« und »herrfchaftlich« überging.

Ebenfo wird in Andree's Braunfchw. Volkskunde f. 55 »Heilige(r)
Kamp, Wiefe, Holz. Sehr häufig.« ganz unbedingt als »der Kirche gehöriger
Kamp, Wiefe, Holz« erklärt.

Mir ift in ganz Weftniederdeutfchland faft kein mit billig gebildeter
Ortsname bekannt, der nicht deutlich die Bedeutung »heilig, unverletzlich«
in fich trüge.

Was fron betrifft fo ift es in ndd. Ortsnamen felten.

Einige Fronhof z. B. bei Gefeke und bei Billerbeck werden natürlich
mittelalterliches fron im Sinne von herrfchaftlich enthalten.

Frohnhaufen Kr. Warburg gehört nicht hierher; da es im 12. Jh. Frodeo-, Frudenhufen heifst. Von Frohnhaufen Kr. Hamm und Kr. Elfen fehlen liebere ältere Formen.

Von Frömern Kr. Hamm (Vrone-berne, -bure, -born) behauptet Kampfchulte, dafs es als altes Eigentum der Familie von Reck »Gerichtsbur« bedeute. Ich möchte glauben: Frouo-here = der Götter Fruchtwald. Der Hof Frandrup bei Böfenfell (Frouo-thorp 1030) und Frohnfe bei Jever (Frouo-hufen 1124 bei Lappenberg S. 138) fcheinen abercher das mythifche Fraw zu enthalten.

Die Verwendung von »hēlag« in Ortsnamen beruht faft ganz auf vorchriftlicher Grundlage.

Bei der Kirche Heiligenberghe Kr. Höxter lag ein alter Eichenhain und fie war St. Michael geweiht. Neben ihr wird ein Balderborch erwähnt, welches das Weftf. Urkundenbuch flott als das Dorf Beller im Kfp. Erkeln erklärt, wiewohl deffen alte Formen vom 9.—14. Jh. Balgeri, Balleri, Balderi, dorp tho Baldere find.

Bei Heiligenkirchen b. Detmold (Halogakircken, Helagankyrcan 1028) handelt es fich wohl um eine Kirche, die an einem fchon vorher heiligen Orte gegründet wurde.

Heiligenloh (woneben ein »heiliger Berg«) wird auf einen vorchriftlichen heiligen Wald gedeutet. Vgl. Gade, die Gr. Hoya 425. Dagegen wird Heiligenrode in derfelben Gegend feinen Namen irgend einer Begebenheit bei Gründung des dortigen Klofters verdanken.

Das heilige Meer bei Dreierwalde heifst in der bekannten Osnabrücker Bannforfturkunde v. J. 965 Drevanameri. Dafs es fich hier um heidnifche Ueberlieferungen handelt, ift fcbon 1850 (Osnabr. Mitteil. II, 103 ff.) nachgewiefen. Man möchte lefeu Drē-wāno-meri, See der drei fchönen (Götter).

Eine Anzahl Dingftätten heifsen »bi dem billigen ftole«. Gewifs nicht, weil man ein Heiligenbild neben die Ding-Steinbank gefetzt hatte. Auch die Heiligen-, Hilgenborn können nicht chriftlichen Urfprungs fein. Der Hilgenberg im Kfp. Ankam hat heidnifche Gräber. Hilgenböke und -eke find nicht felten, wohingegen kein »Hilge-linde« vorkommt, wiewohl die mittelalterlichen Heiligenbilder grade unter diefe Baumart mit Vorliebe gefetzt wurden.

Osnabrück.   H. Jellinghaus.

Bansen (XXIII, 40. 52. 69).

1. Meiner neulichen Kleinigkeit kann ich jetzt noch als Hallefche Redensart zufügen: auf die Banfe gehen, an die Arbeit gehen, um das Heu auf den Boden zu bringen.

Lübeck.   C. Schumann.

2. In der Lüneburger Heide ift die Banfe ein Teil der Scheune, der Aufbewahrungsort für Getreide neben der Tenne. Der Fufsboden der Banfe wurde und wird an manchen Orten mit kleinen Steinen gepflastert oder mit gutem Lehmftrich überzogen; auf ihn kam zunächft eine Lage Stroh, um die Körner vor der Bodenfeuchtigkeit zu fchützen. Auf diefer Unterlage wurde dann das Getreide regelrecht aufgefchichtet, gebanft. Gewöhnlich wurde zuerft aus der Banfe gedrofchen und zwar auf der

ebenfalls mit feftem Lehmfchlag verfehenen Tenne, fo befonders zur Saat im Herbft; das Getreide war dort zur Hand, man brauchte es nicht erft vom Boden des Wohnhaufes herunterzuwerfen. So war es in der Südheide (z. B. Oftenholz), im Often (Umgegend von Bevenfen) und Nordweften der Heide. Die Benennungen find aber im Nordweften teilweife verloren gegangen oder fterben jetzt aus, fo z. B. in dem Kirchdorfe Hollenftedt, während fie in dem Nachbarkirchfpiele Moisburg noch heute in allgemeinem Gebrauche find. Etwas abweichend wird von einem Gewährsmann in Wichtenbeck (Umgegend von Suderburg) Banfe durch Heuwinkel umfchrieben.

Walther hat nun (S. 40) vermutet, Eckermann habe das Wort banfen dem Lüneburgifchen Dialekt entlehnt. Demgegenüber konnte Zernial (S. 52) mitteilen, dafs der Ausdruck in Winfen a. d. Luhe, dem Heimatsorte Eckermanns, wenigftens um die Mitte des vorigen Jahrhunderts nicht bekannt gewefen fei. Nach einer anderen mir gewordenen Auskunft (Niedermarfchhacht) zu fchliefsen fcheint das Wort thatfächlich in der Winfener Marfch unbekannt zu fein. Trotzdem dürfte Walther mit feiner Vermutung recht haben: Eckermann hat längere Zeit in dem oben genannten Bevenfen als Mairiefekretär gelebt, und hier in der Heide hatte er jedenfalls Gelegenheit, das Wort kennen zu lernen. — —

Beiläufig folgendes: Beide Wörter fehlen bei Mi; find fie im Mecklenburgifchen unbekannt? Das Br. Wb. (I 49) verzeichnet nur das Subftantivum: Banfe, Koornbanfe = Scheune, aber mit dem Zufatz »ein niederf. Wort, fo im Bremifchen eben nicht gehöret wird«. Dudens orthograph. Wörterbuch hat auch in der letzten Auflage (1902) die Banfe oder der Banfe[n] neben banfou.

Friedenau-Berlin.   E. Kück.

Prellen.

Ueber die alte Sitte des Fuchsprellens, von der in diefem Blatte fchon mehrfach geredet ift, berichten die »Erinnerungen eines alten Eftländers« (Verlag von Edwin Runge, Grofs-Lichterfelde), wo der Verfaffer von dem ftudentifchen Treiben auf der Univerfität Dorpat um die Mitte der 50er Jahre fpricht: »Die Einweihung der Füchfe vollzog fich unter allen möglichen Zeremonien. . . . . Die zweite fchwierigere Probe, der die Füchfe unterworfen wurden, war das Prellen. Eine fchwere Decke mit Handgriffen wurde auf dem Boden ausgebreitet — felbftverftändlich im Freien; der »Fuchs« mufste fich darauf legen, 24 Paar Hände fafsten in die Griffe, dreimal wurde langfam im Takt angezogen, und dann flog der »Fuchs« wie ein Ball 10—15 Fufs in die Höhe — dabei mufste er vorfchriftsmäfsig »Vivat, floreat, crescat« rufen, was aber nur felten gelang. Meiftens gurgelte er nur einige unverftändliche Töne und kam kopfüber auf die Decke heruntergefauft. Dies wurde mit jedem Einzelnen dreimal wiederholt, fo dafs der ganze Spafs unter Umftänden ziemlich lange dauerte.«

Northeim.   R. Sprenger.

Zum Mittelniederdeutschen Wörterbuche.

Bd. II, 593 wird aus der Lüb. Chr. 2, 353 citiert: ›unde de rat in den ſteden hadde nyne macht unde weren kume jaheren (Jabrüder).‹ Es wird vermutet, daſs kume hier adj. in der Bedeutung ›ſchwach‹ ſei. Ich halte es für wahrſcheinlicher, daſs es auch hier adv. iſt und zwar in einer Bedeutung, die Dr. Weber-Eichſtädt (Ztſchr. f. d. Unterricht XVI, 714) für das neuhochd. ›kaum‹ belegt: ›Fragt man in hieſiger Gegend nach einer Perſon, z. B. dem Vater, und iſt dieſer nicht zu Hauſe, ſo kann man zur Antwort erhalten: Er iſt kaum iu die Stadt gegangen, d. h. er iſt nur in die Stadt gegangen und kommt gleich wieder.‹

Northeim.   B. Sprenger.

Die Fladderscheibe.

Nach der Fladderſcheibe, die an der Vogelſtange befeſtigt war, wurde in meiner Jugend in Quedlinburg geſchoſſen Sie hatte etwa folgende Gestalt:

(Vogelstange)

Die einzelnen Stäbchen mit den kleinen Scheiben wurden ›Fladdern‹ (Flügel?) genannt. Der Ausdruck geht wohl auf nd. fladdern ›flattern, breit und flach auseinander gehen, ſich flach auseinanderlegen‹ zurück. Ich fand das Wort bisher nirgends verzeichnet.

Northeim.   R. Sprenger.

Zum Volkshumor.

1) Heinrich Hanſen, De Galoppſnider (Deutſche Heimat, Berlin W. 9. Meyer & Wunder.) 6. Jahrg. S. 432 ff.):

Wenn wi Jungs mal vörſöhlen wulln, wat dat to Middag gev, heet dat: ›Upſtovte Murmannsnäſen un braden Schemelbeen, min Jung!‹

Dergleichen neckiſche Antworten ſcheinen volkstümlich. Ich erinnere mich, daſs eine alte Köchin in ſolchem Zuſammenhange nannte: ›Abgekochte Fenſterluken mit einem F-z abgequirlt‹ und ›gebratene Schemmelbeine.‹

2) In Quedlinburg fragte man vor etwa vierzig Jahren im Scherze: ›Wer iſt tot?‹ Erfolgte keine Antwort, ſo ſetzte der Fragende hinzu: ›Sparbrot!‹ Es ſollte damit wohl ein Menſch bezeichnet werden, der durch Geiz zu Grunde gegangen war. Als Familienname wird Sparbrod, Sparsbrod von Caſcorbi in den Ztſchr. f. deutſchen Unterricht XVII, 118 aus der Wittenberger Univerſitätsmatrikel vom Jahre 1518 nachgewieſen. Ebenſo Sparwort vom J. 1535 und Sparrenſtlein 1546. Da bei letzterem Worte wohl an Rauſt = Brodrinde zu denken iſt, ſo wird auch der in der Umgegend von Quedlinburg erſcheinende Name Sparkäſe auf Käſe = caſeus zu deuten ſein. Dafür ſprechen auch die verſchiedenen Schreibweiſen Sparceſe, Sparkehſe, Sparkeſſe. Gegen die Deutung

von Kleemann, Die Familiennamen Quedlinburgs. Quedlinburg 1891 S. 163 fpricht der Umftand, dafs Kaffe nnd. durch Kafte, Kaft, Kafs wiedergegeben wird. Nach Kluges Etymol. Wörterbuch ⁶ S. 197 wird ftatt Kaffe (ital. caffa) meift nur Geldkifte oder Schatzkammer gefetzt. Kaffe = haares Geld wird in Heynes D. Wb. II, 298 erft aus C. F. Meyer belegt. Sparwaffer belegt Andrefen, Konkurrenzen in der Erklärung deutfcher Gefchlechtsnamen S. 88.

Northeim.   R. Sprenger.

Zur Hillebille.

In Rhode (Kreis Gifhorn) hat man, nachdem 1627 die Kaiferlichen die Glocken geraubt, ein Brett vor der Kirchentür hängen gehabt, und daran hat der Küfter mit zwei Hämmern zum Gottesdienft klopfen müffen.

Northeim.   R. Sprenger.

Mnd. vorpâl (XXIII, 77).

Wenn in Lübben-Walthers Mnd. Handwb. vor-pâl von vore, Furche abgeleitet wird, fo hat dabei wohl die Vorftellung von einer Verpfählung vorgefchwebt, die an der fogen. Landwehr an der Grenze errichtet wurde. Da fich aber gegen diefe Erklärung fprachliche Bedenken erheben, fo wird eher an eine Art Schlagbaum an Landes- oder Weichbildsgrenze zu denken fein. Jedenfalls nehme auch ich an, dafs vor in diefer Zufammenfetzung die Praepofition ift. Ich möchte noch an die bei Danneil S. 211 verzeichnete Redensart erinnern: »Dao will'k di'n Sticken väörftäken« »daran werde ich dich hindern«, die mir in ähnlicher Form auch aus Quedlinburg bekannt ift. Im Brem. Wb. IV, 1022 findet fich: »Enem en Stikken fteken: einem die Gränzen fetzen, eine Regel vorfchreiben, den Verkäufern den Preis ihrer Waare beftimmen, den fie nicht überfchreiten dürfen u. f. w.« An Bahnübergängen ficht man noch ftatt der Schlagbäume Stangen, die nicht emporgezogen, fondern zurückgefchoben werden. So könnte auch der alte vorpâl befchaffen gewefen fein.

Northeim.   R. Sprenger.

Hamburger Oekelnamen (XXIII, 54).

Naturforfcher: Lumpenfammler, die Nachts Afcheimer unterfuchen.

Fleetenkieker: Lumpenfammler, die unfere Kanäle durchforfchen, wenn Oftwind fie trockengelegt hat.

Sottje: Schornfteinfeger. (Sott = Russ).

Stratenkeuter: Gaffenbuben.

Krintenjungs: Knaben, die vor den Häufern Currende fangen.

Wullmüf: Fabrikmädchen, die in den Lagerhäufern Waren fortieren. Im wegwerfenden Sinne nennt man fie und ihresgleichen Bödel.

Bönhaf: Einer, der ins Gefchäft hineinpfufchte, befonders ein Makler, dem die Berechtigung fehlte. Der fcherzhafte Vergleich zwifchen einem wirklichen Hafen und einer Katze (anderswo Dachhafe) fcheint zu Grunde zu liegen.

Miegenkieker heifst im Holfteinifchen der Arzt, laut Mitteilung von Herrn Dr. Hanfen, Oldesloe. In Hamburg ift diefer Ausdruck meines Wiffens unbekannt.

Hamburg.   Joh. E. Rabe.

kiwig, dick, ſtark,

wird nach Schambach S. 100 nur vom Holze gebraucht, welches der Tiſchler bearbeitet. Von einem ›Knochenhauer‹ in Braunſchweig hörte ich auch einen Menſchen von feſtem Fleiſch als ›kiwige Waare‹ bezeichnen. Es entſpricht das dem Gebrauche des oberd. **kibig** (keiff; gehebig) bei Schmeller-Fromm. I, 1216.

Northeim. R. Sprenger.

Eine alte Hamburger Bürgereidesformel.

Unter alten Papieren fand ich ein vergilbtes Folioblatt, das eine plattdeutſche Eidesformel enthält, deren Veröffentlichung vielleicht für einzelne Leſer von Intereſſe iſt.

Oben an auf dem Blatt iſt eine zum Schwur erhobene rechte Hand (genauer der Daumen, Zeige- und Mittelfinger — das Symbol der Dreieinigkeit — erhoben, während der vierte und fünfte Finger eingeſchlagen find) gedruckt. Darunter ſteht:

Bürger-Eyd.

Ick lave und ſchwere tho | GOTT dem Allmächtigen, dat | ick düſſem Rahde und düſer Stadt will | truw und hold weſen, Eer Beſtes föken unde Schaden affwenden, alſe ick beſte | kan und mag, ock nenen Upſaet wedder düſen Rahde | und düſer Stadt maken, mit Worden edder Wercken, | und efft ick wat erfahre, dat wedder düſem Rahde und | düſer Stadt were, dat ick dat getrüwlick will vormelden. | Ick will ock myn Jährlickes Schott, imglicken Törckenſtüer, | Tholage, Tollen, *Acciſe*, Matten, und wat fünften twi | ſchen Einem Ehrb. Rabde und der Erbgeſetenen Börger | ſchop belevet und bewilliget werd, getrüw- und nnwie | gerlick by miner Wetenſchop, entrichten und bethalen, | **Alſe my GOTT helpe und ſyn Hilliges | Wort.**

Unter dieſem in 16 Zeilen gedruckten Formular befindet ſich die Unterſchrift:

Caspar Knoop
hat obigen Eid abgeſtattet und ein
hundert und funfzig Mark *ſpecies*
entrichtet.

Actum Hamburg, den 29. Maii 1786.

V. Rumpff L. (Licentiat).

Kiel. C. Fr. Müller.

Der vorſtehend mitgetheilte Bürgereid iſt, wie mich unſer Vereinsmitglied, Herr Rath Dr. J. F. Voigt, freundlichſt belehrt hat, in dieſer niederdeutſchen Faſſung im Jahre 1603 feſtgeſetzt worden und hat bis 1844 gegolten, wo er, unter Hinweglaſſung der Beziehungen auf nicht mehr exiſtierende Abgaben, ins Hochdeutſche übertragen ward. Seit dem Jahre 1860 nach der Einführung der neuen Verfaſſung iſt er durch einen etwas anders lautenden Eid erſetzt worden. Die niederdeutſchen Eide der Bauernvögte und der Deichgeſchworenen find noch länger beibehalten und erſt mit der Einführung der Landgemeinde-Ordnung durch hochdeutſche erſetzt worden.

Die Sprache des Eides von 1603 kann nicht mehr rein niederdeutfch genannt werden, fie ift fchon ziemlich miffingifch. Formen wie ick fchwere, eer Beftes, myn jährlickes Schott, erbgefeten, unwiegerlick, fyn billiges Wort gehören weder der früheren Schriftfprache, noch dem neueren Hamburgifchen Dialekte an.

Hamburg.   C. Walther.

Ausdrücke aus Wiedenfahl.

kurrwaken, kruwaken, kranewaken, krouewoken, fchlaf-wachen, wartwachen. Darf man bei den zwei letzten Ausdrücken an die Gefchichte vom Kranich auf Poften denken?

beletten. Dat hat 'e nich belettet, das hat er nicht beachtet, nicht fertig gemacht. In Wiedenfahl nicht anders als mit nich gebraucht. Bei Lyra, Plattdeutfche Briefe, Erzählungen und Gedichte, Osnabrück, finde ich letten = warten. Alfo nich belettet = nicht abgewartet, in Eile überfehn?

vürlat, Vorfpuk. Von laten, laffen? Gleichfam Auslaffung einer abfcheidenden Seele? Einen Mittelfchwarm der Bienen nennt man middelat in Wiedenfahl.

wabern. Et hat e wabert, es hat fich ein Feuervorfpuk gezeigt. In meiner Heimat nur hierfür gebraucht.

ftöltenlecht, Stelzenlicht, Irrlicht. Meyer, German. Mythologie, hat Stölkenlicht. Ift das Druckfehler? oder giebt es ein Stölke für Stölte? — In Hattorf am Südharz hörte ich ftürlöppelken = Irrlicht. Wie erklärt fich diefes Diminutiv. Löppelken ift doch wohl Läuferchen?

Mechtshaufen a. Harz.   Wilh. Bufch.

De moralifeerende Wientapper.

Zu den vielen Nachahmungen, die die englifche Wochenfchrift ›The Spectator‹ in Deutfchland hervorrief, zählt ein Blättchen in niederdeutfcher Sprache, ›De moralifeerende Wientapper‹, von dem das 6. Stück, Im Junymahnd 1760, mir vorliegt. Das Format ift Kleinoktav. Erfchienen ift es in Altona bey der Wittwe Weinerth und dafelbft ›wöchentlich zu bekommen, und in Hamburg in allen Zeitungsladen, das Stück für 1 Sechs-ling‹ (gleich 4 Pfennig etwa). Ganz in der Art des genannten Vorbildes bringt der ›Wientapper‹ auf 8 S. zunächft eine Plauderei über eine Aus-fahrt die er ›in Kumpnee van luuter upgerühmte Lüd‹ gemacht haben will, ›un ünner annern en Wientapper derünner, de uns all recht luftig tho ünnerhollen föch; befünners abers mit my, afs fienen Kullegen, dat recht hild had‹. Es folgt ein hochdeutfches Gedicht ›Ein gefetzt Gemüth‹, und zwei Briefe, einer von Margareth F., der andere von Klaas Abend-feegen, beide mit Randgloffen des Wientappers bilden den Reft des Inhalts. Von Witz oder Geift keine Spur, nichts als troftlos langweiliges Gewäfch. Die Schreibweife ift fehr fchwankend. Klaas Abendfeegen fchreibt ›angeit‹, ›angeiht‹ und ›angait‹ bunt durcheinander, fowie ›feeg he my ins mal‹, ›denn fegt he wedder anners‹ und ›ick will fo veel feggen‹. Wendungen wie ›gewiffer Ohrfaken halber‹, ›dat is nich uththoftahn‹, ›im Vertrooon tho geftahn‹ laffen mich fchliefsen, dafs der Schreiber nicht gewohnt war,

niederdeutfch zu denken. Er hat aber immerhin einige echt niederdeutfche
Redensarten eingeflochten, die zum grofsen Teil noch heute häufig gehört
werden und die ich in nachfolgendem zufammenftelle.

Ick weet nich ob em dat mit ifs (ob es ihm pafst).
De Dümmften hebt jümmer dat hefte Glück.
Dat fünd Johann Bunck fine Kneep (ich mache nur Spafs).
En dummen Bengel de nich fief tellen kann un de der doch to
    fchlicken (für flikend, fchleichend) by her geit.
Ick hef noch en grooten Hupen achter de Hand (noch mehr in petto).
— — wat he förn tagen baren Kind wär.
Freeftörer: Einer der eine Brautfchaft ftört.
En fchön Glas Wien van baverften Bord.
En rechten dummen Klaas bet äver de Ohren.
De arm Deern ifs Bruud, un kan nicht thou Bed raden (weifs die
    Ausfteuer nicht zu befchaffen).
Hamburg.   ————   Johs E. Rabe.

Drei mittelniederländifche Sprüche.

Im herzoglichen Landeshauptarchive zu Wolfenbüttel finden fich auf
einem einzelnen Papierblatte, deffen Herkunft nicht weiter feft zu ftellen
ift, von einer Hand des 15. Jahrhunderts folgende Verfe verzeichnet, die
fich nahe mit den Reimen berühren, welche Willi. Uhl in feinem Werke
»Die deutfche Priamel, ihre Entftehung und Ausbildung« (Leipzig 1897)
S. 255 aus dem von W. Seelmann herausgegebenen »Niederdeutfchen
Reimbüchlein« V. 1610 ff. mitgeteilt hat.

  I   Prelaten dye Got nyet ontfien,
       Papen dye de helghen vlyen,
       Furften wreed ende ongenedich,
       Vrouwen fcoen ende onftedich,
    5 Een feepen dye dat liegen leert,
       Een richter dye dat recht verkeert,
       Een ridder dye fyn lant vercoept,
       Een ione wyf dye vroech te metten loept,[1]
       Een clerck dye vrouwen wil mynnen,[2]
   10 Een arm man die wael wyn wyl kennen,
       Een olt man die is comen op fyn tyt,
       Ende hem wort gegeuen een fcoen ione wyf:
       Dyt fyn tweelf[3] faken
       Dye felden wael geraken.

Daneben find von anderer, etwas jüngerer Hand noch diefe Verfe
gefchrieben:

  II   Halff quaet   halff guet,
       Halff gheck   halff vroet,
       Halff eer   halff fcande:[4]
       Dat is die zede van den lande.

---

[1] *loep* Hdfchr. [2] *m nen* Hdfchr.; infolge eines Wurmloches im Papier ift vom *y*
nur der untere Teil, vom n-Strich darüber *(mӯnen)* keine Spur erhalten. [3] *tweeff* Hdfchr. [4] *fcand* Hdfchr.

Daran fchliefsen fich noch ein paar Reime von derfelben Hand.

HI Mont halt vrunde.
    ten is noch fcaude noch funde.
    och, diet wal ramen conde.

Wolfenbüttel.   P. Zimmermann.

Von der freundlichen Erlaubnis des Herrn Dr. Zimmermann Gebrauch machend, erlaube ich mir gleich einige Bemerkungen über die Sprüche folgen zu laffen.

I fcheint mir nicht in der urfprünglichen Abfaffung überliefert zu fein, weil der Schreiber kennen ftatt kinnen auf minnen reimen läfst. Die originale Faffung wird die gut mittelniederländifche Nebenform kinnen gehabt haben. Der Schreiber bedient fich aufserdem einiger dialektifchen Abweichungen von der mndl. Schriftfprache, wie furften ftatt vorften, ongenediche und onftedich ftatt ongenadich und onftadich, olt für out, ferner braucht er wael ftatt des gewöhnlicheren wel. Danach möchte ich die Mundart für eine fächfifche, oftniederländifche halten; niederländifche Philologen werden aber den Dialekt genauer zu beftimmen imftande fein.

Aufser im Rimbökelin findet die Priamel fich noch im mittelrheinifcher Mundart aufgezeichnet in einer Trierer Handfchrift, mitgeteilt von Dr. Nolte in der Germania, hrsg. von Bartfch, XIX, 304, jedoch ein wenig abweichend, die Verfe teilweife umgeftellt und mit Befchränkung auf acht »Sachen«:

    Prelaten dye Got nyt an enfehent,
    Pryefter dye de helge kyrche llchent,
    Eyn herr frede und ungenedych,
    Eyn frawe fchoen und dye unftedych,
5 Eyn rychter der da legen leret,
    Eyn fcheffen der das recht verkeert,
    Eyn jungh frawe dye froe zu metten leuflt,
    Eyn herr der fyn lant verkeufft:
    Dyt fynt echt fachen
10 Dye felden wayl gerachent.

Zu der ndl. Faffung ftimmt dagegen die ndd. des Reimbüchleins in der Zwölfzahl, weicht jedoch im Text, befonders gegen Ende erheblich ab:

    Prelaten de Godt felden feen,
    Papen de ere karcken fleen,
    Vörften wrevel und ungnedich,
    Ein junck wiff und unftedich,
5 Rike lûde de legen leren,
    Heren de er recht vorkeren,
    Ridders de er erve vorkôpen,
    Frouwen de vaken over veldt lopen,
    Ein oldt man de tho der drunckenheit tidet,
10 Ein mönnick de fin klofter midet,
    Ein junck man de fick tho undôgeden wendet,
    Ein arm man de wol win kennet:
    Dat fint de vordorven dinck,
    Dar de lûde nicht veel van gedegen fint.

Diefe ndd. Aufzeichnung, welche fpät, erft um die Mitte des 16. Jahrhunderts fällt, ift augenfcheinlich ftark entftellt, namentlich in Zeile 1, 5, 6, 8 und 9. Die erfte Zeile entbehrt überhaupt des Sinnes; was foll man fich unter »Prälaten die Gott felten fehn« denken? Die beiden anderen Faffungen find dagegen klar und paffend, die ndl.: welche Gott nicht fürchten, die mrhein.: welche fich um Gott nicht kümmern. Aus einer diefer beiden Lefungen mag die ndd. gefloffen und etwa durch einen Druckfehler[1]) verderbt fein; denn das Mndd. kannte fowohl anfeen in der Bedeutung von »berückfichtigen, fich kümmern um« als auch entfeen in der von »fcheuen, fürchten«. Der ndl. Ausdruck »ontfien« ift bezeichnender, als »anfeen«. Diefes »anfeen« fcheint für jenes eingefetzt zu fein, weil das Mitteldeutfche ein »entfeen« = fürchten fowenig kannte, wie das Mhd. ein »entfehen« mit diefer Bedeutung.

II. Denfelben Spruch hat Dr. A. Hagedorn in einem 1469 angelegten Rechnungsbuche der Lübecker Bergenfahrer-Kompanie in folgender Geftalt gefunden und in den »Mitteilungen des Vereins für Lübeckifche Gefchichte« II, 79 veröffentlicht:

Halff gheck   halff vroet,
Halff quaet   halff guet,
Halff eere   halff fchande:
Dat fynt foes mannyr in deme lande.

Soes ift in der Handfchrift korrigiert aus ver. Da diefe Zahlen, weder vier noch fechs, keinen richtigen Sinn ergeben (nur drei hätte gepafst), fo hat Koppmann (daf. S. 112) vermutet, dafs »ver« für das mndd. fer, ftolz, ftattlich, fchön (mndl. und mhd. fier; aus frz. fier, lat. ferus) zu nehmen fei. Das Wort wäre dann hier ironifch gemeint. Für »ver« hätte aber die flektierte Form vere oder fere ftehen follen, wie auch mannyre oder mannyren ftatt »mannyr«, doch liefse fich die Verkürzung mannyr aus mannyre wohl denken. Schwerer wiegt zweitens, dafs mannyr gefetzt ift für das fonft gewöhnliche mannère (mannèr) und gewöhnlichere manère (manèr). Das könnte aus einer zu Grunde liegenden ndl. Faffung beibehalten fein, die etwa gelautet hätte: dat is fiere manier(e) in den lande oder entfprechend dem »dat is die zede van den lande«, mit dem Artikel die fiere manier(e). Während »fier« im Mndl. ganz eingebürgert war, wie es denn auch noch im Nudl. dauert, ward »fér« im Mndd. (wie »fier« im Mhd.) nur in der Poefie gebraucht und war im 15. Jahrhundert veraltet. Somit möchte ich glauben, dafs der Lübecker, der den Spruch niederfchrieb, den er wohl nur gehört hatte und nicht niederländifcher Lektüre verdankte, das »fiere« fcbou als Zahlwort misverftanden und »fint« ftatt »is« gefetzt hat. Die Aenderung in foes ftellt alfo eine wenngleich verkehrte, doch verftändige Befferung dar.

III. Auch diefer Spruch ift nicht im Schriftniederländifchen gegeben, fondern zeigt dialektifches vrunde ftatt vriende oder vrinde, funde ftatt fonde. Da »vrunde« im Reim fteht, fo mufs der Spruch fcbou fo dialektifch abgefafst, nicht blofs vom Schreiber umgefetzt fein. Der Sinn fcheint folgender zu fein: Der Mund holt (macht) Freunde. Das, nämlich durch

---

[1]) etwa Ausfall von ent-, bzw. en-, oder von an-; felden ift aber jedenfalls Verderbnis.

glimpfliche Rede fich Freunde zu gewinnen, ift weder Schande noch Sünde. Ach! wer es [doch] gut treffen könnte, recht zu machen verftünde! So verftändlich die Worte find, fo haben fie doch Dr. Zimmermann und mir anfänglich viele Noth gemacht. Es fteht nämlich nicht ramen da, fondern ranten. Ich hielt es für das mndl. ranten, fchwatzen, das Franck im Gloffar zu feiner Mittelniederländifchen Grammatik verzeichnet. Allein alle Bemühungen, dies Wort im Spruche wieder zu finden, fcheiterten an der tranfitiven Verwendung. »Der wohl fchwatzen könnte« hätte fich füglich als »der gut reden könnte« nehmen laffen; aber »der es (diet = die het) wohl fchwatzen könnte«? Da der Zufammenhang ein Wort erfordert, welches etwa »machen, leiften« oder ähnliches bedeutet, fo kam ich auf »ramen«. Als ich darauf das mir von Dr. Zimmermann zuvorkommenderweife überfandte Blatt noch einmal prüfte, da ergab fich, dafs wirklich »ramen« gefchrieben ftand, freilich durch einen Zufall geändert in »ranten«. Auf dem Papier find nämlich von einer Reihe Schrift irgend eines andern Blattes einige kleine Striche abgedruckt, welche die Zeilen von II und III fenkrecht, alfo im rechten Winkel durchziehen. Erft, wenn man das Blatt verquer nimmt, kann man erkennen, dafs ramen gefchrieben ift, dafs aber ein Strich grade fo über dem dritten Zug des »m« fich abgeklatfcht hat, dafs für jeden, der das Blatt zum Lefen des Spruches vor fich hält, »nt« dazuftehen fcheint, welche Täufchung durch die gleiche Schwärze der Dinte begünftigt wird. Meine Befriedigung über diefes Ergebnis wird da begreifen, welcher weifs, wie viele nur einmal belegte unerklärbare Ausdrücke ins Mudd. Wörterbuch haben aufgenommen werden müffen, die bei genauerer Prüfung der Handfchrift fich wahrfcheinlich leicht würden berichtigen und verftehen laffen, die aber mittlerweile eine crux interpretum et lexicographorum bilden, wie ich das bei Herausgabe der zweiten Hälfte des Handwörterbuches leider oft genug erfahren habe.

Diefer dritte Spruch mag fehr wohl die gelegentliche poetifche Geftaltung einer vom Schreiber gewonnenen Lebenserfahrung fein und fich darum nicht weiter nachweifen laffen. Aber die erfte Zeile klingt fo fprichwörtlich, dafs es mich gewundert hat, diefen Ausfpruch nirgends fonft verzeichnet gefunden zu haben Freilich habe ich die Sprichwörterfammlungen von Harrebomée und Wander nicht einfehen können. Vielleicht ift das Sprichwort, dafs der Mund Freunde hole, dort verzeichnet, oder es vermag jemand dasfelbe aus einer andern Sammlung oder gar einer mittelalterlichen Quelle weiter nachzuweifen.

Hamburg.   C. Walther.

Jarfskauken.

In »Niederfachfen« (VIII, Heft 7) fragt ein Lefer nach der Herkunft von »Jarfskauken«. Diefe »aus Mehl mit Honig und Anis in langgeftielten Waffelformen auf offenem Herdfeuer« gebackenen Kuchen werden z. B. in Bergen bei Celle am Hochzeitstage auf der Fahrt nach und von der Kirche verteilt.

Friedenau-Berlin.   E. Kück.

III. Litteraturanzeigen.

Rudolf Langenberg, Quellen und Forfchungen zur Gefchichte der deutfchen Mystik. Bonn bei Hanftein 1902 gr. 8° XI u. 204 S.

Das Buch hat einen reicheren Inhalt, als fich aus der Seitenzahl fchliefsen liefse. Es enthält: Gerrit de Groote's Tractat de Simonia ad beguttas, niederländifch, eine lyrifche Marienklage von dem Osnabrücker Auguftiner Dietrich Vrye, ein ndd. Jesu dulcis memoria, ein Gedicht von den klugen und törichten Jungfrauen, eine gereimte Schöne Lehre gegen das Tanzen und von dem Maibaum, eine Abhandlung vom ehelichen Leben, einen Brief eines Mönches in Münster an ein junges Mädchen »tegen werltlike mynne«, eine nl. Dekalog-Erklärung, noch von S. 177 ab niederländifche Abfchnitte aus Meister Eckharts Tractaten und Predigten, die aus dem Klofter Bredevort in Gelderland ftammen. Dazwifchen fteht (s. 72—106) die Laienregel des Dietrich Engelhus aus einer Frensweger Handfchrift. Abgefehen von diefer find die Stücke alle in der Sprache niedergefchrieben, welche die Klofterleute zwifchen Osnabrück und der nl. Landfchaft Overijssel im 15. Jh. pflegten.

Langenberg's »Bemerkungen« hinter den einzelnen Texten find Abhandlungen über den Inhalt und die literargefchichtliche Stellung derfelben. Während er in diefer Hinficht alles Nötige mit feinem Sinne für den Gegenftand gegeben hat, ist er auf die Sprache gar nicht eingegangen. Jesus suite betrachtinge (48 Str.) hat den mnd. Dialekt der Gegend westlich von Osnabrück. Hie und da zeigen fich Erinnerungen an nl. und hochd. Lektüre: der gantzer werlt, to feile ftatt to(t) deile. Auffällig ist chwer (Chor). In der Marienklage giebt y in synelik (fichtbar) den Umlaut wieder, was dort wohl fehr felten vorkommt.

S. 60 heifst es von Maria: He ropte in iamere ere schone har. Wenn das he in der Handfchrift fteht, fo ist es das alte he = sie, welches aufser in Friesland jetzt noch in Overijssel und Gelderland als hee, hij vorkommt.

Jamer is my worden myt, Jammer ist mir zu Teil geworden. S. 61 de tyt is umme dan, die Zeit ist anders geworden. — dur = du dar. — Nl. tot dy ftatt to dy. — An mir ftatt an mi. Von den klugen Jungfrauen: S. 65 egenschop, Eigenfinn, eenwilliсheit, Eigenwille, wedderstrevicheit. S. 66 ist ftatt onol wohl ovel zu fetzen? Gegen den Tanz: S. 68 groten fest don, grofses Fest feiern. S. 70 dautzelwerk, das Tanzwefen. Die Laienregel S. 73: Nicht vele punte wil ich alleiren (anführen?). S. 74 psalterienspel. S 78 olde trotte edder olde wyff de allewege untuchtliken spreken. Wohl zu westfäl. tröteln, zaudern; tröte, faules Weib. S. 80 beenachtich, knochig. — gud berfchenkenbeer, gutes Bier aus der Bierfchenke? Vgl. S. 103 fchenkebeer, Ausfchenkebier. S. 84 heilgever, der Heiland. S. 86 luck dyn herte eder do dyn herte up. Upluken für auffchliefsen war alfo felion damals nicht mehr allgemein bekannt. S. 91 truferie, Gaunerei. S. 96 Arme hüffelten, arme Einlieger. Die »hüffelten« waren im 16. Jh. eine bekannte Einrichtung. Es waren arme einzelne Leute oder Familien von höchftens drei Köpfen, die in einem Bauerhaufe gegen Haushülfe einwohnten und einen geringen Lohn erhielten. S. 96 wandellude, wandernde Leute, ftcht hier im Gegenfatze zu Pilgern. S. 100 rude houwen, Arzneikräuter fchneiden. S. 102 alfo et des dages to voren bat vaften was? S. 103 papeyer, Eier in Mehlbrei. S. 105 appele van garnat, Granatäpfel. — Potspife fal wefen (zur Zeit der Peft) peterfilie kervele, fcharleye, bernard, hofkoeme. Es ist wohl bervort, Bärwurz, peucedanum officinale, zu lefen. — Safferane, canele, grien. Nl. ftatt grein, die Scharlachbecre, phytolacca. S. 106 alfen (peucedanum palustre) eder ruden (wilde Rauten), fucker, comyn, fucker rofate (?). L. weifs das Sprichwort nicht zu deuten S. 98: De quaden rekene neymande enen man to wefene dan de myt den kalve kan ummegan (der mit Laster und Bosheit Befcheid weifs).

Aus feiner mehr im Often entftandenen Vorlage übernahm der Schreiber der Laienregel wohl die Verdoppelung der Konfonanten nach kurzem hochtonigen Vokale: ettik, to wettene, kollen (Kohlen), ftellen (ftchlen), vorgettel (vergefslich), die ihm freilich aus den Mundarten weftlich von Osnabrück vertraut fein mufste. In den andern Schriften kommt fie nicht vor.

Der Herausgeber hätte die kleinen Fehler der Handfchriften nicht ftchen laffen follen:

S. 54 oben mufs es heifsen tranc ftatt traue. S. 54 unten yu : yn, 57 unten iu : in, 60 fuel : fuel, 62 leeflick : feeflick, 71 ungevoech : ungenoeck, 73 gheucn : gheuen, 75 is : iu, 86 vortrage : vorerage, 104 vele de : velede, 105 fnoke (Hechte) : fmoke.

Die Auslaffungen in dem Traktate über die Unkeufchheit wird niemand billigen. Was foll daraus werden, wenn man erft bei der Herausgabe von handfchriftlichem Materiale »etc« wird. H. Jellinghaus.

Notizen und Anzeigen.

Beitragszahlungen find an unfern Kaffenführer Herrn Joh! E. Rabe, Hamburg 1, gr. Reichenftrafse 11, zu leiften.

Veränderungen der Adreffen find gefälligft dem genannten Herrn Kaffenführer zu melden.

Beiträge, welche fürs Jahrbuch beftimmt find, belieben die Verfaffer an das Mitglied des Redactions-Ausfchuffes, Prof. Dr. W. Seelmann, Charlottenburg, Peftalozziftrafse 103, einzufchicken.

Zufendungen fürs Korrefpondenzblatt bitten wir an Dr. C. Walther, Hamburg 3, Krayenkamp 9, zu richten.

Bemerkungen und Klagen, welche fich auf Verfand und Empfang des Korrefpondenzblattes beziehen, bittet der Vorftand direct der Expedition, »Diedrich Soltau's Verlag und Buchdruckerei« in Norden, Oftfriesland, zu übermachen.

Redigiert von Dr. C. Walther in Hamburg.
Druck von Diedr. Soltau in Norden.

Ausgegeben: April 1903.

Register*)

von

W. Zahn.

*) Die eingeklammerten römischen Ziffern weisen auf die früheren Jahrgänge.

Anzeigen und Besprechungen.

Die Stadtbuch-Chronik von Quakenbrück, v. R. Bindel 14.

Bronisch, Die slavischen Ortsnamen in Holstein und im Fürstentum Lübeck 16.

Schütte, Braunschweiger Personennamen aus Urkunden des 14. bis 17. Jahrhunderts 63.

Müller, Der Mecklenburger Volksmund in Fritz Reuters Schriften 75.

Langenberg, Quellen und Forschungen zur Geschichte der deutschen Mystik 95.

Verzeichnis der Mitarbeiter
am dreiundzwanzigsten Jahrgange des Korrespondenzblattes.

J. Bernhardt.	H. Hennemann.	W. Rimpau.
C. Borchling.	Hille.	E. Schröder.
H. Brandes.	H. Jellinghaus.	O. Schütte.
W. Busch.	F. Kohn.	C. Schumann.
V. Campe.	K. Koppmann.	K. Seitz.
H. Carstens.	E. Kück.	R. Sprenger.
E. Damköhler.	F. Liebermann.	C. Walther.
C. Dirksen.	C. F. Müller.	W. Zahn.
C. Dissel.	J. Peters.	Zernial.
C. Ebermann.	J. E. Rabe.	P. Zimmermann.
	Th. Reiche.	

Druckberichtigungen.

S. 16, Z. 11 v. oben lies Sulfeld statt Saalfeld, Z. 18 Warder statt Wardes, Z. 27 Marlow statt Martons.
S. 27, Z. 5 v. unten lies Lasius statt Lazius.
S. 38, Z. 13 v. unten lies anord. statt amnd.
S. 46, Z. 8 v. oben lies fege statt fege.

S. 47, Z. 16 v. oben lies Oftern statt Offern.
S. 62, Z. 7 v. oben lies Cattenftedt statt Cattenftadt.
S. 67, Z. 19 v. unten lies Vokal statt Vokal.
S. 88, Z. 16 v. unten lies 57 statt 54.
S. 91, Z. 7 v. oben lies fo fiatt to.

espondenzblatt

des

Vereins für niederdeutsche Sprachforschung.

———

Jahrgang 1903.

Heft XXIV.

———

Norden und Leipzig.
dr. Soltau's Verlag.
1904.

Statuten

des Vereins für niederdeutſche Sprachforſchung gemäſs den Beſchlüſſen der Generalverſammlung zu Stralſund, Pfingſten 1877.

§ 1. Der Verein ſetzt ſich zum Ziele die Erforſchung der niederdeutſchen Sprache in Litteratur und Dialekt.

§ 2. Der Verein ſucht ſeinen Zweck zu erreichen
1) durch Herausgabe eines Jahrbuches und eines Korreſpondenzblattes,
2) durch Veröffentlichung von niederdeutſchen Sprachdenkmälern.

§ 3. Der Sitz des Vereins ift vorläufig in Hamburg.

§ 4. Den Vorſtand des Vereins bilden wenigſtens ſieben von der Generalverſammlung zu erwählende Mitglieder, von denen zwei ihren Wohnort am Sitze des Vereins haben müſſen. Aus dem Vorſtande ſcheidet jährlich ein Mitglied aus, an deſſen Stelle die Generalverſammlung ein neues erwählt.

§ 5. Die Generalverſammlung findet jährlich zu Pfingſten ſtatt.

§ 6. Die litterariſchen Veröffentlichungen des Vereins beſorgen im Auftrage des Vorſtandes Redaktionsausſchüſſe, in denen wenigſtens je ein Mitglied des Vorſtandes ſich befinden mufs.

§ 7. Der jährliche Minimalbeitrag der Mitglieder ift fünf Reichsmark. Für denſelben wird die Zeitſchrift und das Korreſpondenzblatt geliefert.

Vorſtand des Vereins.

Denſelben bilden zur Zeit die Herren:
Dr. Al. Reifferſcheid, Profeſſor, Geh. Reg.-Rat, Greifswald, Vorſitzender.
Dr. F. Joſtes, Profeſſor, Münſter i. W.
Dr. K. Koppmann, Archivar, Roſtock.
Kaufmann Joh. E. Rabe, Hamburg 1 (gr. Reichenſtr. 11).
Dr. G. Roethe, Profeſſor, Weſtend b. Berlin, Ahornallee 30.
Dr. W. Seelmann, Profeſſor, Oberbibliothekar, Charlottenburg.
Dr. Chr. Walther, Hamburg.

KORRESPONDENZBLATT

DES VEREINS

FÜR NIEDERDEUTSCHE SPRACHFORSCHUNG.

HERAUSGEGEBEN

IM AUFTRAGE DES VORSTANDES.

JAHRGANG 1903.
HEFT XXIV.

HAMBURG.
NORDEN & LEIPZIG. DIEDR. SOLTAU. 1904.

Jahrg. 1903.   Hamburg.   Heft XXIV. № 1.

Korrefpondenzblatt

des Vereins
für niederdeutfche Sprachforfchung.

I. Kundgebungen des Vorftandes.

**28. Jahresverfammlung
des Vereins für Niederdeutfche Sprachforfchung
in Magdeburg 1903.**

Montag, den 1. Juni.

Von abends 8 Uhr an: Gefellige Vereinigung in den Parterre-Räumen der
Loge Harpokrates, Grofse Münzftrafse 10 (Ecke Kaiferstrafse,
unweit des Bahnhofs).

Dienstag, den 2. Juni.

9 Uhr: Gemeinfame Verfammlung mit dem Hanfifchen Gefchichtsverein
im Bürgerfaale des Rathaufes (Eingang am Alten Markt).
  1. Begrüfsung der Vereine.
  2. Profeffor Dr. Hertel aus Magdeburg: Ueberblick über die
     Gefchichte Magdeburgs.
     Baurat Peters aus Magdeburg: Zur Baugefchichte Magdeburgs.
  3: Profeffor Dr. Schröder aus Göttingen: Wanderungen und
     Wandelungen deutfcher Münznamen.
11¹/₂ Uhr: Frühftück im Ratskeller.
12¹/₄ Uhr: Sitzung im Magiftrats-Sitzungszimmer.
  1. Gefchäftliches.
  2. Dozent Dr. Richard Loewe aus Berlin: Die Dialekt-
     mifchung im Magdeburgifchen Gebiete.
1¹/₂ Uhr: Befichtigung des Klofters Unfer Lieben Frauen, des Doms und
     des Staatsarchivs unter Führung des Stadtbaurats Peters, bezw.
     des Archivdirektors Dr. Ausfeld. — Verfammlungsort: Alter Markt.
5 Uhr: Feftmahl im grofsen Saale des Magdeburger Hofs, Alte Ulrich-
     ftrafse 4 (Gedeck zu Mk. 3,50).
8 Uhr: Konzert des ftädtifchen Orchefters im Theatergarten, Kaiferftrafse 21.

Mittwoch, den 3. Juni.

8¹/₂ Uhr: Sitzung im Bürgerfaale des Rathaufes.
  1. Profeffor Dr. Otto Bremer aus Halle a. S.: Gefchichte der
     Ausfprache des Hochdeutfchen im niederdeutfchen Munde.
  2. Mitteilungen aus dem Kreife der Vereinsmitglieder.

11¹/₂ Uhr: Befichtigung der ftädtifchen Grufon-Gewächshäufer unter Führung des Stadtobergürtners Henzo. — Verfammlungsort: Friedrich Wilhelmsgarten, Halteftelle der Strafsenbahn.

2¹/₂ Uhr: Mittageffen im Saale des Café Hohenzollern, Breiteweg 140 (Gedeck zu Mk. 2,00).

Im Anfchlufs daran Wanderung nach der Lukasklaufe an der Königsbrücke, wofelbft

4¹/₂ Uhr: Gemeinfamer Nachmittagskaffee.

7¹/₂ Uhr: Abendtrunk im Herrenkrug, von der Stadt angeboten.

Donnerstag, den 4. Juni.

Ausflug nach Tangermünde.

7¹/₂ Uhr: Abfahrt mit Dampfer vom Petriförder.

10¹/₂ Uhr: Ankunft in Tangermünde, Befichtigung der Sehenswürdigkeiten.

1¹/₂ Uhr: Mittageffen im Schützenhaufe (Gedeck zu Mk. 1,50).

Rückfahrt von Tangermünde:
entweder zu Schiff: Abfahrt 4 Uhr; in Magdeburg gegen 9 Uhr; oder mit der Bahn über Stendal: Abfahrt 4 Uhr 25 Min.; Ankunft in Magdeburg 6 Uhr 40 Min.

Die an der Jahresverfammlung teilnehmenden Mitglieder und Gäfte werden gebeten, fich in ein Album einzuzeichnen, welches im Verfammlungsraum aufliegen wird. Ebendafelbft werden auch Beitrittsmeldungen durch den Vorftand angenommen.

2. Veränderungen im Mitglieberftande.

In den Verein eingetreten find die Herren:

Prof. Sauer, Smichow bei Prag, Böhmen.
Prof. Dr. Stoppel, Wismar in Meklenburg.

Veränderte Adreffen der Herren:

Paftor F. Bachmann, jetzt Lübfee bei Grieben, Meklenburg.
Dr. J. Priefack, jetzt Berlin.

3. Berichte über die Dr. Theobald-Stiftung,
abgeftattet in der Generalverfammlung des Vereins für Hamburgifche Gefchichte am 2. März 1903.

a. Kaffenbericht über 1902.
Einnahme.

Saldo der Sparkaffe	Mk. 513,84
Kaffenfaldo	„ 132,17
Zinfen der Staatspapiere	„ 175,—
Zinfen der Sparkaffe	„ 17,70
Vorfchüffe des Kaffenführers	„ 30,65
	Mk. 869,36

Ausgabe.

Bücher und Zeitfchriften . . . . Mk. 244,94
Buchbinder . . . . „ 49,10
Saldo der Sparkaffe . . . . „ 575,29
Kaffenfaldo . . . . „ —,03

Mk. 869.36

Das Stammvermögen der Stiftung — Mk. 5000 — ift in Hamburgifcher 3¹/₂ °/₀ Staatsrente angelegt.

Hamburg, den 24. Februar 1903.

H. J. Jänifch, Dr.,
Kaffenführer.

Nachgefehen und mit den Belegen übereinstimmend gefunden.

Hamburg, den 25. Februar 1903.

Otto Aug. Ernft.   L. Behrends.

b. Bibliotheksbericht über 1902.

Zunächft kann die erfreuliche Tatfache berichtet werden, dass die
Befchaffung von Bücherregalen ausgeführt worden ift. Dadurch hat fich
nicht nur die Aufftellung nach den Nummern des Katalogs, die bei der
früheren Unterbringung der Bücher in zwei Schränken fchliefslich wegen
Raummangels nicht mehr genau hatte durchgeführt werden können, wieder
herftellen laffen, fondern wir haben auch die angenehme Ausficht gewonnen,
dafs es für mehrere Jahre keiner Vermehrung der Börter bedarf, falls
nicht ein ungewöhnlich ftarker Zuwachs der Bücher ftattfinden wird.
Der Beftand der Bibliothek hat um 53 Nummern zugenommen und
ftellt fich demnach auf 715 Nummern. Eine gröffere Ausgabe ward veranlafst durch die Ergänzung des Grimm'fchen Deutfchen Wörterbuchs,
von dem bisher nur 5 Bände, aus der Bibliothek des Dr. Adolf Theobald
ftammend, vorhanden waren.
Ausgeliehen wurden 5 Bücher an 4 Perfonen.
Folgende Gefchenke, für welche den gütigen Gebern verbindlicher
Dank ausgefprochen wird, find der Dr. Theobald-Bibliothek im Jahre 1902
gefpendet worden:
Korrefpondenzblatt des Vereins für fiebenbürgifche Landeskunde
Jgg. XXV, 1902: vom betreffenden Verein. — Ravensberger Blätter für
Gefchichts-, Volks- und Heimatskunde. Unter Mitwirkung des hiftorifchen
Vereins für die Graffchaft Ravensberg hrsg. v. Dr. Tümpel. Jgg. II, 1902:
von Herrn Dr. Tümpel in Bielefeld. — S. T. U., To'r nedderdütfchen recht-
fchrivung. Hamborg (1901): von Herrn O. v. Arend in Hamburg. —
Victor Gantier, La langue, les noms et le droit des anciens Germains.
Berlin. H. Pactel. 1901: von dem Herrn Verfaffer. — Leitfaden für die
Aelterleute des Deutfchen Kaufmanns zu Brügge. Verfafst von einem Klerk
des hanfifchen Kontors zu Brügge i. J. 1500. (Hrsg. von K. Koppmann),
Hamburg 1875: vom Verein für Hamburgifche Gefchichte. — 1. J. Brinkman,
Unf' Herrgott up Reifen. Roftock 1870. 2. Dat Bökeken van deme Rêpe
des Mag. Nicolaus Rutzo von Roftock. Hrsg. v. Karl Nerger. Progr.
Roftock. 1886. 3. Ludolf Wienbarg, Soll die plattdeutfche Sprache ge-
pflegt oder ausgerottet werden? Hamburg 1834. 4. J. Ritter, Unfere

1*

plattdeutfche Sprache. Erfter (u. einziger) Artikel. (A. aus Raabe's Mecklenb. Jahrbuch für 1845.). 5. G. Dannehl, Ueber niederdeutfche Sprache und Literatur. Berlin 1875. 6. Roftocker Zeitung 1901, Nr. 518, Nov. 6, Morg.-Ausg. (mit: Referat über den Vortrag des Pr. Müller betr. ›Plattdeutfch und Hochdeutfch‹ im Roftocker Bildungsverein) : von Herrn Pr. F. Bachmann in Zernin. — Jahresbericht 16 des hiftor. Vereins für die Graffchaft Ravensberg zu Bielefeld, 1902: vom betreffenden Verein. — 1. De truge Husfründ. Plattdütfche Wochenfchrift. Hrsg. v. F. Worm. Stralfund. Jgg. 4, 1902 Nr. 29—39. 2. De Eekbom. Monatsfchrift. Berlin. Jgg. 20, 1902 Nr. 13: von Herrn O. v. Arend. — 1. Snüffelmann, Jan Dööspeter's Reifefchwiten. Erfte Fahrt. Hamburg 1847. 2. Hundert Ausdrücke für das eine Wort: Trunkenheit. (Gedicht.) (Hamburg.) o. J. 3. Chronicon Holtzatiae, auctore Presbytero Bremenfi, hrsg. v. Lappenberg. Kiel 1862. 4. Die Chronik der Nordelbifchen Saffen, hrsg. v. Lappenberg. Kiel 1865: von Herrn Dr. C. Walther. — 1. F. H. von der Hagen, Irmin, feine Säule, feine Strafse und fein Wagen. Breslau 1817. 2. Herb. Croft, A Letter, from Germany, to the Princefs Royal of England; on the Englifh and German Languages. Hamburgh, Leipzig, London 1797. 3. H. Hoff-mann, Bremer Bruchftücke vom Otfrid nebft andern deutfchen Sprach-denkmälern. Bonn 1821: von der Hamburgifchen Stadtbibliothek. — 1. H. Psilander, Ooit. (overgedrukt uit het Tijdfhrift voor Nederlandfche Taal- en Letterkunde. Deel 21). 2. Die Niederdeutfche Apskalypse, hrsg. v. Iljalmar Psilander. Upfala 1901: vom Herrn Verfaffer. — W. Seelmann, Die plattdeutfche Litteratur des 19. Jhds. Bibliograph. Zufammenftellung Nachtrag 1902: vom Herrn Verfaffer. — 1. A. Grunenberg, „Giärdt“, 'n Vertellfter ut 't Münfterland. I. II. Effen a. d. Ruhr. (1901). 2. Zucker-Klümpkes aoder Spassige Stückskes ut dat Liäbn van Franz Schulte Rakum. Verdellt un vertellt van Lachmundus Heiter. 2. Uplage. Effen 1902. 3. De Strunz. Eine Erzählung in münfterländifcher Mundart von Dr. Auguftin Wibbelt. Effen 1902. 4. Wildrups Hoff. Eine Erzählung in Münfterländer Mundart, mit der Fortfetzung Mariechen Wildrups, von Dr. Aug. Wibbelt. 2. A. m. Ill. Effen 1902. 5. Hus Dahlen. Erzählung in Münfterländer Mundart von Dr. Aug. Wibbelt. Effen 1903. 6. Duorplui. Lofe Skizzen aus dem Weftfülifchen Dorfleben in fauerländifcher Mundart von Jofeph Weftermeyer. Effen 1903: von Herrn Dr. Ruhfus in Dortmund.
Hamburg. C. Walther.

II. Mitteilungen aus dem Mitgliederkreife.

Volkshumor (XXIII, 87).

Als kinderen vragen wat er 's middags zal gegeten worden, luidt (in mijne vaderftad Leeuwarden-Friesland) het antwoord: ›Hoepftokken en fenfterbanken‹; dat is: Reifftöcke und Fenfterbänke. —
In den zelfden zin als het Duitfche Sparbrod, enz. komen in de Nederlanden nog heden de volgende geflachtsnamen voor: Spaarwater, Spaerewijn, Spaarkogel, Spaargaren en Sperlaecken. En, als tegenhangers daarvan: Quiftwater, Kwiftewijn, Kwifthout en Quifte-coren. (Kwiften, verkwiften, in middeleeuwifche fpelling quiften, is Hoog-

duitfch verfchwcnden). Verder nog Garegoed (garen = fammeln), Lievegoed, Vallendgoed, enz. Zie hierover nader mijn werk: De Nederlandfche Geflachtsnamen in oorfprong, gefchiedenis en betcekenis; Haarlem, 1885.

Haarlem. _____ · Johan Winkler.

Bemerkungen über einige Wörter und Redensarten.

brufch, drufch (XXIII, 41. 52. 67).

Als Bezeichnung für eine durch einen Fall ufw. entftandene Beule am Kopf ift mir das Wort drüfch geläufig; brufch kenne ich nur aus Büchern, ich habe es zuerft bei Brinkman gelefen, wo es mir auffiel. Das Wort drüfch oder eins, das ihm genau entfpräche, habe ich in den mir hier zu Gebote ftehenden Hülfsmitteln nirgends finden können, doch hat Grimms Wörterbuch (II Sp. 1347) die Adjektiva draufchelich, draufchlicht, draufchelichtig, draufchicht in der Bedeutung »traubenartig, in Büfcheln oder Doiden wachfend«. ten Doornkaat Koolman hat drūs, drüffel, drūft in der Bedeutung »Klumpen, Bündel, Büfchel, Straufs etc.« und verweift auf hell. Drufchel. Mit Drüfe (in der Bedeutung »Beule«) hängt drüfch zunächft wohl nicht zufammen, da der Vokal verfchieden ift (drüfe = dröfi). Bemerkenswert ift eine von Grimm (II 1458) angeführte Stelle, wo trüfen und brüszen neben einander genannt werden.

Uebrigens giebt es noch ein Adjektiv (Adverbium) drüfch, welches vom Geſichtsausdruck gebraucht wird und etwa ein Mittelding zwifchen ernft und mürrifch bedeutet: he füt fo drüfch ut.

lébendig.

In den verfchiedenen Mundarten giebt es manche durch -ig erweiterte Part. Präf.; fie fcheinen alle den Ton auf der Stammfilbe zu haben, z. B. glühendig, auch kontrahiert glönig. Eine Ausnahme von diefer Regel macht die hd. Betonungsweife des Wortes lebéndig, die fich auch, jedenfalls teilweife, in die Mundarten eingefchlichen hat; mir ift z. B. nur die Ausfprache lâbénnig geläufig. Bei Klaus Groth finde ich beide Betonungsweifen nebeneinander. In dem Gedicht »Rothgeter Meifter Lamp un fin Dochter« heifst es (VII. Gefang v. 71 f.):

Vele Gedanken de gungn denn wull mit, un annere Biller
Keem in er lębndig to höch, dat fe feet as fülhen en Bildnis.

In demfelben Gefang v. 88:

Lẹb'ndig ward dat nu binn, wo't ęben noch karkenftill hẹrging.

An der erften Stelle ift lębendig zweifilbig (als Trochäus) auszufprechen, an der zweiten foll der Apoftroph vielleicht andeuten, dafs es dreifilbig (als Daktylus) gelefen werden foll. Zu beachten ift noch, dafs das d bei diefer Betonungsweife erhalten ift. Dagegen heifst es im 8. Gefange v. 38:

— — ·— — Geftalten un Biller,
Klar, as feeg fe dat Oog, un dat Hart dat hör fe lebénnig.

trèrfch.

In der von Reimer Hanfen herausgegebenen Reimchronik Bruder Nigels (Jahrb. XXV) begegnet v. 443 das Wort trerfch. In der Anmerkung wird hinzugefügt »D. threerska, wohl isländ. treiskr kampfluftig.«

Ob in treiskr ein r ausgefallen ift weifs ich nicht; jedenfalls fcheint aber die Bedeutung kampfluftig nicht recht zu paffen im Hinblick auf v. 448. 449:

Vor gokel fpil, dar fe voren mede,
So wolden fe fitten in koninges ftede.

Im mnd. Wörterbuch wird trèrefch erklärt durch aftutus, callidus, verfutus, es wird aber noch in ein etwas anderes Licht gerückt durch die Wörter trèrink falfcher Spieler, Betrüger und trèrerie Gaunerei, Gaukelei, Glückfpiel (dies letzte allerdings mit einem Fragezeichen verfehen). Hiernach könnte es faft fo ausfehen, als ob unfer trerfch durch die Worte vor gokel fpil erklärt würde.

Heute bedeutet das Wort trèrfch in Glückftadt »albern«. Der Bedeutungsübergang ift nicht fchwer zu erklären; von dem Begriff »Gaukelei« zu »Albernheit« ift nur ein kleiner Schritt, aber auch von aftutus kann man leicht zu »albern« gelangen. Ein Liftiger, Verfchlagener giebt fich den Anfchein eines Harmlofen, Albernen, ja fogar Blödfinnigen (man denke nur an Erzählungen wie die von Odyffeus oder Brutus), um feine Mitmenfchen defto beffer täufchen zu können.

fteke.

In Kluges Zeitfchr. f. deutfche Wortforfchung I. S. 30 Anm. weift Paul Pietfch auf die Bedeutung von fteke »durch den Stich entftandene Wunde« hin. Diefe Bedeutung ift noch jetzt in Glückftadt lebendig; hier bedeutet nämlich ftęk die Stichwunde am Halfe eines gefchlachteten Tieres. Weil das Fleifch an diefer Stelle von geringerer Güte ift und aufserdem viel geronnenes Blut enthält, ift es billiger, und fo kann man beim Metzger hören, wie fparfame oder ärmere Hausfrauen 'n ftück vun'n ftęk verlangen. Sonft ift das Wort ftęk in Glückftadt nicht mehr gebräuchlich und wird durch das hd. Stich erfetzt, befonders beim Kartenfpiel und in der Bedeutung »Zwifchenraum zwifchen zwei Stichlöchern« (beim Nähen) oder genauer »Teil des Fadens zwifchen zwei Stichlöchern«, z. B. der Schneider macht lange Stiche.

op rofen fitten (XXII, 75. XXIII, 14).

In Glückftadt wird diefe Redewendung nur negativ gebraucht: he fitt ōk nich op rofen == er befindet fich in keiner beneidenswerten Lage, z. B. in misslichen Vermögensverhältniffen.

en kûs' uttrecken (XXIII, 32):

bedeutet in Glückftadt »jemand um eine gröfsere Geldfumme erleichtern«, aber ohne üblen Nebenfinn; wenn man z. B. im Begriff ift, jemand eine gröfsere Rechnung zu präfentieren, fagt man wohl im Scherz: ik will em 'n kûs' uttrecken.

up Socken (XXIII, 36).

Die Vermutung »Der Zufatz up Socken bedeutet wohl nur eine Potenzierung des Begriffs« fcheint das Richtige zu treffen. · Wenn einer fich fehr närrifch gebärdet, fagt man in Glückftadt: he fantafiert op ftrümpföcken.

alsmets (XXIII, 39).

In alsmets fcheint mir das letzte s das s der Adverbien zu fein, das in allen ndd. Mundarten vorkommt. Dagegen braucht das s von als nicht, wie Seitz meint, aus ins abgekürzt zu fein, fondern es kann ebenfalls das oben genannte s fein, oder aber (was vielleicht urfprünglich dasfelbe ift) als kann ein als Adverbium gebrauchter Genitiv fein, vgl. ftracks neben nhd. ftrackes weges u. ä. Die Form als wird nicht nur hier im Bergifchen, fondern auch weiter füdlich, z. B. in Naffau und Heffen, fehr viel gebraucht und bedeutet hierzulande, allein gefetzt, ›fchon‹ (in Köln heifst es ald), in Verbindung mit mal (alsmal) ›zuweilen‹, doppelt gefetzt alsmal . . . alsmal = ›bald . . . bald.‹

blangen (XXIII, 38 f.)

Ueber blangen habe ich Jahrb. XVIII, 88 (§ 8, 2) bemerkt, dass der Vokal der Vorfilbe be- bier weggefallen fei, was auch im Hd. vorkommt (z. B. bleiben). blangen ift fowohl Präpofition ›neben‹ (vgl. Jahrb. XX, 36, § 80), als auch Adverbium ›an der Seite‹, blangenan ›nebenan‹.

baten (XXIII, 40. 73).

baten ›nützen‹ ift im Bergifchen noch bekannt, allerdings nur im Präf. (et batt) und im Part. Perf. gebraucht: et hett nit (nicks) jebatt; auch hd. fagt man hier im Scherz: es hat nichts gebadet. Nu hett et mer ewwer jebatt nun ift es mir aber genug (wenn einem die Geduld reifst). Zu der Redensart alle bate hilpt vgl. Korr.-Bl. XV, 3 u. 57, beide Male unter Nr. 68.

kunkeln, kungeln (XXIII, 59. 74).

kunkelkråm hat in Glückftadt diefelbe Bedeutung, die im ostfries. Wb. angeführt ift: ›heimlicher Kram‹, d. h. etwa ›Sachen, die das Licht fcheuen.‹ Das Verbum kunkeln habe ich nie gehört. — Die Solinger Bedeutung von kungeln (kongeln: in den niederrhein. Mdd. hat i, u, ü vielfach einen ›Stich‹ nach e, o, ö) läfst fich vielleicht am besten durch ›taufchen‹ wiedergeben; Schüler kongeln, d. h fie vertaufchen z. B. einen Griffel gegen zwei Stahlfedern u. dgl. Diefer Gebrauch des Wortes ift mir auch für Barmen beftätigt. Wenn Hausfrauen gegenfeitig etwas von einander leihen, z. B. ein Ei, eine Handvoll Salz, eine ›Schüppe‹ Kohlen, eine Wringmafchine ufw., eine Sitte, die hierzulande fehr häufig angetroffen wird, fo ift das kongelei.

Einige Kleinigkeiten.

Von den in Jahrg. XXIII erwähnten Wörtern find aufser den oben behandelten in Glückftadt folgende gebräuchlich:

nīp (S. 74) genau, vom Zuhören und Zufehen.

inne rich (S. 74) auf einem kürzeren Wege.

för'n Buren bemm (S. 76 Nr. 99) fagt man auf dem Lande, in der Stadt heifst es för(n) Narren holen.

vęl Swin måkt den Drank dünn (S. 76 Nr. 134).

em is dat ni mit (S. 77 Nr. 466) es ift ihm nicht recht, es passt ihm nicht (auch: em is dat ni nå de mütz).

ftutenwuchen (S. 77 Nr. 706) etwa ›Schonzeit‹, befonders bei neu eintretenden Schulkindern. Im Dän. bedeutet hvedebrødsdage ›Flitterwochen‹.

vörpål slågen (S. 77 Nr. 783 u. S. 88) bedeutet etwa ›jemand auf etwas (eine fpäter vorzutragende Bitte) vorbereiten.‹

Fladder (XXIII, 87).

Zu fladdern »fich flach auseinanderlegen« gehört vielleicht das in Glückftadt gebräuchliche Kofladder Kuhfladen.

Zum Volkshumor (XXIII, 87).

Wenn wir neugierig fragten, was es zu effen gäbe (wat wölt wi ęten), fo erhielten wir die Antwort: afgebråkene nainådeln un geftött glas.
Solingen.   J. Bernhardt.

Bemerkungen zu früheren Artikeln.

Polak (XXIII, 73).

Pólak = Tabaksreft in der Pfeife ift auch in Quedlinburg gebräuchlich. Ten Doornkaat Koolman, Oftfries. Wb. II, 745 führt noch an: »Pollakke, Polak a) Polacke, Pole; — b) ein gelber, glafirter Knicker«.
Loddei, Faulpelz (XXIII, 74).

Sollte der in Bernrode a. Harz vorkommende Familienname Laddei (Laddey) damit zufammenhängen? In Quedlinburg gebraucht man Lulei für einen lüderlichen Menfchen. Solche Bildungen auf -ei finden fich febon im Mhd. Mor. Haupt hat in feinen Anmerkungen zu Neidhard von Reuental S. 185 über fie gehandelt.

Buchten = fich fürchten? (XXIII, 74).

Die urfprüngliche Bedeutung ift doch wohl »fich beugen, feine Ohnmacht zu erkennen geben.«
Northeim.   R. Spreuger.

Redensarten von der Katze (XXXIII, 54).

Die Sprenger nur hochdeutfch bekannt gewordene Redensart läuft im Nordweften der Lüneburger Heide in folgender Faffung um: Mit dinen (minen . .) Magen löpt de Katt nich mihr weg.
Friedenau-Berlin.   E. Kück.

Hans-Bunken-Streiche (XXIII, 91).

Zu der von Joh! E. Rabe a. a. O. aufgeführten Redensart Dat fünd Johann Bunck fine Kneep = »ich mache nur Spafs« kann ich beibringen, dafs mein Grofsvater in Quedlinburg noch vor etwa 30 Jahren lofo Streiche als Hans-Bunken-Streiche zu bezeichnen pflegte. Ift dabei an einen beftimmten Spafsmacher nach Art Eulenfpiegels zu denken, oder erklärt fich der Ausdruck nach ten Doornkaat Koolmans oftfries Wb. I, 255: »bunke, bunk [fig.] ein plumper, roher Menfch, woher denn auch die Matrofen im nld. zee-bonken genannt werden.«?
Northeim.   R. Sprenger.

Flæts, flætfig.

Im »Daheim« Jahrg. 1902/3 Nr. 22, S. 18 wird ndd. vlætfig auf den bekannten Dogmatiker Matthias Flacius Illyricus (1520—1575) zurückgeführt, eine Etymologie, die an die Herleitung des adj. verbieftert von Erich Biefter (1749—1816) erinnert: vgl. Korrbl. XX, 64. Schambach

S. 271 verzeichnet: vlæts, m. ein Grobian, roher Menfch und die davon abgeleiteten Adjektiva und Adverbia vlætfch und vlætfig. Danneil S. 52 hat: Flääz, Flegel, Grobian. Adj. fläötzig; dick henfläötz'n, fich wie ein Flegel hinfetzen. Im Brem. Wb. I, 406 wird die Vermutung vorgetragen, dafs flåtsk für unflåtsk ftebe, wobei das hochdeutfche Unflat verglichen wird. Eine annehmbare Etymologie fcheint bisher nicht gefunden. Northeim.   R. Sprenger.

_____

»Befemet«.

Unter diefer Ueberfchrift veröffentlicht der Hamburgifche Correfpondent in der Morgen-Ausgabe Nr. 207 vom 5. Mai 1903 einen Leitartikel über den kürzlichen Streik in den Niederlanden und über fozialdemokratifche Streike überhaupt, deffen Einleitung wegen des philologifchen Inhalts für die Lefer des Korrefpondenzblattes von Intereffe ift. Diefer Teil des Artikels lautet folgendermafsen.

Ein gelegentlicher Mitarbeiter fchreibt uns: Ein neues Wort ift durch den Generalftreik in Holland auch in Deutfchland aufgekommen. Ob es fich einbürgern wird, das mufs man abwarten; es wird von den Ereigniffen im Bereich der Arbeitskämpfe abhängen. Etymologifch liegt das Wort dem deutfchen Sprachgefühl aufserordentlich nahe, wobei es freilich unficher ift, ob die Verbindung, die wir Deutfchen uns fofort in Gedanken herftellen, richtig ift. Man wird an »Femgerichte«, an »verfemt« denken, Wörter, die von dem altdeutfchen Feime = Strafe ftammen. Doch kommt es ficher von dem holländifchen Feem = Zunft, Vereinigung und foll mit unferm Fem oder Vehm nicht verwandt fein. Im letzten holländifchen Generalftreik bezeichneten die Ausftändigen mit »befemet« folche Artikel, die fie nicht anrühren wollten, weil fie von Nichtverbandsmitgliedern erzeugt oder transportiert waren. Unfer deutfches »verfemt« würde alfo dem Sinne nach ganz gut paffen. Auch mit dem Begriff des Boykott ift die Sache nahe verwandt.

Dazu möchte ich mir erlauben die Frage zu ftellen, ob von einem Aufkommen des Wortes befemet in der deutfchen Schriftfprache fonft etwas bekannt ift? Ich habe dasfelbe hier zuerft gelefen. Die Form befremdet; man erwartete befehmt oder nach der Orthographie des Verfaffers befemt. Es heifst ferner »auch in Deutfchland«. Alfo ift es ein urfprünglich niederländifches Wort; es wird auch »ficher« von dem ndl. feem abgeleitet. Das kann unmöglich richtig fein. Letzteres Wort lautet ndl. veem, und wenn befemet davon abgeleitet wäre, müfste es beveemd lauten. Aber ein folches Wort kennt kein ndl. Wörterbuch und ebenfowenig ein Zeitwort »beveemen« (noch »veemen«), das doch zunächft einem »beveemd« zu Grunde liegen müfste. Veem bedeutet ferner, wenngleich es allerdings mit unferm Fehme dasfelbe Wort ift, nur »eene vereeniging menfchen van dezelfde foort, partij« (van Dale), was auch die ältefte Bedeutung des deutfchen Wortes gewefen ift. Ein ndl. »befemet« im Sinne von »verfemt«, in Verruf erklärt« mufs mithin unglaublich erfcheinen. Vermutlich hat der Verfaffer befaamd gemeint, welches neben »berühmt« auch »berüchtigt« bedeutet. Das Wort ift aber nach Franck, Etymologifch Woordenhoek der Nederlandfche Taal, Bl. 68 verleden deelwoord (participium perfecti) van mnl. befamen »doodvervcn (iemand als den dader van iets nocmen, eigentlich: de grundverf leggen; van Dale), befchuldigen«, dat van lat. fama »faam, roep« gevormd is.

Hamburg.   C. Walther.

Papphahn (XXIII, 83).

Zunächft wird die eigentliche Bedeutung von Papphahn feftzuftellen fein. Ich erkläre es als l'apageienhahn, da pape (pap') nach dem Bremer Wb. III, 292 — man vergleiche das allgemein als Kofewort gebrauchte Deminnt. Päpchen — eine niederd. Bezeichnung des Papageies ift. Diefer Vogel war durch die Papageienfchiefsen (vgl. Mnd. Wb. III, 300) volkstümlich geworden. Die betreffende noch näher feftzuftellende Münze trug aber wohl das Bild eines Adlers, das leicht mit dem eines Papageien verwechselt werden konnte. Bei den Vogelfchiefsen trat bekanntlich der Adler fpäter an die Stelle des Papageis.

Auch in der Altmark heiffen nach Danneil S. 153 Dompfaffe und Papagei »Paop«.

Northeim.   R. Sprenger.

Schusterkarpen (XXIII, 83).

Nach Brehms Tierleben, kleine Ausgabe, bearb. v. R. Schmidtlein, 2. A. 1902, 3. Bd. S. 325 heifst die einzige in Europa vorkommende Art der kleinfchuppigen Karpfen, die Schleie (Tinca tinca), auch »Schufter«. Ferner lefe ich dort S. 335: »In allen deutfchen Strömen kommt neben der Uckelei eine zweite Art der Gattung vor: der Schneiderfifch, auch Schneider, Schuster und Breitblecke genannt (Alburnus bipunctatus). Die dunkelgraue Rückenfärbung geht an den Seiten in ein gräuliches Silberfarben, am Bauche in reines Silberfarben über; die Seitenlinie aber ift oben und unten fchmal fchwärzlich gefäumt, fällt daher gleich einer Naht ins Auge und hat dem Fifche zu feinem am meisten gebrauchten Namen verholfen.« Diefe Ableitung ift fehr unwahrfcheinlich, vielmehr hat wohl auch diefer Fifch die Bezeichnung Schneider- oder Schusterfifch wegen feiner Verwendung als billiges Volksnahrungsmittel erhalten. In Quedlinburg wurde auch der Hering aus demfelben Grunde Schneider- oder Schufterkarpfen genannt.

Northeim.   R Sprenger.

Volkshumor (XXIII, 87).

1) Als Kind hörte ich von der Mutter auf diefelbe Frage, was fie koche: »Kinderfragen« oder »Junge Hunde mit Schemelbeinen«. 2) In der Niederlaufitz fingen die Kinder zum Glockenläuten:

Bimbam,	Glockenftamm.
Wer is dodt?	Sparebrod.
Wenn is er jeftorben?	Geftern Morgen.
Wenn wird er bejraben?	Morgen Abend.

Glockenftamm meint doch wohl Glockenftrang. Zum Sparebrod ift übrigens der Gegenfatz der ital. Name (bekannte Konditorei in Berlin, wo die Zuckerbäcker Veltliner oder Engadiner Eingewanderte waren) Spragnapani d. i. Brodverfchwender. Als eine Art komifchen Fluches hörte man ebenfalls in Berlin und hört wohl noch: Duuniwetti-Spragnapani! (gefprochen Schprranjapani).

Berlin. Frz. Sandvofs.

Im Haufe meiner Eltern, die beide aus der Mark Brandenburg ftammten, hiefs es auf die Frage »was giebt's heute?« Kapern mit langen Schwänzen. Kalbsfrikaffee wurde betitelt: Frikaffee mit Schemelbeinen.

Lübeck. C. Schumann.

De nige fchade.

Wie erklärt fich fprachlich der Name »Neue Schaden« des Wirts-haufes auf der Kreuzftrafse in Hildesheim? Mir find auch fonft fchon verfchiedene »Schaden«, bzw. »Neue Schaden« in Niederfachsen vorge-kommen. So belehnt Bifchof Johann von Hildesheim 1505 Margarethe Afchwin von Saldern mit einem Freikrug (frige krog) genomet de Nige Schade zu Bockenem. Im Kümmereiregifter diefer Stadt 1802/3 (Staats-archiv Hild. Des. 10 A XVIII, 19) »Neuer Schaden«. Ferner Stadt-fchenke »Der Schaden« zu Verden 1707/23, St. A. Hannover (Hann. Des. 71 Lit. d. Nr. 682); vgl. auch Mithoff, Kunftdenkmale V S. 126.

Es würde darauf ankommen, die urfprüngliche Bedeutung von fchade und feine Anwendung auf »Krug, Wirtshaus« feftzuftellen.

Hannover. R. Doehner.

Weife Regel.

Veele Capitains, unwiefe Staten,
Veele Colonells und weinig Soldaten,
Veele Vergaddringen und weinig Secreten
Sindt böfe Dinge, de en Landt upethen.

Eingefchrieben in ein durchfchoffenes und über und über mit erläu-ternden Anmerkungen und Lefefrüchten, meift lateinifchen, bedecktes Exemplar von »Des Durchleuchtigften Fürften und Herrn Th. Friedrich Wilhelm, Hertzogen zu Mecklenburg . . . bei vorgewefener Kayferl. Com-miffion, Gegebener Vergleich, sub dato Schwerin, den 16. July Anno 1701. . . . Schwerin, druckts Hartwig Lübke . . . Anno 1702.« 4°. Der Schreiber nennt fich auf S. 321 in einer politifchen Ausführung felber: Chriftian Wilhelm von Lehsten, bei den damaligen Verhandlungen mit Obrift-leutnant J. v. Moltke auf Strietfeld Deputierter des ritterfchaftlichen Amtes Gnoyen. Am Schlufs des Bandes finden fich folgende Bemerkungen über den Verfaffer der Notizen: »Hic fuit Liber Manualis C. W. à Lehsten, Senatoris Provincialis dirigentis, ab Anno 1714 usque ad obitum d. 5. Decemb. 1723.« »Chriftianus Wilhelmus fuit Joh. Friderici à Lehsten, Senatoris quoque Provincialis et Guftavi Adolphi Ducis faepius laudati Legati ad aulas quamplurimas, antea Directoris Cancellariae Filius digniffimus.«

Lubfee bei Grieben (Meckl.) Friedrich Bachmann.

Symbolifche Anwendung des Knffes (XXIII, 43, 50, 72).

In Lübben, Mndd. Handwrtrb. S. 191 finde ich unter kruze: dat kruze kuffen, ein Rechtsgefchäft (namentlich Friedensfchlufs) beftätigen, was

nach orientalifchem Ritus durch Küſſen des Kreuzes gefchah. Vielleicht
bietet das Mndd. Wrtrb., das mir nicht zur Hand iſt, nähere Nachweife.
Wismar i. Mecklb.   Fr. Schultz.

Allerdings bringt das Mndd. Wb. von Schiller und Lübben manche
Belege für dat cruce kuſſen und die crucekuſſinge. Es war ein Ruſ-
fiſcher Brauch bei Abſchlüſſen von Verträgen, der ſich mit dem to kiſs
the bible der Engländer bei Eidesleiſtungen vergleichen läfst. Durch
diefe Küſſung ſoll die Vertragstreue der Contrahenten und die Wahrhaftig-
keit des Schwörenden ſymbolifch bezeugt werden. Infofern· fie damit zu
erkennen geben, dafs fie fich im entgegengefetzten Falle der göttlichen
Strafe unterwerfen, beſteht eine Aehnlichkeit mit den ·früher befprochenen
Arten ſymbolifcher Küſſe, nur mit dem Unterfchiede, dafs diefe die bereits
erlittene Strafe als gerecht dartun, während jene beiden auf eventuell
folgende Strafe fich beziehen.
Hamburg.   C. Walther.

Pantaleonsfest. Panteljohn.

In feinem Hamburgifchen Idioticon (zweite Auflage) fagt Richey, dafs
nach Hamburger Ausfprache Panteljohn das zweite Feft der Schulkinder
fei, da fie zum andern mahl ins Grüne geführet werden. Zur Zeit des
Pantaleontages, 28. Juli, pflege man mit der Erndte den Anfang zu machen.
Wie man von den Kindern fage »fe gat in't Grön« fo heiſse es auch »fe
gabt in't Panteljohn«. Panteljohnen: herrlich und in Freuden leben.
Verpanteljohnen: mit Wolleben herdurch bringen. — Schütze in feinem
holfteinifchen Idioticon fagt ähnliches.
Ich kann aus zwei älteren Hamburgifchen Rechnungsbüchern den
Gebrauch der Worte Panteljon und Pantaleonen mittheilen:
Im Rechnungsbuch des Heiligen Geiſt Hofpitals iſt zum Jahre
1627 vermerkt:
25. Juli up Jacobi wie dat Volck panthaleonet chme to
heer 2 ℔ 12 β, und den Armen tho Knufflock 1 ℔ 6 β, vor
allerhand Küchenkraut 2 ℔.
Es haben alfo die Dienſtleute des Hofpitals zu einem Sommerfeſte um die
Zeit des Pantaleon-Tages ein Fafs Bier erhalten, während den Stifts-
infaſſen an diefem Tage eine befondere Feftfpeife wird zubereitet worden fein.
In den Rechnungsbüchern des Hofpitals St. Jürgen iſt im Jahre 1734
verzeichnet:
Da am 6. December (!) h. a. Nicolai-Tag eingefallen, ſo iſt
das gewöhnliche Panteljon der Bauern auf den 8. ejusdem
verleget worden und haben nachfolgende geliefert (es folgt
dann das Verzeichnifs der Korn- und Hühnerlieferungen, fowie
der Geldzahlungen).
Am Nicolaitage mufsten die Eingefeffenen der dem Hofpital gehörigen
Dörfer Langenhorn und Klein-Borftel ihre jährlichen Gefälle im Hofpital-
gebäude abliefern, wurden aber dabei reichlich bewirthet. Es ſcheint, dafs
diefe Mahlzeit zuweilen zu wirklichen Gelagen ausgeartet iſt.
Der Nicolaitag, 6. Dezember, fiel im Jahre 1734 auf einen Montag.
Hamburg.   J. F. Voigt.

In den Beiträgen zur Geschichte der Stadt Roftock, hrsg. v. K. Koppmann, I, 3, 98 berichtet Dr. F. Crull aus den Rechnungsbüchern der Bruch-
fifcher in Roftock von deren Pantaleonen koft am 28. Juli. Einmal wird
das Feft bezeichnet: do wy den swan ethen und 1533, als das Feft
zuletzt begangen ward: do wi de fvaue eten ofte don wi panta-
leoneden. Aus den Angaben der Rechnungen über die Gerichte der »koft«
läfst fich verftehen, wie »pantaleonen« für »herrlich und in Freuden leben«
gefagt werden konnte: Schinken, Grapenbraten oder ftatt deffen Gänfe,
Lämmer und fchliefslich Schwanebraten, von Gewürzen befonders Pfeffer,
Knoblauch und Zwiebeln, zum Nachtifch Birnen. Crull weift in einer Anmerkung darauf hin, dafs der Tag des h. Pantoleon auch in Wismar feftlich
begangen worden fei, »wo den Arbeitern auf den Ziegelhöfen eine Ergötz-
lichkeit bereitet wurde, die Kürfchner fich luftig machten, den Ratsmitgliedern eine, übrigens nicht vor 1599 nachzuweifende Weinfpende zu
Teil wurde u. f. w.« Belege für das Pantaleonfeft der Wismarer Ziegler find
z. B.: Item 4 β to panteleonen up dem tegelhoff (1507); 4 β den ar-
beidesluden to pantleonen (1508); 3 β dem teghelvolke tho beergelde tho
creme Panthaleonen fefte (1515); Auszüge aus dem Rechnungsbuche
St. Georg. zu Wismar, brieflich mitgeteilt von Herrn Dr. F. Crull. In dem
Verzeichnis der Speifen, welche fich ein Koftgänger zu Lübeck im J. 1542
ausbedungen hatte: fchincken gefaden unde oeck rho mit knuefflocck,
wen men panthaleoent; W. Mantels, Beköftigung aus dem Jahre 1542,
in der Ztfchr. f. Lübeck. Gefchichte III, 565.

In Hamburg feierten auch Infaffen des Hiobs Hofpitals oder Pocken-
hanfes noch zu Anfang des 18. Jahrhunderts das Pantaleonfeft durch eine
reichlichere Mahlzeit von geräuchertem Fleifch und Schinken, wie aus den
1716 und ff. Jahre erfchienenen Streitfchriften über die Verwaltung diefer
Stiftung hervorgeht. Das Feft heifst hier Pantalion, Pantelion,
Panteljon und Pantlion; f. J. v. Overbeke, Bericht von der ftraffbaren
Wirtfchaft, 1717, S. 48. 78, und im Nach-Bericht S. 9; Overbeke, Auszug
aller Befchwerden S. 6; Jacob Volkmann, Ehren-Rettung, 1718, S. 16;
Overbeke, Unfug der Ehren-Rettung S. 23.

Ob diefe Feier des Pantaleontages und die davon entlehnten Ausdrücke
auch anderswo aufser in Hamburg, Lübeck, Wismar und Roftock fich nach-
weifen laffen, habe ich nicht ermitteln können, wenigftens in ndd. und hd.
Wörterbüchern und Idiotikon nichts gefunden. Für die Entwickelung der
Bedeutung »Schmaus und Gelage« für Panteljon ift die obige Stelle vom
J. 1734 bemerkenswert, wo ein Feftmal im Dezember fo bezeichnet wird.

Hamburg.   C. Walther.

Zufammenfetzungen mit angel.

Die Endung angel, die fich in einigen niederdeutfchen Schimpf-
wörtern, wie Luusangel, ein laufiger, Schmeerangel (Quedlinburg), ein
fchmieriger, Flätangel (Brem. Wb., Danneil), ein unflätiger Menfch u. a.,
findet, ift noch nicht genügend erklärt. Wenig glaubhaft ift die Vermutung des Brem. Wb. I, 18: »Vielleicht find die alten Angeln bey den
übrigen Sachfen im übeln Ruf gewefen als heimtückifche und garftige
Leute, wozu der erften ihre Secräubereyen auf allen Küften des deutfchen
Meeres können Urfache gegeben haben, fo dafs man einen jeden verhafsten

Menfchen einen Angel genannt hat.« Gleichwohl wird fie von Schambach S. 271 wiederholt, der über flætangel folgendes bemerkt: »Der erfte Teil des Wortes hängt wohl mit »Unflat« zufammen: in dem zweiten könnte der Volksname der Angeln ftecken.« Auch die bei Schiller-Lübben I, 88 ausgefprochene Vermutung, dafs die Schimpfwörter auf angel auf das beim Theutonifta verzeichnete anghe (= hanghe), tœneyginge, nature, wefen, feede, wyfe, gewœnte, manyere zurückzuführen feien, halte ich nicht für ftichhaltig. Vielmehr dürfte hier die gewöhnliche Bedeutung von angel =: »Haken, an dem etwas haftet« genügen. ten Doornkaat Koolman, Oftfrief. Wb. I, S. 39 führt die Rda. an: »dat is 'n böfen angel an hum, dat hê fo'n uplopend wefend hed« und: »d'r fit fo'n angel in hum, dat d'r nåft gin minske fråe (Friede) mit hum holden kan. Er erklärt hier angel durch: »Fehler oder ein Etwas, das jemand anhaftet oder ihm eigen ift.« Hier liegt jedenfalls die Eigenfchaft von angel als fcharfes, verletzendes Inftrument zugrunde. Wenn aber im Osnabrückifchen nach Klöntrup gefagt wird: »dar is ninne gode angel anne«, was etwa der hochdeutfchen Rda. »Es ift kein gutes Haar an ihm« entfpricht, fo könnte dabei an angel in der Bedeutung »Borfte der Tiere« gedacht werden.

Northeim   R. Sprenger.

Zu den Wiedenfahler Ausdrücken in XXIII, 90.

kranewaken leitet Schambach, Götting.-Grubenhag. Wb., vom Kranich her, obfchon der Vogel in feinem Dialekt nicht mehr krane, fondern blofs kraneke heifst: »wie ein Kranich wachen, d. i. die Nachtruhe oder überhaupt Ruhe nicht finden können; völlig fchlaflos bleiben; vor Erwartung unruhig fein.« Er vergleicht ndl. kraanoogen, mit halb geöffneten Augen fchlafen. Auch Rubehn, Beiträge zu einem Idiotikon des Oder-Bruchs (Mittheilungen des Hiftorifch-Statift. Vereins zu Frankfurt a. O. Heft 9/11, 1873, S. 56) ift derfelben Meinung: »kroanewoaken, halb wachend, halb fchlafend fein, wie die Kraniche, die auf einem Fufse ruhend vom leifeften Geräufch aufgeweckt werden.« Der Hamburger Richey und das Bremer Wb. haben kraalwaken, nicht fchlafen können oder auch bei Schlafenszeit noch gefchäftig fein. In Stade nach dem Brem. Wb. kraulwaken. Die Ableitung diefes Vbs. vom Adj. krall ift jedenfalls verkehrt. Aus kraanwaken, bzw. krannw. (kraun = krôn, Kranich) konnte fehr wohl kraalw., kraulw. werden. Nach Schambach wird für kranewaken gewöhnlich krawaken gefagt. Sollte ebenfo das Wiedenfahler kruwaken auf krune-, kronew. zurückgehen?

kurrwaken kennt auch das Brem Wb. »übel fchlafen; vor Sorgen nicht fchlafen; oft aus einem leichten Schlaf erwachen.« Richey fchreibt kurwaken, für Sorgen nicht fchlafen können, alfo nach feiner Orthographie wohl mit û zu fprechen. R. Hildebrand (Grimm's Dtfch. Wb. V, 2785) fafst daher das als »wachen oder fchlafen wie einer der die kur [Wache] hat«, es leitend vom mndd. küren, fpähen, bef. dem Wilde auflauern (küre, Wächter, Turmwächter, ndl. koer; vgl. Franck, Etymol. Woordenboek). Wie fich kurw. und kurrw. zu einander verhalten, ift unklar. In den übrigen Idiotiken findet fich nichts vergleichbares; nur Dähnert bringt als Pommerfch-Rügenfch **kurwagteln**, mit Schlägen aus dem Schlafe bringen (!).

beletten. Letten ift das altfächf. lettian, intrf. lafs (ndd. lat) werden, ermüden, ablaffen; trauf. hindern, hemmen. Im Mudd. und Mndl. entwickelt fich aus der intrf. Bedeutung »fäumen, zögern, verweilen« für **letten up (op)** die von »merken, achten auf«, gleichfam »fich (betrachtend) wobei aufhalten« (Mndd. Wb.), »bij iets ftilftaan« (Franck, Et. Wb.). Eine weitere Entwicklung ftellt das trauf. **beletten** dar; be-, mit Verben componiert, »drückt gewöhnlich die anwendung des begriffs des verbi auf einen gegenftand aus, der dann im accufativ fteht«; J. Grimm, Dtfche Gramm. 2, 798.

värlat. Dies Wort für Vorfpuk ift auch in Hamburg nicht unbekannt und befonders in unferer füdelbifchen Gegend gebräuchlich. Auf die Vorftellung von der Auslaffung einer abfcheidenden Seele hat man das Wort wohl nicht zu beziehen; wenigftens meine ich, dafs es nicht blofs für Vorgefichte von Sterbefällen gebraucht wird, fondern für Vorbedeutungen, Vorfpuke jeglicher Art. Das Ntr. lât = gelât bedeutet die äufserliche Erfcheinung, Ausfehn, Geficht, Geftalt; fo wird vörlât als ein Vorgeficht oder Schemen deffen zu deuten fein, was fpäter in wirkliche Erfcheinung treten foll. Wenn Lyra »de (Pl.? Fem Sg.?) uutländske Niggelaut« für »das Neue, Ungewöhnliche« gebraucht (S. 5), fo wird ,laut' dafelbe ,lât' fein, denn das alte à erfcheint im Osnabrückifchen heutzutage durchweg als au. Dagegen **middelât** wird vermutlich Msc. fein und das lût = mhd. lâz, msc., das Aus-, Los-, Fahrenlaffen (vgl. Ablafs, Unterlafs, ndd. Aflat, Underlat). Woefte, Weftfäl. Wb., hat das Simplex *lât*, msc., Bienenfchwarm, fofern er auszieht.

wabern = mhd. und ältorm nhd. wabern, anord. vafra, engl. waver, fich hin und her, fich fchwankend bewegen, fchwanken, hat fich in den heffifchen Mundarten bis heute erhalten. Die meiften ndd. Dialekte kennen es nicht mehr, wie auch fcbou im Mndd. ein Zeitwort waveren nicht mehr zu belegen ift.[*] Nur aus einem (mir unbekannten) Ravensbergifchen Idiotikon 330 bringt K. v. Bahder im Grimm'fchen Wb. XIII, 12 **wawern**, fpuken, und aus demfelben Dialekte hat Jellinghaus, Weftf. Gramm. S. 155: **wâwer**, msc., Spukgeift. Das Wiedenfahlifche ift in der Einfchränkung des Begriffes noch weiter gegangen als das Ravensbergifche, indem es das Zeitwort blofs auf den Feuervorfpuk anwendet. Das ftimmt merkwürdig zum Altnordifchen, wo vafra fpeciell vom Flackern der Flamme gebraucht wird, daher vafrlogi, msc., wonach wir neuerdings unfer »Waberlohe« gebildet haben.

ftöltenlecht. Schambach giebt: »ftörlepel (eig. Rührlöffel) das Irrlicht, der Irrwifch; auch ftärlepelken, ftöltenlucht, feltener ftöltenlicht, ftöltjenlicht, fteltenlicht (das ftelzende Licht), von der hüpfenden Bewegung fo genannt. Unter ftöltjenlicht verfteht man in Iber aber auch die Funken, welche gewiffe Menfchen zu Zeiten an fich und an den Kleidern und Sachen, welche fie gerade tragen, überall warnehmen oder doch warzunehmen glauben, und wodurch nach dem Volksglauben

---

[*] auch im Ahd. und Afächf. nicht; die Ortsnamen Wabern, Waveren zeugen aber dafür, dafs es vorhanden war.

der nahe Tod eines der nächsten Angehörigen vorbedeutet wird.« Die Form ftöltjenlicht erklärt die aus Meyer's Germ. Mythologie angezogene ftölkenlicht. Dies wird auf ftöltkenlicht zurückgehen und ftöltken das Diminutiv von ftölte fein, wie ftürlöppelken von ftürlöppel. Gegen Schambach's Erklärung von ftörlepel, ftürlepelken als Rührlöffel läfst fich in fprachlicher Beziehung nichts einwenden, aber fehr wohl in fachlicher, weil ein Irrlicht nicht wie ein Löffel ausfieht, auch nicht den Eindruck des Umrührens macht. Die Deutung »Läufer« wird vielmehr das richtige getroffen haben. Dem mhd. löufel, läufel (Läufer, laufender Bote) würde ein ndd. lôpel, lôpel entfprechen; vgl. über die Bildung von nominibus agentis mit -ila F. Kluge, Nominale Stammbildung § 18. Da das Göttingifche, welches altes au in â wandelt, hûpen ftatt lôpen fagt, fo würde das gemeinndd. lôpel, lôpel hier hûpel, lêpel lauten. Wie leicht fich, nachdem das lôpel, lepel verfchollen war, die Anknüpfung an die kurzfilbigen löpel, löppel und lepel (Löffel) und die Umdeutung von ftör-, ftürlöpel, -lepel zu einem Stör- oder Rührlöffel gemacht haben kann, bedarf keiner Erläuterung. Wir werden alfo in diefem Synonym von Irrlicht den urfprünglichen Sinn von »verftörter, irregehender Läufer« annehmen dürfen; mit folchem läfst fich das hüpfende Licht treffend vergleichen.

Hamburg.   C. Walther.

Wepeldurn (f. XIX. 10, 22).

Fritz Reuters Hanne Nüte 1, v. 34 ff.:

Blag Oefchen dukt unner den Wepeldurn,
As wull 't irft lur'n,
Ob't fick ock fchickt,
Dat't fröhlich in de Welt 'rin kickt.

Northeim.   R. Sprenger.

Notizen und Anzeigen.

Beitragszahlungen find an unfern Kaffenführer Herrn Joh? E. Rabe, Hamburg 1, gr. Reichenftrafse 11, zu leiften.

Veränderungen der Adreffen find gefälligft dem genannten Herrn Kaffenführer zu melden.

Beiträge, welche fürs Jahrbuch beftimmt find, belieben die Verfaffer an das Mitglied des Redactions-Ausfchuffes, Prof. Dr. W. Seelmann, Charlottenburg, Peftalozziftrafse 103, einzufchicken.

Zufendungen fürs Korrefpondenzblatt bitten wir an Dr. C. Walther, Hamburg 3, Krayenkamp 9, zu richten.

Bemerkungen und Klagen, welche fich auf Verfand und Empfang des Korrefpondenzblattes beziehen, bittet der Vorftand direct der Expedition, »Diedrich Soltau's Verlag und Buchdruckerei« in Norden, Oftfriesland, zu übermachen.

Redigiert von Dr. C. Walther in Hamburg.
Druck von Diedr. Soltau in Norden.

Ausgegeben: Mai 1903.

Jahrg. 1903.   Hamburg.   Heft XXIV. № 2.

Korrefpondenzblatt

des Vereins
für niederdeutfche Sprachforfchung.

I. Kundgebungen des Vorftandes.

1. Veränderungen im Mitgliederftaude.

Dem Vereine beigetreten find die Herren
O. Callfen, Oberlehrer, Magdeburg.
Glafewald, Confiftorial-Präfident, Magdeburg.
W. Haufchild, Lehrer, Magdeburg.
M. Perlbach, Dr., Director an der Kön. Bibliothek in Berlin.
Ihren Wohnort haben gewechfelt die Herren
J. Gillhoff, jetzt: Merfeburg.
Dr. ph. Willner, jetzt: Stolberg bei Aachen.

2. Abrechnung des Vereins über den Jahrgang 1902.

Einnahme.

Baarfaldo laut voriger Abrechnung	Mk.	26.50	
Von Diedr. Soltau, Guthaben des Vereins aus Jahrgang 1899	„	532.95	
Nachträglicher Eingang von 1900	„	100.—	
	Mk.	659.45	
349 Mitgliederbeiträge einfchliefslich Mehrzahlung	„	1760.—	
Ueberfchüffe aus den Publikationen des Vereins:			
a) Jahrbuch und Korrefpondenzblatt . . Mk. 280.64			
b) Denkmäler, Wörterbücher, Drucke und			
Forfchungen . . . . „ 413.43			
Mk. 694.07			
Einnahme für 1 verkauftes Exemplar von J. ten			
Doornkaat Koolman's Wörterbuch . . . „ 15.—			
		„	709.07
		Mk.	3128.52

Ausgabe.

Jahrbuch XXVII 359 Exemplare à Mk. 2.40 . Mk.		861.60	
do. nachträglicher Verfand alter Jahrgänge			
13 Exemplare à Mk. 2.40 . „		31.20	
zufammen 372 Exemplare, Porto . . . „		76.—	
Honorar Jahrbuch XXVIII . . . . . . „		320.—	
		Mk.	1288.80

Uebertrag Mk. 1288.80

Korrefpondenzblatt
Druckkoften für Regifter und Titel Heft XXI Mk. 90.75
  do.   Heft XXII Nr. 1—6 Mk. 413.10
        Verfand und Porto „ 94.14

                       507.24
Regifter Heft XXII . . . . „ 32.—
Druckkoften Heft XXIII Nr. 1 Mk. 62.75
             Porto „ 10.54

                    „ 73.29

                       703.28
Denkmäler VI Druckkoftenanteil . . . . „ 880.85
Reifen der Vorftandsmitglieder u. Portokoften der Kaffenführung „ 140.93

                       Mk. 3013.86

        Einnahme . . . . Mk. 3128.52
        Ausgabe . . . . . „ 3013.86

       Kaffenfaldo Mk. 114.66

Das Guthaben des Vereins bei der Hamburger »neuen Spar-
    kaffe« auf Buch 55083 betrug laut letzter Abrechnung Mk. 5660.43
hierzu gutgefchriebene Jahreszinfen . . . . „ 191.97

           gegenwärtiges Guthaben Mk. 5852.40
Hamburg, den 27. April 1903.

           Joh: E. Rabe,
    derzeit kaffenführendes Vorftandsmitglied.
    Vorftehende Abrechnung mit den Belegen verglichen und richtig
befunden.
Hamburg, den 1. Mai 1903.   C. H. F. Walther, Dr.

3. Abrechnung der Rechtsanwalt K. Bauer-Stiftung.
Urfprünglich überwiefenes und bei der »neuen Sparkaffe« in
    Hamburg auf Buch 71026 belegtes Kapital . . . . Mk. 6000.—
Zinfen von 1880 bis 1902 . . . . „ 3004.38

                       Mk. 9004.38

        Verausgabt:
Für Redaktion des Waldeckfchen Wörterbuches Mk. 4406.40
an Diedr. Soltau für den Druck . . . . . „ 2706.30
an Meifenbach Riffarth & Co., Berlin, für Her-
    ftellung des Portraits . . . . „ 123.20

                    „ 7235.90

Heutiges Guthaben in der Sparkaffe . . . . Mk. 1768.48
Hamburg, den 27. April 1903.   Joh: E. Rabe.
    Vorftehende Abrechnung mit den vorhandenen Belegen verglichen und
richtig befunden.
Hamburg, den 1. Mai 1903.   C. H. F. Walther, Dr.

II. Mitteilungen aus dem Mitgliederkreiſe.

Zu den ſlaviſchen Ortsnamen in Holſtein.

(Kbl. XXIII, 16.)

P. Broniſch hat im Jahresberichte der Realſchule zu Sonderburg Oſtern 1903 den letzten Teil ſeiner Unterſuchung über die ſlaviſchen Ortsnamen in Holſtein und im Fürſtentum Lübeck veröffentlicht. Buchſtabe R—Z, 17 S.

Auch dieſer bringt wieder für eine Reihe von Namen, namentlich aus den Kirchſpielen Hademarſchen, Kellinghuſen, Oldesloe, welche man als deutſch anzuſehen gewohnt iſt, Erklärungen aus den ſlaviſchen Sprachen.

Einzelne ſind überzeugend. So Roge Kſp. Süſel: rogi, Hörner, Ecken. Schadehorn bei Oldesloe: ſkotochorna, Viehburg. Wolkenwehe bei Oldesloe: vjeljka vaha, das groſse Schwanken (in Bezug auf das Moor beim Dorfe). Wandsbeck a. Wandſe: vǫz'e, die Schlangen. Da nämlich, wie ich hinzuſetzen möchte, die Eilbeck und die Wandſe derſelbe Fluſs ſind und Eilbeck doch wohl von egel, eil, der Blutegel (weſtf. ach-, in Ortsnamen auch = Schlange) benannt iſt, ſo erſcheint Eilbeck als deutſche Ueberſetzung von Wanſe. Freilich iſt damit nicht ausgeſchloſſen, daſs die Slaven die Wands-beck wieder von Germanen übernommen und umgedeutet haben. Vergl. die engliſchen Bäche Wandsbeck, die von Kennern des Keltiſchen als nicht keltiſch bezeichnet werden.

Die Sarlau bei Sarlhuſen: cernilava, die Schwarze. Das klingt ſehr plauſibel. Bedenkt man aber, daſs in dem nahen Kellinghuſen in alten Formen die frieſiſche Affibilirung Schelingehuſen, Tzellinghuſen erſcheint, ſo wird es wahrſcheinlich, daſs das alte Scernel-huſen auf ein älteres Kernel-huſen hinweiſt.

Sehr zweifelhaft ſind andere:

Rümpel: rumjanek, die Kamille. Rüting Kſp. Grube: ruda, Raſen-eiſenerz. Es giebt in Weſtfalen mehrere Wieſen, die »der Rüting« heiſsen. Schwiddeldey: sjvetladjeva, heilige Jungfrau (von einem Marienbilde). Das -dey iſt in ndd. Namen zu häuſig, um wendiſch ſein zu können (Lülkendey, Finkeldey, Doneldey). Söhren: vzory, Äcker. Ein verbreitetes ndd. Wort iſt doch sor, trocken, mager.

Speckel, Speckenbeck: ſpickly, ausgedörrt. Ndd. Spak, ſpek = ausgedörrt, riſſig. Alſo ganz dasſelbe Wort im Slaviſchen und Niederdeutſchen. Trenthorſt: tvoritj, bebauen. Beſſer ndd. trend, trund = rund. Tullhorn Kſp. Hademarſchen: tularnja, Pfeilköcher (!?) Tul-, Tüelorde giebt es eine Reihe weſtlich der Weſer. Wildenſcharen Kſp. Kellinghuſen: vjeljoskorjen, viel Staare. Sicher ndd. ſchar, ſchor, ſteil oder scara, Anteil an der Mark (frieſiſch).

Gribbohm Kſp. Schenefeld: grjibovnja, Pilze-Ort. Das alte Gritbom weiſt doch auf frieſiſch griet, Grenze. Bei Harrie liegt altd. harh, heiliger Hain, ſehr nahe. Dies ſoll nun gorje, die Bründe ſein. Innien (alt Enninghe) wird von vjeniki, die Kriegsgefangenen, abgeleitet (?).

Bei der Gelegenheit möchte ich eine falſche Deutung von Hemoksborn berichtigen. Hammock, Hemock iſt hier nicht Heimchen, ſondern Hermelin. In Urdsbrunnen Bd. II, 15 wird aus der Gegend von Magdoburg härmäke als ein verfchollenes Tier angeführt. Es ift das im 19. Jh. an den meiften Orten ausgeftorbene grofse Wiefel. Bei Sievers, Beiträge 24 s. 454 wird das Heimchen von Sophus Bugge als das Tierchen mit den grofsen Schenkeln gedeutet (hamme, Kniekehle, hammeln, fpringen). Von derfelben Eigenfchaft wird der hammock, das Hermelin, den erften Teil feines Namens haben. Das müch in mhd. mücheime foll von ahd. mühhan, im Verfteck liegen, kommen.

H. Jellinghaus.

Böten gegen Schorbuck nud Vofse.

Bei Vifitation der Kirche zu Lübfee 1603 November 9 klagt die Gemeine, dafs Fridagefche mit Böten umgehe; im Verhör giebt fie zu, gegen »Schorbuck« und »Vofse« gewiffe Worte zu gebrauchen, es feien aber gute Worte und hülfen gegen die Krankheit. Auf Vermahnung giebt fie folgenden Wortlaut an:

»Dem leidigen Schorbuck (: oder Vofse) fchal fo wehe gefchehen, wen he den Minfchen fin flefch frith, fine Knaken gnaget, fin bloet ftricht[1]), alfs idt de Jungfrow Maria leith ift, wan de minfche vff[2]) einen fonnabent die fchue fchmeret, vff[2]) einen fondach tor möhlen führet vnd vff[2]) einen nachmittagk ton (!)[3]) eiden fchweret.«

Schorbuck ift bekannt, aber was ift ,Vofs'?

Lübfee.   Friedrich Bachmann.

Zu früheren Artikeln.

1. Kungeln (XXIII, 59. 74. XXIV, 7) bedeutet in Stadt und Graffchaft Dortmund und in den benachbarten Teilen der Graffchaft Mark ausfchliefslich Taufchgefchäfte und zwar mit einem gewiffen »minüchtigen« Beigefchmack. Der Schuljunge, der Freimarken, Federn u. dgl. gegen andere kleine Gegenftände vertaufcht, der den Kameraden für ein Löfchblatt von feinem Apfel beifsen oder für ein Liebigbild auf feinem Rade fahren läfst, »kungelt« ebenfo, wie die Frau, die fich ein Kännchen Milch borgt. Als Ausdruck für die eigentliche Leihe — mit der Verpflichtung zur Rückgabe desfelben Gegenftandes — fcheint das Wort nicht verwendet zu werden.

2. Vel Swin mäkt den Drank dünn (XXIII, 76. XXIV. 7) in hiefiger Gegend als »vüol Sürkskes makt den Drank dünne« allgemein gebräuchlich; es foll bedeuten: auch von einem grofsen Vermögen der Aeltern bleibt bei vielen Kindern für den Einzelnen nicht viel übrig.

Dortmund.   Fr. Kohn.

Blage.

In ganz Weftfalen heifsen die Kinder »Blagen«. Kommt das Wort auch in anderen Teilen Niederdeutfchlands vor?

Dortmund.   Fr. Kohn.

---

[1]) das im Schweriner Archiv erhaltene Konzept, mit mehr Verftändnis für das niederdeutfche gefchrieben, übrigens ab und zu in der Stellung abweichend, hat: »fucht«. [2]) das Konzept stets: vp. [3]) Auch im Konzept.

Zu Klaus Groths gefammelten Werken.

I, 95, 19. Sla'k mal uten Swengel, ik kam wul int Spor.
uten Swengel flan erklärt der Herausgeber hier wie 26, 25 durch:
›über die Schnur hauen.‹ Da aber diefe Redensart urfprünglich von
Zimmerleuten gebraucht wird, welche beim Behauen des Bauholzes über
die auf diefem durch Auffchlagen der gefpannten frifch gerötelten oder
gefchwärten Richtfchnur gebildete rote oder fchwarze Linie hinaus hauen,
fo war es richtiger auf die gleichbedeutende hochd. Redensart: ›über die
Stränge fchlagen‹ zu verweifen. Spor ift natürlich = Wagengleis.
Northeim.   R. Sprenger.

Erdlie.

Im Süden der Lüneburger Heide führt der Bienenftand die Bezeichnung
›die Erdlie‹, gefprochen Eerd-li. In Niederfachfen (VIII, Heft 9) fragt
Wanner (Waldhaufen) nach der Herkunft des rätfelhaften Wortes und giebt
in Heft 17 (vom 1. Juni) felbst folgende kurze, aber meines Erachtens
richtige Antwort: ›Das mhd. Subftantiv lie, liewe bedeutet Laube, Zelt,
Hütte; auch die älteren Formen: altfächfifch hleo, angelfächfifch hleów,
altnordifch hlé und altfriefifch hli, gotifch blija haben diefe Bedeutung.
Erdlie ift darum Erdhütte‹. Diefelbe Löfung war von mir an die Leitung
des Korrefpondenzblattes eingefandt worden; fie follte in der Aprilnummer
erfcheinen, ift dann aber, da Nachfragen an Ort und Stelle noch nicht alles
hinlänglich geklärt erfcheinen liefsen, auf meine Bitte vorläufig zurückgeftellt
worden. Die folgenden Darlegungen werden aber, wie ich hoffe, auch jetzt
noch willkommen fein: das Wort Lie gehört zu einer Gruppe, in der fich
ein merkwürdiger und bis jetzt wohl nicht genügend beachteter Bedeutungs-
wechfel vollzogen hat, aufserdem bedarf befonders der Anteil des Niederdeutfchen und der erfte Teil der Zufammenfetzung einer näheren Erläuterung.
Das urverwandte κλισία (Hütte, Baracke, Zelt, von κλίνειν) läfst vermuten, dafs der Urgermane und auch noch der Gote mit ›Hütte‹ (got.
blija) den Begriff der fanften Aufteigung verbunden hat. Diefer Begriff
hat fich bekanntlich in vielen germanifchen Bildungen (vgl. z. B. Kluge,
Etymolog. Wb. unter ›lehnen‹) erhalten, aber gerade die dem gotifchen
hlija entfprechenden Wörter anderer Dialekte zeigen eine Verfchiebung.
So das altfächfifche hlea (fw. f.): thes waldes hlea = des Waldes
›Schirm, Obdach, Decke‹ (Heliand 2411) und hleo (m., 1124, wo der
Cott. auch hlea hat). Die Bedeutungsentwicklung fcheint in gewiffer Hinficht der des Wortes ›Schirm‹ zu entfprechen, das zunächft, wie angenommen
wird, eine hölzerne Schutzvorrichtung für Kriegszwecke bedeutet hat, dann
aber fchon früh in die Bedeutung des Schutzes überhaupt übergegangen
ift. Ebenfo hat fich dem Germanen der Begriff der Hütte verfchoben, der
Begriff der fanften Aufteigung ift vergeffen worden und der des Schutzes
an die Stelle getreten. Diefer Wandel fetzt aber voraus, dafs derartige
Hüttenbauten in erfter Linie als Schützerinnen von Menfchen oder Vorräten
vor den Unbilden der Witterung betrachtet wurden. An das altfächfifche
hlea und hleo reiht fich das angelfächfifche hleó (ft. m.) == ›fchattiger,
gefchützter Ort, Schutz, Obdach‹, das altfriefifche hli, fchliefslich das altnordifche hlé (Schatten, Schutz vor der Sonne). Im Mittelhochdeutfchen

begegnen im Wigalois und bei Frauenlob lie, liewe (fw. f.) In der
»liewe« find im Wigalois die Damen verfammelt und hören dem Gesang
der Vögel zu. Es ift eine offene Halle, eine »Laube«, wie Benecke überfetzt; auch hier fehlt nicht der Begriff des Schützenden: »man vermochte
da, gefchützt gegen die Hitze, fo fchön die freie Luft zu geniefsen« fagt
Alwin Schultz (d. höf. Leben I² 59), mit diefer Erläuterung unbewufst die
Etymologie des Wortes ftreifend.

Vor allem aber ift darauf hinzuweifen, dafs es auch nicht an einem
Bindeglied zwifchen dem altfächfifchen hlea oder hleo und dem neund.
Lie fehlt. Das altfächfifche Wort lebt fogar noch heute in dem Schifferausdruck »die Lee« (isl. hlé, engl. lee), der bekanntlich die dem Winde
nicht ausgefetzte, vor ihm gefchützte Seite, »die Gegend, nach welcher der
Wind hinweht«, bezeichnet, und diefelbe Bedeutung hatte bereits das mnd.
lé (f.) Wie aber fchon neben dem mnd. lé ein léhe begegnet, fo foll
noch heute — z. B. im Süden des Kreifes Ülzen — die Form Lihe (neben
Lie) in Gebrauch fein. Dagegen ift der Vorfuch des Brem. Wörterbuches,
den Ortsnamen Lehe (bei Bremerhaven) mit dem angelf. hleo in Verbindung zu bringen (III 35), wenig wahrfcheinlich; fchon 1398 findet fich
neben Lee die Form Lede (to der Lede Sudendorf VIII Nr. 225, ebenfo
226), und fo wird Lehde, Leede = Niederung (mnd. légede) hier vorliegen.

Wenn fo die fprachliche Betrachtung uns auf den Begriff des »Schutzes«
geführt.hat, fo erhält diefe Deutung eine weitere Stütze dadurch, dafs diefer
Begriff wie kaum ein anderer dem Zweck des Bienenftandes entfpricht.
Schon Vergil fagt (Georg. IV 8):

> Principio sedes apibus statioque petenda,
> Quo neque sit ventis aditus (nam pabula venti
> Ferre domum prohibent) . . .

Noch heute foll der Imker bei Errichtung eines Bienenftandes danach
fehen, ob »die Lage gegen Weft-, Nord- und Oftwinde gefchützt ift«
(Lehzen, die Hauptftücke der Betriebsweife der Lüneburger Bienenzucht,
2. Aufl. 1899, S. 46). »Man baue das Bienenhaus da, wo die Bienen
keinen Zugwind haben« (S. 48); auf derfelben Seite wird von dem
»fchützenden Schauer*)« gefprochen.

Was bedeutet fchliefslich die Zufammenfetzung Erd-lie? Die Deutung »das auf der Erde Liegende« (mit Beziehung auf das die Erde be-
rührende Dach) hat bereits Wanner in feinem erften Artikel mit guten
Gründen zurückgewiefen. Für die Beantwortung der Frage fcheint es erforderlich, kurz auf die Herftellung eines Bienenzauns (nach Lehzen, a. a.
O. S. 47) einzugehen: in einer vorderen Reihe werden Hölzer von etwa
1,50 m, in einer hinteren folche von 1,25 m Höhe in den Boden getrieben.
»Auf diefe Böcke kommen Sparren, die vorn und hinten überftehen, damit

---

*) »Schauer« ift urfprünglich »Schutzdach«, »Schirmdach«, »Schirm«, diefer Begriff
ift aber, wie auch der obige Ausdruck zeigen kann, verblafst. Wenn in der nördlichen
Heide augenblicklich der alte Ausdruck Immentbûn (z. B. 1533 in dem Weistum
Hollenftedts, Jahrb. d. V f. niederd. Spr. XXIII 59, § 4) wenigftens ftellenweife durch
Imm-fchûr zurückgedrängt wird, fo liegt wohl nur neuere Übertragung von Haid-
fchûr, Wagenfchûr u. dgl. vor. In der Südheide begegnet 1570 (Gericht zur Witzen-
mühle bei Celle, Grimms Weist. III 233. 234) immethûn und der Plural immenftedte,
heute foll dort neben (Erd)lie und zwar uneingefchränkt Immentun herrfchen.

der Schlagregen nicht an die Körbe kommen kann.« In der Höhe von 79 cm wird dann eine Bohle gelegt. »So haben alle Immenhäufer zwei Reihen Bienenftöcke über einander. Zwifchen zwei Bücken ftehen in jeder Reihe fünf Körbe ... Die Hinterwand der meiften Immenhäufer befteht aus Brettern und das Dach aus Ziegeln. Früher wurde die Rückwand aus Heidekraut, das zwifchen kräftige Stäbe geflochten wurde, gebildet; auch das Dach beftand aus Stroh.« Es handelt fich alfo im wefentlichen um Zaunwerk (vgl. auch die Bezeichnung Tun, Immentun), das mit einem Dach verfehen und deffen Hinterwand nebft den Seitenwänden ausgefüllt wird.

Bezeichnet nun der erfte Beftandteil vielleicht das Material? Aufser der erwähnten Heide werden Kronsbeerfträucher, auch wohl Rafenftücke verwendet, wie mir Herr Dehning-Celle mitteilt, ein trefflicher Kenner der Südheide, der mich in diefer Frage mehrfach beraten, auch wie hierbei erwähnt fei, mit eigner Hand im Celler Mufeum eine Erdlie gebaut hat. Die Möglichkeit, dafs eine Erdlie zu der Zeit, als das Wort entftand*), anders angelegt wurde, läfst fich nun nicht leugnen: möglich, dafs Erdmaterial in gröfserem Umfange oder gar ausfchliefslich benutzt oder auch dafs derartiges Zaunwerk in der Erde felbft (etwa in einer ausgefchachteten Erderböhung) angelegt wurde. Das find aber vorläufig nur Möglichkeiten: was über die heutige Erdlie bekannt ift oder wenigftens mir bekannt geworden ift, fcheint die Bezeichnung »Erd«-hütte nicht genügend zu rechtfertigen.

Noch einen zweiten Ausweg giebt es, um den der Bevölkerung der Südheide felbft anfcheinend nicht recht erklärbaren erften Beftandteil zu erklären. »Erd« könnte aus altf. edor, mnd. oder (»Staken, woraus man die Zäune macht« oder der Zaun felbft, befonders der geflochtene) entftellt fein, indem das Volk das im übrigen ausgeftorbene Wort umformte und umdeutete. Dann wäre die eigentliche Bedeutung (etwa im Gegenfatz zu den kegelförmigen Hütten) »Zaunhütte« gewefen.

Friedenau-Berlin.   Eduard Kück.

Nachtrag zu drufch (XXIV, 5).

Zufällig fand ich unter meinen Notizen, als ich etwas anderes fuchte, folgende Stelle aus Fritz Reuters Dörchläuchting (Kap. 12, gegen Ende): hei had fick den Kopp arg an dat Finfterfüms drüfcht.

Solingen.   J. Bernhardt.

Fr. Frehfe, Wörterbuch zu Fritz Reuter's Werken (1867): drüfchen, fchwacher Grad von »quetfchen«. Mi (d. i. F. G. Sibeth), Wörterbuch der Mecklenburgifch-Vorpommerfchen Mundart (1876): drüfchen, fchwach quetfchen. J. C. Dähnert, Platt-Deutfches Wörterbuch der Pommerfchen und Rügifchen Mundart (Stralfund 1781): drüfchen, quetfchen; item: fchlagen, prügeln.

Dem Glückftädter Adjectiv drüfch entfpricht im Hamburgifchen Dialekt drüs, ernft, finfter, verdriefslich, unfreundlich, vom Ausfehn; fo fchon bei Richey, Hamb. Idioticon (1755): druuß, auch Schütze, Holfteinifch. Idioticon (1800); Danneil, Wörterbuch der altmärkifch-plattdeutfchen

---

*) Man gebraucht überwiegend Erdlie, felteuer das blofse »Lie«; die Vermutung, dafs Erdlie jedenfalls keine junge Bildung ift, hat mir Dehning beftätigt.

Mundart (1859), hat drûs und drûst. Richey's Schreibung mit ß hat denfelben guten Grund wie feine von Bruuß, Braufche: in beiden Wörtern wird in den flectierten Formen fcharfes s gefprochen, z. B. du füst hût noch drûffer ût as gistern, du fiebft heute noch faurer als gestern.
Hamburg.   C. Walther.

Nachträge zum Korrespondenzblatt.

1) st\ǫk (XXIV, 6) Aus der von Bernhard angeführten Bedeutung des Wortes erklärt fich das Quedlinburgifche Stûkworst. Danneil S. 208 bemerkt: »Stâk, der untere Hals des Schweins, wo dasfelbe beim Schlachten geftochen wird. Dies Stück wird meiftenteils ausgefchnitten und zur Anfertigung der Wurft verwandt.« Die — übrigens in Danneils nicht aufgenommene — Stäkworst war fett, ftark gewürzt und wurde warm mit Kartoffeln gegeffen.

2) Statt: he fitt nich op rofen (ebd.) hörte man in Quedlinburg iu demfelben Sinne auch: he is ôk nich up rofen gebeddet.

3) up Socken (ebd.) Immer luftich up Socken! war eine früher in Quedlinburg vielgehörte Redensart. Unter »Socken« find hier jedenfalls »Strümpfe« zu verftehen.

4) Zu Stutenwuche (XXIV, 7) vgl. noch teu Doornkaat Koolman, Oftfrief. Wb. III, 358.

5) Zum Volkshumor (XXIV, 11). Kapern mit langen Schwänzen und Frikassee mit Schemelbeinen waren auch in Quedlinburg im Scherz gebildete Namen von angeblichen Mittagsgerichten.
Northeim.   R. Sprenger.

Die Familiennamen Korden-, Qua-, Quam-, Kornbufch?

Ich befaffe mich zur Zeit mit der Stammesgefchichte meiner Familie. Diefelbe hat urkundlich folgende Namen geführt: Quabufch, Quambufch, Kornbufch und vielleicht Kordenbufch.

Der Name Quabufch findet fich in den Kirchenregiftern der ev. Gemeinde zu Hagen i. W. in den Jahren 1680—1716. Aus denfelben Regiftern läfst fich feit 1702 der Name Quambufch*) feftftellen. Erft 1719 findet fich in den Kirchenregiftern der ev. Gemeinde zu Remfcheid der Name Kornbufch. Dafs es ein Quambufch war, der fich den Namen Kornbufch gab, ift erwiefen — für deu vermutlichen Grund der Namensänderung fpricht vielleicht die Tatfache, dafs der betreffende Quambufch bezw. Kornbufch an 80 Enkel und Urenkel hatte, fodafs die Namensänderung zur Unterfcheidung gefchah.

Ob der Name Kordenbufch auch derfelben Familie gehört, ift bisher nicht nachweisbar mangels Urkundenmaterials. Diefen Namen führte ein Nürnberger Bürger und Goldfchmied Johann K., der aus dem weftfälifchen Münfterland ftammte. Er ftarb ca. 1630 in Weftfalen, wohin er »wegen fpröder Nahrung« zurückgekehrt war. Sein 1623 geborener Sohn Johann Paul K. kam 1640 wieder nach Nürnberg auf die Schule, ftudierte Theologie und ftarb 1684 als Pfarrer zu Feucht im Nürnbergifchen Laudgebiete. Er hat mindeftens fünf Söhne und eine Tochter hinterlaffen; einer

---

*) Vgl. Quambufch, ein Gehöfte bei Hafpe, Kreis Hagen. (C. W.)

diefer Söhne, Namens Paul, war Buchhalter in Nürnberg. Des letzteren Sohn Friedrich, geb. 10. April 1695, war Pfarrer in Beringersdorf b. Nürnberg und hatte als Nachkommen Georg Friedrich, geb. 15. Aug. 1731. Diefer wurde 1790 als Stadtphyfikus von Nürnberg mit dem Prädikat v. Bufchenau in den Adelsftand erhoben. Ueber irgend eine Nachkommenfchaft der Kordenbufch fehlt jede Kunde.

Für die etwaige Verwandfchaft der beiden Familien Quambufch-Kornbufch und Kordenbufch befteht nur eine Vermutung, die fich darauf ftützt, dafs 1) beide Familien aus dem Münfterlande ftammen, 2) die Namen Kordenbufch und Kornbufch faft gleichen Klang haben, fodafs 3) der Name Kornbufch als eine Rekonftruction erfcheint. Ob eine derartige Vermutung fprachlich etymologifch begründet werden kann, indem die verfchiedenen Namen fich auf eine gemeinfame Urform zurückführen liefsen? Welches von den folgenden Wörtern hat in diefem Falle den gröfsten Aufpruch auf Wahrfcheinlichkeit für den inneren Zufammenhang der Namen und die Ableitung der denfelben zu Grunde zu legenden urfprünglichen Namensform?
1. Althochdeutfch kortar, quarter, Heerde (Graff, Althochdeutfcher Sprachfchatz IV, 490).
2. Gothifch quairnns, Handmühle.
3. Juad, böfe, fchlecht (Woefte, Wörterbuch der weftfäl. Mundart).
4. Quakelbufch, Wachholderbufch (J. u. W. Grimm, Deutfches Wörterbuch VII, 2290).

Oder welch andere gemeinfame Stammform könnte den betreffenden Namen fonft noch zu Grunde liegen?

Eine philologifche Auskunft wäre mir äufserft willkommen und geftatte ich mir im Voraus für eine Antwort meinen verbindlichften Dank auszufprechen.

Barmen, Allee 198. Dr. jur. Kornbufch.

Kollflachten. Kollweg.

Ueber einen Wiedenfahler Ausdruck möchte ich um Auskunft bitten, nämlich Koll (o kurz) in Kollflachten (die beiden Wagenbretter) und Kollweg (ein beftimmter Ueberfeldweg). Kohl oder Kohle kann es nicht fein. Ift koll vielleicht »hoch«? In Mechtshaufen heifsen jene Bretter Hölen. Mechtshaufen am Harz. Wilh. Bufch.

Kurr-, kru-, krane-, kronewaken (XXIII, 90).

Durch die vom Herausgeber a. a. O. gewählte Ueberfchrift könnte der Glaube entftehen, dafs diefe verfchiedenen Formen alle in Wiedenfahl zubaufe feien. Das ift aber nicht der Fall. Nur kurrwaken (an kurrig, munter, erinnernd?) ift Wiedenfahlfch, während ich kruwaken (Umftellung von kurr?), krane- und kronewaken theils in der Braunfchweiger Gegend, theils in der Gegend von Göttingen gehört habe. Mechtshaufen am Harz. Wilh. Bufch.

Jarfskauken (XXIII, 94).

Die Bezeichnung für die waffelartigen Kuchen, welche in Bergen bei Celle am Hochzeitstage auf der Fahrt nach und von der Kirche

verteilt werden, fcheint zufammenzuhängen mit der im Brem. Wb. I, 484
verzeichneten Redensart Up de Garve herum rien, gaan: fchmarotzen,
fich einftellen, wo eine Mahlzeit bereitet ift. Der Herausgeber meint:
»Garve kömmt hier fehr wohl überein mit dem ags. gearwe, was bereitet ift; und will alfo die Redensart nichts anders andeuten, als: fich da
einfinden, wo etwas zubereitet ift zu fchmaufen.«

Northeim. R. Sprenger.

Sprenger fcheint das richtige Etymon getroffen zu haben. Zu vergleichen ift bei Woefte im Weftfäl. Wb. S. 77: »gȩrkauken, Pfefferkuchen,
eigentlich ein Kuchen, der immer bereit (garaw) ift, weil er fich lange
hält.« Diefe Etymologie ift nicht ganz genau, indem fie den Umlaut nicht
erklärt. gȩr- kann lautlich nicht gleich gar, bereit (afächf. garu, flect.
garow-, gar-) fein, wohl aber entftanden aus af. garuwi, gerwi, ntr.,
Ausrüftung, Kleidung, Schmuck, mndd. gerewe, garwe, Gewand, bef. das
priefterliche, oder gebildet aus dem Verbum af. garuwian, gerwean,
mndd. gerewen, gerwen, geren, bereiten, bef. gebraucht vom Gerben
des Leders und vom Zurüften des Priefters zur Meffe durch Anlegung des
Mefsgewandes. Mit gȩrkauken vergleichen laffen fich die mudd. Zufammenfetzungen gerwe-, gere-, gerbus, fowohl Gerberei wie Sakriftei; gerwe-, gere-,
gerkamer, Sakriftei, und gere-, gerwant, -wat, Mefsgewand. Gerkauken
werden die Pfefferkuchen demnach nicht heifsen, weil fie fich lange halten,
fondern weil fie zu einem befondern Zwecke, zu einem Fefte bereitet werden.

Jarfskauken, Hochzeitskuchen »aus Mehl mit Honig und Anis in langgeftielten Waffelformen auf offenem Heerdfeuer gebacken«, dem gȩrkauken
gleichzufetzen hat kein fachliches noch fprachliches Bedenken. In letzterer
Beziehung ift nämlich zu bemerken, dafs in gerwe in jüngerer Zeit durch
Einflufs des r auch zu garwe ward und dafs für gerwekamer auch die
Formen garwe-, garfkamer, für gerwehus auch garwe-, garfhus begegnen.
Die Zufammenfetzung von jarfskauken ift aber verfchieden von derjenigen
von gerkauken. Entweder kann das s jüngeren euphonifchen Urfprung
haben oder das Wort ift eine uneigentliche, genitivifche Zufammenfetzung
mit dem Subftantiv »dat garwe«, (feftliche) Zurüftung. Jarf- ftatt garf-
fällt allerdings auf, da (wenigftens meines Wiffens) in der Celler Gegend
das g im Anlaut nicht wie j gefprochen wird, fodafs an diefer Klippe die
Ableitung und Gleichftellung von jarfskauken und gerkauken vielleicht
fcheitern dürfte. Oder fagt man dort auch jarfkamer, jarwen, jarwer?

Was nun aber die Redensart »Up der [lies: de?] garwe herum
ri(d)en, gaan« betrifft, deren Anführung und Erklärung durch das
Bremifch-Niederfächfifche Wb. Sprenger's und danach meine Deutung veranlafst hat, fo will ich noch zum Schlufs bemerken, dafs das »garve« diefer
Redensart mir nicht mit Recht vom agf. gearo, gearw- (= af. garo, garow-)
abgeleitet fcheint. Ich möchte garve als entftellt aus garde anfehn.
Ueber die Entwicklung des Begriffes »Bettelei, Schmarotzerei« für garde
(frz. garde) f. Mudd. Wb. und Rud. Hildebrand im Grimm'fchen Wb. unter
gart, garten. Eine andere Entftellung von garde in diefer Bedeutung ift
gare (auf die gare gehn), welches das Bremer Wb. a. a. O. aus Frifch
Teutfch-Latein. Wb. I, 334 anzieht und gegen deffen falfche Ableitung von
»(be)gehren« richtig auf garde zurückführt.

Hamburg. C. Walther.

Pantaleonsfeſt (XXIV, 12).

Zum Beweiſe dafür, daſs auch in anderen deutſchen Gegenden der hl. Pantaleon in einem beſtimmten Anſehen ſteht, kann dienen, daſs im Schwarzwald (z. B. in Lenzkirch) als gewöhnliches Spottwort für ſtarke Eſſer »Frefsbantle« (Bantle = Pantaleon) gebraucht wird.

Freiburg i. B. . F. Pfaff.

De nige ſchade (XXIV, 11).

Mich dünkt, die Sache iſt ſehr einfach dadurch zu erklären, daſs der Schade identiſch iſt mit dem Schatten und darnach dürfte wohl ein Wirtshaus »zur Linde«, oder wie der Berliner ſagt, (der überhaupt nur den Boom kennt, nie die Linde, Eiche, Eſche u. ſ. w.) »zum grünen Baum« genannt ſein. Der Nachtſchatte(n) iſt der Nachtſchade, die bekannte ſtark duftende Pflanze. Der ankehrende Fuhrmann, ermüdet durch die ſtaubige Strafse in der Sonnenglut, freut ſich ſolches Schadens, wenn er durſtig darunter ausſpannt.

Frz. Sandvofs.

Urian-Spitzbube.

Im Korreſpdbl. Heft XV (1891) S. 72 iſt unter oſtpreufsiſchen Sprachproben aus der Mitte des achtzehnten Jahrhunderts Urjahn in der Bedeutung »Spitzbube« überliefert. Dies kann nur auf den Pferdedieb Urjáns in Wolframs Parzival zurückgehen, der ja in verſchiedenen Bearbeitungen bis in die neuere Zeit viel geleſen wurde. Man vergleiche Buch 10, V. 649 (524, 19 Lachmann):

dô ſprach er: 'biſtuz Urjáns?
ob du mir nu ſchaden gans,
den trag ich âne ſchulde:
ich erwarp dir küneges hulde.
ein ſwach ſin half dir unde riet:
von ſchildes ambet man dich ſchiet
und ſagete dich gar rehtlôs,
durch daz ein magt von dir verlôs
ir reht, dar zuo des landes vride.
der künec Artûs mit einer wide
woltz gerne hân gerochen,
het ich dich niht verſprochen.'

und ebd. V. 1288 (545, 28 L.):

diz ors mir ledeclichen gap
Orilus der Burgunjoys:
Urjáns der fürſte ûz Puͤnturtoys
Eine wil het mirz verſtolen.

Statt des am beſten überlieferten Urjáns ſchreibt Bartſch ohne genügenden Grund Vrians, während Legerlotz in ſeiner Übertragung · des Parzival (Bielefeld u. Leipzig, Verlag von Velhagen und Klaſing 1903) die volkstümliche Form Urian eingeſetzt hat [vgl. Wörterverzeichnis S. 250]. Ich halte es für nicht unwahrſcheinlich, daſs auch der Herr Urian in dem

Liede von M. Claudius »Wenn einer eine Reife tut« in letzter Linie auf den Urjäns des Parzival zurückgeht und verweife noch auf meine Bemerkungen in Kluges Zeitfchrift für Deutfche Wortforfchung III, S. 139.
Northeim.   R. Sprenger.

Zwei Reime.

Folgende zwei Reime, einen Neckreim und einen Rätfelreim, habe ich allerdings in Wiedenfahl vernommen, fie ftammen aber beide aus Bremen.

> 1) Wutte mee
>   na Kattenfmee?
>   Ek will'r vorbigan,
>   du fchoft 'r beningan
>   un laten di'n as vull pinnen flan.
> 2) De lüttje Jan Ölke
>   fatt up'n Kackftölke.
>   Je länger he fatt,
>   je korter he ward.
>   (Docht).

Mechtshaufen am Harz.   Wilh. Bufch.

Drei ndd. Sprachproben aus dem 17. und 18. Jahrhundert.

Die Abfchriften folgender drei Stücke verdanke ich der Freundlichkeit nuferes Vereinsmitgliedes, des Herrn Dr. F. Crull in Wismar, der dazu bemerkt, dafs er die Originale vor Jahren im Wismarer Archive unter verworfenen Papieren gefunden habe. Das dritte Stück, die gereimte Bittfchrift, hat Herr Dr. Crull bereits einmal abdrucken laffen; foviel er fich erinnert, vor 30—40 Jahren in einer eingegangenen Meklenburgifchen Zeitung. Die Erläuterungen zu den drei Stücken rühren vom Herrn Herausgeber her, mit Ausnahme der wenigen Anmerkungen, bei denen ich mich genannt habe.   C. W.

1. Schreiben einer Schwiegermutter.
Copia der Drögifchen Zettul an
H. Thomas Trendelnburg, R. 16. May 1611.

(Th. Tr. wurde 1587 in den Rath gewählt und ftarb 1617; f. Friedr. Crull, Die Rathslinie der Stadt Wismar [Hanf. Gefchichtsquellen II] S. 101. Nach einer Aufzeichnung von 1609 im Protoc. extrajud. Febr. 11 war er verheirathet mit Ilfabe v. Exem. Die Mutter derfelben mag fich alfe wohl als Wittwe wieder verheirathet haben.)

Her Tomes, gy feden vor den heren burgermeisteren, ne wufte wol, wat ick vor ene fruwe were. Dat wil ick van yw weten, wat ick byn. Ene orlycke fruue fo wol, alfe gy ein erlyck man fyn, vnd hede yw in deme falle trotz. Don gy wuften, dat yck neue erlyke fruue was, worumme fryede gy den min kindt? Wyfet my ene, de erlyker, alß ick bin, fo genoget my. Vnde heten mi Du, alfe wen ick yuue fhemaget were. Wol hefft et den fecht, dat ick Du hete? Vnd beten mi legen. Gy legen wol 10 mall mer alfe yck do, vnde de duuel breke em den halß eintwei vnde godt gene, dat he nummer falyeh werde, de van vnfs beiden dat meifte lucht, van juw vnde my. Dat ick ene arme wedeue byn, wil ick myne

ehr lickwol vorbidden. Segget ydt mi vp frier ftraten, ick wil juw ant-
uarden alße ene erlike frune. 40 jar hebbe yck ene fruue geuefen, vnd
nen erlick man hefft mi yureret[1]) alfe gy allene, vnd yck wilt gedencken
vnd yueren[2]), dewile ick vornufft hebbe vnde leue, wylle[3]) gy mi vor mine[n]
armot, den gy im gebruke hebben, mit enem vnerliken namen lonen.

Anneke Droegen
myne handt.

2. Ein Hochzeitsgedicht.

Adam Breedfpreeckers Hauß-Sorge.

Es ift ein feltzam Dińg: wer frey vndt loß kan leben,
Thut fich der Dienftbarkeit gantz willig vntergeben,
Vndt wer gebunden ift, begehret loß zu fein,
Dennoch, wen ers erlangt, leuft er auf New hinein.
Er meint, die wahre Ruh' fey nuhr im füßen Lieben,
Wen man mit Damen fchertzt, vndt daß man fich mag üben
Zu drehen Kopff vndt Fuß, zu zwingen Wordt vndt Handt
Nach feiner Liebften Sin vndt nach derfelben Standt.
Ach nein, mein lieber Freundt, waß Du die Ruh' wilt nennen,
Ift lauter Vngemach; Du wirft's einmahl erkennen,
Doch aber viel zu fpäht, daß aller Freyer Luft
Sich alfobaldt verkehrt in einen Sorgen-Wuft.

Sorge vor ein Huß tho hüren,
Sorge vor dat vththofchüren,
Sorge vör de Difeh' vndt Bencken,
Vör de Fründe tho befchenken,
Sorge vör dat Fatt vndt Teller,
Sorge vör dat Behr im Keller,
Sorge vör dat Korn tho mahlen,
Sorge vör dat Holt vndt Kahlen,
Sorge vör den Speit vndt Degen,
Vör dat Roekloch vththofegen,
Sorge, wat man eth vndt drincket,
Sorge, dat de Fruw nicht hincket,
Sorge vör de Schatt vndt Schulde,
Sorge vör der Herren Hulde,
Sorge, wen dat Kindt gebahren,
Vör de Fruwe woll tho wahren,
Sorge, woll dat Kindt den weget,
Vör de Amme, de ydt föget,
Sorge vör de Fruwens tho hahlen,
Sorge vör de Winkoldfchalen,
Sorge vör dat Vadder bidden,
Woll dar vorgeiht edder midden,
Sorge vör de Fruw tho wahren,
Sorge vör den kleinen Bahren,
Sorge in dat Hus tho fchlachten,
Sorge alle Höel tho wachten,

---

[1]) = injureret (injuriert). [2]) = iveren (eifern). [3]) = hd. weil.

Sorge, dat man fick ernehret,
Dat de Knecht de Magt nicht fchmeret,
Sorge alle Stünd' vndt Dage,
Dat iß aller Fryers Plage.
Dat ys ein Hupen Tügs, men dat ys nicht tho reken:
Wan Trine Süfter kümpt, de fangt erft an tho fpreken.
»Wo fteidt ydt hier fo tho? Hier ys noch veel tho köpen.
»Dar helpt kein Handtfchlan tho, kein Bahrt- noch Haar-uthröpen.
»Dat fegg' ick juw vörwahr, wy fünd van fülcken Lüden
»Vndt fünd van Stand dartho, wy laten vnß nicht brüden.
»Wat fyn möht, dat möht fin. Gy mühten juw gripen an.
Den müht de arme Kehrl wol mehr dohn, alß he kan.
Wen fe alleine kümpt, fo fragt fe den der Fruwen,
De müht ehr alle Ding van ehrem Man vertruwen.
Se fragt: »Ehrt he dick ock? Verwahrt he ock dat Huß?
»Stackt he de Pann' ock woll? Supt he ock efft ein Ruß?
»Du muft by Lief vndt Halß em nu mit Ernft fo wennen,
»Alß du em hebben wilt, dat he dy recht lehrt kennen.
»Secht he dy van dem Droeß, fegg' du em van der Hell,
»Drawt he dy mit der Fuft, fo fchlah du mit der Kell.
Dat hürt dat dumme Schapp,[1] men weit fick nicht tho fchicken
In fölcke fchlimme Lift, in fölcke lefe Stücken.
Se geiht vndt murrt vndt brumt vndt gifft kein fründtlich Wordt:
Dat eine yß tho lang, dat ander ys tho kort.
De Man verwundert fick, van wem doch dyt mag kamen.
He löpt thor Döhr henuht, lecht fick vpt Supen, Gramen.
Wen he denn kümpt tho Huß, fo yß dar Pumps de Locß.[2]
Den klagt dat junge Wyff: myn Man ys fuel vndt boeß.
Darumb, gy junge Volck, jagdt fölcke Schlabbertafchen
Vth juwen Huß heruth vndt lath' fe den wat wafchen.
Den kan in Fred' vndt Ruh' ein recht vndt echte Paar
Sick ftracken, pipen, krabben lang Tydt vndt velo Jahr.

Thor Luft
Caften Toldatzfche van
Frederichshagen.

(Von einer Hand um 1700. Die letzte Strophe ift von anderer Hand
hinzugefetzt.

Dies Polterabendgereim wird auf Grund des Namens Breitfprecher[3]
als Pommerfch anzufprechen fein. Pyl, Gefch. der Greifswalder Kirchen
S. 462 berichtet, in der Nicolaikirche trage in den Stuhl die Infchrift: »Adam
Breitfprecher, erblich, Anno 1665.« Es könnte fein, dafs fich das Carmen
auf diefen bezöge, aber die Schrift des Originals deutet eher auf eine
fpätere Zeit.[4] Dr. Fr. Ph. Breitfprecher, geb. 1739, wurde 1769 Profeffor

[1] lies: Schaap. [2] fo fetzt es Schläge. C. W. [3] und von Frederichshagen. Ein
Dorf diefes Namens liegt bei Greifswald. C. W. [4] Sprache und Ausdruck fcheinen eher
der zweiten Hälfte des 17., als dem 18. Jahrhundert anzugehören. Auch ftimmt die
Einfchaltung von kurzeu Reimpaaren in die Alexandriner zu der gleichen Unterbrechung
der Alexandriner in zwei Hochzeitsgedichten (I v. J. 1636 und IV »vor 1657«) im An-
hange zu Lauremberg's Scherzgedichten, f. die Ausgabe von Lappenberg. Befonders fällt
die Aehnlichkeit jener Verfe wegen des meift gleichen Anfangs (Sorge vör etc.) mit den
Verfen »vam Snacken« (Snacken van dem Kindeltrecken, Snacken van de Brade fpecken

in Greifswald, 1776 Affeffor am Tribunal zu Wismar und 1788—98 Tribu-
nals(Vice)Präfident und unter dem Namen »von Breitenftern« vom Könige
von Schweden geadelt; f. Pyl, Pommerfche Gefchichtsdenkmäler V, 111.
Sein Sohn war Bürgermeifter in Wismar. So dürfte fich die Auffindung
im hiefigen Archive erklären.)

3. Eine gereimte Bittfchrift.

A Son Alteffe Monfeigneur Monfeigneur Adolph Frederic Sereniffime
Duc de Mecklenbourg, prince de Vandalie, Suerin et Ratzebourg
comme aufsi Comte de Sverin, Seigneur des Terres Roftock et Stargard.

à Strelitz.

Myn hartleev truten Landes-Vader.

Hier is een becten
Schwart up Witt, dat flütt uth eener trüen Aader. Dehl dißen Dyne
Gnade mit, dee dy ditt Blatt will äverreicken; et iß Dyn eegen Unnerdahn.
Fürft Adolf Friderck, giff een Teicken un lat my nich im Bloten ftahn.
My pufft dat Hart in mynen Lieve un, glöv my man, ick beve recht, wiel
ick an eenen Fürften fchrieve, ick als Syn allerfchlichtfte Knecht, doch
dat ick hüt an dißen Dage, dee jümmer Dyn Gebuhrts-Dag heet, my mit
dit Breefken tho dy wage, verlövft Du wohl; ick weet Befcheet. Drümb
fang ick an tho gratuleeren: Unß Herr Gott woll Dy fo veel Glück un
fo veel dufend Luft befcheeren, fo veel aß Schaap un Zügenbück, fo veele
frifche Hänner-Eyer een jeder Buhr verköpen deit, fo veele Schläge as de
Säyer Tiet Levens up dee Klock-Thorns fchleit, fo veele Kringel, fo veel
Semmel, as man in dörtig Jahren backt: fo veele Luft gev Dy de Hemmel!
Lev wohl, bett dat de Heben fackt. Lev fundt, oll Vader, leev fo lange,
bett dat dee Sparling van uns thüt, bet dat dee Plöögen noch im Gange,
bett man noch Uhln un Kräyen füht. Uns Hertfchinn ock nich tho ver-
gäten: dee leeve glieckfalls lange Tiet, bett alle Schau un Strümp thoräthen,
bett dat et eens Dercatens fchnyt, bet dat de Hafen Minfchen fcheeten,
bett dat dee Hirtzbuck Jägers jögt, bett Docters keen Latienfch mehr
weeten un bett dat Reh den Spörhund föcht. Myn Wunfch iß man kort
tho gefchnäden. Ick kanner nich recht veel by doobn, doeh will ick flietig,
flietig bäden un tho up Dynen Fürften-Thron noch lange Jahre magft
regeeren, dat Dyn Gemahlinn leeven mag! Mit Korten my tho expliceren:
Gott geev Jü eenen goden Dag. Man, leeve Herr, Du möft nich kieven,
dat hier mehr as de Glück-Wunfch fteit. Wenn Unnerdahnen an dy
fchrieven, fo melden fee ock, wo't en geit, un, Adolf Friederck, du fchaft
weiten, ick fchriev ock nich ümfonft an Dy. Ick will nich gern Sterdent
mehr heeten: nimm my in Dyne Cautzely. Een Doctor kan uth my nich
waaren un thom Avcaten däg ick nich; dee möt brav fchludern, fchnacken,
blaaren: myn Sprack iß nich tho füverlich. De Käkel-Rehm iß nich goot
fchnäden, drüm fpräck ick facken nich en Wort. Doch kan ick fchrieben,
lefen, bäden un ftümper jümmer fo wat fort. Gott weet, ick hebb nicht
veel tho leben, myn Vader, Mooder beyd fünd doot. Wilt du my [denn]
een Deenftken geben, fo kam 'ck uth aller myner Noth. Du möft my
eens mit Brodt verforgen, dat kan jo doch nich anners fyn. Ick feeg't

usw., Schlufs: Van dem Snacken kumpt man Snacken) in dem übrigens faft ganz hd.
verfafeten »Befchertzten Bockes-Beutel« auf, welcher in der 1656 erfchienenen und in
den folgenden Jahren oft aufgelegten »Luftigen Gefellfchaft von Joannes Petrus de
Memel« unter Nr. 687 fteht. C. W.

oock hüt fo leef als morgen. Kennft Du my nich? Ick heet Boddien, bün halff Stordent un halff een Mahler, fitt aber thämlich in der Supp, hebb' mennigmahl nich eenen Dahler, doch föhr ick my repptcerlich up. Ick bün man kleen van Liev un Kuaacken un bliev oock wol myn Dage fo. Meenft Du nu wat uth my tho maaeken, fo fchick my man een Breefken tho. Du dörfft nich fülven Hand anleggen, dat iß dörchuth nich myn Begehr. Du kauft man thon Sectarfen feggen: Schriev hen: »Boddien de fchall hier her; hee fchall fick van der Fedder nähren. Ich hebb em dartho uthgeföggt.« Mehr wul'ck nich up der Welt begehren, wenn ick dat Glück man hebben mögt. In Roftock bün ick anthodraapen by Mantzeln in der Waater-Straat. Da wil'ek up eene Antwort haapen, doch hidd ick Dy, waar jo nich quaat, dat ick fo utverfchaamt im Schrieben un Dy fo veel anmooden bin. Hier wull ick nich gern länger blieben; tho Dy nah Strelitz fteit myn Synn. Vör Spief un Dranck dörf 'ck twar nich forgen, dat krieg ick hier in Äåverflaut, dat hefk all Abend un all Morgen un dat is all oock rechte gandt. Herr Krauel, Weidner, Mantzel, Stever, de geven my dat Eeten fry, doch eegen Brodt is doch wol lever. Fölt eens wat vör, fo denck an my. My fchal't noch graage Haare maacken. O fy my an! Ick dummer Claaß! dat ick nich fülfft mit Dy gefpraaken, as ick eensmahls in Strelitz was. Ick was tho blööd Dy tho beföücken. Dat fogg ick aber: keehm'k noch mahl: my dücht, ick woller wohl up flööcken, ick geev my fo nich wedder dahl. Ick kläävde an Dy aßne Klieve un leet fürwahr nich wedder looß, du ftöddft my denn mit Macht vam Lieve un foedft: Scher weg, du alvern Drooß! Doch darup wulck't woll hafarderen: dat deift Du all Dyn Dage nich. Du kauft jo keen kleen Kind verthören, denn Du büst gar tho gnädiglich. De Mynige hebbent all erfahren, wo leef Du fe gehollen heft. Ick bün een Knab van dörtig Jahren un badd oock gern een cegeu Neft. Tho Dy hebb ick fehr groot Vertruen un baap, Du gifft my oock eens Brodt. Ick will up Dyne Gnade buen un deenen Dy bett in den Doot.

Roftock, d. 5. Juny 1732. Jochim Ernft Boddien
van Schönberg
uth der Hertfchinn eeren Liev-Gedinge.

Notizen und Anzeigen.

Beitragszahlungen find an unfern Kaffenführer Herrn Joh⁸ E. Rabe, Hamburg 1, gr. Reichenftrafse 11, zu leiften.

Veränderungen der Adreffen find gefälligft dem genannten Herrn Kaffenführer zu melden.

Beiträge, welche fürs Jahrbuch beftimmt find, belieben die Vorfaffer an das Mitglied des Redactions-Ausfchuffes, Prof. Dr. W. Seelmann, Charlottenburg, Peftalozziftrafse 103, einzufchicken.

Zufendungen fürs Korrefpondenzblatt bitten wir an Dr. C. Walther, Hamburg 3, Krayenkamp 9, zu richten.

Bemerkungen und Klagen, welche fich auf Verfand und Empfang des Korrefpondenzblattes beziehen, bittet der Vorftand direct der Expedition, »Diedrich Soltau's Verlag und Buchdruckerei« in Norden, Oftfriesland, zu übermachen.

Redigiert von Dr. C. Walther in Hamburg.
Druck von Diedr. Soltan in Norden.

Ausgegeben: August 1903.

Jahrg. 1903.   Hamburg.   Heft XXIV. № 3.

Korrespondenzblatt

des Vereins
für niederdeutfche Sprachforfchung.

I. Kundgebungen des Vorftandes.

1. Mitgliederftand.

Dem Verein find beigetreten:
die Philologifche Gefellfchaft „Germania" in Amfterdam
und die Herren
Fyfikus Fr. F. Ulrik in Kopenhagen und
Dr. jur. F. Kornbufch in Barmen.

2. Rückftändige Beiträge.

Der Kaffenführer bittet diejenigen verehrlichen Mitglieder, die ihren
Beitrag für *1902* noch nicht entrichtet haben, folchen baldgefälligst an
ihn einfenden zu wollen.
Hamburg.   Johs E. Rabe.

II. Mitteilungen aus dem Mitgliederkreife.

Anfrage.

Es wird um Mitteilung von modernen dialektifchen niederdeutfchen
Pflanzennamen gebeten (und zwar unter Beifatz der modernen wiffenfchaftlichen Bezeichnungen der betreffenden Pflanzen), foweit ähnliche Bezeichnungen wie l a d e k e, l o d i k e oder auch Compofita davon vorkommen. Wir
gehen von Unterfuchungen zu flichte ladeke und fchorfladeke im
Gothaer Arzneibuche, resp. ähnlichen Formen im Utrechter Arzneibuche aus.*)
Bad Neuenahr.   Oefele.   Borchling.

Korden-, Qua-, Quam-, Kornbufch.

Die vier Namen können wohl zufammengehören. Grundform ift
Quadenbufch = (im, am, zum) böfen Bufche (hd. Kattenbufch); daraus
wurde durch Zufammenziehung und Angleichung an den Lippenlaut ʒuam-
bufch. Quabufch ftellt die gewöhnliche Namenskürzung = Quadbufch
dar. Dies verwandelte fich im Volksmunde in Korbufch, wie der hiefige
(bei Cronsforde) Bachname Korbäk handfchriftlich Quadebeck lautet.

*) Ndd. Kbl. XIV, 13 aus Baffum in Hannover: Schörflaaken, Rumex Hydrolapa-
thum Huds.   C. W.

Das unverftändliche Korbufch wurde nun an das (hochdeutfche) Korn-
bufch angelehnt und dann wieder zu Kordenbufch gedehnt, wie z. B.
Korl (der Vorname Karl) zu Kordel.
Lübeck.   C. Schumann.

>Der Schaden< als Wirtshausname (XXIV, 11. 27).

Sollte diese Benennung der Stadtfchenke zu Verden und des Wirts-
hauses in der Kreuzftrafse zu Hildesheim, fowie >De Nige Sehade< zu
Bockenem nicht unter die humoriftifchen Wirtshausnamen, wie >der letzte
Heller<, >Fegebüdel< [>Fegetafche<, >Vegefack<| u. a. zu rechnen fein,
fo dafs damit auf den Schaden (Verluft) angefpielt würde, den der Befuch
des Wirtshaufes dem Zecher an feinem Geldbeutel verurfacht?
  Northeim.   R. Sprenger.

Kollflachten (XXIV, 25).

In den Artikel hat fich, wie Herr Wilh. Bufch mir bemerkt, ein
Druckfehler eingefchlichen: >die beiden Wagenbretter< ftatt >die breiten
W.< >Die breiten, hohen Wagenbretter werden in Wiedenfahl kollflachten genannt zum Unterfchiede von den fchmalen, niedrigen, den
mefsflachten<.*)
  Flachten bezeichnet offenbar dasfelbe, was anderswo flechten
heifst. Das Mndd. Wb. hat vlecht, n. und vlechte, f., Seitenbrett,
Leiter des Wagens; aufferdem dafür wagenvleke von vleke, vlake,
was aus Zweigen geflochten wird, Flechtwerk, Hürde. Koll ift wohl das
von Bierwirth, Die Vokale der Mundart von Meinerfen (Jena 1890) § 182
angeführte Wort kol, m. Pl. köle (belaubter) Zweig, woher kolholt
abgehauene Zweige, otkoln Zweige abhauen. Damköhler, Die pronomi-
nalen Formen für >uns< und >unfer" auf dem niederdeutfchen Harze (Wolfenbüttel 1887), Anhang S. 19: kul, m. Pl. külle, (dichtbelaubter) Zweig
der Obft- oder Tannenbäume. Helmftedt. kulfch in Harbke. — Von
Zufammenfetzungen mit flechten kennt Bierwirth nur mes- oder duml-
flextn, die Leitern des Miftwagens.
  Hamburg.   C. Walther.

Bankrefe.
Zu Eulenspiegel Hiftorie 16.

Als Ulenfpiegel zum zweiten Male Peine paffiert, da ftunden die
nackende bankreffen von der burg und fragten ihn, woher des Wegs?
Lappenberg erklärt das Wort im Anfchlufs an Jacob Grimm, der ihm im
DWB. I 1112 (>Bankriefe<) eine ausführliche Befprechung widmet. Seine
Bildung entfpricht deutlich dem ahd. pettirifo, mhd. betterife, was einen
bettlägerigen, kranken Menfchen bezeichnet; alfo einen der auf das Bett
gefunken ift, auf dem Bette ruht. Ift es darum aber erlaubt, unfer
bankrife als >einen der von der Bank gefallen ift<, einen Baftard zu
deuten? Eher dürfte doch das Mittelniederdeutfche WB. Recht behalten

*) Ich benutze die Gelegenheit, um gleich einen anderen Druckfehler auf S. 28 zu
berichtigen (Zwei Reime): ftatt >du fchoft< mufs es heifsen >du fchoft<.

— vgl. auch Chr. Walther, Nd. Jahrb. 19, 21 —, das es wie nhd. Bankrekel (f. DWB.) als »einen der immer auf der Bank liegt«, »einen faulen Schlingel« nimmt; die Wiedergabe des Loccumer Gloffars von 1467 freilich: »parafitus« kann jede der beiden Deutungen für fich verwerten.

Jacob Grimms Hauptftütze war Fifchart, der im Gargantua unzweifelhaft bankreffen als Baftarde braucht. Ob ihm aber das Wort jemals lebendig gewefen ift, ob er es nicht lediglich feiner Befchäftigung mit dem Eulenfpiegel verdankt? — Wertvoller ift die von Grimm angeführte Stelle eines amtlichen Schreibens aus Oberfachfen vom J. 1553, wo es von einigen vom Adel heifst, dafs fie keinen Ritterdienft zu tun fchuldig feien, fondern lediglich aufm Schlofs zu wachen hätten: »werden auch, wie ich berichtet, bankriefen genennet.« In demfelben Sinne nun find ich Wort und Begriff in einer Erfurter Urkunde v. J. 1400: Urkundenbuch d. Stadt Erfurt Bd. II Nr. 1146. Der zum Vogt und Amtmann auf Schlofs Vippach beftellte Heinrich von Siebleben bekennt fich dem Rate zu Erfurt gegenüber zu feinen Verpflichtungen: er hat zunächft einen Torwart, einen Hausmann und vier Wächter ftändig zu halten;

> Darczu fal ich dafelbis ftetis habin dry mit glevenien,
> vier fchuczin guter wepener unde wol gereten, und dry
> **bangrefin** uff mynen eygin folt unde kofte (S. 817) ....
> weiterhin dy dry bangrefin (ebda.).

Nachher werden die Koften aufgezählt, welche ihm der Rat zu erfetzen hat (S. 819): die Leute der erften Kategorie werden hier als rynner mit cyme knechte unde czwen pherdin anf je 22 Pfund Erfurter Pfennige angefetzt; die zweite, fchuczin mit cyme pherde auf 14 Pfund; die dritte, eben die bangrefin, deren Name hier nicht wiederholt wird, erfcheinen fo umfchrieben: und cyme, der da zcu fufse liet unde umbe tagelon erbeitit, fobin phunt phennige. Alfo die »Bankrefen« waren unberitten, fie verliefsen die Burg nicht — und wurden offenbar deshalb von den höher ftehenden reifigen Glevenreitern und Schützen höhnifch die »Banklieger« genannt Diefer Name hat dann allmählich eine faft technifche Bedeutung gewonnen, ohne aber je ganz feinen fpöttifchen Grundgefchmack einzubüfsen.

Die auf den Wachtdienft befchränkten armen Adlichen, die der Schöffer von Saida in Sachfen 1553 bankriefen nennt; die für Tagelohn angeftellten unberittenen bangrefin des Schlofses Vippach; fchliefslich die »nackten« bankreffen von der Burg zu Peine — es ift alles diefelbe Gefellfchaft: fchlecht oder nachläfsig bekleidet rekeln fie fich auf den Bänken in und vor der Wachtftube herum, davon haben fie ihren Namen. Keines der drei hier zufammengeftellten Zeugniffe läfst die Deutung »Bankert, Baftard« gerechtfertigt erfcheinen: Fifchart, der das den Ober- und Niederfachfen eigene Wort an fich gerafft hat wie viele hundert andere, gab ihm eine durchaus willkürliche Deutung — mit der er fpäter den Beifall Jacob Grimms finden follte.

Göttingen.   Edward Schröder.

Zu Gerhard von Minden, her. v. W. Seelmann.

Fab. 47, 94: Dem vosse wart do na gefporet, unde wart, fo ik wone, upgeboret. Zunächft ift zu bemerken, dafs V. 95 in der Hds. is ftatt ik

1*

fteht. Das ift nicht zu ändern, denn fo is wone heifst »wie es Sitte, Gewohnheit ift«. Dies führt darauf, dafs upboren nicht einfach durch »aufheben, erlegen« überfetzt werden kann, fondern dafs damit ein beftimmter weidmännifcher Brauch bezeichnet wird. Das erlegte Tier wird »aufgebahrt«, das heifst mit Zweigen bedeckt auf eine Bahre gelegt und fo dem fiegreichen Schützen vorangetragen.

Northeim. R. Sprenger.

Half Bufch, half Rock (XX, 41).

Auch das oftfrief. Sprichwort in ten Doornkaat Koolmans Oftfrief. Wb. II, 385: »büft du warm, krûp in'n darm; büft du kolt, krûp in't holt« ift fo zu erklären, dafs ein Gehölz Schutz gegen Kälte gewährt: darm ift wohl finnlos und nur des Reimes wegen gefetzt. Ein ähnlicher Spruch aus Quedlinburg ift: »Bifte bôfe, Krûp in'n Kêfe (Käfe); Rifte wedder gût, Krûp wedder rût.«

Northeim. R. Sprenger.

Zum Redentiner Spiel 243 ff.

In der Rede, mit welcher der Engel Jefum aus dem Grabe erweckt, haben die Verfe 243—246 dem Verftändnifse Schwierigkeiten geboten. welche man geglaubt hat durch Textemendationen heben zu müfsen. Nach der verdienftlichen Wiedergabe der Handfchrift durch Lichtdruck, welche wir Albert Freybe (Ausgabe: Schwerin 1892) verdanken, find diefe Verfe im Original folgendermafsen gefchrieben:

Sta vp hê an dyne rowe   Alre mȳfchē vrowe
Du vñ de archa dyner hillicheit   De hir an deſſē gᵘˡe is bereyt

Für »vrowe« fteht vielleicht »vrawe« da: der betreffende Buchftabe ift nicht ganz deutlich. Vor »vrowe« hat der Schreiber ein kurzes Wort oder den Anfang eines Wortes als verfchrieben durch einen dicken Strich unleferlich gemacht; er fcheint alfo vielleicht anfänglich an »vrowe« Anftofs genommen zu haben.

Palaeographifch bieten die Zeilen nichts fchwieriges, fondern laffen fich mit abfoluter Sicherheit unter Hinzufügung der Interpunction und Setzung von u für v, wo diefer Buchftabe ftatt u fteht, lefen als:

Sta up, here, an dyne rowe,   alre mynfchen vrowe,
du und de archa dyner hillicheit,   de hir an deffeme grave is
                                  bereit.

Ettmüller änderte in feiner Ausgabe des Dramas vau dyner rowe und alle mynfchen vrowe (erfreue alle Menfchen). Die erftere Acuderung hatte durchweg Beiftimmung gefunden, bis J. Peters im Korrefpondenzblatt XVIII, 33 für die Ueberlieferung eintrat. Er fafst die Worte der Handfchrift als Brachylogie: »ftch auf, Herr, um in deine Ruhe einzugehen.« Er ftützt feine Auffaffung der Stelle durch Z. 372, wo Jefaias zu den durch Jefum aus der Hölle geholten Gerechten des Alten Teftamentes fagt: wy fcholen ewichliken myt em (Jefu) rowen. Es kann gar kein Zweifel fein, dafs Peters' fcharffinnige Interpretation richtig ift. Denn nach kirchlicher Lehre gehört auch, dafs Jefus drei Tage vom Grabe gehalten ward, zu feiner Erniedrigung und feinen Leiden, die erft mit feiner Auferftehung endigen. Daher läfst der Verfaffer des Stückes auch den Engel in Z. 249 fagen: fta up van aller pyn. Erft im Grabe findet die Heiligkeit Chrifti ihre Vollendung, Vollkommenheit (is bereit), durch die Auferftehung ihre Beftätigung.

Die zweite Befferung Ettmüller's ift angenommen worden von Freybe, welcher demgemäfs die Worte überfetzt (das Meklenburger Ofterfpiel übertragen, Bremen 1874, S. 21): alle Menfchen erfreue du! und von R. Sprenger im Ndd. Jahrbuch XXVII, 145 und in der Zeitfchrift für Deutfche Philologie XXVII, 302. Dagegen läfst Carl Schröder alre, fetzt aber vroude, jedoch mit Vorbehalt (f. S. 14 f. feiner Ausgabe) wegen des dadurch entftehenden unreinen Reimes rowe : vroude, zu dem im Drama fich kein Analogon finde. Schröder's Auffaffung der Worte alre mynfchen vroude als Appofition zu »here« ift ficher die richtige; nur hätte er die Lesart vrowe beibehalten follen, denn diefes Wort ift ein Synonym von »vroude«.

Im Althochdeutfchen heftand dies Synonym von »frawida, frowida«, laetitia, und ebenfo das von »unfrowida«, triftitia, als frawi, frowi und unfrawi, unfrowi (feminina). Im Mittelhochdeutfchen haben jene Bildungen diefe verdrängt, es begegnet kein fröuwe oder unfröuwe. Aus dem Altfächfifchen find weder jene noch diefe überliefert, fondern nur die Adjective »fráh, frá, fró« und »unfráh«. Sie müffen aber vorhanden gewefen fein, da das Mittelniederdeutfche vronde und unvrowe befitzt. Nach dem Mndd. Wb. V, 94 f. ift letzteres Wort zweimal bezeugt, einmal im 14. Jahrhundert als unvrowe und zweitens um 1500 als nuvroe. Im Mndd. Handwörterbuch fehlt leider das Wort, vermutlich durch ein Verfehen meinerfeits. Uuvronde wird wohl beftanden haben, ift aber bis jetzt nicht nachzuweifen.

Aber nicht nur die Zufammenfetzung unvrowe, fondern auch das Simplex vrowe läfst fich zweimal belegen; aufser durch die Stelle im Redentiner Spiel auch aus einer zweiten Stelle im Cato des Meifter Stephan. Hier bringt nämlich das Hildesheimer Bruchftück, welches Wilh. Müller in der Zeitfchrift für deutfch. Alterthum Bd. I veröffentlicht hat, folgenden Beleg (S. 539 Z. 16—19):

Luttich flapen, vele waken   Scoltu, kin*, dor deffe fake;
Wente (denn) de dagelikes rowe   Is des lafters en fuode vrowe,

als freie Ueberfetzung des Lateinifchen: nam diuturna quies vitiis alimenta miniftrat. »Vrowe« kann hier unmöglich als »Frau« gemeint fein; es mufs »Freude, Vergnügen, Genufs« bedeuten. So hat es auch der Schreiber der Wolfenbütteler Hdfchr. genommen, wenn er den Vers fo giebt: dat is deme laftere eyn fnode vroude, Ndd. Jahrb. XXIII (1897) S. 20 Z. 385 in der Ausgabe durch P. Graffunder. Diefe Schreibung »vroude« mufs aber als ein fpäterer Erfatz für das »vrowe« des Dichters angefehen werden, weil fie dem Reim ungenau macht. Der Grund der Aenderung liegt klar: vrowe = Freude, weil homonym mit vrowe = Frau, wird früh obfolet geworden fein. Nur im Reime und zwar in folchem Zufammenhang, der kein Misverftändnifs zuliefs, wird es noch hie und da gebraucht fein, wie im Cato und im Redentiner Spiel.

Schröder hat im Redentiner Spiel Z. 245 du und als finnlos beanftandet und dafür du up als gebotene Befferung erachtet: »thu auf den Schrein deiner Heiligkeit«, indem er das Inufprucker Auferftehungsfpiel Z. 164 vergleicht, wo es in gleichem Zufammenhange heifse: thoe hüte

uff dine heilige hant. Dabei gilt ihm »archa der hillicheit« als Bezeichnung des Grabes. Ich kann diefer Auffaffung nicht beiftimmen. Die
»archa dyner hillicheit« kann nicht das Grab fein, weil Z. 246 gefagt
wird: de hir an deffeme grave is bereit. Nach Matthäi 28, 2 und nach
der kirchlichen Anfchauung öffnet auch Jefus felbft das Grab nicht, fondern
ein Engel. Ich pflichte Freybe bei, dafs mit der Arche der Leib Chrifti
gemeint ift und zwar der geheiligte, verklärte. Ift diefe Deutung der
Arche richtig, fo kann »du up« nicht richtig fein. »Du und de archa
dyner hillicheit« ift zu verftehen als »du in deinem verklärten Leibe«,
nämlich »fteh auf«.

Hamburg.   C. Walther.

Idelbalch.

R. V. 4679 werden die Söhne des Wolfes Idelbalch und Nummer-
fat (Reinart 4957 Idelbalch ende Seldenfat) genannt. Lübben S. 344
will den erfteren Namen durch »nichts als Balg« erklären, während
Schröder ihn nur ins Hochd. (Eitelbalg) überfetzt. Nach meiner Auffaffung
bezeichnet er vielmehr einen, dem der Bauch immer leer ift, der alfo immer
hungrig ift, wie Nimmerfatt ja noch heute Bezeichnung eines Menfchen ift,
der niemals fatt wird. So fafste den Namen auch wohl fchon der Verfaffer des Reinaert.

Northeim.   R. Sprenger.

»Ollfch mit de Lücht.«

Von gefchätzter Seite wurde ich neulich gefragt, ob ich nicht einen
vollftändigen Text nachweifen könne zu einem Liede, das beginnt: »Ollfch
mit de Lücht kann't Bedd nich hun'n.«

Der betreffende Herr glaubt, dafs er das betreffende Lied noch vor
Kurzem in Hamburg auf der Strafse von Kindern habe fingen hören.
Vielleicht find es Ueberrefte eines ältern Liedes. Es handelt fich dabei
um die Erklärung einer auf einem alten (Mitte des 17. Jhdts) Bilde dargeftellten dramatifchen Scene, wo aufser andern Perfonen eine alte Frau
mit einer Lampe erfcheint, die gebückt einherfchreitet, als fuche fie etwas.

Ift das Lied in weiteren Kreifen bekannt? Wie heifst es? Ift es
irgendwo gedruckt?

Hamburg.   Dr. Otto Rüdiger.

Blage (XXIV, 20).

In Noord-Nederland is het woord blaag vrij algemeen in gebruik,
vooral in de fpreektaal, en vooral in de noordelijke en ooftelijke gewesten
des lands. Het wordt inzonderheid toegepast op jonge meisjes, die nog
niet den vollen jonkvrouwelijken leeftijd hebben bereikt — Backfifche —,
en die zich laf en flauw aanftellen — fich albern betragen —. Maar
ook voor jongere en zeer jonge kinderen is het woord blaag wel in
gebruik; echter fteeds met eene minachtende of geringfchattende bijbeteekenis.

Zie het »Woordenboek der Nederlandsche Taal«, op het woord blaag,
waar gemeld wordt dat »de afleiding niet bekend is«.

Haarlem.   Johan Winkler.

Blage ift auch in Südhannover gebräuchlich; befonders ift es mir von Münden in Erinnerung, wo ich als »Blage« die Ferien zuzubringen pflegte. Daneben wird Göre und Panze gebraucht. Der Ausdruck Panze hat mehr etwas Scheltendes, während Göre und Blage indifferent find. Kleine kugelrunde oder »prospäre« Kinder heifsen auch Brucker.

Einbeck.   O. A. Elliffen.

In Bad Neuenahr hörte ich von Rheinländern und anderen Niederdeutfchen häufig das Wort Blagen, aber nur in der Bedeutung von halberwachfenen Mädchen, alfo von ungefähr 14 bis 18 Jahren. Ich hielt es daher für ein Aequivalent des Oberdeutfchen Backfifche.

Neuenahr (Rheinpreufsen).   Oefele.

Ich verweife auf Schambach Wb. der Mundart der Fürftenthümer Göttingen und Grubenhagen S. 25:

»bläge, f., der Sing. felten, meift im Plur. blägen. [vgl. balg, n., welches wohl dasfelbe Wort ift; holl. blaag, m. u. f. Brem. Wb. blaggen.] ein kleines Kind, namentlich in fofern es Laft oder Verdrufs macht; überwiegend von Mädchen gebraucht.«

Die von Schambach erwähnte Stelle des Bremifch-Niederfächfifchen Wörterbuches (I, 93) lautet:

»Blaggen, kleine Kinder, welche einem Unruhe machen. Im Weftphälifchen Blagen, f. Strodtmann Idioticon Osnabrugenfe p. 28. Biggen un Blaggen füget man oft zufammen, wenn von Kindern und jungem Vieh, abfonderlich von Ferken die Rede ift, die einem unter die Füfse laufen; f. auch droben das Wort Balge«. In diefem Artikel heifst es: »Balge, auch Bikbalge oder Bigbalge nennet man, Verachtungsweife oder im Unwillen, einen Knaben oder ein Mädchen. Een Balge van een Jungen: ein kleiner muthwilliger Junge. In Weftphalen fagt man, durch Verfetzung der Buchftaben, Blage.«

Ich halte es für ziemlich ficher, dafs Biage, wie auch fchon die Verfaffer des Brem. Wörterbuches annehmen, durch die im Niederdeutfchen häufige Metathefis aus Balge entftanden ift; jedenfalls ift an einen Zufammenhang mit hd. und nd. Plage (f. Schambach) nicht zu denken. Dann kann aber auch nicht fraglich fein, dafs Balge als verächtlicher Ausdruck für »Kind« (in Quedlinburg balg, m. Plural bälger) mit Balg, Bauch, engl. belly, dasfelbe Wort ift. Dafür fpricht ferner, dafs man in der Quedlinburger Gegend Kinder verächtlich auch Panzen nennt.

Northeim.   R. Sprenger.

Zu Blagen f. ten Doornkaat Koolman, Oftfriefifches Wörterbuch.

Lübeck.   C. Schumann.

Zeichen des Todes (V, 93).

Mnd. Wb. Bd. 5, 220: »Wen oine (dem Kranken) de nafe fpiffet unde ome de nafe vafte waffet unde ome de dumen vafte entfallen unde ome de oren kolt fin ... an welkem du dat fuft, de is veghe.« Das Spitzwerden der Nafe gilt auch fonft für ein Zeichen des (bald) eintretenden Todes. Vgl. Albers Tungdalus V. 245:

»fin hår fchiere ervalwet was
und gefpitzet diu nas.«

ſpiſſen iſt alſo ſicher = ſpitzwerden. Was bedeutet aber waſſen. Man könnte vermuten, daſs es dieſelbe Bedeutung habe, wie ſpiſſen und das adj. was, wahs ſcharf, ſpitz vergleichen. Da man aber noch heute ſagt: »Ihm wird die Naſe ſo lang«, wenn man ein krankhaftes Aeuſsere bezeichnen will, ſo glaube ich, daſs hier wassen durch »wachsen, gröſser werden« zu überſetzen iſt.

Northeim. R. Sprenger.

Böten von Schorbuck und Voſs (XXIV, 20).

Voſs, Foſs iſt Mundfäule.

Lübeck. C. Schumann.

Nachträglich bemerke ich zu dem Artikel, daſs dieſelbe Stelle des Viſitations-Protokolles ſchon von Liſch in den Meklenburgiſchen Jahrbüchern II (1836) S. 186 ausführlich mitgeteilt und von Bartſch in den Sagen, Märchen und Gebräuchen aus Meklenburg Bd. II (1880) S. 426 Nr. 1977 im Auszuge wiederholt iſt, was mir beim Abdruck im KBlatt nicht gegenwärtig war. Liſch erklärt den Ausdruck Voſs nicht, vermutlich weil er es für bekannt hielt; Bartſch nicht ganz genau als Scorbut. Bei Bartſch begegnet das Wort nur noch einmal, in der Ueberſchrift von Nr. 1769 »Beim Voſs- oder Schwammſtillen kleiner Kinder«, welche Bötformel nach der Mitteilung eines Arbeitsmannes in Klütz im nordweſtlichen Meklenburg gegeben wird; in der Formel ſelbſt kommt das Wort nicht vor.

Während dieſer Ausdruck alſo im weſtlichen Meklenburg wohl ſo wenig unbekannt ſein wird, wie im benachbarten Lübek, ſcheint das öſtliche Meklenburg und Vorpommern ihn nicht zu kennen, wie die Frage des aus Oſtmeklenburg gebürtigen Verfaſsers des Artikels im KBl. 24, 20 zeigt. Mir fiel das auf, weil das Wort in Hamburg, Holſtein und ich meine auch in Lauenburg ein allgemein gebräuchliches iſt. Aber indertat habe ich es nicht bei Dähnert im Vorpommerſchen und bei Mi (= Sibeth) im Meklenburgiſchen Wörterbuch verzeichnet gefunden. Ebenſo habe ich es in keinem andern niederdeutſchen Idiotikon entdecken können, als nur bei Schütze im Holſteiniſchen IV, 317: »Voſſ, die Bräune oder eine hitzige Krankheit im Halſe, die Zunge, Gaum, Schlund mit weiſser Rinde überzieht: Schwämme, die die Aerzte aphthae nennen.« In Hamburg wird es beſonders von dieſer Krankheit gebraucht, wenn ſie bei Kindern vorkommt; man giebt ihm männliches Geſchlecht, ſodaſs das Wort völlig dem niederdeutſchen Worte für »Fuchs« gleich lautet. Ob der Ausdruck auch ſonſtwo üblich iſt und welche anderen Ausdrücke da, wo er nicht gilt, für dieſe Krankheit gebraucht werden, wäre nicht unwichtig zu erfahren.

Hamburg. C. Walther.

Hundetanz (XXIII, 36).

Das Wort Hunnendans findet ſich auch in einem Gedichte von Sophie Dethleffs (aus Heide in Ditmarſchen) verwendet und zwar als Metapher für ein eitles Bemühen, ein eifriges, haſtiges und lärmendes Arbeiten ohne Zweck und Bedeutung. In »De Hahnſchrie«, der poetiſchen Behandlung einer Eiderſtedter Sage von dem Vertrage eines armen Mannes mit dem Teufel, der ihm in einer Nacht einen »Hauberg«, ein Bauerngehöfte, bauen, dafür aber, falls er vor dem Hahnkraht ſertig wird, des

Armen Seele haben foll, heifst es Strophe 15 (Gedichte von Sophie Deth-
leff's. 2. Aufl. Heide, 1851. S. 135):

Nu fung et denn an mit dat Pultern un Buen,
Un Hans puff dat Hart as en Lammerfwans,
Et wur em recht innerlich fchudern un gruen,
Dat hiere (Adj.: dies hier) dat weer doch keen Hunnendans.
De Balken un Sparren de flogen tohopen,
Noch lang weer de Tied nich för'n Huushahn to ropen.

Die Schreibung Hunnendans, die auch Reuter braucht, ift falfch.
Man fpricht das Wort nicht fo dreifilbig, fondern zweifilbig Hunn'dans
(Huūńdans), was in älterer Sprache lautete Hunne- und Hunjedans = mudd.
Hundedans.

Hamburg.   C. Walther.

Kaland, kalandern (XXIII, 53).

Dafs in Güftrow Kaland Bezeichnung für ein Wirtshaus war, und
dass gewonheitsmäfsige Wirtshausgänger als Kalandsvettern oder Kalandsbrüder bezeichnet wurden, ergibt fich aus John Brinkmans Erzählung
»Höger up« [Sämtl. Werke her. v. O. Weltzien IV, 19 f.]: »Un fo gung
hei in den groten Kaland in dei Maehlenftrat rin un dor geev' hei'n gaud
Wurt un leet fick'n vullen Kraus vull Knifenack vörfetten. Dor möfsten
jo nu all dei Kalandsvettern un Hoppenbräuder dutzwis rumfitten achter
dei eiken Difchen un hogen Deckelgläs. . . . Un dor möfst jo nu 'n
Growsmid mank wäfen, . . . dei har 'n gröteren Doft un 'n gröter Wurd
as all dei annern Kalandsbräuder, dei dar rüm feten un fick mit em
vernüchterten.«

Die »Tägliche Rundfchau« vom 17. Oktober 1903 berichtet von dem
Abbruch der alten zwifchen dem nördlichen Teile der Klofterftrafse und
der Neuen Friedrichftrafse gelegenen Kalandsgaffe in Berlin. Dabei
wird erzält, dafs fich auch dort, wie anderwärts, aus den einfachen Mahlzeiten der Kalandsbrüder üppige Gaftmähler entwickelten. Es heifst weiter:
»Er fäuft wie ein Kalandsbruder!« oder, um den Müfsiggang zu kenn-
zeichnen: »Er ift ein Kalander!« waren landläufige Redensarten geworden!« Dies ging fo weiter, bis Friedrich Eifenzahn an die Regierung
kam. Er fchritt gegen die liederlichen Kalandsherrn, mit Genehmigung
des Papftes, ein und drohte mit Aufhebung der Gefellfchaft, wenn fie diefes
Leben nicht änderten. Sie fügten fich.« Danach ift alfo das Verb.
kalandern vom Subst. der Kalander »Müfsiggänger« abgeleitet.

Northeim.   R. Sprenger.

Holhoppeln,

»einen unnötigen Eifer über etwas bezeugen«, findet Dähnert, Pomm.-Rüg.
Wb. S. 190 in den Verordnungen des Stralfunder Rats an die dortige
Geiftlichkeit. Es ift aber nicht, wie er vermutet, = helphollen, fondern
= holhippeln, schmähen, läftern. S. Schmeller-Fromm. Bayer. Wb. I,
1140, wo aus Hans Sachs citiert wird: »Er (der Prediger) hüppelt fie
aus rein und sauber, als ob fie weren Dieb und rauher.« Vgl.
auch hol-hipen, hol-hiper, huper Lexer I, 1326. Im Mnd. Wb. fehlt
das Wort, doch findet es fich auch fonft auf niederdeutfchem Gebiet, z. B.
in Quedlinburg entftellt in hohuipeln.

Northeim.   R. Sprenger.

Spöl = Spölworm?

Spöl im Sinne von Spölworm (Spulwurm, Ascaris lumbricoides, bzw. Ascaris vermicularis) begegnet mir hier mehrfach in einer Befchwörung gegen Spöl un Adel. Das einfache Spöl fcheint fonft nur von Cornelius Kilianus Dufflaeus im Etymologicum Teutonicae Linguae, Antwerp. 1599, bezeugt zu fein: fpoele, fpoelworm, tinea rotunda, lumbricus, vermis in corpore humano. Die Leute hier erklären Spöl für einen kleinen Wurm, welcher die Fingerentzündung, anderswo, z. B. im Magdeburgifchen, felbft Wurm genannt, erregen foll, wie ein fchlimmer Nagel dem fogen. Nagelworm zugefchrieben wird. Ich bitte nun um Beantwortung der Frage, ob fpöl noch weiterhin im Volksmunde ftatt der Zufammenfetzung fpolworm vorkommt.

Lübeck. C. Schumann.

Schabbig.

Im Jahre 1901 ward laut Zeitungsbericht[1]) ein Viehhändler, den ein Schutzmann auf dem Fufswege einer Dorfftrafse in der Nähe von Altona auf einem Fahrrade fahrend angetroffen hatte, nicht nur wegen Uebertretung der dies verbietenden Polizeiverordnung, fondern auch, weil er den Polizeiften zweimal »fchabbig« bezeichnet hatte, wegen Beleidigung desfelben vor dem Schöffengericht zu Altona angeklagt. Diefes verurteilte ihn wegen des Polizeivergehns, fprach ihn aber von der Schuld der Beleidigung frei, da es feiner Angabe Glauben fchenkte, dafs der Provinzialismus »fchabbig« foviel wie »fchneidig« bedeute und dafs er damit keine Beleidigung habe ausfprechen wollen. Der Amtsanwalt legte Berufung ein, da gerade in Altona-Hamburg und Umgegend ein Zweifel über den beleidigenden Charakter des inkriminirten Wortes nicht obwalten könne. Auch fei dem Angeklagten von dem Schutzmann, der feine Notirung bewirkte, als er diefen zum erften Mal als »fchabbig« bezeichnete, gefagt worden, dafs er fich der Beleidigung fchuldig mache. Im Berufungstermin vor der Strafkammer des Landgerichts kam es zu einer Kontroverfe zwifchen dem vorfitzenden Richter und dem verteidigenden Rechtsanwalt, ob Letzterer als Nicht-Altonaer refp. -Holfteiner ein Urteil über die Bedeutung des Wortes haben könne oder nicht. Der Rechtsanwalt berief fich für feine Behauptung, dafs das inkriminirte Wort ein Lob involvire und foviel als »tüchtig, fchneidig« bedeute, unter anderm auf feinen Bureauvorfteher. Er ftellte aufserdem den Antrag, darüber als Sachverftändigen den Schriftfteller Otto Ernft[2]) laden zu laffen. Der Gerichtshof lehnte den Beweisantrag ab, indem er es als möglich zugab, dafs es Menfchen gäbe, die dem Ausdruck eine andere Bedeutung unterlegen könnten. In dem vorliegenden Falle fei es jedoch zweifellos, dafs der Angeklagte beleidigen und den Schutzmann als »fchäbigen« Polizeibeamten habe bezeichnen wollen. Das fei

[1]) Hamburgifcher Correfpondent 1901 Nr. 457 S. 19: »Schappig« gleich »fchneidig«? — Der Berichterftatter war wohl kein Niederdeutfcher, denn »fchappig« (von Schapp = Schrank) ift ein anderes Wort; von Brot und fonftiger Speife, die zu lange im Efsfchrank aufbewahrt worden find, fagt man, fie fchmeckten oder röchen fchappig, nach dem Schranke. Das fragliche Wort lautet dagegen fchabbig mit weichem Stummlaute; es wird auch fchavvig, fchafvig gefprochen.
[2]) vgl. Ndd. Jahrb. 28, 97 Otto Ernft Schmidt.

um fo ficherer der Fall, als er das Wort trotz der ihm gewordenen Warnung wiederholt habe. Es wurde deshalb wegen wiederholter Beleidigung
auf Verurteilung erkannt. Soweit das hier etwas gekürzte Zeitungsreferat.
Wenn diefer Rechtsfall hier zur Befprechung gebracht wird, fo bleibt
die Frage, ob der Beklagte den Beamten beleidigt habe oder nicht, aufser
Betrachtung. Es liefse fich das nach dem Zeitungsbericht ja gar nicht
einmal beurteilen, weil eine umftändliche Schilderung des die Klage ver-
anlaffenden Vorganges vermifst wird, vor allem weil der Wortlaut der
Wechfelreden bei dem Conflict nicht mitgeteilt ift. Sodann aber ift diefe
Frage überall keine Aufgabe einer philologifchen Unterfuchung, fondern
die Entfcheidung gehört vor das richterliche Forum. Philologifches
Intereffe bietet nur die Tatfache, dafs in diefem Proceffe einem nicht felten
gebrauchten Worte in einunddemfelben Idiom zwei verfchiedene Bedeutungen und zwar beiderfeits mit Ausfchlufs der anderen Bedeutung zugefchrieben worden find; und merkwürdigerweife find die Behauptungen
beider Parteien berechtigt. Als ich den Zeitungsartikel f. Z. las, habe ich
dem Angeklagten Recht geben müffen, dafs ›fchabbig‹ bei uns nicht in
den Bedeutungen ›fchäbig, lumpig, gemein, nichtswürdig‹ gebraucht werde,
fondern in einem Sinne, der fich mit dem von ›fchneidig‹ berührt. Mit
jenen Bedeutungen kannte ich nur die dem fchabbig ftammverwandten
Bildungen fchęvifch (gewöhnlich fchev'fch gefprochen) und fchęvig. Da
ich aber kürzlich den Zeitungsausfchnitt wieder vornahm, hielt ich es doch
für richtig, mich bei anderen alten Hamburgern nach dem Gebrauche des
Wortes fchabbig zu erkundigen. Während nun von einer Seite meiner
Auffaffung des Wortes beigepflichtet ward, erklärten andererfeits mehrere,
es nur in den Bedeutungen zu kennen, in welchen das nhd. fchäbig gebraucht wird, alfo, von der urfprünglichen Notion ›räudig‹ abgefehen,
nur in der Verwendung für ›kahl, zerlumpt, armfelig‹ und fodann von
Benehmen und Gefinnung teils für ›gemein, niederträchtig, nichtswürdig‹
teils für ›karg, geizig‹.
    Diefe auffallende Erfcheinung, dafs in derfelben Stadt und ihrer Um-
gegend von zwei Kreifen der Bevölkerung einem Worte verfchiedene Begriffe beigelegt werden, rechtfertigt ihre Befprechung und eine Darlegung
des Sinnes, welchen jener Viehhändler und meine Gewährsleute mit dem
Ausdruck verbinden.
    In dem vom Anwalt behaupteten Sinne von ›tüchtig‹ wird fchabbig
in der Hamburgifchen Mundart niemals verwendet; es wird nur in tadelndem Sinne für die Einem zuteilwerdende Behandlung gebraucht. Mit
›fchneidig‹ läfst es fich zufammenftellen, infofern diefes Beiwort durch
feine häufige Anwendung auf ein ftrenges und fcharfes Auftreten von Vorgefetzten gegen Untergebene allmählich beim Volke zur Bezeichnung eines
rückfichtslos fchroffen Benehmens geworden ift, mehr mit tadelndem als
lobendem Beigefchmack.
    Bärmann*) läfst im Grooten Höög- un Häwel-Book (1827) S. 26 die
Leute einen Hund du fchawwig Deerd! fchelten, weil er einen Mann,
mit dem er fonft ›gut Freund‹ war, plötzlich ohne Urfache gebiffen hatte.
Von einem bösartigen, biffigen Hunde, auch von einem fonft gutartigen,

---

*) vgl. Ndd. Jb. 22, 57 f.

den man jedoch nicht necken darf, gilt noch das Epitheton ſchabbig ganz allgemein; während man aber von erſterem ſagt, er ſei (von Natur) ſchabbig, ſo von letzterem, er werde (unter Umſtänden) ſchabbig. Wie das Wort hier das feindliche Verhalten des Hundes gegen Menſchen bezeichnet, ſo übertragen das feindſelige, unfreundliche Benehmen des Menſchen gegen ſeinen Mitmenſchen, zumeiſt das unmotivierte oder doch unerwartete. Als ich vor vierzig bis fünfzig Jahren zuerſt auf das Wort philologiſch merkte, habe ich mir erklären laſſen, was die Leute darunter verſtünden. Als ſolche Erklärungen babe ich mir notiert: billig, verbiſſen, knurrig, griesgrämig, ärgerlich, wütend und als angebliches Synonym »füniſch«. Man gebraucht es z. B. von einem Menſchen, der in »vergrellter«, ärgerlicher Stimmung und darum leicht gereizt und unfreundlich iſt; da heiſst es: heute ſei er mal ſchabbig. Desgleichen habe ich es mehrfach gehört, wenn jemand ohne Grund einen Anderen anfährt, anſchnauzt oder anknurrt; das gilt für »Schabbigheit«. Der ſo Verletzte wehrt ſich dann gewöhnlich durch die Entgegnung: Sy (oder wie es bei älteren Leuten auch hiefs: węſ) doch nich glyk ſo ſchabbig, bisweilen auch mit dem Zuſatz: kanſtu mi dat nich ornlich (höflich, anſtendig) ſeggn? kunuſtu mi dat nich o. ſeggt hebbın? Dieſe Begriffsentwicklung hat ſich offenbar ſchon im Anfange des 19. Jahrhunderts angebahnt, denn Schütze im Holſteiniſchen Idiotikon IV (1806) S. 28 giebt als Bedeutung von ſchabbig auch an: »böſe auf jemand ſeyn und dies in Manieren oder Worten äuſſern, maulen«, und belegt das durch den Satz: he is ſchabbig, he ſeggt mi keenen goden Dag. Unfreundlichkeit kann man ja ſogut durch Schweigen, wie durch Worte und durch den Ton der Worte kundgeben; auch durch Blicke: ſchabbig ankiken wird auch geſagt.

Ich habe die ndd. Idiotika darauf durchgeſehn, ob dieſe Begriffsentwicklung von ſchabbig in anderen ndd. Mundarten ſtattgefunden habe. Anläuſe dazu habe ich gefunden, aber keine ganz gleiche Entwicklung. Wie mag es jetzt in den Dialekten darum ſtehn?

Hamburg.   C. Walther.

Kluntjebük. Hinkeſchett.

Beide Namen bezeichnen in Andrees Braunſchweigiſcher Volkskunde, S. 444, das bekannte Hinkeſpiel, welches hochdeutſch »Fuchs aus dem Loche« heiſst. Kluntjebōk wird von Andree als Klunzbauch — nd. Kluut = Klumpen usw. — gedeutet und im Anſchluſs an eine Vermutung O. Schütters im Braunſchweigiſchen Magazin 1899 für eine Entſtellung aus Kluntjebur angeſprochen. d. h. ein ſchwerfällig hinter dem Pfluge einhergehender Bauer. Dieſe Erklärung iſt weder lautlich recht annehmbar, noch entſpricht ſie dem Inhalte des Spieles. Viel näher liegt es, als Urform Kluntjebuck anzuſehen, d. i. lahmer, hinkender Bock. So wird dies Spiel auch benannt: Hinkebock, denn der Bock iſt das Tier des Teufels = Donnars, ebenſo wie der Fuchs, dem es ferner die Benennung Hinkefoſs verdankt. Ueber Hinkeſchett bemerkt Andree nichts. Auch hier finde ich den Bock wieder, denn ſchett wird nichts andres ſein als unſer Jet, Jit, Jütte, Ziege, Kalb u. ähnl., welches auch hier im Anlaute mit weichem ſch geſprochen wird. So ſind beide Spielausdrücke gleichdeutig.

Lübeck.   C. Schumann.

Rethmân, rippelmân, lichtmiffenmân.

In feiner fchönen Schrift über »Die deutfchen Monatnamen« (Halle 1869) S 15 hebt Weinhold als befondere alemannifche Eigentümlichkeiten die Namen rebmanot, -monet und redmanot, redimonet für den Februar hervor., S. 53 ftellt er zu letzterem Namen das angelfächfifche bred-, rhedmonath (auch hredh-, hrädhemonadh) für den März; während er die Angabe von Beda, De temporum ratione cap. 13, dass der Monat nach einer (fouft nirgends bezeugten) Göttin Hreda benannt fei, welcher man im März Opfer gebracht hätte, als Erfindung diefes anglifchen Priefters und Hiftorikers († 735) verwirft. Weinhold findet in beiden Namen Beziehung auf die im Februar und März fich wieder regende und rührende Natur, indem er zu jenem Namen die alem.-bairifchen rüheln, fich rühren, regen, und rebig, räblig, rührig, munter, zu diefem das ahd. hradi, redi, celer, agilis, promtus und das ags. hrädh, hredh, alacer, celer, expeditus für die Deutung herbeizieht.

Beide Namen, fowie der von Weinhold nur in Fischart's Aller Practic Grosmuter gefundene Lichtmessman laffen fich jetzt auch aus Niederfachfen nachweifen. In dem von Dr. O. Jürgens 1899 herausgegebenen »Amtsbuch des Klofters Walsrode« kommen drei Protokolle von Holt(d)ingen (Waldgerichten) vor. In dem 1491 gehaltenen Holtinge (S. 40) heifst es: Item dem meygerhave to Alden vunden fo da drift to up der holtmerke alze fine deltuchten (was er an Schweinen auf feiner Diele, in feinem Hofe grofszieht) und IX fchare fwine, dat is III ftighe und en fwin (81 Stück = 9 fchare) und 1 fu mit negben verken, de fchollen imme rethmane alze in lichtmiffenmane (lichtmiffe = 2. Februar, alfo in diefem Monat) junk werden. Das Holting von 1493 (S. 40) faft wörtlich ebenfo: 1 fu mit IX verken, de fchollen im rethmane alze in lichtmiffenmane junk werden. In der Beliebung des Holtinges von 1513 (S. 46) heifst es abweichend: ene foghen myt IX verken, im rippelman ... jungk geworden, aber offenbar mit demfelben Sinne, fo dass alfo rippelman für ein Synonym von rethman zu halten ift.

Rethmân und rippelmân laffen fich etymologifch fehr wohl mit Weinhold's Deutung vereinigen und aus der von ihm angenommenen Vorftellung erklären. Rethman darf ohne Bedenken als aus redeman entftanden gelten. Aus dem Altfächfifchen ift zwar weder ein dem ahd. bradi entfprechendes brathi oder bradhi, noch ein dem ags. hrädh (Genit. hradhes) entfprechendes hrath oder hradh überliefert; wohl aber braucht das Mndd. ganz gewöhnlich rad für fchnell, das as. brath gelautet haben muss = ags. brädh. Eine ya-Bildung, wie das Ahd. sie befitzt, hrathi könnte fehr gut daneben beftanden haben. Hrathi oder hradhi würde mndd. zu rede werden müffen. Ein folches Wort befteht im Mndd., aber mit langem e, von anderer Wurzel und mit abweichender Bedeutung. Rede ift Verkürzung aus gerede = ags. gerude, mhd. gereite, fahrtbereit, gerüftet, fertig, expeditus, promptus, paratus. Wie nahe fich diefe Bedeutungen mit denen von ahd. bradi, ags. hrädh berühren, liegt klar; werden doch hradi und hrädh (f. oben) auch im Sinne von rede verwendet. Rědeman wäre alfo der Küftemonat, in dem die Natur zu neuem Leben fich bereitet; das Wort wäre alfo ein Synonym von hrädhmonath, redmanot.

Rippelman deckt fich gleichfalls nicht lautlich, wohl aber begrifflich mit rebmanot. Denn reppen (f. Mndd. Wb., Brem. Wb., ndl.) heifst bewegen, in Bewegung fetzen, rühren, im Mndd. auch berühren (= ags. hreppian, hreppiian, tangere, attingere); fik reppen, fich hurtig bewegen, eilig fort machen, gefchäftig fein. Ganz gewöhnlich ift noch jetzt rippeln, ein wenig rühren oder bewegen, befonders in der Verbindung fik rippeln und rügen, fich wenig rühren und regen.

Man darf wohl annehmen, dass urfprünglich die beiden Namen bei den deutfchen Stämmen ganz gleich gebildet waren. Das Sächfifche hat, als die alten Beftimmungswörter rede und reven (im Mndd. heifst reven nicht mehr bewegen, fondern delirare, infanire, unfinnig denken oder reden) veralteten, fie durch neue, aber finnverwandte erfetzt, die auch lautlich von den urfprünglichen Formen nicht weit abftanden.

Hamburg.   C. Walther.

Köllflachten, Köllweg (XXIV, 25).

In diefen Ausdrücken ftellt fich das in Doornkaats Oftfries. Wb. II, 323 verzeichnete köl-fwin, der über den Bauch- und Piekftücken liegende fchwere Balken. D. meint, dafs kol mit kil ident. und wie das wang. kiöl oder kiöl (Kiel) aus dem an. kjolr oder wie engl. keel aus dem ags. ciol, cool od. ciól ceól entftanden fei.

Northeim.   R. Sprenger.

Sat un frat = Lignum Saffafras.

In dem volkstümlichen Namen des bekannten Arzneimittels fei erinnert an Holteis »Liedel«: »Saffafras und Saffaparille« (Schlefifche Gedichte, 10. (Volks-)ausgabe, Breslau 1866, S. 327), wo der Braffelfche Bote zur Apotheke kommt, um für die gnädige Frau die »Medizien« zu holen:

De Herr Aptheker in guder Ruh
Afs juft ene Putterfchnitte
Un ooch a Kannewürfchtel derzu, —
(Seine Prille hott' a immer mitte,)
Dar hürt nicht gutt, weil a jufte kaut,
Und fpricht: »Hä, wahs is fei Wille?«
Do fchreit der Spille irfchte recht laut:
»A fafs, a frafs, a hatt' anne Prille!«

Do reckt de Aptheker de rechte Fauft
Zum Fänfterle naus: Du Uchfe!
Un gibt i'm eene, dafs 's ock a fu fauft,
Un fpricht: »Du Lümmel, nu muckfe;
Was fchiert Dihch meine Prille, Du Viech?
Do gich un verfchluck nu de Pille:
Do gich Du Räkel, im Giehn da fpriech:
»A fafs, a frafs, a hatt' anne Prille!«

Northeim.   R. Sprenger.

Zum mnd. Wörterbuch.

1) **lollklöfter.** Beginenhaus? Bd. VI, S. 202. Wahrscheinlicher ein Haus der Lollarden, jener frommen Laiengenossenschaft, die sich der Leichenbestattung und Krankenpflege widmete. Vgl. Mnd. Wb. II, 718; Lexer I, 1952. Muret, Engl. Wb. gr. A. II, 1288.

Nachtrag zu: ›Der neue Schaden‹ auf S. 34.

In Lüneburg gab es ehemals gleichfalls ein Wirtshaus mit dieser Benennung Wie der Name dort verstanden ward, geht aus einem Gedichte des Lucas Lossius, Rectors der Lüneburger Schule, hervor. Dieses steht in seiner Sammlung lateinischer Gedichte, die er zu Ehren der Stadt Lüneburg verfaßt hat. Das Buch, das 1566 bei den Erben von Chr. Egenolf zu Frankfurt am Main herausgekommen ist, trägt darum den Titel Lunaehurga Saxoniae. Auf S. 115 handelt Lossius von den drei Wirtshäusern, in denen das damals beliebte Hamburger Bier geschenkt ward (tabernae feu domus tres cerevisiae Hammoniacae). Von dem dritten sagt er, es läge in der Strafse Auf dem Sande, es sei erst neuerdings eingerichtet und habe den Namen von dem neuen Schaden bekommen, welchen sich dort viele Leute durch gierigen Genuß des Bieres bereiteten:

Quae domus Hammonis facta est nova nuper in urbe
Clara, novi est nomen sortita a nomine damni,
Damnum quod faciunt multi hac sibi gutture anhelo,
Quotidie Hammonis siccantes pocula Bacchi.

Hamburg.   C. Walther.

Hûchebild.

Schambach S. 87: ›hûchebild, n. ein Schattenbild, Schemen; von einem Menschen (besond. von einem Weibe), der so schwach und hinfällig ist, daß man ihn fast mit einem Hauch umwerfen könnte.‹ Es scheint, daß Sch. die sogenannten Hauchebilder nicht gekannt hat, kleine farbige Blättchen aus Haufenblase oder Gelatine, mit Darstellungen aus der heiligen Geschichte in Gold- oder Silberdruck, die sich beim Anhauchen zusammenkrümmten. Unzweifelhaft ist der Ausdruck von solchen Bildchen genommen, die ich noch bei meinen Kindern finde, welche aber die Bezeichnung nicht kennen.

Northeim.   R. Sprenger.

Zu Gerhard von Minden.

Fabel 11, 32 (Leitzmann S. 16):

Den homödigen riken   dem adolar salt geliken,
den nicht enrüwet de homot sin,   en nouwe vür der hellepin.

Meine im Nd. Jahrb. XXIV S. 129 ausgesprochene Vermutung über diese zweifellos verderbte Stelle halte ich nicht mehr aufrecht. Aber auch die von Peters im Korrespbl. XXIII, 6 versuchte Herstellung befriedigt mich nicht, da sie das vür unerklärt läfst. Ich vermute jetzt, daß zu schreiben ist: den nicht enrüwet de homot sin, wen nouwe vür der helle pin. Der Sinn ist:

Den Mächtigen reut fein Hochmut erft kurz vor der Höllenpein, d. h. kurz bevor er dielfer durch den Tod verfällt.

In V. 1 der 15. Fabel hat Leitzmann ftatt der überlieferten zobben hund nach dem lippifchen fibb »Stubenhund« fibbenhunt hergeftellt. Dazu ift zu vergleichen Dähnert, Pomm.-Rüg. Wb. 562: »Auch wird ein Hund Zipp genannt, (NB. wol nach dem Lockruf), davon Zipphûndeken »einer, der immer hinter uns herläuft«.

Northeim.   R. Sprenger.

Sinkedûs.

Zu diefem bei Schiller-Lübben VI, 261 aufgeführten, im Mnd. Ildwbch fehlenden Compofitum ift zu verweifen auf Dähnerts Pomm.-Rüg. Wb., S. 561: »Zinkeduus. Ift eigentlich der franzöfifche Ausdruck der Würfel-Zahlen fünf und zwei. Ikk ward di enen Zinkeduus gewen: Ich werde dir an den Hals fchlagen.«

Northeim.   R. Sprenger.

Haeke (XXII, 58).

Sollte Haeke in der Rda: Geh mir von der Haeke! aus Heck (Mnd. Wb. II, 221) entftellt fein? Dähnert, Pomm.-Rüg. Wb. 182 notiert zu Hekk in der Bedeutung: »Eine halbe Thür vor den Zimmern und Ställen auf dem Lande« die Redensarten: »Enem ümmer up dat Hekk fitten. Fleifsig zu einem Kommen und fein Thun und Laffen beobachten. Dat is int Hekk beugen blewen. Das ift nicht zu mir gekommen. Das habe ich verfprochenermafsen nicht erhalten.«

Northeim.   R. Sprenger.

Goldemer.

In Mnd. Wb. II, 131 verweife ich wegen Goldemer auf K. G. Andrefen. Konkurrenzen in der Erklärung deutfcher Gefchlechtsnamen, wo Goldammer als Familienname nachgewiefen wird.

Northeim.   R. Sprenger.

Notizen und Anzeigen.

Beitragszahlungen find an unfern Kaffenführer Herrn Joh: E. Rabe, Hamburg 1, gr. Reichenftrafse 11, zu leiften.

Veränderungen der Adreffen find gefälligft dem genannten Herrn Kaffenführer zu melden.

Beiträge, welche fürs Jahrbuch beftimmt find, belieben die Verfaffer an das Mitglied des Redactions-Ausfchuffes, Prof. Dr. W. Seelmann, Charlottenburg, Peftalozziftrafse 103, einzufchicken.

Zufendungen fürs Korrefpondenzblatt bitten wir an Dr. C. Walther, Hamburg 3, Krayenkamp 9, zu richten.

Bemerkungen und Klagen, welche fich auf Verfand und Empfang des Korrefpondenz-blattes beziehen, bittet der Vorftand direct der Expedition, »Diedrich Soltau's Verlag und Buchdruckerei« in Norden, Oftfriesland, zu übermachen.

Redigiert von Dr. C. Walther in Hamburg.
Druck von Diedr. Soltau in Norden.

Ausgegeben: November 1903.

Jahrg. 1903.   Hamburg.   Heft XXIV. № 4.

Korrefpondenzblatt

des Vereins
für niederdeutfche Sprachforfchung.

I. Kundgebungen des Vorftandes.

1. Generalverfammlung 1904.

Der Vorftand giebt den geehrten Vereinsmitgliedern kund, dafs nach Befchlufs der Magdeburger Pfingftverfammlung 1903 die Generalverfammlung des Jahres 1904 um Pfingften zu Kiel in Holftein ftattfinden wird. Zugleich fpricht er die Bitte aus, die für diefe Zufammenkunft beabfichtigten Vorträge und Mitteilungen möglichft bald bei dem Vorfitzenden Geh. Rat Prof. Dr. Al. Reifferfcheid in Greifswald anmelden zu wollen.

2. Bitte des Herausgebers des Korrefpondenzblattes.

An die verehrlichen Mitarbeiter am Korrefpondenzblatt richte ich das freundliche Gefuch, betreffs der äufserlichen Form ihrer Beiträge geneigteft folgende Regeln beobachten zu wollen:

1. die Blätter werden nur auf einer Seite befchrieben, fodafs die Rückfeite blank bleibt;

2. der Text darf nicht die ganze Seite füllen, fondern, fowie man bei jeder Schrift oben und unten den Rand frei zu laffen pflegt, fo mufs bei Druckmanufkripten auch linker- und noch mehr rechterhand ein fchmaler Streifen des Papiers am Rande unbefchrieben bleiben;

3. wo möglich, ift jedem einzelnen Artikel ein eigenes Blatt (bezw. mehrere) zu gönnen; wenn es fich empfiehlt, zwei oder mehrere Artikel wegen ihrer Kürze auf ein Blatt zu bringen, fo mufs doch ftets zwifchen den Artikeln etwas Raum gelaffen werden, damit Mitteilungen verfchiedener Verfaffer über denfelben Gegenftand, ohne kopiert werden zu müffen, zufammengeftellt, auch Wohnort und Name des Verfaffers am Fufse jeder einzelnen Mitteilung angefügt werden können.

Durch Befolgung diefer Regeln wird dem Herausgeber die Redaction, dem Setzer der Satz erleichtert, fowie manchem Verfehen vorgebeugt.

II. Mitteilungen aus dem Mitgliederkreife.

Zeichen des Todes (XXIV, 39).

Der Sinn diefer Worte wird wohl am heften erkannt durch Vergleich mit dem urfprünglichen griechifchen Texte. Hippocratis Prognostikon Cap. 2: τὸ δὲ ἐναντιώτατον τοῦ ὁμοίου δεινότατον. εἴη δ'ἂν τὸ τοιόνδε· ῥὶς ὀξεῖα, ὀφθαλμοὶ κοῖλοι, κρόταφοι συμπεπτωκότες, ὦτα ψυχρὰ καὶ συνεσταλμένα etc. etc.

Bei Cornelius Celfns II, 6 wird diefe Stelle lateinifch wiedergegeben: Ad ultima vero jam ventum esse testantur nares acutae, collapsa tempora, oculi concari, frigidae languidaeque aures etc. etc.

Der mittelniederdeutfche Text geht alfo direkt auf Hippokrates zurück mit Umgehung des Römers Celfus. Statt »dumen« mufs natürlich »duninge« gelefen werden.

Im Gothaer Arzneibuch 84 b Zeile 2 lautet der Text: werd eme de neze fcharp vnde de ogen hol vnde fynt eme de oren ftedes kolt etc.

Neuenahr.   Oefele.

Die im Mnd. Wb. 5, 220 angezogene Stelle des Wolfenbüttler mnd. Arzneibuchs über die Zeichen des Todes lautet in der vollftändigen Faffung der Handfchrift Bl. 85 a: »Item wen ome de nafe vafte fpiffet vnde ome de nafe vafte waffet vnde fo ome de dunninge waghelunt vnde de dumen vafte entfallen vnde ome de oren kolt fin vude fek vorwerpe fwer hebben: an welkem du dat fuft de is veghe.« Mit diefer ausführlichen Befchreibung der signa mortis fteht das Wolfenbüttler Manufkript unter den mnd. Arznei-büchern allein, wir können alfo aus mnd. Parallelen keine Verbefferung der mannigfachen Corruptelen unferer Stelle gewinnen. Erfatz dafür bieten aber ein paar verwandte mhd. Arzneibücher und im weiteren Verlaufe die antiken Quellen, die den mittelalterlichen Befchreibungen der signa mortis zu Grunde liegen und die ich v. Oefeles Güte verdanke.

Auszugeben haben wir von Hippokratis Prognoftikon, herausg. von Kühlewein, Bd. 1 S. 79 Cap. 2: ῥὶς ὀξεῖα, ὀφθαλμοὶ κοῖλοι, κρόταφοι συμπεπτωκότες, ὦτα ψυχρὰ καὶ συνεσταλμένα καὶ οἱ λοβοὶ τῶν ὤτων ἀπεστραμμένοι καὶ τὸ δέρμα τὸ περὶ τὸ πρόσωπον σκληρὸν καὶ περιτεταμένον καὶ καρφαλέον ἐόν etc.« In der lateinifchen Ueberfetzung des Celfus II, 6 (ed. Daremberg, 2. Ausg., S. 36) heifst es: »ad ultima vero iam veutum esse testantur nares acutae, collapsa tempora, oculi concavi, frigidae languidaeque aures et imis partibus leniter versae, cutis circa frontem dura et intenta etc.« Drei der hier angeführten Kennzeichen hat das Gothaer mnd. Arzneibuch und feine Sippe in ihrer knappen Faffung der signa mortis beibehalten, Gothaer Mfcr. Bl. 84 b Z. 2: »werd eme de neze fcharp vnde de ogen hol vnde fynt eme de oren ftedes kolt, dat ys eyn teken des dodes.« Vgl. Bl. 95 b Z. 15: »vnde wert em de neze fcharp.« Demgegenüber ftehen die mhd. Arzneibücher und die mnd. Wolfenbüttler Handfchrift gemeinfam mit einer erweiterten Form, die ich nach dem Münchner Codex germ. 92, Bl. 4 d (Pfeiffer, Zwei mhd. Arzneibücher in den Wiener Sitzungsberichten von 1865, S. 135) abdrucke: »So er die nofe vafte fpizet und im diu nafe weichet unde fo im diu ongen holent unde fwindent unde fo im diu tunewengel unde die tuomen (!) enphallent

unde die leffe nider vallent unde im diu ôren chalt fint unde fich ver-
werfent itwedertbalbent, an fwelhem fiechen dú difiu zeichen fibft,
zwâre der ift veige.‹ Damit find die fchlimmften Fehler der Wolfenbüttler
Hf., die einfach unverftändlichen Worte befeitigt. Das rätfelhafte
‹wagbelunt‹, in dem man zunächft natürlich ein Verbum vermutet, ift in
‹waghel unde‹ zu zerlegen und beweift damit, dafs der Schreiber der
Wolfenbüttler Hf. in feiner (gewifs hochdeutfchen) Vorlage das ihm unbekannte ‹tunewangel‹ (= Schläfe) vorfand. Er fetzte für den erften
Beftandteil diefes Wortes das nd. Wort für Schläfe ‹dunninge‹ ein, fchrieb
den Reft zufammen mit dem folgenden Worte mechanifch nach und fchob
felbftändig fein ‹vnde‹ ein. Ebenfo läfst das unverftändliche ‹fwer hebben‹
auf ein ‹itwederhalben‹ der Vorlage fchliefsen. Aber die in diefem Zufammenhange fachlich fehr auffälligen ‹dumen‹ fchafft auch das Pfeifferfche
Arzneibuch mit feinem ‹tuomen‹ nicht aus der Welt. Wir haben hier
vielmehr eine beiden Handfchriften, der mhd. und der mnd., gemeinfame
Corruptel zu conftatieren, das lehrt uns das Bruchftück eines mhd. Arzneibuchs von etwa 1300 aus Korneuburg (jetzt Wien, Hofbibliothek, Suppl.
3284), das Blaas in Pfeiffers Germania Bd. 26 (1881) S. 338 ff. publiciert
hat. Das wenig umfangreiche Bruchftück enthält S. 341 gerade unfere
Stelle mit, es ftimmt wörtlich mit Pfeiffers Arzneibuch überein, nur bietet
es: ‹fo im div tŕnewange unde die tinnen enpfallent‹. Da haben wir
die echte Lesart vor uns, gemeint ift ‹tinne‹ die Stirn, Pl. auch die
Schläfen (Lexer, Mhd. Handwb. 2, 1440). Die Verderbnis in Pfeiff. und
Wolf. kann fehr wohl in beiden Handfchriften (oder ihren Vorlagen) felbftändig entftanden fein, auf alle Fälle haben wir aber eine enge Verwandtfchaft zwifchen dem Wolfenbüttler mnd. und den beiden genannten
mhd. Arzneibüchern feftzuftellen, wie denn überhaupt eine nähere Durch-
arbeitung der Wolfenbüttler Hf. überall mhd. Vorlagen erkennen lehrt.
Wir haben damit aber wenigftens einen Weg gewonnen, um den zahllofen
fchweren Corruptelen diefer Hf. zu einem Teile beizukommen. Die fchlechte
Ueberlieferung des Wolfenbüttler Arzneibuchs und feine ftarke Abhängigkeit
von der mhd. Bearbeitung verdächtigt nun fchliefslich auch das von Sprenger
behandelte ‹waffet‹, denn beide mhd. Hff. haben dafür ‹(und im diu nafe)
weichet‹. Da die antiken Quellen aber diefe Worte nicht haben, es fich
alfo um einen fpäteren Zufatz handelt, läfst fich die Frage erft auf Grund
genauerer Unterfuchung löfen; eine unbefangene Deutung der mnd. Stelle
wird gewifs ‹waffen‹ als ‹crescere‹ faffen.

Göttingen. C. Borchling.

Zu Gerhard von Minden.

1. Trotz der Unzufriedenheit, die mir hier S. 47 ausgefprochen worden
ift, will mich doch um meinen textkritifchen Verfuch zu Fabel 11 V. 32
Reue oder 'befträflicher Hettekummer' (f. DWB. IV, 2, 1270 und vergleiche
Brem. Wb. II, 608 unter hebben) durchaus nicht anfechten. Welchen Sinn
ich der gebefferten Stelle unterlege, hat meine Ueberfetzung deutlich genug
gefagt. An der Aenderung des handfchriftlichen Textes in vör, *voir
ftatt vuir wird Niemand Anftofs nehmen; ftatt vör kann ich in einem
folchen Bedingungsfatze auch er oder erft (ёr, ёrft) ftehen, wie z. B.
Gerhard v. M. 123, 40, M. Stephans Schachbuch V. 232. 3803.

2. Das von Walther (f. oben S. 37) fo glücklich gefundene vrowe
Freude könnte m. E. zur Befferung einer Stelle in Gerhards Fabeln dienen.
Ich möchte vorfchlagen, in der 52. Fabel zu lefen: doch fal juwe fin min
vrowe vân, d. i. meiner froh werden. Ganz ähnlich mhd.: ob ez
ergienge daz min genâde vienge min frowe (Benecke-Müller-Zarncke III,
202) oder andere Verbindungen wie: guot gemüete, ein müctelin, willigen
muot govâhen (206).
Nebenbei bemerke ich noch, dafs in Schades Altdeutfchem Wörterbuch
zu ahd. frawi ganz überrafchend 'mhd. vrouwe, vrowe f. Freude' geftellt
ift — Belege fucht man vergebens, auch bei Lexer — und dafs man der
ahd. Form aus dem Schweizerifchen Idiotikon I, 1270 fröi f. 'Frohheit,
Frohgefühl' anreihen kann.
Leitmeritz. J. Peters.

Die nackenden Bankreffen? (XXIV, 34.)

Wie es einem zuweilen geht — als ich meinen kleinen Artikel zu
Eulenfpiegel Hift. 16 im Reindruck vor mir fah und nun die Frage der
»bankreffen« gründlich erledigt zu haben glaubte, ftiefs ich mich zum
erften Male an das Beiwort »nackende«, dafs ich oben S. 35 mit »fchlecht
oder nachläffig bekleidet« mehr umgangen als erklärt habe. Und mit
einem Male ftand die urfprüngliche Stelle des niederdeutfchen Eulenfpiegel
klar vor mir: ftatt da ftunden die nackende bankreffen von der
burg hat es urfprünglich geheifsen:
da ftunden de wakende bankrefen vor der borch —
die wachhabenden Bankrefen ftanden vor der Burg! Wir wiffen ja, dafs
den »Bankriefen« auch zu Saida in erfter Linie die Schlofswache oblag.
Ich hätte wohl Gelegenheit gehabt, diefe weitere Deutung in meinen
eben zum Druck gerüfteten Eulenfpiegel-Studien mitzuteilen — aber das
erfte Anrecht darauf haben die Lefer des Korrefpondenzblattes. Erft
jetzt ift die Stelle klar.
Göttingen. Edward Schröder.

Bankrefe (XXIV, 34).

Zu den Belegen für bankrefe kann ich noch einen hinzufügen aus
einem Hamburger ndd.-latein. Vocabular des 15. Jahrhunderts (vgl. Mndd.
Handwörterbuch, Vorrede S. 6 f.): banckrefe, garfio. Das garfio ftimmt
zu Prof. Schröder's Klarlegung der Bedeutung von bankrefe: denn garfio
oder garcio, frz. garçon, bedeutet einen unberittenen Knappen oder Knecht;
in den mittelalterlichen Gloffaren (f. Diefenbach, Gloffar. Lat.-Germ. mediae
et infimae aetatis) wird garcio durch hd. bube, ndd. bove, ndl. boeve
wiedergegeben, welches Wort fowohl einen Jungen, Diener, Trofsknecht,
wie auch einen Schelm, Schurken bedeutet. Letztere Bedeutung von Bube
überwiegt im Ndd. und Ndl. früh über jene erftern, wie fie denn im Nndd.,
Nndl. und auch im norddeutfchen Hd. die alleinige geworden ift. Für den
geringfchätzigen Sinn, den man mit bankrefe verband, fcheint mir deshalb
die Ueberfetzung »garfio« des Vocabulars zu fprechen und dafs das
Gloffem bankrefe, obfchon das Vocabular ftreng alphabetifch angeordnet
ift, nach bove folgt, welches erklärt wird: nequam, scurra vel fcurrus.

hiſtrio, ribaldus, garrio (ſpätere Nebenform von garcio), truſator, reprobus. Auch garcio findet ſich in Gloſſaren (ſ. Diefenbach) umſchrieben durch hiſtrio, plenus vitiis, leccator und dieſes wiederum durch truſator. So ver- ſteht ſich, dafs das Loccumer Vocabular baokrefe durch paraſitus er- klären konnte.

Hamburg.   C. Walther.

Vadderphe (Jb. XXIX, 124) und Baukrefe (Kbl. XXIV, 34).

Soyten ludt gifft wol vadderphe. Die Erklärungen des Sinns dieſer Worte können nicht befriedigen. Allerdings nennt man die Spiel- leute im preuſsiſchen Heere ſpottweiſe Federvieh und zwar mit deutlichem Hinweiſe auf ihre Abzeichen, die ſogenannten Schwalbennester an den Achseln Aber wo bleibt die Beziehung zu dem mittelalterlichen Spielmann? Eher könnte man annehmen, dafs ſich das Spottwort auf die Schreib- betliſſenen bezöge mit Anſpielung auf ihr Handwerkszeug, die Feder. Beide Annahmen ſind willkürlich und zwingen uns aufserdem, der Ueber- lieferung entgegen, fedderphe anſtatt ſadderphe zu leſen. Wir kommen der Wahrheit vielleicht näher, wenn wir das Wort faderfeh in ſeiner uralten Bedeutung nehmen, die bei den Stammverwandten der Angelſachsen, den Langobarden erhalten iſt. Dort in der Rechtsſammlung des Königs Rothar heiſst es im 182. Geſetze: .... »habeat ipsa mulier et »morgingab« et quod de parentes (?) adduxit, id est »faderfio« .... Alſo faderfio (Vater- vich d. h. Vatergeld) iſt alles, was die Ehefrau von ihren Verwandten einbringt, Mitgift und Erbteil, und in dieſer Bedeutung wird das Wort in den langobardiſchen Geſetzen noch mehrmals gebraucht. Die Lango- barden ſtammen von der Unterelbe. Nichts ſteht der Annahme entgegen, dafs dasſelbe Wort bei ihren Nachbarn, den Sachsen, im Gebrauche war und ſich bis ins Mittelalter erhalten hat, ſelbſt wenn keine ſchriftlichen Beweiſe dafür vorliegen.

Setzt man für ſadderphe die Bedeutung Mitgift oder Erbteil, ſo wird der Vers verſtändlich, denn dafs beide einen ſoiten lut gehen, war den Leuten damals ſo einleuchtend, wie heute. Das Vieh kann überhaupt keinen Laut (Klang) geben, ſondern es gibt einen Laut von ſich und auch deshalb ſcheint das Wort vadderphe im bildlichen Sinne als Geld geſetzt zu ſein. Die knappe Ausdrucksweiſe »ſoiten lut gift faderfeh« läſst auf eine ſprichwörtliche Redeweiſe ſchlieſsen, ähnlich unſerem »rede geld lucht«. Die Form vadder anſtatt vader braucht nicht zu befremden, da ſie auch heute noch vorkommt.

Bankrefe. Wenn man das Wort als Bankrieſe auffaſst, wogegen nichts einzuwenden iſt, denn ns. refe, reeſe iſt hd. Rieſe, ſo ſcheint die Deutung einfach und leicht. Es iſt eines der zahlloſen Spottwörter, mit denen ſich zu allen Zeiten die Leute gegenſeitig beſchenkt haben. Man denke nur an Ellenritter, Heringsbändiger, Küchendragoner, Maulheld. Auch hat es nichts Auffälliges, wenn ein Burgwart im Ernſte von Bankreſen ſpricht, denn das Wort war vermutlich ſo allgemein üblich geworden und in ſeiner Bedeutung ſo abgeſchliffen, dafs man keinen Scherz, geſchweige denn Spott dahinter ſuchte und fand. Aehnliches kann auch heute noch vorkommen. Wenn ſich beiſpielsweiſe im Manövergelände von Berlin ein

General zu feinem Adjutanten wendet und ihm fagt: »laffen Sie mal von
den Maikäfern zwei Züge ausfchwärmen in der Richtung auf Treptow«,
fo wird vermutlich niemand von der Umgebung eine Miene verziehen.
Alle Welt in Berlin weifs, dafs einem gewiffen Garderegiment der Spitz-
name Maikäfer angehängt ift, und diefer Name hat fich fo eingebürgert,
dafs niemand mehr etwas Verletzendes dabei findet.

Genua.   H. Saake.

Federvieh = Spiellente.

Diefe humoriftifche Bezeichnung für die Spielleute beim Militär will
Ed. Damköhler (Jahrb. XXIX, 124) fchon im Braunfchweiger Schichtebuch
S. 159, 86 ff. finden. Die Stelle lautet:

> Itlike spellude funghen
> myt pypen unde hungbeu,
> fe hadden dar neynen vrochten,
> do fe den dans hiir anbrochten.
> foyten ludt gifft wol vadderphe:
> desgheliken deden ok de.

Ich glaube, dafs D. mit der auch fchon im Mnd. Handwörterbuche vorgetragenen Vermutung. dafs ftatt vadderphe vedderve zu lefeu fei,
recht hat. V. 90 f. ift zu überfetzen: »Süfsen Laut gibt wohl das Federvieh: alfo taten auch diefe (die Spielleute).« Der Vergleich lehrt, dafs
hier »Federvieh« nicht mit »Spielleute« gleich gefetzt werden kann, da
vielmehr der Gefang der Spielleute mit dem der Singvögel verglichen
wird. Unzweifelhaft ift hier vedderve eine Bezeichnung für diefe. Zur
Erklärung des jedenfalls neueren humoriftifchen Ausdrucks kann die Stelle
infofern dienen, als fie zeigt, worin der Vergleichungspunkt zwifchen
Federvieh und Spielleuten befteht.

Northeim.   R. Sprenger.

Spöl (XXIV, 42).

Spulwurm ift etwas ganz anderes. Spöl würde nach der Bemerkung
zu fchliefsen dem mittelniederdeutfchen Haarwurm = Panaritium entfprechen.
Ich habe darüber in Archives de Parafitologie V Nr. 1 pg. 91 u. 92,
Paris 1902, gehandelt.

Neuenahr.   Oefele.

Nochmals zu »Der neue Schaden« (XXIV, 11. 27. 34. 47).

Eben lefe ich in der neuen von Edm. Goetze bearbeiteten Ausgabe
des Gödeke'fchen Grundriffes, Buch VIII S. 215, dafs es in Stuttgart
ein Weinhaus »Zum Schatten« gab, in dem der junge Advokat Ludwig
Uhland allwöchentlich zweimal mit feinen poetifchen Freunden zufammen-
traf. Das fcheint doch meine Meinung zu beftätigen, dafs der »niege
Schade« nicht als detrimentum oder damnum, fondern als umbra, alfo.
Schatten, zu faffen fei. Dafs Schatten und Schade fprachlich urfprünglich identifch find, habe ich wohl gefagt.

Weimar.   Franz Sandvofs.

Die zehn Gebote in niederdeutfchen Reimen.

In der Bibliothek des Leitmeritzer Domkapitels befindet fich ein Druck theologifcher Traktate (Das Titelblatt fehlt, ohne Signierung), gedruckt Colonie retro fratres Minores anno d. g. 1502, der auf einem leeren Vorlegblatte folgende, der Schrift nach ziemlich gleichzeitige nd. Eintragung enthält.

```
 1  Almechtige vader, ewige godt,
    Du heffth gegeuen de theyn geboth
    Dem hilgen propheten moysi
    vppe deṁ berge finay.
 5  Hebbe lyff vñ anbede eynen godt;
    Swere nicht by fynē naṁ in fpoth:
    Den hilgen fondach fchaltu vyren;
    vader vnd mōder fchaltu eren;
    Sla du nymāde doth;
10  Stell nich, wol hefftu noth;
    Du fchalth nich yn vnkusckheyt leuen;
    Nene valske tuchniffe fchaltu genen;
    Bogere nemādes beddegenŏth
    Noch nemādes gudt, wol histu . . .
15  vppe dath ick de gebade gades . . .
    So fcriff fye here in mines h . . .
    vppe dat ick mach der ewig . . .
    vnd mach na deffeṁ leuŏde dȳ . . .
```

Die Schlufsworte der letzten Zeilen find durch Stockflecke vernichtet. Prof. J. Peters macht mich auf zwei gereimte nd. Faffungen in der Gymnafialbibliothek zu Halberftadt aufmerkfam, die G. Schmidt im Jahrbuch des Ver. f. nd. Sprachforfchung II (1876) f. 30 f. veröffentlicht hat. Die 3 Faffungen find nicht gleich, dürften aber auf diefelbe Rezenfion zurückgehen. So ftehen in der erften die Reimbindungen god : fpoth, doeth : noeth, geven : leven, (gudt : beddegenoth), in der zweiten Faffung geboth : god, (sweren : fyren, doeth : gudt, wefen : geven), die fich ganz oder in je einem Gliede in unferem Texte finden. Diefer überliefert allein den Zufatz der 4 letzten Zeilen.

Leitmeritz i. B.   Dr. Alois Bernt.

Riefe = Ritter.

Nach dem Mnd. Handwörterbuch bezeichnet refe nicht nur das alte Fabelwefen, fondern auch den Recken, Helden. Auch im Nhd. findet fich diefe Bedeutung noch in Max von Schenkendorfs Gedichte: »Das ciferne Kreuz«:

       Auf der Nogat grüuen Wiefen
       Steht ein Schlofs in Preufsenland,
       Das die frommen deutfchen Riefen
       Einst Marienburg genannt.

Hier fteht alfo Riefen geradezu für Ritter. Ich möchte nicht annehmen, dafs die Reimnot zu diefer Verwendung des Wortes Anlafs gegeben hat,

fondern vermute, dafs der Dichter diefe Bedeutung der Volksfprache entnommen hat. Nach Gottfried Eckertz, Hilfsbuch für den Unterricht in der
deutfchen Gefchichte, 24. Aufl., Wiesbaden 1891, S. 161 prahlten die
Quitzows gegen Friedrich I von Brandenburg: ›Wenn es ein Jahrlang
Burchgrafen regnete, wir achten fie einem Haare gleich, und kämen fie
auch mit Riefen und Recken.‹ Auch in diefer ftabreimenden Formel
fcheint Riefe = Ritter, Reifiger zu fein. Kann jemand weitere Belege geben?
Northeim.   R. Sprenger.

›Olfch mit do Lücht‹ (XXIV, 38).

An vielen Orten Holfteins, felbft in Städten wie Kiel, ift es noch
heute Sitte, dafs die Kinder an Herbftabenden mit bunten Laternen (früher
auch mit ausgehöhlten Gurken oder Kürbiffen), in denen Talg- oder Wachs-
lichter brennen, durch die Strafsen ziehen, oft in langem Zuge, meift
paarweife geordnet. Das ›Laternenlied‹, das dabei gefungen wird, ift mir
in 2 plattdeutfchen Faffungen bekannt.

1) Aus Ueterfen, Segeberg, Fuhrenkrug, Plön, Kiel und anderen Orten:

> Olfch mit de Lüch' kann't Bett ni finn',
> Fallt mit de Lüch (al. Näs) na't Kellerlock rinn;
> Keller, de is döp,
> Fallt mit de Näs inne Seep;
> Seep, de is dür,
> Fallt mit de Näs in't Für;
> Für is to hitt,
> Fallt mit de Näs in'n Kitt;
> Kitt is to hatt,
> Fallt mit de Näs in't Fatt;
> Dat Fatt, dat geit intwei,
> De Hän, de leggt en Ei.

2) Aus Ratzeburg, Kiel, Segeberger Gegend, Plön ufw.:

> Olfch mit de Lüch'
> de de Lü bedrüch,
> de de Eier halt,
> de fe nich betalt.
> Tein in de Bottermelk
> un tein in de Klümp.
> Un wenn de Bur befapen is,
> denn danzt he op 'e Strümp,
> un fünd de Strümp denn kott un klön,
> denn danzt he op de barf'n Bön.
> Juch Handrei, juch Handrei!
> De Bäcker, de hackt de Stuten to lütt,
> De Kopmann gifft to wenig inne Tüt.
> Juch Handrei, juch Handrei!

In diefer Verfion ift mit dem Laternengefang ein altes Tanzlied ver-
quickt, das in mehreren Faffungen noch heute bekannt ift; es findet fich
fobou in Dörrs plattdeutfchem Volkskalender von 1858, S. 12:

Warum füchft du fo fur ut?
So feh ick vun Natur ut.
Teiu El Boddermelk
und tein El Klümp —
und wenn de Scho verdrunken bünt,
denn dans ick oppe Strümp.

Andere Faffungen f. Heimat 1903, S. 117, Nr. 40 f.
Uebrigens hört man heute felten uoch einen vollftändigen Text;
meiftens kennen die Kinder nur Bruchftücke. Auch hat das Lied, wenigftens
hier in Kiel, einen hochdeutfchen Eingang erhalten:

Laterne, Laterne,
Sonne, Mond und Sterne,
brenn auf mein Licht, brenn auf mein Licht,
aber meine liebe Laterne nicht.
Olfch mit de Lüch etc.

Oder flatt V. 3 und 4:

Meine Laterne brennt fo fchön.
Da kann man mit fpazieren gehn,
in dem grünen Wald,
wo die Büchfe knallt.

Ob fich aus den mitgeteilten Texten etwas für die Erklärung des
Bildes aus dem 17. Jhdt. ergibt, ift wohl freilich recht zweifelhaft. Vielleicht hilft eine Notiz bei Schütze, Holft. Idiot. 3, 32 weiter, wo als
Hamburger Sprichwort verzeichnet wird: Oolfch, heff ji ook en Licht?,
»da man chemals dafelbft wie noch jetzt in Altona nach 10 Uhr Abends
in den Wintermonaten mit der Leuchte einhergehen mufs, wenn man für
ehrlich und unverdächtig gehalten feyn und nicht in die Wache will.«
Kiel.   Otto Menfing.

a) Ollfch mit de Lücht,
    De de Lüd' bedrücht,
    De de Eier haalt
    Un fe nich betaalt.

b) Ollfch mit de Lücht
    Kann't Bedd nich finn',
    Fällt mit de Lücht
    Na't Kellerlock rin.

find zwei Lübecker Laternenlieder, f. Volks- und Kinderreime aus Lübeck
und Umgegend, von C. Schumann, Lübeck 1899.
Lübeck.   C. Schumann.

In Hamburg fingen die Kinder, wenn fie mit Laternen gehn, wörtlich
ganz fo, wie Prof. Schumann es für Lübeck angiebt, nur dialektifch abweichend ,fallt' ftatt ,fällt' und einige, da wir für das hd. alt fowohl oold
wie old gebrauchen, auch Oolfch (alte Frau). Doch habe ich die acht
Verfe ftets nur zufammen als ein Lied fingen gehört. Die Kinder beginnen
gewöhnlich mit den Verfen:

Sonne, Mond und Sterne,
Ich geh mit meine Lanterne.
Meine Lanterne brennt fo fcbön,
Da kann man mit fpazieren gehn;

und laffen darauf oder auf den plattdeutfchen Reim noch die tieffinnigen Verfe folgen:

Hamburg, Lübeck und Bremen,
Wir brauchen uns nicht zu fcbämen:
Wir fahren mit der Eifenbahn.
Das hat der liebe Gott gothan.

Syntaktifch intereffant ift im Schlufs des ndd. Reimfels: na't Kellerlock rin fallen = ins Kellerloch hineinfallen. So fagt man auch: na de Dör' rin gaan, na't Finfter rin ftygen, na den Mann, den Boom too gaan (auf . . . zu gehn) ufw.

Hamburg.   C. Walther.

<hr>

Zu Schambachs Gött.-Grubenh. Idiotikon.

S. 25, blä en fw. blatten, die Blätter abbrechen. kål bläen; bei Danneil blaen; nach Vilmar in Niederheffen bläten ebenfalls vom Kohl. Hier habe ich jetzt bläden, bläen nur bei der Tabakserente gehört.

S. 45 fehlt zu döæpe die Bedeutung »Taufftein«. Dafs diefe, wie im Altmärkifchen (Danneil S. 37) und im Bremifchen (Brem. Wb. I, 230) vorhanden ift, beweift folgende Stelle aus Grotens Gefchichte der Stadt Northeim. 2. A. Einbeck 1807 S. 25: »Es ift darin eine feine gewölbte Pfarrkirche und in derfelben eine fchöne gegoffene Taufe.«

Northeim.   R. Sprenger.

<hr>

Böten von Schorbuck und Vofs (XXIV, 20).

Nach den Erklärungen XXIV, 40 mufs Mundfäule und Scorbut für Vofs eine ungenaue Ueberfetzung fein. Es kann nur weifser Belag fein und als folcher 1) Soor d. h. Oidium d. h. Schwämmchen oder 2) Diphtheriebelag fein. In der Bedeutung Soor und vom Fuchs hergeleitet hat es ein Analogon in der niederbayrifchen Bezeichnung (unteres Rottthal) Mehlhund für die gleiche Erkrankung.

Neuenahr.   Oefele.

Neben Fofs fagt man hier auch Eafch.
Lübeck.   C. Schumann.

Adelung, Wb. der hochdeutfch. Mundart (1796) II, 48: »der Fäfch, in den gemeinen Mundarten, befonders Oberdeutfchlandes, ein gewiffer weifser Ausfchlag auf der Zunge faugender Kinder, oder auf der Bruft der Mütter; im Niederf. Sprau, Sprüf, im Holl. Sprouwe, Spruuw; in der anftändigen Sprache der Schwamm.«

Im Grimm'fchen Dtfch. Wb. III, 1336: »Fafch, m. aphthae, mundfchr, fchwämmchen auf der zunge der fäuglinge,« ohne Beleg und ohne Nachweis aus einem Dialekte.

Fafch habe ich in den mir zu Gebote ftehenden Idiotiken nicht finden können, weder oberdeutfch, noch mitteldtfch, noch auch ndrdtfch. Aber Danneil, Wb. der altmärkifchen Mundart S. 264 hat: »Frösk'n, Schwämmchen auf der Zunge bei faugenden Kindern.« Der Frofcb heifst im Mudd. häufiger Vors und Vorfch, als Vrofch: follten Fofs und Fafch etymologifch darauf zurückzuführen fein? Ueber den Ausdruck Frofch für eine Gefchwulft im Munde der Menfchen, Pferde und Rinder f. das Grimm'fche Dtfche Wb. IV, 1, a, 251.

Hamburg.   C. Walther.

Schevifch (XXIV, 43).

Für die Bedeutung des vom Verfaffer des Artikels angezogenen ftammverwandten fchevifch kann ich folgendes Vorkommnis aus dem alten Hamburg — erftes Drittel des vorigen Jhdts. — berichten: Ein Chambregarnift bediente fich den Hausleuten gegenüber des bekannten 'Chacun à son aise'. Als nun in der Folge grofse Verftimmung entftand und er endlich feinem Befremden Ausdruck gab, wurde ihm durch die Magd bedeutet: Er habe ja gefagt 'Dat fünd fchev'fche Äös' (Plural von Aas oder Aos, hd. Aas, als Schimpfwort).

Hamburg.   J. Schufter.

Die Priamel von ungedeihlichen Sachen (XXIII, 91).

Es ftellt fich immer mehr heraus, dafs die Inventarifierung der mittel-niederdeutfchen Handfchriften, wie fie feit 1897 im Auftrage der Kgl. Gefellfchaft der Wiffenfchaften zu Göttingen durch Dr. Conrad Borchling ausgeführt ward, für die Gefchichte der mndd. und auch der fprach-verwandten Litteraturen ungemein wichtig und fruchtbringend ift. Der Gefellfchaft und fpeciel Prof. G. Roethe wegen der Anregung und Förderung des Unternehmens und Dr. C. Borchling wegen der vorzüglichen Ausführung gebührt dafür der wärmfte Dank aller Freunde und Erforfcher der mndd. Sprache und Litteratur. Zu den Vorzügen des Werkes gehört auch, dafs kleinere Sprach-Denkmäler, wie Sprüche, Segen udgl., öfter in extenfo mit-geteilt werden. Infolge diefes Verfahrens ift es mir möglich, zu den drei bereits gegebenen Faffungen jener Priamel noch eine vierte aus einer Handfchrift in Hannover zum Vergleich hinzuzufügen (Borchling, Mndd. Hdfchriften I = Nachrichten der K. Gefellfch. der Wiffenfch. zu Göttingen 1898 Heft II, S. 211):

> Prelaten dede God nicht enfeyn,
> Moneke dede or klofter vleyn,
> Vorften vrebel und ungnedich,
> Junge vrowen fchone und unftedich,
> 5 Ridder de or erve vorkopen,
> Junge vrowen dede vele umme aflat lopen,
> Eyn fcholer de vro ment,
> Arme lude de wol win kent:
> Selden der vele deghen
> De duffer ftucke vele pleghen.

In einer Anmerkung weift Borchling nach, wo die Priamel noch fonft überliefert fei; eine ndl. einer Brüffeler Handfchrift führt er S. 273, als nicht mudd., nur unter ihrer Ueberfchrift Duodecim abufiva facculi an, während er von der gegenfätzlichen Priamel Duodecim orbis confervantia wenigftens den Anfang mitteilt:

Eyn prelaet dye Got ontfiet,
Eyn pape die ter kyrcken draget vliet,
Eyu ridder, mit eeren fyn erve vermeert.

Ohne Kenntnis diefer ndl. und der nur nachgewiefenen ndd. und hd. Faffungen läfst fich über die urfprüngliche Form und Heimat der Priamel nicht urteilen. Der Reim in der Hannoverfchen Handfchrift ment (für mint, minuet): kent, der zu dem Reim Z. 9 f. in der Wolfenbütteler Handfchrift ftimmt, fcheint aber für niederländifchen Urfprung zu fprechen.

Hamburg.   C. Walther.

Zu Braunes Ausgabe von Laurembergs Scherzgedichten.

I, 166 f. fagt der Tifchler zum Schmiede:

»du Pinckepanck,
Men kan genogfahm fehn an diner fwarten keke,
Dat du dem Düvel bift gelopen uth der bleke.«

Im Gloffar wird keke durch »Kehle« erklärt: hier pafst aber beffer »Maul«. Vgl. Brem.-niederf. Wb. H, 717 unter »Käkel«, wo auch unfere Stelle angeführt wird; Doornkaats Oftfrief. Wb. II, 157. Wegen des Teufels Bleiche konnte i. d. Anm. verwiefen werden auf Mnd. Wb. I, 355, wo aus den Schaufpielen des Herzogs Heinrich Julius von Braunfchweig (Ausg. v. Holland 453 u. 485) angemerkt wird, dafs es von einem Mohren und einem Köhler heifst: »Ghy fibet ut, als wann ghy den duifel wert uth der bleike entlopen«, und auch auf das Grimmfche Wörterbuch und .Wanders Sprichwörterlexikon f. v. verwiefen wird.

Northeim.   H. Sprenger.

Kekelmatz

als Benennung kleiner Kinder will Franz Söhns, Die Parias unferer Sprache, Heilbronn 1888, S. 58 mit gokeln fpielen zufammenbringen Wahrfcheinlicher ift die Ableitung von kekeln, fchwatzen, das von dem oben erwähnten keke (käkel) abgeleitet ift.

Northeim.   R. Sprenger.

Lodike (XXIV, 33).

Lödding, Blätter der grofsen Ampferarten, wie Rumex crispus, Hydrolapathum obtufifolium: in Lübeck.

Lött, Löpp, Lütt, Blätter der Teichrofen, Nuphar luteum, Nymphaea alba. Grunnlött, die am Grunde fitzenden; Stangenlött, die langgeftielten, fchwimmenden: in Lübeck.

Lollekenkrut, Rumex crispus und andre Arten: in Hohegeifs im Harz, nordthüringifche Mundart.

Lübeck.   C. Schumann.

Zum Volksaberglauben.

In einem Münchener Vortrage berichtete Helene Raff (f. Deutfche Zeitung vom 24. April 1903) folgendes: ›Im Elfafs tragen mannbare Mädchen fchwere Steine um die hangende Kapelle des Odilienberges herum; welche es am längften aushält, die heiratet binnen Jahresfrift.‹ Hier wurde bis vor kurzer Zeit am Sonntage vor Oftern in der Kapelle des fogenannten Siechenhaufes ein eifernes Reiterftandbild St. Georgs, des Drachentöters, von heiratsfähigen Mädchen um den Altar getragen. Auch dies gefchah in dem Glauben, dafs die, welche dasfelbe am längften zu tragen vermöchte, noch in demfelben Jahre einen Mann bekommen würde.

Northeim.   R. Sprenger.

Anfragen.

1. Mudder Haakfch.

Eine alte Dame diefes Namens lebt hier noch in der Redensart: He het 't fo hild (er hat es fo gefchäftig, eilig), as oll Mudder Haakfch, oder: fe löppt as Mudder Haakfch, auch mit Zufatz, z. B.: un de harr man een groot Bohn to Füür. Aufserdem habe ich hier gehört: Mudder Haakfch freet en Wagenrad un meen (meinte), dat weer en Kringel (Bretzel). Wo und in welcher Verbindung kommt Name und Perfon noch vor? Ich finde nur bei Andree, Braunfchweigifche Volks-kunde [1. A. S. 232] S. 327 de oll Häkfche als volkstümliche Gottheit.

2. Wagenwulf alle hede!

So rufen in Schlutup bei Lübeck die aus Mecklenburg ftammenden Kinder, wenn im Wagenwolffpiele der Wolf hervorfpringt, um eins zu greifen. Was mag alle hede heifsen?

3. Apfelmädchen.

Die hiefigen Mädchen haben ein Spiellied mit dem Anfang: Es geht ein Mädchen in die Stadt, die Aepfel zu verkaufen hat ufw. Der Text ift eine Abänderung eines volkstümlichen erotifchen Gedichtes, das ich in meiner Jugend gelefen habe, ich meine, in Wolff's poetifchem Hausfchatz. Kann mir ein Lefer des Korrefpondenzblattes das Gedicht verfchaffen oder wenigstens nachweifen?

Lübeck.   C. Schumann.

Blage (XXIV, 20, 38).

Das Wort ift in ganz Rheinland von Kindern beiderlei Gefchlechts gebräuchlich, und zwar in völlig indifferenter Bedeutung. Niemals be-zeichnet es hier einen ›Backfifch‹ in prägnantem Sinne. In der Aachener Gegend wird, wenngleich felten, auch die Kofeform ›Blärchen‹ ange-wendet. In der angrenzenden Provinz Holländifch-Limburg hat blaag eine verächtliche Bedeutung und wird befonders von körperlich oder geiftig minderwertigen Kindern gefagt.

Stolberg b. Aachen.   Hans Willner.

De sülvern Flott.

Ich bitte um gefällige Auskunft, wo das, urfprünglich wohl nieder-
ländifche, Volkslied »De fülvern Flott«, für Männerchor komponiert von
Viotti, mit den Noten zu finden ift. Es beginnt »Heft du vun de fülverne
Flott woll all hört.« Es kommt mir darauf an zu wiffen, ob es in der
Viotti'fchen Bearbeitung im Handel zu haben ift.
Schöneberg-Berlin, Akazienftr. 9.　　A. N. Harzen-Müller.

Zum Gütersloher Dialekt.

In der »Gefchichte der Stadt und Gemeinde Gütersloh«,
welche H. Eickhoff fo eben bei C. Bertelsmann in Gütersloh veröffentlicht hat, befindet fich ein kurzer Abfchnitt über die Eigentümlichkeiten des Gütersloher Dialekts.

In der ehemals zum Bistum Osnabrück gehörenden Umgegend der
Stadt G. herrfcht eine Mundart, welche den Uebergang von der ravensbergifchen zu der münfterländifchen bildet, wie das auch einzelne plattdeutfche Anekdoten und Redewendungen, die in das Buch eingeftreut find,
beftätigen.

Ein Teil der Idiotismen auf S. 315 ff. bedarf einer Erklärung.

1) **Horkuk**, Nefthäkchen. Von **hurken**, bebrüten und **huk**, Winkel.
2) **Mötemaker**, Umftändemacher. **Möte** ftatt **möje**, Mühe.
3) **Itgro**, Grummet. Mnd. **etgrode** f. Vgl. ahd. **ita-**, wieder und
   gröen, wachfen.
4) **Pierk**, Wurm. Aus **pier**, Wurm und der Bildefilbe **-ik**.
5) **Achterkermfel**, die Wohnräume des Bauernhaufes. Statt **ächter-
   kiamer-fel**, die Hinterkammern.
6) **Hühlort**, dunkler Verfteckraum. Aus **hüdel-ort**, abgeleitet von
   büden, verftecken.
7) **Befchüt**, Zwieback von biscuit.
8) **Begiffen**, in Verdacht haben. Von **giffen**, vermuten.
9) **Wane**, febr. Das ravensbergifche **wäne** ftimmt zu af. **wânam**,
   hell, glänzend; die Bedeutung »wütend« fteht aber ganz für fich.
10) **Hedleifken**, Lerche. Aus **heid-leuwerken** entftellt.
11) **Älte**, munter, von Vögeln. Zu got. **alan**, aufwachfen?
12) **Buttenbrink**, ein grober Menfch. Wörtlich: fteiler Hügel. Zu
    but, jäh gehört auch **buts**, fofort.
13) **Wierk**, Enterich. Von **widik** = **wik**, mecklenb. **wätik**.
14) **Tultallen**, unverftändlich reden. **Tücteln**, ravensb. ¦**tüedeln** =
    tüeln, undeutlich fprechen und **tal**, die Rede.
15) **Speckern**, verfcheuchen, auch von lärmenden Elftern. Agr. **fpecan**,
    fprechen.
16) **Waltackel**, ein munterer Vogel. Von **wal**, wohl und **tacke**, der
    Zweig. Munter auf dem Zweige.
17) **Tarrkragge**. Von **tarren**, **tiargen**, zanken und **krajje**, Krähe.
    Zänkifche Frau.
18) **Tobaft**, ausdauernder Menfch. Von **to**, **töf**, zähe und **baft**, Rinde.

19) **Verwösken**, es ift gewifs wahr. Ravensb. **verwömte kerl**, Mords-kerl. Zu ahd. **verwuot**, unvernünftig.
20) **Tintert**, jemand der unordentlich arbeitet. Von **tünten, zandern und ert**, langer Menfch.
21) **Isfölken**, kleines Fohlen, als Schimpfwort?
22) **Stoppen**, junges Pferd. Bei Woefte »**ftuepen**, m., ahd. **ftofin**«.
23) **Jakoken**, Honigkuchen. Jar(markt)-kuchen?
24) **Empe** = genau. Rav. **empen, ämten**, amtsmäfsig peinlich.
25) **Vannienig**, empfindlich. Mnd. **venien**, Gift.
26) **Bleiten**, Land abtragen. Statt **bläuten, blöfsen**.
27) **Vanörnern**, heute Nachmittag. **Uauern** = **undarn**, Vormittag.
28) **Töweleiper**, einer dər planlos herumläuft. **Taiworu, töwern**, umherirren.
29) **Büske**, Bund Brennholz. Weftfäl. **bûfe** f. Bund Stroh, mit Bier gefülltes grofses Gefäfs. Vgl. mhd. **bûs**.
30) **Punthorn**, grofses Horn aus Baft. **Punt** wird vorgefetzt, um etwas Grofses zu bezeichnen.
31) **Trieshohn**, Feldhuhn. Von **triefel, Kreifel, triefeln**, wirbeln, taumeln, nach dem Fluge der Rebhühner.

II. Jellinghaus.

Evenlid.

Im Korrefpondenzblatt V, 8 warf Prof. J. Kürfchner in Eutin die Frage auf nach der Etymologie von **Ebenliet**, wie überall in ganz Holftein ein Zeitraum von 24 Stunden heifse, während man dafür im Oldenburgifchen **Etmal** gebrauche. Mit der Deutung beider Ausdrücke haben fich dann V, 37 f., 54 und VIII, 94 verfchiedene Auffätze mehrerer Mitglieder be-fchäftigt. Ich habe damals verfucht darzutun, dafs **lid** ebenfo, wie **mil** in **edmil**, Zeit, Zeitraum bedeute und dafs, während mit **ed** die Wiederkehr bezeichnet werde, durch **even** die Gleichheit oder Gleichmäfsigkeit (ndd. even, hd. eben) ausgedrückt werde. Andere haben »Abend« in **even** und »Licht« in **lid** gefucht, was ich fprachlich wie fachlich für unmöglich halte. Kürzlich habe ich nun eine Stelle in den vierten Bande der Urkundenfammlung für Schleswig-Holftein-Lauenburgifche Gefchichte (Kiel 1875) gefunden, welche meine Auffaffung beftätigt.

Es heifst dort auf S. 62 in der Nummer 40, dem von König Chriftiern I an die Stadt Kiel verliehenen Privileg: Item nemant uth den fteden fchal kopen quyck, lammere, fchape edder fwyne twisfchen deme Gofebeke unde Pretze. De dat van vormetenheit breke, mach unfe amptman unde de rad richten, unde ftan eyn evenlieth to markede unde vorkopen na marketgange, edder de rad fchal enen dar to fchicken to vorkopende.

Laut diefer Vergünftigung follte alles vierfüfsige Schlachtvieh aus dem Umkreife der Stadt, deffen Grenzen durch den Gofebek im Nordweften, einen füdlich von Eckernförde in die Oftfee fliefsenden Bach, und durch den Flecken Preetz im Südoften beftimmt werden, auf den Kieler Markt zum Verkauf gebracht werden. Welcher Bürger der Stadt Kiel und der benachbarten Städte diefem Gebote zuwider handelnd auf Gütern, Höfen und Dörfern Vieh kaufen würde, deffen Strafe follte durch den königlichen

Amtmann und den Kieler Rat erkannt werden. Außerdem (?) follte der Betreffende gehalten fein, das erftandene Vieh auf dem Markte zu Kiel entweder felbft oder durch einen Bevollmächtigten des Rats an einem Markttage feilzubieten und zum Marktpreis wieder zu verkaufen.

Das Wort wird hier zur Bezeichnung der Marktzeit gebraucht, d. h. der für den Verkauf auf öffentlichem Marktplatze beftimmten Zeitdauer an einem, refp. mehreren Tagen der Woche, vermutlich von Morgens früh bis zum Mittag. Die jetzige ausfchliefsliche Verwendung für einen ganzen Tag von 24 Stunden ift demnach als Befchränkung eines urfprünglich allgemeinen Begriffes zu erkennen; der Ausdruck muſs für jeden periodifch wiederkehrenden Zeitraum gegolten haben, fofern feine Dauer zu irgend einem Zwecke oder aus irgend einem Grunde bemeffen war.

Hamburg.   C. Walther.

Zu Reuters Ut de Franzofentid.

21. Kapittel. (Werke, Volksausg. Bd. 3, S. 395): »Hir ftunn Hinrich un fadelte un tömte fin beiden brunen, de noch nich verköfft wiren, un as min Unkel em in de gräune Jack un mit den Krig unner de Näs' knapp herute kennt hadd, kamm Fridrich in den Durweg 'rinne« ufw. Der englifche Überfetzer Charles Lee Lewes (In the year' 13 by Fritz Reuter. Leipzig, Bernhard Tauchnitz S. 287) weifs mit »war« on his upper lip offenbar nichts anzufangen. Aber auch mancher deutfche Lefer wird eine Bemerkung vermiffen. Unter Krig ift hier nichts anderes als ein Bart zu verftehen, den fich Heinrich hat ftehn laffen, feitdem er die Abficht gefafst hat, Soldat zu werden. »Sie laffen fich wohl den »Kriegsbart« ftehen?« fpottete 1870 unfer verehrter Direktor Franz Richter in Quedlinburg über den erften fproffenden Flaum eines feiner Primaner. Der »Kriegsbart« verdiente auch in den neuhochdeutfchen Wörterbüchern Aufnahme.

Northeim.   R. Sprenger.

Notizen und Anzeigen.

Beitragszahlungen find an unfern Kaffenführer Herrn Joh! E. Rabe, Hamburg 1, gr. Reichenftrafse 11, zu leiften.

Veränderungen der Adreffen find gefälligft dem genannten Herrn Kaffenführer zu melden. d

Beiträge, welche fürs Jahrbuch beftimmt find, belieben die Verfaffer an das Mitglied des Redactions-Ausfchuffes, Prof. Dr. W. Seelmann, Charlottenburg, Peftalozziftrafse 103, einzufchicken.

Zufendungen fürs Korrefpondezblatt bitten wir an Dr. C. Walther, Hamburg 3, Krayenkamp 9, zu richten.

Bemerkungen und Klagen, welche fich auf Verfand und Empfang des Korrefpondenzblattes beziehen, bittet der Vorftand direct der Expedition, »Diedrich Soltau's Verlag und Buchdruckerei« in Norden, Oftfriesland, zu übermachen.

Redigiert von Dr. C. Walther in Hamburg.
Druck von Diedr. Soltau in Norden.

Ausgegeben: Januar 1904.

Jahrg. 1903.   Hamburg.   Heft XXIV. № 5.

Korrefpondenzblatt
des Vereins
für niederdeutfche Sprachforfchung.

I. Kundgebungen des Vorftandes.

I. Mitgliederftand.

Der Vorftand hat dem Vereine leider die Mitteilung von dem Tode dreier langjährigen und verdienftvollen Mitglieder zu machen, nämlich der Herren

Amtsrat Dr. W. Rimpau in Schlanftedt,
Lehrer Carl Dirkfen in Meiderich und
Dr. ph. Otto Rüdiger in Hamburg.

Das Ableben der beiden Erfteren ift fchon im Jahre 1903 erfolgt, jedoch uns erft kürzlich gemeldet worden; der Letztere ftarb am 12. Januar 1904. Von ihnen gehörte Dr. Rüdiger dem Vereine, den er 1874/5 hatte mit ftiften helfen, von Anfang her an, Dr. Rimpau feit 1876, Herr Dirkfen feit 1890.

Alle Drei haben fich bis zuletzt als Mitarbeiter am Korrefpondenzblatt beteiligt, Rimpau namentlich durch Behandlung der landwirtfchaftlichen Nomenclatur. Es mag an feinen trefflichen Auffatz über Flachsbau und Flachsbereitung erinnert werden.

Dirkfen, der als häufiger Befucher der Pfingftverfammlungen Manchem wegen feines herzlichen und heiteren Wefens auch perfönlich wert geworden ift, pflegte vornehmlich die Unterfuchung der Sprichwörter. Über diejenigen feines Geburtslandes hat er aufserdem eine ausführlichere gediegene Forfchung veröffentlicht: Oftfriefifche Sprichwörter und fprichwörtliche Redensarten mit hiftorifchen und fprachlichen Anmerkungen, Ruhrort 1889 ff. Die zweite Auflage diefes Werkes hat ihn in den letzten Jahren befchäftigt.

Rüdiger hat befonders Erörterungen über einzelne Ausdrücke und Redensarten angeregt und felbft geliefert. Sein Hauptverdienft um die Erforfchung des Niederdeutfchen hat er fich erworben durch die Herausgabe und forgfältige Gloffierung der älteften Hamburgifchen Zunftrollen und Brüderfchaftsftatuten, Hamburg 1875, denen er als Nachtrag noch ältere Hamburgifche und Hanfeftädtifche Handwerksgefellendocumente folgen liefs. Später hat er feine wiffenfchaftliche Tätigkeit faft ausfchliefslich hiftorifchen Gegenftänden zugewendet, fo der Gefchichte des Handwerks, des Schulwefens und des litterarifchen und überhaupt geiftigen Lebens zu Ende des 18. Jahrhunderts. Obfchon ihn diefe Studien von

der regelmäfsigen Mitarbeit an den philologifchen Arbeiten des Vereins
abhielten, fo blieb doch fein Intereffe für die Aufgaben und Beftrebungen
desfelheu ftets das alte rege, wie noch die vorvorige Nummer des
Korrefpondenzblattes gezeigt hat. Durch körperliches Leiden war er viele
Jahre gezwungen, auf den Befnch der Pfingftverfammlungen, wie ungerne
auch, zu verzichten. Als er fich wohler fühlte, hat er im vorigen Jahre
noch einmal an einer Verfammlung, der zu Magdeburg, teilnehmen und
dort alte Freunde wiederfehen dürfen. Die Befferung feiner Gefundheit
hielt im Laufe des Jahres an, fodafs er an die Vorbereitung einer gröfseren
Arbeit denken konnte. Allein die Hoffnung erwies fich als trügerifch; im
Januar erkrankte er plötzlich und fchon nach wenigen Tagen entfchlief er
an Herzlähmung.

In den Verein eingetreten ift
Herr P. N. van Doorninck in Bennebroek bei Haarlem.

Veränderte Adreffen haben gemeldet die Herren
Oberlehrer Dr. H. Anz, jetzt Fermersleben bei Magdeburg,
Direktor Dr. K. H. Bojunga, jetzt Magdeburg,
Realfchuldirektor Dr. O. Gohdes, jetzt Elmshorn,
Oberlehrer Frdr. Kirchhoff, jetzt Norden.

2. Generalverfammlung 1904.

Der Vorftand giebt den geehrten Vereinsmitgliedern kund, dafs nach
Befchlufs der Magdeburger Pfingftverfammlung 1903 die Generalverfammlung des Jahres 1904 um Pfingften zu Kiel in Holftein
ftattfinden wird. Zugleich fpricht er die Bitte aus, die für diefe Zufammenkunft beabfichtigten Vorträge und Mitteilungen möglichft
bald bei dem Vorfitzenden Geh. Rat Prof. Dr. Al. Reifferfcheid
in Greifswald anmelden zu wollen.

3. Anonyme Beitragfendung.

Aus Trarbach find mir am 12. Februar fünf Mark als Mitgliedbeitrag
zugegangen, ohne dafs der Abfender fich auf dem Abfchnitt der Poft-
anweifung genannt hat. Ich bitte um feine Adreffe.
Hamburg.   Johs E. Rabe.

II. Mitteilungen aus dem Mitgliederkreife.

Die zehn Gebote (XXIV, 55).

Die verfificierten mnd. zehn Gebote aus Leitmeritz ftellen eine Mifchform des beliebten Gedichtes dar. Z. 1—4 find einer weitverbreiteten
längeren Recenfion der zehn Gebote entnommen, fie bilden dort gleichfalls den Anfang. Vgl. meinen Wolfenbüttler Reifebericht (Nachrichten
von d. Kgl. Gef. d. Wiff. zu Göttingen, phil.-hist. Kl. 1902. Beiheft)
S. 29. 58. 253. 261, wo ich das Gedicht aus 3 Wolfenbüttler, 2 Deffauer

und einer Stargarder Handſchrift anzeige. Aus letzterer hat es Koſegarten in den Baltiſchen Studien, Band 17, 2 (1859), S. 219 ff. bekannt gemacht. Aus derſelben Quelle ſcheinen auch die letzten 4 Zeilen des Leitmeritzer Gedichtes geſchöpft zu ſein, doch fehlt mir hier das handſchriftliche Material. Die Stargarder Hſ. hat nämlich den Schluſs des Gedichtes durch Zuſätze verändert, wir finden aber wenigſtens Z. 15—16 in Starg. 13, 1—2 (Koſegarten S. 226) wieder:

> Vppe dat ik dyner hode denke tho aller ſtunt,
> So ſcriſ ſe, here iheſus chriſtus, in mynes herten grunt.

Und Z. 17—18 bilden auch die Schluſszeilen des erſten Deſſauer Textes (Borchling S. 254):

> So mach ick der ewigen pyne entgan
> vnd dyne vroude entfan. Amen.

Doch ſind dieſe beiden Verspaare auch ſonſt in ähnlichen Bearbeitungen der zehn Gebote zu finden, ſo kehrt Z. 15 f. in der Faſſung wieder, die ſich auf einem Wandgemälde in der Kapelle zu Pudagla auf Uſedom befand (Koſegarten S. 211) und eine kürzere Form des Stargarder Textes darſtellt, das Reimpaar bildet hier aber Z. 3—4 der Vorrede. Und Z. 17 f. iſt zugleich auch das vorletzte Reimpaar in dem ſonſt abweichenden Gedichte einer Wolfenbüttler Handſchrift bei Koſegarten S. 219. Das Mittelſtück der Leitmeritzer Faſſung, die Gebote ſelbſt = Z. 5—14, iſt dagegen die ſehr häufig vorkommende k u r z e Recenſion der Gebote in 10 Zeilen, von denen jede Zeile ein Gebot umſchreibt. Noch näher als die erſte der beiden von Bernt beigebrachten Halberſtädter Faſſungen (Niederd. Jahrb. 2, 30) ſteht uuſerem Texte die Nr. LXIV in Hölſchers Nd. geiſtl. Liedern u. Sprüchen aus d. Münſterlande (Berlin 1854) S. 130:

> Hebe leiſſ unde anbede eynen god.
> Swere nicht vergeves eſſte in ſpot.
> Vyre de hilygen dage alle gader.
> Ere moder unde vader.
> En ſla nemande dot.
> En ſtel nicht, al heveſtu not.
> Do neyne unkuſcheit,
> Ock neyne tuchniſſe der valſcheit.
> Begere nemandes bedde genoit,
> Noch nemandes gut, al byſtu bloit.

Die ſelbe knappe Form haben die zehn Gebote auch ſonſt in mnd. Hand-ſchriften, ſo z. B. in der Wolfenbüttler Hſ. Aug. 23.22 in 4° (Borchling, Bericht III, 99), ferner find ſie ſo in Luthers Betbüchlein übergegangen, vgl. z. B. die nd. Ausgaben bei Ph. Wackernagel, Bibliographie zum Kirchenl., p. 88 Nr. CCXXVII (Druck von Ludw. Dietz, Lübeck 1526, Bl. F V[1]) u. Borchling, Bericht II, 183 (Druck unbekannter Herkunft, Bl. XX[b]). Öfter noch geht aber, wie in dem Leitmeritzer Texte, den zehn Geboten eine kurze Einleitung von gewöhnlich 2 Zeilen voraus, ſo in Wolfenb.-Helmſtedt 1183, Bl. 49[a], Wolfenb.-Helmſtedt 1270, Bl. 10[a] (Borchling, Bericht III,

35 u. 63) und dem zweiten Halberſtädter Spruche. Umgekehrt hatte die
Faſſung 2 Verſe hinten angehängt, die nach Lauenſteins Hildesh. Kirchengeſchichte XI (1736). S. 10 f. in der St. Michaeliskirche zu Hildesheim in
Tafelform aufgehängt war. Auf dieſer Tafel ſah man Moſes mit den
Geſetztafeln, neben ihm Joh. Tetzel mit ſeinen Ablaſsbriefen und ſeinem
Geldkaſten; darunter ſtanden die gereimten zehn Gebote und daneben die
»taxa poenitentiaria«, die wie Lauenſtein hinzufügt in ſpäterer Zeit aus-
gekratzt worden waren. Etwas älteren Urſprungs iſt eine ähnliche Hildesheimer Tafel aus St. Lamberti, die jetzt im Muſeum zu Hildesheim aufbewahrt wird. Sie entſtammt höchſtwahrſcheinlich dem Jahre 1451, wo
der Cardinal Nicolaus Cuſanus ſolche Tafeln in allen Stadtkirchen zu
Hildesheim aufhängen liess (vgl. K. Kayſer, Die Einführung der Befor-
mation in Hildesh., S. 4), und enthält das Vaterunſer, den Glauben, die
zehn Gebote und das Avemaria niederdeutſch. Über dieſe Cuſaniſchen
Tafeln berichtet am heſten H. L. Lüntzel in ſeiner Geſchichte der Dioeceſe
und Stadt Hildesheim Th. 2 (Hild. 1858) S. 429 f. Er ſagt ausdrücklich:
»Es haben ſich ſolche bis in unſere Tage erhalten« und giebt als Probe
das profaiſche Vaterunſer und die gereimten zehn Gebote einer dieſer
Tafeln. Auf meine Anfrage bei der Direction des Römermuſeums zu Hildesheim hat mir Herr Profeſſor Dr. Andrae gütigſt den Text der zehn
Gebote auf der Tafel aus St. Lamberti mitgeteilt, wofür ich ihm auch hier
heſtens danke. Er lautet:

> »Dut ſynt de hilgen :X: hode goddes:
> Bouen alle dingk hebbe leſſ eynen god:
> Nicht ydel bit one noch in ſpot:
> Vire de hylgen dage alle gader:
> Ere moder unde vader.
> Mit wiſſen*) eder mynt*) werken ſla nemende dot.
> Stel nicht wan heſtu not:
> Buten dem echte do nene unkuſcheit:
> Segge van nemedes valſcheit.
> Begere nemedes beddegenot:
> Noch mynt*) unrechte nemedes goet:
>   We nicht enthaelt dyſſe teyn gebodt
>   De mag nymmer komen tho godt.

Die unterſten Verſe im Original ſind ſehr beſchädigt und von Herrn Dr.
Katz vervollſtändigt.«

Vergleicht man damit den Text bei Lüntzel und bei Lauenſtein, ſo
ſieht man deutlich, daſs die drei Texte auf ein und dieſelbe Vorlage
zurückgehen. Sicherlich hat die Tetzeltafel eine der älteren Cuſaniſchen
Tafeln reproduciert; dem Lüntzelſchen Abdrucke fehlt das 8. Gebot wohl
nur durch ein Verſehen, im Uebrigen beruhen die Abweichungen Lüntzels
vielleicht nur auf Leſefehlern, und da er nicht angiebt, aus welcher Kirche
die von ihm benutzte Tafel ſtammt, könnte er ſogar die gleiche Tafel
aus St. Lamberti vor ſich gehabt haben.

Göttingen.   Conrad Borchling.

---

*) lies *willen* und *myt?*

Hümmelken- oder dudeymacher.

1608 Juli 8: Jürgen Koninck dem Hümmelken- oder Dudeymacher ift ufferlegt, wider das Ambt der Dreyer und Spinrademacher nicht zu erbeiten noch zu bonhafen, auch keine lenger Werckftette zu feiner Erbeid als . . . (?) zu gebrauchen, auch, wenn fie ihne deswegen uff Erleubnus des Gewetts befuchen, fie mit keinen undienftlichen Wordten zu uberfallen und zu fchmehen, fondern fich deffen zu enthalten, bey ernfter Straff des Gewettes. — Gewetts-Protokolle 1605—1609 fol. 220b—221a. — Ein Jürgen Köninck hatte 1607 Okt. 4 als Mühlenknecht das Bürgerrecht erworben.

Roftock.   K. Koppmann.

Foss (XXIV, 20. 58).

Mit Foss werden hier zu Lande allerdings die Schwämmchen im Munde der Säuglinge, die fogen. aphthae, gemeint, aber die hochdeutfche Benennung ift ganz allgemein das allgemeinere Wort Mundfäule. Bei Grimm, Wtb. 4, S. 340 heifst die Bräune: Fuchs, und chenfo bei Richey S. 328 und Schütze 4, 317 Vos, letzterer fetzt noch hinzu: Schwämmchen, die Ärzte Aphthae nennen. Die Ähnlichkeit liegt in dem weifslichen Belag; die genaueren, unterfcheidenden Merkmale beachtet das Volk bei der Namengebung nicht und mifcht fo leicht mehreres zufammen. Die von Walther verfuchte Erklärung: Foss = Frofch, Mundwarze, hat viel für lich, doch auch die Vermutung des Grimmfchen Wtb., das heifere, dem Fuchsgebell gleichende Huften des Bräunekranken habe die Benennung veranlafst, ift wohl zu beachten. Dafs der Fuchs feit Jahrhunderten in dem Worte lebt, zeigt auch die volkstümliche Bezeichnung des gewöhnlichen Heilmittels, Rofenhonig mit Borax, als Vosslungenfaft. Diefe rührt, foweit mir bekannt, davon her, dafs man zur Zubereitung wirklich eine Fuchslunge verwendete, durchaus im Einklange mit der mittelalterlichen und volksmäfsigen Heilkunft. Eine andere, mir ärztlicherfeits gebotene Anficht, dafs der Ausdruck eigentlich Fosstungenfaft fei, erfcheint mir nicht annehmbar. Ob nun die Verwechslung mit Forfch, Frofch etwa noch älter fei, laffe ich dahingeftellt.*)

Lübeck.   C. Schumann.

Siburken, vescirbur, ciborium.

1607 März 18 wird Jemand damit bedroht, dafs die Gewettsdiener ermächtigt fein follen, »wann fie ihn uff der gaffen truncken und unnutz befinden, ihn zu jeder Zeit bis uf weiter Befcheid ins Sibüerken einzufetzen«; Juni 19 »ift Jacob Jordens Fraw aus dem Ciborio wider gelaffen worden«; Okt. 3 wird Jemand, der »ins Siburken zur Straff gefetzt«, nach geleifteter Urfehde entlaffen; Okt. 12 werden »3 Jungen wegen Argwohns, das fie Manteln (Mäntel) geftolen, eingefetzt in Ciborium«; 1608 Aug. 1 leiftet Kaften Matzen, der »wegen feiner Verbrechung in den

---

*) In der vorigen Nummer des Korrefpondenzblattes find in zweien meiner Mitteilungen folgende Druckfehler zu heffern. S. 57 Z. 11 und 4 v. u. mufs es *füllt*, S. 60 Z. 3 v. u. *Lellekenkrut* heifsen.

Vescirbur unter den Brotfchrangen gefetzt« worden ift, Urfehde »wegen diefer meiner im Ciburio erlittenen Straff«: Gewetts-Protokolle 1605—1609 fol. 118, 134, 149ᵇ, 152, 227ᵇ.

Roftock.
                                                    K. Koppmann.

Brafs.

Heinfius Wörterb. der dtfch. Sprache 1818 fub voce Brafs erklärt: »ein Haufe fchlechter, unbrauchbarer Dinge, im gemeinen Leben lautet es: Braft.«

Heyfe, Lehrbuch der dtfch. Sprache 1838, S. 118: »Viele ober- und niederdeutfche Wörter find mit Recht in unfere Schriftfprache aufgenommen, oder verdienen es zur Aufnahme in diefelbe empfohlen zu werden; z. B. .... Brafs (Chaos).«

In Hamburg hört man auch Braffen, m̨sc., für eine Menge, einen Haufen; Richey im 18. Jh. hat nur Brafs, msc.

Wie ift die Etymologie des Wortes? follte frz. la braffe (Klafter) oder la braffée (ein Arm voll) zugrunde liegen?

Hamburg.
                                                    J. Schufter.

Zur Anfrage Nr. 3 in XXIV S. 61.

Das Gedicht »Es ging ein Mädchen in die Stadt, die Aepfel zu ver-kaufen hatt« fteht unter dem Titel »Die Genügfame (Mündlich aus der Umgegend von Haynau in Schlefien)« mit Melodie in: Die deutfchen Volkslieder mit ihren Singweifen, hrsg. u. gef. v. Ludwig Erk und Wilhelm Irmer. Leipzig 1843, Heft 5, Nr. 11 (S. 14 f.).

Weimar.
                                                    C. Schüddekopf.

Keek (XXIV, 60).

Keek bedeutet hier Mund, allein und in Zufammenfetzungen wie Blabberkeek, Raftelkeek, Schwätzer, Flapskeek, Breitmaul und Schwätzer, Breedkeek u. a.

Lübeck.
                                                    C. Schumann.

Kekelmatz (XXIV, 60).

Der alte Frommann aus Nürnberg hatte in feinen Vorträgen in der Allitteration »Kind und Kegel« das Kegel als Ausdruck für uneheliche Nachkommenfchaft und unter Ableitung vom Kuckuck erklärt.*) In bayrifch Oberfranken fagt man »einen Kegel in die Welt fetzen« für ein uneheliches Kind erzeugen mit Bezug auf den Kuckuck, welcher als Teufelsvogel feine Eier in fremde Nefter legt. Darnach müfste Kekelmatz, ähnlich gebildet wie Staarmatz, die kleinen Kinder fcherzhaft (?) oder befchimpfend (?) als Baftards bezeichnen.

Neuenahr.
                                                    Oefele.

---

*) vgl. Die deutfchen Mundarten, hrsg. von G. Karl Frommann. Jgg. III (Nürn-berg 1856) S. 145. (C. W.)

Fritz Reuter und die Fliegenden Blätter. (Jb. XXIX, 44.)

Es verdient alle Anerkennung, dafs Seelmann, als er die Quellen der einzelnen Läufchen Reuter's zu fuchen unternahm, durch Erwägung der Umftände, unter denen das erfte »Werk« desselben zuftande kam, veranlafst ward auf die Münchener. Fliegenden Blätter zu raten. Aber mehr zu bewundern ift der Scharfblick, der ihn in diefer Zeitfchrift an fieben Stellen die Vorlagen zu ebenfovielen Läufchens finden liefs, deun, um dies Refultat zu erzielen, mufsten faft dreifsig Bände der »Fliegenden« aufs forgfamfte durchgelefen werden, mit fteter Hinficht auf 132 Schwänke in den beiden Bänden der Läufchen un Riemels: wahrlich eine höchft mühfame, Geficht, Gedächtnis und Nachdenken fehr in Anfpruch nehmende Arbeit. Da kann es nicht auffallen, dafs dem Forfcher ein paar Stücke entgangen find, die gleichfalls als Quellen für Reuter angefehen werden können.

Wenn ich diefe hier mitteile, fo mufs ich voraus bemerken, dafs ihr Fund mich nicht folche geiftige Anftrengung gekoftet hat, dafs ich diefelben, wie auch die von Seelmann aus den erften 15 Bänden der Fliegenden Blätter beigebrachten Stücke, vielmehr dem Zufall verdanke. Seit vierzig Jahren im Befitz der Läufchen un Riemels und feit dreifsig Jahren in dem der erften 16 Bände der Fliegenden, habe ich in müffigen Stunden aus der Lefung beider Werke wiederholt Erholung und Aufheiterung gefchöpft. Natürlich mufsten mir da Uebereinftimmungen beider anffallen. Vor bald zehn Jahren begann ich folche, um das Ergebnifs gelegentlich im Korrefpondenzblatt mitzuteilen, zufammenzuftellen. Mittlerweile hat nun Seelmann, ohne von meinem Fund und meiner Abficht zu wiffen, diefelbe Unterfuchung ausgeführt und ift mir mit der Veröffentlichung zuvorgekommen.

Aufser den Zufätzen, die ich hier zu feinem Auffatz im Jahrbuch bringe, gebe ich gleich ein paar Hinweife auf Witze der Fliegenden Blätter mit, welche Reuter für Stellen in feinen fpäteren Werken als Vorlage gedient haben mögen.

Fliegende Blätter Nr. 28 oder Bd. II Nr. 4, S. 31 fteht unter dem Titel »Gefchichten, wie man fie fich in Pommern erzählt. Erfte Gefchichte.« diefelbe Schnurre, welche in den Läufchen un Rimels Bd. II Nr. 9 (De Jagdgefchichten) als dritte der Jagdgefchichten gegeben wird.

Haben Sie fchon von Herrn Jahns gehört? — Herr Jahns ift ein alter Jäger in Pommern, dem mancherlei feltfame Dinge paffirt find. Er erzählt fie in feinem plattdeutfchen Dialekt; wenn aber vornehme Herrn in der Gefchichte vorkommen (zu denen beiläufig auch der Teufel gehört), fo werden diefe miffingfch fprechend (wahrfcheinlich meifsnifch, — hochdeutfch, wie es die Plattdeutfchen ausfprechen,) eingeführt.

Herr Jahns hatte fchon öfter gemerkt, dafs nicht Alles im Walde geheuer fei. Er fah wohl, der Teufel wollte ihm etwas anhaben. So begegnete er ihm eines fchönen Tages; der Teufel that, als wäre er ein feiner Herr; Herr Jahns kannte ihn wohl, liefs fich aber nichts merken. Sie gingen zufammen; der Teufel verwunderte fich über fein Jagdgeräth und liefs fich das erklären. Als fie zur Erklärung der Flinte kamen, dachte Herr Jahns,

er wolle ihm fchon feinen Vorwitz cintränken. Die Flinte war
mit ein paar guten Rehpoften geladen; Jahns fagte, es fei feine
Tabakspfeife. Der Teufel bekam Luft, die Pfeife zu probiren.
Herr Jahns fagte, er folle fie nur in den Mund nehmen, er (Jahns)
wolle ihm Feuer geben. Es gefchieht; paff! knallt es los und der
Teufel liegt auf dem Rücken. Steht aber doch bald wieder auf,
fpuckt aus und fagt: »Ei, Herr Jahns, fie roochen einen fehr
ftarken Toback.« Ift indefs nicht wieder gekommen.

Fl. Bl. Nr. 157 oder Bd. VII Nr. 13, S. 100. Diefer kurze Schwank
kann vielleicht Reuter zu dem hübfch ausgeführten Läufchen »Rindfleifch
un Plummen« (I, 16) wenigftens die Anregung gegeben haben.

Es dürfen eben nicht Alle aus einer Schüffel effen.

»Na (nein), Herr Landrichter, bei der Koft halt ich's nimmer
aus, denn die ift zum Vergehen z' fchlecht!«

»Herr Landrichter, is net wahr; kunnt'u Sie mei Koft effen,
fo gut is.«

»Ja, dafs fei Koft gut is, dös fag i felba, Herr Landrichter;
aber aus dera Schüffel darf ja i nit effen!«

Fl. Bl. Nr. 214 oder Bd. IX Nr. 22, S. 175 »Zu viel und zu wenig«
wird einem Wohlfchmecker, der von zwei gebratenen Gäufen auf dem Tifche
fich eine auf feinen Teller holt, dasfelbe Urteil in den Mund gelegt, das
Reuter in dem Läufchen »De Meckelnbürger« (I, 48) »den rechten
natfchonalen Meckelnbörger« ausfprechen läfst:

»So 'ne gebratene Gans is doch a recht dummer Vogel.
Eine is zu wenig un zwei fin 'rer z'viel.«

Vielleicht ift der Witz aber älter?

Auch in dem »Abendteuer des Entfpekter Bräfig, . . . von ihm felbft
erzählt« (Schurr-Murr 3) hat Reuter ein Erlebnis Bräfig's den Flieg.
Blättern entlehnt. Es ift der Verfuch des Infpektors fich an einem zwei-
gabeligen Stiefelknecht beide Stiefel zugleich auszuziehen; f. Flieg. Bl.
Nr. 182 oder Bd. VIII Nr. 14, S. 112: Mifsverftändnifs.

Mein etwas beleibter Vetter aus Oefterreich liebt über alles
die Bequemlichkeit. Kömmt derfelbe einmal müd in einem Gafthof
an, dort zu übernachten; er beeilt fich in ein gutes Bett zu fteigen,
und finut nur darauf, fo gefchwind und fo bequem wie möglich
feiner Kleider, vor allem feiner fchweren Stiefel ledig zu werden.
»Dös is amol commod,« denkt er, denn ein zweigablichter Stiefelknecht fteht vor dem Bett, »da kann man ja beide Stiefel auf
einmal ausziehen,« und fchickt fich alfobald an, indem er beide
Abfätze zugleich in die Gabeln fteckt, diefes Abkürzungsmanöver
des Stiefelausziehens auszuführen. — Mittlerweile fitzt der Wirth
unten im Gaftzimmer und lieft die Zeitung; er hat nebenbei fchon
feit einer geraumen Zeit ein fortwährendes Gepolter über feinem
Haupte vernommen, aber nicht weiter darauf geachtet. Endlich
wird's ihm aber doch zu arg. Er geht hinauf, um dem Lärmen
zu fteuern; richtig, der Spektakel ift im Zimmer des Oefterreichers.

Er faſst ſich ein Herz, öffnet die Thür, tritt hinein, und findet den alten Herrn ſchon etwas ermattet in folgender Situation am Boden herumwühlend: (daneben das Bild der Situation).

In der »Reiſ' nah Konſtantinopel« (Olle Kamellen VII) — Widmung vom 18. Auguſt 1868 — findet ſich in der Einleitung ein Citat aus den Fliegenden Blättern: »Und ſollte noch Eener — ich glob' aber, es ward [1. werd?] Keener, as de Schüttenkönig tau Triptis hir in Thüringen in ſine Red' ſäd.« Vgl. Fl. Bl. Nr. 317 oder XIV Nr. 5, S. 39:

Ein Thüringer Toaſt.

»Ich bin d'r Schulze von Lokſe un will ooch en Vivat ausrufe. — Mer alle hier — un die mer hier — un ſullte über'ſch Johr ooch Eener — aber ich gloob's nich — aber, wenn och — ſu doch — der Herr Schützenhauptmann ſoll leben! Vivat!«

Reuter legt die Rede dem Schützenkönig von Triptis in den Mund, während in den Fliegenden Blättern ſie dem Schulzen von Lokſe als Toaſt auf einen Schützenkönig zugeſchrieben wird. Triptis liegt an der Orlaquelle im Weimarſchen; ein Ortsname, deſſen Entſtellung Lokſe ſein könnte, findet ſich dort nicht. Lokſe ſcheint Loquitz zu ſein, welches Dorf ca. 5 Meilen ſüdweſtlich von Triptis im Schwarzburg-Rudolſtädtſchen belegen iſt. Es wäre möglich, daſs Reuter, der ſeit 1863 in Eiſenach lebte, dieſe Toaſtgeſchichte mit Variation in Thüringen erzählen gehört hätte. Wahrſcheinlicher bedünkt mich aber, daſs er ſie mit ungenauer Erinnerung aus den Fliegenden Blättern ſchöpfte, wo er ſie 1851, in dem Erſcheinungsjahr des XIV. Bandes, geleſen haben wird.

In demſelben Bande Nr. 14 (= Nr. 326), S. 108 »Miſsverſtändniſs« wird ein Portier in Livree mit Bandelier ſamt Degen und mit Knaufſtab von einem Bauerjungen für den König gehalten:

»Kimm Vater — ich fürcht mich! — ſiehſt 'n dort ſtehn? — gelt das is der König.«

Man vergleiche in der »Reiſ' nah Belligen« das 31. Kapitel.

Hamburg.   C. Walther.

Quellen von Reuters Läuſchen.

Nd. Jahrb. 29, 56 iſt als Quelle für Reuters Länſch. II Nr. 21 (Dat ſmeckt etc.) eine Geſchichte aus dem Jahrg. 1852 der »Fliegenden Blätter« abgedruckt. Die unmittelbare Quelle Reuters war aber die jüngere Faſſung dieſer Geſchichte, welche ſich in Raabes Allg. plattd. Volksbuch S. 142 findet. Beweiſend iſt beſonders, daſs hier übereinſtimmend mit Reuter der Preis mit 16 Schilling angegeben wird.

Nd. Jahrb. 26, 142 iſt von Sprenger als vermutliche Quelle Reuters für Läuſchen II, 56 (Sokratiſche Method) auf eine Stelle in Seumes »Mein Sommer« hingewieſen. Nachweislich war aber Reuters unmittelbare Quelle eins der in ſeinem »Unterhaltungsblatt« Nr. 9 (vgl. A. Römer, Unterhaltungsblatt etc. Berlin 1897 S. LIII) abgedruckten »Neuen Sprüchwörter Salomonis«. Es lautet bei ihm *»O, wie gut war die Natur, als ſie*

in der Nähe von grofsen Städten für grofse Flüfse forgte.« Diefe Sprichwörter find der »Proverbial philofophy! By the Solomon in ordinary to
the Britifh nation« im Londoner »Punch« Vol. 28 (1855) S. 167 entnommen, wo es fub Nr. VIII heifst: *»O how good was Nature, that placed
great rivers near great towns!«*
Berlin. W. Seelmann.

Unbekannte Auffätze Fritz Reuters.

Ndd. Jahrbuch 29 S. 63 habe ich die Vermutung ausgefprochen, dafs
die anonymen Stücke auf S. 135—170 in Raabes Jahrbuch für 1847
fämtlich Reuter zum Verfaffer haben. Die Richtigkeit meiner Vermutung
wird bezüglich des umfangreichften jener Stücke, des Briefes an die Landwirte, durch einen Hinweis beftätigt, der fich in den Vorbemerkungen zu
einem in der Gartenlaube 1896 S. 591 gedruckten Briefe Reuters vom
6.—9. Nov. 1846 findet. Diefer Brief beginnt mit den Worten: »Die
Richtung, die ich einfchlage, und mit mir eine gewiffe Anzahl anderer, ich
kann dreift fagen, intelligenter Landsleute, wird von den Anhängern der
alten Schule befpöttelt und als Bücherwiffen lächerlich gemacht etc.« Der
Herausgeber J. Prölfs bemerkt hierzu, auf fremde, wahrfcheinlich von F.
Peters herrührende Mitteilungen geftützt: »Die erfte Seite des uns Erhaltenen hebt an mit dem Schlufs eines Satzes, der auf feinen Beitrag in
Raabes Meckl. Jahrbuch hinweift.« Diefer Beitrag ift ohne Zweifel jener
anonyme und deshalb bisher fonft unbeachtet gebliebene »Brief an die
meckl. Landwirte«.

Derfelbe Brief Reuters giebt Anlafs, ihm die Verfafferfchaft eines
ferneren anonymen Beitrages in Raabes Jahrbuch, der über die Turnerei
in Mecklenburg handelt, zuzufchreiben. Zu Schlufs feines Briefes heifst
es nämlich: »Diefen Brief werden Sie durch die dritte Hand, durch den
Dr. Timm in Parchim erhalten, der fo überaus gütig gewefen ift, mir eine
fchöne Arbeit auf den Hals zu laden, ich foll für ihn Notizen über Turnen
und eine Gefchichte des Friedländer Turnplatzes fchreiben.« Da es fchwer
fällt fich den Oberlehrer Timm, der fpäter Paftor in Kieve wurde, als
Mitarbeiter an dem verpönten Jahrbuche Raabes zu denken, fo wird man
Reuter für den Verfaffer halten dürfen.

Diefem wird man auch die in demfelben Jahrbuch S. 171 ff. abgedruckte kleine Sammlung plattdeutfcher Sprichwörter zu danken haben,
welche . . . . r unterzeichnet ift.

Schliefslich möchte ich die Aufmerkfamkeit auf eine Stelle in dem
Briefe des Bürgermeifter Guittienne in Stiedaltdorf (des »Franzof« der
Feftungstid) vom 24. Mai 1887 richten. Es heifst darin: »Ich hielt ihn
[Fritz Reuter], da meine Nachfragen nach ihm, namentlich [18]48, vergeblich waren, längft für verfchollen, als ich nach Jahren in der Gartenlaube das »Geftändnis eines Säufer-Wahnfinnigen« mit der Unterfchrift
»Fritz Reuter« und fpäter das »Fifcheffen« in unform Lokalblatte las.
Da der Ruf feiner Werke erft fpät an die äufserfte Grenze zu uns kam,
wo Niemand das Plattdeutfch verfteht, und ich von einem unferer Leidens-
gefährten in Trier hörte, dafs er feine früheren Bekannten zu vermeiden
fuche (er habe ihn, als er in Trier war, nicht befucht), bekümmerte ich

mich nicht weiter um ihn, kaufte aber feine Werke.‹ Ich habe die älteren
Jahrgänge der Gartenlaube bis 1863 vergeblich nach dem ›Geftändnis‹
durchgefehen. Möglich wäre, dafs Guittienne fich bezüglich des Namens
der Zeitfchrift irrt, welche das ›Geftändnis‹ enthielt und dafs diefes einen
andern Fritz Reuter, nicht den Dichter, zum Verfaffer hatte. Bei dem
›Fifcheffen‹ könnte man an einen Abdruck der bekannten Graudenzer
Epifode aus der Feftungstid denken. Den tatfächlichen Angaben Guittiennes
nachzugehen, lohnt fich deshalb, weil der Nachweis ihrer Unrichtigkeit
berechtigen würde, auch feinen übrigen Angaben, die mit denen Reuters
nicht zufammen ftimmen, den Glauben zu verfagen und fie für Eingebungen
der Selbfttäufchung zu halten. Diefe Möglichkeit ift von denen, welche
aus feinem Briefe Schlüffe gezogen haben, nicht in Betracht gezogen.
An eine abfichtliche Täufchung durch den als ehrenwert bekannten Mann
ift nicht zu glauben. Die von ihm erwähnte Reife Reuters nach Trier ift
m. W. feinen Biographen unbekannt geblieben, doch liegt kein Grund vor,
an ihr zu zweifeln. Es wird ein Ausflug von dem bei Coblenz gelegenen
Laubach aus fein, wo Reuter 1865/66 lange genug weilte. Es wäre auffällig, wenn er feine dortige Anwefenheit nicht zu einer Fahrt nach dem
fehenswerten Trier benutzt hätte.

Berlin.   W. Seelmann.

Zum Braunfchweiger Schichtfpiel und Schichtbuch.

Ed. Damköhler hat im Niederd. Jahrbuche XXIX, 123 ff. einige
bisher nicht genügend erklärte Stellen des Braunfchweiger Schichtfpiels
und Schichtbuches befprochen, die von Hänfelmann im zweiten Bande der
Chroniken der Stadt Braunfchweig herausgegeben find. Nachdem fchon
im Nd. Korrefpondenzblatt XXIV, 53 f. über vadderphe (vedderve)
S. 159, 90 abweichende Meinungen laut geworden find, möchte ich im
folgenden noch einige der von ihm behandelten Stellen näher erörtern.

S. 184, 99.   O Bomhauwer, du bift gewant,
            uns haddeftu lovet bevoren
            anders, do du wordeft ghekoren.

Du bift gewant ›du haft dich geändert‹, wie Damköhler überfetzt, würde
zu nichtsfagend fein. Ich glaube, dafs ohne Änderung die Stelle nicht zu
verftehen ift und fchlage vor zu lefen:

            O Bomhawer, du bift gefcant!
            uns haddeftu ufw.

du bift gefcant (gefchant) d. i. ›du haft dich gefchändet, in Unehre
gebracht!‹

S. 302, 25.   Do kemen de gildemefter myt oren twolffen unde helden
ore funderlike laghe dem Rade toweddcren, nude ftegen in des Rades
watere unde leten darinne fyffchen, unde flogen rum up, unde wur fe
dem Rade konden wat toweddcren don dat deden fe myt ernefte unde
frevele.

Damköhler hat zur richtigen Erklärung diefer Stelle durch Nachweis
der noch in Kattenftedt üblichen Wendung raum opfchlán 'viel Wefens,

Rühmens, Prahlens machen, dick tun' wefentlich beigetragen. Nicht richtig
ift jedoch feine Annahme, dafs raum = hd. Ruhm fei. Es ift vielmehr
= Rahm, Sahne. Rahm lautet zwar mnd. rom(e), rame, aber es scheint
als ob die Form raum (mhd. roum), die fich in der benachbarten thüringifchen Mundart (f. Kluge, Etymol. Wörterb. 6. A., S. 308) noch erhalten
hat, hier in das Niederdeutfche eingedrungen ift. Wie die Wendung raum
opfchlan, eigentlich fette Milch zu Sahne fchlagen' die Bedeutung 'Prahlen,
viel Wefens machen' annehmen konnte, zeigt die gleichbedeutende hochdeutfche Redensart 'Schaum fchlagen' = prahlen und das Subft. Schaumfchläger = Prahler. Es fcheint alfo, dafs im Texte des Schichtbuchs rôm
ftatt rum zu fchreiben ift. Dafs ftatt leten . . . fysfchen deden . . .
fysfchen zu fchreiben ift, lehrt die Vergleichung von S. 336, 29: fe
vifcheden in des Rades watere.
   S. 349, 10. Wan de katte des lauwen torne vornympt, fo thut fe
den ftert mangk de beyne unde loypt uppe den bonen, unde kan dar aff-
fchulen under deme hanehende. fo moft du, arme flyme effele, dat
kattentoch holden. wan du na der molen geyft, fo warftu geflagen
unde vorjaget: dat is denne altomalen din fchult, dat du de katte uppe
des lauwen ftol heft gedreven.
   Ich halte die Vermutung des Mnd. Handwörterbuches, dafs dat k.
holden gleichbedeutend ift mit: de katte holden, aushalten, ftille halten
müffen (f. Mnd. Wb. II, 434), durch den Zufammenhang für gefichert.
Man vergleiche noch Leffings Minna v. Barnhelm III, 10. Auftritt: »Ja,
ja; im Wagen mufs der Herr Major Katz aushalten! da kann er nicht
entwifchen!« Die Herausgeber erklären hier Katz aushalten richtig
= »die Katze halten, nicht entkommen können, ftandhalten müffen,
fich feiner Gegnerin nicht entziehen können.«
   Die Worte S. 360, 14 ff. 'uude nigeden und bogeden an den breyff
alfe de jodden an den fpiffen hod' find von Damköhler richtig nach dem
Zufammenhange wiedergegeben durch: »Sie neigten fich (zum Danke) und
hatten ihre Freude wie die Juden an dem Spitzhute.« Dafs aber der
Spitzhut, die eigentümliche Tracht der Juden (f. Mnd. Wb. IV, 334), hier
für »Betrug, Überliftung« ftchen foll, dafür bietet m. E. der Zufammenhang der Stelle keinen Anhalt. Es fcheint mir vielmehr eine damals landläufige Redensart zu grunde zu liegen, ähnlich der neuhochdeutfchen
»einem jeden Narren gefällt feine Kappe.« »Sie hatten ihre Freude daran
wie die Juden an ihrem Spitzhute« ift alfo ähnlich gefagt, wie wenn man
jetzt fagte: »Er hat fein Gefallen an etwas wie der Narr an feiner Kappe.«
   Northeim.   Prof. Dr. R. Sprenger.

Himmelen (Jb. XXIX, 123).

   Auf die Frage Damköhler's, woher das Mndd. Handwörterbuch die
Erklärung »die Augen gen Himmel fchlagen, in den letzten Zügen liegen«
für himmelen genommen habe, kann ich die Antwort geben. In den
handfchriftlichen Nachträgen Lübben's zum grofsen Mudd. Wb. findet fich
die Stelle des Braunfchweiger Schichtfpiels verzeichnet mit Beifügung jener
Erklärung und dem Verweis auf Dühnert. Wenn ich bei der Herausgabe
der erften Hälfte des Handwörterbuchs beteiligt gewefen wäre, würde ich

dafür mit Damköhler »fterben« gefetzt haben, welche Überfetzung von himmelen, wie ich finde, ich einft bei Lefung des Schichtfpiels dem Worte im Gloffar meines Exemplars der Braunfchweigifchen Chroniken Bd. II beigefchrieben habe.

Hamburg.   C. Walther.

Kees, Keesjung.

Kees oder Keesjung ift hier beim Klippballfpiele die Bezeichnung derer, welche aufserhalb des Schlagmales ftehen und die Aufgabe haben, den von der Gegenpartei gefchlagenen Ball aufzufangen und nach dem auslaufenden Schläger zu werfen. Wo und in welcher abweichenden Form etwa kommt der Ausdruck noch vor? Könnte man vielleicht an Zufammenhang mit mnd. Katfen = Kaetfen, Fangball fpielen, denken? Die Ableitung von Kefen, prüfend betrachten, befriedigt mich nicht recht, zumal in Hinficht auf Keesbur im Hafchefpiele (nd. Jahrb. VIH, 98).

Lübeck.   C. Schumann.

Mötemaker

wird S. 62 diefes Jahrgangs von H. Jellinghaus erklärt als Umftändemacher von möte ftatt Möje. Das Wort ift doch wohl dasfelbe wie Mütmaker, das auch in Holftein üblich ift, teils in der Bedeutung »Streitmacher« oder »Stankmaker«, wie es meistens heifst, teils in dem milderen Sinne Luftigmacher, Ulkmacher; es ift Müt das hochdeutfche meut in meutern, Meuterei. Das Wort kann ich zuerft nachweisen bei Petreus, Befchreibung Nordftrands (»Johannes Petreus' († 1603) Schriften über Nordftrand«, von mir herausgegeben Kiel 1901, S. 280): »in lagen ein mute macher« = in Gelagen ein Streitmacher.

Oldesloe.   R. Hanfen.

Rambam.

Rambam nennt Petreus in der eben erwähnten Schrift S. 97 die kirchlichen Gebräuche vor der Reformation: »benedictiones, afflath, fegen und rambam.« Es ift wohl eine Schallbildung, wie unfer »Klimbim.« Ift es fonft nachzuweifen?

Oldesloe.   .   R. Hanfen.

Bankrefe (XXIV, 53).

Auch ich vermute, dafs refe in diefer Zufammenfetzung = Riefe ift und zwar in der XXIV, 55 nachgewiefenen befonderen Bedeutung als »Reifiger, Ritter«. Das Spöttifche des Ausdrucks läge dann im erften Teile der Zufammenfetzung. Doch will ich nicht unterlaffen zu erwähnen, dafs man im Scherze zu einem Prahler und Gernegrofs wohl zu fagen pflegt: »Du Riefe!«

Northeim.   R. Sprenger.

Anfrage.

Es gibt hier folgendes Spiel. Zwei Knaben ftechen mit Meffern Rafen oder Erde aus und müffen dabei fummen, ohne Atem zu fchöpfen. Wer es am längften aushält und das meifte ausgeftochen hat, ift Sieger. Das heifst Summen, Brummen, auch Kohfchiet und Margel, in dem benachbarten Dorfe Herrenburg Kohmefs und Murzel, aber bei Handelmann, Volks- und Kinderfpiele aus Schleswig-Holftein S. 97, führt es den merkwürdigen Titel Himmelbaken. Unter welchen Namen ift dies Spiel fonft noch bekannt?

Lübeck.   C. Schumann.

Bladen (XXIV, 58).

Tabak bladen, Kohl afbladen habe ich als Kind in Magdeburg oft gehört.

Lübeck.   C. Schumann.

Zu Gerhard von Minden. (XXIV, 52.)

52, 12.   doch wet ik juwen fin alfo:
       wol dat gi mer der leven han,
       doch fal juwe fin min, vrouwe, van.

Leitzmann verfteht: »Zwar ·kenne ich eure Sinnesart (nämlich: ihr wollt mit einem Liebhaber nicht zufrieden fein); obwohl ihr mehr Liebhaber habt, foll doch euer Herz, Herrin, an mir fefthalten.« Er gefteht felbft, dafs der Sinn »etwas gezwungen« ift, und dafs vielleicht einmal eine Konjektur weiter helfe, die fich nicht fo nah an die Überlieferung hält.

Die im Ndd. Jahrb. XXIV, 132 vorgetragene Vermutung halte ich nicht mehr aufrecht, fondern lefe jetzt folgendermafsen:

V. 12.   doch wet ik juwen fin alfo:
       wol dat gi mer der leven han,
       doch fal min fin juw,*) vrouwe, van.
       fint bi gik is, des ik beger,
       dat juwe fal fin min gener.

Ich verftehe: »Obwohl ich eure Sinnesart kenne, dafs ihr nämlich mehr Liebhaber habt, als mich, fo foll doch mein Herz von Euch, Frau, Befitz nehmen.« V. 15, 16, welche diefen Entfchlufs begründen, entfprechen den Worten des Romulus: quia de te commoda colligo, quibus carere nolo. Meine Vermutung fcheint mir befonders durch den fo hergeftellten Gegenfatz von juwen fin und min fin gefichert.

Northeim.   R. Sprenger.

G. N. Bärmann betreffend.

Ndd. Jahrb. 29 S. 26 ff. berichtet Wohlwill über eine plattdeutfche Zeitfchrift, deren Herausgabe Bärmann i. J. 1835 beabfichtigte. Gemeint

---

*) oder juwer; die Hdf. hat vr.

ift ohne Zweifel die Zeitfchrift »Immen-Honnig«. Der Titel des gedruckten Ankündigungsblattes, das fich in meinem Befitz befindet, ift Ndd. Jahrb. 22 S. 52 sub anno 1835 mitgeteilt.

Berlin.   W. Seelmann.

Klitfche.

In dem in meiner Vaterftadt Quedlinburg, die hier Hohenburg genannt wird, um 1866 fpielenden Romane »Im Wafferwinkel« von W. Heimburg (Berta Behrens) lefe ich S. 300: «Er will auf feiner neuerworbenen »Klitfche«, die viel Weideland hat, Fohlen ziehen.« Obgleich der Ausdruck von der Verfafferin noch öfter Hohenburger, d. h. Quedlinburger, Landwirten in den Mund gelegt wird, bezweifle ich, dafs er dort um diefe Zeit gebraucht wurde. Von einem Rheinländer, der längere Zeit in Weftpreufsen beamtet war, höre ich nun, dafs dort der Ausdruck »Klitfche« für Ackergut allgemein gebraucht wird. Mein Gewährsmann, übrigens nicht Philologe, vermutet polnifchen Urfprung des Wortes. Doch halte ich das Wort für deutfch und eine Weiterbildung von Klitfch = Klümpchen (f. M. Heyne, Deutfches Wörterbuch 2. Bd. S. 383), fodafs Klitfche alfo urfprünglich foviel wie Erdfcholle bedeutete. Angaben über Verwendung und Verbreitung des Wortes wären mir willkommen.

Northeim.   R. Sprenger.

Kattenhaube.

In W. Heimburgs Romane »Im Wafferwinkel« S. 12 lefe ich von einer alten Frau in fauberer Kattenhaube. Diefer Ausdruck begegnet mir zum erften Male und ift offenbar nicht quedlinburgifch. Stammt nun der Ausdruck von dem nd. katte = Katze oder, was ich für wahrfcheinlicher halte, von den Katten = Kurheffen?

Northeim.   R. Sprenger.

Die Twechtje.

Diefes hier noch als Lokalbezeichnung vorkommende Wort fehlt bei Schambach. Es ift dasfelbe wie altmärk. Twegt, ein fchmaler Steig, enge Viehtrift (Danneil, S. 229).

Northeim.   R. Sprenger.

Zu Kakobille

bemerkt Georg Cläden im 1767 zu Flensburg erfchienenen fünften Stück feiner monumenta Flensburgensia Seite 580 Anmerkung 40:

»Weil ich allbereits einmal geftanden, welchergeftalt ich ein jedes unverftändliches Wort der Flensburgifchen Alterthümer gerne felbft verftehe, ehe ich folches meinen Mitbürgern zur Prüfung übergebe; fo ift es mir auch mit diefem Worte ergangen; endlich aber habe gefunden, dafs ein Bier unter diefem Namen zu Eckernförde gebraut worden, das von fehr fchönem Gefchmack gewefen fei. Helwaderus in feiner Befchreibung der Stadt Schleswig vergleichet das Schleswigfche Bier damit h. v. »und hat das Bier, fo man in Schlesw. brauet, und an Farbe und Gefchmack der Kakobillen nicht ungleich, die Art an fich, dafs es, ziemlichermafsen getrunken, gut frifch Geblüt und fröhliche Leute macht.« Dafs aber folche Benennung dem Cardinal Raimondo zu danken, der darnach, fo wie der Pabft, zufolge des Bugenhagii Schreiben, sub dat. Wittenb. 13. Jan. 1546, an den König Chriftian III., vid. Dänifche Bibl. P. 9, p. 209, v. »feine heilige Hofen unrein gemacht mit Braunfchweiger Speife, ebenfalls feine Hofen verunreiniget.« Gelehrte können beim Westph. Mon. P. 3, p. 1778 h. v. die Befchreibung hiervon nachlefen: »Raimundus Cardinalis ex potu cerevisiae Ecklenfordensis, cui nomen fuit Quakeltheis, ventris fluxu affectus, nomen ipsi indidit Cacabella, quod hucusque retinuit.«

Schleswig.   Georg Hille.

Zu Korr.-Bl. XXIV, 61 (vgl. S. 70).

Das Lied vom Apfelmädchen hört' ich in der Jugend, ganz fragmentarifch zwar, aber doch fo, dafs Eingang und Schlufs den Vorgang erkennen liefsen, nach einer hüpfenden Melodie:

Ein Bauermäd|chen ging zur Stadt:
,Wer kauft mir mei|ne Äpfel ab?'

Es ift nun wohl zu vermuten, dafs irgend ein frecher ftädtifcher Geck ihr einen Antrag mit Anfpielung auf die anderen Äpfel der fchönbufigen Dirne getan habe, denn fie fertigt ihn ab mit den Worten:

Nein, nein, mein Herr, Sie irren fich!
Die Äpfel, die verkauf' ich nicht.

Wer weifs noch den ganzen Text?

Weimar.   Franz Sandvofs.

Notizen und Anzeigen.

Beitragszahlungen find an unfern Kaffenführer Herrn Joh! E. Rabe, Hamburg 1, gr. Reichenftrafse 11, zu leiften.

Veränderungen der Adreffen find gefälligft dem genannten Herrn Kaffenführer zu melden.

Beiträge, welche fürs Jahrbuch beftimmt find, belieben die Verfaffer an das Mitglied des Redactions-Ausfchuffes, Prof. Dr. W. Seelmann, Charlottenburg, Peftalozziftrafse 103, einzufchicken.

Zufendungen fürs Korrefpondenzblatt bitten wir an Dr. C. Walther, Hamburg 8, Krayenkamp 9, zu richten.

Bemerkungen und Klagen, welche fich auf Verfand und Empfang des Korrefpondenzblattes beziehen, bittet der Vorftand direct der Expedition, »Diedrich Soltan's Verlag und Buchdruckerei« in Norden, Oftfriesland, zu übermachen.

Redigiert von Dr. C. Walther in Hamburg.
Druck von Diedr. Soltau in Norden.

Ausgegeben: Februar 1904.

Jahrg. 1903.   Hamburg.   Heft XXIV. № 6.

Korrefpondenzblatt

des Vereins
für niederdeutfche Sprachforfchung.

I. Kundgebungen des Vorftandes.

1. Generalverfammlung 1904.

Der Vorftand giebt den geehrten Vereinsmitgliedern kund, dafs nach Befchlufs der Magdeburger Pfingftverfammlung 1903 die General- verfammlung des Jahres 1904 um Pfingften zu Kiel in Holftein ftattfinden wird. Zugleich fpricht er die Bitte aus, die für diefe Zu- fammenkunft beabfichtigten Vorträge und Mitteilungen möglichft bald bei dem Vorfitzenden Geh. Rat Prof. Dr. Al. Reifferfcheid in Greifswald anmelden zu wollen.

2. Mitgliederbeftand.

Ihren Wohnfitz haben verändert die Herren
Oberlehrer Dr. Ed. Schaub, jetzt: Saarbrücken,
Prof. Dr. Wilh. Schulze, jetzt: Berlin.
Schon wieder liegt dem Vorftand leider die Pflicht ob, den Verluft zweier langjährigen Mitglieder anzuzeigen, der Herren
Stadtarchivar Prof. Dr. Ludwig Hänfelmann zu Braunfchweig
und Gymnafialprofeffor Friedrich Runge zu Osnabrück.

Ludwig Hänfelmann † 22. März 1904.

Prof. Hänfelmann hat feit dreifsig Jahren unferem Verein angehört. Er trat ihm fchon 1874 bei, als der Kreis fich zwar noch auf Hamburg befchränkte, aber eine Ausdehnung nach auswärts erftrebte; und feitdem hat er ftets demfelben warme Teilnahme bewahrt und ihn mehrfach durch Mitarbeit unterftützt, indem er eine Anzahl mittelniederdeutfcher Litteratur- und Sprachdenkmäler, die er bei feinen archivalifchen Arbeiten gefunden hatte, im Jahrbuche veröffentlichte. So verdanken wir ihm unter anderm das Bruchftück einer frühen Ueberfetzung des »Dies irae«, ein Gedicht von den Waffen Chrifti, mehrere fonftige geiftliche Dichtungen, einige Volks- lieder, darunter ein hiftorifches, das Fragment eines Dramas von Simfon*)

---

*) Bereits 1862 hatte er ebenfo das Fragment eines Faftnachtfpiels in den Jahr- büchern des Vereins für meklenburgifche Gefchichte XXVII, 283 ff. veröffentlicht, das er im Archive der Stadt Röbel entdeckt hatte; vgl. W. Seelmann, Mittelniederdeutfche Faftnachtfpiele (Drucke des Vereins für niederdeutfche Sprachforfchung I), wo dasfelbe wieder abgedruckt ift.

und eine ſprachlich und zeitgeſchichtlich intereſſante fingierte Urkunde aus dem 13. Jahrhundert. Der Pfingſtverſammlung des Hanſiſchen Geſchichts-vereins und des Niederdeutſchen Sprachvereins zu Braunſchweig im Jahre 1892 widmete er als Feſtſchrift die koſtbare kulturhiſtoriſche Sammlung »Mittelniederdeutſcher Beiſpiele«. Wir müſſen dankbar anerkennen, dafs er, der Hiſtoriker, den philologiſchen Wert ſolcher Broſamen, die von der reichen Tafel des von ihm verwalteten Archivs abfiolen. zu ſchätzen wuſste und ſie nutzbar zu machen ſuchte.

Aber aufser durch jene Textgaben, die er als Parerga ſeinen hiſto-riſchen Arbeiten abmüſſigte, hat er auch durch dieſe ſelbſt, die hiſtoriſchen Publikationen, der germaniſtiſchen Philologie grofse Dienſte geleiſtet. Von dieſen ſind vor allem zu nennen die beiden Bände der Braunſchweigiſchen Chroniken und das Urkundenbuch der Stadt Braunſchweig, ſodann die Ausgabe der Legenden und Geſchichten des Kloſters St. Aegidien zu Braun-ſchweig, verfaſst von deſſen Abt Berthold Meier. Man darf ſeine Tätigkeit auf dieſem Gebiete als epochemachend für die Erforſchung der mittelalter-lichen Geſchichte Braunſchweigs bezeichnen, inſofern er die ſichern Grund-lagen zu einer Darſtellung derſelben ans Licht gefördert und kritiſch be-arbeitet hat. Allein er begnügte ſich damit nicht, ſondern, wie er ſelbſt in das Verſtändnis der Quellenſchriften völlig einzudringen ſuchte, ſo war er chonſo bemüht, auch Andern durch Einleitungen, Anmerkungen, Gloſſare und Regiſter ein gleiches Verſtändnis zu vermitteln. In dieſer Beziehung waren ſeine Arbeiten nicht minder muſterhaft, wie in der Akribie bei der Wiedergabe der handſchriftlichen Ueberlieferung und in der Kritik bei Behandlung des Textes. Er verband eben mit der hiſtoriſchen philologiſche Tätigkeit. Auf dieſe Weiſe hat er zur Förderung der Kenntnis des Mittel-niederdeutſchen, deſſen Entſtehung und Ausbildung zur Schriftſprache wir nirgends klarer als grade in Braunſchweig zu erkennen vermögen, ungemein viel beigetragen. Ohne germaniſche Philologie ſtudiert zu haben, aber mit ſcharfem Sinn und feinem Gefühl für linguiſtiſche Dinge begabt, wovon auch ſeine Novellen und Gedichte zeugen, hatte er ſich in die Sprache und Diction des Mittelalters ſo eingelebt, dafs er es mit Erfolg wagen konnte, den urſprünglich niederdeutſchen Text vom Diarium des Hildesheimiſchen Bürgermeiſters Henning Brandis aus der ſpäteren halbhochdeutſchen Um-ſchreibung wiederherzuſtellen. Eine vortreffliche Leiſtung iſt ferner ſeine Ausgabe von Bugenhagens Braunſchweigiſcher Kirchenordnung, deſſen er-ſchöpfende Gloſſierung würdig an die Seite zu ſtellen iſt der zweiten Bandes der Braunſchweigiſchen Chroniken, die er ſelbſt ausführte, weil das, wie er auch anerkannte, nicht ſchlechte Gloſſar eines Philologen zum erſten Bande ſeinen Anforderungen mit Grund nicht genügt hatte. Denn, ſo äuſserte er ſich damals, eine ſolche Arbeit muſs und kann nur der Herausgeber ſelbſt leiſten, der von der Bedeutung jedes Wortes und Satzes bei Feſtſtellung des Textes ſich Rechenſchaft gegeben hat. Dieſe Aeuſse-rung kennzeichnet die Gewiſſenhaftigkeit, mit welcher er arbeitete.

Nie raſtend hat er gewirkt und geſchafft, zuletzt noch am dritten Bande ſeines Urkundenbuches, deſſen völligen Abſchlufs er nicht erleben ſollte. Nachdem er noch am 4. März ſeinen ſiebenzigſten Geburtstag hatte begehen dürfen, überraſchte ihn am 22. März der Tod über ſeiner Berufs-arbeit am Schreibtiſche im Stadtarchive.

II. Mitteilungen aus dem Mitgliederkreiſe.

Zum Braunſchweiger Schichtſpiel und Schichtbuch
(XXIV, 53/54 und 75/76).

1. **vadderphe.** Zur Erklärung des Wortes vadderphe zieht Saake Kbl. XXIV, 53 das nur aus langobardiſchen Rechtsquellen belegbare faderfio = Vatervieh, Mitgift und Erbteil, das die Ehefrau einbringt, heran. Ich kannte das Wort aus Schade's Altd. Wb., wo es nur als lango-bardiſch angegeben iſt, glaubte aber und glaube auch jetzt noch, es nicht zur Erklärung der Stelle im Schichtſpiel verwerten zu dürfen, ſolange nicht nachgewieſen iſt, dafs es im Deutſchen, im Hd. oder Nd., vorkommt oder dafs der Braunſchweiger Dialekt im Mittelalter langobardiſche Sprachreſte enthält. Nun ſcheint feſtzuſtehen, dafs das Stammland der Langobarden der mittelalterliche Bardengau geweſen iſt; aber »im Jahre 6 hatten die Langobarden ihren linkselbiſchen Wohnſitz geräumt, um ſich der römiſchen Herrſchaft zu entziehen, und es fehlt an jeglichem Anhalt dafür, dafs ſie ihn ſpäter etwa wieder eingenommen hätten.« »Ihre Wohnſitze im Lauen-burgiſchen haben die Langobarden ſpäteſtens um 160 verlaſſen, um an die Donau zu ziehen« (Grundrifs der germ. Philol , 2. Aufl., III, 949/50). Dafs um Braunſchweig Nordalbinger, Angeln, geſeſſen haben und ihre Nach-kommen noch heute dort vorhanden ſind, glaube ich aus angliſchen Formen in der heutigen Mundart wie in mittelalterlichen Urkunden wahrſcheinlich gemacht zu haben (Braunſchweigiſches Magazin 1900, S. 123/4), aber hatten ſie das Wort Vatervieh? Und wenn ſie oder andere germaniſche Stämme es hatten, warum erſcheint es nie in ſchriftlichen Aufzeichnungen? Auch der Schreibweiſe vadder ſtatt vader glaube ich eine gröſsere Bedeutung beimeſſen zu müſſen. Heute ſpricht man um Braunſchweig, ob überall, weifs ich zwar nicht, doch vielfach vår; dafs ſchon um 1500 das a lang war, ergiebt ſich aus der im Schichtbuch (S. 307, 9) vorkommenden Form verlich für voderlich; d fällt nur nach langem Vokale aus. — Seit wann und warum die Spielleute beim Militär Federvieh genannt werden, iſt mir unbekannt. Viele Offiziere kennen den Ausdruck überhaupt nicht, und viele Soldaten, die ihn kennen, deuten ihn nicht nach den Abzeichen, den ſoge-nannten Schwalbenneſtern. Kann dieſe Deutung nicht jünger ſein als der Ausdruck? — Wenn ich auch bis jetzt den Ausdruck vadderphe als Federvieh glaube deuten zu müſſen, ſo kann ich doch nicht, wie Sprenger es tut, Singvögel darunter verſtehen, weil Federvieh der weitere und Sing-vögel der engere Begriff iſt, ſondern beziehe es nach wie vor auf ſpeellude.

2. S. 184, 99. o Bomhauwer, du biſt gewant,
uns haddeſtu lovet bevoren
anders, do du wordeſt ghekoren.

Sprenger meint, dafs meine Überſetzung der Worte du biſt gewant »du haſt dich geändert« zu nichtsſagend ſei, und lieſt geſcant ſtatt ge-want. Die Form ghewant, wenn auch in anderem Sinne, kommt im Reime im Schichtſpiel mehrfach vor, bald ghe-, bald gewant geſchrieben. Die einzige Aufzeichnung des Schichtſpiels, die vermutlich vom Verfaſſer ſelbſt angefertigte Reinſchrift (ſ. Einleitung S. 97) bietet derartige Schreib-fehler wie geſcant ſtatt gewant überhaupt nicht, ſo dafs ſchon aus dieſem

Grunde an der hs. Lesart festzuhalten fein wird. Sodann ift aber Bomhauwer's Sinnesänderung, fein Übertritt zur andern Partei im Gedicht klar ausgefprochen. Da das Schichtfpiel nicht leicht jedermann zugänglich fein dürfte, fo mag die ganze Stelle hier abgedruckt werden.

V. 2588.   Bomhauwer was mydde inghan,
    den duffe fammynghe drap an.
    dorch den de mesters van gylden
    oren unmodt draden ftilden.
    van öm fe hadden groten troft,
    ift he fe eer hedde gheloft
    uth törnen effte vanghenftöcken.
    darumme fe om natröcken.[1]
    aver do was dat unghedan:
    he was to der meynheit geghan.
    darum fe fpreken altohant:
    'o Bomhauwer, du byft gewant,
    uns haddeftu lovet bevoren
    anders, do du wordeft ghekoren'.

Die folgenden Verfe berichten, dafs Bomhauwer, weil er fich nicht ficher glaubt, auf den Berg entflieht. Dasfelbe berichtet das Schichtbuch S. 380.

3. **raum opfchlän.** Dafs in der in Cattenftedt üblichen Wendung **raum opfchlän** das Wort **raum** md. oder hd. Eindringling fei, wie Sprenger meint, ift wenig wahrfcheinlich. Rahm heifst in Cattenftedt **râm**, dazu gehören die verba **rëmen** und **âfrëmen**; niemals wird dafür **raum** gefagt. Sodann ift nicht erfichtlich, woher **raum** entlehnt ift. In dem nächften thüringifchen Orte Stiege ift weder **raum** noch die Wendung 'raum auffchlagen' üblich, wie mir mein Kollege Liefenberg mitteilt. Schultze giebt in feinem Idioticon der nordthüringifchen Mundart S. 42 die Form **room** (= rôm) an. Und ift denn der Ausdruck 'raum (= Rahm) auffchlagen' jemals üblich gewefen? Aus den Ausdrücken Schaumfchläger und Sahne fchlagen ift er nicht ohne weiteres zu folgern. Vor allem fpricht aber gegen Sprengers Deutung die Form **rum** des Textes, an der nicht zu rütteln fein wird, weil auch in Benzingerode, deffen Mundart der braunfchweigifchen näher zu ftehen fcheint als der Cattenftedter, heute noch **rûm mâken** vorkommt. — Wenn Sprenger ftatt **leten . . . fysfchen** S. 320, 27 **deden fysfchen** lefeu will, fo ift zu bemerken, dafs diefer Gebrauch des Verbums **don** im Gloffar nicht verzeichnet ift und ich mich auch nicht erinnere, ihn im Schichtbuch gelefen zu haben.

4. **dat kattentoch holden.** Diefe Wendung ift im Mnd. Wb. II, 436 nicht erklärt. Dafs fie gleichbedeutend ift mit der Redensart **de katte holden**, die in einem Braunfchw. Liede bei Liliencron 2, 218, 98 vorkommt, kann nur dann angenommen werden, wenn man das Wort **-toch** unberückfichtigt läfst. Der Zufatz im Schichtbuch »Dat haftu gemaket, o du arme unfalige effele. hirumme wes vorfichtich in dynen dingen unde hot deck vor twidracht. lat deck dar nicht by bringen, wente du most de borden dreghen. du unde dyne kindere, dat unfchuldige blod, motet liden« giebt aber deutlich an,

---

[1] Vormals, als fie ihn in den Rath erhoben und zum Burgemeifter machten.

dafs hier nicht von 'katz halten, gefangen fitzen' etc. die Rede ift, fondern davon, dafs der Efel und feine Kinder dafür büfsen müffen, dafs die Katze entwifcht ift. Diofe hat dem dummen Esel damit einen Streich gefpielt. Das Wort -toch fcheint mir hier feine volle Bedeutung zu haben.

Zum Schlufs noch ein paar Kleinigkeiten, die ich beim Durchblättern des Schichtfpiels fand. V. 661 hat der Herausg. im Reim auf Heffem das hs. duffem in deffem geändert. Derfelbe unreine Reim findet fich jedoch auch V. 4598/9 Hûddeffem : duffem. Da das Schichtfpiel von diefem Pronomen nur die Formen mit dem Vokal u kennt, fo ift duffem zu lefen. Dagegen lautet das Neutrum meift dyt; duth kommt nur 5 mal vor, 2 mal im Reime und 3 mal im Anfange oder in der Mitte des Verfes. — V, 2349 des moft he orem willen volghen war hs. ores nicht zu ändern. — V. 3132 dachte syne fpyffen to fterken brauchte das in der Hs. fehlende to nicht ergänzt zu werden; bei denken fehlt es auch V. 3469. Vgl. auch Mnd. Wb. f. v. denken 4. — V. 3293 fehlt to in der Hs. mit Recht, nach plegen fehlt es oft, z. B. V. 3629, 3848, 3871.

V. 3618. Aver fe worden feer vorghetten,
dat me plecht, to ftryden wetten,
de leyfen to fynghen bevoren:

Zu wetten bemerkt der Herausg.: »Zwifchenfatz, elliptifch für 'to ftryden to wetten': damit man zu ftreiten wiffe?« Von plecht hängt jedenfalls der Infinitivfatz V. 3620 ab.« Ich faffe wetten in der Bedeutung 'nämlich', vgl. Mnd. Wb. V, 700, und halte ftryden für den Dat. Pl. abhängig von to.

Blankenburg a. H.   Ed. Damköhler.

Polka.

Im XXII. und XXIII. Hefte des Korrefpondenzblattes ift mehrfach von Zufammenfetzungen mit Polka die Rede gewefen. Ihre richtige Er- klärung hat Koppmann XXIII, 51 f. gegeben, indem er fie mit dem feit dem Ende der vierziger Jahre befonders beliebten Tanze Polka in Ver- bindung fetzt. Etwas jünger wird fein das vor mir liegende erfte von »Sechs fchönen neuen Liedern«, gedruckt bei Trowitzfch und Sohn in Frank- furt a. O. und Berlin, ohne Jahreszahl. Es nennt fich »Polka-Wuth« und beginnt:

Alles soll fich Polka nennen,
Alles mufs jetzt Polka fein,
Hier ein Polka-Pferderennen,
Dort ein Polka-Hutverein.

In der 2. und 3. Strophe ift von den Polka-Bierlokalen die Rede, in denen die Polka-Kellnerin Bairifch Bier kredenzt, weiterhin von der Polka-Jacke, dem Polka-Hut und dem Polka-Tanze, und ein anderes, etwas jüngeres Leierkaftenlied verfpottet die Polkakokarde hinten am Zopf der Mädchen und den Reifrock. Damit gelangen wir in die zweite Hälfte der fünfziger Jahre. 1856 erwähnt Ludwig Löffler in feinem Büchlein »Berlin und die Berliner«, Leipzig 1856, S. 73 »die ebenfo fchnell erblühten, als fchnell dahingewelkten Polkakneipen«, in denen man »Anftand nahm, ein Seidel Bier zu trinken, und noch viel mehr, etwas zu effen«. Dort war die Polka-

mamfell mit der Polkafrifur (bei Männern Polkatolle) heimifch, und infofern
hat Sprenger. XXIII, 73 nicht ganz Unrecht, wenn er Polka in Zufammenfetzungen durch »gemein« wiedergeben will. [Der von ihm citierte Auffatz
rührt aber nicht von Stofch, fondern von Ladendorf her.] Indes der Polka-
fchlächter lehrt, dafs das Richtige damit doch noch nicht getroffen ift.
Polka- bedeutet vielmehr »anrüchig, in fittlicher oder gefchäftlicher Hinficht
bedenklich, nicht fo befchaffen wie es fein follte«. Im letztgenannten Sinne
hiefs der Berliner die Matthäikirche die Polkakirche (oder unfers Herrgotts
Sommerwohnung im Tiergarten), und Gottfried Keller läfst uns in dem
gleichnamigen Gedichte der Wanderbilder, das 1854 erfchien (vgl. Bacchtold,
G. Kellers Leben 2, 29 Anm.), die Gründe diefer Benennung erkennen.
In dem fich anfchliefsenden Gedicht erfcheint auch die Berliner Biermamfell
günftiger, als dafs man fie Polkamamfell im Sprengerfchen Sinne fchelten dürfte.

Berlin. _____ Max Roediger.

Holhoppeln (XXIV, 41).

Das Wort bietet ein Beifpiel dafür, wie aus einem falfch verftandenen
nd. Worte ein hd. entfteht. Als ich vor mehr denn 30 Jahren Student in
Bonn war, gebrauchten weftfälifche Studenten das Wort »hohnipeln«, aus
dem dann ein hd. Wort »hohnübeln« und »verhohnübeln« wurde mit der
Bedeutung »verfpotten, aufziehen«.

Dortmund. _____ Fr. Kohn.

Hinkefchett (XXIV, 44).

Das Hinkefpiel heifst in der Graffchaft Mark »Hinkebur«, nicht
»Hinkebuck«.

Dortmund. _____ Fr. Kohn.

Brafs (XXIV, 70).

1. Dit »Brafs« is geenszins oorfpronkelijk een Franfch woord, maar
integendeel een goed Nederduitfch woord. Als »bras« is het nog heden
in de Nederlandfche en Friefche talen in volle gebruik, in de beteekenis
als hier voren vermeld, en nog in vele andere, min of meer verwante be-
teekeniffen; te veel om hier op te fommen. Ook in famenftellingen, als
braspenning, braskoer, enz. Die hier meer van weten wil, zie er op
na het groote »Woordenboek der Nederlandfche taal«, dat niet minder dan
drie tweefpondige bladzijden aan dit woord wijdt; verder ook het »Friefch
Woordenboek«, en het »Wörterbuch der Ostfriefifchen Sprache« (op het
woord brads).

Haarlem. _____ Johan Winkler.

2. In der Aachener Mundart bedeutet der Braffel veraltete, un-
brauchbare Gegenftände (in Schlefien werden folche Braft genannt).
chenfo unharmonifches Geräufch, Tumult, Lärm. Dafür fagt man auch die
Braffelei, das Gebraffel, womit man beifpielsweife das grofse Rein-
machen der Hausfrauen bezeichnet. Braffeln = Lärm machen, Zeit ver-
braffeln = vertrödeln, zufammenbraffeln = quatfchen, unnützes Zeug reden;

viel Braffelei = zwecklofes Reden, fauler Braffel = alte Kleinigkeiten. Im Sauerland ift Bräfsler ein Mann, der fich arbeitslos herumtreibt. Stolberg b. Aachen. **Hans Willner.**

3. Am Niederrhein Braf(f)el = unordentliches Durcheinander (von unbrauchbaren Dingen); davon braf(f)ele, durcheinander mengen, unordentlich arbeiten. Gall. lat. brace (gen. braces) = fandala, eine Getreideart, woraus Malz bereitet wurde: daher mittellat. bracium, woher braciare, braxare (bracfare), frz. braffer, durcheinander rühren. **H.**

4. Braffen, Haufe, ift mir fehr geläutig von meinem Vater her, der aus der Priegnitz ftammte.
Lübeck. **C. Schumann.**

duftement.

Im mittelniederdeutfchen Wörterbuche und ebenfo im Handwörterbuche ift duftement als Beluftigung, Vergnügen erklärt. Das Wort ift nur mit Einer Stelle aus einer Lübifchen Luxusordnung belegt, die Wehrmann im zweiten Bande der Zeitfchr. f. Lüb. Gefchichte S. 509—528 veröffentlicht hatte. Dort findet fich die betreffende Stelle auf S. 521 und lautet: des avendes fchal dar van der brudlacht wegene nyn danfs edder jenigerhande duftement wefen, unde de brudegham unde de brud fcholen ... in creme hufe blyven. Ein älterer dem Jahre 1454 angehöriger Text, im neunten Bande des Lübifchen Urkundenbuchs S. 210—220 abgedruckt, bringt auf S. 216 keine erhebliche Abweichung. Dagegen erfcheint unfer Satz in der Luxusordnung des Jahres 1467 im elften Bande desfelben Urkundenbuchs auf S. 325 in wefentlich anderer Geftalt: unde des avendes fchall dar van der brudlacht wegene nyn dantze edder jenigerhande koft wefen van der hochtijd wegene; welk man ofte frouwe dar mede were, de fcholen duftement wefen, unde de brudegam unde de brud fcholen ... in creme hufe bliven.

Der Wehrmannfche Text beruht auf dem älteften Wettebuche, und es ift nach gütiger Auskunft des Herrn Staatsarchivars Prof. Dr. Haffe in ihm nur das hier ergänzte 'wegene' im Drucke ausgefallen. Die Vorlage des zweiten Textes ift verfchollen, und es hat deshalb das Lüb. Urkb. nur den erften Druck (im Archiv für Staats- und Kirchengefchichte der Herzogtümer Schleswig, Holftein, Lauenburg, Bd. 7 Heft 1, Kiel 1833) wiederholen können. Die letzte Faffung ift in einer gleichzeitigen Ausfertigung auf Papier erhalten. Was die Datierung anlangt, die feinem Texte abgeht, fo hat Wehrmann mit guten Gründen dargetan, dafs er nach 1467 und vor 1478 niedergefchrieben fein müffe.

Überlegen wir nun die Stellen, fo ift es nicht zu leugnen, dafs 1467 ·van der hochtijd wegene· eine ungefchickte Wiederholung des ·van der brudlacht wegene· ift und dafs der folgende Satz hart einfetzt. Trotzdem ift es undenkbar, dafs das Mehr diefer Faffung aus einer Erweiterung der kürzeren entfprungen fei. Andererfeits wird es einem fchwer fich vorzuftellen, dafs zwei Abfchreiber der andern Faffungen gerade an denfelben Stellen diefelben Worte überfprungen haben follen, wobei es fich gleich bleibt, ob der Schreiber der Vorlage 1454 oder der Herausgeber 1833 den Fehler gemacht hat. Auszuweichen ift aber nicht, da eine Entwickelung

der Texte aus einem vollständigen und einem fehlerhaften Exemplare von
1454 nicht in Betracht kommen kann. Ich meinerseits glaube es, dafs die
Auslassung infolge Abgleitens der Augen zwei Abschreibern untergelaufen ist.
Die Erklärung des verkürzten Textes konnte nicht anders ausfallen,
als Wehrmann sie zuerst angegeben hat, obgleich die Wortbildung und
Deutung etwas Imaginäres haben. Für den vollständigen Text ist sie auch
sprachlich unanfechtbar, da doucement noch jetzt leise, ruhig, still heifst.
Wismar.   F. Techen.

Das Lied vom Apfelmädchen (XXIV, 21. 70. 80).

Zu diesem Liede find mir die folgenden Nachweise zur Hand: Vier
schöne neue Lieder. Gedruckt im Jahre 1832. Das Vierte; Braun,
Liederbuch für d. d. Studenten 1843; Erk-Irmer 5,14 Nr. 11; Pröhle
158 Nr. 89; Lewalter 4,16 Nr. 11; Eskuche 89 Nr. 221; Bahlmann,
Münsterländ. Märchen, Sagen, Lieder und Gebräuche (1898) S. 218. Im
Manufcript ist es mir mitgeteilt von A. Englert aus Wollishausen bei
Augsburg, von Kopp aus Berlin, von Prahl aus Weftpreufsen. Der Ver-
faffer ist mir unbekannt.
Bafel (Schweiz).   John Meier.

Klitſche (XXIV, 79).

1. In Oberſchleſien und in Hamburg wird ein altes, verfallenes
Haus fo genannt. In Oberſchleſien gilt die Bezeichnung auch für ein
kleines Ackergut, meiſt für ein folches, das devaftiert, irrationell bewirt-
ſchaftet worden ist und daher geringe Ertragfähigkeit befitzt. In dem benachbarten Eifeldorfe Vicht heifst eine Wiefen-Gemarkung, auf der ein
verfallenes Haus ſteht 'am Klitſch', ſonst ist aber das Wort hier nicht bekannt. Gebrechlich poln. = klifchowy. Da mir ein flavifches Lexikon
nicht zur Hand ist, fo kann ich vorläufig nichts Näheres mitteilen.
Stolberg b. Aachen.   H. Willner.

2. Das Grimmfche Wörterbuch 5, 1211 verweift auf Weinhold, Beiträge zu einem fchlef. Wörterb. 44 a, wo zu lefen ſteht: »Klitſche f. kleines,
ärmliches Landgut, 'befonders auf lehmigem Boden'. Holtei.« Darnach
könnte das Wort zu klitfchig »teigig«, der Klitfch »teigiges Gebäck«
(Grimmfches Wb. a. a. O.) gehören. In der Ruhlaer Mundart ist nach
Regel S. 217 der Klitfch »Stück einer weichen Maffe, welches klatfchend
auf eine harte Fläche auffällt«. (Regel denkt offenbar an den Ablaut
klitfch-klatfch.) Diefen Ausdruck kennt man auch in Sachfen (vgl. Albrecht,
Leipziger Mundart 148 b), und dort habe ich gleichfalls Klitfche für ein
unbedeutendes Gütchen gehört.
Berlin.   Max Roediger.

bügen.

Ein junger Lehrer in Benzingerode zwifchen Blankenburg und Wernigerode am Nordrande des Harzes teilte mir mit, dafs in feinem Heimatsorte Rühle im Amtsgerichtsbezirk Holzminden das Verb hügen 'fich beugen,
fich demütigen', 3. Perf. hei büget, noch üblich ist.

In Stendal fagt man: die Kinder bügen noch nicht, d. h. fie zeigen noch keine Luft zu Bett zu gehen.

Blankenburg a. H.   Ed. Damköhler.

_____

Himmeln (Jb. XXIX, 123 u. Kbl. XXIV, 76).

1. Hinhimmeln ift hier allgemein Bezeichnung für in Ohnmacht fallen und für fterben.

Dahrenwurth b. Lunden.   H. Carftens.

2. Am Niederrhein wird hémmele oder bömmele allgemein für »fterben« (namentlich von Kindern) gebraucht, holl. hemelen. In diefer Bedeutung hat das Wort auch Adelung. Weigand dagegen fcheint nur die Bedeutung »in den Himmel aufnehmen« (mhd. himelen) zu kennen. Eine Aachener Redensart ift: »Unrecht hömmelt nicht.«   H.

_____

Der Name »Duderftadt«.[1])

Die Volksetymologie leitet den Namen recht hübfch von dem Streit zweier Brüder um die Namengebung ab, den der eine damit beendigte, dafs er zum andern fagte: Gieh du der Stadt den Namen!

Gudenus (Hiftoria Erfurtenfis, Duderftadt 1675) und Wolf (Gefchichte und Befchreibung der Stadt Duderftadt, Göttingen 1803, S. 40) bringen ihn mit dem Perfonennamen »Dudo« in Verbindung. Diefe Ableitung ift dei herkömmliche. Von einem »Gefchlecht der Dudo« zu fprechen, wie Wüftefeld im »Eichsfelder Marienkalender« für 1903 tut, geht aber auf keinen Fall an.

Eine ganz neue Erklärung fucht Prof. Jäger in feinem fchönen Buche »Duderftadt und fein Schützenwefen«, Duderftadt 1902 S. 76, zu begründen. »Duderftadts Name heifst die Deutfche Stadt. Als Stütze diefer Deutung des Namens kommt in erfter Linie in Betracht, dafs fich füdlich von Duderftadt an der Grenze des niederdeutfchen Sprachgebiets eine Reihe wendifcher Anfiedlungen gebildet hatte. Die Erinnerung an diefe flavifche Einwanderung lebt noch heute fort in den Namen der in der Nähe gelegenen Orte Wehnde, Wintzingerode, Worbis[2]) und anderer weiter füdlich liegender. Es ift bekannt, dafs fich die heimifche Bevölkerung im Gegenfatz zu der eine fremde Sprache redenden, mochte fie nun romanifch oder flavifch fein, die »deutfche« (diutisk von ahd. diot = Volk) nannte, d. h. die deutlich, volkstümlich, verftändlich redende. Noch heute will man durch »deutfch mit jemand fprechen« ausdrücken, dafs man deutlich mit ihm reden, ihm die Wahrheit fagen will. Diefes diutisk ift niederdeutfch

_____

[1]) Diefen Namen trägt die im Eichsfeld gelegene alte und im Mittelalter ziemlich berühmte niederdeutfche Kreisftadt (Provinz Hannover, Regierungsbezirk Hildesheim).
[2]) Von Wehnde und Wintzingerode ift es mir übrigens fehr zweifelhaft, ob fie wendifche Namen find. (Vgl. auch v. Wintzingerode-Knorr, Wüftungen des Eichsfeldes, Gefchichtsquellen der Provinz Sachfen Bd. 40, S. X, Anm. 1.) Dagegen ift Worbis (Wurbize, Worbizze, Worbeze, vgl. Wolf, Worbis, 1818) in der Tat wahrfcheinlich wendifch und kommt vom forbifchen verbica, einer Weiterbildung von verba, Weide, alfo etwa = Weidicht. Einen merkwürdigen Anklang daran zeigt die mundartliche Bezeichnung »Stadtwerbiffe«.

dudefch und dude, to tude = zu deutfch. Daraus ergiebt fich die Bedeutung Tuterfteti (929) und Duderftedi (974) als Stätte der Deutfchen.«
Von got. thinda, ahd. diota, deota hat fchon 1798 Hüllmann, Prof.
in Frankfurt a. O., Duderftadt abgeleitet (Hiftorifch-etymologifcher Vorfuch
über den Keltifch-Germanifchen Volksftamm, Berlin 1798, S. 75 f. und 151):
»Duderftadt, Volksftadt.« Auch Förftemann führt im Namenbuch (Ortsnamen
S. 1450) unferen Namen unter thinda auf.

Aber fchon diefe Erklärung begegnet grofsen Schwierigkeiten. Duderftadt liegt auf niederdeutfchem Sprachgebiet, und dem ahd. diota entfpricht
afächf. thioda, tiod, mnd. dêt, deit, diet (Schiller-Lübben 1, 511), während
wir doch hier duder vor uns haben.

Ganz unmöglich dagegen ift, felbft wenn man den Zufammenhang von
duder- mit thind- zugäbe, Jägers viel weiter gehende neue Ableitung.
Denn erftens hahen wir weder to dude, noch dudefch und zweitens hatte
diutisk zu der Zeit, wo Duderftadt benannt wurde, noch gar nicht die
Bedeutung der Volksangehörigkeit, fondern wurde noch von der Sprache
allein gebraucht. (Vgl. Doves Abhandlungen über die Gefchichte der Bezeichnung »deutfch«.)

Auch die Hauptftütze der neuen Deutung fcheint mir zweifelhaft. Es
handelt fich doch blofs um ganz vereinzelte wendifche Anfiedlungen. Den
Gegenfatz zu ihnen würde die heimifche deutfche Bevölkerung höchftens fo
bemerkbar gemacht haben, dafs fie jene Orte mit Beftimmungswörtern wie
»Windifch-« bezeichnet hätte. Aber dafs die eingeborene Bevölkerung den
Gegenfatz zu folchen Infeln fremden Volkstums zum Prinzip der Namens-
gebung bei ihren eigenen Orten gemacht habe, ift kaum anzunehmen.
An einer befriedigenden Erklärung des Namens Duderftadt fehlt es
alfo noch.

Münfter. —————————— Kl. Löffler.

bodenftulpen.

Das Wort bodenftulpen ift wiederholt Gegenftand von Erörterungen
gewefen. Aufser Schiller und Lübben haben fich in neuerer Zeit Boll,
Häufelmann, Frensdorff und Koppmann um feine Deutung bemüht. Vgl.
hanfifche Gefchichtsblätter 10 (1880/81) S. 152 und Nachtrag zum mnd.
Wtb. unter bodenftulpen. Nach diefen Vorgängern würde ich nicht die
Neigung haben mich darüber auszulaffen, wenn ich nicht einige Stellen
beibringen könnte, die den Widerftreit der Meinungen zu beendigen geeignet find.

Es ift bekannt, dafs unfer Wort befonders viel in Landfriedensurkunden
vorkommt. Man trifft zufammengeftellt: ftratenrof, bodenftulpent, brant
edder duverye (Meklenb. Urk.-B. 7890 S. 431, vom Jahre 1354), roven,
bernen, vordinghen, bodenftolpen und doetflach doen (ebd. 9157, S. 313,
von 1363), rof, mord, brand, bodenftülpend, duve edder jeneghcrleye
undat (ebd. 9560 S. 118, 123, von 1366), rof, brand, vengkniffe, duve,
bodenftülpend, vorretniffe und alderleye undat (ebd. 8534 S. 366, von
1358) und Ähnliches. Genau ebenfo finden fich nun in zwei Pommerfchen
Urkunden neben einander: perceptum a furibus, raptoribus, fpoliatoribus,
depredatoribus, incendiariis publicis et manifeftis et vie publice infefta-
toribus aut ab hiis, qui tempore nocturno homines depredaverint

fub doliis ponendo, vel qui violaverint probas dominas et puellas (hanf. Urk.-B. II N. 349 § 1 S. 145 vom Jahre 1319), und: latrones, predones, fpoliatores, raptores, viarum diferiminatores, vifpiliones, fures, incendiarios et qui tempore nocturno homines opprimunt dolifi]s et fupponunt (ebd. N. 380 S. 159 von 1321). Von Herzog Heinrich III von Meklenburg aber rühmt fein licher mittelalterliches Epitaph bei Kühne, die Kirche zu Doberan S. 25 oder bei Schlie, Kunft- und Gefchichtsdenkmäler Meklenburgs III S. 643: Pax et juftitia fuit ejus philofophia, Per quam purgata ftetit ejus publica strata. Tute mercator ivit quivisque viator. Tectos fub larvis nequam fylvis vel in arvis Noctibus errantes fractis domibusque locantes Sub doliis gentes et carum res rapientes Inveftigavit, fufpendit vel gladiavit.

Gegenüber diefen gleichzeitigen anfchaulichen Überfetzungen von »bodenftulpen« können die Beifpicle, die Schiller, Frensdorff und Koppmann verführt haben, eine andere Deutung vorzuziehen, nicht aufkommen. Es find das eine Eintragung des Wismarfchen Verfeftungsbuches: profcripti funt eo, quod tempore nocturno ventimolendinum ... bodenftulpeden et molendinarium ... interfecerunt (Mekl. Urk.-B. 9433 von 1366, eine übuliche Stelle hanf. Gefchichtsqu. I S. LXV) und eine jetzt am bequemften im Lüb. Urk.-B. VI S. 501 N. 494 zugängliche Klage: de my bebben bodenftulpet unde utepughet myn dorp (1423). Endlich heifst es im Mekl. Urk.-B. 5524 S. 450: dat he .. fi gerovet und gebrand, fin land bodenftulpet nacht und dach, fine man ... vangen und dot geflagen (1334). All das kann aber um fo weniger entgegengehalten werden, als es fich ohne jeden Zwang erklären läfst. Denn es ift nur diefelbe Kürzung des Ausdrucks angewendet, die uns etwa fagen läfst: die Stadt ift dafür begeiftert, oder: grüfsen Sie Ihr ganzes Haus, oder dergl. Und wie Genzkow berichtet: wo fie vergangen nacht b[o]ddenftulpesker wiefe hadden 2 perde laten nemen, fo wollte der Schreiber jener Verfeftung fagen: die Mühle ift unter Anwendung von bodenftulpen ausgeplündert und der Müller erfchlagen.

Kurz und gut, die Erklärung, die Franz Boll ausgemittelt und fein Bruder Ernft 1855 bekannt gegeben und die fpäter Hänfelmann 1873 und Lübben 1881 vertreten haben, findet urkundlich ihre fchönfte Beftätigung, nicht minder aber ift der Scharfblick Frensdorffs anzuerkennen, der herausgefunden hat, dafs der Schatten der Nacht das bodenftulpen zu decken hatte. Natürlich ift wie jede Prägung auch das Wort bodenftulpen mit der Zeit abgenutzt und auch für Fälle verwendet worden, wo eine nächtliche Ausplünderung von Haus und Hof ohne Überftülpen von Bottichen ftattgefunden hat. So beklagt fich, um nur ein ficheres Beifpiel zu geben, im Jahre 1472 Haus v. Bibow bei Wismar, dafs dortige Einwohner in nachtflapender tid in feinem Gute Parchow gewefen feien unde bobben waldet unde woldet, nude wet nicht, wor ik dat vor rekenen fchal, vor pande[n]t edder vor boddemftulpent. (Brief im Wismarfchen Ratsarchive).

Ich kann nicht unterlaffen hinzuzufügen, dafs vor fechzig oder fiebzig Jahren hierorts ein angefehener Manu gelebt hat, der das bodenftulpen als ein geeignetes Strafmittel für feine Rangen angefehen und angewendet hat.

Wismar.   F. Techen.

dekeretal.

Im 2. Teile des Urkundenbuches der Stadt Goslar, bearbeitet vom Oberlandesgerichtsrat Georg Bode, Halle 1896, heifst es im Regifter S. 670b: »dekere, wat fek to der dekere tale dreghet, nach Tücherzahl, 1281, 292 c. S. 312, 44«. dekere oder deker heifst jedoch nicht Tücher, fondern Decher, eine Zahl von zehn, wie aus Mnd. Wtb. II, 498 zu erfehen war, wo übrigens die betr. Stelle aus den Gosl. Stat. 104, 5 folgendermafsen lautet: Erech unde permet oder wat fik to dekere tale dreghet, dat fchal men vorkopen bi gantzen dekeren, während das Urkundenbuch Erch, fek, dekeretale, fcal, me, vercopen, ganzen hat.

Blankenburg a. H.   Ed. Damköhler.

Wane (XXIV, 62).

»Wahn« wird in der weftfälifchen Mark im hd. und nd. fowol in der Bedeutung »verrückt« wie in der Bedeutung »fehr« gebraucht. »De Käl (Kerl) es dull uu wahn« hört man ebenfo, wie »dat es wahn düer«, »de hät't wahn ilig«.

Dortmund.   Fr. Kohn.

Keek (XXIV, 60, 70).

1. Keeken heifst hier laut fchreien; Keekes ift ein Schreihals.
Stolberg b. Aachen.   H. Willner.

2. Keek ift die plattd. Bezeichnung für Kiemen, und auf Menfchen übertragen ift es urfprünglich diejenige Stelle, wo bei den Fifchen die Kiemen fitzen, die Kinnbacken. »Ick hau di in 'e Keekn« heifst: Ich geb die einen an die Kinnbacken.
Dahrenwurth b. Lunden.   H. Carftens.

Niederdeutfches bei Heinrich von Kleift.

Bekanntlich hat H. v. Kleift in feinen Schriften manchen niederdeutfchen Ausdruck verwandt. Ich verweife nur auf die eigentümliche Verwendung von pluftern, das eigentlich vom Sträuben der Federn der Vögel gebraucht wird, in der Hermannsfchlacht 4, 216 ff.:

> Und unter einer Fichte, eng
> Die Häupter an einander drückend,
> Stand einer Glucke gleich die Rotte der Rebellen,
> Und brütete, die Waffen plufternd,
> Gott weifs, welch eine Untat aus.

Ich vermute, dafs auch in folgender Stelle des Michael Kohlhaas urfprünglich ein niederdeutfches Wort geftanden hat: »Da der Famulus vergebens, weil der Riegel vorgefchoben war, an der Türe wirkte, Luther aber fich wieder zu feinen Papieren gefetzt hatte, fo machte Kohlhaas dem Mann die Türe auf.« Ich halte es für ficher, dafs Kleift ftatt des unpaffenden wirkte hier wrickte gefchrieben hat. wricken, fricken und das Iterat. wrickeln, frickeln »hin- und herbewegen« wird befonders gebraucht,

93

wenn man eine verfchloffene Tür zu öffucu fucht. Schambach S. 33 bemerkt zu brickeln: nur 'an'n flote brickeln' d. h. an dem Schlofse hin
und her reifsen.
Northeim.   It. Sprenger,

Kees, Keesjung (XXIV, 77).

Ich halte Kees für eine Abkürzung aus Keesjung und leite es ab
vom altd. keiten = werfen; alfo »Werfjunge«. Damit würde das von
Schumann angezogene »Katfen = Kaetfen, Fangball fpielen« ftimmen
                                                                H.

Käfejungen nannten auch wir als Knaben in Quedlinburg diejenigen,
welche beim »Ballfchlagen« die Aufgabe hatten, die vom »Schläger« gefchlagenen Bälle aufzufangen. Wenn man vorbeifchlug, d. h. den Ball mit
dem Ballholze nicht traf, fo mufste man zur Strafe als Käfejunge hinten
antreten. Das Amt galt als verächtlich, und ich habe daher die Bezeichnung immer mit Käfe (nd. kéfe) zufammengebracht. Ift ja doch auch
ein »Dreikäfehoch« verächtliche Bezeichnung eines recht kleinen Jungen.
Northeim.   R. Sprenger.

Sleper und Vuler (Redent. Spiel 1131).

Den im Redentiner Spiel V. 1131 aufgeführten fleper hat Drofihn
mit Walthers Zuftimmung (Niederd. Jahrbuch XVI, 48) als flependriver
erklärt, d. h. einen Fuhrmann, der auf einer Schleife, einer Art Schlitten
(flope), den Kaufleuten die Waren zuführt. Ich halte diefe Erklärung für
die wahrfcheinlichfte nach dem Mnd. Wb. 5, 552 ein Menfch,
der im Schmutze arbeitet. Wie erklärt fich nun die Zufammenftellung
beider Worte? Ich meine dadurch, dafs auch fleper, wie flependriver
im Brem. Wb. 4, 823 die Nebenbedeutung eines nachläffigen, fchmutzigen,
trägen Menfchen hatte. Vielleicht läfst fich aber vuler noch als Bezeichnung für eine beftimmte Art von Arbeitern, die mit fchmutziger
Arbeit zu tun haben, nachweifen.
Northeim.   R. Sprenger.

Mötemaker (XXIV, 62. 77).

Was die Gleichftellung von mötemaker mit mute-, mütmaker und
meuterer betrifft, fo hat Haufen gewifs Recht. Aber das Wort famt
feiner Sippfchaft ift älter als Petreus. Schon die Narratio rhythmica von
der Hildesheimer Fehde aus den zwanziger Jahren des 16. Jahrhunderts
hat: de erften mutemekers, duffes fures erfte anftekers (Lüntzel,
Die Stiftsfehde S. 184). In einem Actenftück von 1534 heifst es: de bobben
moiterigge in der ftat gemaket (Cornelius, Berichte der Augenzeugen
über das Münfterifche Wiedertäuferreich S. 276). Die jüngere Gloffe zum
Reineke Vos, von 1539, gebraucht I, 22 die Form müterye = Aufruhr.
Auch Luther kennt meutmacher; f. Moritz Heyne im Grimm'fchen Wb. 6,
2166. Sogar fchon im 15. Jahrhundert laffen fich diefe Wörter nachweifen;
denn 1475 führt Gherard van der Schueren in feinem Clevifchen Wb., dem
Teuthonifta, mente, mentery, meutmeker auf. Aus den Niederlanden

find uns diese Wortbildungen durch die Landsknechte, wie Heyne wohl mit
Recht annimmt, zugeführt worden. Dort find fie nach den franzöfifchen
meute, émeute, mutin, mutiner unter Anlehnung an das ndl. muiten
(brummen, murren) gebildet worden; f. J. Franck, Etymologifch Woordenboek der Nederlandfche Taal. In Norddeutfchland, befonders in Weftfalen,
hat man, wie moite, moitmaker etc. lehren, die Ausdrücke mit dem
ndd. moyte = moye, Mühe, in Verbindung gebracht. Infofern hat
Jellinghaus mit feiner Erklärung Recht. Während die Formen mit 'oi' in
den meiften ndd. Dialekten die älteren mit 'u', refp. 'ui' allmählich verdrängt haben, hat man dagegen im Nordelbingifchen, wie Hanfen in dan-
kenswerter Weife gezeigt hat, die alte Form mûtmaker bis heute bewahrt.
Hamburg. · C. Walther.

Marcolle = der Häber (II, 40. 64. XVI, 86. XVII, 5).

Marcollo heifst der Eichelhäher im Kreife Aahaus, im benachbarten
Holländifchen Meerkel, wie Th. Hocks in einem Vortrage, gehalten in
einer Sitzung des Aahaufer Kreisvereins für Gefchichtforfchung, berichtet.
Vgl. dazu Mnd. Wb. III, 37: markolf und Lübbens Ausgabe des Reincke
Vos S. 345.
Northeim. R. Sprenger.

Polk

bezeichnet in der Altmark ein halberwachfenes Schwein (f. Danneil S. 159).
In Braunfchweig wird der Ausdruck auch von den eben geworfenen Ferkeln
gebraucht. So lefe ich in einer Braunfchweiger Zeitung vom 5. April 1904:
»s Pölke (ein Wurf) zu verkaufen«.

Linienkuh.

Ebendafelbft lefe ich: »Linienkuh, neumilchend, zu verkaufen.« Auf
Befragen erfahre ich, dafs eine Linienkuh eine Kuh mit geringelten Hörnern
ift. Eine folche Kuh fteht in Rufe, befonders gut zu milchen. Der Aus-
druck erinnert an die »kuo von fiben binden« im Meier Helmbrecht, wozu
Keinz folgende Bemerkung macht: »eine Kuh, die fiebenmal gekälbert hat.
Die Bezeichnung ift davon gekommen, dafs fich an den Hörnern der Kuh
beim jedesmaligen Kälbern ein Streifen oder Ring bildet.«
Northeim. R. Sprenger.

Tene-worme.

Für die Erforfchung mittelniederdeutfcher Litteratur ift auch eine
Erforfchung von deren Quellen dringend erwünfcht. Eine einzelne medicinifche Stelle des Hippocrates in ihrem Übergange durch mittelhochdeutfche Vermittelung in mittelniedordeutfchen Text haben Borchling und
ich erwiefen. Noch intereffanter dürften die »Zahnwürmer« in ihrem
Stammbaume fein.
In Archives de Parafitologie Paris 1902 pg. 80 ff. habe ich ausführlich über die Zahnwürmer (= Caries der Zähne) gehandelt. Mittelhochdeutfch habe ich Codex Monacenfis Germanicus Nr. 92 folio 7c, mittelniederdeutfch Gothaer Arzneibuch folio 88b Zeile 34, mittelenglifch Medi-

einifche Miscellan-Handfchrift Nr. XIV in kl. 4° in Stockholm p. 38 und weiter mittelniederdeutfch Utrechter Arzneibuch folio 73b, Gothaer Arznei-buch folio 21a, Roftocker Urteilsbuch 1584 folio 320b und nochmals Roftocker Urteilsbuch 1576, folio 153b benützt. Hier fitzen die Würmer in den Zähnen und Kinnbacken. Was wird aber der Lefer fagen, wenn ich ihm als Prototyp und Ausgang diefer Anficht der Zahnwürmer und ihrer Befegnung einen Keilfchrifttext (!!) vorführe.

In den Mitteilungen der Vorderafiatifchen Gefellfchaft 1904 Heft 3 ift der babylonifche Text 55547 tranfcribiert und überfetzt. Es ift dies der mehrere Jahrtaufende alte Prototyp der Befchwörung der Zahnwürmer.

›Gott Anu fchuf den Himmel, der Himmel fchuf die Erde, die Erde fchuf die Flüfse, die Flüfse fchufen die Bäche, die Bäche fchufen den Schlamm, der Schlamm fchuf den Wurm. Es gieng der Wurm vor das Angeficht der Sonne weinend. Vor dem Angeficht des Gottes Ea kamen feine Tränen. ›Was giebft du mir zu meiner Speife? was giebft du mir zu meinem Trank?‹ ›Ich gebe dir eingekochten Met und den Duft des Hafchchurbaumes.‹ ›Ich, was foll ich mit dem eingekochten Met und dem Duft des Hafchchurbaumes? Laffe mich feftfetzen im Innern des Zahnes und die Kinnbacken laffe mich bewohnen. Aus den Zähnen will ich ihr Blut trinken. Aus den Kinnbacken will ich ausbrechen ihre Wurzeln.‹ ›Hefte dich an den Pflock; ergreife den Fufs!‹ — Weil du das gefagt haft, o Wurm, möge dich fchlagen Gott Ea mit der Stärke feiner Hand. Überfchrift: Befchwörung für Zahnfchmerzen. Handlung dabei: Pflanze SARIM (vielleicht Hyofcyamus?) follft du zermahlen und mit Talg einheitlich vermengen. Die Befchwörung dreimal darüber follft du herfagen und auf feinen Zahn follft du es tun. Abfchrift einer Tafel mit dem Titel ›Wenn ein Mann Zahnfchmerz etc.‹ von einem Original des Merodachnadinach auf Silber gefchrieben. Nabunadinibri, Sohn des Kudurabu hat es abgefchrieben.‹

Die Identität des babylonifchen Textes mit den mittelniederdeutfchen Textes bedarf keiner Erläuterung, nur vielleicht der Weg der Überlieferung. Da ein ähnlicher Bericht auch beim Araber Ofeibia zu finden ift, fo ift ohne weiteres klar, dafs von Altbabylon durch Zwifchenkulturen diefe medicinifchen Ausgeburten den Neftorianern, von diefen den Arabern, von diefen den Salernitanern, von diefen den Benedictinern und von diefen den germanifchen Volksfprachen die Anficht von den Zahnwürmern und die Befchwörungsformel übermittelt wurde.

Bad Neuenahr.   Oefele.

De fülvern Flott (XXIV, 62).

Mit den Noten: Een triomfantelijk lied van de Zilvervloot, (woorden van) J. P. Heye, (muziek van) J. J. Viotta (nicht: Viotti), Nr. 27 (Seite 36) in: Nederlandfch Volksliederenboek. Samengefteld door Daniël de Lange, J. C. M. van Riemsdijk, G. Kalff. Liederen voor Zang en Klavier. Uitgave van de Maatfchappij tot Nut van't Algemeen. Amfterdam. S. L. van Loon. (Neuefte Auflage: 1903.) Es exiftiert auch eine kleine, fehr wohlfeile Ausgabe (mit den Noten) für Schulgebrauch.

Leiden.   A. B.

Berlinifch: Kulpsoge.

Richard Neubauer erklärt in feiner Auswahl aus Luthers Schriften Halle 1890 I, S. 15 das berlinifche **Kulpsoge** als Entftellung aus **Kalbsauge**. Kulp hat aber mit Kalb nichts zu tun, ift vielmehr nd. Bezeichnung für ein dickes, aufgetriebenes oder grofses, rundlich aus dem Geficht hervortretendes Auge, bz. ein Auge, das weit aus der Augenhöhle herausliegt, ein Glotzauge. Vgl. **kulpöge, kulpäge** (Schambach), **kolpoge** (Brem. Wörterbuch), **külpöge** (Dähnert), **kulfsöge** (Danneil). Von **kulp, kulpe** wird das Verb. **knipen** gebildet, d. h. mit grofsen, weitaufgeriffenen Augen nach etwas ftarren, auch »fchlafen« im tadelnden Sinne. Siehe ten Doornkaat Koolman, Oftfrief. Wb. Bd. II, S. 400.

Northeim.　　　　　　　　　　　　　　　　　R. Sprenger.

Feulen.

Jacob Loewenberg fchreibt in feinem Gedichte »Auf dem Felde der Ehre« (Vom goldnen Überflufs. R. Voigtländers Verlag in Leipzig, S. 225):

> Da fchritt der junge Lehrer in das Haus
> und wartete der Kranken frohbeherzt
> und forgte für die Kleinen liebevoll
> und kochte, wufch und reinigte und **feulte**,
> war alles — Wärter, Magd und Arzt zugleich.

Diefes mir hier zum erften Male begegnende Wort ift unzweifelhaft abgeleitet von dem im Brem. Wb. I, 384 verzeichneten **feuel**, ein grobes leinen oder wollen Tuch, womit man das Spülwaffer von der Erden aufnimmt.

Northeim.　　　　　　　　　　　　　　　　　R. Sprenger.

Notizen und Anzeigen.

Beitragszahlungen find an unfern Kaffenführer Herrn John E. Rabe, Hamburg 1, gr. Reichenftrafse 11, zu leiften.

Veränderungen der Adreffen find gefälligft dem genannten Herrn Kaffenführer zu melden.

Beiträge, welche fürs Jahrbuch beftimmt find, belieben die Verfaffer an das Mitglied des Redactions-Ausfchuffes, Prof. Dr. W. Seelmann, Charlottenburg, Peftalozziftrafse 103, einzufchicken.

Zufendungen fürs Korrefpondenzblatt bitten wir an Dr. C. Walther, Hamburg 3, Krayenkamp 9, zu richten.

Bemerkungen und Klagen, welche fich auf Verfand und Empfang des Korrefpondenzblattes beziehen, bittet der Vorftand direct der Expedition, »Diedrich Soltau's Verlag und Buchdruckerei« in Norden, Oftfriesland, zu übermachen.

Redigiert von Dr. C. Walther in Hamburg.
Druck von Diedr. Soltau in Norden.

Ausgegeben: April 1904.

Register*)

von

W. Zahn.

---

*) Die eingeklammerten römischen Ziffern weisen auf die früheren Jahrgänge.

Laddei, Familienname 8.
ladeke, slichte l., schorf- 33.
60.
„Laterne, Laterne! Sonne,
Mond und Sterne" etc. 57.
Laternenlieder 38. 56 f.
zu Lauremberg, Scherz-
gedichte: keke 60.
lé, lee, lehe 22.
lëbendig 5.
Lehe, Ortsn. 22.
v. Lehsten, Christian Wilhelm 11.
lellekenkrût 60. 69.
lichtmissenmân 45.
lie, lihe 21 f.
Lieder, vgl. Gedichte, Sprüche.
Lievegoed (Familienname) 5.
Linienkuh 94.
loddei (XXIII) 8.
lödding = Ampferblatt 60.
lodike 33. 60.
löpp = Teichrosen-Blatt 60.
lött. grunn-, stangen- 60.
lollklöster 47.
lütt = Teichrosen-Blatt 60.
lulei 8.
lùsangel 13.

marcolle = Häher (II. XVI.
XVII) 94.
Marktzeit, ebenliet 63 f.
Markward, der Häher (II. XVI.
XVII) 94.
mérkel = Häher 94.
mehlhund 58.
messflachten 34.
meutmacher 93 f.
middelàt 15.
mit sin: em is dat ni mit
(XXIII) 7.
Mittelniederdeutsches Wörterbuch: lollklöster 47. sinkedôs 48. sleper, vuler 93.
mötemaker 62. 77. 93 f.
Monatsnamen 45 f.
müchuime, mhd. 20.
mütmaker 77.
nâ de mütz sin 7.
Mundfäule, vgl. voss.

na in: na't Kellerlock rin
fallen etc. 58.
nagelworm 42.
för'n narren holen 7.
Nase. Spitzwerden ders. als
Todesvorzeichen 39 f. 50 f.
neinadeln: afgebräkene n. un
gestött glas eten 8.
niederländische Familien-
namen 4 f.

Nige Schade 11. 27. 34. 47. 54.
nip (XXIII) 7.
Northeim: Volksaberglaube
61.

Ollsch mit de lücht 38. 56 f.
Ortsnamen: Lehe 22. Duder-
stadt 89, slavische (?) in
Holstein (XXIII) 19 f. im
Eichsfelde 89 f.

Pantaleonsfest, Panteljohn,
panteljohnen, verpantel-
johnen 21 f. 27.
panze = Kind 39.
papphahn (XXIII) 10.
pierk 62
plustern (bei Heinrich von
Kleist) 92.
polak (XXII. XXIII) 8.
polk = junges Schwein 94.
polka (XXII. XXIII), -kneipe,
-schlachter etc. 85 f.
Prelaten dede God nicht en-
seyn etc. 59.
Priamel von ungedeiblichen
Sachen 59.
punthorn 63.

Qua(m)busch, Familienname
24 f. 83 f.
Quistwater, -coren (Familiennamen) 4.

Rätsel über den Docht 28.
rambam 77.
rastelkék 70.
raum opschlàn 75 f. 84.
Redensarten: op rosen sitten,
en küs üttrecken, up socken
6 f. 24 för'n buren (narren)
holen, vörpål slagen, mit
sin, nà de mütz sin 7. de
katt löpt nich mihr weg
mit . . . . 8. uten swengel
slàn 21. up der garwe herum riden (gäu) 26. von der
Haeke geben 48. raum
opslàn, dat kattentoch (de
katte) holden 75 f. 84.
Freude haben wie die Juden
am Spitzhut 76
zum Redentiner Spiel: alre
minschen vrowe 86 f. sleper,
vuler 93.
Regel, Weise R.
Reime, s. Sprüche.
zu Reinke de vos: Idelbalch
38. Markward der Häher
(II. XVI. XVII) 94.

rese = Ritter-55 f. 77. Vgl.
bankrese
rethmän 45.
zu Reuter, Fritz: mit den
Krig unner de Näs' 64. R.
und die Fliegenden Blätter,
bezw. zu den Läuschen un
Rimels 71-74. Unbekannte
Aufsätze 74 f.
inne rich(te) (XXIII) 7.
Riese = Ritter 55 f. 77.
Rimpau, Dr. W., Amtsrat † 65.
rippelmàn 45.
Roge 19.
op rosen sitten (XXII. XXIII)
6. gebeddet sin 24.
Rüdiger, Dr. Otto, † 65 f.
Rümpel 19.
Rüting 19.
rûm upslàn 75 f. 84.

Sarlau, Flussn. in Holstein 19.
Sat un frat = Sassafras 46.
schabbig 42 f.
schade, de nige sch. (Wirts-
häuser) 11. 27. 34. 47. 54.
Schadehorn 19.
zu Schambach, Göttingisch-
Grubenhagensches Idioti-
kon: bläen, dôaepe 58.
zum Schatten, Wirtshausn. 54.
Schauer 22.
schevisch, schevig 43. 59.
zum Schichtspiel und Schichtbuch von Braunschweig 53 f.
75. 83 f. 89.
Schimpfwörter: Composita
von -angel (lùsangel etc.)
13 f. brassel 87. butten-
brink 62. fressbantle 27.
isfölken 63. Composita von
kék(e) 70. lulei 8. tarr-
kragge 62. verwömte kerl 63.
Schneiderkarpfen = Schleie
od. Hering-10.
schorbuck, Buten dageguu 20.
40. 58.
schurfladeke 33.
Schreiben einer Schwiegermutter 28 f.
Schützenkönig von Triptis 73.
schuster, -karpen 10.
Schwamm (e. Art Ausschlag)
58.
Schwiddeldey 19.
sibb, sibbenhund 48.
siburken 69.
sinkedôs 48.
slavische Ortsnamen in Holstein (XXIII) 19 f. im Eichsfelde 89.

Verzeichnis der Mitarbeiter

am vierundzwanzigften Jahrgange des Korrefpondenzblattes

A. B.
F. Bachmann.
J. Bernhardt.
A. Bernt.
C. Borchling.
W. Busch.
H. Carstens.
E. Damköhler.
R. Doebner.
O. A. Ellissen.
H.
R. Hansen.
A. N. Harzen-Müller.
G. Hille

H. Jellinghaus
F. Kohn.
K. Koppmann
Kornbusch.
E. Kück.
K. Löffler.
J. Meier.
O. Mensing.
Oefele.
J. Peters.
F. Pfaff.
M. Roediger.
O. Rüdiger.
H. Saake

F. Sandvoss.
E. Schröder.
C. Schöddekopf.
F. Schultz.
C. Schumann.
J. Schuster.
W. Seelmann.
R. Sprenger
F. Techen.
J. F. Voigt.
C. Walther.
H. Willner.
J. Winkler.

Druckberichtigungen.

S. 5, Z. 10 v. unten lies lebendig ftatt lebendig.
S. 7, Z. 23 v. unten lies Mundarten ftatt Mdd.
S. 8, Z. 14 v. oben lies Gernrode ftatt Bernrode, Z. 23 XXIII ftatt XXXIII.
S. 25, Z. 15 v. unten lies breiten ftatt beiden.
S. 28, Z. 11 v. oben lies fchoft ftatt fchoft.
S. 43, Z. 21 v. oben lies fchev'fch ftatt fchev'fch.

S. 47, Z 2 v. oben tilge 1) — Der Artikel Zum mdd. Wörterbuch ift von R. Sprenger, Northeim.
S. 57, Z. 4 und 11 v. unten lies füllt ftatt fällt
S. 59, Z. 20 v. unten lies fpeciell ftatt fpeciel.
S. 60, Z 3 v. unten lies Lellekenkrut ftatt Lollokenkrut.
S. 76, Z 15 v. unten lies foll ftatt foll.
S. 77, Z. 18 v. oben lies möje ftatt Möje.
S. 88, Z. 9 v. oben lies 61 ftatt 21.

Statuten
des Vereins für niederdeutfche Sprachforfchung gemäfs den Befchlüffen der Generalverfammlung zu Stralfund,
Pfingften 1877.

§ 1. Der Verein fetzt'fich zum Ziele die Erforfchung der niederdeutfchen Sprache in Litteratur und Dialekt.

§ 2. Der Verein fucht feinen Zweck zu erreichen
1) durch Herausgabe eines Jahrbuches und eines Korrefpondenzblattes,
2) durch Veröffentlichung von niederdeutfchen Sprachdenkmälern.

§ 3. Der Sitz des Vereins ift vorläufig in Hamburg.

§ 4. Den Vorftand des Vereins bilden wenigftens fieben von der Generalverfammlung zu erwählende Mitglieder, von denen zwei ihren Wohnort am Sitze des Vereins haben müffen. Aus dem Vorftande fcheidet jährlich ein Mitglied aus, an deffen Stelle die Generalverfammlung ein neues erwählt.

§ 5. Die Generalverfammlung findet jährlich zu Pfingften ftatt.

§ 6. Die litterarifchen Veröffentlichungen des Vereins beforgen im Auftrage des Vorftandes Redaktionsausfchüffe, in denen wenigftens je ein Mitglied des Vorftandes fich befinden mufs.

§ 7. Der jährliche Minimalbeitrag der Mitglieder ift fünf Reichsmark. Für denfelben wird die Zeitfchrift und das Korrefpondenzblatt geliefert.

Vorftand des Vereins.

Denfelben bilden zur Zeit die Herren:

Dr. Al. Reifferfcheid, Profeffor, Geh. Reg.-Rat, Greifswald, Vorfitzender.

Dr. F. Joftes, Profeffor, Münfter i. W., Jüdefelderftr. 56.

Dr. K. Koppmann, Archivar, Roftock, Mühlenftr. 14.

Kaufmann Joh. E. Rabe, Hamburg 1, gr. Reichenftr. 11.

Dr. G. Roethe, Profeffor, Weftend b. Berlin, Ahornallee 30.

Dr. W. Seelmann, Profeffor, Oberbibliothekar, Charlottenburg.

Dr. C. Walther, Hamburg.

KORRESPONDENZBLATT

DES VEREINS

FÜR NIEDERDEUTSCHE SPRACHFORSCHUNG.

HERAUSGEGEBEN

IM AUFTRAGE DES VORSTANDES.

JAHRGANG 1904.
HEFT XXV.

...

HAMBURG.
NORDEN & LEIPZIG. DIEDR. SOLTAU. 1905.

Jahrg. 1904.   Hamburg.   Heft XXV. № 1/2.

Korrefpondenzblatt

des Vereins
für niederdeutfche Sprachforfchung.

I. Kundgebungen des Vorftandes.

Fr. Runge †.

Herrn Dr. H. Jellinghaus in Osnabrück verdanken wir folgende erwünfchte Mitteilung über den der Wiffenfchaft und unferm Vereine leider zu früh entriffenen Profeffor Runge:

Am 2. Februar 1904 ftarb zu Osnabrück im Alter von 48 Jahren an den Folgen eines Herzleidens der Gymnafialprofeffor Friedrich Runge. Er war geboren am 13. April 1855 in Schmalförden, Kr. Sulingen. Nachdem er feine Kindheit meift in Osnabrück, wo fein Vater als Anftaltsgeiftlicher fungierte, verlebt hatte, ftudierte er von 1873 bis 1877 in Göttingen klaffifche Philologie und deutfche Sprache und war von Oftern 1877 bis zu feinem Lebensende Lehrer am Ratsgymnafium in Osnabrück. Wie er einer der heften Kenner osnabrückifcher Gefchichte war, fo gehörte er auch zu den wenigen Philologen, welche die niederdeutfche Sprache ihres Heimatkreifes und deren Mundarten genau kennen. Er hatte den Plan, das Klöntrupfche Osnabrückifche Wörterbuch herauszugehen und hat davor. einen Abfchnitt der Verfammlung des Vereins für Niederdeutfche Sprachforfchung 1890 in Osnabrück vorgelegt. Er hat ein äufserft umfangreiches Material für diefe Ausgabe hinterlaffen.

Im J. 1894 veröffentlichte er als zweiten Band der »Osnabrückifchen Gefchichtsquellen« Liliens niederdeutfche Bifchofschronik, ein Werk gründlichften Fleifses; 1895 die Gefchichte des Ratsgymnafiums; 1898 Leben und Treiben auf dem Friedens-Kongrefs in Osnabrück (in: Philippi, Gedenkbuch zur Erinnerung an den Weftfälifchen Frieden). Seine meiften hiftorifchen Arbeiten hat er in den »Mitteilungen des Vereins für Osnabrückifche Gefchichte« erfcheinen laffen, die letzte (XXVIII, S. 1—119), eine Gefchichte der Osnabrücker Poft, noch in diefem Jahre. Auch im Osnabrücker Tageblatte finden fich Auffätze von ihm, darunter einer über die Osnabrücker Sage vom »Jan van Ofterrik« (Johannes Parricida). Unvollendet ift geblieben: Zur Gefchichte des Bifchofs Franz von Waldeck; und: Text zu den Kunftdenkmälern der Provinz Hannover, Stadtkreis Osnabrück.

Mitgliederbeſtand.

Dem Vereine ſind beigetreten die Herren
Oberlehrer Dr. Glaſer in Kiel,
Th. Gänge in Kiel,
Univerſitäts-Profeſſor Dr. Eugen Wolff in Kiel,
Gymnaſial-Profeſſor H. Krumm in Kiel.
Dr. ph. Th. Redslob in Hamburg.

Abrechnung des Vereins über den Jahrgang 1903.

Einnahme.

Barſaldo laut voriger Abrechnung	Mk.	114.66
327 Mitgliederbeiträge einſchliefslich Mehrzahlung	„	1646.50
Ueberſchüſſe aus den Publikationen		
a) Jahrbuch und Korreſpondenzblatt . . Mk. 245.07		
b) Denkmäler, Wörterbücher, Drucke und		
Forſchungen . . . . „ 124.91		
		369.98
Einnahme für ein verkauftes Exemplar von J. ten Doorn-		
kaat Koolman's Ostfriesischem Wörterbuch	„	15.—
	Mk.	2146.14

(Zinſen der Sparkasse siehe unten.)

Ausgabe.

Jahrbuch XXVIII 346 Exemplare à Mk. 2.40	Mk.	830.40
Porto	„	71.20
Jahrbuch XXIX Honorar	„	247.50
	Mk.	1149.10
Korreſpondenzblatt		
Druckkoſten Titel von Heft XXII . . . Mk. 91.17		
do. Heft XXIII Nr. 2—6 . . . „ 318.75		
do. Heft XXIV Nr. 1 . . . . . „ 67.55		
Verſand und Porto . . . . „ 51.90		
		529.37
Auslagen der Kaſſenführung und verſchiedene Druckſachen .	„	76.57
Belegt bei der »Neuen Sparkaſſe« in Hamburg auf Buch 55083	„	380.—
	Mk.	2135.04

Einnahme	Mk.	2146.14
Ausgabe	„	2135.04
Barſaldo .	Mk.	11.10

Das Guthaben des Vereins bei der »Neuen Sparkaſſe« in Ham-		
burg auf Buch 55083 betrug laut letzter Abrechnung	Mk.	5852.40
Hierzu gutgeſchriebene Jahreszinſen	„	176.15
Neu belegt wie oben	„	380.—
Gegenwärtiges Guthaben	Mk.	6408.55

Hamburg, 16. April 1904.   Johs. E. Rabe,
                    derzeit kaſſenführendes Vorſtandsmitglied.

Vorftehende Abrechnung mit den Belegen verglichen und richtig befunden.

Hamburg, 18. April 1904.   C. H. F. Walther, Dr. ph.,
                                              derzeit Revisor.

Abrechnung der Rechtsanwalt K. Bauer-Stiftung.

Guthaben bei der »Neuen Sparkaffe« in Hamburg auf Buch
   71026 laut letzter Abrechnung . . . . Mk. 1768.48
Gutgefchriebene Zinfen . . . . „ 112.28
                                          Mk. 1880.76
Entnommen behufs Zahlung an Herrn Diedr. Soltau für
   Sonderdrucke . . . . „ 50.25
                     Heutiges Guthaben Mk. 1830.51

Hamburg, 16. April 1904.   Joh⁕ E. Rabe.

Vorftehende Abrechnung mit den Belegen verglichen und richtig befunden.

Hamburg, 18. April 1904.   C. H. F. Walther, Dr. ph.,
                                              derzeit Revifor.

Berichte über die Dr. Theobald-Stiftung,

abgeftattet in der Generalverfammlung des Vereins für Hamburgifche
Gefchichte am 28. März 1904.

a. Kaffenbericht 1903.

Einnahme:

Saldo der Sparkaffe . . . . Mk. 575.29
Kaffenfaldo . . . . „ —.03
Zinfen der Staatspapiere . . . . „ 175.—
Zinfen der Sparkaffe . . . . „ 19.83
Vorfchüffe des Kaffenführers . . . . „ 217.10
                                        Mk. 987.25

Ausgabe.

Bücher und Zeitfchriften . . . . Mk. 34.90
Buchbinderarbeit . . . . „ 63.35
Tifchlerarbeit (Bücherreole) . . . . „ 162.60
Zurückgezahlte Vorfchüffe . . . . „ 83.55
                      Saldo der Sparkaffe . . „ 638.87
                      Kaffenfaldo . . . . . „ 3.98
                                        Mk. 987.25

Das Stammvermögen der Stiftung — Mk. 5000 — ist in Hamburgifcher 3½⁰/o Staatsrente angelegt.

Hamburg, 8. März 1904.   H. J. Jänifch Dr.,
                                            Kaffenführer.

Nachgefehen und mit den Belegen übereinftimmend gefunden.

    Otto Aug. Ernft.   L. Behrends.

Hamburg, 28. März 1904.

b. Bibliotheksbericht 1903.

Der Bestand der Dr. Theobald-Bibliothek hatte fich am Ende des Jahres 1902 auf 715 Bücher oder ungefähr doppelt foviel Bände belaufen, aufserdem auf fünf Handfchriften. Im Jahre 1903 find 23 Bücher hinzugekommen, fodass alfo am Schluss des Jahres die Bibliothek 738 Nummern zählte.

Die Benutzung hat im vergangenen Jahre etwas zugenommen, indem 23 Bände an neun Perfonen verlichen worden find.

Aus dem Zuwachs der Bibliothek find folgende Schriften als Gefchenke zu verzeichnen, für welche den gütigen Gebern verbindlicher Dank ausgefprochen wird: Ravensberger Blätter für Gefchichts-, Volks- und Heimatskunde. Bielefeld. Jg. III, 1903: vom Hiftorifchen Verein für die Graffchaft Ravensberg durch den Herausgeber Herrn Prof. Dr. Tümpel. — Korrefpondenzblatt des Vereins für Siebenbürgifche Landeskunde. Hermannftadt. Jg. XXVI, 1903: durch den Verein für Siebenbürgifche Landeskunde. — Ausfchnitt aus den Meklenburgifchen Jahrbüchern. Schwerin. Bd. XXIII, 134—138 (Lifch, Drei Fragmente mnddtfcher Andachtsbücher): von Herrn Paftor F. Bachmann iu Lübfen, Meklenburg-Schwerin. — E. Eckftein's Deutfche Dichterhalle. Leipzig. Bd. IV Nr. 9. 19. 24 (Drei Gedichte von Klaus Groth): von demfelben. — Deutfche Volkszeitung. Hannover. 15 Nummern der Jgg. 1895—1898 (Auffätze über und in ndd. Sprache, über ndd. Volksgebräuche, über die Niederlande und die Vlämifche Bewegung; Anzeigen von neuen plattdeutfchen Büchern und der Ausgabe der as. Genefisfragmente): von demfelben. — New-Yorker Plattdütfche Poft. Nr. 1038 und Nr. 1053—1083, New-York 1903: von Herrn Rath Dr. J. F. Voigt in Hamburg. — W. D. Brie, Eulenfpiegel in England (= Palaeftra Bd. XXVII). Berlin, Meyer & Müller, 1903: von der Verlagsbuchhandlung. — Jahresbericht XXIX und XXX des Altmärkifchen Vereins für vaterländifche Gefchichte und Induftrie zu Salzwedel. Abt. für Gefchichte. Magdeburg 1902 und 1903:· vom Altmärkifchen Verein für vaterl. Gefchichte und Induftrie. — F. Schmitz, Schnaken un Schnurren ut'r Groffchop Mark. Schwerte 1888: von Herrn Dr. W. Ruhfus in Dortmund. — Offizielle Feft-Zeitung für die Deutfche Lehrer-Verfammlung in Hamburg Pfingften 1896 Nr. 2 (mit einem Gedichte, ›En Willkamen‹ von G. Schröder): von Herrn Rud. Schnitger in Hamburg. — Jahresbericht XVII des hiftorifchen Vereins für die Graffchaft Ravensberg. Bielefeld 1903: vom Hiftor. Verein f. d. Graffch. Ravensberg durch die Buchhandlung Velhagen & Klafing. — XX Luftighe Hiftorien oft Nieuwicheden Joannis Boccatij, . . . overghefet . . . deur Dirick Coornhert. Uitgegeven . . . door G. A. Nauta. Groningen, P. Noordhoff, 1903: von der Verlagsbuchhandlung. — Statuten, Nebengefetze un Krankenkafs-Regeln von 'n Omaha Süd-Sied Plattdütfchen Vereen Omaha, Nebraska. Gegründt an'n 26. März 1896. Buchdruckerei von F. B. Feftner, Omaha, 1896: von Herrn Rud. Schnitger in Hamburg. — Modern Philology. A Quarterly Journal devoted to refearch in Modern Languages and Literatures. (Publication of The Univerfity of Chicago.) Chicago, Illinois. Vol. I Nr. 1, June 1903: von der Univerfität zu Chicago. — Max Hesse's Volksbücherei Nr. 71/72. 86/87. 96/97 = John

Brinckman, Vagel Grip; Kafper-Ohm un ick; Voss un Swinegel, und andere
. . . Erzählungen. Mit Einleitungen hrsg. von Otto Weltzien. Leipzig,
Max Hesse's Verlag. o. J.: von der Verlagsbuchhandlung.

II. Mitteilungen aus dem Mitgliederkreife.

Duderstadt (XXIV, 89).

Ndd.-Münfterländifch düdeln heifst wankend gehn, dûdelig, taumelig,
verwirrt im Kopfe. Ndd. dûda ift die Wiege, der duddik das Schlaf-
gemach, der Alkoven. Afrs. dud Betäubung. Vgl. auch Doornkaat, I 350,
über diefelben Wörter. Nun ift nach Madfen in Annaler for Nordifk
Oldkyndighed 1863, S. 283 dude das Unkraut »heire og fwingel« (auf
Seeland), lolium temulentum und bromus fecalinus. Mit Recht haben
Madfen, Ortsnamen auf Seeland, und Falkmann, Ortsnamen auf Schonen, die
mit Dude-, Dode- beginnen, durch diefen Pflanzennamen erklärt. Ebenfo
hat L. Sunder den Ort Hohendodeleben, der an einem Bache Dode,
Dade liegt, in den Magdeburgifchen Gefchichtsblättern 1902, S. 129, darauf zurückgeführt.

Ausser Duderftadt giebt es 2) Haus Duderftadt bei Loningen in
Oldenburg, an beiden Seiten des Baches Aren »Burg Duderftede auf
Wiek = Loninger Markengrunde erbaut« (1510). Vgl. Niemann, Oldenb.
Münfterland II, 142. 3) Up dem Duderftode bei Dehme, Kr. Minden,
wird in einem Regifter der St. Markuskirche zu Minden vom Jahre 1578
zwei Mal genannt. 4) Focke fagt: »In Ortsnamen (an der Unterwefer)
deutet duder, duur auf Verfammlungsplätze.« Vgl. Korrbl. XVIII, 84.
5) Uebrigens lag bei Duderftadt nach dem Duderftädter Urkundenbuche
ein Dudenborne, 1392 genannt, worin Dude der Bachname fein könnte.
Höchft wahrfcheinlich heifst Duderftadt Taumellolchftätte.

Osnabrück. H. Jellinghaus.

Dingen.

In den Bauernhäufern des Landkreifes Harburg waren etwa seit längerer Zeit (1840) schrankähnliche Herde mit einer Tür oder Doppeltür, die
oben in einen Schwibbogen ausliefen, in Gebrauch. Ein folcher Herd hiefs
ein Dingen (m); auch die Form Dicken (?) ift mir gefagt worden. Für
eine Erklärung des Wortes würde ich dankbar fein.

Friedenau-Berlin. Eduard Kück.

»Diggen« nennt man in der Elbmarfch bei Hamburg noch jetzt den
in den älteren Bauernhäufern befindlichen Aufbau über dem an einer Quer-
wand im Innern des Hanfes angebrachten Herd. Im Artikel XIII der
Feuerkaffen-Ordnung für die Vierlande vom Jahre 1722 heifst es: »ein jeder
— — foll den Diggen über das Feuer und den Herd wohl bewahren,
auch über demfelben einen dicht geftrichenen Boden, dann auch für [d. i.
vor] jenem eine Türe und über dem Feuer einen fteinernen [d. i. tönernen]
Feuerftülper haben«. Noch im Jahre 1864 findet fich eine gleiche Beftimmung in der abgeänderten Satzung der Vierlander Feuerkaffe: »die Bogen

über dem Feuerherd oder den Diggen müffen feft vermauert — — fein«. Die Feuerkaffen-Ordnung für das Kirchfpiel Ochfenwärder vom Jahre 1800 enthielt unter XV, 2 die Vorfchrift, dafs »der Bogen über dem Feuerherd oder Diggen« wohl zu verwahren fei und darüber ein geftrichener Bogen fein müffe; diefer Wortlaut findet fich auch in den im Jahre 1836 abgeänderten Artikeln. Die Satzungen für die Billwärder und die Moorburger Feuerkaffe enthielten in ihren feuerpolizeilichen Vorfchriften das Wort »Diggen« nicht; auch die Feuerkaffen-Ordnung für die Stadt Bergedorf enthielt diefes Wort nicht. Die fämtlichen Feuerkaffen-Ordnungen des hamburgifchen Landgebietes find mit ihren feuerpolizeilichen Vorfchriften im Jahre 1892 aufser Kraft getreten.

Als man begann, beim Neubau von Gebäuden auf dem Lande den Herd, der in älterer Zeit in der Mitte der Diele gewefen fein wird, an eine der, Diele und Wohnräume trennenden, Wände zu legen, wird man bald für zweckmäfsig erachtet haben, die Seiten des Herdes zum Schutze gegen Zugwind mit einem Seitenaufbau zu verfehen und zu überwölben. Solcher überwölbter Wandherde gedenkt Oscar Schwindrazheim in feinem inhaltreichen, im letztverfloffenen Jahre erfchienenen Werke »Deutfche Bauernkunft«, darauf hinweifend, dafs fie im Alten-Lande und in den Vierlanden durch hübfch ausgefügte, zugleich als Gefchirrhalter dienende »Diggendören« verfchliefsbar gemacht find (S. 114). Eine vortreffliche Abbildung zweier folcher Diggen einer grofsen Diele in einem Bauerhaufe der Alten-Gamme giebt die Tafel 5 des Schwindrazheim'fchen Werks, befondere Abbildungen einer »Herdtür, fog. Diggendör«, die Seite 49. Die gleiche Form folcher Wandherde zeigen die Bilder Nr. 40 und 41 in dem von R. Meiborg verfafsten Werke »das Bauernhaus im Herzogtum Schleswig« (Schleswig 1896), freilich haben die dort abgebildeten Herde keine Türen; vielleicht fanden die Feuerfchauer im Schleswig'fchen die offenen Herde weniger feuergefährlich, als wie die Feuerfchauer in der Marfch bei Hamburg. Auch das Griefe'fche Werk »die Vierlande« (1894) enthält Tafeln mit Landdielen, auf denen solche Wandherde fichtbar find.

Das Wort »Diggen« habe ich beim Nachfchlagen von Befchreibungen der Bauernhäufer verfchiedener Gegenden nicht gefunden, auch nicht in dem obengenannten Meiborg'fchen Werke; mehrere von mir nachgefchlagene Gloffare enthielten diefes Wort ebenfalls nicht.

Auch in Neocorus, Chronik des Landes Dithmarfchen, herausgegeben von Dahlmann, fand ich das Wort »Diggen« nicht, ich darf aber vielleicht mitteilen, was dort (T. I, S. 165) über die Einrichtung der Feuerftellen der im Kirchfpiel Büfum Eingefeffenen gefagt wird: »Ungefähr vor twintich (alfo etwa 1570) Jaren sin, baven veer effte viff, Dornfchen unde noch weiniger Köcken unde Schorfteene im gantzen Karfpel Bufen nicht gefunden, und ifs folches erftlich an der Paftoren edder Prediger Gebuwten angefangen. Denn defs Winters beholpen fe fick an den Kikern in olden Tiden, do alfo thogerichtet worden: dat men einen Tunnen-Bodden nam, denfulven mit Leemwafen befchloch und ummeher bewallede, datt midden eine Grove edder Kule bleeff, darin men dat Vur holt und verwharede. Hernha worden de Vuerfteden erdacht, fo veerecckede Sponden edder Kiftelin fin up veer Pilern, ok woll Rullen, datt men fe anfaten und allenthalven hen gemaklich dragen edder fchuven kan. Difso worden mit Lemen gefüllet unde mit Stenen averlecht, up welchen fe Koele-Vur anleden und darbi fick erwermeden.‹

Hamburg.   J. F. Voigt.

Die Form dingen, beffer wohl ding' gefchrieben, mufs aus diggen entftanden fein; ebenfo hört man feng' für feggen (fagen), leng' für leggen (legen), hemm' für hebben (haben).

Im Korrefpondenzblatt XIV, 53 ff. hat Dr. F. Prien in Neumünfter das Wort digge aus einem Inventar des (öftlich von Neumünfter gelegenen) Meierhofes Brammer vom Jahre 1639 nachgewiefen: ›In der Kammer ift ein fteinern Schwiebogen übers Feuer beuchen einem kleinen Diggen.‹ Hier wird der Schwibbogen über dem Herde vom Diggen unterfchieden und, wie es fcheint, auch vom eigentlichen Herde. Im friefifchen Archiv von H. G. Ehrentraut, Bd. I (1849), 363 wird als wangerogifch verzeichnet: ›dig, fem. (!) das Afchloch. Auch: dait (das) rickelsgat, plattdeutfch: råklok — häft dû dait fûr al tórickin?‹ Alfo das Loch, in welches das noch glimmende Feuer oder die glühende Afche zufammen gerakt oder gerafft wird, um damit die nächfte Anheizung zu ermöglichen? Wenn dies die frühere Bedeutung des Wortes wäre, fo könnte es urfprünglich, als man noch keinen Herd kannte, fondern in einer gehöhlten Vertiefung feuerte, diefe ältefte Art der Feuerftätten bezeichnet haben.

Was die Etymologie des Wortes betrifft, fo fcheint das engl. dig, graben, für die vermutete Bedeutung zu paffen. Allerdings ift auch der Urfprung von dig nicht klar. Angelfächfifch ift es nicht nachweisbar und kommt erft im Mittelenglifchen als dyggen vor. Englifche Dialekte machen einen Unterfchied zwifchen dig und grave; jenes gefchieht mit einer Hacke oder einem Karft, diefes mit einem Spaten. Sollte das ndd. digge und auch etwa das engl. dig aus dem ftarken Verb digan abzuleiten fein? das im Gotifchen ›bilden, formen‹ und deffen Particip digans ›irden, tönern‹ bedeutet, deffen Urbedeutung als ›kneten‹ angefetzt wird und aus dem offenbar anord. deig, ndd. dêg, hd. teig und anord. digull, ndd. degel, nhd. tiegel gebildet find; vgl. Kluge, Etymolog. Wb. der Dtfch. Sprache.

Hamburg.   C. Walther.

Zu Bürgers Lenore.

Die erfte Anregung zur ›Lenore‹ empfing Bürger bekanntlich durch einige plattdeutfche Verfe, die er von der Hausmagd Christine hörte. W. Wackernagel in feinem Auffatze ›Zur Erläuterung und Beurteilung von Bürgers Lenore‹ (Kleine Schriften Bd. II S. 399—427) und Dr. Jostes (Korrefpbl. XIV S. 75) haben drei Verfe aus Glandorf bei Osnabrück, letzterer in folgender Form, mitgeteilt:

Wat fchint de maune helle,
Wat riet de dauden snelle,
Leefken, grüwwelt di auk?

Da nach Jostes Bemerkung snelle ein dem dortigen Dialekte nicht eigentümliches Wort ift, fo ift zu vermuten, dafs die Verfe aus einer anderen Gegend ftammen und vielleicht aus dem Hochdeutfchen übertragen find. [Kann das Wort nicht ebenfowohl erft neuerdings in dem Dialekte veraltet sein? C. W.]

Es ift, foviel ich weifs, bisher unbeachtet geblieben, dafs diefe Verfe hochdeutfch in einem Gedichte von Auguft Kopifch wiederkehren, das den Lenorenftoff behandelt. Es findet fich in der Auswahl aus Kopifchs Gedichten, die Franz Brümmer in Reclams Univerfalbibliothek veröffentlicht hat, S. 93 und lautet:

In Liebe kein Todesgrauen.

>Ich halte Wort, ich komm zu Nacht,
Wie fchwer ich fank in blut'ger Schlacht.‹ —
 Wie heifs fie ihn umfchliefst,
 Wie fie in Tränen fliefst! —
›Margrete graut dir nicht?‹
›Wie foll mir graun, bin ich bei dir,
Bin ich bei dir und du bei mir!‹

›Komm mit!‹ ›Ich komm!‹ — ›Mein Rofs ift gran,
Doch ftreift's mit uns den lichten Tau!
 Wie fcheint der Mond fo hell,
 Wie jaget Tod fo fchnell!
›Margrete, graut dir nicht?‹ —
›Wie foll mir graun? Ich bin bei dir,
Ich bin bei dir und du bei mir!‹

›Vorüber fliegt manch lieber Ort:
Wie fröhlich waren wir einft dort!
 Wie fcheint der Mond fo hell,
 Wie jaget Tod fo fchnell!
Margrete, graut dir nicht?‹ —
›Wie foll mir graun? Ich bin bei dir,
Ich bin bei dir und du bei mir!‹ —

Da wehts entgegen kalt wie Eis:
Margrete wird wie Schnee fo weifs.
 Die Erde weicht hinein,
 Weg flieht des Lichtes Schein. —
›Margrete graut dir nicht!‹ —
Da bangt fie ftumm an feinem Mund,
Und über ihnen fchliefst der Grund.

Dafs Kopifch fein Gedicht nur auf Grund von Bürgers Ballade verfafst hat, halte ich für ausgefchloffen, wenn auch der Eingang der dritten Strofe entfernt an Str. 20 und 24 der Lenore erinnert. Vielmehr ift die zweimal wiederkehrende Frage:

 ›Wie fcheint der Mond fo hell,
 Wie jaget Tod fo fchnell!
 Margrete, graut dir nicht?‹

unzweifelhaft einem alten Volksliede entlehnt. Hat nun Kopifch das übrige frei erfunden oder war ihm ein vollftändiges Lied bekannt, das er bearbeitete?

Northeim.   R. Sprenger.

Zum Redentiner Ofterfpiel.

1. Gy mogen wol gan myt den befchorenen fchapen
   Unde leren van nyes melk lapen. 651—652.

»Die Bedeutung diefer Redensart verftehe ich nicht.« C. Schröder
in der Ausg. des Spiels. Die Schwierigkeit verftehe ich meinerfeits nicht.
Es find die Worte einfach fo zu nehmen, wie fie ftehen. Als Chriftus die
Seelen aus der Vorhölle erlöft hat, macht Lucifer ein langes Geficbt, und
Puk fpöttelt darüber. »Ihr fteht da,« fagt er, »wie ein erbärmlicher
Wicht. Man kann Euch an den Füssen in den Rauch aufhängen. Ihr
könnt wohl mit den gefchorenen Schafen gehen und das Milchfchlürfen
von neuem lernen« (Ihr pafst am besten unter den Lämmern, die ebenfo
einfältig find wie Ihr, und fich auch »fcheren« lassen).

2. Wen de krogherfche fik vorghet
   Unde den beker nicht vul en met,
   So pleghe ik er de hant to roren
   Unde de mate bi fiden fturen,
   Wente wolde fe vulle mate vorkopen,
   So mochte uns ere fele untlopen. 1460—65.

»Die Krügerin hat die Gewohnheit, den Becher nicht voll zu meffen,
und fie vergifst fich gewiffermafsen, wenn fie es doch einmal tut. Es ift
in V. 1461 recht ftatt nicht zu lefen.« Sprenger, Jahrb. XXVII, 146.
Die Aenderung müfste doch wenigftens auch en umfaffen. Der Text
fcheint aber richtig zu fein. Der Sinn ift: jedesmal wenn die Krügerin
verfäumt, den Becher voll zu giefsen, bewegt Puk ihre Hand und ftöfst
das Mafs bei Seite, damit fie es nicht wieder gut mache und fomit den
Teufeln entlaufe.

3. Do begundo ik van torne to flapen. 1659.

»Statt flapen ift japen zu lefen.« Sprenger a. a. O. Es hört fich
allerdings komifch an, dafs jemand vor Aerger einfchläft. Es ftimmt aber
prachtvoll mit dem ganzen Bericht und dem Selbftruhm des faulen Dieners:
Sulker knechte vyndestu nicht vele! Lucifer würdigt aber nicht
feine Dienfte, fondern heifst ihn, fich zu packen. Er fchlägt ihm einen
mehr angemeffenen Aufenthaltsort vor, wo ihm die Zeit nicht lang werde
(1671—73), und ein Handwerk, wo er den ganzen Tag fchlafen
könne (1683—84).

Lund, im Mai 1904.   Ernft A. Kock.

Vadderphe (Jb. XXIX, 124, Korr. XXIV, 53. 54. 83).

Für vadderphe (vaderphe) = Vermögen fei darauf hingewiefen,
dafs diefes Wort durch mnd. vader-gût = patrimonium zurückgedrängt
fein könnte. Bekanntlich bezeichnet altf. feho und angelf. feoh zugleich
das Gut überhaupt; chenfo bedeutet dat Goot (wie mnd. gôt, gût) in
der Lüneburger Heide noch heute das Gut und das Vieh. Ich umfchreibe
die Stelle fo: Ein Ohrenfchmaus ift es für einen Menfchen, von feinem
Vermögen zu hören; folchen Ohrenfchmaus bereiteten auch fie, indem fie
fangen: »Wir wären auch gern reich!«

Friedenan-Berlin.   Eduard Kück.

Der vorſtehenden Erklärung von **vadderphe** als **vaderphe** kann
ich nicht beiſtimmen, noch in dem Worte das langobardiſche **faderfio**
erkennen, ſondern halte Damköhler's Einwendungen dagegen für richtig.
Hamburg.   C. Walther.

Zu Reuters Hanne Nüte.

Zu dem Baſtlöſerreim:
> Pipen, Papen Paſterjan
> Lat de widen Fläut afgahn uſw.

iſt **Papen** in der Volksausgabe nicht erklärt. Vielleicht dient folgende
Mitteilung des Herrn Otto Cato in Leipzig zur Erklärung. Er ſchreibt:
Eine **ſape** machten ſich die Kinder (in Quedlinburg) im Frühjahr aus
einer Flotte (Weide), indem ſie die Rinde durch Klopfen mit dem Taſchen-
meſſer von dem Holze unverſehrt entfernten. Die Schale wurde an dem
Ende, das man in den Mund nahm, dünn geſchält, ſo daſs man nun darauf
blaſen konnte. Auch bei der Anfertigung einer Schalmei fand die **ſape**
ihre Verwendung. Es iſt zu vermuten, daſs hier **Fapen** veranlaſst durch
die Zuſammenſtellung mit **Pipen** und **Paſterjan** in **Papen** entſtellt iſt.
Northeim.   R. Sprenger.

Quedlinburgiſch Haeke (XXII, 58).

Das fem. **Haeke** in den Redensarten **van der haeke gân** und **up
der haeke ſitten** habe ich a. a. O. fälſchlich durch ags. **hæcce**, weibliches Kleidungsſtück, erklärt. Es iſt vielmehr = **hêke, hëke** bei Schambach S. 77: eine vor der eigentlichen Haustür befindliche halbe Gittertür.
Die betr. Redensarten finden ſich, was ich bisher überſehen habe, auch bei
ihm verzeichnet. H. Sohnrey, Friedeſinchens Lebenslauf, 10. Aufl. S. 15
ſpricht von der teuren Elternhütte mit der zweiklappigen **Ileketür**. Ebd.
S. 74 findet ſich der Spruch:
> ›'n Junge oder Mẹken —
> Sitt all up der Hẹken‹
d. h. ›ein Knabe oder Mädchen iſt ſchon in der Nähe.‹
Northeim.   R. Sprenger.

Zu Lauremberg.

I, 352. **Vnd, heft mick ock wol fehn! de witte Flö affjagen.**
Die Stelle iſt von W. Schlüter Korr.-Bl. XII, 371 richtig gedeutet
worden. Aehnliche parenthetiſche Ausrufe glaubt er bei Reuter geleſen
zu haben. Ich führe hier einige an (Sämtliche Werke, Wismar 1871 ff.):
> Dunn würd dat Laken 'ruppe tagen,
> Un dunn güng 't los, heſt Du mi nich geſeihn I 19: 10.
> So gung de kirl Di up de Annern in,
> As ſühſt mi woll, as müſſt 't ſo ſin 20: 8.
> So peddt ſei up, as heſt mi nich geſeihn,
> As güngen Twei up ehr' twei Bein 21: 14.
> De prahlte recht, as ſühſt Du mi 114: 8.

Auch in Laurembergs eigenen Schriften kommt Ähnliches vor: Ick
dar hinder her, unde ſtack idt hemlicken vör in mine Buxe, unde darvan

gelopen, hafte mick ock wol lopen fehn! Bauernpoffe, Jahrb. III, S.
99, Z. 30. Auf eine komifche Wirkung ift es angefehen, wenn der andere
Bauer die Redensart als eine Frage aufnimmt: Neen, Cheel, ick heb
dick nich lopen fehn. Vgl. auch Schlömer 3599 (f. unten S. 28).
II, 373. Tho ôverdûvelen den fchnöden vulen Gaft.
Mit Braune (Ausgabe) und Damköhler (Korr.-Bl. XVIII, 79) fehe
ich in gaft das gewöhnliche gemeingermanifche Wort. Die Bedeutung ift
aber nicht gerade »hofpes«, fondern eine daraus entwickelte: »Gefell«,
mnd. kumpan, engl. »fellow«, »cuftomer«, fchwed. »gynnare«. In den folg.
Citaten aus dem Schlömer liegt die Bedeutung »Gefell«, »Kunde«, »Kanz«,
»Vogel« deutlich vor:

> Vedder vnd Frûndt, gy fyn ein Gaft! 816;
> Du bift my ein feltzamer Gaft! 2184;
> He ys geweft ein Godtlofs Gaft 3497;
> Her, du lofe vordômde Gaft! 4752.
> Du bift ein fin Gaft! Jb. XII, 134.

IV, 342 ff. Wat fûndt dat vôr fantaftifche Rede?

> Vth juwen wôrden kan man wol ermethen,
> Dat gy nicht vel findt by den Bökern gefeten,
> Dewil gy juwe Ordeel dörffen laten gahn
> Aver de dinge, de gy gantz nicht verftahn.
> In fülvern Kannen findt gy heter gelehrt,
> Vnd hebben in **Peter Mafferts Boeck** lenger ftudeert.

»Ueber Peter Maffert oder Meffert als Bezeichnung eines einfältigen
oder nafeweifen Menfchen vgl. die Zufammenftellungen von Lappenberg
238. 39. Was mit dem »Buch« Peter Mafferts gemeint ift, ift dunkel.«
Braune S. 82.
Es handelt fich hier nicht um die Anwendung jenes Namens als Bezeichnung eines einfältigen Menfchen; das ift eine fekundäre Anwendung.
Pieter Mefferdt war ein wohlbekannter Spielkartenfabrikant in Amfterdam
und ein Zeitgenoffe Laurembergs. Der Kaufmann kannte Bücher nicht,
wohl aber Wein und Karten. Im Schwedifchen wird ein Spiel Karten
fcherzhaft »psalmboken« genannt; die Karten heifsen »Bomans flickor«
nach dem Fabrikanten in Norrköping.
Ich benutze die Gelegenheit, ein paar voriges Jahr in Schweden erfchienene Arbeiten über Eigennamen hier befonders zu erwähnen:
On transferred Appellations of Human Beings, chiefly in English and
German, by Jofef Reinius. I. Göteborg 1903;
Förnamn och Familjenamn med fekundär användning i nysvenskan,
af Theodor Hjelmqvist. Lund 1903.
Lund, im Mai 1904.   Ernft A. Kock.

Nippe.

Nippe bedeutet in der Gegend von Wittenberg eine kleine Falte,
wodurch man etwas einnäht. Man fagt hochd. eine Nippe nähen oder
machen. Das mir fonft unbekannte Wort fcheint eins zu fein mit oftfrief.
nepe b. Doornkaat Koolman = Knift, holl. neep, engl. nip.
Lübeck.   C. Schumann.

Polk (XXIV, 94).

Pölk bedeutet in Mecklenburg und hier f. v. a. Ferkel. S. Mi, Wtb. der Meckl.-Vorpomm. Mundart.

Lübeck.   C. Schumann.

Polk bezeichnet in Braunfchweig ganz wie in der Altmark ein halberwachfenes Schwein und niemals ein Ferkel. Häufig fchlachtet man neben einigen fetten, fchweren Schweinen noch ein Woftepolk, deffen Fleifch man alles zur Wurftbereitung verwendet.

Braunfchweig.   Th. Reiche.

Schabbig (XXIV, 42. 59).

Schabbig heifst in der Lüneburger Heide (Kirchfp. Hollenftedt und Umgegend) derjenige, der anderen einen boshaften Streich fpielt. Als Beifpiele wurden mir genannt: Ein Bauer, der fich mit feinem Nachbarn erzürnt hat und ihm nun etwas zum Aerger tut; ein Gensdarm, der eine unbedeutende Kleinigkeit zur Anzeige bringt; ein Hauptmann, der einem Soldaten den erbetenen Weihnachtsurlaub abfchlägt und ihn obendrein am Weihnachtsabend auf Wache fchickt. — In demfelben Sinne verwendet der aus dem Süderdithmarfchen ftammende Theodor Piening Schabberie: Na, denn hebt fe dat gewifs blot ut Schabberie daan (Jochen Putt u. Co. S. 7). In demfelben Buche S. 21 begegnet fchabbi vom Ausfehen der Tiere im zoologifchen Garten: un denn fcegen fe hier fo fchabbi ut, ik heff fe all vääl fmucker fehn.

Friedenan-Berlin.   Eduard Kück.

bûgen (XXIV, 88).

bûgen ift vielleicht gleichbedeutend mit buchten fich fürchten, fich beugen. Ick buchte vor dick nich, fürchte mich nicht vor dir, beuge mich nicht vor dir.

Braunfchweig.   Th. Reiche.

rum upflân (XXIV, 75. 84).

Damköhler zieht zur Erklärung der Worte unde flogen rum up die noch heute nachweisbare Wendung raum opfchlan (»viel Wefens, Rühmens, Prahlens machen, dick tun«) heran. Er nimmt rum als das mnd. rôm (Ruhm, Prahlerei). Das fcheint mir ebenfo wenig richtig wie Spreugers Vorfchlag, raum (mnd. rôm = Rahm, Sahne) zu fchreiben. Vielmehr liegt mnd. rume = reichlich vor. Alfo »fie fchlugen reichlich auf«, »taten fehr dick«. Die andere Lesart dicke (ftatt rum), die Damköhler Jahrb. XXIX, 125 mitteilt, ift ebenfalls als Umftandswort zu faffen.

Friedenan-Berlin.   Eduard Kück.

De fülvern Flott (XXIV, 62. 95).

Für die Mitteilung, betreffend das Lied von der Silberflotte, heften Dank! Ich habe mittlerweile das Lied in plattdeutfcher Ueberfetzung mit den Noten bereits gefunden. »De fülverne Flott« (Hestu vun de fülverne Flott wull all hört?), aus dem Niederländifchen des J. P. Heije überfetzt ins Plattdeutfche von Wilhelm Meyer, komponiert für 4 ftimmigen

Männer-Chor von J. J. Viotta; im Volksliederbuch für den 4ſtimmigen Männerchor, herausgegeben von Wilhelm Meyer, Hannover 1877, Hahn'ſche Buchhandlung, 2. verm. Aufl., Nr. 267.

Schöneberg-Berlin.   A. N. Harzen-Müller.

In Simon Dachs »Anke von Tharaw.«

Wat he de Löwe däch ver een Beſtand,
Wor nich een Hart öfs, een Mund, eene Hand?
Wor öm föek hartaget, kabbelt on ſchleyht,
On glihk den Hungen on Katten begeyht.

In den Denkmälern der älteren deutſchen Litteratur her. v. G. Bötticher u. K. Kinzel IV, 1, Halle 1892 S. 57 wird hartagen durch »ärgern« überſetzt; es bedeutet aber: »bei den Haaren ziehen«; ſ. Mnd. Wb. II, 211.

Northeim.   R. Sprenger.

Feuel, feulen (XXIV, 96), Leuwagen.

Heiſst es nicht Feudel und feudeln? Der Feudel wird nicht blos zur Aufnahme des Spülwaſſers gebraucht, ſondern auch in Verbindung mit dem Leuwagen zum Scheuern des Fuſsbodens verwendet, was man ebenfalls feudeln nennt. Woher ſtammen die beiden Worte? und wie iſt danach ihre richtige Form und Schreibart?

Hamburg.   H. Sieveking.

Hier ganz allgemein üblich als feudeln, die Stube naſs aufwiſchen mit dem Feudel oder Feul, einem groben Tuche, welches um den Leiwagen, Schrubbeſen, gewickelt iſt. S. Doornkaat Koolman Oſtfrieſ. Wb., wo eingehend über feil und feilen gehandelt wird.

Lübeck.   C. Schumann.

Ueber feul, feulen (feudel, feudeln; feil, feilen), welche Wörter an der ganzen nordweſtdeutſchen Küſte gäng und gebe ſind, giebt Doornkaat Oſtfrieſ. Wb. I, 431 ff. ausführliche Auskunft.

Es geſchieht das Aufnehmen mit dem Feuel in der Regel aus freier Hand, wobei man ſich natürlich tief bücken muſs; der Bequeme (träge = loi, leu, lei) bedient ſich daher lieber dazu des Leuwagens, einer Scheuerbürſte mit langem ſchrägſtehendem Stiele, womit er den Feuel hin und her ſchiebt, bis das Waſſer aufgeſogen iſt.

Itzehoe.   K. Seitz.

Ueber Feil und feilen handelt ausführlich ten Doornkaat Koolman I 431 f. Auſser der dort erwähnten Literatur kommt noch in Betracht: Richey (Hamb. Id.), der Feuel und Feuel-dook fälſchlich mit holl. vuyl (ſchmutzig) zuſammenbringt. Mi (Wb. d. meckl.-vorp. M.) bietet ein fäudeln = wiſchen, ſtäuben. Jellinghaus (Eint. d. ndd. M.) führt Feuel als ditmarſiſch auf. Die Kaufleute der Stadt Lüneburg empfehlen in den Zeitungen »Feudel«. Auf dem flachen Lande des Lüneburgiſchen hört man Feuel neben Feiel und feuelen neben feielen; aber in den eigentlichen bäuerlichen Kreiſen noch häufiger Schür-dook (Scheuertuch) und ſtatt des Verbums feuelen den Ausdruck upnehmen (= den Schmutz aufnehmen).

Friedenan-Berlin.   Eduard Kück.

J. ten Doornkaat Koolman geht in feinem Verfuch den Urfprung des Wortes zu ergründen von den modernen oftfrief. Formen feil und (Verb) feilen aus. Ihm gilt feilen nicht als aus feil gebildet, fondern das Verb feilen ift ihm das frühere. Die urfprüngliche und allgemeinere Bedeutung fei »nehmen, greifen, faffen, fangen, aufnehmen, auffangen etc. und fo auch: auffangen, reforbieren etc.«, fodafs fich alfo feilen in dem jetzigen eingefchränkten Verftande »Waffer, Staub, Schmutz aufnehmen« nur als eine der Verwendungen des Wortes darftellt, in welcher diefes fich erhalten hat. Belege für jene Bedeutung »nehmen etc.« giebt Doornkaat nicht, weil kein älterer noch neuerer germanifche Dialekt ein Verb feilen mit folcher Bedeutung bietet, fondern er hat fie angenommen, weil er meint, fo die Verwandfchaft von feil, feilen mit feil (käuflich), ndd. ndl. veilig, vêlig (ficher, ungefährdet), ndl. veil, Epheu, u. a. W. nachweifen zu können, indem er die Bedeutungen aller diefer Wortbildungen aus jenem Urbegriff herzuleiten verfucht.

Diefe Etymologie kann nicht richtig fein; fchon deshalb nicht, weil fie die ndl. Schreibung feil, f. (Wifchtuch, Scheuerlappen) und davon feilen und die ndd. Nebenform feuel unberückfichtigt läfst. Beides fpricht für Entlehnung des Wortes aus fremder Sprache, wie auch fchou Doornkaat's Vorgänger, Stürenburg, in feinem Oftfriefifchen Wb. vermutet hat. Und das Wort ift für dasfelbe zu halten, welches im Mudd. als feyle, fem., für Mantel, Schleiertuch, feltener fele, veel und fallige, erfcheint, womit es auch bereits das bremifche Ndrfächf. Wb. zufammen geftellt hat. Feyle ftammt aber, wie die gleichbedeutenden mhd. faile, feile und væle, vêle und mndl. faelie, faelge und das mndl., eig. brabantifch-flämifche, falie (Regenmantel) aus dem franz. faille; f. J. Franck, Etymologifch Woordenhoek der Nederlandfche Taal. Das nur im Nordndl. gebräuchliche feil mufs auf eine altholländifche oder nordndl, allerdings nicht nachweisbare, Form feile für falie zurückgehn. Diefelbe zwiefache Auffaffung der franz. Laute zeigen die angeführten mhd. und mudd. Wörter. Ganz ebenfo ift das mit faille, Mantel, gleichlautende faille, Fehler, Mangel, in doppelter Form ins Ndl. herübergenommen, füdndl. als faelgie, faelge, faelie, fael, f. und nordndl. als feil, f.; dem ndl. fael entfpricht mhd. væle, f. (der Fehl, Fehler), dem ndl. feil mndd. feil, msc. (Fehler).

Für Herkunft des ndl. feil, fem. = Scheuertuch aus einem feile = faille fcheinen auch die dialektifchen Formen wegen der fchwankenden Vocale zu fprechen. In Overijfel lautet das Wort fêile (Noord en Zuid I, 137), in Groningen fail, faile (Molema, Groning. Wb.) Nach Molema foll feil fchon von dem Amfterdamer Pieter Cornelisz Hooft († 1647) verwendet worden fein, die Schreibung giebt er leider nicht an. Das Verb kommt bereits 1639 in dem Amfterdamer Luftfpiel des J. van Arp »Claes Klick« vor, wo der Mann feiner Frau befiehlt: vaylt de kelder (Keller); f. J. van Vloten, Nederlandfch Kluchtfpel II, 142. Die zweifilbige Form »die feile« (= feildook, Scheuerlappen, = avenfeile, ein Lappen zum Reinigen des Backofens von den Afchenreften des Feuers) giebt auch für das Oftfriefifche noch 1857 Stürenburg an, mit den Nebenformen veule, voile, dagegen als Verbum nur feilen, während Doornkaat 1879 nur noch die Form feil kennt mit dem Plural feils, alfo als Masculin, denn als Feminin müfste es im Plural feilen heifsen. Ebenfo kannte das Wangerogifche Friefifch 1849 (Ehrentraut, Frief. Archiv I, 366) nur ein Msc. feil, aufserdem, wie das Oftfriefifche, das Zeitwort feilen, upfeilen. Bemerkenswert ift, dafs feil und feilen nur norddnl. Wörter find und dafür in Südndrld. dweil, fem., und dweilen gebraucht werden. In der ndl. und ndd. Seemannsfprache bedeutet der dweil dagegen ein Scheuergerät, beftehend aus mehreren Zeuglappen, die auf einander gelegt und an das eine Ende eines Stieles oder Stockes genagelt find. Jacob Grimm (Deutfch. Wb.) hält dweil und feil für dasfelbe Wort, was aber mit Recht keinen Beifall gefunden hat.

Im Niederfächfifchen begegnet feiel oder feuel zuerft in dem Gedichte »De Hambörger Uhtroop fingwiefe vörgeftellet«, welches den zwanziger Jahren des 18. Jhdts. angehören wird und das bis zu Anfang des 19. Jhdts. viele undatierte Auflagen erfahren hat. Der betreffende Ausruf lautet: wey (wollt ihr) Feyels? oder in anderen, wahrfcheinlich jüngeren Drucken: wey Feuels? Die jüngften Drucke fchreiben Feiels. Richey, Hamb. Idioticon (1755), hat Feuel, feueln; Schütze, Holftein. Idiot. (1800 ff.) I, 315 Feueldook u. f. w., aber IV, 83 bedient er fich der Form Feiel. Nemnich, Waarenlexikon, Hamburg 1820, fchreibt Feiltuch, und zwar war dies zu feiner Zeit auch die deutfche Bezeichnung von packing canvass. Beide Formen mit ei und eu beftehn noch jetzt neben einander in Hamburg; Feudel aber und Feidel mit eingefchobenem Stützlaut d find felten. Das Bremifche Ndf. Wb. (1767 ff.) verweift I, 367 unter Feidel nach S. 384, wo für Feuel (doch auch für Feidel?) aufser der Bedeutung von Scheuertuch auch die von »Halstuch der Frauen« angegeben wird. Jetzt gelten nach (K. Tannen) Brem. Ndf. Wb. Th. VI (1869), 63 die Formen Feidel und feideln. Dähnert, Wb. der Vorpommerfch. und Rügifch. Mundart (1781) kennt nur das Zeitwort feueln, mit einem Tuche abtrocknen; desgleichen Mi (d. i. Sibeth), Wb. der Vorpommerfch-Mecklenb. Mundart (1876) nur fäudeln, wifchen, ftäuben (!). Im Preufs. Wb. von Frifchbier (1882) wird aus Danzig Feidel-, Feiltuch, aus Elbing feilen, auffeilen gebracht.

In den ndd. Dialekten des Binnenlandes fehlen beide, das Subftantiv und das Verb, und ebenfalls der Ausdruck Leuwagen. Das hängt offenbar mit der verfchiedenen Weife den Fufsboden zu fcheuern zufammen. Im Binnenlande hielt man die mittelalterliche Art der Reinigung mittels eines Reisbefens oder einer Bürfto ohne Stiel feft, während man in den Küftenländern die Arbeit praktifcher und bequemer geftaltete. Diefer Fortfchritt wird im Nordweften gefchehen fein, vermutlich zuerft in den füdlichen Niederlanden. Hier benannte man das Scheuer- und Aufnabmetuch dweil(e), fem., welches gemeiniglich für entweder aus dwahile oder aus einem dwegel contrahiert angefehn wird, welche Wörter von altdtfch. thwahan, fpäter dwahan (wafchen) ftammen.

In den nördlichen Niederlanden, wo durch das Eindringen des füdndl. falic für Mantel das einheimifche feile für anderweitige Verwendung frei geworden war, wird nun, vielleicht durch Begünftigung der lautlichen Ähnlichkeit, das dweile durch feile überfetzt. Diefe Bedeutungsentwicklung wird unterftützt worden fein durch die Entwertung des Wortes feile, das in Vocabularien fchon des 15. Jhdts. als en olt tofpleten (zerriffen)

mantele, en hofe kled (ein fchlechtes, minderwertiges Kleidungsftück)
erklärt wird. Im Laufe des 16. Jhdts. verfchwindet dann auch feile =
Mantel aus der mudd. Schriftfprache. Der Name wird auf eine geringe
Art Zeuges befchränkt worden fein, welches fchliefslich nur noch die
Verwendung als Wifch- und Scheuertuch und als Packtuch (vgl. oben
Nemnich) fand.

Das ndl. feil(e) ift ein Feminin und, was fchwerer wiegt, auch
das mudd. feyle (Mantel); hingegen wird das nudd. feiel, feuel ftots und
überall als Masculin gebraucht. Das könnte darauf beruhn, dafs man
anfünglich, wie ja noch häufig, feieldôk gefagt hat, dafs es alfo daraus
verkürzt wäre; dôk, Tuch, ift ndd. bekanntlich ein Masculin. Oder nach
Analogie der meiften nomina inftrumenti mit l-Suffix hat man dem zu
feil verkürzten Worte männliches Gefchlecht verliehen; ebenfo fagt man
der 'dweil' im Gegenfatz zum ndl. die 'dweil'. Nicht zu überfehn ift aber
auch, dafs das homonyme Wort feil, Fehler, bereits im Mndd. ftets ein
Masculin ift, während mhd. væle und ndl. feil Feminina. (Das nhd. ›der
Fehl‹ ift, beiläufig gefagt, das md. fêl; das Mitteldeutfche ftimmt, wie fo
oft, mehr zum Ndd. als zum Obrd.) Die Volksetymologie könnte das aus
fvile verkürzte feil oder das Compofitum feildôk begrifflich mit feil, Fehler,
Mangel, in Bcziehung gefetzt haben.

Die Nebenform fencl, welche über feiel überwiegt und erft neuerdings infolge der Neigung des Nndd., eu in manchen Lagen wie ei zu
fprechen, wieder dem feiel weicht, macht mehr Schwierigkeit. Das mndd.
Wort, auf das ich das nudd. feiel, feuel zurückführe, heifst nämlich ftets
feyle oder feile, nie foyle oder foile, wie die mittelalterlichen Schreibungen
für feule fein müfsten. Das ift auffallend, weil das Mndd. fonft eine
Neigung bekundet, franzöfifches ai durch oi wiederzugeben. So wird
z. B. papegay zu papegoy, faifan häufiger zu foyfan als zu feyfan.
Wegen desfelben Confonantauslautes läfst fich mit feuel, feiel befonders
vergleichen mndd. troyelen, treyelen (ein Schiff vom Lande aus ziehn),
das auf afrz. trailler zurückgeht; beide Formen und desgleichen die mit
eingefchobenen d gelten noch heute neben einander. Vielleicht liegt auch
in dweuel, dweiel ein analoger Fall vor. Wenigftens wäre die zwiefache
Form unerklärlich, wenn dies ndd. Wort aus dem ndl. dweile ftammte;
ob nicht vielmehr beide das ndl. und das ndd. Wort aus dem frz. touaille
(Handtuch) gebildet find, das auf adtfch. thwahila zurückzuführen ift?
Man darf annehmen, dafs auch neben foyle im Mndd. foyle beftanden hat,
und fogar vermuten, dafs an einer oder der andern Stelle, an welcher
die Herausgeber feyle gelefen haben, foyle ftehe, weil e und o in mittelalterlicher Schrift oft nicht zu unterfcheiden find. Woher Stürenburg die
Formen veule und voyle genommen, mufs dahingeftellt bleiben.

Die Formen feidel und feudel find ziemlich neueren Urfprungs;
chenfo fagt man treideln und trendeln, dweidel und dweudel. Sie
treten erft gegen Ende des 18. Jhdts auf.

Es wäre nun noch die Frage zu erledigen, woher das frz. faille
ftamme. Darüber habe ich weder bei Franck noch bei Diez (Roman. Wb.)
Auskunft gefunden. Mehrere mittelalterliche Gloffare geben mndd. feyle
durch mlat. vagila wieder. Ob das, wie Dieffenbach meint, aus dem
deutfchen Worte erft gebildet ift? oder ob es eine ältere romanifche Form,

etwa fagila, verrät? aber ein folches Wort fcheint nirgends nachweisbar zu fein und wäre auch ein etymologifches Rätfel. Nach den Lautgefetzen hätte fonft ein mlat. fagila fehr gut ein frz. faille ergeben können. Das lat. paenula, welches gewöhnlich durch feile gloffiert wird, und das lat. pallium würden für die Bedeutung paffen, aber bei beiden ftimmt der Anlaut nicht, auch ift ja aus letzterem und feinem Deminutiv palliolum frz. paile, mndl. pelle, pellel, pellen, mndd. pelle, pellel, mhd. pfell, pfellel hervorgegangen. Von den mit faille, Mantel, homonymen Wörtern kann faille, Fackel, aus lat. facula, begrifflich nicht in Betracht kommen. Dagegen liefse fich vielleicht an das aus faillir = mlat. fallire = altlat. fallere gebildete faille, Mangel, denken, infofern faille, Mantel, weil nicht den Körperformen angepafst, als ein (im Schnitt) mangelhaftes Gewand bezeichnet werden kann?

Vom Leuwagen ein ander Mal.

Hamburg.   C. Walther.

___

Linienkuh (XXIV, 94).

ift die Leitkuh beim Pflügen oder Fahren; fie mufs fchon »eingefahren« (abgerichtet) fein, da der Pflüger oder Fuhrmann nur fie lenken kann, während die rechtsfeitig (tau'r Hand) gehende Kuh nur mit einem Zügel an der Linienkuh befeftigt ift und daher nur diefer folgen kann. Die Bezeichnung »Se gait undr der Läinich (Pflugleine)« erhöht den Wert der Kuh.

Braunfchweig.   Th. Reiche.

___

Kulpsoge (XXIV, 96).

Kulpsoge wird in der oftfälifchen Mundart genau fo gebraucht, wie Sprenger fchreibt, nur dafs anftatt Kulpsogen im Pl. Kulpene gefagt wird. Hai hat'n paar hellefche (bannige, mächtige) Kulpene.

Braunfchweig.   Th. Reiche.

___

Plattdeutfch als Lehrgegenftand.

Vor kurzem erhielt ich Kunde von einer eigenartigen Methode des Unterrichts in Sprachen, von der hier Mitteilung zu machen nicht unangemeffen erfcheint, weil in ihr auch das Plattdeutfche eine Rolle fpielt. Der Urheber und Ausüber diefer, wie er fie nennt, Sprachen-Harmonic-Lehre ift Herr Ferd. Prahl, welcher als »Privatdozent der romanifchen und germanifchen Sprachen, fowie der Handelswiffenfchaft« feit Jahren zu Hamburg 15, Frankenftrafse 33, tätig ift. Der Unterricht in den germanifchen Sprachen gefchieht nach Herrn Prahl's handfchriftlicher »Grammatik der englifchen, holländifch-vlämifchen, plattdeutfchen, hochdeutfchen, dänifch-norwegifchen und fchwedifchen Sprache, mit den gleichartigen Stammwörtern diefer Schwefterfprachen; für den Selbftunterricht und zum Schulgebrauch; mit der Ausfprachlehre.« Laut den Profpecten diefer Grammatik und feiner Lehranftalt bildet jede Sprache in fich eine abgefchloffene Grammatik; alle find in fechs Kolonnen neben einander laufend ausgearbeitet, fodafs

fie mit einem Blick zu überfehen und leicht zu erlernen find. Als Lefe-
und Uebungsftoff werden benutzt, gleichfalls in fechs Sprachkolonnen neben
einander geftellt, Gefpräche, ein Gedicht, eine Erzählung und eine Anecdote.
Nach gleichem Syftem werden gelehrt: Italienifch, Spanifch, Portugiefifch
und Französfch. Doch auf das Unterrichtsfyftem kann es uns hier nicht
ankommen; nur das verdient unfere Beachtung, dafs das Plattdeutfche als
Unterrichtsgegenftand ins Lehrprogramm aufgenommen worden ift: im
zwanzigften Jahrhundert ficherlich eine bemerkenswerte Erfcheinung, felbft
wenn die plattdeutfche Kolonne auch blofs zur Sprachvergleichung hinzugefügt wäre, was jedoch kaum anzunehmen fcheint. Aus den Proben des
plattdeutfchen Teiles der Grammatik geht hervor, dafs ein Dialekt gewählt
ift, der ziemlich nahefteht dem von Fritz Reuter in der Reif' nah Belligen
gebrauchten. Als Anhang zur Grammatik foll ein Lefebüchlein mit altdeutfchen Texten dienen, in welches auch ein Abfchnitt aus dem Reincke
Vos aufgenommen ift. Nachdem Herr Prahl bisher nach feiner handfchriftlichen Grammatik unterrichtet hat, wünfcht er fie jetzt in den Druck
zu geben. Seine Anfrage, ob unfer Verein geneigt fein würde, den Verlag
zu übernehmen, habe ich auf Grund unferer Statuten verneinend beantworten
müffen; aber fie ward mir zum angenehmen Anlafs, auf ihn als, vielleicht
jetzt einzigen und wahrfcheinlich letzten, Lehrer des Plattdeutfchen aufmerkfam zu machen.
Hamburg. C. Walther.

Kleiderfeller (I, 96).

So heifst der Name einer zwanglofen Gefellfchaft, die fich in Braun-
fchweig um den Dichter Raabe (Jacob Corvinus) gefchart hat. Schainbach
S. 102 verzeichnet: »kleerfeller, m. [engl. clothesfeller], der mit alten
Kleidern handelt, Althändler.« Danneil, Altmärk. Wb. S. 191: »fell'n,
trödeln, befonders mit alten Kleidern. Seller, ein Mann, Sellerfch, eine
Frau, die alte Kleider zum Verkauf hat, auch Klederfellerfch genannt.
Diefe Wörter werden jetzt nur noch felten gehört.« Brem. Wb. 4, 750:
»Kleder-feller, Kleerfeller, der alte Kleider und Geräte verkauft, ein
Trödeler (Richey). Souft auch Plunnken-kramer.«
Northeim. R. Sprenger.

Zum Magdeburger Aefop.

86, 4 heifst es vom Spieler: De dre hadden one bracht in de not.
Seelmann erklärt richtig: »nämlich Würfel, deren drei zum Spiel gebören.«
Man vergleiche die Abbildung in Meifter Stephans Schachbuch (Separat-
abdruck aus den Verhandlungen der gelehrten eftnifchen Gefellfchaft Bd.
XI, Dorpat 1883) zwifchen S. 158 und 159 und die Verfe 4686 f.:

Dre terlinge in der luchteren hant
Dar fpringhe he medc dor de laut.
Northeim. R. Sprenger.

Name und Grenzen der Bructerer in Ortsnamen.

Die »Teutoburger Wald-Eifenbahn«, die fich viel kürzer Osningbahn
nennen könnte, gabelt fich im Nordweften bei der Station Brochterbeck;
ein Arm geht an den Dortmund-Emskanal, der andere durch den Osning
nach Ibbenbüren. Der Name Brochterbeck, von Jellinghaus (Die weftfälifchen Ortsnamen, 2. Aufl., S. 152) kaum angefafst, fchien mir fchou lange
mit dem Namen der tapferen Bructerer etwas zu tun zu haben. Zuerft
dachte ich natürlich in meiner Finderfreude daran, dafs der Bach, von
welchem das Dorf Brochterbeck feinen Namen hat, die Bructerergrenze
gegen einen Nachbarftamm gebildet habe; dann kühlte fich die Meinung
dahin ab, dafs bei Brochterbeck doch vielleicht nur ein abgefplifstes Häuflein Bructerer fern vom Stamme gewohnt habe und fo Urfache des Namens
geworden fei.

Da las ich in der »Gefchichte Ditmarfchens« von Chalybaeus S. 12,
dafs im Südoften Ditmarfchens die Grenze gebildet habe an der Elbe der
Holftengraben, weiter nördlich die Holftenau. Das befeftigte wieder
meine erfte Meinung. Ich griff alfo zu dem Buche des älteren Gefchichts-
forfchers Leopold von Ledebur »Das Land und Volk der Bructerer«, Berlin 1827, und las, wie er in § 2 von S. 10 ab den Münfterfchen Südergau,
welchen er für die Nordhälfte des Bructererlandes erklärt, und von S. 15
ab deffen Grenzen befpricht. Unter den von S. 21 ab aufgezählten Grenz-
kirchfpielen fand ich S. 23 oben Brochterbeck als Osnabrückifches Grenz-
kirchfpiel genannt. Keine Ahnung hat der gründlich verfahrende Forfcher
gehabt, dafs er dabei den Namen der Bructerer vor fich hatte; die Orts-
namenforfchung war zu feinen Zeiten auch noch in ihren erften Anfängen.

Grammatifch wie fachlich wird gegen die Behauptung, dafs der Name
der Bructerer in dem Namen Brochterbeck enthalten fei, nichts einzuwenden
fein. Der Name des deutfchen Stammes, der von den Römern fo oft ge-
naunt wurde, ift von ihnen ftändig (einige ficher unrichtige Formen ausgenommen, die man bei Förftemann nachfehen wolle) Bructeri, Adj. Bruc-
terus gefchrieben, von den Griechen entfprechend Βρούκτεροι; nur die
Tabula Peutingeriana hat eine abweichende Form: Burcturi. Vielleicht
mit gutem Grunde; denn ebenfo haben die älteften deutfchen Namensformen, die vorkommen, vor dem r einen Vokal, entweder diefen allein
oder mit einem weniger betonten nach dem r. Die zeitlich ältefte grammatifche Form ift das in Bedas Kirchengefchichte fich findende ags.
Boructware, das wie das in der lateinifchen Ausgabe des Werkes vorkommende Boructuari, Boruhtuari (bei v. Spruner-Menke Boructuarii) nach
der Bildungsweife von Ampsivarii, Chasuarii ufw. mit dem Worte warja
= Wehrmann, Krieger zufammengefetzt ift, was in deutfchen Formen nie
fich findet, ebenfowenig wie bei den lateinifchen und griechifchen Ge-
fchichtsfchreibern*). Von dem deutfchen Worte ift Nominativ und Genitiv
Singularis fowie Genitiv und Dativ Pluralis erhalten. Der erftere lautet
Borhter und ift Perfonenname**); er kommt aus der Zeit von 826 bis 856
in den Corveyer Traditionen vor. Dafs jemand öftlich des Bructerergebiets

---

*) Freilich lautet Bortharun ähnlich wie Hatterun = Chattuariis. Aber das w von
Bajuwarii fehlt immer.
**) So fchon Jakob Grimm, Gefchichte der deutfchen Sprache 4. Ausg. S. 371.

fo heifst, ift chenfo gut möglich, als dafs in Weftfalen jemand den Namen Thuring hatte, wie vor 1200 öfter der Fall gewefen ift. Aehnlich ift die lateinifche Form Borthari in einem 738 an Bonifatius gerichteten Papstbriefe. Diefen fteht am nächften der Dativ Pluralis Bortharen, das als Randbemerkung neben dem aus dem neunten Jahrhundert ftammenden Borthrun in Wigands Corveyer Traditionen § 427 fich findet, ohne dafs heute der diefen Namen tragende Ort nachzuweifen wäre, da er Bortern oder ähnlich lauten müfste; Borken kann es nicht fein, erft recht nicht Borfum bei Afchendorf*). Viel öfter kommt der Genetiv Pluralis vor, immer in Verbindung mit dem deutfchen »Gau« oder dem es vertretenden lat. pagus. Die volle Form ift am beften erhalten in der Urkunde Kaifer Ludwigs des Deutfchen vom 13. Juni 858 (Kaiferurkunden Weftf. 31), wo vom pagus Boroctra die Rede ift; mit noch gröfserer Veränderung des Vokals, der in der römifchen Form der wichtigste ift, heifst es in dem Leben Liudgers von Altfried c. 11 pagus Borahtra. Zweimal ift der Kehllaut verfchwunden: in einer Urkunde von 820 (Lacomblet 1 38) heifst es pagus Boretra, in einer Kaiferurkunde von 833 (Kaiferurk. Weftf. 12) pagus Boratre. Die Endung des Genetivs Pluralis ift ganz weggefallen in der Form Borhtergo, welche eine Urkunde von 966 (Lacomblet 1 109) bietet; noch um den Kehllaut verkürzt ift Bortergo, das fich in der Aufzeichnung über eine dem Klofter Werden im Jahre 834 gemachte Schenkung (Crec. Trad. 50) findet. Eine Form ohne das erfte r hat in Bohteres go eine Kaiferurkunde aus 1033 (Kaiferurk. Westf. 187); hier ift, wie bei den Gaunamen, die mit den Namen des verwaltenden Grafen gebildet find, irrig der Genetiv Singularis gefetzt.

Aufserdem ift noch der Stamm des Bru_cterernamens_ enthalten in dem Collectivum, welches in den Fuldaer Traditionen mit den Formen Borahtridi, Burihtridi und Burichtridi vorkommt und heute Brüchtern bei Schlotheim öftlich von Mühlhaufen in Thüringen ift. Schon Förftemann fagt (unter Burihtridi): »den Namen Burihtridi halte ich für die Bezeichnung einer bructerifchen Colonie«; felbftverftändlich konnte nur aufserhalb des Bructererlandes ein Ort nach einem Häuflein abgefprengter Bructerer benannt werden, und deshalb mufs auch der dat. pl. Borthrun = Bortharen ufw., »bei den Bructerern«, wie die Namen Sachfen, Preufsen, Baiern ufw. gebildet, einen Ort aufserhalb des Bructerergebiets bezeichnen, oder etwa einen an fremdes Gebiet angrenzenden, und von Angehörigen eines anderen Stammes gegeben fein.**) Borahtridi ufw. find aus älterem Borahtrithi entftanden; dies ift eins der bekannten, im altfächfifchen fo weit verbreiteten Collectiva, deren Endung -ithi = ithja wohl durch Anhängung von ja an l'articipia auf ith gebildet ift, fo dafs diefe paffivifchen Collectiva, welche bedeuten »mit . . . . . verfehen«, den griechifchen aktivifchen auf ent***), die dem participium perf. act. verwandt find, entfprechen. Sachlich ift alfo das Collectivum Borahtridi gleich dem dat. pl. Borthrun; fie verhalten

---

*) auch Dürre, Zeitfchrift für weftfälifche Gefchichte 41 S. 50 dürfte irren.
**) Noch eine Möglichkeit ift, dafs es genau wie Hatterun geradezu den Bructerergau bezeichnet.
***) Μυσός, Κερκσούς, Ελκσυῆς, Τρσπεζούς ufw., homerifches ἀστερόεντα ufw.

fich genau wie die von dem Namen der Angeln herrührenden, einen thüringifchen Gau bezeichnenden Englide und Engilin, welche bei Much,
Deutfche Stammeskunde S. 103 falfch ein i haben. Alle diefe thüringifchen,
aus dem 9. Jahrhundert ftammenden Formen haben den Hauptvocal zwifchen
b und r; zwei haben abweichend von den Namen des Bructerergaues den
Vocal u beibehalten.

Bald nach 1000 verfchwindet der Name des Bructerergaues und damit der lebendige Gebrauch des Stammesnamens, um erft infolge der gelehrten Studien und in der römifchen Form wieder aufzuwachen.

Nach der obenftehenden Ueberficht über die älteren deutfchen Formen
des Namens kann an die Beurteilung des Namens Brochterbeck gegangen
werden. Die ältefte Form desfelben findet fich in einer Osnabrücker Urkunde aus 1150, ift alfo über 100 Jahre jünger als das letzte Vorkommen
des Bructerergaues; fie lautet: Brotterbike und fteht Osnabrücker Urkundenbuch I 282. Ein zweites Mal hat dasfelbe in Urkunde 432 aus dem Jahre
1198 Brohterbeke.

Nicht der Ort, fondern aus diefem ftammende Perfonen kommen in
Urkunden des Bistums Münfter aus dem 13. Jahrhundert, meift tecklen-
burgifchen, vor; der erfte Beftandteil des Namens, auf den es hier allein
ankommt, lautet dafelbft 6 Mal Brochter, 6 Mal Brohter, je einmal Brogter
und Brogther, 7 Mal Brugter, je 2 Mal Bruchter und Brughter, einmal
Brugder, 2 Mal genau wie bei den Römern Bructer (Westfäl. Urkundenbuch
III 557 und 830). An Orten, die von dem Stammort weiter entfernt find,
fchrieb man: in Bielefeld Borech, in Herford Borch, beides aus Unkenntnis.
In Urkunden des Bistums Paderborn aus dem 13. Jahrhundert kommt
Brochterbeck vor; der Name ift im Regifter irrtümlich unter Brocbeck
geftellt, wie er im Paderbornifchen auch wohl nach bekanntem Mufter
gefchrieben fein mag. In Osnabrücker Urkunden von 1201—50 (Osnabr.
Urkbd. II) findet fich der Name des Hofes Schulte Brochterbeck einmal
als Brutterbeke; im Namen von Perfonen, die von ihm ftammen, kommt
in meift Tecklenburger Urkunden der erfte Beftandteil des Namens vor
als: Brochter 10 Mal, Brohter 4, Brocter 1 Mal; Bruchter 7, Brugter 3,
Bructer (te ergänzt!) ein Mal, aufserdem die ungewöhnlichen, wohl unrichtigen Formen Broither und Brucer ein Mal.

Weiter braucht wohl dem Namen nicht nachgegangen zu werden;
nur das fei noch bemerkt, dafs im Güterverzeichniffe des Stifts St. Mauritz
bei Münfter (Cod. trad. Weftf. III S. 228) das Kirchfpiel um 1500 Bruch-
terbeke genannt · wird, nach 1300 (S. 126) ein Conrad von Brocterbeke.

Vergleicht man alle diefe Formen des Namens Brochterbeck mit
denen des Wortes Bructerergau, fo fällt auf, dafs das ʼoʼ das bei den
letzteren fich zwifchen b und r eingedrängt und, den Ton an fich ziehend,
den Vokal zwifchen r und dem Kehllaut oder t zuweilen ganz verdrängt
hat, im Namen Brochterbeck nie zu finden ift, dafs ferner nur hier (und
im Thüringifchen Burichtridi) das u der römifchen Namensform gewahrt
ift. Ift in der befchädigten Urkunde Osnabr. Urk. 2 Nr. 468 te mit Recht
ergänzt, fo ift im dreizehnten Jahrhundert noch dreimal die römifche
Namensform Bructer unverfehrt verzeichnet. Das einzige, was gegenüber
den meiften Formen des Gaunamens fehlt, ift die Kafusendung; in Zu-

fammenfetzungen ift fie aber am Ende dreifilbiger erfter Beftandteile um
1200 meift gefchwunden, in der Form Borhtergo fchon vor 1000, in Bortergo vor 900.

In Bezug auf den Lautbeftand der um 1200 für Brochterbeck auftretenden Namensformen ift alfo gegen die Deutung Bructererbach nicht
das geringfte einzuwenden; umgekehrt ftehen fogar die eben genannten
Formen dem römifchen Bructeri durch Beibehaltung von u und c und
Stellung des erfteren nach dem r näher als alle Formen des Wortes
Bructerergau und die übrigen Ortsnamen, in denen der Name des Bructerer-
ftammes fteckt. Vielleicht ift diofe gröfsero Altertümlichkeit eine Folge
davon, dafs der Gauname und Borahtridi wie Borthrun bis um 1000 eine
im Volksmunde verftändliche, mit Bewufstfein gebrauchte Bezeichnung blieb,
während nördlich der Lippe Jahrhunderte lang vor 1000 (Müllenhoff,
Deutfche Altertumskunde 2 20 fetzt 700, Bremer Grundrifs der germanifchen
Philologie[2] 3 869 das Jahr 98 an) die Bructerer verfchwanden und schliess-
lich auch das Gedächtnis ihres Wohnens nördlich der Lippe erlofch, fodass
man bei dem Namen Bructererbach nur an den Bach dachte und der Name
(wie auch Burihtridi) die Veränderungen nicht alle mitmachte, welche der
Name des Bructerergaues erfuhr, manchmal auch nicht die Lautverfchiebung,
welche gegen Ende der Römerzeit eintrat.

Was hat es nun zu bedeuten, dass ein Wafferlauf als der Bach der
Bructerer bezeichnet wurde? Wenn er die Grenze zweier Stämme entlang
läuft, fie bildet, ift folche Bezeichnung ohne weiteres verftändlich. Hier
wird das der Fall fein. Der Wafferlauf, um den es fich handelt, entfpringt
zwifchen den Bergen des Osnings, an einer Stelle, wo diefer drei Höhen
in der Breite hat, aus einem Teiche, läuft zuerft füdöftlich in der Strei-
chungslinie des Gebirges, dann füdlich und füdweftlich, bis er in die Ebene
füdweftlich des Gebirgszuges eine Strecke weit hinausgekommen ift; noch
zwifchen den Bergen liegt der Hof Schulte Brochterbeck, der von dem
Bache feinen Namen hat, auf deffen Grunde auch die Kirche und fomit
das Dorf gebaut ift. Den Bach entlang gewährt das Gebirge bequemen
Durchlafs; jetzt geht Chauffee und Eifenbahn hier durch; früher tat es ein
gröfserer Weg. Nahe dem Dorfe heifst der Bach jetzt nur Mühlenbach,
weil er hier drei Mühlen treibt; von der Stelle ab, wo er in der Ebene
umbiegt, um drei bis vier Stunden faft dem Gebirgszuge parallel der Ems
zuzufliefsen, heifst er »die Flecte« im Volksmunde, auf der Generalftabs-
karte »die Flöte« (!), auf der Reimannfchen Karte Haberflietbach und
Flietbach (hier wie auf der »1876 berichtigten« Kreiskarte hat er keinen
Abflufs!) von Bevergern bis zur Ems Bevergerner Aa. Bei diefem Laufe
konnte er von den Bewohnern des nordöftlichen Gebirgsabhangs, mögen
diefe nun in alten Zeiten Angrivarier oder Chamaven gewefen fein, Bructererbach genannt werden, folange Gebirgszug und die füdweftlich an-
ftofsende, noch jetzt faft öde Heide unbewohnter Grenzftreifen, »Mark«
waren und füdweftlich die Bructerer wohnten; fpäter ift der Name nur
am Oberlaufe, da er für ihn am erften pafste, und zuletzt nur am Hofe
und Dorfe haften geblieben. Er mufs alfo mindeftens vor 700 entftanden
fein; bis vor das Jahr 98 n. Chr. braucht wohl nicht zurückgegangen zu
werden. Der auf Mefstifchblatt 2009 fich nördlich des Osnings nahe der
von Osnabrück kommenden Eifenbahn jetzt findende Hof Schulte Brochter-

beck kommt hier nicht in Betracht, weil er auf der Kreiskarte einen anderen Namen trägt und den jetzigen erſt infolge der die uralten Namen ausrottenden modernen »Rechtspflege« erhalten hat.

Dagegen, daſs der Flietbach früher Grenze war, ſpricht nicht, daſs Brochterbeck zum Bistum Osnabrück gehörte; denn dem Bistum Osnabrück iſt der Osning vom nordwestlichen Ende bis nach Borgholzhauſen und Werther erſt ſpät, 965, geſchenkt, als unbewohnte oder faſt unbewohnte Einöde, ebenſo wie 1001 und 1002 das Bistum Paderborn die Heide erhielt, auf die jetzt der Name Senne beſchränkt iſt. Wenn der Osning noch 965 als foreſtum bezeichnet wird, wird er erſt recht in den Zeiten, wo der Name Bructerer noch lebendig war, wenig oder gar nicht bewohnt geweſen ſein.

Alſo muſs wohl als feſtſtehend angeſehen werden, daſs bei Brochterbeck bis zum Verſchwinden der Bructerer aus· dem Gebiete nördlich der Lippe die Grenze des Bructerergebietes gegen die nordöſtlich jenſeit des Osnings wohnenden Nachbarn geweſen iſt.

Erwähnt werden mögen zum Schluſs noch drei Namen, von denen der erſte nach dem bisher vorliegenden Material nicht denſelben Urſprung hat wie Brochterbeck, obgleich er ihm ſehr ähnlich iſt. In der holländiſchen Provinz Overyssel flieſst nahe bei Hardenbergh von Süden her in die Vecht der Bach Bruchterbeek (Jellinghaus 152). In den »Nomina geographica Neerlandica« S. 69 wird er auf ein 1583 genanntes Dorf Brucht zurückgeführt; dann würde er nur nach einer weit verbreiteten Unſitte Bruchterbeek geſchrieben und müſste eigentlich geſchrieben werden Bruchter Beek. Die Frage iſt nur: Woher hat das Dorf Brucht ſeinen Namen? Das Bistum Münſter umfaſste einen Teil der holländiſchen Provinz Gelderland und reichte nördlich in der Graffchaft Bentheim bis Nordhorn, fünf deutſche Meilen öſtlich von Hardenbergh (Ledebur S. 20 und 28); ſo könnten nach Brucht wohl einzelne abgeſprengte Bructerer gelangt ſein, wenn nicht das Bructerergebiet in der bruchigen Gegend zeitweiſe bis dahin gereicht hat. Aber ohne ältere Namensformen läſst ſich nichts machen.

Anders iſt es mit Borahtbeki Crecelius Coll. 74c Seite 43, das bei Lacomblet Archiv 2 233 unter A XIII Traditiones (ab anno d. 890?) Borathbeki geſchrieben wird. Öſterley, der das Jahr 870 nennt, weiſs den Ort nicht zu beſtimmen, ebenſowenig Förſtemann, und das Weſtf. Urkundenbuch läſst auch im Stich. Ledebur hielt S. 34 das nordweſtlich Eſſens gelegene Borbeck für das bei Crec. Nr. 43 und Lacomblet Urkb. 1 Nr. 39 genannte Perricbeki in pago Boretra, welches jedoch Lacomblet ſchon für Pierbecke bei Dortmund erklärt. Borbeck heiſst ſchon in dem nach 860 verfaſsten Eſſener Heberegiſter (Heyne, kl. and. Denkmäler) Borthbeki; Eſſen beſaſs den Haupthof daſelbſt; weshalb ſollte aber Werden nicht einen kleineren Hof (dimidia hova heiſst es in der Tradition) in Borbeck gehabt haben? Beiden Namen, Borahtbeki und Borthbeki, fehlt das Stammes-r mit dem Vokale der Endung des Genetiv Pluralis, und zwar bei den alten Formen. Aber auch in dem angelſächſiſchen Boructware fehlt es, und zwar ebenfalls in der dritten Silbe des Hauptteils des Compoſitums.*) Das

---

*) Bei Gütersloh iſt er um 1500 in der zweiten Silbe verloren gegangen: Gutslo.

Fehlen des a in Borthbeki, auch der Wechsel von th und ht ift nach den
vorhandenen Formen des Gaunamens nicht verwunderlich. Tatfächlich gehörte Effen, das auf dem Hof Erenzell im Bructerergau erbaut ift, zum
Bructerergebiet, während das benachbarte Styrum im Chattuariergau lag
und eine alte Grenze zwifchen Franken und Sachfen nördlich in derfelben
Richtung von Hamborn über Holten nach Dinslaken ein Moor entlang fich
erftreckt, wie füdöftlicher von Steele an der Ruhr eine Zehntgrenze an
Borbeck vorbei an die Emfcher geht (Ledebur S. 34). Sehr zu beachten
ift auch, dafs das gleich öftlich diefer Grenze wenige Kilometer nördlich
von Borbeck gelegene Bottrop nach Jellingbaus S. 16 im Jahre 1165
Borthorpe heifst, das fehr wohl aus Borth-thorpe, Borht-thorpe, Borhtra-
thorpe und Borohtra-thorpe entftanden fein könnte, jedenfalls mit dem
Borthbeki der Effener Heberolle grofse Aehnlichkeit hat. Es wäre dann
ein dritter Name in Weftfalen, der die ehemaligen Bructererfitze und zwar
die Bructerergrenze bezeugte, genau entfprechend den Angaben v. Ledeburs.
Wenn fo die drei Namen Brochterbeck, Borbeck und Bottrop beftätigen, was der alte Forfcher gefagt hat, fo ift etwas erreicht. Denn
die Gefchichtsforfcher haben immer bedauert, dafs über die Bructerer-
grenzen grofse Unficherheit herrfchte. So fagt Watterich, »Die Germanen
des Rheins« 1871 S. 49: »Die endliche Klarftellung der Bructererfitze
wäre für die ganze Geographie Niederdeutfchlands (in der Römerzeit) von
gröfster Wichtigkeit;« Baumftark äufsert fich in der »Ausführl. Erläuterung
des befonderen, völkerfchaftlichen Teiles der Germania des Tacitus« S. 78:
»Die bis Kap. 33 befprochenen Völkerfchaften find für uns in ihren Sitzen
ficher und beftimmt; viel weniger ift dies der Fall mit denjenigen, welche
von da bis Kap. 37 in Niederdeutfchland aufgeführt werden. . . . Dies
ift ganz befonders der Fall mit den Bructerern und mit den fich anfchliefsenden Chamavern und Angrivariern, deshalb der Gegenftand unzäh-
liger Unterfuchungen und Controverfen«.
Dafs fich noch andere Ortsnamen finden, in denen der Name der um
800 füdlich der Lippe wohl Borahtrôs, zu den Römerzeiten wohl Bructerôs,
im Singularis Bructeras gefprochenen Bructerer fteckt, ift nicht fehr wahrfcheinlich. Zu wünfchen ift, dafs der überall unerklärt gelaffene Name
feinen Erklärer findet. Dafs er von Jakob Grimm fälfchlich in beraht
(glänzend) und heri (miles) geteilt ift, wird allgemein anerkannt. Während
aber das verwandte Tencteri, Tenchteri mit thing in Zufammenhang gebracht
werden könnte, da die Römer ftatt th t, ftatt i e gefchrieben haben
(Teutoburg, Segimer), fpottet Bruc- bis jetzt jeder Erklärung.*)
Wandsbeck.   P. Eickhoff.

Spick und fpicken.

Im Grimm'fchen Deutfchen Wörterbuche wird Bd. X Sp. 2213 unter
»fpick« und Sp. 2219 unter »fpicken 10« vermutet, dafs ein Adj. fpick,
welches Dähnert im Pommerfch-Rügifchen Wb. und Frifchbier im Preufsifchen
Wb. mit der Bedeutung »geräuchert« bezeichnen, wohl nur zu Spick-Aal,

---

*) denn von brôc Sumpf (Bruchlandbewohner) kann es wohl wegen des u nicht
herkommen, und von bruggia- (pontes longi!) nicht wegen des c. Und was heifst -ter?

-Gans oder -Goos, -Flunder, -Hering als Stammwort angefetzt und fo
wenig wie ein Verb fpicken für »räuchern« ficher bezeugt fei.
Ich mufs dem widerfprechen. Im Mndd. Handwörterbuch hätte ich
fpik = trocken in Lübben's Manufkript nimmer eingefchoben, wenn ich
nicht einen Beleg dafür gefunden hätte. Diefer fteht in dem Hamburger
deutfch-lateinifchen Vocabular aus dem 15. Jahrhundert, von dem ich im
Vorwort S. VI f. gefprochen habe. Das alphabetifch eingerichtete Vocabular
hat vor dem Artikel »fpickberink«, für den auf »bukkink, ruburnus, ruscupa«
verwiefen wird, einen befonderen, vom folgenden durch Raumlaffung ge-
trennten Artikel: fpick, require droghe, und droghe wird an feiner
alphabetifchen Stelle durch aridus überfetzt; beide deutfchen Wörter find
alfo Synonyma und bedeuten »trocken, dürre«. Soweit ich mittelalterliche
Vocabulare kenne, fcheint der Fall ausgefchloffen, dafs ihre Verfaffer nicht-
vorhandene deutfche Wörter fchaffen und als eigene Artikel anfetzen, um
das Beftimmungswort einer Zufammenfetzung zu erklären; ich bin daher
überzeugt, dafs es ein mndd. Adjectiv fpick im Sinne von trocken, dürre
gegeben hat. Dann darf aber auch Dähnert Glauben gefchenkt werden,
wenn er mit Einfchränkung des Gebrauches angiebt: »fpikk, Adj., was fo
geräuchert ift, dafs es ungekocht gegeffen werden kann«, obfchon er in
demfelben Artikel dann gleich die Compofita Spikk-Aal, -Goos, -Flunder,
-Hering folgen läfst. Was endlich unfern Zeitgenoffen Frifchbier anbelangt,
fo ift er offenbar nur durch Dähnert, den er citiert, veranlafst worden,
»fpick, Adj., geräuchert, von Speifen« anzufetzen, denn er fügt hinzu:
»von mir nur in Zufammenfetzungen gehört, Spickgans, Spickaal, Spickflunder, gewöhnlich Speckflunder genannt, wenn fie recht fett ift.«
Dafs es im Niederfächfifchen auch ein Zeitwort fpicken, wie im
Schwedifchen ein fpicka, gebe, welches »räuchern« bedeute, hat Adelung
im Wb. der Hochdeutfchen Mundart, 2. Ausg. (1793—1801), IV, 191 behauptet. Sicherlich hat er das nicht erfonnen, wenngleich er feine Quelle
nicht angiebt, was er überhaupt durchweg unterläfst. Da er 1732 bei
Anklam geboren und dort aufgewachfen war, kann er dies Verb felbft
noch gehört und gebraucht haben. Die Richtigkeit feiner Angabe läfst
fich beweifen durch eine Stelle in der Rechnung von St. Jürgen zu Wismar
aus dem Jahre 1531, welchen Beleg ich dem um die mndd. Lexikographie
auch fonft fo vielfach verdienten Herrn Dr. F. Crull in Wismar verdanke.
Während es dafelbft an einer Stelle heifst: 1 ß (Schilling) vor lo° (Lohe,
Borke zum Räuchern) thom fpickheringe, lautet ein anderer Ausgabe-
poften desfelben Jahres: 1 ß vor lohe, den herinck mede (damit)
tho fpickende.
Ten Doornkaat Koolman hat im Oftfrief. Wb. (unter »Spekäl«) die
Vermutung geäufsert, dafs »die Vorfilbe fpik wohl von fpek, fpik (Speck)
abgeleitet fein dürfte, weil ja eben auch der Speck zuerft gefalzen und
dann gedörrt und geräuchert wird.« Das Grimm'fche Wb. (unter »Speck-
aal«) meint, diefe Vermutung dürfe als nicht unwahrfcheinlich betrachtet
werden, bringt dann aber felbft noch eine andere Mutmafsung: »fpeckaal
= geräucherter Aal, in der hd. umgangsfprache nd. gegenden, und [nndd.]
in Oftfriesland fpekäl, fonft auch nd. fpikkaal. bei der form fpeckaal
denkt man an einen fetten aal; fpickaal könnte dasfelbe meinen, d. h.
einen aal, der fo fett ift, als ob er gefpickt wäre.« Diefe Erklärungen

berückſichtigen nicht die geſchichtliche Reihenfolge der Verbreitung dieſer Compoſita und ſtellen die Scala der Tatſachen auf den Kopf. Die zuſammengeſetzten Wörter, um die es ſich handelt, begegnen nicht im Mhd. Sie ſtammen aus dem Ndd. und ſind erſt ins Nhd., teils als Warenbezeichnungen, teils durch die Litteratur eingedrungen. Das Ndd. kennt aber nur die Form Spick-, kein Speck-. Die nhd. Umbildung Speck- iſt augenſcheinlich ein Verſuch, dieſe Wörter an Speck = lat. lardum im Sinne von ›fett‹ anzulehnen, um ſie verſtändlich zu machen und der Vorſtellung vorzubeugen, als ob ›geſpickte‹, d. h. mit Speck beſteckte Speiſen gemeint wären.

Das ndd. Spick- kann aber in dieſer Sprache unmöglich eben dieſer Vorſtellung, welcher das Nhd. auszuweichen ſucht, entſprungen ſein, ſelbſt nicht einmal vergleichsweiſe ›fett, als ob es geſpickt wäre.‹ Denn ſpicken = mit Speckſtücken beſtecken iſt zwar hd., aber nicht ndd. Dem hd. ›ſpicken‹ entſpricht ndd. ›ſpecken‹. So heiſst es im oben erwähnten Hamburger Vocabular und' in Nr. 38 bei Diefenbach, Novum Gloſſarium: lardo preparare, ſpecken; in jenem auch: ſpecknatel, librida (Spicknadel); in Veghe's Geiſtlicher Jagd (ſ. Joſtes im Iliſtor. Jb. 1885 S. 391): ſo ſteket he ſyn wilt an dat ſpit unde ſpecket dat; in den Bordesholmer Proverb. commun., hrsg. v. Jellinghaus, 486: me (man) ſchal neen ſpeck ſpecken. Ebenſo im Sinne von ›mit Speckſeiten, Schinken, Würſten verſehn‹: ſe hebben oren wymen alſo geſpecket, dat etc.; Gryſe, Spegel des Paweſtdoms fol. x 1ᵇ; und in bildlicher Bedeutung ›mit etwas reichlich verſehn‹: de wortelen (des Weinſtockes) leet he undecken (ent-, aufdecken) und myt der (aus Miſt etc.) mengeden erde ſpecken; Stephan's Schakſpil, hrsg. v. Schlüter, 2594; ein mit calumnien wol geſpecket ſcriptum; v. Hövelen, Chronik 49. Noch im J. 1775 heiſst es hd. in der Rechnung eines Hamburgiſchen Kirchencollegiums: einen geſpeckten rehrücken; Zeitſchr. f. Hamb. Geſch. 7, 341. Die meiſten neueren Idiotiken verzeichnen den Ausdruck nicht. Blofs bei Dähnert findet ſpekken ſich noch, aber nur in eigentlicher Bedeutung; dagegen in der Metapher die hd. Form ſik ſpikken, ſinen Büdel ſpikken ›ſich Vorteile machen‹, was ſicher eine Entlehnung aus dem Hd. iſt. Schon Schütze, Holſt. Idiot. (1806) bringt zuerſt ›ſpicken‹ auch in der eigentlichen Bedeutung, neuerdings noch Mi, Mecklenb. Wb., und Woeſte, Weſtf. Wb., ohne Zweifel die durch Einfluſs des Hd. eingedrungene Form. Vermutlich wird ſich aber hie oder da noch das richtige ndd. ſpecken gehalten haben. Und jedenfalls ſtand ndd. ſpecken = hd. ſpicken in älterer Zeit und vor allem im Mittelalter durchaus feſt. Wie können bei dieſer Tatſache Ableitungen des ndd. Spick-, wie ſie vom Deutſchen Wb. gebracht werden, beſtehn? Da ein Adj. ſpick = aridus und ein Verb ſpicken = fumo ſiccare bezeugt ſind, können für die Etymologie der Compoſita mit Spick- doch nur dieſe Wörter in Betracht kommen.

Allgemein mndd. ſind jedoch beide Wörter nie geweſen. Die beiden Belege für ſpick und ſpicken gehören dem Küſtenlande der Oſtſee an; dieſes kommt in einer Wismarer Rechnung vor und jenes begegnet in einem Wörterbuch, das durch manche Wörter (bolſtede tugurium, crap parce modice, fager fchone fyn, poltken parva navis, u. a.) nach der Oftfee weift und nordifche Einflüffe offenbart. Das einzige mndd. Compofitum fpikhering läfst fich ebenfalls nur aus diefem Gebiete belegen: plauftrum ficci allecis videlicet fpicherine, Greifswalder Zollrolle vor 1275 bei Höblbaum, Hanf. Ub. I S. 251; fpickherink, bukkink, ruburnus, ruscupa, in jenem Hamburger Vocabular des 15. Jhdts.; fpickhering 1531 in Roftock (f. oben); 9 wall fpickheringes 1558 im Tagebuch des Stralfunders Gentzkow, hrsg. von Zober, S. 75. Daneben brauchte man für »fpick« und im weftlichen und füdlichen Niederdeutfchland allein »drôge, rôkerich«, für »fpicken«: »drôgen, rôkeren«, und für »Spikhering« fagte man »Bucking«. Und noch bis auf den heutigen Tag find die in Mecklenburg, Pommern und Preufsen geltenden Ausdrücke Spickhering, -aal, -goos, -flunder weftwärts nicht recht eingebürgert; fchou in Hamburg hört man fie felten. Somit wird anzunehmen fein, dafs fpick, fpicken und die Zufammenfetzungen mit Spick- den deutfchen Oftfeeländern erft durch den Heringsfang und Heringshandel aus der Fremde zugeführt find, nämlich aus Skandinavien. Und diefer Schlufs läfst fich aus den nordifchen Sprachen als richtig erweifen.

Das von Adelung (f. oben) angezogene Verb fpicka oder fpeka für »räuchern« fcheint jetzt veraltet und nur noch dialektifch zu fein; davon ein Verbaladjectiv fpicken oder fpeken = gedörrt, gefalzen, geräuchert (torkad, faltad, rökt; Rydqvift, Svenska fpråkets lagar I, 437) und eine Reihe von Zufammenfetzungen, welche Möller's Schwedifch-Deutfches Wb. (2. Aufl. 1808) verzeichnet: »fpickeflundra Spickflunder, fpickegås Spickgans, fpickegädda ein an der Luft gedörrter Hecht, fpickekorf eine geräucherte Wurft, fpickelax gefalzener, auch geräucherter Lachs, fpickemat rohe gefalzene oder geräucherte Speifen, fpickefill ein gefalzener Häring, fpickefkinka ein roher Schinken.« Dies Verzeichnis zeigt fchon, dafs hier an »Speck« nicht zu denken ift. Der Speck hiefs im Anord. freilich fpik, aber im Schwedifchen heifst er fpeck und hd. fpicken heifst fpecka, die Spicknadel fpecknål. Auch das ältere Dänifch kannte ein Verb fpege für das Zubereiten von Fleifch oder Fifch durch Salzen und Räuchern, fodafs fie genoffen werden können, ohne gekocht zu werden (tilberede Kiød eller Fifk ved Saltning og Røgning til at kunne fpifes nden at koges; Molbech, Danfk Ordbog 1833); daher: fpeget mad und die Zfftzgen fpegeflefk, fpegegaas, fpegelax, fpegemad, fpegepølfe Spickwurft, fpegefild (uegentlig, da Silden blot faltes, men ikke røges; Molbech). Speck heifst dagegen im Dänifchen fpæk, fpicken fpække, Spicknadel fpækkenaal.

Nach Rydqvift und Molbech entfpricht dem fchwed. fpicka und dän. fpege ein isländifches fpeikia. Die Etymologie diefer Wörter weifs ich nicht zu geben; deren bedarf es zu meinem Zwecke auch nicht. Mir kann es blofs darauf ankommen zu beweifen, dafs die mit fpick gebildeten Compofita nicht aus dem Hochdeutfchen zu erklären find, fondern aus dem Niederdeutfchen ftammen, welches felbft diefe Bildungen wie auch das Adj. fpick und das Zeitwort fpicken aus dem Nordifchen und zwar aus dem Schwedifchen entlehnt hat.

Hamburg.   C. Walther.

Zu Gerhard von Minden, her. v. W. Seelmann.

Fab. 102, 59 ff. fagt der Wallnufsbaum:

Wol waffe ek hôch bet an de lucht,
doch fo ne mach ek nummer vrucht
van noten willichliken dregen,
men [en] bringe mi darto mit flegen.

Schon Kraufe in feiner Befprechung von Seelmanns Ausgabe in der Roftocker Zeitung vom 9. Auguft 1879 bezog die Stelle mit Recht auf den Volksglauben, dafs Schlagen in beftimmter Zeit, befonders in den 12 Nächten, den Walluufsbaum zum Tragen zwinge. Wenn Seelmann die Stelle irrig vom Nufsknacker auslegte, fo hat er darin fchon einen Vorgänger in Fr. von Logau, Sinngedichte, hersg. v. C. W. Ramler und G. E. Leffing, 7. Buch Nr. 9:

Schläge.

Eine Glock und eine Nufs, und ein Efel, und ein Knecht
Tun nicht leichtlich ohne Schlag, was fie follen, jemals recht:
Jene fchweiget, die bleibt hart, jener fteht und diefer liegt.
Wird das Eifen und das Holz ihnen richtig angefügt:
Klinget jene, diefe bricht, jener geht, und diefer eilt.
Drum was jedem zugehört, fey auch jedem zugeteilt.

Northeim.   R. Spreuger.

Dafs der Walnufsbaum gefchlagen werden müffe, dafür gab mir vor Jahren ein alter Holfteinifcher Landmann folgenden Grund an. Alle Obft-bäume müfsten gehindert werden, ihre Triebkraft in Zweige und Laub zu vergeilen, darum würden fie im Winter oder Frühjahr befchnitten. Nur der Walnufsbaum fei fo faftreich und feine Zweige feien fo röhrenartig, dafs ein Befchneiden ihm wegen des Nachblutens leicht fchädlich werde. Darum knicke man die Zweige blofs, indem man fie mit Stangen fchlage. So fchrecke man, wie durch Befchneiden bei andern Bäumen, die geile Triebkraft und erhalte doch dem Baum die nötigen Säfte. Ob diefe An-gabe richtig ift, kann ich nicht beurteilen, weil ich von Botanik und Gartenbau nicht genug verftehe; aber fie möchte, wenn richtig, die fprich-wörtliche Verwendung des Bildes vom Nufsbaum, der durch Schläge zum Fruchttragen gezwungen werden will, einfach und plaufibel erklären.

Hamburg.   C. Walther.

Zu Strickers De Düdefche Schlömer.

So frath vnd foep he wedder ftrack,
Ehr he ein Pater nofter fprack;
Heffftu dy denn wol fupen fehn,
Laftern, fchenden, hönen, fchmehen!
Dith dreff he fo fteds Dach vnd Nacht 3597—3601.

Die Interpunktion ift meine. Der Herausgeber bemerkt: ›3599 ver-ftehe ich nicht. Vielleicht ift zu lefen: Heffftu em denn wol fupen fehn.‹ Sprenger Jahrb. XV, 93 fetzt einen Punkt hinter ftrack und fchreibt:

> Ehr he ein Pater noſter ſprack,
> Heffſtn ſyck duen wol ſupen ſehen.

In Jb. XXVIII, 116 ruft er dieſen Vorſchlag zurück, behält jedoch die Interpunktion. Es ſei dy entweder in dyck, »oft«, zu ändern, oder aber ein dat. ethicus; denn ſei der Akk. des demonſtr. Pron. Die Sache liegt anders. Wir haben wieder (vgl. oben S. 10) vor uns einen Ausruf mit dem Verb ſehen und einem ethiſchen Dativ des Perſonalpronomens; denn iſt die Partikel. Das Perſonalpronomen iſt indeſſen hier in der zweiten Perſon, nicht in der erſten. In dieſer Beziehung vergleiche man: Ja Matz, idt quam mick **dick** ock ſo nötlecken (ſpaſsig) vöer, Lauremberg, Plattd. Poſſe Jahrb. XI, 147. Man hoer Matz, ſe ſoggen **dick**, dattr . . Ebd. Jenes »ethiſche« dick unmittelbar nach dem andern Dativ mick, zeigt ja, wie frei man mit ſolchen Dativen umging. Alſo ungefähr:

> So fraſs und ſoff er wieder gleich,
> Eh' er ein Pater noſter ſprach;
> Ich ſage dir, da war ein Saufen,
> Ein Schelten, Schimpfen, Höhnen, Schmähen!
> Dies trieb er ſtets, ſo Tag wie Nacht.

Lund.   Ernſt A. Kock.

Schülerpoeſie.

In einer alten Horazausgabe (Quinti Horatii Flacci Poemata. Scholiis sive Annotationibus, instar Commentarii illustrata a Joanne Bond. Amsterodami. Apud Guiljelmum J. Blaeuw. CIↃ IↃCXXXVI. 12°) fand ich kürzlich — augenſcheinlich von Schülerhand geſchrieben — auf der letzten freien Seite des Buches nachſtehenden Vers, den ich den Leſern des Korreſpondenzblattes nicht vorenthalten möchte. Man ſieht hier, wie ſich zur Zeit des dreiſsigjährigen Krieges ein niederdeutſcher Schüler des römiſchen Dichters häufige Ermahnungen, dieſes flüchtigen Lebens Not und Sorge fahren zu laſſen, angeeignet hat, wenn auch auf eine etwas recht derbe Art, die kaum noch Anſpruch auf Litteraturfähigkeit machen kann. Leider hat der hoffnungsvolle junge Philoſoph unterlaſſen, ſeinem ſchönen Weisheitsſpruche den Namen des äſthetiſchen Autors beizufügen:

> Kacken un Sorgen
> Kummt alle Morgen;
> Sorgen wöll wi laten ſtahn,
> Kacken ſinen Gang ſchall gahn.

Hannover.   Fritz Goebel.

Haſenjagd.

In Quedlinburg gebraucht man häufig die Redensart: »Es iſt doch keine Haſenjagd« in der Bedeutung: »Die Sache iſt doch nicht eilig!« An eine Jagd auf Haſen iſt dabei m. E. nicht zu denken. Die Rda. war jedenfalls urſprünglich niederdeutſch und jagd = Eile (vgl. z. B. Doorn-

kaat Keolmans Oftfrief. Wb. II, 137). Der Hafe ift als fchneller Läufer
bekannt, und man hat ja von diefer Eigenfchaft feinen Namen erklären
wollen (f. Doornkaat a. a. O. S. 49). Das Wort ift gebildet wie mnd.
hafenvlucht, Gerb. v. Minden hrsg. v. Seelmann 83, 22, das in den
mittelniederdeutfchen Wörterbüchern fehlt.

Northeim.   R. Sprenger.

Stippftörken.

Diefes Wort, das als Stippftörchen in Quedlinburg auch in die hoch-
deutfche Umgangsfprache übergegangen ift, verzeichnet auch Danneil,
Altmärk. Wb. S. 212 als »kleine Gefchichten munteren Inhalts«. Aus
Südhannover hat es Heinrich Sohnrey in feiner Erzählung Robinfon in der
Lindenhütte; Stipftöærken n. gew. im pl. »Schwank« ift bei Schambach
S. 211 verzeichnet. Störken ift natürlich = Hiftörchen. Was aber be-
deutet Stipp? Ich vermute, dafs der Ausdruck nach Analogie von
Stippftut'n, Stippkès gebildet ift und alfo ein Gefchichtchen bezeichnet,
dafs man in das Getränk »ftippt«, gewiffermafsen als Zukoft geniefst.
Oder ift es nur eine Art verftärkender Vorfchlag?

Northeim.   R. Sprenger.

Randfchofter.

H. Carftens vermutet (Jahrb. XXIX, 37), dafs das in Schleswig gebräuchliche randfchofter = Flickfchufter fei. »Auf Rand arbeiten«
bezeichnete aber bei den Schuhmachern in Quedlinburg das Annähen des
Oberleders an den Rand der Sohlen. Im Gegenfatz dazu ftand die »ge-
nagelte Arbeit«, wobei das Oberleder mit feinen Holzftiften an die Sohle
befeftigt wurde. Zur Bezeichnung eines alten zankfüchtigen Weibes durch
diefes Wort ift zu verweifen auf Brem. Wb. III, 431: »En olden Rand
nennt man ein altes Weib aus Verachtung.«

Northeim.   R. Sprenger.

Zum Volkshumor.

Von einer älteren hiefigen Einwohnerin hörte ich folgende Umfchreibung für »ütverfchämte« Leute: »Dä mäken feck ōk ūt der welt kein
fchęmelbein!« Die Füfse des fchęmels, eines dreibeinigen Sitzes ohne
Lehne, fpielen im Volkshumor auch fonft eine Rolle in dem fingierten
Gericht »Frikaffee und Schemmelbeine«.

Suderode a. Harz.   Prof. Dr. R. Sprenger.

III. Niederfachfen-Tag zu Hildesheim, den 7. und 8. Oktober 1904.

Durch Herrn Profeffor Dr. Kettler in Hannover ift dem Vorftande
unfers Vereines das Programm des im Oktober ftattfindenden Niederfachfen-
Tages freundlichft mitgeteilt worden. Da angenommen werden darf, dafs

viele Vereinsmitglieder fich für die Beftrebungen des Heimatbundes Niederfachfen interefſieren und manche gerne an dem Tage teilnehmen werden,
ſo wird hier dies Programm famt dem Einladungscircular zur Kenntnis
unſerer Mitglieder gebracht.

Hannover, den 31. Auguſt 1904.

Sehr geehrter Vorſtand!

Indem wir Ihnen beifolgendes Programm des diesjährigen Niederfachfen-Tages überſenden, beehren wir uns, Sie ganz ergebenft einzuladen,
ſich durch Entſendung von Vertretern Ihres Vereins an dieſer Tagung zu
beteiligen.

Die Veranſtaltung hat den Zweck:

1. durch Referate und Verhandlungen ein Bild doſſen zu geben,
was für den Heimatſchutz und die Heimatpflege in Niederfachfen
wünſchenswert und praktiſch durchführbar erſcheint, und prak-
tiſche Anregungen damit zu verbinden; —

2. durch künſtleriſchen Vortrag heutiger niederſächſiſcher Dichtungen
ein Bild der Dichtkunſt unſerer lebenden Stammesgenoſſen zu
bieten; —

3. den Freunden unſerer Heimatkunde, unſerer heimatlichen Kunſt
und unſerer niederſächſiſchen Stammesart die Gelegenheit zur
Anbahnung eines engeren geiſtigen Zuſammenfchluſſes zu bieten.

Der Niederfachfen-Tag wird durch den Heimatbund Niederfachfen
veranſtaltet, will aber keineswegs etwa eine Generalverſammlung dieſes
Vereins fein, ſondern vielmehr eine jährliche freie Zuſammenkunft aller
Freunde ähnlicher Beſtrebungen, zu gemeinſamer Förderung gleicher oder
verwandter Ziele. Mitglied des Niederfachfen-Tages können Herren und
Damen gegen Zahlung von 2 Mk. werden; für die Beteiligung am Feſt-
mahle werden Tifchkarten à 3 Mk. ausgegeben.

Das Intereſſe, welches Ihr Verein den genannten Beſtrebungen ent-
gegenbringt, veranlaſst uns, Ihren Verein zur Teilnahme an der Tagung
aufzufordern. Anmeldungen zur Teilnahme bitten wir baldmöglichſt dem
Vorſitzenden des Ausſchuſſes für den Niederfachfen-Tag, Profeſſor Kettler
hierſelbſt, gefl. mitteilen zu wollen.

Mit vorzüglicher Hochachtung

Der allgemeine Ausſchufs für den III. Niederfachfen-Tag.

Der Hildesheimer Ortsausfchufs.

Programm des III. Niederfachfen-Tages.

Donnerstag, den 6. Oktober: Begrüfsungs-Abend.

Freitag, den 7. Oktober: Vormittags 9 Uhr: Referate und Verhandlungen
über Heimatſchutz und Heimatpflege in Niederfachfen. Nachmittags:
Befichtigung Hildesheims und hervorragender Kirchen unter kundiger
Führung, eingeleitet durch einen orientierenden Vortrag. Abends
8$^1/_2$ Uhr: Zwangloſes Zuſammenfein.

Sonnabend, den 8. Oktober: Vormittags 9 Uhr: Befichtigung von Mufeen und anderen Schenswürdigkeiten Hildesheims unter kundiger Führung, eingeleitet durch einen orientierenden Vortrag. Vormittags 12 Uhr: Fortfetzung der Referate und Verhandlungen über Heimatfchutz und Heimatpflege in Niederfachfen. Mittags 2 Uhr: Feftmahl (Trockenes Gedeck 3 Mk.). Abends 8 Uhr: Niederfächfifcher Dichterabend (Vortrag neuerer Schöpfungen niederfächfifcher Dichter); nachher zwauglofes Zufammenfein.

Sonntag, den 9. Oktober (nur bei fchönem Wetter): Ausflug in die Umgebung Hildesheims.

Die Referate und Verhandlungen über »Heimatfchutz in Niederfachfen« umfaffen folgende Hauptpunkte:

1. Erhaltung typifcher Landfchaftsformen und intereffanter Einzelpflanzen Niederfachfens (Heide und Moor; Zwergbirkenbeftand; hiftorifche Bäume, Thilinden).
2. Schutz bedrohter Naturfchönheiten (Talfperrenfrage).
3. Schutz vor- und frühgefchichtlicher Denkmäler.
4. Pflege heimatlicher Sitten und Gebräuche; Erhaltung der Volkstrachten.
5. Wiederbelebung niederfächfifcher ländlicher Bauformen; Schutz typifcher Städtebilder.
6. Pflege plattdeutfcher Sprache und Literatur.
7. Heimatliche Volkslieder und Sprichwörter.
8. Pflege der Heimatkunde in den Schul-Lefebüchern.
9. Eine gemeinfame Gefchäftsftelle für Heimatfchutz und Heimatpflege in Niederfachfen.

Notizen und Anzeigen.

Beitragszahlungen find an unfern Kaffenführer Herrn Jolie E. Rabo, Hamburg 1, gr. Reichenftrafse 11, zu leiften.

Veränderungen der Adreffen find gefälligft dem genannten Herrn Kaffenführer zu melden.

Beiträge, welche fürs Jahrbuch beftimmt find, belieben die Verfaffer an das Mitglied des Redactions-Ausfchuffes, Prof. Dr. W. Seelmann, Charlottenburg, Peftalozziftrafse 103, einzufchicken.

Zufendungen fürs Korrefpondenzblatt bitten wir an Dr. C. Walther, Hamburg 3, Krayenkamp 9, zu richten.

Bemerkungen und Klagen, welche fich auf Verfand und Empfang des Korrefpondenzblattes beziehen, bittet der Vorftand direct der Expedition, »Diedrich Soltau's Verlag und Buchdruckerei« in Norden, Oftfriesland, zu übermachen.

Redigiert von Dr. C. Walther in Hamburg.
Druck von Diedr. Soltau in Norden.

Ausgegeben: September 1904.

Jahrg. 1904.   Hamburg.   Heft XXV. № 3.

Korrefpondenzblatt

des Vereins

für niederdeutfche Sprachforfchung.

I. Kundgebungen des Vorftandes.

Der Verein betrauert den Verluft von zweien feiner älteften Freunde, der Herren

Geh. Rat Prof. Dr. Nitzfch, Director emeritus des Gymnafiums zu Bielefeld, feit 1876 unfer Mitglied, geftorben am 16. October; und

Joh. Meyer, Director der Idioten-Anftalt in Kiel, der neben Klaus Groth bedeutendfte Dichter in Holfteinifcher Mundart, feit 1877 unfer Mitglied, geftorben am 16. October.

Eingetreten in den Verein find die Herren

Dr. Artur vor Mohr in Göttingen,
Arthur Korlén in Upfala,
Oberlehrer F. Wippermann in Meiderich a. Ndrrhein,
Dr. med. C. Sunder in Osnabrück; und
Die Stadtbibliothek von Stettin.

Seinen Wohnfitz hat verlegt:

Herr Theodor Reiche von Braunfchweig nach Jena.

II. Mitteilungen aus dem Mitgliederkreife.

Eine Aufforderung zur Gründung eines niederdeutschen Sprachvereins aus dem Jahre 1834.

In den jetzt fehr felten gewordenen, von dem bekannten Numismatiker Dr. jur. H. Grote herausgegebenen Hannoverfchen Landesblättern, Beiträge zur Kenntnis der Verfaffung, Gefetzgebung und Verwaltung des Königsreichs Hannover, findet fich in Nr. 24 vom 12. December 1834 eine Aufforderung zur Gründung eines Vereins für ›norddeutfche Sprache‹, die mir in mehrfacher Hinficht der Beachtung wert zu fein fcheint:

Die Niederteutfche Sprache.

Öffentliche Blätter enthalten folgenden Vorfchlag und Wunfch zum Beften der niederteutfchen Sprache:

›Nordteutfchland thut fehr Unrecht daran, dafs es feine Nationalfprache, die eigentliche Mutterfprache mehrerer Millionen, und die

Mutterſprache mehrerer Töchterſprachen, ſeit der Reformation und vollends ſeit dem dreiſsigjährigen Kriege ſo gänzlich vernachläſſigt und von der hochteutſchen überwuchern läſst. Jene übertrifft ihre begünſtigte Schweſterſprache an Wohlklang und Kürze; ſie iſt unter den teutſchen Dialecten, was der attiſche unter den griechiſchen war; ſie iſt ungemein reich an malenden Worten, ungemein biegſam, naiv, traulich, kräftig, und verdient wahrlich die Vernachläſſigung nicht, in die man ſie immer mehr verſinken läſst. Die hochteutſche Sprache iſt ſeit der Mitte des vorigen Jahrhunderts erſt das geworden, was ſie jetzt iſt, und — ſcheint ihr goldenes Zeitalter ſchou überlebt zu haben. Hätte die nordteutſche gerade in der Periode, wo die geiſtreichſten Schriftſteller der teutſchen Literatur Ehre machten, ein gleiches günſtiges Schickſal gehabt, daſs nämlich Männer von ausgezeichnetem Talent darin geſchrieben hätten, wie ſchön würde ſie ſich dann ausgebildet haben! Was der Ritter Michaelis bei dem Antritte ſeines Lehramts in Göttingen, und was Andere nach ihm zu ihren Gunſten geſagt haben, iſt nicht ſonderlich beachtet worden. Daſs in neueren Zeiten einige gut gemeinte Verſuche gemacht ſind, ſie wieder zu dem wohlverdienten Range der Schriftſprache zu erheben, iſt mir zwar nicht unbekannt; aber, wenn man einer geſunkenen Sprache wieder aufhelfen will, ſo muſs man vor allen Dingen ſie zu veredeln ſuchou und an edelen Gegenſtänden anwenden. Pöbelhafte Anecdoten ſind dazu nicht das rechte Mittel, und können nur dienen, ſie vollends in Miſsachtung zu bringen.

Ich würde vorſchlagen, da doch jetzt zu ſo manchem löblichen Zweck Vereine ſich bilden, dieſes Mittel auch hier anzuwenden. Ein ſolcher

Verén för norddütske Språk

würde, glaube ich, Beifall und Beitritt und Beiträge finden. Er könnte, von tüchtigen Männern gebildet, etwa mit einer Zeitſchrift in nordteutſcher Sprache auftreten. Eine ſolche

Norddütske Tydſchrift .

würde, denke ich, ein nicht kleines Publikum finden; verſteht ſich, unter guter Redaction, bei guten ſach- und ſprachkundigen Mitarbeitern. Ich bin durch Alter, Amt und Ort nicht dazu geeignet. ſo etwas zu unternehmen, auch iſt Sprachkunde nicht mein Fach und die nordteutſche Sprache iſt mir ſeit funfzig Jahren fremd geworden; aber ich wünſchte, daſs in Lübeck, Hamburg, Bremen, Oldenburg, Hannover, Braunſchweig u. ſ. w. Männer zu dieſem Zwecke zuſammen träten, und unterzeichne im Voraus auf ein ſolches Journal, wenn es zu Stande kommt.

Nordteutſche öffentliche Blätter könnten vielleicht dazu beitragen, wenn ſie dieſe Aufforderung aufnehmen wollten.

G. U. A. Vieth,

herzogl. anh.-deſſ. Schulrat u. Prof. der Mathematik.·

Die niederteutfche Sprache, welcher der Vorzug, eine Schriftfprache zu werden, nur in befchränktem Maafse neben ihrer oberteutfchen Schwefter zu Theil geworden ift, die aber die alt-einheimifche
Nationalfprache der Volksftämme zwifchen der Eider und Elbe und
der Schelde ift, erfährt häufig in ihrer Heimath das Schickfal, von
den Gebildeteren, die fich faft ausfchliefslich der oberteutfchen Sprache
bedienen, verächtlich behandelt zu werden, was eigentlich fehr
unnational gedacht ift. Es kann niemand daran denken, aus nieder-
teutfchem Nationalgefühl diefe Sprache jetzt noch auch diesfeits der
Ems zu einer allgemeinen Schriftfprache machen zu wollen; eine
andere Frage ift es aber, ob diefe Sprache, die noch in verfchiedenen
Gegenden in fehr mannichfaltigen Dialecten gefprochen wird, die aber,
bei der immer mehr um fich greifenden Verbreitung des Gebrauchs
der oberteutfchen Sprache auch in den unteren Volksklaffen, in
einzelnen Gegenden, daher auch in einzelnen Dialecten, ganz verloren
zu gehen drohet, — ob alfo diefer Sprache nicht noch bei Zeiten
eine gröfsere Aufmerkfamkeit gefchenkt werden follte, da jedenfalls
doch eine genauere Unterfuchung auch ihrer Formen, für Sprachftudien im Allgemeinen und für die Kenntnifs und Beurteilung der
teutfchen Sprache in's Befondere unftreitig von hinlänglichem Intereffe
fein mufs. — Wenngleich die Neigung, Vereine zu nützlichen Zwecken
zu bilden, erft vor fehr Kurzem im Königreiche Hannover erwacht
ift, die Vereine für wiffenfchaftliche Zwecke insbefondere aber
bis jetzt noch nicht haben gedeihen wollen, fo läfst fich doch glauben,
dafs unfere Landsleute in diefem letzteren Zweige der neueren Cultur
fo fehr lange nicht mehr hinter den übrigen Theilen Teutfchlands
zurückftehen werden, und leicht möglich, dafs dem obigen Vorfchlage
dann eine, unftreitig wohlverdiente Beachtung zu Theil wird.

Zunächft wäre wohl zu wünfchen, dafs irgend ein Sachkundiger
(follte Herr R. in B. vielleicht fich veranlafst finden?) den obigen
Vorfchlag von einem wiffenfchaftlichen Standpunkte aus prüfte. —

Wer mit Herrn R. in B. gemeint ift, vermag ich leider nicht zu
fagen. Ohne Zweifel wird aber wohl von den Lefern des Korrefpondenzblattes darüber Auskunft erteilt werden können.

Soweit ich fehe, find die Hannoverfchen Landesblätter auf die obige
Aufforderung zur Gründung eines niederdeutfchen Sprachvereins nicht wieder
zurückgekommen.

Ein fpäterer Jahrgang (1836, Nr. 5) enthält in einem kurzen Artikel
»Die plattdeutfche Sprache« noch einige Mahnworte an die Eltern, ihre
Kinder nicht vom Erlernen des Niederdeutfchen abzuhalten in dem törichten
Glauben, es handele fich um eine »gemeine« Sprache. Das frühzeitige
Erlernen des Plattdeutfchen könne im Gegenteil allerlei nützliche Folgen
haben: für das Verftehen der alten Quellen der Landesgefchichte, für die
Aneignung verwandter Idiome fowie für die Sprachfertigkeit im allgemeinen.

Hannover.   Fritz Goebel.

Zu Bürgers Lenore (XXV, 7).

Reeds eerder is in dit tijdfchrift het cen en ander medegedeeld over het oude volksverhaal, waarin de woorden voorkomen van »de maan, die zoo belder fchijnt« en »van de dooden, die zoo fuel rijden«. Man zie b. v. VIII, 43. 82. —

Haarlem.   Johan Winkler.

Soyten ludt gifft wol vadderphe.

(Jb. XXIX, 124. Kbl. XXIV, 53. 54. XXV, 9.)

Damköhler bezweifelt mit Unrecht, dafs auch heute noch das Wort fader an manchen Orten wie fadder gefprochen wird. Mi läfst in feinem Wörterbuche vadder neben vader gelten, Bernhardt (Jb. XXIX, 9) führt als Beifpiel aus Holftein an: »he flächt fin fadder wat« und um auch aus früherer Zeit ein Beifpiel zu geben, Sackmann fagt ftets vadder und grootvadder. Im frühen Mittelalter ift ohne jeden Zweifel die Ausfprache allgemein fadder gewefen. Man hatte aber nicht nötig, es auch fo zu fchreiben, denn nach dem damaligen Lautgefetze war der Stammvokal kurz, im Niederdeutfchen fowohl wie im Oberdeutfchen und der lange Stammvokal bildete die Ausnahme. Alle Welt fprach fäder, das wie fadder klingt, wenn man auch fader fchrieb. Ebenfo fagte man im Oberdeutfchen Vatter, wie noch heute an manchen Orten und fchrieb Vater. Dadurch erklärt es fich auf einfache Art, warum die Schreibweife fadder im frühen Mittelalter nicht vorkommt. Die Unficherheit in der Schreibung rifs erft ein, als die Ausfprache fchwankend wurde, etwa vom Beginne des 14. Jahrhunderts an. Die Vorgefchrittenen fprachen fader, jode, feder, die Rückftändigen fadder, jodde, fedder. Unfer Chronikenfchreiber, der als Zünftefeind auch in der Politik den Blick rückwärts wendet, fpricht nach alter Weife vadder und fchreibt es auch fo. — Wer das befremdlich findet, mufs fich auch darüber wundern, dafs man um diefelbe Zeit jodde fchrieb anftatt jode. —

Nun das Wort phe (ve). — Vieh war bei den Germanen fo ziemlich das einzige Eigentum. Das Land war nur ein »Befitz« im urfprünglichen Sinne diefes Wortes. Vieh wurde demnach Taufchmittel. Mit Vieh (Pferden und Kühen) entrichteten die Befiegten den Römern den Jahreszins, der Verurteilte das Wergeld, Vieh war die Mitgift, Vieh der Lohn. Infolge deffen entwickelten fich aus dem Worte Vieh die übertragenen Bedeutungen Geld, ·Eigentum, Zins, Vergeltung, Mitgift, Lohn. Diefe übertragene Bedeutung und nicht die urfprüngliche hat fich bei Italienern (fio) und Engländern (fee) allein erhalten. Es ift deshalb nicht verwunderlich, dafs fie auch im fächfifchen Stammlande weiter beftand, als das Vieh nicht mehr Taufchmittel war. — Das Lehngut blieb nach wie vor ein fe-od (feudum) das heifst wörtlich Viehgut. — Andere Wortverbindungen diefer Art find holt-ve (Mitgift) fende-ve (Reifegut) und meiner Meinung nach das hier behandelte fadderve. — Boltve hat diefelbe Bedeutung wie das langobardifche faderfio und ift anfcheinend an deffen Stelle getreten. Dadurch mag es fich erklären, dafs das Wort fadderve fonft nicht urkundlich belegt ift. — Wir feben aus diefer Unterfuchung, dafs es fprachlich unbedenklich ift, in dem Worte fadderve das Wort ve in der Bedeutung Geld und Gut zu fetzen. Es bildet ein Seitenftück zu den Muttergrofchen, die es gibt, folange Mütter ihrem Liebling heimlich Geld zuftecken, auch wenn wir längft keine Grofchen mehr haben. — Es bleibt nur noch die Frage, ob das Wort fadderve im Sinne von ererbtem Gut in die befprochene Stelle Licht bringt und das follte man doch denken. Der Chronikenfchreiber läfst die Häupter der Handwerkerbewegung fingen: »wi weren ook gern rike«. Das richtet offenbar feine Spitze gegen die Reichen und da Reichtum bei den damaligen Erwerbsverhältuiffen nicht in einer Generation erworben wurde, gegen die Befitzer von »fadderve«, d. h. von ererbtem Gut und damit im Zufammenhange von ererbten Ämtern. — Mir erfcheint in der Stelle fprachlich und logifch nichts dunkel und wenn die Auslegung immerhin auf einer Hypothefe beruht, fo können doch dabei die überlieferten Sprachformen heftchen bleiben, was bei den fonft verfuchen Deutungen nicht der Fall ift.

Genua.   H. Saake.

Zu Lauremberg.[1]

I : 383 f. Hed ick dat nicht gedahn, ick hedd offtmahls gekregen **Hurllputzen**, ock woll offt must kamen vör den Degen.

„Hurllputzen, nur hier im niederd. belegt. Der Zufammenhang erfordert den Sinn »Schläge« (oder richtiger vielleicht »Schelte«?). Im hochd. Hurlebuss, Hurlebaus, Lärmen, Tumult; nd. hurreln, vexieren.« Braune. — »Gemeint ift wohl Wortftreit, der zum Duell führt.« Sprenger Jahrb. XV, 86. — Der erfte Überfetzungsverfuch kommt dem Richtigen am nächften. Hurlputz heisst nämlich weder »Schelte« noch »Wortftreit«, fondern gerade was die von Sprenger angeführte dänifche Überfetzung bietet: »Næffve Pust«. Faft daffelbe Wort findet fich in fchwedifchen Dialekten: hurrebuss, »derbe Ohrfeige«; ebenfo hurrel, burring, »Ohrfeige«.

Lund.   E. A. Kock.

Stippftörken (XXV, 30).

Stipp, ftippe, ftippen bedeutet im nd. Sprachgebiet »Punkt, Tüpfelchen, etwas Kleines, Geringes«. In Berlin macht man eine Stippvifite oder kommt uf'n Stipp (auch Stipps) und auch in Oftfriesland ift eine Stipvifite »ein kurzer Befuch, Anftandsbefuch«. ten Doornkaat verweift dazu auf Schütze IV, 202.[2]) Nach Woefte, Weftfäl. Wörterb. 255 bedeutet op

---

[1]) Betreffs meiner kleinen Beiträge zur vorigen Doppelnummer möchte ich bemerken, dass ich bei Einfendung des Manuskripts auf einen Korrekturabzug rechnete und deshalb — verwerflich genug — die eigentliche Kontrolle hinausschob. Ausserdem ift in der Druckerei einiges hinzugekommen. Der gütige Lefer wird Nachficht haben. Hier verbeffere ich nur, was irreführen muss: S. 10, Z. 12 von unten, fteht: Korr.-Bl. XII, 371, lies: Korr.-Bl. XII 37 f. S. 11, Z. 14 von unten, fteht: in Norrköping, lies: in Stockholm.

[2]) J. F. Schütze, Holfteinifches Idiotikon. Th. IV (Altona 1806), S. 202: Stippvifite in Städten kleine kurze Vifiten, von langfchichtigen Kaffeebefuchen verfchieden.

C. W.

en ftip »augenblicklich, fofort«. Danneil erklärt alfo richtig »kleine Gefchichten«. Dagegen werden Stippftute und wol auch Stippkés zu ftippen
»eintauchen« gehören.

Berlin. Max Roediger.

Zu Klaus Groths Erzählungen.

Um de Hoid (Gef. Werke III 291): Inne Pingftwẹk ftunn eu grot
Telt ut Linn oppe Vagelwifch int Grüne. Dat wink wit hin mit rode un
gröne Fahns, denn de Papagojengill fier ẹr Scheten. Papagojengill =
Schützengilde erklärt fich aus dem Artikel papegoie im Mnd. Wb. III, 300.
Dafs aber das im Mnd. Wb. fehlende Kompofitum alt ift, beweift die An-
merkung zu Uhlands Volksliedern (Cottafche Bibliothek der Weltlitteratur)
Bd. 4, S. 9: »Doch prangt der Papagei auch anderwärts im 15. Jahr-
hundert und zwar auf der Schützenftange zu Aalborg: Papagoiengilde
(Wilda, Gildewefen S. 284 f.), zu Stralfund: vuder dem papegoyenbohme
(Berckmanns Stralfunder Chronik, herausgegeben von Mohnike und Zober,
S. 196, vgl. 389).« Die von Uhland citierte Stelle lautet nach Dr. Walthers
Mitteilung: »(1451) do lethen de heren vam Sunde eine busse gethen . . .
und wardt gegathen under dem papegoyenbohme an dem walle.« Zu
vergleichen ift auch Schütze, Holftein. Idiotikon II, S. 47: »Gogen, Vogel,
Luftvogel (Lüb.) Na'n Gogen fcheten: nach dem Vogel fchiefsen. Das
Wort ift von Papagoi gebildet. Man fchofs anfangs mit Armbrüften,
nachher, wie jetzt, mit Doppelhaken nach dem Vogel, der geradezu Papagoi
hiefs. Daher die beiden Papagoienftrafsen in Altona, weil oberhalb derfelben eine Vogelftange ftand, und Poggenburg, d. i. Papagoienberg, ein
Dorf im Kirchfpiel Kellinghufen.«[1]

In Moriz Heynes Deutfchem Wörterb. II, 1091 lefeu wir: »Papagei,
m. Name des Vogels psittacus, betont pápagei und papagéi; mhd.
papegán, fpäter in heutiger Form; der Name an Stelle des älteren
psittich (vgl. fittich) im 12. Jh. getreten, wo fich ein mittel lat. papagallus, mittelgriech. papagas, fpäter papagállos, mit der urfprünglichen
Bed. Pfaffenbahn, Priestervogel (wegen feines farbenprächtiges, dem farben-
reichen priesterlichen Ornat entfprechenden Kleides) vorfindet, das in den
abendländifchen Spr. verfchiedene Formveränderung mit Umdeutung erfuhr:
ital. papagallo, franz. papegaul, papegaut, papegai, Ipan. portugies.
papagayo, engl. popingay; die Verbreitung des Namens von Südfrankreich her über die rheinifchen Gegenden und die Niederlande hängt mit
einer fich weithin ausbreitenden Sitte zufammen, nach einem Bilde gerade
diefes Vogels von Leder oder Pappe ein Luftfchiefsen zu halten, was zuerft
in Südfrankreich aufgekommen ift (vgl. die ausführliche Darlegung von
Jacobs, die Schützenkleinodien und das Papageienfchiefsen 1887, namentlich S. 20 ff., 43 ff.).«

Auch in Quedlinburg hatte in meiner Jugend der Vogel, nach dem
gefchoffen wurde, zwar die Geftalt eines Adlers, zeigte aber die bunten
Farben eines Papageien. In Ditmarfchen trugen die Schützen, wie aus
Groth's Erzählung (Gef. Werke Bd. III, S. 291, Z. 26) hervorgeht, kleine
filberne »Papagojen« im Knopfloch.

Northeim. R. Sprenger.

---

[1] Poggenberg bei Schütze ist ein Irrtum; das Dorf heifst Poycuberg, im Mittelalter Podingheberg (Walther).

Pânzëwel (XIV, 82. XV, 94).

Pânzëwel ift unzweifelhaft daffelbe Wort wie mnd. pagenkever, das im Mnd. Wb. nur einmal belegt ift. Im Braunfchweiger Schichtfpiel (Die Chroniken der niederfächfifchen Städte. Zweiter Band), deffen Verfaffer Reynerus Groningen am 18. Januar 1492 feine Arbeit zum Abfchlufs brachte und feinen Freunden· und Gönnern als almanach[1]) (n.) zum neuen Jahre widmete und der wahrfcheinlich in Braunfchweig heimifch war und den Ratskreifen naheftand (Einleitung S. 94), findet fich nun S. 103, V. 44/45 die Form paghentzevere, Pl.:

> darto de lynenwevere
> grummeden lick paghentzevere.

---

[1]) Der Herausg. bemerkt S. 99, Anm. 26: »Vielleicht das frühefte Beispiel der Anwendung des Namens Almanach auf ein Buch ohne jeglichen kalendarifchen Inhalt.« Das Wort kommt auch im »Registrum censuum et bonorum monasterii Drubeke« vom Jahre 1535 im Drübecker Urkundenbuch S. 258 vor: 2 gr. 4 ₰ vor nye almanacht und practica.

Blankenburg a. H.   Ed. Damköhler.

oppe (XIII, 30).

Wi II . . . . grave to Blanckenburch bekennen . . ., dat wi mit . . . vulbort unfer fone Hinrikes de kanonig is tu Meydeburch unde tu Hildenfem unde l'oppen de oppe is tu Wefterhufen unde Hermans de kanonig is tu Halberftat etc., a. 1324; Urkundenbuch der Stadt Halberftadt von G. Schmidt I nr. 412.

In Langenweddingen füdweftlich von Magdeburg ift obbe »Schiedsmann« üblich. Vielleicht ift es daffelbe Wort wie mnd. oppe.

Blankenburg a. H.   Ed. Damköhler.

Die erfte Woche.

Hier in Solingen gebraucht man de ırfchte wẹke, de letzte wẹke in der Bedeutung »der Anfang, das Ende der Woche« (wie lat. fummus mons), en der irfchten (letzten) wẹke am Anfang (Ende) der Woche. Hier fei auch bemerkt, dafs der Komparativ von rechts und links hier in der ganzen Gegend noch gebräuchlich ift: de raiter hank die rechte Hand. Statt de louter (= luchtere) hank hört man auch loutfer. Woher kommt diefe Form? Es wird wohl das ȿ des Adverbiums lonts in das Adjektivum eingedrungen fein, wie man in Köln dä linkse Bein fagt. Möglich wäre immerhin, dafs dies unter dem Einfluffe des alten Wortes lorz, lurz, fei es unmittelbar fei es durch Vermittelung einer Nachbarmundart gefchehen wäre, wie denn in der Kölner Mundart dies Wort in der Form looz noch erhalten ift.

Solingen.   J. Bernhardt.

Dodeleben (XXV, 5).

Hohendodeleben kann fehou darum nicht mit dem »Taumellolch« in Verbindung gebracht werden, weil das -»leben« oder die »Lebe« die Verlaffenfchaft, das Erbe, befagt, folglich Dode ein Eigenname fein mufs. Es ift in der Tat der nicht unhäufige Name Thode, Todt, udd. der Dode, d. i. Pathe, Gevatter. Über diefes Wort ergeht fich befonders der eigentliche Urheber der germanifchen Philologie, der Nürnberger Georg Philipp Harsdörfer (1607—1658) in dem zierlichen Buche Specimen philologiae Germanicae, Norimb. 1646, das bekannter fein follte, als es zu fein fcheint, fehr ausführlich.

Weimar.   Franz Sandvoss.

Zu Peter. Meffert (XXV, 11).

In Quedlinburg gaben wir als Knaben auf die Frage eines Neugierigen: ›Wer hat das getan?‹ die neckifche Antwort: ›Peter Müffert!‹ Der Name ift vielleicht aus Peter Meffert mit Anlehnung an müffen = 'Geftank verbreiten' entftellt. Letzteres Verbum, das auch Schambach verzeichnet, wurde vor 40—50 Jahren in meiner Heimatftadt noch gebraucht.

Northeim.   R. Sprenger.

Zu Schwed. Psalmboken = Kartenfpiel (XXV, 11).

Auch der Niederdeutfche nennt im Scherze wohl ein Spiel Karten ›dat gefangbauk‹. Dat gefangbauk opfchlan = Kartenfpielen.

Northeim.   R. Sprenger.

Mudder Haakfch (XXIV, 61).

Als de olle Hakfche begegnet Fru Harke auch im Halberftädtifchen; dort wird unartigen Kindern zugerufen: Wart, de olle Hakfche kümmt! Vgl. Böhme, Kinderlied S. 98.

Friedenau.   Ed. Kück.

Schülerpoefie (XXV, 29).

Zu diefer Notiz möchte ich auf die ›Beiträge zur Gefchichte der Stadt Roftock‹ II, Heft 3, S. 112 aufmerkfam machen.

Schwerin.   Archivar Dr. Stuhr.

Die zwei erften Zeilen bringt als ›Volksreim‹ Schütze, Holfteinifches Idiotikon Th. II (Hamburg 1801) S. 212; alle vier Zeilen unter dem Titel ›Op de deur van een Secreet‹ ftehen in ›Koddige en Ernftige Opfchriften‹, T'Amfterdam, gedrukt by Jeroen Jeroenfe. 1719. I, 43.

Hamburg.   C. Walther.

Unde nigeden unde bogeden an den breyff, alfe de jodden an den fpiffen hod (Jahrb. XXIX, 127).

An diefer Stelle haben fich mehrere Ausleger verfucht. Man glaubte, fie zu berichtigen, indem man den überlieferten Akkufativ ›an den breyff‹ durch den Dativ ›an dem breyve‹ erfetzte, aber verftändlicher ift fie dadurch nicht geworden. Der Vergleich mit den Juden will nicht ftimmen. Das Wort ›nigeden‹ kann hir nicht ›erneuerten‹ bedeuten, denn die Gildemeifter konnten nichts an ihrem Freibriefe erneuern. Sie mochten die Neuerungen wol fordern, aber felbft vornehmen konnten fie fie nicht. Dazu gehören bei einem Vertrage zwei. Ebenfowenig konnten die Juden an ihrem Hut eigenmächtig etwas ändern. Ihre Tracht war durch Landesgefetz beftimmt und fie hätten fich nur erdreisten follen, Neuerungen daran vorzunehmen!

Das Wort »hogeden« kann hier nicht den Sinn von freuen, frohlocken haben. Was hätten die Juden über ihren Spitzhut frohlocken follen? Das war ja ein Schandzeichen, das fie, die Rechtlofen, äufserlich auf die Stufe der ehrlofen Leute ftellte. Darüber haben fie fich ficherlich nicht verhögt. Endlich kann der Spitzhut nicht den Sinn von Gaunerei haben, denn dann wären die Juden hier überflüssig, da die Chriften eben fo eifrig Schelmen-ftreiche verübten. Bothe hätte alfo wol gefagt: fie frohlockten, wie Schelme über einen verübten Streich. — Aufserdem erfahren wir nicht, was bei diefer Erklärung aus dem Worte »nigeden« wird. Was foll es heifsen: »fie 'nigeden' wie Juden über einen Gaunerftreich«?

Die Unterfuchung ergibt alfo, dass hier »nigeden« nicht »erneuerten« bedeuten kann, »hogeden« nicht »frohlockten« und der »fpiffe hod« nicht Betrug.

Demnach tun wir gut, die Wörter in ihrer urfprünglichen und ge-bräuchlichsten Bedeutung »neigen — erhöben« zu nehmen. Das gibt einen angemeffenen Sinn und der überlieferte Akkufativ bleibt beftehen. — Die Gildemeifter verneigten fich und richteten fich auf, gegen den Brief hin, das heist doch wol, fie verneigten fich wiederholt, denn fonst hätte das Wort »nigeden« ausgereicht. Alfo fie dienerten den Brief an, fie katzen-buckelten, felbstverftändlich fpöttifch. Höhnifche Verbeugungen find auch heute noch im Gebrauche. Das Wort »an« bezeichnet die Richtung gegen-hin wie in den Zufammenfetzungen aufleben, anbeten, anbellen. Damit ift der Akkufativ hinlänglich begründet.

Aber was hatten die Juden vor ihrem fpitzen Hute zu dienern? Freiwillig gewifs nichts. Möglicherweife war es hingegen eine Hänfelei, bei der man fie zwang, ihrem Hute Ehre zu erweifen, ähnlich wie die Schweizer dem Hute Gesslers. Bothe ift erfichtlich überall darauf aus, den Gildemeiftern eins zu verfetzen und darum zieht er ihren Sieg und ihre Siegesfreude ins Lächerliche. Ihr Getue vor dem Briefe vergleicht er deshalb mit dem lächerlichen Gehabe der Juden, zu dem diefe von den Gaffenbuben genötigt wurden.

Nach diefer Unterfuchung könnte man die Stelle etwa fo umfchreiben: »und vor Mutwillen dienerten fie den Freibrief an, fo wie man die Juden katzenbuckeln heifst vor ihrem fpitzen Hute.«

Genua.   H. Saake.

tätigen, Tätigung.

Wahlen, Vorträge, notarielle Akte u. dgl. werden hierzulande ge-tätigt. (Bis zur Einführung der neuesten Rechtfchreibung fchrieb man thätigen, Thätigung.) Das Wort hat mit Tat, tätig nichts zu tun. Was es heifst, ergibt fich aus älteren Urkunden, wo in Fällen wie den oben-bezeichneten tedigen gefchrieben wird. Es lebt hier alfo ein alter, fchöner Ausdruck, wenn auch unverftanden, fort.

Solingen.   J. Bernhardt.

Rotwelfch im Niederdeutfchen.

Bei meinem Sommeraufenthalte zu Suderode am Harz wurden mir Spottnamen für Handwerker genannt: Katzenbrebtus = Schloffer. Lieufiegling = Tifchler. Sie entftammen, wie auch die dort gebräuch-

lichen Bezeichnungen: für Hausfrau Ilscheto, Pennenboffer = Herbergs-
vater und Lechum = Brod offenbar dem Rotwelfchen. Kommen diefe
Worte auch fonft vor und weifs jemand etwas zur Erklärung derfelben beizubringen?

Northeim.   R. Sprenger.

Alts. lobôn = geloben.

Das Verb löben bedeutet im Neuniederdeutfchen neben 'loben' auch
'geloben, verfprechen'. Diefelbe Bedeutung hat auch mnd. loven, im
Altf. dagegen ift lobôn in diefer Bedeutung bis jetzt nicht belegt, aber
meines Erachtens aus Helmold, Chronica Slavorum I, c. 27: factum est
ex confilio utriusque partis, ut laudaretur pax usque post biduum, wo
laudare pacem »Frieden geloben« heifst, zu folgern.

Blankenburg a. H.   Ed. Damköhler.

Der Baftlöferreim in „Hanne Nüte" (XXV, 10).

Der Reim Pipen Papen Pafterjan Lat de widen Fläut afgahn
ift offenbar eine zweckentfprechende Änderung der alten Wetterregel vom
20. Januar: Fabian Sebaftian lett den Sapp in't Holt gaan, um
Fabian und Sebaftian tritt der Saft wiederum aus der Wurzel in den
Stamm (Bremifch. Wb. 4, 589). Zwei Baftlöfereime, die Danneil, Altmärk.
Wb. S. 87, mitteilt, laffen diefen Urfprung noch deutlicher erkennen: Pipe,
pipe Baftiaon! laot de Fleite gôd afgaon, laot fe gôd nao't Holte
gaon, laot fe gôd werrer kaom; und noch deutlicher: Hupp-upp, Hupp-
upp Baftiaon! laot dat Sapp int Holte gaon, laot 't wit weg
gaon, laot 't bald wedder kaom, laot 'n Hupp-upp (Fôpe) wern, laot
d' Fleit verberb'n [das ift?]. Hupp-upp ift nach Danneil die Weidenflöte,
die in einigen Gegenden der Altmark auch Fôp heifse; eine gröfsere Fôpe
heifse im Süden Trarat. »Hupp-upp und Fôp [und Trarat] find
Wörter, die den hervorgebrachten Ton nachmachen.« In andern
Idiotiken habe ich Fape oder Fope nicht finden können.

Hamburg.   C. Walther.

Zu Prieche (XXL 87).

Zu prichen »atmen« gehört wohl Prüche bei Dähnert S. 360. Mit
de blote Prüche »mit blofser Bruft«.

Northeim.   R. Sprenger.

Mierig.

Th. Fontane fchreibt in einem Briefe an feine Frau (London, 9. Febr.
1857): »Eigentlich ift es doch eine miferable Exiftenz, und wenn ich
mir diefen Jammer fo anfehe, fo erfüllt er mich neben aufrichtigem, herz-
liebem Mitleid mit einer Art Ingrimm. Es ift alles fo fehr mierig, fo
niederdrückend.« Das von dem Dativ des perfönlichen Pronomens gebildete
Adj. mierig ift offenbar daffelbe, welches in der Altmark in der Bedeutung
»felbftfüchtig, geizig« gebraucht wird (f. Danneil S. 138). Es wurde auch
in Quedlinburg in meiner Jugend in diefem Sinne gebraucht.

Northeim.   R. Sprenger.

43

Bunzengrofchen.

In Webers Demokritos (Stuttgart, Rieger o. J.) Bd. 8, S. 3 heifst es: >Im Quedlinburgifchen brachte die Braut (am Hochzeittage) den fogenannten Bunzengrofchen (cunnagium).< Über bunze, vulva ift fcbou von Vilmar, Kurheff. Idiot. S. 62 und von J. Grimm, Rechtsaltertümer 2. Ausg. S. 384, fowie im Wörterb. 2, 531 gehandelt. Herr Redakteur O. Cato in Leipzig berichtet mir, dafs er in Quedlinburg noch das Schimpfwort bunzenlicker gehört habe, das auch im Braunfchweigifchen gebraucht werde.

Northeim. R. Sprenger

>Klaffern.<

Aus der Schulzeit erinnere ich. wie wohl mancher ältere Hamburger, den Ausdruck >klaffern<, der fo viel bedeutet wie >angeben, klatfchen<. Es ift auch das Wort, >nachfagen< dafür gebräuchlich. In andern Teilen Deutfchlands wird von den Schülern diefes unliebfame Reden, wenn ich nicht irre, >petzen< genannt. Ein Schüler bezw. eine Schülerin, die zum >Klaffern< geneigt waren, wurden >Klafferkatt< genannt, und auf folche bezog fich der Spottvers:

Klafferkatt,
Gah to Stadt.
Köep förn Söfsling Snuwtabak;
Köep förn Söfsling Figen,
Da kannft du good na fwigen.[1]

Ob unfere heutige Schuljugend das Wort >klaffern< und jenen Spottvers noch kennt, weifs ich nicht. Die durch letztern gerügte Tätigkeit wird aber wohl nicht verfchwunden, fondern noch ebenfo unangenehm fein, wie fie es auch früher gewefen ift.

Richey hat in feinem Idioticon hamb. das Wort >klaffern< nicht. In Schützes holfteinifchem Idiotikon, Teil II, Seite 263, findet fich das Wort >klaffen< mit folgender Erklärung: Klaffen, klatfchen, verklatfchen, übertragen. He klafft alles ut, er plaudert alles aus (Hamb. Alt.). Von Kindern vorzüglich: ut de School klaffen.

Ich möchte nun anfragen, 1. ob einer der geehrten Lefer diefer Blätter die Ableitung des Wortes >klaffern< geben kann, 2. ob das Wort in der angegebenen Bedeutung auch noch weiter als in Hamburg und Altona gebräuchlich gewefen ift, oder noch im Gebrauch ift.

Hamburg. C. Rud. Schnitger.

I gitt oder: Igitt!

Diefer in Hamburg fehr bekannte Ausruf, der einen kräftigen Widerwillen oder gar Abfcheu vor etwas ausdrücken foll, wird in Nr. 22 des Hamburger Kirchenblattes 1904, Seite 185 (Sprechfaal) als eine Art Umfchreibung des Ausrufs: o Gott! und fomit als ein Mifsbrauch des Namens Gottes angeführt, und zwar in der Form >Eh Gitt<, das vorzugsweife von Kindern gebraucht werde. Ich glaube, dafs hier jedenfalls ein Irrtum

---

[1] Die 2 letzten Zeilen können auch etwas anders gelautet haben; ich erinnere sie so genau nicht mehr.

vorliegt; denn gefprochen wird ftets: »Igitt!« und nur in der oben
angegebenen Bedeutung, wobei m. E. noch niemand an eine Umfchreibung
des Namens Gottes auch nur im entfernteften gedacht hat.

Weder bei Richey, Idioticon hamb., noch bei Schütze, Holfteinifches
Idiotikon, findet fich der in der Überfchrift gegebene Ausruf. Nur ein
einziges Mal habe ich den Verfuch einer Erklärung für ihn gefunden, und
zwar im ›Briefkaften‹ der Hamburger Nachrichten, Abend-Ausgabe,
vom 4. Juli 1882.[1]) Dort wird vermutet, dafs der fragliche Ausdruck
aus dem Dänifchen herftamme, wie auch noch einige andre in Hamburg
gebräuchliche Ausdrücke. »Beifpielsweife: Möt den Deef! Møde = begegnen,
›entgegenkommen,‹ und alfo i gitt = ej gide = nicht mögen; ei gid! =
›nicht mag.‹

Da ich des Dänifchen nicht kundig bin, kann ich die Richtigkeit diefer
Ableitung nicht kontrolieren; ich mufs aber geftehen, dafs, obgleich fie
manches für fich zu haben fcheint, jedenfalls viel mehr, als die in der
oben angeführten Nummer des Hamburger Kirchenblatts gegebene Erklärung, fie mir doch nicht ganz zufagt. Denn der Ausruf bezeichnet
doch mehr als ein blofses Nichtmögen. Ich möchte fagen, er drückt unter
Umftänden neben dem Widerwillen auch eine Art von Erfchrecken aus.

Ich möchte nun anfragen, 1. ob es eine beffere Erklärung diefes
rätfelhaften Ausdrucks gibt, 2. wie weit er in Norddeutfchland verbreitet
ift. Ich habe ihn ganz kürzlich in einem Feuilleton[2]) gefunden, deffen Verfaffer in Celle wohnt; danach müfste der Ausruf auch jenfeit der Elbe
bekannt fein.

Hamburg.   C. Rud. Schnitger.

G. N. Bärmann's niederdeutfche Zeitfchrift 1835.
(Jhuch XXIX, 26. Kbl. XXIV, 78.)

Im Ndd. Jahrbuch XXIX, 26 ff. hat Wohlwill über den Verfuch von
Georg Nikolaus Bärmann berichtet, im Jahre 1835 zu Hamburg eine
Zeitung in plattdeutfcher Sprache herauszugeben. Sein Gefuch vom 27. April
an den Hamburgifchen Senat um Erteilung eines Privilegiums mit Inbegriff
des Inferatrechts ward abfchlägig befchieden. Da von dem Erfcheinen der
geplanten Zeitung in Hamburgifchem Verlage nichts bekannt ift, fo hat
Wohlwill vermutet, dafs der Befcheid des Senats ihn beftimmt habe, von
feinem Vorhaben abzuftehn. Infofern das Blatt in Hamburg erfcheinen
follte, ift die Vermutung gewifs richtig. Im Korrefpondenzblatt XXIV. 78
hat dann Seelmann darauf hingewiefen, dafs die beabfichtigte Zeitfchrift
ohne Zweifel diefelbe fei, von der ein Profpekt ausgegeben wäre als ›An-
kündigung einer neuen Zeitfchrift, die bisher noch nicht ihres Gleichen
hatte, in nedderdüüdfcher Mundart, betitelt: Immen-Hounig in Nedderdüüdfchen Blädern. Von G. N. Bärmann. Hamburg 1835‹. 4°,
wie in feinem Auffatze ›Die plattdeutfche Litteratur des 19. Jahrhunderts‹
im Ndd. Jbuche XXII, 52 verzeichnet ftehe.

---

[1]) Es ist leider verfäumt worden, bei dem betr. Zeitungsausfchnitt auch die Nummer
der H. N. anzugeben.
[2]) ›Lutterloh. Eine Heidefahrt‹. Von H. Dehning-Celle. Im Hamb. Fremdenblatt Nr. 272, Sonnabend, d. 19. Novbr. 1904, 2. Beilage.

Dafs aber Bärmann auch wirklich wenigftens eine Nummer, nur nicht in Hamburg, fondern in Wismar, hat erfcheinen laffen, davon hat Seelmann mittlerweile durch ein Exemplar der Probenummer den Beweis liefern können. Durch feine Güte liegt mir die Nummer, ein halber Bogen in Quart, jetzt vor. Der Kopftitel lautet:

Immen-Honnig in Nedderdüüdfchen Blädern, uutfagen un indragen van Magifter Jürgen Niklaas Bärmann, un uutdecid van H. Schmidt un v. Coffel's Raths-Bookhandlung. Nr. Proovblad. Wismar, den . . . .

Was der Herausgeber mit feiner Zeitfchrift bezweckt und weshalb er den Titel ›Immen-Honnig‹ gewählt hat, fpricht er zu Eingang in einem Gedichte ›De nedderdüüdfchen¹) Bläder‹ aus. (Die Anmerkung ¹) lautet: Wyl nich Elkeenem (Jedem) tootomoden is, krufe Wörd' in elker Mundaard gauw weg uptofnappen, ftahn hyr ümmer dee am fwaarften to fatenden nedderdüüdfchen Wörd' kort up Hoogdüüdfch uutdüüd'd, as dee in'm Texd byfett'den Tallen et naawyfen. — ›Nedderdüüdfch‹, ook ›faffifch‹, is wat de Hoogdüüdfchen fpydfch (fpöttifch) ›Plattdeutfch‹ nöhmt.) Kürzer tut er das dann in Profa und fügt die nötigen Anweifungen über Verlag und Bezug des Blattes hinzu:

De ›Immenhonnig‹, den de nedderdüüdfchen Bläder beeden wöölt, fchall un ward mit Herrgod's Hülp . . . uut all den Wütenfcbop- und Kunft-Blomen 'ruutfagen un indragen warden, dee in der wyden Weld*) waffen möögt. Vau'm Jahr 1836 an kaamt (förerft) elker Wäk twee Bläder heruut, de dörch de refp. Poftcontoren un Bookhann'lungen (to nägen Mark för't Jahr, to fyv Mark veer Schill[ing] för't Halvjahr, un to dree Mark för't Veerdeel-Jahr) to hebben fünd.

Döögde, faakkuun'ige Schrywers, dee düffe Bläder dörch Bydrag wöölt föbt maken helpen, hevt düffen (poftfry!) an Magifter Jürgen Niklaas Bärmann to Hamborg (man dryft weg ünner nedderdüüdfcher Adrefs, denn in den Poftcontoren läf't fee wifs uu w'raftig mehr noch as Nedderdüüdfch!) intoläwern, un daby wüten to laten, up wat Wyf' fee daför honoreert . . . wäfen mügden.

Infettels in düffe Bläder köönt, gegen Erlag van twee Schill. för elke Reeg, ähre Städ d'rin finn'en, wenn fee an H. Schmid u. v. Coffel's Raths-Bookhandlung to Wismar (ook poftfry!) infchickd warden.

Die Note*) zu Weld lautet: Düfs' un Dee fchrivt Werld, awerft fo'n uutfchaten o'r infchawen Bookftav het in'm Nedderdüüdfchen nich vül to feggen. [!] Nun folgt der Anfang von En lütj Dööntjen (›Schwank‹) für groote Kinn'er, betitelt Hans Lick in'm Glück. Es ift die aus den Kinder- und Hausmärchen der Gebrüder Grimm bekannte Erzählung von Hans im Glücke, aber in abweichender Faffung.

Dann kommt ein Gedicht von Bärmann: Leege [fchlimme, böfe] Av'katen. Rymels för Huus un Hart. Von einem Advokaten übervorteilt rufft du wohl: O leeg' Av'kaat. Ein falfcher Hausfreund ift leeg wol as de leeg' Av'kaat. Der eigne Hochmutsteufel ift leeger as de leeg'

Av'kaat. Tuft du Unrecht und behaupteft recht gehandelt zu haben, dann ift dein Gewiffen de leegfte leeg' Av'kaat. Damit fchliefst auf S. 2 der eigentliche belletriftifche Teil. Auf S. 3 und 4 werden mitgeteilt: 1) Politifche Nachrichten, aus Zeitungen gezogen und gefchieden in Binnenverkehr (Wien, Mainz, Straatborg, Köln, Frankfurt a. M.) und Butenverkehr (Konftantinopel, England, Kopenhagen, Spanien). Aus der Wiener Nachricht geht hervor, dafs das Probeblatt nach dem 1. September erfchienen ift. 2) Bökerwäfen. Hier befpricht und empfiehlt Bürmann das Allgemeine Mecklenburgifche Volksbuch. Jgg. I auf d. J. 1835 aus demfelben Verlage wie feine Zeitfchrift. 3) Up wat Wyf' wy dat Nedderdüüdfche läfen un fchrywen lehrt. § 1 handelt von den Buchftaben des Niederdeutfchen insgemein, § 2 van den luden [= ludenden] Bookftawen (»Vokalen«). Ward foortfett'd. 4) Snurren: Dat Ryk Goddes un de Wychelntelgen (»Weidenzweige«). 5) Kundmakungen. Es find zwei Anzeigen von in Hamburg erfchienenen Büchern und eine des to nägfter Michael-Mefs bei H. Schmidt und von Coffel herauskommenden 2. Jahrganges auf 1836 des Allgemeinen Mecklenburgifchen Volksbuches. Alfo (vgl. oben) fällt die Ausgabe des Probeblattes in den September des Jahres 1835. Endlich zwei fingierte Inferate, die fich jeder beftimmten Angaben enthalten und in Punkten enden, da fie nur als Mufter dienen follten: eine Verkaufs- oder Verpachtungs-Anzeige über eine Mühle bei Wismar und ein Dienft-Angebot für einen jungen Menfchen, der Deutfch, Schwedifch und etwas Französifch fprechen müffe.

Bürmann hat demnach noch einen Verfuch gemacht feinen Plan auszuführen, jedoch nicht in Hamburg, wo man ihm ein Zeitungs-Privilegium verweigert hatte, fondern in Meklenburg, wo entweder kein folches Erfordernis beftand oder wo Bürmann fich darüber ftillfchweigend hinwegfetzen zu können glaubte. Vielleicht, wenn die Gewährung eines Privilegiums nötig war, ift an einer Nichtbewilligung deffelben fein Unternehmen gefcheitert. Es läfst fich jedoch auch fchon aus der Einrichtung des Blattes und aus der örtlichen Trennung von Redaktion und Verlag verftehen, dafs die Zeitfchrift nicht zuftande gekommen fein wird. Bärmann legte Gewicht auf die Mitteilung von politifchen Nachrichten und von Inferaten; das wird durch feine Supplik an den Hamburger Senat und durch den Inhalt des Probeblattes bewiefen. Vermutlich fürchtete er, andernfalls nicht auf feine Koften kommen und fomit das Blatt nicht halten zu können. Diefe Meinung war aber ficher verkehrt. Eine rein belletriftifche Zeitung hätte viel eher Ausficht auf Beftand gehabt. Einige Brocken Zeitgefchichte, die vollftändiger und gleichzeitig von den hochdeutfchen politifchen Zeitungen geboten ward, nachträglich noch einmal in plattdeutfcher Form zu lefen, daran konnte niemand viel gelegen fein. Und für die notwendige Verbreitung von Inferaten eignet fich eine belletriftifche Zeitfchrift, die naturgemäfs einen kleineren Leferkreis hat und die nur zweimal wöchentlich erfcheinen foll, durchaus nicht. Auch dafs der Redakteur in Hamburg wohnte, das Blatt aber in Wismar herauskam, war unpraktifch. Hätte Bärmann daffelbe in Hamburg erfcheinen laffen dürfen, fo hätte er bei feinen Mitbürgern, die ihn als Schriftfteller kannten und als Dialektdichter fchätzten, auf Teilnahme und Unterftützung rechnen mögen; für eine Meklenburgifche Zeitung aber werden fie nicht viel Intereffe gezeigt haben.

Andererfeits hätten die Meklenburger vielleicht Gefallen an einer Zeitung gefunden, die in ihrer Mundart gefprochen hätte: eine in Hamburgifcher Mundart und noch dazu mit einer vom Hochdeutfchen ganz abweichenden Orthographie mufste ihnen ziemlich gleichgültig bleiben. So wird es denn wahrfcheinlich bei dem Probeblatt fein Bewenden gehabt haben und die Zeitfchrift nicht zuftande gekommen fein, weil die Zahl der vorläufigen Abonnenten zu gering ausfiel, fodafs beide Herausgeber und Verleger auf die Ausführung des Unternehmens lieber verzichteten.

Hamburg.   C. Walther.

Anfrage.

Vor 50 Jahren hatten wir Kinder in Magdeburg einen Singfang ohne beftimmten Umfang, aber mit dem Kehrreim: Sie müffen all, fie müffen all ins Zimmerloch (oder ins Hinterloch) hinein, alfo z. B.

> Der Paftor mit der Bibel,
> Der Kantor mit der Fibel
> (oder Der Schufter mitten Stiebel),
> Sie müffen ufw.

Die Singweife ift mir noch ganz gegenwärtig, fie geht im Dreivierteltakt fo: D / g a b c / d d D / g a b c / d d d / c c c / b b h h / d d d d / g. (D eine Oktave tiefer als d, die unterftrichenen Töne find achtel.) Von diefem Sange find mir vor kurzem 3 Verfe aus Lobmachterfen bei Braunfchweig zugefandt worden als eben auf der Strafse gefungen. Ihr Kehrreim lautet: Sollen auch mit, follen auch mit ins Hühnerloch hinein. Aufserdem habe ich erfahren, dafs er, wenigftens vor 20—30 Jahren, in Wufterhaufen a. Doffe und in Elze in Hannover bekannt war. Hühner oder Hinnerloch heifst in Elze das Gefängnis. Ich möchte nun gern wiffen, wo das Lied verbreitet ift, in welchen Verfen und was wohl unter Hühnerloch ufw. zu verftehen ift.

Lübeck.   C. Schumann.

Das Lied mit dem Kehrreim »fie müffen all' ins Hühnerloch hinein« konnte man vor ca. 20 bis 30 Jahren auch in Hamburg von den Kindern auf der Strafse fingen hören. Es war ein hochdeutfches Lied. Mit dem Hühnerloch wird das Grab gemeint fein und mit dem Kehrreim, dafs alle Menfchen fterben müffen. Der Ausdruck ift alt; Moriz Heyne führt im Grimm'fchen Deutfchen Wb. IV, 2, 1880 aus Joh. Geiler's von Keifersberg Chriftenlich Bilgerfchaft, Vorr. zum 3. Kapitel an: kurz es ift ein bilger fchaft hie uf difer erden, wir müffen all durch das hünerloch, das ift der tod.

In Hamburg habe ich als Redensart gehört: dat is vor de Höiner gaan, das ift verloren gegangen, aufgebraucht worden, und von Menfchen: he is vor de Höiner gaan im Sinne von »er ift geftorben.« Diefe Redensart beruht aber auf einer andern Vorftellung, als die vom Hühner loch ift.

Hamburg.   C. Walther.

In Priefter Johannis Lande fein.

In Sohnreys Erzählung Fridefinchens Lebenslauf (10. A.) S. 400 heifst
es: ›Die lieben Schwiegereltern wufsten fich vor Freuden nicht zu faffen,
denn fie konnten nach unferen Darlegungen nicht anders glauben, als dafs
wir wirklich fchon in ›Priefter Johannis Lande‹ wären.‹ Nach dem Zufammenhange bedeutet diefe Redensart foviel wie ›über alle Berge, über
alle Schwierigkeiten hinweg fein.‹ Da anzunehmen ift, dafs der Verfaffer
die Wendung aus der Überlieferung gefchöpft hat, fo ift es bemerkenswert,
dafs bei dem Landvolke in Süd-Hannover fich noch eine Erinnerung an
die Sage von dem Priefterkönige im fernen Orient (vgl. Oppert, Der Priefter
Johannes in Sage und Gefchichte. 2. Aufl. Berlin 1870) erhalten hat,
deffen Reich als eine Stätte vollkommener Glückfeligkeit galt.

Northeim. R. Sprenger.

Watt't (hillich) Tüg holln will.

›Nun lauf, was das heilige Zeug halten will‹ erinnere ich mich öfter
als Kind von meinem 1783 geborenen Grofsvater väterlicher Seite gehört
zu haben. Danneil verzeichnet S. 228 Watt't Tüg holl'n will, mit
allen Kräften; Schambach S. 236: hei leip wat det tûg hälen wolle,
er lief fo fehr er nur konnte. An die faft vergeffene Rda. werde ich erinnert durch Herrn. Boll, der in der Zfchr. f. deutfch. Unterricht Bd. 15,
S. 789 fchreibt: ›Das Homerifche Adjektiv ιερός (fanfkr. ifhiras) bedeutet
urfprünglich ›ftark‹, und in Elberfeld lautet eine bekannte Art zu reden:
›wat heilich Tûch haule kann = was ftarkes Zeug halten kann.‹ Mir
fcheint diefe Erklärung wenig annehmbar; ich weifs jedoch das ›heilig‹
in diefer Rda. nicht zu deuten und mufs dies einem Kundigeren überlaffen.

Northeim. R. Sprenger.

Notizen und Anzeigen.

Beitragszahlungen find an unfern Kaffenführer Herrn Joh! E. Rabe, Hamburg 1,
gr. Reichenftrafse 11, zu leiften.

Veränderungen der Adreffen find gefälligft dem genannten Herrn Kaffenführer
zu melden.

Beiträge, welche fürs Jahrbuch beftimmt find, belieben die Verfaffer an das Mitglied
des Redactions-Ausfchuffes, Prof. Dr. W. Seelmann, Charlottenburg, Peftalozziftrafse 103,
einzufchicken.

Zufendungen fürs Korrefpondenzblatt bitten wir an Dr. C. Walther, Hamburg 3,
Krayenkamp 9, zu richten.

Bemerkungen und Klagen, welche fich auf Verfand und Empfang des Korrefpondenzblattes beziehen, bittet der Vorftand direct der Expedition, ›Diedrich Soltau's Verlag
und Buchdruckerei‹ in Norden, Oftfriesland, zu übermachen.

Redigiert von Dr. C. Walther in Hamburg.
Druck von Diedr. Soltau in Norden.

Ausgegeben: Dezember 1904.

Jahrg. 1904.   Hamburg.   Heft XXV. № 4/5.

Korrespondenzblatt

des Vereins

für niederdeutfche Sprachforfchung.

I. Kundgebungen des Vorftandes.

1. Mitgliederbeftand.

Eingetreten in den Verein find die Herren

Dr. J. de Cock, Univerfitäts-Docent zu Löwen in Belgien,

Dr. Ernft Finder, Oberlehrer zu Hamburg.

Veränderte Adreffen der Herren:

Dr. B. Abraham, Rechtsanwalt zu Neumünfter i. H., jetzt zu Kiel.

Dr. G. Burchardi in Leipzig-Schleuffig, jetzt in Friedenau bei Berlin.

P. J. Remmers, Superintendent zu Harburg a. E., jetzt General-fuperintendent zu Stade.

2. Generalverfammlung 1905.

Der Vorftand giebt den geehrten Vereinsmitgliedern kund, dafs nach Befchlufs der Kieler Pfingftverfammlung von 1904 die General-verfammlung des Jahres 1905 um Pfingften zu Halberftadt ftatt-finden wird. Zugleich fpricht er die Bitte aus, die für diefe Zufammenkunft beabfichtigten Vorträge und Mitteilungen möglichft bald bei dem Vorfitzenden Geh. Rat Prof. Dr. Al. Reifferfcheid in Greifswald anmelden zu wollen.

II. Mitteilungen aus dem Mitgliederkreife.

Lapskau(s) und Sutermos.

An der ganzen deutfchen Seeküfte fcheint ein Gericht bekannt zu fein, welches Lapskau(s) genannt wird. Ich habe das Wort von Oftpreufsen, Pommern, Meklenburgern, Lübeckern und Bremern gehört. In Lübeck fagt man Lapskau oder auch Lapsko (Prof. Haffe), in Bremen Lapskaus (Prof. Siebs). Wie die Form anderwärts lautet, konnte ich nicht genau ermitteln. In Lübeck fehlte diefes Effen auch nicht bei der Fünfhundert-jahrfeier der Schiffergefellfchaft im Jahre 1902. Schriftlich aufgezeichnet habe ich das Wort in Deutfchland nicht gefunden, wohl aber in England. Dafs dort die Bedeutung vergeffen worden ift geht z. B. aus dem 11. Kapitel von Marryats Jacob Faithful hervor, wo die Erlebniffe eines alten

Schulmeifters an Bord eines Lichterfchiffes folgendermafsen befchrieben werden. 'What is it that the boy is providing for us?' fragt er, 'it has an inviting smell'. 'Lobscouse, master', replied old Tom, 'and not a bad lining either'. 'I recollect no such word — *unde derivatur*, friend?' 'What's that? master', inquired old Tom. 'It's Latin for lobscouse, depend on it, father', cried Tom, who was stirring up the savoury mess with a large wooden fpoon.

Auch in Murrays English Dictionary wird der Urfprung unbekannt genannt und loblolly verglichen, das eine zu einem Brei gekochte Schiffer-fpeife bezeichnet; jetzt gebrauche man in demfelben Sinne scouse. Murray erklärt das Wort als a sailor's dish consisting of meat stewed 'with vegotables and ship's biscuit and the like; ähnlich Lucas, Flügel unter Berufung auf den Antiquar Francis Grove (1731—91) und Muret, fie fügen hinzu, dafs das Gericht ftark gepfeffert fei. In Lübeck habe ich es als eine fchmackhafte Art von Paftete aus gedünfteten Scheibchen gekochter Kartoffeln und Dorfch kennen gelernt, obgleich diefer Zufammenfetzung eigentlich der Name Pannfifch zukommt und für Labskau Fleifch wefentlicher Beftandteil ift. Prof. Dr. Haffe teilte mir mit, dafs das Gericht auf der Speifekarte manches Kopenhagener Wirtshaufes vorkomme. Doch habe ich das Wort in dänifchen Wörterbüchern nur einmal gefunden, nämlich in Molbechs Dansk Dialect-Lexikon, Kop. 1841, wo über Lappsødd nach Melfens handfchriftlichem Wörterbuch für Vendfyffel im nördlichften Jütland bemerkt wird: 'Kallunfuppe, Melfen jævnfører det bermed beslægtede Lapkous.'

Das englifche Wort weift Murray zuerft 1706 in der Form Lobsconfe nach, dann 1751 bei Smollet als lob's courfe, 1823 bei Cooper als loskous, 1867 in Smyth, Sailor's Wordbook: Lap's courfe, one of the oldest and most savoury of the regular forecastle dishes, und 1899 bei Moore: something like a glorified Irish stew, or perhaps what yachtsmen call lobscouce. Der Matrofe heifst danach lobscoufer.

In diefen Formen ift das in Deutfchland gebräuchliche a meift dem dunkleren o gewichen, wohl in Anlehnung an den Namen des Stockfifches, der mnd. lobbe hiefs. Denn auch im älteren Englifch war deffen Name lob. Murray führt vom Jahre 1357 an: les trois sortz de lob, lyng (jetzt ling, deutfch Länge, gadus molva) and cod, und 1607: lobbe is a great kind of north sea fish.

Doch auch im Englifchen hat fich das a erhalten und in den beiden Formen lob's course und lap's course eine Wortform mit r, die offenbar älter ift als die deutfche, wenn nämlich meine Vermutung richtig ift, dafs wir ein aus den nordifchen Sprachen eingeführtes Wort vor uns haben. Lappskors ift der fchwedifche Genet. plur. von Lappska, der Lappe. Ich denke, es fehlt das regierende Nomen Effen und das Wort bedeutet ein Gericht der Lappländer. In den mir zugänglichen kleineren fchwedifchen Wörterbüchern fteht es allerdings nicht.

Auf Irish stew verwies die Erklärung in Smyths Sailor's Wordbook, der Engländer kennt auch Welsh rabbit (was als rare-bit erklärt wird), allgemein verbreitet ift die Bezeichnung italienifcher Salat, in meiner Provinz ift das fchlefifche Himmelreich ein Nationalgericht, Berühmtheit haben der Königsberger Klops und das Leipziger Allerlei ufw. ufw. So wird der

niederdeutſche Schiffer in ähnlicher Weiſe ein beliebtes Schmorgericht, das
er im Norden kennen lernte, benannt haben. Oder vielleicht richtiger der
engliſche. Denn für eine Einwanderung aus England her ſpricht die gröſsere
Verſtümmelung des Wortes in Deutſchland und Dänemark, gegen eine
ſolche wieder die Verdumpfung des a in den meiſten engliſchen Formen
und die Erhaltung des reinen Lautes in Deutſchland. Im engliſchen Munde,
wo auslautendes r nur ſchwach anklingt, konnte die Verwandlung von -ors
in ein breites -ous leicht eintreten. Es wäre feſtzuſtellen, ſeit wann ſich
das Wort im deutſchen Gebrauch nachweiſen läſst.

Ein Oſtpreuſse, der das Wort Labskau kannte, ſagte mir, in ſeiner
Heimat ſei für eine ganz ähnliche Speiſe auch Schuſterpaſtete gebräuchlich.
In der Uckermark gibt es nach Prof. Gombert eine beliebte Sauce mit dem
Namen Schuſterſtippe. Ich werde an eine Jahresfeier im Verein für
lübeckiſche Geſchichte aus dem Jahre 1880 erinnert, bei der als erſter
Gang des Mahles das nach altem Kochrezept bereitete Gericht Sutermos
aufgetragen wurde. Es beſtand weſentlich aus Klippfiſch. Von der Koch-
kunſt des Mittelalters bekam ich dadurch keinen hohen Begriff, ebenſo wie
von dem dazu gegebenen und auch nach alter Vorſchrift hergeſtellten Trank
Hippokras, einem Würzwein, den der Lübecker Rat ſo ſchätzte, daſs es in
einem Spruche heiſst:

Dat êrſte vûr, dat êrſte gras,
dô drinken de hêren den hippocras.

Môs iſt nach dem Mnd. Wb. Kohl, Gemüſe, breiartige Speiſe, môsblat
Kohlblatt, pepermôs Pfefferbrühe. Aber die Sprichwörter: He lett röven
good moos ſyn, und: Kinder mötet nig alle môſe ſchmekken willen (Brem.
Wb.), ferner muſtelia im Sachſenſpiegel für die bei der Erbteilung ſich
vorfindenden Speiſevorräte beweiſen für eine weitere Bedeutung, die nach
dem D. Wb. auch das hd. Mus hat. Wenn es in den Küren des Magnus
(Richthofen 440, 22) lautet: 'An dera tredda tyd dis deys, da da Romera
heran wr hiara moes weren, da brochta Magnus ſyna ſana op', ſo kann
dies doch nur bedeuten: als ſie über ihrem Eſſen waren. Môs verhält ſich
zu got. matjan, wie wiſe zu got. vitan. Es bedeutete allgemein die Speiſe.
Sûtere iſt im Agſ., in ſcoeſuttere auch im Mnl. vorhanden, es fehlt
aber im Mnd., wo auch ſchôſter erſt 1516 nachgewieſen worden iſt und
als Eindringling aus dem Hochdeutſchen betrachtet werden muſs. Das
Gewerk heiſst im Niederdeutſchen immer das der ſchômakere oder ſchôamt.

So klingt das Wort ſutermos, mag es nun Schuſtereſſen oder
Schuſterſtippe bezeichnen, fremdartig an und ſcheint in Lübeck auch
von auswärts eingeführt zu ſein.

Die Bedeutung kann nur ſein einfaches oder gar ärmliches Gericht.
Ein Sprichwort ſagt: prâlen as de ſchôſter mit ênem lêſt, bei ſeiner Armut
prahlen (Brem. Wb.). Schuſterfiſch und Schuſterkarpfen ſtehen verächtlich
für Schleie oder für Hering. Nach dem D. Wb. iſt ſchuſtermäſsig gröblich,
ärmlich und Schuſterreim ein ſchlechter Reim. Es wird bei den Schuſtern
nicht gerade groſse Wohlhabenheit und kein Tafelluxus geherrſcht haben.

Es iſt mir auſserhalb des nd. Sprachgebietes ſchwer zu prüfen, ob
meine Darlegungen mit dem Gebrauch der Worte in Einklang ſtehen. Ich
bitte um Berichtigung, wenn ich geirrt habe.

Breslau. P. Feit.

Die adverbialen Formen hîr und hêr in der Münchener Heliandhandschrift.

In der Münchener Heliandhandschrift kommen die beiden Formen hir und her oder hir und hèr, wie Behaghel fchreibt, nach deffen Ausgabe ich citiere, nebeneinander vor, und zwar von V. 216, wo das Adverb zuerft begegnet, bis V. 934 nur hèr, nämlich V. 216, 248, 283, 523, 558, 582, 590, 727, 912, 920, 923, 925, 927, 934. Dann folgt dreimal hir: V. 1105, 1142, 1159; einmal hèr: V. 1301; viermal hir: V. 1307, 1308, 1311, 1312*); achtmal hèr: V. 1332, 1346, 1348, 1349, 1352, 1423, 1427, 1519. Von hier ab, oder richtiger von V. 1568 ab bis V. 2439, der in M und C die Form hier hat, kommt nur hir vor, und zwar, wenn ich V. 2439 mitzähle, 25 mal: V. 1568, 1617, 1625, 1640, 1642, 1644, 1668, 1673, 1680, 1690, 1694, 1713, 1724, 1771, 1915, 1922, 1956, 1963, 1981, 1983, 2086, 2195, 2196, 2326, 2439. Von da ab erfcheint nur die Form hèr. Folgerungen wage ich aus diefer Zufammenftellung nicht zu ziehen.

*) V. 1317 hat M thie the, C thia hier; C folgend fetzt Heyne hir in den Text.

Blankenburg a. H.   Ed. Damköhler.

Göre.

Einen beachtenswerten Beleg für Gefchichte und Sinn des Ausdrucks Göre für Kind liefert das handfchriftliche Mafchoppy-Buch der kontorifchen Höfe Jakobsforden und Belgaarden auf der deutfchen Brücke zu Bergen. Dort ift unter dem 6. Mai 1641 vermerkt, dafs ein Gefelle den andern gefcholten habe einen Gören, dat is fo vele alfe ein Junge. Damals galt alfo fchon das Wort in üblem Sinne, fcheint aber noch nicht recht bekannt gewefen zu fein. Zur Erklärung fiehe Grimms Wörterb. unter Blage.

Lübeck.   C. Schumann.

Lowken.

Am 20. Sept. 1650 zu Ratzeburg urkundet und bekennt Herzog Auguft »dafs, nachdem . . . Fritz Langhans untertäbniglich zu erkennen gegeben, wesmafsen im Kruge zu Buecken eine Zeithero Lowken ausgefchenket, wir numehro folche Verordnung guten Theils gemachet, damit in unform Lande am meiften Rommeldeufs foite gekrüget und ausgefchenket werden.«

Schleswig.   Hille.

Auslautendes er mehrfilbiger Wörter in der Cattenftedter Mundart.

1. Auslautendem er wird in einigen Worten ein t angefügt: kuffert Koffer; puffert Puffer, d. h. Pfannkuchen aus rohen, geriebenen Kartoffeln; pildert neben pilder Pfeiler; kildert Keiler; hèjert Häher; fèjert Feger, d. h. kräftiger, unbändiger junger Menfch, auch von Tieren gebraucht; hippert Hüpfer, d. h. zierlicher, fchwächlicher Menfch; Schauert Schauer (Eigenname); Heckert Hecker (Eigenname); Beckert Becker (Eigenname), aber bekker Bäcker; brukkert ftämmiger Junge; dewert Täuber.

2. In den Endfilben -ler und -ner wird e wie franz. e in père gefprochen: difchlèr Tifchler, bedlèr Bettler, krökelèr Krakeeler,

mäkelër Makler, hummelër Bummler, drexlër Drechsler, fådlër
Sattler, trummelër Trommler, dremmelër langfamer Menfch; ferner in
Perfonennamen: Scheffler, Häusler, Sattler, Grabeler, Timmler, Hübeler,
Semler. — cintnër Centner, klempnär Klempner, kelnër Kellner,
rejjenër Rügener. Eigennamen: Degener, Wegener, Elsner, Trömner,
Hübner, Dübner, Thörner, Körner, Zöllner, Kellner. Eine Ausnahme habe
ich bis jetzt nicht gefunden.

3. In allen andern Fällen wird e vor auslautendem r tonlos, auch
dann, wenn zwifchen l und er nach vorausgehendem langem Vokale ein d
eingefchoben oder wenn ll zu ld wird, z. B. krakëlder, kelder Keller.
Eine Ausnahme macht feltfchër Feldfcher. — Die unter 2 angegebene
Ausfprache der Endfilben -ler und -ner herrfcht auch im Blankenburger
Hochdeutfch und ftammt aus dem Niederdeutfchen.

Blankenburg a. H.   _____   Ed. Damköhler.

Zu Schambachs Wörterbuch.

Schambach gibt in feinem Göttingifch-Grubenhagen'fchen Idiotikon
für die Pronomina 'ihn' und 'ihr' die Formen 8ne und 8r an. Wie weit er
fein Gebiet genau durchforfcht hat, gibt er nicht an, bemerkt nur S. VIII,
dafs er erft von Göttingen, dann von Einbeck beim Sammeln ausgegangen
fei. Auch gibt er bei vereinzelt auftretenden Worten und Formen niemals
den Fundort an. Nun hörte ich neulich von zwei Frauen im Alter von
etwa 45—50 Jahren, die aus Wulften füdweftlich von Ofterode am Weft-
rande des Harzes gebürtig find, die Formen 8ene (mit fchwachem e-Laut
hinter dem 8) = ihn und 8re = ihre (funs).

Blankenburg a. H.   _____   Ed. Damköhler.

Spruch aus Bremen.

Wer mit 20 nix weet
Un mit 30 nix is
Un mit 40 nix hett, —
Ut dem ward nix.

Bremen.   A. Lonke.

Vgl. Fritz Reuter, Woans ik tau 'ne Fru kam (gegen Schlufs):
»Mi füllt dorbi man dat Sprückwort in: wer in de Twintigen nich
fchön is, in de Dörtigen nich ftark, in de Viertigen nich klauk un in de
Föftigen nich riek, de kanu't man fin laten, ut den ward nicks.«

Hamburg.   _____   C. Walther.

Flöhnbarg.

Bei der Kolonie Chriftiansholm im füdl. Schleswig liegt der Mühle
gegenüber ein Haus namens Flöhnbarg. Das Haus, das erft in der
Mitte des vorigen Jahrhunderts erbaut ward, trägt nach dem Sandberg,
worauf es fteht, diefen Namen. Bei Jevenftedt, Kr. Rendsburg, liegt auch
ein Sandberg mit Namen Flöhnberg. Flöhnbarg bedeutet wohl der.
fliehende oder fliegende Berg?

Dahrenwurth bei Lunden.   Hoinr. Carftens.

Zu früheren Mitteilungen und Anfragen.

Zu dem niederrheinifchen Gaffenhauer von 1462 (XIX, 3. 19).

Die Vermutung Hofmeifter's, dafs das Lied noch heute fortlebe, kann ich beftätigen. Zu Brunshaupten bei Doberan hörte ich folgende Faffung:

De Muus dee feet in't Hawerftroh,
fe dacht, fe wier verborgen,
de Piephahn keem von achter to
un böd' de Muus goden Morgen . . .

Vgl. die Anmerkungen zu Band II der Mecklenb. Volksüberlieferungen Nr. 1804 ff.

Mudder Haakfch (XXIV, 61. XXV, 40).

Mudder Haakfch kommt bei uns in allerlei Redensarten vor:
Du hoft ok Infäll as oll Haakfch. — Dee is niglich as oll Haakfch. — Dee is fo tüür as Mudder Haakfch, hett'n Ploochrad för'n Kringel upäten. — Dee hett't bild as oll Haakfch, bett in'n gahn fchäten. — Züh fo, fecht mudder Haakfch, dor hadd fe'n Spann vull Arften utäten.

Hier in Waren hörte ich von einem zankfüchtigen alten Weibe fagen: Dee ritt de Kähl up as oll Haakfch, dee bebben de Kreibgen in'n heiligen Dach in de Kähl fchäten.

Aus Pritzier ward mir mitgeteilt: Dor füht't fo bunt ut as in Haakfch ehr Schapp.

Auch aufserhalb Mecklenburgs ift fie wohl bekannt. Von einer aus Vorpommern gebürtigen Frau hörte ich: Dee hett't fo bild as Mudder Haakfch von'n Darfs (eine Vorpommerfche Halbinfel). — Nun ruhen alle Wälder, ole Hakfche fitt im Kelder: Schütte, Braunfchweig. Magazin V S. 39.

W. Schwartz, Ztfchr. des Vereins für Volkskunde IX S. 308 f. bringt aus verfchiedenen Gegenden Niederdeutfchlands Redensarten bei, in denen faulen Spinnerinnen oder unartigen Kindern gedroht wird, die alte Hakfche werde kommen, und fieht darin Frau Harke.

Johann Bunk fine Kncep — Hansbunkenftreiche (XXIII, 91. XXIV, 8).

Diefe und äbuliche Ausdrücke find in Niederdeutfchland weit verbreitet. Dat funt Knoepe van Jan Bunke: Brem. Wtb. II S. 827. — Sien Hann-Bung-Knühp un Uhlenfpeegelfchaften: Brinckman, Kasper-Ohm S. 58. — Hei maakt fon Knühp wie'n ollen Mann und ick jüft as Hann Bung: Krohn, Lütt plattdütfch Gedichte S. 114. — Janbungknüp hat Reinhard, Neun plattd. Göttergefpräche S. 11. — Fritz Reuter hat fünfmal Hansbunkenftreich: III S. 229. IV S. 408. V S. 177. VI S. 372. VII S. 162. Ebenfo Müller und Friefe, Feldblaumen S. 159. Stillfried, Wilhelmshäger Köfterlüd' I S. 72. Diefer Ausdruck ift auch mir oft zu Ohren gekommen.

Hansbunkentoeg notierte ich aus Fehrs, Allerhand Slag Lüd I S. 7. S. 22. II S. 4. S. 51. S. 146. — Hausbunk = Spafsmacher fteht bei Gildemeifter, Jochen Frank S. 4: hei meuk fick oft tau foun Hausbunken; vgl. Mi, Mecklenb.-Vorpommerfch. Wtb. S. 30: Hans-

bunken = Hanswurft. Hagelbunkenknäp' hat Mi S. 43; hier liegt wohl
eine Anlehnung an Vagelbunt vor. — Latendorf, Nddtfch. Kbl. X S. 4
bringt aus dem Strelitzifchen bei: Hannbuikenftreich und Johann-
blunkenknaep. — Spalunkenftreich hat Zander, Bunte Biller S.
58: das ift wohl wieder eine Anlehnung an fpalunken = toben; vielleicht
hat auch Hallunke vorgefchwebt. — Aus Redefin ward mir mitgeteilt: He
maakt Hannernüterftreich. — Haf'jakenftreich findet fich nur bei
Reinhold, De Holtrevolutfchon S. 25. — Auch Swabenftreich ift bei uns
im Volksmunde üblich: de Hund maakt fo väl Swabenftreich, dor is
dat Enn' von wech. — Bollak'nftreich hat übrigens Schmeller-Frommann,
Bayer. Wtb. I S. 386. Im felben Sinne endlich kommt in Oftfriesland
Dufenknäp vor: Doornkaat Koolman I S. 353.

Hundetanz (XXIV, 40).

Es fei auf die Möglichkeit hingewiefen, dafs Reuter die Redensart
von feinem Freunde Ludwig Reinhard entlehnt hat. In deffen erfter
Gefchichte von Peiter Lurenz ut Roftock heifst es: Gaud, dat du kümmft,
Peiter Lurenz! rep Napoleon ut vullen Half, hier geiht't kunterbunt tau.
Dit is en wohren Hunn'danz up Söcken: Raabe, Plattdtfch. Volksbuch
(1854) S. 26. Und in deffelben Verfaffers Werk »Neun plattd. Götter-
gefpräche« S. 26 f.: Hei litt bi diffen ganzen Hunn'danz in'n drögen.
In der fonftigen mecklenburgifchen Dialektlitteratur kommt die
Redensart, foweit ich fehe, nur noch zweimal vor. Crain verteilt uns nu
noch wider, dat nah dit Rutfmiten de Hund'danz ordentlich losgahn wier:
Quitzow, Meckelbörger Gefchichten I S. 3. Wat! — Hunnendans —
bier drinken f' 'n Maol: W. Heyfe, Punfchendörp S. 157.
Im Volksmunde ift die Wendung noch heute durchaus üblich. Dat
is'n wohren Hunn'danz — wat fünd dat wedder vör Hunn'dänz'!
wird von tollen, albernen Streichen gefagt. Aus Malchow ward mir als
Sprichwort mitgeteilt: De ganze Welt is 'n Hunn'danz up Söcken.
Aus Holftein kann ich einen weiteren Beleg beibringen; aus Fehrs, Allerhand Slag Lüd I S. 66 notierte ich: awer de Hund'ndanz geit ümmer
von vörn wedder an.
Die Vorftellung, die der Redensart zu Grunde liegt, hat auch ander-
weitig Ausdruck gefunden. In Redefin hörte ich, als ich nach Orts-
neckereien forfchte, von dem Dorfe Strohkirchen fagen: In Strohkarken
hebben de Hunn' den Backahen daai danzt. Und Schütze, Holft.
Idiotikon II S. 173 hat: Wenn ik dat deed, fo weer ik weert, dat ik
mit de Hunnen danffe.
Auch Kattendanz kommt übrigens in derfelben Bedeutung vor.
Dat is de reine Kattedanz: Pommerfche Blätter X S. 42. Vgl. auch
Firmenich III S. 147 (aus Lippe): Eck will 'n äwerft helpen, mit finen
Katrilgenfwenker up jedweden Kattendanze herümme te flicken.

Ollfch mit de Lücht (XXIV, 38. 56).

Die beiden von Schumann mitgeteilten Reime find auch in Mecklenburg allgemein bekannt.
Aus Lunden in Holftein hatte fie bereits Volkmann veröffentlicht
im Urquell II S. 201.

In einer größeren Sammlung von Laternenliedern, die vor einigen
Jahren eine mir ohne genauere Angaben überfandte Hamburger Zeitung
als Ergebnis einer Umfrage der Redaktion brachte, finden fich die
folgenden Reime:

De Ohlfch mit de Lücht kann de Trepp nicht finn',
fallt mit de Eierkiep in Keller rinn.

Und: Grofsmutter kann die Trepp nich finn',
bums, fallt fe rin, bums, in Keller rin.

Luren op Pamufen (XIX, 15).

Von einem Menfchen, der auf der Lauer fteht, wird bei uns gefagt:
he lnert up Promüf', auch: up Permuus, Permufs.

Wie fehr die Wendung dem Volksmunde geläufig ift, zeigt eine
Weiterbildung. Von einer hiefigen Arbeiterfrau, gebürtig aus Molzow,
hörte ich: he luert up Permuus, dat Permimm kümmt un bringt em
'ne Permutt.

Die deutfche Wendung »uppe Müf' luern« kenne ich nur aus der
heimifchen Dialektlitteratur. Dunn ens na Difch barr Krifchan Bulle in
fin Armftol legen, lurt uppe Müs doa 'n beten, as he 't nennt: Brinckman, Vagel Grip S. 129. Daraus wohl, nicht direkt aus dem Volksmunde
hat Ernft Hermann fie übernommen (Mien lütt Welt, Schwerin 1904 S. 77):
lies flick ick mi in mien Kabüs un lur en beten up dei Müs.

In Redefin hörte ich: He lnert up 'n Mullworm.

He basd uf de Raden, notierte ich aus Hertel, Thüringer Sprachfchatz S. 193.

Schorbuck (XXIV, 20).

Es intereffiert vielleicht zu hören, dafs eine noch heute übliche
Redensart die Erinnerung an den Skorbut wach hält. Bei Gelegenheit
eines hier abgehaltenen Sängerfeftes erzählte mir vor einigen Jahren einer
der Sangesbrüder, ein trunkfefter Schmiedemeifter aus einer benachbarten
Stadt, als ich ihn nach dem Verlauf des »Begrüfsungsabends« fragte: Dat
kann 'k Se feggen, giftern abend bebben wi uns den Schöörbuck
eens richtig von de Tähnen fpöölt.

Schülerpoefie (XXV, 29. 40).

Kern-Wilms, Oftfriesland, wie es denkt und fpricht S. 125 Nr. 1473:

Kacken un Sörgen
kummt alle Mörgen.

Doornkaat Koolman, Oftfrief. Wtb. II S. 158:

't Sörgen willen wi laten ftån,
't Kakken mut fin Gang gån.

Volkshumor (XXIV, 10).

Antworten der Mutter auf die Frage des Kindes, was es zu Mittag
gebe, wird in grofser Zahl der in Druck befindliche dritte Band der
»Mecklenburger Volksüberlieferungen« bringen.

Vofs (XXIV, 20. 40. 58. 69).

Unter der grofsen Zahl von Bötformeln, die von meinen Mitarbeitern und von mir felbft gefammelt worden find, finden fich fünf Formeln gegen den »Vofs«:

De Rofs un de Ofs
verdriben den roden Vofs.　Aus Wismar.

Kindern den Schwamm zu ftillen:

Inne deepe Grund
leep 'n roden Vofshund,
dormit ftill ik di den Swamm inne Mund.　Aus Wittenburg.

Gegen Schwamm:

Vofs, wohr di,
mit de Geburt jag' ik di.　Aus Grevismühlen.

Vgl. Müllenhoff, Sagen, Märchen und Lieder aus Schleswig, Holftein und Lauenburg S. 511 Nr. 10: Hat ein Kind den Vofs (die Bräune), fo mufs eine fchwangere Frau ihm dreimal in den Mund blafen und fprechen:

Vofs, ik rade dik,
Ungebaren jagt dik.

Gegen Zungenfchwamm: Eine alte Frau nimmt eine Mefferfpitze voll glühender Kohlen und hält fie dem kranken Kinde vor den Mund, indem fie fpricht:

Vofs, fchaw' di,
de gläunige Emer verjag't di.
Will di de Vofs nich fchaben,
fo fall di de gläunige Emer verjagen.　i. N. G.　Aus Grofs-
Lunow bei Gnoien.

Schwamm, gah van dirs Tung',
gah na 'n Vofs fien Lung'.　i. N. G.　Aus Neuklofter.

Vgl. dazu Kbl. XXIV, 69.
Waren.　　　　　　　　　　　　　　R. Woffidlo.

Klaffern (XXV, 43).

»Klaffen« fteht neben »klappen« wie »roffen« neben »roppen«, »affe« neben »ape« etc. Vgl. Lübben, Mittelniederd. Gramm. S. 52. »Klaffen« ift fchon mittelniederdeutfch; vgl. Mnd. Wbch. 2, 471 f.; z. B. Lüb. Chron. 2, 419: quade kindere klaffen vele. Nebenform: kläffen, jetzt nur von Hunden, früher auch von fchwatzhaften, verleumderifchen Menfchen (vgl. Paul, Deutfches Wörterbuch 247). Über klaffern zu klaffen vgl. Wilmanus Dtfche Gramm. 2, 94.

Im Holfteinifchen kommt das Wort noch heute vor, namentlich in der Zufammenfetzung: Klaffergatt = Klatfchmaul; nicht wie in Hamburg: »Klafferkatt«, das wohl erft gebildet ift, als Gatt = Loch unverftändlich wurde (vgl. »Kladdergatt« = Menfch, der viel aus den Händen fallen läfst und zerbricht, Schütze, Holft. Idiot. 2, 12). Ebenfo haben wir die Bildung

Klafferbütt (Dithmarfchen). Der Spottvers lautet z. B. in der Kaltenkirchener Gegend:

> Klaffergatt (auch: Plappergatt)
> Ga to Stadt,
> Köp di'n Sack voll Figen,
> Denn kanns du heter fwigen.

In der Wilftermarfch heifst es:

> Klaffergatt
> Mutt'u Breif vört Gatt.

Andere Bezeichnungen für »angebende« Kinder find: Fickenvertellerfch, Sludertafch, Klagkind, Klagpöpper, Klagkatt, Anpeperkind. Folgende z. T. recht derbe Reime werden noch jetzt von den Kindern gefungen:

Dithmarfchen:
> Fickenverteller
> Steg op de Leller (Leiter);
> De Leller brok mit Fickenverteller. Etfch!

Fürftentum Lübeck:
> Klagkind bett Möfchen freton,
> Hett Mutter lingerlang 'n Schot fch . . . .

oder:
> Klagkatt
> Schitt int Fatt.

Preetzer Gegend:
> Klagpöpper mit'n Settel ope Stert
> Is gar ken twe Penn wert.

oder:
> Klagpöpper mit'u Settel ope Stert
> Schall morn na Plön un Köhlen freten,
> Het fik lingerlang de Hacken fch . . . .

Kiel.   O. Menfing.

Ilier lautet der fragliche Reim:

> Blafferkatt,
> Gah to Stadt ufw.

Eine andere Form des Verfes in meinen Volks- und Kinderreimen aus Lübeck und Umgegend, Lübeck 1899. Blafferkatt hat diefelbe Bedeutung und ift wohl an Blabberfnut, Schwätzer, angelehnt.

Lübeck.   C. Schumann.

Für »angeben, klatfchen, petzen« fagte man in meiner Schulzeit (1854—67) in Hannover anfléren; klaffen ift ja aus dem mhd. und aus dem nd. (f. Verf. eines Brem.-ndf. Wörterbuchs II, 780: Klaffat, Tellfieft, einer der aus der Schule fchwätzet, der alles nachfaget) in der Bedeutung von klatfchen bekannt. In den deutfchen Schulen in Petersburg gebrauchte man dafür vor etwa 30 Jahren klaffiftern; aus welchem deutfchen Gebiete das Wort eingewandert ift, kann ich nicht fagen; aus den Oftfeeprovinzen fchwerlich, da man hier andere Ausdrücke, befonders »klatfchen« gebraucht.

Dorpat.   W. Schlüter.

Man vergleiche den Artikel des Brem. Wbches II, 780: »Klaffen, nachfagen, aus der Schule fchwätzen. Es ift von klappen, welches auch die Holländer für klaffen gebrauchen. Und an einigen Oertern in Weftfalen fagt man klappeien. Du mooft nig uut der Schole klaffen:

Du mufst das Geheimnis nicht entdecken.« Ebd. VI (Nachtr.), 140:
»Klaffen heifst in Lübeck: trotzig und unverfchämt reden.« Ferner Rud.
Hildebrand im Deutfchen Wb. 5, Sp. 898, 3, der auch nach Strodtmann
angibt, dafs in Osnabrück kleffen, in der Bedeutung angeben, ankleffen,
verkleffen, verraten gebraucht werde. Schon im Mnd. wurde übrigens
klappen, klaffen für »laut und viel fchwatzen« gebraucht. (Vgl. auch
klapper, klapperbank, klapperich bei Schiller-Lübben II, 471 f.)
Das Wort ift wohl dasfelbe wie klappen, klatfchen. Auch hochd. nannten
wir als Schüler in Quedlinburg einen Angeber »eine Klatfche«.
Northeim.   R. Sprenger.

Klaffen hat im Mhd. bereits die Bedeutung: Geheimzuhaltendes
ausplaudern; ebenfo dänifch klaffe: klatfchen, verleumden. Die urfprüngliche Bedeutung von klaffen ift aber: fchallen, tönen, verw.: klappen und
klappern (f. Grimms Wb. u. d. W.); daher vom Hunde: bellen (in Mitteldeutfchland fagt man: der Hund klafft, bei uns umlautend: kläfft), vom
Menfchen: viel Gerede machen, fchwatzen, daher auch: ausplaudern, angeben, verleumden. Es zeigt fich hier derfelbe Bedeutungsübergang wie
bei klatfchen. In einem Sinngedichte Logaus heifst es:
    Weiberlippen find gefchaffen
    Mehr zum Küffen als zum Klaffen.
Die in Hamburg übliche Form klaffern ift Intenfiv- oder Frequentativ-
bildung zu klaffen, wie klappern zu klappen, und findet fich mit gleicher
Bedeutung neben kläffern auch im älteren Hochdeutfch. Bei Grimm ift
aus Mich. Neanders (1525—1595) Ethice vetus der Spruch angeführt:
Schweigen ift Kunft, viel Kläffern bringt Ungunft.
Das Perfonalnomen zu klaffen ift im älteren Deutfch: Klaffer, zu
klaffern und kläffern: Klafferer und Kläfferer, mhd. klaffære,
kleffære.
Übrigens ift das Wort klaffern der heutigen jüngeren Generation
Hamburgs verloren gegangen.
Hamburg.   Th. Redslob.

'Klaffern' in der Bedeutung 'angeben' ftellt fich zu dem bekannten
mhd. klaffen, ahd. chlaphôn, das fowohl 'fich öffnen', 'klaffen' wie auch
'fchwatzen, viel und laut reden' bedeutet; mhd. klaffære, kleffære ift der
'Verräter'. Belege dafür zahlreich in den bekannten Wörterbüchern. Nach
Kluge, Etym. Wörterb. 6. A. S. 208 ift die Bedeutung des Schallens die
Grundbedeutung des Stammes klapp, die des 'Auffpringens, Berftens,
Klappens' die abgeleitete.
Adelung II, 1597 f. bemerkt zu klaffern:
3. Reden, plaudern, fchwatzen, fowohl im Oberdeutfchen, als im
Niederfächfifchen . . . . . In engerer Bedeutung ift 'klaffen, kleffen,
klappeien', aus der Schule fchwatzen, etwas durch Worte verraten, um
Lübeck 'klaffen' trotzig reden, im Dün. 'klaffe' und im Schwed. 'klaffa'
verläumden. Als Beifpiel aus Logau führt er an:
    Weiberlippen find gefchaffen
    Mehr zum Küffen als zum Klaffen.
Das dän. klaffe, fowie klaffer oder klafferi 'Verläumdung', klaffer
oder klaffrer 'Verläumder' gibt Molbech I, 572 b als veraltet und wenig

gebräuchlich an. Im heutigen Schwedifchen fcheint das Wort nicht mehr vorzukommen, wenigftens ift es in den Wörterbüchern von Hoppe und Sundén nicht aufgeführt.

Für das Angeben in der Schule fagte man zu meiner Schulzeit in den unteren Schulklaffen in Berlin ganz allgemein 'petzen' und der Angeber biefs eine 'Petze'.

Heidelberg. B. Kahle.

Papegaai (XXV, 38).

De naam van den vogel Papegaai (Pfittacus), die in bijna alle europefche talen, in verfchillende vormen, is overgenomen, is oorfpronkelijk nederlandfch-nederduitfch, en zeer eenvoudig te verklaren. De vogel Garrulus glandarius, in 't Hoogduitfch Eichelheher, heet in al de nederlandfch-nederduitfche tongvallen en tevens in de geijkte nederlandfche fchrijftaal Gaai.

Zoo als genoegzaam bekend is, wordt de gaai, een zeer moutere, bont-gevederde en gekuifde vogel, die gemakkelijk tam wordt, en dien men zelfs enkele woorden kan leeren fpreken, veelvuldig in kooien gehonden. De oud-nederlandfche zeevaarders, reeds vroeg in de middeleeuwen, brachten van hunne tochten naar vreemde landen, ver in 't zuiden en in 't ooften, wel vreemde, bonte, fprekende vogels (verfchillende foorten van 't geflacht Pfittacus) meê naar huis. Het lag voor de hand dat men deze vreemde vogels, in menig opzicht op den bekenden, inlandfchen gaai gelijkende, ook gaai zoude noemen, zoo als dan ook gefchiedde. Ter onderfcheiding van den gewonen gaai werd de vreemde gaai eerlang papegaai (Pfaffenheher) genoemd — 't zij dan omdat zijn bont gevederte aan 't gewaad van den priefter herinnerde, zoo als ter boven aangehaalder plaatfe beweerd wordt, 't zij dan omdat de papen, de geeftelijke heeren, zulke vogels meeft bielden, als gefchenk (»welkom-t'huis«) van den zeeman. Deze laatfte verklaring ligt, dunkt my, 't meeft voor de hand.

Het woord papegaai (papagoie, enz.) is dus goed oud-nederduitfch, tegenwoordig nog in alle Nederlanden in gebruik, en beduidt eenvoudig Pfaffenheher.

Haarlem. Johan Winkler.

Als Beleg für die Verbreitung des Schiefsens nach dem Papagei in Dänemark darf wohl die dänifche Redensart angeführt werden (Molbech Dansk Ordbog, Kiöbenhavn 1833, II, S. 173a): 'han har skudt Papegøien, siges om den, der giør en stor og uventet Lykke'.

Heidelberg. B. Kahle.

I gitt oder igitt (XXV, 43).

Zu der oben bezeichneten Notiz möchte ich noch nachtragen, dafs ich das Wort igitt kürzlich auch adjektivisch angewendet gefunden habe. In einer Wochenplauderei (»Heitere Revue«) im Hamburger Fremdenbl., Nr. 273 vom Sonntag, den 20. November 1904, 7. Beilage, heifst es am Schlufs:

Er konnte den igitten Kram
Gleich wieder von sich spucken . . . . .

Es ist nämlich vorher die Rede davon, dafs die Feier einer goldenen Hochzeit, die in einem bei Flensburg belegenen Orte ftattfand, dadurch gründlich verdorben worden war, dafs in den zu dem betr. Haufe gehörenden Brunnen boshafter Weife heimlich Petroleum gefchüttet worden war. Das fo verdorbene Brunnenwaffer war von den Hausleuten, die von der erwähnten Verunreinigung nichts wufsten, zur Bereitung des Feftpunfches benutzt worden. Die Gäfte fanden den Punfch natürlich ungeniefsbar, und diefer ift mit dem igitten Kram bezeichnet. Diefe m. W. fonft nicht vorkommende Anwendung des Wortes igitt beftärkt mich in meiner fchon voriges Mal ausgefprochenen Anficht, dafs es nur einen kräftigen Widerwillen, einen Abfcheu ausdrückt, dafs es aber mit einer Umfchreibung des Ausrufs »o Gott!« nichts zu tun hat.

Hamburg.   C. Rud. Schnitger.

Igitt, oft verdoppelt, ift hier fehr beliebt, zumal bei Mädchen und Frauen, im Sinne von pfui! alfo zum Ausdrucke des Ekels und Abfcheus. Man fagt auch wohl giddergidder. Wilmanns, Deutfche Grammatik II, S. 662 fchreibt: Der Name Gottes ift entftellt in »egittegit« = »o Gott, o Gott!« Ähnlich verhält es fich mit dem englifchen Egad, dafs freilich anders gebraucht wird.

Lübeck.   C. Schumann.

Neben igitt hört man in Hamburg auch vielfach ichgitt. Im Widerfpruch mit Herrn Schnitger möchte ich diefe Wortformen doch anfehen als durch Lautwandel entftanden aus Gott mit vorhergehender Interjektion (o oder ach), alfo als einen zunächft zwar unbeftimmten Ausruf der Gemütsbewegung, deffen Bedeutung aber durch determinierenden Sprachgebrauch im Sinne der Geringfchätzung und des Widerwillens zugefchärft ift. Mit diefer Wendung der Bedeutung fteht auch der Vokalwechfel in einem innern Zufammenhange, indem an die Stelle der fchweren, volltönenden Laute o und a das dünne und fpitze i getreten ift, das, zumal bei der üblichen emphatifchen Betonung und Wiederholung des Wortes, zum Ausdruck der Geringfchätzung befonders geeignet erfcheint. Das in Hamburg ftatt igitt ebenfalls gebräuchliche blofse gitt! würde fich hiernach als der Ausruf »Gott!« ohne Interjektion darftellen.

Zur Vergleichung mit unferem igitt mag noch auf das englifche egad: wahrlich, allerdings, verwiefen werden, das, augenfcheinlich aus einer beteuernden Anrufung Gottes entftanden, einen ähnlichen Lautwechfel erfahren, dagegen die urfprüngliche Bedeutung treuer bewahrt hat.

Hamburg.   Th. Redslob.

Auch hier habe ich den Ausruf der Verachtung: »Igitte!« von Kindern gehört. Schambach verzeichnet ihn nicht. Vielleicht ift er auf den Taufnamen Jitte zurückzuführen, der nach dem Brem. Wbch. II, 694 in verfchiedenen Zufammenfetzungen als »verächtlicher Schimpfname« gebraucht wird oder wurde.

Northeim.   R. Sprenger.

Der Ausruf Igitt! ift nicht blofs in Hamburg fehr bekannt, fondern auch im nordöftlichen Hannover, ficher bis zur Stadt Hannover felbft hin.

Es ift ganz gewöhnlich einen **Widerwillen** oder gar **Abfcheu** durch den Ausruf auszudrücken, es ift aber ebenfo gewöhnlich immer zweimal **Igitt! Igitt!** zu fagen. Was es bedeutet, habe ich als Kind nicht gewufst und weifs ich heute noch nicht. Mit »**o Gott!**« hat es aber keinenfalls etwas zu tun und ein Erfchrecken liegt auch nicht darin.

Berlin-Lichterfelde.   **Zernial.**

Diefer Ausruf des Abfcheus, befonders in jugendlichem Munde, ift für den Stadthannoveraner fo charakteriftifch, dafs man ihn, wenn er fern von der Heimat fich ein **Egitt, egitt!** oder **Egitte!** entfchlüpfen läfst, nicht ungeneckt läfst. Die gern gebrauchte Wiederholung des Ausrufes läfst doch die Erklärung als eines **Euphemismus** für o **Gott, o Gott!** noch am einleuchtendften erfcheinen. **Egitt!** oder **egitte!** ift der Ausruf beim Erblicken oder gar unbeabfichtigten Ergreifen von etwas Widerlichem, z. B. eines verabfcheuten Tieres, etwa einer Kröte oder einer Ratte, oder einer fchleimigen Maffe. Das in früheren Nummern des Korrefpondenzblattes (XXI, 89, XXII, 6. 19) behandelte **futekau!**, das einem hochdeutfchen **pfui dich an!** entfpricht, drückt dagegen mehr die fittliche Entrüftung aus.

Dorpat.   **W. Schlüter.**

Der Ausdruck **I gitt** oder **Igitt!** — namentlich in der erweiterten Form **Igittigitt I jäfes!** — ift in Bremen durchaus gang und gäbe, Widerwillen, Abfcheu und Ekel bezeichnend; man deutet ihn landläufig als aus »**Ih Gott — Ih Gott — Ih Jefus**« entftellt.

Bremen.   **A. Lonke.**

Ein Hamburger fagte mir, dafs diefer (auch in Holftein bekannte) Ausruf angeblich von dem Namen des hl. Ägidius herkommen folle, der auch fonft in Hamburg eine Rolle fpiele. Ob dies richtig ift, mufs ich dahingeftellt fein laffen. Mir ift der Ausruf befonders in der Verdoppelung **igittigitt** bekannt und geläufig. Dafs das in derfelben Einfendung angeführte **möten** nicht aus dem Dänifchen »herftammt«, braucht kaum bemerkt zu werden.

Solingen.   **J. Bernhardt.**

Dem niederdeutfchen Ausruf vergleicht fich das englifche **egad**, das gleichbetont ift und aus **o god** oder aus **by god** entftanden fein foll. Vielleicht fteckt aber auch bei diefem in der erften Silbe eine dem deutfchen **i** entfprechende Interjektion. Wenigftens zeigt der ältefte Beleg, den Murrays Wörterbuch enthält, den Ausruf 1673 in der Form **i gad**. **I** und **ei** werden zum Ausdruck aller Gemütsbewegungen von der Verwunderung bis zum Abfcheu und namentlich zur Einleitung von Verwünfchungen gebraucht: **i was, i zum Donnerwetter.** Auch **i gitt** wird wohl im milderen Sinne verwendet und ift oft nur Ausruf des Staunens. **Egad** hat meiftens beteuernden Sinn. Als einen Fluch aber kann man beide nicht betrachten, denn die urfprüngliche Bedeutung ift bei allen diefen Verdunkelungen niemand mehr klar. Wer dächte noch daran, dafs mit »**i du meine Güte**, engl. **my goodness, i der Taufend**, fchwed. **tufan**« Gott oder Teufel, mit »**potztaufend**« beide zufammen angerufen werden!

Breslau.   **P. Feit.**

Stippſtörken, Stippviſite (XXV, 30. 37).

Die Bezeichnung Stippſtörken kennen wir Dithmarſcher nicht; aber
ein Zeitwort ſtippen = eine Sache ſich auf irgend eine Weiſe aneignen,
auch ſich irgend etwas erzählen laſſen — dat het he ſick ſtippt — iſt
bier gebräuchlich. Stippſtörken könnte alſo irgend ein Hiſtörchen bedeuten,
daſs man irgendwo gehört, ſich geſtippt hat.

Dahrenwurth bei Lunden.   Heinr. Carſtens.

Stippviſite als kurzer Beſuch wurde früher auch in Quedlinburg
gebraucht, wenigſtens babe ich ihn von meiner verſtorbenen Mutter öfter
gehört. Allerdings dachte man dabei fälſchlich an das »Einſtippen« eines
Gebäcks in den Kaffee.

Northeim.   R. Sprenger.

Stippſtörken heiſst mit irgend einem ſpitzen Gegenſtand auf irgend
etwas hinſtoſsen. Das kann Waſſer oder irgend eine andere Flüſſigkeit
ſein, aber man kann auch in irgend eine Speiſe hineinſtippen, auch in eine
Familie: man kann eine Stippviſite machen, die nicht viel Zeit in Anſpruch nimmt. In der Mark Brandenburg macht man auch eine ſaure
oder eine Mehl- oder Fettſtippe, in die man Kartoffeln eintaucht; aber
nicht nach der Flüſſigkeit iſt ſie benannt, ſondern nach der mit »Stift«
zuſammenhängenden Tätigkeit des Stoſsens.

Wilmersdorf-Berlin.   Dr. Grabow.

Stippviſite iſt auch in der Stadt Hannover bekannt im Sinne eines
flüchtigen Beſuches; die Bedeutung 'Punkt' für Stipp ergibt ſich auch aus
dem ſem. Stippe, wie man in Hannover jede »kleine aus der Haut punkt-
artig hervortretende Unreinigkeit« nennt. (Schambach: eine kleine ſpitze
Erhöhung auf der Haut).

Dorpat.   W. Schlüter.

Stippſtörchen war in meiner Jugend in Magdeburg ganz üblich
im Sinne von Anekdote, Spaſs. Ich habe das Wort immer für Entſtellung
von Hiſtörchen gehalten, wobei eine Anlehnung an Stipp, Stupf, Puṅkt
nicht ausgeſchloſſen iſt.

Lübeck.   C. Schumann.

Baſtlöſereim (XXV, 10. 42).

Vor 70 und mehr Jahren ſangen die Jungen hier beim Fabricieren
der Weiden-Pfeifen: Fabian, Sebaſtian, lat't mi de Widenbork affgan.

Wismar.   F. Crull.

Zu »Fabian Sebaſtian« vgl. noch Schütze, Holſt. Idiot. 1, 307;
Müllenhoff, Sagen S. 510; Carſtens »Heimat« 1895 S. 35. Die Erinnerung
an Sebaſtian hat ſich in holſteiniſchen Baſtlöſereimen nicht erhalten; wohl
aber ſcheint der Name Fabian zu Påv verſtümmelt in folgendem Lied zu
ſtecken, das in der Kaltenkirchener Gegend beim Abklopfen der Flöte noch
heute geſungen wird:

Påv, Påv, rīt nich! Påv, Påv, ſplitt nich!

Ein Wort Fape oder Fope für »Flöte« gibt es im Holſteiniſchen nicht.
Die von den Knaben hergeſtellten Flöten heiſsen Sippſapp oder dem

märk. Huppupp entſprechend: Hübber, und häufiger als der oben mitgeteilte Vers iſt dieſer: Hübber, Hübber hei —, ga mi ni in twei!

Kiel.　　　　　　　　　　　　　　　O. Menſing.

Fòp iſt allerdings nach dem vorgebrachten Ton benannt. Ich erinnere daran, dafs die Jäger eine Rehfiepe brauchen, die den Ton der Ricke nachmacht, um den Rehbock anzulocken.

Wilmersdorf-Berlin.　　　　　　　　Dr. Grabow.

Mierig (XXV, 42).

Das dem Berlinesco wohl geläufige, leider auch in 5. Auflage des »Richtigen Berliners« nicht verzeichnete Wort hat mit »mir« nicht das geringſte zu tun. Es iſt vielmehr dasfelbe Wort, · das mit vorſchlagendem ſ ſchmierig 'lautet. Vgl. ſchlecht, ſchlicht und ndd. leeg, Schmalz und Malz, die Schnur und lat. nurus, wallen und Schwall, aufmutzen und Schmutz und hundert andere ſolcher Doppelungen. Das ſ vor der Liquida und w verdickt ſich zu nhd. ſch.

Weimar.　　　　　　　　　　　　Franz Sandvoſs.

Vom Dat. »mir« könnte man wohl ein ſcherzhaftes Adj. mirig — mit i, nicht ie! — bilden, aber Fontanes mierig iſt doch ſehr cruſt gemeint: es iſt ſynonym mit dem vorausgehenden miſerabel. Ich habe es ſchon im Deutſch-engl. Wörterbuch von Muret-Sanders aus mürig erklärt und zu ndd. frieſ. mūr »Schlamm, Dreck« geſtellt. Dreckig, ſchmierig hat auch die von Sprenger aus der Altmark beigebrachte Bedeutung »ſelbſtſüchtig, geizig.«

Berlin.　　　　　　　　　　　　Max Roediger.

Mierig heiſst in ganz Nordoſtdeutſchland etwas minderwertiges, was klein, ſchlecht, erbärmlich ausſicht. Man ſpricht von einem mierigen Kerl, mierigen Charakter. Das Wort kann nicht vom Dativ „mir“ abgeleitet ſein; ich vermute Zuſammenhang mit dem Grundwort, wonach die Vogelmiere benannt iſt, die m. E. davon den Namen hat, dafs ſie ein niedriges wertloſes Kraut iſt.

Wilmersdorf-Berlin.　　　　　　　Dr. Grabow.

Dafs mierig zu dem Dativ des perf. Pronomens gehören ſolle, erſcheint mir wenig wahrſcheinlich; kann mierig nicht mit dem mir als Stadthannoveraner noch geläufigen kruſemierig (Schambach ſchreibt: krûſemèrig, munter, lebhaft) zuſammenhängen? So viel ich mich erinnere, brauchte man vor etwa 40 Jahren, vermutlich aber auch jetzt noch die Wendung »es wird mir ganz kruſemirig zu Sinne« für »es wird mir ſchwindelig« oder »es wird mir übel«, was wohl erſt eine weitere Entwicklung aus der von Schambach angeführten Bedeutung ſein dürſte. Schambach führt noch die Redensart an: et krûſemèrige mek in'n liwe rümmer = es rumorte mir im Leibe.

Dorpat.　　　　　　　　　　　　W. Schlüter.

Das bei Th. Fontane vorkommende »mierig« iſt wohl nicht vom Dativ des Perſonalpronomens mir abgeleitet, ſondern dasſelbe wie mirig bei Danneil. Fontane's Geburtsort iſt Neu-Ruppin, er wird den Ausdruck der nd. Mundart feiner Heimat entlehnt haben. Ich halte mir ich für ein rein nd. Wort, es ift auch in Cattenftedt, in Blankenburg a. H. und Umgegend üblich. Ob die von Danneil angegebene Bedeutung »geizig, ftärker im Begriff als: gizig« völlig zutreffend ift, vermag ich nicht zu fagen, Fontane's Erläuterung »niederdrückend« fcheint dagegen zu fprechen. In Blaukenburg und Umgegend: Wefterhaufen, Cattenftedt, Hüttenrode, auch in Weende bei Göttingen kommt das Wort meift in der Verbindung fek mir ich måken umme (= wegen) vor, z. B. umme dë pår grefchen måke ek mek nich mir ich, um die paar Grofchen blamiere ich mich nicht, will ich mir den Vorwurf des Geizes nicht machen laffen. Der Ausdruck mir ich fin oder das Adj. mir ich wird von Leuten gebraucht, die beim Kauf foviel als irgend möglich von dem geforderten Preife abhandeln oder beim Verkauf die Ware äufserft knapp meffen und dadurch in den Ruf kommen, dafs fie fchmutzig geizig feien.

Was die Ableitung des Wortes betrifft, fo könnte das i urfprüngliche Länge fein; aber im Altdeutfchen fcheint ein ent'prechendes Wort zu fehlen. Es könnte auch Erhöhung eines andern Vokales fein. So fteht in der Cattenftedter Mundart in zich neben einzich, ilder neben alder = aller. Sollte mir ich zu ags. mearr = malus, improbus gehören?

Blankenburg a. H.   Ed. Damköhler.

Mierig ift m. W. in der ganzen Prov. Sachfen und auch weiterhin verbreitet. Ich erinnere mich befonders der Redensart: fich mierig machen, fich knauferig und dadurch verächtlich zeigen.

Lübeck.   C. Schumann.

Hühnerloch (XXV, 47).

Betreffend die Anfrage über den Singfang mit dem Hühnerloch bemerke ich, dafs dies Lied hier in Dithmarfchen in fröhlicher Gefellfchaft noch häufig gefungen wird. Natürlich darf der Vers nicht fehlen:

Und der Paftor mit der Bibel
und der Küfter (Schulmeifter) mit der Fibel
follen auch mit, follen auch mit in's Hühnerloch hinein.

Zum Schlufs heifst es: Und wenn wir gehn, fo gehn wir alle zufammen mit einander in das Hühnerloch, in das Hühnerloch hinein.

Dahrenwurth bei Lunden.   Heinr. Carftens.

Die Verfe »Und der Paftor mit der Bibel, und der Kantor mit der Fibel (var. und der Schufter mittem Stiebel)« find mir als gefungner Refrain zu verfchiedenen Studentenliedern, z. B. Und fo wolln wir denn noch mal, wollen wir den noch mal, heiraffaffa, luftig fein, fröhlich fein, heiraffaffa! bekannt. Zum Schlufs hiefs es aber: Sie müffen alle, fie müffen alle ins Kellerloch hinein! Gehört habe ich die Verfe von einem Angehörigen der deutfchen Studentenverbindung 'Nevania' in Petersburg.

Dorpat.   W. Schlüter.

Der Sinn des Kehrreims in dem Hühnerloch-Liede ift durch Walthers Bemerkung zu der Anfrage genügend erklärt. Es fragt fich nur noch: wie kommt das Wort Hühnerloch zu der Bedeutung: Grab und weiterhin: Tod?

Die Erklärung von **Hühnerloch** in Grimms Wb. lautet: »fchlupfloch für hühner und hund neben der thür eines bauernhaufes«. Dazu die Bemerkung, dafs auch das Sterben mit einem Kriechen durchs Hühnerloch verglichen wird. Zur Deutung der bildlichen Anwendung diefes Ausdrucks mufs notwendig an dem wefentlichen Merkmale eines folchen Hühnerlochs: enge (verfchliefsbare) Öffnung, die zu paffieren ift, oder: niedriger Durchgang, der zu einem Innenraume führt, feftgehalten werden. Stellen wir nun dem Hühnerloche ein Grab von der heutzutage üblichften Art, die in einer einfachen, nach der Beftattung wieder mit Erdreich auszufüllenden Grube befteht, gegenüber, fo dürfte fich fchwerlich ein annehmbares tertium comparationis zwifchen beiden gewinnen laffen. Geeignete Vergleichungspunkte dagegen ergeben fich, wenn wir an eine ausgemauerte Gruft oder Grabkammer denken, die mit einer verfchliefsbaren Öffnung oder Tür verfehen ift. Das Einbringen der Leiche durch diefen meift engen und niedrigen Zugang ift dann eben mit dem »Kriechen durchs Hühnerloch« gemeint..

Dafs nun »Hühnerloch« auch, wie es in Elze der Fall ift, auf einen elenden Kerker, zunächft die enge Kerkertür, übertragen wurde, ift leicht verftändlich.

Aber auch das dem »Hühnerloch« nahe verwandte »Hundeloch« ift als Bezeichnung für ein fchlechtes Gefängnis bis in die Neuzeit in Gebrauch geblieben. Bei Grimm ift u. d. W. hundsloch die Stelle aus Fifcharts »Bienenkorb« angeführt: »wurf er fie offentlich ins hundsloch«. — Der allgemeinere Ausdruck »Loch« für Gefängnis oder Arreftlokal (ins Loch gefteckt werden u. dgl.) ift uns heutzutage ganz geläufig.

Hinnerloch, Hinterloch und Zimmerloch, wie auch ftatt Hühnerloch gefagt wird, find wohl nur auf Mifsverftändnis zurückzuführende Korruptionen.

Hamburg. Th. Redslob.

Beim Lefeu des Kinderreims vom 'Hühnerloch' fiel mir ein Kinderreim ein, den wir als Kinder in Berlin oft fagten:

Weine nicht, es ift vergebens
Jede Träne deines Lebens
Fliefset (oder rinnet) in ein **Kellerloch**,
Deine Keile kriegft de doch!

Heidelberg. B. Kahle.

Schabbig (XXIV, 42. 59. XXV, 12).

Schabbig wird in Glückftadt nie von Privatperfonen gebraucht, fondern meiftens von Polizisten (Gendarmen), aber auch von Offizieren und von Vorgefetzten überhaupt. Es bezeichnet eine (nach der Meinung des Publikums) allzu grofse oder übel angebrachte Strenge und hat ftets einen tadelnden Sinn. Übrigens ift die Ausfprache von fchappig und fchabbig in meiner Mundart gleich, follte es nicht auch in der Hamburger Mundart fo fein und nur die Verfchiedenheit des Lautbildes die Vorftellung von der Verfchiedenheit der Ausfprache erzeugen? [Nein. C. W.]

Solingen. J. Bernhardt.

Schappig ift in angegebener Bedeutung auch in Dithmarfchen bekannt. Sohäwi befagt ganz daffelbe: En fchäwign oder fchäwfchen Kerl.

Dahrenwurth b. Lunden. H. Carftens.

›Ob ich gleich mit meiner Recenfion noch lange nicht fertig bin, fo nöthigt mich doch der Poftfecretär, der mit dem [Glocken-] Schlage, der neuen Ordnung gemäfs, die Klappe zumacht, für diesmal zu fchliefsen. Ich ehre die Ordnung, und halte es nicht mit Denjenigen, die fo Etwas fchabbicht nennen. Nur erlauben mir der Herr Poftfecretär, dafs ich noch mein Leben Sie wohl, liebe Mutter! niederfchreiben darf.‹ Mosje Chriftians Briefe über Hamburg. Brief XV in: Hamburg und Altona. Ein Journal zur Gefchichte der Zeit, der Sitten und des Gefchmacks. Hamburg. Jgg. IV, 1805. Bd. II S. 379.

›Endlich wurde zu meiner Freude das Thor [der damaligen Feftung Hamburg] gefchloffen. Aber kann wohl irgend Etwas Allen in der Welt zu Danke gemacht werden? So hatten fich diefen Abend einige Leute auf die Güte des wachthabenden Offiziers im Thore verlaffen, der ihnen aber diesmal nach der Tabelle das Thor vor der Nafe zumachen liefs. Man ift es fonft gewohnt, dafs die Thore nicht felten ¹/₂ bis ³/₄ Stunden fpäter, als es die Schlieffungs-Tabelle befagt, zugemacht werden. Nun nennt man denjenigen einen guten Offizier, der diefes thut und feine Ordre über-fchreitet. Dem heutigen mogte wohl mit der Ehre, gut zu heiffen, Nichts gedient feyn, fondern vielmehr in die Genauigkeit, feine Pflicht zu erfüllen, feinen Ruhm fotzen [sic!]. Man nannte ihn alfo fchabbicht.‹ Brief XVI; ebenda Jgg. IV, 1805. Bd. III S. 106.

Hamburg. C. Walther.

Zu Peter Müffert (XXV, 40).

Een werkwoord muffe (müffen = ftinken) is nog heden in de Friefche taal, zoo als die in (Weft-)Friesland, Nederland, gefproken wordt, in volle gebruik. Men zie ook ten Doornkaat Koolman's Wörterbuch der oft-friefifchen Sprache.

Haarlem. Johan Winkler.

Müffen ift auch in der Stadt Hannover der volkstümliche Ausdruck für 'pedere'; man kennt aber auch Muff und muffig in der Bedeutung von Geftank und ftinkig, befonders von Räumen mit verbrauchter, ver-dorbener Luft; ich glaube, von Efswaren, die in Fäulnis überzugehn drohen, fagte man auch 'muchelich'.

Dorpat. W. Schlüter.

Das Verbum 'müffen' gebrauchten wir als Kinder in Berlin, in den fechziger Jahren des vorigen Jahrhunderts, und zwar ganz fpeziell von jemandem, der fich unanftändig aufgeführt hatte: 'er hat gemüfft'.

Heidelberg. B. Kahle.

Duderftadt (XXIV, 89. XXV, 5).

Dazu bemerke ich, dafs das Haar hinten oder oben auf dem Kopfe zufammenbinden indudeln, tofamdudeln heifst, und das Subftantiv dazu Dudel, en Dudel genannt wird. Düdel ift der Nafenfchleim, der bei unordentlichen Kindern aus der Nafe herausbäugt. Dudel, de Dudel, heifst eine Art von Damm (Knüppeldamm?), der unter Waffer liegt im Lundener Koog und vom Deich in eine Wehle führt. Düdelkamp heifst ein Stück Marfchland bei Delve.

Dahrenwurth bei Lunden.   Heinr. Carftens.

Dodeleben (XXV, 39).

Hohendodeleben wird in fünf Kaiferurkunden: 937. 21. IX und 11. X, 941, 946, 973 — viermal Dudulon, einmal Tudulon genannt; ihm kommt alfo die Endung -leben nicht zu.

Dudulon ift zu teilen entweder in Dudu-lon, oder — was hier nach Analogie von Egul-on, Egeln, Hamal-on, Hameln, wahrfcheinlicher — in Dudul-on, und das bedeutet Dudelbach, Taumellolchbach.

Das Grundwort ift im erfteren Falle lô, Wald, im anderen die Flufs-namenendung -ona, -ana.

Neben der Dudel (jetzt Dude) gab es früher in der Dodelebener Feldmark auch eine Hamel.

Osnabrück.   L. Sunder.

De mansnaam, Dodo (XXV, 39),

hedendaags meeft Dode en Doede, is nog in gebruik in (Weft-)Friesland, Nederland. Hij heeft daar aanleiding gegeven tot het vormen van geflachts-namen (Dodinga, famengetrokken tot Donia) en vele plaatsnamen (Dongjum, oorfpronkelijk Dodingahem, Donia-hem (heim), en Doniaga (ga, gea = dorp) van de Dodinga's of Donia's, van de nakomelingen van eenen man, die Dodo heette — even als aan Dodeleben in Duitfchland. Verder ook aan de plaatsnamen Dodeshorn, bij Twixlum in Ooft-Friesland, aan Doetinchem in Gelderland, aan Dodington in Engeland, enz.

Men zie mijn werk: Friefche Naamlijft — Leeuwarden, 1898.

Haarlem.   Johan Winkler.

Zu Bürgers Lenore und Kopifchs Gedicht In Liebe kein Todesgrauen (XXV, 8. 36).

Über einige Quellen der Gedichte von Auguft Kopifch handelt Puls in der Zeitfchr. f. d. deutfch. Unterr. IX S. 191 ff. Danach fchreibt Kopifch felbft an feine Tante: »Sie werden bald erkennen, dafs hier der Stoff der Bürgerfchen Lenore zu Grunde liegt. Bürger hat indefs das rührende Motiv der alten Volksfage, welches in dem Refrain »wie foll mir grauen, ich bin bei dir« liegt, ganz überfehen .... Mir fchien demnach der Stoff einer neuen Bearbeitung wert, wobei ich mich möglichft genau an die über 1000jährige Volksfage gehalten.« Auf S. 194 ftellt Puls dann feft, dafs der Stoff zu dem fragl. Gedicht aus Nr. 224 von Müllenhoffs Sagen, Märchen und Liedern der Herzogthümer Schleswig. Holftein und Lauenburg, Kiel 1845, entnommen ift. Da dies Buch nicht jedem zur Hand fein dürfte, möge die Sage hier abgedruckt werden.

Et weer enmael en lütje, fmucke Diiern, de heet Greetjen. De har'n Fryer, de Hans heet, unn fe harren fik beid' enanner fo rech vun Harten leev. Do muſs et awer ſo kamen, dat Hans krank word' unn ſtorf unn ſe em to Karkhof drogen. Do wull ſik Greetjen gaer nich tofräden güwen unn ween unn jammer den ganſsen Dag unn wenn't Ahent word', ſo güng ſe hen unn ſett ſik op ſyn Graff unn ween unn jammer de lewe, lange Nach. As et nu all de drütte Nach weer unn ſe da wedder ſeet unn ween, do koem dar en Rüter oppen Schimmel an unn froeg äer: »Wullt du mit my ryden?« Greetjen ſloeg de Ogen op unn ſeeg wull, dat et äer Hans weer. Do ſä' ſe: »Ja, ik will mit dy ryden, wohen du wullt«, unn modig ſteeg ſe to em op ſyn Päert, unn foert gung't mitten Wind' in de wyde Welt. As ſe nu en guden Ennen räden harren, ſo ſegt Hans:

De Maen de ſchynt ſo hell,
De Doet de ritt ſo ſnell:
Myn Greetjen, gruet dy ni'?

»Nä, myn Hans«, ſegt ſe, »wat ſchall my wull gruen? ik bün ja by dy.« Unn et gung wyder unn wyder unn ümmer duller as færhäer; Greetjen awer ſeet by em achter op't Päert unn heel ſik an em. Do froeg Hans tum tweeten Mael:

De Maen de ſchynt ſo hell,
De Doet de ritt ſo ſuell:
Myn Greetjen, gruet dy ni'?

»Nä, myn Hans«, ſegt ſe, »wat ſchnll my wull gruen? ik bün ja by dy«; awer et word' äer doch all en bäten wunnerlich; unn do froeg he tum drütten Mael:

De Maen de ſchynt ſo hell,
De Doet de ritt ſo ſnell:
Myn Greetjen, gruet dy ni'?

Do word' äer gruen, ſe faet em faſter an unn ſä' keen Woert: do ſueſ' dat Päert dreemael mit ſe 'rum innen Krink unn weg weren ſe.

Solingen. ——————— J. Bernhardt.

Gast (XXV, 11).

Bei Gaſt hätte auch an die Bedeutung dieſes Wortes in der Schiffer-ſprache erinnert werden können. — Wat is dat denn förn lütten gaſs? (= kleiner Junge) habe ich in Glückſtadt häufig gehört.

Solingen. ——————— J. Bernhardt.

Knubbenbieter.

Dr. A. Haas, Schnurren, Schwänke und Erzählungen von der Inſel Rügen. Greifswald, Julius Abel 1899 S. 132: »Die Bewohner der Halbinſel Jasmund werden von den übrigen Rügianern de Knubbenbieters genannt. Dieſer Ausdruck bedeutet eigentlich Knotenbeiſser, d. i. ſolche, die ſich nicht lange Mühe geben, einen Knoten auseinander zu löſen, ſondern ihn kurzweg durchbeiſsen. Die Jasmunder ſollen dadurch als ſtramme, zornige Leute bezeichnet werden. Ganz verfehlt ſcheint mir die Anſicht von M. Schwartz (Verhandlungen der Berliner Geſellſchaft für Anthrop., Ethnol. und Urgeſch. 1891, S. 445—457), der Knubbenbieter als Knospen-beiſser deutet und den Ausdruck auf die zierliche Sprache der Jasmunder bezieht.« Auch Haas fcheint mir das Wort nicht richtig erklärt zu haben. Knubbe, Knobbe bezeichnet ein dickes, unförmliches Stück; vgl. ten Doornkaat Koolman, Oftfrief. Wb. II, 314 'n goden knubbe holt oder bröd. Nach Hildebrand im D. Wb. V, 1448 bezeichnet knobbe in Halle ein Brodweckchen der Halloren, in Quedlinburg ein hartgebackenes Pfennigbrödchen aus Mittelmehl (s. Jahrb. XXX, S. 5).

Northeim.   R. Sprenger.

Mnd. hogen (XXV, 40/41).

Die Stelle im Braunfchweiger Schichtbuch unde nigeden unde hogeden an den breyff, alfe de jodden an den fpiffen hod glaubt Saake richtig gedeutet zu haben, indem er überfetzt: »Die Gildemeifter verneigten fich und richteten fich auf, gegen den Brief hin.« Diefe Deutung ift aber nicht zuläffig, weil hogen in der Bedeutung 'fich aufrichten, fich erhöhen' bis jetzt nicht belegt ift.

Blankenburg a. H.   Ed. Damköhler.

Polkakneipe (XXIII, 73. XXIV, 85 f.).

Aus der Jugendzeit, Erinnerungen von Dr. D. Robert Boffe, weil. Königl. Preufs. Staatsminifter, Leipzig, Fr. Wilh. Grunow 1904, S. 303: »abends führte er uns in eine der damals aufgekommenen (Ende 1852!) fogenannten Polkakneipen. Hier bekam man teures und fchlechtes Bier von fchlecht und unfauber koftümierten Schenkmädchen ferviert, die den Anfpruch erhoben, aus demfelben Glafe mittrinken zu dürfen. Das war fo fchmutzig und widerlich, dafs es auf uns grüne Provinzialen einen geradezu abftofsenden Eindruck machte «

Dafs bei Polka an den kurz vorher (in Paris und Ungarn fchon 1840) aufgenommenen Polkatanz zu denken ift, nehme ich jetzt als ficher an. Von der Polka-kneipe, wo der neue Tanz öfter getanzt wurde, ward der Ausdruck wohl auf die Polka-fchlächterei übertragen, weil es dort ebenfowenig fauber zuging, wie nach Boffes Schilderung in der Polka-kneipe.

Northeim.   R. Sprenger.

Nippe (XXV, II).

In Dithmarfchen heifst es: En Klink in't Kleed, wenn es zu lang ift und etwas aufgenäht werden mufs. Vrgl. Türklinke. Schlägt das Kleid fich aber hinten von felber etwas auf oder krempt es um, fo nennt man das »en Swips«, oder: »dar litt en Wütmann in 'e Rock.« Letztere Redensart ift mir fehr intereffant; denn offenbar liegt da ein alter Volksglaube zugrunde. Nipp ift hier die Schnabelfpitze, in übertragender Bedeutung auch der Mund: Brenn dat Nipp ni!

Dahrenwurth bei Lunden.   Heinr. Carftens.

Watt't Tüg holln will (XXV, 48).

Diefen Ausdruck habe ich in der Form Wat tüg un tœgel holen will häufig gehört. Hier fcheint tüg das Pferdegefchirr im allgemeinen zu bedeuten. Aus dem Stabreim könnte man auf ein hohes Alter der Redensart fchliefsen.

Solingen. J. Bernhardt.

Wenn in Elberfeld obige Redensart die Bedeutung hat, »was ftarkes Zeug halten kann«, fo kommt hier vielleicht die alte Bedeutung des Wortes heilig zum Ausdruck. Denn wir werden doch wohl, wenn auch Kluge, Etym. Wb. 6. A. S. 169 b es nur zweifelnd als Ableitung vom Subftant. heil, »gefundheit« in der Bedeutung, »ganz unverletzt«, anfetzt, diefe als die urfprüngliche anfchen müffen. Beffer aber wird man mit Henning (Die deutfchen Runendenkmäler S. 31. 144) das Wort als Ableitung vom Adjektiv »heil« auffaffen. Ein ganzes, unverletztes Stück Zeug ift ftark, kann etwas aushalten.

Heidelberg. B. Kahle.

Zu Korrefpondenzblatt XXV, Nr. 3, p. 39

wäre in Betreff der Comparative rechter und linker auf die allgemeine Neigung der Sprache hinzuweifen, das Gegenfätzliche fo zu comparieren. Von dem ruhig fitzenden Manne kann es alfo heifsen: Er fafs da, das rechtere Bein über das linkere gefchlagen. Die rechte Hand ift im Verhältnis zur linken die rechtere oder die beffere. So find fchon die Wörter alter, dexter, finifter comparativifch, und zum griech. δεύτερος = der zweitere ftellt fich fogar der Superlativ τρίτατος, d. i. der drittefte. Dafs der erfte auch ein Superlativ ift (ἔρι-στος) und fomit, wie unfer Fürft der fürdefte oder vorderfte, und ähnliches, kann hier nur angedeutet werden. Es ift aber ergiebig, dem immanenten Witze der Sprache nachzufpüren.

Weimar. Franz Sandvofs.

Kulpoge (XXIV, 96. XXV, 17).

Dafür fprechen wir Dithmarfcher: Kulpog, Kulper, pl. Kulpers, und Tulpog. In Süderdithmarfchen in der Gegend von Marne nennt man die Augen des Frofches Kulpogen.

Dahrenwurth bei Lunden. Heinr. Carftens.

Vor de Höiner gaan (XXV, 47).

»Vor die Hühner gebu« = fterben ift mir auch aus der hd. Umgangsfprache bekannt. Im Grimmfchen Wb. ift fie nicht verzeichnet. Sie ift wohl auf die Anficht, die man von dem Leben eines Hnhnes hat, zurückzuführen. Vgl. M. Heyne im Grimmfchen Wb. IV, 2, Sp. 1876.

Northeim. R. Sprenger.

Zu Bunzenlicker (XXV, 43).

Auch in Berlin kann man, oder konnte doch wenigftens vor einigen Jahrzehnten das Schimpfwort 'Punzenlecker' hören.

Heidelberg. B. Kahle.

Zu fchwed. Pfalmboken = Kartenfpiel (XXV, 11. 40).

Burfchikos ift ziemlich verbreitet der Ausdruck 'Gebetbuch' fürs Kartenfpiel. Von einer richtigen Spielratze, die womöglich auf Ausflügen und Reifen immer ein Kartenfpiel zur Hand hat, fagt man wohl: 'er trägts Gebetbuch immer bei fich'. 'Gefangbuch' wird dagegen für das Kommersbuch in Studentenkreifen gefagt.

Heidelberg.   B. Kahle.

Anfrage.

Ist das Wort »Fifemat(t)enten« fchon erklärt? — Es ift weit und breit bekannt, auch Reuter braucht es; aber woher ftammt es? — Sollte es keine als richtig anerkannte Ableitung geben, fo würde ich eine beachtenswerte Konjektur machen können. .

Wilmersdorf-Berlin.   Dr. Grabow.

Zur Marienklage.

305   So lât one uns begraven nach unfem wone.
       So ne derf he nich to fpeigel ftân
       Den, de dar vor benne gân.

(Der Sündenfall und Marienklage herausg. v. Otto Schönemann, Hannover, Karl Rümpler 1855, S. 141.)

To fpeigel erklärt das Mnd. Wb. IV, 309 durch »zum Anfehn, Schaufpiel«. Dafs fpeigel jedoch hier wörtlich durch »Spiegel« zu überfetzen ift, lehrt die in Danneils Altmärk. Wb. S. 149 verzeichnete und auch in Quedlinburg gebräuchliche Redensart: »Dao nimm di en ôg'nfpêgel an, das lafs dir zu einem ermunternden oder abfchreckenden Beifpiel dienen.«

Northeim.   R. Sprenger.

Notizen und Anzeigen.

Beitragszahlungen find an unfern Kaffenführer Herrn Joh: E. Rabe, Hamburg 1, gr. Reichenftrafse 11, zu leiften.

Veränderungen der Adreffen find gefälligft dem genannten Herrn Kaffenführer zu melden.

Beiträge, welche fürs Jahrbuch beftimmt find, belieben die Verfaffer an das Mitglied des Redactions-Ausfchuffes, Prof. Dr. W. Seelmann, Charlottenburg, Peftalozziftrafse 103, einzufchicken.

Zufendungen fürs Korrefpondenzblatt bitten wir an Dr. C. Walther, Hamburg 3, Krayenkamp 9, zu richten.

Bemerkungen und Klagen, welche fich auf Verfand und Empfang des Korrefpondenzblattes beziehen, bittet der Vorftand direct der Expedition, »Diedrich Soltau's Verlag und Buchdruckerei« in Norden, Oftfriesland, zu übermachen.

Redigiert von Dr. C. Walther in Hamburg.
Druck von Diedr. Soltau in Norden.

Ausgegeben: Januar 1905.

Jahrg. 1904. Hamburg. Heft XXV. № 6.

Korrefpondenzblatt

des Vereins

für niederdeutfche Sprachforfchung.

I. Kundgebungen des Vorftandes.

1. Mitgliederbeftand.

In den Verein, dem fie fchon früher angehört hatten, find wieder eingetreten: die Stadt Quedlinburg und
Herr W. Bräuer zu Schluckenau in Böhmen.
Neu eingetreten ift Herr Dr. Ernft A. Kock, Dozent an der Univerfität Lund in Schweden.
Von Charlottenburg nach Berlin ift verzogen Herr Dr. H. Brandes.

2. Generalverfammlung 1905.

Der Vorftand gibt den geehrten Vereinsmitgliedern kund, dafs nach Befchlufs der Kieler Pfingftverfammlung von 1904 die General-verfammlung des Jahres 1905 um Pfingften zu Halberftadt ftatt-finden wird. Zugleich fpricht er die Bitte aus, die für diefe Zufammenkunft beabfichtigten Vorträge und Mitteilungen möglichft bald bei dem Vorfitzenden Geh. Rat Prof. Dr. Al. Reifferfcheid in Greifswald anmelden zu wollen.

II. Mitteilungen aus dem Mitgliederkreife.

Gewalt vor Recht.

In einem Celler Stadtbuche findet fich eine etwa zu Beginn des 15. Jahrhunderts eingetragene Redaction des Braunfchweigifchen Stadtrechts, die ihrem Inhalte nach um hundert Jahre älter fein wird. Nach dem Satze: »So welk man ene vrowen edder ene maghet utvoret mit ghewalt, de hevet deffer ftat ymber mer vorloren« folgen im Text, als handle es fich um einen weitern Rechtsfatz, die Worte: »De ghewalt geyt dycke vor dat recht.«
Der Spruch ftammt bekanntlich aus der Bibel (Habakuk 1, 3). Im Grimmfchen Wörterbuch find unter »Gewalt« zahlreiche Belege mitgeteilt, in denen jener Spruch citiert ift: IV a Tl. 3 Sp. 4981. Aber keiner ift älter als aus dem 16. Jahrhundert. Citate aus dem Mittelalter habe ich noch nicht angeführt gefunden.
Göttingen. F. Frensdorff.

Fifematenten (S. 72).

Auf die Anfrage des Herrn Dr. Grabow möchte ich erwidern: Das Wort »Fifematenten« ist überhaupt nicht zu erklären. Erst wenn man weiss, dass es ursprünglich hiefs: vifepatenten oder vifipotenten, ergiebt sich die Möglichkeit, an »vifa patentia«, öffentliche Empfehlungsbriefe der Marktschreier, zu denken. Ich verweise auf meine Sprichwörterlese aus Burkhard Waldis S. 132 (f. Esopus, 4, 3, 76 f.). Also Vifematenten etwa schwindelhafte Empfehlungen ohne Beweiskraft, leere Redensarten. Man hatte im 16. Jhd. noch kein Reichspatentamt, das doch nun vielen — nicht allen! — Schwindel hindert.

Weimar. Franz Sandvofs.

Das bei Reuter, Läufchen 1, 50; Wo ik tau ne Fru kamm K. 38 vorkommende Wort »Fifematenten« ist bisher noch nicht mit Sicherheit erklärt. Die Mitteilung eines neuen Erklärungsversuches erscheint deshalb nicht unnütz. Gehandelt hat darüber zuletzt C. Fr. Müller, Der Mecklenburger Volksmund N. 191. Nach dem Mnd. Wb. V, 261 foll vifepetent, Geckerei, Albernheit dasselbe Wort fein. Sollte vielleicht auch vifevafe, deliramentum, Wifchwafch (Brem. Wb. I, 397) damit zufammenhängen?

Northeim. R. Sprenger.

Von den vielseitigen Deutungsversuchen dieses Wortes hat wohl die gröfste Wahrfcheinlichkeit eine Erklärung für fich, die zuerst in der Kölnifchen Zeitung von 1880 Nr. 33 veröffentlicht wurde, und der u. a. auch K. G. Andrefen in feiner Volksetymologie 4. Aufl. 1883 S. 110 zustimmte. Danach geht das Wort auf mittellateinifches visum authenticum (amtlich feftgeftellter Tatbeftand) zurück mit der Begründung, dafs diefe Wendung aus der Gerichtsfprache wegen der folchen Berichten meist anhaftenden Umftändlichkeit (und) Langatmigkeit und Formelhaftigkeit vom Volke als fpöttifche Bezeichnung für unklares Gefchwätz, dummes Gerede gebraucht worden fei.

Ich habe fchon in der Monatsfchrift des Bergifchen Gefchichtsvereins III, 139 (1896) auf einen entfprechenden Ausdruck im Bergifchen hingewiefen, der eine Beftätigung jener Deutung darbietet, nämlich fifemapert, fifemepert, auch fifelebät, etwa in der Redensart: wenn du mich fchlägft, laffe ich mir ein f. ausftellen, d. h. ein visum repertum (ärztlicher Bericht über eine medizinifch-gerichtliche Unterfuchung). Die Form fifelebät, die fich lautlich ohne Schwierigkeit aus fifemepert entwickelt hat, ift mir im Oberbergifchen, in der Gegend von Dabringbaufen, begegnet.

Barmen. J. Leithaeufer.

Das Wort Fifimatente befpricht Grimm's Wörterbuch unter »Kunkelfufen«. Der Artikel ift mir grade nicht zur Hand. Mir ift das Wort noch bekannt in den Formen Fifimatentche, Fif(f)imatäntchere, Fifema(t)tente(r) und Fifelemmatente; in Aachen fagt man Fittematäntche(r). Die Bedeutung ift bekanntlich: Flaufen, faule Redensarten, leere Ausflüchte, nichtsfagende Entfchuldigungen. Man leitet es ab vom griech. physemata (das Aufgeblafene, Aufblähung), von finte (franz. feinte; Fintematäntchen), von lat. visamentum, »das in der Verdeutfchung Fifiment in der heraldifchen Sprache des 14. Jahrhunderts für geheimnisvollen Zug oder Zierat im

Wappen gebräuchlich war«, aus visum authenticum, dem amtlich feſt-
geſetzten Tatbeſtand des alten Prozeſsverfahrens, von visima (? Maske)
tendere u. a. Vor etwa 10 Jahren habe ich eine Ableitung gegeben, die
zwar meines Wiſſens keine weitere Beachtung gefunden hat (vielleicht, wie
ich mir einbilde, weil ſie nicht in einer Fachſchrift, ſondern nur nebenher
im Feuilleton einer gröſeren Tageszeitung mitgeteilt war), die ich aber
trotzdem noch heute nicht bloſs deshalb für die beſte halte, weil »sua
cuique inventa maxime placent«. Das Wort dürfte entſtanden ſein aus
der bekannten franzöſiſchen Redensart »visite à ma taute«. Man beachte
beſonders die Formen Fiſimatäntchen und Fittematäntchen. Vgl. die Entſtellungen des franzöſiſchen (pour) passer le temps: Paſſeltand, zum Paſſer-
lantant, Paſſeltang, für Baſſeltang, ver Poſſeletant, för Paſſelatant, för
Paſſperlant, Paſſelatäntche(r), adverb. büſſeltante (in dem Sinne: nur ſo
hin, ohne viel dabei zu denken).

Linz a. Rh.   **H. Hünnekes.**

> Wer weit, wat »Fifematenten« heit,
> De tred mal up un ſegg't!
> Ik glöw, Ji gewt mi kein Beſcheid,
> Un Keiner kriggt dat t'recht.
>
> Reuter, Läuſchen un Rimels I Nr. 15.

Reuter erzählt nach dieſem Vorwort, wie Unkel Swinner, der beim
Kartenſpielen ſtets gewann, weil er anderen in die Karten ſah, von einem
Mitſpieler, der eine wichtige Karte bei Seite ſteckte, hinters Licht geführt
wurde und dann

> ſchimpt un ſchandirt gor fürchterlich:
> »Mit Fiſmatenten ſpel' ik nich!«

Auch in Berlin lebt die Redensart »mit Fiſematenten ſpiel ick nich« im
Volksmunde; auch wenn Fritz oder Max einen dummen Streich verübt hat
und nachher mit der Sprache nicht heraus will und Winkelzüge macht,
heiſst es: »Ne, mach man keene Fiſematenten!« Über die Bedeutung des
Wortes dürfte wohl niemand im Zweifel ſein, deſto mehr aber gehen über
die Ableitung die Meinungen auseinander. Auf meine Anfrage im Korreſpondenzblatt für niederd. Sprachf. ſind mir von Herrn Dr. Alfred Götze
in Freiburg i./Br. und von Herrn Dr. Menſing in Kiel mehrere Deutungs-
verſuche mit Quellenangabe mitgeteilt worden, die mir ſehr willkommen
waren und wofür ich den Herren verbindlichſt danke, aber die groſe Anzahl
der Deutungen und das Heranziehen ſovieler fremder Sprachen beweiſt ſchou,

> »Dat is en ſchrecklich ſweres Wurt,
> En ekliches entfamtes Wurt.«

Soll ich es wagen, die groſe Zahl der Vermutungen um eine neue zu vermehren? Ich habe mit guten Freunden die Sache beſprochen und alle
rieten mir dazu, weil ihnen meine Erklärung treffender zu ſein ſchien,
wenn auch der eine oder andere gedacht haben mag: »Sie iſt nicht ſchlechter
als die andern.« So ſei es denn gewagt. Damit aber die geneigten Leſer,
die über die neue Deutung ſich ein Urteil bilden wollen, die ganze Sach-
lage überſehen können, dürfte es zweckmäſig ſein, zuvor die haupt-
ſächlichſten bisherigen Deutungen vorzuführen.

Duden, der von der Etymologie chenſo gründliche Kenntniſſe hat, wie von der deutſchen Rechtſchreibung — er hat meinen Nachweis, daſs die Endung -ieren in Fremdwörtern keinen etymologiſchen Wert hat, für richtig anerkannt, hat aber dieſes Ungetüm doch in die neue Rechtſchreibung hineinbringen helfen — erklärt im orthogr. Wörterb. Fiſematenten wie viele andere mit viſum authenticum, und fügt zur Erläuterung hinzu: »Unverſtändliche Vorſpiegelung u. dgl.« Wie aber ein authentiſches Viſum z. B. einer Polizeibehörde dazu kommen ſoll, eine unverſtändliche Vor-ſpiegelung zu ſein, hat er ſeiner Erklärung nicht hinzugefügt.

Von gleichem Werte iſt die Erklärung Schraders, der nach Fabers Vermutung in Fiſematenten das griechiſche φυσικὰ μαθήματα oder φύσιν μαθέντα erkennen will. Aber gehören denn Kenntniſſe in der Phyſik zum Mogeln beim Kartenſpiel? ganz abgeſehen davon, daſs φύσιν μαθέντα zwar zwei griechiſche Wörter, aber kein Griechiſch ſind, und daſs ganz un-begreiflich iſt, wie dieſer griechiſche Unſiun in unſere deutſche Sprache Eingang gefunden haben ſoll. In Sanders Wörterbuch heiſst es: Luther ſagt und ſein Skribenten, die Geiſtlichkeit ſei viſipatenten. Eine Erklärung iſt dieſem Worte ebenſowenig hinzugefügt, wie einem anderen »Bismatt-Ente«, ein Vogel, der wahrſcheinlich der Zeitungsente nahe verwandt iſt. Sanders erklärt ſelbſt: lügenhafte, trügliche Vorſpiegelungen, Komplimente, Umſtände, Weigerungen, wodurch man ſich von etwas loszumachen ſucht: »Macht nicht ſoviel Fiſſemadenten, oder ich komme über Euch!« in Rod. Benedix 6. 26.

Eine beſſere Erklärung giebt Müller (Mecklenb. Volksmund in Reuters Schriften S. 30: »Mit Fiſematenten ſpelen = mit Finten, falſch ſpielen (auch bildlich gebraucht).« Zu Fabers Vermutung, daſs das Wort aus dem Griechiſchen ſtamme, ruft er das Horaziſche »Credat Judaens Apella« aus und fährt dann fort: »Ich denke daſs ein italieniſches Wort zu Grunde liegt, wie viſtamente, das, etwa von Gauklern und Taſchenſpielern auf Jahrmärkten bei ihren Kunſtſtücken häufig gebraucht, in korrumpirter Form ins Volk überging. (Über die Menge italieniſcher Abenteurer und ihr Treiben in Deutſchland vgl. Guſt. Freitag in den Bild. a. d. deutſch. Vgh. III 465 ff.). Sie ſagten etwa: »(nun mache ich) viſtamente, d. h. ſchnell, hurtig! woraus ſich Fiſ(e)matenten machen = Gaukeleien, Vor-ſpiegelungen machen, im Volke wohl feſtſetzen konnte.« Aber viſtamente heiſst nicht ſchnell, hurtig, dafür gibt es die ganz gebräuchlichen Wörter preſto und ſuhito.

Müller fährt dann fort: »Oder auch avviſa, ma attento! ſchau her, aber aufmerkſam! d. h. paſs gut auf.« — Das paſst dem Sinne, aber nicht dem Wortklange nach.

Von anderer Seite iſt Müller »auf das ital. Wort fiſima = Laune, Grille, wunderlicher Einfall, aufmerkſam gemacht worden, das den Ton auf der erſten Silbe hat. Ja wenn ſich nur der zweite Teil des Wortes genügend erklären lieſse!«

Die Ableitung von viſum authenticum, für die ſogar Kluge eintritt, hält Müller für ebenſo unwahrſcheinlich, wie die von viſamentum. Die letztere hat mir Herr Dr. Götze in Freiburg nachgewieſen in Rudolf Hilde-brands Vorwort zu Karl Albrechts Leipziger Mundart S. VI »wo fiſi-matenten einleuchtend aus lat. viſamentum, mhd. fiſiment = geheimnisvoller

Zug oder Zierrat im Wappenwefen (Lafsbergs Liederfaal 1, 579) hergeleitet wird. Die heutige Form fiffimatenten — mir noch jetzt aus Leipziger Mundart wohlbekannt — erklärt Hildebrand als fcherzende oder fpottende Verdrehung der lateinifchen Form — Parallelfälle find ja häufig.« — Gegen diefe Erklärung habe ich nur einzuwenden, dafs fie weder der Bedeutung noch der Form nach paffend genug ift.

Aus allem diefem geht hervor, dafs es keine verbürgten Tatfachen, Zeugniffe oder litterarifche Quellen giebt, auf die man fich für die Richtigkeit der Auslegung berufen könnte. Zu Luthers Zeit mufs das Wort fobou gebräuchlich gewefen fein, ich glaube aber nicht, dafs es in der Zeit vor 1500 nachgewiefen werden kann. Dem Forfchen nach der Herkunft des Wortes ift alfo völlig freie Bahn gelaffen; für die befte Deutung aber wird m. E. die zu gelten haben, die 1. dem Lautbeftande des Wortes möglichst gerecht wird; 2. wenn eine kleine Lautdifferenz fich zeigen follte, diefe als geftattet nachweift; 3. deren wörtliche Bedeutung dem Sinne nach mit dem jetzigen mündlichen Gebrauch übereinftimmt; 4. die die weite Verbreitung der Redensart als möglich erfcheinen läfst. Ob meine Erklärung:

Vife me attente

diefen Anforderungen entfpricht, mögen die geneigten Lefer entfcheiden. Ich glaube, die Redensart ftammt aus dem Latein der fahrenden Schüler. Was für Burfchen darunter waren, kann man aus Freitags Bildern a. d. d. V., aus Thomas Platter ufw. erfehen. Zu betteln, Unerfahrene zu übervorteilen, zu betrügen und zu beftehlen galt ihnen als erlaubt. Wer nun je in feinem Leben Gelegenheit gehabt hat, Kartenfpielern von der Art, wie fie Reuter in dem Läufchen »dat nige Whift« fchildert, zuzufehen, der wird bemerkt haben, dafs Fremde, die in ihre Gefellfchaft geraten, meift belehrt, d. h. gerupft werden, und zwar mittels geheimer Zeichen, durch die fie ihrem eingeweihten Mitfpieler zu verftehen geben, welche Farbe er ausfpielen foll. So wird, wenn Herzen ausgefpielt werden foll, die linke Hand mit den Karten in die Gegend des eigenen Herzens gehalten. Ein gefpitzter Finger bedeutet Pique ufw. Andere geben durch ftarres Hinblicken auf eine der vier Ecken ihrer Karten oder durch Heben oder Senken des Kopfes zu erkennen, ob eine der vier Farben oder ob Trumpf gefpielt werden foll. Denken wir uns nun einen biederen Landmann oder Bürger, der in die Gefellfchaft von Fahrenden geriet. Da rief wohl einer von diefen dem andern zu: »Vife me attente, oder vife m'attente, fieh mich genau und aufmerkfam an! d. h. achte auf das Zeichen, das ich dir gebe!« bis der harmlofe Spieler merkte, dafs man ihn rupfte, und endlich ausrief: »Mit Vifemattenten fpiele ich nicht!« Das wird im ganzen Deutfchland nicht einmal an einem einzigen Orte, das wird an verfchiedenen Orten mehrmals vorgefallen fein, ift auch vielleicht von den fahrenden Schülern, die auf ihr Bischen Latein nicht wenig ftolz waren, als fpafsige Begebenheit vielfach erzählt worden, fo dafs das Wort Vifemattenten in der Bedeutung Finten, Winkelzüge, trügliche Vorfpiegelungen u. dgl. auch bei Nichtlateinern fo allgemein bekannt wurde, dafs man darüber die Herkunft des Wortes vergafs.

Dafs die fahrenden Schüler, wenn fie »vife« fagten, gutes Latein fprachen, dürfte wohl niemand bezweifeln: vifere ift das Intenfivum von videre und bedeutet alfo »genau zufehen«. »Vifam, fi domi eft,« fagt ein

Diener auf die Frage, ob fein Herr zu fprechen fei; und Cicero fagt: »ut viderem te et viferem«.

Aber warum ift lat. v in deutfches f verwandelt? Den Grund vermag ich nicht anzugeben, aber diefer Lautwandel findet fich oft. So ift aus viola Veilchen geworden, aus vetula Vettel, aus Violine Fijeline. So fpricht man von Fifiten, Fifentiren, Fifir, Fifat, Fers, Fizewirt ufw.

Somit glaube ich die Ableitung, Entftehung und Deutung des Wortes Vifemattenten, den urfprünglichen Wortklang und deffen geringe Veränderung fowie auch die weite Verbreitung erklärt und dabei keinen gröfseren Aufwand von Hilfsannahmen beanfprucht zu haben, als die andern oben genannten Forfcher, namentlich dürfte die Rolle, die ich den fahrenden Schülern zuweife, mindeftens ebenfo möglich und wahrfcheinlich fein, als diejenige, die Herr Müller den italienifchen Abenteurern zugedacht hat. Sollte man mir einwerfen, ich hätte zu fehr an die heutigen Karten und die heutige Art Karten zu fpielen gedacht, fo weife ich nur darauf hin, dafs fchon in alten Klofterftatuten vom Jahre 1337 das Kartenfpielen (paginis ludere) verboten ift, und dafs die alte Tarokkarte, mit der um 1400 zu Bologna gefpielt wurde, auch wie unfere heutige Karte, vier Reihenfolgen oder fogenannte Farben hatte: cupi Becher, fpadi Degen, denari Münzen und haftoni Stähe. Beim Spielen mit diefen konnte alfo ebenfo gut vife m'attente! gerufen, konnten ebenfo leicht Vifemattenten gemacht werden, wie mit unfern heutigen Karten. Wird diefe meine Ableitung und Deutung als richtig anerkannt, fo wird man fich auch entfchliefsen müffen, das Wort richtig zu fchreiben Vifemattenten.

Berlin-Wilmersdorf.   Dr. Grabow.

Zu den Zufammenfetzungen mit Angel (XXIV, 13)

füge ich noch das Stapelholmifche Schätaugel (Süderftapel) hinzu.

Dahrenwurth bei Lunden.   Heinr. Carftens.

I gitt (XXV, 43. 60).

In der Lüneburger Heide wird (i) gittigitt neben (o) guttegutt gebraucht. Jenes drückt Abfcheu und Ekel aus, diefes entfpricht genau dem hochd. o Gott! Alfo in feiner jetzigen Bedeutung hat (i) gittigitt freilich mit »o Gott« nichts zu tun. Das fchliefst aber natürlich nicht aus, dafs es etymologifch auf »Gott« (mnd. gade) zurückgeht. Und für diefe Ausnahme fällt von anderem abgefehen auch das feftftehende, parallele (o) guttegutt ins Gewicht. Ich halte diefes für eine jüngere Prägung, die fich nach dem Bedeutungswandel der älteren Fügung, aber in derfelben Richtung vollzogen hat.

Friedenau b. Berlin.   Ed. Kück.

Aberglaube bei Namengebung.

Von einer aus Pommern ftammenden Dame hörte ich, dafs ihr der Name »Erdmandine« deshalb von den Eltern gegeben fei, weil man durch

diefen Namen das Kind vor unzeitigem Tode fchützen wollte. In der Erzählung Fräulein Muthchen und ihr Hausmaier von Luife von François
(Wiesbadener Volksbücher Nr. 14, S. 27) lefe ich: »Nur ihr letztes Kind,
ein Mädchen, kam fo lebensfähig zur Welt, dafs an ihm eine heldenmäfsige,
fpartanifche Erziehung ins Werk gefetzt werden durfte. Der Anfang derfelben wurde mit dem Namen Erdmuthe gemacht. Die Mutter mochte
den Aberglauben des Volkes teilen, nach welchem ein Kind, aus deffen
Namen fich das Wort »Erde« zufammenfetzen läfst, gegen den Tod gefeit
ift« ufw. Vorher wird berichtet, dafs fechs Brüder des Fräuleins im
zarteften Alter geftorben find. — Weitere Nachweifungen über diefen Aberglauben find erwünfcht.
Northeim.   R. Sprenger.

Fifel, fifelig.

Wie erklären fich die Ausdrücke: Er hat einen Fifel (Fiffel), er
ift fifelig d. h. er ift nicht bei gefundem Verftande? An fifel = penis
(Brem. Wb. I, 596. Grimms Wb. III, 1690) ift nicht zu denken. Ebda
III, 1696 findet fich fitzig, verfitzt, verwirrt. An Entftellung aus
fifierlich, wunderlich, närrifch (ebd. III, 1690) fcheint auch kaum zu
denken.
Northeim.   R. Sprenger.

Kindesvôt (Mnd. Wb. 2, 464).

Das nach Entbindungen von den die Wöchnerin befuchenden Frauen
genoffene Zuckerwerk als »Kindesfutter« zu erklären, halte ich deshalb
nicht für erlaubt, weil das Wort, wo der Ausdruck, wie z. B. in Schützes
Holft. Idiotikon, noch erwähnt wird, als kindesfäutchen, d. h. Kindes-
füfschen verftanden wird. Der Zufammenhang erklärt fich vielleicht fo,
dafs das Backwerk die Form von Kinderfüfsen hatte. Dafs der Ausdruck
fpäter allgemein für »Leckerbiffen« gebraucht wurde, ift leicht erklärlich,
wie auch »Hafenbrod« diefelbe Bedeutungsentwicklung durchgemacht hat.
Northeim.   R. Sprenger.

Knubbenbieter (S. 69).

Die Deutung von Haas halte ich mit Sprenger für fehr unwahrfcheinlich, die von Schwartz für ganz unmöglich. Das allgemein niederdeutfche und in den meiften Dialektwörterbüchern belegte Wort Knuppe
oder Knobbe = »Knofpe« bezeichnet befonders die Auswüchfe an Bäumen;
z. B. ift in Dithmarfchen Knupp (Plur. Knüpp) = Blumenknofpe, aber
Knuppen oder Dragknuppen = Tragknofpe der Obftbäume. Dann bezeichnet es überhaupt etwas Knorriges, Hartes, namentlich ein Stück Holz,
aber auch ein derbes Stück Brot mit harter Rinde. Der Ausdruck
Knubbenbieter findet fich fchou bei Richey, Idiot. Hamburg. (1755),
S. 132: »enen olen Knubbenbieter nennen wir einen alten derben
Mann, der noch harte Koft beifsen und vertragen kann.« Danach auch
bei Schütze, Holft. Idiot. 2, 308. Diefelbe Bedeutungsentwicklung zeigt

das Wort Knuſt, das zugleich von Auswüchſen an Bäumen (auch an Hals,
Kopf und Schultern) und von einem derben Stück Brot gebraucht wird;
vgl. z. B. Bauer-Collitz, Waldeckiſches Wörterbuch S. 59.
Wenn alſo die Jasmunder als Knubbenbieters bezeichnet werden, ſo
wird damit gewiſs urſprünglich auf Vorliebe für derbe Gerichte hingedeutet,
mag nun die Namengebung an einen beſtimmten Fall anknüpfen (wie etwa
in Angeln die Söruper ›Honiglikkers‹ und die Boeler ›Falenbieter‹ heiſsen;
vgl. Müllenhoff, Schlesw. Holſt. Sagen S. 91) oder auf eine allgemeine
Beobachtung zurückgehen. Es entſpricht doch auch mehr dem Volksbrauch,
Spottnamen nach hervorſtechenden äuſserlichen Eigenſchaften als nach
Charakterzügen zu geben.
Kiel.   O. Menſing.

Lapskous (XXV, 49).

Ook langs de geheele Nederlandſche zeekuſt is het woord lapskous,
voor zekere ſpijze, bekend. Maar bijzonderlijk is dit het geval onder de
zeelieden-zelven. Aan boord van onze zeeſchepen wordt lapskous veelvuldig
en gaarne door de bemanning gegeten. Men geeft dezen naam aan eene
ſpijze, die uit pekelvleeſch en aardappelen, of anders uit zulk vleeſch en
brood (ſcheepsbeſchuit) wordt gekookt tot een moes.
Dit woord maakt menige herinnering bij mij wakker, uit den tijd
mijuer jonge jaren, toen ik, als ſcheepsdoctor, drie malen met troepen
krijgsvolk naar Ooſt-Indie ging — nog met zeilſchepen en rondom Kaap-
de goede hoop. Weetgierig en onderzoeklievend als ik ſteeds geweeſt ben,
vooral in zaken van taalkundigen aard, vroeg ik cens aan cenen ouden
ſcheepskok: ›Wat is dat toch voor een woord — lapskous?‹ De man
antwoordde mij: ›Doctor! dat is een woord van de negers op de kuſt van
Guinea; die noemen dat eten zoo.‹ —
Of onze kok gelijk had, kan ik niet uitmaken. In geen een van
onze Nederlandſche woordenboeken, ook niet in die onzer gouwſpraken,
zelfs niet in Mr J. van Lennep's Zeemans-Woordenboek heb ik dit woord
gevonden.
Haarlem.   Johan Winkler.

Labskaus betreffend ſcheint mir auſser der Geſchichte des Worts
auch die Feſtſtellung ſeiner Form und Schreibweiſe notwendig, ſowie ſeines
Begriffs, welches letztere P. Feit am Schluſs ſeiner ſehr dankenswerten
Unterſuchung ja auch wünſcht.
Vielleicht können die folgenden kurzen Bemerkungen der weiteren
etymologiſchen Erforſchung dienen.
· Dem Unterzeichneten iſt der Name dieſes Seemannsgerichts oft be-
gegnet auf Speiſekarten von Reſtaurants (meiſt der Waſſerkante), von
Hafenſtädten der Nord- und Oſtſee, auch wohl auf Dampfſchiffen dieſer
Gewäſſer, und zwar faſt ſtets in der Form 'Labskaus' (das s fehlte ſelten).
Es fand ſich allerdings auch Labskavs. Ein bekanntes Hôtel am Baum-
wall in Hamburg ſchreibt regelmäſsig Labskaws. Einer Schreibung mit
p wüſste ich mich nicht ſicher zu erinnern. — Von Engländern und
Nord-Amerikanern habe ich dasſelbe oder doch ein ganz ähnliches Gericht

als 'hash' bezeichnen hören, welches Ausdrucks fich auch Webfter bei der Erklärung von 'lobscouse'[1]) bedient: »a hash of meat with vegetables of various kinds.«

Unter den Beftandteilen des Gerichts ift bekanntlich zerkleinertes Salzfleifch oder Schinken oder Rauchfleifch (auch gemifcht) und Kartoffelbrei das Wefentliche; dazu reichlich Zwiebel und Pfeffer und Butter. Tritt an die Stelle von Fleifch Fifch (Dorfch, Schellfifch u. dgl. oder entfprechend behandelter Stockfifch), fo heifst folches Gericht Pannfifch, neuerdings auch Pfannfifch (bei den Dänen plukkefisk).

Hamburg. J. Schufter.

Auch ich kenne das Wort Labskaus oder Labskau nur aus dem Verkehr an der »Waterkante«, befonders von Hamburg, habe es dagegen bis vor kurzem in keinem Wörterbuche verzeichnet gefunden. Nichtsdeftoweniger möchte ich glauben, dafs es in der Litteratur, etwa der befchreibenden oder der erzählenden, infofern der Gegenftand den Anlafs gewährte, hie und da fchon erwähnt und den Lexikographen nur ob der Befchaffenheit der betreffenden Bücher verborgen geblieben fein dürfte. Der Lexikograph nun, der das Wort zum erften Male aufgeführt, fachlich erklärt und etymologifch gedeutet hat, ift unfer Vereinsmitglied Herr Confiftorialrat und Marine-Oberpfarrer Guftav Goedel. Sein Buch führt den Titel: Etymologifches Wörterbuch der deutfchen Seemanusfprache, und ift 1902 bei Lipfius und Tifcher in Kiel und Leipzig erfchienen. Aus demfelben lernen wir eine neue Geftalt des Wortes kennen, Labskaufch, vermutlich die hinterpommerfch-preufsifche und wohl durch littauifchen oder polnifchen Einflufs aus Labskaus entftellte Form. Ich bringe den Artikel (S. 279) im folgenden zum Abdruck. C. W.

»Labskaufch, der, eine Speife, Rindfleifch und Kartofielmus gemifcht. An Bord, von präferviertem Rindfleifch hergeftellt, ift das oft ein zweifelhafter Genufs. Wenn aber der Seemann fich erft einmal der Seefahrt begeben hat und in die fo beliebte Zivilverforgung gegangen ift, dann fängt diefes Effen an, ihm in verklärtem Licht zu erfcheinen, er denkt wunders wie fein es ihm einft gefchmeckt habe und veranftaltet feierliche Labskaufcheffen. Die Etymologie ergibt fich fchon aus Kilians Überfetzung von lap-smout, pinguis liquor ex coriorum loris sive segmentis«, alfo aus Streifen oder Lappen Fleifch, aus Lappenftücken; die waren kein Abfall, kein übrig Gebliebenes, fondern Stücke des weichen Bauchfleifches, der Bauchlappen des Rindviehs. Das Zeitwort lappen aber überfetzt Kilian mit farcinare[2]), »farcieren«, eine »Farce« bereiten aus Fleifch. Die erfte Silbe von Labskaufch bedeutet alfo Hackfleifch. (Die Kartoffel ift erft nachträglich hinzugekommen.) Die zweite Silbe ift das niederdeutfche

---

[1]) Wenn Webfter in Parenthefe bemerkt: »Written alfo lobscourse, from which lobscouse is corrupted,« fo ift dies vielleicht nicht unbedingt ftichhaltig. Course ift unfer »Gang« (bei Tifch). In dem lob's course bei Smollet ift der Apoftroph auffällig und es fcheint, dafs Sm. die Bedeutung von lob = Bauer, Lümmel im Auge gehabt hat, fo dafs ein Wortfpiel vorliegen dürfte.

[2]) Hier hat der Verfaffer fich verlefen, Kil. hat farcinare = confuere frufta, alfo unfer lappen = zufammenflicken. (C. W.)

Kaus = Schüffel, Schale, fo dafs das Ganze alfo »eine Schüffel Gehacktes« heifst. Der Gefchlechtswechfel hat fich vollzogen in einer Zeit, wo dem Sprachbewufstfein — Kaufch als Schüffel nicht mehr gegenwärtig war.«

Böteformel.

In Holftein wird die Krankheit der Kuh befprochen, wie folgt:

Heft du di verfungen in 't Water,
So help di Gott de Vader;
Heft du di verfungen in 't Foder,
So help di Gott de Moder;
Heft du di verfungen in 'n Wind,
So help di Gott dat Kind!

Itzehoe.   Dr. Seitz.

Hafenjagd (XXV, 29).

In Dithmarfchen heifst es: Dat geit in 'e Hafenjagd, auch: in 'e Uhlenflucht = im Eulenflug, d. i. fchnell.

Dahrenwurth b. Lunden.   H. Carstens.

Watt 't (hillich) Tüg holln will (XXV, 48. 70).

Dafs Tüg auf das Pferdegefchirr geht, hat Bernhardt richtig heraus-gefühlt. Richey (Id. Hamb. unter Tüg) fpricht es mit wünfchenswerter Klarheit aus; er verzeichnet die Faffung All wat dat Tüg holen will (vgl. Br. Wb. V 121) und fetzt hinzu: »Hergenommen von einer heftigen Fahrt, die aufs Gefchirr ankommt.« Dafs der zweimal belegte Zufatz »heilig« im Sinne von nd. hêl (ganz) gemeint fei, halte ich für wenig glaublich. Ift vielleicht ein dem hochd. Gezeng (mhd. geziuge) ent-fprechendes nd. Getüg, älteres getûch zu belegen? Dann würde falfche Zufammenrückung aus dat hêle Getüch anzunehmen fein.

Friedenau b. Berlin.   Ed. Kück.

Mnd. löf?

Im Mnd. Wb. VI, 204 ift aus Oftfries. Urkunden verzeichnet: »Int erfte fo nam my Focko ein gulden fpan ... ein loeff goldes und ge-fchmide ...« Ich halte es für ficher, dafs loeff aus loed (lôd) entftellt ift, das hier in der Bedeutung eines beftimmten Gewichts (halbe Unze) fteht.

Northeim.   R. Sprenger.

Die Urkunde ift nach Angabe des Mudd. Wbs. aus dem Jahre 1461; die unniederdeutfche Form »gefchmide« ftatt »gefmide« fpricht dafür. dafs die Urkunde in Abfchrift aus neuerer Zeit erhalten ift, als die ndd. Orthographie durch die nhdtfche beeinflufst ward. Mithin läfst fich auch an eine Entftellung von »loeff« aus einem anderen Worte denken. »Loed«

würde ja einen paffenden Sinn geben; vielleicht war das Wort im Original
»loet« gefchrieben gewefen und ward t zu f verlefen. Es liefse fich jedoch
auch »loef« als urfprüngliche Schreibung in Schutz nehmen, indem man
es als »Blatt« oder »Blechplatte« verftünde. Vgl. Mudd. Wb. II, 733b
und 739, wo allerdings nur Belege des Plurales ftebn, und Kilianus Dufflaeus, Etymologicum Teutonicae Linguae: loof »bractea; lamella metalli
inftar folij tenuis; bracteola«. Dafs nicht »ein gulden loeff«, fondern »ein
locff goldes« gefagt ift, würde fich fo erklären, dafs nicht ein goldener
Flitterfchmuck, fondern ein Goldblech gemeint wäre.

Hamburg.   C. Walther.

Papagei (S. 60).

Die Winklerfche Deutung Papagei = Pfaffenhäher ift im Grunde
fchon durch zwei Gloffen in Diefenbachs gloss. latino-germanicum gegeben,
von denen die eine angelfächfifche lautet »gaia bigere«, die andre »gaia
varia facerdotum papengay«. Aber diefe Erklärung kann nur unter dem
Vorbehalt angenommen werden, dafs es fich um eine volksetymologifche
Umdeutung handelt.

Ich glaube, man mufs von dem fpätlateinifchen pap(p)agallus ausgehen. Die neben παπαγάλλο vorkommende neugriechifche Form παπαγὰς
bleibt richtiger bei Seite. Du Cange führt diefe nämlich als in der 1543
in Venedig gedruckten Corona pretiofa, einer neugriechifchen Grammatik,
verzeichnet an und bringt aus der handfchriftl. Chronik des Manuel Malaxus
(† 1580) folgende Stelle: λοιπὸν εἶχεν εἰς τὴν καμέραν τῆς ἕνα πουλὶ (Vogel)
ψιττακὸν ὀνομαζόμενον, ἤγουν παπαγὰς, λέγεται καὶ τουρακέτο, τὸ ὁποῖον
μιμεῖται πολλὰ τῶν ἀνθρώπων τοὺς λόγους. Er erkannte in dem unverftändlichen τουρακέτο eine Verfchreibung oder Entftellung des italienifchen
par(r)ochetto. Alfo wird man auch für παπαγὰς anzunehmen haben, es
fei eine Nachbildung des italienifchen papagà, auf deffen Bedeutfamkeit
ich·fpäter eingehen werde.

Nach Prof. E. Böhmer ift die Entwicklung des zweiten Wortbeftand-
teiles von papagallus diefe: gallus wird im Altfranzöfifchen gauls, gaus;
wenn mit papegaulx zugleich papegault vorkommt, fo hat eine Aulehn-
nung an gault Wald ftattgefunden. Diefes wird fpäter gaut, und fo
erfcheint bald auch papegaut. Zu einer Verknüpfung des gaut mit
gaudium, das provenz. zu gautz geworden war, führten auch die durch
Mouillierung des l entftandenen Formen fpan. papagayo, prov. papagay,
franz. papegai, aus denen das l durch Umdeutung von galjo in gajo,
munter, verfchwunden war. So tritt der Papagei aus der Sippe des Hahns
in die des Hähers über, der altfranz. gai, fpan. gayo, neufranz. geai,
engl. jay heifst und vielleicht mit dem aus ahd. gâhi entfproffenen
Adjektiv it. fpan. gaio, franz. gai, engl. gay, niederl. gaai, munter,
gleichen Urfprungs ift. Damit mag zufammenhangen, dafs der nd. Name
des Vogels papegoje lautet, denn goje, goge, gei find Nebenformen des
nd. gâ, fchnell, jäh.

Der Häher wird im Holländifchen fonft meerkol meerkolt meerkolf
genannt, worin unfchwer das deutfche Markolt, Markolf, Morolf, Markwart
de begger (Reinke de vos 15. 1777) zu erkennen ift, »der deutfche Papagei«

        2*

DW. 2, 419. Was aber ift kaauw, für welches einige Wörterbücher Häher, Sicherer und Akveld aber Dohle als Bedeutung angeben?[1])
Wenn Salomo Morolt feinen lieben Bruder nennt, und nun auch der Häher Bruder Markolf, Bruder Morolf heifst, fo möchte zu erwägen fein, dafs die Geiftlichen fich untereinander mit Bruder anreden, während sie den Laien gegenüber Vater heifsen (DW. 2, 419. 418). Papa bezeichnete jeden Bifchof, bis es fpäter auf den römifchen befchränkt wurde. Dafür zahlreiche Belege bei Du Cange. Mit diefem Namen wurde nun auch der Vogel benannt, fei es wegen feiner würdevollen Miene, oder weil er bei den Geiftlichen beliebt war, oder weil er liturgifche Stellen herplapperte. Abzuweifen aber ift die Deutung in Körtings lateinifch-romanifchem Wörterbuch, Paderb. 1901, unter 6841 ›Hahn, welcher Papa ruft‹, da Papa nicht der Naturlaut des Papageis ift. Am wahrfcheinlichften ift mir die Benennung nach den bunten Farben, die auch die Geiftlichen liebten, welche den Papagei zum Schmuck ihrer geftickten Gewänder, je weltlicher die Kirche wurde, defto häufiger verwendeten. Heifst doch felbft im Vatikan ein Saal um feiner Buntheit willen camera del Papagallo oder Papagà, s. Du Cange unter camera. Das italienifche parrochetto, woher franz. perroquet, engl. parrot, ift ebenfalls Verkleinerungsform von parroco, dem griechifch-lateinifchen parochus, Pfarrer. Auch das englifche popinjay bezeichnet bildlich einen aufgeputzten Gecken.
Diefe Herleitung des Wortes Papagei ift in dem auf S. 38 citierten Buche von Ed. Jacobs, fürftl. Bibliothekar in Wernigerode, Die Schützenkleinodien und das Papageienfchiefsen, Wernig. 1887, dem ich die Böhmerfche Etymologie entnommen habe, fehr gründlich und, wie ich meine, überzeugend nachgewiefen worden. Aus diefem Werk fei noch hervorgehoben, dafs, wie gaai in den Niederlanden (in Middelburg fcbou 1528) und goje oder goge in Lübeck für Papagei ftehen, fo auch pape allein gebraucht wird, Brem. Wb. 3, 292, Richey 181, Schütze 2, 192. Das Deminutivum Papchen gehört dahin, das genau dem ital. parrochetto, Pfäffchen, entfpricht. Erwähnung verdient auch das weibliche Gefchlecht von Papagei ·am ganzen rechts- und linksrheinifchen Niederlothringen mit Einfchlufs des Gelderlandes (Arnheim) fowie in Aachen‹. So gibt es in Köln ein Haus up der pappegeyen, in Aachen eines zur papegeien, und auch in Siegburg wurde bis zur Mitte des 16. Jhs. ›nach der Papagei· gefchoffen. Bei Ariftoteles heifst der Vogel ψιττακή, erft fpäter tritt die maskuline Form auf. Auch im Italienifchen kommt pappagalla vor.
Das Schiefsen nach dem Papagei läfst fich in Frankreich, den Niederlanden und Niederdeutfchland erft von der Mitte des 14. Jhs. an urkundlich belegen. Doch findet fich fcbou 100 Jahre früher in Bafel eine politifche Partei der Papageien, aber diefe hiefs die Sitticher, f. DW. 10, 1260. 1266[2]). Über diefe Zeit geht das Vorkommen des Wortes im hochdeutfchen Gebiet hinauf.

----

[1]) Sowohl Hildebrand in Grimm's Dtsch. Wörterbuch wie auch Franck, Etymologifch Woordenhoek leiten den Namen der Dohle nhd. kau, nndl. kauw (ahd. kaha, mndl. cauwe, mndd. kae ka, agf. cea) vom Gefchrei des Vogels ab. (C. W.)

[2]) Chr. Wurftifen, Bafsler Chronik, Bafel 1580, fchreibt freilich zum Jahr 1258: Diefen wolte der ander theil nichts nachgeben, namen derhalb zu einem Zeichen ein grünen Papagay oder Sittkuft in einem weifsen Veld.

Ich kehre zu dem Ausgangspunkt papagallus zurück. Da ergibt fich, dafs auch das lateinifche Wort nur eine Umdeutung des urfprünglicheren papagà ift. Schon von der Hagen leitete es im Wörterbuch zum Triftan auf das arabifche bahga zurück, ebenfo Weigand, der hinzufügt, das Grundwort babagà dürfte, da es im Arabifchen ohne Wurzel fei, weiter nach Südafien zurückweifen. Bei der gleichen Herleitung bleiben Kluge und Körting; die orientaliftifchen Werke, auf die fie fich berufen, bringen jedoch keine Beweife. Diez hat fich dagegen ausgefprochen: babagà habe keine Wurzel im Arabifchen, fcheine auch erft fpät vorzukommen, und Vertretung des arabifchen b durch romanifches p fei mindeftens ungewöhnlich. Jedoch führt er felbft ein Beifpiel an, wo beim Übergange ins Arabifche ein griechifches p durch b erfetzt wird. Perfifch heifst der Papagei nach de Eguilas y Yanguas, glosario etimologico, Granada 1868, S. 468 bapgá. Diefes Wort des Oftens als Urfprung des Lehnwortes papagà anzunehmen beftimmt mich folgende Beobachtung. Ich finde in dem neuarabifchen Wörterbuch von Wahrmund, Giefsen 1870—77, aufser bahgà, babaga', babbaga', babagàt und babagàl für Papagei und Nachtigall auch die Form babagàn, die Lane in feinem Lexikon (London 1863—74) als modernes Vulgärarabifch bezeichnet. Das ġ in diefen Wörtern, auch gh figuriert, drückt das arabifche Ghain aus, das kaum mehr etwas vom g hat, fondern ein gutturales r ift. (Sociu, Arab. Gramm.) So jung die Form genannt wird, fo fcheint fie doch zu Grunde zu liegen, wenn der jüngere Eberhard von Béthune im 13. Jh. wider die Waldenfer fchreibt: nunquid non vos eftis tamquam dives, qui induebatur purpura et byffo et epulabatur quotidie fplendide? Induimini enim purpura et byffo, id eft Papagen, quafi cultum bonae vitae habentes exterius, potius ad nitorem quam ad utilitatem. Der Jefuit Jac. Gretzer macht in der Ingolftädter Ausgabe von 1614 die Randbemerkung: num vocula Germanica papengei, quafi dicat haereticos vestiri inftar multicolorum pfitacorum. Das Citat bei Du Cange ift druckfehlerhaft. Woher follten ferner die nicht aus dem franz. papegai abzuleitenden mhd. Wortformen ftammen, die wir zuerft bei Gottfried von Strafsburg im Triftan, alfo um 1210, in feiner Befchreibung der Ifôt finden:

> 10 996 fi was an ir gelâze
> ûfreht und offenbære,
> gelich dem fpärwære,
> geftreichet als ein papegàu,

dann bei Konrad von Würzburg im Trojanerkrieg, alfo 1287:

> 31 678 Âlin fuort einen rôten fchilt
> mit rubinen überfpreit,
> darin enmitten was geleit
> von fmâragden wol getân
> ein grafegrüener papigàn.

Da Gottfried den Papagei geftreift nennt, kann es beinahe zweifelhaft fein, ob er den Vogel aus eigener Anfchauung gekannt hat. Völlig fabelhaft erfcheint das Tier noch in des Strickers Artusroman Daniel vom blühenden Tal (hrsg. von G. Rofenhagen, Breslau 1894), der zeitlich zwifchen die beiden citierten Dichtungen fällt:

550 eiu vogel heizet Babiàn (reimt auf tàn),
der hànt die frouwen dà vil
unde fwer fi haben wil.
dù enift niht widere.
der hùt ein folh gevidere,
ich hœre die frouwen jeheu,
daz fi fich darinne befehen
als in einem fpiegel oder buz.
noch danne geniezent fi fin, daz
ze welher zit die frouwen
560 daz wetter wellent fchouwen,
fö fwebent die vogel ob in.
die hànt die kunft und den fin,
daz fie fie ·vor der funnen
vil wol befchirmen kunnen.
nahtes fò man Hàfen gàt,
fwà derfelbe vogel ftàt
in der kemenàten,
fo ift man des beràten,
man gefibt von ime dar inne,
570 fam ein kerze dà brinne,
und finget danne fchòne
in einem fò füezen dòne
heidiu naht unde tac,
daz man in gerne hœren mac.

Der Herausgeber weift das Leuchten und Singen als Entlehnung aus Ulrich
von Zatzighofen, Zeile 568 als Anklang an den Pfaffen Lamprecht nach:
das Befchirmen vor der Sonne kommt oft vor (Singer in der Z. f. d. A.
35′ 184). Es ift alfo wohl richtig, wenn er fagt, der Stricker habe einen
wunderbaren Vogel gewählt, den weder die meiften feiner Zuhörer, noch
wahrfcheinlich er felbft je gefehen habe. Der Papagei wird nur durch
Erzählungen von Teilnehmern au den Kreuzzügen bekannt gewefen, fein
Name alfo durch direkte Berührung mit den Arabern den Dichtern zu-
gekommen fein.

In Heinrich von Kleifts Verlobung in S. Domingo heifst eine Farbige
Babekan und danach in Körners Toni Babeckan. Der Name fcheint
nicht erfonnen zu fein, da Kleift den Stoff in Frankreich einer wahren
Begebenheit entnommen haben foll (Brahm, H. v. K. 3. Aufl., S. 151).
Schikaneders gefchwätziger Vogelfänger Papageno in feinem Federkleid
und fein Weibchen Papagena find wohl frei erfunden (O. Jahn, W. A.
Mozart 2, S. 487), aber fie gleichen ihrem um 600 Jahre früheren Älter-
vater Papagen überrafchend.

Es wären alfo mehrere Wege, auf denen das Wort Papagei nach
Deutfchland kam. Einmal durch romanifche Vermittlung wanderte es den
Rhein herab und von den Niederlanden her ein. Hierbei wurden beide
Beftandteile des lat. Wortes ftarken volksetymologifcheu Umdeutungen
unterworfen. Ferner kam es wie nach Frankreich auch zu uns direkt

aus Arabien, ging aber nicht über Oberdeutfchland hinaus.[1]) Dabei wurde nur der Anfang lautlich geändert, während im übrigen das Gepräge eines Fremdworts blieb.

Breslau. P. Feit.

Zu Reuters Dörchläuchting.

K. XI »De Konrekter, de von Firn fick de Sak ok mit anfach, fäd vor fick: ›Wo? — dit is jo binah, as wenn Dörchläuchten, as en nigen Prometheus, von de Gewalt un de Kraft an den Kaukafus ankedt warden fall, κρατῆρι, ϑιϑρι, wat Einer hir fchön mit Punfch un Duwwelbir awerfetten künn.‹ Dem Dichter fchwebte hier ohne Zweifel die Eingangsscene aus Aeschylus Prometheus vor, wo der Titan durch die Gefellen des Hephästos, Kratos und Bia, Kraft und Gewalt, an den Kaukafus gefchmiedet wird. Carl Fr. Müller in feiner Ausgabe von Reuters fämtlichen Werken 15. Bd. S. 12 bemerkt mit Recht, dafs κρατῆρι eine im Griechifchen unmögliche Wortform darftellt, und hat deshalb κράτεσρι in den Text gefetzt. Ich glaube nicht, dafs wir zu einer folchen Änderung berechtigt find, wenn fich auch die falfche Kafusbildung im Munde des gelehrten Konrektors fchlecht ausnimmt. Offenbar fchwebte dem Dichter zugleich die homerifche Formel κρατερῆρι ϑιϑρι vor, und wenn überhaupt etwas an dem Texte geändert werden foll, fo ift es jedenfalls richtiger, mit dem Herausgeber der Hinftorfffchen Volksausgabe (Bd. V, S. 163) diefe einzufetzen. Doch haben wir uns wohl mit der Tatfache abzufinden, dafs Reuter im Laufe der Jahre die Kenntnis der griechifchen Grammatik in die Brüche gegangen war, und dafs er tatfächlich von dem Subftantivum κράτος, analog ϑιϑρι von ϑίϑ, die falfche Inftrumentalform κρατῆρι gebildet hat.

Northeim. R. Sprenger.

Sutermos (S. 51).

Diefe Bezeichnung einer Küchenfpeife hat Carl Gloede (f. über ihn Ndd. Jahrb. XXII, 75) als Titel eines Buches in die Litteratur eingeführt: »Zutemoos. Eine Sammlung plattdeutfcher Original-Gedichte, verfafst von Carl Gloede, Mitglied des plattdeutfchen Central-Vereins in Berlin. Wismar, Hinftorff, 1869.‹ Im erften Gedichte ›Zutemoos‹ wird das Wort erklärt:

> Dat Zutemoos, dat is 'n Gericht,
> Wat Sünnabens een bi 'n Buern krigt,
> Wenn Moder 't Köäkenfchapp utfliet
> Un jeden Pott un Napp nabfüht.
> Wat von de ganze Woch as Reft
> In ehre Wirthfchaft öäbrig weft,
> Dat deit fe all tofamen fchrapen
> Un fchüdd 't tohopen in en Grapen.

---

[1]) Doch kommt Papeyan in Göttingen 1413 als Zuname vor; vgl. auch papuan im Wolfenbüttler Aefop 97, 22 und Leitzmann's Anmerkung dazu in feiner Ausgabe ›Die Fabeln Gerhards von Minden‹ S. 272. (C. W.)

Denn warden lerrig alle Schötteln;
>Ketüffeln, Röben, gäle Wörteln,
Backbiern, Plumm'n un Habergrütt
Un Refter ut de Melkenbütt,
Speckrüters, Peterzill, wenn dif
Nich öäber Joahr verhagelt is,
Ward all tohopen warm nu makt;
Wer 't mag, den ßmekt 't, as wier 't frifch kakt.‹
Dat ät denn jeder goar to giern,
De Buer mit famft fien Knecht un Diern;
Un fründlich lücht jedwed Gesicht
Bi dit echt mekelbörgfch Gericht.

Zutemoos ist alfo ein aufgewärmtes Sammelgericht von Reften früherer
Mahlzeiten; das Lübeckifche Sutermoos ›beftand wefentlich aus Klippfifch‹,
war alfo auch eine Mifchung aus verfchiedenen Speifen, in welcher aber
der (aufgeweichte, zerkleinerte und aufgewärmte) Klippfifch überwog.
Sollte es etwa altes Küchenrecept gewefen fein, die Tafelrefte der Woche
und den Berger Fifch, welche beide Aufwärmung und, um fchmackhaft zu
werden, Gewürzbrühen erforderten, zu einem Gerichte zu vermengen?

Bemerkenswert ist die meklenburgifche Form Zutemoos wegen des
Anlauts z = ts, der die von Feit vermutete Herkunft des Ausdrucks aus
einer fremden Sprache beftätigt. Da das anlautende s vor Fremdwörtern
mehrfach im neueren Niederdeutfch nicht nur den fcharfen Laut (sz) bewahrt, fondern von Vielen noch lieber in ts gewandelt wird, z. B. Zabel
(Säbel), zackereren (fluchen), zimpel (fimpel), Zickereit (Secret), Zuppe
Zoppe (Suppe), fo darf aus der Form Zutemoos kein Einwand gegen Feit's
Ableitung von futer genommen werden. Der Ausfall des r in der zweiten
Silbe entfpringt der im neueren Meklenburgifchen üblichen Vokalifation
des r in der Endung er; vgl. K. Nerger, Gramm. des meklenb. Dialekts
§ 185. Glöde, entweder weil er als Weftmeklenburger noch 'er' fprach,
oder weil beeinflufst von der nhd. Orthographie, fchreibt durchweg das
Ableitungs-er mit Ausnahme der Wörter auf -der und -dder, welche das
d in r wandeln (entwäre = entweder, Fleere = Flieder, Ferre = Feder,
werre = wi(e)der), und mehrmals des Wortes Rüte = Reuter, Reiter in
dem Gedichte Nr. 103, das ein Jugenderlebnis in Oftmeklenburg fchildert,
während fich fonft bei ibm S. 158 Rüter findet. Die Schreibung Zutemoos
erklärt fich teils als Darftellung eines Ausdruckes der abgefchliffenen Bauern-
fprache (f. oben das Gedicht), teils durch den Mangel des Wortes im Hochdeutfchen und die Unverftändlichkeit des erften Teiles desfelben.

Die Deutung von Sutermoos durch Feit als Schuftermus halte
ich für richtig; desgleichen, wie fcbon bemerkt, feine Behauptung, es werde
nach Lübeck von auswärts eingeführt fein. Ich glaube, dafs fich auch mit
grofser Wahrfcheinlichkeit erraten läfst, woher. Dafs der Ausdruck gerade
in Lübeck vorkommt und in Meklenburg, wo er aufs Land durch Vermittlung von Roftock und Wismar gelangt fein mufs, dafs nach dem alten
Kochrecept der Klippfifch ein Hauptbeftandteil des Gerichtes ist und dafs
futari im Altnordifchen den Schufter bezeichnet, das alles weist nach Norden,
genauer nach Norwegen und fpeziell nach Bergen, von wo der Klippfifch
durch die hanfifchen Kaufleute ausgeführt ward, wo im Kontor vornehmlich

die wendischen unter den hansischen Kaufleuten vertreten waren und wo neben ihnen sechs, bzw. fünf deutsche Handwerksgilden eine Niederlaſſung hatten, unter ihnen als bedeutendſte die der Schuhmacher, weshalb deren Name auch wohl zur Bezeichnung der übrigen mit diente. Das Sutermoos möchte demnach ein Lieblingsgericht der deutſchen Handwerker in Bergen geweſen und der Name etwa im kaufmänniſchen Kontor aus Gering-ſchätzung erfunden ſein.

Im Däniſchen und im Schwediſchen beſteht jenes anord. ſutari noch in den Formen dän. ſuder und ſchwed. ſutare, jedoch nur in der Be-deutung von Schleie, Cyprinus tinca, nach Nemnich ſchwed. auch ſkomakare, welcher Fiſch bei uns Schuſterkarpfe oder -Fiſch, Schoſterkarpe, bei Burkard Waldis gradezu wie im Däniſchen und Schwediſchen ſchumacher und ſchuſter und bei Kilianus Dufflaeus ſchoenmaecker heiſst. Für den Hand-werker gilt dagegen im Schwediſchen ſkomakare, ſchon 1474 in der Stock-holmer ſkomakarnes ſkrå, und im Däniſchen ſkomager, auch ſchon ſeit Jahrhunderten. Vielleicht hat das Wort ſutari in Norwegen, wo es in den mittelalterlichen Geſetzen mehrfach vorkommen ſoll, ſich länger erhalten.

Das Wort mos iſt kein nordiſches, wenngleich jetzt ſowohl däniſch wie ſchwediſch gebräuchlich; nach Molbech iſt es ein aus dem Niederdeutſchen eingeführter Ausdruck, im Däniſchen bereits im 16. Jahrhundert nach-weisbar. Die Zuſammenſetzung Sutermos wird ſich, falls meine Vermutung auf Bergen richtig iſt, gelegentlich wohl einmal aus Bergiſchen Schrift-oder Druckſtücken belegen laſſen. Sollten ſich aber in Lübeck gar keine litterariſchen Nachrichten über dies Gericht, ſeine Heimat und ſeinen Namen erhalten haben?

Hamburg.   C. Walther.

mierig (XXV, 42. 64).

mierig leite ich von mnd. mêre ab, alſo der in üblem Ruf Stehende, ſpecialiſiert: der im üblen Ruf der Knauſerei Stehende. Näheres in meiner Programmabhandlung »Niederd. Beiträge zum Deutſchen Wörterbuch« (Gymn. zu Friedenau, 1905).

Friedenau b. Berlin.   Ed. Kück.

Zu Meiſter Stephans Schachbuch.

V. 5418—20.   Hir-vmme, myt deme erſten toghe
Mach he, volghen in ſinem vloghe,
Uppe de drudden linien ſpringhen.

Ernſt A. Kock im Nd. Jahrb. XXX, 152 meint, daſs volghen viel-leicht für volghende ſtehe, hält jedoch eine Verderbnis nicht für aus-geſchloſſen. Ich halte für ſicher, daſs volghen aus vloghes, flugs, alsbald, ſofort entſtellt iſt.

Northeim.   R. Sprenger.

Hansbunkenſtreich (XXIII, 91. XXIV, 8. XXV, 54).

Hansbunkenſtreich ſind im Dithmarſchen »Dummejungsſtreiche«.

Dahrenwurth b. Lunden.   H. Carſtens.

fpick (XXV, 24).

Walther hält das fpik (trocken) des mnd. Handwörterbuches gegenüber dem D. Wb. mit guten Gründen aufrecht. Auch mnd. fpak (dürre,
trocken), fpaken (trockene Äfte), fpaken (trocken fein), fpak-holt laffen
fich heranziehen. Ohne Zweifel fteht diefe Sippe im Ablautsverhältnis zu
fpik. Damit eröffnet fich gleichzeitig die Ausficht, das Wort auch
etymologifch zu faffen; eine Deutung von fpaken verfucht ten Doornkaat
III, 260 ff.

Friedenau b. Berlin.   Ed. Kück.

Fläts (XXV, 8).

Fläts ift auch in Dithmarfchen ein Flegel, ein Schlingel: dat is rech
fon oln Fläts. Fläts hiefsen auch die dänifchen Reichsbankfchillinge, die
von Ende der 50er Jahre an geprägt wurden (Korrefpondenzbl. IV, 27).

Dahrenwurth bei Lunden.   H. Carftens.

Polk (XXIV, 94. XXV, 12).

Ein kleines dickes Kind bezw. Menfch heifst in Dithmarfchen: en
lüttn Porks [in Hamburg: Purks. C. W.].

Dahrenwurth bei Lunden.   H. Carftens.

Zu 'Adam Breedfpreeckers Haufs-Sorge' (XXIV, 29).

Zu dem im K.-Bl. XXIV, 29 abgedruckten Hochzeitsgedichte hat
vielleicht als Vorbild gedient das ›Hochzeit-Carmen‹ in der ›Luftigen
Gefellfchafft von Johanne Petro de Memel‹ Nr. 248, das in der Ausgabe
›Gedruckt zu Zippelzerbft im Drömling, Anno M. DC. LX‹[1]) auf S. 103 ff.
fteht. Dies Carmen ift hochdeutfch und nach den Reimen auch urfprünglich
hd., aber in Niederdeutfchland gedichtet.

Gleich der Anfang beider Gedichte bringt denfelben Gedanken, den
das ältere fo ausdrückt:

›Der Ehftand, hör ich, foll als Fifcher-Reufen feyn:
Das drinn ift, wil heraus; was drauffen, wil hinein;‹[2])

Das folgende ift im Abdrucke der ›Luft. Gfllfch.‹ verftümmelt und
auf eine unverftändliche Zeile verkürzt; darauf aber enden die Alexandriner
in diefem, wie in jenem jüngeren Gedichte mit der Erkenntnis,

›Dann fih't man was da fehlt, was Freyen gibt und nimbt,
Wann nemblich Nacht und Tag auf Sorgen Sorge kömpt.‹

Und nun werden die Sorgen aufgezählt:

›Sorge fich wol zu ernehren,
Sorge fich für Froft zu wehren,

---

[1]) in dem Verzeichnis bei Ferd. Gerhard, J. P. de Memels Luftige Gefellfchaft.
Halle a. S. 1893, die 8. Ausg. auf S. 98.

[2]) Aufpielung auf J. Cats' Gedicht ›Afbeeldinge van het huwelick onder de ge-
daente van een fuyck‹?

Sorge für das Hausgeräth,
Sorge für ein Betteſtät,
Sorge für Pappier und Bücher,
Sorge für die Kindertücher,‹

uſw. uſw.   Schluſs:

›Für das Kind, wanns weint, zu ſtillen,
Und noch tauſend andre Grillen,
Grillen die das Freyen bringt,
Wann anff Sorgen Sorge dringt.‹

Iu einem zweiten Teil wird aber in Alexandrinern dargetan, daſs in der rechten Ehe

›... iſt Luſt auff Luſt und wahre Freud auff Freud;‹
wonach die einzelnen Freuden wieder in kurzen Reimpaaren von 4füſsigen Trochäen aufgezählt werden.

Hamburg.   C. Walther.

Hunnendaas (XXIII, 36. XXIV, 40. XXV, 56).

Von einem Eiderſtedter hörte ich oft: Dat is all ſon Hunndans d. i. Unſinn, Hokuspokus.

Dahrenwurth bei Lunden.   H. Carſtens.

Haeke (XXII, 58. XXV, 10).

Das alte ſächſiſche Bauerhaus in Süderdithmarſchen — in Norderdithmarſchen traf ich ſolche Häuſer ſeltener — und auch anderweitig in Holſtein und in Schleswig hat vielfach einen überdachten Raum vor der groſsen Tür, ſo daſs dieſe ins Haus hineingerückt zu ſein ſcheint. Dieſer Raum heiſst in Süderdithmarſchen und anderweitig in Holſtein Heckſchur. (Vgl. auch meine Wanderungen durch Dithmarſchen mit geſchichtlichen, altertumskundlichen und volkskundlichen Bemerkungen und Erläuterungen S. 77). In dieſem Heckſchur hängt das Pferdegeſchirr und dergl. und darin ›ſchüttet‹ man auch wohl im Winter die Schafe ›auf‹.

Dahrenwurth bei Lunden.   H. Carstens.

Alle hede (XXIV, 61).

Dieſer Ausruf, mit dem bei Lübeck die Kinder beim Wagenwolffſpiel vor dem Wolf fliehen, hängt vermutlich mit mnd. hoden (hüten) zuſammen. Vgl. Brem. Wb. II 636 (unter höden): Höde een, auch o höde een, ›eine Verwunderungsformel‹. So wird, vorausgeſetzt, daſs der Plural alle auf alter Überlieferung beruht, eine Verderbnis aus heden anzunehmen ſein: mögen alle ſich hüten!

Friedenau b. Berlin.   Ed. Kück.

Gefangbauk (XXIV, 72).

Auch auſserhalb ſtudentiſcher Kreiſe wird das weltliche Liederbuch als ›Gefangbuch‹ bezeichnet. So wird auch im Ranſtädter Reformverein

Schillers Lied an die Freude aus dem »Gefangbuch« gefungen: Reuters
Ut mine Stromtid III, K. 42 (Müllers Ausg. der Werke Bd. 14, S. 195).
Northeim.   R. Sprenger.

Pantaleon (XXIV, 12. 27).

Eine Pantaleonsgilde befteht noch in Lunden und wird alljährlich
am 28. Juli, alfo am St. Pantaleonstage, mit einem Festessen gefeiert.
Der Volksmund fpricht auch hier Panteljohn. Die Gilde ift 1508 gegründet
worden und befitzt Vermögen, von deffen Zinfen alte, fchwache Leute im
Siechenhaus unterhalten werden.
Dahrenwurth bei Lunden.   H. Carstens.

Die nackenden Bankressen? (XXIV, 34 52).

Sollten de nackenden bankrefen von der borch fich nicht doch
erklären laffen? de bankrefen von der borch find die zur Burg gehörigen Knappen, nackend könnte aber hier = unbewaffnet fein; vgl.
Lexer im Deutfchen Wörterb. VII Sp. 247 und Lübben-Walther, Mnd.
Handwörterb. S. 241. Es find wabrfcheinlich gerade nicht im Dienfte
befindliche Krieger, die, ohne Waffen an der Landftrafse ftehend, die Frage
an Eulenfpiegel richten.
Northeim.   R. Sprenger.

Bettfell.

Bettfell nennt man in Dithmarfchen die Seitenwände einer Bettftelle.
Dahrenwurth b. Lunden.   H. Carftens.

Sell ift offenbar dasfelbe Wort wie afächf. felmo, angelf. fealma
felma, msc., und in Zffetzung boncfelma, afrf. zfgefetzt bedfelma, im
alten Eiderftedifchen Recht de bedde-, bedfelm. Lübben bemerkt im
Mudd. WB. zu beddefelm, es fei noch heute in Oldenburgifchen im Gebrauch,
bezeichne aber eigentlich das vorderfte Brett der feften in der Wand angebrachten Bettftelle, eines fogenannten Alkovens. Diefe Bedeutung hat
auch das Föbring-Amrumer falm, msc. »Vorderfeite (Rand) des Bettes
oder der Bettftelle«; Johanfen, Die Nordfrief. Sprache S. 108. Die Beziehung
auf einen Bettfchrank, ein 'Kútsbedd', zeigt recht deutlich Bende Bendfen,
Die Nordfrief. Sprache nach der Moringer Mundart S. 408: »felme, msc«,
die Vorderfeite des Bettes; uch, msc., die hintere Bettfeite«; denn nach
S. 407 heifst 'uch' auch und zwar eigentlich die Wand, es ift das afrf.
wåch, af. wég, agf. wåh wæg, msc., Wand.
Die urfprüngliche Bedeutung von felma fcheint Bettgeftell gewefen
zu fein, dafür fpricht die Gloffierung des agf. Wortes durch lat. fponda
und die afrf. Zufammenftellung bed and bedfelma. Die Bettung in Wand-
fchränken ift wohl erft gegen Ende des Mittelalters aufgekommen und damit
der befchränkte Gebrauch des Wortes für die Vorderbrett. Für die
Gefchichte des Wortes ift die Dithmarfcher Bezeichnung beider Seitenwände
des Bettes wichtig, weil ficher alt. Aber die Form Sell ift jung, fie zeigt
eine auffällige Einbufse des Suffixes. Ob das etwa zu n gefchwächte m

für das Zeichen des Plurals gehalten worden und fo fell entftanden ift? Da mit Ausnahme des Nordfriefifchen den friefifchen Dialekten das Wort verloren gegangen ift, fo ift feine Erhaltung im Oldenburgifchen und Dithmarfchen um fo bemerkenswerter. Es wäre wichtig, Genaueres zu erfahren, fo ob die Kenntnis und der Gebrauch des Ausdrucks allgemein oder auf eine beftimmte Gegend befchränkt ift, ob 'fell' collectiv beide Wände bezeichnet oder nur eine, ob in diefem Falle der Plural 'fellen' lautet, und welches Gefchlecht (den? de? dat?) dem Wort gegeben wird.

Hamburg.   C. Walther.

Kriegsbart (XXIV, 64).

Zu Heinrichs »Krieg unner de Näs« in Reuters Ut de Franzofentid vergleiche man noch »De Reif' nah Belligen«, Anfang des 8. Kapitels:

»Gewöhnlich fuhr ich auf die Poft
Un fchmifs mir hellfchen in die Boft
Un hätt mir 'n Schnurrbart waffen laten,
Als wär ich unter die Soldaten . . . .«

Northeim.   R. Sprenger.

Krûp unner, de Welt is di gramm!

Zu Korrbl. XXII, 87 und Jahrb. XXVIII, 110 füge ich noch das Citat aus dem Brem.-niederf. Wörterb. II, 887: »Unnerkrupen, unterkriechen. It. fterben: in dem Sprw. kruup unner, kruup unner, de Welt is di gramm: verlafs nur die Welt, da fie dich verläfst.«

Northeim.   R. Sprenger.

Lowken (S. 52).

Lowke ift der Name des Möllnifchen Biers, wie Rommeldeufs der des Ratzeburgifchen. Matthaeus Schlüter. Tractat von denen Erben in Hamburg, 1698, S. 127: Laugk, welches bekanter maffen eine Art Bier in der benachbarten Stadt Möllen ift. J. G. Th. Gräfse, Bierftudien, 1874, S. 70 ff. teilt aus einem 1746 gedruckten Buche »Supplemente des angenehmen Zeitvertreibs« ein Verzeichnis von Biernamen mit, darunter: Möllnifche Laucke (fem.?). Noch zu Ende des 18. Jahrhunderts ward dies Bier gebraut; f. J. H. Campe, Sammlung intereffanter Reifebefchreibungen für die Jugend, Teil I S. 244, wo er das Möllner Bier Laken erwähnt, was wohl Druckfehler ift für Lauken.

Lowken, Lauken kann die Form des obliquen Cafus, kann aber vielleicht auch Nominativ und Nebenform von Louke, Lanke fein. Als Etymon bietet fich lo(n)we, der Löwe, alfo lo(u)wke, msc., oder lo(u)wken, ntr., das Löwchen, etwa wegen der Kraft des Biers und feiner Farbe. Eine Appellativbildung auf -ke aus dem Adjektiv la(u)w, tepidus, ift weniger wahrfcheinlich. [Erft nachdem Vorftehendes gedruckt war, habe ich ein Wort Lauke im Bremer ndf. Wb. III, 23 gefunden, das eine neue Unterfuchung nötig macht.]

Hamburg.   C. Walther.

Zum Redentiner Ofterfpiel.

(Fortgefetzt von S. 9).

4. Tros, dat myner iemant beyde!
   Ik wolde em dat ben beselen 172—173.

»dat im Sinne von weret dat, wie oben 94«. C. Schröder in der Ausg. des Spiels. Meine von der Ausgabe abweichende Interpunktion zeigt, dafs ich diefe Auffaffung nicht teile. dat ift von tros abhängig, wie das von trucz, Trutz in dem von dem Herausgeber felbft angezogenen: trucz, das iemaut fprech has nach, und in: Trutz, das du mir halt thûst ein layd! Sachs Faftnachtfp. 4: 271 (Neudrucke deut. Litt. des XVI. u. XVII. Jh. Nr. 26 u. 27).

5. He brynget fe ut juwen benden,
   Dar erer vroude nummer werd enden 525—526.

Entweder erer oder enden mufs falfch fein. Der Herausgeber fchreiht: ere vroude. Aber einerfeits kenne ich enden blofs in tranfitiver und reflexiver Verwendung.[1]) Andrerfeits klingt enes dinges werd nen ende u. dgl. recht wohlbekannt. Ich ziehe deshalb die andere Annahme vor: enden Schreibfehler für ende. Der fomit von mir angenommene Reim (benden : ende) ift bekanntlich nicht zu beanftanden; fiehe das Verzeichnis in der Ausgabe S. 14 (fünfzehn Belege). Verwechslung der Endungen -en und -e ift überhaupt gewöhnlich, aber befonders leicht gefchieht fie natürlich in einer Abfchrift, wenn in der Vorlage ein Wort auf -e mit einem auf -en reimt. Jenem Verzeichnis wäre alfo diefe Stelle beizufügen. Gilt übrigens nicht dasfelbe von neve[n] : gheven 221—222, fynne-begynne(n) 936—937?

6. Du fcholt hir negeft mer malet wefen 585.

. Keinen von den vielen Erklärungsverfuchen (fiehe die Anm. des Herausgebers) finde ich annehmbar. Ich füge noch einen hinzu. Das Partizip malet kann heifsen: »mit irgend einem mal verfehen« (Lübbben-Walther). Chriftus packt den Fürften der Hölle, legt ihm die Kette an und verfpricht ihm, er werde demnächft mehr gemarkt werden. Man vergleiche, wie von den grofsfprecherifchen Grabwächtern einer den Heiland, falls er aufzuftehen verfuchen follte, mit feinem Schwerte befmytten (156), ein andrer ihm das Bein befelen wollte (173). Im Heliand V. 4877 f. (ed. Heyne) fteht: Malchus ward . . swerdu gimalod, »mit dem Schwerte gezeichnet«, »verwundet«; in der ae. St. Juliana 591: fyre gemæled, »marked by fire«, ufw.

7. Do wy uppe deme grave legen,
   Dar wy rechte an feghen,
   Do quemen de enghele myt gewalt 932—934.

In der Handfchrift fteht nicht dar, fondern wu, was der Herausgeber anzugeben verfäumt hat (Jahrbuch XXVIII, 146). Die Änderung ift unnötig. Ich überfetze: »Als wir auf dem Grabe lagen, dann, wiewohl wir gut aufpafsten, kamen die Engel mit Gewalt . . .«

---

[1]) Lübben-Walther: »enden, sw. v. beendigen, entfcheiden; refl. fich fortmachen«. Mein Gloffar zu den Wolfenbütt. Benediktinerregeln gibt die weitere Auskunft: »enden, v. refl. zu Ende fein«.

Zwei Nebenfätze in ähnlicher Stellung find nicht felten. Aus Sachs' Faftnachtfpielen führe ich eine ebenfalls von dem Herausgeber falfch konftruierte Stelle an:

Wo du eim andern gehst zu gnaw,
Bulft vmb Maid, Tochter oder Fraw,
Wie du rückling gehft d' ftiegen ab, (Komma!)
Offt erdapt dich ein voller Knab ... 5: 312—315.

Ähnlich 8: 261—263 ufw.

א. Hebbe dat ey, dar de henne myt deme pelfe af lep! 1353.

Der Herausgeber bemerkt: »dat ey, dar de henne myt deme pelfe af lep, ift die Belohnung für Noytor. Der Vers ift ungebührlich lang, deshalb läfst Ettmüller die Worte myt deme pelfe weg (ihm folgend auch Freybe); in der Tat gibt ja dat ey dar de henne af lep einen guten Sinn: ein faules Ei. myt deme pelfe weifs ich nicht zu erklären; Walther in nd. Jahrb. 16 S. 48 bemerkt: Myt deme pelfe ftempelt die Henne zur Laus, das Ei wäre die Niffe.«

Als die Geifter vom Seelenfang zurückkehren, erhalten fie Belohnungen, die des Abgrundsfürften und feiner Diener würdig find und auf die Ergötzung des nicht gar zu zartfühligen Publikums jener Zeit angelegt waren. Einer hatte um das gewöhnliche Oftergericht gebeten: en braden eyg unde wat van deme fchinken (1331 f.). Und ein »Ei« wird auch dem treuen Noytor gegeben — aber vom Schafe. Das ift nämlich die Bedeutung von de henne myt deme pelfe. »Päls« ift auch in Skandinavien eine wohlbekannte Bezeichnung für die wollene Tracht des Schafes. Das »Ei«, wovon das Schaf wegläuft, ift das ründliche Exkrement, dasfelbe wie die Schauff-lorbern des heffifchen Weihnachtsfpiels. Den Kameraden des Noytor werden ähnliche Raritäten zu teil: Puk erhält dat der su entvolt (1469), dem Belyal wird der Mund mit swyne-parlen belegt (1573). Betreffs der Länge des Verfes vgl. 62, 293, 348, 636, 769, 905 und viele andere.

Lund.   Ernft A. Kock.

Zu Arnt Buschmans Mirakel (Jahrbuch VI).

S. 66, Z. 10 f. dat my unmogelich is to scriven und allen menfchen kunne.

Für kunne fetzt der Herausgeber to kundigen. Der Satz heifst wohl: »was mir und dem ganzen Menfchengefchlecht (mir und allen) unmöglich ift zu fchreiben«.

Lund.   E. A. Kock.

Frage.

Gibt es eine fchriftliche Quelle, auf die man fich bei Ableitung des Wortes »Pumpernickel« von bonum paniculum beruft? — Wie lautet fie im Original buchftäblich? Aus welchem Jhrd.? — Ich bin der Anficht, dafs die Ableitung durch eine beffere erfetzt werden kann, und bitte alle diejenigen, denen ein Einblick in weftfälifche, befonders münfterländifche Verzeichniffe von Abgaben und Gefällen offen fteht, die im 14. und 15. Jhrd. an Kirchen, Klöfter, Stifter ufw. zu entrichten waren, ihr Augenmerk auf die latein. Benennungen der verfchiedenen Arten des Weifs- und Schwarzbrots, das zu liefern war, fowie auf die gebräuchlichen Abkürzungen diefer Benennungen in den Hebeliften zu richten. Selbft wenn diefe Nachforfchungen ohne Ergebnis verliefen, würde die Ableitung, die ich im Sinne habe, immer noch Beachtung verdienen. Um geneigte Benachrichtigung bittet ,

Berlin-Wilmersdorf, Uhlandftr. 124. Dr. Grabow.

III. Litteraturanzeige.

Th. Lohmeyer, Die Hauptgefetze der germanifchen Flufsnamengebung. Kiel u. Lpz. 1904. 32 S. gr. 8⁰ (1,20 Mk.), und **Th. Lohmeyer**, ›Unfere Flufsnamen‹, in ›Deutfche Gefchichtsblätter‹ Bd. VI S. 29—43. Gotha 1904.

So weit ich urteilen kann, hat der Verfaffer in der Erkennung der wichtigften Grundwörter deutfcher Flufsnamen neuerdings bedeutfame Fortfchritte gemacht und ift nun auch daran gegangen, den von der Befchaffenheit des Quellgeländes hergenommenen Beftimmungswörtern eine verfchärfte Beobachtung zuzuwenden. Der Auffatz in Tilles ›D. Gefchichtsblättern‹ berührt von Flufsnamen unferer niederdeutfchen Heimat die Oder, die Ems, die Lippe, die verfchiedenen Bever, die Efpolde (Leine), die Werfe (Ems), die Milfe und Milfpe in Weftfalen, die Fariftina (alte Aller bei Daverden) und von Bergnamen den Selter w. v. Ganderftein und den Osning.

H. Jellinghaus.

Notizen und Anzeigen.

Beitragszahlungen find an unfern Kaffenführer Herrn Joh: E. Rabe, Hamburg 1, gr. Reichenftrafse 11, zu leiften.

Veränderungen der Adreffen find gefälligft dem genannten Herrn Kaffenführer zu melden.

Beiträge, welche fürs Jahrbuch beftimmt find, belieben die Vorfaffer an das Mitglied des Redactions-Ausfchuffes, Prof. Dr. W. Seelmann, Charlottenburg, Peftalozziftrafse 103, einzufchicken.

Zufendungen fürs Korrefpondenzblatt bitten wir an Dr. C. Walther, Hamburg 3, Krayenkamp 9, vom 24. März 1905 ab Hamburg 24, Uhlandftrafse 59, zu richten.

Bemerkungen und Klagen, welche fich auf Verfand und Empfang des Korrefpondenzblattes beziehen, bittet der Vorftand direct der Expedition, ›Diedrich Soltau's Verlag und Buchdruckerei‹ in Norden, Oftfriesland, zu übermachen.

Redigiert von Dr. C. Walther in Hamburg.
Druck von Diedr. Soltau in Norden.

Ausgegeben: März 1905.

Regifter *)

von

W. Zahn.

---

*) Die eingeklammerten römifchen Ziffern weifen auf die früheren Hefte.

fpick, fpicken, fpickaal 24 f.
fpickhering 27. 90.
Sprachverein, ndd.: Aufforderung zur Gründung eines folchen im J. 1834: 33 f.
Sprüche und Reime: 'N junge oder meken litt all up der heken 10. Baftlöfereime (I. II) 10. 42. 63 f. Kacken un forgen etc. 29. 40. 56.
Spottreden für klatfcheude Schulkinder 43. 57 f.
Sprüche mit dem Kehrreim: »Sie müffen all ins Hübnerloch hinein« 47. 65 f. Wer mit twintich nix wêt etc. 53. De mûs de fét int bawerftrô etc. 54. De ollfch mit de lücht etc. (XXIV) 55 f. Weine nicht, es ift vergebens eto. 66. Krûp unner, de welt is di gramm etc. (XXII) 93. Bötformeln (gegen vofs:) 57. (für eine kranke Kuh:) 82.
Stephan, Meifter: zum Schachbuch 89.
ftipp(e), ftipps, ftippen 37 f. 63 f.

ftippkês 38.
ftippftörken 30. 37. 63.
ftippftute 88.
ftippvifite 37. 63.
zu Strickers De dûdefche Schlömer 28 f.
De fülvern Flott (XXIV) 12 f.
futermôs 51. 87 f.
fwabenftreich 55.
fwips = Falte 70.

t in der Endung -ert für -er 52.
tätigen, Tätigung 41.
tellheft 58.
Dr. Theobald - Stiftung 3. Bibliothek 4 f.
Thode, davon Dodeleben abgeleitet 89.
Tifchler: lienfiegling 41.
Totenritt (VIII. XlV) 7 f. 36. 68 f.
trarat (Weidenflöte) 42.
trummeler 53
tûg: watt' (billich) t. holln will 48. 70 f. 82.
tulpog 71.
Tydfchrift, Norddütske 34.

ulenflucht: dat geit in'e u. 82.
»Und der Paftor mit der Bibel« etc. 47. 65 f.

V., v. vgl. F., f.

wätmann = Falte 70.
Wagenwolf-Spiel(XXIV): alle hede! 91.
Wallnufsbaum fchlagen (VIII. XVI. XVIII) 28.
weke, de êrfte, letzte = Anfang, Ende der Woche 89.
Wer mit 20 nix weet etc. 53.
Woche, die erfte bezw. letzte = Anfang, Ende der Woche 89.
Wörterbuch, Mndd.: fpeigel 72. kindesvôt 79. löf goldes 82 f. bankrefe 92.
woftepolk 12.

z für anlautendes s 88.
Zeitfchriften, ndd. 34 f. 44 f.
Zeug. heiliges 48. 70 f. 82.
ins Zimmerloch hinein 47. 66.
Zungenfchwamm (vofs): Bötformeln 57.
zutemôs (XV) 87 f.

Literaturanzeigen.

Lohmeyer, Die Hauptgefetze der germanifchen Flufsnamengebung 96.

Lohmeyer, Unfere Flufsnamen 96.

Verzeichnis der Mitarbeiter
am fünfundzwanzigften Jahrgange des Korrefpondenzblattes.

J. Bernhardt.	Hille.	Th. Reiche.	R. Sprenger.
H. Carftens.	H. Hünnekes.	M. Roediger.	Stuhr.
F. Crull.	H. Jellinghaus.	H. Saake.	L. Sunder.
E. Damköhler.	B. Kahle.	F. Sandvofs.	J. F. Voigt.
P. Eickhoff.	E. A. Kock.	W. Schlüter.	C. Walther.
P. Feit.	E Kück.	C. R. Schnitger.	J. Winkler.
F. Frensdorff.	J. Leithaeufer.	C. Schumann.	H. Wofiidlo.
F. Goebel.	A. Lonke.	J. Schufter.	W. Zahn.
A. Grabow.	O. Menfing.	K. Seitz.	Zernial.
A. N. Harzen-Müller.	Th. Redslob.	H. Sieveking.	

Druckberichtigungen.

S. 10, Z. 12 v. u. lies 87 f. ftatt 371.
S. 10, Z. 7 v. u. lies Kirl ftatt kirl.
S. 11, Z. 14 v. u. lies Stockholm ftatt Norrköping.
S. 13, Z. 5 ff. v. o. lies Zur ftatt In, heft ft. he, Löve ft. Löwe, föck ft. föek.
S. 15, Z. 3 v. u. lies erfetzt ftatt überfetzt.
S. 16, Z. 2 v. u. lies Diefenbach ftatt Dieffenbach.

S. 38, Z. 24 v. o. lies Poggenbarg ftatt Poggenburg.
S. 49, Z. 11 v. u. lies Lapskau (s) ftatt Laupskau(s).
S. 60, Z. 18 v. u. lies mij ftatt my.
S. 70, Z. 12 v. u. lies 11 ftatt II.
S. 90, Z. 10 v. o. lies XXIV ftatt XXV.
S. 91, Z. 16 v. o. lies 55 ftatt 56.

Korrespondenzblatt

des

Vereins für niederdeutsche Sprachforschung.

Jahrgang 1905.

Heft XXVI.

Norden und Leipzig.

Statuten
des Vereins für niederdeutfche Sprachforfchung gemäfs den Befchlüffen der Generalverfammlung zu Stralfund,
Pfingften 1877.

§ 1. Der Verein fetzt fich zum Ziele die Erforfchung der niederdeutfchen Sprache in Litteratur und Dialekt.

§ 2. Der Verein fucht feinen Zweck zu erreichen
1) durch Herausgabe eines Jahrbuches und eines Korrefpondenzblattes,
2) durch Veröffentlichung von niederdeutfchen Sprachdenkmälern.

§ 3. Der Sitz des Vereins ift vorläufig in Hamburg.

§ 4. Den Vorftand des Vereins bilden wenigftens fieben von der
Generalverfammlung zu erwäblende Mitglieder, von denen zwei ihren
Wohnort am Sitze des Vereins haben müffen. Aus dem Vorftande fcheidet
jährlich ein Mitglied aus, an deffen Stelle die Generalverfammlung ein
neues erwählt.

§ 5. Die Generalverfammlung findet jährlich zu Pfingften ftatt.

§ 6. Die literarifchen Veröffentlichungen des Vereins beforgen im
Auftrage des Vorftandes Redaktionsausfchüffe, in denen wenigftens je ein
Mitglied des Vorftandes fich befinden mufs.

§ 7. Der jährliche Minimalbeitrag der Mitglieder ift fünf Reichsmark.
Für denfelben wird die Zeitfchrift und das Korrefpondenzblatt geliefert.

Vorftand des Vereins.

Denfelben bilden zur Zeit die Herren:
Dr. Al. Reifferfcheid, Profeffor, Geh. Reg.-Rat, Greifswald,
Vorfitzender.
Dr. F. Joftes, Profeffor, Münfter i. W., Jüdefelderftr. 56.
Kaufmann Joh⁔ E. Rabe, Hamburg 36, gr. Reichenftr. 11.
Dr. G. Boethe, Profeffor, Weftend b. Berlin, Ahornallee 30.
Dr. W. Seelmann, Profeffor, Oberbibliothekar, Charlottenburg.
Dr. C. Walther, Hamburg.
Dr. Edw. Schröder, Profeffor, Göttingen, Grünen Weg 2.

KORRESPONDENZBLATT

DES VEREINS

FÜR NIEDERDEUTSCHE SPRACHFORSCHUNG.

HERAUSGEGEBEN

IM AUFTRAGE DES VORSTANDES.

JAHRGANG 1905.
HEFT XXVI.

HAMBURG.
NORDEN & LEIPZIG. DIEDR. SOLTAU. 1906.

Jahrg. 1905.   Hamburg.   Heft XXVI. № 1/2.

Korrefpondenzblatt

des Vereins
für niederdeutfche Sprachforfchung.

I. Kundgebungen des Vorftandes.

1. Mitgliederftand.

Karl Koppmann †.

Einen fchmerzlichen Verluft hat der Verein erlitten durch den Tod
eines feiner Begründer, der auch feit dreifsig Jahren Vorftandsmitglied
und Mitherausgeber des Korrefpondenzblattes gewefen ift, des Roftocker
Stadtarchivars Herrn Dr. phil. Karl Koppmann.

Er ftarb zu Roftock in der Nacht vom 25. auf den 26. März 1905
nach kurzer fchwerer Krankheit im eben angetretenen 66. Lebensjahre.

Eine Würdigung deffen, was er für den Verein und die niederdeutfche
Sprachforfchung geleiftet hat, foll eine folgende Nummer diofes Blattes
bringen.

Von einem zweiten Todesfall, den der Verein zu beklagen hat, berichtet Herr Dr. H. Jellinghaus dem Vorftande mit Beifügung einer
Lebensfkizze des Verftorbenen, Herrn Dr. Ludwig Sunder, der feit 1904
dem Verein angehörte.

Am 21. Febr. 1905 ftarb in Osnabrück Dr. med. Ludwig Sunder.
Geboren am 29. Oktober 1847 zu Ibbenbüren, Kr. Tecklenburg, widmete
er fich nach Abfolvierung des Gymnafiums in Münfter dem Studium der
Medizin und praktizierte von 1873—1898 in Seehaufen, Kr. Wanzleben.
Nachdem er feine Tätigkeit wegen Krankheit aufgeben mufste, befchäftigte
er fich mit nordifcher und deutfcher Volkskunde, befonders mit den
Ortsnamen.

Über diefen Gegenftand veröffentlichte er in den Magdeburgifchen
Gefchichtsblättern 37 u. 38: »Der Name Dodeleben«, »Wie fich das alt-
germanifche Erbrecht in den Ortsnamen wiederfpiegelt«, »Der Name
Drömling«.

Im Vereinsblatt des Harzklubs 10 (1903) S. 121—128 u. 145—150:
»Über optifche und akuftifche Signale und die Hillebille der Köhler im
Harzwalde.«

In dem Beiblatt zur Magdeburgifchen Zeitung 1903 Nr. 32: »Zum
Namen von Grofs- und Klein-Mühlingen.« — Nr. 30: »Hrachatom, der
deutfche Name für die Römerbrücke zwifchen Mainz und Caftel.« —
Nr. 7—11: »Unfere Ortsnamen und die nordifchen Sprachen.«

In den Osnabrücker Mitteilungen, Jahrgang 29 (1904) erfcheint von ihm eine gröfsere Abhandlung über »Die Holtings-Inftruktion der Graffchaft Lingen von 1590.«

Neue Mitglieder:

Yale Univerfity, Newhaven, Connecticut, Ver. Staaten.
Herr Oberlehrer G. W. Roft, Altona-Ottenfen.

Veränderte Adreffe:

Herr Th. Reiche, jetzt in Braunfchweig.

Die Herren Mitarbeiter

am Korrefpondenzblatt erlaube ich mir auf meine veränderte Adreffe (f. S. 32) aufmerkfam zu machen.   C. Walther.

2. Generalverfammlung.
30. Jahresverfammlung in Halberftadt am 13. und 14. Juni 1905.

Sonderprogramm
des Vereins für Niederdeutfche Sprachforfchung.

Dienstag, den 13. Juni.

9 Uhr: Gemeinfame Sitzung des Hanfifchen Gefchichtsvereins und des Niederdeutfchen Sprachvereins.

1. Begrüfsung beider Vereine.
2. Syndikus Dr. von Bippen aus Bremen: Zur Erinnerung an Karl Koppmann.
3. Prediger Arndt aus Halberftadt: Die Beziehungen Halberftadts zur Haufe.
4. Privatdozent Dr. Conrad Borchling aus Göttingen: Litterarifches und geiftiges Leben im Klofter Ebftorf gegen Ausgang des Mittelalters.

12¼ Uhr: Befprechung der im Sitzungszimmer ausgelegten niederdeutfchen Handfchriften und älteren Druckwerke aus der Domgymnafialbibliothek und der Stadtbibliothek in Halberftadt, der Gymnafialbibliothek in Quedlinburg, der fürftlichen Bibliothek in Wernigerode — durch Archivrat Dr. E. Jacobs aus Wernigerode, Geheimrat Prof. Dr. Reifferfcheid aus Greifswald u. A.

Mittwoch, den 14. Juni.

9½ Uhr: Gemeinfame Sitzung beider Vereine. Prof. Ed. Damköhler aus Blankenburg a. H.: Über die Herkunft der Bewohner des Harzes.

10½ Uhr: 1. Gefchäftliches.

2. Fortfetzung der Befprechung der Handfchriften.
3. Eventuel: Kleinere Mitteilungen, welche der Vorftand dem Vorfitzenden des Vereins, Geheimrat Dr. Al. Reifferfcheid in Greifswald, anzumelden bittet.

Die an der Jahresverfammlung teilnehmenden Mitglieder und Gäfte uuferes Vereines werden erfucht, fich in ein Album einzuzeichnen, welches im Verfammlungsraume aufliegen wird. Ebendafelbft werden auch Beitritts-erklärungen angenommen.

Für die Teilnahme an der Jahresverfammlung, die auch Nichtmitgliedern freiftebt, mufs eine Feftkarte zu Mk. 1,50 gelöft werden.

Wegen der feparaten Sitzungen des Hanfifchen Gefchichtsvereins, wegen der Befichtigung der Sehenswürdigkeiten und wegen der Feftlichkeiten und Ausflüge wird auf das beiliegende Gefamtprogramm beider Vereine verwiefen.

3. Mitgliederlifte des Vereins

im März 1905.

Die geehrten Mitglieder werden erfucht, etwaige Unrichtigkeiten zu entfchuldigen und Berichtigungen unferem Kaffenverwalter, Herrn Johs E. Rabe, Hamburg I, grofse Reichenftrafse 11, gefälligft zugeben zu laffen.

Nr. der Lifte	Name	Beruf	Wohnort	Mitglied feit
1020	Abraham, B.	Dr. jur., Rechtsanw.	Kiel	1897
923	Aldenhoven	Dr. ph., Hofrat	Köln	1894
1079	Almftedt, Il. B.	Dr., Affiftant Prof. Miffouri State Univerfity	Columbia, Miffouri	1901
703	Bachmann, Fr.	Paftor	Lübfee, Mecklbg	1885
980	Baefecke, G.	Dr. ph.	Charlottenburg	1896
403	Baethke, H.	Dr. ph., Oberlehrer	Lübeck	1878
791	Bäumker, W.	Dr. th., Pfarrer	Rurich, Bez. Aach.	1888
1078	Baufe, J.	Oberlehrer	Wongrowitz, Pof.	1901
1056	Beefe, W.	Dr. ph., Oberlehrer	Kiel	1900
120	Begemann	Dr. ph., Schulvorft.	Charlottenburg	1875
977	Berger, A. E.	Dr. pb , Univ.-Prof.	Halle	1895
863	Bernhardt, J.	Oberlehrer	Solingen	1890
41	Bernheim, E.	Dr. ph., Univ.-Prof.	Greifswald	1875
437	Bertheau, C.	Dr. th., Paftor	Hamburg	1879
1063	Bettmann, H.		Göttingen	1900
12	Bigot, C.	Dr. ph., Fabrikant	Hamburg	1874
417	Bindel, C.	Prof., Realfchullehrer	Schalke, Weftfal.	1878
726	Blümcke, O.	Dr. ph., Profeffor	Stettin	1886
919	Blumfchein, G.	Dr. ph., Oberlehrer	Köln	1894
949	Bojunga, K. H.	Dr. ph., Direktor	Magdeburg	1895
644	Bolte, J.	Dr. ph., Profeffor	Berlin	1883
388	Bolten, K.	Rentner	Schwerin	1878
1019	Borchling, K.	Dr. ph., Privatdozent	Göttingen	1897
1120	Bräuer, W.	Oberlehrer	Schluckenau, Böhmen	1905

1*

Nr. der Lifte	Name	Beruf	Wohnort	Mitglied feit
589	Brandes, H.	Dr. ph., Oberlehrer	Berlin	1881
772	Brandl, A.	Dr. ph., Univ.-Prof.	Berlin	1887
129	Braune, T. W.	Dr. ph., Univ.-Prof.	Heidelberg	1875
478	Brehmer, W.	Dr. jur., Senator	Lübeck	1879
707	Bremer, O.	Dr. ph., Univ.-Prof.	Halle	1885
1090	Brons, A. F.	Senator a. D.	Emden	1902
1018	Brons, B.	Konful	Emden	1897
63	Brütt, F.	Geh. Reg.-Rat	Rendsburg	1875
1044	Burchardi, G.	Dr. ph.	Friedenau bei Berlin	1899
536	Burdach, K.	Dr. ph., Univ.-Prof.	Grunewald bei Berlin	1880
831	Burg, F.	Dr. ph., Bibliothek-Sekretär	Hamburg	1889
1100	Callfen, O.	Profeffor	Magdeburg	1903
854	Campe, V.	Dr. ph., Profeffor	Putbus, Rügen	1890
351	Carftens, H.	Lehrer	Dahrenwurth, Dithmarfchen	1878
1016	Claerhout, J.	Abbé	Pitthem, Belgien	1897
1118	Cock, J. de	Dr. ph., Univ.-Dozent	Löwen, Belgien	1904
482	Collitz, H.	Dr. ph., Prof. Bryn Mawr College	Bryn Mawr, Pennfylvan	1879
561	Contzen, L.	Dr. ph., Gymn.-Dir.	Bonn	1881
1054	Crome, B.	Dr. ph.	Göttingen	1900
479	Crull, F.	Dr. med., Arzt	Wismar	1879
630	Damköhler, E.	Profeffor	Blankenburg a. H.	1882
1064	Deicke, L.	Dr. ph.	Bremen	1900
681	Diffel, C.	Dr. ph., Profeffor	Hamburg	1884
1107	Doorninck, P. H. v.		Bennebroek bei Haarlem	1904
906	Doornkaat Koolman, J. ten	Kommerzienrat	Norden	1893
1093	Dragendorff, E.	Dr. ph., Archiv-Sekr.	Roftock	1902
867	Ehrismann, G.	Dr. ph., Univ.-Prof.	Heidelberg	1891
1021	Elliffen, O. A.	Dr. ph., Oberlehrer	Einbeck	1898
892	Euling, K.	Dr. ph., Oberlehrer	Königsberg i. Pr.	1893
1053	Evers, G. A.	Buchhändler	Groningen, Niederlande	1899
1088	Fabricius, F.	Dr. jur., Oberland-gerichtsfenatspräfid.	Breslau	1902
348	Fabricius, G.	Oberlehrer	Bützow, Mecklb.	1878
874	Fafs, C.	Dr. ph., Oberlehrer	Halberftadt	1891
5	Feit. P.	Dr. ph., Prof., Gymn.-Direktor	Breslau	1874
1119	Finder, E.	Dr. ph., Oberlehrer	Hamburg	1904

Nr. er Lifte	Name	Beruf	Wohnort	Mitglied feit
917	Franck, J.	Dr. ph., Univ.-Prof.	Bonn	1894
22	Frensdorff, F.	Dr. jur., Univ.-Prof., Geh. Juftizrat	Göttingen	1875
665	Freybe, A.	Dr. th. u. ph., Prof	Parchim	1884
939	Friebe, K.	Dr. ph., Oberlehrer	Greifswald	1894
160	Fuhlhage, K.	Profeffor	Minden	1876
1109	Gänge, T.		Kiel	1904
261	Gallée, J. H.	Dr. ph., Univ.-Prof.	Utrecht	1876
952	Gafter, B.	Dr. ph., Direktor	Antwerpen	1895
373	Gebert, W.	Dr. ph., Gymn.-Lehr.	Bremen	1878
1108	Glafer	Dr. ph., Oberlehrer	Kiel	1904
1103	Glafewald	Konfiftorialpräfident	Magdeburg	1903
884	Gloede, O.	Dr. ph., Oberlehrer	Doberan	1891
986	Goebel, F.	Dr. ph., Oberlehrer	Hannover	1896
872	Goedel, G.	Konfiftorialrat, Marine-Oberpfarrer	Wilhelmshaven	1891
965	Golther, W.	Dr. ph., Univ.-Prof.	Roftock	1895
191	Grabow, A.	Dr. ph., Schulrat a. D.	Wilmersdorf bei Berlin	1876
64	Gräfe, L.	Buchhändler	Hamburg	1875
1013	Graffunder	Dr. ph., Oberlehrer	Schöneberg bei Berlin	1899
462	Grevel, W.	Rentner	Düffeldorf	1879
1095	Haack, G.	Dr. ph., Oberlehrer	Altona-Ottenfen	1903
382	Hagedorn, A.	Dr. ph., Senats-Sekr.	Hamburg	1878
868	Hahn, D.	Dr. jur.	Berlin	1891
929	Hamm	Geh. Juftizrat, Oberlandesgerichtspräf.	Köln	1894
857	Hanfen, E.	Oberlehrer	Flensburg	1890
1080	Hanfen, Reimer	Dr. ph., Gymn.-Prof.	Oldesloe	1901
761	Hartmann, H.	Dr. ph., Oberlehrer	Steglitz b. Berlin	1887
1101	Haufchild, W.	Lehrer	Magdeburg	1903
1077	Helm, K.	Dr. ph., Privatdozent	Giefsen	1901
1083	Hennemann, H.	Dr. ph., Rektor	Anklam	1902
384	Henning, R.	Dr. ph., Univ.-Prof.	Strafsburg	1878
104	Heyne, M.	Dr. ph., Univ.-Prof.	Göttingen	1875
721	Hoeck, N. E.	Oberlehrer	Rendsburg	1885
695	Hofmeifter, A.	Dr. ph., Univ.-Bibl.	Roftock	1885
1081	Holft, Fräul. Clara	Dr. ph.	Kriftiania	1901
786	Hülft, T. v.	Gutsbefitzer	Lintel, Oftfriesl.	1888
395	Hünnekes, H.	Dr. ph., Progymnaf.-Direktor	Linz a. Rh.	1878
813	Ilgen, T.	Dr. ph., Archiv-Dir.	Düffeldorf	1889
848	Ipfen, J.	Landgerichtsdirektor	Hamburg	1890
1091	Jacobs, J.	Oberpoftfekretär	Hannover	1902
184	Jänifch, J.	Dr. ph.	Hamburg	1876

Nr. der Lifte	Name	Beruf	Wohnort	Mitglied feit
16	Jellinghaus, H.	Dr. ph., Gymn.-Dir. a. D.	Osnabrück	1874
427	Jellinghaus, K.	Paftor	Wallenbrück, Weftfalen	1879
899	Joachim, H.	Dr. ph.	Hamburg	1893
686	Joftes, F.	Dr. ph., Univ.-Prof.	Münfter	1885
766	Kahle, B.	Dr. ph., Univ.-Prof.	Heidelberg	1887
713	Kalff, G.	Dr. ph., Univ.-Prof.	Leiden	1885
751	Kauffmann, F.	Dr. ph., Univ.-Prof.	Kiel	1887
1092	Kern, J. H.	Dr. ph., Univ.-Prof.	Groningen	1902
950	Kirchhoff	Oberlehrer	Norden	1895
940	Kluge, F.	Dr. ph., Univ.-Prof.	Freiburg i. B.	1894
592	Knoop, O.	Profeffor	Rogafen	1881
424	Kochendörffer, K.	Dr. ph., Oberbiblioth.	Königsberg	1879
1121	Kock, Eruft A.	Dr. ph., Dozent	Lund. Schweden	1905
8	Köhler, H.	Lehrer	Hamburg	1874
549	Könnecke	Dr. ph., Archivrat	Marburg i. H.	1880
841	Köfter, A.	Dr. ph., Univ.-Prof.	Leipzig	1889
1073	Kohn, F.	Rechtsanwalt	Dortmund	1901
767	Konrath	Dr. ph., Univ.-Prof.	Greifswald	1888
7	Koppmann, K.	Dr. ph., Stadtarchivar	Roftock	1874
1114	Korlén, A.		Upfala	1904
1041	Kraut	Amtsgerichtsrat	Lüneburg	1899
1111	Krumm, H.	Profeffor	Kiel	1904
981	Kück, E.	Dr. ph., Oberlehrer	Friedenau b. Berl.	1896
1059	Langenberg, R.	Dr. ph., Handelsfchullehrer	Osnabrück	1899
1048	Lappenberg, F. A.	Dr. jur., Senator	Hamburg	1899
978	Leithäufer, J.	Dr. ph., Oberlehrer	Barmen	1896
988	Leitzmann, A.	Dr. ph., Univ.-Prof.	Jena	1896
743	Lenz, F.	Geh. Kommerzienrat	Berlin	1887
203	Liebermann	Dr. ph., Univ.-Prof.	Berlin	1876
1087	Liefenberg, L.	Dr., Profeffor	Cattenftedt a. H.	1902
969	Linfe, E.	Dr. ph., Profeffor	Dortmund	1895
833	Loewe, R.	Dr. ph.	Berlin	1889
976	Lonke, A.	Oberlehrer	Bremen	1895
732	Lücke, O.	Dr. ph., kgl. Gymn.-Direktor	Leer	1886
663	Luther, J.	Dr. ph., Bibliothekar	Berlin	1884
642	Maafs, E.	Verlagsbuchhändler	Hamburg	1883
968	Mack, H.	Dr. ph., Stadtarchivar	Braunfchweig	1895
45	Martin, E.	Dr. ph., Univ.-Prof.	Strafsburg	1875
784	Maurmann, E.	Dr. ph.	Marburg i. H.	1888
958	Meier, John	Dr. ph., Univ.-Prof.	Bafel	1895
948	Meifsner, R.	Dr. ph., Univ.-Prof.	Göttingen	1895
1017	Menfing, O.	Dr. ph., Oberlehrer	Kiel	1897

Nr der Liste	Name	Beruf	Wohnort	Mitglied feit
1027	Meyer, Heinr.	Dr. ph.	Göttingen	1898
909	Meyer, Karl	Dr. ph., Bibliothekar	Hannover	1893
737	Meyer, Rich.	Dr. ph , Univ.-Prof.	Berlin	1887
1009	Michels, V.	Dr. ph., Univ.-Prof.	Jena	1897
48	Mielck, Frau Dr. J. B. Wwe.		Hamburg	1875
3	Mielck, Frau Dr. W. H. Wwe.		Hamburg	1874
1113	Mohr, Artur vor	Dr.	Göttingen	1904
1074	Moormann, B.	Gutsbefitzer	Werne, Westfalen	1901
276	Mofen, R.	Dr.ph.,Geh.Reg.-Rat, Oberbibliothekar	Oldenburg	1877
725	Muller, J. W.	Dr. ph., Univ.-Prof.	Utrecht	1885
331	Mummenhoff, W.	Profeffor	Recklinghaufen	1877
704	Nehring, K.	Dr. ph., Profeffor	Berlin	1885
30	Nerger, K.	Dr. ph., Oberlehrer	Roftock	1875
645	Niffen, C. A.	Dr. ph., Univ.-Prof.	Kopenhagen	1883
1040	Nöldeke, O.	Paftor	Mechtshaufen a. Harz	1899
650	Nörrenberg, K.	Dr. ph., Stadtbibliothekar	Düffeldorf	1884
967	Nolting, H.	Lehrer	Arrenkamp i. Westfalen	1895
905	Oefele, Baron F. v.	Dr. med., Arzt	Bad Neuenahr	1893
798	Oftendorf, A.	Gymn.-Direktor	Bunzlau	1888
1102	Perlbach	Dr. ph., Prof., kgl. Bibl.-Dir.	Berlin	1903
494	Peters, J.	Prof. a. D.	Leitmeritz	1879
882	Pickert, W.	Oberlehrer	Stolp i. P.	1892
869	Pietfch, P.	Dr. ph., Univ.-Prof.	Berlin	1891
776	Pott, A.		Witten a. Ruhr	1888
451	Prieger, E.	Dr. ph.	Bonn	1879
956	Priefack, J.	Dr. ph., Städtifcher Archivar	Breslau	1895
273	Prochownik, H.	Dr. med., Arzt	Hamburg	1877
789	Puls, A.	Dr. ph., Profeffor	Altona	1883
393	Pyl, T.	Dr. ph., Univ.-Prof.	Greifswald	1878
740	Rabe, Joh? E.	Kaufmann	Hamburg	1887
871	Rabius	Landes-Gekou.-Rat	Northeim i. H.	1891
1000	Raebel, O	Dr. ph., Oberlehrer u. Leiter d. Realfchule	Finfterwalde	1896
1052	Rapp, G.	Dr. jur.	Hamburg	1900
1036	Rathje, C.	Buchhändler	Neumünfter	1892
557	Rautenberg, E. T.	Dr. ph., Prof., Realfchuldirektor	Hamburg	1881
1112	Redslob, T.	Dr. ph.	Hamburg	1904

Nr. der Liſte	Name	Beruf	Wohnort	Mitglied ſeit
793	Reiche, T.	Lehrer a. D.	Jena	1888
1025	Reicke, J.	Dr. ph., Univ.-Bibl.	Göttingen	1896
183	Reifferſcheid, A.	Dr. ph., Univ.-Prof., Geh. Reg.-Rat	Greifswald	1876
889	Reimers, F.	Dr. jur., Rechtsanw.	Hamburg	1892
610	Remmers, J.	General-Superintend.	Stade	1882
777	Ritter, F.	Dr. ph., Profeſſor	Emden	1887
656	Rödiger, M.	Dr. ph., Univ.-Prof.	Berlin	1884
347	Röhrs, L. C.	Buchdruckereibeſitzer	Northeim	1878
620	Roethe, G.	Dr. ph., Univ.-Prof	Berlin	1882
1049	Roſenhagen, G.	Dr. ph., Oberlehrer	Hamburg	1900
545	Rothſtein, J. W.	Dr. ph., Univ.-Prof.	Halle	1880
961	Rüther, H.	Paſtor	Neuenwalde, Hannover	1895
989	Ruhfus, W.	Dr. ph., Verlagsbuch-händler	Dortmund	1896
1096	Saake, H.		Sampierdarena bei Genua	1903
1086	Sander	Paſtor	Hünxe, Rheinpr.	1902
293	Sandvofs, F.		Weimar	1877
76	Sartori, A.	Gymn.-Profeſſor	Lübeck	1875
1098	Sauer, A.	Univ.-Profeſſor	Smichow b. Prag	1903
81	Schäfer, D.	Dr. ph., Univ.-Prof., Geh. Rat	Steglitz b. Berlin	1875
910	Schäfer, H.	Prof., Gymn.-Direktor	Hannover	1893
837	Schaub, E.	Dr. ph., Gymn.-Ober-lehrer	Saarbrücken	1889
212	Schlüter, W.	Dr. ph., Hofrat, Ober-bibliothekar a. d. Univ.-Bibliothek	Dorpat	1876
754	Schmidt, E.	Dr. ph., Univ.-Prof.	Berlin	1887
529	Schöffer, C.	Kaufmann	Amſterdam	1880
666	Schrader, T.	Dr. jur., Landgerichts-direktor	Hamburg	1884
826	Schriever	Domkapitular	Osnabrück	1889
130	Schröder, C.	Dr. ph., Geh.Reg.-Rat, Vorſt. d. grofshzgl. Bibliothek	Schwerin	1875
319	Schröder, Edward	Dr. ph., Univ.-Prof.	Göttingen	1877
794	Schröder, H.	Dr. ph., Gymn -Lehr.	Kiel	1888
1014	Schröder, Ludwig	Lehrer	Iſerlohn	1897
792	Schüddekopf, C.	Dr. ph., Aſſiſtent am Goethe-Schill.-Arch.	Weimar	1889
974	Schünemann	Gymn.-Prof.	Greifswald	1895
1094	Schütte, O.	Oberlehrer	Braunſchweig	1903
799	Schultz, Fr.		Wismar	1888

Nr. der Lifte	Name	Beruf	Wohnort	Mitglied feit
1006	Schulze, W.	Dr. ph., Univ.-Prof.	Berlin	1895
315	Schumann, C.	Profeffor	Lübeck	1877
77	Schufter, J.	Dr. ph.	Hamburg	1875
954	Schwarz, F.	Dr. ph., Oberlehrer	Roftock	1895
274	Seelmann, W.	Dr. ph., Prof., Ober-bibliothekar a. d. kgl. Univ. Berlin	Charlottenburg	1877
648	Seitz, K.	Dr. ph., Prof., Gymn.-Dir. a. D.	Itzehoe	1883
769	Siebs, T.	Dr. ph., Univ.-Prof.	Breslau	1888
1012	Sieveking, H.	Dr. med., Phyfikus	Hamburg	1897
911	Sievers, E.	Dr. ph., Univ.-Prof., Geh. Hofrat	Leipzig	1893
779	Singer, S.	Dr. ph. u. jur., Univ.-Prof.	Bern	1888
938	Soltau, O. G.	Verlagsbuchhändler	Norden	1894
1084	Spehr, E.	Oberl. a. d. Realfch.	Roftock	1902
1050	Spitzer, J.	Dr. ph., Bibl.-Sekr.	Hamburg	1899
317	Sprenger, R.	Dr. ph., Prof.	Northeim	1877
651	Staehle, A.	Hauptmann a. D.	Neuenhaus, Han-nover	1886
167	Starck, C.	Dr. ph., Prof.	Doberan	1876
1072	Steinbach, O.	Gymn.-Oberl.	Bielefeld	1901
902	Stölting, A.	Oberlehrer	Witten a d. Ruhr	1893
893	Stoett, F. A.	Dr. ph., Gymn.-Lehrer	Amfterdam	1893
1099	Stoppel	Dr. ph., Prof.	Wismar	1903
333	Strauch, P.	Dr. ph., Univ.-Prof.	Halle	1878
783	Stübe, J.	Kaufmann	Hamburg	1888
258	Stuhlmann, E. J. A.	Dr. ph., Schulrat	Hamburg	1876
361	Tümpel, H.	Dr. ph., Prof.	Bielefeld	1878
716	Verdam, J.	Dr ph., Univ.-Prof.	Leiden	1885
762	Vogt, F.	Dr. ph., Univ.-Prof.	Marburg	1887
13	Voigt, J. F.	Dr. jur., Rat a. D.	Hamburg	1874
1013	Volckmar, E.	Gymn.-Oberlehrer	Höxter	1897
920	Voulliéme, E.	Dr. ph., königl. Biblio-thekar	Halenfee bei Berlin	1894
1022	Wadftein, Elis	Dr. ph., Univ.-Prof.	Gotenburg	1897
1060	Wagner, F.	Dr. ph., Stadtarchivar	Göttingen	1899
634	Waldberg, Freiherr Max v.	Dr. ph., Univ.-Prof.	Heidelberg	1883
2	Walther, C.	Dr. ph.	Hamburg	1874
1071	Weber, H.		Hamburg	1901
205	Wenker, G.	Dr. ph., Prof., Ober-bibliothekar	Marburg	1876
964	Wernfing, H.		Greenview, Illinois	1895

Nr. der Lifte	Name	Beruf	Wohnort	Mitglied feit
523	Wesmöller, F.	Profeffor	Brilon	1880
935	Wiepen	Dr. ph., Profeffor	Köln	1894
1097	Willner, H.	Dr. ph.	Stolberg b. Aachen	1903
51	Winkler, Joh.	Arzt	Haarlem	1875
1115	Wippermann, F.	Oberlehrer	Meiderich, Rheinprovinz	1904
499	Wohlwill, A.	Dr. ph., Profeffor	Hamburg	1879
1110	Wolff, E.	Dr. ph., Univ.-Prof.	Kiel	1904
875	Wolff, H.	Kommerzienrat	Braunfchweig	1891
696	Woffidlo, R.	Gymn.-Oberlehrer	Waren	1885
708	Wrede, F.	Dr. ph., Univ.-Prof.	Marburg	1885
364	Zahn, W.		Hamburg	1878
881	Zernial	Dr. ph., Univ.-Prof.	Gr.-Lichterfelde bei Berlin	1892
126	Zimmermann	Dr. ph., Staatsarchivar	Wolfenbüttel	1875

Anstalten und Vereine.

Nr. der Lifte	Ort	Name	Mitglied feit
1104	Amfterdam	Philologifche Gefellfchaft Germania	1903
676	Aurich	Oftfriefifche Landfchaft	1884
137	Berlin	Gefellfchaft für das Studium der neueren Sprachen	1875
144	Berlin	Königliche Bibliothek	1876
145	Berlin	Univerfitäts-Bibliothek	1876
339	Berlin	Gefellfchaft für deutfche Philologie	1878
694	Berlin	Seminar für germanifche Philologie	1885
722	Berlin	Verein Quickborn	1885
1038	Berlin	Verein der Mecklenburg-Schweriner	1898
18	Braunfchweig	Stadtbibliothek	1874
89	Braunfchweig	Herzogl. Gymnafial-Bibliothek Martino-Catharineum	1875
679	Bremen	Archiv	1884
990	Bremen	Stadtbibliothek	1896
982	Bryn Mawr, Pa. Ver. Staaten	Bryn Mawr College	1896
1067	Danzig	Stadtbibliothek	1900

Nr. der Lifte	Ort	Name	Mitglied feit
422	Detmold	Landesbibliothek	1879
170	Düffeldorf	Landes- uud Stadt-Bibliothek	1876
859	Einbeck	Real-Gymnafium	1890
493	Emden	Bibliothek der Gefellfchaft für bildende Kunft und vaterländ. Altertümer	1879
1089	Emden	die Stadt	1902
936	Emmerich	Gymnafial-Bibliothek	1894
641	Erlangen	Univerfitäts-Bibliothek	1883
1051	Eutin	Grofsherzogliche Bibliothek	1899
845	Freiburg i. B.	Univerfitäts-Bibliothek	1889
735	Giefsen	Univerfitäts-Bibliothek	1888
944	Glückftadt	Gymnafium	1894
844	Göttingen	Königl. Seminar für deutfche Philologie	1889
1010	Gotenburg	Stadtbibliothek	1897
828	Greifswald	Univerfitäts-Bibliothek	1889
829	Greifswald	Germaniftifches Seminar	1889
657	Halle a. S.	Königl. Univerfitäts-Bibliothek	1884
99	Hamburg	Stadtbibliothek	1875
154	Hannover	Stadtbibliothek	1876
248	Heidelberg	Univerfitäts-Bibliothek	1876
1058	Innsbruck	K. K. Univerfitäts-Bibliothek	1900
481	Kaffel	Ständifche Landesbibliothek	1879
1026	Kiel	Schleswig-Holfteinifche Landesbibliothek	1898
1070	Kiel	Verein Quickborn	1901
1085	Kiel	Königl. Gymnafium	1902
110	Königsberg i. Pr.	Königl. und Univerfitäts-Bibliothek	1875
904	Leiden	Maatfchappij der Nederlandfche Letterkunde	1893
247	Leipzig	Univerfitäts-Bibliothek	1876
710	Leipzig	Königl. deutfches Seminar der Univerfität	1885
349	Lübeck	Stadtbibliothek	1878
865	Marburg	Germaniftifches Seminar	1890
895	Marburg	Univerfitäts-Bibliothek	1893
970	Münfter i. W.	Königl. Paulinifche Bibliothek	1895
553	Neu-Brandenburg	Gymnafium	1880
107	Oldenburg	Grofsherzogl. öffentliche Bibliothek	1875
1015	Prag	Univerfitäts-Bibliothek	1897
750	Quedlinburg	Stadtbibliothek	1887
886	Riga	Gefellfchaft für Gefchichte und Altertumskunde der ruffifchen Oftfeeprovinzen	1892
173	Roftock	Grofsherzogl. Univerfitäts-Bibliothek	1876
880	Roftock	Gymnafial-Bibliothek der grofsen Stadtfchule	1892
896	Salzwedel	Altmärkifcher Verein für vaterländifche Gefchichte und Induftrie	1893
436	Schleswig	Königl. Staatsarchiv	1879

2*

Nr. der Lifte	Ort	Name	Mitglied feit
360	Schwerin	Verein für mecklenburgifche Gefchichte und Altertumskunde	1878
639	Soeft	Verein für die Gefchichte von Sooft und der Börde	1883
272	Stade	Verein für Gefchichte und Altertumskunde der Herzogt. Bremen und Verden und des Landes Hadeln	1877
520	Stettin	Gefellfchaft für Pommerfche Gefchichte und Altertumskunde	1880
1117	Stettin	Stadtbibliothek	1904
358	Strafsburg	Kaiferl. Univerfitäts- u. Landesbibliothek	1878
1057	Tübingen	Königl. Univerfitäts-Bibliothek	1900
887	Upfala	Königl. Univerfitäts-Bibliothek	1892
582	Weimar	Grofsherzogl. Bibliothek	1881
101	Wernigerode	Fürftlich Stolbergfche Bibliothek	1875
1068	Wiesbaden	Naffauifche Landesbibliothek	1901
504	Wismar	Bibliothek der grofsen Stadtfchule	1879
86	Wolfenbüttel	Herzogl. Braunfchweig-Lüneburgifche Bibliothek	1875
1082	Wolfenbüttel	Herzogl. Landes-Hauptarchiv	1901
864	Worms	Paulus-Mufeum	1890

II. Mitteilungen aus dem Mitgliederkreife.

Ein niederdeutfches Spottlied auf die Göttinger Revolte vom Januar 1831.

Die Parifer Julirevolution des Jahres 1830 hat bekanntlich auch diesfeits des Rheins vielfachen Wiederhall gefunden. Selbft ein im Grunde fo ruhiges Volk wie das hannoverfche blieb davon nicht verfchont. An den verfchiedenften Stellen des Königreichs: in Lüneburg, Ülzen, Hildesheim, Ofterode und Göttingen kam es zu Unruhen. Am drohendften liefs fich der Aufftand an, der am 8. Januar 1831 unter Führung eines Privatdozenten und zweier Advokaten in Göttingen ausbrach. — Etwa eine Woche lang war die ftille Mufenftadt der Schauplatz des tollften Treibens; bis dann beim Heranrücken der hannoverfchen Truppen der »Revolution« durch den General von dem Busfche ein rafches und unblutiges Ende gemacht wurde. (Über alle näheren Einzelheiten verweife ich auf die eingehende Darftellung bei: W. von Haffell, Gefchichte des Königreichs Hannover. Bremen 1898. Bd. I, S. 298—307.)

Das nachftehende Lied auf die »Göttinger Infurgenten« fand ich auf der Königlichen Bibliothek zu Hannover in einem umfangreichen Sammelbande in Quart, der eine grofse Anzahl von Gratulationsadreffen, Gelegenbeitsgedichten etc. auf den allgemein beliebten und verehrten Herzog Adolph Friedrich von Cambridge enthält, welcher bekanntlich an Stelle feines Bruders des Königs Wilhelm IV. als General-Gouverneur in Hannover weilte, und der auch bei den Unruhen jener Zeit durch fein wohlwollendes perfönliches Eintreten fehr viel zur Beruhigung der Gemüter beitrug. — Unter den Gedichten diefes Bandes befchäftigen fich noch mehrere mit der revolutionären Bewegung im Königreich Hannover. Beiläufig bemerkt, befindet fich unter diefen auch ein lateinifches Carmen (eine Nachbildung der Horazifchen Ode I, 2. Jam satis terris ff.), das den Direktor des hannoverfchen Lyceums G. F. Grotefend, den berühmten Entzifferer der Keilfchrift, zum Verfaffer hat.

Das hier mitgeteilte niederdeutfche Lied ift auf zwei Quartblättern fehr fauber und deutlich gefchrieben; es trägt die Unterfchrift: Haake fec: Celle, 1831. Leider habe ich über den Dichter nichts näheres feft-ftellen können.

Die Mundart des Gedichtes ift, wie fofort erfichtlich, nicht die cellifche; fie beweift vielmehr, dafs der Verfaffer aus dem Süden Hannovers ftammt.

Bei der Niederfchrift fcheinen dem Schreiber mehrfache Schreibfehler unterlaufen zu fein.

Der Abdruck, welcher in der Schreibweife genau das Original wiedergiebt, möge dadurch feine Rechtfertigung finden, dafs wir es hier wohl mit einem der letzten Repräfentanten des einftmals auf nieder-deutfchem Sprachgebiet fo fehr beliebten politifchen Spottliedes zu tun haben. —

En Riem up dei Gettinger Infurgenten.

1. Jyk Oettinger is dei Kop wohl verfrohren!
   Sin Jy nich recht dumme Beifter!
   Et fchient, Jy hewet denn Verftand verlohren —
   Dat maakt, Jy wohnt hindern Deifter,
   Da fieht mann midden in Sommer Schnie —
   Jy willt Jyk maaken in Fryheit frie!

2. Kennt unfe Obern denn da wohl vor,
   Dat et twey Jahr tauveel regnet?
   Dragt den Ew'gen mit Bidden vort Ohr,
   Dat hei [dei] Tyt nuh wedder feguet!
   Ick glowe, Jyk quälet dei Overmuht;
   Jy harred['t] vor allen andern jo guht!

3. Jy Efels, wat fin Jy doch vor en Pack!
   Jy laht't Jyk von Schurken verfeiren;
   Jy Limmels! un ruukt nich den Fufeltoback.
   Dat fey Jyk denn Hals wilt taufchneiren,
   Dat maaket, Jy behet[1]) des Morgens wohl nich:
   »Mein Gott, ach leite un führe mich!«

---

[1]) Mf. Behet.

4. Nuh linn Jy meineidig, un duffe Flauck
Wart Jyk bet int Graf nich verlahten!
Doch labtet Jyk rahn, un wehret nuh klauck
Un brüükt Overlegung mit Maaten.
Laatet doch dei Schebbenftedfchen Streiche fien:
Sonft linn Jy jo dummer noch als dei Schwien!

5. Wat hewe Jy da nuh[1]) mit uteheckt,
Jy erzdumme Canaljenwaare?
Meine Jy denn, dat uns dat guht fchmeckt,
Dat wy nuh[1]) tann nüe Jahre —
Ohnhenn bey dürer un nahrlofer Tyt[2]) —
Weert Geld vor Inquartierungen[3]) quit?

6. Jy hoopten wohl von uns Hilpe! jawohl!
Wy wilt Jyk Schleive wat fch . . . . n!
Uns is bey William den vierten gans wohl
Un laht't uns nich von ehme rieten.
Jyk hale dei Deuvel, fau veel wie hei will:
Wie find mit William taufredden und ftill!

7. Dat Minfchlichkeit under denn Menfchen vergaiht,
Ward wohl bed and Enne fau blieben.
Wer is, dei under Jyk davor infteit
Un fick et drieft ward underfchrieben,
Dat, wenn et nach Juen Gedanken ging heer,
Werre gar kein Unrecht un Underfchleif mehr?

8. Gottsfurcht, Gehorfam un Arbeitfamkeit
Wart Jyk nich laaten verdarben.
Eiwet Jyk ohne Gyz in Sparfamkeit,
Sau kenn Jy mahl ruhig henftarben.
Dei ewigen Dinge felt Jyk nich raaken,
Denn dei wart uns leiwe Herr Gott wohl maaken!

9. Doch da Jy nuh[4]) wedder tau Krüz kropen find,
Sau foll Jy ook nuh[4]) wedder leben.
Gott un unfe König verftödt jo kein Kind.
Dat fick öhm hat wedder ergeben!
Ick filbenft flehe dick William an:
Laat Gnade doch nuh[4]) wedder vor Recht ergahn!

10. O labt, mien William, wo't jichtens[5]) angeiht,
Studenten, Filifter un Buhren
Vor ehre Schaapdremlige Liederlichkeit
Nich lang up Begnadigung luhren.
Left, William, du Gnade vor Recht ergahn,
Sau fchmeckt dick dat behter noch als Marcipaan!

---

[1]) Mf. euch. [2]) Mf. diefer un Nahrlofer Tüd. [3]) Mf. vor uht inquartierungen.
[4]) Mf. euh. [5]) Mf. nichtens.

11. Mien William, ick behde recht herzlich vor dick,
Dat dei Ew'ge dick feg'u un behüde;
Hei laate fieu Antliz leuchten ower dick
Un gew' dick fien göttligen Frieden.
Mien gnädigfte König, wat wünfcheft du mehr?
Alleene Gott in der Hegte fei Ehr!

Haake fec: Celle, 1831.

Hannover. _____ Fritz Goebel.

Zum Gedichte von der Seele und dem Leichnam (Jahrbuch V).
499—503. ik fprak, man fchal flan de fchyven,
de wile dat se lopen mach.
nu is aver komen eyn dach,
dat de fulve fchyveflach
nicht lengher enlopen mach.
Der Herausgeber fetzt ein Ausrufungszeichen hinter enlopen, will
-flach tilgen und die beiden letzten Verfe zufammenziehen. Allein de
fchyveslach lopet läfst fich gut fagen. Vgl. z. B. in dem fchwedifchen
Kinderfpiel »slå triffa«: Hur långt gick ditt slag? Im Heliand finden
wir: thar ftopun (Schritte) gengun, hroffo hofslaga endi helido
trada 2400 f.

Lund. _____ E. A. Kock.

Zum Lübecker Totentanz v. J. 1520 (Jahrbuch XXI).
V. 143 f. God, de hogefte, erfte unde de befte,
He helpet erft unde ok in dat lefte.
Der Tod redet hier »to dem doctor«. Erfte heifst nicht »[der]
erfte«, fondern »Arzt«. Das Komma vor dem Worte ift alfo zu tilgen.
Vgl.: fo do de abbet alfe eyn wis erfte Wolfenbütt. Benediktiner-
regeln 56: 6. Ebd. 55: 10.

Lund. _____ E. A. Kock.

Finner, Vinne.
Markgraf Otto aus dem Haufe Wittelsbach, der von 1324—1351 die
Mark Brandenburg regierte, führte bekanntlich den Beinamen der Finner
oder der Faule. Finner wird vielfach fälfchlich als der Finne erklärt.
Die richtige Erklärung findet fich in einer Randgloffe zu Aventins Bayrifcher
Chronik (1566): 506 b und Annales (1627): 490: »i. e. ain rechte Fene,
i. e. ignavus (f. Schmeller-Frommann, Bayer. Wb. I, 722). Ich vermute,
dafs Finner ein niederdeutfches Scheltwort ift, mit dem feine märkifchen
Untertanen den tatenlofen Herrfcher belegten. Sollte nicht das fem. vinne
bei Gerb. v. Minden, her. v. W. Seelmann, 70, 13 dazu gehören? Ich
habe zwar felbft vermutet, dafs olde dëvinne statt olde vinne zu lefeu
fei, aber Lübben hat feinerzeit diefe Vermutung wegen des Versmafses
mit Recht verworfen.

Northeim. _____ R. Sprenger.

Zu Stürenburgs Oftfriefifchem Wörterbuch.

S. 159 wird aus dem Oftfrief. Landrecht, her. v. M. v. Wicht, verzeichnet: »Nette-Boven, Spitzbuben mit Masken [Netzen].« Vgl. Mnd. Wb. III, 180; VI, 224; Handwörterb. S. 246. Dafs es fich um geftrickte Netze handelt, die, vielleicht zur Zauberei dienend, (Mnd. Wb. IV, 434) von den fahrenden Schülern um den Hals getragen wurden, ergibt fich aus meiner Bemerkung zu Gerh. v. Minden, her. v. W. Seelmann, im Jahrbuch des Nd. Sprachvereins V, 187.

Northeim.   R. Sprenger.

Kinkerlitz(ch)en.

Das Grimmfche Wb. behandelt das Wort eingehend, ohne etwas (mir wenigftens) Genügendes zu bieten. Erwünfcht wäre zu erfahren, was gegen die fich von felbft aufdrängende Ableitung vom franz. quincaillerie(s) fpricht. Vgl. Kick(Geck-)fchoferei, aus quelque chose.

Linz a. Rh.   Hünnekes.

Larifari.

S. Grimm und Weigand. Der erfte Teil des Wortes ift zweifellos das holländifche larie (dummes Gefchwätz); eine fehr gebräuchliche holländifche Redensart ift: »Dat is maar larie.« An diefes lari trat das bedeutungslofe fari, unter dem Einfluffe der Solmifation; f. bei Weigand: »die meffe terribilis La re fa re ut in excelfis.«

Linz a. Rh.   Hünnekes.

igitt (XXV, 43 f. 60 ff.).

Von Hamburg her ift der von dort, aus Lübeck, Bremen, Hannover und Northeim verzeichnete Ausruf auch mir durchaus geläufig und zwar zur Bezeichnung von Etwas, das dem Betreffenden widerwärtig, ekelhaft ift. Die durch Redslob bezeugte Nebenform »ichgitt« habe ich nie gehört; den adjektivifchen Gebrauch (»den igitten kram«) halte ich für unberechtigt. Die Verdoppelung »igittigitt« ift auch in Hamburg fehr gewöhnlich; in einem in Oldenburg (Bistum Lübeck) fpielenden Roman (E. v. Wald-Zedtwitz, Kein Erbarmen, Bd. 2) trifft man fie ebenfalls. Eine Verdreifachung des »gitt« ift mir aus einem Gaffenhauer erinnerlich:

Ich ging einftmals bei die Nacht,
Und die Nacht die war fo düfter,
Dafs man kein Sternlein, gittigittigitt,
Dafs man kein Sternlein fah.

Ein Zufammenhang des Ausrufs mit Ägidius, St. Ägidius ift mir um fo weniger glaublich, als darauf auch in Hamburg die Formen Ilicn und Tilieu zurückgehen.

Roftock.   K. Koppmann.

Klaffern (XXV, 43).

In der Form »klaffen« ift diefes Wort noch heute unter den Volks-
fchülern allgemein gebräuchlich für »angeben, hinterbringen«. Unter den
Schülern der höheren Lehranftalten ift es in der Bedeutung »angeben«
durch »petzen« erfetzt worden, das vor etwa 35 Jahren im Munde aus
dem Often kommender Schüler zuerft hier auftauchte.

Dortmund. **Fr. Kohu.**

Klafferkatt (XXV, 43. 57 ff.)

Da »klaffern« auf »klaffen«, 1. fchellen, tönen, 2. berften, zurückgeht,
fo wird man wohl mit Menfing »klafferkatt« als korrumpiert aus »klaffergatt« auffaffen müffen. Vor funfzig und einigen Jahren zwangen in Hamburg
die Klaffenkameraden »de klafferkatt«, durch die von ihnen gebildete Reihe
Spiefsruten zu laufen, und fangen dazu:

> Klafferkatt,
> Kricht 'n breef vört gatt
> Von hunnert mann foldaten,
> Kann dat klaffern nich laten.

Das widerfpricht jener Auffaffung keineswegs, fondern beftätigt fie,
denn nur im Kompofitum unverftändlich geworden und deshalb umgemodelt,
im Simplex aber im Gebrauch geblieben, wurde das unvergeffene Wort
anderweitig reimbildend verwertet. — Die Ausdrücke »klaffern, klafferkatt«
bezeichnen aber nicht jedes Ausfchwätzen geheim zu haltender Dinge,
fondern nur ein folches, welches das Einfchreiten eines Vorgefetzten, des
Lehrers oder des Vaters, zur Folge haben foll oder doch kann. Von dem,
der harmlos auszufchwätzen pflegt, fagt man: »he kann nich dicht holln«,
»he kann den aars nich dicht holln«, ebenfo wie man einem Jungen,
der an einer Cigarre fangt, das Neckwort zuruft: »Jung', du kannft ja
noch nich dicht holln«. Umgekehrt fagt man von einem Menfchen, der
übermäfsig verfchwiegen ift, über das, was ihn betrifft, auch dem ihm
Naheftehenden gegenüber fchweigt, wohl im Wortfpiel mit »heel«, heil,
und »helen«, verhehlen: »he is ümmer fo heelaarfig«.

Roftock. **K. Koppmann.**

Abendblinke = Abendröte.

E. M. Arndt fchreibt in feinen Erinnerungen aus dem äufseren Leben
(Reclam S. 41): »Wie oft bin ich am Strande auf der Jagd gegen diefes
Geflügel oder auf der Abendblinke (gegen die wilden Enten) . . . als
Diener mit ihm gegangen und habe mit dem herabfallenden Gevögel die
Waidtafche füllen müffen.« Blinke ift wohl dasfelbe was blink, Glanz,
Blitz, momentanes Leuchten (ten Doornkaat Koolman, Oftfrief. Wb. I, 188).
Abendblinke ift = Abendröte. Zu vergleichen ift Danneil, Wörterb. der
altmärk. Mundart S. 18: »Blänk, Morgen- und Abendröte, befonders im
benachbarten Hannoverfchen gebräuchlich. Im Altf. bedeutet bli die
Farbe, davon blican, glänzen.« Wo ift das Wort noch bekannt?

Northeim. **R. Sprenger.**

Plunderbretzel.

Plunderbretzeln aus feinem Weizenmehl werden noch heute in Quedlinburg am grünen Donnerstage gebacken. Der Ausdruck ſtammt wohl von der zum Backen verwendeten plundermelk; ſ. Schambachs Gött.-Grubenhag. Wörterb. S. 157, der plundermelk auch im Holländiſchen nachweiſt [?].

Northeim.   R. Sprenger.

Müffen (XXV, 40).

Das Wort »müffen« = »Geſtank verbreiten« iſt noch heute in der Graffchaft Mark nicht nur im Plattdeutſchen, ſondern auch im vulgären Hochdeutſchen allgemein gebräuchlich. Vor 40 Jahren war hier unter der Schuljugend der Reim im Schwange:

Laſs Dich nicht verblüffen.
Alte Weiber müffen.

Auch jetzt iſt er wohl auf den Dörfern, die noch nicht zu ſehr von hochdeutſcher und polniſcher Einwanderung bedacht ſind, noch nicht ausgeſtorben.

Im mittleren Weſtfalen nennt man die Gegend an der unteren Ems, welche in jedem Frühjahr durch den Rauch des Moorbrennens — Haarrauch — Weſtfalen mit einer unangenehm riechenden, Menſchen und Pflanzen ſchädlichen Dunſtwolke oft tagelang überzieht, »Muffrika«.

Dortmund.   Fr. Kohu.

Tätigen (XXV, 41).

Der Ausdruck iſt, auf Verträge angewandt, in Weſtfalen in der Gerichtsſprache gang und gäbe.

Dortmund.   Fr. Kobu.

Mierig (XXV, 42).

»Mierig« iſt in hieſiger Gegend ein knickeriger Menſch von ſchäbigem Charakter.

Dortmund.   Fr. Kobu.

Torneitsname (XI, 74).

Schambach S. 229 verzeichnet auch terneiren = Spott- oder Schimpfnamen geben. Danneil, Altmärk. Wb. S. 226 hat: tornèrn, »feinen Unmut laut und anhaltend äuſsern«, das er als Frequentativum von törn', zürnen anſieht; jedenfalls mit Unrecht. Vielmehr ſpricht alles dafür, daſs das alte tornèren, turnieren hier zur Bedeutung eines bloſsen Wortgefechts herabgeſunken iſt, und daſs torneitsname in der Bedeutungsentwicklung dem frz. nom de guerre »Kriegsname, Spottname« entſpricht.

Northeim.   R. Sprenger.

vlocken (vlotten) unde voren.

Die der Rechtsfprache angehörigen Ausdrücke »in vlocke unde verde (werde, viere, vorde, worde, gevoerde, vore, voringe, vure, wure) fin«, bei einer »vechtinge« Anteil nehmen, Complice fein (Mnd. Wb. 5, S. 278—279; 6, S. 300), und »vlocken (vlotten) unde voren«, fahrende Habe zu Waffer oder zu Lande fortführen (daf. 5, S. 279—280, 285), find bekannt, bedürfen aber, wie mir fcheint, noch weiterer Aufklärung. Da in Bezug auf den letzteren »vlotten« durch Beifpiele aus dem 14. und 15. Jahrh., »vlocken« durch Beifpiele aus dem 16. Jahrh. belegt ift, fo dürften als Ergänzungen dazu folgende Belege aus Roftock, die ebenfalls »vlotten« für die frühere, »vlocken« für die fpätere Zeit nachweifen, von Intereffe fein.

1395: Hinrik Pelegrime de mach Blyfekowefchen pande vlotten unde voren, wor he ze vorkopen kan: Swaren-Tafel Vol. I, fol. 7 b. — 1396: Barenfteker heft koren to cneme hovetmanne Nyken, to vorvolgbende Curdes pande van Gheismer, de he eme zed heft, unde mach fe denne vorkopen, vlotten unde voren, wor he wil: daf. Vol. I, fol. 16 b. — 1396: Gherd Buwen perde fint loes delet, de her Werner Axekowe bezed hadde, unde mach ze vlotten, voren unde vorkopen unde fin ghelt upboren, wor he wil: daf. Vol. I, fol. 17 b.

1604 Aug. 20: Chriftoff Daneken ifs aufferleget wegen feiner hausfrawen, derofelben anteil erbguts, fo ihr von ihres feligen Vaters Nachlafs zukommen mochte, nicht an fich zu nehmen, zu flocken oder zu fuhren, ehr habe dan zuvorn feinen fchwegern . . . dermafsen verfichert, das fie ohne fchaden pleiben, und fol bifs dahin fein antheil erbguts im arrefte fein und pleiben. — 1604 Aug. 28: Nachdem . . . erhalten, das Chriftoff Daneken ufferlegt, das er von feiner hausfrawen vaters, fel. Jochim Eddelers, gutern feinen Anteil, fo ihm wegen berurter feiner hausfrawen davon zukommen konte, nichts an fich nehmen, davon flocken oder führen, fondern bey feinen miterben fo lang im arrefte fein und pleiben laffen folte, bifs das er ufw.: Gewetts-Protokolle Vol. I 1601—1605.

Roftock.   K. Koppmann.

Gör = unmündiges Alter?

Auguft Silberftein erklärt in feiner Erzählung »der Gerhab« (Wiesbadener Volksbücher Nr. 58, S. 14) das oberd. Gerhab = Vormund nach manchen anderen verfehlten Erklärungsverfuchen folgendermafsen: »Zuletzt bedeutet auch im Plattdeutfchen »Gör« das unmündige Alter und zeigt die unergründlich alte Gemeinfamkeit deutfchen Stammeslebens.« Es kann wohl kaum zweifelhaft fein, dafs S. an das niederdeutfche Gör, engl. girl, Kind gedacht hat (f. u. a. Müllers Reuter-Lexikon S. 47). Bekanntlich wird Gerhabe durch J. Grimm, Deutfche Rechtsaltertümer (2. Ausg. S. 466) von gêr, Schofs als derjenige erklärt, der das Kind auf dem Schofse hält, eine Erklärung, die auch von Schmeller-Frommann, Bayer. Wb. I, 930 wiederholt wird. Sollte aber nicht gêr, der Rockzipfel in diefer Zufammenfetzung gleich dem Mantel (J. Grimm, Rechtsaltert. S. 160) als Zeichen des Schutzes zu deuten fein?

Northeim.   R. Sprenger.

Sammelhagen.

Sammelhagen bezeichnet hier einen leidenschaftlichen Sammler.
Ist dieser Ausdruck weiterhin bekannt, und giebt es noch andere ähnliche
Zusammensetzungen mit -hagen?
Lübeck.   C. Schumann.

___

All Söfs.

Auf den hiesigen Schiffswerften herrschte noch vor etwa 40 Jahren,
vielleicht auch später, der Brauch, dafs zum Tragen des Kielschweins die
gesamte Mannschaft aufgefordert wurde mit dem Rufe: All Söfs! Woher
mag der Ausdruck stammen?
Lübeck.   C. Schumann.

___

Baselemanes.

Baselemánes, aus dem spanischen Ausdrucke besar los manos (frz.
baiser les mains), bezeichnet bekanntlich Handkufs, Verbeugungen,
Kratzfüfse, Komplimente, in einzelnen Gegenden (Aachen) auch einen
Komplimentenschneider, Schmeichler, in der Eifel einen Spafsmacher. Weniger bekannt dürfte sein, dafs man anderwärts, z. B. im
Gebiete der Roer und der rheinischen Weser, einen konfusen, un-
gelenkigen, unbeständigen Menschen einen (Basel oder) Báfelmanes nennt. Dieses Wort ist nun zwar offenbar an jenes angelehnt,
aber durchaus anderer Herkunft. Der erste Bestandteil kommt ohne
Zweifel von dem niederländischen bazelen, westfälischen baseln, ver(w)irrt sein;
vgl. holl. verbaasd, bestürzt, erstaunt, verwirrt, wofür man am Niederrhein
verbaselt sagt. Der zweite Teil ist (die nicht blofs im Rheinland übliche)
Verstümmelung von Hermannus; am Niederrhein sagt man statt Báfelmanes
auch Báfeldrickes (von Henricus) und einen weiblichen Báfelmanes nennt
man eine Báfeltrinn (von Katharina). Vgl. noch fasen, faseln, Fáfelhans.
Linz a. Rh.   Hünnekes.

___

Mäkelmödi.

Mäkelmödi = mäkelmutig, mutig zum Mäkeln, zum Vermitteln etwa
bei einem Handel, hörte ich neulich in Wefselburen.
Dahrenwurth b. Lunden.   Heinr. Carstens.

___

Zum Rostocker Reineke Fuchs (1650).

R. Hildebrand verzeichnet im Deutschen Wörterbuche Bd. 5, Sp. 1642
unter kolzen, das er »ein merkwürdiges norddeutsches Wort« nennt,
folgende Stelle aus dem Rostocker Reineke Fuchs S. 342: »andere . . .
wann fie fehen das fie mit ihr laufen und rennen, mit ihr kolzen und
bolzen, mit ihr schlagen und nagen, mit ihr neiden und anfeinden nichts
ausrichten.« Er notiert dazu das nordthüringische (aus Nordhausen)
kolzen, Tauschhandel treiben. Da kolzen in obiger Stelle eine ge-
räuschvolle Tätigkeit bezeichnet, so pafst dazu beffer das in Quedlinburg
gebräuchliche Kompositum umkolzen. »Er hat alles umgekolzt« heifst

foviel wie »er hat das Unterſte zu oberſt gekehrt«. Da bolzen ebenfalls eine lärmende Tätigkeit zu bezeichnen ſcheint, ſo könnte man an eine Kürzung aus dem in Jahrb. XXX, 1 verzeichneten kabbólzen (bei Danneil S. 112 kobbolz'n) denken; wahrſcheinlicher iſt es aber = hd. balzen. Man vergleiche bolze, den norddeutſchen Namen des Katers, den J. Grimm im Deutſchen Wb. II, 235 aus dem Namen Tibalt, wie der Kater in der Fabel heiſst, herleiten möchte.

Northeim. '   R. Sprenger.

Abflauen.

Ein Schüler ſchreibt: »Im Flachlande, wo man ſein Ziel ſcbon ſtundenlang vor Augen ſicht, ohne ihm näher zu kommen, mag die Stimmung wohl etwas abgeflaut werden.« Im Grimmſchen Wörterbuche I, Sp. 39 finde ich nur: »Abflauen, diluere, im bergwerk gepochtes erz rein waſchen, von flauen, fleuen mhd. flewen.« Dies Wort kann hier nicht in Betracht kommen, vielmehr muſs eine Neubildung vom adj. flau = infirmus, debilis vorliegen. In Freytags Soll und Haben 1, 7 findet ſich: »(Er) ärgerte ſich, wenn der Kaffee in den Zeitungen flaute.« Hier heiſst flauen ſoviel wie »ſchwer verkäuflich ſein, niedrig im Preiſe ſtehen.« Weiſs jemand weitere Auskunft über das Wort zu geben?

Northeim.   R. Sprenger.

Fickenverteller (XXV, 58).

Hier bei Lunden ſagt man Fittenverteller und kennt auch das Verb fitten für angeben, anklagen: »Dat ol Gör fitt't jümmers los«, und ein Subſtantiv en Fitt: »Da 's recht ſon ol Fitt.« In dem benachbarten Eiderſtedt ſagt man Furtenverteller, in Stapelholm Futtenverteller, im Däniſchenwohld hörte ich Fietenverteller. Iſt eine weibliche Perſon gemeint, ſo wird ein ſch angehängt, alſo: Fittenvertellerſch, Furten- und Futtenvertellerſch uſw.

Von einer Wilſteranerin hörte ich: verklaffern, und bei Weſſelburen hört man kläffern. Von einem Kollegen, der in Süderdithmarſchen und zwar in St. Michaelisdam gebürtig iſt, hörte ich gleichfalls klaffern und Klaffergatt. Der 'Angliter' hat verklicken und Klickertaſch.

Dahrenwurth b. Lunden.   Heinrich Carſtens.

Watt't Tüch holn will (XXV, 48. 70).

Die Redensart: »Wat't Tüg holn kann« und »Wat't Tüg un Tögel holn kaun« kennen wir hier in Dithmarſchen auch. Iſt die Redensart der Landwirtſchaft entlehnt — und das ſcheint ja wirklich der Fall, — ſo iſt wohl an das leinene Pferdegeſchirr zu denken, das noch heute hier in der Marſch gebraucht wird, weil es ſehr ſtark iſt. Die Anſicht, daſs die Redensart mit dem Pferdegeſchirr zuſammenhängt, läſst ſich auch dadurch beweiſen, daſs man in der Gegend von Hohenweſtedt das Pferdegeſchirr »Peertüg« nennt; auch in Süderdithmarſchen — wo? erinnere ich mich nicht genau mehr — ſagt man: »Päer un Tüg« und meint damit die Pferde und das Geſchirr.

Dabei fällt mir eine andere Redensart ein, die auch der Landwirtfchaft entlehnt ift. Sie lautet: En Tind geben d. i. jemanden ausfchelten, ihn kurz abfertigen, nafeweife behandeln. Der Landmann fagt auch: ›Ik mut mien Land noch en Tind gebn‹, wenn er es noch einmal übereggen will, gleichfam mit einem Zinken.

· Dahrenwurth b. Lunden.   Heinrich Carftens.

Bullerback.

Die Bezeichnung Bullerback: ›da ’s recht fon oln Bullerback‹, auch Bullerbacks, für einen lärmenden, polternden und ungefchliffenen Menfchen, der alfo ›bullert‹, ift mir von Jugend auf bekannt. Neuerdings hörte ich nun von einem ehrfamen Schuftermeifter in Lunden, dafs man mit dem Bullerback die Kinder bauge mache, und mein Nachbar, der auf Blankenmoor bei Neuenkirchen gebürtig ift, fagte mir, dafs der Bullerback im Waffer fäfse: ›Junge, gah nie na de Waterkuhl, dar fitt de Bullerback in.‹ Demnach ift der Bullerback urfprünglich ein böfes Wefen, ein Dämon, ähnlich dem Bumann. Kennt man auch anderswo den Bullerback?

Dahrenwurth b. Lunden.   Heinrich Carftens.

Smachreem.

›Smachreem‹ ift ein Leibriemen, ein Riemen, den die Arbeiter um den Leib tragen ftatt der Hofenträger, um dem Unterleib Feftigkeit und Halt zu geben; der auch, wie man fagt, das Gefühl des Hungers unter-drücken foll, und daher auch ›Hungerreem‹ genannt wird.

Dahrenwurth b. Lunden.   Heinrich Carftens.

begläten.

Eine Frau in Süderftapel, geborne Friedrichftädterin, brauchte die Redensart: ›Vun bahn begläten un vun uerrn befchäten‹ (von oben glatt, von unten befchiffen). Begläten für glatt, geglättet hörte ich fonft nie.

Dahrenwurth b. Lunden.   Heinrich Carftens.

Meerkol, Markolf = Garrulus glandarius; Kauw = Corvus monedula (XXV, 83. 84).

’t Is waar, de vogel Gaai wordt in het Nederlandfch ook wel Markolf en Meerkol genoemd; maar Gaai is toch zijn meeft hekende en meeft gebruikelijke, zijn eigenlijke Nederlandfche naam. Zonderlinger wijze wordt bij dit woord nog veelal de nadere aanduiding ›Vlaamfche‹ gevoegd: Vlaamfche Gaai = Flämifcher Häber, in ’t Hoogduitfch. Ik weet niet waarom.

De namen Markolf en Meerkol voor den Gaai zijn weinig in ge-bruik; in geijkten zin in ’t geheel niet. En dit nog te minder, omdat de naam Meerkol eigenlijk aan eenen geheel anderen vogel toekomt, te weten aan de Koet (Fulica atra, in ’t Hoogduitfche Bläfshuhn). Oorfpronkelijk is Markolf, Meerkol = Garrulus, maar een boeke-naam. En Meerkol voor Koet (Fulica) is maar eene verdietfching van

den Friefchen naam der **Koet**, te weten van **Markol**, in 't Hoogduitfch
letterlijk **Sechexe** beteekenende. Deze Friefche naam **Markol = Fulica**
en de Hoogduitfche naam **Markolf = Garrulus** zijn bier met elkanderen
verward, en hebben den oneigenlijken Nederlandfchen boekenaam **Meerkol
= Garrulus** doen ontftaan.

Kauw (in verouderde fpelling **Kaauw**) is de Nederlandfche naam
van den **Corvus monedula**, van de **Dohle** der Hoogduitfchers — en
geenszins die van de **Gaai** (**Garrulus**). Men noemt dezen vogel ook
veelvuldig **Kerkkauw**, omdat hij vooral op de daken van hooge gebouwen,
van kerken en torens neftelt. De naam **Kauw** is flechts eene klank-
nabootfing van het geluid dat de vogel maakt, vooral in den paartijd.
Zoo is ook **Ka** de Friefche naam van de **Kauw**; ook wel **Tûrka** (**tûr**
= Turm), en, als roepnaam **Akke**, vooral te Leeuwarden, waar de kinderen
hem naroepen: »**Akke witkop, Akke fwartkop, Akke dief!**« De
namen **Kauw** en **Ka** komen volkomen overeen met den naam **caw**, die in
Engeland ook wel aan den **Corvus monedula** gegeven wordt (in geijkt
Engelfch **Jackdaw**). Bovendien vind ik in de Engelfche woordenboeken
to caw = to cry as a rook or crow or jackdaw.

Haarlem.   **Johan Winkler.**

Zum Redentiner Osterspiel (XXV, 94 f.).

1. Kock hat richtig bemerkt, dafs V. 932—34 mit der Hdfchr. zu
lefeu ift:

> Do wy uppe deme grave legen,
> Wu wy rechte an feghen,
> Do quemen de enghele myt gewalt.

Seine Überfetzung: »als wir auf dem Grabe lagen, dann, wie wohl wir
gut aufpafsten, kamen die Engel . . .« trifft aber das Richtige nicht.
Denn **an-fèn** = aufpaffen ift im Mnd. nicht belegt, vielmehr hat es hier
diefelbe Bedeutung wie im Nhd. Ich überfetze: »Als wir an dem Grabe
lagen, da, wie wir es genau fahen, kamen die Engel mit Gewalt . . .«
Dafs **uppe** durch »**an**« wiederzugeben ift, ergibt fich aus V. 963: Dat wy
flepen an deme grave. Vgl. Mnd. Wb. 5, 101.

2.   Hebbe dat ey, dar de henne myt deme pelfe af lep!

Dafs »**dat ey, dar de henne myt deme pelfe af lep**« eine ähnliche Belohnung ift wie die, welche 1469 mit den Worten:

> So hebbe, dat der fu entvolt!

Puck zu teil wird, hat Kock richtig gefehen. Dafs aber de henne myt
deme pelfe das Schaf bezeichnen foll, halte ich nicht für annehmbar.
Schröder führt in der Anmerkung z. d. St. aus dem heffifchen Weihnachts-
fpiel 758 als ähnliche unflätige Belohnung der Teufel an: »Auch gebe ich
der ze lone Dafz eyn alt weib fcheuss nach der none.« Ich glaube nun,
dafs auch mit dem ey, dar de henne myt deme pelfe af lêp, nichts anderes
bezeichnet wird, als das ründliche Excrement eines Weibes. Henne als
Bezeichnung einer Frau findet sich u. a. bei A. Gryphius (f. Grimms
Wb. IV, 2. Sp. 997, 3). Man vergleiche auch die Verfe Goethes:

Sie. Was haft du denn, mein liebes Männchen? . . .
Bin ich denn nicht dein liebes Hennchen?
Magft du mich denn nicht länger fehn?

Pels, Pelz bezeichnet aber nicht nur das wollige Tierfell, fondern auch
ein Stück der Frauenkleidung, vgl. Reinke V. 756 f.:

>Seet, gyndert vlůd vruw Yutte, myn maget,
Beyde myt peltze unde myt rocke.<

Northeim. R. Sprenger.

---

fengen = zünden.

In Quedlinburg fagt man: >dat ftrĭkholt fenkt nich< = >das Schwefel-
holz zündet nicht<. Auch Dähnert S. 116 verzeichnet fengen = zünden
und ftellt es zu vanke, Funke. Dafs aber kein anderes Verbum hier
vorliegt als das hd. fangen, dafür fpricht auch das Englifche, wo to catch
= to catch fire gebraucht wird. Man vergleiche: The United States etc.
(Velhagen und Klafings Schulausgaben. English authors. Lieferung 92 b)
S. 80: >And now fire was added to the horrors of the fcene . . . One
after another, the fmaller buildings caught, until the whole enclofure was
a roaring fea of flame.<

Northeim. R. Sprenger.

Lowke (XXV, 93).

Nach meiner Anficht ift das Möllnifche Lowke (Lancke) nichts
anderes als eine Nebenform des hochdeutfchen Lauge. Auch aus Oberdeutfchland (Wickram) ift Lanke = Lauge im Deutfchen Wörterb. VI, 343
verzeichet. Lauge als verächtlicher Ausdruck für ein Getränk findet fich
in Möfers Patriot. Phantafieen I, 118: >Mich dünkt, die Mode, eine fchwarze
Lauge (Kaffee) zu trinken, hat lange genug gewährt.< Ob die Bremifchen
Wörter Keller-lauke >ein fchmutziges Kind armer Leute, die im Keller
wohnen<, und Smul-lauke >eine fchmutzige Weibsperfon< ebenfo zu
erklären find, fo dafs hier Lauge in übertragener Bedeutung, wie etwa
das lateinifche fentina (f. plebis = Hefe des Volkes), verwandt wäre, wage
ich nicht zu entfcheiden. Die Erklärung im Bremer ndf. Wb. III 23:
>Keller-lauke, ein fchmutziges Kind, dem die Haare um den Kopf
herumflattern, fo wie ein Löwe abgebildet wird<, die alfo von
lo(u)wken = Löwchen ausgeht, fcheint mir nicht annehmbar.

Northeim. R. Sprenger.

Pumpernickel (XXV, 95).

Dafs man die Bezeichnung des weftfälifchen Schwarzbrodes als
>Pumpernickel< noch erklären foll, ift einigermafsen befchämend für unfre
deutfche Lexikographie. Was ein >Pumper< ift, follte man doch wohl wiffen.
Es ift ein Knall zunächft, der gefchoffen wird (aus der bombárda,
dem alten Feldftück, nach dem wir von Bombardieren reden), lat. bombus
(vgl. das Sprichwort: Valde coactus homo, qui bombum fervat in agro).

Man fchiefst auch einen Bock (hircum edere~~~fagte~ man~ auf Latein) und
in fächfifchen Schulen heifst ein grammatifcher Schnitzer allgemein eine
Pumpe. Die gute Gefellfchaft verpönt das Wort für pedo, pepedi, die
Sprachwiffenfchaft hat keinen Grund dazu. Dafs Nickel Nicolaus ift,
brauch' ich doch nicht zu fagen.
Weimar.   Franz Sandvofs.

Kindesvôt (XXV, 79) — Kêsvôt — Bassel.

Dafs der zweite Teil des im Mnd. Wb. 2, 464 angeführten Wortes
Kindesvôt etwas mit »Fuss« zu tun haben foll. will mir nicht einleuchten.
Was die alten Erklärer (wie Richey und Schütze) darüber vorbringen,
macht durchaus den Eindruck des ad hoc Erdachten; und ein Backwerk,
das die »Form von Kindesfüfsen« gehabt habe, wie Sprenger will, kann
ich mir nicht recht vorftellen; wenigftens wüfste ich nicht, dafs ein folches
in Holftein, wo der Ausdruck noch lebendig ift, je bekannt gewefen wäre
(vgl. auch J. Meftorf, das landesübliche Backwerk in Schleswig-Holftein.
Heimat 1892 S. 97 ff.). Ich halte es für ficher, dafs der zweite Beftandteil des offenbar fehr alten und früh unverftändlich gewordenen Wortes
zufammenzubringen ift mit dem Stamm, der in got. fôdjan, ags. fêdan,
altf. fôdian, mnd. voden, engl. feed, frief. fêda, anord. faeda, dän.
føde fteckt.

Im Gotifchen dient fôdjan zur Wiedergabe des griechifchen τρέφειν
oder feiner Kompofita, heifst alfo »ernähren«, »aufziehen« und wird namentlich von Kindern gebraucht; vgl. z. B. Luc. 4, 16. Eph. 5, 29 und befonders
1. Tim. 5, 10 barna fôdidêdei = ἐτεκνοτρόφησε. Ebenfo im Angelfächfifchen; z. B. Beow. 694 daer he âfêdid wäs. Diefelbe Verwendung
findet fich im Altfächfifchen: Hel. 438 fôdda inna tho fagaro friho fcâniofta,
hêlag himilifc barn; vergl. daf. 150. Für das mnd. voden = »nähren,
aufziehen, füttern« bringen Schiller-Lübben 5, 291 reichlich Beifpiele. Dazu
gibt es im Mnd. ein Subftantivum vodo (vgl. agf. fôda, engl. food), das
a. a. O. 5, 291 aus der »Denske Kroneke« (bald nach 1481 zu Lübeck
gedruckt) belegt wird; z. B. de wyffche fcolden fe gheven den prefters to
erer vode; alfo = Nahrung, Koft, Speife. Dafelbe Wort liegt im dänifchen
føde = Speife vor. Das ältere Dänifch kennt auch das unferem kindsfôt
genau entfprechende barnefod, das Kalkar (Ordbog til det aeldre danske
Sprog 1300—1700) 1, 106 erklärt: den mad fom gives kvinderne i
barfelftuen; vgl. auch Feilberg, Bidrag til en Ordbog over jydske Almuesmål
1, 52 ff. Danach kann Kindsfôt die Koft bezeichnen, die bei Gelegenheit
der Geburt eines Kindes gegeben oder genoffen wird (vgl. Kindsbêr,
Kinnerbêr, und das unten behandelte »Bassel«). Das ftimmt zu dem
heutigen Gebrauch in Holftein (f. u.), und damit läfst fich auch das ältefte
Zeugnis für das Wort wohl vereinigen, das Höfer Germ. 18, 1 aus Franz
Weffels Schild. d. kath. Gottesdienftes bis 1523 beigebracht hat. Danach
trugen die Bauern am Weihnachtsabend Garben auf die Koppel: dat betede
men [des morgens] kindesvôt, dat delde men des morgens allen ut . . .
unde gaf den fwinen, koien, enten, genfen, dat fe alle des kindesvotes
geneten fcholden. Die eingeklammerten Worte, die keinen rechten Sinn
geben, find wohl aus dem folgenden Satz dem Schreiber in die Feder

gelaufen. Hier handelt es fich alfo um eine »Koft«, die dem Vieh bei Gelegenheit der Geburt des Chriftkindes vorgefetzt wiid.

Es öffnet fich aber auch noch eine zweite Möglichkeit der Erklärung. Im Altfächs. heifst fôdian auch gebären; z. B. ganz deutlich, wenn Hel. 272 Maria den Engel fragt: huô mag that giwerden fô, that ic magu fôdie (= einen Sohn gebäre); vgl. daf. 265. 166. 456. Ebenfo bedeuten das anord. faeda und dänifche føde aufser »ernähren« auch »gebären«. Danach könnte es ein Subftantivum vode mit der Bedeutung »Geburt« gegeben haben; und Kindsfôt wäre = Kindsgeburt. (Vgl. fobou Outzen im Staatsbürgerl. Magazin 3, 110. Schleswig 1823.) Dafür könnte die Tatfache fprechen, dafs heute in manchen Gegenden Holfteins die Wendung: »Bi Klâs is Kindsfôt« geradezu bedeutet: »bei K. wird oder ift ein Kind geboren«, ohne dafs dabei an irgendwelche »Koft« gedacht wird. Immerhin kann aber hier auch eine Übertragung vorliegen; als die Sitte fchwand, blieb der Name für die Gelegenheit, bei der fie geübt wurde. Im ganzen hat die erfte Erklärung mehr für fich. — Da nun das Subftantivum vode für »Koft« offenbar nicht allzuverbreitet war und fchon im Mnd. den längeren Bildungen vodinge und voder wich, da ferner auch das Verbum voden ein voder(e)n neben fich hatte, das immer üblicher wurde und in den heutigen Mundarten das alte Verbum ganz verdrängt hat, fo begreift es fich, dafs das Kompofitum Kindes-vôt früh unverftändlich wurde und dafs die Volksetymologie es mit. vôt = Fufs zufammenbrachte und weiter davon das Deminutivum bildete. So berichtet z. B. Andree Braunfchw. Volksk. [2] 287 aus Dörfern am Drömling und aus Vorsfelde, dafs eine Zufammenkunft, bei der die Familie etwa 8 Tage nach der Geburt im engften Kreife ein Wurfteffen abhält, Kinnsfäutjenvertêren genannt werde. — Die volksetymologifche Deutung hat wohl zuerft Richey Id. Hamb. S. 415 fixiert. Ihm find Schütze Holft. Id. 2, 256 und andere gefolgt. In den Sch. H. Provinzialberichten von 1789 S. 12 erfcheint fchon die Mifsbildung: Keesfus.

In Dithmarfchen nämlich ift der erfte Beftandteil des Wortes früh zu kês- verderbt, fo dafs es nun kêsfôt lautet. In diefer Form begegnet der Ausdruck fchon in dem Idioticon Ditmarficum, das der Heider Paftor H. F. Ziegler 1755 zu Richeys Id. Hamb. beifteuerte; vgl. S. 415: »Kees-Foot, eine Zufammenkunft der Weiber zum Effen und Trinken, wenn eine fchwangere Frau entbunden ift. Keesfoot beifset fie wohl deswegen, weil nichts als Käfe, Brodt und Butter aufgefetzt wird«. Diefe Erklärung berichtigte bereits Richey in feiner Anmerkung zu der Stelle; er konnte es um fo ficherer, als fchon in feinem eigenen Idiotikon als Beitrag Matthefons das Wort Kindsfoot verzeichnet war, freilich mit der unzulänglichen Erklärung: »Zuckerwerk heym Kind-tauffen«. Der in Hamburg lebende Matthefon hatte das Richey felbft unbekannte Wort wahrfcheinlich aus dem Holfteinifchen bezogen oder von in Hamburg anfäffigen Holfteinern gehört, ohne von der Sache eine rechte Vorftellung zu haben. Seine Erklärung ift oft wiederholt worden (noch im Grimmfchen Wbch.). Natürlich ift die von ihm angegebene Bedeutung erft fekundär entwickelt, und mit der »Taufe« hat das Wort überhaupt nichts zu tun. Aber es läfst fich leicht denken, wie jene Einfchränkung des Begriffs auf »Zuckerwerk« — die mir aus Holftein übrigens nicht bekannt ift — hat eintreten können; die Frauen mochten vom Befuch der Wöchnerinnen, vom »Kindsfôt«

gelegentlich den eigenen Kindern »etwas« mitbringen, und so konnte sich
der unverständliche Name, zunächst wohl im Munde der Kinder, auf die
mitgebrachten Näschereien übertragen (vgl. was Grimm f. v. Kindsfuſs aus
Oſtpreuſsen mitteilt, und Kalkar a. a. O.).

Name und Sitte sind noch heute in den meiſten Gegenden Holſteins
bekannt, aber im Abſterben. Auſserhalb Dithmarſchens erſcheint überall
die Form Kindsfôt (z. B. in Schwansen, im Däniſchen Wohld, in der
Gegend von Neumünſter und Elmshorn; dagegen ſcheint das Wort in Oſt-
holſtein nicht bekannt zu ſein). Litterariſch fixiert iſt der Ausdruck, ſo
viel ich ſehe, zuerſt von Sophie Dethleffs, der Landsmännin und Vor-
gängerin Klaus Groths (— bei Groth ſelbſt erinnere ich mich nicht das
Wort geleſen zu haben; im Quickborn fehlt es —); vgl. S. Dethleffs
Gedichte in hochdeutſcher und plattd. Mundart (zuerſt 1850) 4. Aufl.
1861 S. 213:

> Da weer ook keen Küſs un keen luſtiges Beer,
> Wo nich unſe Thies-Ohm de erſte mit weer,
> Ja gaar bi'n Keesfoot muſs alltied he mit,
> Wo denn he behäbig bi'n Kaffediſch ſitt.

Dieſe Stelle iſt dadurch merkwürdig, daſs ſie die Beteiligung von Männern
am Kindsfôt vorausſetzt. Dieſer erſcheint ſonſt durchaus als ein Feſt der
Frauen. Sie ſtellen ſich entweder von ſelbſt gleich nach der Geburt des
Kindes am Wochenbett ein oder auf beſondere Einladung einige Tage
ſpäter, teils um Beiſtand zu leiſten und zu beraten, wann die einzelnen
für die Wöchnerin zu kochen haben, teils um bei Kaffee und »Stuten-
botterbrod« das frohe Ereignis zu beſprechen. Zuweilen gibt es dabei auch
einen kleinen Kümmel, den auch die Wöchnerin ſelbſt nicht verſchmäht.
In früheren Zeiten müſſen dieſe Zuſammenkünfte eine erhebliche Ausdehnung angenommen und durch ihre Ausgelaſſenheit Ärgernis erregt haben.
Schon im Jahre 1600 verfügte Herzog Johann Adolf an »Landvögte, Rat-
leute und gemeine Eingeſeſſene« von Norddithmarſchen eine Einſchränkung
des Luxus bei »Verlöbnuſſen, Uhtſchuven, Hochzeiten, Frauenſamblungen,
Kindell- und Grabbieren«; ſ. Michelſen Urkunden zur Geſchichte Dithmarſchens. Altona 1834, S. 375 ff. Darin heiſst es S. 378: »Fürs Vierdte,
dieweil in den Frauen Verſamblungen oder Keſevohten, fürnehmlich
Gottes Name angeruffen, und alle Menſchen fürſichtigkeit und Nüchtern Leben
gebrauchet werden ſollen, alſs wird alles Übermäſsige und dem Freulichen
Geſchlecht ohne das Ungebührlich Freſſen und Sanffen dabey abgeſtellet,
Setzen, Ordnen und wollen demnach, das in den Frauenverſammlungen
nicht mehr den 2 Eſen Neben Butter und Keſe geſpeiſet werden ſollen.«
In den Provinzialberichten von 1789 S. 12 wird unter verſchiedenen Miſs-
bräuchen, welche die däniſche Regierung in Norddithmarſchen abgeſchafft
habe, auch der Keesfus genannt, „wobei oft die ärgſten Saufgeſellſchaften
von Ehefrauen aus der ganzen Nachbarſchaft insgemein in der Stube der
Wöchnerinnen angeſtellt wurden«. Später kam es nicht ſelten vor, daſs
die Frauen unter einander tanzten; das ſollte eine gute Zukunft für das
Kind bedeuten. In Gegenden, wo die Sitte früh ſchwand, iſt eine Verwirrung der Begriffe Kindsvôt und Kindsbêr (Kinnerbêr) zu beobachten;
das Kindsbêr iſt von Hauſe aus ganz etwas anderes: es iſt das Feſt nach
der Taufe und hat ſeine eigenen Bräuche (vgl. Schütze 2, 257 f.). Schon

bei Sophie Dethleffs a. a. O. fcheint diefe Verwechfelung vorzuliegen (vgl.
d. Anm. d. Verfafferin: Kindtaufgefellfchaft), und fo erklärt fich die Anwefenheit der Männer beim Kèsfòt.

Die dem holfteinifchen Kindsfòt genau entfprechende Sitte heifst in
Angeln: Baffel, in älterer Form Barfel (z. B. in der Feftgabe für d.
Mitgl. d. 11ten Verf. dtfcher Land- u. Forftwirte. Altona 1847. S. 103),
d. i. altdänifches Barns-øl (= Kindsbier); vgl. Kalkar a. a. O. S. 107.
Feilberg 1, 52. Falk und Torp Etym. Ordbog 1, 39. Das Wort ift alfo
aus dänifcher Zeit hängen geblieben. Ebenfo Baffelhûs (= dän. Barfelhus,
Kalkar: hus bwor et harn er el bliver født), Basselbett (= Wochenbett);
to Bassel gân = Wochenbettbefuche machen. Das Verbum basseln
heifst dann auch geradezu: der Niederkunft entgegenfehen oder gebären
(fe fchall basseln). Das Subftantivum begegnet feft noch in folgender
Redensart: dat gong eb'n op, eb'n as to de Snider fin Bassel; da et'n
fe dat Kind mit op (die kinderlofe Schneidersfrau, die überall zu »Bassel«
ging, buk, um fich zu revanchieren, ein Feinbrod, dem fie die Geftalt eines
kleinen Kindes gab; dann lud fie die Frauen des Dorfes »to Baffel«, und
fie afsen das Kind mit auf). Bemerkenswert ift endlich, wenn auch leicht
erklärlich, dafs für die Feier beim Stapellauf eines Schiffes in Kappeln an
der Schlei früher der Ausdruck Schippsbassel allgemein üblich war.

Kiel.   O. Menfing.

Aberglaube bei Namengebung (XXV, 78).

Adolf Wuttke, deffen Buch (Der deutfche Volksaberglaube der
Gegenwart, dritte Bearb. von E. H. Meyer, 1900) man zuerft zu Rate
ziehen wird, führt den Glauben, dafs Vornamen, die mit Erd- anfangen,
wie Erdmann, das Kind vor frühem Tode bewahren, aus Pommern und
Oftpreufsen an. Er kennt ferner aus Oftpreufsen' den Brauch, insbefondere
dann dem Neugeborenen einen fo gebildeten Namen zu geben, wenn vorher
fchon mehrere Kinder in der Familie geftorben find. Damit verbindet er
die Mitteilung der böhmifchen Sitte, ein neugeborenes Kind auf die blofse
Erde zu legen, damit es ftark und kräftig werde. (S. 15 [12]).

Den gröfseren Zufammenhang volkstümlicher religiöfer Vorftellungen,
in den fich diefe Erfcheinungen einordnen, hat in einer »Mutter Erde« überfchriebenen Abhandlung (Archiv f. Religionswiffenfchaft VIII [1904] S. 1 ff.)
Albrecht Dieterich eingehender zu erörtern angefangen, nachdem er fchon
in feinem Buche »Eine Mithrasliturgie« (1903) S. 144 kurz darauf hingewiefen hatte.

Er geht aus von eben jenem Brauche, neugeborene Kinder auf die
Erde zu legen und erft von da fie aufzuheben und gleichfam für die
Familie in Empfang zu nehmen. Die Hebamme heifst auch Erdmutter.
Für das alte Rom, wie für das moderne Italien, aus dem alten Skandinavien
und dem heutigen Württemberg und Heffen ift die Sitte gleichmäfsig bezeugt. Wie man das Kind an den Herd legt, um es den Schutzgöttern
des Hanfes zu weihen und ihrer Obhut zu unterftellen, wie man es im
Tempel den Göttern darbringt und in ihren Schofs legt, um es ihrem
befonderen Schutze anzuvertrauen, fo kann auch ein Legen des Kindes
auf die Erde nur die Bedeutung der Weihung und Übergabe an die Gottheit

der Mutter Erde haben. Und diefe Gottheit mufs in der Tat einft einen hohen Platz im Glaubensleben der Menfchheit eingenommen haben. Noch heute tritt uns das in den religiöfen Vorftellungen kulturlofer Völker unmittelbar vor Augen, und da wird denn auch wenigftens einmal, von den Weddas auf Ceylon, berichtet, dafs fie die neugeborenen Kinder auf die Erde legen und diefer nie unterlaffenen Ceremonie die gröfste Wichtigkeit beimeffen. Aber ebenfo laffen fich bei Griechen, Römern und Germanen vielfältige Spuren der mütterlichen Erdgottheit aufzeigen. Die germanifche Nerthus identifiziert bekanntlich Tacitus mit der Terra mater. Nur ift die Göttin bei diefen Völkern, die fich von dem ethnifchen Untergrunde religiöfer Anfchauungen zu entwickelteren Glaubensformen früh erhoben haben, vor den perfönlich ausgeftalteten grofsen Göttern in den Hintergrund zurückgetreten.

Es ift eine ethnifche, überall begegnende Vorftellung, dafs die Erde die Mutter der Menfchen fei. Sie birgt die Seelen in ihrem Scholfe, aus ihr kommen fie zu menfchlichem Dafein, zu ihr kehren fie nach dem Tode zurück, um zu neuer Geburt wieder aus ihr aufzufteigen. Die Seelenwanderung erweift fich als eine Form urfprünglichften Denkens. Auch im deutfchen Glauben können die landfchaftlich variierenden Anfichten über die Herkunft der Kinder auf die eine Grundüberzeugung zurückgeführt werden, dafs fie aus dem Inneren der Erde ftammen. Und weil die Seele dahin wieder zurückkehrt, ift die auch in manchen Gegenden Deutfchlands vorkommende Sitte, den Sterbenden auf die Erde zu legen, ebenfo weit verbreitet, wie die gleiche an dem neugeborenen Kinde vollzogene Handlung.

Wie diefe dem Kinde offenbar den befonderen Schutz der Mutter Erde gewährleiften foll, fo dient demfelben Zwecke der Weihung und Übergabe an die Gottheit die Beilegung eines Namens, der mit dem göttlichen Namen zufammengefetzt ift. Die allgemeine Üblichkeit theophorer Namen ift ja bekannt genug. Bei den Völkern des Altertums (vgl. für Griechen und Römer z. B. Hermann Ufener, Götternamen [1896] S. 349 ff.) find fie nicht minder gang und gebe, als bei Skandinaviern (vgl. Pauls Grundrifs der germ. Philologie III² [1900] S. 415) und Deutfchen (vgl. Karl Guftav Andrefen, Die altdeutfchen Perfonennamen [1873] S. 18). Die Verbindung mit dem Gotte, von dem das Kind feinen Namen empfängt, wird oft fchon dadurch begründet, dafs es unter feinem Schutze zur Welt kommt. Noch heute werden die Kinder nach dem Heiligen benannt, auf deffen Tag ihre Geburt fällt. In Guatemala wird ebenfo der Name desjenigen Gottes gewählt, dem der Geburtstag geweiht ift, und bei Negern der Guineaküfte ift für einen der Namen des Kindes der Fetifch beftimmend, welcher der Mutter während der Geburt Beiftand geleiftet hat (Richard Andree, Ethnograph. Parallelen und Vergleiche [1878] S. 167 f.). Danach würde es kaum wundernehmen, wenn gerade der forgenden Erdmutter, welche die Menfchen gebiert und wieder zurückfordert, die Kinder befonders anempfohlen würden, um deren Erhaltung man zu bangen Urfache hat.

Allein Dieterich (S. 9, 1) hat den Brauch diefer Namengebung für feine Unterfuchung nicht weiter zu verwerten gewagt, nachdem ihn Edward Schröder belehrt hatte, dafs die Vornamen Erdmann, Erdwin und andere, vor allem aber Erdmuth und Erdmuthe, ebenfo wie die ihnen gegebene

Deutung, eine Erfindung oberfächfifcher Paftoren des fiebzehnten Jahrhunderts feien. Mit Recht freilich fügt Dieterich felbft hinzu, ihre Theologie allein werde den Paftoren diefe Erklärung fchwerlich eingegeben haben. Aber follten die Namen wirklich ganz neu gebildet fein? Kann es fich nicht um Entftellungen handeln, an denen fich die Söhne des etymologienfreudigen Jahrhunderts auf ihre Art verfuchten? Wenigftens für Erdmann und Erdmuth fcheint doch eine fpontane Entftehung aus Hartmann (Hertmann) und Hartmuth möglich (Andrefen a. O. S. 50). Wenn dagegen reine Erfindung vorliegt, dann drängt fich, meine ich, die Frage auf, was jene Paftoren dazu veranlafst hat. Wollten fie etwa Refte alten Glaubens bekämpfen, die in Handlungen, wie eben den Depofitionsriten, krafs fich äufserten? Wollten fie den Aberglauben auf das ihnen harmlofer dünkende Gebiet der Namengebung ablenken und vielleicht durch die Verbindung mit der Taufe vollends unfchädlich machen? In jedem Falle dürfen wir den Vorgang als ein bemerkenswertes Zeugnis dafür in Anfpruch nehmen, wie intenfiv der Glaube an die fchützende Macht der Mutter Erde noch im fiebzehnten Jahrhundert wirkte, fo intenfiv, dafs er zur Erzeugung neuen Brauchs, der fich durchfetzte, verwandt werden konnte.

Hamburg.   Hermann Joachim.

Molkendeev und Bottervogel = Schmetterling.

Molkendeev belegt für das Niederdeutfche Dähnert im Pommer.-Rügifchen Wb. S. 311. Hochdeutfch erfcheint es in den Wörterbüchern des 18. Jahrhunderts auch in Lichtwers Fabeln II, 2. Im Jeverlande entfpricht dem Molkendiebe der Molkentöver »Milchbehexer« (f. Mnd. Wb. 3, 114). Nach Jacob Grimm im Deutfchen Wb. II, 585, in der Myth. 430 f., 434, 1025; Simrock, Myth. § 129 beruht diefer Name auf der Vorftellung, dafs elbifche Wefeu in Schmetterlingsgeftalt Milch und Butter ftehlen oder fie behexen. Daher auch der Name Bottervogel, der urfprünglich für den Schmetterling überhaupt galt, dann, als die Bedeutung des Wortes nicht mehr bekannt war, auf eine beftimmte Art von der gelben Farbe der Butter befchränkt wurde. Im Thüringifchen ift der Molkendieb aus demfelben Grunde in einen Wulkendieb entftellt (vgl. Regenhardt, Die deutfchen Mundarten. Mitteldeutfch S. 301, Z. 23). Wenn im Bremifchen (f. Brem. Wb. Bd. 5, 94) die Bärenraupe Mulkentöver genannt wird, fo fcheint die Bezeichnung von dem Schmetterling auf die Raupe übertragen zu fein.

Northeim.   R. Sprenger.

Knubben (XXV, 69).

Ein »Knubben« ift ein zur gewöhnlichen Verwendung als Bau- oder Brennholz nicht geeignetes Stück Holz, namentlich das die Wurzeln tragende unterfte Ende eines Baumes.

»Knüft« nennt man ein fehr dickes Stück Brod (im Gegenfatz zu einer Schnitte), vornehmlich die hartgebackenen Endftücke.

Dortmund.   Fr. Kohn.

Böteformel (XXV, 82).

Andere Böteformeln für »verfangenes« Vieh aus Holftein find:

Fahrenkrug: Dat rode (fwarte, bunte) Böſt hett ſik verfangn,
Uns Herr Chriftus is gehangn;
Wēr uns Herr Chriftus nich weller loskämn,
Wēr dat Böſt dat Verfangn ok nich weller lōs wörn.
Im Namen etc.

Malente: Ik nēm de Hann (Hände)
Un rā dat Verfangn
In Freten un Supen, in Wind un Water.
Im Namen etc.

Vgl. auch Müllenhoff Sagen S. 511 Nr. 9.

Kiel. O. Menſing.

_____

Stippen (XXV, 63).

»Stippen« als Zeitwort bedeutet hier »eintunken, eintauchen«; man »ftippt« den Zwieback in den Kaffe. Damit dürfte die Bezeichnung »Schufterftippe« zufammenhängen für eine in Magdeburg gebrauchte Sauce, die, aus kleingefchnittenen Zwiebeln, Effig und Öl, vielleicht auch etwas Speck, zufammengefetzt, zu Pellkartoffeln verzehrt wird.

Der »Stippen« ift eine kleine Puftel auf der Haut.

»Stippvifite« ift auch hier und, foviel mir bekannt, am Niederrhein der kurze Befuch, bei dem man nicht ablegt; man kommt nur »auf einen Stipp«.

Dortmund. Fr. Kobu.

_____

Luren op Pamuſen (XXV, 56).

Sollte »Pamuſen« nicht entftanden (entftellt?) ſein aus »Permuus« = Fledermaus? »Luern op Peermüfe« würde dann ebenſo eine deutfche Redensart ſein, wie »uppe Müs' lnern«, das Beginnen allerdings dort noch weniger Ausfichten bieten, als hier, die Wendung ſelbſt daher wohl einen ſpöttifchen Beigefchmack haben.

Dortmund. Fr. Kobu.

_____

Im Lichten?

In Wilhelm Raabes Erzählung »Das Horn von Wanza« (3. Aufl. Berlin 1903) S. 177 heiſst es in einer Befchreibung der Revolution von 1848: »Und weil es uns an Flinten ermangelte, kriegte jeder ausgewachſene Bürger und Bürgerfohn 'nen Spieſs neun Fuſs im Lichten«. Über den Ausdruck »im Lichten«, den Raabe wohl der Sprache ſeiner Heimat entnommen hat, finde ich auch im Grimm'fchen Wörterbuche keine Aufklärung. Iſt Lichte hier = Halsband, helcium, collare bajulorum (f. Mnd. Wb. II, 685)? Es würde dann hier eine Art Bandelier bezeichnen, in dem der Spieſs getragen wird. Sprechen würde dafür, dafs lichte, lechte f., acc. ſing. lichten auch im Göttingenfchen (f. Schambach S. 123) das über die Schultern gelegte Tragband bezeichnet, worin der Schiebkarren hängt. Oder ift »neun Fuſs im Lichten«, wofür allerdings der Zuſammenhang

fpricht, foviel als »neun Fufs hoch«? Der Ausdruck würde dann mit lichten = »in die Höhe heben« zufammenhängen.
Northeim.   R. Sprenger.

Spon.

Wenn ik wedder up min'n Spon bin, fagte jüngft ein Alter zu mir und meinte damit: wenn ich wieder gefund bin, etwa = auf dem Damme. Üblich ift hier der Ausdruck öberfpönig für nicht richtig im Kopfe. Beides geht wohl auf Span in der Bedeutung Kerbholz, Rechnung, Nachweis, zurück — f. Grimm Wtb. — und gibt den abgeblafsten Sinn von unrichtigem Zuftande wieder, wie auch in der Wendung over fpon treden bei Grimm und bei Lübben-Walther.
Lübeck.   C. Schumann.

Lôf (XXV, 82).

Lofgold ift hier noch bekannt für Goldblech (Blattgold).
Lübeck.   C. Schumann.

Hunndans (XXV. 91).

Hunndans bedeutet hier f. v. a. Wirrwarr und Krimskrams. alfo 1) Unordnung in Zuftand und Arbeit, 2) unnützen Kram, Plunder, Krethi und Plethi.
Lübeck.   C. Schumann.

Labskau (XXV, 49. 80).

Hier kennt man die vier Formen Labsko, Labskau, Labskaus, Labskaufch. Früher beftand das Gericht aus Überreften von Dorfch, jetzt aus Fleifchreften. Nach mündlichen Ausfagen.
Lübeck.   C. Schumann.

Notizen und Anzeigen.

Beitragszahlungen find an unfern Kaffenführer Herrn Joh« E. Rabo, Hamburg 1, gr. Reichenftrafse 11, zu leiften.

Veränderungen der Adreffen find gefälligft dem genannten Herrn Kaffenführer zu melden.

Beiträge, welche fürs Jahrbuch beftimmt find, belieben die Verfaffer an das Mitglied des Redactions-Ausfchuffes, Prof. Dr. W. Seelmann, Charlottenburg, Peftalozziftrafse 103, einzufchicken.

Zufendungen fürs Korrefpondenzblatt bitten wir an Dr. C. Walther, Hamburg 24, Uhlandftrafse 59, zu richten.

Bemerkungen und Klagen, welche fich auf Verfand und Empfang des Korrefpondenzblattes beziehen, bittet der Vorftand direct der Expedition, »Diedrich Soltau's Verlag und Buchdruckerei« in Norden, Oftfriesland, zu übermachen.

Redigiert von Dr. C. Walther in Hamburg.
Druck von Diedr. Soltau in Norden.

Ausgegeben: Mai 1905.

Jahrg. 1905. Hamburg. Heft XXVI. № 3.

Korrespondenzblatt

des Vereins

für niederdeutfche Sprachforfchung.

I. Kundgebungen des Vorftandes.

1. Mitgliederftand.

In den Verein eingetreten find:

Fräulein Agnes Wurmb, Oberlehrerin, Hannover.
Fräulein Mathilde Peters, Oberlehrerin, Hannover.
Herr Dr. F. Techen, Ratsarchivar, Wismar.
Herr P. emer. J. Weiland, Lübeck.

Veränderte Adreffe:

Herr Prof. Dr. A. Puls ift jetzt Gymnafialdirector in Hufum (Schleswig).

2. Abrechnung des Vereins über den Jahrgang 1904.

Einnahme.

Barfaldo laut voriger Abrechnung		Mk.	11.10
362 Mitgliederbeiträge einfchliefslich Reftanten		„	1817.—
Ueberfchüffe aus den Publikationen:			
a) Jahrbuch und Korrefpondenzblatt . .	Mk. 252.31		
b) Denkmäler, Wörterbücher, Drucke und			
Forschungen	„ 251.37		
		„	503.68
		Mk.	2331.78

(Zinfen der Sparkaffe fiehe unten.)

Ausgabe.

Jahrbuch XXIX 348 Exemplare inkl. Porto .	Mk. 911.60		
Jahrbuch XXX Honorar	„ 257.25		
		Mk.	1168.85
Korrefpondenzblatt, Druck und Verfandkoften			
Heft XXIII Titel, Regifter und Umfchlag	Mk. 106.60		
Heft XXIV Nr. 2 bis 6	„ 362.70		
		„	469.30
Verfchiedene Druckfachen, Auslagen des Vorftandes und			
Porto-Auslagen der Kaffenführung		„	77.41
Belegt im Sparkaffenbuche		„	616.22
		Mk.	2331.78

Das Guthaben des Vereins bei der »Neuen Sparkaffe« in
Hamburg auf Buch 55083 betrug laut letzter Ab-
rechnung (XXV 2) . . . . Mk. 6408.55
Gutgefchriebene Zinfen Ende Juni 1904 . . . . „ 188.22
Belegt wie oben . . . . „ 616.22

Gegenwärtiges Guthaben Mk. 7212.99

Hamburg, 19. April 1905. Joh⸗ E. Rabe,
derzeit kaffenführendes Vorftandsmitglied.

Vorftehende Abrechnung mit den Belegen verglichen und richtig befunden.
Hamburg, d. 22. April 1905. C. H. F. Walther, Dr. phil.,
derzeit Revifor.

---

3. Bericht über die Dr. Theobald-Stiftung über das Jahr 1904.

Im Jahre 1904 hat fich die Benutzung der Bibliothek gegen das
vorhergehende etwas gehoben. Ueber die ziemlich häufige im Lefezimmer
ift nicht Buch geführt worden; ausgeliehen wurden 34 Bücher an 10 Personen.

Der Beftand der Bibliothek ift vermehrt worden um 66 Nummern,
fodafs fich die Zahl der Bücher am Ende des Jahres auf 804 Nummern
belief. Unter dem ꞌZuwachs waren folgende Gefchenke, für welche den
gütigen Gebern verbindlichfter Dank abgeftattet wird.
New-Yorker Plattdütfche Poft. Jgg. 1904. Nr. 1084—1136 und
Illuftrirter Plattdütfcher Volks-Kalender für 1905, hrsg. von der »New-
Yorker Plattdütfche Poft«. (von Herrn Rath Dr. jur. J. F. Voigt in Ham-
burg). — Ravensburger Blätter für Gefchichts-, Volks- und Heimatskunde.
Jgg. III, 1904. und: Jahresbericht XVIII, 1904 des Hiftorifchen Vereins für
die Graffchaft Ravensburg zu Bielefeld. (vom betreffenden Verein durch
Herrn Prof. Dr. Tümpel in Bielefeld). — Korrefpondenzblatt des Vereins
für Siebenbürgifche Landeskunde. Jgg. XXVII, 1904. (vom betreff. Verein).
— Bellaard / Gert van der Schueren's Teuthonifta of Duytfchlender.
Lexicographifche onderzoeking en klankleer. Academifch Proeffchrift . . . .
te Utrecht. ꞌs Hertogenbofch 1904. (Recenfions-Exemplar vom Herrn
Verfaffer Dr. D. H. G. Bellaard, ꞌs Hertogenbofch.) — Verhandelingen ter
Nafporing van de Wetten en Gefteldheid onzes Vaderlands, ... door een
Genootfchap te Groningen, Pro excolendo jure patrio. Deel VII, Stuk II:
Ordelboek van den Etftoel van Drenthe van 1399—1518, uitgegeven door
H. O. Reith. Groningen, 1870. (aus der Bibliothek des Dr. Adolf Theobald.)
— John Brinckmans fämtliche Werke in 5 Bänden. Mit Einleitungen und
Anmerkungen hrsg. von Otto Weltzien. Mit des Dichters Bildnis, einer
Nachbildung feiner Handfchrift, fowie einem niederdeutfchen Wörterver-
zeichniffe. Leipzig, Max Heffe's Verlag (1903). (Recenfions-Exemplar vom
Verleger Herrn Max Heffe). — Fr. Biedenweg II, Harten, Smarten un
Begebenheiten. Bunte Biller ut mine Lebenstid in dree Afdeelungen.
Stade 1873. (von Herrn Albert Wilhelmi in Hamburg). — Jahresbericht
XXXI des Altmärkifchen Vereins für vaterländifche Gefchichte und Induftrie
zu Salzwedel. Abteilung Gefchichte, Heft II, hrsg. v. W. Zahn. Magde-
burg 1904. (vom betreff. Verein). — Ein Reichsbücherfchatz der Germanen
in der freien und Reichs- und Hanfeftadt Lübeck. Lübeck, 1904. (vom

Verfaſſer Herrn W. Gläſer in Lübeck.) — Pommerſche Geſchichtsdenkmäler, hrsg. v. Th. Pyl. Bd. II. Greifswald 1867. und: Grofsh. Mecklenburg-Schwerinſcher (ſeit 1876: und M.-Strelitz.) Kalender; 25 Jgge aus d. JJ. 1866—1899, teilweiſe nur die plattdeutſchen Auſſätze und Gedichte. und: Kalender für das chriſtliche Haus auf 1893. Schwerin i. M.; Titelbl. und 2 Bl. plattd. Erzählung. (von Herrn P. Fr. Bachmann in Lübſee.) — De lütt Aportendräger. Politſchet Wochenbladd för plattdütſch Sprekende. Red.: Rob. Kutzky. Verl. v. J. Köpke in Neumark, Weſtpreuſsen. Prauwnummer, 22. Juni; und Nr. 1 v. 2. Juli 1876. (von Dr. C. Walther). — Vier Fragmente des Bl. 65 der Ndd. Bibel, gedr. dorch Lorentz Süberlich, Wittenberch 1607, in Fol., enthaltend Heſekiel 20, 6—21, 32 mit Lücke in der Mitte des Blattes. (vom Verein für Hamburgiſche Geſchichte; aus dem Umſchlag eines alten Sammelbandes.) — Zwei Ausſchnitte aus dem »Hamburger Fremdenblatt« 1904, Oct. 17 und 18, betr. den Dichter Joh. Meyer in Kiel † 16. Oct. 1904. (von Herrn Rud. Schnitger in Hamburg.) — Herm. Meier, Oſtfriesland in Bildern und Skizzen . . . . M. e. Auswahl plattdtſch. Kinder- und Volksreime. Leer 1868. — W. J. Willems, Redelköft un Schnipp-Schnapp-Schnaren. Ein oſtfrf.-plttdtſch. Volksbuch. Aurich 1866. — Hendr. Conſcience, Baas Ganſendonck. Rotterdam, Bolle. — Aus dem Kinderleben: Spiele, Reime, Räthſel. Oldenburg 1851. — Arnold Mansfeldt, De Leev in Veerlan'n. En Burenſpill. Detmold 1874. — Gerard Keller, Novellen. 4de Druk. Leiden, Sythoff. — [Heinr. Smidt] Wiegen-Lieder, Ammen-Reime und Kinderſtuben-Scherze in plattdtſch. Mundart. 2. Aufl. Bremen, J. Kühtmann. — J. J. Cremer, Overbetuwſche Novellen. 8ste Druk. Leiden, Sythoff. — Ph. Wegener, Volksthümliche Lieder aus Norddeutſchland. I—III. Leipzig 1879—80. (dieſe 9 Bücher von Herrn Dr. J. Jäniſch in Hamburg.) — Dr. phil. N. Maraïs-Hoogenhout, Praktiſches Lehrbuch der Kapholländiſchen Sprache (Burenſprache). Wien & Lpzg., A. Hartleben's Verlag, o. J. (Rec.-Ex. v. d. Verlagshandlung.)

4. Abrechnung der Dr. Theobald-Stiftung für 1904.

Einnahme.

Saldo der Sparkaſſe . . . . Mk.	638.87
Kaſſenſaldo . . . . „	3.98
Zinſen der Staatspapiere . . . . „	175.—
Zinſen der Sparkaſſe . . . . „	20.49
Vorſchuſs des Kaſſenführers . . . . „	20.—
	Mk. 858.34

Ausgabe.

Bücher und Zeitſchriften . . . . : . . Mk.	57.05
Buchbinder . . . . „	31.25
Abſchlagszahlung auf Vorſchüſſe aus 1903 . . . . . . „	64.20
Saldo der Sparkaſſe . . . . „	703.11
Kaſſenſaldo . . . . „	2.73
	Mk. 858.34

Hamburg, den 24. März 1905.   H. S. Jäniſch, Dr.
Nachgeſehen und mit den Belegen übereinſtimmend gefunden.
Hamburg, den 27. März 1905.   L. Behrends. Johs Stübe.

1*

II. Mitteilungen aus dem Mitgliederkreiſe.

Eine Reliquie von Karl Koppmann.

Nach der Pfingſtverſammlung des Hanſiſchen Geſchichtsvereins und des Vereins für Niederdeutſche Sprachforſchung in Einbeck ſchickte mir der unvergeſsliche Koppmann am 16. Juni 1898 aus ſeinem Stammlokal, dem »Einſiedler« bei Roſtock, eine Karte mit nachſtehenden hübſchen Verſon zum Preiſe des Einbecker Bieres, die gewiſs verdienen im Korreſpondenzblatt abgedruckt zu werden.

Einbeck.   O. A. Elliſſen.

Quam libenter eſſes vinum![1]
Wer' myne ſtemme ſus, alſe myn hert,
Wo woldik ſingben!
Dor all de werlt unde hemmelwert
Scholde it klinghen.
Spreke eyn enghelyn kleyn veellicht:
‚Dat dy de proppen!
Wyn, dar na ſmaket dyt ledekyn nicht;
Is dat nicht hoppen?'
Spreke her Martyn, de dur' godesman[2]):
‚Ik kenn't van vere:
Latet uns drinken un ſtoten an
Up Embeks erel'

Hauslöffer.

Kaiſerin Katharina II. von Ruſsland hat eine Reihe von Luſtſpielen geſchrieben, die ins Deutſche überſetzt einzeln und geſammelt erſchienen ſind (Gödeke, Grundriſs IV S. 230). In einem von ihnen, dem Familienzwiſt, kommt die Rolle eines Menſchen vor, der ſich in Familien einſchleicht, um deren Geheimniſſe zu erkunden, und die erlangte Wiſſenſchaft zur Aufhetzung und Störung des Familienfriedens benutzt. Er wird im Deutſchen als »Hauslöffer« bezeichnet. Die Kaiſerin gebraucht dieſen Namen in ihren franzöſiſchen an ihren Korreſpondenten, den bekannten Arzt Zimmermann in Hannover, gerichteten Briefen und lehnt das Lob Heynes, der über das Luſtſpiel in den Götting. Gelehrten Anzeigen berichtet hatte, mit den

---

[1]) Als Ueberſchrift hat Koppmann einen Lobſpruch des päpſtlichen Legaten Cardinal Raymundus auf das Hamburger Bier verwendet, der denſelben 1503 bei ſeiner Anweſenheit in Hamburg getan haben ſoll; ſ. Otto Beneke, Hamburgiſche Geſchichten und Sagen S. 162. Beneke überſetzt: O Bier, wie ſchmeckſt du ſein! Wie gerne wärſt du Wein. Auf das Einbecker Bier, die berühmteſte aller mittelalterlichen Bierforten, wird der Spruch noch beſſer gepaſst haben. Eine Nachahmung dieſes Bieres wird das Bayeriſche Bockbier ſein, urſprünglich Aimbock genannt; ſ. Schmeller, Bayeriſches Wörterbuch unter 'Bock'. C. W.

[2]) Martin Luther, dem 1521 auf dem Reichstage zu Worms Herzog Erich von Braunſchweig eine Kanne Eimbeker Bier zur Erquickung in die Herberge geſandt haben ſoll, als Zeichen des Beifalls ob der mannhaften Verteidigung ſeiner Lehre im Verhör auf dem Reichstage. Darum läſst der Verfaſſer Luther ſagen: ich kenne dies Bier von ferne, d. h. ich habe es einmal gelegentlich kennen gelernt. C. W.

Worten ab: •on fait trop d'honneur au Hauslöffer•. Vgl. m. Auffatz in
den Nachrichten v. d. Kgl. Gef. der Wiff. 1905 Heft 3. Ich habe bisher
keine Belege des Worts gefunden.
Göttingen, Ende Anguft 1905.   F. Frensdorff.

Zur niederdeutſchen Münzkunde.

Eine charakteriftifche Eigentümlichkeit der modernen Numismatik des
nördlichſten Deutfchlands ift das faft gänzliche Fehlen kleiner Kupfermünzen
zu einer Zeit, wo das anftoſsende Hannover und Braunſchweig mit kupfernen
'Pfennigen' und weiterhin Lippe, Heſſen und die thüringifchen Staaten
obendrein mit 'Hellern' überflutet find.

Freilich Bremen hat von 1719 ab bis 1797 'Schwaren' in Kupfer ausgeprägt und diefen noch 1859 einen Nachzügler folgen laſſen, in Oftfriesland
haben Preuſsen und weiterhin Hannover die Billon-Ortjen der letzten
Cirkfenas durch kupferne Viertelſtüber erfetzt; aber das dazwiſchen gelegene
Oldenburg hat erſt von 1858 ab die Ausprägung kupferner 'Schwaren' für
nötig erachtet. Die jeverfchen Heller und Pfennige von 1764 find ein
Import des Herzogs Friedrich Auguſt von Anhalt-Zerbſt und durchaus
analog feinen heimiſchen Geprägen. Mecklenburg, wo es von kupfernen
Dreilingen und Witten feit dem 17. Jh. wimmelt, hat nach der Kipperzeit
nur ganz felten und in grofsen Zwiſchenräumen einzelne 'Pfennige' geprägt:
Schwerin 1704. 1758. 1831. 1872; Strelitz 1752. 1838. 1872. Pommern
fällt ganz aus. In Danzig und Oftpreuſsen ſinkt unter dem Einfluſs der
polnifchen Geldwirtfchaft der 'Schilling' zu einer reinen Kupfermünze von
Pfenniggröfse herab. Von den alten Städten des wendiſchen Münzvereins haben
Hamburg und Lübeck feit der letzten Ausgabe von 'Scherfen' im Beginn des
17. Jhs. überhaupt keine Kupferprägung mehr vorgenommen; auch die
ſcheinbar kupfernen Witten und Sechslinge, die Stralfund noch 1763 ausgab,
find urfprünglich weiſsgeſotten geweſen. Lüneburg ift den 'Scherfen' bis 1751
(oder gar 1757) treu geblieben, ohne aber je zu 'Pfennigen' überzugehen;
Wismar hat neben maſſenhaften kupfernen Drei-Pfennigern (Dreilingen) keinen
Einzelpfennig aufzuweiſen, und nur allein Roſtock hat für feine Dreilings-
Prägung, die von 1761 bis 1815 ſtockte, zeitweile maſſenhaft Pfennige ausgegeben, und einen letzten noch 1848 geprägt, dann aber bis zur Einſtellung
feines eigenen Münzrechtes (1864) wieder nur jene Dreipfenniger produziert,
durch die auch der kleinſte Münzſammler mit dem Roſtocker Greifen bekannt
ift. Schlieſslich haben auch Schleswig-Holſtein (1706) und Lauenburg unter
Hannover (1739. 40) ganz vereinzelte derartige Produkte aufzuweiſen.

Die wirtfchaftlichen Gründe für dieſe eigenartige Erſcheinung der
Münz- und Geldgeſchichte find nicht leicht zu ermitteln: lagen doch die
Verhältniſſe auf dem platten Lande in Pommern und Mecklenburg,
Schleswig-Holſtein und Oldenburg gewiſs wefentlich anders als in den
grofsen Handelsſtädten Lübeck und Hamburg. Zeigt doch das zeit-
weilige Schwanken Roſtocks zwiſchen Pfennigen und Dreilingen und das
Feſthalten Lüneburgs an der Ausprägung von Scherfen bis zur Aufgabe des
Münzrechts, daſs ein Bedürfniſs nach kleinen Kupfermünzen auch in dieſen
Gebieten wenigſtens im 18. Jh. vorhanden war. Sollte das im 19. Jh.
wefentlich anders geworden fein? Und doch: als ſich die provifοriſche
Regierung von Schleswig-Holſtein 1849 zur Ausprägung von kupfernen

Scheidemünzen entfchlofs, befchränkte fie fich auf 'Sechslinge' und 'Dreilinge', die fie mit diefer Bezeichnung 1850 (die Sechslinge wiederholt 1851)
verausgabte; eine kleinere Münze wurde nicht beliebt.

Warum ich diefe Dinge hier zur Sprache bringe? Ich möchte im
Zufammenhange damit, präzifer als es mir bisher gelungen ift, ermitteln,
welche Ausdehnung die Bezeichnungen 'Pfennig' und 'Heller' in älterer Zeit
an der deutfchen Nordfee- und Oftfeeküfte gehabt haben. Dafs der 'Heller'
— trotz jenem jeverfchen Eindringling von 1764 — niemals an den Geftaden
des Meeres heimifch geworden ift, fteht von vorn herein feft. Aber auch
der Umftand, dafs, von Mecklenburg und Roftock abgefehen, niemals eine
Kupfermünze der nördlichften Münzftände die offizielle Bezeichnung 'Pfennig'
geführt hat, mufs in der niederdeutfchen Volks- und Umgangsfprache feinen
Grund gehabt oder doch feinen Ausdruck und Niederfchlag gefunden haben.
Oftfriesland hat, wie gefagt, für den Viertelftüber die Bezeichnung 'Örtje',
daneben für eine noch kleinere Münze, die aber feit dem 17. Jh. nicht
mehr zur Ausprägung gelangt ift, den Namen 'Witte', der alfo hier etwas
ganz anderes bedeutet als in den wendifchen Städten; in Bremen und
Oldenburg kurfiert der 'Schwaren'. Als König Georg II., der für Hannover
ungezählte Kupferpfennige hat ausgehen laffen, für fein lauenburgifches
Gebiet pfennigartige Kupfermünzen anordnete, erhielten diefe die Bezeichnung
'¹/₃ Dreiling' (1739—1740). Der heute recht feltene Kupferpfennig Carl
Friedrichs von Holftein-Gottorp von 1706 trägt nur die Wertangabe
'12 einen Schilling'.

Ich frage nun ganz beftimmt: welche Erinnerungen bewahrt die plattdeutfche Sprache der fraglichen Landfchaften und weiterhin die gebildete
Umgangsfpracho an jene Zeit, die für das Küftengebiet im allgemeinen
eine pfennigarme war und einheimifcher 'Pfennige' mit diefer Bezeichnung
faft ganz entbehrte?

Göttingen, im Auguft 1905.   Edward Schröder.

Volksreime aus dem Münfterlande.

Die folgenden Reime, die ich noch in keiner münfterländifchen Sammlung[1] und auch fonft nicht gedruckt gefunden habe, oder die doch wichtige
Varianten aufweifen, ftammen, foweit es nicht ausdrücklich bemerkt ift,
aus Mecklenbeck, einer Bauerfchaft unmittelbar vor den Toren der Stadt;
einige auch aus Afcheberg (Kr. Lüdingbaufen) und Amelsbüren (Kr.
Münfter, Land. Die Schreibweife ift nach Möglichkeit der üblichen angepafst, da eine phonetifche für viele Lefer des Korrefpondenzblattes wohl
wertlos wäre. Die langen Vokale find durch Doppelfchreibung, die kurzen
teilweife durch Doppelfchreibung der folgenden Konfonanten ausgedrückt.

ao = ital. o in Antonio; frz. o in corps.
ää = ital. e in Domenico; fchwed. e in lära.

oa = oạ ⎫
ue = uə ⎪
         ⎬ bei Holthaufen, Soefter Mundart.
eü = ẹạ ⎪
ie = io ⎭

---

[1] Bahlmann, Münfterl. Lieder. — Derf., Münfterl. Sagen etc. — Münfter. Gefchichten.
— Weingärtner, D. Kind u. f. Poefie. — Firmenich, Germaniens Völkerftimmen. — Böhmes
Kinderlied. — Erk-Böhme, Liederhort III. — Ndd. Korr.-Bl.

1.

Püüske, püüske, peck, peck, peck,
Hunnert Daaler klepp, klepp, klepp.
Gao nao Markt
Un kaup dii ˙ne Koo,
Krifs en klain Kiismennken[1]) too.

Anders bei Weingärtner, Das Kind und feine Poefie, 1. Aufl., S. 7. —
Auch in Lathen, Ahlen (Kr. Afchendorf); Groningen (Molema, S. 307);
München-Gladbach (Firmenich III, S. 514).

2.

Daor was der es en klain Mennken,
Dat kraip ümmer int Kaffeekennken,
Kraip ant Piipken wiir druut:
Doo waft Stücksken uut.

Auch in Lathen. — Simrock, Das Deutfche Kinderbuch Nr. 910.

3.

Haidelitken,
Spiel noch en bietken,
Is noch lange nich düüfter.
Wenn de Junks mette Wichter fpielt,
Dann krügt fe wat metten Püüfter[2]).

4.

Ach was bin ich müde,
Ach was bin ich matt.
Ik wull, datte Mooder mette Schufkaor kamm
Un föör mii nao de Stadt.

5.

Matthäus im achten:
De kiin Broot hett, mutt fmachten.   (Afcheberg.)

6.

Haidelit,
Dat Kind dat fchit,
Hett all draimaol puupet.
Nimm en Blatt
Un wiske dat Gat.
Hee, wat ftinket dat!

Ähnlich in Ahlen.

7.

Der Fuhrmann mitten Wagen,
Der Kutfcher mitten Kragen
Soll auch mit, foll auch mit
Zum Himmel hinein!   (Afcheberg.)

---

[1]) Kalb. [2]) Blascrohr.

Ähnlich in Lathen. — Aus Magdeburg, dem Braunſchweigiſchen und Hamburg: Niederd. Korr. XXV, S. 47; aus Dahrenwurth und Dorpat ebda, S. 65; aus Thüringen im Weimar. Jahrbuch, 1855, Bd. III, S. 326 ff.

8.

Slickup gao naon annern Mann,
Deet beäter verdreägen kann.

Andere Schlucker-Reime Lathen; Holſtein (b. Müllenhoff, Sagen, Märchen u. Lieder der Herzogtümer Schleswig-Holſtein und Lauenburg S. 512).

9.

Düſſe Waordeln[1]) wisk ik af
Met dii int Graff.

Bei der nächtlichen Leichenwache ſtreicht man die Warze über die Hand des Toten, indem man obige Worte dazu ſpricht. — Ähnlich in Lathen.

10.

Klik, ſegg de Katt, doo keek ſ' innen Pott,
Doo kreeg ſe cenen metten Slaif föärn Kopp. (Aſcheberg.)

11.

De Vofs de keek düärt Hoonerlock,
Doo kreeg he eenen mette Eks[2]) föärn Kopp.

12.

Göör[3])
Lagg föär de Döär
Int Waagenſpöär.
Doo kamm de Buur un föör
De Göör
Midden döär.

13.

Dat leckerſte Bietken[4])
Is en Sneppenſchietken.

14.

Hopp, hopp, hopp, hopp, Haavermann,
Dee ſiin Peärt nich fooren kann,
De mott riien echter an. (Aſcheberg.)

15.

Blaagen, Kanten[5]), Krollen[6]):
Kiin Hiemt uppen Bollen. (Aſcheberg.)

---

[1]) Warze. [2]) Axt. [3]) Maulwurf. [4]) Biſſen. [5]) Spitzen. [6]) Des Reimes wegen für Krallen = Korallen (Perlen).

16.

Adelheid : | hat Supp' gekocht | :
Die ganze Woch' auf einen Knoch'.   (Afcheberg.)

17.

Liifebet
Sprank up dat Brett.
Da brach das Brett:
Da ftarb die arme Lifebet.

Ähnlich von Petrus bei Simrock Nr. 415.

18.

Jan un Graito flöögen fick,
Gongen nao Ber¹) un verdröögen fick.

Ebenfo in Lathen.

19.

Hee, wat fraoge wii dervan,
Wii kriigt uufe Geld dervan.   (Afcheberg.)

Der Reim wird den Geiftlichen beim Totenamte in den Mund gelegt.

20.

Sniider Wippup
Slette²) Määf' up.   (Afcheberg.)

21.

Mönfterske Bracken
Metten Pott uppen Nacken,
Mette Pulle an de Siit
Doot fuupen altiit.

Ähnlich in Lathen von den Einwohnern Langens.

22.

Peeter un Paul
Satten uppen Staul³);
Pecter lait en Püüpken gaon.
Peeter fegg: Paul hett daon.   (Afcheberg.)

Ähnlich in Lathen.

23.

Hään Smitt, Hään Smitt,
De fitt int Schapp un fchitt;
Hen⁴) wii en nich beruut rieten,
So her he ust gaufse Schapp vull fchieten. (Afcheberg.)

24.

Vater unfer int Gröön,
Dat läärt mii miine Möön.
Un as miine Möön ftarf,
Doo konk Vater unfer half.

¹) Bett. ²) Schlägt die . . ³) Des Reimes wegen für Stool. ⁴) Hätten.

25.

Maria, miin Heärtken,
Jefus in Sinn,
Klepken föärt Ääsken,
Int Bedde herin.   (Amelsbüren.)

Die gewöhnliche Faffung fteht bei Bahlmann, Münfterl. Sagen, Märchen etc., S. 240 (Nr. IX).

26.

»Wun de jungen Wichter fick fiengnet.«

'Wao gait he,
Wao ftait he,
Wuu kikt he,
Wuu lett he?
O herk en, o herk en, o herk en!'   (Afcheberg.)

Bei jeder Zeile ein Teil des Kreuzzeichens (Stirn, Bruft, linke und rechte Schulter, fchliefslich dreimal an die Bruft klopfen).

27.

Truudel, miine Bruut
Hett Knuudel anne Hunt,
Hett Knuudel annen Stiert,
Kann dauffen es en Peärt.

28.

'Junge, gif mii ne Karmis[1]).'
»Dääne, wat wus föär ne Karmis hebben?«
'Gif mii fonnen Luufekamm, efte mii föärgen Sommer gaaveft,
dao ik tain in eenen Tüü[2]) met trecken konn.'
    (Afcheberg.)

29.

O duu olle hölten Slaif,
Hes miin Heärt gaar nich laif,
Kicks mii mette Määfe nich an,
Wees nich, wat kuemen kann.   (Afcheberg.)

30.

Miin Schatz is kriidewitt,
Hett roode Backen,
He fagg, he wull mii nich,
Dat mofs ik lachen.
Gretchen, du junges Blut,
Leeidi—di,
Schmeckt dir der Kaffee gut.   (Afcheberg.)

31.

| Und du weifst ja,
Es giebt ja
Viel häfslichere noch als ich | : ja.   (Afcheberg.)

---

[1]) Gefchenk des Burfchen an fein Mädchen zur Kirmefs. [2]) Zug.

32.

Peeter hett fiin Wiifken flagen,
Dat will ik miin Mooder klagen.

Zapfenftreich beim Schützenfeft. — Ähnlich in Schwelm (bei Woefte,
Volksüberlieferungen in der Graffchaft Mark X, 5, S. 22).

33.

1. Mein Mann ift ein Schneider,
   Ein Schneider ift er,
   Er fticht dir mitte Nadel.
   Was will er denn mehr?

2. Mein Mann ift ein Brauer,
   Ein Brauer ift er.
   Er fitzt ja im Brauhaus
   Und fchläft nicht bei mir.

3. Mein Mann ift kein Zucker,
   Kein Zucker ift er.
   Ich hätt ihn gegeffen,
   Jetzt hab ich ihn noch.   (Afcheberg.)

Münfter i. W.   Hermann Schönhoff.

Rätfel aus dem Münfterlande.

1.

Tain Tülpenteng
Tröcken eenen Woartkefack
Den Beärg heran föär de Püüfters Döär.
[Tain Finger, Buckfe un . . .]
                          (Afcheberg und Meckelenbeck.)
Ähnlich bei Woefte VIII, 14 (S. 14).

2.

Van binnen glatt,
Van buuten fwatt,
Hett drai dicke Döll föärt Gat.
[Pott met drai Staalen[1]).]

3.

Vatter Abram
Storr[2]) Mooder Ifak
Metten Piidelpuudel,
Dat äärt Heärt innen Liive knuudel.
[Kääne.]

4.

Van föärne fchitt et,
Van echtern fchitt et
Un midden frett et.
[Wannenmüel.]

Münfter i. W.   Hermann Schönhoff.

---
[1]) Füsse. [2]) Stiefs.

Studenteriee.

Weil. Staatsminifter Boffe berichtet in feinem Buche »Aus der Jugendzeit.« Leipzig, Friedr. Wilh. Grunow 1904, S. 119 von einem Bauern, den
fie auf der Wanderung nach Halle am Öhringertor in Quedlinburg treffen:
»Als er uns drei Jungen mit unfern Stöcken und Ränzeln fah, bot er uns
fröhlich einen guten Morgen und fagte: Jungens, wo wälln ji denn fau
früh fchon hen? Wir erwiderten lachend: Nach Halle! — Sihft de, fagte
er zu feinem Jungen, de gahn schon op de Studenteriee.« — Studenterice
= Hochfchule ift gewifs nirgends weiter belegt. . Studenterei im Sinne von
»ftudentifcher Scherz« verwendet Wilhelm Raabe, Das Horn von Wanza
9. Kapitel, wo die Rittmeifterin Grünhage zu ihrem Neffen fagt: »Aher
Refpekt bitte ich mir aus, und keine Citate und Studentereien,
Ludwig.«

Northeim.   R. Sprenger.

Olle Kamellen — Alte Violen.

Den Reuterfchen »alten Kamillen« ent'prechen »alte Violen« d. h.
Veilchen in Wilhelm Raabes Erzählung »Das Horn von Wanza.« 3. Auflage
Berlin 1903. Frau Rittmeifter Grünhage erzählt: »Ich bin wahrfcheinlich
felbft fchuld daran, dafs ihr junges Volk auf einmal folch ein Interefse
für diefe alten Violen habt. Ich weifs auch eigentlich gar nicht, was mir
goftern Abend einfiel, dafs ich euch fo treuherzig in meine »Potpourrivafe«
die Nafen ftecken liefs. Sieh einmal dort auf dem Schrank fteht noch eine
von der Art; eure Generation weifs nichts mehr von der Mode, und nur
fo einer alten närrifchen Tante kann es einfallen, ihren Herren Neffen auf
die Rofenblätter, Refedablüthen, den Waldmeifter, Thymian und fonft das
Gemengfel riechen zu lafsen. Und in meinem Topf von geftern Abend
waren noch nicht einmal fo wohlduftende Kräuter und Blumenblätter.«
Wabrfcheinlich bezog fich der von Reuter gebrauchte Ausdruck »Olle
Kamellen« für »Alte Gefchichten« urfprünglich auch auf ein folches, hauptfächlich mit getrockneten Kamillenblüten gefülltes »Riechtöpfchen.«

Northeim.   R. Sprenger.

Vgl. Schütze, Holftein. Idiotikon T. II (Hamburg 1801) S. 217: Von
allgemein bekannten Dingen heifst es: »dat fünt oole Kamellen, de rüükt
nig meer.«   C. W.

---

ftiden.

Das im mnd. Wtb. verzeichnete ftiden ift mir hier einige Male begegnet, ohne dafs ich Sicherheit erlangen könnte, ob es in Lübeck heimifch
oder nur vereinzelt von aufsen hereingetragen ift. Ich hörte upftiden =
aufgehen von Teig; dat ftit oder ftit ut = die Mafse (z. B. Klofsteig)
ift gehaltvoll und gibt viel her. Aber meine Gewührsleute waren nicht
recht gewifs und zuverläffig. Wird das Wort fonft noch gebraucht?

Lübeck.   C. Schumann.

Höten.

Höten = befprechen erfcheint hier in der Reimformel höten un böten und in dem Spruche: Höte böte, Kreienföte ufw. Sonft ift es mir nicht vorgekommen, auch nicht in Verzeichniffen.

Lübeck. C. Schumann.

Hack up, sô êt ik di [vgl. IV, 23. C. W.].

Die Erzählung von dem übermütigen Knecht, der beim Erbfeneffen »Hackft du up, fo et(e) ik di« fagt und von feinem Herrn, der dom Verarmten die erbetenen Erhfen mit den Worten »Hackft du up, fo met(e) ik di« zumifst, findet fich auch in Dr. A. Haas' Schnurren, Schwänke und Erzählungen von der Infel Rügen. Greifswald 1899 S. 36 (Nr. 35), der auch noch weitere Literaturangaben beibringt. Hier werden aber die Worte des Herren »Hack up, fo met ik di« falfch durch »Hacke auf, dann miete ich dich« wiedergegeben. Er bemerkt: »Die letzten Worte enthalten ein Wortfpiel. Der Herr müfste eigentlich, entfprechend den ehemaligen, höhnifchen Worten des Knechtes, zu den Erhfen fagen: Hack up, fo met ick di, d. i. hacke auf, dann meffe ich dich! Nun aber fagt er zu dem Knechte, um diefen für fein früheres Betragen zu ftrafen, mit leichter Veränderung: Hack up, fo med ick di, d. i. wenn die Erbfen auf der umgekehrten Schaufel haften follten, dann würde ich dich von neuem mieten.« — Es braucht wohl kaum bemerkt zu werden, dafs diefe Erklärung falfch ift. Von einer Erneuerung des Dienftverhältniffes ift keine Rede. Der Spott liegt vielmehr darin, dafs der Herr dem darbenden Knechte die erbetenen Erbfen nur in dem unmöglichen Falle zumeffen will, wenn fie an der Schaufel haften.

Northeim. R. Sprenger.

pütteneffen.

Von einer peinlich ordentlichen und fauberen Hausfrau fagt man in Hamburg, fie fei pütten-effen. Diefes Adjektiv halte ich nicht für ein Compofitum von pütt' = Töpfe (vgl. püttenkieker, der neugierige Topfgucker) und effen = eben; auch fcheint mir der erfte Teil nicht mit püttjern, in Kleinigkeiten arbeiten, verwandt zu fein. Vielmehr vermute ich, dafs dem Worte eine volksetymologifche Umbildung eines französifchen Ausdrucks, etwa einer Zufammenfetzung von petit und fin, zu Grunde liegt.

Hamburg. W. Zahn.

gnäterswart (XVII, 37).

Müller hat in feinem Reuter-Lexikon gnäterfwart durch »pechfchwarz« wiedergegeben, aber nicht weiter erklärt. Seelmann in feiner Ausgabe von Reuters Werken Bd. I, S. 210 bemerkt: »gnäter. — Diefe Verftärkung von 'fchwarz' kommt fonft in der Sprache nicht weiter vor. Mir ift die Bedeutung und Ableitung des Wortes unbekannt.« knäter- oder gnäterfwart, tieffchwarz findet fich auch in Danneils Altmärk. Wb. S. 109, und fchon 1767 erklärt das Bremifch-niederfächf. Wb. I, S. 524: »Gneterfwart, pechfchwarz. Gnetern find Korallen, von der Art, die man Granaten nennet. Sie find fchwärzlich, und werden für fo viel fchöner gehalten, je fchwärzer fie find.«

Northeim. R. Sprenger.

Im Lichten (XXVI, 31).

»Im Lichten« bezeichnet die reine, gerade Entfernung zwifchen zwei Punkten, beim Spiefse alfo von der Spitze bis zum unteren Ende. Der in Ingenieur- und Architektenkreifen ganz allgemein gebräuchliche Ausdruck »lichte Weite« gilt für den inneren Durchmeffer eines Rohres. Mit der »Lechte«, dem über die Schultern oder fchräg über die Bruft gelegten Tragbande für Schiebe- und Handkarren, hat »im Lichten" offenbar nichts zu tun.

Dortmund.   Fr. Kobn.

---

prefchen.

Zeugniffe für das Leben des merkwürdigen Wortes wären erwünfcht. Ich kenne es als berlinifch. Es klagt z. B. jemand: »Un da wer [werde] ick nu noch in aller Nacht 'rausgeprefcht bis nach Schönweide«. Man mufs wohl annehmen, dafs es das hochdeutfche pirfchen, birfen ift, alfo jagen, eig. mit der perfa jagen, dem weitgefpannten Jagdnetz. Man hört auch »da kommt er angeprefcht«, etwa: atemlos herbeigeeilt, alfo wie ein gehetztes Tier.

Weimar.   Franz Sandvofs.

Pumpernickel (XXV, 95).

Dafs Pumpernickel mit pumpen, pupen (pedere) zufammengebracht wird, ift mir nicht unbekannt, chenfo dafs Nickel Nicolaus ift. Aber damit ift nicht erklärt, wie diefe beiden Wörter gerade auf Brot übertragen find, warum nicht auf irgend ein Gericht Kohl oder Hülfenfrüchte. Soll Nickel das Grundwort fein? Dann müfste Nickel Brot heifsen; diefe Bedeutung hat es aber nicht. Alfo diefe Erklärung, die bereits 1825 von Kuithan in einem Dortmunder Programm aufgeftellt ift, genügt nicht. Vielleicht geben die Münfterländifchen Abgabenverzeichniffe Anhaltspunkte für eine beffere Erklärung.

Berlin-Wilmersdorf.   Dr. Grabow.

Aberglaube bei Namengebung (XXV, 78).

Ich kenne zwei Familien, in denen ein Kind, das man gern am Leben erhalten hätte, nachdem die andern Kinder früh geftorben waren, den Namen Erdwine bzw. Erdmann erhalten hat. Das half.

Ebenfo merkwürdig ift, dafs Eltern, die zu reichlichen Kinderfegen befürchten, dem jüngften Knaben den Namen Anton geben. Das hat mir ein Vater felbft gefagt, und es find mir auch zwei Fälle bekannt. Vielleicht prägt fich diefer Aberglaube in dem Sprichwort aus, das ich in meiner Vaterftadt Müncheberg und im Oderbruch oft gehört habe: »Anton, fteck den Degen bi.« Sollte man vor Zeiten hierbei an die Standhaftigkeit des hl. Antonius gedacht haben?

Berlin-Wilmersdorf.   Dr. Grabow.

Luren op Pamufen (XXVI, 31).

Die Frage dürfte ihre Beantwortung unter Berückfichtigung folgender
bereits XIX, 15 angezogenen Stelle aus Karl Müllenhoffs Einleitung zu
Groths Quickborn vom 8. Jan. 1854 (Quickborn, 3. Aufl. 1854, Seite 276)
finden. Es heifst da nämlich wörtlich: »Während fich leicht ein hundert
oder mehr französifcher, im Hochdeutfchen zum Teil ungebräuchlicher
Wörter und Redensarten zufammenbringen liefsen, befchränkt fich die Zahl
der dänifchen unferes Wiffens auf Kannenftöwer, Trędfchoh (Træsko,
Holzfchuh), heure un winster, han lurt op Paamus (ft. han lurer
paa Mufen) und ebenfo vieler anderer, die fich nicht anführen laffen,
deren Herkunft man aber fich vollkommen bewufst ift.«

Hamburg.   E. J. A. Stuhlmann.

Klafferkat (XXV, 43. 57 ff. XVI, 17).

Ich kenne den Vers aus meiner Kindheit in folgender Form:

Klafferkat
Geit dær de ftad,
He kan dat klaffern nich laten,
Do kaamt da veer Hanfeaten
Un bringt em na de wach.

Hamburg.   E. J. A. Stuhlmann.

---

kinkerlitz(ch)en (XXVI, 16).

kenne ich in der Form kinkerlintfchki: wi hebbt noch allerlei kinkerlintfchki makt, d. i. Spafs, Ulk, Unfinn. Häufig höre ich das Wort von
einem Stapelholmer, der in Lunden wohnt.

Dahrenwurth b. Lunden.   H. Carftens.

---

unmär.

Von einem Lundener hörte ich unmär für unbeliebt: De Mann mak
fik ganz unmär.

Dahrenwurth b. Lunden.   H. Carftens.

Vgl. mndd. unmére, mhd. nomære, unlieb, verhafst, zuwider. C. W.

Zu Reuters Kenntnis des Griechifchen (XXV, 87).

Dafs Reuter die Kenntnis des griechifchen Altertums unficher geworden war, beweift auch eine Stelle der »Feftungstid« Kapittel 7: »Min
Slaprock hadd mit de Tid ümmer ein Hut äwer de anner kregen, indem
dat ick em ümmer wedder frifch äwertrecken let, un in de Ort was hei
grad as Achilleffen fin Schild mit de negen Offenfellen.« Schon Müller
(Reuters s. Werke, 10. Bd. S. 63) hat richtig bemerkt, dafs hier ein lapfus
memoriae Reuters vorliegt, der den fiebenhäutigen Schild des Telamoniers
Ajax meint.

Northeim.   R. Sprenger.

geimeln.

Von einem Gewährsmanne aus Geismar bei Göttingen höre ich den Ausdruck **geimeln**, der bei Schambach nicht verzeichnet ist. Knaben **geimeln** mit Münzen, Briefmarken ufw. Als Bedeutung ergibt fich »taufchen« und zwar fo, dafs der eine den andern zu übervorteilen fucht. Mit dem bei Schambach verzeichneten Subft. **geimel** (engl. **gimmal, gimbal**) hat das Verbum wohl keinen Zufammenhang. Entftammt es vielleicht der Gaunerfprache? **Kümmelblättchen**, das bekannte Hazard-fpiel mit drei Karten, foll eigentlich Judendeutfch und von Gimel, dem dritten Buchftaben des hebr. Alphabets, hergeleitet fein. Sollte da irgend ein Zufammenhang ftattfinden?

Northeim.   R. Sprenger.

Zum Mndd. Wörterbuche: polterpaffie.

De **polterpaffie** fpelen mit jem., ihn durchprügeln (?)

»1128. Als Adolph von Daffel von wegen feines begangenen Frevels an dem Stifte Northeim durch Bann und Acht verfolget war, hat man mit dem Städtlein Daffel erft die **rechte Polterpaffion**, wie man fpricht, gefpielet, doch ift es dasmal ohne Brandfchaden abgegangen, aber die umliegenden Dörfer find ausgeplündert und verbrannt.«

J. W. Grotheus Gefchichte der Stadt Northeim mit einigen Bey-trägen vermehrt herausgegeben von O. F. Redderfen. Einbeck, gedruckt bey Johann Jakob Feyfel 1807. S. 17.

Danach mufs der Ausdruck, den Schambach nicht aufführt, noch im 18. Jahrhundert hier üblich gewefen fein. Denn das Buch ift im wefent-lichen ein Neudruck der im Jahre 1723 erfchienenen Schrift: »Taufend-jähriger Gefchichts-Calender, von dem alten Stifte St. Blafii und der Stadt Northeim«, von der nur ein Exemplar erhalten ift.

Northeim.   R. Sprenger.

Notizen und Anzeigen.

Beitragszahlungen find an unfern Kaffenführer Herrn Joh: E. Rabe, Hamburg 1, gr. Reichenftrafse 11, zu leiften.

Veränderungen der Adreffen find gefälligft dem genannten Herrn Kaffenführer zu melden.

Beiträge, welche fürs Jahrbuch beftimmt find, belieben die Verfaffer an das Mitglied des Redactions-Ausfchuffes, Prof. Dr. W. Seelmann, Charlottenburg, Peftalozziftrafse 103, einzufchicken.

Zufendungen fürs Korrefpondenzblatt bitten wir an Dr. C. Walther, Hamburg 24, Uhlandftrafse 59, zu richten.

Bemerkungen und Klagen, welche fich auf Verfand und Empfang des Korrefpondenz-blattes beziehen, bittet der Vorftand direct der Expedition, »Diedrich Soltau's Verlag und Buchdruckerei« in Norden, Oftfriesland, zu übermachen.

Redigiert von Dr. C. Walther in Hamburg.
Druck von Diedr. Soltau in Norden.

Ausgegeben: Oktober 1905.

Jahrg. 1905.   Hamburg.   Heft XXVI. № 4/5.

Korreſpondenzblatt

des Vereins

für niederdeutſche Sprachforſchung.

I. Kundgebungen des Vorſtandes.

1. Mitgliederſtand.

In den Verein ſind eingetreten:

die Stadtbibliothek zu Breslau (Bibliothekar Herr Dr. M. Hippe).
Herr Oberlehrer Dr. Emil Mackel, Friedenau bei Berlin.

Leider hat der Verein in dieſem Jahre mehrere ſeiner älteſten Mitglieder durch den Tod verloren, nämlich die Herren:

Pfarrer Dr. th. Wilh. Bäumker, Rurich bei Aachen (Mitglied ſeit 1888).
Profeſſor Dr. C. A. Niſſen, Kopenhagen (ſeit 1883).
Univerſitäts-Bibliothekar Dr. A. Hofmeiſter, Roſtock (ſeit 1885).
Profeſſor Dr. Rob. Sprenger, Northeim, Prov. Hannover (ſeit 1877).

Alle vier haben am Jahrbuch mitgearbeitet, aufser Niſſen auch am Korreſpondenzblatt. Als ſelbſtändiges Werk lieferte Niſſen einen vortrefflichen »Forſøg til en Middelnedertyſk Syntax. Kjøbenhavn 1884.« In Sprenger († 3. Sept.) vermiſſen wir einen der fleiſsigſten und treueſten Mitarbeiter. Seine Leiſtungen liegen vornehmlich teils auf lexikaliſchem Gebiete, teils in der Kritik und Interpretation, die er an mudd. und nndd. Texten übte. In erſterer Beziehung iſt vor allem auf ſeinen »Verſuch eines Quedlinburgiſchen Idiotikons« (Jb. 29 und 30) hinzuweiſen, dann auf ſeine Nachträge zu Schambach's Göttingiſch-Grubenhagiſchen Idiotikon (im Kbl. und im Jb.). Bei den Textemendationen ward er durch ſeine grofse Beleſenheit ſowohl in mittelalterlicher wie neuerer Litteratur unterſtützt. Wenn ihm auch nicht alle geglückt ſind, ſo werden doch ſeine Reſultate bei neuen Ausgaben der von ihm behandelten Sprachdenkmäler immer zu erwägen und meiſtens zu verwerten ſein. Von ſeinem unermüdlichen Fleiſs und von ſeinem regen Intereſſe für unſern Verein zeugt eine ziemliche Anzahl hinterbliebener Beiträge, die allmählich im Korreſpondenzblatt zum Abdruck kommen ſollen.

Karl Koppmann, geb. 1839 zu Hamburg, geſt. 1905 zu Roſtock.

In Karl Koppmann iſt wiederum einer der Stifter des Vereines für Niederdeutſche Sprachforſchung dahingeſchieden. Er iſt ſeinem Vorgänger, dem 1904 verſtorbenen Otto Rüdiger, in wenig mehr als einer Jahresfriſt nachgefolgt.

Koppmann war feines Faches Hiftoriker. Was er in hervorragender Weife für die hiftorifche Wiffenfchaft geleiftet hat, fo für die Erforfchung der Hamburgifchen, Lübeckifchen, Roftockifchen und ganz befonders der Hanfifchen Gefchichte, das ift bereits von dazu competenten Gelehrten[1]) gebührend gewürdigt worden. Hier liegt uns ob, feiner Verdienfte einmal um unfern Verein, fodann um die Erforfchung der Niederdeutfchen Sprache zu gedenken.

Wie der Hanfifche Gefchichtsverein feine Gründung im Jahre 1871 einer Aufforderung Koppmann's bei der 500jährigen Erinnerungsfeier des Stralfunder Friedens verdankt, fo haben feine Mitteilungen über diefen Verein in einer Hamburger germaniftifchen Lefegefellfchaft den Gedanken geweckt, eine ähnliche Gefellfchaft behufs Erforfchung der Niederdeutfchen Sprache und Litteratur ins Leben zu rufen. Sein organifatorifches Talent und fein praktifcher Verftand haben nicht nur die Ausführung des Planes gefördert, fondern find auch, da er von Anfang an dem Vorftande an-gehört hat, der ferneren Entwickelung des Vereins ftets von grofsem Nutzen gewefen. Bei allen Erwägungen und Verhandlungen behielt er immer das Ziel, das erreicht werden follte, im Auge, ohne fich durch Nebenfachen den Blick trüben zu laffen, und fand den geeignetften Weg zur Ausführung. In gefchäftlichen Fragen, zumal in bezug auf Verlag, Druck, Honorar, war fein Urteil meift ausfchlaggebend und bewies fich nachher durchweg als richtig. Obfchon er fich in den Vorftandsfitzungen eingehend an der Debatte beteiligte, fo übernahm er doch oft bereitwillig die Führung des Protokolls, wobei er jeden Artikel der Verhandlung auf der Stelle fcharf und bei knapper Form doch erfchöpfend zu formulieren verftand. Wir haben ihn daher in den Sitzungen der letzten Jahre, wo er zu erfcheinen verhindert war, fehr entbehrt. An der Schaffung des Korrefpondenzblattes hatte er neben Wilhelm Mielck hervorragenden Anteil; in den erften Jahren, bis er 1884 nach Roftock als Stadtarchivar ging, auch an der Redaktion. Eifriger Mitarbeiter blieb er bis zuletzt, während er feine Tätigkeit am Jahrbuch infolge feiner Berufspflichten, mit einer Ausnahme, dem Lebensbilde unferes früheren Vorfitzenden Direktor Dr. K. E. H. Kraufe (im 18. Jahrgange), auf die erften Jahrgänge befchränken mufste.

Für die Bekanntmachung mittelniederdeutfcher Texte hat er ungemein viel geleiftet. Durch diefe Veröffentlichungen hat er der germaniftifchen Philologie ein ganz bedeutendes Sprachmaterial geliefert und felbft in Einleitungen und Anmerkungen viel zur Erläuterung, auch in philologifcher Beziehung, beigetragen, fo durch die Hamburgifchen Kämmereirechnungen in fieben Bänden, die Hanfereceffe in acht Bänden, die Lübeckifchen Chroniken in drei Bänden, das Seebuch, das Roftocker Handlungsbuch von Johann Tölner und viele andere kleine Sprachdenkmäler. Seine Genauigkeit und Methode im Edieren war mufterhaft, die Schablonifierung der Sprache und Orthographie vermied er aus philologifchen Gründen (f. die Einleitungen zu den Hanfereceffen Bd. I und III) und berückfichtigte

---

[1]) Zur Erinnerung an Karl Koppmann, von A. Wohlwill (Mitteilungen des Vereins für Hamburgifche Gefchichte. Bd. IX S. 57—70). — Zur Erinnerung an K. Höhlbaum und K. Koppmann, von A. Frensdorff. (Aus den Nachrichten der K. Gefellfch. der Wiffenfchaften zu Göttingen. Gefchäftl. Mitt. 1905. Heft 1.) — Zum Andenken an Karl Koppmann. Nachruf von W. von Bippen. (Hanf. Gefchichtsblätter. Jgg. 1904—1905).

forgfam die Lautbezeichnungen der Handfchriften. Das war z. B. für die Erkenntnis des früher von den meiften Germaniften geleugneten Umlauts und der fonftigen Vokalabftufungen im Mittelniederdeutfchen von grofsem Werte. Seine Belege beftätigten die über diefe Frage von Carl Schröder in Pfeiffer's Germania XIX, 116 ff. aufgeftellten Behauptungen und gegeheucn Nachweife, durch welche Koppmann auf den Gegenftand geführt war, und regten Dr. F. Crull zu der vorzüglichen Zufammenftelluug über die Schreibungen ø und ꝰ für ö und ü in den Wismarfcher Stadtbüchern des 14. Jahrhunderts (Ndd. Jb. III, 1877, S. 1 ff.) an.

Seine philologifche Tätigkeit war aber nicht auf das Edicren befchräakt, fondern er lieferte im Jahrbuch und bis zuletzt im Korrefpondenzblatt wertvolle fprachliche Beiträge. Es hat ja feinen begreiflichen Grund, weshalb Hiftoriker, wie ebenfo Juriften, mehrfach zugleich auf philologifchem Felde gearbeitet haben. Bei Koppmann kam fördernd der Umftand hinzu, dafs er feit 1869 jener durch Dr. Adolf Theobald ins Leben gerufenen germaniftifchen Lefegefellfchaft zu Hamburg angehörte. Hier hatte Koppmann fich mit den meiften älteren und neueren germanifchen Sprachen mittels Studiums hauptfächlicher Litteraturwerke derfelben bekannt gemacht. Diefe Befchäftigung war ihm fo lieb geworden, dafs er feit feiner Berufung als Stadtarchivar 1884 nach Roftock dort eine gleiche Gefellfchaft zufammen mit Direktor K. E. H. Kraufe, Prof. Reinhold Bechftein, Dr. A. Hofmeifter, Dr. Karl Nerger u. A. gründete. Als Früchte diefer Studien find anzufehn feine vorzügliche Übertragung der Sprüche Walther's von der Vogelweide (Hildesheim, Gerftenberg'fche Buchhandlung, 1893), feine verfchiedenen gelegentlich in Einzeldrucken herausgekommenen Gedichte in mittelniederdeutfcher Sprache und feine in unferem Jahrbuche und Korrefpondenzblatt erfchienenen Auffätze; auch dafs er in feinen hiftorifchen Arbeiten und in Rezenfionen folcher von Anderen gerne auf fprachliche Fragen einging, ift dahin zu rechnen.

Mit Vorliebe und mit Glück verfuchte er fich an Wortdeutungen, zumal an der Erklärung von technifchen und überhaupt folchen Ausdrücken, zu deren Verftändnis fachliche Kenntniffe und ein genaues Eindringen in den Sinn eines Textes erforderlich find. Wir verdanken ihm ferner die Befeitiguug von manchen fprachlichen Misformen, deren Unmöglichkeit auf der Hand lag, ohne dafs fich die richtige Form hatte dafür finden laffen, indem er auf Grund palaeographifcher Kenntniffe und forgfältiger Erwägung der Texte nachwies, aus welchen Verfehen fei es der Schreiber fei es der Herausgeber die fehlerhaften Lesarten entfprungen feien und wie gelefen werden müffe. Auch fonft übte er gelegentlich in Emendation von verderbten Stellen in mittelniederdeutfchen Dichtungen erfolgreiche Textkritik. Wie ihm in der hiftorifchen Kritik feine philologifche Schulung, fo kam ihm hier wieder feine hiftorifche Methode zu Nutzen. Begreiflicherweife erging er fich am häufigften auf dem Felde, wo die Philologen der Dilettanten nicht entbehren können, auf dem des ihm von Jugend auf vertrauten Dialekts und der Volkskunde.

Diefe Skizze würde unvollftändig fein, wenn ein Hinweis auf die Treue fehlte, die er unferm und dem Hanfifchen Verein durch den regelmäfsigen Befuch der Pfingftverfammlungen bewies. Er hielt das für feine Pflicht. Aber die Erfüllung derfelben diente ihm zugleich als Jungborn, wie er

1*

manchmal es ausfprach. Wenn er dann am Tage in den Vorftandsfitzungen gearbeitet, die Vorträge gehört und in manchen Verfammlungen
felbft folche gehalten oder an Debatten fich beteiligt hatte, konnte keiner
am Abend mit mehr Behagen dem anregenden Gefpräche mit Freunden
und fröhlichem Gefange fich widmen als er. Die letzten Tage der Pfingftwoche pflegte er, der fich fonft zur Erholung keine Reife gönnte, gerne
mit einigen Genoffen zu einem Ausflug, wo angängig zu Enfs, in eine der
Verfammlungsftadt benachbarte Landfchaft zu verwenden.

Als Koppmann die letzten Beiträge zum Korrefpondenzblatt am 12.
März, vierzehn Tage vor feinem Tode, einfandte, die im Heft XXVI Nr. 1/2
zum Abdruck gekommen find, geleitete er fie nach feiner Gewohnheit mit
einigen freundlichen Zeilen und Nachrichten über fich. Die Nachrichten
lauteten diesmal fchlecht. Seit dem Auguft des vorigen Jahres fei er nicht
recht wohl gewefen, habe im Winter mehrfach an körperlichem Unwohlfein
und geiftiger Ermattung gelitten und fühle nicht mehr die frühere Arbeits-
luft und Arbeitskraft. Das unbeftändige Wetter und die vielen dunklen
Tage des Winters trügen wohl dazu bei, und das Übrige möchten wohl
die Jahre verfchulden, deren fünfundfechzigftes er nächftens abfolviert
haben werde. Immerhin hoffe er noch auf wenigftens einige Befferung.
Schon wenige Tage fpäter aber zeigte fich, dafs fein Leiden von einer
ernftlichen inneren Erkrankung herrührte, die plötzlich acnt werdend feinem
arbeitfamen und an hervorragenden Leiftungen reichen Leben am 25. März
ein für die Wiffenfchaft und feine Freunde zu frühes Ziel fetzte.

II. Mitteilungen aus dem Mitgliederkreife.

Ein Kapitel aus der Analogie im Niederdeutfchen.

[Vorbemerkung. — Der Buchftabe å, der in diefem Artikel mehrere Male auftritt, ift für einen Laut der emsländifchen Mundart gewählt, der akuftifch zwifchen a und
e klingt; er entfpricht ungefähr dem palato-velaren æ¹ bei Sievers (Phonetik, 5. Aufl.,
Tabelle S. 103), im engl. how »wie«. —
In einigen Mundarten des Emslandes werden zwei å unterfchieden, von denen das
eine (im allg. = mnd. a) niedriger (akuftifch mehr nach e), das andere (= mnd. e) höher
(akuftifch mehr nach a) artikuliert wird. Das niedrige å geht im oftfrief. teilweife in e,
das höhere in a über.]

Niederdeutfch (emslünd.) gaapen und jaapen »gaffen, den Mund auf-
reifsen«, fetzt zwei germ. Stämme *ʒap- und *jap- voraus, die wohl beide
als fchallnachahmend anzufehen find. Ein drittes Wort »jappen« derfelben
Bedeutung ift aus mnd. japen hervorgegangen, indem das a in offener
Silbe vor n (m, l, r) der folgenden Silbe nicht gedehnt wurde, wie z. B.
auch in ftappen »ftapfen« (mnd. ftapen) und fchrappen »kratzen« (mnd.
fchrapen). gaapsk oder jaapsk bezeichnet jemanden, der leicht gähnt, und
tritt in dem bekannten Sprichworte auf: Wank foo paapsk wöör er jaapsk,
dan künk wal Miffe lüüfen.¹) Mit dem Worte jappen verbindet fich die
Bedeutung »nach Luft fcbnappen« und weiterhin »fchlecht fitzen, vom

---

¹) Lathen; ebenfo Afcheberg; Gffch. Mark bei Woefte S. 69; Oftfriesland in
Bue ens Jahrb. f. 1841, Nr. 727; Oldenburg bei Lübben in den Deutfchen Munda.
VI, ıS. 283.

Kleide, das am Halſe Beutel wirft« (im letzten Falle auch gaapen und jaapen). Dazu Jappſtock »neugieriger Menſch, Gaffer, der untätig zuſieht« (ten Doornkaat: gapenſtok; Molema: gapſtok), und mit Stimmbaftwerden des p vor l¹): Jabbelke »ein Mädchen, das ein groſses Wort hat« (Afcheberg: Jappke (»altes Weib«). Vom ſelben Stamme iſt ndtſch. gapſe, gepſe gebildet, das die »offene, hohle Hand, dann beide Hände voll« bezeichnet. In der nordemsländ. Mundart (Ahlen) iſt Gapſe üblich, während in der ſüdlicheren (Lathen) Gäpſe (aus gepſe, in Aṇalogie von gapſe) gebraucht wird. In der oſtfrieſ. Mundart ſtehen beide Wörter unterſchiedslos neben einander: 'n gaps, 'n gepsvul (E. Hektor i. d. Dtſch. Mundarten IV, S. 479), in der münſterl. nur: Geps vul. Wie aus »wepse« durch Metatheſe »wespe« entſteht (vgl. msterl. Wipſe mit emsl. Wäſpel), ſo auch aus gapſe : gaſpe »die Spange, die ſich öffnet und ſchlieſst wie ein faſſender Mund oder eine zugreifende Hand« (Deutſches Wörterb. IV, 1, Sp. 1434).²) Aus dem umgelauteten *geſpel wird in Analogie von gaſpe: Gäſpel, in Kneigäſpel »Schnalle an der kotten Bückſe«; Schougäſpel »auf den niedrigen Schuhen«; tougäſpeln »feſtſchnallen«. —

Von einem durchaus verſchiedenen Stamme germ. *ʒrip- (Schwundſtuſe zu altſächs. grīpan »greifen«) wird das Wort *grepſe gebildet, das ebenfalls »die hohle Hand, beide Hände voll« bedeutet, nur mit der Nebenbedeutung des gierigen, die ja in grīpen liegt, während gapſe nur die einfache Tatſaehe feſtſtelt. Nach Analogie dieſes Synonymon wird *grepſe zu Gräpſe und im oſtfrieſ. ſogar zu graps (ten Doornkaat). In weiten Gebieten des Niederdeutſchen aber wird zum ſelben Stamme grep- das Verbum grappken »an ſich reiſsen« gebildet, das den Vokal a nach Analogie von gapſe und einer Reihe ähnlicher Wörter wie snappen, happen, ſchrappen u. a. m. übernommen hat. Zu dieſer Sippe gehören emsl. Grappke »eine Frau, die alles an ſich reisst,« Grappſchöttel »der beim Eſſen bange iſt, daſs er nicht alles bekommt«; in Afcheberg: Grappketriine und Grappſpaon »gierige Menſchen«, grappkich »gierig« uſw. Durch Stimmbaftwerden des p (wie oben Anm. 2) entſteht das Wort grabbeln, z. B. innen Sant grabbeln »im Sande wühlen«, und mit dem chenſo aus griipen entſtandenen Worte gribbel- zuſammen: Gribbelgrabbel. Dies bedeutet ein wildes Greifen und Haſchen, frequ. Greifen, und erſcheint als term. techn. in dem münſterl. Mädchenſpiel mit den·Kanten oder Kaitkes (Sprungbeinen des Schafes).³) Dort heiſst »in die Gribbelgrabbel werfen«: die vier Knöchel (Kaitkes) mit der rechten Hand auf die Treppenſtuſe werfen. In der emsi. Ma. bedeutet »in Gribbelgrabbel smiiten« etwas hinwerfen, ſodaſs es jeder bekommen kann; aus dem Oldenburg. iſt das Sprichwort bekannt: He is ſō riwe as Jan Behrens, de lēt 'n nöfendrüppel in 'n gribbelgrabbel fallen (Lübben in d. Deutſcben Maa. V, S. 523).

Schlieſslich tritt an Stelle des e bezw. a noch ein u in demſelben Stamme auf, und zwar in Analogie nach ruppken »beim Jäten, wegreiſsen,

---

¹) ſiebe unten: grabbeln, grubbeln, Gribbelgrabbel; münſterl. widdeln »weiſſen« zu witt »weiss«; auch in Nachbarſchaft von Nafalen, vgl. Sünner Klaos aus mnd. Sünte Kläs.

²) ähnlich auch im engl. aus grope »greifen, tasten« (altengl. ʒrápian zum germ. *ʒraip-) *graps, das zu grasp »greifen, packen« wird.

³) H. Landois, 16. Jahresber. d.·Weſtf. Prov.-Vereins für Wiss. u. Kunst, Münster 1888, S. 66 ff.

ob rein oder nicht rein‹, Afchebg. ruppen (d. Intenfiv. zu emsl. rööpen, ahd. roufen): Gruppsk ift jemand, der etwas an fich reifst, gierig, auch vom Kinde, das nach allem greift; grubbeln (mit Stimmbaftwerden des p) ›fcharren, kratzen, mit den Händen‹ (oftfrief. grubbeln, grubbelê, gegrubbel); msterl. gruppken (›he gruppket fik alles bieene‹) und gruppkig. — Sämtliche analogifchen Erfcheinungen, die bei den oben verzeichneten Wörtern auftreten, gehören in die Wundtfche Kategorie der Begriffsangleichung durch Ähnlichkeit (d. i. an Wörter verwandter Bedeutung). Ähnlich ift es z. B. mit dem griech.-ion. ἀρύσσω ›fchöpfe‹, das nach Analogie des etymol. unverwandten Wortes ἀφύσσω ›fchöpfe‹ aus ἀρύω entftanden ift.

Münfter i. W.   Hermann Schönhoff.

Von 't lütt Brod fnacken
(zu Reuters Stromtid Kap. 32).

Nachdem Havermann unter dem Verdachte einer Geldunterfchlagung Pümpelhagen verlaffen bat und nach Rabnftädt gezogen ift, wird in der kleinen Stadt für oder gegen feine Unfchuld Partei ergriffen. Auch der Klatfch der Frauen bemächtigt fich diefer Frage und ift geneigt, gegen Havermann zu entfcbeiden, nachdem David, wie es in Kapitel 32 der ›Stromtid‹ (Seelmann's Ausgabe Bd. 3. S. 33 Z. 25) heifst ‚›von 't lütt Brod fnackt‹ hat. — ›Die letzte Wendung ift mir nicht recht verftändlich‹ fagt Müller (der Mecklenburger Volksmund No. 80) ›vielleicht = von teuren Zeiten, wo das Brot kleiner gebacken wird.‹ Die Hinftorff'fche Volksausgabe erklärt: ›vom kleinen Brot gefchnackt, fprichw., etwa: geklagt.‹ Gaedertz übernimmt diefe Auslegung, indem er anmerkt: ›vom kleinen Brot geredet, d. h. geklagt.‹ Abweichend erklärt Seelmann: ›von ftrafbaren Dingen gefprochen‹ und bringt in den Schlussbemerkungen feiner Ausgabe Bd. 3. S. 447 eine Volkserzählung, die das Entftehen der Redensart nachweift. Wenn er hinzufügt, der Papagei laffe für den Urfprung der Erzählung auf eine Seeftadt fchliefsen, fo kann ich feine Vermutung beftätigen. In meinen Knabenjabren, etwa um 1856, habe ich die betreffende Gefchichte aus dem Munde eines alten Hamburgers wie folgt aufgezeichnet: Um die Mitte des achtzehnten Jahrhunderts war in Hamburg noch Brauch, dafs das Brot von Zeit zu Zeit durch Schlukwächter oder Prachervögte von der Herrendiele (f. unten) auf das vorgefchriebene Gewicht hin unterfucht wurde. Nun war bei einem Bäcker, der in der Görttwiete an der Brücke wohnte, eines Tages die Prüfung fchon vorbei und alles in hefter Ordnung befunden worden, als plötzlich fein zahmer Papagei rief: ›dat lüttje Brot is achter in de Kift!‹ Richtig fanden fich dort ›Rundftücke‹, die zu klein waren, und dem Bäcker ftand fomit fchwere Geldbufse bevor. Wutentbrannt ergriff er den Käfig und warf ihn zum Fenfter hinaus ins Fleet. Zum Glück herrfchte Oftwind und der Kanal war trockengelaufen. Dem Papagei hatte der Sturz aus mäfsiger Höhe nichts gefchadet, und als er fich von feinem Schreck erholt hatte, fchaute er fich fleifsig um und beobachtete alles was oben auf der Brücke vorging. Grade heulte ein Hund ganz erbärmlich unter den Hieben feines Herrn und, eingedenk feines eigenen Erlebniffes, rief der Vogel ihm teilnahmsvoll zu: ›Heft ok von dat lüttje Brot fnackt?« Der Bäcker mufste herzhaft darüber lachen und nahm feinen alten Liebling in Gnaden wieder auf.

So weit meine Aufzeichnung. Dafs in der Kifte Rundftücke, alfo Brötchen aus Weizenmehl, gefunden wurden, kann übrigens nicht richtig fein, denn beide »Backerben« an der Brücke in der Görttwiete hatten nur die Berechtigung, Grobbrot zu backen, d. i. Roggenbrot und fog. Feinbrot (teils gleichfalls aus Roggenmehl, teils aus Roggen- und Weizenmehl gemifcht). Nur zu Weihnacht durften fie die zum Gefchenk für ihre Kunden beftimmten Braunkuchen und Pfeffernüffe herftellen.

Hamburg.   Joh: E. Rabe.

Slukwächter. Prachervögte. Herrendiele.

Zu diefen Ausdrücken in vorftehender Erzählung ift folgendes zu bemerken:

Slupwächter erklärt Richey (Idiot. Hamb.): »mit diefem Nahmen belegt der Pöbel die Gerichts-Diener, Apparitores Praetorum, vielleicht weil fie auf die Schlupf-Winkel der Miffethäter ein wachfames Auge haben müffen.«[1]) Schiller-Lübben haben »Slupwachter: heimlicher Wächter, Schleichwächter«. Dr. Otto Beneke (von unehrlichen Leuten S. 103) fagt: »Die unterfte Klaffe der Gerichtsdiener hiefs nicht nur bei dem Volke, fondern auch in der amtlichen Sprache Schlup- oder Schlupfwächter, woraus man auch Schluckwächter machte.«

Über Prachervogt finde ich bei Richey: »Pracher-Vagt: Bettel-Vogt. Welcher Nahme aber, nachdem folche Dienfte gekaufft werden, nunmehro (1754) in Karken-Vagt verwandelt worden, worunter doch kein Advocatus Ecclefiae zu verftehen ift.« Das Bremifch-Niederfächfifche Wörterbuch übernimmt die Erklärung Prachervogt = Bettelvogt aus Richey und fügt hinzu »Welche Benennung aber fchimpflich ift. Man fagt fonft Karcken-Deener.« Dr. Otto Beneke (v. unehrl. L. S. 87) fchreibt: »In Hamburg, wo die Armenpflege bis 1788 als Gemeindefache den Pfarrkirchen oblag, nahmen die von diefen beftellten Prachervögte fchon vor ihrer Ehrlichfprechung den honetteren Namen Kirchenvögte in Anfpruch.« — Wenn mein Gewährsmann beide Beamten in Einem Atem nannte, fo mag dies daher rühren, dafs man die fich als höher ftehend betrachtenden Slukwächter gelegentlich in folcher Weife zu ärgern pflegte.

»Herren-Dehle: »Des Richters Haus, Praetorium« (Richey).

Hamburg.   Jobs E. Rabe.

Lapskaus.

Jahrgang XXV, Nr. 4/5, S. 50 fagt P. Feit, Professor Hasse teile ihm mit, dafs das Gericht ('Lapskau') auf der Speifekarte manches Kopenhagener Wirtshaufes vorkomme. Das kann ich beftätigen, denn ich felber habe es um Pfingften 1897 dafelbft in einem Zeltreftaurant in nächfter Nähe des Tivoli gegeffen, und zwar ftand es dort in einer fprachlich recht

---

[1]) Schütze, Holftein. Idiotikon, fetzt hinzu: »wird auch Sluukwächter gefprochen, als ob es von fiuken, verfchlingen, derivire.« Slöpwächter ift gebildet von flupen, fchliefen, fchlüpfen, fchleichen, woher auch Slüplok, Slüpwinkel = Schlupfwinkel.   C. W.

intereſſanten Lautform auf der Speiſekarte: lobscover, alſo mit dem ganz undäniſchen Buchſtaben c, aber mit der däniſchen Mehrzahlendung -er.

Leider hatte ich damals noch keine Ahnung davon, daſs mich der Gegenſtand ſpäter ein Mal ſprachlich beſchäftigen würde, und gab daher weiter nicht viel acht auf die Zuſammenſetzung des Gerichtes. Doch entſinne ich mich noch ganz gut, daſs es in Geſchmack und Ausſehen eine gewiſſe Ähnlichkeit hatte mit den durch Bismarcks Vorliebe dafür bekannt gewordenen, urſprünglich niederbayeriſchen 'Pickelſteinern', da, wo die Mehrzahlform 'ſteiner' für 'ſteine' nicht geläufig iſt, auch zu 'Pickelſteiner Fleiſch' verballhornt.

Wenn aber a. a. O. der Name erklärt wird als Lappskors sc. Gericht, und weiter geſagt wird, Lappskors ſei der ſchwediſche Genet. plur. von Lappska, der Lappe, ſo iſt dies inſoferne nicht richtig, als Lappska nicht heiſst der Lappe, ſondern die Lappin, und in allen Beſchreibungen von Lappland und ſeinen Bewohnern übereinſtimmend angegeben wird, daſs nicht die Frauen, ſondern die Männer das Kochen beſorgen, ſo z. B. von Olaus Graan, Samuel Rheen, Johannes Tornæi.

Wenn es alſo mit dieſer Erklärung nichts iſt und wir uns nach einer andern umſehen, ſo wird uns ein weiterer Vergleich der beiden Gerichte Lapskaus und Pickelſteiner vielleicht den Weg weiſen, und tatſächlich ergibt ſich daraus die vollſtändige Richtigkeit der landläufigen Erklärung aus engl. lobscourse.

Beide Gerichte haben nicht nur einen ähnlichen Geſchmack, ſondern werden auch auf ähnliche Weiſe zubereitet, nur daſs ſtatt der Kartoffeln der Pickelſteiner zu Lapskaus auch Zwieback genommen werden kann, was ja bei einer ſeemänniſchen Speiſe ſich von ſelbſt erklärt, und daſs ſtatt oder neben dem Fleiſche Stückchen Fiſch erſcheinen, was ſich auch aus der Beliebtheit der Lapskaus an der Seeküſte erklärt. Ja, noch mehr: wenn zu den Lapskaus Fleiſch- und Fiſchſtücke gleichzeitig verwendet werden können, ſo findet dies ſeine getreue Wiederholung darin, daſs man beſonders gern als Pickelſteiner Würfel aus Schweine- und Kalbfleiſch miſcht.

Lobscourse wird erklärt als das Gericht der Lümmel, der Landſtreicher, der armen Schlucker, mit anderen Worten, das Gericht derer, die keinem geordneten Haushalte mit Gelegenheit zu ſeinem Kochen angehören. Und was wird als der Hauptvorzug der Pickelſteiner bezeichnet? Daſs der Bauer auf dem Felde, der Jäger auf Jagd, der Waldarbeiter in der Unterkunftshütte ſie ſich ohne Schwierigkeiten bereiten kann, wenn er ſich nur die Beſtandteile und einen Tiegel mit Deckel mitgebracht hat. Iſt ja doch nicht einmal Waſſer zur Zubereitung nötig! Und tatſächlich ſollen die Pickelſteiner von den Jägern und Holzfällern des Bayeriſchen Waldes erfunden worden ſein.

Dieſe Vergleichung dürfte wohl die Richtigkeit der alten Erklärung lobscourse = 'Gericht der lobs d. i. der Fahrenden' außer Zweifel ſtellen.

Erlangen. Auguſt Gebhardt.

Zu Schambachs Idiotikon.

Schambach verzeichnet S. 204: ſpike, ſpike f. 1. ein hölzerner Nagel, eine hölzerne Zwecke, wie die Schuhmacher ſie gebrauchen. 2. = ſpeckige. Letzteres iſt eine Fortbildung von mnd. ſpecke und bezeichnet einen aus Buſchwerk, Erde und Raſen durch ſumpfige Gegenden aufgeworfenen Weg, auch eine · einfache Uferbrücke. Derart iſt die von Schambach erwähnte ſpike (NB. mit kurzem il) bei Elweſe. Specke f. = Knüppelbrücke iſt auch noch in Heſſen und in der Wetterau üblich. Unzweifelhaft haben wir es mit zwei etymologiſch verſchiedenen Worten zu tun. Kluge, Etymol. Wb. 6. A. S. 369 ſtellt Specke = Knüppelbrücke zu mhd. ſpache, ahd. ſpahho, ſpahha, Reiſig. Zu ſpik Nagel ſtellen ſich die gleichbedeutenden ſchwed. ſpik und holl. ſpijker. Ob das viel gebrauchte ſpiken = ſticheln, höhnen hierher gehört, will ich unentſchieden laſſen.

Northeim.   ————   R. Sprenger.

gnäterſwart.

Dies von Fritz Reuter gebrauchte und auch im Brem. Wb. II, 524 verzeichnete Adj. hängt vielleicht doch mit gnätern = knattern zuſammen. Ich vergleiche krachneu. S. Mörikes Sämtliche Werke her. von Rudolf Krauſs VI. Bd. S. 203: ein Edelknabe, angezogen mit einem krachneuen, rotbraunen Wams von Samt.

Northeim.   ————   R. Sprenger.

Zu Pſeudo-Gerhard von Minden.

Fab. XLIX, V. 115'ff. lauten in Seelmanns Ausgabe:

Ein dink doch al min angeſt is:
to uns mach he komen; to ungelucke
de hert, de re, de zegenbucke,
de rinder al unde de binden,
de mach he achter al open vinden;

he in V. 116 iſt von dem Herausgeber mit Unrecht gegen die Überlieferung eingeſetzt. Die Verſe ſind folgendermaſsen zu interpungieren:

Ein dink doch, al min angeſt is,
to uns mach komen to ungelucke:
de hert, de re, de zegenbucke,
de rinder al unde de binden
de mach he achter al open vinden.

Es iſt zu überſetzen: »Ein Umſtand — das iſt meine ganze Angſt — kann uns zum Unglück eintreten: Die Hirſche, Rche uſw. mag er alle hinten offen finden.« to iſt demnach nicht mit uns, ſondern mit komen zu verbinden; tokomen bedeutet bekanntlich »eintreten von Dingen, die erſt in Zukunft geſchehen ſollen.«

Northeim.   ————   R. Sprenger.

Iſt ſchnipfen = ſtehlen berlineriſch?

In dem bekannten Volksſtück »Berlin, wie es weint und lacht« von D. Kaliſch 2. Aufzug 4. Auftritt ſpricht die Schulzenfrau Nünecke aus Rixdorf von ihrer Schweſtertochter, der Brand Agnes, die geſchnipft haben ſoll und jetzt Nummer Sicher ſitzt. ſchnipfen = entwenden, ſtehlen ift bekanntlich wienerifch; vgl. Schmeller-Frommann, Bayer. Wb. 2, 578, Grimms Wb. IX, Sp. 1333. Ift oder war das Wort um 1858 auch in Berlin bekannt oder ift es aus der Poffe von O. F. Berg »Ein Wiener Dienftbot'«, der Vorlage für Kalifchs Stück, herübergenommen?

Northeim.   R. Sprenger.

_____

Lowken, Lanke (XXV, 52. 93).

Die aus Campe's Sammlung intereffanter Reifebefchreibungen für die Jugend (in 8°) angeführte Erwähnung diefes Bieres gefchieht in einem Bericht, den er über feine von Trittow nach Wismar und Schwerin ausgeführte kleine Reife feinen Zöglingen in Briefen gegeben hat. Er hat diefe Briefe zuerft in dem Hamburgfchen Kinderalmanach abdrucken laffen. Die betreffende Stelle lautet dort im Almanach auf das Jahr 1786; Hamburg, Heroldfche Buchhandlung (in 16°); S. 244:

»Man branet hier (in Mölln) ein in der That unangenehmes, aber von den Landleuten, vermuthlich feiner betäubenden Kraft wegen, fehr hochgefchätztes Bier, welches unter dem Namen Laken auf vier bis fechs Meilen verfahren und iu allen Wirthshäufern gefchenkt wird. Ob es wahr fey, was man fagt, dafs die beraufchende Kraft diefes Getränkes aus einer Zuthat von betäubenden Kräutern und von Brandteweinhefen herrühre, laffe ich unentfchieden.«

Dafs es dasfelbe Möllner Bier ift, welches fonft Lowken, Lancke, Laugk genannt wird, unterliegt keinem Zweifel. Die Form Laken läfst fich aber nicht wohl als Druckfehler erklären, wie ich gemeint habe, fondern mufs auf falfcher Auffaffung des gehörten Namens durch Campe beruhen.

Hamburg.   C. Walther.

_____

Ovelgönne.

Im Niederdeutfchen Korrefpondenzblatt wurde vor langer Zeit eifrig um die Bedeutung des Namens Ovelgönne oder Övelgönne geftritten. (II, 88b. IV, 88. V, 4 ff IX, 41.) Eine Lautform diefer Flur und Ortsbezeichnung, die im Emsland vorkommt, fcheint mir das Dunkel des Namens, wenigftens teilweife, zu lichten. — Ääwergünne (mit dem Ton auf -günne, wie Papenbórg, Ofenbrügge u. ä.) heifst dort nämlich ein Grundftück im Düther Efch (Kr. Afchendorf) und eine Flur in den 'Kampftücken' bei Frefenburg (Düther Gemarkung), die keinen befonderen Boden aufweift und von Bufchwerk begrenzt ift. Der erfte Beftandteil diefes Wortes, das auf mnd. »evergünne zurückgeht, zeigt deutlich das mnd. ever, as. evur- 'der Eber' (in Evuritbi 'Schweins- oder Eberheide, Ksp. Wildeshaufen; 9. Jahrh.)[1] Der zweite Teil -günne ift wohl auf -wünne, as. wunnia (Weide, fpäter Freude, Wonne) zurückzuführen, indem nach niederdeutfchem Lautgefetze interfonores w fchwindet, und dann, wie z. B. in emsländifchen Ortsnamen wie ,Efterwääigen' (aus mnd. Efterwede; Osnabr. Urk.-Buch III, Nr. 96) und 'Herbergen' (Herbrum; aus mnd. Herberen[2]) zwifchen den Sonoren fich

_____

[1] Werdener Heberegifter in dem 'Archiv für die Gefchichte des Niederrheins' II, 2. — 'Mitteilungen d. hiftor. Vereins zu Osnabrück' VI, S. 192 ff.

[2] Osnabr. Lehnsregg. von 1350—1361 bei Lodtmann, Acta Osnabr. I, S. 194.

der velare Spirant g (ʒ) entwickelt. Dabei können analogiſche Beziehungen zu günne (mnd. genet) 'jenſeits' und günnen 'gönnen' mitgewirkt haben. — Die urſprüngliche Bedeutung wäre alſo 'Eberweide', eine Bezeichnung, die den oft minderwertigen Boden der Ortſchaften und Fluren dieſes Namens erklärt. Aus mnd. evergünne entſteht infolge Rundung des e durch den Einfluſs des folgenden Labialen ein övergünne, und daraus övelgünne (wie im Niederdeutſchen r und l oft wechſeln). Auch hier hat natürlich die Analogie (nach övel 'übel') mitgewirkt.

Münſter i. W.   Hermann Schönhoff.

Ein Spottreim auf 'Gerhard'
in vier benachbarten emsländ. Dörfern.

1.
(Lathen, Kr. Aſchendorf.)
Geert, Geert, Gäävegeert,
Büs kiinen balven Daaler weert.

2.
(Düthe, nördl. von Lathen.)
Geert, Geert, Gäälegeert,
Kriste griise Kütte biin Steert.

3.
(Ahlen, nördi. von Düthe).
Geert, Geert, Biggensteert,[1]
Is kiinen balven Dait[2] wert.

4.
(Sögel, Kr. Hümmling, östl. von Lathen.)
Geert, Geert, Piggensteert,[3]
Is kiinen balven Pänkouken weert.

Münſter i. W.   Hermann Schönhoff.

Twieſchen un Drieſchen.
Unter dieſer Bezeichnung verſtand man in Hamburg ehemals zwei ſehr verſchiedene Dinge: 1) ein Kinderſpielzeug, 2) die ſog. kleinen Karten (2 bis 5 oder 6) beim Whiſt und einigen anderen Kartenſpielen.

Die Twieſchen un Drieſchen, das Kinderſpielzeug, wurde früher in Konditoreien angefertigt, und zwar der Hauptſache nach aus Tragant, einem Produkt mehrerer Arten der Pflanzengattung Aſtragalus. Dieſer Tragant, der in dünnen bandartigen Streifen in den Handel kommt, wurde in Waſſer aufgeweicht, und dann durch Beimengung von Puder zu einer Art Teig verarbeitet (»angewirkt«). Aus dieſem Teig, der ſchnell erhärtete,

---

[1] Ferkelschwanz. [2] Pfennig. [3] Pigge = Stift.

wurden dann kleine fehr verfchiedenartige Gegenftände hergeftellt, teils durch Ausdrücken in Formen, teils durch Modellicren aus freier Hand. Es gab da Aepfel, Birnen, Wurzeln, Kohlköpfe, Vögel, Tifche, Stühle, Würfel ufw. Diefe Gegenftände waren teils weifs, teils aber auch farbig. Für diefe letzteren ward die (felbftverftändlich giftfreie) Farbe teils schon gleich beim »Anwirken« des Teiges diefem beigemifcht, teils wurde fie mittels kleiner Wattestückchen »aufgefchminkt«[1]) Efsbar waren diofe Gegenftände freilich nicht, waren aber trotzdem früher eine beliebte Spielerei für Kinder. Diefe nannten fie bald »Mehl und Waffer-Sachen«, bald »Twiefchen un Driefchen«. Diefer Ausdruck, der wohl von den kleinften Zahlen 2 (twee) und 3 (dree) herftammt, follte die Sachen vielleicht nur als »Kleinigkeiten« bezeichnen.

Jetzt werden die »Twiefchen un Driefchen« nicht mehr angefertigt; doch hat ein Freund von mir noch 1902 folche in einer kleinen hiefigen Konditorei gekauft.

Beim Kartenfpiel, z. B. beim Whift, wurden die fog. kleinen Karten (2 bis 5 oder 6) als »Twiefchen un Driefchen« bezeichnet. Wenn einer der Spielpartner nach dem Geben fich die ihm zu Teil gewordenen Karten anfah, und dann eine Anzahl folcher kleinen Karten vorfand, dann fagte er wohl etwas ärgerlich: »Nix as Twiefchen un Driefchen!«

Sehr alt fcheint der Ausdruck weder in der einen noch in der andern Bedeutung zu fein. Weder bei Richey, Idiot. Hamb., noch bei Schütze, Holftein. Idiotikon, ift er zu finden. Richey S. 319 hat nur: Twesken, alias Dwesken, Zwillinge, und ähnlich Schütze IV, S. 293: Tweefchen, Twesken, [Plur.] Tweefchens = Zwillinge. — Müllenhoff im Gloffar zu Klaus Groths Quickborn hat allerdings den Ausdruck Twiefchen un Driefchen, aber nur in der Bedeutung: kleine Karten (2 bis 5) im Kartenfpiel.

Ift der Ausdruck Twiefchen un Driefchen in beiden angegebenen Bedeutungen auch noch anderswo als in Hamburg bekannt?

Hamburg.   C. Rud. Schnitger.

Deneke.

Als ich das Perfonenregifter zu Bd. 13—16 des Meklenburgifchen Urkundenbuchs teils auszuarbeiten, teils zu redigieren hatte, war ich wegen des öfter vorkommenden Kofenamens Deneke in Verlegenheit. Ich fand die Gleichung Däneke = Daniel vor, aber keinen Beweis dafür und konnte damals nicht zu einer Entfcheidung gelangen. Nachher hat fich mir in Befprechungen mit Dr. Crull zuerft der Glaube und dann die Überzeugung feftgefetzt, dafs Deneke auf Jordan zurückzuführen fei.

Ein Beweis dafür läfst fich aus den Regiftern des jetzt 21 Bände umfaffenden Meklenburgifchen Urkundenbuchs nur aus Einer Familie erbringen, der v. Kröpelin, wo die in den Regiftern Bd. IV und Bd. XI unter 5 und 7 als Söhne des Ritters Johann bezeugten Ritter Jordan und Deneke

---

[1]) Ich verdanke die Auskunft über die Herftellung der Tw. u. Dr. meinem Vetter, Herrn Aug. Schnitger, jetzigem Inhaber der Schnitger'fchen Konditorei auf dem alten Steinweg in Hamburg. Diefe Konditorei befindet fich feit März 1793 im Befitz der Familie Schnitger, befteht aber fchon noch länger.

ganz ficher ein und diefelbe Perfon find. Bei den v. Lanken (ebd. in denfelben Bänden) begegnen wenigftens die Vornamen Jordan und Deneke
neben einander. Dafelbe hat Statt in dem von Reinecke herausgegebenen
Lüneburger Stadtbuche bei den Münter (Monetarius) und v. Brokelde.
Hervorgehoben fei noch, dafs bei keiner der andern Familien, in denen
der Kofename Deneke üblich war (bei den v. Welzin, v. d. Oldenftadt,
v. Brüfewitz, v. Mallin, Stahl) auch nur der Gedanke einer Verbindung
mit einem andern Vornamen aufkommen kann.

Daran, dafs Deneke auf der zweiten Silbe von Jordan fufst, ift kein
Anftofs zu nehmen. Denn während bei deutfchen Namen faft ausfchliefslich
der erfte Beftandteil zur Bildung des Kofenamen benutzt ward (Thiedeke,
Make, Vicke, Lüdeke, Beteke, Beneke, Gefe, Wibeke, Wöbbeke, um nur
einige zu nennen, von Dietrich, Markwart, Friedrich, Ludolf, Berthold,
Bernhard, Gertrud, Wikburg, Walburg), war bei den fremdländifchen die
Ableitung vom zweiten Teile mindeftens das Üblichere. Ich erinnere an
Henneke, Thewes, Thies, Klawes, Köpeke, Mas, Beke van Johann, Matthäus,
Matthias, Nicolaus, Jakob, Thomas, Elifabeth.

Wismar. F. Techen.

Zu früheren Mitteilungen.

igitt (XXV S. 43 f., 60 ff., XXVI S. 16).
Auch in Wismar wohlbekannt, aber ˙eher egitt egitt gefprochen,
gebraucht um das Gefühl des Ekels auszudrücken.

vlocken unde voren (XXVI S. 19).
Aus Dithmarfchen Urkunden und Briefen fchon aus dem 15. Jh. zu
belegen: de pande vlocken unde vören 1438 Dez. 15. K., deme gy toleggen,
he fchal my holpen hebbe[n] myn gut flokken unde forden (!), des he un-
fchuldych ys 1495 Apr. 3. Wechfel von ck und tt auch im Korrefpondenzblatt
XXVI S. 21 unter fickenverteller.

abflauen (XXVI S. 21).
de wind flaut af, läfst an Stärke nach, ift ühlich genug.

Smachreem (XXVI S. 22).
In Wismar smachtremen.

begläten (XXVI S. 22).
Falfche[1]) Überfetzung ins Niederdeutfche, zu gleifsen gehörig. Man
fagt: von oben begliffen, von unten befchiffen.

ftippen (XXVI S. 31).
Zu Schufterftipp vgl. das Meklenburgifche ftippels, eine zu Pellkartoffeln bereitete Speckfauce.

im lichten (XXVI S. 31).
Spiefs neun Fufs im Lichten beruht wol auf einer misverftandenen
Anwendung des Ausdrucks. In lichtem Mafse gibt man den freien Abftand
von Borte zu Borte, oder vom Fufsboden bis zur Decke an, ohne die
Borten oder Balkenlagen mitzumeffen, ebenfo entfprechend bei Feuftern ufw.
In diefem Gebrauche liegt zugleich die Erklärung.

Wismar. F. Techen.

[1]) falfche? dem ahd. glizan entfpricht im Heliand doch afächf. glitan. C. W.

»Befemet« (XXIV, 9 f.).

Leider werde ich erft jetzt auf C. Walthers Beitrag über diefes Wort aufmerkfam, aber die Sache ift es wert, dafs man darauf zurückkommt. Es ift begreiflich, dafs es Walther nicht gelungen, den Urfprung des Wortes ausfindig zu machen, denn es verdankt fein Dafein einem blofsen Lefefehler. In dem a. a. O. erwähnten Generalftreik in den Niederlanden i. J. 1903, der feinen Anfang nahm unter den Arbeitern eines veem, d. h. einer folchen Gefellfchaft, welche fich mit der Auflagerung von Tranfitwaren befaft, bezeichneten die Ausftändigen solche Artikel, welche von nicht-ausftändigen Arbeitern berührt waren, mit befmet, dem gewöhnlichen ndl. Wort für »infektiert«, Partizip zum Infinitiv befmetten, zu fmet »Makel«. Jene Artikel befmetten, d. h. infektierten, fodann einen Jeden, der fie berührte, diefer befmette Alles, womit er in Berührung kam, und fo ad infinitum. Die Sache und das Wort find uns allen fo wohl erinnerlich, dafs ein Irrtum ausgefchloffen ift. Die Form befemet, die weder ndl. noch hd. ift, berührt auf einer Verwechslung des f mit f. Wer diefe Verwechslung, die Einfchiebung des e nach f und die fchöne Etymologie auf dem Gewiffen hat, wird wohl ein Geheimnis bleiben. Hübfch hat er es fich zurechtgelegt, aber falfoh ift es doch.

Was fchliefslich ndl. veem betrifft, es ift ganz richtig, dafs es urfprünglich die weitere Bedeutung »Zunft, Gefellfchaft« hatte, aber in Amfterdam und Rotterdam wenigftens babe ich es immer nur auf die obenerwähnten Gefellfchaften anwenden hören.

Groningen.   J. H. Kern.

Bafelemanes und Bafeln (XXVI, 20).

Bafeln, das ich auch aus Quedlinburg kenne, ift Frequentat. von bafen, delirare, vagari, worüber fcbou im Grimmfchen Wb. Bd. I, S. 1148 gehandelt ift. Auch das Brem. Wb. I, 59 verzeichnet bafen in diefer Bedeutung fowie das davon gebildete Subft. Baferye, Verrückung im Verftande, wahnwitzige Einfälle. Und ten Doornkaat Koolman verzeichnet es in der Bedeutung »rafen, toben, unfinnig und irre reden, namentlich im Fieber und Delirium«. Schambach S. 17 kennt nur bǎfeln, das davon abgeleitete Adj. bǎfelig und das Subft. fem. bǎfelie, Verwirrtheit, Vergefslichkeit, bǎfelær, eine männliche Perfon, die leicht verwirrt und fehr vergefslich ift, und das dazu gehörige femin. bǎfelærfche. Ein folches weibliches Wefen heifst auch eine bǎfeltrine, alfo wörtlich eine vergefsliche Katharine, womit fich die von Hünnekes angeführten Bafelmanes und Bafeldrickes vergleichen laffen. Im Brem. Wb. S. 59 findet fich auch das Compofitum verbafen, verirren und das davon gebildete Particip-Adj. verbaaft, beftürzt, erftaunt, ohne Sinne. Auch Klaus Groth gebraucht es in dem Gedichte »Grotmoder« des Quickborn (Gef. Werke Bd. I, S. 30):

Vun morgens is fe (Grotmoder) gänzli
Verbiftert un verhaf't,
Se füht ni, dat de Müppe
Er anne Rocken taft.
Se markt ni, dat de Kater

Er inne Nachtmütz flöppt
Un de Karnarjenvagel
Er oppe Fingern löppt.

Müllenhoff im Gloffar zum Quickborn hat: »Verbafen tranf. einen in Erftaunen fetzen, in Verwirrung bringen; intranf. erftaunen, fich verwirren; verhaf't, beftürzt, verwirrt im Sinn«. In der Gefamtausgabe der Werke a. a. O. wird die alliterierende Formel durch »verwirrt, unklar« wiedergegeben. Auch in Quedlinburg wurde verbäfeln ebenfo wie hier (f. Schambach S. 259) tranf. in der Bedeutung »aus Vergefslichkeit etwas vernachläffigen oder verfäumen« früher allgemein gebraucht.

. Das Brem. Wb. verzeichnet auch: »Bafelmaan, die Aufführung eines Stutzers, das Compliment eines Petit Maitres. Es ift, wie ein jeder leicht fieht, gemacht aus dem französifchen baifer la main, die Hand küffen, Kufshand werfen. Veele Bafelmaans maken — viel unnöthige und abgefchmackte Complimenten machen; wie die jungen Stutzerchen, die aus Frankreich wieder kommen, zu thun pflegen«.

Northeim. R. Sprenger.

_____

Kater Lük.

In meiner Knabenzeit wurde in Tating (Wefter-Eiderftedt) ein uns unbekanntes Spiel von Knaben aus Weffelburen eingeführt, das fie Kater Lük nannten. Schon damals Etymologe, befchäftigte ich mich mit dem fonderbaren Namen, habe feitdem oft daran gedacht, ohne demfelben auf die Spur zu kommen, bis ich demfelben Namen begegnete in der »Heimat« (Januar 1905). Frl. Mestorf kennt unter demfelben Namen ein anderes Spiel, mit 5 glatten Steinchen gefpielt, die in die Höhe geworfen und auf der äufseren Handfläche aufgefangen werden, und leitet den Namen her von einem alten fkandinavifchen Spiel, das in die Zeit von Oluf Trygvefen zurückgeht, Kaardleg genannt. Kaardleg = Schwertfpiel, gefpielt, wie der Name fagt, nicht mit Steinen, fondern mit Schwertern, mit denen ebenfo verfahren wird, wie in Holftein mit den Steinen. Mir fcheint es fehr fraglich, dafs das Spiel und deffen Name den Weg vom Norden zu uns gemacht haben, geht doch fonft der Weg folcher Spiele umgekehrt vom Süden nach dem Norden und ift mein heimifches Spiel ganz anderer Art. Es wurde gefpielt mit 4 eckigen Holzftäben, auf denen je 4 Buchftaben eingefchnitzt waren. Diefe Stäbe wurden von der Luft in ein Loch geworfen, und, foweit ich erinnere, gaben die nach oben liegenden Buchftaben den Ausfchlag. Weiteres weifs ich nicht mehr, da das Spiel plötzlich verfchwand, wie es gekommen. Alt mag diefes Ditmarfchenfpiel auch fein, es fcheint mir wegen der eingefchnitzten Buchftaben in die Runenzeit zurückzuführen. Aber woher der Name? Mit diefer Frage grüfse ich unbekannterweife Herrn Carftens aus Dahrenwurth.

Lübeck. J. Weiland.

gnäterfwart (XXVI, 45).

In meiner Ausgabe von »Reuters Werken« find die von Reuter felbft herrührenden Anmerkungen durch gröfseren Druck und Strich von den darunter befindlichen Erläuterungen der Herausgeber getrennt. Sprenger hat diefe Scheidung nicht beachtet, ich bemerke deshalb berichtigend, dafs die von ihm aus Bd. 1, S. 210 abgedruckten Worte über gnäterfwart nicht mir, fondern Reuter felbft gebören. Dafs gnäter- zu gnätern (hochd. knittern, knattern) gehört, ift in meiner Ausgabe Bd. 4, S. 275 angemerkt. Das Verbum gnätern ift von Oftfriesland bis Pommern bekannt, vgl. ten Doornkaat f. v. gnittern, knittern, Bremifches Wörterbuch f. v. knetern, knittern, Danneil f. v. knaftern, knätern, Richey f. v. gnetern, knetern, Schütze f. v. gneetern, kneetern, Dähnert f. v. gnätern, gnettern.

Wenn es bei Mi, Wörterbuch der mecklenburgifch-vorpommerfchen Mundart fehlt, fo kann ich doch auf Grund der Auskunft, die ich Herrn Ortsvorfteher Cammin in Gr. Lantow verdanke, ergänzend berichten, dafs man das Wort auch in Mecklenburg kennt. Wenn es ftark donnert, fagt man hier dat gnätert man fo, und von einem ärgerlich polterndem Men-fchen heifst es, bei gnätert ümmer fo 'rüm. Desgleichen braucht man das Wort im Sinne von »knattern« vom Gewehrfeuer, von praffelndem Feuer und beim Zufammenfturz von Gebäuden. Die Etymologie legt nahe, als urfprüngliche Bedeutung von gnäterfwart »knifternd oder glänzend fchwarz« anzunehmen und gnäterfchwarze Wolken als Gewitterwolken zu deuten, aus denen es wetterleuchtet. Es würde hierzu gut ftimmen, dafs Reuter das Wort an den beiden oben angeführten Stellen für die Stiefel-wichfe und blank gewichste Stiefeln anwendet. In diefer Bedeutung wird gnäterfwart jedesfalls nicht überall in Mecklenburg aufgefafst. Meinen Gewährsmännern aus Stavenhagen und andern Orten ift es nur im Sinne von tief- oder blau-fchwarz als Beiwort für dunkle Wolken, Nächte, Augen, Haare, Katzen u. ä. geläufig, dagegen in Verbindung mit Wichfe voll-ftändig fremd.

Charlottenburg. W. Seelmann.

piren.

Bernhardt führt Korrbl. XX, 39 pirn in der Bedeutung »quälen« an. Ich kenne das Wort in einer anderen Bedeutung. In Quedlinburg fagt man von Kindern, welche, während ein Erwachfener ifst, dabei ftehen und durch ihr Benehmen zu verftehen geben, dafs fie etwas davon haben möch-ten: »fie piren«. Dasfelbe ift das von Schambach S. 155 aufgeführte piren = gieren. Es liegt nahe hierzu engl. to peer »gucken« anzuführen, um fo mehr, da im Braunfchweigifchen piren noch in diefer Bedeutung vorkommt. Woefte, Weftf. Wb. S. 200 führt an 2) piren nä wot, fuchen nach etwas, z. B. fifchen nach guten Biffen in der Schüffel. Auch das Bremer Wb. 3,323 führt an: piren, genau fuchen, forgfältig fammeln. Stürenburg im Oftfrief. Wb. S. 175 führt an: pieren Aal mit einem Bün-del Würmer ködern, überh. mit Würmern fifchen, genau fuchen, forgfältig fammeln. pireu = mit Würmern Fifche, bef. Aale angeln wird auch im Mnd. Wb. 3,332 angeführt. Was die Etymologie des Wortes in der unter 2) angeführten Bedeutung anbetrifft, fo halte ich die Verweifung des Brem. Wb. auf purren für verfehlt, glaube vielmehr, dafs es von pier, (dem als Köder benutzten) Wurm abzuleiten ift. Vgl. auch mnd. piräs = Regen-wurm als Köder an der Angel. Danach würden die drei pireu (pirn) völlig verfchiedene Wörter fein.

Northeim. R. Sprenger.

Krufelbrade.

Im Mnd. Wb. II, 584 und im Mnd. Hdwbch. S. 191 wird krufelbrade durch »Kräufelbraten« erklärt. Danach müfste Kräufel hier hochd. Form von Krûfel »Oellampe« fein. Wo ich das Wort in hochd. Sprache habe verwenden hören, wurde aber immer »Krûfel« gefprochen und fo fteht es auch in Mufäus' Volksmärchen (Ausg. v. M. Müller, Leipzig, Brockhaus 1868; 2. T., S. 113): »An jeden Bürger der Stadt (Bremen) fpendete er einen Krüfelbraten aus und ein Krüglein fpanifchen Wein« (»Stumme Liebe«, zu Anfang). Dafs, wie das Mnd. Hdwb. annimmt, der Name daher kommt, dafs der krûfelbrade gegeffen wurde, wenn die Handwerker wieder anfingen, bei Licht — krufeln — zu arbeiten, ift ficher. In meinem älterlichen Haufe in Quedlinburg wurde in meiner frühften Jugend, alfo vor etwa 45 Jahren, diefer Brauch noch geübt. Der brem. Krüfelbraten hiefs dort Lichtbraten.

Northeim.   R. Sprenger.

Sellig, engl. filly, dän. faelle.

Ein uraltes Wort, keineswegs allgemein gebraucht, fondern, foviel ich weifs, nur da zu Haufe, wo früher friefifch gefprochen wurde, ift »fellig« = unklug, geiftesfchwach. In der dänifchen Volksfprache hat man ganz dasfelbe Wort mit ähnlichem Klange, aber in ausfchliefslich körperlicher Bedeutung = elend, traurig. Wunderbar ift es, dafs fich beide Bedeutungen, die geiftige wie körperliche, wieder zufammen finden in dem englifchen filly. Ein Beifpiel vom Umgekehrten, einer Befchränkung im Englifchen ift das Verbum ftarve = vor Hunger fterben, während das niederfächfifche ftarben ganz allgemein fterben heifst. Von »fellig« abgeleitet ift das viel gebrauchte Schimpfwort Sellhorn.

Lübeck.   J. Weiland.

Zur Wortfamilie: Reife, Riefe, Reis, Reifigen, to rife, at rejfe fig etc.

gehört das niederfächfifche, auf dem Ausfterbeëtat gefetzte Subftantivum de Ries. In·de Ries kam = fich erheben.

Lübeck.   J. Weiland.

Volksbeteuerungen.

Der Eiderftedter beteuert »bi'n Salhund« (beim Seehund). Der Seehund war bei den Heiden jener Gegend ein heiliges Tier. Man fieht, wie zähe Traditionen aus ferner Zeit fich halten. Desgleichen beteuert er »bi'n Rören«. Die Ableitung diefes Worts ift mir dunkel, es fei denn, dafs das Wort »Rör«, wie noch heute, im Dänifchen eine alte· Bezeichnung für das männliche Glied ift. Dann ift die Sache klar. Wie die Römer bekanntlich fchworen bei den männlichen Gefchlechtsteilen, (teftis = Zeuge und die Eichel des männlichen Gliedes), fo ging diefe Schwurweife über auf die Deutfchen, daher die doppelte Bedeutung des Wortes »zengen«. Hat es den Ausdruck »Rör« gegeben, dann dürfte derfelbe jetzt verfchwunden fein. Kennt Jemand eine andere Ableitung?

Soll das Wort »Düvel, Deuvel« als zu grob vermieden werden, ſo fällt man in jener Gegend aus der Scylla in die Charybdis und beteuert »bi'n Deutſcher«, ohne zu wiſſen, daſs dem Worte der Teufel (Daus) zu Grunde liegt.

Lübeck.   J. Weiland.

Stiden (XXVI, 44).

Über dies Verbum und das Adj. ſtide hat Auguſt Lübben vor langen Jahren im Ndd. Korreſp.-Bl. I, 63 gleichfalls eine Anfrage getan, aber nicht in Bezug auf neundd. Belege, ſondern auf mittelndd. Stellen, die er im Mudd. Wb. zu bringen hatte. Auskunft gaben damals auf S. 69 Prof. H. Kern in Leiden und Friedrich Woeſte. Beide verwieſen mit Recht auf das angelſächſ. ſtidh, ſteif, ſtraff, ſtark, ſtrenge, ſcharf; Kern auch auf das engl. ſtith, Woeſte wegen des Verbs auf agſ. ſtidhian =: ndd. ſtiden, hart und ſteif werden. Auch im Altfrieſ. iſt ſtith, hart, ſtark, überliefert und zwar als Gegenſatz zu teddre, zart, ſchwach (ndd. teder, ndl. teeder, teer, agſ. tedre). W. L. van Helten, Altoſtfrieſ. Gramm. S. 44 ſtellt es dem gleichbedeutenden anord. ſtinnr, ſchwed. dän. ſtind gleich; alſo hat der ſtamm urſprünglich ſtinth gelautet. In den altſächſ. Sprachquellen ſind dieſe Wörter ſtith und ſtithian nicht überliefert, müſſen aber vorhanden geweſen ſein, wie das Vorkommen im Mndd., Mndl. und in Nudd., Nndl. Dialekten (z. B. im Flämiſchen) beweiſt.

Muſtert man die Belege im Mndd., ſo fällt auf, daſs alle aus dem Oſten ſtammen. So die beiden Stellen im Mudd. Wb. IV, 400: ſtarke ſtide artzedige aus dem Lübecker Herbarius von 1483; und: ſtyde unde ſteygel unde kone antwarden aus dem Codex diplom. Brandenburgenſis. Dazu läſst ſich das Wort jetzt noch weiter nachweiſen aus dem Schachbuche des Dorpater Schulmeiſters Stephan (14. Jhdt.): een dore (Tür) de was raſt unde ſtyde 528, de ryke wert ſo ſtyde (»ſtolz«, eigentl. ſteif, ſteifnackig), dat he den armen nicht en kent 1322. In der Detmar-Chronik heiſst es (Grautoff's Ausg. I, 302. Koppmann, Lüb. Chroniken I, 554, 12) in der Ratshandſchrift: [1375] in ſunte Bricius nacht was ſtede grot wint, de dede groten ſchaden; dagegen haben die drei anderen Handſchriften das paſſendere ſtide (ſ. Koppmann Hanſ. Gſchtsblätter Jgg. 1897 S. 150), was die urſprüngliche Lesart ſein wird. Wie heimiſch das Wort im öſtlichen Niederdeutſch war, wird auch dadurch bezeugt, daſs es in mitteldeutſchen Gloſſaren des Oſtens begegnet. So gloſſiert das von Schröer zu Presburg 1859 herausgegebene Vocabular vom J. 1420 rigidus durch ſtyede; ſ. Diefenbach, Novum Gloſſarium Latino-Germanicum S. 319. Und der Anhalter Baldaſſar Trochus, der ſich der mitteldeutſchen Sprache (vernaculum interioris Germaniae d. h. oberſächſiſch) in ſeinen Gloſſierungen bedient, bringt im Vocabulorum rerum promptuarium, Lipsiae er officina Melchioris Lotheri 1517, für acer die Überſetzung ſtide, für acrimonia das im Mndd. nicht belegbare ſtidicheit; ſ. Diefenbach, Gloſſarium Latino-Germanicum S. 8 und 10.

Für das mudd. Verbum ſtiden hat ſich bis jetzt nur ein Beleg finden laſſen; ſ. Mudd. Wb. IV, 400: lutter ſemmelnbrod dwinget den buk tho hope unde ſtydet ſere in deme lyve heiſst es in dem

1484 zu Lübeck gedruckten Bok der Arſtedie. Während nun das Adjektiv ſtide im Nnddtſchen erloſchen zu ſein ſcheint, hat ſich hingegen das Verb bis jetzt erhalten. Lübben führt dafür aus Dähnert's Platt-Deutſch. Wb. nach der Pommerſchen und Rügiſchen Mundart, Stralſund 1781, an: ſtiden, quillen, hochaufgehen, wie ein Teig, Erbſen, Reis u. a. m. (Mndd. Wb. IV, 400) und aus Mantzel's Bützowſchen Ruheſtunden (1761—67) 15, 40: »utuntur eo verbo ſtieden populares ita: He heft ſick al ſtiedet, d. i. kann und mag nicht mehr eſſen. De Klümpe etc. ſind ſtiedet, item de aliis craſſioribus cibis: dat ſtiedet.« (Mudd. Wb. VI, 271). Und ſtiden kennt in der von Mantzel beigebrachten neueſten Begriffsentwickelung des Wortes »überfüllen, ſättigen in irgend einer Sache« noch Mi d. i. F. G. Sibeth in ſeinem 1876 zu Leipzig erſchienenen Wb. der Meklenbg.-Vor-pommerſchen Mundart.

Daſs Prof. Schumann jetzt noch ſtiden und die Zuſammenſetzungen up-, ûtſtiden in Lübeck entdeckt hat, erſcheint als ein ſehr wertvoller Fund. Die ihm angegebenen Bedeutungen werden nach dem oben Ange-führten nicht zu bezweifeln ſeiu. Ebenſo läſt ſich nach den vornehmlich Lübeckiſchen Bezeugungen von ſtide und ſtiden aus dem Mittelalter nicht daran zweifeln, daſs die Ausdrücke noch jetzt gut Lübiſch ſein können. Sind die Gewährsmänner keine gebornen Lübecker, ſo werden ſie wohl Meklenburger oder Pommern ſein. Zum Schluſs noch eine Frage: iſt das i in ſtit lang oder kurz? man erwartete ſtit oder vielmehr ſtid't. Da aber z. B. hüden (füten) he hött bildet, ſo wäre auch he ſtitt nicht auffällig.

Hamburg.   C. Walther.

Roſſer (XXIII, 59).

Die Änderung der Stelle aus der Oſtfrieſiſchen Chronik Beninga's »de grave E. leet de ſchutten und een roſſer hen aentchen« in »een roſſer thein = etwa zehn Roſſe (mit den Reitern)« iſt unnötig. Es iſt bloſs eenroſſer als Compoſitum zu leſeu: er lieſs die Schützen und Einröſſer ausrücken. Einröſſer im Sinne von Einſpänner, Einſpänniger braucht Luther; ſ. Grimm, Deutſch. Wb. III, 251; auch Schmeller, Bayer. Wb. (1. A.) III, 137 unter Ainröſſer, Ainrüſſer bringt Belege. Lexer, Mhd. Wb. belegt die Adjektive einrüſſe, einrüſſec = einſpennec. Es ſind be-rittene Söldner, die auch einzeln oder in kleinen Scharen verwendet wer-den, wie ſie hier zum Kundſchaften und Plänkeln ausgeſandt werden.

Hamburg.   C. Walther.

Hauslöffer (XXVI, 36).

Sollte nicht Hauslöffer vielleicht ſoviel ſein wie »Hausläufer«? Es wäre dann als mitteldeutſcher Idiotismus anzuſehn, welchen die Kaiſerin Katharina wohl aus der Sprache ihrer Anhaltiſchen Heimat im Gedächtnis behalten hatte. Das Wort läſst ſich litterariſch ſonſt nicht belegen, was aber nicht gegen ſein zeitweiliges provinzielles Beſtehn zu ſprechen brauchte, da es als ein treffend gebildeter Ausdruck für einen ſo gearteten Menſchen gelten kann. Loffen (neben lofen) und Loffer, Löffer laſſen ſich auch ſonſt aus dem Mitteldeutſchen belegen für laufen und Läufer.

Hamburg.   C. Walther.

pütteneffen (XXVI, 45).

Pütteneffen kenne ich nicht als Hamburgisch; wohl aber habe ich püntoffen öfter aus dem Munde von Frauen gehört, die damit sich selbst oder andere Hausfrauen als peinlich ›accurat‹, d. h., wie Zahn angiebt, ordentlich und sauber bezeichneten. Ich kann jene Form nur als aus dieser entstellt ansehn; denn pütteneffen läfst sich weder auf Pütt = Töpfe noch auf püttjern = in Kleinigkeiten arbeiten zurückführen und kann unmöglich aus ›petit fin‹ oder einem andern französischen Ausdruck entstanden sein, während pünteffen sich leicht und befriedigend deuten läfst. Effen ist die im Hamburgischen Dialekt für das Adjectiv even faft ausschliefslich herrschende Form in der Bedeutung ›genau, sorgfältig‹. Im Beftimmungswort der Zusammensetzung pünteffen steckt entweder Pünt (ntr., auch msc.?), ndl. punt (ntr.), frz. point, Punkt; oder Pünt(e) (fem.), ndl. punt (fem.). frz. pointe, Spitze, Ziel, richtiger Stand, paffender Zuftand. Vgl. Mudd. Wb. punte, punt (ntr.) und punte (fem.). Pünteffen bedeutet alfo eigentlich: bis auf den Punkt, die Spitze, das Tüpfelchen genau. Es giebt auch fynonyme Suffixbildungen von Pünt, wie ndl. puntig, pünktlich, genau, ordentlich, reinlich, fauber; ndd. püntig bei Lauremberg, Scherzgedichte II, 671: wen ik ein megdken feh fo püntig (aufgeputzt, geziert) darher gahn; Strodtmann, Idiot. Osnabrug.: püntlick, reinlich. Schütze, Holft. Idiot. verzeichnet auch pünten, zierlich aufputzen. Vgl. dän. pynte, pyntelig.

Hamburg.   C. Walther.

Mohrentanz (zu Jahrb. XVI, 46).

In Hans Sachfens Liede ›Der wunderbare Traum‹ heifst es V. 67:

Auch kam ein rot, vermumet gancz,
Die hielten ain maruscadancz
Und ain frolich comedi
Gancz lufticlich.

Julius Sahr bemerkt dazu in feiner Auswahl aus Hans Sachs (Sammlung Göfchen Nr. 24) S. 50: ›maruscadancz, Mohrentanz, maurifcher Tanz, ift eine Art Schwerttanz, in dem Nachklänge an den weltgefchichtlichen Kampf der Chriften gegen die Saracenen fortleben. Er war das Abbild eines Kampfes zwifchen zwei Parteien und wurde im 16. Jahrhundert, wies fcheint, von England nach Deutfchland eingeführt. In einigen Gegenden, z. B. in Dalmatien, hat er fich bis ins 19. Jahrhundert erhalten (Böhme. Gefchichte des Tauzes in Deutfchland, 1886, I, 132 ff., 323).‹

Northeim.   R. Sprenger.

Zu Reinke de Vos.

740.   de fwarte Sander,
       ein ftolt man där he was alleine.

Zur Erklärung kann eine Redensart herbeigezogen werden, die man noch Kindern gegenüber anwendet: ›Du bift der hefte, wenn die anderen nicht zu Haufe find.‹

Northeim.   R. Sprenger.

Zur Hillebille (XXIII, 88)

Im Garten des »Hôtel zum Pafs« (Inhaber Fritz Bethmann) in Sieber
ift feit einigen Jahren eine Hillebille aufgehängt, die zum Herbeirufen der
Bedienung gebraucht wird. Darüber ift folgender Merkfpruch angebracht:

»Jeder dä von'n Pafs wat will,
Klopp an düffe Hillebill.«

Der Klopfhammer ift alt und ftammt wohl aus dem Befitze eines
Köhlers.

Northeim. R. Sprenger.

_____

Drehbaffe.

Das Wort Drehbaffe, nndd. Draibafs(e) fehlt in den meiften deutfchen
Wörterbüchern, z. B. bei Frifch, Adelung und Weigand. Campe und W.
Grimm bringen es, aber ohne Etymologie.

Was eine Drehbaffe ift, fchildert am ausführlichften Röding im
Allgemeinen Wörterbuch der Marine, Hamburg (1793): »Drehbaffe, holl.
draajbaffe, dän. drejbas, fchwed. nicka« [von nicka, mit dem Kopf
nicken?], »engl. pedrero, fwivelgun« [d. h. Drehkanone], »franz. pierrier
ou perrier, ital. petriere, fpan. pedrero, port. pedreiro. Leichtes Gefchütz,
welches zwey bis drey Pfund fchiefst, und welches mit den Zapfen auf
'Schwanenhälfen' liegt, wovon der Fufs gewöhnlich wie ein Gangfpill fich
um die Achfe bewegt, fo dafs diefe Kanonen fogleich nach verfchiedenen
Höhen und horizontalen Richtungen geftellt werden können. Es ftehen
diefe leichten Kanonen auf dem Bord der Back, Schanze und Hütte.
Ebenfalls auch auf dem Dolbord der zum Kriege ausgerüfteten Böte und
Schlupen. Sie werden mit Schroot und Kartätfchen geladen, um damit
auf den Feind zu fchiefsen, wenn man fich in der Nähe desfelben befindet.«
Das einfache Baffe kennt Röding im Deutfchen nicht mehr, fondern verweift auf Drehbaffe. Dagegen bringt er im Niederländifchen Index (Bd. III)
fowohl »Bas of Baffe, eine Baffe, Drehbaffe [!], als auch Draajbaffe,
eine Drehbaffe.«

Bobrik im Allgemeinen Nautifchen Wörterbuch, Leipzig 1850, wiederholt mit etwas anderen Worten die Erklärung von Röding. Abweichend
fpricht er von halb- bis zweipfündigen Kugeln und fagt, dafs ihr kleines
Rapert [Lafette] auf einer fenkrecht ftehenden Welle, ähnlich der Gang-
fpillwelle, ruhe, dagegen die Zapfen der kleineren Drehbaffen felbft nur
zwifchen den Armen eines gabelförmig geftalteten Eifens, des fogenannten
Schwanenhalfes. Endlich fügt er noch hinzu, dafs die Drehbaffen die Erfindung eines Boftoner Kapers im Nordamerikanifchen Revolutionskriege
[1775—1783] feien. Seit der neueften Entwickelung der Kriegsmarine
müffen fie aufser Gebrauch gekommen fein; denn weder Kapitän J. Friedrichfon im Schifffahrts-Lexikon, Hamburg und Altona 1879, noch Guftav
Goedel im Etymologifchen Wörterbuch der deutfchen Seemannsfprache,
Kiel und Leipzig 1902, verzeichnen das Wort.

Von den ndd. Idiotiken bringen das Wort nur das Bremifche Wörterbuch, Bremen 1767: »Baffe, Dreibaffe, eine Gattung Schiffskanonen,«
und noch 1879 J. ten Doornkaat Koolman im Oftfrief. Wb., Norden:

»dreibas, Drehbaffe, kleine Kanone, die in einem drehbaren Geftelle
hängt und vorzugsweife auf Schiffen gebraucht wird.« Auf der Handels-
marine könnten die Drehbaffen alfo wohl länger im Gebrauche geblieben
fein; doch verzeichnet, wie oben gefagt, das im felben Jahr wie das
Oftfrief. Wb. erfchienene Friedrichfon'fche Schiffahrts-Lexikon den Ausdruck
nicht mehr. Aber auch J. H. van Dale, Nieuw Wordenboek der Nederlandfche Taal, 't Gravenhage· 1874, giebt noch, nicht blofs, wie ten
Doornkaat, draaibas (fem.) = fteenftuk, mortier, fondern felbft noch
»bas (fem.) = draaibas, fcheepsgefchut van klein kaliber«. Ich meine
mich zu entfinnen, dafs die kleinen Kanonen, mit denen die Hamburger
Chinafahrer zum Schutz gegen die malaiifchen und chinefifchen Seeräuber
das Verdeck armiert hatten, bis in die fiebziger Jahre Drehbaffen und
ndd. Draibaffen genannt wurden.

Das Grundwort der Zufammenfetzung, das Simplex baffe, läfst fich
im Niederländifchen fchon aus dem 16. Jahrhundert nachweifen. In dem
von König Philipp II. Anno 1563 gegebenen Placcaet ende Ordonnantie
op't ftuck van de Toeruftinge van Schepen (abgedruckt in 't Boeck der
Zee-Rechten, 't Amfterdam 1664, S. 35 ff.) werden im § 7 f. (Schip . . .
te verliou met Ammonitic) mehrmals baffen genannt, und zwar werden
unterfchieden dobbel und enckel baffen. Jedes niederländifche Schiff
von 40—50 vaten (»Tonnen«) follte an Gefchütz mindeftens führen 6 dobbel
oft enckel baffen und 6 baecken [hake = ein Gewehr mit Schaft auf einem
Geftell]; ein Schiff von 50—80 Fäffern (vaten) 2 Doppelbaffen, 6 einfache
oder Einzelbaffen und 6 Haken; ein Schiff von 80—100 Fäffern: 4 halbe
flanghen [flanghe = eine gröfsere Kanone von länglicher Form], 6 Doppelbaffen und ein Dutzend ganze oder halbe Haken; ein Schiff von 100—150
Fäffern: 6 halbe Schlangen, 2 Doppelbaffen, 6 Einzelbaffen, 6 Haken, 6
halbe Haken; ein Schiff von 150—200 Fäffern: 8 halbe Schlangen, 4 Doppelbaffen, 8 Einzelbaffen, 8 Haken. 8 halbe Haken; ein Schiff von 200—250
Fäffern: 10 halbe Schlangen, 6 Doppelbaffen, 6 Einzelbaffen, 1½ Dutzend
Haken oder halbe Haken; ein Schiff von 250—300 Fäffern: 12 halbe
Schlangen, 12 Doppelbaffen, 2 Dutzend Haken; und alle anderen Schiffe
nach Verhältnis. Dann folgt § 8 die Beftimmung für die nach den Niederlanden handelnden fpanifchen Schiffe. Es wird nur die Gefchützausrüftung
für eine mittlere Gröfse von 100—150 Fäffern beftimmt: unter der Mann-
fchaft follen 3 Büchfenmeifter (busmeefters) fein, an Gefchütz: 4 groote
ftucken, genannt paffemurs· [= mudd. murenbreker im Mndd. Wb.], 2
bombaerden, makende fes liggende ftucken [alfo alle 6 fchweres und liegendes Gefchütz], 10 Baffen, 10 Harquebufen; alle fonftigen Schiffsarten, gröfser
oder kleiner, nach Verhältnis. Die Baffe war alfo die kleinfte Art der
Schiffskanonen; denn die Haken und Harkebufen wurden wie die Musketen,
obfchon fie auf Geftellen ruhten, zu den Handgewehren gerechnet. So
erklärt auch Cornelius Kilianus Dufflaeus (Kiel van Duffel) im Etymologicum
Teutonicae Linguae, ed. 3ª, Antverpiae 1599, in dem Anhang von Fremdwörtern: baffe als eine Art kleineren Gefchützes von Glockenmetall oder
Eifen (tormenti acnei aut ferrei minoris genus). Das Nieuw Woordenboek
von Kramer, neue Ausgabe von Moerbeek, 4. Druck, Leipzig 1787, überfetzt ebenfo bas (fem.) durch »ein kleines Gefchütz, eine Steinbüchfe«,

kennt aber noch keine draaibas, was aus Bobrik's Angabe über den Urfprung diefes Gefchützes verftändlich ift. Unzweifelhaft ift das Wort haffe kein urfprünglich niederländifches, wie es denn anch fchon Kilianus als ein fremdes erkannt hat. Das Groot Nederduitfche Taalkundig Woordenhoek von P. Weiland, in der neuen Ausgabe, Dordrecht 1859, fagt freilich, Winfchooten meine, das Gefchütz fcheine feinen Namen vom ndl. baffen (hellen) der Hunde zu haben. Winfchooten wird wahrfcheinlich W. van Winfchooten fein, der 1681 in Leiden unter dem Titel »Seeman« ein Marinewörterbuch herausgegeben hat. Diefe Ableitung verdient keine Widerlegung. Van Dale in feinem oben angeführten Wörterbuch behauptet, draaibas habe urfprünglich draaibus, Drehbüchfe, gelautet. Allein einmal findet fich diefe Form nirgends verzeichnet, und zweitens führt v. Dale das Simplex bas auf, ohne es gleichfals aus bus entftanden fein zu laffen. Es wäre alfo immer noch nicht die Etymologie von bas oder, wie die ältere Form lautet, haffe gefunden. Ob eine andere zulängliche Herleitung gegeben worden ift, weifs ich nicht.

Die Angabe in jenem Placcaet von 1563, dafs nur die paffemurs und bombaerden zu den liegenden Geftücken gehörten, hat mich auf den Gedanken gebracht, dafs die haffen nach Art der Mörfer fchräg ftehende Gefchütze kleineren Kalibers gewefen fein möchten, deren Verwendbarkeit für den Nahkampf einleuchtet. Wenn für ein folches Gefchütz, einen kleinen niedrigen Mörfer, frz. mortier bas, ital. mortajo baffo, fpan. mortero baxo, port. morteiro baixo, was eine paffende Bezeichnung fcheint, gegolten hätte, fo würde ich nicht anftehn, das ndl. haffe davon abzuleiten. Ob in einer der romanifchen Sprachen folche Benennung beftanden hat, mufs aber erft nachgewiefen werden.

Im Niederdeutfchen des 16. Jahrhunderts heftand eine Bezeichnung für ein Schiffsgefchütz, die wenig anders lautet: berfe oder harfe. Das Mndd. Wörterbuch I, 154 belegt diefelbe zweimal. In den von Lappenberg herausgegebenen Hamburgifchen Chroniken in niederfächfifcher Sprache S. 316 heifst es: Und dofulveft (1547) makeden de van Hamburg ut 7 boiers (eine Art einmaftiger Schiffe), wol togernftet mit gefchutte und volke; den up einem ideren (jeden) fchepe weren 50 man und 20 ftucke gefchuttes, eindels 23 ftucke, ane (ungerechnet) herfen, dubbelde haken, halve haken und ftormhaken, welke[r?] fe den ein grot del (Anzahl) hadden. Lappenberg mufs der Ausdruck fonft nicht vorgekommen fein, denn im Wortverzeichnis bringt er es zweimal mit Anführung der Stelle, einmal als »barfe, kleine Barke« und einmal als »berfe, lies buffe, büchfe«. Die zweite Stelle fteht in Johann Adolfi's, genannt Neocorus, Chronik des Landes Dithmarfchen, hrsg. von Dahlmann, II, 88 in der Erzählung von dem Dithmarfcher Landesfeinde Wiheu Peters. Als diefen feine Landsleute zu Schiff verfolgen, flüchtet er in Helgoland auf feiner Jacht auf den Kirchhof der Infel: und dewile he·den kerkhoff mit dre latten befredigt, hefft he twe ifern harfen und einen ernen haken darup gelecht und up dat volk affgaen laten, de fich gebucket, und de fchöte alfo averhen geraden. Dahlmann bemerkt dazu im Gloffar: »ein Stück Gefchütz, eine kleine Kanone, wie man fie auf den Barfen (Barken) führte; im Holländ. heifst Bas eine kleine Kanone«. Im Neocorus findet das Wort fich noch an einer andern

Stelle, I, 234, wo Dahlmann daſſelbe aber im Gloſſar falſch als Barke,
das Schiff, gefaſst hat: Peter Nanne, ein Dithmarſcher, der im Lande des
Erzbiſchofs von Bremen gegen das Recht Zoll hatte zahlen ſollen und bei
der Gegenwehr einen Beamten desſelben erſchoſſen hatte, war deshalb gefangen genommen und hatte ſich loskaufen müſſen. Um ſich ſeines Schadens zu erholen, will er ſich mit Hülfe von gedungenen Leuten eines erz-
biſchöflichen Schiffes bemächtigen, was ihm auch glückt, indem er ſeine
Leute in ein ever (ein Schiff) geſettet, ſine harſen darin gebracht, und
als de ſchipper ſich mit einer helbarden weren willen, den erſchaten. Das
Mudd. Wb. hat die Ableitung des Wortes von Dahlmann gutgeheiſen. Es
bringt nämlich dasſelbe unter barſe = Barke und erklärt: »ein kleines
Geſchütz, wie man ſie auf den Barſen führte.« Das iſt ohne Zweifel ein
Irrtum; denn ein ſolcher Urſprung der Benennung wäre höchſtens denkbar,
wenn ſie aus einer älteren Zuſammenſetzung, etwa barſe- oder barſenſtucke,
verkürzt ſein ſollte. Und ferner wird die Erklärung dadurch hinfällig, daſs
die Namen des Schiffes und der Kanone auf zwei verſchiedene romaniſche
Wörter zurückgehen, da das Schiff afrz. barge, nfrz. herge heiſst, dagegen
die Kanone frz. barce, reſp. herche.

Röding im 3. Teil ſeines Marinewörterbuchs im franzöſiſchen Index
ſagt: »barce, eine in alten Zeiten auf Schiffen ſehr bekannte Kanone,
von gröſserem Kaliber als ein Falkonet, aber kürzer und dicker dabey.«
Mozin-Peschier Dictionnaire français-allemand kennt gleichfalls das Wort,
aber als veraltet: barce, f. ou barcel, m. (marin., autrefois), canon
court et gros, qui reſſemblait aux faucons, Barze« [woher mag er dies
deutſche Wort haben? es findet ſich in keinem Wörterbuche]. Auſſerdem
giebt er noch: »berche, f. (marin., autrefois), petite pièce de canon de
fonte verte [mit Zinn verſetztes Kupfer], kleine Schiffskanone.« Auch im
Portugieſiſchen finden ſich herço und berçada für eine Geſchützforte.
Diez im Etymologiſchen Wörterbuch der Romaniſchen Sprachen unter
bercer, berſer (altfrz.), mit dem Bolzen oder Pfeil verſchieſsen, giebt dafür
als Etymon das lat. vervex oder bervex, Widder. Eine italieniſche Chronik
bei Muratori, Scriptores Rerum Italicarum VI, 1041, enthalte die Stelle:
trabs ferrata, quam bercellum (Variante: barbizellum) appellabant,
d. h. Mauerbrecher, Widder, Sturmbock. Alſo iſt frz. barcel ſpäter auf
eine Feuerwaffe übertragen worden. Ähnlich bedeuten die romaniſchen
Ausdrücke für Drehbaſſe, pedrero u. ſ. w. (ſ. o.), die wie das mhd. pheterære,
mndl. pederiere, mndd. padderel paderel aus mlat. petraria ſtammen, urſprünglich eine Maſchine, mit der Steine geſchleudert wurden. Barce wird
Verkürzung aus barcel oder Neubildung aus bercer ſein; die Form berche
weiſs ich nicht zu erklären.

Mndd. berſe, barſe und ndl. haſſe ſcheinen ganz dasſelbe zu bezeichnen. Ob baſſe aus barſe geworden ſein kann oder ob es anderer
Herſtammung iſt, vermag ich nicht zu entſcheiden; doch ſcheint mir jenes
nicht grade wahrſcheinlich. Jedenfalls will ich Solche, die des Romaniſchen
und des Mittelniederländiſchen kundiger ſind, gebeten haben, die Unterſuchung über dieſe Wörter weiter zu verfolgen.

Hamburg.   C. Walther.

Zu früheren Mitteilungen und Anfragen.

Baftlöfereim (XXV, 10. 42. 63).

Mir liegen mehrere Hundert Baftlöfereime aus Mecklenburg vor, die im vierten Bande der Mecklenburg. Volksüberlieferungen Platz finden werden. In drei Faffungen (aufser der von Dr. Crull angeführten) ift der Name Sebaftian rein erhalten.

Schon Firmenich B. III, S. 64 bringt aus Strelitz:

Fabian Sebaftian,
laat mi de hefte Piep afgahn.

Ebenfo aus derfelben Quelle (Sanders) bei Sachse S. 13.

Weiter: Fab Fab Sebaftian: aus Rankendorf, und hopp hopp Sebaftian: aus Wefenberg.

In den meiften Faffungen ift das alte Sebaftian entftellt: hopp hopp Bafterjahn, Bafteljahn, Baftenjahn, Baffenjahn, Bafcherjahn, Ballerjahn, Baffejahn; fimm fimm Bassjahn, Pafterjahn, Pofteljahn, Wafferjahn ufw.

Fape (Fope, Fepe) ift weit verbreitet.

Aus Priepert in Mecklenburg-Strelitz ward mir mitgeteilt:

` hopp hopp Maieraan,
laat de Fepen un Fläuten afgahn.

Auch aus Drewin bei Fürftenberg wurde mir Feep als Bezeichnung der Weidenflöte genannt. —

Lat de Pfép un Fleut afgahn: aus dem Ruppiner Kreife, in der Zts. des Vereins für Volkskunde VI S. 100 Nr. 37a. —

Faupen, Fleiten gohn af: aus dem Kreis Salzwedel, ebendort VIII S. 66 Nr. 43. —

War mein Fapert abgethan: aus dem Kreis Delitzsch, ebendort S. 65 Nr. 37. —

Fape auch bei Albrecht, Leipziger Mundart S. 111, Dähnhardt II S. 91. —

Filippchen van Baftijoahn lött mien schön Foopchen affjoahn: Wegener S. 109 Nr. 360 (aus Bertingen). —

Fope, Pape u. a. aus dem Kreis Jerichow: Ndd. Jbb. XXII S. 28. —

Lat mi de Willefope afgahn (aus Milow): Drofihn S. 87 Nr. 191, mit dem Zufatz von Polle: die Pfeife heifst Fipe, wenn fie hell klingt, Fope, wenn der Ton ein tieferer ift. —

Pfiepen: J. A. E. Köhler (Volksbrauch im Voigtland) S. 179. —

Olle Kamellen — Alte Violen (XXVI, 44).

Olde Violen rüket nig meer: Bremer Wtb. I S. 395; Firmenich I S. 233 Nr. 56 (aus Oldenburg). —

Ale Vijoileken: Schambach, Wtb. S. 269; ale Fijoulen: Bauer-Collitz S. 32. —

Hier noch einige äbuliche Ausdrücke:

Dat äs alt Kreokt (Kraut): Haltrich S. 394. — Das find alte Gräuben (Grieben): Schweizer Wtb. II S. 686. — Dat fünt all oole Eier: Schütze I S. 296, Dähnert S. 103. — Dis fin alti Käs: Alfaticus S. 32 Nr. 378. — Selle Beere fein gess: Autenriet S. 20. — Et find olle

Brokken: Dähnert S. 57. — Dat fünd ohle. Klapen: Raupach S. 64. —
Döös is aa kee heurigher Hous: Schleicher S. 83. — Das ift en alti
Mugg: Schweizer Wtb. IV S. 128, Elf. Wtb. I S. 662. —
Endlich:
Das find jetzt alte Kalender: Schweizer Wtb. III S. 196. — Dat ifs
all een old Döhnken: Mantzel, Bützower Ruheftunden XXV S. 59 Nr. 7.

Siburken (XXIV, 69).

Zibürcken, Zipbürcken = carcer moleftus: Mantzel, Bütz. Ruheft
X S. 31.

Höten (XXVI, 45).

Zahlreiche Sprüche mit böte böte u. ä. wird der dritte Band der
M. V. bringen.

Smachreem (XXVI, 22).

Auch bei uns allgemein, wenn die Nahrung knapp wird: Nu möten
wi wol den Smachtreemen ümbinnen. Oder zu Kindern: nu snall't
den Smachtremen man 'n Lock enger.

Priefter Johannis Land (XXV, 48).

Die Erinnerung an die Sage vom Priefter Johannes hat fich auch
fonft erhalten.

Hä maint, he waer im Pristerjehannesland; hä lewet as im
Prifterjehannesland: Woefte Wtb. S. 205. —

Bei uns ift Johannisland (Sankt-Jehannsland, Nijohannsland)
die Heimat des Storches, der als Hüter des Paradiefes gilt: vgl. die Sagen,
die ich in den Anmerkungen zu B. II der M. V. S. 404 mitteilte.

Sammelhagen (XXVI, 20).

Ein Junge, der den herabhängenden Nafenfchleim aufzieht, wird bei
uns gefcholten: Oll Snuwenhäger. Diefer Ausdruck führt wohl auf die
Erklärung folcher Zufammenfetzungen mit -hagen.

Pantaleonsfeft (XXIV, 12. 27).

He hett alles verpanteleonet = verprafst: Mecklenb. Calendarium
II S. 9. —

Ich hörte 1888 in Schlagsdorf bei Ratzeburg aus dem Munde eines
durchaus zuverläffigen Gewährsmannes: Dee hett alles verbankerjoont.
Vermutlich ift diefer Ausdruck aus dem vorigen entftanden, wobei ein
verpanckteren (was fich bei Gryfe findet) eingewirkt haben dürfte.

Abendblinke (XXVI, 17).

Abendblink u. ä. ift bei uns Ehrenname der Kröte: vgl. M. V.
Regifter zu B. II, S. 465.

Stippftörken (XXV, 30. 37).

Stippftörken ift auch litterarifch zu belegen: Norddütfche Stippftörken un Legendchen ift der Titel einer fehr lefenswerten kleinen Schrift
von Ludwig Schulmann (Hildesheim 1858).

Wat 't billich Tüg holln will (XXV, 48. 70. 82.)

Ich hörte in Redefin aus dem Munde eines Bauern, der eine fehr altertümliche Sprache führte: All wat dat Heiligtum holln wull.

Molkendeev und Bottervogel (XXVI, 30).

Über Molkendeev, Bottervogel und ähnliche Schmetterlingsnamen (Botterlicker, Botterhahn, Botterhex, Botterfleige, Smandlicker u. a.) habe ich gefprochen in den Anmerkungen zu den M. V. II Nr. 1463 ff.

Gnäterswart (XXVI, 45).

Ich hörte in Redefin: gnäternswart.

Gnetigswart hat Helmut Schröder, As 't de Garv givt S. 29; gnittswart[1]): Stillfried, Biweg'lang S. 94.

Hafenjagd (XXV, 29. 82).

Schulden fünd keen Hafenjagd, hörte ich in Carlow. Gewöhnlicher aber ift: dat is keen Has', dat löppt nich wech. So auch, wenn zum Kirchenbefuch gemahnt wird: Kirch is keen Has' (un Preefter keen Rehbuck). —

Man vergleiche noch die feltene Redensart in der Hamburger Oper (1727) Die Amours der Vefpetta (Ndd. Jhb. VIII S. 165): Wat? Kerl, ick glöw, dat ju de Guckguck plagt, un dat de föfte Haas by ju den föften jagt.

Stiden (XXVI, 44).

Stiden ift bei uns allgemein bekannt im Sinne von fättigen: Dat Äten ftid't fo, dor kann man nich väl von daal krigen. — He heft fick all ftiedet: Mantzel, Bütz, Ruheft XV S. 40 Nr. 68.

Begläten (XXVI, 22).

De ess vorn (auch: oben) begliffe, un henne (auch: unten) befchiffe: Kehrein S. 66, Crecelius I S. 111; aufsen begliffen, inna befchiffen: Schleicher S. 80. — Ich hörte in Redefin: baben befliffen un ünner befchiffen.

Torneitsname (XXVI, 18).

Der Ausdruck ift bei uns (und chenfo wohl in Pommern und Holftein) unbekannt.

Dagegen haben ihn Schambach, Andree, Schulmann u. a.

Ternaisname haben auch Liefenberg S. 140 und Hertel S. 243.

Die Nebenformen Terneilsname und Ternartsname bietet Beck, Ndd. Jhb. B. XXIV, S. 124.

Über Tarendsname vgl. Kraufe Ndd. Jhb. B. II S. 41. —

Kanailname und Kaneggesname: Woefte Wtb. S. 119. Karnailsname: Jut'm Siuerlanne fan Papen Jaufaip S. 8. Korneels (Korneets-, Karneus-) name: Strodtmann S. 112. —

Der geläufige Ausdruck in unferer Mundart ift Ökelnaam. Daneben hörte ich einmal in Kieve bei Röbel: dat is fo'n Scharrjeeknaam.

---

¹) Ob nicht zum Beftimmuugswort diefer Zufammenfotzung der Name gnitt für die fo läftige ganz kleine, fliegenartig geftaltete, tief fchwarze Mückenart verwendet fein kann? C. W.

Up Rofen fitten — danzen (XXII, 79; XXIII, 14; XXIV, 6. 24).

Auch ich kenne aus Mecklenburg diefe Ausdrücke nur in negativer Anwendung: Dee hett fiendag' nich up Rofen danzt. — ik bün bi em ok nich up Rofen to danzen kamen. — dor wardft du ok nich up Rofen danzen. — up Rofen hebben wi in Frankreich nich danzt: Quitzow, Meckelnbörger Gefchichten III, S. 236. — wi kœnen nich all up Rofen danzen, weck möten ok up Duurn danzen. — Dee fitt ok nich up Rofen u. ä. m. —

Aus Jecht's Wörterbuch der Mansfelder Mundart (S. 88) notierte ich: Rofenjorten in der Redensart: ä fitzt nich inn ä Rofenjorten = er ift nicht in guten Verhältniffen, in angenehmer Lage; auch im Chronicon Islebienfe a. 1601 S. 76.

Vgl. dazu: Weil ich hie auch in meinem Witz wie in einem Rofengarten fitz, fo kommt das Unglugk mitten drein (1589): Zts. f. d. Mythol. III, S. 279.

Waren.   ———————   R. Woffidlo.

Deneke = Jordanus (f. S. 60).

Die Herleitung des Kofenamens Deneke aus dem Vollnamen Jordanus läfst fich beftätigen durch ein anderes Beifpiel. 1358 verkaufen zwei Hannoverfche Bürger Johannes dictus Snellegrave und Jordanus Reynoldinc oder Reynoldi, wie er auch in der Urkunde heifst, die Ihmenmühle (molendinum noftrum fitum fuper fluvium dictum Ymene ante Novam Civitatem Honovere). Die Urkunde ift abgedruckt bei Grupen, Origines et Antiquitates Ilanoverenfes, Göttingen 1740, S. 70 und im Urkundenbuch der Stadt Hannover, hrsg. von Grotefend und Fiedeler, Th. I (Hannover 1860) Nr. 373. Grupen gibt auf S. 71 auch eine Abbildung der anhängenden Siegel der beiden Verkäufer. Dasjenige des Jordanus Reynoldinc hat die Umfchrift: S[igillum] Deneke[n] Jordens. Bekanntlich kommt nicht felten vor, dafs jemand, der kein Siegel befafs oder das feinige aus irgend einem Grunde grade nicht bei der Hand hatte, mit dem eines Anderen fiegelte; aber dann wird regelmäfsig in der Urkunde bemerkt, weshalb er fich nicht feines Siegels und dafs er fich eines anderen bedient hat. Davon fteht aber in diefer Urkunde nichts, vielmehr ausdrücklich: et nos confules in Honovere recognoscimus, quod ad rogatus Johannis Snellegraven (im Siegel Johannis Snelgrave[n]) et Jordani Reynoldi predictorum et eorum legitimarum uxorum coram nobis comparentium figillum civitatis noftrae juxta ipforum figilla praefentibus appendi juffimus in majus teftimonium praemifforum. Das betreffende Siegel ift alfo ficherlich das des Jordanus Reynoldinc oder Reynoldi und diefer mufs auch den Namen Deneke Jordens geführt haben, wie die Herausgeber des Urkundenbuchs S. 324 annehmen. Unter diefem Namen erfcheint er in der Tat im J. 1350 im felben Urkundenbuche Nr. 284.

Diefe Urkunde ift ausgeftellt vom Ritter Johan Pichart, welcher bezeugt, dafs der Müller Johan Vhederwifch [l. Vlederwifch?] vor ihm bekannt habe, er fei fieben genannten Bürgern 33 Mark fchuldig und den Zins davon, den er ihnen drei Jahre lang zu zahlen fich verpflichtet habe, mit 10 Mark. Bedingung der Anleihe fei gewefen, dafs fie, wenn er den Zins nicht geben würde, denfelben famt dem Kapital fuchen dürften in feiner

Mühle, wie fie könnten, doch fo, dafs es dem Herzoge von Lüneburg und dem Ritter Pichart an ihrem Zinfe und ihrem Rechte nicht fchade. Zu den lieben Gläubigern gehören Joh. Snellegrave und Deneke Jordens. Im uächften Jahre 1351 werden dann Joh. Snellegrave und Jordanus Reyndingh mit der Ihmemühle von den Herzogen von Braunfchweig und Lüneburg belehnt mit der Erlaubnis, diefelbe zu verkaufen; U.-B. Nr. 303. Von der Erlaubnis machten fie, wie wir gefehen haben, im J. 1358 Gebrauch. Danach ift unzweifelhaft Jordanus Reynoldi (Reynoldinc, Reyndingh) identifch mit Deneke Jordens. Demnach ift Deneke (entftanden aus älterem Daniko) Kofeform von Jordan.

Deneke Jordens erfcheint weder unter diefem noch feinem anderen Namen nnter den neu aufgenommenen Bürgern im Hannoverfchen Bürgerbuche von 1303—1369, welches Grotefend und Fiedeler in der Zeitfchrift des hiftorifchen Vereins für Niederfachfen Jgg. 1870 S. 26 ff. veröffentlicht haben; es müfste denn der erfte des Namens Jordan fein, der dort vorkommt: Jordan Slechtere 1352 (S. 48), was aber nicht unmöglich wäre, denn die Bezeichnung nach dem Gefchäfte war im 14. Jahrhundert noch ftark üblich, felbft für folche Leute, die fcbou Zunamen führten. Im felben Jahre fteht im Bürgerbuche, nur durch eine Eintragung von dem vorhergehenden Jordan Slechtere getrennt, Deneke Jordani als Bürge für den Neubürger Jordan van Kalevelde. Deneke Jordani ift ohne Zweifel identifch mit dem befprochenen Deneke Jordens. Es ift das letzte Mal, dafs er mit diefem Namen begegnet; 1354 und 1355 heifst er im Urkundenbuch Nr. 330 und 336 Jorden Reyndingh, wie 1351; dagegen 1359 (Nr. 388) Jordanus Reynoldinc, wie 1358.

Hamburg.   C. Walther.

bûrjunge.

Diefes Wort, das in Schambachs Wörterbuche und Sprengers Nachträgen zu demfelben im Nd. Jahrb. 8, 27 ff. fehlt, kommt in Weende bei Göttingen vor. Es bezeichnet ein Gebäck aus Kuchenteich, einen Jungen darftellend, das zu Weihnachten hergeftellt und an den Weihnachtsbaum gehängt wird. Auch in Cattenftedt a. H., in Rübeland und wohl noch andern Harzorten ift diefes Gebäck, der bûrjunge und das bûrmêken, zu Weihnachten üblich, doch wird es, weil es zu grofs ift, nicht an den Weihnachtsbaum gehängt, fondern darunter geftellt. Es wird in der Regel von den Kindern erft dann gegeffen, wenn der Feftkuchen verzehrt ift.

Blankenburg a. H.   Ed. Damköhler.

Gären, Gefs, Geeft, Güfs.

Es ift intereffaut, wie fich in einer Wortfamilie zwei ganz heterogene Begriffe bilden können. Dafür ein Beifpiel in den überfchriebenen Wörtern: Gären = fich erheben. Davon Geeft = das Gehobene, fich über die Marfch erhebende Land. Im plattdeutfchen Gefs (Hefe) haben wir diefelbe Bedeutung.

Wie fiebt fich nun der Marfchbewohner das über feine Tiefen fich erhebende Geeftland an? Sieht er zu demfelben hinauf, wie es gefchieht bei dem niedrig ftehenden Menfchen dem höher ftehenden gegenüber?

Keineswegs. Mag die Geeft Wälder und Seen in Fülle haben und das Auge der fchönften Abwechslung gegegnen, es ift trocknes, minderwertiges Land der fruchtbaren Marfch gegenüber, es gibt nichts, oder doch weniger her, als die Marfch, daher gibt er feinen Kühen, wenn fie trocken find, alfo keine Milch geben, denfelben Namen, wie dem trocknen Lande: fe fünd güfs.

Schon im Kinderfpiel, das man in meiner Kindheit an der Grenze der Geeft fpielte, (Oldensworth) prägt fich die fouveräne Erhabenheit des Marfchbauers aus: Geeftbur, Melkbur, kannft man kam'. Bezeichnend ift, dafs dasfelbe Spiel im Weften der Landfchaft, alfo ferner von der Grenze der Gecft, einen harmlofen Namen trägt, man nennt es: Hagelander (Hak an einanner). Der Geeftbauer ift dort kaum fo verächtlich, denn es gibt dort auch Geeftftrecken mitten in der Marfch.

Lübeck. J. Weiland.

_____

fengen (XXVI, 24).

In derfelben Weife wie in Quedlinburg wird fengen in Cattenftedt a. H. gebraucht. Schon im Mnd. kommt es in der Zufammenfetzung entfengen = anzünden vor. Mnd. Wb. I, 699.

Blankenburg a. H. Ed. Damköhler.

_____

prefchen (XXVI, 46).

Über das Vorkommen diefes Wortes in der Cattenftedter Mundart habe ich zu Gerhard von Minden, Fabel 6, 8, im Jahrb. 16, 140 gehandelt und bemerkt, dafs Fremdworte mit anlautendem b in Cattenftedt wohl ausnahmslos ein p haben. prefchen = mnd. herfen = altfrz. berfer = mlt. berfare.

·Blankenburg a. H. Ed. Damköhler.

_____

Hochdeutfche Wörter mit entftelltem Sinn in plattdeutfcher Rede.

Wer des Plattdeutfchen nicht kundig ift, wird folgende viel gebrauchte Schriftwörter nicht verftehen, wie das Volk fie verfteht:

Gegenftand heifst aufser der gewöhnlichen Bedeutung in meiner Heimat (Eiderftedt) und wohl auch fonft fo viel wie Leid, Widerwärtigkeit (dänifch Modgang).

Leidenfchaft wird faft immer gleichbedeutend mit Leid gebraucht. Demnach ift »en leidenfchaftlich Hus« ein Haus mit vielem Leid.

Sinnlichkeit ift im Plattdeutfchen eine verlängerte Form von Sinn. »Ik hew min Sinnlichkeit dorup fett« würde alfo heifsen: Ich habe meinen Sinn darauf gefetzt.

Rachgierig, ein gewifs überall im Sinne von »habfüchtig« gebrauchtes Adjektiv. Mit der Rache hat es gar nichts zu tun, das Verbum »raffen« liegt wohl zu Grunde.

Lübeck. J. Weiland.

_____

Was heifst »unvorbunden«?

Van quaden unvorbunden reden unde worden über Bürgermeifter und Ratmannen von Lübek kommt Hinr. Mankmos 1418 in den

Turm; Lüb. Urkb. VI S. 5. Umme groter noth unde gebreke fines fchepes van unverbunden ftormewinde unde unweders wegen ... 1499; Bruns, Bergenfahrer (Hanf. Gefch. Qu. II, 2) S. 193 Nr. 55. — unbändig? fchrankenlos?

Wismar.   T. Techen.

De den anderen bi den kop fleith enen unvorbunden flach, de hefft vorbraken 12 fcbilling; Roftocker Gerichtsordnung, 15. Jhdt., § 30 (Koppmann, Roftocker Beiträge III, 4, 68). Die vorgefchlagene Deutung könnte richtig fein; es liefse fich auch »ungebunden« und »ausbündig« vergleichen. Was heifst aber dann vorbunden in folgenden Stellen? ... dat de richtevaghede der heren unde des rades to Grabowe pandi[n]ghe van rechtesweghen don wolden an Kort Kordes hufe, dar Kort de rychtevoghede avel handelde myt vorbunden worden myt underlate [mit Unterbrechung, mit Panfen, alfo: mehrmals] unde fede: de mord fchal jw flan! Tho deme anderen male (leven heren, myt tuchten) [mit Erlaubnis zu fagen]: dat vallent avel fchal jw flan! Tho deme druden male nomede he enen rychtevaghet uth [machte er einen namhaft], Hans Slyman: dy fchal dar ulleke [übel] umme fcheen! (Bericht des Grabower Rats an den Lübeker 1466; Lüb. UB. XI S. 31.) »Vorbunden« läfst fich hier unmöglich als der jenem privativen oder negativen »unvorbunden« zugrunde liegende pofitive Ausdruck faffen; denn niemand wird die Verwünfchungen eingefchränkt oder zahm oder verhüllt finden. Das »quade unvorbunden rede unde word« fagt ganz daffelbe wie das »vorbunden word«. Ebenfo wird »vorbunden«, ganz wie »unvorbunden« in der obigen Stelle, vom Wind und Wetter in einer Stralfundifchen Chronik gebraucht: anno 1443 up den dach Philippi und Jacobi, do was idt fo koldt und fo ein vorbunden wedder, dat idt fniede und hagelde und weide dar fo fehr, dat dar vele fchepe und lude vorgingen in dem Pamerfchen ftrande (Stralfund. Chroniken, hrsg. von Mohnike und Zober Th. I S. 184). Zober überfetzt hier »heftig, ungeftüm, gleichfam ungebunden«.

Ndd. vorbinden bedeutet nicht blofs »verbinden, vereinigen, verpflichten«, fondern auch »unrichtig oder fchlecht binden«; follte daher fich nicht leicht für »vorbunden« der Sinn von »verkehrt, vertrackt, höfe, fchlimm« ergeben haben? Albert Höfer hat in Bartfch' Germania XIV, 204 f. nachgewiefen, dafs das Praefix »un« nicht felten auch den Begriff des einfachen Wortes verftärkt, fteigert und übertreibt. Von Partizipien kannte er nur ein Beifpiel: unvergeffen = fehr vergefslich bei Schmeller, Bayer. Wb. (1. Ausg.) I, 73. In »unverbunden« möchte ein zweites Beifpiel vorliegen.

Ob die von mir verfuchte Deutung von »vorbunden« richtig ift, das könnten vielleicht weitere Beobachtungen über die Notionen von »vorbunden« und auch von »vorbinden« im Mudd. entfcheiden. Auf eine folche befondere macht das Bremifche Wb. V, 334 und 455 aufmerkfam. In einem Befchlufs der gemeinen Ledematen des Stichts tho Bremen vom J. 1490 nämlich, den Pratje, Altes und Neues aus den Herzogthümern Bremen und Verden, Bd. I (Stade 1769) S. 293 aus einer fprachlich fehr verwahrloften Abfchrift mitgeteilt hat, heifst es: Ok fchall men niemandt fein gud thofchlaen ofte vorbinden (Brem. Wb.: vielleicht für befchlagen, mit Befchlag bekümmern), he fy erft mit rechte gewunnen. Nach demfelben

Brem. Wb. I (Bremen 1767) 88 ward im 18. Jahrhundert »verbinden«
uneigentlich für prügeln, fchlagen gebraucht; he fat up em to verbinden
= er prügelte ihn derbe durch. Hier könnte aber eine die Sache fcherzhaft und mildernd bezeichnende Metapher vorliegen. Ähnlich fagt man
auch »todecken, vernaien (vernähen)« u. a.
Hamburg.   C. Walther.

_____

Settewin.

Die Deutung, die ich für dies Wort im Mekl. Urkh. XVII, S. 590
gegeben habe, dafs es der für das Setzen des Preifes abzugebende Wein fei,
findet eine willkommene Beftätigung in der von Simfon herausgegebenen
Danziger Willkür. Der ältefte Text S. 57 § 127 lautet: Van Weyne. Wer
weyn czappen wil vmme gelt . . ., der sal en laeszen zetczen vff deme
rathwsze, vnde wil de weynman den weyn nicht laeszen louffen, als her
ym gefatczet wirt, der fal den weyn am dritten tage avsz der ftat brengen.
Von dem zweitälteften Texte find nur die Kapitelüberfchriften mitgeteilt.
Die betreffende lautet aber (S. 88 § 165) Setcze weyn vffs radthausz
zcu brengen. Die Schwierigkeit, die mir für das Verftändnis der Roftocker
Weinkellerrechnungen bei der Erklärung von fettewin zurückzubleiben fchien,
dafs nämlich vom eignen Weine des Ratskellers fettewin berechnet, von dem
Weine Privater aber folcher in Einnahme geftellt ift, löft fich wohl durch
die nicht unberechtigte Annahme, dafs einerfeits zwar fettewin dem Keller
als folchem zukam, andererfeits aber auch den Weinherren und dem
Schenken perfönlich zuftand und an diefe auch vom Keller felbft abgeführt
werden mufste. Dafs der Schenk Anfpruch auf fettewin hatte, bezeugt
eine Roftocker Rechnung. Ob der Schenke, der in Spandau feinerfeits
fettewin geben mufste, (Mekl. Urkh. XVII, S. 590) im Dienfte des Ratskellers ftand, ift mir unbekannt.
Wismar.   F. Techen.

_____

Notizen und Anzeigen.

Beitragszahlungen find an unfern Kaffenführer Herrn Joh: E. Rabe, Hamburg 1,
gr. Reichenftrafse 11, zu leiften.
Veränderungen der Adreffen find gefälligft dem genannten Herrn Kaffenführer
zu melden.
Beiträge, welche fürs Jahrbuch beftimmt find, belieben die Vorfaffer an das Mitglied
des Redactions-Ausfchuffes, Prof. Dr. W. Seelmann, Charlottenburg, Peftalozziftrafse 103,
einzufchicken.
Zufendungen fürs Korrefpondenzblatt bitten wir an Dr. C. Walther, Hamburg 24,
Uhlandftrafse 59, zu richten.
Bemerkungen und Klagen, welche fich auf Verfand und Empfang des Korrefpondenzblattes beziehen, bittet der Vorftand direct der Expedition, »Diedrich Soltau's Verlag
und Buchdruckerei« in Norden, Oftfriesland, zu übermachen.

Redigiert von Dr. C. Walther in Hamburg.
Druck von Diedr. Soltau in Norden.

Ausgegeben: Januar 1906.

Jahrg. 1905.   Hamburg.   Heft XXVI. № 6.

Korrespondenzblatt

des Vereins
für niederdeutfche Sprachforfchung.

I. Kundgebungen des Vorftandes.

Mitgliederftand.

In den Verein find eingetreten:

das Germanifch-Romanifche Seminar der Univerfität Heidelberg,
angemeldet durch Herrn Prof. Dr. Fr. Neumann;

das Archiv der Stadt Roftock, gemeldet durch Herrn Archivar
Dr. E. Dragendorff;

ferner die Herren

Privatdozent Dr. ph. Auguft Gebhardt, Erlangen;
Dr. Willi Pessler, Geograph, Hannover;
Cand. germ. Richard Böger, Jena.

Der Verein hat den Verluft zweier langjährigen Mitglieder zu beklagen,
deren einer,

Herr Prof. Dr. Theodor Pyl in Greifswald

am 13. Dezbr. 1904 heimgegangen ift. Sein Tod ift dem Herausgeber erft
jetzt kund geworden. Seit 1878 Mitglied, hat er fich ftets als warmen
Freund des Vereins bewiefen, dem er für die Dr. Theobald-Bibliothek feine
wiffenfchaftlichen Publikationen zuzuwenden pflegte. Diefe find hiftorifchen
Inhalts und betreffen vornehmlich die Gefchichte der Stadt und Univerfität
Greifswald im Mittelalter; der Verfaffer hat aber durch feinfinnige Berückfichtigung von fprachlichen, kulturgefchichtlichen und volkskundlichen Fragen, befonders derjenigen von der Herftammung der in Vorpommern eingewanderten deutfchen Koloniften, ebenfalls der germanifchen Philologie
dankenswerte Dienfte geleiftet.

Am 1. März 1906 ftarb der hochverdiente Fortfetzer des Grimm'fchen
Deutfchen Wörterbuchs und Erforfcher der Germanifchen Altertümer,

Herr Prof. Dr. Moriz Heyne in Göttingen.

Aus feinen anderen Leiftungen fei hier noch befonders hervorgehoben,
dafs feine frühften Arbeiten über das Altniederdeutfche deffen Kenntnis
fehr gefördert und zum Studium deffelben angeregt haben. Der Verftorbene hat feit 1875 dem Niederdeutfchen Sprachverein als Mitglied angehört.

Generalverfammlung 1906.

Der Vorftand giebt den geehrten Vereinsmitgliedern kund, dafs nach Befchlufs der Halberftädter Pfingftverfammlung von 1905 die Generalverfammlung des Jahres 1906 um Pfingften zu Lübeck ftattfinden wird. Zugleich fpricht er die Bitte aus, die für diefe Zufammenkunft beabfichtigten Vorträge und Mitteilungen möglichft bald bei dem Vorfitzenden Geh. Rat Prof. Dr. Al. Reifferfcheid in Greifswald, Wiefenftrafse 59, anmelden zu wollen.

II. Mitteilungen aus dem Mitgliederkreife.

Cabbeffere.

1356 perjurati funt civitatem Adam Schotte, Hen. Schotte . . . ., omnes sunt cabbefferre pro mala fama per eos peracta. Mekl. Urkh. V S. XXIV. Römer bezieht fich in Bd. XII S. 72 darauf, dafs nach Schiller-Lübben kabbeferen verjagen heifse. Ich denke eher an einen Zufammenhang mit kabbeth, ein Wort, das in Kolberg um 1480 für Hechte, Haft in Gebrauch war: Riemann, Gefch. von Kolberg, Beilagen S. 86, § 20. Dabei mag die Bemerkung erlaubt fein, dafs qui vendunt cabbem, Mekl. Urkh. 4608 S. 256, das Römer a. a. O. frageweife als Weifskohl erklärt, nur verlefen ift. In der Rechnung fteht ohne allen Zweifel calibem.

Wismar.   F. Techen.

Rerof

hat Frensdorff in feiner Einleitung zum Stralfunder Vorfeftungsbuche (Hanf. Gefch. Qu. 1) S. LXVI für verfchiedene Eintragungen nicht mehr als an der Leiche begangenen Raub, fondern als Raubmord erklären zu müffen geglaubt. Ich kann keine der Stellen für zwingend halten, fondern finde überall die alte Bedeutung des Worts. Faft alle Eintragungen find lateinifch abgefafst und das deutfche Wort beftimmend als terminus eingefügt. Meiftens ift dabei die Beziehung nicht zweifelsfrei, einige Male aber doch ein Fehlgreifen ausgefchloffen. Hiervon ift auszugehen. § 187 lautet: Henneke Bodeman et Wichman carnifices funt proscripti pro eo, quod Nicolaum Brunswic interfecerunt, et pro rerof eidem facto per eosdem. Hier find unverkennbar Tötung und rerof zwei nacheinander von den felben an dem felben verübte Handlungen, derentwegen Verfeftung eintritt. Ebenfo fteht es in § 641, wo ausnahmsweife einmal ein deutfcher Text vorliegt: deffe nagescrevene fint vorveftet . . . dar umme, dat fe Deghener Buggenhagen mit vorreteniffe . . . . vormordeden unde reroveden. Nicht minder klar ift in § 24 zwifchen zwei Handlungen unterfchieden: Nicolaus de Ghotlandia . . . proscriptus eft pro eo, quod occidit crudeliter burgenses in civitate Roftoc; cum hoc violenter accepit (nahm weg) bona corum, faciens rerof. Ebenfo in § 228: Stolte Heghere, Bertold Gramsow . . funt proscripti eo, quod occiderunt fratrem Willekini de Muden . . . in Warnow et abftulerunt fuam pecuniam et fecerunt rerof. Geht man hiervon aus, fo wird man auch an den andern minder fcharf gefafsten Stellen den Sinn nicht verfehlen und auch dort Tötung und Beraubung des Toten unterfchieden finden. So in der a. a. O. S. LXVI ausgefchriebenen Stelle: Henneke Wufte et Hinricus Kule interfecerunt Gotmarum Lebele et fpoliaverunt eundem, proprio reroven (§ 362). Hier ift reroven nur auf fpoliaverunt zu beziehen und foll angeben, dafs nicht einfache Beraubung, fondern vielmehr rerof zu ahnden war. Ebenfo fteht es in § 369 und auch in § 219 (Hinceke Barewolt et Copeko Gransoye occiderunt Hinricum Lembus nocturno tempore, committentes in eo rerof). Nicht minder aber dient in der aus dem Mekl. Urkh. VI Nr. 3673, 4 angezogenen Stelle rerof nur als Beftimmung für das zu allgemeine fpolium, nicht aber auch für homicidium, das einer folchen nicht bedurfte. Und überhaupt finde ich unter den von Frensdorff angezogenen Stellen keine einzige, die nicht auf gleiche Weife ungezwungen zu deuten wäre, wobei ich allerdings § 89 und § 92 ausnehmen mufs, da bei diefen Citaten irgend ein Irrtum untergelaufen fein wird. Vgl. noch Mekl. Urkh. XVII unter rerof.

Wismar. F. Techen.

Nachtrag zu rerof.

Als ich geftern im Regifter zu meiner Abfchrift des Wismarfchen Verfeftungsbuches blätterte, ftiefs ich auf eine Anzahl Stellen, die meine Auffaffung über rerof zu ftärken geeignet find.

Ricwert Hagemester unde Hinrik Gipkendorp vorvested Janeke van Helpte unde Otte Holsten . . . . uude wen fe bevrefchen unde bevragen konen unde we fe hovet unde bufet heft umme den mord unde den rerof, den fe bebben daen yn erme vrunde nude erme brodegen knechte unde Kersten van deme Hagene. Wism. Verfeftungsbuch S. 64 (1408).

Clawes Surowe heft vorvested her Otte Vereggen, her Hinrik Reventlowen ryddere, her Hinrik Witten borgermeftere to Rostke . . . . unde alle ere medebulpere . . . umme den mord nude umme den rerof, den fe bebben daen in her Vynke unde in fynen vrunden, de he myt fik hadde up deme velde, dar fe umme fynt vorwunnen myt alme Lubefchen rechte. a. a. O. S. 65, 1409. Gedr. Mekl. Jahrb. 23, S. 353.

Pypenpalme unde Bluchcher . . . . de zynt vorvefted myt alleme Lubefchen rechte umme den mort unde rerof, den ze daen hebben an Hinr. Rampen unde Hinr. Kotendorpe, de ze dot floghen tusschen hir nude Sweryn. a. a. O. S. 90, 1420.

Weiterer Stellen wird es nicht bedürfen, fonft könnte ich noch zwei gleiche ausfchreiben.

Wismar. F. Techen.

Se mâkd wind as Êv (XIX, 55).

Aus Kern und Willems »Oftfriesland wie es denkt und fpricht‹ S. 18 führt Karl Dirkfen obige fprichwörtliche Redensart an, welche nach ihm nicht, wie jene meinen, auch in einem nicht anftändigen Sinne (wint = crepitus ventris?), fondern nur gegen Frauensperfonen in Anwendung kommt, welche eine über ihren Stand hinausgehende Putzfucht bekunden. Auch

J. ten Doornkaat Koolman in feinem Oftfriefifchen Wörterbuche III, 353
verzeichnet föl wind mâken »viel leeres Gepränge oder vielen Staat
machen, fich auffallend putzen und kleiden.« Im Hochdeutfchen bedeutet
Wind bildlich, fo viel ich weifs, nur »leere Prahlerei, Grofsfprecherei«
(f. Weigand, Deutfches Wörterb. II², 1178). So heifst es bekanntlich in
der 7. Strophe des Rheinweinliedes von M. Claudius:

<blockquote>
Der Blocksberg ist der lange Herr Philister,
Er macht nur Wind wie der;
</blockquote>

was natürlich nur auf »das entfetzlich grofse Maul« des von demfelben
Dichter befungenen Goliath bezogen werden kann. Auch im oftfriefifchen
Niederdeutfch erfcheint diefe Bedeutung in der ebenfalls von ten Doornkaat
Koolman angeführten Wendung: hé mâkt föl wind un d'r fitt doch
niks achter. Faft fcheint es, als ob diefe Bedeutung die urfprüngliche
gewefen, und dafs die Redensart erft von der prahlerifchen Rede auf fonftiges prahlerifches Behaben in Kleidung u. a. übertragen ift.

Év ift nach Dirkfens Meinung die biblifche Eva. Allein die von
ihm angeführten Stollen Genef. III, 7 u. 21 find doch nicht derart, um
diefe als putzfüchtig erfcheinen zu laffen, denn Feigenblätter und Pelzröcke
dienen doch nur dazu, um und zwar nicht nur Evas, fondern auch Adams
Blöfse zu decken. Eva hier aber überhaupt als Repräfentantin des weiblichen Gefchlechtes anzufehen, verhindert der Umftand, dafs in diefer
Redensart doch eine beftimmte Klaffe desfelben vor den übrigen tadelnd
hervorgehoben werden foll. Ich glaube deshalb, dafs hier Eva mit Lilith,
Adams erfter Frau, verwechfelt ift. Die, urfprünglich rabbinifche, Sage
von ihr entftand dadurch, dafs nach Genef. I, 27 Gott ein Männlein und
ein Fräulein fchuf und dann noch einmal ein Weib Eva aus Adams Rippe:
Genef. I, 21 f., die alfo feine zweite Frau fein mufste. Der Name Lilith
wurde entnommen aus Jefajas 34, 14. Sie gilt in der Sage als eitel und
putzfüchtig und auf die Vorführung junger Männer bedacht. So erfcheint
fie in der Walpurgisnacht in Goethes Fauft I. Teil, V. 3765 ff. (Schröer):

<blockquote>
Fauft.
Wer ift denn das?
Mephiftopheles.
Betrachte fie genau!
Lilith ift das.
Fanft.
Wer?
Mephiftopheles.
Adams erfte Frau.
Nimm dich in Acht vor ihren fchönen Haaren,
Vor diefem Schmuck, mit dem fie einzig prangt.
Wenn fie damit den jungen Mann erlangt,
So läfst fie ihn fobald nicht wieder fahren.
</blockquote>

Behandelt ift die »jüdifche Fabel« auch in den Gedichten von Auguft
Friedrich Ernft Langbein, Neue verbefferte Aufl. Leipzig, Dyk'fche Buch-
handl. o. J. S. 24 ff.*) Der erfte Vers lautet:

---

*) Nach G. v. Loepers Bem. z. Goethes Fauft (Hempelfche Ausg. der Werke
Bd. 12, S. 132) erfchien das Gedicht zuerft im Göttinger Mufenalmanach auf 1783 S. 204.

Urvater Adams erſte Fran
Schuf Gott, wie ihn, aus Erde,
Doch Lilith war ein ſtolzer Pfau
Und ſprach mit Hohngebärde:
»Dir ſell ich unterthänig ſein?
Das bilde dir doch ja nicht ein!
Geh mir mit Hoheitspoſſen,
Denn wir ſind Staubgenoſſen!«

Schon v. Loeper hat bemerkt, daſs Goethe (und wohl auch Langbein) nicht aus gelehrter, ſondern aus ſchon beſtehender volkstümlicher Überlieferung geſchöpft hat. Darauf kan auch die oſtfrieſiſche Redensart ſehr wohl zurückgehen. Wenn Eva mit Lilith verwechſelt wurde, ſo iſt dies um ſo erklärlicher, als dieſer Name in der deutſchen Bibel nicht erſcheint, denn in den Überſetzungen der erwähnten Jeſajaſtelle wird der Name verſchieden, bei Luther durch »Kobold«, wiedergegeben.

Northeim.   R. Sprenger.

Maiſëwel.

Von einem fünfzehnjährigen Schüler des hieſigen Gymnaſiums erfuhr ich, daſs in der Stadt Braunſchweig der Ausdruck maiſëwel für Maikäfer vorkomme, er hatte ihn von Verwandten und Kindern gehört. Für eine ſcherzhafte Bildung glaubte er das Wort nicht halten zu dürfeh. Weitere Nachfragen bei Bekannten ergaben, daſs der Ausdruck wirklich ühlich ist. Auch in Hannover war er vor etwa vierzig Jahren unter Kindern ganz gebräuchlich, wie ich aus zuverläſſiger Quelle höre. Der zweite Beſtandteil ſëwel iſt offenbar ebenſo zu beurteilen wie das ſchon mehrfach*) behandelte zëwel in pànzëwel.

Blankenburg a. H.   Ed. Damköhler.

Anfrage.

Von einer Deutſchen, die faſt ein Jahr im Haag in gebildeter Familie gelebt und das Holländiſche gut gelernt hat, höre ich, daſs dort der Name Scheveningen nicht S-chéfeningen, ſondern Srëweningen geſprochen wird mit deutlich hörbarem r. Dieſe Ausſprache des sch = sr, die nicht auf den Namen Scheveningen beſchränkt ſei, iſt mir von einem Herrn beſtätigt, der öfter nach Amſterdam und dem Haag gekommen iſt. Iſt ſie auf den Haag und Umgegend beſchränkt und gilt ſie für gut holländiſch, oder wie iſt ſie zu beurteilen?

Blankenburg a. H.   Ed. Damköhler.

Zu XXVI, 78 ff.

Ich halte das »unverbunden!« (und ſo das gleichwertige »verbunden«) für eine apotropiſche Wendung, die zugleich beſtätigend wirken ſoll, wie wenn man ſagte »Gott ſtraf' mich« (ſc.: wenn ich löge), denn man ſoll von Gottes Verhängnis nicht unehrerbietig reden. Ähnlich ſagt der Berliner:

---

*) XIV, 82. XV, 94. XVI, 27 f. XXV, 39; vgl. auch maikiäwel und piárt-, paënwiëwel XVII, 54.   C. W.

»Ich will nifcht gefagt haben, aber . . .« und nun folgt die befchimpfende Anklage, z B. »aber ein Erzholunke is der Kerl.« Abfit omen! fagte der Römer. So fcheut man fich, vom Teufel zu reden und fagt vorfichtig: »Der Gott fei bei uns!« So leitet man ein in guter Gefellfchaft verpöntes Wort ein durch: »Mit Refpekt zu fagen.«

Weimar. **Franz Sandvofs.**

husvrowe = Schlofsherrin.

Neuerdings ift in das Schleswiger Staatsarchiv das Original eines Schreibens gelangt, in dem König Chriftian I. von Dänemark am 3. Juli 1470 die Stadt Oldesloe auffordert, feinem Bruder nicht beizuftehen, mit dem er zu Unwillen gekommen: wente he der irluchteden vorftinnen frouwen Margareten unfes zalighen ohmes nagelaten wedewen und nu unfer leven husfrouwen an Rendesborch, dat he van er in flotzloven unde to erer fruwenhant entfangen hefft, tegen fine egene opene befegelden breve overhorich befittet unde vorentholt. — Margarethe war bekanntlich die Witwe des letzten Herzogs aus Schaumburgifchem Gefchlechte Adolfs VIII. und nie mit dem Könige Chriftian I. vermählt.

Schleswig. **Hille.**

huttje bi puttje.

In einem früheren Auffatze (XXI, 3 ff.), der eine Erwiderung durch K. Koppmann fand (XXI, 35 ff.), hatte ich zu beweifen verfucht, dafs bei den zahlreichen Wortpärchen unfrer Mundarten das eine der beiden Wörter bisweilen frei nach dem andern gebildet fei, um die in der Volksfprache fo beliebte Affonanz oder Alliteration mit Ablaut zu erzielen. Wie in andern Fällen die fog. Diffimilation die urfprüngliche Form verändert hat, zeigt die in Hamburg allgemein bekannte Wortdoppelung buttje bi (auch ti) puttje. Es ift ein fcherzhaft verhüllender Ausdruck für 'Geld, Vermögen'; das Reiben des Daumens am Zeigefinger (die Zählgefte) und ein liftiges Blinzeln mit den Augen gehören dazu. Koppmann a. a. O. S. 42 kennt es, ebenfalls aus Hamburg, in der Form hutjepernutje und hält es für eine Entftellung aus hutjemitmutje (büttje mit der müttje); hinfichtlich der Bedeutung macht er die Angabe Geld, Vermögen, befonders Ausfteuer; wenn von einer Verlobung erzählt wird, heifst es: hett fe ook huttjepernutje? Bei Hertel, Thür. Sprachfchatz S. 125 heifst es huttchenbuttchen und bedeutet 1. Geld, 2. Läufe. In einem (Berliner?) Witzblatt babe ich es im April 1905 als puttche puttche gelefen.

Das Wort ift zweifellos eine diffimilierende Entftellung aus butje bei butje, worüber es bei Müller-Weitz, Aachener Idiotikon 1836 heifst: 'veraltet, gleich und gleich, fchlecht bei fchlecht, von botje, wie man in der Provinz Friesland einen halben boll. Stüber nennt, woher auch im Holländ. die Redensart botje bij botje loggen = die Unkoften zufammen tragen'. Auch ten Doornkaat Koolman fagt I. S. 268 (1879), dafs butje bi butje nur noch als Aufforderung zu gemeinfamer Zahlung vorkomme; botje fei = 1 Stüber oder 4 holl. Deuten. Schütze, Holft. Id. (1800) III. 250 hat putje bi putje (neben botje und potje) in derfelben Verwendung. Im Ndl. ift een botje bij botje ein Piknik. Sonft habe ich den Ausdruck nicht gefunden.

Ähnlicher Diffimilation (darüber u. a. Whitney, Leben und Wachstum
der Sprache, überf. v. Leskien 1876 S. 72) dürften nicht wenige diefer
Doppelungen ihre jetzige Form verdanken. raptim-zaptim, d. h. eilig, im
Handumdrehen (bei H. Frifchbier, Preufs. Wörterbuch) ift wahrfcheinlich
urfprünglich ein verdoppeltes raptim! raptim! fchnell! fchnell! Und zu
pêle-mêle fagt Diez im etym. Wbch. der Roman. Sprachen 'Die Alten
fagten mesle mesle'. Namentlich in völlig gleicher Weife fich wieder-
holende Laute werden gern mit verfchiedenem conf. Anlaut der beiden
Teile zum Doppelwort geformt. Die Confonanten find ja bei Naturlauten
faft immer menfchliches Beiwerk. Und fo dürften wohl auch das viel-
erörterte Hillebille, Holterdepolter u. ä. ihre Erklärung finden.

Hamburg. Dr. O. Haufchild.

Aus dem Hamburgifchen Dialekte habe ich mir notiert als gewöhnliche Form: huttjewabuttje, was ficher aus der felteneren buttje-
babuttje geworden ift; feltener ift auch huttjewaputtje. Von einem
in Pinneberg anfäffigen Wirte aus der Gegend von Pyrmont babe ich vor
vierzig Jahren huttjediputtje gehört. Alle meine Gewährsmänner gebrauchten den Ausdruck fcherzhaft für »Geld« und mehrere bedienten fich
dabei der Handbewegung des Geldzählens. Aus Schulmann, Norddütfche
Stippftörken und Legendchen, Hildesheim 1858, kenne ich die Form
hutcheputche. Dafs der Ausdruck mit Recht von Dr. O. Haufchild auf
buttje bi buttje zurückgeführt wird, daran laffen das ndl. botje bij botje,
das aachenfche butje bei butje, das oftfrief. butje bi butje und das ham-
burgifch-holft. putje (botje, potje) bi putje (botje, potje) keinen Zweifel.
Das Mudd. Wb. hat butken für eine kleine Münze, kann es aber nur aus
Weftfalen und Oftfriesland nachweifen; im älteren Friefifchen heifst fie
buttie, im Ndl. botje. In diefen Gegenden wird alfo die Redensart entftanden fein. Schütze, Holft. Idiotikon III, 250 fagt, in Holftein werde
auch fchaar bi fchaar in derfelben Bedeutung gebraucht. Wie ift diefes
fchaar zu verftehen? Etwa als Entftellung von fcharf = mudd. fcherf,
hd. Scherf, ein halber Pfennig?

Hamburg. C. Walther.

Zu Weltmefter

haben Schiller-Lübben nur die Erklärung »Waldmeifter, afperula odorata«.
Dafs ein homonymes Wort zur Verdeutfchung von guardianus, Vorfteher der
Franziskaner-Klöfter, gebraucht ward, lehrt eine neuerdings in das Schleswiger Staatsarchiv gelangte Oldesloer Urkunde vom 24. Juni 1463, in der
von dreifsig Mark die Rede ift, die van behinderinge des woltmefters
der monnoko nicht zum vereinbarten Termin gezahlt find. Dafs in Oldesloc
ein Franziskaner-Klofter beftanden hat, ift bekannt. Vergl. Falck, Staatsb.
Mag. VII. 568. Zeitfchr. der Gef. für Schi. Holft. Lauenb. Gefch. XIII. 145.
v. Schröder-Biernatzki Topographie der Herzogth. Holftein etc. II. 255.

Schleswig. Hille.

Zum Eulenfpiegel Hi. 41.

Jahrb. XIX, 46 hat Walther die Rda: he en is nicht visch uppe
de graden für das Niederdeutfche aus dem Lübeck. Urkundenb. belegt.

Noch 1781 verzeichnet Dähnert, Pomm.-Rüg. Wörterb. S. 120 die Rda: »He is nig Fisch ane Graden. Er hat bei dem Guten auch feine Fehler« als lebend.

Northeim. R. Sprenger.

Süertappe.

Dies war der Name eines Quedlinburger Armhäuslers, der in der Mitte des vergangenen Jahrhunderts lebte. S. Kleemann, der in feinem Buche über die Familiennamen Quedlinburgs S. 128 die Formen Sauer-zapf 1754, Sauerzapfe 1731 und Sauerzappe nachweift, meint, dafs es ein Spottname für einen fchlechtes Zeug zapfenden Wirt fei. Da aber fuer (auch hd. faner) in Quedlinburg noch jetzt die gebräuchliche Be-zeichnung für Effig ift, und tappen foviel heifst wie Flüffigkeiten im Kleinen verkaufen, fo glaube ich, dafs füertappe gebildet ift wie wIn-tappe, bērtappe und einen Kleinhändler mit Effig bedeutet.

Northeim. R. Sprenger.

Als »Kräcken und Ofenftiele«

bezeichnete mein Vater, als ich die erften Verfuche im Schreiben machte, die »krickeligen« Buchftaben. Er fchien die Bedeutung der urfprünglich niederd. Worte felhft nicht mehr zu kennen. In Dähnerts Pomm.-Rügifchem Wb. S. 17 lefo ich: »Awen-Stål. Die Stange, mit der das Feuer im Ofen in Ordnung gefchoben wird. Krůkk un Awenftål. Ein Gemenge von fchlechten Leuten oder Sachen.« Vgl. auch S. 257: »Krůkk un Awen-ftaken. Allerley Gefiudel und Bettlervolk.«

Northeim. R. Sprenger.

Stiden (XXVI, 44, 66).

Das i in ftit ift lang, und ift nach der Ausfprache meines Gewährs-mannes als Grundform ftidet anzunehmen.

Lübeck. C. Schumann.

Stiden ift in Wismar wohlbekannt. Unficher fühle ich mich nur, ob man fagt: de melk ftidt, oder: ftidt up, nämlich beim Kochen, desgleichen vom Teige.

Merkwürdig ift überhaupt faft durchgängig alles, was Schumann über Lübifchen Sprachgebrauch gefammelt hat, auch für Wismar zutreffend.

. Wismar. F. Techen.

Slukwächter (XXVI, 55).

Sluk- oder Sluckwächter bedeutet hier foviel wie Sluckgrew, -raw, -fpecht, d. h. Schluckhals, Vielfrafs.

Lübeck. C. Schumann.

Diefes Wort kenne ich nur als eine in Hamburg, vielleicht auch hier und da in Holftein, gebräuchliche Bezeichnung eines Menfchen, der haftig und gierig ifst: »He is en rechten Slukwächter«. Im übertragenen Sinne ift es mir bekannt in der Bedeutung von »habgieriger Menfch«.

Hamburg. C. Rud. Schnitger.

Kater Lük (XXVI, 63).

Zum Artikel »Kater Lük« möchte ich auf einen Artikel von Frl. E. Lemke »Das Fangſteinchenſpiel« in der Zeitſchrift für Volkskunde 16, 46—66 hinweiſen, der die aufserordentlich zahlreichen Namen des Spiels zuſammenſtellt, ohne ſie vollſtändig zu erſchöpfen. Mit Kater Lük gehören zuſammen: Kater Lux, Kater Muck, Karduck, Karnulen, Breduck, Parduck, Peduck, Perdock, Perduck, Poduck; vielleicht auch Knut, Knull etc.

Berlin.   J. Bolte.

Durch die Güte von Herrn Prof. Bolte habe ich, ſeitdem mir ſeine obige Mitteilung zugegangen war, einen Sonderabzug von dem genannten Artikel bekommen. Das Verzeichnis der Namen des Spiels iſt erſtaunlich reich. Aber der Auffatz gibt viel mehr, nämlich eine vollſtändige Geſchichte des Spiels ſeit ſeiner Erwähnung durch griechiſche und römiſche Schrift-ſteller, die Beſchreibung der verſchiedenen Spielmethoden, und aufser über ganz Europa iſt die Forſchung ſogar bis auf Amerika, Aſien und Afrika ausgedehnt worden. Das Studium der vorzüglichen Arbeit muſs allen, die ſich für den Gegenſtand intereſſieren, aufs wärmſte empfohlen werden.

Noch bemerke ich, dafs auch die früheren Artikel des Ndd. Kor-reſpondenzblattes, welche von dieſem Spiele gehandelt haben, berückſichtigt ſind: II, 37. VI, 79. X, 69.

Hamburg.   C. Walther.

Das von Frl. Prof. Mestorf in der »Heimat« unter obigem Namen erwähnte Knöchel- oder Überhändchenſpiel iſt uralt und über die ganze Erde verbreitet. Unter den zahlreichen Benennungen, von denen ich in meinem Lübeckiſchen Spiel- und Rätselbuch S. 93 einige an-gegeben habe, gehören zu Katerlück (wie Handelmann, Volks- und Kinderſpiele aus Schleswig-Holſtein, S. 96, ſchreibt) noch Kater Lux, ſ. Korr.-Bl. d. nd. Spr.-V. VI S. 79, Kater Muck in Herrenburg b. Lübeck und die hieſigen Namen Parduck, Perduck, Breduck, Boduck. Alle dieſe Wortformen laſſen ſich gewiſs auf das däniſche Kaardleg zurück-führen. Als das nord. Feſtſpiel mit den Schwertern zum Kinderſpiele mit Knöcheln, Steinen, Bohnen u. a. wurde, ging der Sinn des Namens verloren und deſſen Form verwilderte zu Unſinn. Einen Hinweis auf das urſprüng-liche Spiel möchte ich noch in dem Umſtand erkennen, dafs hier in Lübeck und auch in Schwaben ein Teil des jetzigen Kinderſpieles Strahl genannt wird, was ich mir ſonſt nicht erklären kann (vielleicht in der alten Be-deutung Pfeil?). Die Wandlung des Leg in Lux, Luck könnte durch mnd. Lucke, Los, Glück, noch begünſtigt worden ſein. Das von J. Wei-land angeführte Würfelſpiel trägt den Namen Kater Lük mit Unrecht, nur durch irrtümliche Vermiſchung der beiden verſchiedenen Knöchel-ſpiele, wie ſie u. a. auch Rochholz im Allemanniſchen Kinderlied und Kinderſpiel S. 447 begegnet iſt. Jenes Würfeln mit den Knöchlein (der Opfertiere), den griechiſchen Aſtragalen, iſt kein Geſchicklichkeits-, ſondern ein Glücksſpiel. In Lübeck geht es unter dem Namen Allemerall, d. i. alle mit alle, weil diejenige der vier Langſeiten des Holzwürfels, die mit einem Kreuze bezeichnet iſt, alles gewinnt; es wird nämlich hier nur mit Einem Klötzchen geworfen. S. Lüb. Spiel- und Rätselbuch S. 119.

Lübeck.   C. Schumann.

Nachtrag. Die von mir vermutete richtige Mittelform **Karduck** finde ich erst jetzt aus Altona vermerkt in der Ztfchr. d. Ver. f. Volksk. Berlin 1906, S. 54.

Lübeck. C. Schumann.

Allholt (X, 69. XXVI, 63).

Indem ich den freundlichen Grufs des Herrn Weiland erwidere, — ein an denfelben nach Lübeck gefandter Brief kam zurück, — bemerke ich, dafs das Spiel mit dem Würfelhölzchen nicht identifch ift mit Katerlück. Das Hölzchen trägt die Buchftaben A, P, H und N, und bedeutet A Alles, H die Hälfte, N nichts und P heifst Peter, halt an! Daher heifst das Spiel auch: **Peter, holl an!** und das Hölzchen: **Allholt.** Auf den Nordfrief. Infeln trägt das Hölzchen gleichfalls die Buchftaben P, H, A, N. Wer P (Pönki, Pfand) wirft, gibt ein Pfand, wer H (Helft) wirft, bekommt die Hälfte; A (Allas) bekommt Alles; N (Naut) bekommt nichts. (Handelmann, Volks- u. Kinderfpiele S. 31. Vrgl. ferner Am Urdsbrunnen Jahrg. VI, S. 64, 95, 112).

Dahrenwurth b. Lunden. Heinr. Carstens.

Gnitt (XXVI, 75 Anm.)

Diefe Mückenart nennt man bei Weffelburen **Gnuck**, Pl. **Gnucks.**

Dahrenwurth b. Lunden. Heinr. Carstens.

Bi'n Rören (XXVI, 65).

In Wiffers Oftholfteinifchen Volksmärchen ift **Röhr'n**, **Röhr'ut** der Name des Teufels. Als Scheltwort kennt Wiffer den Ausdruck, die Bedeutung »Teufel« hat er von feiner Märchenfrau in Kaffeedorf bei Eutin; fie wechfelte mit den drei Ausdrücken: de Böf, Döfter und Röhr'n; alfo nicht nur in Flüchen gebräuchlich.

Lübeck. C. Schumann.

Piren (XXVI, 64)

ift nach hiefigem Gebrauche nicht fowohl quälen, als ftacheln, reizen durch fortwährendes Zurückkommen auf die Blöfse, die fich jemand gegeben hat, womöglich in immer neuer Form. Darauf verftehen fich einige Leute trefflich, und der Betreffende wird natürlich nicht wenig gequält.

Wismar. F. Techen.

Selli (XXVI, 65).

Selli, Sellig für unklug, geiftesfchwach ift doch wohl nicht blofs friefifch — im Oftfriefifchen fcheint es nicht vorzukommen und in den Süder-Dithmarfcher Kögen, wo viele Oftfriefen wohnen, fcheint es auch nicht bekannt zu fein —, fondern wohl weiter verbreitet; wenigftens kann ich es bezeugen aus Dithmarfchen und Stapelholm. In Meggerdorf (Stapelholm) hörte ich **felldöfi, felldöfig.** In Dithmarfchen haben wir auch ein Subftantiv **Selliger:.du ol Selliger!**

Dahrenwurth b. Lunden. Heinr. Carftens.

Lapskau (XXV, 49. 80; XXVI, 32).

Lapskau kennt meine Frau auch als ein Gericht von Fleifchreften.
Sie hörte den Namen von ihrer fel. Mutter, die eine gebürtige Friedrich-
ftädterin war, aber auch eine Zeitlang in Kopenhagen gewefen ift.
Dahrenwurth b. Lunden.   Heinr. Carftens.

Lof (XXV, 82; XXVI, 32).

Lofgold nennt man in Dithm. u. Stapelholm Gnittergold.   Zu
jemanden, der immerfort lacht (gnittert), pflegt man wohl zu fagen: Heft
wul Gnitterbri ät'n.
Dahrenwurth b. Lunden.   Heinr. Carstens.

Twifchen un Drifchen (XXVI, 59).

So nennt man noch in Dithmarfchen die kleinen Karten. In Stapelholm heifsen diefelben Knippelkarten. (S. Jahrb. XXVII, 59).
Dahrenwurth b. Lunden.   Heinr. Carstens.

Spon (XXVI, 32).

Up'n Spon kam'n hörte ich letzten Sommer in Tellingftedt in Dithmarfchen in angegebener Bedeutung.   Up'n Spon kam'n braucht man auch
bei Lunden in der Bedeutung von wieder in's Geleife kommen, auch von
einem geiftig nicht völlig normalen Menfchen, der öwerfpöni gewefen.
Öwerfpöni ift das Holz, das fich nicht gut hobeln und bearbeiten läfst.
Dafs der Ausdruck damit zufammenhängt, foll nicht gerade behauptet werden.
Dahrenwurth b. Lunden.   Heinr. Carstens.

Multum.

Multum mit Speck hörte ich hier von einem Kartenfpieler, als der
gute Karten hatte und fein Spiel leicht gewinnen konnte.   Er hatte den
Ausdruck von einem verftorbenen Lehrer gehört. Wie kommt das lat.
Wort in die Volksfprache?
Dahrenwurth b. Lunden.   Heinr. Carstens.

vorich.

Vorich hat Koppmann, Hanfereceffe, Bd. 6, S. 70, § 44 frageweife
gleich varing (fchnell) erklärt. Richtiger, glaube ich, überfetzt man »fahrt-
tüchtig«.
Wismar.   Friedrich Techen.

Die Stelle in den Hanfereceffen lautet nach der Wismarer Handfchrift:
Item dat men nyne (keine) Schepe fchal vorladen, men (als, aufser) dat
fe vorich unde mit gemake dor de zee komen mogen; we dar emboven
(darüber) fine Schepe vorladede, de fcholde fine vracht vorloren hebben;
alfo vele, alfe he boven fin pas*) fchepede (einfchiffen würde), fcholde he

---

*) Das Schiff ift auf feinen Pafs geladen, Het Schip is op zyn Pas geladen, wird
von einem Schiffe gefagt, welches dergeftalt geladen ift, dafs es diejenige Lage im Waffer
hat, welche die vorteilhaftefte zum Segeln und Steuern ift und wobey es am wenigften
ftampft und fchlingert; Röding, Wb. der Marine II, 251.

vorloren hebben. — Es ift ein Befchlufs, den die Hanfeftädte auf dem
Hanfetage zu Lüneburg 1412 April 10 fafsten. Der Text aller übrigen
(9) Handfchriften weicht ab im Wortlaut, jedoch nicht im Sinn: man folle
darauf achten, »dat de Schepe to depe nicht gheladen werden«; die Strafe
des zu viel ladenden Schiffers folle fein: van alfo vele laft, alfe men bekennen mochte, dat he vorladen were, fcholde he van jeweliker laft gheven
alfo vele vracht, alfe he dar mede vordenet hadde; S. 63 § 43.

Es ift keine Frage, dafs Techen Recht hat mit feiner Erklärung; aber
fraglich bleibt, wie die Konftruktion des Satzes ift. Vorich kann Adjectiv
und »fyn«, vielleicht verfehentlich, ausgefallen und zu ergänzen fein, oder
vorich ift Adverb zu »komen« und wird durch »mit gemake« erläutert.
Ich glaube, dafs man die erftere Möglichkeit vorziehen foll. Weiter fragt
es fich dann, wie das nur hier belegbare »vorig« etymologifch zu faffen
fei. Ich denke, als »führbar, fteuerbar«. Es ift daffelbe Wort, welches
das Grimm'fche Wörterbuch IV, 1, a, 467 hochdeutfch als führig bietet,
auch nur mit einem Beleg aus des Zürchers Jofua Maaler oder Pictorius
Wörterbuch Die Teutfch Spraach, Zürch 1561, aber nicht vom Vehikel,
fondern vom Wege gefagt: füriger und ebner wäg; »bei (Joh.) Frifius
(Dictionarium Latinogermanicum, Tiguri 1556), woraus Maaler fchöpft, fteht
färiger, doch »führen« und »fahren« fallen in bezug auf fuhrwerk zufammen.« Diefe Bemerkung von K. Weigand a. a. O. ift richtig, aber ein
Fahrweg gehört nicht zu den Fuhrwerken; darum wird »fürig« als Druckfehler ftatt »färig« anzufehn fein. Gegen »forich«, das richtig von einem
Fahrzeug gebraucht ift, läfst fich nichts einwenden; es hätte aber ebenfo-
gut »farich« oder »ferich« gefagt werden können.

Hamburg. C. Walther.

»Löwe«.

In Hamburg bezeichnet man ironifcher Weife als »Löwen« eine gewiffe Art von Gelegenheitsarbeitern, die an Strafsenecken oder auch auf
Marktplätzen ftehen, und auf Arbeit warten. Sie find jedoch nicht zu
verwechfeln mit den an einer Art Uniformmütze mit Schild zu erkennenden
»Dienftmännern«. In neuerer Zeit bezeichnet man jene Art Gelegenheits-
arbeiter genauer als »Hopfenmarkts-, Mefsberg- oder Fifchmarktslöwen«.
Sie erwerben fich ihren Unterhalt durch das Auftragen der gefüllten
Gemüfekörbe, Obftkörbe und Fifchkörbe aus den Schiffen in die Markt-
ftände ihrer Auftraggeber.

Das Wort »Löwe« in jenem Sinne, wie auch die eben genannten Zufammenfetzungen damit, findet fich weder bei Richey noch bei Schütze,
noch in dem Brem. Wörterbuche. Meines Wiffens ift wenigftens das
einfache »Löwe« hier fobou lange in der mündlichen Sprache als Bezeichnung eines folchen Gelegenheitsarbeiters bekannt; erft in neuerer Zeit
kommt die eine oder die andre der Zufammenfetzungen auch einzeln in
Zeitungsnotizen gedruckt vor. — Wie mag nun das Wort »Löwe« zu der
oben erwähnten Bedeutung gekommen fein? Ift es in diefem Sinne ein
fpezififch hamburgifcher Ausdruck, oder braucht man es fo auch in andern
Orten?

Hamburg. C. Rud. Schnitger.

Schuften (fchuffen).

Diefes Verbum kenne ich erft feit einigen Jahren, und vermute daher, dafs es kein eigentlich hamburgifches Dialektwort ift. Dem entfprechend findet es fich weder bei Richey noch bei Schütze und ift vielleicht überhaupt noch ziemlich neuen Urfprungs. Es gehört ebenfo wie »Löwe« in der oben angegebenen Bedeutung der ganz gewöhnlichen Umgangs-fprache an, und erft in neuefter Zeit habe ich es, wenn auch nur fehr vereinzelt, gedruckt gefunden. Woher mag das Wort ftammen? Mit dem Subftantiv »Schuft« (fynonym mit »Schurke«), das einen gewiffenlofen, verächtlichen Menfchen bezeichnet, hat es meines Erachtens keinen Zufammenhang. Es ift vielmehr ein derber Ausdruck für »unausgefetzt und angeftrengt arbeiten«, bezw. in diefer Weife Arbeiten verrichten, die einem unangenehm find, die man nicht gern tut.

Hamburg.   C. Rud. Schnitger.

Tûnbillet.

Se het en Tunbiljet, d. h. fie hat fich, ohne ein Billet zu haben und ohne Entrée zu zahlen hineingefchlichen, hört man bei Lunden. Von einem Vagabunden, der draufsen nächtigt, heifst es: He het en Tûnbiljet. Demnach fcheint das Wort mit niederdeutfch tûn = Zaun zufammen-zuhängen und urfprünglich einen zu bedeuten, der hinter dem Zaun fteht und zufchaut und alfo nicht bezahlt. Woefte (Wörterbuch der Weftfälifchen Mundart S. 276) hat tûngaft, der bei Hochzeiten hinter dem Zaun fteht und fich etwas zutragen läfst. Auffallend fcheint mir allerdings die Zufammenfetzung mit dem modernen Fremdwort Billet.

Dahrenwurth b. Lunden.   Heinr. Carstens.

Blockfitten.

Nach Ziegler in Richey, Hamburgifches Idiotikon (S. 406), heifst es in Dithmarfchen, wenn ein Frauenzimmer bei Hochzeiten von niemanden zum Tanze aufgefordert wird: Se mutt Block fitten. Schütze hat die Redensart von Ziegler übernommen. (Schütze I, 116). Auch das Bremer Wb. Nachtragsband S. 13 kennt fie. Ich kenne fie in diefer Form nicht, wohl aber in folgender Geftalt: Wird ein Frauenzimmer bei einem Tanz-gelage überhaupt nicht tanzen, fo heifst es: Se is de Block ni los wurn; auch: Se het de Bank warm hol'n. Fordert jemand es zum erften Mal zum Tanze auf, fo heifst es: He het ehr de Block afnahm'n. In der Scheftedter Gegend heifst es, wenn eine Frauensperfon nicht tanzen wird: So drögt Stubbenholt förn Bäcker. Gemeint find die Baumftubben, die beim Abfägen der Bäume mit den Wurzeln in der Erde fitzen bleiben.

Darenwurth b. Lunden.   Heinr. Carstens.

Wachtel.

De ende der degedynge ward ene wachtele fagt, als der König Chriftian von Dänemark wegen der Räubereien feines Bruders Gerd mit dem klagenden Bifchof von Münfter verhandelte, der, äubliche Ausdrücke

liebende, Lübifche Chronift Joh. Wunftorp (Bruns, Hanf. Gefchichtsblätter
1902, S. 193. 199) von einer fruchtlos gebliebenen Verhandlung,
bei Grautoff Lüb. Chron. II S. 349, anno 1472. Eine Parallelftelle — es
mag ihrer mehr gehen — finde ich im Konzepte der Wismarfchen Käm-
mereirechnung von 1598, wo auf S. 119 neben einen durchftrichenen
Kaufvertrag gefchrieben ift: ift ein wachtel.

Wismar.   F. Techen.

Bekannt ift das mittelhochdeutfche Gedicht von den Wachteln, ein
öfterreichifches Lügenmärchen*), in welchem jede Strophe nach Erzählung
ganz unmöglicher Dinge fchliefst: ein wachtel (zwo wachteln, drei wachteln ufw.) in den fak (oder: in fak)! Man nimmt an, dafs hier mit den
Wachteln die Lügen gemeint feien. Sonft liefse fich auch denken, dafs
die Wachteln als wohlfchmeckende Speife der bedungene Lohn des Dichters
für die erfonnenen Unmöglichkeiten gewefen wären, etwa in Folge einer
Wette in einer luftigen Gefellfchaft; alfo: in den fak = verdient, gewonnen.
Dazu würde die Redensart fich fügen, die Moriz Haupt in der Zeitfchrift
für Deutfches Alterthum IV, 578 grade für jene Auffaffung der Wachteln
als Lügen anführt: er lügt in feinen Sack; denn das heifst doch foviel als
zu feinem eignen Vorteil lügen. Aber er führt weiter für die Verbreitung
des Ausdruckes den Beinamen eines Boten aus dem gegen Ende des
13. Jhdts. lebenden öfterreichifchen Chroniften Ottokar von Horneck an
»Peter der Wahtelfac«, der die Auffaffung der Wachtel als Metapher
für Lüge zu beftätigen fcheint. Über den Urfprung der Metapher gefteht
Haupt, der befte Kenner der mittelhochdeutfchen Litteratur, nichts zu wiffen,
wie denn auch die mhd. Wörterbücher darüber nichts bieten und meines
Wiffens keine zweite Stelle kennen, an der wachtel in diefer Bedeutung
vorkommt. Das Grimm'fche nhd. Wörterbuch fagt, in Tirol und anderwärts fei die Redensart üblich »lügen wie eine wachtel«, die auf einen
alten Volksfcherz zurückgehe, und zieht dafür jenes wachtelmäre an; die
Wachtel habe wohl als verlogen gegolten, weil man dem, was fie durch
ihren Schlag verkünde, nicht Glauben fchenken dürfe. Vermutlich meint
der Verfaffer K. v. Bahder damit die Worte, welche das Volk aus dem
Schlage der Wachtel herauszuhören meint. Für Norddeutfchland ift
»Wachtel« in der Bedeutung »Lüge« nicht nachweisbar.

Im Mudd. Wb. erklärt Lübben »ward ene wachtele« durch »die
Wachtel flog weg, d. h. das Ende war nichts«. Er hat alfo einen mifs-
glückten Vogelfang im Sinne. Der Wachtel, als einem Leckerbiffen, ward
im Mittelalter vielfach nachgeftellt. In den »Vogelfprachen« wird der häufige Fang diefes Vogels erwähnt; f. Seelmann's Ausgabe diefer Dichtungen
im Ndd. Jb. XIV, 135, 66 und 142, 28. Diefe Auffaffung der Stelle durch
Lübben und auch Techen, dafs nur die Fruchtlofigkeit der Unterhandlungen
damit ausgedrückt werden foll, empfiehlt fich, weil fie das Wort Wachtel
im eigentlichen Sinne für den Vogel nimmt und mit ihr den Angeklagten
nur vergleicht: der Ausgang der Verhandlung war, wie es beim Wachtel-

---

*) Abgedruckt durch von der Hagen in der (Berliner) Germania 8, 310 und durch
W. Wackernagel in deffen Altdeutfch. Lefebuch, 4. Ausg., Sp. 969, wo auch ein Abdruck
nach anderer Hdfchr. bei Mafsmann, Denkmäler dtfch. Sprache u. Literatur 1, 106 angeführt wird.

fange wohl zuzugebn pflegt, Graf Gerd entging der Beftrafung, wie eine Wachtel, die dem Netz entkommt, der Gefangenfchaft.

Für folche Erklärung fpricht eine zweite Stelle bei demfelben Chroniften. S. 379 heifst es, nachdem erzählt worden, dafs 1476 der Lübifche Gerichtsfchreiber mit Frohnen nach Segeberg gefchickt fei, um einige von dem Holfteinifchen Stadtvogt gefangene Strafsenräuber zu verhören und zu richten: men de ende ward en wilde gufs, wente fe wurden noch darna quid geven myt vorfwerende des landes. Hier vergleicht der Chronift die blofs durch Verbannung geftraften Verbrecher, denen der Tod gebührt hätte, mit Wildgänfen, den der jungen Saat äufserft fchädlichen Zugvögeln.

Diefe Chronik entlehnt häufig bildliche Redensarten dem Tierleben. An Verwendungen von Vögeln find mir noch folgende aufgefallen. Den tapfern Danziger Schiffsbauptmann Pawel Beneke charakterifiert fie durch die Bezeichnung: he was en hart fevogel; S. 354, a. 1473. — Als der oben erwähnte Graf Gerd infolge des Gerüchtes, dat de Lubefchen quemen myt gaufer macht, das Hafenbanner ergriff, entwich er aus Holftein unde quam to Louenborch alfe en vorvlogene gufs; S. 348, a. 1472. — König Chriftian von Dänemark und mehrere deutfche Fürften reifen 1474 an den Rhein, unde nement konde weten, wat fe up deme Ryne to fchickende hadden. Einige meinten, fie wollten zwifchen Herzog Karl von Burgund und dem Erzftift Köln Frieden ftiften; andere, fie wollten den Herzog unterftützen bei Unterwerfung der niederländifchen Städte: jodoch in al beyden faken blef Aleke en dod vogel; S. 362. Der Sinn ift klar: weder das eine noch das andere kam zuftande. »In der Tierfabel ift Aleke Name fowohl der fchnatternden Gans wie der fchwatzenden Dohle. Ob die Redensart fich auf jene oder diefe bezieht, ift ungewifs;« f. Mudd. Wb. I, 52. — Als 1473 Kaifer Friedrich IV und Herzog Karl von Burgund in Trier zufammenkamen, hatte diefer jenen dazu überredet, ihn zum Könige zu krönen. Als er aber gar wolde en vrig konynk wefen und fcheden van deme horfamen [l. horfame?] des Romefchen rikes, d. h. dem Kaifer die Lehnspflicht aufkündigen, do ward daraf en pawe, wente de keyfer wederrep allent, dat dar was gefchen, unde toch myt nnmude van dar; S. 357. Lübben im Mndd. Wb. III, 312 verfteht das Bild des Pfauen als »aus der fchönen Sache ward etwas häfsliches, nichts«. Es liegt wohl eine Anfpielung auf das häfsliche Gefchrei des fchönen Vogels vor, vielleicht auch ein Wortfpiel mit dem nudd. gewöhnlichen Worte panen für kreifchendes, winfelndes oder kläffendes, widerwärtiges Gefchrei, das fich allerdings im Mndd. nicht nachweifen läfst, aber nichtsdeftoweniger fchon vorhanden gewefen fein könnte. — 1482 zog Junker Gherd in ein Klofter, aber darum vergafs er nicht dat rovent to water unde to lande, als de heyfter (Elfter) dat huppent; wente en teertunne wart zelden fchone, unde en olyevat blyft gerne ftedesvet; quade wonheyt holt den undeder myt macht, als men de vynke fpannet umme de vote, wente eyne woenheyt, gud unde quaed, werket kreftighen, gherade als de natur; S. 431. Wie hier von den an einer Fufsfeffel gefangen gehaltenen Finken gefprochen wird, fo fcheint S. 387, a. 1476 das Bild eines freigelaffenen Finken gebraucht zu fein von dem Erlafs von Geldauflagen: [de] koft (Unkoft), de gedan altofamen was van den togewanten (Untertanen) des

bisfchopes to Munfter, do de ergenanten flote unde veften gewunnen wur-
den, fcholde wefen afgeftellet unde [fcholde] werden quyd vynke; vgl.
Mndd. Wb. V, 256.
Hamburg.   C. Walther.

Bafelmanes (XXVI, 20. 62).

Ik makede eine zierlike bafelmanus vör twen megden, de mi
quemen entjegen; Lauremberg, Scherzgedichte (1652) N, 158. Lappenberg in feiner Ausgabe S. 237 bemerkt dazu: »frz. baifemain, Kufshand,
in der Bedeutung Kompliment, zierliche Verbeugung. Schon bei Doman,
Lied von der deutfchen Hanfa, kommt der Ausdruck pafelman vor. Zeitfchr.
für Hamburg. Gefchichte II, 469.« Das an diefem Orte nach Handfchriften
abgedruckte Domann'fche Gedicht hat in Strophe 84:
                  Viel beffer Freunde Wunden,
                  Wie hart fie kommen an,
                  Dann aller falfchen Hunden
                  Süfs Wort und Pafelman.
In dem Abdruck von W. Mantels in der Zeitfchrift für Lübeckifche
Gefchichte II, 484 nach dem Drucke von 1618 lautet das Wort in Strophe
73 ebenfo.
Hamburg.   C. Walther.

Prefchen (XXVI, 46. 78).

Rubchn, Beiträge zu einem Idiotikon des Oder-Bruchs (in: Mitteilungen
des Historifch-Statiftifchen Vereins zu Frankfurt a. O. Heft 9—12. 1873)
S. 59: prefchen, viel und laut fprechen; jagen, z. B. Fliegen aus dem
Fenfter.
Hamburg.   C. Walther.

Notizen und Anzeigen.

Beitragszahlungen find an unfern Kaffenführer Herrn Joh: E. Rabe, Hamburg 1,
gr. Reichenftrafse 11, zu leiften.
Veränderungen der Adreffen find gefälligft dem genannten Herrn Kaffenführer
zu melden.
Beiträge, welche fürs Jahrbuch beftimmt find, belieben die Verfaffer an das Mitglied
des Redactions-Ausfchuffes, Prof. Dr. W. Seelmann, Charlottenburg, Peftalozziftrafse 103,
einzufchicken.
Zufendungen fürs Korrefpondenzblatt bitten wir an Dr. C. Walther, Hamburg 24,
Uhlandftrafse 59, zu richten.
Bemerkungen und Klagen, welche fich auf Verfand und Empfang des Korrefpondenzblattes beziehen, bittet der Vorftand direct der Expedition, »Diedrich Soltau's Verlag
und Buchdruckerei« in Norden, Oftfriesland, zu übermachen.

Redigiert von Dr. C. Walther in Hamburg.
Druck von Diedr. Soltau in Norden.

Ausgegeben: März 1906.

Regilter*)

von

W. Zahn.

*) Die eingeklammerten römifchen Ziffern weifen auf die früheren Hefte.

1*

Verzeichnis der Mitarbeiter

am fechsundzwanzigften Jahrgange des Korrefpondenzblattes.

J. Bolte.	O. Haufchild.	O. Menfing.	R. Sprenger.
H. Carftens.	G. Hille.	J. E. Rabe.	E. J. A. Stuhlmann.
E. Damköhler.	Hünnekes.	F. Sandvofs.	F. Techen.
O. A. Elliffen.	H. Joachim.	C. R. Schnitger.	C. Walther.
F. Frensdorff.	J. H. Kern.	H. Schönhoff.	J. Weiland.
A. Gebhardt.	E. A. Kock.	E. Schröder.	J. Winkler.
Fr. Goebel.	F. Kohn.	C. Schumann.	R. Woffidlo.
A. Grabow.	K. Koppmann.	W. Seelmann.	W. Zahn.

Druckberichtigungen.

S. 10, Nr. 881 lies Profeffor ftatt Univ.-Prof.

S. 47, Z. 13 v. o. lies XXVI ftatt XVI.

S. 53, Z. 22 v. o. lies feftftellt statt feftftelt.

S. 61, Z. 16 v. o. lies von ftatt van.

S. 67, Z. 23 v. o. lies hüten ftatt füten.

S. 75, Z. 5 v. u. lies Ausdruck ftatt Ausdrnck.

S. 76, Z. 17 v. o. lies Deneke ftatt Deunke.

S. 86, Z. 14 v. o. lies truwen hant ftatt fruwenhant.

S. 95, Z. 7 v. u. lies ftedes vet ftatt ftedesvet.

Statuten

des Vereins für niederdeutſche Sprachforſchung gemäſs den Beſchlüſſen der Generalverſammlung zu Stralſund,

Pfingſten 1877.

§ 1. Der Verein ſetzt ſich zum Ziele die Erforſchung der niederdeutſchen Sprache in Litteratur und Dialekt.

§ 2. Der Verein ſucht ſeinen Zweck zu erreichen
1) durch Herausgabe eines Jahrbuches und eines Korreſpondenzblattes,
2) durch Veröffentlichung von niederdeutſchen Sprachdenkmälern.

§ 3. Der Sitz des Vereins iſt vorläufig in Hamburg.

§ 4. Den Vorſtand des Vereins bilden wenigſtens ſieben von der
Generalverſammlung zu erwählende Mitglieder, von denen zwei ihren
Wohnort am Sitze des Vereins haben müſſen. Aus dem Vorſtande ſcheidet
jährlich ein Mitglied aus, an deſſen Stelle die Generalverſammlung ein
neues erwählt.

§ 5. Die Generalverſammlung findet jährlich zu Pfingſten ſtatt.

§ 6. Die literariſchen Veröffentlichungen des Vereins beſorgen im
Auftrage des Vorſtandes Redaktionsausſchüſſe, in denen wenigſtens je ein
Mitglied des Vorſtandes ſich befinden muſs.

§ 7. Der jährliche Minimalbeitrag der Mitglieder iſt fünf Reichsmark.
Für denſelben wird die Zeitſchrift und das Korreſpondenzblatt geliefert.

Vorſtand des Vereins.

Denſelben bilden zur Zeit die Herren:

Dr. C. Walther, Hamburg.

Dr. W. Seelmann, Profeſſor, Oberbibliothekar, Charlottenburg.
Geſchäftsführender Vorſitzender für 1907/08.

Dr. Al. Reifferſcheid, Profeſſor, Geh. Reg.-Rat, Greifswald.

Kaufmann Joh⸗ E. Rabe, Hamburg 36, gr. Reichenſtr. 11.
Schatzmeiſter.

Dr. G. Roethe, Profeſſor, Weſtend b. Berlin, Ahornallee 30.
Zweiter Vorſitzender für 1907/08.

Dr. Edw. Schröder, Profeſſor, Geh. Reg.-Rat, Göttingen,
Grüner Weg 2.

Dr. C. Borchling, Profeſſor, Poſen, Schützenſtr. 28.

KORRESPONDENZBLATT

DES VEREINS

FÜR NIEDERDEUTSCHE SPRACHFORSCHUNG.

HERAUSGEGEBEN

IM AUFTRAGE DES VORSTANDES.

JAHRGANG 1906.
HEFT XXVII.

HAMBURG.
NORDEN & LEIPZIG. DIEDR. SOLTAU. 1907.

Jahrg. 1906.   Hamburg.   Heft XXVII. № 1.

Korrefpondenzblatt
des Vereins
für niederdeutfche Sprachforfchung.

I. Kundgebungen des Vorftandes.

Mitgliederftand.

In den Verein ift eingetreten

Herr Bibliothekar Prof. Dr. H. Wunderlich, Berlin-Halenfee
und in Schriftenaustaufch mit dem Verein die Koninglijke
Vlaamfche Academie, Gent in Belgien.

Die 31. Jahresverfammlung

des Vereins findet am 5. und 6. Juni 1906 in Lübeck ftatt in Verbindung
mit der 35. Jahresverfammlung des Hanfifchen Gefchichtsvereins.

Von feiten unferes Vereines find zwei Vorträge vorgefehn: am
Dienstag, den 5. Juni nach 10 Uhr wird Herr Geheimrat Prof. Dr.
A. Reifferfcheid aus Greifswald über »ein neues Problem der nieder-
deutfchen Philologie«, am Mittwoch, den 6. Juni um 10¹/₂ Uhr Herr Prof.
Dr. E. Schröder aus Göttingen über das Thema »lateinifch, niederdeutfch
und hochdeutfch im Gebiet der Hanfe« reden.

Die Sitzung des Vereins zum behuf gefchäftlicher Mitteilungen und
Befprechungen, der Abftattung des Jahresberichtes und der Vornahme einer
Ergänzungswahl für den Vorftand wird am Dienstag, den 5. Juni um
12 Uhr fein. Im Anfchlufs werden Mitteilungen in der Lübecker Mundart
gemacht werden, um den Teilnehmern ein Bild des Dialektes zu geben.

Im übrigen wird auf das diefer Nummer des Korrefpondenzblattes
beiliegende ausführliche Programm der gemeinfamen Verfammlung beider
Vereine verwiefen.

Die Befchränkung in der Zahl der Vorträge beider Vereine und
befonders die Vermeidung der Gleichzeitigkeit gefchichtlicher und philologifcher Vorträge mufs als richtig, als längft von vielen gewünfchter
Fortfchritt betrachtet werden.

II. Mitteilungen aus dem Mitgliederkreife.

Dor hett 'ne Ul feten.

Dem fchönen Nachweife Sprengers im Niederdeutfchen Jahrbuche
für 1905, dafs die bei Reuter oft wiederkehrende Redensart »Dat Ei was
intwei« mit der Bedeutung »Die Freundfchaft war zu Ende« fich aus einem
volksliterarifchen Bezug auf eine früher ficher im Volksmunde verbreitete,

von Gerhard von Minden bearbeitete Fabel erklärt, kann ich einen ähnlichen Hinweis folgen laſſen, der die aus Reuters Werken allgemein bekannte Redensart »Dor hett 'ne Ul feten« betrifft. Aufser in Mecklenburg ift diefe in Pommern (Gilow, De Diere, S. 676), Braunfchweig (Mitteilung von Herman Brandes), Weftfalen (Landois, Weftfalens Tierleben, Bd. 2, S. 349, Nr. 18), Oftfriesland (ten Doornkaat, Bd. 3, S. 458) und wahrfcheinlich auch in allen dazwiſchen liegenden Gebieten verbreitet, überall mit der Bedeutung: mit der gehofften Sache war es nichts.

Das Grimmfche Wörterbuch führt die Redensart an, ohne ihren Urfprung zu erklären. Schrader (Bilderſchmuck der deutſchen Sprache 180) erklärt: »Die Eule ift der Unheil weisfagende Vogel, alfo = die Sache ift mifsglückt«. Müller (Der Mecklenburger Volksmund in Reuters Schriften, Nr. 754) fagt: »Dor hett en Ul feten! Sprichwörtlich = es ift nichts mehr da, es ift fpurlos verfchwunden. Die Eule ift äufserft fchlau und fliegt beim geringften Geräuſch lautlos davon«.

Müllers Umfchreibung »es ift nichts mehr da, es ift fpurlos verfchwunden« trifft die urfprüngliche Bedeutung, feine Vermutung über den Urfprung des Sprichworts ift aber faifch. Es findet feine Erklärung in einem Volksmärchen, das aus der Gegend von Hagen bei Woefte, Volksüberlieferungen in der Graffchaft Mark, S. 39 (wiederabgedruckt bei Firmenich, Bd. 3, S. 189), aufgezeichnet ift. In diefem Märchen, einer Faſſung der bekannten »Königswahl der Vögel« wird erzählt, dafs der Zaunkönig, der durch Betrug die Königswürde erftrebt hatte, von den Vögeln in ein Mäufeloch gefperrt und die Eule als Wächter davor geftellt wurde. Doch die Eule fchlief ein, der Gefangene entfchlüpfte und war, als die Vögel ihn zur Beftrafung ziehen wollten, verfchwunden. Seitdem fage man, wenn jemand nicht findet, worauf er gehofft hatte: Da hiät 'ne Ule fiäten.

Mafsmann hat im Jahrbuche der Berliner Gefellfchaft, Bd. 9, S. 67, durch eine Stelle bei Plinius (Natur. hift. 10,74: *diffident aquila et trochiscus, fi credimus, quoniam rex appellatur avium*) erwiefen, dafs das Märchen vom Zaunkönige fchon im Altertum bekannt war. Es ift alfo nicht etwa erft erfunden, um die Redensart zu erklären. Höchftens könnte ihm zu diefem Zwecke der Schlufs, nach dem die Eule den Zaunkönig hat entfchlüpfen laſſen, angehängt fein. Hiergegen fpricht jedoch, dafs derfelbe Märchenfchlufs über faft ganz Niederdeutfchland verbreitet ift, ohne dafs die aufgezeichneten Faſſungen — abgefehen von der aus der Gegend von Hagen — auf die Redensart Bezug nehmen. Aus dem Kalenbergiſchen ift es bei Firmenich, Bd. 1, S. 186; aus der Provinz Sachfen in Pröhles Kindermärchen Nr. 64 und aus Mecklenburg von Muſſäus in den Jahrbüchern für meckl. Gefch., Bd. 5, S. 74 (wiederholt in Grimms Kinder- und Hausmärchen Nr. 171), abgedruckt.

Charlottenburg.   W. Seelmann.

Anfrage: Scheveningen = Srêweningen (XXVI, 85).

Wenn ich Folgendes 'mal fchreiben und in diefes Blatt einrücken laſſen follte:

> »Von einer Niederländerin, die faft ein Jahr in Berlin in gebildeter
> »Familie gelebt und das Brandenburgiſche gut gelernt hat, höre

»ich dafs dort der Name Potsdam nicht Potsdam, fondern Kotsdam »gefprochen wird mit deutlich hörbarem k. Diefe Ausfprache des »p = k, die nicht auf den Namen Potsdam befchränkt fei, ift mir »von einem Herrn beftätigt, der öfter nach Berlin und Spandau »gekommen ift. Ift fie auf Berlin und Umgegend befchränkt und »gilt fie für gut brandenburgifch, oder wie ift fie zu beurteilen?« — fo würde fich gewifs, und mit Recht, ein Sturm von Widerfpruch unter den Lefern diefes Blattes erheben. Und dennoch ift diefe Sache hier gerade fo, mutatis mutandis, von mir vorgeftellt, wie Herr D. es tut an oben angegebener Stelle.

Es ift einfach **nicht wahr**, dafs der Name Scheveningen von Niederländern als Sreveningen (Srêweningen) gefprochen wird. Diefe Ausfprache wird nie von einem Niederländer, weder im fraglichen noch in einem andern Wort, nie und nirgendwo, angewandt.

Freilich! das fch der Niederländer wird nicht auf deutfche Weife gefprochen, fondern natürlich auf Niederländifche Weife, die anders ift als die Deutfche; zu wiffen fo (um es den Deutfchen nahe zu legen) wie das fch, im Anfange eines Wortes, gefprochen wird im Münfterlande (weftliches Weftfalen). —

Abfichtlich habe ich hier »Brandenburgifch« ftatt »Deutfch« gefchrieben. Die Sprache der Niederlande als »Holländifch« zu bezeichnen ift gerade fo als ob man die Sprache von Deutfchland »Brandenburgifch« nennen würde. Holland ift nur ein Teil der Niederlande, nur eine Provinz, gefetzlich in zwei Provinzen, Nord- und Süd-Holland, gefchieden; genau fo, und mehr nicht, wie Brandenburg eine Provinz von Preufsen ift; und zwar die Provinz in welcher die Refidenz des Preufsifchen Königs, des Deutfchen Kaifers liegt, wie (Süd-)Holland die Provinz ift in welcher die Refidenz der Niederländifchen Königin liegt. Nichts mehr. Dafs unfer ganzes Königreich der Niederlande von den Deutfchen, unrichtiger Weife, Holland genannt wird, wird wohl franzöfifchem Einflufs zuzufchreiben fein, wie denn auch die Franzofen (als vorzügliche Land-, Völker- und Sprach-kundige — hm!) in der Regel von »la Hollande« und von »la langue hollandaife« reden und fchreiben, obgleich fie für das Königreich der Niederlande den richtigen Namen »les Pays-bas« in ihrer Sprache haben. Gerade fo machen es viele Deutfche; und Herr D. auch.

Es ift mir unbegreiflich, und gewifs allen Niederländern mit mir, wie man behaupten könne, dafs wir unfern Ortsnamen Scheveningen wie Sreveningen fprechen. Entweder, die Gewährsleute des Herrn D. müffen nicht hören können, oder — fie haben dem Herrn einfach etwas aufgebunden. Nochmals, wir fagen fo wenig Sreveningen, wie die Deutfchen etwa Kotsdam fagen.

Haarlem.   J o h a n W i n k l e r.

Die gegebene Auskunft, dafs in »Scheveningen« von den Niederländern fch nicht anders gefprochen wird als fonft, nämlich nur f-ch oder f̌, kann ich als Ausländer nur völlig beftätigen. Ich habe viel mit Niederländern verkehrt, habe Unterricht im Niederländifchen bei einem Eingebornen genommen, bin ein paar Mal im Lande und in Scheveningen felbft gewefen und habe dabei fcharf auf die Ausfprache gehorcht, aber niemals habe ich die im Kbl. XXVI, 85 behauptete Lautierung ʃr ftatt ʃch vernommen,

1*

fondern nur getrenntes f-ch, wie man es in Deutfchland von manchem
Nordweftdeutfchen noch hören kann ·und wie man in Niederdeutfchland
früher einmal allgemein gefprochen hat, ehe die Ausfprache wie hd. fch
oder engl. fh fich entwickelt hatte. Die Annahme, fr gehört zu haben,
mufs auf einem philologifch unausgebildeten Gehör beruhen. Bekanntlich
ift es nicht fo leicht, fremde Laute richtig aufzufaffen. Beifpiele zur
Beftätigung gibt es genug. Ich entfinne mich, dafs ein in Hamburg
lebender Engländer, als man ihm fagte, dafs Bufs- und Bettag gefeiert
würde, ein ihm unverftändliches Buk a Beka meinte vernommen zu haben.

Hamburg. C. Walther.

Hahnrei.

So viel fprachliches und kulturgefchichtliches Material auch von den
verfchiedenften Seiten zur Erklärung von Wort und Begriff beigebracht
worden ift (vgl. insbefondere Heyne im DWb., Kluge f. v., Dunger Germania 29, 58 f.), von einer völlig befriedigenden Erklärung kann, fo viel
ich fehe, noch nicht die Rede fein: am wenigften kann ich Kluge und Paul
zugeben, dafs die urfprüngliche Bedeutung 'Kapaun' feftftehe. Mir fcheint,
man mufs unbedingt mit Heyne daran fefthalten, dafs der zweite Teil mit
'reie chorea' zufammenhängt, alfo 'Tanz' oder, wie Heyne will, 'Tänzer'
bedeutet, wie denn das der Hahnrei 'Gallichoraea' in einer Komödie des
Herzogs Heinrich Julius deutlich ausfpricht. Die älteften Belege für Wort
und Bedeutung Hahnrei reichen ins 16. Jahrhundert zurück. Im 15. und
16. Jahrhundert aber hat der Hahnentanz in der gefelligen Unterhaltung
eine Rolle gefpielt: man vgl. in Kellers Faftnachtfpielen Bd. II S. 580 das
'Vasnachtfpil, der alt Hannentanz' (Nr. 67), S. 715, 'Der kurz Hannentanz'
(Nr. 89) und das Citat aus Geiler von Kaifersberg im DWb. 'ein abenttanz
oder fonft ein hanentanz'. Dafs der Ausdruck 'tanz' hier jederzeit mit
'reie' vertaufcht werden konnte, beweifen die Faftnachtfpiele, in denen beide
Wörter abwechfeln: wir können alfo neben den Hahnentanz getroft den
Hahnenreie oder Hahnrei einfetzen. Diefes Wetttanzen, bei dem als
Preis ein Hahn figurierte, mufs nun als Gefellfchaftsfpiel verfchiedene Wandlungen durchgemacht haben, die ich vorläufig nicht kenne; ich vermute,
dafs es dabei zeitweife eine Haupttour gab, wo dem Tänzer feine Partnerin
entführt wurde und diefer dann als 'Hahnrei' daftand.

Diefe Vermutung erfährt freilich zunächft keine Beftätigung durch
ein Lefefrüchtchen, das ich der Lektüre der 'Fabeln, Erzählungen und geiftlichen Lieder von G. F. Kegebein in Neuftrelitz' (v. J. 1792) verdanke —
unfere Lefer kennen den göttlichen Poeten alle aus Reuters 'Dörchläuchting'. Auf S. 119 fteht dort die 'Antwort an einen guten Freund auf eine
Abendinvitation', aus der ich die zweite und dritte Strophe mit leifer
Regelung der Interpunktion hier mitteile.

Lafs auch holde Schönen kommen,
Uncheniert und wohl benommen,
So dann fpiel'n wie forgenfrey
Mit den Damen Hauerey.

Küſſe ſey der Lohn im Siegen,
Wenn die Damen unterliegen,
Auf der Schönen rothen Mund.
Dieſes ſey dir hierdurch kund.

Vielleicht veranlaſst dieſer Hinweis die Mitteilung weiterer Zeugniſſe, aus denen ſich deutlicher ergibt, wie es bei dem 'Hahnrei-Spiel' zuging. Sicherlich hat es eine lange Geſchichte, und ſchon auf einer frühen Station muſs ſich die Bedeutung entwickelt haben, die uns heute die allen geläufige iſt.
Göttingen.   Edward Schröder.

Branddür und brandſalt.

Bei den ſog. verſtärkenden Zuſammenſetzungen wird bekanntlich nicht ſelten ein Verſtärkungswort, indem die eigentliche Bedeutung desſelben mehr oder weniger verblaſst, auch vor ſolchen Eigenſchaftswörtern verwendet, mit denen es begrifflich kaum noch in Verbindung zu bringen iſt. Dabei kann die urſprüngliche Zuſammenſetzung, von der die übrigen ausgegangen ſind, ganz zurücktreten oder verſchwinden. Ähnlich ſcheint das Verhältnis zwiſchen branddür, ſehr teuer, und brandſalt (-ſolt), ſehr ſalzig, zu ſein. Jenes iſt hier in Hamburg ſehr gebräuchlich; Woeſte führt es im Wb. der weſtf. Ma. S. 39 und in Frommanns Zſchr. V S. 58 und 63 an, ebenſo Tobler, die verſt. Zuſammenſetzungen etc. (ebenda S. 194: brand- und brennteuer). brandſalt dagegen, das man hier bisweilen ebenfalls hört und das offenbar das urſprünglichere iſt, habe ich bisher in keiner Sammlung gefunden. — Zu ſtark geſalzene oder gepfefferte Speiſen brennen auf der Zunge. Alſo muſs man brandſalt als eine vollkommen legitime Wortehe anſehen. Da wir nun bildlich auch von geſalzenen oder gepfefferten Preiſen reden (vgl. z. B. Woeſte Wb. S. 223: ſalterig I. ſalzig 2. teuer, und Schütze, Holſt. Id. III. 203 verpeepert dür), ſo lag nichts näher als die Verſtärkung brand- nun auch vor dür, teuer, zu gebrauchen. Woeſte, der brandſalt nicht zu kennen ſcheint, ſagt (Frommanns Zſchr. V, 63, 33) ziemlich undeutlich 'branddür iſt zu verſtchen wie ſalterig (ſalzig) = ſehr teuer'.[1]

Von ſinnloſen Auflöſungen verſtärkender Zuſammenſetzungen, die recht häufig vorkommen, gehört hierher der im DWb. II. 294 ohne Belege angeführte Ausdruck 'ſalzig wie ein Brand, d. h. brennend, beiſſend ſalzig', der ein brandſalzig ſicher vorausſetzen läſst. Ferner der von Woeſte Wb. S. 63 angeführte Vergleich 'ſo dür aſſe ſalt'. Das Salz iſt ja grade ſpottwohlfeil. Hier liegt wohl zu Grunde ein ſalt(en) dür, ähnlich dem holſteiniſchen verpeepert dür. Ein Muſterbeiſpiel dieſer Art iſt die Auflöſung von ſteinreich in der bei Klaus Groth verwendeten Redensart: he goll for rik as en ſteen.
Hamburg.   ·   Oscar Hauſchild.

---

[1] Eine merkwürdige Verſtärkung verbaler Begriffe durch 'Brand' iſt im Brem. Wb. VI (1869) S. 17 erwähnt. »Der gemeine Mann gebraucht das Wort ferner, um zu bezeichnen, dafs Etwas in hohem Maſse geſchicht. daar ſupt de Brand uut, es wird ſehr ſtark getrunken. daar lpt do Brand uut, von angeſtrengtem Laufe. daar ſchriggt de Brand uut, von heftigem Geſchrei und viel Ähnliches«. Von der zuletzt angeführten Redensart wird der Gebrauch ausgegangen ſein, aber die Conſtruktion iſt mir nicht klar.

Die Ausdrücke **branddûr** (fehr teuer, von Waarenpreifen) und **brandfolt** (fehr falzig, von Speifen) find auch mir als Hamburgifche Idiotismen bekannt. Eine andere Zufammenfetzung mit Brand, die ich aber nur einmal vor Jahren von einem alten Hamburger gehört habe, ift **brandfûl** im Sinne von fehr faul und träge. Heinrich Berghaus, Der Sprachfchatz der Saffen, Brandenburg 1880, I, 204 f. hat ferner aus der »Roftocker Mundart«, ohne Citat (ob aus Brinckman's Schriften entnommen?), »**brandbitter**, adj., aufserordentlich, übermäfsig; **brandniglich**, adj., ift derjenige, welcher fich nach allen Seiten fcharf bezw. fcheu umfchaute«. Brandbitter für den ftark bitteren Gefchmack von Speifen, metaphorifch für etwas fehr unangenehmes, meine ich auch in Hamburg gehört zu haben.

Hamburg.   C. Walther.

Schnapplange Tränen weinen.

Ich habe diefen Ausdruck noch in keiner Sammlung angetroffen. Er wird hier fcherzweife auch in guter Gefellfchaft gebraucht, ohne dafs man fich des Zufammenhangs mit fnap, fnop, Rotz bewufst zu fein fcheint. Zur Veranfchaulichung des appetitlichen Vorganges diene eine Stelle aus Chr. Reuters Schelmuffsky (Neudrucke) S. 34 Z. 15 f. 'drauffen fetzte ich mich auf diefelbe Wiefe .. und granffte (d. i. heulte) da wie ein klein Junge Rotz und Waffer'.

Hamburg.   Oscar Haufchild.

Die aus dem Hamburgifchen Hochdeutfch belegte Redensart ift natürlich dem noch ganz gewöhnlichen, von »heulenden« Kindern gebrauchten ndd. **fuapplange**, auch wohl **fnappenlange** Tranen weenen entnommen. **Snappfnût** wird ein Grünfchnabel genannt, auch **Rotzkęk'**, hd. Rotzfchnabel.   C. W.

Frünn' — Fremm'.

Ein oberflächlicher Kenner des Niederdeutfchen wird geneigt fein, das Wort Frünn' Freunde zu überfetzen, während das Volk den Freund wieder giebt mit der Hinzufügung von »gut«: en gude Fründ. Ohne diefe bedeutet das Wort Frünn' (meiftens in der Mehrzahl gebraucht) Verwandte (dänifch Frände). Dat fünd von unfe Frünn' i. e. es find von unfern Verwandten.

Das Gegenteil von »Frünn'« dürfte Fremm' fein, flacht fich aber gewöhnlich ab zu der Bedeutung „Befuch« und zwar meiftens von Bekannten und Verwandten. Man hört alfo: Wi weren darto Fremm', zum Befuch; dor kaamt Fremm'.

Lübeck.   J. Weiland.

Burjunge (XXVI, 77).

Denfelben Namen auf Dänifch hat man in Nordfchleswig für das genannte Gebäck: Bondedreng, welches aber nicht blofs zu Weihnachten zu haben ift, fondern täglich.

In Südfchleswig nennt man dasfelbe Grabe, dem das Wort »groff ═ grob« zu Grunde zu liegen fcheint.

Lübeck.   J. Weiland.

Dreibaffe (XXVI, 69).

Wenn ein Däne obiges Wort hört, fo klingt ihm dasfelbe fehr heimifch, da »baffe« fehr häufig angehängt wird als Flickwort ohne ein befonders ausgeprägte Bedeutung, es heifst eigentlich Eber, z. B. Spradebaffe = Stutzer, Grifebaffe = Schmutzpeter, Vrövlbaffe = Nörgler. Es ftammt daher vielleicht aus der dänifchen Seemannsfprache?

Lübeck.   J. Weiland.

Reterêrn.

Als ich in meiner engeren Heimat Eiderftedt fungierte, habe ich häufig im Volke das Wort »reterêrn« in der Bedeutung: fich helfen, gehört. Nachher in Nordfchleswig begegnete mir das Wort ebenfo häufig in derfelben Bedeutung. Es wird eine Corruption fein, aber meine Sprachkenntnis reicht nicht hin, das Wort zu erklären.

Lübeck.   J. Weiland.

Schuften (XXVI, 93).

Schuften, in Mittel- und Norddeutfchland viel verbreitet, namentlich in der Soldatenfprache zu Haufe, fcheint aus der gefunkenen Sprache des Rittertums zu ftammen, wo fchüften (mitteldeutfch auch mit kurzem u) das angeftrengte Galoppieren bezeichnet. Der Bedeutungswandel zu 'angeftrengt arbeiten' entfpricht ganz der Art und Weife, wie die Alltagsrede auch fonft Ausdrücke und Bilder aus jener Sphäre verwendet.

Berlin.   G. Roethe.

Bafelmanes (XXVI, 20. 62. 96).

Wegen des früheren Vorkommens des Wortes verweife ich noch auf folgende Stelle in Heinrich Kielmanns Komödie Tetzelocramia, 1617, B. 7[b]:

vatr Printz, ich wil mich in d' Poffn wol fchickn
mit bafelman, mit neign und bückn.
ich bin jo glerter alß ein fchwein,
deft' baß kan ich mich fchicken drein.

Halle a. S.   Ph. Strauch.

Am früheften verzeichnet ift wohl das Wort von Cornelius Kilianus Dufflaeus im Etymologicum Teutonicae Linguae, Antverpiae 1599, aber nicht unter den deutfchen Wörtern, fondern in der Appendix Peregrinarum Dictionum: bafelesmanos, ofcula manu reddita. Es ftammt ficher aus dem Spanifchen, wo yo befo las manos »ich küffe die Hände« und befamanos »Handkufs« bedeutet. Eigen ift das a ftatt e in der erften Silbe des übernommenen Wortes, als wenn man fich des Urfprunges aus den lateinifchen bafium, Kufs und bafiare, küffen bewufst gewefen wäre; es wird aber nur zufällige Übereinftimmung fein, indem man fich das Wort mundgerecht machte. Bemerkenswert ift die neuweftfälifche Form bafelmanes wegen der Beibehaltung der Endfilbe (wie in bafelesmanos bei Kilian, in bafelmanus bei Lauremberg und in dem von Schütze, Holftein. Idiotikon

I, 71 aus Hufum angeführten Bafelmans), um fo auffälliger, da dasfelbe Wort, vom deutfchen bafelen, bafen und Herman(n)us abgeleitet, eine ganz andere Bedeutung hat, wie Kbl. XXVI, 20 lehrt.
Hamburg.   C. Walther.

Nêgenfterke.

Auch die alten Volksgerichte fchwinden immer mehr! So wurde hier noch um 1850, nicht nur von armen Leuten, wie Schambach angiebt, fondern auch in refpektabelen Bürgerhäufern am grünen Donnerstage die Nègen-fterke gegeffen, ein aus folgenden Kräutern beftehendes Gemüfe: 1) Taube Neffel, 2) Spinat, 3) Körbel, 4) Pimpinelle, 5) Gefchel, 6) Sauerampfer, 7) Brauner Kohl, 8) Saudiftel, 9) Porree. Manche begnügten fich auch mit fieben Gewächfen, mit Bevorzugung des Grünkohls. Die übrigen waren: Spinat, Taube Neffel, Gefchel, Hopfen, Kümmel, Schorbock (f. Schambach u. fèbenfterke). Auch in der Altmark verzehrte man an diefem Tage nach Danneil S. 143 näg'nterlei Kôl, ein Gemüfe, das, wie der Name befagt, aus neunerlei Kräutern beftand. In meinem väterlichen Haufe in Quedlinburg wurde noch in den fechziger Jahren des vergangenen Jahr-hunderts darauf gehalten, dafs am Gründonnerstage Braunkohl auf dem Tifche erfchien. Den Ausdruck nègenfterke, fèbenfterke erklärte ein alter Bürger fo, dafs man glaubte, durch den Genufs diefes Gerichtes für das ganze folgende Jahr befonders gekräftigt zu werden. Diefelbe Deutung gibt auch Wuttke, Volksaberglaube § 85.
Northeim.   R. Sprenger †.

Küfters Kamp.

Diefer Ausdruck findet fich in Lokalnamen, z. B. bei Wernigerode am Harz. Die urfprüngliche Bedeutung ist dort vergeffen. Nach Scham-bach S. 96 wird der Kirchhof fo genannt, weil das darauf wachfende Gras, fowie der Ertrag der etwa darauf gepflanzten Obftbäume dem Küfter gehört. Die urfprüngliche Bedeutung hat fich erhalten in der Redensart: hei maut hâle nâ küfters kampe, er wird bald fterben.
Northeim.   R. Sprenger †.

Zur niederd. Volkslitteratur.

Sohnrey »Robinfon in der Lindenhütte« (Deutfche Heimat 1891 S. 335) fpricht von einem Erzähler, der auch die Gefchichte wufste von dem Gefellen, der gefagt hatte: »Butter und Käfe mag ich nicht, Meifter gich mir Wurft!« In meiner Jugend habe ich die Verfe gehört: »Brot und Käfe mag ich nicht, Meifter gich mir Wurft. Schweinebraten krieg' ich nicht und habe grofsen Durft!« Kennt jemand die Gefchichte, zu der fie gehören? Northeim.   R. Sprenger †.

döfen, de döfen, in'e döfen.

Was bedeutet döfen, de döfen (ö gedehnt)? Ift ein infelartiger Land-komplex zwifchen Lohe, Lieth und Hemmingftedt und auch eine Geeftinfel in der Niederung beim Steller Berg.
Wennemannswifch b. Wöhrden.   F. Frenzen.

In Kl. Groth's gefammelten Schriften III, Plattdeutfche Erzählungen:
Trina (Vertelln II) S. 134 heifst es: Torfmoor in'e Döfen und dazu die
Anmerk.: döfe = Moos, Moor. Der Flurname döfeu, de döfen, in'e döfeu
kommt mehrfach in Dithmarfchen vor. de döf find z. B. Landftücke im
Tiefland b. Feddringen. Man bezeichnet damit wohl ftets von Moor und
Moos aufgewachfene Stellen, die fich von der Umgebung durch ihre etwas
höhere Lage abheben.

Dahrenwurth b. Lunden.   Heinr. Carftens.

tâdel, tâl (XIV, 35. XV, 59. XIX, 86. XX, 15).

Das Gefchwür am Finger, genauer doch wohl das Gefchwür, das der
Volksmund für einen Wurm hält, nennt man in Dithmarfchen und Stapelholm: âdel, âd'l; nach Müllenhoff, Sagen, Märchen ufw. S. 515 auch fiek;
fonft in Dithm. im Allgemeinen dafür aigrund, ndfr. aisgrunn, aigrund
(nach Tamm, Frief. Spuren in Dithmarfcher Zeitfchr. der Gefellfch. für
Schlesw.-Holft.-Lanenb. Gefchichte 6. Bd. S. 72 ftammt die erfte Silbe von
einer Wurzel eg, ag, ftechen, prickeln [zu ais vgl. agf. egfa, mhd. egefe],
die 2. Silbe ift Corruption aus got., agf., ahd. gund, Eiter, Gefchwür).

Dahrenwurth b. Lunden.   Heinr. Carftens.

Altes Weib den Ars lecken (Jahrb. XXXI, 60).

Zu den angeführten beiden Beifpielen aus Stapelholm führe ich ergänzend an: Wer zum erftenmal nach Kiel kommt, mufs einem alten
Weihe, das am Eingange vor der Stadt fteht, den Ars lecken. In Dithmarfchen heifst es: Bei der Aubrücke vor Heide fteht ein fchwarzes Weib,
und wer zum erftenmale nach Heide will, mufs dasfelbe in den Ars lecken.
Was mag da hinter ftecken?

Dahrenwurth b. Lunden.   Heinr. Carftens.

Schaar bi Schaar (XXVI, 87),

wie man (nach Schütze, Holft. Id. III, 250) auch ftatt putje bi putje in
Ilolftein fagt oder fagte — es find ja feitdem wieder hundert Jahre vergangen — enthält m. E. die ältefte Bedeutung des Wortes Teil, Anteil
(vgl. Graff, ahd. Sprachfchatz 6, 528. 530 fcara, portio, fectio), die hier
und da in den Mundarten noch fortlebt. Im Englifchen (fhare) ift fie
bekanntlich die einzige geblieben, während im Hochdeutfchen fchar nur
noch als Haufe, turba, verftanden wird. fchar ift abzuleiten von fcheren
in der allgemeinen Bedeutung fchneiden. Die Schar (turba) ift alfo ein
Abfchnitt des Heeres, wie rotte, aus lat. rupta, ebenfalls eigentlich den
Bruchteil eines Heeres bezeichnet (vgl. Lexer, mhd. Wb. II, 505). Alles
Nötige über fchar in der alten Bedeutung findet man im Korrefpondenzbl.
XI, 8 u. 85, wo das Wort fcharwerken befprochen wird. Ich verweife nur
noch auf Stürenburgs oftfrief. Wb.: 'fcharen, Forderung und Gegenforderung
gegen einander aufgehen laffen, eigentlich wohl fo viel als teilen, fo dafs
jeder zu dem Seinigen kommt'. Dafs ›Schaar bi Schaar‹ Teil zu Teil
bedeutet, läfst fich auch fchon daraus vermuten, dafs wir in gleichen
Fällen von repartieren, Repartition zu fprechen pflegen.

Hamburg.   Oscar Haufchild.

Schar' mi en Pōx.

In der fleifsigen Sammlung »Volks- und Kinder-Spiele aus Schleswig-Holftein. Gefammelt und herausgegeben von Heinrich Handelmann. Zweite vermehrte Ausgabe. Kiel 1874« ift dem Verfaffer auf S. 94 bei der Befchreibung der Kugel- und Marmelfpiele ein eigentümliches Misverftändnis begegnet, wenn er Pöx für einen Ausdruck hält, mit dem auch wohl ftatt Lock oder Kühlken das Loch bezeichnet werde, nach dem mit den Spielkugeln gezielt wird; ein Misverftändnis, welches ich mir, als ich das las, nur daraus erklären konnte, dafs der verftorbene Profeffor Handelmann, obfchon gebürtiger Hamburger, in feiner Jugend nie das in feiner Vaterftadt bei Knaben fo beliebte Marmelfpiel geübt haben mufs. Sonft hätte er ficher gewufst, dafs Pöks eine Anzahl Kugeln (Löpers, Marmels) bedeutet, welche ein Spieler dem anderen giebt oder fetzt, damit diefer fie mit ebenfoviel feiner eigenen in einem Wurfe ins Spielloch zu bringen fuche. Noch verwunderlicher aber ift, dafs er fich für feine Behauptung auf Schütze's Holfteinifches Idiotikon beruft, denn Schütze weifs fonft über Kinderfpiele gut Befcheid. Ich fah am angeführten Orte (IV, 25) nach und fand dort folgenden Artikel: »fchar'n, fcharen fcharren, fchieben. Daher unfere Knaben, wenn fie Läufer zu fpielen d. i. Kügelchen in Erdlöcher zu fchieben anbieten: fchar' mi en Pöx. Schwäbifch fcharfeln.«

Mit fcharfeln, wenn es ein folches Wert in der fchwäbifchen Mundart giebt, hat fcharen gewifs nichts zu fchaffen. Das Grimm'fche Deutfche Wörterbuch kennt nur ein baierifch-öfterreichifches fchärfeln, fcherfeln, mit der Bedeutung »mit den Füfsen beim Gehen fchleifen, fcharren«. Aber auch Schütze's fcharren im Sinne von (die Kugeln) fchieben ift falfch. Ebenfo ift »anbieten« zum mindeften misverftändlich. Es ift eine Aufforderung desjenigen, der werfen foll oder will, an den Mitfpieler, nämlich ihm eine Anzahl Kugeln zum Wurf zu geben. Scharen kann nach der richtigen Erläuterung, die Dr. Haufchild über fchar gegeben, nur heifsen »mitteilen« oder an dem Wurf des Anderen fich durch Setzung von Marmeln »beteiligen«. Derjenige, dem gefetzt wird, fügt aus feinen eigenen Kugeln die gleiche Zahl hinzu und hat mit allem den Wurf nach dem Loch zu tun, nachdem man vorher übereingekommen, wer gewinnt, wenn effen (gerade Zahl, even number), und wer, wenn uneffen in die »Kuhle« fällt.

Jetzt gilt fetten ftatt fcharen. So heifst es in einer Gelegenheitsdichtung des 1871 verftorbenen Dr. med. E. Cordes, aus der Dr. J. Heckfcher in den Mitteilungen des Vereins für Hamburg. Gefchichte Bd. VI S. 496 f. Auszüge abdrucken liefs: »Ja, fett mi 'n Pöks, fo hat er oft (als Knabe) gerufen, Bafche (ein weifser Marmel mit bunten Adern) gelt (gilt) twee, in heiffer Marmelfchlacht.« Doch hat mir ein früherer Hamburger Schuldirektor Herr Robert Meisner kürzlich erzählt, dafs er noch in den vierziger Jahren des vorigen Jahrhunderts gehört habe: fchaarft du mi en Pöks? und gleichbedeutend: fettft du mi en Pümmel? aber nie: fettft du mi en Pöks oder fchaarft du mi en Pümmel. Danach fcheinen fetten und Pümmel jüngere Ausdrücke zu fein. Freilich kannte mein im Jahre 1804 geborener Vater aus feiner Jugendzeit fchon fowohl en Pöks fetten, wie en Pümmel fetten; nach fcharen, das ich nie gehört hatte, habe ich ihn nicht gefragt. Jedoch verdanke ich ihm die Auskunft, dafs zu feiner Zeit Pöks nur von einem »Satz« zweier Kugeln gebraucht wurde, während in meiner Jugend Pöks jeden Satz ohne Rückficht auf die Zahl bedeutete, ganz wie Pümmel, was mein Bruder beftätigte. Karl Koppmann kannte auch doon (tun) für fetten, befonders in dem Scherzreime: fi en Lümmel un doo mi en Pümmel.

Pöks — mit langem offenem ö oder æ gefprochen — wird aus älterem Pokes mit kurzem Stammvokal entftanden fein.. Dasfelbe Wort Pöks bedeutet fonft bei uns einen kleinen Kerl und wird befonders fcherzhaft von kleinen Kindern gefagt. Nebenform ift Purx. In Bremen heifst ein fettes Schwein Packs; Brem. Wb. 5, 436. Pummel — aber nicht Pümmel, dagegen diminut. Pümmelken — ift gleichfalls ein Kofewort für ein kleines Kind, zumal wenn es »gut bei Schick«, d. h. dick und wohlgenährt ift, aufserdem wird es von kurzen, dicken Bröten und Stücken Brotes gefagt. Obfchon Pummel und Pümmel unterfchieden werden, wird doch nur Bedeutungsdifferenzierung desfelben Wortes vorliegen, wie auch Pöks der Marmelfatz identifch fein wird mit dem Ausdruck für einen Menfchen. Als Grundbedeutung beider Ausdrücke Pöks und Pummel, Pümmel wäre etwa kurzes Ende oder Stück = Kleinigkeit, Bagatelle anzufetzen.

Hamburg.   C. Walther.

De polterpaffie fpelen (XXVI, 48).

Für die Redensart »de polterpaffie fpelen« ift die nachgewiefene Stelle aus einem Buche vom Jahre 1723 als fpäter Beleg allerdings merkwürdig. Das Wort »polterpaffie« hat fich aber, nur am Ende verkürzt, noch länger erhalten. Schon Lübben im Mudd. Wb. III, 361 und danach Lexer im Grimm'fchen Hd. Wb. VII, 1993 haben, gewifs mit Recht, den meklenburgifch-pommerfchen Ausdruck pulterpafs für die jüngere Form erkannt. Dähnert, Wb. der Pommerfchen und Rügifchen Mundart (1781) verzeichnet Pulterpafs = ein unverfehener Lärm und Geräufch. Fritz Reuter hat das Wort wieder litterarifch verwendet in »De Reif' nah Belligen« (1855) Cap. 9: oll Nahwe (Nachbar) Witt füht (ficht) ok den Pultepas, nämlich dafs die Pferde durchgegangen find und der Küfter Suhr vom Wagen in einen Graben geftürzt ift. Reuter überfetzt in einer Anmerkung »Fall, Sturz«. Etwas anders gibt Mi (d. i. F. G. Sibeth) in feinem Wörterbuch der Mecklenburgifch-Vorpommerfchen Mundart (1876) die Bedeutung, als »Fall, Sturz mit Geräufch, unangenehmer Vorfall«, ohne Zweifel genauer und der urfprünglichen Bedeutung des Wortes entfprechender; denn der Zufammenfetzung liegen zu grunde »poltern« und das mudd. die »paffie« = Paffion im Sinne von Marter.

Auch aus Oftpreufsen läfst fich die Redensart noch im 17. Jahrhundert in litterarifcher Verwendung nachweifen. In dem Zwifchenfpiel »Der Gartbruder (der verabfchiedete Soldat, der fich bettelnd und ftehlend im Lande herumtreibt) vor dem Dorfrichter«, welches von J. Bolte, Drei Königsberger Zwifchenfpiele aus dem Jahre 1644, in der Altpreufsifchen Monatsfchrift Bd. XXVII (1890) S. 111 ff. herausgegeben ift, wird der »Landsknecht« als »Buurplager« und vielfacher Hühner- und Günfedieb von den Bauern verurteilt, Dat he erfleck uth unfem Dorfffchaft fol gehetzt warden mit allen Buurhungen (Bauerbunden), Darna follen em twee Neefen on (und) 5 Ohren warden affgefchneden, Un wo nich von ener bogen Perfon ver (für) den Dew ward gebeeden, Sall em de Hingerſte vor den Koop warden gelecht; Darna wollen wy en laten lopen: dat es dyn Ordel, wy recht es van Recht. Als er gegen dieſen Urteilsſpruch proteſtiert, antwortet ihm ein Bauer: Sibl ſo, du Mufskop, mot man met ju den Polterpaſs ſpeelen. Alſo damals ſchon war paſſie zu paſs verkürzt und das Wort zum Masculin geworden. Bolte erklärt, wie das Mndd. Wb., die Redensart »den Pulterpaſs oder die Polterpaſſie ſpelen mit einem« durch »ihn durchprügeln« und vergleicht zu »polter-« paſſend das Compoſitum »rumpelmette«, die Poltermette, die im Mittelalter in den erſten Tagen der Karwoche dem Judas Iſcharioth zur Schmach begangen wurde.

Die Wortbildung polterpaſſie kann nicht über das 16. Jahrhundert zurückreichen, weil poltern nicht mittelniederdeutſch iſt, ſondern das entſprechende mndd. Wort bulderen oder holderen lautete. Pultern, poltern führen freilich als gut niederdeutſch auf, ſo ſchon das Bremiſche Wb., Dähnert, Schütze. Allein es iſt ein gegen Ausgang des Mittelalters eingebürgertes Fremdwort. Der frühſte Beleg betrifft nicht das Verbum, ſondern ein davon abgeleitetes Subſtantiv polterie (im Sinne von Tumult, Aufruhr?), welches das Mndd. Wb. VI, 236 bringt aus dem Lübeck. Ub. V S. 632: unſe here (Kaiſer Siegmund) heft uns dar umme uthgezand, dat wy ſchullen bringhen wedder Lubeke in eren olden ſtaed (Zuſtand) unde herlicheit, dat ze van ſulker partye (Parteiung) unde polterye nicht gheerghert (verderbt) werde. Dieſer Paſſus iſt aus einer Kundgebung der kaiſerlichen Abgeſandten, des Ritters Jakob von Zedlitz und des Baſeler Domherren und kaiſerlichen Sekretärs Joſt Roth, aus dem Jahre 1416 bei Gelegenheit der Verhandlungen über die Wiedereinſetzung des alten Rates. Der Ausdruck rührt alſo von ihnen her und iſt in der ndd. Übertragung ihrer Antwort nur beibehalten worden. Das Verb poltern habe ich zuerſt gefunden in dem von mir in der Vorrede zum Mndd. Handwörterbuche angeführten deutſchlateiniſchen Vocabular des 15. Jahrhunderts, und zwar neben bulderen. Bulderen wird erklärt durch »susurrare, ſtrepere, ſtrepitum facere«; dagegen poltern durch das deutſche ſcharren, das an ſeiner alphabetiſchen Stelle durch »vertere, avacuare« gloſſiert wird. Für avacuare iſt wohl evacuare zu leſen, für vertere vielleicht verrere. Ich weiſs eine Bedeutung, die ſowohl für »ſcharren« wie für »poltern« paſſen könnte, aus den beiden lateiniſchen Gloſſen nicht zu entnehmen. Jedenfalls ergibt ſich aber, daſs dem Gloſſator poltern nicht für bloſse Nebenform von bulderen galt, ſondern daſs er beide unterſchied. Ganz den modernen Sinn hat poltern in der Stelle eines Berichtes über die Münſterſchen Wiedertäufer-Unruhen aus dem Jahre 1535, der einer gleichzeitigen Hamburgiſchen Chronik eingefügt iſt: ſe hebben ſe mit dem ſtole, wan ſe ſeten, umme geſtot, dat ſe polter[d]en; Lappenberg, Hamburg. Chroniken in ndſächſ. Sprache S. 72. Die bis 1560 reichende Stralſundiſche Chronik des Joh. Berchman, hrsg. von Mohnike und Zober, nennt zum J. 1539 (S. 61) einen Stralſunder Ratman Andreas Poltrian, während derſelbe Chroniſt zum J. 1542 (S. 72) für den Namen des Kruges oder der Herberge der Böttcher die entſprechende ndd. Form beibehält: ere hufs, dat ſe den Bulderian heten. Das ſind bis zur Mitte des 16. Jhdts. die Stellen alle, an welchen ich poltern mit Ableitungen nachzuweiſen vermag.

Das Wort poltern ift dem Niederdeutfchen aus dem Hochdeutfchen zugeführt worden; der Ausdruck polterpaffie dagegen läfst fich aus dem Hochdeutfchen nicht belegen, er mufs alfo auf nddm Sprachgebiet gefchaffen fein. Sein Urfprung mufs in die vorreformatorifche Zeit fallen, da man Paffionsfpiele aufzuführen pflegte; jedoch wobl nicht früher, als in das 15. Jhdt., weil damals diefe Aufführungen erft allgemein und volkstümlich wurden. Solche Darftellungen der Leidensgefchichte Chrifti haben zunächft Anlafs gegeben zur Bildung der Redensart de paffie fpelen mit enem für »jemand martern, durch Martern töten«. Das Mndd. Wb. belegt fie zweimal; zufrühft aus der fog. Hetlingfchen Weltchronik, die von dem um 1520 geftorbenen Braunfchweiger Hermen Bote gefchrieben und wahrfcheinlich auch verfafst ift*): do leten fe to dem (gefangenen) bifchop veer vulle, unfinnige kerels gan, de fpelden myt öme de paffion [l. paffien?] mit enem grindel (Riegel), de vor eyne[r] döre ftickt, dat he den geyft upgaff; Cafpar Abel, Sammlung etlicher noch nicht gedruckten alten Chroniken (1732) S. 181. Der zweite Beleg findet fich in Daniel's von Soeft Ein gemeine bicht oder bekennung der predicanten to Soeft, befchreven im jar 1534, hrsg. v. Franz Joftes, S. 168 Z. 1760: fe wolden de paffi mit em hebben gefpelt.

Die Unterfcheidung einer befonderen Art von Marter durch ein vorgefetztes Beftimmungswort als Polterpaffie mufs geraume Zeit jünger fein als jene fprichwörtliche Verwendung des einfachen paffie: fie kann erft aufgekommen fein, nachdem jene allgemein gebräuchlich geworden war. Wie beide Redensarten in ihrer Anwendung unterfchieden wurden, lehrt eine Stelle bei Nicolaus Gryfe, Spegel des Antichriftifchen Paweftdoms und Lutherifchen Chriftendoms (Roftock 1593) fol. Lj*): ehr fe er tyrannifche gemöte unde geblöte gekölet, en dat Cantate gelecht und up dat vell nicht alleine gekloppet unde de peltzer [-] edder polter [-] paffie mit en gefpelet, fonderen ghar gedödet hebben. Letzteres ift, wenn es unter Martern gefchieht, de paffie, erfteres bedeutet hingegen die Mifshandlung, durch die keine Tötung beabfichtigt wird.

Gryfe lehrt uns aber noch eins, was für die Gefchichte des Ausdruckes pulterpaffie richtig ift. Er fetzt ihn der peltzerpaffie gleich und zwar fo, dafs peltzerpaffie als der ältere Ausdruck erfcheint, zu deffen Verftändlichung er den zu feiner Zeit gebräuchlichen beifügt. Als Schiller und Lübben im Mndd. Wb. III, 361 den Artikel »polterpaffie« verfafsten, ftand ihnen noch kein weiterer Beleg für »peltzerpaffie« zu Gebote, als die Stelle aus Gryfe. Seitdem find zwei weitere Belege bekannt geworden, die das gefolgerte Zeitverhältnis zwifchen peltzerpaffie und polterpaffie beftätigen.

Der geflüchtete Soefter Domherr Jasper van der Borch hatte 1533 von dem proteftantifchen Superintendenten Jan de Bruyn, der aus Flandern gebürtig war, die Aufforderung bekommen, zurückzukehren, um den Gottesdienft zu verfehen oder mit ihm über die alte und neue Lehre zu disputieren. Van der Borch meint aber, indem er an die Ausfchreitungen des Volkes gegen die katholifchen Geiftlichen, an die Spolierung feines eigenen Hofes und andere Gewalttaten erinnert, in einem Briefe an den Droft W. van Raid: des Vlemynges loefe, duvelfche ingevynge meynt, fy fullen de pelferpaffie dair myt my fpelen; Joftes, Daniel von Soeft S. 375.

*) Vgl. Hänfelmann, Braunfchweigifche Chroniken Bd. II (Deutfche Städtechroniken Bd. XVI), 286. 288. 563—566.

Ein zweites Beifpiel bietet die Hiftorie van Her Johan Bantzkowen unde Her Hinrik van Haren, wo fe [1427 in Wismar] enthovet fint, hrsg. von F. Techen in den Jahrbüchern des Vereins für Meklenburgifche Gefchichte Bd. LV, 1—138. In diefer Hiftorie wird erzählt (S. 121), dafs nach der Hinrichtung jener beiden Ratmänner die Aufrührer die Stadttore mit vielen Leuten bei Tag und Nacht bewahrten: hadde erer ein van dem Rade, de fe ménden, dar ute gan, varen ofte reden, den wolden fe up der wikenfchop (bei der Entweichung) anegrepen hebben unde de pylterpaffe ok mit em gefpelet bebben, alfe mit den beiden anderen. Weshalb der Herausgeber die Lesart »pylterpaffe« der Lübekifchen Handfchrift aus der Mitte des 16. Jhdts. gewählt hat, glaube ich mir erklären zu können: es werden ihn dazu die fpäteren Formen polterpaffie und pulterpaff(e) bewogen haben. Die beiden älteften und in Meklenburg felbft, wo die Hiftorie im 15. Jahrhundert verfafst ift, gefchriebenen Handfchriften geben: peltzerpaffiien A vom J. 1535 und peltzerpaffie B. vom J. 1544, und diefe letztere Lesart finden wir auch in der jüngeren Handfchrift G. Ich möchte die Form peltzerpaffien für die urfprüngliche halten. Der Vergleich einer recht fchlimmen Mifshandlung von Menfchen mit der Behandlung, durch die das rohe Tierfell zu einem tragbaren Kleidungsftück zugerichtet wird, beruht auf genauer und nachdenklicher Beobachtung der Kürfchnertechnik, welche durch Schlagen und Klopfen, Beizen und Schaben, Treten und Stampfen das Fell gefüge macht. Diefe Manipulationen als Bild für gleich barbarifches Umgehn mit einem Menfchen zu faffen, indem man das als 'pelferpaffie fpelen' bezeichnete, erfcheint treffend. Durch die neue Form »Polterpaffie« ward die Anfchaulichkeit im Ausdruck aufgegeben gegen die Hervorhebung des Lärmes und Tumultes. Aus der angeführten Stelle Gryfe's darf man fchliefsen, dafs diefe Umbildung des Wortes unter dem Einflufs des aus dem Hochdeutfchen entnommenen »poltern« erft im Laufe des 16. Jahrhunderts erfolgt ift.

Eine andere Möglichkeit der Entwickelung will ich angefichts des »pilterpaffie« nicht unerörtert laffen. Woefte verzeichnet im Weftfälifchen Wörterbuch ein piltern = peinigen, quälen, welches auch H. Köppen im Verzeichnis der Dortmunder Idiotismen gibt. Der Ableitung ift Woefte ungewifs; er hat an ein tiltern gedacht, dem engl. to tilt entfpräche, und an foltern aus poledrus. Näher liegt doch das hd. pelzen = fchinden, prügeln (f. Lexer in Grimm's Deutfch. Wb.) Pelter, pilter als »Pelz-händler« bringt das Mudd. Wb. aus drei mittelalterlichen Quellen von Kiel, Paderborn und Liefland. Diefes Wort entfpricht dem frz. pelletier, älterem ndl. peltier, das fich im Flämifchen noch jetzt auch für »Pelzwerker« findet (f. de Bo, Weftvlaamfch Idioticon). Sollten pilteren und auch pilterpaffie auf dies Synonym von dem gewöhnlicheren Worte pelfer, pilfer zurückgehn, dann wäre polterpaffie nicht aus pelfer-, peltzerpaffie, fondern aus dem fynonymen pelter-, pilterpaffie entftellt.

Hamburg.   C. Walther.

Hûslôk (XVII, 86).

Als ich jüngst einige frühere Jahrgänge des Korrefpondenzblattes zu einem beftimmten Zwecke durchging, fiel mir XVII, 86 eine Behauptung von Dr. Ernft H. L. Kraufe auf, dafs nämlich hûslôk kein eigentlich

niederdeutſcher Name, ſondern aus dem hochdeutſchen Hauslauch überſetzt ſei. Die ſo beſtimmt ausgeſprochene Behauptung hätte bewieſen oder
doch wahrſcheinlich gemacht werden müſſen. Warum ſoll die Bezeichnung,
welche auch im ndl. huislook, engl. houſeleek, ſchwed. huslök, dän. huusløg
beſteht, vom Hd. herſtammen? weil es altſächſ., angelſächſ., anord. nicht
überliefert iſt? Befremdlich iſt das bei der Menge und Reichhaltigkeit der
überlieferten Vokabulare nur für das Angelſächſiſche. Aber dasſelbe iſt
der Fall beim Ahd.; auch hier mangelt das Wort wenigſtens in Graff's
Ahd. Sprachſchatz, der ſtatt deſſen nur hûswurz (ſemperviva, Jovis barba)
bringt. Grade dieſe Zuſammenſetzung ſcheint der eigentlich ober- und
mitteldeutſche Ausdruck zu ſein. So hat ihn z. B. das Gloſſarium Franco-
furtenſe für barba Jovis; ſ. Weigand in Haupt's Ztſchr. 1, 306. Huswurz
haben ferner Konrad von Megenberg im Buch der Natur und Heinrich
Mynſinger im Tractat von den Falken, Pferden und Hunden; ſ. Lexer
Mhd. Wb. In ſpäterer Zeit findet er ſich bei dem Straſsburger Heinrich
von Braunſchweig, dem Nürnberger Serranus, dem Zürcher Maaler, dem
Frankfurter Böckler; ſ. Grimm's Dtſch. Wb. Jacob Grimm, Holtzmann,
Simrock in ihren Darſtellungen der deutſchen Mythologie bedienen ſich
gleichfalls bei Beſprechung der Pflanze barba Jovis allein des Ausdruckes
Hauswurz. Der Baier J. Leonhard Friſch im Teutſch-Lateiniſchen Wörterbuch (1741) hat blofs einen Artikel Haus-Wurtz, unter dem er Hauslauch nebenbei anführt. Gleichfalls habe ich in den neueren ober- und
mitteldeutſchen Idiotiken, ſoviel mir davon zugänglich waren, nur Hauswurz und kein Hauslauch gefunden.

Wenn danach nun auch kein Zweifel ſein kann, dafs hûswurz die
eigentlich hd. Bildung iſt, die auch einzig in der Litteratur zur Verwendung zu kommen ſcheint, ſo liegt die Sache doch anders in den Gloſſaren
und Vocabularen, aus denen Diefenbach in ſeinen Wörterbüchern Gloſſarium
1857 in 4⁰ und Novum Gloſſ. 1867 in 8⁰ Auszüge geſammelt hat. Freilich
überwiegt ebenfalls (ſ. barba Jovis, ſempervivum, polypodium) für das Ober-
und Mitteldeutſche die Gloſſierung durch hûs-, hans-wurz, -wurcz, aber
daneben oder allein haben mehrere Vocabulare huslouch, -lauch, -loch.
Diefenbach gibt nicht immer an, woher er die Belege genommen hat. Wo
er das aber tut, ſind die Quellen meiſt jüngere, die auch ſonſt mehr oder
weniger ndd. Formen oder ndd. Wörter bringen oder wenigſtens nicht
oberdeutſch, ſondern mitteldeutſch ſind. Manche Gloſſaro haben nach der
gewöhnlichen mittelalterlichen Weiſe hd. und ndd. Vorlagen ohne Unterſchied benutzt; ſo hat beſonders der 1482 zu Nürnberg durch Conrad
Zeninger gedruckte Vocabularius theutonicus (Nr. 74), der husloch bringt,
dieſes Verfahren geübt; ſ. darüber Diefenbach, Gloſſ. (1857) S. XVIII. Am
meiſten Gewicht für hd. hûslouch ſcheinen mir noch die im Mhd. Wb. aus
den Sumerlaten 54,68 und 58,60 huslouch barba Jovis und ſemper viva
zu haben. So lange aber das Wort nicht aus ·mhd. botaniſchen und
mediziniſchen Büchern belegt iſt, läfst ſich nicht behaupten, dafs Niederdeutſche, Niederländer, Engländer und Skandinaven den Ausdruck dem
Hd. entlehnt und überſetzend nachgebildet haben. Eher möchten die
beiden letzteren Völker das Wort den Niederdeutſchen oder den Niederländern verdanken, bei denen es recht heimiſch erſcheint.

Aus Gloſſaren belegt das Mndd. Wb. einmal huslok für barba Jovis

(Vocabular des Eimbekers Diderik Engelhus aus dem J. 1445) und einmal huswort für polipodium, barba Jovis (Kieler Vocabular des Itzehoers Lambert Swarte aus d. J. 1419). Letzteres Wort läfst fich im Ndd. nicht weiter belegen; dagegen findet fich huslok öfter und erheblich früher als 1445. Das in Colmar bewahrte ndd. Pflanzengloffar aus dem 14. Jhdt., welches von M. Cleemann in Zacher und Höpfner's Zeitfcbrift für Deutfche Philologie IX, 196 ff. veröffentlicht ift, bietet husloch für barba Jovis S. 177, 100; für cape .. themon S. 200, 168; (vel fingrone) für femperviva S. 208, 656. Für barba Jovis verzeichnet Diefenbach hueslock aus verfchiedenen Gloffaren, zum teil fchon des 14. Jhdts, chenfo für fempervivum; aus Junius' Nomenclator huuysloock für fedum majus, was Kilianus Dufflaeus wiederholt, der es ausdrücklich als fächfifch, ficambrifch und holländifch bezeichnet und als Synonym donderbaerd angibt; buyslock fei es genannt, quod fuper tecta crescat et folia porri fimilia habeat. Ferner hat Diefenbach ndd. huslok für polypodium, für barba Jovis bringt das Wort des·Mndd. Wb. aus dem Vocabular des Died. Engelbus, für mulgus Diefenbach im Gloffarium novum aus einem niederfächf. Gloffar des 15. Jhdts, für fporima allerdings in der hd. huslauch aus einem andern ndf. Gl. desfelben Jahrhunderts. Ebenfo fteht es um die Arznei- und Kräuterbücher; fo das von Gallée im Ndd. Jahrbuch XV veröffentlichte von ca. 1400 (S. 116 142. 146), das Gothaer Arzneibuch (f. Regel's Programme über dasfelbe), den Gharden der Suntheit von 1492. Für die neuere Sprache vgl. Schiller's Thier- und Kräuterbuch II, 25. Überall erfcheint huslok als der gemeinfte ndd. Ausdruck, feltener donnerlok und donnerbard, aber nirgends huswort, als in jenem Kieler Gloffar. Huslok ift alfo nicht für Überfetzung des hd. husloch zu halten.

Hamburg.   C. Walther.

Notizen und Anzeigen.

Beitragszahlungen find an unfern Kaffenführer Herrn Joh: E. Rabe, Hamburg 1, gr. Reichenftrafse 11, zu leiften.

Veränᵉngen der Adreffen find gefälligft dem genannten Herrn Kaffenführer zu melden. d ru

Beiträge, welche fürs Jahrbuch beftimmt find, belieben die Verfaffer an das Mitglied des Redactions-Ausfchuffes, Prof. Dr. W. Seelmann, Charlottenburg, Peftalozziftrafse 103, einzufchicken.

Zufendungen fürs Korrefpondenzblatt bitten wir an Dr. C. Walther, Hamburg 24, Uhlandftrafse 59, zu richten.

Bemerkungen und Klagen, welche fich auf Verfand und Empfang des Korrefpondenzblattes beziehen, bittet der Vorftand direct der Expedition, »Diedrich Soltau's Verlag und Buchdruckerei« in Norden, Oftfriesland, zu übermachen.

Redigiert von Dr. C. Walther in Hamburg.
Druck von Diedr. Soltau in Norden.

Ausgegeben: Mai 1906.

Jahrg. 1906. Hamburg. Heft XXVII. № 2.

Korreſpondenzblatt

des Vereins
für niederdeutſche Sprachforſchung.

I. Kundgebungen des Vorſtandes.

1. Mitgliederstand.

Neue Mitglieder:
    Herr ſtud. germ. R. Stammerjohann, Kiel;
    Herr Prof. Dr. Fr. Violet, Berlin; und
    der Plattdeutſche Verein für Roſtock und Umgegend, an-
        gemeldet durch den Vorſitzenden Herrn Wilh. Schmidt
        Roſtock.
Veränderte Adreſſen der Herren:
    Prof. Dr. A. E. Berger, jetzt Darmſtadt,
    Dr. ph. B. Crome, jetzt Dransfeld b. Göttingen,
    Gymnaſialdirektor Dr. O. Lücke, jetzt Hannover-Linden,
    Lehrer a. D. Th. Reiche, jetzt Bad Harzburg.

2. Abrechnung über den Jahrgang 1905.

Einnahme.

320 Mitgliederbeiträge	Mk. 1601.—	
Überſchüſſe aus den Publikationen		
a) Jahrbuch und Korreſpondenzblatt . . Mk. 250.49		
b) Denkmäler, Wörterbücher, Drucke und		
Forſchungen . . . . „ 93.04		
	343.53	
Für verkaufte Exemplare von J. ten Doorn-		
kaat Koolman's Wörterbuch . . . . „	60.—	
Dem Sparkaſſenbuch entnommen . . . . „	78.14	
	Mk. 2082.67	

(Zinſen der Sparkaſſe ſiehe unten.)

Ausgabe.

Verſand des Jahrbuches XXIX und Honorar für Jahrbuch XXX	Mk. 1196.15	
Druck und Verſand des Korreſpondenzblattes Heft 25 Nr. 1—6		
und Heft 26 Nr. 1—2 . . . . „	720.20	
Verſchiedene Druckſachen, Auslagen des Vorſtandes und Aus-		
lagen der Kaſſenführung . . . . „	166.32	
	Mk. 2082.67	

Das Guthaben des Vereins bei der neuen Sparkaſſe in Hamburg
auf Buch 55083 betrug laut letzter Abrechnung . . . Mk. 7212.99
Gutgeſchriebene Zinſen Juni 1905 . . . . „ 216.47

Mk. 7419.46
Entnommen wie oben . . . . „ 78.14

Gegenwärtiges Guthaben Mk. 7341.32

Hamburg, 23. Mai 1906. Johs. E. Rabe,
derzeit kaſſenführendes Verſtandsmitglied.

Mit den Belegen verglichen und richtig befunden.

Lucas Gräfe.

3. Abrechnung der Theobald-Stiftung für 1905.

Einnahme.

Saldo der Sparkaſſe . . . . Mk. 703.11
Kaſſenſaldo . . . . „ 2.73
Zinſen der Staatspapiere . . . . „ 175.—
„ der Sparkaſſe . . . . „ 22.57

Mk. 903.41

Ausgabe.

Bücher und Zeitſchriften . . . . Mk. 12.90
Abſchlagszahlungen auf Vorſchüſſe aus 1903 . . . . . . „ 80.—

Mk. 92.90
Saldo der Sparkaſſe . . . . „ 769.43
Kaſſenſaldo . . . . „ 41.08

Mk. 903.41

Einen ſehr erfreulichen Zuwachs erhielt der Beſitz der Theobald-
Stiftung inzwiſchen durch ein von Herrn Johs. E. Rabe ihr übergebenes
Sparkaſſenbuch der ehemaligen Germaniſtiſchen Sektion des Vereins für
Kunſt und Wiſſenſchaft in Hamburg, lautend auf Mk. 425.64. Das Ver-
mögen der Stiftung beläuft ſich daher jetzt (März 1906) auf Mk. 5000
Hamburgiſcher Staatsrente und ein Guthaben von Mk. 1277.35 bei der
Hamburger Sparkaſſe. Die Abrechnung wird dieſe Vermehrung erſt im
nächſten Jahre aufweiſen.

Hamburg, den 23. März 1906.

Joh. Stübe. Alex. Niſſen. H. J. Jäniſch, Dr.
z Zeit Reviſoren. Kaſſenführer.

II. Mitteilungen aus dem Mitgliederkreiſe.

Sparenberg = Sperlingsberg?

Zu der bekannten Stelle Matth. 10, 29: Kauft man nicht zween
Sperlinge um einen Pfennig? findet ſich in einem lateiniſchen Evangeliarium
des 9.—10. Jahrhunderts über dem Worte paſſeres die Gloſſe: hliuningos.[1])
Dies iſt der älteſte Beleg für den echt niederſächſiſchen Namen des Sperlings.
Mittelniederdeutſch, alſo im Niederdeutſch des 13.—16. Jahrhunderts,

begegnet er fehr oft in der Form luninc; z. B. heifst die obige Stelle in einer Evangelienharmonie, die die Bibliothek der Altftädter Kirche zu Bielefeld befitzt: wo ėnkofte men nicht twe lünynge umme einen fcherff? So herrfcht auch heute noch im eigentlichen Niederfachfen lüning mit feinen Nebenformen lünk, lüling und wie fie heifsen mögen: lüning, lünk oder verwandte Formen werden bezeugt aus dem Münfterland, dem Ravensbergifchen, dem Lippifchen, Oldenburg, Bremen, Altmark, Holftein, Hamburg, Lübeck, Mecklenburg, luiling aus der Graffchaft Mark und aus Waldeck.[¹])

Am Rhein bis in die Niederlande finden fich dafür möfch, müfche und äbuliche Bildungen, bezeichnender Weife auch bei den Siebenbürger Sachfen, die ja aus der Rheingegend ftammen.[²]) Im allgemeinen find die Geltungsgebiete von lüning und möfch ftreng gefchieden, in der Art, dafs z. B. in Elberfeld und Unterbarmen möfche, in Oberbarmen hüling (wohl verdruckt für lüling) gilt.[⁴]) Aber an einzelnen Stellen finden fich auch die zwei Formen neben einander, fo in Lübeck[⁵]) und im Ravensbergifchen; in letzterer Gegend foll allerdings die eine nur in der Wendung vorkommen: he häd möfche nuuer der käpp (Mütze)[⁶]). Am Niederrhein begegnet mufche fchon im Mittelalter; auch im grofsen Mittelniederdeutfchen Wörterbuch von Schiller-Lübben 3, 139 b wird es aufgeführt, aber die beiden Belegftellen ftammen aus Quellen, die vom Niederländifchen beeinflufst fcheinen.

Der hochdeutfche Name des Vogels begegnet als fparling mehrfach im oftelbifchen Niederdeutfchland: in Mecklenburg-Strelitz[⁷]), in Pommern und Pommerellen[⁸]), in Natangen (Oftpreufsen)[⁹]); links der Elbe in Göttingen—Grubenhagen[¹⁰]). Wenn Lübben u. Walther im Mittelniederdeutfchen Handwörterbuch die Formen fparlinc und fperlinc anführen, fo ift das bei dem Mangel an Belegftellen kein ficherer Beweis, dafs diefe Formen im eigentlichen Niederfachfen einft volkstümlich waren.

Sperling und fpatz find Weiterbildungen zu althochdeutfch fparo, mittelhochdeutfch fparwe, fpare, fpar; niederdeutfch find letztere Stämme aufserhalb zufammengefetzter Wörter weder im Mittelalter noch in der Neuzeit belegt.

Mit ›fpar‹ find wir denn endlich bei unferm eigentlichen Thema angekommen, der neuen Deutung des Bielefelder Sparenberges als Sperlingsberg, die Profeffor Edward Schröder aus Göttingen auf der Tagung des Nordweftdeutfchen Verbandes für Altertumsforfchung in Detmold gegeben hat. Er kam darauf zu fprechen, dafs die Namengebung der Mode unterliege. So fei es eine Zeitlang üblich gewefen, Oertlichkeiten nach Tieren zu nennen. Er erinnerte an die zahlreichen Zufammenfetzungen mit Tier-

---

¹) Kbl. d. V. f. nd. Spr. 4, 52.
²) A. a. O. 4, 68. 5, 55. 16, 82. 17, 1. Für Weftfalen vgl. Landois, Weftfalens Tierleben. Die Vögel. S. 343, 348.
³) Grimm, Deutfches Wörterbuch 6, 2595.
⁴) Kbl. d V. f. nd. Spr. 4, 53.
⁵) A. a. O. 16, 83.
⁶) A. a. O. 4, 69.
⁷) A. a. O. 3, 12. 16, 84.
⁸) A. a. O. 2. Beilage zu Nr. 1. 8, 12. 7, 38. Grimm, Deutfches Wörterbuch X, 1, 2163.
⁹) Kantel, Jahresbericht des Realgymnafiums in Tilfit. 1900 S. 10.
¹⁰) Kbl. d. V. f. nd. Spr. 5, 56.

namen und erwähnte als von Vogelnamen abgeleitet neben Schwalenberg im Lippischen = Schwalbenberg den Sparenberg, die alte Feſte, die ſich über Bielefeld erhebt.

An und für ſich iſt diofe Deutung durchaus möglich, denn in der Tat iſt der Sperling fehr oft zur Namengebung benutzt worden. Und es iſt intereſſant zu ſehen, wie die verſchiedenen Namen desſelben ihrem Verbreitungsgebiet entſprechend verwertet werden. Aus Rudolphs Orts-Lexikon von Deutſchland führe ich unter Weglaſſung der Wörter, deren Etymologie zweifelhaft iſt, die bezeichnendſten Fälle an:

Sperling Oſtpreuſen, Sperlingsdorf Weſtpreuſen, Sperlingsberg Brandenburg, Sperlingskrug Pommern, Sperlingsmühle Schleſien, Sperlingsſtein Böhmen, Sperlingsloh Baden — aber aus Nordweſtdeutſchland kein Beifpiel.

Spatzenberg, Spatzenhaufen Oberbayern, Spatzenegg Salzburg, Spatzenhof, Spatzenmühle Württemberg, Spatzenhof, Spatzenmühle Kurheſſen, Spatzenmühle Rheinheſſen — aber kein Beiſpiel aus Norddeutſchland.

Müſch, Müſchenberg, Müſchenhaus, Müſchmühle, Möſch, Möſchenborn, Möſchenhof Rheinprovinz, Müſchenbach Naſſau — allerdings auch abſeits vom Rhein Möſchen in Tirol, Müſchen in Hannover, Brandenburg, Württemberg, Möſchenfeld in Oberbayern, indeſſen ſind dieſe Bildungen vielleicht anders zu erklären.

Lüning, Lüningshöner Höfe, Lüningsbrink Weſtfalen, Lüninghaufen, Lüningſee Hannover, Lüningshof Holſtein, Lüningsdorf, Lüningshagen Mecklenburg-Schwerin — aber aufserhalb Niederfachſens kein Beiſpiel.

Was ergibt ſich nun aus dem Dargelegten über unfern Sparenberg? Läge er in Mittel- oder Süddeutſchland, alſo auf hochdeutſchem Sprachgebiet, ſo wäre Schröders Etymologie ohne weiteres ſehr plauſibel; für die Orte gleichen Namens in Baden und Thüringen iſt ſie ſehr in Erwägung zu ziehen. Aber für Weſtfalen erſcheint ſie zunächſt bedenklich. Für Sperlingsberg würde man hier Lüningsberg erwarten: ſpar = Sperling ist hier, wie gefagt, weder in früherer noch in jetziger Zeit bezeugt, und die unverfälſchte Mundart Weſtfalens kennt auch die Weiterbildung dieſes Stammes nicht; wenn Landois, (Weſtfalens Tierleben. Die Vögel S. 343) erwähnt, dafs dort für Sperling mehrfach ſpatz vorkommt, ſo iſt dieſe Bezeichnung wohl ſicher erſt neuerdings aus der Schriftſprache eingedrungen.

Auf Grund vorſtehender Erwägungen war ich zunächſt geneigt, Schröders Etymologie abzuweiſen. Jedoch hat mir weitere Ueberlegung gezeigt, dafs dies vorſchnell wäre.

Aehnliche Namen wie hochdeutſch ſparo, ſparwe, ſpar finden ſich für Sperling auch in den anderen germaniſchen Sprachen: gotiſch ſparva, angelfächfifch ſpearuva, ſpearva, engliſch ſparrow, altnord. ſpörr, dän. ſpurve, ſpurre.[1]) Da wäre es auffällig, wenn ſie in Niederfachfen immer gefehlt hätten, und dafs dies nicht der Fall war, zeigt das Wort ſperber, aus ſparwe und ar zuſammengeſetzt, alſo = Sperlingsaar. Schiller-Lübben 4, 320a führt unverdächtige Belegſtellen aus dem Mittelniederdeutſchen an, und für Weſtfalen wird es durch den ganz durchſichtigen Ortsnamen Sperwershagen bezeugt; er begegnet uns im Weſtfäliſchen

---

Urkundenbuch 4 Nr. 2112, 2113 in zwei Urkunden von 1290. Vergl. auch den Hofnamen **Sperwering** im Codex traditionum Weffalicarum 3 S. 221. Aus der heutigen Mundart bietet allerdings Landois[1] uns andere Bezeichnungen, auch in Ravensberg fcheint das Wort unbekannt, doch wird fperwer neben vugelhawk aus dem Regierungsbezirk Münfter belegt.[2] Wenn aber das Weftfälifche die Zufammenfetzung mit fpar befafs, fo mufs ihm natürlich auch das einfache Wort geeignet haben. Wir müffen alfo annehmen, dafs auch in Weftfalen und überhaupt in Niederfachfen urfprünglich für Sperling die Bezeichnung fpar vorhanden war; meift ift fie hier dann durch Iüning verdrängt worden, in Göttingen—Grubenhagen aber und im Kolonifationsgebiet des Oftens hat fie fich unter dem Einflufs des Hochdeutfchen zu fparling weitergebildet, foweit hier dies Wort nicht einfach aus dem Hochdeutfchen übernommen worden ift; in dem a in fparling brauchen wir nicht mit dem Grimmfchen Wörterbuch[3] die Erhaltung des Urfprünglichen zu fehen, fondern hier könnte auch die bekannte niederdeutfche Einwirkung des r auf vorhergehendes e vorliegen, vgl. parl = Perle im Mecklenburgifchen.

Die Verdrängung von fpar durch lüning müfste vor Aufkommen der mittelniederdeutfchen Schriftfprache, alfo vor dem 13. Jahrhundert, erfolgt fein, denn fonft würden fich in ihr Spuren des alten Namens finden. Zu derfelben Datierung führt folgende Betrachtung.

Bis in die neuefte Zeit, wo fich die Schreibweife Sparrenberg oder Sparrenburg Eingang zu verfchaffen verfucht hat, galt im allgemeinen für die Burg bei Bielefeld die Form Sparenberg[4], aber grade mehrere der frühefteu Belege des Wortes haben zwei r. Unter Beifeitelaffung der Kopieen habe ich mir aus dem Bielefelder Urkundenbuch[5] folgende ältefte Formen notiert: Nr. 18 1256. Sparrenberg. Nr. 62 1294. Sparrenberge. Nr. 119 1325. Sparrenberghe. Nr. 19 1257. Sparenberg. Nr. 48 1286. Sparenberge. Nr. 141 1332. Sparenberge. Alfo die Schreibweife mit einfachem und mit doppeltem r hält fich hier die Wage. Für die Schreiber, die doppeltes r fchrieben, war die Zufammenfetzung nicht mehr durchfichtig, denn fpar = Sperling hat auf deutfchem Sprachgebiet nur ein r. Sie haben vielmehr wohl an Sparren gedacht, das wenigftens hochdeutfch mit zwei r gefchrieben wird; ihnen wird das Sparrenwappen der Ravensberger Grafen vorgefchwebt haben.

Mit letzterem ift auch von Neueren der Name der Burg in Verbindung gebracht worden, dem widerfpricht aber, dafs er mindeftens zweimal, was bisher wohl noch nicht beachtet worden ift, in Weftfalen für Höfe vorkommt: für einen im Kr. Beckum, einen anderen im Kr. Warendorf (vgl. Codex traditionum Weftfalicarum 5 Regifter S. 437). An einen Sparren im Wappen ift bei diefen Namen fchwerlich zu denken, eine Bildung mit Sperling liegt dagegen fehr nahe., vgl. die obigen Ortsnamen aus Rudolph.

---

[1] A. a. O. S. 844. Vgl. auch Kbl. d. V. f. nd. Spr. 17, 5 unter Stótbäk.
[2] A. a. O. 16, 36.
[3] X, 1, 2163.
[4] Vgl. Rcefe im 10. Jahresbericht des Hift. Vereins für die Graffchaft Ravensberg S. 93. Warum K. Nitzfch in feiner Ravensbergifchen Territorialverfaffung (17. Jahresbericht) immer Sparrenberg fchreibt, weifs ich nicht.
[5] 9. Jahresbericht des Hift. V. f. d. Graffch. Ravensberg.

Mit ſpar = Sperling iſt vielleicht auch der Ortsname Spaſche (Oldenburg, Kr. Delmenhorſt) gebildet; früher lautet er Sparnyzge, Spareſche (Osnabrücker Urkundenbuch 1 S. 101 u. 333. 3 Nr. 541).

Faſſen wir alles zuſammen, ſo iſt die neue Deutung durchaus annehmbar und immerhin wahrſcheinlicher als die anderen, die man bisher verſucht hat. Als der Name Sparenberg aufkam, war der Berg wohl noch von keiner Burg gekrönt; auf dieſe wurde er dann übertragen.

Zum Schluſs eine Frage an die Leſer dieſer Blätter. Stimmen ihre Beobachtungen mit meinen Angaben über das Verbreitungsgebiet der verſchiedenen Namensformen? Iſt insbeſondere das über die Grafſchaft Ravensberg Geſagte richtig? Und iſt mir ſchlieſslich vielleicht doch eine Stelle entgangen, die ſpar = Sperling auch für Weſtfalen nachweiſt?

Bielefeld.   H. Tümpel.

Dat di de Drûs!

Friedr. Ludw. Jahn, Deutſches Volkstum, her. v. Franz Brümmer, Leipzig, Phil. Reclam jun., S. 84: »Dahin bringen Forſchung und Sage den Zug des Druſus, der unter dem Namen Drüs noch in den Flüchen des Altmärkers als mitholender Teufel spukt.« Dazu bemerkt der Herausgeber: »Der altmärkiſche Fluch »Dafs dich der Drüs!« hängt wohl nicht mit Druſus, ſondern mit Drüſe, d. i. Geſchwulſt, Beule, Geſchwür zuſammen und iſt wohl gleichbedeutend mit der Verwünſchung »Dafs dich die Peſt (befalle)!« Danneil in ſeinem altmärk. Wörterb. S. 41 bemerkt: »Die in einigen Gegenden Norddeutſchlands vorkommende Formel dat di de Drüs kennt man in der Altmark, soviel ich weiſs, nicht.« Über den Namen Drûs gibt D. zwar keine beſtimmte Erklärung, da er aber die Formel unter dem Adj. drûs, finſter einreiht, ſo iſt wohl anzunehmen, dafs er darunter den »Schwarzen«, d. h. den Teufel ſelbſt verſteht. Ich habe den Fluch weder gehört, noch ſonſt verzeichnet gefunden.

Northeim.   R. Sprenger †.

Zum Düdeſchen Schlömer.

1951.   Du ſchalt noch vacken mit uns tern,
           Und mit ern Knaken werpen Bern.

In der Zeitſchrift Am Urquell IV, 18 wird die Rda. aus Schäfsburg in Siebenbürgen belegt. In Dähnerts Wb. der Pomm. u. Rüg. Mundart S. 239 find Äpfel an Stelle der Birnen getreten: »Mit dinen Knaken kann ik noch Appel vam Boom ſmiten. Ich kann dich noch lange überleben.«

Northeim.   R. Sprenger †.

Zu W. Hauffs Lichtenſtein.

Im 1. Kapitel des 3. Buches ſeines Lichtenſtein läſst W. Hauff eine Anzahl Landsknechte in ihren Mundarten ſich unterhalten. Darunter befindet ſich auch ein Niederdeutſcher, ein Magdeburger, der ſich folgendermaſsen äuſsert: »Dat well ich man oock meenen. Landsknechte oder Keener können den Heertog wieder up den Stuhl ſetzen. Die Schweizer können man gar nichts, als mit den Hellebarden in die Glieder ſtechen; dat is al ihre Kunſt. Aber ihr ſolltet man ſehen, wie wir die Donnerbüchſen laden,

uf die Gabel legen und mit den Lunden d'rauf, dat dich dat Wetter. Dat
Manäfer macht uns Keener nich nach, Gott ftraf mir, Keener. Sie brauchen
eine halbe Stunde, um ihre Kugel loszufchiefsen, und wir Landsknechte
eine halbe Vertelftunde.« Und weiter unten: »Dat is keen bitterer Vor-
fchlach, der Teiwel! Eenen Goldgülden monatlich? Ich bin dabei, und
es wird Keener wat dagegen haben. Haft Du Antwort von dem Heertog?«
Die Stellen find intereffant, weil fie zeigen, wie ein beliebter oberdeutfcher
Schriftfteller im Anfang des vorigen Jahrhunderts fich niederdeutfche
Sprache vorftellte. Fragen wir aber, wo die Vorlagen diefes »Miffingifch«
zu fuchen find, fo dürfen wir wohl an Bücher wie v. Knigges Reife denken,
wo ja u. a. der Förfter Dornbufch fich eines folchen Kauderwelfch bedient.
Northeim   R. Sprenger †.

_____

Volksetymologifches i ftatt iu in Ortsnamen?

Bekanntlich gehen u, iû, û und ihre Umlaute nur in denjenigen
Dialekten gelegentlich in i über, welche Berührung mit Slaven, Litauern
oder andern fremden Stämmen gehabt haben. Davon machen in Engern
und Weftfalen auch die Laute der Ortsbezeichnungen keine Ausnahme.
Doch find mir drei Namen bekannt, in denen aus altem iu, û ein i geworden ift. Die heutigen Dörfer Lippinghaufen, Kr. Herford und Lippentrup, Kr. Wiedenbrück lauten in der Klofter Herforder Heberolle des 12.
Jahrhunderts, die ihre Namensformen einer älteren des 9. Jahrh. entnommen zu haben fcheint: Liuppinchufum und Liuppinctorpe; und die
Lupia (Luppia) der Lateiner tritt fchon im 8. Jahrhundert in der Form
Lippia auf.

Das i entftand in allen drei Fällen aus iu, denn fo wird altes û (iu)
noch bis heute im Kreife Herford und an der Quelle der Lippe gefprochen.
Am wahrfcheinlichften ift, dafs eine jetzt verfchollene eigentümliche Ausfprache des l den Vorgang begünftigt hat. Doch könnte auch unfer urfprünglich niederdeutfches Wort lippe, oberdeutfch Lefze, von Einflufs gewefen fein. Jedenfalls war weder der Perfonenname Liuppo noch die Bedeutung des Flufsnamens im 13., beziehungsweife im 8. Jahrhundert dem
Volke mehr verftändlich.   H. Jellinghaus.

_____

Hahnrei (XXVII, 4).

Hahnrei war zu meiner Kinderzeit Mitte der 1840er in Stralfund,
wenn Erwachsene den Kindern zulieb Karten mit ihnen fpielten, eins der
beliebteften Kartenfpiele, viel fchöner als Arm Kramer und beinah fo fchön
wie Schwarzer Peter. Meine Kinder, denen die Grofsmutter es noch Ende
der 70er Anf. der 80er wieder beigebracht, haben mir die mir verloren
gegangenen Erinnerungen an Einzelheiten wieder geboten. Es müffen mehr
als 2 Mitfpieler fein, jeder bekommt 3 Karten, die übrigen werden zum
Abnehmen aufgelegt, die letzte als Trumpf umgedreht. Wer die von feinem
Vormann ausgefpielte Karte nicht nehmen kann, mufs einnehmen, der
Nächfte fpielt weiter aus. Ein Stich wird erft ausgefchieden, wenn foviel
Karten wie Mitfpieler darin vertreten find, jeder den Andern hat über-
nehmen können in der Farbe, fonft mit Trumpf. Wer zuletzt allein mit
Karten in der Hand übrig bleibt, mufs foviel mal, als er Karten in der

Hand behalten hat, krähen. So wird wenigſtens von meinen Kindern behauptet. Als ich in ſpäteren Jahren die verfängliche Bedeutung des Wortes
»Hahnrey« kennen lernte, hatte ich jenes Kartenſpiel längſt vergeſſen, und
will mich ſprachforſchlicher Deutungen gern enthalten. Erſt bei der Frage
im Korreſpondenzbl. ift mir der Zuſammenhang beider Dinge auf- und
eingefallen. Curioſum: Meine Kinder meinten, das Spiel habe eigentlich
Hahndrei geheiſsen, wohl, weil jeder 3 Karten bekommen.
    In Stralſund kommt ſeit 13. Jh. der Eigenname Offenrey vor, nach
ihm heiſst heutigen Tages noch die Offenreyer Strafse. Aber in meiner
Kinderzeit, wo alle Strafsennamen oder doch viele ſchmählich verunftaltet
waren, prangte ſie mit dem Namen Ochſendreierſtr. Alſo ein analogon.
Sollten Hanrei und Offenrei zu gegenſeitiger Erläuterung dienen können?
    Breslau.   F. Fabricius.

Bemerkungen zu XXVII, Nr. 1.

    S. 6. »Rotz und Tränen weinen« ift mir in meiner pommerſchen
Heimat als geläufig vorgekommen.
    S. 6. fruude, die urſprüngliche Bedeutung wohl nur Blutsfreunde.
Dem durch einen Aufruhr in den Stralſunder Bürgermeiſterſtuhl gekommenen
Bürgermeiſter Sarnow wurde 1392 der Kopf abgeſchlagen, er war nur ein
»unbefreundeter« Mann, nicht aus den Geſchlechtern. Niemand nahm ſich
feiner an.
    S. 7. reterêren ift doch natürlich retiriren, die einfachfte wenn
auch nicht rühmlichfte Art »ſich zu helfen«.
    S. 9. adel = Mift. adelpól noch heute auf dem Lande in Pommern
= Miftpfuhl.
    Breslau.   F. Fabricius.

Branddür, brandſalt (XXVII, 5).

    Zu den durch brand verftärkten Adjektiven gehört auch das engliſche
brannew, auch brandnew geſchrieben. Wie funkel(nagel)neu, fun-
kenneu oder feuerneu das frifch aus der Schmiede Hervorgehende bezeichnen, bald aber auch gebraucht werden, wo es ſich um nichts Ge-
ſchmiedetes handelt, ſo wird auch brannew urſprünglich nur im eigentlichen
Sinne gegolten haben und dann ohne Beziehung auf die Grundbedeutung
gebraucht worden ſein. Hans Sachs nennt z. B. Pelze feuerneu (DW
3, 1599, das dort folgende viurniuwen im Triftan 478, 11 hat einen etwas
anderen Sinn). Man wird bei branddür u. ä. nicht mehr überall an eine
ſinnliche Erklärung denken dürfen.
    Breslau.   P. Feit.

Zu »Daar het 'n ule feten« (XXVII, 1).

    Warum die Erklärung ſo weit herholen? Sie liegt doch auf der
Hand: die gewöhnlichen kleinen Eulen niſten gerne bei Bauernhöfen, ſie
ſchreien abends genau ſo wie kleine Kinder. Man hört ein Kind ſchreien,
will hinaus, um nachzuſehen und vernimmt nur noch ſo eben den leiſen
Flug der ſich entfernenden Eule. Man kehrt in's Haus zurück und fagt
enttäufcht: »Daar het 'n ule feten«.
    Emden.   Bernh. Brons jr.

Polterpaffie (XXVI, 48. XXVII, 11).

Von jemand, der Gefchirr entzwei wirft, wird noch jetzt gefagt: he makt pulterpafs.

Barthol. Saftrow I, S. 122: als sie nun mit . . . irem altisten burgermeister von 7 auf dem morgen bis 7 auf den abendt die paffio wol gefpilt — ihn weidlich bedroht und geängftet hatten.

Wie übel dem Simplicio die Kunft mislingt und wie man ihm den klopfenden paffion fingt, ift die Überfchrift des 31. Kapitels des 1. Bandes des Simpliciffimus, in der Ausgabe von Tittmann S. 83.

Wismar.   F. Techen.

Die paffio mit einem fpiln: Lindener, Schwankbücher, hrsg. v. Lichtenftein, S. 84 Nr. 23.

Die klopfende paffion: Simpliciffimus, hrsg. v. Kögel, S. 84. (Deutfch. Wb. 7, 1490).

Halle.   Ph. Strauch.

Lade.

In dem von Prof. Wiffer in der Heimat (XV. Jahrgg. Nr. 8, S. 188) mitgeteilten Volksmärchen aus dem öftlichen Ilolftein »Hans un de Könisdochter« kommt das Wort Låd' vor. Dies wird in einer Anmerkung folgendermafsen erklärt: »Wenn das Getreide gedrofchen werden foll, werden die Garben aus einander genommen und auf der grofsen (Lehm-)Diele fchier und in gleicher Höhe hin gebreitet. Das so hingebreitete Getreide heifst de Låd.« — Das Wort kommt von dem Verbum laden (hladan), welches urfprünglich nicht nur den noch jetzt gebräuchlichen Sinn hatte, fondern auch »legen, auffchichten« bedeutete, z. B. einen Leichnam auf den Scheiterhanfen legen (Beowulf 2127), Gold auffchichten, um den Otterbalg zu bedecken (Reginsmól, Profa hinter Str. 5). Dazu Lade = Kifte, Truhe. So erklärt sich auch das dänifche Wort Lade »Scheune«.

Solingen.   J. Bernhardt.

Schar' mi en Pöx. (XXVII, 10.)

Obgleich ich freilich fagen mufs, dafs ich als Knabe das in Hamburg fehr beliebte Marmelfpiel nicht geübt habe, fo erinnere ich mich doch einiger darauf bezüglichen Redensarten und Bezeichnungen. So habe ich den in der Überfchrift genannten Anruf mehrfach gehört, ebenfo auch die Frage: »Settft mi twee?« Ich meine freilich, dafs in dem Worte »fchar« das »a« kurz gefprochen wurde.

Das Wort »Pümmel« in der Frage: »Settft du mi en Pümmel?« ift mir dagegen nicht bekannt. Ich kenne nur das Wort »Pummel« und zwar 1. in der angegebenen Bedeutung als Kofewort für kleine Kinder, 2. in der Zufammenfetzung »Nackenpummel« für eine kurze, dicke, oft mit Wollftickerei verfehene Rolle, die mancher fich beim Nachmittagsfchläfchen unter den Nacken legt.

Hamburg.   C. Rud. Schnitger.

Bafche.

Der im Korrefpondenzbl. XXVII, 10 erwähnte Satz »Bafche gelt twee l« ift mir ebenfalls bekannt. Soviel ich erinnere, unterfchied man in den 1840er und -50er Jahren »Bafche« und »Marrels (Mardels)«. Die »Bafchen« waren etwas gröfser und fchwerer, als die aus Ton geformten und bunt (meift grün, gelb, rot) glafierten »Marrels«. Richey und Schütze nennen diefe glafierten Tonkugeln »Löpers«, und erwähnen auch eine gröfsere Art derfelben, die bei Richey S. 105 und Schütze, Holft. Idiotik. 2, 198 Juden-Löpers, bei letzterem aber 3, 48 Judas-Löpers heifsen. Das Simplex »Löper« kenne ich in der angegebenen Bedeutung nicht, ebenfowenig die Bezeichnung »Judaslöper«, wohl aber die Form »Judenlöper«.

Unter den »Bafchen« find wohl die eigentlichen »Marmel« zu verftchen, die Richey S. 161 »Marrel, Marrel-Steen« nennt, und von denen er fagt, dafs fie »nicht wie die Löpers aus Thon gebacken, fondern von Marmor oder einer feinen Maffe gemacht find«.

Eine etymologifche Erklärung des Wortes »Bafche« ift mir nicht bekannt; vielleicht weifs irgend ein geneigter Lefer diefer Blätter eine folche zu geben.

Hamburg.   C. Rud. Schnitger.

Knutfchen und fpannen.

Unter diefem Namen ift mir ein Marmelfpiel bekannt, bei dem es fich, wenn ich recht erinnere, darum handelt, einen ausgefetzten Marmel mit einem andern zu treffen (knutfchen), wodurch er dann Eigentum des Werfers wird. Fehlte der Wurf aber das Ziel, fo wurde jener Marmel Eigentum des Gegners, falls der Platz zwifchen beiden Kugeln gröfser ift, als man fpannen d. h. mit Daumen und Mittelfinger abmeffen konnte.

Das Wort »knutfchen«, auch knütfchen, fehlt bei Richey wie auch bei Schütze, auch das muddeutfche Handwörterbuch hat es nicht.

Ich kenne es aufser in der oben angegebenen Bedeutung auch noch in der von »drücken«. »Knutfch dat nich fo tofamen« wird wohl jemandem gefagt, der etwas unordentlich einpackt. Ein Kleid wird »verknutfcht« im Gedränge, bei nachläffigem Zufammenlegen ufw., und erhält dadurch ein unordentliches Ausfehen; feidener Stoff kann auch wohl dadurch befchädigt werden. Ift das Wort »knutfchen« auch fonft noch bekannt?

Hamburg.   C. Rud. Schnittger.

Schnapplange Tränen weinen (XXVII, 6).

»Snappenlange Tranen« ift mir aus dem Plattdeutfchen bekannt, nicht aber die Verkürzung »fnapplange Trauen«. Ich meine im Hochdeutfchen auch die Wendung gehört zu haben: »Er weinte feine fchnappenlangen Tränen«, und zwar wurde das in der Regel mit leifem Spott gefprochen.

Richey hat in feinem Idioticon Hamb., S. 311 folgenden Beitrag von Joh. Matthefon[1]): »He weenet Trahnen, als gehle Wörteln: fagt man fpottend über ein unnötiges oder gar zu ftarkes weinen.« Diefe Redensart,

---

[1]) Über die Beiträge von Matthefon vgl. die Vorrede zum Idioticon Hamb., S. XXXVIII f.

die alfo einen ähnlicher Sinn hat, wie die in der Überfchrift angeführte,
ift aber in Hamburg wohl völlig ausgeftorben, wenigftens erinnere ich nicht,
fie je gehört zu haben.

Hamburg.   C. Rud. Schnittger.

›harfch (hafch)‹.

Diefes Adjektiv ift ohne Zweifel ein recht altes und urfprünglich weit
verbreitetes Wort; altenglifch lautet es harske und baske, fchottifch hars
und harfk, dänifch harfk, fchwedifch hárfk, und hat überall die Bedeutung
›rauh, hart‹. (Vgl. Deutfches Wörterbuch von Jacob Grimm und Wilhelm Grimm, 4. Band, 2. Hälfte, Spalte 497). In dem Idioticon Hamb.
von Richey und dem Holfteinifchen Idiotikon von Schütze, fowie in dem
Bremifchen Wörterbuch habe ich es nicht gefunden.

Das Mittelniederdeutfche Handwörterbuch von A. Lübben hat Seite
137: ›harfch, rauh, afper‹, und Dr. Dan. Sanders hat in feinem Handwörterbuch der Deutfchen Sprache (1869), Seite 344: ›barfch, adj., hart
und rauh, eig.: durch Auftrocknen des Flüffigen.‹

Im hamburgifchen Dialekt (plattdeutfch und hochdeutfch) ift mir das
Wort aus früherer Zeit bekannt; bei der bekannten Neigung des Hamburgers, das inlautende und auslautende ›r‹ unausgefprochen zu laffen,
klingt das Wort gewöhnlich ›hafch‹. Es kommt übrigens m. W. nur in
einer ganz befchränkten Bedeutung vor, und zwar wurde es früher von
Schneidebohnen gebraucht, die beim Schneiden etwas knirfchen, alfo entweder an einzelnen Stellen, oder durchweg etwas trocken und daher härtlich
find, und zum Kochen fich nicht eignen. ›De Bohnen fünd nich fchön;
da fünd veel hafche twüfchen,‹ fagte die Hausfrau in folchen Fällen ärgerlich; denn die ›hafchen‹ Stücke, oder gar die ganzen Bohnen (Schoten)
waren völlig unbrauchbar.

Im hamburgifchen Dialekt fcheint das Wort im Abfterben zu fein,
felbft in der angegebenen Bedeutung. In Holftein ift es möglicherweife
noch gebräuchlich; vielleicht ift das auch fonftwo noch der Fall.

Von dem Adjektiv harfch ift das Verbum verharfchen abgeleitet, das
m. W. nur von Wunden gefagt wird, die zu heilen anfangen, im ganzen
aber wohl nur wenig gebräuchlich ift.

Hamburg   C. Rud. Schnitger.

Meyfeld.

In den Acten zur Verteilung der Kudener Schafweide u. f. w. 1794
heifst es pag. 47: › . . . . und mufs unferm Ermeffen nach der Graben auf
eine Länge von 70 bis 80 Ruthen von Ankersmoor an wenigftens 6 Fufs
tief unter Meyfeldt gemacht und erhalten werden.‹ — In den Acten der
aufgeteilten Kudener Gemeinheit heifst es: ›Die Abzugsgräben werden von
den Landliegern zu beyden Seiten und wo der Graben neben einem Weg
ftrecket, von dem daran liegenden Land-Nachbarn allein nach einem Beftick von 7 Fufs Obern, 5 Fufs Bodenbreite und 4 Fufs Tiefe unter Meyfeld gekleyet und in Zukunft gereinigt und erhalten.‹ An einer andern
Stelle: ›Die Abzugsgräben können nach einem Beftick von 7 Fufs Obern,
4 Fufs Bodenbreite und 4—5 Fufs Tiefe unter Meyfeld angelegt werden.‹

Ferner: »... Gräben, deren Oberbreite 7 Fufs, Bodenbreite 5 Fufs und Tiefe unter Meyfeld 4—5 Fufs binlänglich ift.‹

Meyfeld bedeutet ja danach die Rafenfläche der Wiefe. Wie ift aber das Wort etymologifch zu erklären? und welche Verbreitung hat es? ift es noch jetzt gebräuchlich?

Burg in Dithm. R. Stammerjohann.

Klamp.

In den Acten zur Verteilung der Kudener Schafweide und des noch nicht aufgeteilten Teils der Kudener ›Meente‹ der Bauerfchaft Kuden in Süder-Dithmarfchen aus dem Jahre 1794 heifst es pag. 24: ›Käufer haben fich verpflichtet, über den erften Platz einen freyen Fufsweg nebft Klampe zu halten.‹

In den Acten der aufgeteilten Kudener Gemeinheit (= Meente) vom J. 1802 heifst es pag. 6: ›Es ift feftgefetzt, dafs jeder Küthner am Wefter-Ende der ihm zugefallenen Grafung ein bequemes und mit der Milch zu paffirendes Klamp legen und den weiter füdwärts belegenen Küthnern darüber einen Fufsfteig nach ihren Weiden geftatten foll.‹

Burg in Dithm. R. Stammerjohann.

Hutjeperuntje (XXVI, 86).

Hutjeperuntje — mein Gartenarbeiter fagt Huntjerpernuntjer — für Geld gleichfalls mit der Gefte des Zählens kennt auch der Dithmarfcher. Sehr gebräuchlich für Geld ift auch die Bezeichnung: Schuf vör'n Dum'n, ebenfalls mit der Bewegung des Geldzählens. Nupfen für Geld und zwar, wie es fcheint, für wenig Geld, ›en paar Nupfen‹ ift fehr gebräuchlich. Vielfach hört man auch Drat für Geld: Hett he Drat? Da nun der Handwerksburfche fagt: ›Habe fchwer Drat geklopft‹ d. h. habe viel Geld zufammengebettelt, fo dürfte diefes Wort wohl der Kundenfprache entftammen. Der Kundenfprache entftammt gleichfalls das Wort Kies für Geld, was ich hier bei Lunden hörte. Beim Militär fagt man Afche für Geld, Löhnung. Vielfach ift hier für Geld die Bezeichnung Kraff — het he Kraff? — in Gebrauch.

Dahrenwurth b. Lunden. Heinr. Carftens.

Scheveningen (XXVI, 85. XXVII, 2).

Wenn jemand ftatt ch ein r gehört zu haben glaubt, fo kann natürlich nicht das Zungenfpitzen- (Vorderzungen-) r, fondern nur ein r-laut gemeint fein, deffen Artikulationsftelle der des ch (d. h. des ach-lautes) nahe liegt. Nun wird das hintere r (wie ich es zunächft einmal nennen will) nicht immer als rein uvulares R gefprochen, d. h. es fchwingt nicht das Zäpfchen frei, fondern es fchwingen die dem Zäpfchen benachbarten Teile des weichen Gaumens, wodurch ein mehr oder weniger kratzendes Geräufch entfteht (ɹ); ja es kommt fogar vor, dafs die Schwingungen ganz unterbleiben. Anderer-feits wird das ch (der ach-laut) vielfach nicht als rein fpirantifcher Laut gefprochen, fondern die die Enge bildenden Teile des weichen Gaumens werden durch die ausftrömende Luft in Schwingungen verfetzt, wodurch der Laut ebenfalls einen kratzenden Charakter annimmt; diefe Ausfprache habe ich bei Leuten aus verfchiedenen Gegenden Deutfchlands, auch bei Damen mit einem weichen Organ, beobachtet. So gibt es Leute, die z. B. die Wörter *scharrt* und *Schacht* vollftändig gleich ausfprechen; denn das ɥ hat in diefem Falle keinen Stimmton (vgl. auch Sievers [3] S. 108. 109). Es ift alfo durchaus nicht zu verwundern, dafs es Leute gibt, die ein gefprochenes *ch* als einen *r*-laut auffaffen, eben weil die beiden Laute incinander überfliefsen.

Es wäre nun die Frage, welche Ausfprache das niederländifche *ch* (auch das gefchriebene *g*, befonders im Auslaut) hat; ich meine tatfächlich das oben erwähnte ɥ gehört zu haben (z. B. in *gracht*), welches befonders nach Hartgaumenvokalen (z. B. in *twintig*) auffällt. Darüber mögen fich jetzt die niederländifchen Phonetiker äufsern. Vielleicht herrfcht aber in den verfchiedenen Gegenden der Niederlande eine verfchiedene Ausfprache.

Solingen.   J. Bernhardt.

_____

Niederdentfches aus Akten der zweiten Hälfte des 16. Jahrhunderts im Wismarfchen Ratsarchive.

Die folgenden Auszüge aus Zeugenausfagen der Jahre 1596 und 1597 find hochdeutfch. Die Ausfagen find aber alle ohne Zweifel niederdeutfch gemacht und nur hochdeutfch niedergefchrieben, wobei mancher technifche Ausdruck in urfprünglicher Form beibehalten worden ift.

Es ift nicht unbekannt, dafs eine weke fees die Entfernung von einer Meile bezeichnet; f. A. Breufing in der nautifchen Einleitung zu dem von K. Koppmann herausgegebenen Seebuch S. XL. f. Vielleicht find aber noch einige Beifpiele dazu erwünfcht. Im Jahre 1597 wird die Entfernung der jetzt verfpülten Infel Liepz am Eingange des Wismarfchen Hafens von der Stadt zum Teil auf 2 Meilen (Tit. X nr. 4 vol. 7ᵃ S. 10.) angegeben, zum Teil auf 2 weke fees oder auch 2 wege[1]) Sees (a. a. O. S. 33. vol. 7 S. 258; vol. 7 S. 167). Ein anderer Zeuge fagt im Jahre 1597 darüber aus »das er die Statt Wifsmar von der Lypze nicht weitt uber ein wege[1]) fches fchetze«. »Urfach: dan fie rechneten von ihrem dorffe (Tarnewitz) nach der Wifsmar ein meil weges, fo wehre die Lypze nicht viel weiter.« (Tit. X nr. 4 vol. 7ᵃ fol. 115ᵛ.) Diofe Meile hat, wie man fagt, der Fuchs gemeffen und feinen Schwanz zugelegt. Tarnewitz ift von Wifsmar gute 2½ Meilen entfernt. Darauf kommt es aber nicht an, fondern auf die Gleichfetzung von weke mit meile.

Ebenda fol. 26ᵛ fteht 2 fchüte weges für eine Entfernung, die fonft auf ¼ weke fees oder auch ½ wege fees angegeben wird.[2]) Es (das Schiff) feie von der drögen Lypze ein Schufs weges oder drey gelegen undt geftrandet; daf. S. 165.

_____

[1]) Dies »wege« ift ein intereffanter Verfuch, dem »weke« ein hochdeutfches Ausfehen zu geben, indem man es an weg (via) anlehnte. Beffer, der Etymologie entfprechend, überfetzt findet fich »Woche« in P. Laurembergs Acerra philologica, Amfterdam-Hamburg 1654, S. 455, Nr. 332: das Schiff, welches über vier oder fünf Woche (fic) Sees nicht von dannen feyn kan.   C. W.

[2]) Im Seebuch begegnet bogenfchote als Längenmafs mehrmal, buffeufchote einmal. Handfchrift A fetzt einmal blofs fchote ftatt des bogenfchote von B. Im 16. Jahrhundert kann der fchöt(e) weges aber gewifs nur einen Büchfenfchufs Weges bedeuten.   C. W.

Vom Stakentief, einem fchmalen und wenig tiefen Wafferarm, der zwifchen Liepz und Strandgebiet nach Behauptung der Wismarfchen Zeugen die Scheide zwifchen herzoglicher und ftädtifcher Hoheit bildet, wird 1597 angefagt, »dafs es kein gölen ftrom wehre, fondern fonften nach grofse oder geringheitt defs Wafsers ab und zu liefse« (a. a. O. S. 91). Weiter heifst es daneben an derfelben Stelle »es . . . wehre fo lang als ein man mit einem ftein werffen köndte, da die rechte fchülde wehre« (wo fich die Strömung bemerkbar[1]) mache?). An anderer Stelle (1596 fol. 39) heifst es: und habe articulirtes Schiff zwifchen den faalfteinen[2]) und dem Stäkendepe, jedoch jenfeits der Lypze up der fcholen grundt nach dem ftroma landfeftung gethan. Ob in Zufammenhang mit dem bekannten noch jetzt gebräuchlichen Verbum fchölen (Laut zwifchen ä und ö) = fpülen? Vgl. Meckl. Urkh. X, Nr. 7230: ffo verne alfe de fchale fleyt, wen de fee hogeft ftouweth yss (Abfchr.)

Seit etwa 40—35 Jahren fei »diefe klammereie« angegangen, fagt ein Zeuge 1597, a. a. o. S. 211, von Beeinträchtigung der Rechte, Beëngung.

Täglich Waffer wird 1597 wiederholt im Sinne von normalem Wafferftande gefagt. Tit. X nr. 4 vol. 7ᵃ S. 149, 160: »bey oder mitt täglichem Wafser«.

. . . habe . . . für einen bofsman, fchriveien unde fchiffern gefahren; 1597 Tit. X nr. 4 vol. 7ᵃ S. 98.

Auffer dem Schiffer gehörten 1557 zur Befatzung des Schiffes: 1 bovetbofsman, 1 fchymman, 1 tymmerman, dre bofsmans, 1 puttker; Tit. X nr. 4 vol. 4 S. 68. Dazu noch S. 76 de kock.

Wismar.   F. Techen.

Sun, fon (Ndd. Jb. XXIX, 3).

In der Abhandlung »Zur Syntax der gefprochenen Sprache« im Niederdeutfchen Jahrbuch Bd. 29 befpricht J. Bernhardt das Glückftädtifche fun: »Der mit dem Worte fo zu fun (fo ein) verwachfener Artikel wird als folcher nicht mehr gefühlt, daher darf man fagen ick hoff fun kole fööt, auch meffingfch ich hab fun kalte Füfse, een fun dink ein folches Ding.« Die Beobachtung ift richtig; aber die Erklärung ift verfehlt. Freilich fteht der Verfaffer mit diefer nicht allein, und kein Geringerer als Jacob Grimm, Dtfch. Wb. III, 124, hat diefelbe vertreten: »fo ein und in Norddeutfchland fon kerl, foune fache«, beftimmter ausgefprochen Moriz Heyne a. a. O. X, 1, 1345: »in volksmäfsiger Sprache wird fo ein gewöhnlich zufammengezogen zu fon, das dann fogar als fone pluralifch gebraucht wird.« Diefe Auffaffung ift alt, denn fchon Dähnert (1781) hat fo auf S. 443 feines Wörterbuchs fon Schelm, fone Böker erklärt, ohne freilich an dem Plural Anftofs zu nehmen. Ich geftehe, dafs ich einft der gleichen Anficht gewefen bin; aber die Befchäftigung mit der niederfächfifchen Literatur des 16. und 17. Jahrhunderts hat mich die Entwicklung diefes fon, fun aus urfprünglichem fodan (hd. fotan) gelehrt.

---

[1]) Vielfach wird allerdings gefagt, durch das Stakentief gehe kein Strom. Wie fich eine andere Stelle, wonach zwifchen Tief und Liepz »fchulden und fandrefe« gehn (a. a. O. fol. 80) dazu ftellt, ermeffe ich nicht.

[2]) Steine, die zum Behufe der Seehundjagd dorthin gefahren waren.

Sŏdân wird ſchou im Ausgange des Mittelalters mit Vokalverkürzung geſprochen, ſeltener mit Verkürzung des o, wie z. B. 1457 in den Haufereceſſen II, 4, S. 392 in ſoddanen guden geloven, eyn ſoddane ungelimplick ſpegel, ſehr gewöhnlich aber des a, wofür das Mndd. Wb. mehrere Beiſpiele liefert: ſoden volk, eyn ſoden belde, mit ſodem wande, ſudene wort. Ich habe eine beträchtliche Anzahl mehr geſammelt. Das Mndd. Wb. giebt auch ſchon einen Beleg ſone tyd aus dem J. 1598, erklärt es jedoch als contrahiert aus »ſo eine«. Das halte ich deshalb für falſch, weil nach Ausweis der Darlegung in der angeführten erſteren Stelle des Grimm'ſchen Wbs. das »ſo ein, ndd. ſo ên« (mit Ausnahme von ein paar Stellen bei Luther, wo »ſo ein« mit Adjectiv und Subſtantiv ſteht, was anders erklärt werden muſs) erſt im 17. Jhdt. aufkommt. . Ich füge ein noch älteres Beiſpiel aus dem J. 1558 hinzu: de ſcholden ſons geredet hebben, in den Beiträgen zur Geſchichte der Stadt Roſtock III, 2, 23, wo Koppmann unnötig ſodans ändert. In dieſer Form »ſon« iſt Contraction von »ſoden« zu ſehen. Wenn es im Drama Vitulus (a. 1616) Z. 182 (Bolte und Seelmann, Ndd. Schauſpiele S. 31) heiſst: lath uns hyr man ſo n lüttick ummegahn, ſo liegt kein »ſo en« vor, ſondern »ſo« gehört als Adverbium zum Verbum. Dagegen muſs in der Hanenreyerey Z. 244 (daſelbſt S. 95, a. 1618) ein ſohne plumpe rede dohn das ein ſohne aus »ein ſodene« zuſammengezogen ſein, denn »ên ſodan« iſt ganz gewöhnlich, aber »ên ſo ên« kommt in der älteren Sprache nie vor und ſcheint auch unmögliche Bildung. Dies iſt der einzige Fall des ſohn = ſoden, der mir in jener Sammlung Schauſpiele aufgeſtoſsen iſt. Überhaupt iſt ſon ſelten, gleichfalls ſo ên.

Joh. Lauremberg in den »Schertzgedichten« gebraucht faſt immer ſülk oder ſülk ein, nur III, 293 hat er in ſodanem reſpect und ſo en eddel dêrt I, 63, welches letztere wie die Luther'ſchen Beiſpiele zu beurteilen iſt, nämlich als Umſetzung für en ſo eddel dert. Auch in ſeinen im Ndd. Jb. III abgedruckten Bauernkomödien habe ich nur ſo en driſt keerl S. 93, ſo en ölie, ass men köfft S. 94 und ſo en ſwin S. 96 gefunden; aus ſeiner Poſſe, die Niſſen im Jahrb. XI veröffentlicht hat, iſt all tho en verbrüde höſe ſöge S. 147 zu verzeichnen, das wiederum für en all tho v. b. ſ. ſteht. Zuſammenziehungen von ſoden oder ſo en zu ſo'n oder ſon finden ſich nicht bei ihm. Ebenſowenig bedient ſich Riſt derſelben; ſ. Ndd. Jb. VII. So een hat er S. 150: wohr ick doch ſo eene kriegen könde, de my toh paſſe wehre. Auch ſein Muſikaliſches Schauſpiel, von Bolte im Ndd. Jb. XIII mitgeteilt, entbehrt aller Beiſpiele; S. 45 hat es up ſülcker före (Stute, Pferd). Hingegen bringt die Preuſsiſche Poſſe aus der zweiten Hälfte des 17. Jhdts., welche von Bolte im Jb. XII abgedruckt worden iſt, ſaune Muskaten S. 137 und ſaun Dinck S. 138. Ganz häufig begegnet das Contract ſonne bei Caſpar Abel: ſonne Fru, Ndd. Jb. VIII, 21; und ſo in ſeiner Überſetzung von Boileau's Satyr. Gedichten, Goſlar 1729, z. B. ſonne Stad I, 250; mit ſonner ollen Kahren S. 288; an ſonner ſtillen Suncke (Schaf) daſelbſt; ſen (l. ſon?) Spôck S. 291. Derſelben Form ſonn, ſonne bedient ſich der Prediger Sackmann zu Limmer.

Ich kann in ſolchen ſohn, ſann, ſon, ſonn nur ein verkürztes ſoden erkennen, und ebenſo in Bernhardt's ſun kole ſööt, een ſun dink, in Woeſte's (Weſtf. Wb. S. 24) ſo ne antward, in Jellinghaus' (Ravensberg.

Gramm. S. 82 und 142) fan, in Danneil (Altmärk. Wb. S. 201) fönn', fonn'. Wenigftens die den Vokal kürzenden Formen find ficher aus fodau, foden gefloffen; in fo'n bei Schütze und Fritz Reuter mag Einflufs von fo een mitgewirkt haben, häufig aber vielleicht nur in der Vorftellung des Schriftftellers; denn das Volk fpricht durchweg fonn, funn, fönn mit kurzem Vokal, felbft wenn es hochdeutfch redet. Die Verfaffer der neueren Idiotika huldigen durchweg der Ableitung aus »fo ên«, wenigftens durch die Gleichfetzung der beiden Formen; ausdrücklich fagt es Woefte S. 248. Der Einzige, welcher den richtigen Urfprung erkannt hat, ift H. C. Bierwirth, die Vocale der Mundart von Meinerfen, Jena 1890, § 183: »zön (z = weich s), folch, mnd. foden«. In mehreren Mundarten befteht neben der verkürzten Form von fodan auch noch die längere mndd. Form fodanich, fodannich, z. B. bei Schütze fodánnig, bei Klaus Groth fodénni; aber ich glaube nicht, dafs die hier unterbliebene Kürzung gegen die behauptete Verkürzung von fodan, fodeu fprechen kann.

Hamburg.   C. Walther.

---

huttje bi puttje (XXVI, 86).

Auch in Meklenburg kennt man die Redensart. Hê hett Hutfchiperputfchi für: er hat Geld, wie Karl Schiller, Zum Thier- und Kräuterbuche des Mklbg. Volkes III (1864), 14 zu der gleichbedeutigen Redensart ›hé bett Höner‹ erwähnt. Unter den andern dort verzeichneten fynonymen Ausdrücken ift bemerkenswert: hé bett Schûfvörndûm (Schieb vor den Daumen), da er die Zählgefte oder Fingerbewegung beim Geldzählen gradezu für ›Geld‹ fetzt (vgl. oben S. 28).

Hamburg.   C. Walther.

Notizen und Anzeigen.

Beitragszahlungen find an unfern Kaffenführer Herrn Joh! E. Rabe, Hamburg 1, gr. Reichenftrafse 11, zu leiften.

Veränderungen der Adreffen find gefälligft dem genannten Herrn Kaffenführer zu melden.

Beiträge, welche fürs Jahrbuch beftimmt find, belieben die Verfaffer an das Mitglied des Redactions-Ausfchuffes, Prof. Dr. W. Seelmann, Charlottenburg, Peftalozziftrafse 103, einzufchicken.

Zufendungen fürs Korrefpondenzblatt bitten wir an Dr. C. Walther, Hamburg 24, Uhlandftrafse 59, zu richten.

Bemerkungen und Klagen, welche fich auf Verfand und Empfang des Korrefpondenzblattes beziehen, bittet der Vorftand direct der Expedition, ›Diedrich Soltau's Verlag und Buchdruckerei‹ in Norden, Oftfriesland, zu übermachen.

Redigiert von Dr. C. Walther in Hamburg.
Druck von Diedr. Soltau in Norden.

Ausgegeben: Juli 1906.

Jahrg. 1906.   Hamburg.   Heft XXVII. № 3/4.

Korrefpondenzblatt

des Vereins
für niederdeutfche Sprachforfchung.

I. Kundgebungen des Vorftandes.

Mitgliederftand.

Eingetreten in den Verein find die Herren
Dr. ph. Oscar Haufchild, Hamburg,
Lehrer H. Zahrenhufen, Geeftemünde.
Veränderte Adreffen der Herren
Prof. Dr. R. Meifsner, jetzt Königsberg i. Pr.
Lehrer H. Nolting, jetzt Spradow bei Bünde, Weftf.
Stud. R. Stammerjohann, jetzt Burg, Ditmarfchen.

II. Mitteilungen aus dem Mitgliederkreife.

Penn als Abkürzung von Penning.

Die Lektüre von Fritz Stavenhagen's 'Mudder Mews' (Hamburg 1904) hat mich bekannt gemacht mit einer Kurzform für *Penning*, die mir bei meinen Sammlungen für die Gefchichte der deutfchen Münznamen bisher nicht begegnet war: *Penn*; z. B. S. 20: 'achtunvierzig Penn' — 'achtein und twindig Penn' — 'achtzig Penn' (Die Lautgebung und Orthographie des Niederdeutfchen ift bei Stavenhagen mehr als achtlos). Mich intereffiert die Form aus einem beftimmten Grunde lebhaft. Solche Kurzformen für Münznamen nämlich find auf aufserdeutfchem Boden gar nicht felten: der wunderliche Plural engl. *pence* zum Sing *penny* erklärt fich daraus, chenfo das franzöfifche *sou*, älter *sol* aus *solidus*. In Deutfchland habe ich dafür bisher nur unfichere Spuren gefunden. Ich richte daher an die Lefer unferes Korrefpondenzblattes zwei Fragen, fpeziell auch an die Kenner des Hamburger Platts: 1) Wie alt mag diefe Form fein? 2) Gibt es noch andere, ähnliche Abkürzungen, etwa 'Schill' für 'Schilling'?
Göttingen.   Edward Schröder.

Die von Stavenhagen gebrauchte Verkürzung von Penning ift nicht nur in Hamburg gewöhnlich, fondern auch in Lübeck, in Holftein und Lauenburg, im Lüneburgifchen, an der Nieder-Elbe, und fie ift gewifs noch weiter verbreitet. Die Schreibung Stavenhagen's Penn bedarf der Erläuterung, dafs nicht Pen gefprochen wird, fondern Penn'n oder Penn'. In den Poffen und Bauernkomödien des 17. Jhdts fcheint trotz deren volkstümlicher Sprache nur die volle Wortform Penning vorzukommen und chenfo Schilling.

Doch wird die Verkürzung wohl wenigftens in das 18. Jhdt zurückreichen, obfchon auch die älteren Idiotikon fie nicht erwähnen. In des Praetorius Oper »Der Hamburger Jahr-Markt« v. J. 1725 (bei Gaedertz, Das ndd. Schaufpiel I, 134) findet fich der Plural Penje. Schütze Holft. Idiot. (1802) III, 203 hat l'enngras als Name der Pflanze Pfennigsblume. Und in einer andern Zufammenfetzung, mndd. pennewert, mhd. pfennewert, hat ja bereits das Mittelalter Abkürzung der vollen Wortform geübt.

Von anderen älteren Münzbezeichnungen find Schilling (12 Pf.), Sofsling oder Söfsling (6 Pf.) und Dreeling (3 Pf.) zu nennen. Schill'n ward viel gehört, befonders aus dem Munde der Bauern. Auch meine ich Soffeln und felbft Soff'n, refp. mit ö, vernommen zu haben; ob auch Dreeln vorkam, weifs ich nicht. Wohl aber ward Dreeling zu Dreelnk verkürzt, welche Kürzung durch Elifion des i auch für die andern beiden Münznamen vorkam. Dagegen entfinne ich mich nicht, dafs Penning fo gekürzt als Penn'k gefprochen worden wäre.

Der Plural ift entweder »de Penn' u. f. w.«, dem Singular gleichlautend, aus älterem »Penninge etc.« mit Verftummen des e geworden, oder »de Penn's u. f. w.«, da die Masculina auf -ing und -ling neuerdings gewöhnlich die Mehrzahl durch -s bilden. »Penus« gebraucht z. B. auch Friedrich Freudenthal, der Dichter der Lüneburger Heide, in feinem Gefchichtenbook In de Fierabendstied S. 76. Bei Angaben von Summen herrfcht wie im IId. die Singularform, entweder Penning oder Penn' u. f. w.

Hamburg. C. Walther.

Dat di de drns (XXVII, 22)

hat m. E. weder mit Drufus noch Drüfe etwas zu tun (das Adj. drus, finfter, kenne ich nicht), fondern drus = thurs, Riefe, bezeichnet den Teufel. Vgl. dat di de drummel! bei Doornkaat I, 346 ff.

Itzehoe. K. Seitz.

Zu der Deutung des Fluches »dat di de Drûs!« mufs allerdings erinnert werden, dafs er dem hd. »dafs dich die drûs« entfpricht und dafs diefe Formel doch allgemein bekannt ift und gar keine Schwierigkeiten macht. Drus : mhd. druos, drüefe. Die Formel ift oft bei Haus Sachs und anderen. Vgl. Dtfch. Wb. 2, 1459; Fifcher, Schwäb. Wb. 2, 428; Handfchin, Das Sprichwort bei H. Sachs; Bulletin of the Univ. of Wisconfin Nr. 103 (1904) S. 28; Weinhold, Die altd. Verwünfchungsformeln, Sitzungsberichte der Berliner Akademie 1895 XXXI S. 31 [697]; Godt gebe ihme drufse, peul und rit: Ztfchr. f. dtfche Philol. 32, 352 v. 154; das dich die triefen ankommen: Eberlin v. Günzburg ed. Enders 1, 197 vgl. 200; daher komt der Fluch Das dich die Drufs berûr oder anftofs: Fifchart Daemonomania 26.

Halle a. S. Ph. Strauch.

Zwei Fragen.

I. In der Mundart meiner Heimat Osnabrück wird die aus »moder, mouder« zufammengezogene Form *moor* lediglich in abfprechender Bedeutung gebraucht. Dafs ein Kind die Mutter mit moor anredet, ift undenkbar. Hiermit ftimmt das bremifch-niederdeutfche Wb III, 173: »Moer, Moor, aus Moder zufammengezogen. In der Pöbelfprache, befonders auch im verachtenden Sinne.‹ Läfst fich der angedeutete Sprachgebrauch auch bereits im Mittelniederdeutfchen belegen, oder gehörte in jener Periode ›moor‹ auch der edlen Sprache an?

II Ift, da in mittelniederdeutfchen Urkunden *waterlofinge* der ftehende Ausdruck ift, und dafür gegenwärtig in einem nicht kleinen Gebiete *water-löfe, waterlofe* gebraucht wird, anzunehmen, dafs bereits das Mittelniederdeutfche das Wort ›löfe, lofe‹ hatte, es jedoch im amtlichen Stile nicht gebrauchte?

Cuxhaven.   D. Rohde.

_____

Die Verftärkung des Begriffes ›allein‹ im Niederdeutfchen.

a. *möderwind(ig) allêne.*

Während das allgemeindeutfche 'mutterfeelenallein' eine ganze Reihe von Erklärungsverfuchen hervorgerufen hat, von denen freilich auch die ernfter zu nehmenden bisher keine ganz einwandfreie Auflöfung des Rätfels gebracht haben, ift eine ebenfo merkwürdige Wortbildung des niederdeutfchen Sprachgebietes, möderwindallêne, faft ganz unbeachtet geblieben. Sie wird in diefer Form angemerkt in Grimms Gramm. II. 543 (Zufatz von Scherer 1878) und bei Woefte, weftf. Wbch. S. 176b, aus v. Steineus weftf. Gefchichte, an beiden Stellen ohne Erklärung. Ferner treffen wir fie in Frifchbiers Preufs. Wbch. an, unter '*mutterfeelenallein*', wo es heifst: 'Da neben der feligen Mutter oft auch der Wind dem Verlaffenen Gefellfchaft leiftet (!), auch mutterfeelenwindallein, mutterwind(feelen)allein, pltd. *möder-wind(ig) allên.*' Der Herausgeber macht mich aufmerkfam auf Dühnert (Wbch. der Pommerfchen und Rügifchen Mundart, Stralfund 1781) S. 309 'Moderfelig alleen'. Ganz allein. Auf Hiddenfee (Infel bei Rügen) heifst es '*Moder Wind alleen*'. Schambach (Wbch. der Fürftentümer Göttingen und Grubenhagen) hat *allwindlich* und *allwidlich allêne*, auch *allwindlichen-lêne*, dazu *windfchäpen allêne*, das letztere auch Woefte im weftf. Wbch., der aufserdem noch *wiltfchäpen allêne* aus der Graffchaft Mark kennt und dazu einige ganz rätfelhafte Formen: *minnig (middig, milliges) allene* verzeichnet. Damit ift alles aufgezählt, was fich über das Wort hat finden laffen.

Es gilt bei den fog. verftärkenden Zufammenfetzungen als Regel, dafs die einzelnen vor den Hauptbegriff tretenden Verftärkungswörter ganz unabhängig von einander find, weil es faft immer nachweisbar ift, dafs fie zu verfchiedenen Zeiten und in verfchiedenen Gegenden einzeln zur Verftärkung des Grundwortes gebraucht wurden und fich erft fpäter vor diefem anfammelten. Wir haben es alfo zunächft mit *möder allêne* zu tun, das nach Lexer als muoters-ein, almuotersein fchon in Quellen des fpäteren Mittelalters auftritt, als möder leyne in Karlmeinet, einem niederrheinifchen Werke des 14. Jhdts. Was der Erklärung von mutter-allein betrifft, fo halte ich es für das Richtigfte, Übertragung des Verftärkungswortes anzunehmen — ein auf diefem Gebiete überaus häufiger Vorgang —, und zwar von muoterbar, muoterblôz, muoternackt aus, die namentlich von Myftikern des 14. Jhdts. gern gebraucht werden und den klaren Sinn haben 'fo nackt, wie man aus Mutterleibe kommt'.

Wie ift aber *wind(ig) allêne* zu erklären? An die Möglichkeit einer Beziehung zwifchen dem Winde und dem Begriffe 'allein' wird man im

Ernſt nicht denken, cheuſo wenig kann winden = drehen in Frage kommen. Da iſt nun in einer ganz entfernten Gegend, in den Vorbergen der Alpen, noch eine adverbiale Verſtärkung windig in Gebrauch. Birlinger (im ſchwäb.-augsburgiſchen Wbch. 1864) führt S. 432 aus dem Allgäu an 'windig, ſuperl. windigkalt, windigſchön' und Schmeller im bayr. Wbch. II. Sp. 950 »windig als adv. (Augsburg) für 'ſehr' gebraucht (cf. ſer, wüetig)«. Es regnet windig, windig oft, windig ſchön etc. Schmeller ſtellt dieſes windig, gewiſs mit Recht, zu einem mhd. ſubſt. winne, entſtellt winde, Schmerz, das ſeinerſeits auf ein Ztw. winnan zurückgeht und nur noch in dürftigen Reſten (bayr. Wbch. II. Sp. 949) z. B. als Darmwinde, Harnwinde (ſtranguria) in den Mundarten fortlebt. Ob unſer 'verwinden' dazu gehört, iſt fraglich (vgl. Müller-Zarncke, mhd. Wbch. unter verwinde 6). Allen alten Studenten iſt aus Scheffels Liede vom Enderle von Ketſch die Stelle bekannt:

Dem tapferen Mückenhäuſer,
Dem Kanzler, wars *wind wend weh.*

Die alliterierende Verbindung winne und weh (wind und weh, windeweb) belegt Lexer ſchon aus dem Mittelalter, und ſie iſt noch heute in ganz Süddeutſchland und in der Schweiz ſehr beliebt. In formelhaften Verbindungen werden ja oft alle Wörter weitergeführt. Für die Annahme nun, daſs die erwähnte oberdeutſche Verſtärkung windig wirklich zu winne, winde, Schmerz gehört, ſpricht auch der Umſtand, daſs unſere allgemeinſte Verſtärkung 'ſehr' urſprünglich ebenfalls 'ſchmerzlich' bedeutet (vgl. mhd. ſer adj. 1. verwundet, 2. Schmerzen leidend, und noch unſer 'verſehren'). Übrigens iſt auch 'ſchmerzlich' in der Provinz Preuſsen nach Friſchbier wieder zur Verſtärkung geworden, man ſagt dort z. B. ſchmerzlich reich, ſchmerzlich viel etc.

Dürfen wir nun auch das niederdeutſche windig allene hierherrechnen? Ein nd. Wort winne, winde, Schmerz, findet ſich freilich nirgends. Aber das altſächſiſche winnan hat (nach Schade, altd. Wbch. II. 1163) die Bedeutungen 'ſich plagen, *leiden*, kämpfen, durch Tätigkeit erlangen, gewinnen'; das angelſächſiſche winnan bedeutet 'ſtreiten, kämpfen, arbeiten, ſich abmühen, *leiden*; im Gotiſchen gibt winnan meiſt πάσχειν τι wieder. (Auch laboro vereinigt ja die Bedeutungen arbeiten und leiden.) Sollte alſo nicht auch die nd. Verſtärkung windig zu winnan, leiden, gehören? Die Mundarten führen ja oft älteſtes Sprachgut in wunderbarer Weiſe in einzelnen Wörtern fort. Daſs die allgemeine Verſtärkung windig ſich grade nur vor 'allein' erhalten hat, iſt als eine Laune der Sprache anzuſehen, wie ſie ſich z. B. auch darin zeigt, daſs die einſt ſehr weitgehende Verſtärkung ſtein- ſich im Nhd. auf alt und reich (ſteinalt, ſteinreich) beſchränkt, ohne erſichtlichen Grund.

Daſs ein nicht mehr verſtandenes Wort mannigfach verunſtaltet oder miſsverſtändlich mit bekannteren ähnlichen Wörtern vertauſcht wird, kann nicht Wunder nehmen. So werden wir die zerriſſenen Formen allwindlich (allwidlich) allene, allwindlichenlene bei Schambach erklären müſſen. Einem ratloſen Suchen nach Anlehnung werden die weſtfäliſchen Formen windſchäpen und wildſchäpen allene ihr Daſein verdanken. windſchäpen iſt ſonſt ein Ding, das zum Winden und Drehen eingerichtet iſt, übertragen bedeutet es auch verdreht, verkehrt (ſ. Schade II. 1166). Kaum noch zu erkennen ſind die bei Woeſte, weſtf. Wbch. 175, angeführten Formen minnig (middig,

milliges) allêne, die Woefte von dem alten middilgard, Welt, entfprechend
dem mhd. alters-eine d. h. auf der Welt allein, ableiten möchte. Weniger
abenteuerlich fcheint es mir, minnig allêne als Verftümmelung von windig
allêne aufzufaffen, denn anlautendes m und w wechfeln in faft allen Mundarten. (Beifpiele bei Woefte: macholler = Wachholder, wispelte = Mispel,
vgl. auch Jellinghaus, weftf. Gramm. § 139 und das fchweiz. mundermunzig
klein = wunderwinzigklein, Zfchr. f. d. Wortforfchung IV. 4. S. 139.)
Aus minnig allêne entftanden dann leicht, nachdem jedes Verftändnis des
Wortes verloren gegangen war, middig und millig(es) allêne.

b. liefalleene.

Eine andere Verftärkung des Begriffes 'allein' ift im Nordweften in
Gebrauch. Die oftfriefifchen Wörterbücher von Stürenburg und ten Doornkaat Koolman verzeichnen übereinftimmend: lief alleene, lief alleenig, auch
allief un alleene. Da lif cheufo wie mhd. lip auch die Bedeutung 'Perfon'
hat, fo wird gegen die Erklärung ten Doornkaat Koolman's 'die Perfon
oder Perfönlichkeit eines Jemandes allein für fich' nichts einzuwenden fein,
vgl. die Wendung mit fyn felues lyue = in eigener Perfon (bei Schiller-
Lübben II. 706).

c. moderliken alleen.

Elne ganz vereinzelte Form führt das Bremer Wbch. VI. (1869) S. 202
an: moderliken alleen. Die Erklärung macht Schwierigkeit. Man könnte
zunächft verfucht fein, mit Rückficht auf die alte Bedeutung von lik, das
Wort mit lief alleen zufammenzuftellen, allein fchon im Mittelniederdeutfchen
zeigt lik nur noch die Bedeutung corpus mortuum, Leiche. Vielleicht ift
das Wort nach dem niederländifchen moederlijk = mutterallein (f. Sicherer
und Akveld, Ndl. Wbch.) gebildet. Es wird eine willkürliche adverbiale
Weiterbildung aus moder alleen anzunehmen fein, wie etwa ftatt proppen-
voll, d. h. bis zum Pfropfen voll, auch proppendig voll, ftatt quatfchnatt
auch quatfchendig natt (Mi) gefagt wird. Der bei Schmeller-Frommann,
bayr. Wbch. I. 1421 erwähnte Einfchub von -leich, -lich, in der Bedeutung
'gleich', z. B. grasleichegrün, fpinnleichefeind etc. ift im Niederdeutfchen
ganz unbekannt.

Hamburg. Oscar Haufchild.

Meyfeld (XXVII, 27).

Dit Nederduitfche woord Meyfeld ftemt, ook in zijne beteekenis, volkomen overeen met het Nederlandfche woord maaireld (van Nederlandfch
maaien = Hoogduitfch mähen), dat hier te lande in volle gebruik is,
zoowel in de volksfpreektaal als in de geykte fchryftaal.

Haarlem. Johan Winkler.

Das Meyfeld (Mayfeld, Maifeld) ift die Landfläche, auf welcher, um
fie vor Überflutungen zu fchützen, ein Deich angelegt ift. In Wolters'
Allgemeinen Grundfätzen — in Deich- und Abwäfferungsfachen in den
deutfchen Provinzen, (Glückftadt, 1795), heifst es im § 47 (Überfchrift: Von
Mayfeld und ordinärer Flut) »Es ift bereits hin und wieder des Mayfelds
Erwähnung gefchehen, und alfo das Nötige davon hiefelbft anzuführen.
Man verftehet nämlich unter Mayfeld den flachen Grund und Boden, worauf
ein Deich oder fonftiges Werk angelegt, und nach deffen Befchaffenheit

die Gröfse, Höhe und Tiefe eines folchen Deichs beftimmt wird.‹ — Auch
in anderen Werken über Marfchländer kommt das Wort ›Maifeld‹ als
Bezeichnung der Landfläche vor, auf welcher ein Deich fich erhebt. Beim
Durchlefen der in meinem Befitz befindlichen Schilderungen von Marfch-
gegenden und Darftellungen von Deichrechten habe ich freilich eine andere
Erwähnung des Wortes als bei Wolters bis jetzt nicht gefunden. Man wird
in der Annahme nicht fehlgreifen, dafs mit ›Maifeld‹ eine Niederungsfläche
bezeichnet worden ift, welche mähbare Gräfer hervorbrachte, durch die
Eindeichung aber zum Kornbau brauchbar gemacht werden folite.

Hamburg. F. Voigt.

Der durch viele Auffätze und befonders durch feine ganz vortreffliche
kirchliche Statiftik des Herzogtums Schleswig bekannte Borener Paftor
Jenfen fagt in einer Befchreibung der Wiesharde, veröffentlicht in Karl
Biernatzki's Scenen und Gefchichten aus Schleswig-Holftein II. [2] Seite 38
(Altona, Lehmkuhl 1850) ›Das Dorf Meyu (Meden in den alten Urkunden),
wo einer jener Bäche (Ströme nennt man fie hier) ftark genug ift, eine
Mühle zu treiben, hat feinen Namen von den Wiefen — May oder Mey
ift eine im mittleren Schleswig häufig vorkommende Benennung für ein
folches grünes Kleinod‹.

In Akten ift mir das Wort Mey für Wiefe wiederholt vorgekommen,
ob nur in Schleswigschen oder auch in Holfteinfchen, ift mir nicht erinnerlich.
Blankermey heifst in Akten aus dem Anfang des 18. Jahrhunderts die
allmählich durch Modder und Unreinigkeit zugefchlickte zunächft zu Sumpf-
land und dann zu feftem Lande gewordene Südfpitze des Flensburger
Hafens, ein Gebiet, auf dem in der Mitte des vorigen Jahrhunderts der
Flensburger Bahnhof errichtet wurde. Der Name lautet in den jüngeren
Akten Plankemai und ift in der jetzigen Flensburger Plankemaiftrafse
erhalten. Dafs Blankermey 1727 gemäht wurde oder wenigftens gemäht
werden konnte, ergeben die Akten, wie aus meinem Bericht über die Flensburger Haf- und Hafengerechtigkeit (Zeitfchr. der Gef. f. Sch. H. Gefch. 35
S. 6) zu erfehen. ten Doornkaat Koolman wird wohl ganz richtig im
Wörterbuch der Oftfriefifchen Sprache mai-, mei-feld mit Mäh-Feld erklären.

Schleswig. Hille.

Bei mittelalterlichen Schriftftellern fcheint der Ausdruck Meyfeld nicht
vorzukommen. Die frühften Verwendungen, die ich kenne, gehören dem
17. Jahrhundert an. Im Jahre 1634 follte eine Eindeichung bei Butfloot
im Schleswigfchen Nordfriesland ausgeführt werden. Als Ingenieur und
Landmeffer war dabei Jan Adriaanszoon Leegwater aus Rijp in Nordholland
angeftellt. Am 1. November 1634 vernichtete aber eine ungemein hohe
Sturmflut diofe Deicharbeiten. Zwanzig Jahre fpäter, 1654, hat Leegwater
in feinen Lebenserinnerungen, die er Een kleine Chronyke etc. nannte, auch
von feinen Erlebniffen bei jenem Ereignis berichtet. S. 36 (der Ausgabe
Amfterdam 1710) fagt er von einem durch die Flut weggeriffenen Haufe,
dafs es nicht mehr als *rijf of zes roeten boven Meyrelt* geftanden habe.
Sein Logement, aus dem er freilich fchliefslich auch flüchten mufste, habe
auf dem hohen Seedeich gelegen, *die elf roet boven Meirelt is.* Von der
Höhe der Flut gibt er S. 37 an, dafs fie omtrent *13 roet hoogher als 't
Meyrelt van't oude landt* geftiegen fei.

Der frübſte Gebrauch des Wortes in deutſcber Sprache findet ſich meines Wiſſens in der Teichordoung in Süder-Dithmarſchen, gegeben von Chriſtian IV. im Jahre 1643, § 13 (Dithmarſiſches Land-Recht. Glückſtadt 1667 S. 152): »Solte . . . in jemands Teich durch Uberſtürzung des Saltzen Waſſers eine Kuhle einreiſſeu, ſo ſoll die Schleuſeeinigung ſchüldig ſeyn, ihme den Teichsſueſz *eine Ele höher, dann die Grönſchwart* oder *das Meyfeld* iſt auffzuführen helffen.« Meyfeld erſcbeint hier als der neuere Ausdruck; denn *gron-* oder *grönſwarde* iſt der alte einheimiſche. Schon 1384 heiſst es in einer Ditmarſchen Urkunde: an unſe *gronſwarden, dat wi ghreet heten edder ghrüden,* wo noch zwei Synonyme genannt werden, (die) greet oder richtiger greed als ſpeciel ditmarſch (und ebenſo nord- und überhaupt frieſiſch), und (der) grode als allgemein niederdcutſch. S. Mndd. Wb., wo weitere Belege für gronſwardę. Zwei fernere Beiſpiele, in denen gronſwarde im Gegenſatz zum Deiche gebraucht iſt, bietet Neocorus in der Chronik von Dithmarſchen II, 448 und 296 aus zwei Urkunden von 1578 und 1585.

Mag nun Meifeld auch ein neu aufgekommener und aus dem Niederländiſchen eingeführter Ausdruck ſein, ſo befremdet doch, daſs Anton Heimreich in der Nord-Freſiſchen Chronick (Schleſzwich 1666) ihn nicht verwendet, noch mehr aber, daſs er auch die erwähnten einheimiſchen verſchmäht, ſondern dafür z. B. S. 184 »der Bodem des Landes«, S. 409 »das flache Feld«, S. 436 »das ſchlechte (d. h. ſchlichte) Feld« in Angaben über die Höhe von Waſſerfluten gebraucht.

Aus der erſten Hälfte des 18. Jhdts vermag ich keine Belege für Meifeld zu geben. Erſt 1768 finde ich im Bremer Wb. III, 113: »*Maifeld,* die ordentliche Höhe des grünen Landes in einer Gegend: der mit Gras bewachſene Grund, worauf ein Deich lieget. Weil es kann abgemäbet werden.« Dann mehren ſich die Beiſpicle. Aus dem Technologiſchen Wb. von Jacobſon (Berlin 1781 ff) bringt es das Grimm'ſche Dtſche Wb. Bd. VI, bearbeitet von Moriz Heyne, Sp. 1460: »*maifeld,* im deichbau der grundboden, auf welchem ein deich oder ſonſt dergleichen waſſerbau aufgeführt wird.« Der Hamburgiſche Baumeiſter Sonnin ſchreibt 1791 in einem Promemoria an die Hannoverſche Regierung über Eindeichung von Marſchländereien (Reinke, Lebensbeſchreibung des E. G. Sonnin. S. 187): »wenn wir uns nun gedenken, daſs eine Fluth . . . um drei Fuſs hoch über *dem Mayfelde* anſchwölle,« und: »in vielen Marſchen iſt *das Mayfeld* 6, 8 bis 10 niedriger als der Kamm des Winterdeichs.« In den Schleswig-Holſteiniſchen Provinzialberichten begegnet das Wort mehrfach, ſo Jgg. VI, 1792, Th. I, 32 aus Ditmarſchen: »die Abdachung (des Deiches) nach dem *Meihfelde*;« Jgg. XII, 1798, Th. I, 146 von der Inſel Pellworm: »8 Fus vom *Maifelde* an gerechnet hoch.« Cbrn Kufs, Jahrbuch denkwürdiger Naturereigniſſe in Schleswig-Holſtein Th. II (1826) S. 24: »Ein Einbruch iſt eigentlich, wenn der Deich *bis auf Mayfeld* durchgebrochen wird;« S. 100: »in der Haſelauer und Haſeldorfer Marſch wurden (1751) die Deiche durchgehends ſo hart beſchädigt, daſs ſie an vielen Orten kaum *eine über Mayfeld gehende Fluth* hätten abhalten können.« C. A. H. Chriſtenſen, Die zwei Strom-Coupirungen bei Breitenburg, Hamburg 1827, S. 242: »Hier fanden wir im Deiche (an der Stör) viele . . . *Mayfeldsbrüche,*« mit der Erklärung. »Durchbrüche, bei denen der Deich bis auf die Höhe des Landes weggeſpült war.« Einen

Beleg aus »Zeitungen 1855« bringt das Dfche Wb.: »die Weferdeiche find hie und da *bis auf das maifeld* weggefpült.« Auch Stürenburg und ten Doornkaat Koolman verzeichnen 1857, bzw. noch 1882 in ihren Oftfrief. Wbb. *maifeld*, refp. *meifeld* und zwar aufser in der befprochenen geologifchen und hydrotechnifchen Bedeutung auch in der urfprünglichen agrarifchen von Mähfeld d. i. Wiefe oder zum Grasfchnitt oder zur Heugewinnung beftimmtes Feld, alfo was fonft im Niederländifchen *maailand* heifst.

Dies maailand ift früher nachweisbar als maaiveld. Schon Kilianus Dufflaeus in der zweiten Hälfte des 16. Jhdts verzeichnete im Etymologicum *maeyland pratum*. Dasfelbe bringen die auf niederländifche Vorlagen zurückgehenden niederdeutfchen Seebücher des 15. Jhdts mehrfach als *meyland*, einmal als *megeland*. Die von Ernft Deccke, Ndrfächf. Namen von Seeörtern, gegebene und vom Mndd. Wb. aufgenommene Bedeutung »grünes Vorland« trifft für die Verwendung des Wortes im Seebuch das Richtige. Im Gloffar zum »Seebuch, hrsg. v. K. Koppmann« habe ich eine andere Erklärung gegeben, die auch ins Mudd. Handwörterbuch durch mich gekommen ift, die von Feftland, engl. mainland, weil meyland im Seebuch meift Eilanden und Klippen gegenübergeftellt wird. Ich habe mich jedoch geirrt; nicht aus dem engl. mainland ift meyland entfprungen, fondern es ift das herübergenommene ndl.-frief. Wort, das aber aufser in der nautifchen Sprache, wie meyfeld in der hydrotechnifchen, nie recht eingebürgert gewefen zu fein fcheint, fondern im agrarifchen Sinne heifst es ftets mat, made, matland oder mede, medeland, meetland; auch im Oft- und im Nordfriefifchen. Das oben S. 38 nachgewiefene mey aber gehört dem Angeldänifchen an. Doch ftammen weder meyland noch meyveld daher. Aufser diefer Mundart kennt nun, nach Waling Dijkftra, Friefch Woordenboek II, 139, das Weftfriefifche ftatt des gewöhnlichen Plurals mieden (von Sg. miede) = graslanden dialektifch auch maeijen, von dem kein Singular angegeben wird, der aber doch als maoye wohl vorauszufetzen ift. Schleswigfches mey entfteht durch Vokalifation des d; follte das frief. maeye aus gleicher Verlautung des d entftanden fein? und könnten maailand und maaiveld nicht eher, ftatt mit dem Verb maaien, mit diefem Subftantiv gebildet fein? Pflegt man doch nicht Pflügeland, Säeland zu fagen; warum denn Mäheland? Sondern es heifst: Acker-, Korn-, Saat-, Gras-, Heu-, Wiefenland, freilich Weideland.

Für die vermutete Ableitung läfst fich vielleicht anführen die Neufelder (d. i. des Neufeldes bei Cuxhaven) revidierte Deichordnung von 1698 Art. 16: »Wann einer feinen Deich den Nachbaren gleich und fchaufrey (bei der Schauung für genügend erkannt) gemacht und durch hohes Waffer eine Bracke oder Wehl einftürzen würde, bleibet folches bei dem 1643 gemachten Vergleich, dafs folches Bracke vom ganzen Lande zween Fufs über *die grünen Soden oder Meid-Land* gebracht werde;« Sammlg der Hamb. Gefetze u. Vrfaff. Th. XI (1772) S. 835. Entweder fprach man in Hadeln mejdland für mede-, meedland, wie im Moringer Nordfriefifch mäjdd für meed, Wiefe (Bendfen S. 39), oder meidland ift als maidland zu nehmen und dann eine Kompromifsform zwifchen heimifchen meedland und dem neuen technifchen Ausdruck, fei der nun mayfeld, fei es mayland gewefen. Die Cuxhavener Ordnung von 1643 wird vermutlich den Ausdruck Meid-Land fchon gebracht haben. Vielleicht galt anfänglich meyland im Sinne des fpäteren meyveld.

Diefes Wort fcheint eine Schöpfung der Feldmeffer und Deichbauer zu fein: durch mey*veld* wird deutlicher die gleichmäfsig ebene Fläche des Bodens ausgedrückt, als durch moyland.

Hamburg.   C. Walther.

Krähnfch (bei Reuter ftolz, mutig).

Das in Vorpommern, Mecklenburg und in dem nördlichen Teile der Provinz Brandenburg bekannte Wort *krähnfch* wird mit Vorliebe von der ftolzen Halshaltung mutiger Pferde, daneben aber auch ganz allgemein von dem ftolzen, mutigen und befonders dem felbftbewufsten Ausfehen von Menfchen oder Tieren gebraucht. So heifst es bei Reuter, Bd. 4, S. 447, Z. 31 meiner Ausgabe »*kränfch as en Vullblaudpony*«, Bd. 2, S. 140, Z. 5 »*hir wull nu Fritz* (Triddelfitz) *kränfch in en flanken Drawo vör dat Hus riden*«, und bei Fritz Cammin, Burrofen S. 153 »*Hei* (ein wohlhabender Bürger) *kickt fo krähnfch dor up den Kirl* (einen Landftreicher) *in' Grawen.*« Für die Etymologie des Wortes ift von Belang, dafs der inlautende Vokal in Mecklenburg ä̂, der Zwifchenlaut zwifchen *â* und *ô*, in der Priegnitz aber *â* ift. Mecklenburgifches ä̂ kann der Umlaut eines früheren tonlangen *o*, tonlangen *a* oder langen *a* fein (Nerger § 169), das *â* der Priegnitz ift ftets umgelautetes langes *a* (Mackel, Ndd. Jahrb. 31, S. 106).

Zur Erklärung des Wortes find die verfchiedenften Etymologien aufgeftellt worden.

1) In dem Gedicht eines Märkers, welches in der »Berlinifchen Monatsfchrift« Bd. 16, S. 185 (Berlin 1790) gedruckt ift, heifst es von dem Denkmale des grofsen Kurfürften in Berlin: »Auf einer (Brücke) tut der Kurfürst ftehen, fo ftolz, als wollt er krähen.« Der Dichter, welcher an die ftolze Haltung des krähenden Hahnes dachte, hat mit feiner ungewöhnlichen Redensart wahrfcheinlich den mundartlichen Ausdruck »er ftand krähnfch« umfchreiben wollen, indem er »krähnfch« für eine Ableitung von »krähen« hielt. Zu diefer Etymologie ftimmt in Bezug auf den Vokal nur die märkifche Mundart, in welcher es *kräen* heifst, nicht aber die Mundart Mecklenburg, wo *kraien* gefagt wird. Auch würde man *kräifch* oder *krai-ifch*, nicht *kränfch* als Ableitung zu erwarten haben.

2) Nach Wiggers' Grammatik der plattdeutfchen Sprache § 49 und Mentz, Franzöfifches im Mecklenburger Platt (Programm 1897), S. 25 foll das Wort aus franz. *courageux* entftellt fein. »*Kröfch, krönfch,* mutig, übermütig, franz. *courajeux*« fagt Mentz, begegnet als *kurajöfch,* Meckl., ferner als *keriöfch,* tollkühn, auch ftolz, und *krejöfch,* Meckl. Dies führt zu *kröfch,* Hamburg, Holftein, und — mit Einfchiebung von n — zu *krönfch,* [!?] *kränfch,* Meckl., Pommern, mutig von Pferden.« In der tat erfcheint ein eingefchobenes *n* oft in Lehnwörtern, und nicht allein vor Dentalen, bei Reuter z. B. in *Plantanenbom, profenzeien, Prinzefs* (ftatt Prozefs), *Munfter* (ftatt Mufter), *fick monkieren* (fe moquer). Trotzdem ift die Etymologie unhaltbar. Sowohl in *courajeux* wie in *kröfch* fteht ö in gefchloffener Silbe und wäre *ô* geblieben. Weder hätte fich daraus ein ä̂ in Mecklenburg noch ein *â* in der Priegnitz entwickeln können, da letzteres, wie oben bemerkt ift, langes *a*, erfteres tonlanges *o* zur Vorausfetzung hat.

3) Cammin, Burrofen S. 189 leitet das Wort von »Krone« ab, »aufrecht, ftolz, als trüge er eine Krone.« Das Wort Krone wird aber in

Mecklenburg und in der Priegnitz ſtets mit langem o geſprochen, der Umlaut kann alſo nur ö ergeben.

4) Zum Schluſs die Etymologie, welche m. E. die richtige iſt und auf welche K l e n z in ſeinen Erläuterungen zu Reuters Werken H. 1, S. 81 zuerſt hingewieſen hat, indem er zu krähnſch anmerkt, »wohl zu Kran (bei Reuter Krann), Kranich gehörig, da es hauptſächlich von einer ſtolzen Halshaltung gebraucht wird.« Gegen dieſe Ableitung darf nicht eingewendet werden, dafs das Wort, da der Kranich in Reuters Heimat *Kraun,* in andern Gegenden *Kroon* heiſst, es in dieſen *krönſch,* bei Reuter *kräunſch* lauten müſste. Das wäre notwendig, wenn mnd. *krön* im Inlaut urſprüngliches langes *o* hätte. Das iſt nicht der Fall, es liegt vielmehr, wie Ndd. Jahrbuch 18, S. 142 nachgewieſen iſt, anomales aus *a* vor Naſal entwickeltes *o* vor. Aus altem *krän-isch, kran-iſch* hat ſich regelrecht heutiges *kränſch, kränſch* entwickelt, dieſe Entwickelung muſs freilich ſchon eingeſetzet haben, ehe *kran, krön* zu *kraun* diphthongiert war.

Als eigentliche Bedeutung des Wortes iſt alſo »emporgereckt«, erſt als abgeleitete »ſtolz, kühn, mutig« u. ä. anzuſetzen.

Charlottenburg.   W. Seelmann.

Scheveningen (XXVII, 2—4).

Auf die Antwort, die auf meine Anfrage inbetreff der Ausſprache des Namens Scheveningen von Winkler S. 3 dieſes Heftes erfolgt iſt und die nicht nur mich, ſondern auch andere befremdet hat, habe ich zu meiner Rechtfertigung folgendes zu erwidern. Weder die Dame, die faſt ein Jahr im Haag gelebt hat und von der ich die mir auffällige Ausſprache des Namens Scheveningen zuerſt gehört habe, noch der erwähnte Herr, von dem ich ſie ſpäter hörte, haben mir etwas aufgebunden, wie W. ſich auszudrücken beliebt. Auch ſcheinen ſie ſich nicht verhört zu haben. Hier in Blankenburg habe ich jetzt erſt Gelegenheit gehabt, mir von einer Holländerin, die ſeit Jahren in Deutſchland lebt, nicht nur den Namen Scheveningen, ſondern auch andere mit ſch anl. Worte ausſprechen zu laſſen, und ſtets habe ich ein ſchwaches r gehört, obwohl die Holländerin beſtritt, ein r zu ſprechen. Denſelben r-Laut habe ich noch von einem Braunſchweiger gehört, der drei Jahre in Holland gelebt hat, und von Herrn Staatsarchivar Dr. Telting aus dem Haag (Pfingſten 1905). Auch letzterer beſtritt mir, dafs er ein r in dem Worte Scheveningen ſpreche, das ändert aber nichts daran, dafs ich ein r hörte. Dieſelbe Dame, von der ich den Namen Scheveningen zuerſt in der angegebenen Weiſe ausſprechen hörte, iſt dieſen Sommer wieder mehrere Wochen im Haag geweſen und hat beſonders auf die Ausſprache des anl. ſch geachtet. Sie erklärt mir jetzt wieder, dafs ſie ſtets ein r höre, und dafs auch Frau van Pittius, in deren Hauſe ſie weilte, zugegeben hätte, dafs das ch einem r ähnlich klinge. Ich bin zwar weit entfernt davon, die Richtigkeit von Winklers Angabe über die holl. Ausſprache des ſch in Zweifel zu ziehen, aber W. dürfte doch kaum ein Urteil darüber zuſtehen, wie dieſer eigenartige Laut meinem Ohre klingt.

Blankenburg a. H.   Ed. Damköhler.

Görps?

In dem Buche von Ad. Holm: »Köft un Kinnerbeer. Un fowat mehr.«
habe ich auf Seite 130 den Satz gefunden: »Er trug nämlich ein 'Görps'
(doppelte Handvoll) der erften faft reifen Glaskirfchen.« Diefes Wort 'Görps'
ift wohl dem holfteinifchen Dialekt entnommen: in Hamburg habe ich es
nie gehört, und es fehlt auch fowohl in Richeys Idioticon Hamb., wie
auch in Schützes Holfteinifchem Idiotikon. Wie ift das Wort 'Görps'
etymologifch zu erklären?

Hamburg.   C. Rud. Schnitger.

Dies Görps konnten Richey und Schütze nicht verzeichnen, weil es
blofs Entftellung oder falfcbo Auffaffung des richtigen *Göps* fein wird. *Die*
Göps oder in älterer voller Form *Göpfe* ift die hohle Hand, befonders die
doppelte oder die Höhlung der gekrümmt zufammengelegten Hände. Schütze
hat das Wort nicht, auch keine fonftige Form desfelben; und ebenfo hat
Richey es unterlaffen, die hamburgifche anzugeben. Als hamburgifch kenne
ich von Jugend auf fowohl *gapf(e)* wie *gepf(e)* wie dritte *göpf(e)* (mit
langem Vokal) ward mir fpäter durch Dr. Wilhelm Mielck kund als in
feiner Familie üblich. Von einem Schiffer aus der Marfch bei Elmshorn
habe ich *geps* gehört. Dies wird alfo wohl weftholfteinifch und göps, das
auch in Mecklenburg wie fonft mehrlandes gilt, oftholfteinifch fein. Wegen
der Etymologie f. Rud. Hildebrand im Grimm'fchen Dtfch. Wb. N, 1, a,
1542 ff. unter gaufe; J. Franck, Etymologifch Woordenboek S. 266 unter gaps.

Hamburg.   C. Walther.

Mnd. bubar.

In Klöntrup's Wörterbuch der Osnabrücker Mundart findet fich:
»*búba*, ein grober und ungefchliffener Menfch.« Dies fcheinbar laut-
nachahmende Wort kommt in einer Urkunde bei Wenker, Meppener Urkundenbuch aus dem Jahr 1347 als Perfonenname vor: »Gherhardus dictus
Bubar«. Es ift gebildet wie englifch bugbear, mag auch deffen erfter Teil
keltifch fein. *Bar* ift Bär, denn der Eber heifst ndd. immer *bër, beir*.
Woher freilich das Ndd. das a in *bar* (Bär) hat, ift nicht recht erklärlich.

Osnabrück.   H. Jellinghaus.

Harfch (XXVII, 27).

Die befondere Bedeutung von *harfch*, ebenfo die Nebenform *häfch* ift
auch mir aus dem Hamburgifchen Dialekt und dem Hamburgifchen Hochdeutfch feit langen Jahren bekannt. Auf meine Frage erhielt ich die
Erklärung: man nenne fo diejenigen Bohnen, welche wegen ihrer Härte
fich fchlecht fchneiden liefsen und lange gekocht werden müfsten. Aufserdem
meine ich, das Adjektiv auch für herbe, raub, ftrenge vom Benehmen und
Auftreten gegen Andere, befonders gegen ftraffällige Kinder gehört zu
haben. Mittelniederdeutfch belegt ift das Wort, gleichfalls in übertragenem
Sinne, aus dem Ecclefiafticus, einer Überfetzung und Gloffierung des Buches
Jefus Sirach, in einer Handfchrift aus der Mitte des 15. Jahrhunderts
(Lübben, Verzeichnis der Quellen zum Mndd. Wb. S. V): de wisheyd is
alto *harfch echte* (oder) *hard* den ungelerden. In den Büchern über nieder-
deutfche Mundarten habe ich das Wort nicht verzeichnet gefunden, als

2*

blofs bei Bierwirth: Die Vokale der Mundart von Meinerfen (an der Oker weftlich von Gifhorn), 1890, § 91: *hafch*, rauh, fteif, vom Flachs, wenn noch hart. Ob mit *harfch* das oftfriefifche Adverb *hars* ftark, fehr, identifch ift, läfst ten Doornkaat Koolman fraglich. Er belegt den Gebrauch desfelben durch die Sätze: dat kumd d'r hars up an; dat ftekd fo hars nēt (nicht); dat fchālde fo hars föl nēt (fchälen, fchelen, unterfchieden fein; föl, viel); Stürenburg hat: nich fo hars, nicht fo fehr.

Für das Hochdeutfche ift barfch (f. Heyne in Grimm Dtfch. Wb., und Weigand Dtfch. Wb.) zuerft 1691 belegt durch den Spaten d. i. der Erfurter Caspar von Stieler im Teutfchen Sprachfchatz: *harfch* : harfches oder ftrotzendes Euter; eine barfche Rinde, Haut; barfche Sitten; harfche Luft. Bei ihm findet fich auch zuerft nhd. *harfchen* und *verharfchen*, welches letztere aber fchon für das Mhd. nachgewiefen ift von Ernft Wülcker: *dz gebreffe verharfchet*, aus einer dem Anfange des 15. Jahrhunderts angehörigen Bearbeitung von Megenberg's Buch der Natur in der Frankfurter Stadtbibliothek (f. Wülcker in Grimm Dtfch. Wb.), und von Lexer im Mhd. Wb. in der Form *verharften* »ganz hart werden, erftarren« aus einer Strafsburger Chronik. In oberdeutfchen Dialekten ift *der harfch* die Schneekrufte, Schnee der fo hart gefroren ift, dafs er trägt, wozu Andreas Schmeller im Bayerifch. Wb. als möglich verwandt das ahd. afächf. agfächf. and. *horfc, horfk*, fchnell, hurtig, fcharf im Verftändnis, klug, weife, ftellt. *Der harfch*, auch *harft*, heifst ferner im Mhd. und noch im Ober- und Mitteldeutfchen Haufe, Schar, Heer, *Vortrab des Heeres*. Vgl. das Deutfche Wb. und Kluge, Etymol. Wb. unter barfch.

Sollte das Adjektiv barfch fich nicht noch in anderen ndd. Mundarten erhalten haben?

Hamburg.   C. Walther.

Tî.

Im Mnd. Wb. ift das Wort *tie* als männlich angegeben und als weiblich nur einmal belegt, aber wie es heute in Blankenburg a. Harz und dem benachbarten Dorfe Timmenrode füchlich ift, fo findet es fich auch im Mittelalter am Nordrande des Harzes als fächlich. Im Urkundenbuche des Klofters Ilfenburg, 2. Hälfte, S. 404 (im Sachregifter S. 701 fteht irrtümlich S. 402) heifst es unter den Befitzungen und Hebungen des Klofters Ilfenburg: »*Unum pratum dat Thy*« (1520). Diefe Wiefe lag bei dem gegen Ende des 15. Jahrhunderts wüft gewordenen Dorfe Wollingerode unmittelbar hei Ilfenburg.

Auf Seite 506 der 2. Hälfte desfelben Urkundenbuches fteht in der Befchreibung der Ländereien von Brant Luders zu Rohrsheim aus den Jahren 1467 und 1468 *vor dem Uppelinge teyge*. Dazu bemerkt der Herausgeber »1467 *ley*«. Ich glaube nicht zu irren, wenn ich in *tey* ftatt *ty* oder *ti(e)* Diphthongierung der alten Länge i fehe, deren Vorkommen im Nd. in fo früher Zeit bisher nicht beobachtet ift. Zu bemerken ift, dafs fowohl Ilfenburg wie Rohrsheim aufserhalb der von mir im Jahrbuch XXII, S. 134 ff. feftgelegten heutigen diphthongifchen Sprachgrenze liegen.

Blankenburg a. H.   Ed. Damköhler.

Hahnrei (XXVII, 4; vgl. X, 71).

In Dithmarfchen und Stapelholm nennt man ein beftimmtes Kartenfpiel *Hahnrei*, entftellt in *Hahndrei*; in Dithmarfchen »*bedregn Hahnrei*« geheifsen, weil der Stecher die Karte des Ausfpielers mit Atout ftechen und auch nicht ftechen, alfo betrügen kann, aber feine Karte verdeckt hinlegt mit den Worten »lurn«? (Willft du unterfehen?)

Dahrenwurth b. Lunden.   Heiur. Carftens.

Auch in Jeverland war vor reichlich funfzig Jahren das in voriger Nummer erwähnte Kartenfpiel fehr beliebt. Es hiefs dort hahndrei (oder hahndreier) um'n lüchter (weil man um den Leuchter herum fafs??) und machte am meiften Spafs, wenn es wie gewöhnlich verabredetermafsen »mit bedrégen« gefpielt wurde.

Itzehoe.   K. Seitz.

Dat Ei is ganz entwei (XXVII, 1).

Die Redensart: »Dat Ei is ganz entwei« für eingegangene Freund-fchaft, hört man auch in Dithmarfcheu. Auch hörte ich: »Se brödt en Ei mit enanner ut; wenn 't man ni bald entwei geit.« Eine Frau aus der Gettorfer Gegend im Dänifchen Wohld fagte: «Dat is en hitt Ei mit de beidn; wenn 't man ni bald twei geit; denn awers ward dat noch orri ftinkn.« Noch häufiger, als diefe Redensart, braucht man in Dithmarfchen folgende: »Dat is en bannige Putt mit de beidu; wenn de man ni bald tweigeit; denn ftinkt dat awert ganze Dörp.« Jn Stagelholm fagt man: »Das fon hitte Pott mit de beidu; lat 'n man ni aubrenn'n.« Andere Redensarten für dicke Freundfchaft find: »En eeni Wark; fo eeni, as 'n par Pürköteln; een Putt un een Pann; fe hebbt dat banni hit ünner; Een Pott, eçn Ars.« Häufig hört man auch: »So eeni as 'n Putt vull Müs.« Letzteres ift aber wohl im ironifchen Sinn gemeint, weil Mänfe zufammen in einem Topf fich fchlecht vertragen. ·

Dahrenwurth b. Lunden.   Heinr. Carstens.

Bafche (XXVII, 26).

In mijne vaderftad Leeuwarden (Friesland) heeten de grootere, uit leem gebakkene en daarna verglaasde werpkogels (kinder-fpeelgoed): *bakkerts*; en de kleinere, grauwachtig witte, heeten *knikkerts*, bijzonderlijk *albaftene knikkerts,* als ze van die fijne gipssoort, *albaft,* gemaakt zijn.

Dit Friefche woord *bakkert* (afgeleid van 't werkwoord *bakken*) is in de Frifo-faffifche goufpraak van Groningerland tot *badjerd, badjeal* ver-bafterd, en heeft zeer waarfchijnlijk ook aanleiding gegeven tot de vorming van het Hamburger woord *Bafche* — tenzij dan dat men dit *bafche* liever wil afleiden van 't woord *albaft* (*albaftene knikkert*).

Haarlem.   Johan Winkler.

H. Handelmann, Volks- und Kinderfpiele aus Schleswig-Holftein, S. 93 unterfcheidet von den aus Lehm gebackenen Löpers (auch Knicker, Picker, Schütter) die aus Marmor und ähnlichen Steinarten gerundeten Marrel, Marlfteen, Marmeln, Murmer und die von *Alabafter* gefertigten *Bafche*. Albert Borcherdt, Das luftige alte Hamburg (1889), S. 18: »In Hamburg wurden bis zu Anfang unferes Jahrhunderts die thönernen Kugeln

Löper, die aus Marmor gefertigten Marrels genannt. Erft fpäter hiefs man die erfteren Marrels, die zweiten aber *Bafches* von *Alabafter*. Ein Bafche gilt foviel wie 4 gewöhnliche Thonkugeln.« Die Ableitung des Wortes Bafche von Alabufter ift gewifs richtig. Ich kenne aus meiner Kindheit nur die Form *Bafter*, Karl Koppmann kannte nur *Bafchen*. Diefe Form Bafchen und Bafche find vielleicht Diminutive aus verkürztem Baft. Da sj vor Vokal im Nudd., wie in den übrigen nichthd. germanifchen Sprachen, zu fch wird, und da ft in Hamburg ndd. gerne wie fs gefprochen wird, fo werden Bafchen und Bafche auf Bafsjeu, Bafsje zurückzuführen fein.

Hamburg. C. Walther.

Knutfchen (XXVII, 26),

die ndd. Form von knautfchen (zufammen drücken, auch derb liebkofen) ift mir aus dem ganzen nordweftl. Deutfchland (von Oftfriesland bis Holftein) bekannt und wird namentlich auch von unordentlicher Verpackung gebraucht.

Itzehoe. K. Seitz.

Das Spiel *knutfchen und fpannen* wird bei Handelmann, Volks- und Kinder-Spiele aus Schleswig-Holftein, 2 verm Ausg. 1874, S. 113 in einer fachkundigen Darftellung der Marmel- oder Läuferfpiele durch Dr. J. Ehlers genannt: *fpannjagen*, oder *boppfen und fpannen*; das Treffen mit der Kugel heiffe *boppfen oder Doppn* (fo mit d!). Als englifche Bezeichnungen werden *bofs out* und *bofs and fpan* angegeben. Albert Borcherdt, Das luftige alte Hamburg (Bd. I, 1889) S. 19 gibt als hamburgifchen Namen *Huddel is in 'n Buddel*.

Hamburg. C. Walther.

Das Wort ift dem weftfälifchen Plattdeutfchen unbekannt, fowohl als Bezeichnung eines Knicker- (Marmel-)Spieles wie auch in der Bedeutung des Drückens; Kleider, Papiere werden »verknuffelt«. Dagegen ift das Wort »knutfchen« feit einem oder zwei Jahrzehnten, wie mir fcheinen will, von der mittlären Elbe her, in das vulgäre Hochdeutfche eingedrungen, es bedeutet »drücken«, vornehmlich im Verkehr der beiden Gefchlechter mit der Bezeichnung auf nicht gerade anftändige Handgreiflichkeiten.

Dortmund. Fr. Kobu.

Klamp (XXVII, 28).

In Oftfriesland heifst noch heute das breite über einen Graben füh-rende Steg (Brücke) ein *Klamp*, wie fchon in Doornkaat Oftfrf. Wb. II, 232 bemerkt ift.

Itzehoe. K. Seitz.

Ziegler Idioticon Ditmarficum in Richey's Idioticon Hamburgenfe (1755) S. 415: *Klamp*, ein Steg über einen Graben. Müllenhoff im Gloffar zu Groth's Quickborn, 6. Aufl. 1856, S. 363 unter Stegelfch: »*Steg*, n., Brett oder Bohle zum Überfchreiten eines Grabens; *ift eine Handlehne daran*, heifst es in Meldorf und nördlicher (nicht in der Südermarfch) *ein Klamp*.« Schon 1523 und 1524: tho Wiemerftedinger *klampe*; f. die Urkunden in Dahlmann's Ausgabe von Neocorus' Chronik des Landes Dithmarfchen I, 602—604. Vgl. Mudd. Wb., wo es auch aus den Butjadinger Küren v. J. 1479 nachgewiefen wird: *tho dem* Sillenfer *clampe*; Richthofen, Friefifche

Rechtsquellen S. 545. **Wangerogifch** *klamp,* msc. ein Steg über einen Graben; Ehrentraut, Frief. Archiv I, 375, aber *klomp* S. 414. Abweichend in Form und fcheinbar in Bedeutung bei Cadovius-Müller, Memoriale linguae Friſicae (1691), hrsg. von Kükelhan S. 33: *klampe, ein Steig;* gemeint ift wohl *Steg.* In derfelben Form *Klampe,* Steg über einen Graben, bei Stürenburg, Oftfriefifches Wb. (1857). Im Nordfriefifchen fcheint Klamp für Steg nicht vorzukommen. Johanfen, Die Nordfrief. Sprache nach der Föhringer und Amrumer Mundart S. 104 hat *Klâmp,* m. 1) Klampe, 2) Haufen, S. 123 von Heu- und Heidehaufen; ebenfo Bendfen, Die Ndfrf. Spr. nach der Moringer Ma. S. 36 *Klômp,* m. 1) die Klampe, 2) der Schober. Was fie unter der Klampe verftehn, fagen fie freilich nicht. Vgl. ten Doornkaat Koolman, Oftfrief. Wb. II, 232 und Hildebrand im Grimm'fchen Deutfch. Wb. V, 941 f.

Hamburg.   C. Walther.

_____

Zum lübifch-revalfchen Totentanze.

In dem wertvollen Werke »Gefchichte und Kunftdenkmäler der Stadt Reval, von Eugen von Nottbeck und Wilhelm Neumann (Reval 1904), Bd. 2, S. 74—76 wird eine photographifche Abbildung der Refte des Revaler Totentanzes und ein Abdruck des Textes nach neuer Lefung geboten. Darnach lauten in den Worten des Königs V. 95. 96 (vgl. Ndd. Jahrbuch 17, S. 73)

> *Hertogen, ryddler unde knechte*
> *Dregen* (?) *vor my durbar gerichte.*

Statt *dregen* war früher *dagen* gelefen worden, und das *r* ift in der Tat fo undeutlich, dafs man eines Vergröfserungsglafes bedarf, um auf dem Fakfimile den Reft diefes Buchftabens zu erkennen. Aber auch das *e* oder *a* ift nicht deutlich. In diefem Schriftzeichen fcheint mir der kleine dunkle Streifen unter dem oberen Rande kein Schriftzug zu fein, und ich glaube *o,* alfo *d'rogen* lefen zu können. Jedesfalls bietet *drogen* die urfprüngliche Wortform und die Verfe find zu überfetzen:

> »Herzöge, Ritter und Knechte
> fetzten mir koftbare Speifen vor.«

Die Vergleichung des Totentanzbildes der Lübecker Marienkirche mit dem Revaler erweift augenfällig, dafs das letztere eine treue, fich auch auf die Umrahmung erftreckende Kopie des alten lübifchen Bildwerkes bietet. Dadurch erklärt fich auch die Ähnlichkeit der Kanzel mit dem Prediger im Revaler und im Berliner Totentanz, denn diefer ift gleichfalls eine, wenn auch minder treue und nur mittelbare Nachbildung des alten lübifchen Bildwerkes.

Der lübifch-revalfche Totentanz ift für die Forfchung nicht nur in bezug auf die deutfchen, fondern auch die zahlreichen franzöfifchen, fpanifchen, italienifchen ufw. Totentänze von fo hervorragender Bedeutung wie kein anderer, und ohne ihn würde die Totentanzforfchung des ficheren Bodens entbehren, auf den fie in den im Ndd. Jahrbuche Bd. 17 veröffentlichten Abhandlungen geftellt werden konnte.

Diefe Bedeutung des lübifch-revalfchen Totentanzes rechtfertigt den Wunfch, dafs die Verwaltung des Altertumsmufeums in Lübeck eine farbige

Kopie des Revaler Denkmals oder doch mindeſtens eine photographiſche Nachbildung in gröſserem Maſsſtabe anfertigen und in dem Muſeum aufſtellen laſſen möchte.

Dieſe Nachbildung würde den Altertumsfreunden Lübecks anſchaulich vor Augen führen, was früher eine Merkwürdigkeit der Stadt war, und ſie würde eine rettende Tat ſein und der Nachwelt gewiſſermaſsen die Revaler Reſte retten, falls dieſe der Zahn der Zeit oder ein elementares Ereignis vernichten ſollte. Das 1906 erſchienene Werk »die Bau- und Kunſtdenkmäler der freien und Hanſeſtadt Lübeck, Bd. 2, bearbeitet von F. Hirſch, C. Schaumann und F. Bruns« behandelt den Totentanz der Marienkirche auf S. 316—319. Es werden einige auf ihn bezügliche Auszüge aus den Wochenrechnungen der Baumeiſter beigebracht und die m. E. zutreffende Anſicht ausgeſprochen, daſs das alte Bildwerk nicht auf Holztafeln, wie Mantels meinte, ſondern auf Leinwand gemalt war. Die neueren Arbeiten über die Totentänze ſind dem Bearbeiter unbekannt geblieben.

Charlottenburg.   W. Seelmann.

_____

Sparenberg.

Will man die von Preuſs, Flurnamen S. 140 und mir Jahrbuch 28 gegebene Erklärung der »Sparenbergo« (T. überſicht übrigens den ſchon 1288 bei Nienburg genannten *Sparenberg* und den Hof *Spanberg* bei Dackmar, der 1291 in den Sparenberge genannt wird. Vgl. Hoyer Urkundenbuch, Ratjen, Hoya III, 166 und Osnabr. Urkb. 4, 207), von *ſpar*, trocken, nicht annehmen, ſondern darin wie in Schwalenberg und Ravensberg einen Vogelnamen finden, ſo kann es nur die *Spree*, der Star ſein, nicht der Sperling. Es liegt nicht der geringſte Beweis aus Wörterbüchern vor, daſs *ſparling* je in Weſtfalen gebräuchlich geweſen ſei. *Sperwer* kommt allerdings in Perſonennamen vor, ſo zuerſt der jetzige Hof *Sperfeld* bei Eggenrode, Kr. Ahaus, der im J. 1151 Sperwerinchus heiſst. Wie man nach Crecelius den Lüning von ſeinem Lärmen benannte, ſo die *ſprao, ſprâle*, nl. *ſpreeuw* von *V ſpar*, flattern, umgeſtellt ags. *ſpreaurljan*. Ich kann mir nicht denken, daſs der Bielefelder *Sparenberg* je durch andere Sperrlinge aufgefallen ſei, als die Gefangenen, welche bis 1862 in ſeinem Turme ſaſseu. Es gibt übrigens noch einen *Sparenberg* bei Hiddenhauſen vor Herford und einen in Jeverland.*) Ein Dorf Lüninghauſen iſt nicht bekannt

Osnabrück.   H. Jellinghaus.

In Dortmund, dem nördlichen Teile der Grafſchaft Mark und im Münſterlande heiſst der Sperling plattdeutſch Lüning, im Sauerlande Lenning oder Leining. Spatz iſt offenbar jüngerer Eindringling, allerdings mit dem Erfolge, daſs er auch in der hd. Umgangsſprache faſt ausſchlieſslich gebraucht wird. Sperling kommt in Dortmund als Eigenname vor, das

_____

*) Der Jeverſche Ort, »ein adelig freies Gut«, heiſst bei L. Kobli, Handbuch einer Beſchreibung des Herzogtums Oldenburg etc. II, 882 Sparenburg. — In Holſtein liegt zwei Ortsnamen Zuſammenſetzung mit Lüning, wohl dem Perſonennamen, zugrunde: Lunnighufe (um 1200, Hamb. Ub), wo die neuere Form Lüen-, Lühnhuſen (Schleswig-Holſt.-Lauenb. Jbücher II, 121. 124. Detleſſen, Elbmarſchen I, 235) die Leſung Luninghuſe empfiehlt; und Lüningshof, vormals Luninghof (Schröder und Biernatzki, Topographie v. Holſtein II, 114). Ein Familienname de Luningeslo kommt 1269 in Weſtfalen vor (Rübel, Dortmund. Ub. I, S. 65).

Adrefsbuch verzeichnet 7 Träger diefes Namens, doch dürften diefelben Eingewanderte aus anderen Teilen Deutfchlands oder Abkömmlinge folcher fein; dafür fpricht auch der Umftand, dafs fie fämtlich ungefchulte Arbeiter zu fein fcheinen, der Bedarf an folchen aber wefentlich durch Zugewanderte gedeckt wird. Bei Leuten unzweifelhaft weftfälifcher Abftammung habe ich den Namen Sperling nie gehört.

Dortmund.   Fr. Kobu.

Pultern (XXVII, 11).

Es ift ein altes niederdeutfches Wort für niederkommen; letzteres, ein etwas wunderbares Wort. kommt bekanntlich daher, dafs in alter Zeit die Frauen für den Akt des Gebährens auf den Boden gelegt wurden. Ganz dafelbe bedeutet das niederdeutfche »pultern«, welches zunächst: fallen bedeutet, dann in zweiter Linie eine Bezeichnung ift für das dadurch verurfachte Geräufch.

Lübeck.   J. Weiland.

Trofchülli.

Diefes aufserhalb Schleswig vielleicht kaum bekannte Wort, Dänifch trofkyldig, beweift, dafs in Einem Worte fich zwei dem Sinne nach nicht gerade verwandte Bedeutungen vereinigen können, es find die Bedeutungen: treu und befchränkt, die fich allerdings erfahrungsmäfsig oft zufammentinden. Es will mir vorkommen, dafs im Niederdeutfchen der Begriff der Treue, im Dänifchen der der geiftigen Befchränkung vorherrfcht.

Lübeck.   J. Weiland.

Polakker.

Mit diefem Wort bezeichnet man die Refte in Weingläfern und Tabackspfeifen. Was mögen die Polen mit diefen minderwertigen Reften zu tun haben?

Lübeck.   J. Weiland.

Hennig.

Das Adjektiv »hennig« habe ich nur in meiner Heimat (Südfchleswig) gehört, und meiftens in Verbindung mit »Kalv«. En hennige Kalv bedeutet ein anfehnliches Kalb. Zufälliger Weife hörte ich in Weftfalen »en hennige Draff« = ein fchlanker Trab. Was mag wohl der Stamm und die Grundbedeutung diefes Wortes fein?

Lübeck.   J. Weiland.

Badequast (VII, 58).

Als mein Sohn in Weffelburen fich ein Atelier baute und dafelbe gerichtet werden follte, fagte ein alter Weffelburener: Wenn he (der Bauherr) nix to vertärn utgift, fo mut ik noch rein en Beffem babn rinhangn. Das Aufbangen des Befens follte alfo eine Art Befchimpfung und wohl das Gegenteil von dem Richtkranz bedeuten.

Dahrenwurth bei Lunden.   Heinr. Carftens.

De Pulterpaffie fpelu (XXVI, 48; XXVII, 11).

Diefes Wort beweift, wie manchmal der urfprüngliche Sinn eines Wortes verloren gehen kann. In Dithmarfchen fagt man, wenn etwas unficher aufgebaut und dann mit Gepolter zufammenfällt: Da's en *Pulterpafs.* Ebenfo fagt man, wenn jemand etwa mit einer fchlecht gebauten Stellage niederbricht: »Wat maks dar van een Pulterpafs?« En *Muuswüpp*-bau ift dasfelbe.

Dahrenwurth b. Lunden.   Heinr. Carstens.

Slukwächter (XXVI, 55 und 88).

In dem Buche von Wilhelm Poeck: »De Herr Jnnehmer Barkenbufch und andere Gefcbichten von der Waterkant« (Hamburg 1906) findet fich auf Seite 51 der Satz: »Ick dach an den *Slukfechter* in unf Kielwoder.« Gemeint ift ein Haitifch, der dem Schiffe folgt, alfo ein fehr gefräfsiges Tier, auf das die Bezeichnung »Slukwächter« in der in Heft XXVI, Seite 88 gegebenen Bedeutung eines gierigen Gefchöpfes ganz gut zu paffen fcheint. Nach der von Poeck gegebenen Schreibung des Wortes mufs man aber annehmen, er wolle es mit dem Verbum »fechten« in Beziehung bringen. Das ift aber m. E., wenn ich auch keine etymologifche Erklärung des Wortes »Slukwächter« geben kann, wohl gänzlich ausgefchloffen. Ich habe den zweiten Teil des Wortes (.... wächter) auch nie mit »f« als Anlaut fprechen gehört.

Hamburg.   C. Rud. Schnitger.

Zu mnd. to dônde.

Im Mnd. heifst *enem wes to dônde sin* oder *wes to dônde hebben* etwas nötig haben, bedürfen, Mnd. Wb. I, 539. Im Urkundenbuch der Stadt Goslar, Teil III, Nr. 105 vom Jahre 1305 fteht: *dat ek mit culbort all miner erren und rrunde, der des to donde was, vorkoft hebbe* etc. Hier ift die Rdn. mit dem Gen. der Perfon konftruiert und wird in Nr. 106 desfelben Bandes und von demfelben Jahre mit quorum intererat überfetzt. In demfelben Sinne wird heute in Cattenftedt u. a. H. gefagt *mek is et gräde darumme te dann(e)*.

Blankenburg a. H.   Ed. Damköhler.

Sperling im Niederdentfchen.

Die Annahme von Prof. Tümpel, dafs fparo für Sperling auch altfächfifch vorhanden gewefen fein mufs, ift ficherlich richtig. Daran läfst das Vorkommen des Wortes in allen älteren deutfchen Sprachen aufser der altfächfifchen und altfriefifchen, von welchen beiden nur wenig umfangreiche Sprachdenkmäler erhalten find, keinen Zweifel und noch weniger, worauf Tümpel mit Recht befonderes Gewicht legt, dafs der mit fparo gebildete Name des Sperbers oder Sperlingshabichtes im Mnddtfchen als fperwer, fparwer aus unverdächtigen Belegstellen vom Mndd. Wb. nachgewiefen ift. Zu diefen Stellen laffen fich noch weitere hinzufügen. Diefenbach gibt in feinem Gloffarium Latino-Germanicum an, dafs *nifus* in mndd. Gloffaren mit *fperwer* überfetzt werde; ferner in feinem Novum Gloffarium, dafs ein ndd.-lat. Vokabular (Nr. 38 nach feiner Bezeichnung) habe: *nifus ſperwer*, und is de he (das Männchen) und de ſee (das Weibchen) heet ſprenſcke[1]. *Sperwer* niſus hat auch das (ſ. Einleitung zum Mudd. Handwörterbuch) durchaus ndd. Hamburgiſche Vokabular aus dem 15. Jhdt. Jemand wird im Hamburg. Stadterbebuch 1262 Nicolaus *Sperwarius*, 1268 Nicolaus *Niſus* genannt; Ztſchr. f. Hamb. Geſch. I, S. 359. 400. Im J. 1430 ward in Lübeck ein Faſtnachtsſpiel aufgeführt unter dem Titel: do der godynnen *de ſperwer* gegeven wart; Ndd. Jb. VI, 3. Auch in dem 1492 zu Lübeck gedruckten Paſſionael eſte levent unde lydent der hyllighen begegnet das Wort in einem Abſchnitt, den Staphorſt in ſeiner Hamburgiſchen Kirchengeſchichte I, 4, 144 hat abdrucken laſſen: do quam up ene tyd eyn *ſperwer* to deme vogele; ... *de ſperwer* ſtarf tohant (alsbald). In den von Seelmann im Ndd. Jb. XIV, 126 ff. mitgeteilten mndd. Vogelſprachen erſcheint *de ſperwer* in der Stockholmer Hdſchrift § 9 (S. 128). Auch in der Helmſtädter Vogelſprache *ſperwer*; ſ. Bruns, Romaniſche Gedichte S. 135.

Ganz aufser Betracht gelaſſen hat Tümpel für die Begründung eines af. ſparo den aus ſparo abgeleiteten jüngeren Namen des Vogels, ſperling. Das iſt erklärlich. Im Mndd. Wb. fehlt das Wort; einzig »luning« wird als gebräuchlich nachgewieſen. Ebenſo iſt dies allein ſeit der Entdeckung der Eſſener Gloſſen durch Crecelius als af. Bezeichnung des Vogels nachgewieſen: *hliuningos*[2]) *paſſeres*; Nd. Jb. IV, 47. Natürlich mufs daher luning als die einzige ndd. Benennung erſcheinen und das in neueren ndd. Dialekten noch vorkommende *ſperling*, *ſparling* als Eindringling aus dem Hd. Nun liegt in Wirklichkeit das Verhältnis aber anders. Zwar wiſſen wir nicht, ob die Form ſperling in Oberdeutſchland, in Mitteldeutſchland oder in Niederdeutſchland gebildet worden iſt. Die Priorität der Nachweisbarkeit des Wortes ſpricht allerdings für Oberdeutſchland, wo ſperling bereits im 12. Jhdt. vorkommt; doch ſcheint ſie im Mhd. ſeltener gebraucht zu ſein, als das erhaltene Simplex ſpar. Dagegen iſt ſperling im Mndd. ſeit dem 13. Jhdt. das gewöhnliche Wort ſtatt luning, das erſt allmählich in die Litteraturſprache einzudringen ſcheint. Wenigſtens gehören die im Mndd. Wb. für luning citierten Quellen erſt dem 15. Jhdt. und meiſt dem ausgehenden an. Auch die Belege, die ich hinzugeſammelt habe, ſind nicht älter, es wäre denn die Stelle in Stephan's Cato Z. 685, Ndd. Jb. XXIII, 28.

In das Mudd. Handwörterbuch habe ich ſparling und ſperling aufgenommen. Da die Artikel dort ohne Belege bleiben mufsten, benutze ich dieſe Gelegenheit, um ſolche nachzuholen. Meine Behauptung, dafs ſperling ſich ſchon im 13. Jhdt. als ndd. nachweiſen laſſen, beruht auf dem nicht ſeltenen Vorkommen des Wortes als Zuname. So biefs 1259 ein Domherr in Lübeck Johannes *paſſer*, der 1300 als Joh. dictus *Sperling* erſcheint; Lüb. Ub. II S. 25 u. Leverkus, Ub. des Bisthums Lübeck S. 446. Wenigſtens einen, wahrſcheinlich zwei Bürger Sperling in Lübeck gab es 1269 und 1289; Leverkus S. 202. 225 u. Lüb. Ub. I, 486. Ein Johannes Sperlingh in Hamburg wird 1314 erwähnt in Haſſe's Schlesw.-Holſt.-Lauenb. Regeſten u. Urk. III S. 149. Zwiſchen 1325 und 1328 begegnet ein Johannes Sperling als Mönch im oſtholſteiniſchen Cismar; Leverkus S. 643. 660. 665. Der Name iſt auch im ſpäteren Mittelalter nicht ſelten, z. B. in Lübeck

---

[1] mhd. ſprinze niſula.
[2] S. über die Etymologie des Wortes Crecelius im Ndd. Kbl. IV, 52 und Peters daſelbſt V, 55.

und befonders in Meklenburg, wo es auch eine adeliche Familie des Namens gegeben zu haben fcheint. Luning ift freilich gleichfalls nicht felten, und auch er kommt bereits im 13. Jhdt. in Kiel vor, wo im Stadtbuch zwifchen 1264 und 1289 ein Ratsherr Hildebrand und ein Heinrich oft unter dem lateinifchen Namen *paffer* genannt werden, doch in Überfetzung nie *Sperling,* fondern *luni[n]g* (Haffe, Kieler Stadtbuch § 948); Hildebrand Luni[n]g auch 1286 in einer Urkunde bei Haffe, Schl.-Holft.-Lauenb. Regeften u. Urk. II Nr. 695.

Dafs fperling der gewöhnliche Ausdruck war, beweifen ferner die Vokabulare. Diefenbach gibt im Gloffarium *fperlinc* als ndd. Gloffierung für paffer, im Novum Gloffarium aus einem Gloffar (Nr. 37) *fperlingh*, aus einem anderen (Nr. 38) *fperling* und *luning*; fonft kommt in den von ihm ausgezogenen Gloffaren letzteres nicht vor! Auch das fchon oben angeführte Hamburger Gloffar kennt den Namen nicht; *es hat nur ›fperling‹.* — Von den Vogelfprachen gebraucht die Helmftädter bei Bruns S. 139 *fperli[n]k,* und ebenfo die Stockholmer § 77 *de fperlinck* (Ndd. Jb. XIV, 137), § 82 *de rorfperlinck.* Dagegen hat die Münchener § 7 *de luninck off muffche* (S. 139). Herman Bote (um 1500) bedient fich des Wortes im Koker Z. 281 (in Hackmann's anonymer Ausgabe des Reineke de Vos mit dem Koker, Wulffenbüttel 1711, S. 311): dar boven in dem [lies: der?] varsten (Firft), *dar neftet müfe unde fperlyng* (reimt auf terling, Würfel). In dem Vaftelavendesgedicht ›Burenbedregerie‹, das Seelmann nach einem Drucke des 16. Jhdts. im erften Bande der ›Drucke‹ unferes Vereines herausgegeben hat, fagt der eine Bauer Z. 161 ff. (S. 28): wen de kreyen Hegen umm unfen klocktorn Und *de fperlinge fylcken* (zwitfchern) yn mynem tundorn (Dornzaun), etc. In der Bordesholmer Übertragung der niederländifchen Broverbia Communia, herausgegeben von Jellinghaus, S. 10 Nr. 80 heifst es: *alze de fparlynghe neftelen wyl,* fo focht *fe* vele hole. Man könnte zuerft glauben, das Feminin de fparlynghe fei durch das ndl. Original veranlafst; als die mufche neftelen wil, foect fi velo holen; Hoffmann von Fallersleben, Horae Belgicae IX S. 7, 81. Allein diefelbe Bildung zeigt das Ndd. in *lüninge* neben Iüning. Auf diefe Femininbildung ift das Saterländifche Wort für Sperling, *lünege* zurückzuführen. Die Form *lünke,* welche Richey allein für Sperling, das Brem. Wb. neben Lüning, Schütze neben lünk kennt, ift ohne Zweifel aus diefer kontrahierten Form moviert. Das Brem. Wb. hat auch die Form *lüne,* dazu den Plural lünen Frdr. Freudenthal Bi'n Füer (1879) S. 80 f., auch wohl eine Femininbildung. Vergleichen läfst fich, dafs im Moringer Nordfriefifchen (Bende Bendfen S. 65) *jö* (die) *fparrig* für Sperling gilt. Bemerkenswert ift für die einftige Verbreitung des Ausdruckes fperling ftatt Iüning, dafs noch um 1617 der Chronift Neocorus in Ditmarfchen, worauf Schiller Zum Thier- und Kräuterbuche II, 15 hinweift, mehrmals jenen fetzt: alfo fach men ock dit jar *einen witten fperling,* etc. (Ausg. v. Dahlmann II, 421).

Bei folcher Gebräuchlichkeit des Wortes fperlink im Mndd. kann es nicht befremden, dafs einige neundd. Dialekte dasfelbe bis heute befitzen. Däbnert im Vorpommerfchen Wb. 1781 kennt nur fparlink für den Vogel und metaphorifch für einen kleinen fchwachen Menfchen, der doch vermögend tun will: wat will de fparlink? Lünink bedeutet nach ihm üble Laune, verdriefslicher Sinn. Wenn er dann die Redensart den lünink anbinden (wenn Kinder aus Verdrufs in einen Winkel gehen oder den Kopf dahin ftecken, weil fie ihren Willen nicht erhalten) anführt, ohne des ihr zugrunde liegenden Vogelnamens zu gedenken, fo mufs wohl in feinem Umgangskreis Iüning für fparling ungebräuchlich gewefen fein. Dafs der Oftmecklenburger Fritz Reuter fparling verwendet, weifs jeder der Hanne Nüte gelefen hat; ob auch lüning, erinnere ich mich nicht; das Wörterbuch zu Fritz Reuters Werken von Fr. Frehfe führt es nicht auf. Hingegen Mi (d. i. F. G. Sibeth), der ein Wb. der Mecklenburgifch-Vorpommerfchen Mundart geliefert hat, verzeichnet fowohl Iüning wie auch fparling (und ruhrfparling); und Schiller a. a. O. gibt fpårling als Hauptbenennung, »auch Iüning, lünk, lünck«, und Zufammenfetzungen für Arten kennt er nur mit fparling: hûs-, bôm-, feld-, kranz-, rûrfparling. Aus Hamburg kenne ich beide Namen fparling und Iüning als üblich, letzterer begegnet meift in der kontrahierten Form lûnk. Danneil befchränkt für die Altmark lünk auf »einige Dörfer«; fparling gilt alfo allgemeiner. In Göttingen und Grubenhagen ift nach Schambach Iüning »fehr felten, dafür gewöhnlich fparling«. Für die weftlichen und nördlichen Mundarten wird kein fparling mehr angegeben; follte es wirklich erlofchen fein? Was gilt ferner in der Mark Brandenburg, in Hinterpommern, Braunfchweig u. f. w.?

Das Mndd. Wb. IV, 304 bringt für den Artikel »*fparei*, das erfte, gewöhnlich fehr kleine Ei, welches die Henne legt. fparei (fpôrei, fpurei, fulci) ift überhaupt en lütk kräplig ei, meift ohne Dotter (f. über fpur Mundart 6, 484). Schiller, Z. Thier- u. Kräuter-Buch 3, 16a,« als einzigen Beleg die Stelle aus Neocorus, Ditmarfch. Chronik 2, 426: eine henne legte *ein ey, dar ein ander klein ey alfs ein fparey binnen wafs* und fin fonderlike fchell hette. Hier würde die Überfetzung »Sperlingsei« als Bezeichnung der Kleinheit des Eies gut paffen. Eine neuere Form *fporei* fcheint zu widerfprechen; es fei denn, dafs fie auf pommerfch-mecklen-burgifcher Ausfprache des a vor r beruhe. Aber Nemnich Polyglotten-Lexicon der Naturgefchichte V, 561 hat auch *fpurey*, welche Form von Schiller a. a. O. aus Kirchhoff [Wendunmuth] III, 36 beftätigt wird. Die Verweifung auf Frommann's Dtfche Mundarten 6, 484 ift ein Verfehen: das dort aufgeführte Lippifche fpuir hat mit fpurei nichts zu tun, es ift weftfäl. = gemeinndd. fpir, Spitze, Halm. Spur in fpurei fcheint vielmehr hoch-deutfch zu fein.

Wie mögen die drei Formen fpar-, fpor-, fpurei fich zu einander verhalten und welche ift die Etymologie? Wo und wie lautend und was bedeutend kommt das Wort noch jetzt vor?

Hamburg.   C. Walther.

Binnermeenten.

Mit der Frage: Was find Binnermeenten? befchäftigt fich der Holfteinfche Oberfachwalter in einem Bericht vom 25. März 1852 betr. das Eigentum an den Binnermeenten in Süderdithmarfchen. Deren Adminiftration verfteht darunter ein fchmales Stück Landes längs der inneren Seite des Deiches oder in einem fpäteren Bericht einzelne konzentrierte Plätze, die nur durch einen fchmalen eines Weges Breite ausmachenden Streifen Landes verbunden find. Nach dem Berichte des Regierungsrates Heinzelmann find es dicht neben dem Deiche fich hinziehende Gemeinheitsgründe, nach der Anſicht der Meldorfer Kirchſpielvogtei ein Streifen am Deiche entlang an der Binnenſeite desſelben. Nach der Anſicht des Oberſachwalters ſelhſt ſind es von Urſprung an wirkliche Teile des Deiches, die mit dem Deiche ſelbſt ausgelegt ſind und ſich in ſeiner ganzen Länge unter demſelben hnziehen.

Schleswig.   Hille.

Sun, ſon (XXVII, 30).

Gegen die Richtigkeit der Ableitung der Formen ſun, ſon oder ſuun, wie es heute in manchen Dialekten lautet, aus älterem ſodan, ſoden ſcheint mir folgendes zu ſprechen.

1. Wenn ſun, ſon, ſuun aus ſodan, ſoden verkürzt wäre, ſo wäre zu erwarten, daſs diejenigen Dialekte, die inl. d nach langem Vokale bewahrt haben, wie z. B. der Dialekt von Haſſelfelde im Harze, ſoden oder ſauden böten. Das iſt aber nicht der Fall, Haſſelfelde ſpricht ſuun.

2. Lauremberg zeigt in ſeinen Scherzgèdichten niemals Schwund des inl. d nach langem Vokale; nur einmal, im vierten Gedicht, Vers 173, ſteht Vaer, iſt aber offenbar durch den Reim auf Waer veranlaſst. Wenn nun Lauremberg neben ſodanem einmal, I 63, ſoen, nicht ſo en, hat, ſo darf angenommen werden, daſs ſeinem Sprachgebrauch gemäſs ſoen nicht aus ſoden gekürzt iſt, ſondern aus ſo en.

3. In der Cattenſtedter Mundart iſt ſau einder, ſau eine, ſau eins ganz üblich und macht ſaun, ſaune als Zuſammenziehung von ſau ein, ſau eine wabrſcheinlich. Geradezu beweiſend für die Richtigkeit dieſer Erklärung iſt, daſs neben ſaun, ſaune gleich häufig ſein, ſeine erſcheint. Dieſe letzteren Formen können aber kaum anders als aus ſau ein, ſau eine entſtanden gedacht werden. Schon im Mhd. kommt die Kontraktion ſein aus ſo ein vor, Mhd. Wb. II, 2. Abt. S. 457 b. Überhaupt iſt hd. 'ſo ein' älter als Walther annimmt. In den Schauſpielen des Herzogs Heinrich Julius von Braunſchweig, gedruckt zu Wolfenbüttel 1593 und 1594, kommt 'ſo ein' mit nachfolgendem Adjektiv oft vor. S. 16 in der Ausgabe von J. Tittmann: ſo einen fälſchlichen Eid; S. 50: an ſo einem alten Kerl; S. 148: ſo einen feinen Hafen, u. ſo ö. Nur einmal, S. 173, ſteht 'ſo' hinter dem Artikel: einen ſo fürtrefflichen Man. Hieraus entnehme ich, daſs 'ſo ein' vor Adjektiven nicht für 'ein ſo' ſteht, auch bei Luther nicht, wie Walther meint.

4. Wenn ſon, ſaun aus ſoden kontrahiert wäre, ſo würde, wie früher en ſodan, en ſoden, und im heutigen Schwediſch noch ett ſådant, en ſådan, ſo auch jetzt noch en ſon, en ſaun, wenn auch nur ſporadiſch, zu erwarten ſein. Es findet ſich aber in echter Volksſprache nicht.

5. Der Gebrauch von ſon, ſaun im Plural macht m. E. keine Schwierigkeiten, da die kontrahierte Form als Adjektiv empfunden wird und der unbeſtimmte Artikel noch in einigen Fällen im Plural vorkommt, z. B. dë eine pingeſten; eine acht däge.

·Kontraktion von ſodan, ſoden zu ſon halte ich allerdings für möglich im älteren Nd. Sie wird dort anzunehmen ſein, wo der unbeſtimmte Artikel vorausgeht wie in der Hanenreyerey S. 244 ein ſohne plumpe rede don. Dieſe Fälle ſind jedoch ziemlich ſelten; ſodan, ſoden ſcheint mehr der

Schriftſprache als der Umgangsſprache angehört zu haben, wenigſtens in
der Zeit des ausgehenden Mittelalters. Darum findet es ſich auch nur
einmal in den Schauſpielen des Herzogs Heinrich Julius, während es in der
Herzogl. Braunſchw. Kanzleiſprache öfter begegnet.

Blankenburg a. H.   Ed. Damköhler.

Scharen (XXVII, 10. 25).

Die von Herrn Schnitger gehörte Verkürzung des *ſchaar* zu *ſcharr*
und die S. 10 beſprochene Erklärung von Schütze, dass *ſcharen* ſoviel wie
ſcharren, *ſchieben* bedeute, wird wohl auf einer Vermengung zwei verſchiedener Worte beruhen: *ſcharen* = ſetten, einen Spielanteil (Pöks) geben,
und *afſcharren*. A. Borcherdt, Das luſtige alte Hamburg I, 19: »Ein
Knabe fordert die Mitſpieler durch den Zuruf: »Sett mi en Pöks« auf,
ihm ſoviel Marrels, wie er ſelbſt in der Hand hat, zuzugeben. Pöks bedeutet ein Häufchen, wie man einen kleinen Knaben bei uns »lütje Pöks«
nennt. Haben nun alle Spieltheilnehmer ihren Beitrag geſetzt, ſo ruft
man dem Hauptſpieler zu: »*Scharr af*« oder auch »*Back af*«, worauf er
die ſämmtlichen Marrels von dem »Mal« aus nach der Kuule wirft« etc.

Das Bremer Wb. I, 40 hat: *afbakken*, eine Sache geschwind zu Ende
bringen; Schütze I, 57: *afbakken*, abthun. Es iſt der techniſche Ausdruck
für das Schluſs- und Hauptverfahren bei Herſtellung des Brotes im ver-
allgemeinerten Sinne von einer Tätigkeit oder Leiſtung gebraucht. In der
Verwendung des Wortes für den Marmelwurf liegt aber eine Vergleichung
vor des Scharrens der Kugeln ins Loch mit dem Schieben des Brotes in
den Ofen. Es gibt nämlich zwei Arten des Wurfs im Marmelſpiel: die
Kugeln werden entweder geſchoben oder geſchoſſen. Das Schieſsen, *ſcheeten*,
oder wirkliche Werfen, *ſmyten*, war in Holſtein üblich. So hat mir, wie
ich in meinen Collectaneen finde, ein Freund aus Hanerau (ſüdweſtlich von
Rendsburg) einſt berichtet, daſs zu ſeiner Jugendzeit in ſeiner Heimat das
Schieſsſpiel mit »Löpers« bevorzugt worden ſei vor dem *ſetten*, womit ſie
das bezeichnet hätten, was die Hamburger *ſcharren* oder *eſſen und uneſſen*
nennten. Bei Handelmann, Volks- und Kinderſpiele S. 112 ff. beſchreibt
Dr. J. Ehlers die Spielarten, in denen geſchoſſen oder geſchmiſſen ward;
für »zu werfen anfangen« ſage man *anſmyten*. Ob Schieſsſpiele jetzt in
Hamburg vorkommen, iſt mir unbekannt. Früher wurden ſie, wie Karl
Koppmann beſtimmt verſicherte, nicht geübt, ſondern nur die Spiele, bei
welchen das Werfen, wie beim Kegelſpiel, mehr in einem Schuh beſtand,
ſodaſs man die Marmel hinſcharrte und dieſe auf dem Erdboden hinſtreiften
oder ſchurrten. Nach dieſer Bewegung der Kugeln iſt offenbar das Abwerfen
afſcharren genannt worden, welche Erklärung ich auch, z. B. von meinem
Vater und von Koppmann, habe gehen hören. Erſterem verdanke ich
auſserdem die Mitteilung, daſs man ſtatt *ſcharr af* auch *ſett af* geſagt habe,
was zu dem oben angeführten Holſteiniſchen *ſetten* für *ſcharren* ſtimmt.
Da nun *ſetten* auch heiſst »ſeinen Beitrag an Kugeln zum Spiel geben«, ſo
könnte man meinen, daſs auch *ſcharren* ebenfalls ſo gebraucht wäre und
daſs es kein *ſcharen* gäbe. Allein es iſt doch ein Unterſchied zwiſchen
ſetten und ſcharren, was die Entwicklung der Begriffe anbetrifft: der Viel-
deutigkeit jenes Zeitworts, in welche die beiden Bedeutungen des Spiels
ſich gut ſchicken, ſteht die ſinnliche Beſchränktheit dieſes gegenüber, aus

welcher die Notion »feinen Anteil fetzen« fich nicht ohne weiteres verfteht. Auch fcheint die mehrfach angegebene Ausfprache *fcharen, fchaarft du* für ein befonderes Wort neben *fcharren* zu zeugen.

Hamburg.   C. Walther.

III. Litteraturanzeige.

N. Otto Heinertz, Lic. phil., **Die mittelniederdentfche Verfion des Bienenbuches von Thomas von Chantimpré. Das erfte Buch.** Lund 1906. gr. 8⁰. LXV und 99 S.

Vom mnd. Bienenbuche war bis jetzt nur eine Seite in Lübbens Mnd. Chreftomathie abgedruckt. H. hat uns nun das ganze erfte Buch zugänglich gemacht. Er weift zunächft nach, dafs, abgefehen von der andern Verfion, die nur Exempel enthält, fowohl die mnl. Hff., als die mnd. Überfetzung und Drucke auf eine urfprüngliche mnl. Überfetzung des lateinifchen Originals zurückgehen. Ausführlich behandelt H. die Sprache der mnd. Hf. (aus Klofter Frenswegen bei Bentheim). Wenn der Überfetzer einmal *lunink*, fonft aber *mufsche* fchreibt, fo mag das letztere Wort den klerikalen Lefern geläufig gewefen fein, in der weftmnd. Volksfprache hat es aber nie exiftiert.

Der Text (des erften Buches) ift eine ungemein genaue Wiedergabe der Hf. Auf S. 86—99 folgen noch wertvolle Anmerkungen. Eine kurze Überficht über die Entftehung des lateinifchen Originals, welches 1627 zuletzt von Colvenerius herausgegeben ift, wäre manchem erwünfcht gewefen.

H. Jellinghaus.

Druckfehler.

In Heft XXVI find einige Druckfehler ftehen geblieben. Auf S. 90 unter **Allholt** foll es Zeile 4 und 5: Peter, fett an und nicht foll an heifsen. S 93 unter **Blockfitten** ift Seheftedter ftatt Scheftedter Gegend zu lefeu.

Dahrenwurth.   Heinr. Carftens.

Notizen und Anzeigen.

Beitragszahlungen find an unfern Kaffenführer Herrn Job: E. Rabe, Hamburg 36, gr. Reichenftrafse 11, zu leiften.

Veränderungen der Adreffen find gefälligft dem genannten Herrn Kaffenführer zu melden.

Beiträge, welche fürs Jahrbuch beftimmt find, belieben die Verfaffer an das Mitglied des Redactions-Ausfchuffes, Prof. Dr. W. Seelmann, Charlottenburg, Peftalozziftrafse 103, einzufchicken.

Zufendungen fürs Korrefpondenzblatt bitten wir an Dr. C. Walther, Hamburg 24, Uhlandftrafse 59, zu richten.

Bemerkungen und Klagen, welche fich auf Verfand und Empfang des Korrefpondenzblattes beziehen, bittet der Vorftand direct der Expedition, »Diedrich Soltau's Verlag und Buchdruckerei« in Norden, Oftfriesland, zu übermachen.

Redigiert von Dr. C. Walther in Hamburg.
Druck von Diedr. Soltau in Norden.

Ausgegeben: Oktober 1906.

Jahrg. 1906.   Hamburg.   Heft XXVII. № 5.

Korrefpondenzblatt

des Vereins
für niederdeutfche Sprachforfchung.

I. Kundgebungen des Vorftandes.

1. Mitgliederftand.

Dem Vereine beigetreten find die Herren
Rechtsanwalt Heydeman, Bochum.
Rechtsanwalt Dr. Müllenfiefen, Bochum.
Rechtsanwalt Juftizrat Dr. Albert Wallach, Effen a. d. Ruhr.
Archivaffiftent Dr. Albert Eggers, Osnabrück.
Dr. E. Kruifinga, Amersfoort, Niederlande.
Lehrer R. Block, Leipzig.
Oberlehrer M. Werner, Itzehoe.
Kaufmann Hermann Illies, Hamburg,
und die Vereinigung für Volkskunde, Burg in Dithmarfchen.
Veränderte Adreffen der Herren
Kk. Hauptmann der Referve Ileinr. Ramifch, jetzt Smichow
bei Prag.
Wirkl. Geh. Rat Hamm, jetzt Bonn.
Dr. K. Kochendörffer, jetzt Oberbibliothekar in Marburg, Ileffen.
Dr. A. v. Mohr, Lehe, Hannover.

2. Generalverfammlung 1907.

Der Vorftand gibt den geehrten Vereinsmitgliedern kund, dafs nach
Befchlufs der Lübecker Pfingftverfammlung von 1906 die Generalverfammlung des Jahres 1907 um Pfingften zu Hildesheim ftattfinden
wird. Zugleich fpricht er die Bitte aus, die für diefe Zufammenkunft beabfichtigten Vorträge und Mitteilungen möglichft bald bei dem Vorfitzenden
Geh. Rat Prof. Dr. Al. Reifferfcheid in Greifswald, Wiefenftrafse 59,
anmelden zu wollen.

II. Mitteilungen aus dem Mitgliederkreife.

Hennig (XXVII, 49)

wird durch Deutfches Wörterb. IV 2, 398 ff. völlig befriedigend erklärt;
es ift = 'händig'; zur Bedeutungsentwicklung vgl. auch 'handlich'.
Charlottenburg.   Roethe.

58

Polakker.

Im Korrefpondenzblatt XXVII, 49 erwähnt J. Weiland die eigentümliche Anwendung des Wortes *Polakker*, um die Refte in Weingläfern
und Tabackspfeifen zu bezeichnen, und fragt: »Was mögen die Polen mit
diefen minderwertigen Reften zu tun haben?« Campe hat allerdings in
feinem Wörterbuch als Grund für die (auch fpäter gewöhnliche, s. u.)
Anwendung von *Polack* in demfelben Sinne folgendes angegeben: »wahrfcheinlich weil Polen, bei welchen das Tabakrauchen ehemals wenig oder
gar nicht bekannt war, und welche das Rauchen verfuchten, die Pfeife nicht
ausrauchten, und weil der Gebrauch diefes Worts in der Folge auch auf
die Weinrefte übergetragen wurde.« Die Polen dürfen indeffen mit diefen
Bedeutungen des Wortes gar nichts zu tun haben.

Dem hier in Rede ftehenden *Polack(er)* liegt nämlich offenbar ein
ganz anderes Wort als der Völkername zu Grunde, und zwar das von
Neffelmann in Thefaurus linguæ pruffice verzeichnete *pollak*, mit den Nebenformen *polek, polk(s), pollink* »Neige, Rest, bef. der im Kruge gebliebene
Reft des Getränkes, *pollak* fpeziell der unverbrannte Tabakreft im Pfeifen-
kopfe«. Neffelmann ftellt diefe Wörter zu preufs. *po-likt,* præf. *po-linka,*
litt. *pa-likti,* lett. *palikt* »bleiben, ührig bleiben« und litt. *pa-laikas,* lett.
paliks, palerks »Reft, Überbleibfel«. Den letzteren Formen entfpricht
zunächft das preufs. *polek;* und *polke, polk* find offenbar, wie Neffelmann
meint, durch Elifion des Vokals der zweiten Silbe entftanden. Von der
Form *pollak* fagt Neffelmann, dafs fie »wohl durch willkürlich eingefchobenes
a aus *Polk* gedehnt« fei. Es ift mir wahrfcheinlicher, dafs *pollak* durch
die Vermifchung von *polak* mit dem ähnlichen Völkernamen *Poleck : Polack*
(über *Poleck* »Pole« f. Grimm, D. Wörterbuch) entftanden ift.
Fernere Verwandte von preufs. *po-likt, polinka,* litt. *pa-laikas* »Reft«
etc. find bekanntlich lat. *linquo (re-liquiæ* »Überbleibfel, Reft«), griech. λείπω
(λοιπός »übriggeblieben«) etc. (f. z. B. Kluge, Etym. Wörterbuch u. *leihen*).

Das hier fragliche *Polack* »Reft, etc.« findet fich auch im Schlefifchen:
es ift fogar nach Süddeutfchland gedrungen (f. Grimm, D. Wörterbuch).
Pólak wird (Kbl. XXIII, 37) von J. Bernhardt in der Bedeutung »ftehen-
gelaffener Reft eines Getränkes« aus Holftein und von R. Sprenger
(Kbl. XXIV, 8) in der Bedeutung »Tabakreft in der Pfeife« aus Quedlinburg angeführt. Das Wort dürfte jetzt an ziemlich vielen Stellen in
Deutfchland in diefen Bedeutungen bekannt fein.

Diefes *Pólack* ift ferner ins Dänifche gedrungen. Die älteften Belege
findet man bei Kalkar, Ordbog til det ældre danske Sprog unter *Polak* 2)
»levning i et glas (fom man ej drikker ud)«: »i dette land man lider keju
polakker«, »kand ej fee et glas at være tom, han ingen polak lider« (beide
Belege aus Holberg); wie Kalkar mitteilt ift das Wort in diefer Bedeutung
noch immer im Dänifchen gebräuchlich. Die Bedeutung »Tabaksreft«
kommt auch im Dänifchen vor, f. Kriftianfen, Ordbog over Gadefproget:
Polak »en lille Reft Tobak i en Pibe, fom ikke er bleven røget ud«.

Ferner dürfte diefes *polack : polk(e)* auch im Schwedifchen, wenngleich
in verderbter Form, zu wiederfinden fein. Schwed. *pojke* (das fonft »Junge«
bedeutet) im Sinne von »Reft in einer Flafche« (»där får du pojken« =
»da bekommft du den p.« wird oft gefagt, wenn einem der letzte Reft
einer Flafche eingegoffen wird) faffe ich zunächft als eine volksetymologifche

Umformung des oben angeführten *polk(e)* »Reſt im Kruge etc.« (od. der beſtimmten Form von *pólak* : ſchwed. *póluken* » *polk-en*); in der Kinder-ſprache kommt übrigens im Schwed. *polke* »Junge« ſtatt *pojke* vor. Im Preuſs. wird indeſſeu, wie aus Friſcbbier, Preuſss. Wörterbuch, hervorgeht, die Nebenform von *polk(e)* »Reſt etc.«: *polling* überhaupt um das letzte Stück von etwas zu bezeichnen benutzt (man ſagt z. B. »Da haſt du den Polling, wenn man einem das letzte Stückchen des Brotes etc. reicht«) uud *polling* bedeutet auch »das letzte Kind in der Familie«. Es wäre alſo auch möglich, daſs ſchwed. *pojke* »Reſt etc.« auf dieſe Doppelbedeutung des preuſs. Wortes zurückgehe.

Um »Tabaksreſt in der Pfeife« zu bezeichnen benutzt man im Schwed. ſcherzhaft das Wort *länsman,* das ſonſt »Polizeibeamter (auf dem Lande)« bedeutet. Auch die eigentümliche Anwendung dieſes ſchwed. Wortes könnte durch das hier behandelte *Polack* erklärt werden. Im Deutſchen kann *Polack* nämlich (ſcherzhaft) auch »Polizeidiener« bezeichnen, ſ. Fuchs, Etym. D. Wörterbuch.

Durch einen ähnlichen Einfluſs von *Polack* »Polizift« und »Reſt in Gläſern und Pfeifen« könnte auch die Anwendung von dtſch. *Philiſter* im letzteren Sinne entſtanden ſein. *Philiſter* wird nämlich auch auf Polizei-diener (»Stadtſoldaten«) bezogen, ſ. Adelung, Wörterbuch; Kluge, Deutſche Studentenſprache ſ. 58 (Fuſsnote), 113; vgl. auch engl. *philiſtine* »a police-man« (The Slang Dictionary), »applied (humorously or otherwise) to perſons regarded as 'the enemy', into whoſe hands one may fall, e. g. bailiffs« (Murray, N. Engl. Dict.).

Göteborg.   Elis Wadſtein.

Penn = Pfennig (XXVII, 33).

Um die Form Penn richtig zu beurteilen, muſs man andere Wörter auf -ing heranziehen, die eine Verkürzung erlitten haben. In meiner Heimat Glückſtadt hört mau, allerdings meiſtens nur von Landleuten, Formen wie *heern* Hering, *füern* Feuerung, Brennmaterial, *hüſn* Behauſung, Obdach, *hūsſökn* Hausſuchuug, *förköl* Erkältung, *inkwrdteern* Einquartierung, *man mutt de tern nā de nern ſetten* man muſs ſich nach der Decke ſtrecken u. a. Wie man ſieht, iſt die Endung -ing zu n zuſammengeſchrumpft. Dies iſt auch bei *penn* der Fall; das n der Endung iſt dann mit dem des Stammes zu einem langen n verſchmolzen, wie Herr Dr. Walther auch ſchon durch ſeine Schreibung Penn'n, Penn' angedeutet hat. Genau dieſelbe Erſcheinung haben wir in *dünn'* Schläfe, mnd. dunninge (vgl. .dün. Tinding), während bei *lünk* Sperling der Endkonſonant erhalten und das n vereinfacht iſt. Den Übergang von -ing zu n bildete vielleicht ein gutturales ŋ, wie ich denn für Helling nur *helly* gehört habe.

Was nun den andern Münznamen betrifft, ſo ſagte man in der Stadt immer nur *ſchillink* und *dreelink,* während neben *föſslink* auch *föſsn* üblich war. Landleute ſprachen auch *ſchlank ſchlʌy* und *drlank drlʌy,* wobei das ʌ ein unfaſsbares vokaliſches Etwas darſtellen ſoll, das vielleicht ein u- oder o-laut war. Klaus Groth ſchreibt Schüllng Schüllnk, Süffelng Süffelnk, Dreelnk; bei dieſem letzten Wert ſtcht im Gloſſar zum Quickborn »wie Dreahnk in Norderditm. geſprochen«. Im übrigen vgl. Jahrb. XVIII S. 87; XX S. 7 f.

Solingen.   J. Bernhardt.

1*

Mit Cölnifcher Münte betalen.

In feinem Pommerfch-Rügifchen Wörterbuch (1781) führt Dähnert S. 314b die merkwürdige Redensart 'Ikk will di't mit Cölnifcher Münte betalen' an, mit der Bedeutung: Du follft dein Teil reichlich wiederbekommen. Einen ähnlichen Ausdruck erwähnt Hildebrand im Deutfchen Wörterbuche V, 1622 f. Unter kölfch 3) heifst es da: 'auch vom kölnifchen Gewichte war ein Sprichwort im Gange: ich machte mich dannen, aber dank haben (conj.) meine füfze, würde fonft gewifz, wenn mich die banren ertappet hätten, mit kölnifchem gewicht fein bezahlet worden. Tychanders Gefchichte[1]), 94; noch nl. keulfch gewigt, leichtes Gewicht[2])'. Ganz im Gegenfatz dazu fagt nun aber das mnd. Wbch. von Schiller und Lübben II, 519b, das kollenfch gewicht habe zu den fchweren gehört. Hier werden verfchiedene Stellen, in denen die Redensart vorkommt, aus den geiftlichen Schriften des Roftockers N. Gryfe angeführt, von denen folgende aus G.s Leienbibel (1604) die brauchbarfte ift: Vp dat em nicht öuel drömen, he tho rade und galgen gebracht, edder mit collenfcher wycht fyne deuerye möge betalen.

Der Sinn in beiden Stellen ift unzweifelhaft der, dafs jemand körperlich fchwer gezüchtigt werden foll. Aber die Frage, ob das kölnifche Gewicht zu den leichteren oder fchwereren zu rechnen fei, ift hier ganz belanglos. Die Erklärung ift m. E. in etwas ganz anderm zu fuchen. *kölschblau* oder einfach *kölfch* nennt der Elfäffer, Schwabe und Schweizer im Spott die bläuliche Färbung der Haut infolge von Froft oder Schlägen (z. B. einen kelfch und blau fchlagen Elfäff. Wbch. I, 435b). Die Benennung geht zurück auf eine im Mittelalter unter dem Namen *kölfch* (Hildebrand a. a O.) weitbekannte Art blauweifs geftreiften oder gewürfelten Stoffes, der in Köln erzeugt wurde. 'Gewicht' und 'Münze' ift bildlich zu verftehen, wie in der alten Redensart 'einen mit gleicher Münze bezahlen', an die fich der Pommerfche Ausdruck offenbar anlehnt. 'Mit cölnifcher Münte (collenfcher wycht) betalen' heifst alfo 'jemanden derb durchprügeln'. Was lag für den Volkswitz näher, als die bläulich-weifsen Streifen des allbekannten Stoffes mit dem Ausfehen der Haut zu vergleichen, wenn einer eine Tracht Prügel, oder wie es in Pommern zu Dähnerts Zeit biefs, ein Produkt erhalten hatte! Für die Verbreitung der Kölner Zeuge in früherer Zeit wäre danach die Redensart ein intereffantes Zeugnis.

Hamburg.   O. Haufchild.

---

[1]) Eine ältere Nürnberger Schrift ohne Jahr. (Nach Rud. Hildebrand's Quellenverzeichnis zum 5. Bde. des Grimm'fchen Wörterbuchs ift der Titel: «Lauf der Welt und Spiel des Glücks, in einer wahrhaften Lieb- und Lebensgefchicht des verkehrten und wieder bekehrten Tychanders vorgeftellet.» Die Schrift wird nur ein Nachdruck fein des Buches: «Lauf der Welt und Spiel des Glücks, zum Spiegel menfchliches Lebens vorgeftellet in der wunderwürdigen Lebensbefchreibung des Tychanders, von Hieronymus Dürern. Hamburg, in Verlegung Chriftian Guhts, im Jahr 1668.» So nach Angabe von Hans Schröder «Hieronymus Dürer, ein nicht unwichtiger, aber vergeffener Romandichter des 17. Jahrhunderts, der Holftein angehört,» in den Schlesw.-Holft.-Lauenb. Landesberichten von H. Biernatzki, 1846, S. 334 ff. H. W. Rotermund, Das gelehrte Hannover, Bd. I. S. 496 führt Dürer auf, weil er, der aus Glückftadt im Holfteinifchen gebürtig gewefen, 1688 als Paftor nach Osnabrück kam, wo er als Superintendent 1704 geftorben ift. C. W.)

[2]) Wohl nach Pieter Weilands Groot Nederduitfch Taalk. Woordenboek S. 294n.

Harfch (XXVII, 27. 43).

Et Garen is *harfch* fagt man auch im Braunfchweigifchen; in Wedtleñ-
ftedt bei Braunfchweig heifst es *harfch*.

Braunfchweig. Otto Schütte.

Zu harfeh und göps (XXVII, 43).

Das Wort *harfch* hat bei mir alte Erinnerungen geweckt. In meiner
Heimat (lüneburgifche Elbgegend) habe ich vor langen Jahren *harfch* gehört,
und zwar, wenn ich nicht irre, in Verbindungen wie »dat fmeckt hafch«.
Derfelbe Gebrauch der Form *harfch* foll nach Mitteilung eines meiner
Schüler auch in hiefiger Gegend noch vorkommen. Das ift infofern intereffant, als nach Weigand das engl. *harsh* in ältefter Bedeutung == »von
herbem Gefchmack« und die dän. und fchwed. Formen = ranzig gefetzt
werden. Aufserdem wird mir gesagt, dafs auf der Geeft nach Rotenburg
zu *harfch* im Sinne von »rauh, fteif, hart« vorkommt, z. B. in *harfche Heide*,
trockene, z. B. zum Streuen gebrauchte Heide. — *Göps* und *Göpsfull*
(Handvoll) kommen wahrfcheinlich noch in einem fehr ausgedehnten Gebiet
vor, fo im Lüneburgschen, in Mecklenburg, auch im Göttingfchen und wohl
in der ganzen hiefigen Gegend. Die Formen find verfchieden und anfcheinend
örtlich nicht fcharf getrennt: in hiefiger Gegend wohl meift *gepfe*, *geps*,
weiter nördlich und öftlich *göps*, im Göttingfchen *göpfche*.

Bremen. W. Gebert.

Gepfe (XXVII, 43).

Für Gepfe fagt der Braunfchweiger *Gepfche*.

Braunfchweig. Otto Schütte.

Begriesmulen.

»Lat di dat man nich begriesmulen!« und »wenn di dat man nich
begriesmult«. Diefe zwei Redensarten, die nicht nur in Hamburg, fondern
auch fo oder ähnlich anderweitig im Plattdeutfchen vorkommen, enthalten
eine etwas derbe Warnung, und wollen fo viel fagen wie: »Nimm dich in
acht, dafs du dich (bei diefem oder jenem Unternehmen) nicht fehr zu
deinem Schaden irrft.« Richey hat in feinem Idiotic. hamb. das Wort
nicht; in Schützes holfteinifch. Idiotikon I, Seite 86, ift nur kurz
angegeben, dafs »begriesmulen« in Probfteierhagen (Holftein) fo viel bedeute
wie »betrügen«. Prof. Dr. C. F. Müller-Kiel führt in feinem Buche »Der
Mecklenburger Volksmund in Fritz Reuters Schriften«, Seite 6 und 7, es
auch als in Oftpreufsen und Vorpommern vorkommend an. Stellen, wo
es fich bei Fritz Reuter findet, gibt er im einzelnen leider nicht an.
Ich habe es angewandt gefunden in dem Buche von Wilh. Poeck,
»De Herr Innehmer Barkenbufch«, Seite 50. Der Verfaffer läfst nämlich
den »Herrn Innehmer" erzählen, wie er einft in jungen Jahren in Sydney
für eine nach den auftralifchen Goldfeldern durchgebrannte Schiffsmannfchaft
andre Leute angeworben habe. Verdächtig waren fie ihm, wie auch dem
Kapitän, gleich gewefen; aber es hätte fo gehen müffen, weil keine andern
Leute zu haben gewefen wären. Am zweiten Tage der Reife, als einige
von diefen Leuten die Wache hatten, fei es ihm, Barkenbufch, eingefallen,

ihr Gefpräch zu belaufchen. Er legt fich neben dem Grofsmaft nieder, und tut, als ob er fchlafe. »Se leeten fick ook richtig *begriesmulen*; ick kroog allens to heurn, wat ick weeten wull, un noch 'n bitten meehr« ufw. Prof. Müller, u a. O. Seite 7, glaubt, dafs in dem Worte des angelfächf. »grist = Zerknirfchung« ftecke, und zieht zur Vergleichung des mittelhochdtfch. »grisgramen = finftern Mutes mit den Zähnen knirfchen« heran, und führt dann fort: »Danach wäre ein Gris(t)mul = einer, der finfter — vergritzt — den Mund hängen läfst, und das Verbum (wen) begrismulen in faktitiver Bedeutung biefse jemanden zu einem Grismul machen = in Schaden bringen, bös anführen.« Ich möchte dazu bemerken, dafs das Subftant. Gri(e)smul mir im hamb. Dialekt nicht bekannt ift; von einem Bekannten hörte ich den (mir jedoch auch fremden) Ausdruck »en griesmuligen Kerl« d. h. ein grämlicher, leicht ärgerlich werdender Menfch. Der Hauptfache nach hat das Wort wohl die Bedeutung: täufchen, anführen, ohne dafs dabei immer eine höfe Abficht vorauszufetzen, aber auch nicht ausgefchloffen ift.

Weiteres Eingehen auf die etymologifche Ableitung von »begriesmulen« wie Anführung mehrerer Beifpiele wäre vielleicht wünfchenswert.

Hamburg.   C. Rud. Schnitger.

Meedeland (XXVII, 37 ff.).

In der Unterelbifchen Zeitung (in Finkenwärder erfcheinend) vom 28. Oct. 1906 fteht folgende, ohne Zweifel einer Schleswig-Holfteinifchen Zeitung entnommene Notiz: Von der See.

Von den Halligen. Auf den Halligen, die nicht ausfchliefslich einem Manne gehören, befteht noch die alte Feldgemeinfchaft, die bisher nicht hat aufgehoben werden können, weil die Gefahr gemeinfam bleiben mufs. Es bilden die einzelnen Werften die Feldgenoffenfchaften; die Haus- und Gartengrundftücke find befonderes Eigentum der einzelnen Werftbewohner, während das übrige zu der Werft gehörige Land gemeinfam ift. Es zerfällt in zwei Teile: das Weideland und das Meedeland; auf das Weideland fchicken die einzelnen Nutzungsberechtigten nach Verhältnis ihres Rechtes Vieh, Rindvieh und Schafe, das Meedeland wird jedes Jahr zum Mähen nach Verhältnis der Anrechte aufgeteilt und angewiefen.

Hamburg.   J. F. Voigt.

Lilien- und Rofenftrafsen.

In der Abendausgabe der Hamb. Nachrichten vom 20. März 1906 bemerkt Dr. Junker in einer Erörterung über den Strafsennamen *Kattrepel*, es fei an fich wenig wahrfcheinlich, dafs eine fcherzhafte Bezeichnung zum Strafsennamen erhoben wurde. Die in vielen norddeutfchen Städten vorhandenen Namen der *Lilien-* und *Rofenftrafsen* beweifen das Gegenteil. Schlüter, von denen Erben u. f. w. (1694) S. 645 fagt von der Lilienftrafse in Hamburg: »Diefe Straffe hat hiebevor geheifsen *platea elnucaria*, das ift die *Privetstraffe*, vulgo die *Rackerftraffe*. Weil nun diefes ein garftiger Nahme ift, fo hat man denen Einwohnern zu gefallen, derfelben einen gantz contraren und lieblichen Nahmen gegeben. Wie denn auch wohl anderer Orten man die Gaffen, welche des übelriechenden Unflats, fo durchgehet, oder fich findet, fpottsweife: *Rofsmariengaffe*, oder mit anderen dergleichen anmutbigen Nahmen zu beehren pfleget. In diefer Lilien-Straffe hat vorzeiten die Frohnerei geftanden.‹ Und von der Rofen-Strafse fagt er fchalkhaft: ›Weil diefe Gaffe neben der Lilien-Straffe lieget, fo hat fie auch von (fo!) dem Glück derfelben mit Theil genommen‹.

Auch Neddermeyer (in den Neuen Hamb. Blättern 1845 S. 381), der von der Lilienftrafse angibt, dafs fie 1361 *Platea cloacaria*, 1388 *Platea Gertrudis*, 1433 *Rackerftrafse* geheifsen habe, hält die Benennung *Lilien-ftrafse*, die auch fchon früher vorkomme, für einen ironifchen Volkswitz. Wichmann in feiner Heimatskunde, Hamb. 1863, S. 90 f. meint, der Volkswitz habe den ehemaligen Namen *Rackerftrafse* verfeinert und wegen der weifsen Tiergerippe in *Lilienftrafse* überfetzt. Eine Zeit lang habe fie auch *Rofsmarienftrafse* gebeifsen, wahrfcheinlich wegen des angenehmen Duftes. *Rofenftrafse* fei ebenfalls nur ein Spottname auf den Geftank der verwefenden Tierkörper.

Die Angaben von Schlüter und Wichmann find, wie man fieht, nicht ganz ohne Widerfpruch mit fich felbft. Wenn die Bevölkerung den Strafsen 'wegen des angenehmen Duftes' einen wohlriechenden Namen fpottweife beilegte, fo erwies fie damit doch den Anwohnern keinen fonderlichen Gefallen; andrerfeits bedarf es denn auch nicht der wenig wahrfcheinlichen Annahme, dafs die weifsen Tiergerippe den Anlafs zu der Benennung *Lilienftrafse* gegeben hätten. *Rofsmarienftrafse* ift in feinem Doppelfinn kein übler Volkswitz. Es fcheint, dafs überhaupt die Benennung der Strafsen damals nicht feft gewefen ift, wie es ja auch bei den Familien der Fall gewefen fein mag in einer Zeit, wo Spottnamen zu Familiennamen werden konnten.

Dafs der Brauch, übelriechende Strafsen *Lilien-* oder *Rofenftrafsen* zu nennen, auch anderwärts verbreitet war, dafür zwei Zeugniffe: In Andreas Gryphius' Schimpffpiel Peter Squenz (etwa 1650) S. 16 heifst es: ›Die Lilien-Gaffe, welche andre mit Verlaub aufz Hafs und Neyd die Dreckgaffe nennen‹. Und in dem, wie es fcheint, auf eingehendem Studium der Urkunden beruhenden Roman von Willibald Alexis (W. Häring) ›Der Roland von Berlin‹ (1840) im 37. Kapitel: ›Das Gäfslein, das itzt heifst die Rofen-gaffe, hiefs ehemals nicht Rofengaffe, fondern führte einen Namen, den ich nicht nennen mag, und fchmutzig war fie fehr‹.

Hamburg.   Oscar Haufchild.

Dat Ei is entwei (XXVII, 1. 45).

Diefe Redensart hört man im Braunfchweigifchen feltener, öfter ›Wenn et Ei tau dicke ward, platzet et‹. Um eine gute Freundfchaft zweier zu bezeichnen, fagt man: Et is ein Arfch un ein Kauken.

Braunfchweig.   Otto Schütte.

swel.

In dem Schmähbriefe Johanns von Münchhaufen wider Wolf Röder, den fäumigen Schuldbürgen für Graf Ulrich von Regenftein, in der Ztsch. des Harz-Vereins f. Gefch. und Altert. 34, 414 ff. heifst es S. 415: ›*dar- uth tho rermerckende, dat du nicht ram adell herkommen byft, funder in der treygen corweffelt, von Cayns geslechte geboren und von dem swele, dat Judaffe van den hoden gedropen hefft, gefproten*‹. Statt *fwele*, was Gefchwulft bedeutet und keinen rechten Sinn gibt, ift *firete* zu lefeu, vgl. Mittelniederdeutfche Beifpiele, gefammelt von L. Hänfelmann, Wolfenbüttel 1892, S. 101: »*dat daruth nych anders tho vormarkende, wen dath fie van guder geborth nycht fyn geboren, funder gewislich in der wegen vorweffelt, van Judas, Satan und Abiron geflechte und vam firete, dath ohm van fynen hoden dropp*«.

Blankenburg a. H.   Ed. Damköhler.

Knud Laward mit de rugn Hacken.

In Dithmarfchen hört man vielfach die Redensart: »Da's een mit rugn Hacken«. Man will damit fagen: Das ift kein Guter, das ift ein Menfch, vor dem man fich in Acht zu nehmen hat. Von einem ehrfamen Schufter hörte ich vor Jahren diefe Redensart in folgender Geftalt: »Da's Knud Laward mit de rugn Hackn!« Ift das richtig, fo ift die Redensart fchon alt und ift fchon angewandt worden auf den 1134 ermordeten fehr beliebten Herzog von Schleswig Knud Laward, der die Räuber einfach aufhängte, unter denen auch wohl Dithmarfcher gewefen find, weshalb die Redensart als Schimpfwort auf ihn Anwendung gefunden haben könnte.

Dahrenwurth b. Lunden.   H. Carftens.

Katerlück (XXVI, 63. 89).

Ein alter Freund wollte den erften Teil des Wortes an Quadrat, Quader anlehnen und fo eine Erklärung fuchen, weil die erften Knöchelchen in Quadratform ausgelegt werden. In Eckernförde hat das Spiel den gleichfalls fonderbaren Namen *Dieffelding*.

Dahrenwurth b. L.   H. Carftens.

Brandfolt und Branddür (XXVII, 5).

Aufser obigen beiden Zufammenfetzungen mit Brand kenne ich noch *brandrot*, wofür man auch *knallrot* fagt.

Dahrenwurth b. Lunden.   H. Carftens.

krüdfch.

Als *krüdfch* bezeichnet man in Hamburg jemanden, der fehr eigen und wählerifch, befonders beim Effen, ift; das Wort kann daher als faft fynonym mit dem hochdeutfchen »lecker« gelten. Bei Richey, Idiot. hamb., findet fich das Wort »krüdfch« nicht, wohl aber hat er auf Seite 141 den Ausdruck »krüdauifch«, wozu er die Erklärung gibt: »lecker im wehlen: delicatus. Ift ein fonderliches, und vielleicht nicht allzu bekanntes Wort, welches hier zwar von einigen gebrauchet, aber nicht auf einerley Art ausgefprochen wird. Vielweniger wüfte ich davon einen wahren und gewiffen Urfprung anzugeben«. Bei Schütze, Holft. Idiotikon, fehlt ebenfalls das Wort »krüdfch«; aber im Band I, Seite 355, gibt er das Wort »krüdatfch«, bezeichnet es als in Hamburg, Altona und Pinneberg gebräuchlich, und erklärt es als »eigen, befonders wählig[1]« mit der Nebenform »krüfch«. Als Beifpiel führt er an: »Se is nig krüfch: fie ifst alles«. Er verweift

---

[1] d. h. wählerifch; mit dem Worte wählig (wehlig?) verbinden wir den Begriff «übermütig».

auf »kören«, Band I, Seite 326, wo er u. a. das Wort »körfch = im Wählen ungewifs« gibt, und dafür auch auf »krüdenifch« verweift, das aber auf Seite 355 fehlt. Auf eine etymologifche Erklärung von »krüdatfch« und »krüfch« läfst Schütze lich nicht ein.

Wenn nun auch anzunehmen fein dürfte, dafs unfer jetzt noch gebräuchliches »krüdfch« aus »krüdauifch«, bezw. »krüdatfch« zufammengezogen ift, fo fehlt doch bis jetzt noch eine etymologifche Erklärung der letzteren beiden Wörter. Vielleicht ift einem Lefer d. Bl eine folche bekannt.

Hamburg.   C. Rud. Schnitger.

Moderliken alleen (XXVII, 35).

Für gewöhnlich fagt man hier mutterfeelenalleine. Auf dem Lande in der Helmftedter Gegend hört man aber dafür auch öfter *mautfeligalleene*.

Braunfchweig.   Otto Schütte.

Sperling (XXVII, 50).

Auf dem ganzen nd. Harze ift für den Sperling der Ausdruck *fchparlink* üblich; wieweit er von hier nach Norden und Often verbreitet ift, weifs ich nicht. Für Quedlinburg ift er von Sprenger im Nd. Jahrb. 30, 25 bezeugt, auch in Schöppenftedt foll er nach Mitteilung meines Kollegen Borrmann üblich fein. Neben *fchparlink* kommt in Cattenftedt noch *duxer* und *fchparduxer* vor. In Wrefferode bei Gandersheim ift nach zuverläffiger Mitteilung *lotze* und *fperlotze* die gewöhnliche Benennung, *fperlink* ift felten und gilt als hochdeutfch.

Der Perfonenname *Sperling* begegnet im Urkundenbuche der Stadt Halberftadt II, Nr. 1039 vom Jahre 1471, und der Name *Muyrfperling* dafelbft I, Nr. 343 vom Jahre 1313.

Blankenburg a. H.   Ed. Damköhler.

Sperling im Braunfchweigifchen.

Am Elme und an der Wefer fogut wie am Drömling habe ich nie einen andern Namen als *Sperling (Sparling)* und *Sputz* gehört. Denn *Sparlotze* an der Leine, wie *Sparluntje* und das einfache *Lotze* (in Dörfern bei Braunfchweig) gebören doch wohl der Kinderfprache an.

Sparei habe ich im Braunfchweigifchen nie gebört. Für gewöhnlich heifst das kleine dotterlofe Ei, aber nicht das erfte, das ein Huhn legt, *Spatei*. Mit *Windei* bezeichnet man allgemein ein Ei, dem die harte Kalkfchale fehlt. Das Spatei wirft man rückwärts über den Kopf, möglichft über das Dach, damit die Hühner keins wieder legen. Neben diefem Namen findet fich auch dafür der Name *Sweppei* und *Nebelei* (bei Vorsfelde). Das erfte ift Schweppei, man glaubt nämlich, dafs die Hühner kleine Eier legen, wenn fie die Kinder mit der Peitfche (Schweppe) jagen, in Nebelei ift wohl l aus r entftanden. Es hat das Näberei daher feinen Namen, weil man es in das Näberloch zu ftecken pflegte.

Braunfchweig.   Otto Schütte.

Subbeln — fpiekern.

Beide Ausdrücke find mir aus meiner Schulzeit (1846 bis 1855) bekannt als Schülerausdrücke; beide bezeichnen foviel wie »Arbeiten andrer Schüler, namentlich Löfungen von Rechenaufgaben, abfchreiben, und diefe Abfchrift dann als eigene felbftändige Arbeit ausgeben«. Die Sache hatte felbftredend immer etwas fehr Bedenkliches, und wurde nur von faulen oder leichtfinnigen Jungen ausgeübt und wer etwas auf feine Reputation hielt, befafste fich nicht mit folcher Betrügerei. Aber auch im Gebrauch unterfchied man, wenigftens in unfrer Schule, beide Wörter. »Subbeln« galt als unfeiner Ausdruck, und es wurde an feiner Stelle mehr das Wort »fpiekern« gebraucht.

Richey hat beide Ausdrücke, gibt aber bei keinem von ihnen die oben angegebene Bedeutung; fie find alfo zu feiner Zeit wohl noch nicht als Schülerausdruck üblich gewefen. Für »fubbeln« gibt er (Idioticon hamb. Seite 300) die Erklärung: »unreinlich fein, fudeln«; für »fpiekern« (bei R. fpykern) hat er (Idiotic. hamb. Seite 281) zwei Erklärungen: 1. »nageln, mit Nägeln befeftigen«; 2. »futtern, nehren, Zufchub thun«. Diefe zweite Erklärung kommt wohl für diefen Fall in Betracht.

In diefen Erklärungen fcheint mir auch die oben gegebene Unterfcheidung der beiden Ausdrücke begründet zu fein. Für jenes betrügerifche Abfchreiben ward auch wohl der gröbere Ausdruck »abfchmieren«, plattdeutfch »affmeern« gebraucht. Andrerfeits leiftete derjenige, der dem Kameraden das »Spiekern« geftattete, deffen Trägheit oder Unaufmerkfamkeit Vorfchub, oder, um mit Richey zu fprechen, er tat ihm Zufchub.

Jetzt find diefe beiden Wörter wohl aus unfrer Schülerfprache längft verfchwunden; ob das auch der Fall ift bezüglich der Sache, die fie bezeichnen, wage ich nicht zu entfcheiden. Sie wird aber wohl auch in andern Schulen, als allein in den hamburgifchen, betrieben worden fein, und es wäre intereffant zu erfahren, welche Ausdrücke fonft im niederdeutfchen Sprachgebiet dafür gebraucht worden find.

Hamburg.   C. Rud. Schnitger.

Sindjen.

Bei dem Haufe meiner verftorbenen Schwiegereltern in Schwienhufen befand fich in einer Koppel eine Ecke, die niedriger lag, als das übrige Land und wohl abgegraben war, und welche *Sindjen* hiefs. In der Lundener Gegend hat man für kleine und tiefer als die Umgebung liegende Landflächen noch jetzt, wenn auch nur felten, den Namen *Sindjen, en Sindjen.*

Dahrenwurth b. Lunden.   Heinr. Carftens.

Krücken und Ofenftiele (XXVI, 88).

Ich kenne als Bezeichnung für die erften Schreibverfuche, überhaupt für eine fchlechte Schrift: *Hakn* un *Stakn*; dat fünd lutr Hakn un Stakn. Schlecht gefchriebene Buchftaben nennt man hier in Ditbmarfchen auch *»Krainföt«* (Krähenfüfse). Ich nenne fchlechte Buchftabenformen meiner Schüler vielfach *Uln* un *Krain.* Von einem, der fchlecht und fchief fchreibt, heifst es: He fchrift, as wenn en Fleeg' upp'n bedau'te Finfterfchiev' kruppt.

Dahrenwurth b. Lunden.   Heinr. Carftens.

Slukwächter (XXVI, 55. 88. XXVII, 50).

Das Wort *Slukwächter* (nicht »Sluukfechter«) kenne ich feit dem Anfang der vierziger Jahre des vorigen Jahrhunderts als eine in Hamburg gebräuchliche Bezeichnung eines Unerfättlichen. Ich bin aber der Anficht, dafs es eine abfichtliche Entftellung von »Sluupwächter« ift und urfprünglich zur Verhöhnung der wenig geachteten Sluupwächter (Schleichwächter), auch Sliker bezw. hd. Schliker genannt, diente.

Hamburg. **Stuhlmann.**

För Manchefter weg eten.

Das in diefer Redensart vorkommende Wort *Manchefter* ift zunächft der Name einer fehr bekannten englifchen Fabrikftadt; es bezeichnet aber auch einen fammetartig gewebten Baumwollenftoff, der englifch als *Velveret*, franzöfifch als *Velours de coton* benannt wird, und der, in früheren Jahren wenigftens, viel zu Kleidungsftücken für Männer verarbeitet wurde. Er wurde befonders in England, und hier wieder vorzugsweife in *Manchefter* und *Norwich* hergeftellt, und trug feinen Namen nach der erftgenannten Stadt. Es gab fowohl der Güte als auch der Farbe nach verfchiedene Sorten Manchefterfammet.[1]

In Hamburg exiftiert nun die Redensart: *He itt allens för Manchefter weg*, womit man fagen will, dafs der Betreffende einen guten Appetit habe, aber nicht fonderlich eigen hinfichtlich der Auswahl oder Befchaffenheit der Speifen fei. — Ganz kürzlich habe ich in einer Feuilleton-Plauderei[2] die Wendung gefunden, dafs jemand einen ficher nur im Scherz erteilten etwas abfonderlich klingenden Rat *»für echt manchefern weggeputzt«* habe; es follte damit gefagt werden, dafs der Ratfchlag garnicht weiter geprüft worden fei.

Bei Richey, Idioticon hamb., und bei Schütze, Holftein. Idiotikon, findet fich genannte Redensart nicht; ich nehme daher an, dafs fie, wenn fie nicht etwa von beiden Verfaffern überfehen worden ift, wohl erft zu Anfang des 19. Jahrhunderts entftanden ift, und dafs fie auf einen befonders ftarken Verbrauch des Manchefterfammets fchliefsen läfst. Ob diefer Stoff jetzt noch hergeftellt, bezw. viel verbraucht wird, vermag ich nicht zu fagen.

Ich möchte nun anfragen, ob diefe Redensart auch in andern Teilen des niederdeutfchen Sprachgebietes vorkommt, bezw. ob fich dort entfprechende Redewendungen finden?

Hamburg. **C. Rud. Schnitger.**

Plinken.

Im Jahre 1804 war die Jurisdiction über die Horfter Priefter-Plinken zwifchen dem Amte Steinburg und dem Klofter Ueterfen ftreitig. Die darauf bezüglichen Acten des Holfteinfchen Oberfachwalters brauchen gleichbedeutend mit Priefter-Plinken den Ausdruck Priefterland. Der Horfter Paftor Bargum

---

[1] Vgl. hierzu Joh. Chr. Schädel, Encyklopädifches Kaufmannslexikon, Band IV, Spalte 529—531, und Gottfr. Chrift. Bohns Waarenlager, od. Wörterbuch der Produkten- und Waarenkunde ufw. Neu herausgegeb. v. G. P. H. Norrmann. 2. Band. Hamburg 1806, Seite 15—17.

[2] Hamb. Fremdenbl. Nr. 193, Sonntag, den 19. Aug. 1906, 7. Beilage.

denkt beim Worte Plinken an Perfonen, da er von Contracten wegen der an die Paftoratplinken überlaffenen Ländereien fowie von den Häuer-contracten wegen Predigerländereien fchreibt. Dazu ftimmt eine Notiz, die ich mir früher einmal gemacht habe, wonach in irgendwelchen Acten von den Plinken oder Anbauern auf dem Neuenbrooker Paftoratlande im Gegenfatz gegen die Hufner die Rede gewefen ift.

Schleswig. Hille.

Maifeld (XXVII, 27. 37).

In »Über die alten Dithmarfcher Wurthen und ihren Packwerkbau« fchreibt der verftorbene Dr. Hartmann-Marne (S. 26 Anm. 22): Maifeld nennt man hier in der Marfch allgemein die natürliche Bodenoberfläche mit dem Nebenbegriff eines flachen Landes. Aber woher kommt der Name? An Campus Majus ift natürlich ebenfowenig zu denken, als an die Richtigkeit der Schreibweife »Mähfeld«. Da ich über die Etymologie des Wortes weder in Müllenhoff's Gloffar zum Quickborn, noch in Dahlmann-Neocorus, Bolten, Schütze's Idiot. etc. etwas darüber finden konnte, und nur in dem Nachtrag von Schiller-Lübben's mittelhochd. Wb. unter »Meinlandt«, Feftland, einen Anhalt fand, wandte ich mich an meinen Freund Profeffor K. Müllenhoff-Berlin, der mir Folgendes darüber fchreibt: »Ein Wort zu erklären, deffen ältere Form man nicht kennt, ift oft fehr fchwierig, ja unmöglich. »Mei-land« fteht für meinland = megin (magin) Land, grofses ftarkes Land, Haupt- oder Feftland, Kontinent, was das Wort megin im altnordifchen auch bedeutet, und wahrfcheinlich (oder vielleicht) im angelfächfifchen, altfächfifchen und hochdeutfchen bedeutete, im Gegenfatz zu Infel. So liefse fich auch wohl »Maifeld« ftatt Meinfeld, als die fefte natürliche Bodenfläche im Gegenfatz zu der künftlich aufgeworfenen Erde auffaffen, und diefe Auffaffung ift vielleicht derjenigen vorzuziehen, die fich heute jedem bei Maifeld zuerft aufdrängt, wie man aus dem Bremifchen Wörter-buch (1768) 3, 113 fieht »Maifeld« die ordentliche Höhe des grünen Landes in einer Gegend: „Der mit Gras bewachfene Grund, worauf der Deich liegt«, — obgleich hier gleich noch hinzugefügt wird: »weil es kann abgemäht werden«, aber doch nicht (im Aufsendeich) abgemäht wird und zuerft zum Grafen dient. Du haft hier, wie Du fiehft, fchon die wie mir fcheint ganz verkehrte Auffaffung von »Mähfeld«. — Maifeld aber läfst fich fehr gut als das natürliche grüne Feld, dafs fich durch kein menfchliches Zutun von felbft begrünt, verftehen. Ich entfcheide mich nicht, aber halte doch die letzte Erklärung für die fprachlich und fachlich natürlichfte.

Dahrenwurth b. Lunden. Heinr. Carftens.

Vaer un moer (XXVII, 34).

In Stapelholm heifst Vater und Mutter ftets im Volksmund *vaer* un *moer*, aber niemals im verächtlichen Sinne. Der Eiderftedter fagt auch vaer un moer und wo fich das Plattdeutfche ins Nordfriefifche hinein gedrängt hat, heifst es vaer un moer, während Vater und Mutter fonft auch nordfriefifch tatje un mem lauten.

Dahrenwurth b. Lunden. Heinr. Carftens.

pultern (XXVII, 11. 49)

kenne ich nur aus dem füdlichen Schleswig und Dithmarfchen in der Form *umpultern*: De Fru is umpultert = ift niedergekommen.

Dahrenwurth b. Lunden.   Heinr. Carftens.

Binnermeenten (XXVII, 53).

Ein Reft der alten Dithmarfcher Meentverfaffung ift noch vorhanden in der Marfch in den fogen. *binnermeenten.* Faft längs der ganzen Dithmarfifchen Küfte erftreckt fich binnendeichs ein Streifen Landes, bisweilen 10—12 Ruten breit, oft blofs von Wegebreite und dann eingenommen von dem längs des Deiches führenden Wege. Diefe Meenten find auf der einen Seite vom Deich, auf der anderen Seite von Abzugsgräben (Rhinfloot genannt), die das in Privatbefitz befindliche Marfchland davon trennen, begrenzt. (Vgl. Chalybaeus, Gefchichte Ditmarfchens S. 71.)

Dahrenwurth b. Lunden.   Heinr. Carftens.

Knutfchen (XXVII, 26. 46).

Der Ausdruck war mir ganz unbekannt. Meine Frau indeffen kennt die Bezeichnung, weifs aber nicht, wo fie ihn gehört hat. Bei meiner Umfrage finde ich nun, dafs knutfchen für Zufammendrücken auch in Lunden bekannt ift. Von einem Wilfteraner[1]) hörte ich gleichfalls das Wort; der kannte auch *dörknutfchen* für küffen, durchküffen. Mein Schneidermeifter, ein Scheftedter, fagt *knietfchen,* und mag durchaus nicht haben, dafs man ihm das Zeug ftark knietfcht: knietfch mi dat ni fo!

Dahrenwurth b. Lunden.   Heinr. Carftens.

Görps (XXVII, 43).

Wie fchwer es manchmal hält, einen im Ausfterben begriffenen Ausdruck zu finden, beweift mir diefes Wort. Ein Freund teilte im Urdsbrunnen III, 55 den Ausdruck *gepfche* als in der Magdeburger Gegend gebräuchlich mit. Ich hielt Umfrage und fand hier in Dithmarfchen nur *grapfch,* en grapfch, und etwa 20 Jahre fpäter nannte mir diefelbe alte Frau, die fonft nur grapfch kannte, auch en *görpfch.* Eine Frau aus dem Dänifchen Wohld kennt *göpfch,* und ein Herr aus Wilfter *göps,* während eine Frau aus Wilfter fogar *görfch* fprach. Ein Herr aus Preetz fpricht *gopfch* und — *gäf.*

Dahrenwurth b. Lunden.   Heinr. Carftens.

Trufchülli (XXVII, 49).

Für einen befchränktnn, aber durchaus treuen Menfchen kann ich bezeugen aus Dithmarfchen, Stapelholm und Angeln: trufchulli.

Dahrenwurth b. Lunden.   Heinr. Carftens.

Moderfele.

Im Grimm'fchen Deutfchen Wörterbuche VI, 2827 bemerkt Moriz Heyne, *mutterfeel-, mutterfeelenallein* fei verftärktes mutterallein, gebildet

---

[1]) Mndrdtfch Wilfterman; f. d Regifter zu der Schleswig-Holftein-Lauenburgifchen Urkundenfammlung Bd. I und II. C. W.

unter Herbeiziehung von *mutterfeele*. Diefes Subftantiv, ein Synonym von
der fchon feit dem 16. Jhdt belegbaren Verftärkung muttermenfch = menfch,
konnte im Wörterbuche nur durch ein Beifpiel aus einem neueren Schriftfteller, nämlich dem Liefländer Joh. Mich. Reinhold Lenz (1750—1792),
belegt werden: *keine mutterfele hats gemerkt*. Da erfcheint es nicht unwichtig zu verzeichnen, dafs im Zweiten Stralfunder Stadtbuche, bearbeitet
von Robert Ebeling und herausgegeben vom Rügifch-Pommerfchen Gefchichtsverein (Stralfund 1903), § 629 fchon 1322 ein Stralfunder *Ludeke Moderfele*
vorkommt. Er ift ohne Zweifel derfelbe, welcher § 723 a. 1327 ohne
Vornamen genannt wird, da er in beiden Fällen feine hoda oder Bude in
den Fleifchfcharren verfetzt

Hamburg. C. Walther.

Münzen im Emslande um 1850.[1])

Es war gut, dafs unferen Vorfahren ein ftärkeres Gedächtnis befchieden
war als uns, ihren fchnell vergeffenden Enkeln, denn unmöglich hätte man
fich in den Wirrfalen der Münzkunde zurechtfinden können, wenn man
damals fchon fo viel gefchrieben und fo wenig im Gedächtnis behalten
hätte, als die Menfchen der Jetztzeit. Die folgenden Mitteilungen über
hannoverfches, preufifches und holländifches Geld, das um 1850 im Hzgt.
Arenberg-Meppen (Lddrofteibez. Osnabrück) umlief, verdanke ich einer
gebürtigen Emsländerin, die noch heute das Verhältnis der einzelnen Münzforten zu einander genau zu beftimmen weifs.

Die geringfte hannov. und preufs. Münze war der Pfennig, im Ems-
lande *Duit* genannt (aus dem niederländ. duit entlehnt); He lätt fück fäör 'n
Duit 'n Lock däör de Ribben büren, heifst es von einem habgierigen
Menfchen. Daneben gab es noch ein *Twäidaite*- und *Vüirdaite*-Stück aus
Kupfer, auch ein preufs. *Dräidaite*-Stück lief im Hannoverfchen um, wurde
dort aber nur für 2 Pfennige genommen. Aus Nickel waren *Vüirdaite* und
Sessdaite, fowie der *Stüver*, der 8 Daite galt. Der offizielle Name des
Stüvers war 1 Mariengrofchen, 20 gingen auf 1 Gülden, 36 auf einen Taler.
Preufsifch war der *Gute Grofchen* = 12 Daite, 24 einen Taler. 2 Mariengrofchen hiefsen ein *Dübbelken* = 16 Daite, ebenfalls aus Nickel. Das
fonntägliche Gebet für die Abgefchiedenen koftete 2 Mariengrofchen und
biefs deshalb allgemein 'Dübbelkes-Gebett'. Man wäit nich, wär 't Dübbelken
rullen kann = Jeder fehe, was er treibe. Hannoverfch war der *Drüistüver*,
ein grosses, dürnes Silberftück = 3 Mariengrofchen, 12 einen Taler. Ihm
gleich kam der preufs. 2½ Silbergrofchen (in Weftfalen heifst er Kaffe-
männken). He tüümt fück er 'n Drüiftüversbigge = er bläft fich auf.

6 Stüver hiefsen *Schillenk*, 6 einen Taler, gleich dem preufs. 5 Grofchen-
ftück; dann gab es noch ein *Twülfftüverftück* = 10 Grofchen. Die gröfste
Silbermünze war der *Daler*, 14 eine feine Mark, im nördlichen Emslande
noch lange *Riksdaler* genannt (mit dem Tone auf -dåler).[2]) In alten Zeiten

[1]) Über Ausdrücke für Geld und Münzforten vgl II, 71. IV, 26. IV, 87. XXIII, 82.
[2]) Nach der Gröfse und Form des Talers heifst überhaupt ein fcheibenförmiges
Stück, z. B. eine Kartoffelfcheibe, 'n *Daler* (Tüffelkes in Dalers fniien = Kartoffeln in
Scheiben fchneiden). Ähnlich ift das Wort Blaffert, das fonft am Rhein und im füdl.
Weftfalen als Münze gang und gäbe war, nur noch als Bezeichnung einer grofsen Münze
überhaupt bekannt.

kurfierte im Emslande und in Oftfriesland auch der *Fiifthalven* = 4½ Stüver bezw. Mariengrofchen (vgl. Fr. van Harslo bei E. Hektor, Harm Düllwuttel, herausgeg. von W van Nefs. Emden 1906, S. 5). — An holländ. Gelde lief um ein *Sent* (Cent), 5 auf einen Stüver; 1 *Stürer*; 1 *Dübbelken* (10 Cent) aus Silber; 1 *Fiifftüverftück* = ¼ Gulden; 1 Hollansken *halven Güllen* = 10 Stüver und 1 Hollansken *Güllen* = 20 Stüver oder Mariengrofchen. An grofsem Golde gab es dann noch den holländ. *Dürdehalven Güllen* = 2½ Gulden = 4 Mark; ihm gleich kommt das *Fiiffrankftück* = 48 Stüver. Goldmünzen waren die *enkelde Peftolle* = 10 Gulden, und die *dübbelde Peftolle* oder *Luidor* (Louisd'or) = 20 Gulden. Wenn der rechtmäfsige Erbe auf das Pflichtteil gefetzt wurde, fo hiefs es ehemals im Emslande: Ile krigg 'ne Peftolle un 'n Stock. — Auch bremifches Geld war im Emslande nicht unbekannt, befonders der *Grote* = ½ Stüver.

Geld überhaupt heifst nach der populärften Scheidemünze 'n Stüver, z. B. 'n Täskenftüver, Tafchengeld; 'n räien Stüver Geld, bar Geld (räi = mnd. rōde, bereit, bar). Kleingeld ift Muffelgeld oder Kott Geld (kurzes Geld); die Schriftfeite einer Münze heifst Letter (litera Buchftabe), die Bildfeite Kroune (nach der welf. Krone).

Berlin.   Dr. H. Schönhoff.

Slöpendriewer und Slötendriewer.

In der Zeitfchrift Niederfachfen Jahrg. XII. H. 6 fragt ein Herr aus der Lüneburger Gegend an um die Bedeutung des Wortes *Slöpendriewer* = Vagabund, und meint, es müffe urfprünglich einer fein, der die Slöpe treibt, jenes Gerät ohne Räder ähnlich dem Schlitten, worauf Sachen fortgefchleift werden. Den Slöpendriewer kennen wir auch in Dithmarfchen und verftehen darunter einen Menfchen, der unordentlich und zerlumpt in Kleidung einhergeht. In Dithmarfchen hat man auch das Verbum *anflöpen* d. i. unordentlich ankleiden. Ebenfalls kennen wir hier das Adjektiv *flöpi* — flöpi togahn, unordentlich und zerlumpt gehen; und damit dürfte auch der Slöpendriewer zufammenhängen.

Das Bremer Wörterbuch (Nachtragband 316) hat aus Dithmarfchen Slödjedriver. Mein Nachbar aus dem Nachbarkirchfpiele von Weffelburen — NB. auch Paftor Wolf, der die Dithmarfcher Wörter für den Nachtragband lieferte, war angeftellt in Weffelburen — fagt *Slötendriewer*. Richey hat (S. 264) auch *Slötjendryrer*. Er überfetzt es, wohl nicht ganz richtig: ›ein träger und dummer Schlüngel, der weder Luft noch Gefchick zu etwas hat‹. Im Dänifchen Wehld heifst das Wort ebenfalls *Slötjendriewer*. In Wilfter fpricht man gleichfalls *Slötjendriewer*, und mein Gewährsmann kennt auch ein Verb *flöten*. Schütze hat ein Adjektig *flötig* = nachläffig im Anzug (und Benehmen). Vielleicht wiffen die Herren vom Fach noch mehr über den Schlingel von Slöpen- oder Slötendriewer.

Dahrenwurth b. Lunden.   Hoinr. Carftens.

Bafche (XXVII, 26).

Basje is in de Hollandfche kindertaal (onder anderen te Leiden) een afkorting van *allebásje*, den naam voor een (pfeudo-) *albaften* knikker: *albís*, *allebís, alleblís*. Zie Woordenboek der Nederl. Taal II, 100 (art. *Albaft*). *Basje* is diminutiefvorm (van *bas*); nnd. *bafche* zal ook wel voor *alubáfche ftaan. Eene minder goed begrijpelijke vervorming van *alebas* is ndl. *álikas* (en *allekás*): zie Wdb. d Ned. T. II, 140 (art. *Alikas*). — Vergelijk verder: eng. *alley*, a large marble (a contraction of *alabaſter*), Webſter's Condenſed Dictionary, 1886. *Blood alley* en *Alley taw* (albaſten »ſtuiter«) worden als ſoorten van knikkers genoemd in *Punch* 1907, Feb. 20, p. 133 a.

Leiden.   A. Beets.

buba (XXVII, 43).

Ob *buba*, grober und ungeſchliffener Meuſch, in der Osnabrücker Mundart wirklich dasſelbe Wort iſt wie der mnd. Perſonenname *Bubar*? Einen heftigen, groben Menſchen, der die Worte hervorſtöſst, mit der Tür ins Haus fällt, nennt man in hieſiger Gegend einen *bůfbaf*, ſeine Worte lauten, wie man ſich ausdrückt, nur *bå bå*. Dieſe beiden Laute ſind nicht als ein Wort zu ſprechen mit dem Ton auf der erſten Silbe. Sollte nicht das Osnabrücker *buba* dasſelbe ſein wie unſer *bůbå* oder *bůfbaf* und rein lautnachahmend?

Blankenburg a. H.   Ed. Damköhler.

Sparling (XXVII, 50. 65).

Zwei Zuſammenſetzungen mit »ſpar, ſpare« hätte ich noch anführen müſſen, die als Synonyma von »ſparling« durch Schambach im Göttingiſch-Grubenhagenſchen Wb. S. 202 f. verzeichnet ſind.: »*ſpardeif* (Sperling = Dieb), der Sperling« und »*ſparkiz*, der männliche Sperling«. Das Simplex *kåz* bedeutet im ſelben Dialekt (S. 98) den Kater. Dieſe Kompoſita und die in dieſer Nummer des K.-Bl. S. 65 beigebrachten *ſparduxer*, *ſper-ſparlotze*, *ſparluntje* ſind wichtige Zeugniſſe für das frühere Vorhandenſein des einfachen *ſpare* im Niederdeutſchen.

Hamburg.   C. Walther.

Notizen und Anzeigen.

Beitragszahlungen find au unſern Kaſſenführer Herrn Joh? E. Rabe, Hamburg 1, gr. Reichenſtraſse 11, zu leiſten.

Veränderungen der Adreſſen find gefälligſt dem genannten Herrn Kaſſeuführer zu melden.

Beiträge, welche fürs Jahrbuch beſtimmt find, belieben die Verfaſſer an das Mitglied des Redactions-Ausſchuſſes, Prof. Dr. W. Seelmann, Charlottenburg, Peſtalozziſtraſse 103, einzuſchicken.

Zuſendungen fürs Korreſpondenzblatt bitten wir an Dr. C. Walther, Hamburg 24, Uhlandſtraſse 59, zu richten.

Bemerkungen und Klagen, welche ſich auf Verſand und Empfang des Korreſpondenz-blattes beziehen, bittet der Vorſtand direct der Expedition, »Diedrich Soltau's Verlag und Buchdruckerei« in Norden, Oſtfriesland, zü übermachen.

Redigiert von Dr. C. Walther in Hamburg.
Druck von Diedr. Soltau in Norden.

Ausgegeben: März 1907.

Jahrg. 1906.   Hamburg.   Heft XXVII.   № 6.

Korrespondenzblatt

des Vereins
für niederdeutfche Sprachforfchung.

I. Kundgebungen des Vorftandes.

1. Mitgliederftand.

Dem Vereine beigetreten find die Herren
Dr. Ortgies Siefken, Gr. Lichterfelde bei Berlin,
P. Noordhoff, Verlagsbuchhandlung, Groningen, Ndlde,
Loeper, Greifswald,
und der Verein für rheinifche und weftfälifche Volkskunde,
Adr.: Herr K. Wehrban, Frankfurt a. M.
Veränderte Adreffe von Herrn
Dr. C. Borchling, jetzt Prof. an der kgl. Akademie in Pofen.

2. Generalverfammlung 1907.

Der Vorftand gibt den geehrten Vereinsmitgliedern kund, dafs nach
Befchlufs der Lübecker Pfingftverfammlung von 1906 die Generalverfammlung des Jahres 1907 um Pfingften zu Hildesheim ftattfinden
wird. Zugleich fpricht er die Bitte aus, die für diefe Zufammenkunft beabfichtigten Vorträge und Mitteilungen möglichft bald bei dem Vorfitzenden
Geh. Rat Prof. Dr. Al. Reifferfcheid in Greifswald, Wiefenftrafse 59,
anmelden zu wollen.

II. Mitteilungen aus dem Mitgliederkreife.

Rofenftrafse (XXVII, 62).

In Marburg i. H. ift vor etwa einem Menfchenalter der alte *Saurafen*,
als er in den Bebauungsplan einbezogen wurde, offiziell in *Rofenftrafse*
umgetauft worden, nachdem, wie man mir erzählt hat, die anfängliche
Bezeichnung *Saurafenftrafse* berechtigten Anftofs erregt hatte.
Göttingen.   E. Schröder.

Opentlik.

Im Altfächfifchen befteht zum Adjektiv *opan* das Adverb *opanliko*,
entfprechend dem ahd. *offanlicho*, dem agf. *openlice*; es kommt im Heliand
mehrmal vor fowohl im Sinne von öffentlich wie von deutlich. Im Mndd.
fcheint es von *openbare, openbarlike, -liken* verdrängt zu fein; ein Adv.
opentlik, -like, -liken oder *apentlik* etc. und ein Adj. *opentlik* oder *apentlik*,
die im 16. Jahrhundert gebraucht werden, könnten daher vielleicht auf den

Einflufs der hd. Reichskanzleifprache und der hd. Reformationslitteratur
zurückgeführt werden müffen. In der zweiten Hälfte des 16. Jahrhunderts
und im 17. Jahrhundert kommt dann auch die hd. Form *offentlich* vor,
was zum mindeften verbürgt, dafs nicht in allen Teilen Niederdeutfchlands
›opentlik‹ gegolten hat. Um die Frage zu entfcheiden, ob ›opentlik‹ aus
af. opanliko ftamme oder Nachbildung des hd. ›offen-, offentlich‹ fei, wird
es nötig fein, die mudd. Litteratur des 13.—15. Jahrhunderts nach dem
Worte zu durchlefen. Bis jetzt ift mir nur ein Beleg aus diefer Zeit
bekannt geworden durch Herm. Brandes' Gloffar zu R. Döbner's Urkundenbuch der Stadt Hildesheim: ok we den win tappen [ergänze: wil?], dat de
malkem den win, de to dem tappen lopt, *opentliken* do; IV No. 1, 18 S. 5
in der 1428 (f. S. VII) gefchriebenen Handfchrift der Burfprake des
Jahres 1380.

Wie mag es um ndl. open-, opentlijk ftchen? beftcht es fchon mndl.?
Hamburg.   C. Walther.

liden(t).

Im 15. und 16. Jahrhundert hatte fich in Oberdeutfchland die üble
Sitte verbreitet, alles, was das Leiden und Sterben Chrifti betrifft, zu
häufigen Schwüren in der täglichen Rede zu mifsbrauchen. Man begnügte
fich nicht damit, einfach bei Gott zu fchwören, fondern, einer ebenfo narren-
haften als läfterlichen Mode folgend, fchwur man bei Gottes Leiden, bei
Gottes (fünf) Wunden, bei feiner Marter, feinem Leichnam, ja, bei feinem
Hirn, Leber, Lunge u. f. w. Immerhin mögen die Klagen der Zeitgenoffen
etwas übertreiben.

(man) fchwert bei dem heiling gottes nam
bei feinen leiden, wunden und fchmerzen

fchreibt Hans Sachs (1. 44). Neben diefer Stelle bietet das Deutfche
Wörterbuch 6, 667 f. (Heyne) noch eine aus Conrad Hafe, vom Lauf der
Welt (16. Jahrh.). Schon 1494 geifselt Sebaftian Brant in feinem Narren-
fchiff im 87. Capitel (von gottes leftern) diefe Torheit der Zeit. In feiner
berühmten Ausgabe diefes Buches gibt Zarncke S. 432 noch einige weitere
Zeugniffe: eine Stelle aus Val. Holl 83ᵇ, aus Murrners Narrenbefchwörung
c², aus Geilers Predigten und einen Erlafs des Rates von Augsburg vom
Jahre 1529. Ich ftelle dazu aus Pauli, Schimpf und Ernft (1543) S. 33
(Öfterley): 'und das verweiffen im die menfchen die gotzlefterer und gots-
fchwerer, das gefchicht, fo du im fein hirn, lung, leber, kröfz, wunden,
onmacht unzimlich wider feinen willen nenneft'.

Dafs diefe verwerfliche Sitte auch in Niederdeutfchland verbreitet war,
zeigt eine Stelle aus Gryfes Leienbibel (Roftock 1604), die Johannes Bolte
in der Anm. zu v. 3568 feiner Ausgabe von Strickers 'düdefchem Schlömer'
anzieht: 'alfe ock noch menniger mit fynem flökende dat billige lydent
unde vordenft Chrifti mifsbruket, in deme he Chrifti billige vyff wunden,
kranckheit, Martel unde Sacrament flockwyfs gebruket'. Im weiteren gibt
Bolte hier eine Anzahl Beifpiele des auf niederdeutfchem Boden befonders
beliebten Schwures oder Fluches: *wunden godes!* der, wie es ja bei Flüchen
häufig ift, in der feltfamften Weife entftellt wurde.

Aus diefen vor ein Eigenfchaftswort geftellten Ausrufungs- oder
Schwurworten entwickelte fich nun im Oberdeutfchen eine fpäter oft nicht

mehr verftandene Verftärkung. So fagte man in Hans Sachfens Zeit: *leidanarm* = fehr arm, fogar *leidenwohl*; auch *leichnamübel*, *leichnamvil*, *marterarm*, *martervil* u. f. w. (f. das Deutfche Wbch. a. a. O.). Im Niederdeutfchen ift in diefer verftärkenden Weife nur einer diefer Schwüre verwendet worden, und das ift *liden(t)*, urfprünglich ein fubftantivierter Inf. *dat liden(t)*, das Leiden. Noch heute finden fich z. T. entftellte Refte davon in den nd. Mundarten. Aber weder die Verfaffer der Idiotica, von denen man es kaum erwartet, noch die Herausgeber älterer Texte des Niederdeutfchen haben diefen Gebrauch von *liden* beachtet. Der einzige mir zu Gebote ftehende Beleg aus dem 16. Jahrh. ift eine im Brem. Wbch. 6, 178 angeführte Stelle aus Lappenbergs Hamburgifcher Chronik S. 120 (der betreffende Teil ift die nach L. in den vierziger Jahren des 16. Jahrh. niedergefchriebene Hamb. Chronik von 810—1542 von Bernd Gyfeke): do heft Berndes sine frouwe gefecht, do fi dut gefeen heft (dafs nämlich ihr Mann gefeffelt wurde): *I lident herte,* wat wil dut beduden? Lappenbergs Anm. 'Ei, du leidendes, armes Herz!' trifft nicht das Richtige. Die bei Bolte a. a. O. mitgeteilte Stelle aus Butovius' comoedia de nuptiali contractu Ifaaci (1600): *'Süh wunnen hart!'* berechtigt zu der Annahme, dafs an unferer Stelle *lident* chenfo wie *wunden (gudes)!* ein zur blofsen Verftärkung herabgefunkener ehemaliger Schwur und nicht das Participium ift.

In der niederdeutfchen Volks- und Umgangsfprache des 17. Jahrhunderts mufs diefer verftärkende Gebrauch von *liden(t)* aufserordentlich beliebt gewefen fein.[1]) Jochim Schlue's Comedia von ... Ifaac, Roftock 1606, herausg. von Alb. Freybe, 2. Aufl. 1892, enthält folgende Stellen: S. 28, 6 hotho ho fort, du bift *lydent fuel,* fo fagt der Knecht zum Efel. S. 67, 21 ich hadde dy dar *lyden gerne* gefehen. S. 82, 9 f. holle gy hyr wor karckmyfs, fo hadde wy ydt *lident wolle* eramet, 'haltet ihr hier etwa Kirchweih, dann hätten wir es ja verdammt gut getroffen!' Freybe im Commentar S. 49 bemerkt dazu: 'noch heute ift liden als Verftärkung im Munde alter Leute üblich, dat is lyden kolt u. dgl.' — In der Komödie Vitulus, Hamb. 1616 (Schaufpiele älterer Zeit, herausg. von Bolte und Seelmann 1895, S. 53) wird Z. 753 der ins Kalbfell eingenähte Bauer von feinem Nachbar mit den Worten begrüfst: 'du fuft *lyden fpitalifch* uth. Wat deyft umt Lyff mitr Kalverhut? In Rifts's 1634 Heidae Dithmarforum gefchriebenem Perfeus heifst es (Nd. Jahrb. 7, 141): dat füht *lien dull* uth! Sehr zahlreiche Belege bieten die niederdeutfchen Bauernkomödien des 17. Jahrh., herausg. v. H. Jellinghaus (Bibl. des Stuttg. Litt. Ver. Band 147), die nach J. aus den dreifsiger, vierziger Jahren des 17. Jhdts. ftammen, z. B. S. 15: fau motten daur *lien velle* (fehr viele) weffen. S. 25: et dicht juk mans *lyen* in lijve *goent.* S. 30: fei verftaht fich *lyen wohl* oppen gelde. S. 35: dat bevol mick *lyen wol* (gefiel mir fehr gut). S. 40: woe dat lut *lyen dul,* Nauberfche. S. 41: fey is *lyen breyt.* S. 42: fau Jonge, du heft noch *lyen gehrne* watt nattes im balge. S. 141: fy holt doch *lien velle* van dat hantwerck. S. 149: de fal em doch *lyen wal* eftahn. S. 154: fey mottet *lyen geern* folt vretten. S. 210: dat Hamborreger Berecken fchmecket my

¹) Die meiften der Belege aus dem 17. Jahrh. verdanke ich freundlichen Hinweifen und Mitteilungen des Herrn Dr. C. Walther.

lien *föte.* S. 215: my is *lien bange.* S. 226: he was *lyen* *ryss* inr Näfen.
S. 276: he fteiht *lyen* *wohl* mit ufem Heren (vgl. die Schwüre S. 158: *wo*
Gaes lyen! S. 159: *by Gaes lyen!*) Zu der Stelle in Lauremberg Schertz-
gedichten (1652) III 151:

> dat gode olde düdfch fo *liden* *dul* nu geit,
> dat de eine düdfche den andern nicht verfteit.

gibt W. Braune in feiner Ausgabe (1879) die Anmerkung: 'zu liden, leiden,
wohl ähnlich wie nhd. leidlich, älter leidenlich, erträglich, leidlich; auch
diefes bisweilen fteigernd im Sinne von 'fehr' gebraucht.' Weiter heifst es
in einer Poffe von Lauremberg (Nd. Jahrb. 3, 95): Phu, dat rückt *lyden*
barnoufch!

Aus dem 18. Jahrhundert, in dem das Wort bereits irrtümlich als
Particip verftanden zu fein fcheint, läfst fich folgendes über diefen Gebrauch
von *lident* zufammenftellen: Richey, idiot. hamb. (1754) S. 153 hat: *'lydend:*
fehr, ziemlich: admodum, fatis. *Et is lydend warm:* es ift ziemlich warm.
Se hett sik lydend wakker maket: fie hat fich trefflich geputzt. So auch
Schütze, holft. Jd. (1800) 3, 37. Offenbar macht fich bei R. fchon, wie
auch bei Braune zu jener Stelle aus Lauremberg, die Vorftellung von hd.
leidlich = fatis in ftörender Weife geltend. Denn eine Angabe im Nd.
Korrefpondenzbl. XVII (1893) S. 37 'mecklenburgifcher Wortfchatz vor
150 Jahren' verzeichnet einfach *'liedent* = fehr.' Ebenfo unverfälfcht finden
wir die Bedeutung des Wortes in Dähnerts Wb. der Pommerfchen und
Rügifchen Mundart (1781) S. 277b *dat full mi lidend wundern,* darüber
würde ich mich fehr wundern. *nig dat lidend bitterste,* nicht das Geringfte
(vgl. Danneil, altm. Wb. 18b hé hat ok nich dat bitterfte, er ift von allem
entblöfst.)

Aus dem 19. Jahrb. finde ich das Wort nur noch bei Mi (F. G.
Sibeth) meckl.-vorpomm. Wb. (1876) S. 50ª verzeichnet: *leiden ft-bitter ft,*
bitteres Leiden, was wohl ein Misverftändnis ift. C. W. Müller im Reuter-
lexikon führt es nicht an. Man vgl. jedoch oben Freybes Bem. zu Schlue's
Komödie. — Dagegen ift das Wort, wenn auch entftellt, noch in den dem
Mitteldeutfchen näheren niederdeutfchen Gebieten in einer einzigen Zufammenfetzung lebendig, in *leiderwennig.* Zunächft fei hingewiefen auf die
hochd. Verbindung *leider Gottes!* die wohl ebenfalls aus dem Schwur *leiden*
Gottes! entftanden ift, in irrtümlicher Anlehnung an das fchon im Althochd.
und befonders im Mittelhochd. häufig vorkommende Comparativadverb
leider! So erklärt es K. G. Andrefen gewifs richtig in der Ztfchr. für
deutfches Altert. 30 (N. F. 18), S. 417 f. Sehr lehrreich ift hierbei die
im deutfcben Wb. 6, 674 von Heyne angeführte Stelle aus dem Simpliciffimus, wo in der Ausg. von 1713 fteht: (die Bauern) *mit denen fie gar leider*
übel umbgiengen, während die erfte Ausgabe hat: *leiden übel.* Was nun
leiderwenig betrifft, fo bittet W. Rimpau im Korrefpondenzbl. XIII (1888),
S. 57 um eine Erklärung diefes im Halberftädtifchen gebräuchlichen Wortes,
indem er darauf hinweift, dafs *leider* hier nicht die Bed. 'bedauerlicher
Weife' haben könne. Beim Kartoffelroden erhalte man nämlich auf die
Frage: »Gibt es viele kranke Kartoffeln?« die Antwort: »Ach nee, leiderwennig!« Ein vortreffliches Beifpiel! In den drei im nächften Hefte S. 90
erteilten Antworten ift die richtige Löfung nicht gegeben, jedoch bemerkt

in der erften E. Damköhler, dafs er im Harz häufiger *lidentwennich* als *leiderwennig* gehört habe, und vermutet mit Recht, das letztere fei nur aus dem erfteren verhochdeutfcht. In Mitteldeutfchland (Oberfachfen, Heffen) ift *leiderwennig* fehr gebräuchlich.

Es fcheint alfo, dafs wir in diefem vom Harz gemeldeten *lident wennich* und in dem Ausdrucke '*nich dat lidend bitterfte*' die letzten verfteinerten Refte jenes Schwurunfugs des Reformationszeitalters zu fellen haben. Vielleicht kam auch darin die ftarke religiöfe Erregung jener Zeiten zum Ausdruck.

Hamburg.   Oscar Haufchild.

Anfrage.

Ein fo zuverläffiger Schriftfteller wie der 1878 verftorbene Oberappellationsgerichtsrat C. W. Pauli zu Lübeck führt in feinen Abhandlungen aus dem Lübifchen Recht Bd. III (1841) an zwei Stellen den folgenden Satz erft unvollftändig, dann vollftändig an (S. 13 und S. 27):

kronskindere mogben gein erve upboren, id en fi van orer moder wegen; eft ock de vader ore moder tor echte nam, fo en scolen fe doch mit die brodere unde fuftere dat vaders gut nicht deilen, fondern to orer becostinge hebben wat de brodere willen.

Als Quelle gibt Pauli die Statuten von Küstrin v. 1429 § 52 an, fagt aber nicht, wo diefe Statuten gedruckt find, noch erwähnt er eine Handfchrift, aus der er gefchöpft hat. Das Citat ift nicht unbeachtet geblieben, aber die fpätern Benutzer wiederholen lediglich Paulis Abdruck der Stelle, ohne fich um deren Herkunft zu bekümmern. So zuletzt Kogler in der Zeitfchr. der Savigny-Stiftung für Rechtsgefchichte, germanift. Abtlg. Bd. 25 (1904) S. 133. Der gefamte handfchriftliche Nachlafs Paulis ift in die Lübecker Stadtbibliothek übergegangen, enthält aber, wie mich Herr Profeffor Dr. Curtius benachrichtigt, der ihn auf meine Bitte zu dem angegebenen Zweck durchgefehen hat, nichts zur Aufklärung des Sachverhalts. Die Quellenwerke und Litteratur, in der fich Angaben über märkifche Stadtrechte erwarten liefsen, wie Riedels Codex dipl. Brandenburgenfis; Heydemann, Elemente der Joachimfchen Conftitution (1841); v. Kamptz, die Provinzial- und ftatutar. R. in der Preufs. Monarchie (1826—1828) gewährten keine Auskunft. Ebenfo wenig hatten meine Anfragen in Küftrin Erfolg. Herr Bürgermeifter Securius und Herr Profeffor Dr. Berg in Preuss.-Friedland, der fich eingehend mit archivalifchen Studien zu einer Gefchichte der Stadt Küftrin befchäftigt, konnten über Küftriner Statuten nichts berichten. Das mittelalterliche Archiv der Stadt ift vernichtet; das ältefte Aktenftück der Stadt ift von 1630.

In dem Buche: das jetzt beftehende Provinzialrecht der Neumark von W. v. Kunow (Berl. 1836) wird eines handfchriftlichen Werkes von Bufch, Neumärkifches Provinzialgefetzbuch (1799) gedacht. Meine Hoffnung, darin eine Notiz über Küftriner Statuten zu finden, ift nicht in Erfüllung gegangen. Ein Schreiben des Königl. Geheimen Staatsarchivs zu Berlin vom 6. Nov. 1906 teilte mir mit, dafs fich nach einem in feinem Befitz befindlichen Auszuge aus der Arbeit von Bufch diefe nur eine fyftematifche Darftellung des Neumärk. Provinzialrechts enthalte. Küftriner Statuten von 1429 find auch im Geh. Staatsarchiv nicht ermittelt worden. Da nach Zimmermann, märk. Stadtverfaffungen I (1837) S. 30 Küftrin magdeburgifches Recht und zwar durch Strausberg erhielt, fo habe ich meine Erkundigungen nach Küftriner Statuten auch in den Bereich des magdeburgifchen Rechts gerichtet, aber ebenfo wenig etwas pofitives ermittelt.

Dies Ergebnis ift befonders um deswillen bedauerlich, weil ein in der Stelle vorkommendes Rechtswort bisher völlig unbekannt ift. Das Wort *kronskint* ift weder in dem Mnd. Wörterbuch noch in fonftigen Wörterbüchern verzeichnet. In dem Apparat, den die Kommiffion der Berliner Akademie für das deutfche Rechtswörterbuch fammelt und die Heidelberger Bibliothek aufbewahrt, findet fich, wie mir Herr Profeffor Richard Schröder, der Redaktor des Wörterbuchs, mitteilt, kein anderer Beleg als die Stelle Paulis. Die mannichfaltigen Bezeichnungen der deutfcben Quellen für uneheliche Kinder find oft genug zufammengeftellt; ich verweife auf Grimm Rechtsaltertümer I⁴ (1899) S. 655 und Stobbe, Handb. des deutfchen Privatrechts I (1893) S. 404. Aber das Wort kronskint kennt keines diefer Verzeichniffe. Der Sinn der Stelle ift klar: uneheliche Kinder beerben nur ihre Mutter; die nachfolgende Ehe ihrer Erzeuger verfchafft ihnen kein Erbrecht gegen ihren Vater neben deffen ehelich gebornen Kindern; fie müffen fich mit dem zufrieden geben, was ihnen die Brüder zum Unterhalt zuzuwenden für gut befinden. Es liegt nahe, bei Kronskindern an die Bezeichnung Königskinder für uneheliche Kinder zu denken, aber die Beifpiele bei Haltaus Gloffar. Sp. 1114 befchränken fich auf Süddeutfchland, und Krone wurde noch nicht repräfentativ für König gebraucht.

Die zu Eingang diefer Anfrage abgedruckte Stelle gibt alfo ein doppeltes Rätfel auf. Der Lefor, der etwas zuverläffiges über Küftriner Statuten mitzuteilen weifs oder einen Beleg für das Wort kronskint kennt, wird um Benachrichtigung gebeten. Der Herr Redaktör d. Bl. mutmafst hinter dem kronskint das bekannte Wort keveskint, das von Pauli oder einem Abfchreiber verlefen fei; aber die doppelte Anführung der Stelle und die Annahme, dafs ein fo gewöhnliches Wort irrtümlich wiedergegeben fei, fprechen, wie mir fcbeint, gegen diefe Erklärung.

Zuletzt noch die Frage: woher kommt das fkurrile Wort des Berliner Jargons: Kronenfohn?

Göttingen.   F. Frensdorff.

Kronenfohn.

(Prof Hans Meyer) Der richtige Berliner in Wörtern und Redensarten. 3. Aufl. Berlin 1880. S. 44: »*Oller Kronfohn* zu gemütlicher Abwehr.« Es fcheint aus mndd. krodenfone d. h. Sohn einer Kröte entftanden zu fein, welches Wort als Schelte in einer Göttinger Urkunde von 1448 vorkommt: du heft gedan alfe ein krodenfone; mndd. Wb. VI, 188. Auch das Simplex krode galt als Schimpfwort, und chenfo wurden andere Zufammenfetzungen gebraucht: krodendüvel, -döre, -henger [?], -kinder, -fchalk; doch mag in einigen das Particip Praeteriti kroden vom ftarken Verbum krůden, läftig fallen (f. Franck, Etymologifch Woordenboek der Nederlandfche Taal, »kruien«, Mndd. Wb. »kroden«), in der Bedeutung »läftig, unangenehm, widrig, widerlich« ftecken.

Hamburg.   C. Walther.

Paduck.

Über das Fangfpiel der Kinder mit Steinen oder Tierknöcheln und die landfchaftlich verfchiedenen Bezeichnungen desfelben ift mehrfach in dem Korrefpondenzblatt gehandelt worden, zuletzt XXVI, 89, wofelbft auch frühere Artikel angeführt und aufserdem auf die gründliche Forfchung von Frl. E. Lemke über diefen Gegenftand hingewiefen worden ift. Unter den vielen Benennungen ift eine der auffälligften das von Bremen (Brem. Wb. VI, 229) bis Neuftrelitz (F. Latendorf, Ndd. K.-Bl. II, 37) herrfchende *Perdück*, mit Ton auf der zweiten Silbe, wie alle übrigen ähnlichen Namensformen für diefes Spiel.

Ich ftelle diefe Wortform voran, weil fie die früheft bezeugte ift. In dem kürzlich von Paul Piper in F. Kluge's Zeitfchr. f. deutfche Wortforfchung Jgg. VIII veröffentlichten Idioticon Reinbeccenfe finden wir auf S. 202: »Anticken gelt nich, fagen die Kinder, wenn fie die Gefetze zum *Perduck* ausmachen.« Dies Idiotikon mufs nach 1742 angelegt fein, da S. 204 die in diefem Jahre erfchienenen Faftelabendfammlungen von Joh. Peter Schmidt erwähnt werden. Richey bringt den Ausdruck noch nicht in der erften Ausgabe feines Hamburgifchen Idiotikons von 1743, fondern erft in der zweiten von 1755 S. 369: »*Perduck-Steen,* ein Kinderfpiel mit 9 platten und runden Steinen.« Ebenfo Schütze, Holftein. Idiot III (1802) S. 204: *Perdukfteen* fpeelen. Im VI. Teile des Bremifchen Wörterbuchs, den K. Tannen 1869 aus dem litterarifchen Nachlaffe des Herausgebers der fünf erften Teile diefes Werkes, des Profeffors Eberhard Tiling († 1794), herausgegeben hat, heifst es S. 229: »*Perdukfteen,* platte, runde Steine, welche die Knaben aus Scherben machen, und womit fie das Meifter- und Gefellenfpiel fpielen, diefelben fangend und behende aufnehmend. (Jetzt wohl verfchwunden.)«

Nach Handelmann, Volks- und Kinderfpiele aus Schleswig-Holftein, 2. Aufl. 1874, S. 96 heifst das Spiel in H. [Hamburg? Holftein?] und Lauenburg *Perduck*, aber in Kiel, da es auch mit fünf Steinen gefpielt wurde, *Fieffängelfch*, in Schleswig auch *Katerlück*. Wie Koppmann Ndd. K.-Bl. VI, 79 angibt, find auch in Meyn's Schleswig-Holfteinifchem Kalender 1882 S. 71 und zwar nur *Kater Lux* und *Fieffteen* als Benennungen des Spiels verzeichnet. Und dafs *Katerlück* die dithmarfche Bezeichnung fei, geht aus den Mitteilungen von H. Carftens im K.-Bl. VIII, 46; XXVI, 90 hervor. Zu Katerlück, Kater Lux ftellt fich das von Schumann, Lübecker Spiel- und Rätfelbuch (1905) S. 93 für Herrenburg bei Lübeck nachgewiefene *Kater Muck*.

Im K.-Bl. VI, 79 hat Koppmann die ihm aus Hamburg bekannten Namen mitgeteilt: *Poduck* und *Pa(r)duck*. Die letztere Schreibung foll offenbar bedeuten, dafs fowohl Parduck, wie Paduck vorkommen, Koppmann aber Parduck als die urfprüngliche anfah und Paduck als jüngere Entftellung. *Perdukfteen* fchreibt auch Alb. Borcherdt, Das luftige alte Hamburg (1890) I S. 21; dagegen *Poduck* fpelen Willi. Poeck, In de Ellernbucht (1907) S. 28. 97. *Poduck* habe ich nie gehört, wohl aber *Perduck, Parduck* und *Paduck*. Diefer letzten Form bedient fich Dr. E. Cordes in der Gelegenheitsdichtung, aus welcher ich im K.-Bl. XXVII, 10 einen Auszug über »Pöks« und »Bafche« des Marmelfpiels mitgeteilt habe. Nachdem er diefes Spiels feiner Jugendzeit gedacht hat, führt er fort:

»In der Piftalerftrat an Sprützenbibers Stufen ward *Altona'r Paduck,*
Judenpaduck und Kaak gemacht.«[1] Schumann kennt als lübeckifch aufser
Parduck und *Perduck, Perdok* (K.-Bl. X, 69) noch *Breduck* und *Boduck*
(K.-Bl. XXVI, 89). Aus Stade weift Kranfe *Poduck* nach (K.-Bl. VI, 79),
aus der Lüneburger Heide Kück in feinem empfehlenswerten Buche Bauern-
leben in der Lüneburger Heide (1906) S. 18 ff: *Peduck.* Dafs in Altona
Karduck gefagt werde, gibt Mentz im Schulprogramm von Delitzfch 1897
S. 21 an (nach Lemke, Das Fangfteinchenfpiel S. 54) Aus Meklenburg
und zwar aus Neuftrelitz hat F. Latendorf das Spiel als allgemein unter
dem Namen *Perduk* vorkommend bezeugt (K.-Bl. II, 37); weitere Zeugniffe
aus Meklenburg mangeln; man darf aber wohl annehmen, dafs derfelbe
Ausdruck einft auch im weftlichen Meklenburg gegolten hat.

Ehe ich verfuche, die Etymologie des Wortes Perduck und feiner
Nebenformen zu entwickeln, will ich bemerken, dafs ich mit Koppmann
(K.-Bl. VI, 79) Kater Lux und ebenfo Katerlück und Kater Muck nur für
umdeutende Entftellungen von jenen Formen halte, und Paftor Weiland's
Bedenken (K.-Bl. XXVI, 63) teile, als ob diefe Namensformen aus dänifchem
Kaardleg = Schwertfpiel gewandelt wären. Mit einem Schwerter- oder
Kordenfpiel (mudd. korde, f. langes Meffer, Säbel, Schwert) hat doch das
Fangftein- oder Knöchelfpiel nicht die mindefte Ähnlichkeit. Auch die
Form Karduck ftammt ficher aus Parduck; fie möchte die Entftelluugen
in Kater- veranlafst haben.

Schade ift, dafs die Spielbenennung Perduck erft um die Mitte des
18. Jahrhunderts überliefert wird. Nachdem ich die Abhandlung von Frl.
Elifabeth Lemke über das Fangfteinchenfpiel gelefen habe, vermute ich,
dafs diefe aller etymologifchen Deutung widerftehende Form aus älterem
Padduck oder Paduck, vielleicht auch Paddůk oder Padůk hervorgegangen
fein mag. Das Spiel verlangt nämlich im Gegenfatz zu anderen Kinder-
fpielen die hockende Stellung des Spielers. Zwar fagt Borcherdt, es wäre
in Hamburg am liebften auf Beifchlägen gefpielt worden, den Steinbänken,
welche der Haustreppe, foweit fie auf die Strafse lag, als Wangen dienten.
Und ebenfo werden auf einer Abbildung des 17. Jahrhunderts von einer
Ahart des Fangfteinfpiels, dem Krönleinfpiel, welche in der angeführten
Abhandlung S. 57 wiedergegeben ift, durch die ftehende Spielerin von einer
Steinbank aus die Knöchel zum Wurf aufgenommen. Auf einem griechifchen
Vafenbilde (S. 48) fitzt auch ein Jüngling auf einem niedrigen Steinblock.
Doch das find Ausnahmen; die gewöhnliche Stellung des Spielenden ift die
auf der Erde kauernde, wofür diefelbe Schrift (S. 48) zwei antike Bilder,
oder die kniende, wofür fie (S. 61) eins von 1560 bringt. Die Urfache
liegt eben im Spiel, zu dem es aufser den Knöcheln oder Steinen keiner
Vorrichtungen bedarf, als einer ebenen, nicht grofsen Spielfläche, von der
die Steine einzelnen nach einander aufgegriffen werden. Zum Spielplatz
eignet fich darum vorzüglich ein gebahnter, feftgetretener Fufspfad. Solte
fich alfo nicht Paduck als Padbucke oder Padhuke verftehen laffen?

Die *hůke,* in andern ndd. Mundarten *hucke,* heifst die hockende

---

[1] In der Spitalerftrafse wohnte der Direktor des Löfchwefens oder Oberfprützen-
meifter Bieber. Über das neben den zwei Paduckarten genannte Kaakfpiel f. Carftens
im Kbl. X, 68. »Piftalerftrate« ift volkstümliche Entftellung, auch »Biftalerftrate«; f.
O. Beneke, Hamb. Gefchichten und Denkwürdigkeiten S. 18.

Stellung, *in de hûk'* (hucke) *fitten gan* diefe Stellung annehmen, *in de(r) h. fitten* in diefer Stellung fitzen = *hûken* und *hucken*, ndl. *huiken* und *hukken*, hd. dialektifch *hauchen*, mhd. *hûchen* und *hucken*, nhd. *hocken*. Von dem urfprünglich ftark flectierenden *hûken* (im Altnord. hat *hûka* das Particip. Perfecti *hokinn*, und nach Woefte Weftfäl. Wb. noch weftf. *hûken*, Praeter. *hôk* und im Plur. *hûeken*, Partic. *hQken*) ift nicht nur jenes *hucken*, *hocken*, *hukken* abgeleitet, fondern auch mhd. *hucke*, mitteld. *hocke*, mndd. *hoke* und *hoker*, *hocke* und *hocker*, der Höcker oder Kleinhändler, der bei feinen Waren hockt, und auch weftf. *hucke*, fem. = pedde, Kröte, in der Priegnitz *hukfche* und in Mecklenburg *hûr* genannt (Schiller, Thier- und Kräuterbuch I, 4). Letztere beiden Wörter werden wohl durch Anhängung des ndd. weiblichen Motionssuffixes *-fche* oder *-fe* an *hûk*, *huk* gebildet fein. Auch *hutske*, f. Kröte (Bauer-Collitz Waldeck. Wb.) zieh ich hierher: es wird aus *hukske* geworden fein. Diefelbe Bildung zeigt *padduckfe* im Dialekt des Oderbruchs, welches aber ein Synonym von *padde* = Frofch fein foll (Mitth. des hiftorifch-ftatift. Vereins zu Frankfurt a. O. Heft 9—12, 1873, S. 58). Padduckfe mufs aus padhuckfe entftanden fein, wie das ›dd‹ und das neben hucke in Weftfalen vorkommende *padhucke*, fem., Kröte, beweifen (Woefte, Weftfäl. Wb.). Die Bedeutung ift offenbar die auf dem Pfade Hockende, die Pfadhockerin, eine fehr zutreffende Bezeichnung der Kröte.

Schon im Mittelalter begegnet diefelbe Wortbildung mit männlicher Form und Bedeutung für einen Strafsenräuber, einen wegelagernden Räuber: mhd. *pfadhucke*, *pfadehucke*, *pfadehuche*, latro qui in viis infidiatur, vespilio, daneben *pfadehuchir*, und das Verbum *pfadhûchin*, *pfadhauchen*, *pfathucken*, latrocinari. In einer mhd. Paffionsgefchichte Chrifti werden die Schächer einmal *pfadehuchen* genannt (L. Frifch, Teutfch-Latein. Wb. II, 46 b). Aus dem Mudd. hat fich bisher das Subftantiv nicht belegen laffen, fondern nur das Verb, nämlich in einem Briefe des Herzogs Heinrich von Schleswig an den Lübecker Rat a. 1419: dat nement mer fcholde jemande vaughen eder beroven unde alfo *up der ftraten padhuchen* (Lüb. Ub. VI S. 170). Diefe Stelle hat Profeffor J. Peters im Ndd. Korr-Blatt XIII, 58 erklärt und dabei zugleich Nachweife gegeben, wo hd. und md. Belege gefammelt zu finden find. An dem einzigen ndd. Belege ›padbucken‹ füllt das hd. ch auf. War das Wort in der fpeziellen Bedeutung von latrocinari ein hd. Fremdwort und behielt man darum eine halbhd. Form bei, oder ift das Wort von dem Herausgeber, dem freilich wegen feiner palaeographifchen Kenntniffe und feiner mufterhaften Genauigkeit höchft zuverläffigen Archivar Dr. C. Wehrmann, verlefen aus padhucken?

Noch in einer dritten Verwendung kommt der Pfadhocker vor, nämlich für den Steinbrücker. Schambach verzeichnet im Göttingifch-Grubenhagenfchen Idiotikon S. 152 *pathöker* als Bezeichnung des [bei Ausübung feines Handwerks auf einem ›Hüker‹ hockenden] Strafsenpflafterers oder Steinfetzers; im felben Wb. S. 84 finden wir *hökern* als Frequentativ von hocken für ›wiederholt hocken‹.

Kröte, Strafsenräuber und Steinbrücker, alle drei find alfo, weil fie auf Wegen zu hocken pflegen, Pfadhocker genannt oder vielmehr gefcholten worden. Wie fich der Name auch für die Fangfteinfpieler fchicken würde, habe ich gezeigt. Ein Ehrenname fcheint auch in diefer Verwendung nicht vorzuliegen. Doch dürfte das nicht gegen die verfuchte Ableitung fprechen.

Wird doch in der mehrfach angeführten Abhandlung über dies Spiel aus verfchiedenen norddeutfchen Gegenden berichtet, dafs die Knaben das Spiel geringfchätzten und es lieber den Mädchen überliefsen. Es könnte der Name alfo fehr wohl einen fpöttifchen Beigefchmack haben.

Vielleicht möchte gegen die verfuchte Ableitung eingewendet werden, dafs es heifsen müfste »padhu(c)ken, paddu(c)ken«, was entweder der Infinitiv des Verbums oder der Akkufativ des fchwach deklinierten Subftantivs (msc. und fem.) »padhu(c)ke, paddu(c)ke« fein würde. Gegen dies Bedenken darf aber darauf hingewiefen werden, dafs fowohl im Nhd. wie im Nndd. mehrere Masculina und alle Feminina der fchwachen Deklination im Singular ftark gebeugt werden. Vielleicht liegt aber auch dem Namen des Spieles gar nicht ein perfönliches Appellativ »Pfadhocker« zu grunde, fondern das ftark flektierende Abftraktum »die Pfadhockung« ndd. Padhuke oder Padhucke.

Als unzweifelhaft richtig ftelle ich die verfuchte Etymologie nicht hin, weil fie fich auf eine Vermutung ftützt, dafs nämlich nicht die früheft überlieferte Form Perduck, fondern die fpäter bezeugte Paduck die urfprüngliche fei. Meine Deutung müfste als irrig aufgegeben werden, fobald eine zureichende Etymologie jenes »Perduck« gefunden würde.

Hamburg. C. Walther.

Mndd. bundeswyes.

In der Erzählung Gert Korfmaker's von der Befiegung des Seeräubers Marten Pechlyn im J. 1526 durch den Lübecker Bergenfahrer Karften Thode und fein Schiffsvolk, die Prof. Dietrich Schäfer aus der Lübifchen Chronik von Hans Reckeman in den Hanfifchen Gefchichtsblättern 1876 S. 80 ff. mitgeteilt hat, ift der Ausdruck »bundes wyes« gebraucht zur Schilderung des Eindringens der hanfifchen Schiffer in das mit ihrem Schiffe »borft an borft« liegende Fahrzeug der Seeräuber: »do felle (fielen, fprangen) wy bundes wyes to ene hen in und leten degen und hantbyle wanken, alfo dat er nicht mer als 6 gevangen namen waert«. Schäfer hat das Adverb von Bund (und binden) abgeleitet und durch »haufenweife« wiedergegeben. Demgemäfs gibt Lübben das Wort im Mndd. Handwörterbuche mit der Überfetzung »(bündel-) haufenweife«, fügt aber ein Fragezeichen hinzu, und mit Recht; denn, obgleich ein folcher Sinn des Wortes zu dem Zufammenhang der Darftellung wohl paffen möchte, fo ift doch diefe Verwendung von »Bund« für Haufen, Schar ohne Analogie und darum bedenklich. Ich habe, als ich feiner Zeit die Stelle las, an ein nordifches Wort gedacht, das dem deutfchen zugrunde liegen könnte, nämlich das dänifche bonderviis = bäuerifch, nach Bauernart, etwa im Sinne von grob, wild, habe mich aber begnügt den Hinweis auf den dänifchen Ausdruck an der Stelle zu vermerken, weil der Beweis der Identität desfelben mit dem deutfchen nicht zu führen war. Ein neulicher zufälliger Fund im Bremifch-niederfächfifchen Wörterbuch verbürgt wenigftens die erforderliche Tatfache der einftigen Gebräuchlichkeit des Wortes »bundeswyes« und bietet aufserdem diejenige Bedeutung, die für unfere Stelle allein und trefflich pafst: ungeftüm. »Bunswife,« fagt das genannte Wörterbuch I, 165, »ohne Überlegung, unvorfichtiger Weife, ungeftüm, à l'étourdie. Bunswife to-fallen, as de Flege in den Brij: unbefonnen zuplatzen.«

Dafs »bundeswyes«- und »bunswife« ein und dasfelbe Wort fein müffcu und dafs bundeswyes nur die ältere Form von bunswyfe fein kann, das bedarf keines Beweifes. Alfo mufs die etymologifche Forfchung von jener ausgehn betreffs der Bildung des Wortes, aber dabei berückfichtigen die Bedeutung diefer. So ergibt fich indertat, dafs das deutfche Wort mit jenem dänifchen identifch fein mufs. Bondeviis ift gebildet aus bonde, Bauer, und viis, Weife. Etwas abweichend ift bundeswys gebildet, infofern das Beftimmungswort im Genitiv fteht. Die Verfchiedenheit der dänifchen Bildung zeigt fich auch in anderen Zufammenfetzungen mit viis: meiftens wird das Beftinmungswort ohne Veränderung vorgefetzt, felten wie in leilighedsviis (gelegentlich) im Genitiv. Im Niederdeutfchen dagegen überwog in älterer Zeit die Genitivzufammenfetzung entfprechend der Entftehung folcher Adverben aus älterem »in . . . wife«. Bundeswys darf fomit einem dänifchen bondeviis gleichgefetzt werden. Man könnte einwenden, dafs alt-nordifches bûandi, bôandi, böndi fchwach flektiert, alfo im Genitiv bûanda, bôanda, bônda lautet, und dafs das Mudd. das herübergenommene bunde gleichfalls fchwach beugt. Allein einmal hat bereits das Altnordifche den Plural der fubftantiv. Participia auf i nach der Weife der ftarken Subftantive geformt, in diefem Falle bûendr, böendr, andererfeits ift in den neunordifchen Sprachen auch der Singular ftark geworden und lautet der Genitiv des Singulars bondes. Der Genitiv des mndd. bunde ift nicht belegt und fonft geht allerdings, wie gefagt, das Wort fchwach, jedoch erfcheint neben dem Plural bunden auch die dem bûendr entfprechende ftarke Form bundere, fodafs man annehmen darf, im Niederdeutfchen des ausgehenden Mittelalters habe man im Genitiv bundes gefagt, wie im Nordifchen bondes.

Schwieriger als die Formverfchiedenheit ift die Differenz der Bedeutung des dänifchen und des deutfcben Wortes. Jenes foll nach den Wörter-büchern einfach bedeuten »nach Bauernweife«. Wenn man fich nun auch an die manchen Eigenfchaften erinnert, die dem Bauernftand feit alters beigelegt werden, fo wird man doch eine folche, die durch bundeswyes in Korfmaker's Bericht ausgedrückt fein mufs, nur felten als eigentümlich hervorgehoben finden. Vermutlich verbindet der Däne auch mit bondeviis nicht die Vorftellung des Ungeftümen, fondern die eines Dummen oder eines Tölpels oder eines Altfränkifchen. Das liefse fich aus der jüngeren Entwicklung des Bauernftandes erklären. Aber, wenn »bondeviis« jemals die fpeziellen Bedeutungen des »bunswife« entwickelt hätte, fo würde doch eine Spur davon geblieben fein, welche die Lexikographen nicht unbeachtet gelaffen hätten. Darum vermute ich in dem ndd. Wort eine eigene Sprach-fchöpfung der Hanfeaten in Bergen. Da es von Korfmaker offenbar in lobendem Sinne für wildes rückfichtlofes Draufgehn im Kampfe gebraucht wird, im 18. Jahrhundert aber mehr zur Bezeichnung der unbedachtfamen Wagehalfigkeit, des unbefonnenen Tuns dient, fo mufs man annehmen, dafs beide Begriffe urfprünglich in der Bezeichnung vereinigt gedacht find, dafs aber, wie bei fo vielen Worten, allmählich die geringere Notion die faft alleinige Geltung gewonnen hat. In Deutfchland wurden beide Eigenfchaften vereinigt nicht fo fehr bei den Bauern gefunden, wenigftens war vor dem Bauernkriege im 16. Jahrhundert felten Gelegenheit dazu, fondern eher bei der Meinheit, den Handwerkern und Arbeitsleuten, der Städte in ihren Erhebungen gegen Rat und Kauflcute. Das Charakteriftifche des Bauern war den Städtern die Plumpheit, die Einfalt, das Tölpiſche. In dieſem Sinne batte auch das Däniſche das deutſche buurſk herübergenommen, wofür erſt neuerdings, ſoviel ich ſehn kann, bondeagtig und bondſk geſagt werden. In Norwegen aber bedeuteten im Mittelalter die wenigen ſpät entſtandenen Städte wenig; als eigentliche Kauffſtadt kann nur Bergen gelten und auch blofs infolge der Fremden, vor allem der Hauſen. Die Mehrzahl der Norweger heſtand aus Bouden. Bei den vielen politiſchen Unruhen, Thronwechſeln und Kriegen ſtehn ſie im Vordergrunde und boten der Beobachtung der Hanſen hinreichend Beiſpiele ihrer alten Tapferkeit, aber auch ihrer politiſchen Unreifheit. Dieſe Vereinigung beider Charakterzüge nach ihnen zu bezeichnen mit dem nordiſchen Wort, und nicht mit dem deutſchen des Bauern, mufs alſo als gegeben erſcheinen.

Der Urſprung des Wortes in Bergen und ſeine Bildung aus dem nordiſchen bonde wird bewährt durch das Vorkommen desſelben in Lübeck und Bremen. Waren doch dieſe Städte vornehmlich am Kontor zu Bergen beteiligt. Wahrſcheinlich wird es aufserdem in den übrigen Städten, die Bergenfahrer-Kompanien beſafsen, bekannt geweſen ſein. In den allgemeinen Wortſchatz des Niederdeutſchen aber wird es nicht übergegangen ſein, da ſich ſonſt mehr Belege erhalten haben würden. Wo es aber in die Sprache deutſcher Städte aufgenommen ward, mufste, weil bonde ein unbekanntes Wort war, der Zuſammenhang mit dieſem in Vergeſſenheit geraten, wovon das bremiſche bunswiſe des 18. Jahrhunderts Kunde gibt.

In den Hanſiſchen Geſchichtsblättern 1877 S. 89 ff. hat J. Pflug-Harttung, ebenſo, wie früher O. Beneke in den Hamburgiſchen Geſchichten und Sagen S. 246 ff., die Spiele der Hanſen in Bergen geſchildert, zumeiſt nach L von Holberg's däniſcher Darſtellung in ſeiner Beſchreibung der Stadt Bergen. Das hauptſächlichſte Spiel war das Burg- oder Staupenſpiel, in welchem die Neulinge des Kontors von einer Schar vermummter älterer Genoſſen überfallen und in grauſamer Weiſe mit Birkenreiſern verhauen wurden. Es wird angegeben, dafs die Peiniger den Namen »Bauern‹ führten. In einem ndd. Reim wird derſelbe durch »buren‹ gegeben. Im Norwegiſchen wird man natürlich bønder geſagt haben; ob nicht auch im Ndd. bunden oder bunder? Jedenfalls ſind dieſe Bauern ganz anderer Art, als der Bauer, welcher in Begleitung ſeiner Frau und des Narren in dieſem Spiele und ebenſo im Rauchſpiele die ergötzliche Seite vertrat. Dieſelben drei Perſonen erſcheinen auch regelmäſsig zuſammen in Deutſchland in Handwerks-Spielen und Aufzügen; mit dem Bauern iſt hier der deutſche Bauer in der Rolle eines Tölpels gemeint, und ebenſo in den Bergener Spielen, wie die vorgeſchriebene Tracht der norddeutſchen Bauern, der Strohhut beweiſt. Dieſer Bauer wird ſicher »Bur‹ und nicht »Bonde‹ genannt worden ſein; ſeine Aufführung war »buursk‹, aber nicht »bundeswyes‹. Es wäre nicht unmöglich, dafs Korfmaker, als er ſich des letzteren Umſtandswortes vom Vorgehn der Lübecker gegen die Seeräuber bediente, an die Bauern im Burgſpiel gedacht habe, aber blofs daher entlehnt kann er den Ausdruck nicht haben, denn von Unüberlegtheit und Unvorſichtigkeit, was nach dem Bremiſchen Wörterbuch in dem Worte gelegen haben ſoll, kann bei ihrem Verfahren gegen die Kontorlehrlinge nicht die Rede ſein.

Hamburg.   C. Walther.

Karnöffelfpiel.

Karnuffelen, karniffeln, karnöffeln ift ein mittelalterliches Kartenfpiel, das nach einem in Fichards Frankfurtifchem Archiv 3, 293 veröffentlichten Gedicht bis in die Zeit des Bafeler oder gar des Koftnitzer Konzils zurückzuverfolgen ift. Die ihm fchon damals gegebene fatirifche Auslegung waltet auch in der einen der beiden Belegftellen des Mnd. Wbs ob. Hildebrand verweift im DWb. 5, 220 auf die Befchreibung des Spiels durch Joh. Voigt in Raumers Hiftorifchem Tafchenbuch für 1838. Doch find in diefer die Quellen nicht fo genau angegeben, dafs man die Behauptung nachprüfen könnte, und überhaupt fcheint jene Abhandlung weniger geeignet einen richtigen Begriff von der Art des Spiels zu vermitteln als die Nachrichten im Teutfchen Merkur 1783 I S. 62 ff. und eine mir kürzlich bekannt gewordene 'Karnöffel-Grammatik' aus Landeshut i. Schl., die fich im Befitz der Breslauer Stadtbibliothek befindet. Nach diefen läfst fich das Karnöffelfpiel ziemlich genau rekonftruieren. Es hatte grofse Ähnlichkeit mit dem im Korr. Bl. 10, 69 ff. befchriebenen Spiel *Brufebort*, in Lübeck auch *Bufebort* genannt, Korr. Bl. 10, 10. Indem ich mir vorbehalte das einmal genauer auszuführen, hebe ich hier nur eines heraus. Im Teutfchen Merkur werden als die höchften Karten genannt

die grüne Acht, auch der Tolle oder das alte Tier geheifsen,
die rote Neun oder das rote Tier,
die Schellen-Neun oder das gelbe Tier.

Die Landeshuter Befchreibung nennt fie die drei *Ritfchen*; Ritfche ift Kofeform von Marie. Im niederdeutfchen Spiel heifst die Pik-Acht *Dullacht* oder *toller Hund*. Die beiden andern höchften Trümpfe find da jedoch *Spitzkopf* oder *Spitze* = Treff-Buben und *Brusbart* oder *Brus* = Coeur-König (*Braufebart* DW. 2, 328). Der eine hat aber fein Gegenftück im Solo, wo die Trumpf-Sieben *Spitze* heifst, und auf den andern weift eine füddeutfche Karte.

Die Sammlung der Spielkarten des baierifchen Nationalmufeums von K. A. Bierdimpfl, offizielle Ausgabe, München 1884, befchreibt S. 63 ff. ein deutfches Spiel von 36 Blättern, deffen Karten mit kurzen Verschen bedruckt find. Der König der Becher (Coeur-König) fagt:

Den König *Bürftn-Bart* nent man mich,
Ein Bauer fticht oft mehr als ich.

In offenbarer Beziehung darauf fpricht der Reiter der gleichen Farbe:

Ich Lopi *Spreifsel-Bart* (DW. 10, 2, 24) bin gut,
Obgleich mein Caball närrifch thut.

Es ergibt fich alfo eine weite Verbreitung der Kartennamen und eine Verwandtfchaft der Spiele, die, wie ich anzunehmen Grund habe, aus dem L'hombre abgeleitet find.

Im Karnöffelfpiel und im Brufebort kann man wie im L'hombre dem Mitfpieler Andeutungen machen. Beim Karnöffeln übernimmt fogar nach den Landeshuter Nachrichten einer von jeder Partei neben dem »Signieren« förmlich das Kommando. Die Folge davon mufs gewefen fein, dafs es zu Lärm und zu Streit mit den Gegenfpielern kam. Deshalb fagt Breitkopf in dem Verfuch den Urfprung der Spielkarten . . . zu erforfchen, Leipzig 1784, I S. 117 über den Namen des Spieles, er drücke, wie auch Adelung meine, nichts anderes als Balgen und Schlagen auf eine pöbelhafte Art

aus. In einem Citat des DW. 8, 313 wird Karnöffeln neben einem andern
Spiele des 15. Jahrhunderts genannt, dem *Raufchen*, deffen Name gleichfalls auf geräufchvolles Treiben fchliefsen läfst, ebenfo wie Brufebort, wie
Tarok, wie die Minchiate. Und da auch karnöffeln nicht nur durchprügeln
ift (vgl. Korr. Bl. 6, 44), fondern auch die mildere Bedeutung exagitare
hat, worüber man bei Richey nachlefe, fo möchte bei der Erklärung des
Wortes vielleicht davon auszugehen fein. Es ift ein lärmendes Spiel gewefen. Dazu würde auch Karnöffelmeifsel, der Name eines Werkzeuges
des geräufchvollen Klempnerhandwerks, wohl paffen.

Darf auch daran gedacht werden, dafs der im Korr. Bl. 26, 89 angeführte Name des Fangfteinchenfpiels *karnulen* hierher gehört? Er fcheint
mit den übrigen Entftellungen wie Karduck, Kater Lük u. f. w. nicht ganz
auf derfelben Stufe zu ftehen. Nach der Angabe des Auffatzes von Frl.
Lemke in der Ztfchr. f. Volkskunde kommt er im Braunfchweigifchen vor.

In Schlefien war das Karniffelfpiel in der Mitte des 18. Jahrhunderts
ftark verbreitet. Von der Breslauer Chartenkammer wurden 1744 folgende
Arten von Spielkarten unterfchieden: L'hombre-Karten, Labête-Karten,
Traplier-Karten, Karniffel-Karten und Bauer-Karten. Jacobfen, Technol.
Wörterbuch, Berlin und Stettin 1784, kennt Karniffelkarten auch im Halber-
ftädtifchen, Adelung führt fie ebenfalls an. Dagegen wurde nach dem
Teutfchen Merkur in Thüringen um diofe Zeit mit gewöhnlichen deutfchen
Karten karnöffelt. Im 19. Jahrhundert werden die Anführungen fpärlicher.
Krünitz, Ökon-technol. Encyklopädie, Berlin 1833, vermag nichts mehr
von der Art des Spiels zu fagen. Doch wird in Frommanns Deutfchen
Mundarten 3 (1856), 551 ein Lied in Lippftadter Mundart mitgeteilt,
welches das Treiben der Bauern im Wirtshaufe fchildert:

> dei Ruks un dei Tigges,
> dei Kurd un dei Tünnes,
> dei râket, dei fnüffelt,
> dei dobbelt, *karnüffelt,*
> *esse bölkten da siaren*
> *pür ossen im stall.*

Kann aus dem Mitgliederkreife noch etwas über Fortbeftand und
Betrieb des alten Spiels beigebracht werden?

Breslau.   P. Feit.

Zu den emsländifchen Münznamen aus 1850 (XXVII. 70).

Mitteilungen wie die H. Schönhoff aus den Erinnerungen einer alten
Emsländerin aus 1850 gegeben hat, begrüfse ich mit befonderem Danke,
dem ich hier durch einige Erläuterungen Ausdruck geben möchte.

Der von Holland herübergedrungene Kupfer-*Duit* (*Deut, Duit,* auch
Dutt) ist zwar niemals im deutfchen Friesland, wohl aber auf deutfchem
Boden in Bentheim (1662. 1664. 1686 als '*Dutt*') und dann von Brandenburg für Cleve unter Kurfürst Friedrich III, (o. J. '*Een Duit*') geprägt
worden. Deutfche Prägungen aus dem 18. Jh. gibt es febon nicht mehr
— aber der Name lebte noch lange fort, wie fo oft bei Münzen.

Der aus den Niederlanden ftammende *Stuiver, Stüber,* der über Friesland nach Oldenburg und Jever, über den Niederrhein bis Dortmund,
Wittgenftein und in die Wiedfchen Graffchaften vordrang, fiel im Werte

mit dem *Mariengrofchen* zufammen, der bekanntlich feinen Ausgangspunkt von Goslar nimmt, aber von den braunfchweigifchen Lauden aus oftwärts nach Anhalt und ins Magdeburgifche, weftwärts über Paderborn und Waldeck ins kölnifche Weftfalen füdlich, über Oldenburg nach Friesland nördlich vordringt. Vom Mariengrofchen wie vom Stüber gehen, wie Schönhoff richtig bemerkt, gleichmäfsig 36 Stück auf den Taler. Hingegen ift es nicht richtig, wenn es a. a. O. heifst: »der offizielle Name des Stüvers war 1 Mariengrofchen.« Das gilt nicht für Oftfriesland: doch hat Preufsen die Prägung der einfachen und doppelten Mariengrofchen unter Friedrich Wilhelm III. abgelöft durch 1- und 2-Stüberstücke, nur Hannover hat für feine neue Provinz noch 1823 die gleichen Münzforten geprägt; in diefelbe Zeit fallen aber feine letzten kleinern Gepräge mit der Bezeichnung »Mariengrofchen«.

Ein Irrtum ift es auch, wenn wiederholt von »Nickelmünzen« die Rede ift: folche hat es in Deutfchland bis 1872 nicht gegeben. Der Verfasser (oder feine Gewährsmännin) meint hier offenbar Münzen aus Billon, einer Legierung von Silber und Kupfer, in der das Kupfer, wie in den meiften »filbernen« Scheidemünzen des 18. und 19. Jahrhunderts, überwog.

Göttingen.   Eduard Schröder.

Dat Ei is entwei (XXVII, 1. 45. 63).

Im Lippifchen, am Niederrhein und im Bergifchen habe ich die Redensart gehört: »Wenn't Öch (Ei) teu full (dicke) werd, denn platzt et.« Um eine gute Freundfchaft zweier oder auch mehrerer zu bezeichnen, fagt man im Lippifchen: »De find öin Kopp un öin Kes«, auch: »fie find ein Herz und ein Sinn«.

Frankfurt a. M.   K. Wehrbau.

Staken (XXVII, 66).

Für die erften Schreibverfuche, überhaupt für eine fchlechte Schrift kennt man im Lippifchen: Staken, wat find dat für Staken? (oder Bäunenftaken = Bohnenftangen) fragt man verwundert oder ärgerlich.

Frankfurt a. M.   K. Wehrbau.

Zu puttje bi puttje (XXVI, 86).

Für diefen von Nordweften her eingewanderten Ausdruck, der urfprünglich den für alle gleichen Beitrag zu einer gemeinfchaftlichen Unternehmung, fpäter nur noch Geld überhaupt, befonders bares Geld bedeutet (*butje* war eine kleine friefifche Münze), finden fich in den niederrheinifchen Romanen von Jofeph Lauff Belege in gröfserer Zahl, z. B. im Pittje Pittjewitt (1903) S. 264: »Mit 'Puttputtputt' wäre allem geholfen,« trumpfte der Puppenfpieler auf, wobei er fingerfertig die Manipulation des Geldzählens nachahmte. In Frau Alheit (1905) S. 130: »Na, Koufin, hat er auch 'Puttputt' in der Tafche?« lachte der Fingerhutshöfer, indem er die Manipulation des Geldzählens auf dem Billardtuch exekutierte. Auch Prof. H. Meyer im Richtigen Berliner, 6. Aufl., S. 97 bringt das Wort bereits ohne die verkleinernde Endung: »Der hatt Putt putt (auch Puttchen, Puttkens)«. Die von M. gebotene Erklärung: »Geld (weil man beim Geldzählen diefelbe

Fingerbewegung wie beim Locken der 'Putthühner' macht) pafst beffer zu dem Titel des Buches als zu der auf S. IV gegebenen Verficherung einer wiffenfchaftlichen Grundlage. Allerdings — das zeigen auch die von Lauff gebrauchten Formen — wird der alte Ausdruck über kurz oder lang in dem Lockruf für Hühner aufgehen. Eine ähnliche Bildungsweise zeigt übrigens auch der Richey durch Matthefon mitgeteilte Ausdruck (id. hamb. S. 183): *Penning Pennings Broder*; fo fpricht man, wenn gleiche Zulage gefchehen, und ein jeder feinen Theil der Zeche zahlen foll.« (vgl. auch *Schaur bi Schaur*, XXVII, 9).

Hamburg.   Haufchild.

zedatfch.

In dem Buche Otte Veihwann, Ofterwieck, Zickfeld, S. 21 heifst es: Sau was nu de fnare, flanke un ftolte Ganne ne ftille un zedatfche Husfrue worren. Welches ift die Erklärung und Ableitung von zedatfch?

Leipzig.   R. Block.

buba (XXVII, 43..72.)

In einer mir bekannten Thorner Familie nennen die Kinder einen Popanz, der fie fchreckt, *bůbak*. Das bremifche Wörterbuch hebt in der Erklärung von buba gleichfalls das Erfchrecken durch ungeftüme Aufführung und polternde Stimme hervor. Ich bin deshalb geneigt, in buba, buhar und bubak nur Entftellungen von *bumann*, terriculamentum puerorum, zu fehen, wie fie in der Kinderfprache zu entftehen pflegen, und glaube nicht an einen Zufammenhang mit Bar und bugbear.

Breslau.   P. Feit.

Notizen und Anzeigen.

Beitragszahlungen find an unfern Kaffenführer Herrn Joh! E. Rabe, Hamburg 1, gr. Reichenftrafse 11, zu leiften.

Veränderungen der Adreffen find gefälligft dem genannten Herrn Kaffenführer zu melden.

Beiträge, welche fürs Jahrbuch beftimmt find, belieben die Verfaffer an das Mitglied des Redactions-Ausfchuffes, Prof. Dr. W. Seelmann, Charlottenburg, Peftalozziftrafse 103, einzufchicken.

Zufendungen fürs Korrefpondenzblatt bitten wir an Dr. C. Walther, Hamburg 24, Uhlandftrafse 59, zu richten.

Bemerkungen und Klagen, welche fich auf Verfand und Empfang des Korrefpondenz-blattes beziehen, bittet der Vorftand direct der Expedition, »Diedrich Soltau's Verlag und Buchdruckerei« in Norden, Oftfriesland, zu übermachen.

Redigiert von Dr. C. Walther in Hamburg.
Druck von Diedr. Soltau in Norden.

Ausgegeben: April 1907.

Regiſter*)

von

W. Zahn.

Sachen.

*) Die eingeklammerten römiſchen Ziffern weiſen auf die früheren Hefte.

Wörter und Wortbeftandteile.

a ftatt e vor r 21.
adel, àl = Finger-
gefchwür (XIV. XV)
9. = Mift 24.
adelpöl 24.
afbacken 55.
affcharren 55.
affetten de marmels55.
affméren 66.
aigrund, aisgrunn 9.
àl, adel = Finger-
gefchwür (XIV. XV)
9.
al(l)ebasje, holl. 71 f.
allein : mutter(feelen)
(wind) a. 35. 65. 69.
allène : moderwind(ig),
allwindlich, allwid-
lich, minnig, milliges.
wind-(wild-'fchapen,
windig, lif-, moder-
liken etc. a. 35 f.
65. 69 f.
alley, blood a.; a. taw,
engl. = Marmeln 71
allif un allène 37.
allwindlich, allwidlich
allène 35.
almuotersein, mhd. 35.
anflöpen 71.
anfiniten de marrels55.
apontlik 73.
arfch : et is ein a. un
ein kauken 63. èn
pott, èn ars 45. öin
kopp un öin ees 87.
afche = Geld 28.

badequaft (VII) 49.
bäunenftaken, f. bonen-
ftaken.
bakkert, frief., =
bafche 45.
barfch 61.
bafche (im Marmel-
fpiel) 10. 26. 45.
71. 79.
bafelmanes (XXVI) 7.
basje, holl. 71.
baffe, drei-; = Eber in
dänifchen Schimpf-
wörtern 7.
bafter = Marmel 46.
Bauer = Peiniger im
Staupenfpiel zu Ber-
gen 84.

begrismulen 61 f.
beffem 49.
beftick 27.
betalen mit kölnifcher
münte etc. = prü-
geln 60.
binnermèuten 53 f. 69.
Biftalerftrate 80.
blaffert 70.
blankermey 38.
boduck (XXVI) 80.
bogenfchote als Län-
genmafs 29.
bonde, nd. 83 f.
bondeagtig, dän. 84.
bondedreng(dän. nord-
fchlesw. Gebäck) 6.
bondeviis, dän. 82 f.
bondsk, dän. 84.
bonenftaken =
fchlechte Schrift 87.
bopfen und fpannen 46.
boss out, boss and
fpan, engl. 46.
bofsman 80.
brand: där füpt (loppt,
fchriggt) de b. üt 5
brand-zur Vorftärkung
eines Begrifies : -bit-
ter, -dür, -fül, -nig-
lich, -röt, -falt 5 f.
24. 64.
bran(d)new, engl. 24.
breduck (XXVI) 80.
brùs(bärt), brufebört
(IX. X) 85.
buba 43. 72' 88.
bubak 88.
bubar, mndd. 43. 72.
88. B., Familien-
name 72
Bürftenbart 85.
bufbaf 72.
hulderen, mndd. 12.
Bulderian, Wirtshaus-
name 12.
bumann 88.
bundswyos, mndd.
82 f.
bunswife; b. tofallen
as de flege in den
bri 82 f.
bür (der Peiniger im
Staupenfpiel zu Ber-
gen) 84.
bürjunge (Gebäck)
(XXVI) 6.

bufebort (Kartenfpiel)
(X) 85.
buffenfchote als Län-
genmafs 29.
buursk dän. 84.

cent (ndl. Münze) 71.

d epenthetifch in Offen-
drei, hahudrei 24.
45.
daler 70. — Scheibe 70.
darmwinde 36.
deut, deit = Pfennig
70. 86. fick för 'n
d. èn lock dör de
rippen boren laten
70.
Diffelding 64.
dürknutfchen 69.
düf(e), döfeu 8 f.
dön èu pümmel (beim
Marmelfpiel) 11
ènem wes tö dönde
fin 50.
donnerlök, -bard
(Pflanzennamen) 16.
dopps 46.
Dor bett 'ne ùl feten
1 f.
dràt = Geld ; d. klop-
fen = betteln 28.
Dreckgaffe 63.
drèdeiteftück 70.
dreibaffe (XXVI) 7.
dreling 34. 59.
drèftüver : fick er 'n
drèftüverbigge tö-
men 70.
drummel = Teufel ;
Dat di de d l 34.
drùs, drüs: Dat di de
d.l 22. 34.
dübbelken, dübbelkes-
gebett ; man wèt
nich wor't d. rullen
kann 70. 71.
dünn' = Schläfe 59.
dür, brand-, verpepert
5. 24. 64.
duit, ndl. 86.
dullacht 85.
dutt (Münze) 86.
duxer, fparduxer =
Sperling 65. 72.

e : a vor r 21.
effen (beim Marmel-
fpiel) 10. 55.
ei ftatt i 44.
Dat ei was intwei 1 f.
45. 63. 87.
ein : Gebrauch des
Plurals 30. 54.
èn : Gebrauch des
Plurals 30. 54.

vaer = vader, v. un
moer 34. 68.
vèrdeiteftück 70.
verbarfchen, verbar-
ften 44.
verknuffeln 46.
verpepert dür 5.
verwinden 36.
feuerneu 24.
fiffängelfch (Spiel) 79.
fiffraukftück 71.
fiffften (Spiel) (VI.
VIII) 79.
fifftüverftück 71.
fifthalven 71.
fik = Fingerfchwür
9.
flege : fchriwen, as
wenn ene ll. up
ene bedaute finfter-
fchiwe kruppt 66.
förköln = Erkältung
59.
fremd ; fremm' = Be-
fuch 6.
vrövlbaffe, dän. 7.
frùnde, frünn' = Ver-
wandte, godo f. =
Freunde 6. 24.
füern = Feuerung 59.
vugelhawk = Sperber
21.
funkel(nagel)neu, fun-
kenneu 24.

gàf = görps 63.
gapf(e) 43.
geld, muffel-, kott g.
71.
gepf(e), gepfche 43.
61. 69.
gewicht : mit kölni-
fchem g. betalen =
prügeln 60.
gölen ftrom 80.

gôpf(e), gôpfch 43. 61. 69. gôpsfull 61.
görps(ch) 43. 69.
görfch 69.
gopfch 69.
grabe (fûdfchlesw. Gebäck) 6.
grapfch 69.
grasleichegrün, bair. 37.
grifebaffe, dän. 7.
grif(t)mûl, grismulig 62.
grönfwarde 89.
grofchen, marien-, gute 70. 71. 87
grote (Bremer Münze) 71.
gulden, güllen; hollenfchen (halven, derdehalven) g. 71.
gutegrofchen 70.

hacke: Knud Laward mit de rugen hacken 64.
hahnentanz, hannentanz 4 f.
hahurei, haucrey (X), hahndrei 4 f. 23 f. 45.
haken un ftaken 66. 87.
haruwinde 86.
hars, oftfrf. 44.
ha.r)fch 27. 43 f. 61.
harfch, harft, mhd. = Vortrab 44
harfchen 44.
hauslauch, -wurz 15.
hennig 49. 57.
hèrn = Hering 59.
ein Herz und ein Sinn fein 87.
hitt ünner hebben = dick befreundet fein 45.
hliuuing (IV. V.) 18. 51.
bockcn 81.
höker, hökern 81.
höner hebben = Geld haben 32.
hoke 81.
hoker, böker 81.
hovetbofsman 80.
hu(c)k(e): in de h. litten 80 f.
hucke, huckfche = Kröte 81.
hu(c)ken 81.
buddel is in 'n buddel (Marmelfpiel) 46.

hüker 81.
hüling = Sperling 19.
hüsn = Behaufung 59
hüx = Kröte 81.
huiken, ndl. 81.
buk(e), f. hu(c)k(e).
hukken, ndl. 81.
Hund, toller H. = die grüne (oder Pik-) Acht (X) 85.
hûslôk (XIV. XVII) 14 f.
hûsfôkn = Hausfuchung 59.
hûswort, mndd. 16.
hûswurz, ahd. mhd 15.
hutje bi putje (XXI. XXVI) = Geld 28. 32.
hutjeperuntje (XXI. XXVI), buntjerpernuntjer = Geld 28.
hutfchiperputfchi = Geld 32.
hutske = Kröte 81.

i ftatt iu in Ortsnamen 23.
inquartêrn = Einquartierung 59.
iu; dafür i in Ortsnamen 23.

judaslöpers, judenlöpers 26.
judenpaduck 80.

kaardleg, dän. 80.
kalw: en hennig k. 49.
karduck 80. 86.
karniffelkarten 86.
karnöffelmeifsel 86.
karnöffeln, karniffeln, karnuffeln (Kartenfpiel) 85 f. = durchprügeln (VI) 86.
karnulen (Spiel) 86.
kaffemännchen (IV. XIV) 70.
Kater [Lück (Lux, Muck), Spiel (VI. VIII. XXVI) 64. 79. 80. 86.
keriöfch 41.
keveskiut 78.
kies = Geld 28.
klammercie 30.
klamp, klampo 28. 46 f.
klopfen dràt = Geld zufammenbetteln 28.

knaken: mit dinen k. bern (appel) vam bôm fmiten = dich überleben 22.
knallrôt 64.
knicker = Marmel 45. 71.
knikkert, frief. = Marmel 45.
knttfchen 69.
Knud Laward mit de rugen hacken 64.
knutfchen; k. un fpannen (Marmelfpiel) 26. 46. 69.
kölnifch: mit kölnifcher münte (wicht, kölnifchem gewicht) betalen = prügeln 60.
kölfchblau 60.
König der Becher = Coeur-König 85.
kürfch (XII. XVI) 65.
kôl, negentorloi k. 8.
öin kopp un öin een fin 87.
korde, mudd 80.
kott geld 71.
kräufch 41 f.
kraff = Geld 28.
krei: ulen un kreien 66.
kreienfôt = fchlechte Schrift 66.
krejöfch 41.
krode (Schimpfwort) (XV 72) 78.
krodendore, -duvel, (IX), -henger (?), -kinder, -fchalk, -fone 78.
Krönleinfpiel 80.
krönfch 41 f.
kröfch 41.
krone, kroune = Bildfeite der Münze (III 62 f. IV) 71.
kron(en)fone, kronfohn 78.
kronskint 77 f.
kruden, Part. praet.: kroden 78.
Krücken und Ofenftiele (XXVI) 66.
krüdatfch 64 f.
krüdauifch 64 f.
krüdenifch 64.
krü(d)fch (XII. XVI) 64 f.
külken (beim Marmelfpiel) 10.

küfterskamp = Kirchhof 8.
kurajöfch 41.

l für r in nebelei 65.
lad(e) = Getreidefchicht 25.
läusman, fchwed. = Polizift und Tabaksreft in der Pfeife 59.
-leich- in grasleichegrün etc. 87.
leiden (XIII) in leidenarm, -wohl 75. l. übel 76.
leidenft-bitterft 76.
leider (gottes)! (XIII) 76 f.
leiderwen(n)ig (XIII) 76 f.
letter = Schriftfeite der Münze 71.
leuning (IV. XVID, leining = Sperling 48.
li(d)en(t) (XVII); bi gades l.!; adverbiell: l. gerne, wol etc. 74 f.
lifalléue 37.
Lilienftrafse, -gaffe 62 f.
Lippe (Flufs), alt Lup(p)ia, Lippia 23.
Lippentrup 23.
Lippinghaufen 23.
Luppinchufum 23.
Luppinctorpe 23.
Liuppo 23.
lock (beim Marmelfpiel) 10.
löper (XI) = Marmel 10. 26. 45. judas-, juden- 26.
-lofe, -lofe iu waterlöfe, -lofe, mndd.? 85.
lotze, fperlotze = Sperling 65.
Lühnhufen 48.
lüling, luiling (IV. V.) = Sperling 19.
lüni(n)g, lünk (IV. V. XVI. XVII) 18 f. 48 f. 51 f. 56. 59.
Lüning, Lüningsbrink u a. Ortsnamen 20.
Lüninghaufen 20. 48.
Lüningshof 20. 48.
luidor 71.

Literaturanzeige.

Heinertz, Die mittelniederdeutfche Verfion des
Bienenbuches von Thomas von Chantimpré.
Das erfte Buch. 56.

Druckfehler und Zufätze.

In Heft XXVI:

S. 90, Z. 11 v. o. lies fett ftatt holl.
S. 93, Z. 8 v. u. lies Seheftedter ftatt
Scheftedter.
S. 100, Sp. 8 füge zwifchen Z. 5 u. 6 v. u.
ein: de polterpaffie fpelen 48.

In Heft XXVII:

S. 9, Z. 19 v. o. lies Einem alten Weibe
ftatt Altes Weib
S. 16, Z 18 v. o. nach hd. ergänze Form.
S. 21, Z. 2 v. o. lies Weftfalicarum ftatt
Weffalicarum.

S. 25, Z. 18/19 v. o. lies Königs-dochter
ftatt Könis-dochter.
S. 31, Z. 18 v. o. nach kein ergänze
»foden« und kein.
S. 37, Z. 20 v. o. lies Eine ftatt Elne
S. 45, Z. 22 v. o. lies Stapelholm ftatt
Stagelholm.
S. 53, Z. 23 v. o. vor als ergänze hat.
S. 59, Z. 8 v. u. lies Wort ftatt Wert.
Z. 18 v. u. lies förköln ftatt förköl.
S. 64, Z 2 v u. lies krüfch ftatt krüfch.
S. 68, Z. 8 v. u lies Mutter ftatt Mutter.
S. 75, Z 14 v. u. lies Rifts ftatt Rifts's.

Verzeichnis der Mitarbeiter

am fiebenundzwanzigften Jahrgange des Korrefpondenzblattes.

A. Beets.	F. Frenzen.	H. Schönhoff.	F. Techen.
J. Bernhardt.	W. Gehert.	E. Schröder.	H. Tümpel.
R. Block.	O. Haufchild.	O. Schütte.	J. F. Voigt.
B. Brons.	G. Hille.	W. Seelmann.	E Wadftein.
H. Carftens.	H. Jellinghaus.	K. Seitz.	C. Walther.
E. Damköhler.	F. Kohn.	R. Sprenger †.	K. Wehrhan.
F. Fabricius.	G. Roethe.	R. Stammerjohann.	J. Weiland.
P. Feit.	D. Rohde.	Ph. Strauch.	J. Winkler.
F. Frensdorff.	C. R. Schnitger.	E. J. A. Stuhlmann.	W. Zahn.

Statuten

des Vereins für niederdeutfche Sprachforfchung gemäfs den Befchlüffen der Generalverfammlung zu Stralfund, Pfingften 1877.

§ 1. Der Verein fetzt fich zum Ziele die Erforfchung der niederdeutfchen Sprache in Litteratur und Dialekt.

§ 2. Der Verein fucht feinen Zweck zu erreichen
1) durch Herausgabe eines Jahrbuches und eines Korrefpondenzblattes,
2) durch Veröffentlichung von niederdeutfchen Sprachdenkmälern.

§ 3. Der Sitz des Vereins ift vorläufig in Hamburg.

§ 4. Den Vorftand des Vereins bilden wenigftens fieben von der Generalverfammlung zu erwählende Mitglieder, von denen zwei ihren Wohnort am Sitze des Vereins haben müffen. Aus dem Vorftande fcheidet jährlich ein Mitglied aus, an deffen Stelle die Generalverfammlung ein neues erwählt.

§ 5. Die Generalverfammlung findet jährlich zu Pfingften ftatt.

§ 6. Die literarifchen Veröffentlichungen des Vereins beforgen im Auftrage des Vorftandes Redaktionsausfchüffe, in denen wenigftens je ein Mitglied des Vorftandes fich befinden mufs.

§ 7. Der jährliche Minimalbeitrag der Mitglieder ift fünf Reichsmark. Für denfelben wird die Zeitfchrift und das Korrefpondenzblatt geliefert.

Vorftaud des Vereins.

Denfelben bilden zur Zeit die Herren:

Dr. C. Walther, Hamburg.

Dr. W. Seelmann, Profeffor, Oberbibliothekar, Charlottenburg.
Gefchäftsführender Vorfitzender für 1908.

Dr. Al. Reifferfcheid, Profeffor, Geh. Reg.-Rat, Greifswald.

Kaufmann Joh. E. Rabe, Hamburg 36, gr. Reichenftr. 11.
Schatzmeifter.

Dr. G. Roethe, Profeffor, Geh. Reg.-Rat, Weftend b. Berlin, Ahornallee 30.
Zweiter Vorfitzender für 1908.

Dr. Edw. Schröder, Profeffor, Geh. Reg.-Rat, Göttingen,
Grüner Weg 2.

Dr. C. Borchling, Profeffor, Pofen, Schützenftr. 28.

KORRESPONDENZBLATT

DES VEREINS

FÜR NIEDERDEUTSCHE SPRACHFORSCHUNG.

HERAUSGEGEBEN

IM AUFTRAGE DES VORSTANDES.

JAHRGANG 1907.
HEFT XXVIII.

HAMBURG.

NORDEN & LEIPZIG. DIEDR. SOLTAU. 1908.

Jahrg. 1907.   Hamburg.   Heft XXVIII.   № 1.

Korrefpondenzblatt
des Vereins
für niederdeutfche Sprachforfchung.

I. Kundgebungen des Vorftandes.

1. Mitgliederftand.

In den Verein find eingetreten die Herren
    Dr. H. Teuchert, Affiftent am Rheinifchen Wörterbuch, Bonn a. Rh.,
    Ed. Waskowsky, Ingenieur, Dortmund,
    und die Bibliothek der Theobaldftiftung, Hamburg,
    und Quickborn, Vereinigung von Freunden der ndd. Sprache und
    Literatur, Hamburg.

2. Mitgliederlifte des Vereins
im Mai 1907.

Die geehrten Mitglieder werden erfucht, etwaige Unrichtigkeiten zu entfchuldigen und
Berichtigungen unferem Kaffenverwalter, Herrn Jobs E. Rabe, Hamburg 1, grofse
Reichenftrafse 11, gefälligft zugeben zu laffen.

Nr. der Lifte	Name und Beruf	Wohnort	Mitglied feit
1020	Abraham, B., Dr. jur., Rechtsanw.	Kiel	1897
923	Aldenhoven, Dr. ph., Hofrat	Köln	1894
1079	Almftedt, H. B., Dr., Affiftant Prof., Miffouri State Univerfity	Columbia, Mo., V. St.	1901
703	Bachmann, Fr., Paftor	Lübfee, Mecklbg	1885
980	Baefecke, G., Dr. ph.	Charlottenburg	1896
403	Baethke, H., Dr. ph., Prof.	Lübeck	1878
1078	Banfe, J., Oberlehrer	Wongrowitz, Pof.	1901
1056	Beefe, W., Dr. ph., Oberlehrer	Kiel	1900
120	Begemann, Dr. ph., Schulvorfteher	Charlottenburg	1875
977	Berger, A. E., Dr. ph., Prof.	Darmftadt	1895
863	Bernhardt, J., Profeffor	Solingen	1890
41	Bernheim, E, Dr. ph., Univ.-Prof.	Greifswald	1875
437	Bertheau, C, Dr. th. u. ph., Paftor	Hamburg	1879
1063	Bettmann, H.	Göttingen	1900
12	Bigot, C., Dr. ph., Fabrikant	Hamburg	1874
417	Bindel, C., Dr., Prof., Realfchullehrer	Schalke, Weftfal.	1878
1148	Block, Rob., Lehrer	Leipzig	1907
726	Blümcke, O., Dr. ph., Profeffor	Stettin	1886
1133	Böger, Richard, cand. germ.	Roftock	1906
949	Bojunga, K. H., Dr. ph., Direktor	Magdeburg	1895

Nr. der Lifte	Name und Beruf	Wohnort	Mitglied feit
644	Bolte, J., Dr. ph., Profeffor	Berlin	1883
388	Bolten, K., Rentner	Schwerin	1878
1019	Borchling, K., Dr. ph., Profeffor	Pofen	1897
1120	Bräuer, W., Oberlehrer	Schluckenau, Böhmen	1905
589	Brandes, H., Dr. ph., Oberlehrer	Berlin	1881
772	Brandl, A., Dr. ph, Univ.-Prof.	Berlin	1887
129	Braune, W., Dr. ph., Univ.-Prof.	Heidelberg	1875
707	Bremer, O., Dr. ph., Univ.-Prof.	Halle	1885
1090	Brons, A. F., Senator a. D.	Emden	1902
1018	Brons, B., Konsul	Emden	1897
63	Brütt, F., Geh. Reg.-Rat	Rendsburg	1875
1044	Burchardi, G., Dr. ph.	Friedenau, Berlin	1899
536	Burdach, K., Dr. ph., Univ.-Prof.	Grunewald,Berlin	1880
831	Burg, F., Dr ph., Bibliothek-Sekretär	Hamburg	1889
1100	Callfen, O., Profeffor	Magdeburg	1903
351	Carftens, H., Lehrer	Dahrenwurth, Dithmarfchen	1878
1016	Claerhout, J., Abbé	Pitthem, Belgien	1897
1118	Cock, J. de, Dr. ph., Univ.-Dozent	Löwen, Belgien	1904
482	Collitz, H., Dr. ph., Prof., Bryn Mawr College	Bryn Mawr, Pa., V. St.	1879
1054	Crome, B., Dr. ph.	Dransfeld b. Göttingen	1900
479	Crull, F., Dr. med., Arzt	Wismar	1879
630	Damköhler, E., Profeffor	Blankenburga.H.	1882
681	Diffel, C., Dr. ph., Profeffor	Hamburg	1884
1107	Doorninck, P. H. v.	Bennebroek bei Haarlem	1904
906	Doornkaat Koolman, J. ten, Kommerzienrat	Norden	1893
1093	Dragendorff, E., Dr. ph., Stadtarchivar	Roftock	1902
1146	Eggers, Alb., Dr., Archivdirektor	Osnabrück	1906
867	Ehrismann, G., Dr. ph., Univ.-Prof.	Heidelberg	1891
1021	Elliffen, O. A., Dr. ph., Prof.	Einbeck	1898
892	Euling, K., Dr. ph., Prof.	Königsberg i. Pr.	1893
1088	Fabricius, F., Dr. jur., Oberlandesgerichts-fenatspräfident	Breslau	1902
348	Fabricius, G., Prof.	Bützow, Mecklb.	1878
874	Fafs, C., Dr. ph., Oberlehrer	Halberftadt	1891
5	Feit, P., Dr. ph., Prof., Gymn.-Direktor	Breslau	1874
1119	Finder, E., Dr. ph., Oberlehrer	Hamburg	1904
917	Franck, J., Dr. ph., Univ.-Prof.	Bonn	1894
22	Frensdorff, F., Dr. jur., Univ.-Prof., Geh. Juftizrat	Göttingen	1875
665	Freybe, A., Dr. th. u. ph., Prof.	Parchim	1884
939	Friebe, K., Dr. ph., Prof.	Greifswald	1894

Nr. der Lifte	Name und Beruf	Wohnort	Mitglied feit
160	Fuhlhage, K., Profeffor	Minden	1876
1109	Gänge, T.	Kiel	1904
261	Gallée, J. H., Dr. ph., Univ.-Prof.	Utrecht	1876
952	Gafter, B., Dr. ph., Direktor	Antwerpen	1895
373	Gebert, W., Dr. ph., Gymn.-Lehrer	Bremen	1878
1132	Gebhardt, Aug., Dr., Privatdozent	Erlangen	1906
1108	Glafer, Dr. ph., Oberlehrer	Kiel	1904
884	Gloede, O., Dr. ph., Oberlehrer	Doberan	1891
986	Goebel, F., Dr. ph., Oberlehrer	Hannover	1896
872	Goedel, G., Konfiftorialrat, Marine-Ober-pfarrer	Kiel	1891
965	Golther, W., Dr. ph., Univ.-Prof.	Roftock	1895
191	Grabow, A., Dr. ph., Schulrat a. D.	Wilmersdorf, Berlin	1876
64	Gräfe, L., Buchhändler	Hamburg	1875
462	Grevel, W., Rentner	Düffeldorf	1879
1095	Haack, G., Dr. ph., Oberlehrer	Altona-Ottenfen	1903
382	Hagedorn, A., Dr. ph., Senats-Sekr.	Hamburg	1878
868	Hahn, D., Dr. jur.	Berlin	1891
929	Hamm, Dr., wirkl. Geh. Rat	Bonn	1894
857	Hanfen, E., Oberlehrer	Flensburg	1890
1080	Hanfen, Reimer, Dr. ph., Gymn.-Prof.	Oldesloe	1901
761	Hartmann, H., Dr. ph., Oberlehrer	Steglitz b. Berlin	1887
1141	Haufchild, O., Dr. ph., Oberlehrer	Hamburg	1906
1077	Helm, K., Dr. ph., Univ.-Prof.	Giefsen	1901
1083	Hennemann, H., Dr. ph., Rektor	Anklam	1902
384	Henning, R., Dr. ph., Univ.-Prof.	Strafsburg	1878
1143	Heydemann, Rechtsanwalt	Bochum, Weftf.	1906
721	Hoeck, N. E., Profeffor	Rendsburg	1885
1081	Holft, Fränl. Clara, Dr. ph.	Kriftiania	1901
786	Hülft, T. v., Gutsbefitzer	Lintel, Oftfriesl.	1888
395	Hünnekes, H., Dr. ph., Progymnaf.-Direktor	Linz a. Rh.	1878
813	Ilgen, T., Dr. ph., Archiv-Dir.	Düffeldorf	1889
1151	Illies, Herm., Kaufmann	Hamburg	1907
848	Ipfen, J., Landgerichtsdirektor	Hamburg	1890
1091	Jacobs, J., Oberpoftfekretär	Hannover	1902
184	Jänifch, J., Dr. ph.	Hamburg	1876
16	Jellinghaus, H., Dr. ph., Gymn.-Dir. a. D.	Osnabrück	1874
427	Jellinghaus, K., Paftor	Wallenbrück i.W.	1879
899	Joachim, H., Dr. ph., Archivaffiftent	Hamburg	1893
686	Joftes, F., Dr. ph., Univ.-Prof.	Münfter	1885
766	Kahle, B., Dr. ph., Univ.-Prof.	Heidelberg	1887
713	Kalff, G., Dr. ph., Univ.-Prof.	Leiden	1885
751	Kauffmann, F., Dr. ph., Univ.-Prof.	Kiel	1887
1092	Kern, J. H., Dr. ph., Univ.-Prof.	Groningen	1902
950	Kirchhoff, F., Oberlehrer	Ilfeld a. H.	1895

1*

Nr. der Lifte	Name und Beruf	Wohnort	Mitglied seit
940	Kluge, F., Dr. ph., Univ.-Prof., Geh. Hofrat	Freiburg in B.	1894
592	Knoop, O., Profeffor	Rogafen, Pofen	1881
424	Kochendörffer, K., Dr. ph., Oberbibliothekar	Marburg	1879
1121	Kock, Ernft A., Dr. ph., Dozent	Lund, Schweden	1905
8	Köhler, H., Lehrer	Hamburg	1874
841	Köfter, A., Dr. ph., Univ.-Prof.	Leipzig-Gohlis	1889
1073	Kohn, F., Rechtsanwalt	Dortmund	1901
767	Konrath, Dr. ph., Univ.-Prof.	Greifswald	1888
1114	Korlén, A.	Upfala	1904
1041	Kraut, Amtsgerichtsrat	Lüneburg	1899
1147	Kruifinga, E., Dr.	Amersfoort, Niederl.	1906
1111	Krumm, H., Profeffor	Kiel	1904
981	Kück, E., Dr. ph., Oberlehrer	Friedenau b. Berl.	1896
1048	Lappenberg, F. A., Dr. jur., Senator	Hamburg	1899
978	Leithäufer, J., Dr. ph., Profeffor	Barmen	1896
988	Leitzmann, A., Dr. ph., Univ.-Prof.	Jena	1896
743	Lenz, F., Geh. Kommerzienrat	Berlin	1887
203	Liebermann, Dr. ph., Profeffor	Berlin	1876
1087	Liefenberg, L., Dr. ph , Profeffor	Cattenftedt a. H.	1902
969	Linfe, E., Dr. ph., Profeffor	Dortmund	1895
1155	Loeper	Greifswald	1907
833	Loewe, R., Dr. ph.	Berlin	1889
976	Lonke, A., Oberlehrer	Bremen	1895
732	Lücke, O., Dr. ph , kgl. Gymn.-Direktor	Hannover-Linden	1886
663	Luther, J., Dr. ph., Bibliothekar	Berlin-Halenfee	1884
642	Maafs, E., Verlagsbuchhändler	Hamburg	1883
968	Mack, H., Dr. ph., Stadtarchivar	Braunfchweig	1895
1130	Mackel, E., Dr., kgl. Oberlehrer	Steglitz b. Berlin	1905
45	Martin, E., Dr. ph., Univ.-Prof.	Strafsburg	1875
784	Maurmann, E., Dr. ph.	Marburg i. H.	1888
958	Meier, John, Dr. ph., Univ.-Prof.	Bafel	1895
948	Meifsner, R., Dr. ph., Univ.-Prof.	Königsberg	1895
1017	Menfing, O., Dr. ph., Oberlehrer und Privat- dozent	Kiel	1897
1027	Meyer, Heinr., Dr. ph.	Göttingen	1898
909	Meyer, Karl, Dr. ph., Bibliothekar	Hannover	1893
737	Meyer, Rich. W., Dr. ph., Univ.-Prof.	Berlin	1887
1009	Michels, V., Dr. ph., Univ.-Prof.	Jena	1897
48	Mielck, Frau Dr. J. B., Wwe.	Hamburg	1875
3	Mielck, Frau Dr. W. H., Wwe.	Hamburg	1874
1113	Mohr, Artur vor, Dr.	Lehe	1904
1074	Moormann, B., Gutsbefitzer	Werne, Weftfalen	1901
276	Mofen, R., Dr. ph., Geh. Reg.-Rat, Ober- bibliothekar	Oldenburg	1877
1144	Müllenfiefen, Dr., Rechtsanwalt	Bochum	1906

Nr. der Lifte	Name und Beruf	Wohnort	Mitglied feit
725	Muller, J. W., Dr. ph., Univ.-Prof.	Utrecht	1885
331	Mummenhoff, W., Profeffor	Recklinghaufen	1877
704	Nehring, K., Dr. ph., Profeffor	Berlin	1885
30	Nerger, K., Dr. ph., Oberlehrer	Roftock	1875
1040	Nöldeke, O., Paftor	Mechtsbaufen a. Harz	1899
650	Nörrenberg, K., Dr. ph., Stadtbibliothekar	Düffeldorf-Grafenberg	1884
967	Nolting, H., Lehrer	Arrenkamp i. Weftfalen	1895
1154	Noordhoff, P., Verlagsbuchhändler	Groningen	1907
905	Oefele, Baron F. v, Dr. med., Arzt	Bad Neuenahr	1893
798	Oftendorf, A., Gymn.-Direktor, Geh. Reg.-Rat	Bunzlau	1888
1102	Perlbach, Dr. ph., Prof., kgl. Bibl.-Dir.	Berlin	1903
1131	Pefsler, Willi, Dr., Geograph	Hannover	1906
494	Peters, Ignaz, Prof. a. D.	Leitmeritz	1879
1125	Peters, Frl. Math., Oberlehrerin	Hannover	1905
882	Pickert, W., Oberlehrer	Stolp i. P.	1892
869	Pietfch, P., Dr. ph., Univ.-Prof.	Berlin	1891
776	Pott, A.	Witten a. Ruhr	1888
451	Prieger, E., Dr. ph.	Bonn	1879
273	Prochownik, H., Dr. med., Arzt	Hamburg	1877
789	Puls, A., Dr. ph., Prof., Gymn.-Dir.	Hufum	1883
740	Rabe, Joh. E, Kaufmann	Hamburg	1887
871	Rabius, Landes-Oekon.-Rat	Northeim i. H.	1891
1000	Raebel, O., Dr. ph., Direktor	Finfterwalde	1896
1135	Ramifch, Heinr., k. k. Hauptm. d. R.	Smichow b. Prag	1906
1052	Rapp, G., Dr. jur., Landrichter	Hamburg	1900
1036	Rathje, C., Buchhändler	Neumünfter	1892
557	Rautenberg, E. T., Dr. ph., Prof., Direktor	Hamburg	1881
1112	Redslob, T., Dr. ph.	Hamburg	1904
793	Reiche, T., Lehrer a. D.	Braunfchweig	1888
1025	Reicke, J., Dr. ph., Univ.-Bibl.	Göttingen	1896
183	Reifferfcheid, Alex., Dr. ph., Univ.-Prof., Geh. Reg.-Rat	Greifswald	1876
889	Reimers, F., Dr. jur., Rechtsanwalt	Hamburg	1892
610	Remmers, J., General-Superintendent	Stade	1882
777	Ritter, F., Dr. ph., Profeffor	Emden	1887
656	Rödiger, M., Dr. ph., Univ.-Prof.	Berlin	1884
347	Röhrs, L. C., Buchdruckereibefitzer	Northeim	1878
620	Roethe, G., Dr. ph., Univ.-Prof., Geh. Rat	Berlin-Weftend	1882
1049	Rofenhagen, G., Dr. ph., Oberlehrer	Hamburg	1900
1123	Roft, G W., Oberlehrer	Altona	1906
545	Rothftein, J. W., Dr. th., Univ.-Prof.	Halle	1880
961	Rüther, H., Paftor	Neuenwalde,Hann.	1895
989	Ruhfus, W., Dr. ph., Verlagsbuchhändler	Dortmund	1896

Nr. der Lifte	Name und Beruf	Wohnort	Mitglied feit
1096	Saake, H.	Sampierdarena bei Genua	1903
293	Sandvofs, F.	Weimar	1877
76	Sartori, A., Gymn.-Profeffor	Lübeck	1875
1098	Sauer, A., Univ.-Profeffor	Smichow b. Prag	1903
81	Schäfer, D., Dr. ph., Univ.-Prof., Geh. Rat	Steglitz b. Berlin	1875
910	Schäfer, H., Prof., Gymn.-Direktor	Hannover	1893
837	Schaub, E., Dr. ph., Gymn.-Oberlehrer	Saarbrücken	1889
212	Schlüter, W., Dr. ph., Hofrat, Oberbibliothekar	Dorpat	1876
754	Schmidt, E., Dr. ph., Univ.-Prof.	Berlin	1887
529	Schöffer, C., Kaufmann	Amfterdam	1880
666	Schrader, T., Dr. jur., Landgerichtsdirektor	Hamburg	1884
130	Schröder, C., Dr. ph., Geh. Reg.-Rat, Vorft. der grofsherzogl. Bibliothek	Schwerin	1875
319	Schröder, Edward, Dr. ph., Univ.-Prof.	Göttingen	1877
794	Schröder, H , Dr. ph., Gymn.-Lehrer	Kiel	1888
1014	Schröder, Ludwig, Lehrer	Iferlohn	1897
792	Schüddekopf, C., Dr. ph., Affiftent am Goethe-Schiller-Archiv	Weimar	1889
974	Schünemann, Gymn.-Prof.	Greifswald	1895
1094	Schütte, O., Oberlehrer	Braunfchweig	1903
799	Schultz, Fr.	Wismar	1888
1006	Schulze, W.. Dr. ph., Univ.-Prof.	Berlin	1895
315	Schumann, C., Profeffor	Lübeck	1877
77	Schufter, J., Dr. ph.	Hamburg	1875
954	Schwarz, F., Dr. ph., Oberlehrer	Roftock	1895
274	Seelmann, W., Dr. ph., Prof., Oberbibliothekar an der kgl. Univ. Berlin	Charlottenburg	1877
648	Seitz, K., Dr. ph , Prof., Gymn.-Dir. a D.	Itzehoe	1883
769	Siebs, T., Dr. ph., Univ.-Prof.	Breslau	1888
1152	Siefken, Ortgies, Dr., Oberlehrer	Gr. Lichterfelde, Berlin	1907
1012	Sieveking, H., Dr. med., Phyfikus	Hamburg	1897
911	Sievers, E., Dr. ph., Univ.-Prof., Geh. Hofrat	Leipzig	1893
779	Singer, S., Dr. ph. u. jur., Univ.-Prof.	Bern-Nideck	1888
938	Soltau, O. G., Verlagsbuchhändler	Norden	1894
1084	Spehr, E., Oberlehrer an der Realfchule	Roftock	1902
1050	Spitzer, J., Dr. ph., Bibl.-Sekretär	Hamburg	1899
1138	Stammerjohann, R., Stud. germ.	Burg, Dithm.	1906
167	Starck, C., Dr. ph., Profeffor	Doberan	1876
1072	Steinbach, O., Gymn.-Profeffor	Bielefeld	1901
902	Stölting, A., Oberlehrer	Witten a. d. Ruhr	1893
893	Stoett, F. A., Dr. ph., Gymn.-Lehrer	Amfterdam	1893
333	Strauch, P., Dr. ph., Univ.-Prof.	Halle	1878
783	Stübe, J., Kaufmann	Hamburg	1888
258	Stuhlmann, E. J. A., Dr. ph., Schulrat	Hamburg	1876

Nr. der Lifte	Name und Beruf	Wohnort	Mitglied feit
1126	Techen, F., Dr. ph., Ratsarchivar	Wismar	1905
1156	Teuchert, H., Dr. ph., Affiftent a. Rhein. Wörterbuch	Bonn	1907
361	Tümpel, H., Dr. ph., Profeffor	Bielefeld	1878
716	Verdam, J., Dr. ph., Univ.-Prof.	Leiden	1885
1140	Violet, Franz, Dr. ph., Prof.	Berlin .	1906
762	Vogt, F., Dr. ph., Univ.-Prof., geh. Reg.-Rat	Marburg	1887
13	Voigt, J. F., Dr. jur., Rat a. D.	Hamburg	1874
1013	Volckmar, E., Gymn.-Prof.	Höxter	1897
920	Voulliéme, E., Dr. ph., königl. Bibliothekar	Berlin-Halensee	1894
1022	Wadftein, Elis, Dr. ph., Univ.-Prof.	Gotenburg	1897
1060	Wagner, F., Dr. ph., Stadtarchivar	Göttingen	1899
634	Waldberg, Freiherr Max v., Dr. ph., Univ.-Prof.	Heidelberg	1883
1145	Wallach, Alb., Dr., Juftizrat, Rechtsanwalt	Essen a. R.	1906
2	Walther, C., Dr. ph.	Hamburg	1874
1158	Waskowsky, Eduard, Ingenieur	Dortmund	1907
1128	Weiland, J., P. emerit.	Lübeck	1905
205	Wenker, G., Dr. ph., Prof., Oberbibliothekar	Marburg	1876
1150	Werner, M., Oberlehrer	Itzehoe	1907
964	Wernfing, H.	Greenview, Ill., V. St.	1895
523	Wesmöller, F., Profeffor	Brilon	1880
935	Wiepen, Dr. ph., Profeffor	Köln	1894
1097	Willner, H., Dr. ph.	Stolberg, Aachen	1903
51	Winkler, Joh., Arzt	Haarlem	1875
1115	Wippermann, F., Oberlehrer	Meiderich, Rheinprovinz	1904
499	Wohlwill, A., Dr. ph., Profeffor	Hamburg	1879
1110	Wolff, E., Dr. ph., Univ.-Prof.	Kiel	1904
875	Wolff, H., Kommerzienrat	Braunfchweig	1891
696	Woffidlo, R., Dr., Gymn.-Oberlehrer	Waren	1885
708	Wrede, F., Dr. ph., Univ.-Prof.	Marburg	1885
1136	Wunderlich, H., Prof., Bibliothekar	Berlin-Halenfee	1906
1124	Wurmb, Frl. Agnes, Oberlehrerin	Hannover	1905
364	Zahn, W.	Hamburg	1878
1142	Zahrenhusen, H., Lehrer	Geeftemünde	1906
1142	Zimmermann, P., Dr. ph., Archivrat	Wolfenbüttel	1875

Anstalten und Vereine.

Nr. der Lifte	Ort	Name	Mitglied feit
1104	Amfterdam	Philologifche Gefellfchaft Germania	1903
676	Aurich	Oftfriefifche Landfchaft	1884
137	Berlin	Berliner Gefellfchaft für das Studium der neueren Sprachen	1875
144	Berlin ·	Königliche Bibliothek	1876
145	Berlin	Univerfitäts-Bibliothek	1876
339	Berlin	Gefellfchaft für deutfche Philologie	1878
694	Berlin	German. Seminar der Univerfität	1885
722	Berlin	Verein Quickborn	1885
1038	Berlin	Verein der Mecklenburg-Schweriner	1898
18	Braunfchweig	Stadtbibliothek	1874
89	Braunfchweig	Herzogl. Gymnafial - Bibliothek Martino-Catharineum	1875
679	Bremen	Archiv	1884
990	Bremen	Stadtbibliothek	1896
1127	Breslau	Stadtbibliothek	1905
1149	Burg i. Dithm.	Vereinigung für Volkskunde	1149
982	Bryn Mawr, Pa., V. St.	Bryn Mawr College	1896
1067	Danzig	Stadtbibliothek	1900
422	Detmold	Landesbibliothek	1879
170	Düffeldorf	Landes- und Stadt-Bibliothek	1876
859	Einbeck	Real-Gymnafium	1890
493	Emden	Bibliothek der Gefellfchaft für bildende Kunft und vaterländ. Altertümer	1879
1089	Emden	die Stadt	1902
936	Emmerich	Gymnafial-Bibliothek	1894
641	Erlangen	Univerfitäts-Bibliothek	1883
1051	Eutin	Grofsherzogliche Bibliothek	1899
1153	Frankfurt a. M.	Verein für rhein. und weftf. Volkskunde	1907
845	Freiburg i. B.	Univerfitäts-Bibliothek	1889
1137	Gent, Belgien	Koninkl. Vlaamfche Academie	1906
735	Giefsen	Univerfitäts-Bibliothek	1888
944	Glückftadt	Gymnafium	1894
844	Göttingen	Königl. Seminar für deutfche Philologie	1889
1010	Gotenburg i. Schweden	Stadtbibliothek	1897
828	Greifswald	Univerfitäts-Bibliothek	1889
829	Greifswald	Germaniftifches Seminar der Univerfität	1889
657	Halle a. S.	Königl. Univerfitäts-Bibliothek	1884
99	Hamburg	Stadtbibliothek	1875
1157	Hamburg	Bibliothek der Theobaldftiftung	1907
1159	Hamburg	Quickborn, Vereinigung von Freunden der ndd. Sprache und Literatur	1907
154	Hannover	Stadtbibliothek	1876

9

Nr. der Lifte	Ort	Name	Mitglied feit
1129	Heidelberg	Germanifch-Romanifches Seminar der Univerfität	1905
248	Heidelberg	Univerfitäts-Bibliothek	1876
1058	Innsbruck	K. K. Univerfitäts-Bibliothck	1900
481	Kaffel	Ständlfche Landesbibliothek	1879
1026	Kiel	Schleswig-Holfteinifche Landesbibliothek	1898
1070	Kiel	Verein Quickborn	1901
1085	Kiel	Königl. Gymnafium	1902
110	Königsberg in Pr.	Königl. und Univerfitäts-Bibliothek	1875
904	Leiden	Maatfchappij der Nederlandfche Letterkunde	1893
247	Leipzig	Univerfitäts-Bibliothek	1876
710	Leipzig	Königl. deutfches Seminar der Univerfität	1885
349	Lübeck	Stadtbibliothek	1878
865	Marburg	Germaniftifches Seminar	1890
895	Marburg	Univerfitäts-Bibliothck	1893
970	Münfter in W.	Königl. Univerfitäts-Bibliothek	1895
553	Neu-Brandenburg	Gymnafium	1880
1122	New-Haven, Ct., V. St.	Yale Univerfity	1905
107	Oldenburg	Grofsherzogl. öffentliche Bibliothek	1875
1015	Prag	Univerfitäts-Bibliothck	1897
750	Quedlinburg	Stadtbibliothek	1887
886	Riga	Gefellfchaft für Gefchichte und Altertumskunde der ruffifchen Oftfeeprovinzen	1892
173	Roftock	Grofsherzogl. Univerfitäts-Bibliothek	1876
880	Roftock	Bibliothek der grofsen Stadtfchule	1892
1139	Roftock	Plattdeutfcher Vercin für Roftock und Umgegend	1906
1134	Roftock	Ratsarchiv	1906
896	Salzwedel	Altmärkifcher Vercin für vaterländifche Gefchichte und Induftrie	1893
436	Schleswig	Königl. Staatsarchiv	1879
360	Schwerin	Verein für mecklenburgifche Gefchichte und Altertumskunde	1878
639	Soeft	Verein für die Gefchichte von Soeft und der Börde	1883
272	Stade	Verein für Gefchichte und Altertumskunde der Herzogt. Bremen und Verden und des Landes-Hadeln	1877
520	Stettin	Gefellfchaft für Pommerfche Gefchichte und Altertumskunde	1880
1117	Stettin	Stadtbibliothek	1904
358	Strafsburg i. E.	Kaiferl. Univerfitäts- u. Landesbibliothek	1878
1057	Tübingen	Königl. Univerfitäts-Bibliothck	1900
887	Upfala	Königl. Univerfitäts-Bibliothek	1892

Nr. der Lifte	Ort	Name	Mitglied feit
582	Weimar	Grofsherzogl. Bibliothek	1881
101	Wernigerode	Fürftlich Stolbergifche Bibliothek	1875
1068	Wiesbaden	Naffauifche Landesbibliothek	1901
504	Wismar	Bibliothek der grofsen Stadtfchule	1879
86	Wolfenbüttel	Herzogl. Braunfchweig - Lüneburgifche Bibliothek	1875
1082	Wolfenbüttel	Herzogl. Landes-Hauptarchiv	1901
864	Worms	Paulus-Mufeum	1890

3. Die 32. Jahresverfammlung

des Vereins findet am 21. und 22. Mai 1907 in Hildesheim ftatt in Verbindung mit der 36. Jahresverfammlung des Hanfifchen Gefchichtsvereins.
Von feiten unferes Vereins find zwei Vorträge angemeldet:

Geh. Rat Prof. Dr. Reifferfcheid aus Greifswald: Ueber die Abteilung für niederdeutfche Literatur bei der Univerfitäts-Bibliothek zu
Greifswald.

Prof. Dr. Cöers aus Hildesheim: Dichtungen in Hildesheimer Mundart.

Aufserdem ift eine Sitzung anberaumt für Gefchäftliches, wie Abftattung des Jahresberichts und Vorlegung der Jahresabrechnung. Daran wird
fich eine Befprechung der ausgeftellten Hildesheimer Handfchriften anfchliessen.

Im übrigen wird auf das ausführliche Programm der gemeinfamen
Verfammlung beider Vereine verwiesen, welches den Mitgliedern mit der
vorigen Nummer des Korrefpondenzblattes zugegangen ift.

II. Mitteilungen aus dem Mitgliederkreife.

Zedatfch (XXVII, 88).

Das gefragte Wort »zedatfch« ift ohne Zweifel das lateinifche *fedatus*;
ein homo fedatus ift ein gefetzter Menfch, der eo ipfo verftändiger ift als
die braufende Jugend.

Weimar.   **Franz Sandvofs.**

In meiner Heimat (Oftfriesland) war vor etwa 60 Jahren das Wort
fedat »ruhig, gefetzt« ganz gebräuchlich. Auch Doornkaat hat es III, 167,
wo die Ableitung vom Lateinifchen richtig angegeben ift.

Itzehoe.   **K. Seitz.**

Zedatfch offenbar vom lat. fedatus. Sedat (= ruhig, ftill, fanft,
»zahm«) findet fich in den Fremdwörter- und Verdeutfchungsbüchern; es
fteht auch in ten Doornkaat Koolmans Wb. d. Oftfr. Sprache 3, 167.
Das anlautende z für s wie in Zaldåte, Zalåt, Zalféte u. a. Die Weiterbildung mit sch wie in opfternätsch = obftinat.

Kaffel.   **E. L.**

»Zedatſche Husfrue« iſt eine Hausfrau von »geſetztem« Weſen, ſedat
= ruhig, geſetzt, vom lat. ſedatus gl. Bedeutung; zu zedatſch vgl. obſtinatſch.
Brüſſel.   Dr. Karl Lohmeyer.

Das Wort *zedatſch* ſcheint ohne Zweifel von lat. *ſedatus* abzuleiten
zu ſein. Ich erinnere mich das Wort in der Redensart »immer hübſch
ſedate!« geleſen zu haben, doch weiſs ich nicht mehr wo. Es bedeutet
alſo »ruhig, gelaſſen«.
Greifswald.   Loeper.

Maiſtraſse — Magiſtrat!

Einen köſtlichen Fall von volksetymologiſcher Verhochdeutſchung teilt
mir mein verehrter Landsmann, Herr Stadtarchivar Dr. Gundlach in Kiel,
aus dortigen Akten mit.
Eine im März 1852 bei dem dortigen Magiſtrat eingereichte Beſchwerde
der Wwe H. in Steuerangelegenheiten trägt aufsen die Adreſſe:
An den ganzen Rath und Maiſtraſse
und innen die Anrede:
An den ganzen Rath der Maiſtraſse.
Die Beſchwerdeführerin, die auch ſonſt durch falſche Anwendung von Kaſus
und falſche Zuteilung des Geſchlechts vielfältige Zeugniſſe ihrer gut platt-
deutſchen Sprechweiſe in ihr Schriftſtück einmengt, ſprach offenbar »de
Maiſtrat« und verhochdeutſchte dies, indem ſie es mit *de ſtrat* = »die
Straſse« zuſammenbrachte.
Göttingen.   E. Schröder.

Knutſchen (XXVII, 26. 46. 49).

Im Lippiſchen, Bergiſchen und auch ſonſt kennt man knutſchen =
zuſammendrücken, preſſen; lippiſch knutsken beſ. von Liebenden: ſich
drücken, küſſen, ſich umarmen.
Frankfurt a. M.   K. Wehrban.

Kronenſohn (XXVII, 78).

Kronenſohn findet ſich in der Verbindung mit *Oller* in dem von Hans
Meyer angegebenen Gebrauche auch in der Neumark. Die Angabe »Kron-
ſohn« für Berlin iſt falſch und beruht auf der unrichtigen Auffaſſung der
Ausſprache (*krōnen- > krōnn-*).
Die Herleitung aus »kroden-« widerſtrebt den brandenburgiſchen Laut-
geſetzen: d fällt intervokaliſch nur aus, wenn es auf german. þ (th) zurück-
geht. Auch müſste es in der Neumark dann »krōnn-« heiſsen.
Bonn a. Rh.   H. Teuchert.

Anfrage.

Folgende Wörter finden ſich in der ſüdlichen Neumark. Es iſt mir
trotz längeren Suchens nicht gelungen, ſie oder verwandte Formen auf
ndd. Gebiet aufzutreiben. Vielleicht iſt das eine oder das andere einem
der Leſer bekannt. Bei den zwei letzten Wörtern wäre es ſchon wertvoll
für die Möglichkeit einer Deutung, feſtzuſtellen, welcher Laut dem nmk. ē,

das aus germ. ai, aber auch aus dem Umlaute von germ. au entſtanden
ſein kann, ſonſt entſpricht.

1. *aᴗkᵉ* (anke) f. Das Edelreis, mit dem ein Wildling veredelt, meiſt
gepfropft wird; auch bezeichnet man ein Setzreis von Topfpflanzen damit.
Dazu gehört das Verbum **aᴗkᴗ** veredeln.

2. *bēmïχ* (beemich) gebraucht das Nmk. für das **slᴓ** der andern ndd.
Mundarten: bēmïχ ſind die Zähne nach dem Genuſſe ſaurer Speiſen.

3. *rēzᵉ* (reeſe) f. ſind zwei Eimer Waſſer, das Quantum, das dieſe
enthalten.

Bonn. H. Teuchert.

Sparling (XXVII, 50. 65. 72).

In der Huy-Mundart (nördlich von Halberſtadt) iſt ſparling ganz
gewöhnlich. Gebräuchlich iſt auch *dukſer*, nicht ſo häufig dagegen *ſparduks*.

Leipzig. R. Block.

Ketelbuter.

In einer Beſchreibung des Lebens der h. Austreberta, Äbtiſſin von
Pavilly, Dép. Seine inférieure, heißt es: (Filibertus) qui rogatus a quodam
viro potentiſſimo, videlicet *Amalberto Ketelbutro*, ... monaſterium, quod
in fundo proprio Amalbertus conſtruxerat, ... ad regendum ſuſcepit.
(Mabillon, Acta ſanctorum ordinis s. Benedicti, ſaec. III pars I, Venedig
1734. S. 32.) Die Heilige ſtarb 704, die Lebensbeſchreibung iſt nicht
viel ſpäter verfaſst; das erwähnte Kloſter bei Rouen mufs gegen das Ende
des 7. Jhs. gegründet worden ſein. Der Gründer, ein vir potentiſſimus
in Neuſtrien, der auf ſeinem Grund und Boden ein geiſtliches Stift erbaute,
kann kein Keſſelflicker geweſen ſein. Alſo war *Ketelbuter* ſein Beiname,
der ihm wohl nicht vom Gewerbe eines Vorfahren, ſondern ihm oder einem
Ahnen als Schelte gegeben ſein mag. Ein zweites Beiſpiel aus ſo früher
Zeit dürfte ſich kaum finden.

Aus dem 10. Jh. iſt der Spottname *Starzfidere* bekannt (Müllenhoff
und Scherer, Denkmäler XXVIIIᵃ), der identiſch zu ſein ſcheint mit dem
Namen eines lübiſchen Bürgers des 14. Jhs., ſ. Korr.-Bl. 23, S. 46. Derſelben Zeit gehört der Graf Konrad vom Niederlahngau an, Chuono quidam
regii generis, *Churzibolt a brevitate* cognominatus. Multa ſunt, quae de
illo concinnantur et canuntur (Ekkehardi IV. Caſus S. Galli c. 3 in den
Monumenta Germaniac, Scriptores, II S. 104.) Wie die Nachricht von
deſſen Tode beim Fortſetzer des Regino zum Jahre 948 zeigt, empfand
man damals den im Beinamen urſprünglich liegenden Spott nicht mehr.
Denn die Worte des Chroniſten loben den Geſtorbenen: Conradus, qui
Curcipoldus dicebatur, filius Eberhardi, *vir ſapiens et prudens*, obiit. S.
Haupt in ſeiner Zeitſchrift 3, 188. So kann auch die anfänglich bei dem
Hohnnamen *Ketelbuter* gefühlte üble Bedeutung geſchwunden ſein, ſobald
er feſter Beiname wurde.

Wenn alſo der Name *Ulenſpiegel* nicht zu erklären wäre, wie es im
Jahrbuch 19 S. 8 ff. geſchehen iſt, ſondern Jeeps Deutung im Aubange
der Uhlſchen Ausgabe von Murners Gäuchmatt S. 268 f. das Richtige träfe
mit der Annahme eines imperativiſchen Namens = torche-cul (vgl. Korr.-Bl.

9, S. 93 und 23, S. 64), fo würde fich doch aus der Vergleichung mit den befprocheneu Namen begreifen laffen, wie dieser Name trotz des häfslichen Sinnes zu einem nicht feltenen Familiennamen werden konnte. Breslau. P. Feit.

_____

petünt(ig).

Im letzten Bande des Nd. Jahrbuches (1906, XXXII) S. 52 vermutet E. Mackel, dafs *petüntig* von *pedantifch* abzuleiten fei. Als Bedeutung gibt er für die Priegnitz *kleinlich* an. R. Mentz in feiner Abhandlung 'Franzöfifches im mecklenburg. Platt und in den Nachbardialekten'. II. Progr. Delitzfch 1898 S. 20 verzeichnet dagegen als Bedeutung von *petünt* für Mecklenburg und Pommern 'übertrieben zierlich, fein' (fo auch das Wbch. für Mecklenb.-Vorpommern von Mi S. 62ᵇ) und leitet diefes Fremdwort ab von lat. *patent*, unter Beeinfluffung von *pünt* = frz. pointe, Spitze, in der Redensart *fe treckt (ftellt) den munt in de pünt, fe is fo petünt* (fpröde). In Hamburg fcheint das Wort (petintig) im Ausfterben begriffen zu fein; die Bedeutung ift »kleinlich, pedantifch«.

Das zu Grunde liegende fremdfprachliche Wort ift aber weder »pedantifch« noch »patent«, fondern frz. *petit.* Dafs im öftlichen Niederdeutfch in Fremdwörtern gern ein n eingefchoben wird, dürfte aus Reuter (z. B. *kumpabel, Kandett, inventeren* für *kapabel, Kadett, invitieren*) bekannt fein; vgl. auch Kbl. XXVII S. 41 und in der angeführten Abhandlung von Mentz S. 10 oben und S. 30, wo *in'n tranfch fien* zu frz. rage geftellt wird. Im Französischen kann zudem petit fehr wohl die Bedeutung »kleinlich« haben. Dafs fich *petünt* auch zu der Bedeutung »übertrieben fein« entwickelte, kann nicht wunder nehmen. Wie oft verfchiebt fich nicht in der Fremde die Form eines Wortes mit famt der Bedeutung. Beeinfluffung von *pünt* anzunehmen, ift kaum nötig; eher möchte an das nach dem dänifchen gebildete *püntig* »gefchmückt, geputzt« (z. B. bei Lauremberg, Schertzged. II, 671) zu denken fein. In dem Sinne von »geziert, zimperlich« findet fich petit fobou in Strodtmanns Idioticon Osnabrugense (1756) unter *zippe*, wo es heifst: »*zippe*, et is eene rechte Zippe: die Frau ift fehr petit: fehr fein.«

Die Zwifchenftufe zwifchen »klein« und »geziert« ift »zierlich«. Sie ift vertreten im Oftfriefifchen. ten Doornkaat II 716ᵃ »*petüt (petütjes)* = fein, zierlich, hübfch, nett etc.« Stürenburg 174ᵇ »*petüüt* = geziert (hier wohl nicht in tadelndem Sinne), geputzt, überaus niedlich von Geftalt und Kleidung«. Der letztere verzeichnet auch *petünte* (ohne Bedeutungsangabe) als braunfchweigifch. Die Bedeutung »fein, zierlich« hat bekanntlich auch unfer *klein* in älterer Sprache.

Wenn nun Schütze im holft. Id. III 202 für Hamburg-Altona verzeichnet »*penitjig* zimprig, ein ähnliches Wort ift *petint*; beides wird auch für kleinlich, an Kleinigkeiten hängend gebrucht, auch für wenig«, fo ift wohl *penitjig* eine jener in der Volksfprache bei Fremdwörtern nicht ganz feltenen Umftellungen oder Verdrehungen. Das urfprüngliche Wort ift *petintig*. So ift auch *Ka(r)stick* (Schütze 3, 234; Richey 111) aus Stakit, Stacket entftanden; *bakeljauw* wird neben *kabeljauw* niederländifch und niederdeutfch gefagt, und *fcherfant* für *fergeant* hört man häufig. So fpricht der Oberfachfe (nach K. Müller-Fraureuth, Sächfifche Volkswörter

(1906) S. 99) *Rengenie* ftatt *Energie, Kafchett* ftatt *Jaquett* ufw. Auch *penüterig*, kleinlich, ärmlich; das Mentz a. a. O. S. 19 aus Mecklenburg, Pommern und Dithmarfchen anführt und zu frz. pénurie, Mangel, Elend ftellt, ift wohl bieber zu ziehen; vgl. vivre petitement ›ärmlich, knapp leben‹.[1]) Als Abkürzungen jenes *penitjig* wiederum find vielleicht anzufeben: *peen* = pimperig, affektiert (Schütze, 3, 200) und *Pentje*, ›ein Schimpfwort einer zur Arbeit unbequemen Frauenperfon, die ihre Hände bei der Arbeit nicht befudeln mag‹ (Brem. Wbch. 2, 306).

Hamburg.   O. Haufchild.

---

pultern (XXVII, 11. 49. 69).

Im Lippifchen ift pultern = poltern [beim Gehen mit Holzfchuhen z. B., beim Fallen u. a.]. Zwifchen Heidenoldendorf bei Detmold und Pivitsheide befindet fich eine alte Wohnftätte, die feit jeher heifst ›up'n Pulter‹ (auf dem P.); ich habe noch keine Erklärung dafür. Ob vielleicht bei diefem Kolonate der vorbeifliefsende, ein ftarkes Gefälle habende Bach einen Wafferfall bildete?

Frankfurt a. M.   K. Wehrbau.

Begrismulen.

C. Rud. Schnitger (Ndd. Korr., Heft XXVII, Nr. 5, S. 61) bedauert es, dafs ich in meinem ›Mecklenb. Volksmund‹ es unterlaffen habe, die Stellen anzugeben, an denen fich bei Reuter das originelle Wort begrismulen findet. Diefer Vorwurf — allgemeiner gefafst — ift mir auch in Rezenfionen meines Buchs wiederholt entgegengetreten. Ja, mir felber wäre es erwünfchter gewefen, überall den Fundort der Citate genau anzugeben. Aber es verbot mir dies einerfeits die Rückficht auf die vom Verleger gewünfchte Raumerfparnis, andererfeits die Schwierigkeit der Entfcheidung, welche von den verfchiedenen Reuter-Ausgaben und -Auflagen des Hinftorffichen Verlages ich für diefe Citate damals (1902) zu Grunde legen follte. Wird eine neue Auflage des ›Volksmunds‹ erforderlich, fo foll diefem Mangel, den ich als folchen bereitwillig anerkenne, jedenfalls abgeholfen werden. —

Die beiden Stellen, an denen Reuter das Wort begrismulen anwendet, finden fich in ›de Reif' nah Konftantinopel‹, Cap. 7, S. 112 (Ausg. von Max Heffe): ›Paul, fäd ick, wenn di dat man nich mal *begrismult!*‹ und Cap. 8, S. 129: ›Paul, rep Jochen, ick fegg di, dat ward di *begrismulen*‹, — beide Male alfo von Jochen Klähn, einem Vertreter der derben Ausdrucksweife des niederen Volks, gefprochen. Soviel ich mich erinnere, kommt der Ausdruck an keiner anderen Stelle in Reuters Schriften vor.

Übrigens halte ich an der f. Z. im ›Meckl. Volksmund‹ gegebenen Erklärung des Worts auch heute noch feft. Die dort (unter Nr. 49) aus-

---

[1]) Immerbin find jedoch die Beifpiele für folche Umftellung in den lebenden Mundarten vereinzelt. Sie können daher kaum als beweiskräftig für die Theorie von W. Meyer-Rinteln (die Schöpfung der Sprache 1905) gelten, die in jüngfter Zeit foviel von fich reden macht. M. will bekanntlich eine weitgehende Einheitlichkeit des Wortfchatzes der indogermanifchen Sprachen dadurch erweifen, dafs er eine unbegrenzte Möglichkeit der Umlagerung der einzelnen Wurzelbeftandteile annimmt (z. B. μορφή = *forma*; φιλ-έω = *lieb-en*; *tim-or* = *met-us* ufw.)

gefprochene Annahme eines Subftantivs *Grif(t)mul*, das ich als Mittelglied
für die Ableitung hinftellte, aber nicht weiter zu belegen wufste, fcheint
ja durch die von Schnitger angeführte Adjektivbildung »grismulig« trefflich
geftützt.

Kiel.   C. Fr. Müller.

_____

weffe.

Von einer Dame in Friedenau bei Berlin ift mir als Berliner Ausdruck ein Wort *weffe* »alles, was länglich auffchwillt nach einem Schlage
z. B. mit einem Stocke« bezeugt worden. Kann mir jemand über Verbreitung und Ableitung des Wortes Auskunft geben?

Friedenau b. Berlin.   G. Burchardi.

»Der richtige Berliner« gibt für *Weffe* die Bedeutungen »Wunde«
und »Schmarre« an.   _____   C. W.

Zu Fr. Reuters Dörchläuchting.

Am Schluss des elften Kapitels (S. 199 meiner Ausgabe) fteht in der
Erzählung des vom Herzog der braven Dorothea Holz angetanen Schimpfs:
»Krifchan Schult fprung tau un fchow fick mit finen breiden Puckel tüfchen
Dörchläuchten un ftüt'te fei un wull fei wegbringen« u. f. w. Dafs fo der
Dichter nicht gefchrieben haben kann, wie in den Hinftorfffchen Octav-
ausgaben übereinftimmend gedruckt ift, liegt auf der Hand: es mufs hinter
»Dörchläuchten« etwas ausgefallen fein. Die (fog.) Volksausgabe und
Gaedertz fügen »de« nach »un« ein, kaum verftändlich und überaus nüchtern;
Brandes (in der Reuter-Ausg. des Bibliograph. Inftituts) fetzt »de Sweftern«
ein und bemerkt dazu (S. 535): »Wenn de wirklich in der Hdfchr. fteht,
fo ift nach diefem harten und farblofen Wort wahrfcheinlich ein anderes,
Sweftern oder Mätens, urfprünglich gedacht gewefen, beim Schreiben aber
vergeffen worden Sollte de indeffen nur Konjektur des Herausgebers der
Volksausgabe fein, fo würde fich die Verbefferung: tüfchen [Dürten un]
Dörchläuchten un ftüt'te ... aus anderwärts darzulegenden Gründen mehr
empfehlen.«

Ich denke mir den Sachverhalt vielmehr folgendermafsen: Reuter
hatte in feinem Mfcr. vermutlich gefchrieben: »tüfchen Dörchläuchten un
D., ftüt'te fei nu wull fei wegbringen« ... Der Setzer überfah das D. (d. h.
Dürten), und fo kam der Unfinn tüfchen Dörchläuchten un ftüt'te fei ufw.
durch Flüchtigkeit in der Offizin zu Stande und erhielt fich, wie vieles
andere, bis die Herausgeber der Volksausgabe (vgl. meine Ausführungen
in der Ztfchr. für deutfche Mundarten, Jahrg. 1906, S. 120) bei der
Vergleichung der Handfchrift das D. fanden, für de lafen und fo in den
Text brachten. Meiner Anficht nach ift fomit zu fchreiben: tüfchen Dörch-
läuchten *un Dürten, ftüt'te fei* (eam) ufw. Denn das fonft fo energifche
Dürten bedarf jetzt vor allem der Stütze; unmittelbar vorher heifst es:
Dor ftunn fei von gläugnigm Schimp äwergaten un hadd nich mal de
Macht, ehr Swefter tau hollen.

Kiel.   C. Fr. Müller.

Krähnfch (XXVII, 41).

Zur Erklärung von *kröönfch,* welches auch in Lübeck hauptfächlich vom ftolzen Gange des Pferdes gefagt wird, erinnere ich an das mittel-hochd. *Kranechentrit* bei Walther v. d. Vogelweide 19, 29 und bei Vridank 30, 13. Beide Male ift hoffärtiges Wefen gemeint.

Lübeck.   C. Schumann.

Krücken und Ofenftiele (XXVI, 88. XXVII, 66).

Die von H. Carftens angeführten Ausdrücke find vereinigt in dem Volksreime:

Haken un Staken
Kann ik woll maken,
Ulen un Kreien
Kann ik fchon dreien.

Für fchlechte und fchiefe Schrift ift mir bekannt: »He fchrifft, as wenn de Bull pifst.«

Lübeck.   C. Schumann.

Afbullern (XXVII, 66).

Für betrügerifch abfchreiben fagt man hier *afbullern, affchillern, ab-kucken, abfehn.* In Magdeburg nannten wir es *abluchfen.*

Lübeck.   C. Schumann.

Opentlik (XXVII, 73).

In der Braunfchweigifchen Reimchronik kommt *offenlich* zweimal vor (865. 5097); aber fie kann nicht als Zeugnis niederdeutfchen Sprachgebrauchs gelten, und es ift fehr charakteriftifch, dafs die Wolfenbüttler Handfchrift, die darauf bedacht ift die hochdeutfchen Elemente des Originals auszu-merzen, keinen der beiden Belege beibehalten hat.

Berlin.   G. Roethe.

Notizen und Anzeigen.

Beitragszahlungen find an unfern Kaffenführer Herrn Joh. E. Rabe, Hamburg 1, gr. Reichenftrafse 11, zu leiften.

Veränderungen der Adreffen find gefälligft dem genannten Herrn Kaffenführer zu melden.

Beiträge, welche fürs Jahrbuch beftimmt find, belieben die Verfaffer an das Mitglied des Redactions-Ausfchuffes, Prof. Dr. W. Seelmann, Charlottenburg, Peftalozziftrafse 103, einzufchicken.

Zufendungen fürs Korrefpondenzblatt bitten wir an Dr. C. Walther, Hamburg 24, Uhlandftrafse 59, zu richten.

Bemerkungen und Klagen, welche fich auf Verfand und Empfang des Korrefpondenz-blattes beziehen, bittet der Vorftand direct der Expedition, »Diedrich Soltau's Verlag und Buchdruckerei« in Norden, Oftfriesland, zu übermachen.

Redigiert von Dr. C. Walther in Hamburg.
Druck von Diedr. Soltau in Norden.

Ausgegeben: Mai 1907.

Jahrg. 1907.   Hamburg.   Heft XXVIII. № 2.

Korrefpondenzblatt

des Vereins

für niederdeutfche Sprachforfchung.

I. Kundgebungen des Vorftandes.

1. Mitgliederftand.

In den Verein eingetreten find die Herren
Dr. Jof. Müller, Oberlehrer, Bonn,
Prof. Dr. Schacht, Lemgo,
Prof. Dr. Cöers, Hildesheim,
Dr. jur. F. Fehling, Senator, Lübeck.

2. Generalverfammlnng zu Pfingften 1908.

In der diesjährigen Generalverfammlung des Hanfifchen Gefchichtsvereins und des Niederdeutfchen Sprachvereins zu Hildesheim ift als Ort
der nächften Zufammenkuuft die Stadt Roftock gewählt worden.

3. Verein für Niederdeutfche Sprachforfchung.

a. Abrechnung über den Jahrgang 1906.

Einnahme.

337 Mitgliederbeiträge		M. 1687.—
Überfchüffe aus den Veröffentlichungen		
a) Jahrbuch und Korrefpondenzblatt . . . M. 276.53		
b) Denkmäler, Wörterbücher, Drucke und		
Forfchungen . . . . „ 94.16		
		„ 370.69
Für 1 verkauftes Exemplar von J. ten Doornkaat Koolman's		
Wörterbuch		„ 15.—
		M. 2072.69

(Zinfen der Sparkaffe fiehe unten.)

Ausgabe.

Verfand des Jahrbuches XXXI und Honorar für Jahrbuch XXXII		M. 1199.—
Druck und Verfand des Korrefpondenzblattes Heft 26. Nr.		
3—6 und Heft 27. Nr. 1		„ 393.66
Druckfachen und Auslagen des Vorftandes und der Kaffen-		
führung		„ 87.88
Belegt neue Sparkaffe, Buch 55083		„ 392.15
		M. 2072.69

Das Guthaben des Vereins bei der neuen Sparkaſſe in Hamburg auf Buch 55083 betrug laut letzter Abrechnung . M. 7341.32
Gutgeſchriebene Zinſen Ende Juni 1906 . . . . „ 208.41
belegt wie oben . . . . „ 392.15

Gegenwärtiges Guthaben M. 7941.88

Hamburg, 10. April 1907.　　Johs E. Rabe, Schatzmeiſter.

Mit den Belägen verglichen und richtig befunden.

Lucas Gräfe.

b. Rechtsanwalt Karl Bauer-Stiftung.

Laut Abrechnung für 1904 (Korr.-Bl. XXV S. 3) betrug das
Guthaben im Buche 71026 der neuen Sparkaſſe in Hamburg M. 1830.51
Hierzu gutgeſchriebene Zinſen
bis Juni 1904 . . . . M. 59.75
„ „ 1905 . . . . „ 61.42
„ „ 1906 . . . . „ 63.41

„ 184.58

gegenwärtiges Guthaben M. 2015.09

Hamburg, 10. April 1907.　　Johs E. Rabe,
Schatzmeiſter des Vereins für Niederdeutſche Sprachforſchung.

Mit den Belägen verglichen und richtig befunden.

Lucas Gräfe.

4. Abrechnung der Theobald-Stiftung für 1906.

Einnahme.

Saldo der Sparkaſſe . . . . M. 769.43
Kaſſenſaldo . . . . „ 41.08
Zinſen der Staatspapiere . . . . „ 175.—
　„　„ Sparkaſſe . . . . „ 38.53
Vorſchuſs des Kaſſenführers . . . . „ 4.—
Ein der Stiftung überwieſenes Sparkaſſenbuch . . . . . „ 425.64

M. 1453.68

Ausgabe.

Bücher und Zeitſchriften . . . . M. 95.55
Buchbinder . . . . „ 40.70
Rückzahlung eines früheren Vorſchuſſes . . . . „ 40.—

Saldo der Sparkaſſe . . „ 1277.35
Kaſſenſaldo . . . . . „ —.08

M. 1453.68

Über das der Stiftung überwieſene Sparkaſſenbuch iſt im vorigen Jahre bereits berichtet worden. Inzwiſchen iſt ein Betrag von M. 979.90 aus dem Guthaben bei der Sparkaſſe zum Ankauf von M. 1000 (Nennwert) Hamburgiſcher 3¹/₃ % Staatsrente verwendet worden, ſo daſs jetzt, im März 1907, das Vermögen der Stiftung aus einem Sparkaſſenbuch über

M. 382.43 und fechs Schuldverfchreibungen der 3½ % Hamburgifchen
Staatsrente im Nennwert von M. 6000 befteht.

Hamburg, 11. März 1907.   H. J. Jänifcb, Dr.,
                                       d. z. Kaffenführer.

Nachgefehen und mit den Belegen übereinftimmend gefunden.

Hamburg, 25. März 1907.
                           Alex. Niffen.   Dr. E. Finder.

II. Mitteilungen aus dem Mitgliederkreife.

Prefcben.

Im XXVI. Heft des Ndd. Korr. (Nr. 3, S. 40) wünfchte Fr. Sandvofs
weitere Zeugniffe für das Leben des Worts prefchen. Ich kann da auf
Fr. Reuter, Ut de Franzofentid, Kap. 8, S. 100 (Max Heffe) verweifen:
»Fik un Korlin . . . . *prefchten* utenein as en por wittbunt Duwen, wenn
de Häwk dor mang fohrt.' Die Bedeutung gibt fowohl mein Reuter-Lexikon,
wie auch Mi, Wörterbuch der meckl.-vorpomm. Mundart u. dm W., gleichlautend = auseinanderftieben.

Kiel.   C. Fr. Müller.

In de Brüch kamen (gahn).

Für die Richtigkeit der Deutung diefer Redensart = »in Schwierigkeiten, in Verlegenheit kommen« und für ihre Ableitung von der Bruchrechnung, die ich in meinem »Mecklenburger Volksmund« (Nr. 81), wenn
auch nicht ohne Bedenken, hingeftellt hatte, fpricht evident die Stelle in
Fr. Reuters »Franzofentid«, cap. 5 i. A.: »De Möller . . . lett fick allerlei
dörch den Kopp gahn un fet't fick grad' en fchönes Regeldetri-Exempel
in den Kopp taufam: wat woll üm Oftern ut de Schepel Roggen koften
würd, wenn hei morgen den Juden dat Geld nich gew, un *kamm dorbi
führ in de Brüch«.* Vgl. auch Schurr-Murr (5. Meine Vaterftadt· Stavenhagen, S. 159): »Befondere Talente kamen in die Brüche und in die
Reguladetri« (hier im wörtlichen Sinne), und J. Brinckman, Peter Lurenz
bi Abukir, S. 167 (Max Heffe): »Die Rechnung is nicht leicht, meine
Herren! *In die Brüche geht es dabei.* Man den Generalnenner, den hab'
ich bereits, un nu haben wir nichts weiter nötig, als möglichst exakt mit
den middelften in den achterften zu dividieren« (bildlich).

Kiel.   C. Fr. Müller.

Knutfcben (XXVII, 26. 46. 69).

Knütfchen und *verknütfchen* ift mir aus meiner in Magdeburg verlebten Jugend ganz geläufig für zufammendrücken und zerknittern von
Papier, Heften, Zeug, Bufen u. a. Ebenfo *abknütfchen* für ftarkes Liebkofen.

Lübeck.   C. Schumann.

Subbeln — fabbeln; fpiekern — fpietkern (XXVII, 66).

Im Lippifchen find die Ausdrücke in dem mitgeteilten Sinne nicht
bekannt. »Subbeln«, dort »fabbeln« oder »fawweln« heifst fchmieren,

1*

etwas unrein machen z. B. die Kinder fawweln an den befchlagenen Feufter-
fcheiben umher; das ganz kleine Kind fawwelt (vielleicht mit den Efswaren,
der Milch u. a.) den Tifcb, fein Schürzchen, fein Kleidchen, fein Lätzchen
voll; der Säugling »fawwelt« d. h. ihm läuft Flüffigkeit aus dem Munde,
beim Zahnen der Kinder ja eine bekannte Erfcheinung; das Schulkind
»fawwelt« feine Tafel voll ufw. »Spietkern« heifst im Lippifchen: mit
Feuer fpielen (Streichhölzer anftecken, Holzbrände im Kreife fchwingen ufw.)
Frankfurt a. M.   K. Wehrbau.

Gepfe (XXVII, 43. 61. 69).

Im Lippifchen kennt man das Subft. *gäpfe* (fem.), man fagt auch *'n
gäpfen full* == handvoll. In dem Wörterverzeichnis der Schwalenbergifchen
Mundart (Jahrbuch XXXII) findet es fich nicht. Meiftens bezeichnet es
den durch beide aneinandergelegte Hände gebildeten Raum.
Frankfurt a. M.   K. Wehrbau.

Perduck (XXVII, 79).

Bei dem »Perduck«-Spiel bin ich verfucht, an die Formel der Geifter-
befchwörung per illio (hieher!) — *per illuc* (dorthin! fort!) zu denken, die
fich in den *Breloques* erhalten hat (die ja auch urfprünglich als Amulet
wider den »höfen Blick« (der *invidia*) angehängt wurden). Goethe fchrieb
Berlicke — *Berlocke*. Par çi, par là, fagt der Franzos.
Weimar.   Franz Sandvofs.

Padduck (XXVII, 79).

Das Spiel kenne ich aus meiner Knabenzeit in der Mark Brandenburg.
Es war namentlich bei den Mädchen beliebt. Es wurde mit fünf Steinen
gefpielt, von denen einer nach dem andern in die Höhe geworfen und, ehe
er herunterfiel, mit einem andern Stein, der fchleunigft aufgegriffen wurde,
zufammen aufgegriffen oder vertaufcht werden mufste. Wir nannten das
Spiel *grabbeln*. Wurden alle vier Steine aufgerafft, während der fünfte
aufgeworfen wurde, fo hiefs das ein *Grapfch;* wurden die vier (mit ge-
duckter Hand) hingelegt, während der fünfte aufgeworfen wurde, fo machte
man einen *Ducks*. Die Handbewegung, die man machte, um den fallenden
Stein fchleunig niederzulegen und aufzufangen, hat mit dem Auffpringen
eines Frofches oder einer Kröte eine gewiffe Ähnlichkeit. Ich glaube alfo,
dafs das Wort Padduck aus »Padde« = Frofch, Kröte und »ducken« zufammengefetzt ift, und ich halte diefe Erklärung für zutreffender, weil
»hucken« eine mehr bleibende, »ducken« eine vorübergehende gekrümmte
Stellung bezeichnet: die Hand buckt nicht, fie wird nur fchnell geduckt,
um fogleich wieder aufzufpringen.
Wilmersdorf.   A. Grabow.

Huttje bi puttje (XXVI, 86).

Von einem alten Herrn aus Schleswig hörte ich oft *Uutje-pimuutje,*
begleitet von der Gebärde des Geldaufzählens.
Lübeck.   C. Schumann.

Begriesmalen (XXVII, 61).

Das Wort wird auch im Lübeckifchen gebraucht für *täufchen*, *anführen* bei unfichern Unterfuchungen, die den Urheber leicht in Schaden bringen. Ich halte deshalb die Müller'fche Erklärung für durchaus richtig und ausreichend. Der Ausdruck hat eine grofse Ähnlichkeit mit *begööfchen*, welches ebenfalls *täufchen* bedeutet, auch *befänftigen*, *begütigen*, eigentlich aber *zu einer Gans machen*, *als dumme G. behandeln*.

Lübeck.   C. Schumann.

_____

Winnmoder.

Der im Korr.-Bl. XXVII, 35 befprochene moderwind erinnert mich an einen mir fonft unbekannten Ausdruck, den ich vor Jahren in einem alten Schriftftück aus dem hannöverfchen Dorfe Vafentin fand. Darin befcheinigt der Schulze einem Landwehrpflichtigen u. a. folgendes: »1) Das Jammer hat er an fich gehabt, 2) die *Winnmouder*, 3) die Cholieke an fich, die er nur fehr oft bekömmt.« Jammer ift Fallfucht und Krampf, Winnmouder bezeichnet wohl allerlei Schmerzen im Unterleib, für die man hier zu lande die Wendung kennt: *de Bärmoder fliggt em* up, bei welcher alfo der urfprüngliche Sinn ganz vergeffen ift. Winnmoder = fich windende Gebärmutter?

Lübeck.   C. Schumann.

_____

Buba (XXVII, 43. 72).

Hier bedeutet *bu uu baff fin* foviel wie fich unfreundlich benehmen; *baff* allein heifst *verdutzt*.

Lübeck.   C. Schumann.

_____

Poltern (XXVII, 11. 49).

Aus Magdeburg kenne ich *poltern* für Lärm machen mit Sachen, die man ungefchickt rührt oder hinwirft: Poltere doch nicht fo! *Umpoltern* bedeutet meift umfallen von Sachen und Menfchen: der Stuhl, das Kind ift umgepoltert.

Lübeck.   C. Schumann.

_____

Göps (XXVII, 43. 61. 69).

In Lübeck gilt *göps*, in dem an der mecklenburgifchen Grenze gelegenen Schlutup *görps* für Handvoll und Doppelhandvoll. Doch unterfcheidet man auch zwifchen *handvull* und *göpsvull*.

Lübeck.   C. Schumann.

_____

Lident gern. Liebend gern.

Zu dem Artikel »lident« im Kbl. XXVII, 74 möchte ich fragen, ob nicht auch das zuweilen in der Umgangfprache gehörte *liebend gern* auf das mifsverftandene *lident* zurückzuführen ift?

Greifswald.   ·   Loeper.

Beim Lefen des Auffatzes in Nr. 6 des XXVII. Hefts diefer Blätter »liden(t)« kam mir in den Sinn, ob der zuweilen bei Erwiederung auf eine

Bitte oder bei Äufserung eines perfönlichen Wunfches gebrauchte Ausdruck
»liebend gerne« durch eine Umänderung des Überbleibfels des vermuteten
alten Fluchwortes entftanden fein könnte, indem an Stelle des längft nicht
mehr verftandenen Urfprungswortes ein ähnlich lautendes in Gebrauch kam.

»Liebend gerne« wird bekanntlich in gleichem Sinne mit »befonders
gerne« gebraucht, indeffen, wie ich meine, öfterer, wenn man bedauert,
eine Bitte nicht erfüllen zu können, als wenn man eine Bitte gewährt,
oder wenn Jemand von einem nicht ausführbaren eigenen Wunfche fpricht.
Das Partizip des Zeitwortes lieben pafst, wie mir fcheint, nicht recht als
Beigabe zu dem Worte »gerne«.

Hamburg. J. F. Voigt.

Zu Haufchilds einleuchtenden Bemerkungen über »lident«, insbefondere
zu der Schluefchen Phrafe »lyden gerne« verweife ich auf die noch heute
im Göttingifchen Hochdeutfch übliche Redensart »das tu ich *liebend* gerne«,
offenbar eine Umdeutung des unverftandnen niederdeutfchen lident.

Berlin. G. Roethe.

Der Ti (XIX, 61).

In altfächfifchen Dörfern nordwärts der Elbe dürfte, fo viel dem
Schreiber diefer Zeilen bekannt ift, die Bezeichnung eines Platzes im Dorfe
als »der Ti« nicht häufig vorkommen. Mit »Ti« wurde bekanntlich der
Platz bezeichnet, auf welchem die Dorfseingefeffenen fich zur Befprechung
von Angelegenheiten der Gemeinde verfammelten, wo auch, wenn im Dorfe
Gericht gehalten wurde, die Gerichtsverhandlung ftattfand.

In der Hamburgifchen Gemeinde Grofs-Hansdorf (jetzt mit dem
Nachbardorfe Schmalenbeck vereinigt) war der »Ti« an der Oftfeite des
Dorfs, beim Zufammentreffen zweier Feldwege. Im Flurregifter von 1781
wird als zum Befitz der Halbhufe von Hans Hinrich Steenbock eine Fläche
Saatland »auf dem Ti«, grofs 112 Geviertruten, genannt, während zufolge
der Flurkarte von 1806 »auf dem Ty« bereits eine »Katenwohnung und
Garten« war.

In Barmbeck, jetzigem Stadtteil Hamburgs, ift eine Strafse »Tieloh«
genannt; ein Name, hergenommen von der alten Bezeichnung zweier Acker-
fluren »grofser Tielo und kleiner Tielo«. Die Mitte zwifchen diefen beiden
Ackerftücken liegt rund 1 1/2 Kilometer vom alten Dorfplatze Barmbecks
entfernt, ein Ti an jener Stelle kann alfo nicht zum Sammelplatz der
Eingefeffenen Barmbecks gedient haben. Herr Dr. C. Walther vermutet,
dafs jene Ackerftücke dem Platze entfprechen, an welchem einft das im
Mittelalter vorkommende, wie es fcheint zuletzt im Jahre 1347 genannte
Dorf Schmachthagen gelegen hat.*)

Herrn Förfter Rodde in Grofs-Hansdorf verdanke ich die Mitteilung,
dafs in den Stormarn'fchen Dörfern Bergftedt und Hoisdorf ein Platz »der
Ti« genannt wird, und dafs auch ungefähr da, wo das untergegangene Dorf
Lottbeck gelegen haben wird (zwifchen der Bergftedt-Wohldorfer Landftrafse und Volksdorf) ein als »Ti« bezeichneter Ort fich befindet.

Hamburg. . D. J. Voigt.

---

*) Vgl. Mitteilungen des Vereins für Hamburg. Gefchichte Bd. VII S. 384.

Zum Brausbartſpiel.

Anknüpfend an die intereſſanten Mitteilungen des Herrn Prof. Feit über das Karnöffel- und das Brausbartſpiel veranlaſste mich mein Freund Herr Dr. Walther ein in den gegen Ende des 18. Jahrhunderts in Hamburg gedruckten geſellſchaftlichen Liederbüchern befindliches Lied über das Brausbartſpiel mitzuteilen. Es iſt ja möglich, daſs dasſelbe über einzelne Punkte dieſes Kartenſpieles Aufklärung gewährt.

Brausbarts-Lied.

1. Ihr Herren, kommt herein, und trinket alten Wein, er iſt hier gut. Um uns hier zu erfreun, laſſen wir das Sorgen ſeyn, und trinken Rebenblut, das giebt uns Muth.

2. Wenn wir denn fröhlich ſind, ſo kommet fein geſchwind der Schaffer her, und bringt zu unſrer Luſt die Karten, wie bewuſst, zum Brausbart-Spielen her: Was wollt ihr mehr?

3. Ihr Herren Alten müſst geſchickt und wohl gerüſt dem Spiel euch weihn; zum Ordnunghalten ſeyd mit Klugheit ſtets bereit, und ſpielt (l. ſpielet) immerhin mit gut Gewinn.

4. Der Licentiatibus und Secretarius, die ſind dafür, daſs ſie auch geben acht, und ſpielen mit Bedacht, das alles geht daher, zur Brausbarts Ehr.

5. Beyſitzer müſſen auch, nach rechtem Brausbarts Brauch, ihr' Pflicht getreu, auf gute Ordnung ſehn, dem Spiele ganz verſtehn (l. vorſtehn). Und auch der Bothe ſeyn, Brausbart getreu.

6. Wohlan! ſo kommt heran! Und ſpiele wer da kann! Ich menge ſchon: Ich gebe auch herum, Spielt aber nicht zu dumm, damit den erſten Jan, ich machen kann.

7. Die Sieben ſpiel ich aus, Tref Neun kommt auch heraus, das ſollt ihr ſehn. Das wären ſobou zwey Stich, die ſind gewiſs für mich: Am Macker kann ichs ſehn, der läſst ein'n gehn.

8. Ich kann mich bergen nicht, ich ſteche glubſch! laſs mich! Ich muſs! ich muſs. So ſticht mein Macker drein, mit einer rothen Neun! Ich ſehs den Gegner an, daſs er nicht kann.

9. Oho! was iſt denn das? Mein Macker, greifft du was? So ſey nicht faul! Ich thu ein Auge zu: den hau! hau! hau! haſt du? Und dieſer Gegner macht ein ſchiefes Maul.

10. Spiel du den Toilen her; vielleicht greifft du noch mehr, ſo wirds ein Jan. Ich ſitz umſonſt hier nicht: wenn er auch überſticht, ich alles freſſen kann! Nur friſch heran!

11. Das leid' ich nimmermehr! ich ſtech zur Brausbarts Ehr ihn friſch hinein: zwey Sieben ſind dabey; ich mag (l. wag) es darauf frey? es kann nicht anders ſeyn, nur friſch hinein!

12. Brausbart der iſt ſchon da! Spitz drauf! juch hey! ſa! ſa! Die Brill iſt da; Und Jan dazu gemacht. Nun friſch ſie ausgelacht! Die Brill und Jan iſt da! juchhey! ſa! ſa!

13. Und ſo, ihr Herren müſst, geſchickt und wohl gerüſt, ihr ſpielen fort. Und ſpielet immerhin mit reichlichem Gewinn, bis Glocke zehn hinzu, dann geht zur Ruh.

14. So fchenket noch mal ein von diefem alten Wein, und ftofset an! und
trinket noch einmal: Zur Ehr der Brausbarts-Wahl ift diefes Lied
gemacht. Sagt gute Nacht!

(Neues gefellfchaftliches Liederbuch, beftehend in 400 der neueften
Lieder zum unfchuldigen Vergnügen. 1. 2. 3. und 4. Band. Hamburg, zu
bekommen bey H. C. Zimmer, in der Altftätter Fuhlentwiete, und in deffen
Laden bey der Schiffer-Gefellfchaft. 8º o. J. Dafelbft nr 159. In einer
Ausgabe der fehr eingefchränkten Liederfammlung mit der Jahreszahl 1805
oder 1807 fehlt das Brausbart-Lied.)

Bereits 1885 habe ich in einer für das gröfsere Publikum berechneten
Zufammenftellung von Liedern aus dem Zimmer'fchen Liederbuche in
Koppmann's Aus Hamburg's Vergangenheit, das obige Brausbartlied teilweife abdrucken laffen. Da die übrigen den Verlauf des Spieles feiernden
Verfe mir unverftändlich waren und es auch heute noch find, liefs ich diefelben fort. Es wird durch den teilweife etwas ungehobelten Inhalt beftätigt, was Schütze in feinem holfteinifchen Idiotikon Hmbg. 1800 Bd. I
S. 170 fagt, dafs »Bruusbart, auch Bruufen (fo fpeelt bruufen) ein den
unter niedern Ständen bekanntes deutfches Volkskartenfpiel fei, in welchem
es gewöhnlich nicht ohne Gebraus abgeht, da fchon die Hauptkarten und
Stechkarten: de dulle Hund (vgl. V. 10 des Liedes), Bruusbart dies andeuten.«

In der bekannten für die Sittengefchichte Hamburg's am Ende des
18. Jahrhunderts höchft wichtigen Zeitfchrift »Hamburg und Altona«
(Jahrg. III, I S. 310. Hmbg. 1804) wird das Spiel als das »gemeine
Hamburgifche Nationalfpiel Brufebart« bezeichnet, das befonders auch die
Krahnzieher*) mit Vorliebe gefpielt zu haben fcheinen.

Ob das Lied in Hamburg felbft entftanden ift, wird fchwer zu ermitteln fein. Einige Ausdrücke in demfelben fcheinen allerdings nicht
grade fpezififch hamburgifch zu fein, aber es wäre ja möglich, dafs ein
eingewanderter Dichterling, etwa aus Mitteldeutfchland, das Poem gefchmiedet hat. Grade damals gab es in Hamburg mehrere folche eingewanderte Sänger. Der Beginn unfores Liedes mit der Aufforderung
Wein zu trinken, könnte ferner Anlafs geben, die Entftehung in ein Gebiet
zu verlegen, wo auch dem kleinen Manne geftattet ift, fich des Weines
erfreuen zu können oder an einen Verfaffer zu denken, der dort her ftammte.
Aber das ift unrichtig, denn damals war der franzöfifche Wein in Hamburg
fo billig, dafs fein Genufs auch dem gut verdienenden Krahnzieher nicht
verfagt war, zumal die Bierbrauerei in Hamburg fehr zurückgegangen war
und Bier daher felten ausgefchänkt ward. Gefungen wird das Lied nicht
fein, vielmehr wird es wohl als fliegendes Blatt gedruckt in den Kneipen
durch fahrendes Volk verkauft worden fein. Der Beifall, den es bei den
Freunden des Brausbarts fand, wird deffen Aufnahme in das von Zimmer
gedruckte gefellfchaftliche Liederbuch bedingt haben.

Hamburg.   Dr. R. Ferber.

---

*) Krahnzieher, ndd. Kraantrekker (Schütze II, 343), waren die zu einer Brüder-
fchaft vereinigten Leute, welche die Stückgüter auf zweiräderigen Karren von den
ftädtifchen Krahnen zu den Speichern der Kaufleute und umgekehrt brachten. Ehe fie
fich der Karren bedienten, hiefsen fie Krahnträger, Kraandreger. Mit der Bedienung
des Krahnes hatten fie nichts zu tun; die hatten der Krahnmeifter und feine Gehülfen,
die Krahnleute. — Macker (V. 7 ff.) = frz. aide.   C. W.

Streckformen.

Karnöffel und das dazu gehörige Verbum find fchou 1904 von Dr. Heinr. Schröder in Kiel in den Beiträgen zur Gefchichte der deutfchen Sprache und Literatur hrsggb. von E. Sievers, Bd. 29, S. 347 und dann ausführlicher in feinem Buche 'Streckformen. Germanifche Bibliothek hrsggb. von W. Streitberg. Zweite Abteilung. I. Heidelberg 1906.' S. 89 ff. erklärt worden. Durch diefe Befprechung wird nicht nur das Verbum mit der Bedeutung prügeln, fondern auch feine Verwendung zur Bezeichnung eines Kartenfpiels und das Subftantivum *karnöffel*, ramex, Bruch, m. E. völlig klar.

Die Formen ftehen auf einer Stufe mit zahlreichen, fcheinbar unregelmäfsig betonten deutfchen Wörtern, die den Etymologen fchwere, trotz verwegener Annahmen unlösbare Rätsel boten. Solche Wörter gehören mehr der Volks- als der Schriftfprache an, erfcheinen in der Literatur nur fpärlich, und haben ihren Urfprung in der Entwickelung eines vortonigen fekundären Vokals, der befonders zwifchen Muta und Liquida oder Nafal entfteht und fich oft mit einem halb verklingenden r verbindet. Ich erinnere mich aus meiner Jugend, dafs ein Kind, welches Knopf, Knabe u. ä. mit einem nafalen n fprach, angehalten wurde richtig zu fprechen, indem es einen folchen fchwachen Vokal einfchieben und Kᵃnópf, Kᵃnábe fagen mufste. So kamen derartige Wörter heraus. Sehr treffend wurden fie von Dr. Schröder fchon in einem Vortrage auf der Kieler Pfingftverfammlung uufers Vereins im Jahre 1904 mit den Bildungen der Geheimfprachen der Jugend verglichen, die als Räuberfprache, Türkenfprache ufw. verbreitet find. (Vgl. Kbl. IV, 85 f.; XII, 43. 57. 83; XVIII, 67 ; XXI, 3 ff.) Wie in diefen die Wörter durch Einfchub von Konfonanten oder Silben, oft auch durch reimende Wiederholung des Anfangs onomatopoetifch *'geftreckt'* werden, ein Vorgang, über den fchon 1583 von Thurneyssen gefprochen wird*), fo ift es auch dem Verbum *knuffeln*, einer Iterativbildung von *knuffen*, ergangen, fo dafs es zu *K(ar)nüffeln* wurde. Diefes Wort wird auf das Kartenfpiel mit derfelben Bildlichkeit angewandt, mit der man fagt Skat drefchen, Karten kloppen, pochen, pokern (engl. to poke, fchlagen). *Karnöffel*, Bruch, verhält fich dazu wie *Knack(s)*, Bruch, zu *knack(s)en*.

Karnülen hat nichts damit zu tun. Es ift ebenfalls eine Streckform und verbale Ableitung von *Knül* Knäuel, das im Altmärkifchen vorkommt und nicht blofs von zufammengewickeltem Garn, fondern auch von feften Dingen gebraucht wird, z. B. von Flachsknoten, Brotklümpchen, Holzftücken, kleinen Kugeln (DWb. 5, 1032 und 1363/4), alfo auch wohl die Steinchen im Fangfpiel bezeichnen kann.

Dr. Schröder hat die Mitteilung von weiteren Streckformen, die er erst während des Drucks feines Buches fand, in Ausficht geftellt, und ich glaube, es werden zu den vielen von ihm gefammelten noch manche hinzuentdeckt werden zur Beftätigung des aufgeftellten Wortbildungsgefetzes. Z. B. ift das fchlefifche *fchmagúftern* (umgedeutet fchmeckoftern), d. h. mit einer Weidenpeitfche am zweiten Oftertage Langfchläfer aus den Betten treiben, ein Wort, das fich nicht nur in Gegenden mit slawifcher Bevöl-

---

*) Auch De Bo, Weftvlaamfch Idioticon (1873) S. 321 hat diefe Wortbildungen fo erklärt.   C. W.

kerung, Preufsen und der Laufitz, fondern auch in Heffen findet (Grimm, Mythologie 4. A. 491 Anm. und Nachträge S. 168), nicht mit Weinhold zu dem poln. smigać, peitfchen, zu ziehen — wo gäbe es eine Endung -uftern? — fondern zu nd. smuftern, fubridere. Es bedeutet als Tranfitivum auslachen, verhöhnen.

Ich möchte auch eine Frage aufwerfen, die mit Dr. Schröders Erklärung des mnd. *rubûse*, hd. *rapûse* in Verbindung ftebt. Das Wort ift durch Einfügung von *ab*, dem häufigsten aller Infixe, geftreckt worden aus nd. *rûse*, Geräufch, Streit, Wirrwarr. Reimende hierher gehörende Bildungen find *rûsebûse, rûsebûsige, rûsemûse* (Kbl. XXI, S. 5), nl. *roezemoezen* und *ruizemuizen*. Ferner gibt es nd. *oldrûse*, mhd. *riuʒe*, Trödler. So wäre möglich, dafs der Hamburger Strafsenname *R(ab)oisen* eine geräufch-volle Gaffe oder den Wohnort von Trödlern bezeichnet. Ob die mittel-alterlichen Verhältniffe eine von diefen Annahmen beftätigen?

Breslau.   P. Feit.

Das Rätfel vom Ei.

Im englifchen Anfangsunterricht meiner Untertertia brachte ich kürzlich das englifche Rätfel vom Ei vor:

Humpty-Dumpty fat on a wall,
Humpty-Dumpty did a great fall.
All the king's horfes and all the king's men
Could not put Humpty-Dumpty together again.

Ein Schüler aus Hoyer an der Schleswigfchen Weftküfte, Kr. Tondern, brachte eine Parallele in feiner dänifchen Mundart bei:

Lille Trille op a' Tag,
Faller du ned, faa flaar du gav (? = entzwei);
Ingen Mand i dette Land
Lille Trille hjælpe kan.

Ein anderer wollte in einer Gefchichten- oder Gedichtfammlung, deren Namen er nicht wufste, folgende hochdeutfche Faffung gelefen haben:

Runzelchen-Punzelchen auf der Bank,
Runzelchen-Punzelchen unter der Bank.
Da ift kein Doktor im ganzen Land,
Der Runzelchen-Punzelchen helfen kann.

Bei der hochdeutfchen Faffung ift der Name *Runzelchen-Punzelchen* für das Ei auffallend, während die Namen *Humpty-Dumpty* und *lille Trille* fich leicht aus der Form des Eis erklären.

Gibt es zu diefem Rätfel auch Parallelen aus dem Niederdeutfchen?

Flensburg.   Ernft Hanfen.

Ulenfpeigel.

Die Bemerkung Feits zum Namen U. in der letzten Nr. S. 12 f. gibt mir Veranlaffung, darauf hinzuweifen, dafs man bei der Deutung desfelben mit Unrecht nur an fpeigel = fpeculum denkt, während das Wort doch auch fpecula = Warte bedeutete. Ich verweife dafür nur auf den ›Spiegel-turm‹, eine Strafse in biefiger Stadt, die ihren Namen von einem Wart-turme an der Immunität des Domes hat, auf die ›Spiegelburg‹ im Amte

Iburg und auf das Gefchlecht. der Frh. v. »Spiegel zum Defenberge. »Eulenfpiegel« ift alfo an fich ebenfowenig ein auffallendes Wort wie »Eulenturm«, und ein »Tillo apud Speculam Noctuarum« würde in einer mittellateinifchen Urkunde durchaus ftilgerecht erfcheinen. Der Wegfall der Präpofition ift auch etwas Gewöhnliches. Einen komifchen Auftrich konnte demnach der Name Eulenfpiegel nur dort bekommen, wo das Wort fpiegel die Bedeutung Warte, Wartturm entweder nie befeffen oder wieder verloren hatte, urfprünglich war er ihm gewifs nicht eigen. Bei diefer Annahme würde ich bleiben, felbft wenn der Spott, der in dem Namen liegen foll, durchfichtiger wäre, als er in Wirklichkeit ift, denn die Spitznamen verfchwinden doch geradezu vor den von den Wohnplätzen genommenen Perfonennamen.

Münfter.   Franz Joftes.

_____

Schierzken.

Im Lippifchen (Heidenoldendorf bei Detmold) nannten wir als Knaben das wiederholte Auffpringen eines fchräg auf die Wafferfläche geworfenen Steines fchierzken. Das Schierzken wurde als Spiel oft und gern geübt, felbft auf dem Trockenen, wenn gerade kein Waffer zur Hand war, z. B. auf der Chauffee.

Ift diefe Bezeichnung für das Spiel auch anderweitig bekannt? In dem Wörterverzeichnis zur »Schwalenbergifchen Mundart« von Richard Böger (Ndd. Jahrbuch XXXII 1906 S. 144—168) ift das Wort nicht aufgeführt.

Frankfurt a. M.   K. Wehrbau.

_____

Küfters Kamp (XXVII, 8).

Der Ausdruck »Küfters Kamp« = Friedhof ift im Lippifchen ein noch heute fehr gebräuchlicher euphemiftifcher Ausdruck im Volke.

Frankfurt a. M.   K. Wehrbau.

_____

Kronenfohn (XXVII, 78; XXVIII, 11).

In dem vor einigen Jahren überall gefungenen Tanz- und Strafsenhede: »Siehfte wohl, da kimmt er . . .« heifst der letzte Vers ». . . der verliebte Schwiegerfohn«. Dafür wurde in Blomberg in Lippe mit Vorliebe: ». . . der verliebte (verrückte etc.) Kronenfohn« gefetzt. Da der Name Krone als Perfonenname nicht felten ift, fo wird leicht eine ungerechtfertigte Beziehung zwifchen einer Perfon und einer Bezeichnung, wie die vorliegende es ift, hergeftellt. In Blomberg war das wenigftens der Fall.

Frankfurt a. M.   K. Wehrbau.

_____

Dor het 'ne Ule feten (XXVII, 1 f., 24).

Dafür fagt man im Lippifchen auch wohl in derber Weife: »Dor het en Iulen (fpr. ïulen oder ioulen) fchetten« = es war nichts (Wertvolles) mehr dar.

Frankfurt a. M.   K. Wehrbau.

Zu früheren Mitteilungen.

Reeſe (XXVIII, 12). In der Mundart von Lüethorſt (Kr. Einbeck) iſt *Râſe = zwei Eimer Waſſer* ganz allgemein. Es iſt gleichlautend mit Râſe = hdtſch. *Reiſe,* mit dem es auch wohl etym. identiſch iſt. Schambach, Gött.-Grubenh. Idiotikon verzeichnet die Bedeutung unter *Reiſe.*

Sûſtarwe (XIX, 86), eine groſse Harke, mit der die auf den Feldern zurückgebliebenen Ähren zuſammengeharkt werden. Das Wort iſt in der Umgegend von Halberſtadt im Gebrauch. Auch iſt es aus dem Braunſchweigiſchen belegt (XIX, 86). Welches iſt die Etymologie?

Siterе (XVI, 30). Im Halberſtädter Urkundenbuche vom 9. Okt. 1402 ſteht *Ziterman* = Küſter.

Halberſtadt.   Dr. Faſs.

___

Antwort auf die Anfrage XXVIII, 11 f.

Leider befitze ich ſelbſt kein niederdeutſches Wörterbuch und kann, im Begriffe abzureiſen, nicht auf die Bibliothek gehen, um aus niederdeutſchen Wbb. Belege zu erbringen für meine Vermutungen, die ich nur mit Hinweiſen auf hochdeutſche Wörter unterſtützen kann.

1. *ank** f. dürfte wohl das gleiche Wort ſein wie mhd. *anke* ſwm. 'Gelenk', das ſich in ſüd- und mitteldeutſchen Mundarten auch als Fem. in der Bedeutung 'Genick, Nacken' findet. Vgl. z. B. Vilmars Idiotikon von Kurheſſen u. d. W. *Anke* und die dort angezogenen Stellen in anderen Wbb. Das Edelreis wird ja gewöhnlich ſo aufgepfropft, daſs es nicht die geradläufige Verlängerung des alten Reiſes bildet, ſondern ſo, daſs es als neues Reis ſeitlich herausſteht, das gleichſam durch ein Gelenk mit dem alten verbunden iſt.

2. *bemiχ* dürfte wohl zu dem Worte hochdeutſch *Baum* oder vielmehr zu dem davon abgeleiteten Zeitworte *(ſich) bäumen* gehören. Wenigſtens ſagt man hierzulande, im Grenzgebiete zwiſchen Oſtfränkiſch und Oherpfälziſch 'ganz allgemein' es ſtehen einem die Zähne auf, wenn man allzuſaures zu eſſen bekommt, auch wenn man Miſstöne hört, wie z. B. ſtarkes Knirſchen, Sägen mit roſtiger Säge, Aufſchleifen einer ſchweren Kiſte über rauhen Boden uſw. Alſo hier mit anderen Worten das nämliche Bild wie ſüdueumärkiſch *bäumig.*

3. In *rēz** liegt kaum etwas anderes als das Wort, das norddeutſch *Reiſe* lautet. in der Bedeutung 'Erhebung, Aufheben'. Bekanntlich iſt es nicht nur Zeiterſparnis, ſondern tatſächlich auch leichter, zwei (gleich ſchwere) Eimer aufzuheben und zu tragen als einen. Eine *'Reiſe'* iſt alſo ſo viel Waſſer, oder ſo viel Eimer, als man bei einer Erhebung aus der zum Ergreifen der Eimer gebückten Stellung in die militäriſche Geradhaltung aufheben oder aufnehmen kann.

Erlangen, den 17. Mai 1907.   August Gebhardt.

___

Altem Weib den Ars lecken (Jahrb. XXXI, 60. Kpbl. XXVII, 9).

Als ich 1896 nach Rendsburg kam, ſuchte mein Groſsvater mich dadurch gruſeln zu machen, daſs er mir erzählte, wenn ich nach Rendsburg käme, müſte ich erſt »de ſwatte Magret« (Königin Margaretha von Dänemark) küffen, fonft käme ich nicht hinein. Von diefer »fchwarzen Margrete« gehen hier noch viele Sagen um (f. Müllenhoff, Sagen und Märchen, pag. 18 u. 19). Vielleicht fteht· diefes Beifpiel mit den angeführten in einem Zufammenhang. In dem »Küffen« vermute ich nur einen fchwächeren Ausdruck für »in den Ars lecken«.

Burg i. Dithmarfchen. R. Stammerjohann.

Hahnrei (XXVII, 45).

Das Spiel, das Carftens angibt, heifst im Süder-Dithmarfchen (jedenfalls auf der füdlichen Geeft) »Hahnreier« oder auch »Hahndreier«. Ohne die Silbe -er habe ich es nie gehört. Das Spiel (das auch »Niefchieri« heifst, wird folgendermafsen gefpielt: Jeder Teilnehmer bekommt 3 Karten, die aus dem übrig bleibenden Haufen immer wieder ergänzt werden. Die erfte Karte wird offen hingelegt, die zweite verdeckt drauf, die dritte offen, die vierte wieder verdeckt ufw. Glaubt nun einer, dafs die Perfon, die zuletzt die Karte verdeckt hingelegt hat, nicht geftochen hat, fo ruft er: »Bedrogn!« (refp. »Niefchieri«!) Ift nun tatfächlich nicht geftochen, fo mufs der »Betrüger« den ganzen Stapel Karten hinnehmen, im anderen Falle bekommt ihn der Rufer. Wer zuerft feine Karten los wird, hat gewonnen. — Niefchieri = neugierig.

Burg i. Dithmarfchen. R. Stammerjohann.

Adl (XXVII, 24).

ădl (mit kurzem ă, während ådl = Gefchwür ein langes å) hat bei uns im Dithmarfchen ausfchliefslich die Bedeutung von »flüffigem« Mift, worauf das pommerfche »pöl« ja auch hindeutet.

Burg i. Dithmarfchen. R. Stammerjohann.

Haken un Staken (XXVII, 66. 87).

Bei meinen erften Schreibverfuchen vor nunmehr 60 Jahren bekam ich wohl zuweilen den Reim zu hören:

Haken un Staken,
Do kann ick good maken;
Uhlen un Kreyen,
Do kann ick good drei'n.

Diefer Neckreim findet fich in Richeys Idioticon hamb. nicht; wohl aber hat er auf Seite 84 den Ausdruck: *Haken un Staken,* und erklärt ihn als »fchlechte Buchftaben, die ein Anfänger im Schreiben machet«. Auf Seite 325 fteht die Redensart: *Uhlen un Kreyen maken* mit der Erklärung: »fchlecht fchreiben, elende Buchftaben machen«.

Die beiden Redensarten find alfo nicht völlig gleichbedeutend. Während die »Haken un Staken« fich nur auf die erften ungelenken Schreibverfuche der kleinen Schüler beziehen, bezeichnen die »Uhlen un Kreyen« überhaupt eine fchlechte Schrift.

Mit dem Zurücktreten der plattdeutfchen Sprache fcheinen fowohl der obengenannte Reim wie auch die beiden angeführten Redensarten in Hamburg verfchollen zu fein, wenigftens habe ich fie feit Jahren nicht mehr gehört.

Hamburg. C. Rud. Schnitger.

Börge.

Im Ndd. Jhrb. XXXII S. 33 läfst es Mackel unentfchieden, ob prgn. bör'g f. Totenbahre vom af. fchwachen Verbum burian, mnd. bören tragen oder von einem nach dem agf. byrgan konftruierten af. *burgian zu Grabe tragen abzuleiten fei. Im Mnd. Wörterbuch ift an derfelben Stelle bore und bare f. Bahre, gerula, feretrum verzeichnet. Mit Recht bezieht fich Mackel nur auf eine diefer beiden Formen und fetzt als mögliche Vorftufe des prgn. bür'g mnd. *borie an, kommt aber, da das überlieferte mnd. merie Mähre in feiner Mundart mě̄ ergeben hat, zu keinem Ergebnis. In meiner Heimatsmundart, dem Neumärkifchen, heifst börj* f. Tragbahre überhaupt; man trägt im befondern Dung oder Futter damit. Hieraus folgt, dafs die engere Bedeutung Totenbahre, die auf das agf. byrgan führen konnte, nicht allein dem Worte Bürge zukommt. So erledigt fich diofe letzte Etymologie. Es bleibt in der Tat nur mnd. *horie übrig. Es ift ein alter jön-Stamm, af. *burja. Diefe haben wie die jan-, feltener auch ja-Stämme und einige jan-Verba im Ahd. und Mhd. ihr j in manchen Fällen bewahrt; bis ins Nhd. fogar haben fich erhalten die Wörter Ferge (ahd. ferio »Fahrer«) und Scherge (ahd. fcerio »Scharmeifter«). Während auch im Mnld. eine gröfsere Zahl von Beifpielen mit j vorkommen, fcheint diefes im Mnd. überall anfrer in merie Mähre, das aber noch einen ch-Laut als zu feiner Stütze befafs, gefchwunden zu fein; es heifst fo vere der Ferge. Dafs diefer Zuftand jedoch nicht in allen Gegenden beftanden hat, be- weifen eben die beiden angeführten Mundarten. Es wäre nun intereffant — und es liegt ficher auch im Rahmen der Beftimmung diefer Zeitfchrift, für grammatifche Fragen Auffchlüffe zu erzielen — zu erfahren, in welchen Teilen des ndd. Sprachgebietes fich ein folches j hinter r bej ehemals kurzer Stammfilbe erhalten hat.

Das Mnd. Wörterbuch ift mit feiner Angabe bore, bare überaus irre- führend. Es find drei mnd. Wörter zu unterfcheiden:

1) bäre (urfprünglich) ftf., ahd. bâra = nhd. Bahre, abzuleiten vom ftf. bëran tragen;

2) höre < *börie Tragbahre, fwf., wgerm. burjön-;

3) höre Tragbahre, wahrfcheinlich (urfprünglich) ftf., wgerm. *baurö-. 2 und 3 gehören zu dem mnd. fwv. bören heben (wgerm. *burian). Die letzte Form ift aus büor* f. Bahre in der Ma. von Börffum (Braunfchweig), in der ūo, nicht nur vor r, wgerm. au entfpricht, zu erfchliefsen.

Bonn a. Rh.   H. Teuchert.

_____

Bemerkungen und Vermutungen zu Heft XXVII und XXVIII.

Manchefter (S. 67). Man hört oft: »Hei nümmt dat för Manchefter«, d. i. für gut und echt, was nicht das rechte und echte ift. Der Vergleich kommt dadurch, dafs für die Kleidung der Bauern »dat Manchefterne« als das befte galt: »dat is echt«.

Göps (S. 69). Man fagt hier: »Ut der Göpfche (Chöpfche) drinken«. »Nümm doch chliek de Chöpfche.« »Chiff mek ne Chöpfche Peperkörner«, eine Handvoll Pfefferkörner gegen verdorbenen Magen.

Slöpendrierer (S. 71). Die Schleifer, die mit ihren Karren von Ort zu Ort zogen, vielmehr fchoben. Die Karre (mit fchrägem Rückteil) wurde

auf jedem Halteplatz umgekippt, der Treibriemen um das Rad gelegt, mit
dem Schleifſtein in Verbindung gebracht und zum Scheerenſchleifen mit
dem Fuſe in Bewegung geſetzt. Dieſe *Slöpendrieuer* wurden (wohl
nicht immer mit Unrecht) mehr oder weniger für Vagabunden gehalten,
reſp. *Herümmedrieuer,* vielleicht auch in Bezug auf ihre Beſchäftigung. Ihr
bedenklicher Ruf kam dem der Lumpenſammlor gleich.

Reeſe (S. 12). Hier auf den Dörfern noch immer gebräuchlich: »en
Reeſ Water langen«. Darunter verſteht man *zwei* Eimer Waſſer (wie auch
angegeben iſt), denn man holt auf dem Lande ſtets zwei Eimer zugleich,
die am Joch getragen werden.

Schlieſslich möchte ich die Anfrage ſtellen, ob die Redensart »*Flöten
gehen*« ſobou erklärt worden iſt? Prof. Moritz Heyne, den ich vor etwa
1½ Jahren gelegentlich danach fragte, antwortete mir: »das iſt pleite
gehen«. An dieſe Gleichbedeutung und dieſen Gleichlaut hatte ich noch
nicht gedacht; doch erzählte ich ihm von einem alten Brauch, den er noch
nicht kannte. Die Lumpenſammlor zogen nämlich früher, beſonders in
flachen Gegenden oder überhaupt da, wo die Gehöfte und Dörfer vereinzelt
liegen, mit ihrem Hundewagen umher, und um ſich bemerklich zu machen,
hatten ſie eine Flöte. Ob nun dieſes Flötengehen mit dem lumpigſten
Geſchäfte den Grund zu jener Bezeichnung gelegt hat?

Göttingen.   Frl. Marie Betthmann.

Paterlük (XXVII, 79).

Ähnlich wie das viel umſtrittene Kinderſpiel an einzelnen Orten heiſst
hier bei der Stadt eine bekannte Reſtauration: Paterlük. Beides dürfte
auf dieſelbe Etymologie zurückführen. Dieſer Ort wurde bisher, ſoweit ich
erinnere, noch nicht ins Geſecht geführt, und dürfte, um einen Beleg für
die zuletzt veröffentlichte Deutung zu geben, als ſeichter ſumpfiger Ort mit
Fröſchen und Kröten zu tun haben. »Als ich den Namen Paterlük zuerſt
hörte,« ſagte mir neulich ein hieſiger Bekannter, ein guter Niederdeutſcher,
»dachte ich gleich an Fröſche und Kröten.« Wenn im Volke »in de
Kreienhuk« ein bekanntes Bild iſt und dasſelbe im Liede ſingt: Hans in
de Huk, is de Luft noch rein etc., wie ſollte ſich dann nicht auch vom
hockenden Froſch das Wort »Padhuk« gebildet haben, um die Stellung zu
bezeichnen, die die Kinder bei dem betr. Spiel einnehmen? Nehmen wir
die längere Form »Padde«, dann gibt es eine Art Hiatus, und dürfte ſich
aus euphoniſchen Gründen der Buchſtabe l eingeſchmuggelt haben. Die
Formen Karduck und Katerlük halte ich für bloſse Verzerrungen von
Parduk und Paterlük.

Lübeck.   J. Weiland.

klentern.

Dieſes Wort findet ſich in Richeys Idiotikon hamb. nicht, und es
iſt m. W. in Hamburg nur wenig oder gar nicht gebräuchlich; dagegen
kommt es im holſteiniſchen Dialekt vor. Es iſt ein intranſitives Verb,
und bedeutet ſoviel wie »Geld in Ausgaben für ganz geringfügige oder
gar unnütze Sachen vertun«. Von *klentern* abgeleitet ſind die auch in
Hamburg gebräuchlichen Ausdrücke *verklentern* und *Klenterkram.* Erſteres

ift ein tranfitives Verb, und wird in der Regel mit dem Subftantiv »Geld« den entfprechenden Wörtern (Taler, Mark) verbunden. »He hett all fien Geld man fo verklentert«. *Klenterkram* ift ein Sammelname und bezeichnet die für das Geld erworbenen geringfügigen oder gar unnützen Dinge. — Auf Märkten »das Geld verklentern« kann auch bedeuten, es für allerlei Marktvergnügungen (in Spiel- oder Schiefsbuden, in Karuffels etc.) ausgeben. — Auf welches Wurzelwort ift *klentern* zurückzuführen, und ift es auch fonft noch im Niederdeutfchen gebräuchlich?

Hamburg. · C. Rud. Schnitger.

Flurnamen.

Wer kann mir etwas mitteilen über die Etymologie folgender Flurnamen? De Darrn (plur) (Hölzung); Beebek (gefpr. bẹbẹk); Bellerbek (gefpr. bẹlabẹk); Sprantn (plur); Wieren; de Lei'n (plur); Maftélfn; Winfl od. Winzl; De Bötj; De Röt (Koppeln: tonhaltige Erde).

Burg i. Dithmarfchen. R. Stammerjohann.

Pultern (XXVII, 49.

Wird im Dithmarfchen ebenfalls gebraucht zur Bezeichnung von Geräufch machen,· aber auch intr. z. B. wat pultert dor? Was ift da für Lärm. Im prägnanten Sinne bedeutet es das Lärmen durch Zerfchlagen von Schüffeln ufw. und Schiefsen am Abend vor einer Hochzeit, am »pulteromb« (Polterabend).

Burg i. Dithmarfchen. R. Stammerjohann.

Krütfch (XXVII, 64).

»Krüfch« oder »Krütfch« (t eine fekundäre Zutat) ift doch einfach Metathefis entftanden aus »kürfch« == »wählerifch« von küren. Vergl. ik dörf und ik dröf (in Hamburg); Born und Bronnen, Brunnen; Bruft und Bo[r]ft (wo fpäter das r verfchwunden ift); grapfch und görpfch (Kpbl. XXVII, 69).

Burg i. Dithmarfchen. R. Stammerjohann.

Notizen und Anzeigen.

Beitragszahlungen find an unfern Kaffenführer Herrn Joh: E. Rabe, Hamburg 1, gr. Reichenftrafse 11, zu leiften.

Veränderungen der Adreffen find gefälligft dem genannten Herrn Kaffenführer zu melden.

Beiträge, welche fürs Jahrbuch beftimmt find, belieben die Verfaffer an das Mitglied des Redactions-Ausfchuffes, Prof. Dr. W. Seelmann, Charlottenburg, Peftalozziftrafse 103, einzufchicken.

Zufendungen fürs Korrefpondenzblatt bitten wir an Dr. C. Walther, Hamburg 24, Uhlandftrafse 59, zu richten.

Bemerkungen und Klagen, welche fich auf Verfand und Empfang des Korrefpondenz-blattes beziehen, bittet der Vorftand direct der Expedition, »Diedrich Soltau's Verlag und Buchdruckerei« in Norden, Oftfriesland, zu übermachen.

Redigiert von Dr. C. Walther in Hamburg.
Druck von Diedr. Soltau in Norden.

Ausgegeben: Juni 1907.

Jahrg. 1907.   Hamburg.   Heft XXVIII. № 3.

Korrespondenzblatt

des Vereins

für niederdeutfche Sprachforfchung.

I. Kundgebungen des Vorftandes.

Mitgliederftand.

Neues Mitglied: Herr Prof. Böckelmann, Herford.

Veränderte Adreffe von Herrn Prof. Dr. Collitz: John Hopkins Univerfity, Baltimore, Md., V. St.

Berichtigungen zum Mitgliederverzeichnis XXVIII Nr. 1,
betreffend die Herren:

Almftedt, Herm., Dr., Profeffor, Miffouri State Univerfity.

Bertheau, C., Dr. th., Paftor.

Brandes, H., Dr., Profeffor.

Kock, Ernft A., Dr., o. Prof. der deutfch. Sprache, Univ. Lund.

II. Mitteilungen aus dem Mitgliederkreife.

Das Rätfel vom Ei (XXVIII, 26).

In meiner Kindheit hörte ich in Neuengefeke (Kreis Soeft) das Rätfel in folgender Faffung:

> Hüppelken-Püppelken op der Bank,
> Hüppelken-Püppelken unner der Bank;
> Is kein Dokter im ganzen Land,
> Dei Hüppelken-Püppelken wuier hoile maken kann.

Meine Frau hörte das Rätfel in der Bochumer Gegend; dort hatte es folgenden Wortlaut:

> Rümpelken-Pümpelken op de Bank,
> Rümpelken-Pümpelken unner de Bank;
> Keen Dokter kann helpen.

In feinem Werke »Die Soefter Mundart«, Herausgegeben vom Verein für niederdeutfche Sprachforfchung (Forfchungen, Bd. I. Norden, Diedr. Soltau's Verlag. 1886), bringt Prof. Dr. Ferdinand Holthaufen auf Seite 101 die Soefter Faffung:

> hyplkm pyplkn òptᴀ baŋk,
> hyplkm pyplkn unᴀdᴀ baŋk,
> etis kaŏn dòktᴀrin èŋelant,
> daŏ hyplkm pyplkn kuròeᴀn kan. (ᴀ = *er* in engl. father.)

In den Nachträgen und Berichtigungen heifst es auf Seite 113 unten: Ein englifches gegenftück zu diefen verfen teilte mir herr ftud. phil. H. Jones aus Canada mit. Es lautet:

> Humpty dumpty on the wall,
> Humpty dumpty had a fall,
> All the doctors in the land
> Couldn't make humpty dumpty ftand.

Iferlohn.   ————   Ludwig Schröder.

Das Rätfel vom Ei (XXVIII, 26).

Eine Parallele zu dem genannten Rätfel vom Ei lautet in lippifcher Mundart folgendermafsen:

> Runzelken-Punzelken up de Bank,
> Runzelken-Punzelken unner de Bank,
> Es köin Dokter in Engelland
> De et wicr kuriern kann.
> Wat es dat?

Weitere niederdeutfche Parallelen werden in dem Mecklenburgifchen Rätfelbuche von Woffidlo zu finden fein, das mir augenblicklich gerade nicht zur Hand ift.

Frankfurt a. M.   ————   K. Wehrbau.

Rätfel vom Ei (XXVIII, 26).

Niederdeutfche Faffungen aus Mecklenburg bei Woffidlo Volksüberlief. 1, 17 ff. (vgl. d. Anm. S. 275). Aus Schleswig-Holftein f. »Heimat« 1903 S. 235 (Nr. 13) u. S. 285 (Nr. 25 und 26), wo Faffungen aus d. Fürftentum Lübeck, Lauenburg und Stormarn mitgeteilt find. Auch fonft ift das Rätfel bekannt; z. B. liegt es vor aus Hohenweftedt:

> Hinka potinka licht op de Bank,
> Hiuka potinka licht ünner de Bank,
> Do kēmn drē Herrn (auch: kēm de Herr) mit Haken
>   un Staken
> Un kun'n dat Hinkapotinka ni maken.

Aus Ostholftein (Gut Schönweide bei Plön):

> Heute petente wol up de Bänk,
> Heute petente wol ünner de Bänk,
> Dor kümmt drē Herren von Hiken un Haken
> .Un künnt kēn Hentepetente wedder maken.

Statt Zeile 3 auch: Dor kemen föben Soldaten mit Stikken un Staken.

Aus Weftfchleswig: Eia Poleia lēch op de Bank
> Eia Poleia full dāl von de Bank,
> Eia Poleia wurr fo krank,
> Dat dar wer kēn Doktor in Engeland
> De Eia Poleia korōren konn.

Kiel.   O. Menfing.

Das Rätsel vom Ei (XXVIII, 26) und ähnliches.

Die mitgeteilte hochd. Faſſung findet ſich bei Simrock (Deutſches Rätſelbuch, 3. Aufl. p. 31.) Eben dort findet ſich auch die anklingende Form:

Es liegt etwas auf der Bank,
Wenn's hinunter fällt, ist's krank.

Im Niederdeutſchen kommt das Rätſel in vielen Variationen vor. Fast wörtlich ſtimmt die lippiſche überein:

Runtzelpunzelken up der Bank,
Runtzelpunzelken unner der Bank,
Ess nen Docter in Engeland,
De Runtzelpuntzelken kureuren kann;
Roe mol, wat ess dat.

(Firmenich, Germaniens Völkerſtimmen I, p. 271.)

In meiner Heimat Paderborn ſagt man:

Hüppelken-Püppelken up de Bank,
Hüppelken-Püppelken unner de Bank,
Do is kein Dokter in Engeland,
Dei Hüppelken-Püppelken kureiern kann;

ebenſo mit geringer Abweichung in der weſtfäliſchen Mark:

Hüppelpüppelken lagg op der Bank,
Hüppelpüppelken foll van der Bank:
Et es kenn Dokter in Engeland,
De Hüppelpüppelken kureiern kann.

(aus Th. Schröder, Britzeln un Beſchüte, Paderborn 1898).

Woeſte (Ztſchr. f. dtſche. Mythol. u. Sittenkunde III, 1855, p. 183) bringt aus Brakel b. Dortmund eine andere Form:

Piſſewitken op der Bank,
Piſſewitken unner der Bank,
Et es kain Mensk in Broabant,
Dä Pissewitken kuräiren kann.

In Duisburg findet ſich:

Hüppelke-Düppelke op den Deſch,
Hüppelke-Düppelke onner den Deſch!
Es chinen Doktor ent ganze Land,
De Hüppelke-Düppelke weër ferdig make kann;

in Mülheim (Ruhr):

Äppelſche-Päppelſche op di Bank,
Äppelſche-Päppelſche uner di Bank,
Üs kein Meister in Brabannt,
Dän Äppelſche-Päppelſche lappe kann.

(Nach W. Klewer in: »Ut aul Popieren«, Mülheim-R. 1904).

Eckart (Allg. Samml. nd. Rätſel, Leipzig 1894) gibt mehrere Faſſungen, leider ohne Angabe der einzelnen Dialekte:

Nr. 99. Entjer-Pertentjer leg op de Bank,
Entjer-Pertentjer full van de Bank,
Daer kam en Mann mit Hacken un Staeken
Kunn Entjer-Pertentjer ni weller hel maeken.

1*

Nr. 349. Hebbelken tebbelken op de Bonk,
Hebbelken tebbelken onger de Bonk,
Es gene Man en gonz Hollonk,
Dä Hebbelken tebbelken hälpe konn.

Dafelbft die abweichende Form:

Nr. 641. Dor füllt wat ut de Luk,
Dat kann kein Timmermann
Wedder heil maken.

Auch zwei mecklenburgifche Faffungen finde ich im Johrbok des Allg. plattd. V. 1902, p. 112:

Rünel-Petrünel leg' up dei Benk.
Rünel-Petrünel föll raf vun dei Benk.
Dor kem en Mann von Hicken-Picken, (= Hahn)
Hei hadd'n Rock von dufend Flicken,
Hei künn æwer dei Rünel-Petrünel nich flicken.

Hinne-Pinn-Tinne leg' up dei Benk.
Hinne-Pinu-Tinne föll raf vun dei Benk.
Hinne-Pinne-Tinne köm an tau gahn.
Hinne-Pinne-Tinne künn't nich farrig kriegen,
Hinne-Pinne-Tinne möfst 't liggen lat'u.

Zu guter Letzt finde ich noch bei Wegener, Volkstüml. Lieder a. Norddeutfchland ... Leipz. 1879, 2. Heft, p. 123 folg. Hierhergehöriges:

Hümmelk'n, Trümmelk'n lach up de Bank,
Hümmelk'n, Trümmelk'n fällt von de Bank:
War kein Doktor in't ganze Land,
Dä Hümmelk'e, Trümmelk'e wedd'r heil'n kann.

(Aufl : Ei. Weftl. Halberftadt. — Miefterhorst: 1. Hüpp'l de Püpp'l up —, 2. unn'r de Bank, 3. H. d. P. up dän Disch, 4. Gifft in ganz England nich. Aufl.: Erbfe. Altmark: Tirrland, tirrland, tand, Fällt von'n Bank.)

C. Rufswurm (Ztfchr. f. dtfche Mythol. III, 1855, p. 345) führt noch zwei fchwedifche Verfionen an:

Lille trölle läg på hölle (= hylle, Bort),
Lille trölle trölla' ner;
Ingen man i detta lann'
Lille trölle läka kan. (Weftergötland.)

Ille bille fto' på hille,
Ille bille for i fär (= i fünder);
Ingen man i detta lann'
Ille bille bigga kan.

Müllenhoff in derfelben Ztfchr. III, 1855, p. 12 bringt aus Halliwell, Nurfery Rhymes CXXXV die englifche Verfion:

Humpty dumpty fate on a wall,
Humpty dumpty had a great fall;
Three fcore men and three fcore more
Cannot place Humpty dumpty as he was before.

Es wäre intereffant zu wiffen, ob fich das Rätfel auch in den hochdeutfchen Dialekten findet oder ob es blofs nd. ift und die angeführte hd. Form vielleicht nur eine Überfetzung aus dem Nd. ift, zumal fie mit der lippifchen faft genau übereinftimmt; auch wäre es mir erwünfcht, den Dialekt der beiden bei Eckart fich findenden Rätfel zu erfahren.

Übrigens findet noch manches nd. und hd. Rätfel und Kinderverschen im Englifchen feinen entfprechenden »nurfery-rhyme«:

> Two legs fat upon three legs,
> With four legs stauding by;
> Four then were drawn by ten:
> Read my riddle ye can 't,
> However much ye try.

> Zweibein fitzt auf Dreibein
> Und melkt Vierbein u. a. (Simrock, p. 89.)

Little Nancy Etticoat
In a white petticoat
And a red nose:
The longer she stands,
The shorter she grows (= Kerze).

Lütte Peter Macheelken
Sect up fin Kafteelken:
Je lenger dat he feet,
Je korter dat he würr. (Simrock, p. 65.)

What God never sees,
What the king seldom sees,
What we see every day:
Read my riddle — I pray.

Was fieht Gott nie,
Der König felten,
Doch alle Tage
Bauer Velten?

> Lady-bird, lady-bird, fly away home!
> Your house is on fire, your children will burn.

> Marienkäferchen, flieg oweg!
> Dein Häuschen brennt,
> Dein Mutterchen flennt,
> Dein Vater fitzt auf der Schwelle:
> Flieg in Himmel aus der Hölle.
> (Simrock, D. deutfche Kinderbuch, III. Aufl. p. 151.)

> Snail, snail! come out of your hole,
> Or else I'll beat you as black as a coal.

> Snack, Snack, komm heruet,
> Sunft tobräk ik di din Hues.
> (Simrock, Kinderb. p. 148.)

This little pig went to market;
This little pig stayed at home;
This little pig had roast meat;
This little pig had none;
This little pig said: Wee, wee, wee.
I can't find my way home! (= Die 5 Zehen des Kindes.)

Das war in den Bufch gegangen,
Das hatt' ein Häschen gefangen,
Das hatt' es heimgebracht,
Das hatt' es gebraten,
Der dicke Buba hat es alles gepappt (geplappert).
———
(Simrock, p. 9.)

Let us go to the wood, says this pig;
What to do there? says that pig;
To look for my mother, says this pig;
What to do with her? says that pig;
To kiss her and love her, says this pig.   (= Die 5 Fin-
gerchen des Kindes.)

Düümlink wor in de püt gefalle,
Fingerlink had üm herüüt gekrege,
Lankman had üm afgedröög,
Johan had üm in 't bed gelag,
Kniepchink had 't vör de moder gefag.

(Aus Dirksen, Volkstüml. aus Meiderich, Bonn, 1895.
Auch in viel. anderen Dialekten.)

Diefe Beifpiele liefsen fich ficher noch vermehren. Nirgendwo ift die Verwandfchaft des Englifchen mit dem Deutfchen, namentlich dem Niederdeutfchen, fo in die Augen fpringend wie in der Volks- und Kinderdichtung, deren Sprache faft gar keine romanifchen Elemente enthält.
O.-Meiderich.   F. Wippermann.

Das Rätfel vom Ei (XXVIII, 26).

Auf die merkwürdige Ähnlichkeit der englifchen und der deutfchen Faffungen diefes Rätfels hat, foviel ich weifs, zuerft Albert Höfer hingewiefen in Von der Hagen's (Berliner) Germania V, 252. Er vergleicht eine ndd. Faffung, die gewifs aus feiner Heimat Vorpommern ftammt, mit einer englifchen (aus Halliwell, N. Rh. S. 92; f. hier S. 36) und der, hier S. 34 f. angeführten, lippifchen. Im Ndd. Korrefpondenzblatt ift das Rätfel früher fcbou mehrfach befprochen und nach mehreren ndd. Überlieferungen aus verfchiedenen Gegenden (auch aus Schleswig und Holftein) mitgeteilt: VII, 86. XI, 54. XII, 83. Für andere Formen und Gegenden gab W. Mielck VII, 88 und VIII, 24 viele Literaturnachweife. Zu diefen mögen hier noch einige gefügt werden: Urquell, Monatfchrift für Volkskunde, hrsg. v. H. Carftens I, 170. 187; Woefte, Märkifche Volksüberlieferungen S. 14; Weingärtner, Das Kind und feine Poefie S. 19; Bauer-Collitz, Waldeck. Wb. S. 265; Frommann, Deutfche Mundarten V, 278, wo Woefte das Rätfel in rheinfränkifchem Dialekt mitteilte. Auf die reiche Sammlung in Woſſidlo's Mecklenburgiſchen Volksüberlieferungen Bd. I (Rätſel) iſt bereits oben verwieſen worden; auch die Literatur findet man dort am vollſtändigſten verzeichnet.

Hamburg.   C. Walther.

Flöten gehen (XXVIII, 31).

Die Redensart »flöten gehen« iſt ſicher = »verleden gån«, inſofern verleden ſich zu *rleden* wandelte (vgl. das mhd. *rlorn* = verloren). Es iſt alſo nichts als ein billiger etymologiſcher Witz, wie er der Unwiſſenheit nahe lag. Daſs *verleden* im Hochdeutſchen *rerglitten* ſein würde, braucht nicht geſagt zu werden. »Verleden Johr« wäre alſo genau das lateiniſche anno praeterlapſo.

Weimar.   ·   Franz Sandvoſs.

Die Sitte, daſs Lumpenſammler, um die Aufmerkſamkeit der Leute auf ſich und ihr Geſchäft zu lenken, auf der Flöte ſpielen, habe ich in Elberfeld kennen lernen, wo ſie noch heute gang und gäbe iſt. Die Lumpenſammler, meiſtens Männer, gebrauchen dazu eine der bekannten langen, mit ungefähr 6 Stimmlöchern verſehenen, auf Jahrmärkten (Kirmeſſen) zu habenden Blechflöten und locken darauf nicht gerade die ſchönſten Tonfolgen hervor. Im Lippiſchen iſt dieſe Sitte nicht bekannt, auch in Weſtfalen nicht, ſoviel ich weiſs. Ob die Ableitung von »flöten gehen« mit dieſer Sitte zuſammenhängen könnte, iſt mir doch ſehr zweifelhaft.

Im Lippiſchen bedeutet »flöten gehen« nicht »pleite gehen«, ſondern, wenn man ſo ſagen kann: »laufen gehen«, »durchgehen«, »durchbrennen«. Wenn die Kühe, Schafe, Ziegen uſw. dem Hirten fortlaufen, ſo ſind ſie ihm »flöten gegangen«; ein durchbrennender Gefangener »geht« ebenfalls »flöten«.

Wenn jemand in der Rede ausdrücken will, daſs der Gang der erzählten Handlung plötzlich eine andere Wendung nimmt oder genommen hat, als allgemein erwartet wurde und erwartet werden konnte oder muſste, ſo ſagt er vielleicht: »Möinſt diu, dat hö dat niu doen hädde?« [Meinſt du, daſs er das nun getan hätte?] »Jo — floiten!« oder: »Floitepüipen!« d. h. »Ja — das gerade Gegenteil war der Fall!«

Sollte nicht an eine andere als die angedeutete Ableitung gedacht werden können? Zum Flöten gehört Luft; wenn ſie »flöten geht« z. B. wenn in der Orgel die Luft ihren Dienſt getan hat und der Blaſebalg leer iſt, ſo iſt ſie auch gleichſam davon »gelaufen«. Auf dieſe Weiſe könnte wohl eine Brücke zwiſchen dem natürlichen Vorgang und der aus dem Lippiſchen mitgeteilten Wortbedeutung geſchlagen werden.

Frankfurt a. M.   K. Wehrhan.

Unter den zahlreichen Redensarten, die in volksmäfsiger Weiſe den Begriff 'verloren gehen' ausdrücken, heben ſich deutlich zwei Gruppen ab, denen eine gemeinſame Vorſtellung zu Grunde liegt. Zur erſten gehören: *in die Binſen gehen, in die Wicken gehen, in die Erbſen gehen* (bei Dähnert: 'he is in de Arften. Man weiſs nicht wo er iſt'.) und *in die Hecken gehen* (z. B. bei Reutor in 'de ſokrat'ſche Method'). Bei allen dieſen iſt man davon ausgegangen, daſs ein kleines Tier dem Verfolger verloren geht,

indem es fich in eine Umgebung rettet, die ihm ein gutes Verfteck bietet.
Z. B. ift ein angefchoffenes Teichhuhn, wie man im Brehm V, 653 lefen
kann, felbft mit einem guten Jagdhunde meift nicht zu finden, fobald es
fich noch in Binfen oder Schilf retten kann, da es fich unter Waffer mit
Füfsen und Schnabel verankert. Auch Wicken und Erbfen liegen, namentlich
gegen die Zeit der Reife, fo kraus durcheinander, dafs fie für kleinere
Tiere ein gefuchtes Verfteck bilden, von den Hecken ganz zu fchweigen.
Zur zweiten Gruppe gehört 1) *in die Nüffe gehen.* Wenn fich im
Herbft die Hafelnüffe bräunen, zieht die ganze fröhliche Dorfjugend, mit
Leinwandfäckchen angetan, aus und verliert fich lärmend im Walde.

> Then, on a golden autumn eventide,
> The younger people making holiday
> With bag and fack and basket, great and fmall,
> Went nutting to the hazels.
>   (Tennyfon, Enoch Arden.)

Wird nun zu Haufe nach einem der Teilnehmer gefragt, fo kann die Antwort
nur lauten, er fei ins Holz in die Nüffe gegangen, man wiffe nicht, wo er
zu finden fei; woraus fich die Bedeutung 'verloren gehen' leicht entwickeln
konnte. Genau ebenfo mufs 2) der Ausdruck *in die Pilze gehen* zu diefer
Bedeutung gelangt fein. In Kluges Zfchr. f. deutfche Wortforfchung 3, 96
führt W. Fabricius einen Beleg aus d. J. 1663 an (»die Wahrheit würde
darüber in die Piltze nach Schwämmen gehen«), vermutet aber mit Unrecht,
dafs hiervon *in die Binfen gehen* abgeleitet fein könnte. Hierher gehört
nun m. E. 3) auch *flöten gehen.* Das nur auf eine kurze Zeit des Frühlings
befchränkte Anfertigen der Weidenflöten ift im Leben der Dorfjungen kein
geringeres Ereignis als das Nüffefuchen im Herbfte; das beweifen fcbon
die zahllofen Baftlöfereime. Solchen, die es nicht mitgemacht haben, diene
als Beleg aus J. Lauffs Roman 'Kärrekiek' S. 168 'wir Jungens *gingen zu
Holz* und fchnipfelten uns Weidenflöten'. Auch Heinrich Seidel fchildert in
Reinhard Flemmings Abenteuern zu Waffer und zu Lande II, 79 in feiner
humorvollen Weife diefen 'Inftrumentenbau' mit feinen Befchwörungsformeln.
Die Übereinftimmung der Ausdrücke Nr. 1 und 3 erfcheint noch gröfser,
wenn man bei Schambach 146a lieft, dafs im Göttingifchen auch einfach
nöten gân (in den Wald gehen, Hafelnüffe zu pflücken) gefagt werden kann,
wie auch bei Frifchbier im Preufs. Wbch II 104b *nüffen* für nach Nüffen
fuchen verzeichnet ift. Und das unabläffige Flöten ift doch bei diefem
Vergnügen der Hauptzweck. Bemerkenswert ift noch die Angabe bei
Schambach (272a) 'fleitje, Pfeife, namentlich die, welche fich die Kinder
aus Holz, Rohr, Gänfeknochen u. dgl. machen. fleitjen gân, verloren gehen'.
Vielleicht empfiehlt fich diefe Erklärung fchon deshalb, weil neben
der Einheit der Bedeutung in den drei Redensarten auch die Einheit des
Ortes gewahrt ift.

Hamburg.   Oscar Haufchild.

För Manchefter weg etn (XXVII, 67).

»He itt alles för Manchefter weg« ift auch im Ditbmarfchen bekannt.
Manchefterne Hofen werden befonders von Zimmerleuten noch viel getragen.

Burg i. Dithmarfchen.   R. Stammerjohann.

Eeni as'n poor Peerkötln (XXVII, 45).

Diefe Redensart gebraucht man hier von nur fcheinbar guten Freunden: Se fünd fik fo ceni as'n poor Peerkötln; wenn fo anftötts, fallts utnannern.

Burg i. Dithmarfchen.　　　　　　　R. Stammerjohann.

Penn' = Penning (XXVII, 59).

Die Verkürzung von Penning zu Penn läfst fich nicht ohne weiteres mit derjenigen vergleichen, welche die von Herrn Prof. Bernhardt angeführten Wörter erfahren. Denn in diefen Femininen lautet die Endung urfprünglich -inge und fpäter -ing, während das -ing der Masculina im Auslaut zu -ink geworden ift, weshalb fich z. B. lünink zu lünk verkürzen mufste. Es darf alfo angenommen werden, dafs die Formen penn', fchilln ufw. auf die Plurale penninge, fchillinge, und deren fpäter apokopierte Formen penning, fchilling zurückgehen, die nicht mit -ink, fondern mit -ing', refp. mit gutturalem n (ŋ) auslauten, wie Prof. Bernhardt mit Recht betont. Das angeführte heern wird aus dem Plural ftammen; herink wird heernk. Diefe Pluralformen ftehen lautlich jenen Singularen auf -inge ganz gleich und erleiden daher diefelbe Verkürzung zu dentalem n. Dafs fie dann auch für den Singular verwendet werden, hat in ihrer häufigeren Verwendung in Zahlangaben auf des Singulars feine Urfache. Daneben dauert aber, weil das Deutfche auch den Brauch hat, Subftantive bei Zahlbeftimmungen im Singular zu fetzen, fchillink ufw. oder contrahiert fchilnk ufw. Pennink macht allein eine Ausnahme, indem man wohl diefe volle Form gebraucht, aber nie penn'k, fondern nur penn'. Daher wird es kommen, dafs man einen Plural penn's bildet, aber, fo viel ich weifs, nicht fchilln's ufw.

Noch will ich über die Schreibung füern, hüfn, fchilln bemerken, dafs man wohl fo fprechen hört, aber ebenfalls häufig füren, hüfen, fchillen. Als ich vor vierzig Jahren zuerft auf diefe Kurzformen aufmerkfam wurde, z. B. auf die von lading = hd. Ladung, meinte ich fogar ladin (= ládin, mit kurzem i) ufw. notieren zu müffen, um genau die Ausfprache wiederzugeben.

Hamburg.　　　　　　　　　　　　C. Walther.

Twiefchen und Driefchen (XXVI, 60. 91).

Johann Matthefon fagt in feinem Philologifchen Trefefpiel (1752), S. 13: »Auf Hamburgifch heifsen die 2 und 3 in den Karten, *Twyfchen* und *Dryfchen*, welches, nebft vielem andern, im Idiotico Hamburgenfi noch nicht ftehet.« Mit dem Idioticon Hamburgenfe ift die erfte Auflage v. J. 1743 gemeint. Viele andere Ausdrücke hat Matthefon zur zweiten Auflage von 1755 beigefteuert, Twyfchen und Dryfchen aber nicht. Es ift feine Anführung im Trefefpiel der ältefte Nachweis und zwar noch nicht für die kleinen Karten überhaupt, fondern entfprechend der Etymologie der Wörter nur für die Zwei und Drei. Ebenfo hat ein Exemplar des Idiot. Hamb. v. 1755 mit vielen handfchriftlichen Zufätzen aus der zweiten Hälfte des 18. Jhdts: »*Twyfken un Dryfken*, Zwei und Drei in Karten.«

Hamburg.　　　　　　　　　　　　C. Walther.

Bundeswys, bundenwife (XXVII, 82).

Franz Weffel, Bürgermeifter von Stralfund, geb. 1487 und gestorben 1570, hat um 1550 eine Schilderung des katholifchen Gottesdienftes in Stralfund verfafst, wie er ihn aus feiner Jugendzeit erinnerte. Die Schrift ift 1837 von E. H. Zober herausgegeben worden. Der 14. Abfchnitt handelt »van pafche avend«. An diefem Sonnabend vor Oftern lief alles Volk auf den Kirchhof; »dar makede men ein grot vur up den kerkhof an der fuderfide, dar drogh alleman holt to«. »Nu leep dit rafende volk, de leyen, den frydagh unde funnavend umme de kerke, efte fe befeten weren, ein deel 3, etlike 6, etlike 9 mal, ja etlike 30 mal, bet men de klocken wedder ludde, fo bunden wife hen in de kerke, ein ieder in de dôre, de ehm negeft was.« Zober erklärt »bundenwife« als »wol banden = d. h. fchaarenweife«. Das kann es aber nicht heifsen, denn es gibt kein fchwaches bunde = Schar; auch kann bunden aus grammatifchen Gründen nicht für das Particip von binden genommen werden. Bundenwife wird foviel bedeuten wie bundeswife: ungeftüm. Wie diefes mittels des ftarkflectierten Genitivs Singularis von bunde, Bauer, gebildet ift, fo jenes mit dem fchwachflektierten Genitiv des Singulars oder Plurals: in eines Bondes Weife, in eines Bunden oder in Bouden Weife.

Es ift bemerkenswert, dafs diefer Beleg des Ausdruckes gleichfalls aus einer am Kontor zu Bergen beteiligten Hanfeftadt herrührt.

Hamburg. C. Walther.

Vorpâl und Vörpâl (XXIII, 77. 88. XXIV, 7).

In feiner Anzeige von Prof. C. F. Müller's »Der Mecklenburger Volksmund in Fritz Reuter's Schriften« hat Dr. Kück die Richtigkeit der Deutung von mudd. *vorpâl*, Grenzpfahl, als urfprünglichem Furchenpfahl bezweifelt. Auch Prof. Sprenger meinte, dafs fich fprachliche Bedenken gegen diefe Etymologie erhöben. Da jene Erklärung im Mdd. Handwb. von mir herrührt, liegt es mir ob, fie zu begründen. Das zu tun habe ich fchon feiner Zeit (1903) beabfichtigt, wie ich aus meinem Exemplar von Kbl. XXIII Nr. 5 jetzt zufällig erfehe. Damit ich die Sache nicht noch einmal vergeffe, will ich nicht fäumen Rechenfchaft über meine Etymologie zu geben.

Im Mndd. Wb. wird das Wort zweimal belegt. Aus beiden Belegen geht zunächft die angenommene Bedeutung Grenzpfahl unwiderfprechlich hervor. Sachfenfpiegel Landrecht II, 50 heifst es im Homeyer'fchen Text: *Sre malbome oder markfteine fat*, die fal den dar an (Var.: bi) hebben, die in ander fiet land hevet, d. h. niemand foll Grenzzeichen feines Landes ohne Mitwirkung feines angrenzenden Nachbarn fetzen. Für »markftene« bietet eine ndd. Handfchrift des 14. Jhdts *vorpele*. Die andere Stelle findet fich im Drenther Landrecht von 1412, wo § 38 beftimmt: Weer emandt, *die een vorpael offbreke myt wylle off upeerde*, die fall broken vyftyn marck, d. i. eine Strafverfügung gegen das abfichtliche Abbrechen oder Aufpflügen von Grenzpfählen. Über folche Befeitigung von Markzeichen handelt auch das Landrecht des Sachfenfpiegels II, 28, 2; *Houwet he malbome oder greret he up ftene, die to marcftenen gefat fin*, he mut drittich fchillinge geven. Für »marcftenen« hat jene angeführte Handfchrift *paelen*, haben zwei andere

ndd. des 15. Jhdts *malſteinen* und zu »marcſtenen« fügt der Cölner ndd.
Druck von 1480 erläuternd hinzu *off* (oder) *vorſteinen*.

Dies *vorſtein*, auch in der Form *vaerſtein* begegnet nun mehrſach in
Weiſtümern da, wo von Unkenntlichmachung oder Verrückung der Feld-
ſcheiden die Rede iſt. Belege ſ. im Mudd. Wb. unter v o r -, v a r ſ t ê n , G r e n z -
ſ t e i n a u f d e m A c k e r f e l d e.*) Schon der Zuſammenhang, in welchem
die Ausdrücke »vorpâl« und »vorſtèn« gebraucht werden, läſst an *ror*, ſ.
die Furche, denken. Und dieſe Vermutung wird durch die Bedeutungen
des Wortes »Furche« beſtätigt. Dasſelbe dient ja nicht blofs zur Bezeichnung der vom Pfluge gezogenen ſchmalen Rillen auf dem Acker, ſondern
ebenfalls der breiteren Vertiefungen und der Raine, durch welche Acker-
ſtücke und ganze Felder geſchieden ſind; ſ. Brem. Wb. *fare*, Danneil *faor*
u. a. Idiotika. Im Mittelalter ward es ſogar im Sinne von »Grenze«
überhaupt gebraucht, und andererſeits wird auch das Feld oder der Acker
Furche genannt; ſ. Mhd. Wb. *furch*, Mndd. Wb. *vore*, Woeſte Weſtf. Wb.
fôr. — Dafs in den Zuſammenſetzungen das Beſtimmungswort einſilbig *vor*
lautet, kann nicht befremden, da *furh, fur, for* die älteren Formen ſind
anſtatt der ſpäteren zweiſilbigen. Ebenſo iſt auch der Name des Acker-
und Wegemaſses gebildet agf. *furlang*, engl. *furlong*, mndd. *vorlang vorling*,
nudd. *forling forlig*. Die jüngere Bildung liegt vor in *forgenſtein* (gleich
jenem obigen »vorſtein«): Wer eß ſach, daß einer ein *gemarckſtein* oder
ein *wegſtein*, oder ein *forgenſtein* auswürfft; J. Grimm, Weisthümer 2, 155.
Vgl. Grimm, Deutſch. Wb. und Lexer, Mhd. Wb. *furchenſtein*.

Wenn ſonach »vorſtein« als Furchenſtein zu verſtehn iſt, ſo mufs doch
das gleichfalls für ein Grenzmal gebrauchte »vorpal« ebenſo eine Zuſammenſetzung mit vor = Furche ſein. Dieſe Etymologie gilt n u r für das mudd.
»vorpâl«, aber n i c h t für das neuere Wort *vörpâl*, welches vielmehr die
Präpoſition oder das Adverb »vör« enthält, dem alſo ein hd. *vorpfahl*
entſpricht. Es iſt ein Ausdruck, der dem Waſferbau entſtammt, wie er
denn auch nur in den Küſtenlanden vorkommt und nur verzeichnet wird
von den küſtenländiſchen Idiotiken, wie Richey, Brem. Wb., Dähnert und
Schütze. Auch die Verwendung des Ausdruckes in der Redensart »Vörpâl
ſlân« bei Fritz Reuter, bei Mi, Mklb. Wb., und in Glückſtadt (Kbl. XXIV, 7)
fällt in dieſelben Gegenden. Auch in jenen älteren Idiotiken wird ſchon
die Redensart verzeichnet, nur dafs der Plural »Vörpale« oder »Vörpalen«
gebräuchlich war, was zu der eigentlichen Bedeutung des Wortes ſtimmt,
die damals noch bekannt war. So hieſsen nämlich »die Pfähle, welche
dem Fuſse eines Bollwerkes v o r g e ſ c h l a g e n werden, damit dasſelbe nicht
ausweiche«; Richey. Das Bremer Wb. ſetzt hinzu »oder eines Deiches«.
Und Dähnert erklärt Bollwark als »ein mit Planken ausgeſetztes Ufer«.
Auch das Niederländiſche kennt dies Wort »voorpaal«.

Hamburg. C. Walther.

Subbeln — ſpiekern (XXVII, 66).

Als ich in den 60er Jahren des vorigen Jahrhunderts die Gelehrten-
ſchule des Johanneums in Hamburg beſuchte, gebrauchte man für das

---

*) Im Handwb. fehlt der Artikel verſehentlich, obſchon unter *varſtèn* auf ihn
verwieſen iſt.

unerlaubte Abfchreiben aus den Heften von Mitfchülern aufser »abfchmieren«
meiftens den Ausdruck »abteeren«, feltener »abklieren«. Das Abfchreiben aus
der Kladde ins Reine hiefs »einteeren«. Ein Schüler, der fich vergangen
hatte, wurde »eingeteert«, eingefchrieben ins Klaffenbuch. »Spiekern«
nannte man das betrügerifche Ablefen der Lernaufgaben, z. B. der Gefchichts-
zahlen oder der Vokabeln, von gefchriebenen Zetteln, die man in der Hand
hielt, oder den Gebrauch gedruckter Überfetzungen in den Unterrichts-
ftunden; der betr. Zettel oder das ausgeriffene Blatt der Überfetzung hiefs
ein »Spieker« oder »Spiekerzettel«.

Hamburg. W. Zahn.

Schwedifche und mecklenburgifche Sprichwörter.

Die Beziehungen zwifchen dem Schwedifchen und dem Niederdeutfchen,
fpez. dem mecklenburgifchen Idiom, find mannigfach, und zwar nicht nur
fprachlich, im Wortfchatz und in der Syntax, fondern vor allen Dingen
in der Sage und im Sprichwort. Schon vor Jahren hat Prof. A. Klint
aus Stockholm, den ich in die mecklenburgifche Volksfprache einführte
und auf kleinen Reifen durch Mecklenburg begleitete, auf diefen engen
Zufammenhang zwifchen fchwedifchen und niederdeutfchen Sprichwörtern
hingewiefen.*) Die fchwedifchen Quellen, die Klint benutzt hat, find aufser
mündlichen Sammlungen, befonders in der wegen ihrer Anhänglichkeit an
alte Sprache und Sitte bekannten Provinz Småland, H. Reuterdahls
»Gamla ordfpråk«, A. Kocks och P. af Peterfens' Öftnordiska och
latinfka medeltidsordfpråk, Grubbs »Penu Proverbiale« (1678) und von
neueren Ordfpråksboken (1865) und Rhodins »Samling af fvenfka
ordfpråk«. Die niederdeutfche Literatur, die hierher gehört, ift ziemlich
erfchöpfend behandelt; aufser Reuters und Brinkmans Werken die Sprichwörterfammlungen von J. Agricola »Sibenhundert vnd Fünfftzig Deutfcher
Sprüchwörter« (Eisleben 1558), von R. Eckart, Niederdeutfche Sprichwörter (Braunfchweig 1893), von F. Latendorf (Agricolas Sprichwörter,
Schwerin 1862 und Michael Neanders deutfche Sprichwörter, Schwerin
1864), von Hoffmann v. Fall. (Die ältefte ndrdtfche. Sprichwörterfammlung.
Berlin 1870). Behandelt find die Sprichwörter, die fich auf folgende Tiere
beziehen: Katt oder Mieze, Hunn, Pird, Swien, Wolf und Luchs, Adebor,
Ul, Nachtigal, Gans. Von Pflanzen find fprichwörtliche Redensarten angeführt in Bezug auf die Weide (Wid, Wir), Prefterkragen (chryfanthemum
leucanthemum), Sta up un gah weg (polygonum viviparum). S. 132—135
ift dann noch eine Reihe verfchiedener Sprichwörter angeführt, die in
beiden Sprachen ähnlich find. Wenn nun auch Klints Studie den Stoff
durchaus nicht erfchöpfend behandelt — die gegebenen Beifpiele könnte
ich aus eigener Erfahrung in den Provinzen Gotland und Sverige noch
bedeutend vermehren —, fo hat doch Klint Recht, wenn er zum Schlufs
fagt: »Mer än ett af de gifna exemplen torde vifa, att den meklenburgska
dialekten i tankens reda och bildens träffäkerhet kan mäta fig med och
ofta öfverträffar fina medtäflare.« Die Kenner des Niederdeutfchen und
Englifchen, die ja auch den Wert des Schwedifchen zu fchätzen wiffen,

---

*) Vgl. Meklenburgska och fvenfka ordfpråk. Fornminnes föreningens tidfkrift.
Stockholm 1895.

werden vielleicht einige Beifpiele interefſieren, deren genaue Übereinſtimmung in beiden Sprachen beſonders auffällig iſt. Wenn de Katt nich to Hus is, danzen de Mûs up'n Diſch (Schiller*) Th. III, 6): När Kattan är borta, dantzar Muſen på bordet (Grubh 575). — De Fiſch möcht de Katt wol, ſe mag fick man blòt de Fôt nich natt maken (Schiller ib.): Katten had vül gerna fisken, men vill inte väta ſina fötter (3160 Ord. 51) oder: Katten hade giürna fisk, men wil intet wäta foten (Grubh 415). — Je mihr du de Katt ſtråkſt, je höger hålt ſe'n Swans (Schiller Th. IH, 6): När man ſtryker Kattan på ryggen, ſå ſätter hou vp rumpan (Grubh 583). Wer köfft de Katt in'n Sack: köpa grifen i ſäcken. — He trück af as'n beſnigten (begäten) Pudel: ſloka af ſom en våt hund (pudel). — Kümmt Ein äwern Hund, kümmt hei ok äwern Swanz: Orckar man öfwer Hunden, ſå hinner man fulle öfwer Rumpan (Grubh 118). — De rug'ſten Fahlen warden de glattſten Pird: Aff ruggota Fohlar blijr och goda Häſtar (Grubh 6). — Veel Geſchree un wenig Wull, — ſä de Düwel, do ſchere he en Swien: Mycket aff Munnen lijtet af Ullen, ſade han ſom klipte Soon. (Grubb 539). — Wenn man vam Wulf ſprekkt, is he nig wiid: När man talar om trollet, är det icke långt hortu (3160 Ord. 69) oder: När man talar om ſan (ulfven), är han i ſarſtun. Der mannigfache Aberglaube, der fich auf den Storch bezieht, findet ſich in Schweden nicht ſo häuſig. He liggt mit de Gôs in'n Perceſs (Brem. Wb. mit den Göſen): Han ligger i proceſs med gåſungarna. — Så ſäkert ſom amen i kyrkan: So gewiſs as Amen in de Kirch. — Regnet ſtår ſom ſpö i backen: Buten regent dat Bindfaden. — Han ſtår ſigh ſom Smör i Solskijn i. e. illa (Grubb 296): Hé ſtünn dor as Botter an de Sünn (ſkamflat). — Darra ſom det aſplöf: He bewert as'n Eſpenlöf. — Det blir ingenting af, förrän jag kommer, ſa han ſom ſkulle hängas: Ehr ick nich kam, war doch nicks uut, ſä de Deef, da ſei den Galgen booen (Jan Peik 201). — Veta, hvar haren har fin gång: Ditmal wull'n ſei doch mal ſeihu wo de Has' lep (Stromtid 523). — Han högg öfwer Snöret (gick för långt, Grubh 308), Det påminner om timmermännens krita: Dat geiht äwer Krid un Rothſtein. — Allting har en ända, men korfven har två (3160 Ord. 4; Grubb 26): Jedes Ding hett en Enn un de Wuſt hett ehre twei.

In Bezug auf die Bedeutung der Weide (nd. Wid, Wir, ſchw. vira, rödvira) ſtimmen Niederdeutſch und Schwediſch mit dem Engliſchen überein. Klint weiſt a. a. O. S. 130 auf Shakeſpeare's Othello (Akt 4, Sc. 3) hin:

the poor ſoul ſat ſighing by a ſycamore tree,
Sing all a green willow . . .
Her ſalt tears fell from her, and ſoftened the ſtones,
Sing willow, willow, willow.

Zu vergleichen iſt auch C. Annandale (Cyclopedia VIII, 466): The willow has for long been conſidered as ſymbolical of mourning.

Übereinſtimmungen im Ausdruck und Sinn verſchiedener Sprichwörter und ſprichwörtlicher Redensarten zwiſchen dem Niederdeutſch-Schwediſchen einerſeits und dem Engliſchen andererſeits werden ſich auch ſonſt noch vielfach nachweiſen laſſen. Ich wollte durch dieſe Anzeige die Aufmerkſamkeit der Fachgenoſſen auf dieſe Übereinſtimmungen lenken.

Doberan i. Meckl. O. Glöde.

---

*) Thier- und Kräuterbuch.

In die Brüche kommen (gehen) (XXVIII, 19).

M. E. ift die Redensart »In die Brüche *kommen*« nicht immer identifch mit »In die Brüche *gehen*«. Aus dem Lippifchen ift mir erftere mit der Bedeutung: »in Schwierigkeiten, in Verlegenheit kommen« wohl bekannt. Die S. 19 gegebene Ableitung wird für diefen Fall auch ficherlich nicht unzutreffend fein. Im zweiten Falle: »in die Brüche *gehen*« will — wenigftens im Lippifchen — gefagt werden, dafs jemand bei irgend einer Sache nicht nur in Schwierigkeiten gerät, fondern dafs das Gelingen derfelben überhaupt hoffnungslos ift, dafs fie nicht gelingt oder auch nicht gelungen ift. Ich traue mir nicht zu, für das zweite Beifpiel eine Ableitung direkt von brechen, alfo ohne Anfchlufs an die »Bruch«rechnung, anzunehmen, wenngleich fie nicht fo fern liegt.

Frankfurt a. M. K. Wehrban.

Adl (XXVII, 24. XXVIII, 29).

Die Bezeichnung für »flüssigen« Mift-Jauche ift im Lippifchen »Aal« (d. h. alfo mit langem à, entgegen dem Dithmarfchen), davon das Verb »âlen« = mit Jauche düngen; »âltunne« = Jauchefafs.

Frankfurt a. M. K. Wehrban.

Beemich und Beefe (XXVIII, 11 f.)

Nach der Angabe von Teuchert kann dem neumärkifchen beemich hochdeutfches beimig oder bäumig entfprechen und wird es gebraucht, wo die andern ndd. Mundarten flō »matt, fchlaff, kraftlos« anwenden. So könnte man verfucht fein, es mit hair. derbaumen (Schmeller[2] 1, 241), fchweiz. er-, verbaumen (Schweiz. Idiot. 4, 1253), elf. verbaumen, verbäumen (Elf. Wb. 1, 45), fchwäb. verbäumen (Schmid 49; bei Fifcher 716 nichts davon) »morfch, mürbe werden« in Verbindung zu bringen, was aber überwiegend vom gefchlagenen Holz gebraucht zu werden und ein rein füddeutfcher Ausdruck zu fein fcheint. Nun habe ich aber von Hamburgern auch gehört, dafs die Zähne nach dem Genuffe faurer Speifen ftrüf werden, d. h. »rauh«, aber im Grunde doch: fie fträuben fich. Im Anfchlufs hieran darf man bēmich zu fich bäumen ftellen.

Eine rēzə Waffer, nach Teuchert zwei Eimer, ift fo viel, als man bei einem Gange, auf ein Mal mittelft des Tragholzes herbeifchaffen kann, dasfelbe wie »eine tracht waffer«. rēfe und reife gehen nebeneinander her, die Bedeutung »Gang, Weg« ift heute noch auf ndd. Gebiete lebendig, nicht minder die daraus entwickelte »mal«: man vgl. die Wörterbücher und Grimms's Gramm.[2] 3, 232 f. Obenein fteht bei Hertel im Thüringer Sprachfchatz S. 195: »Raife Tracht, foviel man auf eine »Reife«, auf einmal von einem Ort zum andern tragen kann: ne Raife Waffer, zwei Eimer Waffer. Harz.«

Berlin. Max Roediger.

Beemich (XXVIII, 12. 46).

Die Gleichung *beemig* = bömig und die Ableitung von boom, Baum, ift ficher richtig. Auch im Ndrländ. befteht *boomig* in derfelben Bedeutung. Schon Kilianus Dufflacus, Etymologicum Teutonicae Linguae,

Antverpiae 1599, hat: boomighe tanden, dentes ftupidi qu. d. arborei;
provenit enim dentium ftupor efu fructuum immaturorum et acerborum.
boomigheid der tanden, ftupor dentium, torpor dentium. Kramer-Moerbeek,
Woordenboek, Leipzig 1787: boomig, eckig, fpitzig; boomigheid der tanden,
Schärfe der Zähne. P. Weiland, Woordenboek, Dordrecht 1859: boomig,
door het eten van onrijpe vruchten, ftomp, ftroef geworden, van de tanden:
boomige tanden; van bier boomigheid. Van Dale, Woordenboek 1874:
boomige tanden = eggige tanden; boomigheid = eggigheid; eggig, ftomp
geworden van tanden; eggigheid, ftompheid der tanden.
Hamburg. C. Walther.

Krüdfch = krautifch, gemüfeliebbaberifch (XXVII, 64. XXVIII, 32).

Dafs wir nicht »krüdfch« (das d fehr weich und das ü fehr lang
gefprochen) feien, war einer der Hauptgrundfätze der Erziehung, die unfre
Mutter uns angedeihen liefs: »Ihr müfst Alles eſſen.« Eine andere Regel
ift, dafs man in dem Eſſen nicht kören oder küren foll (wählen, herum-
rühren oder -ftochern, um fich das Befte herauszufuchen). Herr Stammerjohann ift, indem er Beides zufammenwirft, m. E. auf dem Holzwege.
Grade das t zeigt den richtigen Weg. Das ift keine fekundäre Zutat,
fondern weift auf den Stamm Kraut, nd. Krut, Krude, Krüde. Die Krämer
teilen fich in Kraut- und Seidenkrämer. »He is jo man 'n ollen Krüd-
kramer.« Kraut ift = Gemüfe, Mus. Hier in Breslau gibt es einen
Kräuterweg, d. i. der Weg an dem die Gärtner wohnen, die Gemüfe bauen.
Gemüfe war allerdings was Leckeres, das Ordinäre war Kohl.
Breslau. F. Fabricius.

Stippftörken (XXVI, 74).

Ein anderer Belag für die literarifche Verwendung des Wortes ift
Wilhelm Bufchs Buch »Stippstörchen für Äuglein und Öhrchen«.
D.-Meiderich. F. Wippermann.

Buba (XXVII, 43. 72. XXVIII, 21).

Im Lippifchen bedeutet »feu baff füin« foviel wie unfreundlich fein,
jemanden anfahren; »hö es ganz baff« = er ift ganz verwundert, verdutzt,
aber mit dem Nebenbegriffe des Enttäufchtfeins; »hü es feu butt« = er
ift fo grob, fo herausfahrend, er fährt jemanden plötzlich und grob an.
Frankfurt a. M. K. Wehrban.

Pebig, peberig, — affpebern.

Das Wort pebig, für das auch peberig vorkommt, ift in Hamburg,
wie auch im Holfteinifchen (ob hier auch überall?) gebräuchlich. Es bezieht fich auf die Gefichtsfarbe, und bedeutet foviel wie: bleich, krankhaft,
ungefund. »He füht man pebig (peberig) ut« = er hat ein bleiches,
krankhaftes Ausfehen. Kürzlich fand ich (in der Hamburger Woche 1907,
Nr. 25, Seite 6) die mir bis dahin in diefer Anwendung unbekannte Form
peeperig. »He füht ut . . . blafs un peeperig.«
Ich habe die Wörter pebig, peberig auch in übertragener Bedeutung
auf Weizengebäck anwenden gehört, und zwar auf unfere »Rundftücke«.

Als *pebige (peberige)* Rundftücke bezeichnet man oder bezeichnete man folche Rundftücke, die nur eine fehr helle Rinde haben, alfo nicht knufperig find.

Von *pebig* oder *peberig* abgeleitet ift das auch einzeln in Hamburg vorkommende Verbum *affpebern*, das nur auf Kleiderftoffe angewendet wird, die beim Tragen in der Farbe verbleichen, und dadurch unanfehnlich werden. — In Richeys Idiot. hamb. findet fich keins der vier angegebenen Wörter. Sind fie fonft noch im niederdeutfchen Sprachgebiet bekannt und gebräuchlich?

Hamburg.   C. Rud. Schnitger.

Perfennig (Perfenning).

So werden die Teertuchdecken genannt, die die Schutenführer (Ewer-führer) und die Fuhrleute über die in ihren Schuten und auf ihren Wagen befindlichen Güter zum Schutz gegen Regen ausbreiten und befeftigen. — Auch diefes Wort habe ich bei Richey vergebens gefucht, obwohl der Gegenftand, den es bezeichnet, doch gewifs fchon feit langer Zeit im Gebrauch ift.

Ift das Wort auch fonft noch gebräuchlich, und wie ift es etymo-logifch zu erklären?

Hamburg.   C. Rud. Schnitger.

Paterlük (XXVIII, 31).

Wenn der Name des benachbarten Gutes Paterlük, wie ich fpäter erfahre und zu bezweifeln keinen Grund habe (zwifchen den Sümpfen) wendifchen Urfprungs ift, denn fällt damit alls andere, was ich bemerkte, weg. Auch beging ich den Fehler, dafs der Frofch im hiefigen Nieder-deutfch nicht »Padd«, fondern »Pogg« heifst.

Lübeck.   J. Weiland.

Notizen und Anzeigen.

Beitragszahlungen find an unfern Kaffenführer Herrn Joh: E. Rabe, Hamburg 1, gr. Reichenftrafse 11, zu leiften.

Ve än e ungen der Adreffen find gefälligft dem genannten Herrn Kaffenführer zu melde#. d r

Beiträge, welche fürs Jahrbuch beftimmt find, belieben die Verfaffer an das Mitglied . des Redactions-Ausfchuffes, Prof. Dr. W. Seelmann, Charlottenburg, Peftalozziftrafse 103, einzufchicken.

Zufendungen fürs Korrefpondenzblatt bitten wir an Dr. C. Walther, Hamburg 24, Uhlandftrafse 59, zu richten.

Bemerkungen und Klagen, welche fich auf Verfand und Empfang des Korrefpondenz-blattes beziehen, bittet der Vorftand direct der Expedition, »Diedrich Soltau's Verlag und Buchdruckerei« in Norden, Oftfriesland, zu übermachen.

Redigiert von Dr. C. Walther in Hamburg.
Druck von Diedr. Soltau in Norden.

Ausgegeben: Auguft 1907.

Jahrg. 1907.　　　Hamburg.　　Heft XXVIII. № 4.

Korrespondenzblatt

des Vereins
für niederdeutfche Sprachforfchung.

I. Kundgebungen des Vorftandes.

Mitgliederftand.

Herr Prof. R. Koopmann, Rendsburg, ift in den Verein eingetreten.

II. Mitteilungen aus dem Mitgliederkreife.

Paduck (XXVII, 79).

Meine Vermutung, dafs diefe oder eine ähnliche Namensform auch im weftlichen Meklenburg gegolten habe, hat für Wismar keine Beftätigung gefunden. Nach gütiger Mitteilung von Herrn Dr. F. Crull in Wismar, dem beften Kenner des dortigen neueren und älteren Dialektes, ift demfelben das Wort ganz neu, er habe es nie gehört: »Ein offenbar ähnliches, wie ich glaube, längft vergeffenes hiefiges Spiel war das vor 60 oder 70 Jahren mit 5 Ziegelbrocken, refp. 5 Bleiwürfeln gefpielte *Firen* oder *Fiben*; jetzt ift es ganz obfolet.«

Hamburg.　　　　　　　　　　　　C. Walther.

Was ift ein Fatzke?

Das allbekannte Wort ift, um es gleich zu fagen, italienifcher Herkunft. Ein *Faciretta* ift ein Kerl, der die civetta macht d. i. ihre Rolle fpielt; die civetta aber ift das Käuzchen oder der Lockvogel (auch Spottvogel), den man anbindet, um die Gimpel u. a. zu locken. Civetta ift febou für Weiber kein Ehrentitel, denn es meint die Kokette, aber ein ganzer Ekel ift der Mann, der ihr gliche, der eitle Laffe à quatre épingles, auf deutfch der Zierbengel. Ein Fazvogel biefs es zur Zeit des Hans Sachs.

Weimar.　　　　　　　　　　　　Franz Sandvoss.

Quï'.

In Eutin und Umgebung, auch wohl im übrigen Holftein ift für eine »junge Kuh, die noch nicht gekalbt hat«, der Ausdruck Quï', verhochdeutfcht QuÏe üblich. Auch in Dithmarfchen ift das Wort bekannt. Selbftverftändlich ift es zu trennen von oftfrief. kwäne, kwine, kwân, kwin, »von Natur oder durch Kaftration unfruchtbare Kuh«, das Doornkaat Koolman Oftfrief. Wb. I, 433 fchon richtig zu got. qēns »Weib« geftellt hat. Wie weit mag das Verbreitungsgebiet diefes Quie gehen und wie ift es etymologifch zu deuten?

Friedenau bei Berlin.　　　　　　Guftav Burchardi.

Marcht.

Von meinem Grofsvater mütterlicherfeits, einem alten Bremer, habe ich nie die mir geläufige Form »Markt« gehört, fondern immer nur »Marcht« und zwar unterfchied er zwifchen »der Marcht« als dem Platze, auf dem der Verkauf der Waren ftattfindet, und »das Marcht«, d. h. der Tätigkeit des Verkaufens. Ob diefer Unterfchied auch fonft bekannt und wie weit er verbreitet ift, entzieht fich meiner Kenntnis. Die Form mit der Spirans anftatt des Verfchlufslautes, d. h. »Marcht« habe ich auch hier, in Friedenau bei Berlin gehört. Das Auffallende daran ift, dafs fie grade auf niederdeutfchem Boden fich findet; an einen Einflufs des Hochdeutfchen wird man fchwerlich dabei denken dürfen, um fo weniger als die verfchobene Form wohl nur im Alemann. zu erwarten wäre und das Mhd. für gewöhnlich den Verfchlufslaut aufweift und die Spirans bezeichnenderweife nur in der fynkopierten, einfilbigen Form. Lexer Mhd. Wb. I, 2049 f. verzeichnet die Formen: market, markt, margt, marcht, Kompof. marketreht, martreht, marchtenrecht, marcktreht; markfafrân; merktfchif, marckfchif; marckt-, marck-, martftat; marktag und margtac; marchtzülle = Marktfchiff. Die Form »mart« ift mir auch als dithmarf. und uckermärk. bezeugt. Die Durchficht der aufgeführten Formen läfst das Beftreben erfcheinen, die fchwere Konfonantengruppe rkt zu erleichtern, 1) entweder durch Affimilation von kt zu k, d. h langem k, ein Vorgang, der mir aus dem Oftholft. fehr geläufig ift, wo in der Bauernmundart Verfchlufslaut, Spirans und Sibilant ein folgendes t fich affimilieren in hek »Hecht«, fe kŏp »fie kaufen«, fe hebb »fie haben«; fe hŏd »fie hüten«; he lach »er lacht«, he kŏff »er kauft«; he verlüfs »er verliert« ufw., 2) oder es wird der mittlere Konfonant ausgeworfen: mart. Allerdings ift hier wohl nicht ganz ficher, was ausgedrängt ift, der Verfchlufslaut k oder die Spirans ch, wahrfcheinlich ift mir eher das letztere, da ja für kt nach 1) eher k als t zu erwarten fein würde, freilich ift nicht ausgefchloffen, dafs die Lautgruppe rkt anders behandelt wäre als einfaches kt. Die Affimilation von *rcht* > *rt* würde annähernd ein Analogon finden in ndd. harft aus harveft »Herbft«. 3) Die dritte Art endlich, das rkt zu erleichtern, ift wohl die Form marcht. Ich bin geneigt, fie ähnlich zu beurteilen wie die drei Verbalformen kŏff(t), dŏff(t) und fŏch(t) zu kŏpen, dŏpen, fŏken, d. h. in dem ch einen lautgefetzlichen Übergang aus k zu fehn. Ein abfchliefsendes Urteil aber ift nicht zu gewinnen, ehe nicht genauere Mitteilungen über die Verbreitung des ch auf ndd. Sprachgebiete vorliegen. Den Mitgliedern des ndd. Sprachvereins wäre ich für Mitteilungen darüber fehr verbunden.

Friedenau b. Berlin.   Guftav Burchardi.

_____

klentern (XXVIII, 31).

Das Wort ift mir aus Holftein in diefer Form nicht bekannt; bei Schütze fehlt es auch; für näheren Nachweis wäre ich dankbar. Das Verbum wird wohl zufammenzubringen fein mit dem Subftantivum *kaland*; dies Wort hat bekanntlich mit der Entartung der Kalandgefellfchaften gradezu die Bedeutung »üppige Schmauferei« angenommen. »Von dem chriftlichen Kaland ift nun nichts übrig geblieben als das Andenken in dem Sprichworte: die ganze Woche herumkalandrieren oder plattdeutfch *klandern*, d. h. fie auf Bierbänken verbringen.« (Mnd. Wb. 2, 419.) Damit kommen wir der von Schnitger angegebenen Bedeutung ziemlich nahe. Für Holftein ift aus der Barmftedter Gegend noch die Sitte des »Klannjerns« bezeugt. Wenn der Bauer mit feiner Frau ausgegangen ift, finden fich am Abend die Dienftboten aus dem ganzen Dorf in der heften Stube feiner Wohnung zufammen; jeder Knecht bekommt ein Mädchen; unter Küffen und ausgelaffenen Scherzen vergeht der Abend, bis der Bauer zurückkommt. Das nennt man *klannjern* oder *klannern*. — Bedenken erregen könnte bei diefer Ableitung das *t* ftatt des zu erwartenden *d*; es begegnet aber auch im Holländifchen und Oftfriefifchen in den zugehörigen Subftantiven *klant*, *kalante* = Genoffe im fchlimmen Sinne, Kauz, Schalk, Bube; *dat fünt 'n par rechte klanten* = fchlimme Gefellen; vgl. Stürenburg Oftfrief. Wörterb. S. 109. ten Doornkaat Koolman 1, 158. Franck Etym. Woordenb. d. nederl. Taal S. 451.

Kiel.   O. Menfing.

___

Klapps.

Klapps bedeutet bekanntlich einen (leichten) Schlag und ift wohl auch im Niederdeutfchen ziemlich überall bekannt Ein mir befreundeter Hotel-befitzer hat dasfelbe Wort vor einigen Jahren im füdöftlichen Frankreich, nicht weit von der elfäffifchen und fchweizerifchen Grenze angetroffen, wo er längere Zeit als Oberkellner weilte und wo die Jungen beim Spielen und auch die Alten beim Streit sich mit den Worten bedrohten: »Je te donne un klapps« = ich gebe dir einen Klapps! Es ift wohl anzunehmen, dafs das Wort durch deutfche und zwar niederdeutfche Soldaten dort ein-gebürgert worden ift; in dem betreffenden Ort find 1871 Teile des 55. Infanterieregiments längere Zeit einquartiert gewefen.

Frankfurt a. M.   K. Wehrbau.

___

Einen die Hamburger Gänfe fehen laffen.

So fagt man in Lippe, wenn man aus Scherz ein Kind an den Ohren hochhebt oder hochheben will oder wenn man des Kindes Kopf mit beiden Händen feitwärts fafst und es fo hochhebt. Man fagt dann: »Komm, ich will dich mal die Hamburger Günfe fehen laffen!« oder »Ich will dir mal die Hamburger Günfe zeigen!« Statt Hamburger Oänfo heifst es auch wohl: »Bremer Günfe«. Das Spiel wird im lippifchen Volksmund: »engelske Wichten« = englifche Wage genannt. Woher wohl der Urfprung der Be-zeichnungen? Englifch ift jedenfalls von Engel abzuleiten; man denke an die Bezeichnung: die Engel im Himmel pfeifen hören.

Frankfurt a. M.   K. Wehrban.

___

Bemerkungen zu früheren Mitteilungen.

Diefe Mitteilungen haben lediglich den Zweck, zur Feftftellung des Verbreitungsgebietes der befprochenen Wörter, Redensarten und Gebräuche beizutragen. In Glückftadt ift folgendes bekannt und gebräuchlich. XXIII 34. *dat mäkt den Kohl ni fett* davon wird man nicht reicher, das trägt zur Förderung einer Sache nichts bei. Daher: *beter n Lüs in Kohl as gär keen Fleefch.*

XXIII 35. *Punss-de-Lamp-ut* ift mir nur bekannt als ein Hut mit fehr breiter Krempe, Kalabrefer.

XXIV 8. Mit einem leeren Magen *lipt de Katt reg*.

XXIV 8. 54. 89. *Hans-Bunken-Streich* lofe (aber nicht fchlechte) Streiche. In der Stadt ift nur die hochdeutfche Form *Streich* gebräuchlich, auf dem Lande hört man *strek*.

XXIV 8. XXV 90. *Fliets* Flegel; *fich hinfliëtfen*.

XXIV 13. *Lüsangel* Schimpfwort für ein Kind, das Läufe hat.

XXIV 40. XXV 91. XXVI 32. *Hunnendans* geringwertige Sachen. *Hunnen* ift in diefem Worte nach meinem Gefühl zweifilbig.

XXIV 63. *Ebenlid* (mit dem Ton auf der letzten Silbe) Zeitraum von 24 Stunden, ift wohl nur noch auf dem Lande gebräuchlich. In der Volksmedizin fpielen *dree ebenlid* eine Rolle.

XXIV 76. 89. *hinhimmeln* dahinfiechen, langfam hinfterben.

XXIV 77. *Keesbür* ein Hafchefpiel.

XXIV 96. *Feuel, feulen*. Das *d*, das man zuweilen hört (*feudel, feudeln*) ift nur ein von dem *l* erzeugter Übergangslaut (vgl. mecklenburg. *fleidel* = fteil).

XXV 18. *Kleederfeller* Althändler, der mit getragenen Kleidern handelt.

XXV 43. XXVI 17. 21. *klaffern, verklaffern, Klafferkatt*. Das Klaffern follte, wie Koppmann auch für Hamburg bemerkt, das Einfchreiten der Eltern oder des Lehrers zur Folge haben. Man gebrauchte das Wort immer nur von andern in verächtlichem Sinne; wollte man einem drohen, dafs man etwas beim Lehrer zur Anzeige bringen werde, fo biefs es: *ick yef di an*. Kinder vom Lande fagten *näfeggen*.

XXV 47. 65. Das Lied vom *Hühnerloch* fcheint weit verbreitet zu fein; es gibt davon mehrere Strophen mit verfchiedenen Lesarten, die ich aber leider nicht mehr zufammenbringe. Ich meine, es würden verfchiedene Berufsarten genannt und ein Reim wäre Tiegel: Schweinigel (der Schreiner mit dem Tiegel, der alte Schweinigel). Der Schlufs heifst: Und fo müffen wir ja alle zufammen miteinander in das Hühnerloch, in das Hühnerloch, in das Hühnerloch hinein.

XXV 40. 72. 91. *Gelangbook* = Kartenfpiel.

XXV 90. *Porks* kleines Kind, kleiner Menfch.

XXV 92. *Sell* (neutr.?) Seitenwand der Bettftelle.

XXVI 21. *flau* fchwach (auch fonft bekannt). *De Arbeit is flau* fagt der Handwerker, wenn er nicht viel zu tun hat; *he wor flau* (er wurde flau) er kam einer Ohnmacht nahe.

XXVI 22. *Bullerjahn* ein polternder Menfch, d. h. ein Menfch, der bei jeder Gelegenheit gleich auffährt und fchimpft. *bullern* auf dem Lande = donnern.

XXVI 30. *Knubben* Wulft, Gefchwulft (Knoten), nicht nur am Baum, fondern auch am menfchlichen und tierifchen Körper. Bekannt ift Leffings Nur mufs der Knorr den Knubben hübfch vertragen (Nathan II 5). *Knütt* kann dasfelbe bedeuten, befonders wird es gebraucht von der Aufchwellung der Lymphdrüfen in der Achfelhöhle: *ick harr n dicken Knüfs unnern Arm*. Aufserdem bedeutet es die hartgebackenen Endftücke des Brotes, und zwar heifst das zuerft abgefchnittene Endftück des frifchen Brotes *Lach-*

knûfs, das zuletzt übrigbleibende Endftück, das inzwifchen härter und trockener geworden ift und nicht fo gut fcbmeckt, *Brummknûfs*.

XXVI 31. *fippen, infippen* eintunken (z. B. die Feder in die Tinte); daher *Stipp* (fem.) auf dem Lande = Sauce.

XXVI 52. *jappen* gaffen, gühnen, (von Kleidungsftücken) nicht feft fchliefsen; *ick bün fo jappfch* ich kann mich des Gähnens nicht erwehren; *Jappfchöttel* Gaffer (nur als verweifender Zuruf gebraucht).

XXVI 55. 88. XXVII 50. 67. *Slûkwächter* ein Menfch, der das Effen fchnell verfchlingt.

XXVI 55. *Prachervogt* wurde (aber nur in wegwerfendem Sinne) der Beamte genannt, der Sonntags in der Kirche mit dem Klingelbeutel (klink-büdel) herumging und in der Woche, wenn ich nicht irre, irgendwelche polizeilichen Funktionen ausübte.

XXVI 63. 89. 90. XXVII 79. XXVIII 20. 31. Das oft befprochene Spiel biefs bei uns *Kâduck;* in dem *d* der Vortonfilbe kann alles mögliche ftecken. Wir brachten es in unferer Quartanerweisheit mit lat. *caducus* zufammen, womit es wohl fchwerlich etwas zu tun hat.

XXVI 65. *Krûfel* ifs eine ein fchlechtes Licht fpendende Lampe, z. B. *Trânkrûfel*. Das an der angezogenen Stelle erwähnte Effen biefs *Lich-brâden*. Wenn im Herbft das Arbeiten bei Licht beginnen follte, fpendete der Meifter den Gefellen ein warmes Abendeffen; an demfelben Abend wurde aber noch nicht bei Licht gearbeitet, fondern erft vom folgenden an.

XXVI 66. *rifen* meine ich von Schiffern gehört zu haben in der Bedeutung ›in die Höhe fteigen‹. Wenn beim Kochen das Fleifch (be-fonders bei gewiffen Suppenftücken) zufammengefchrumpft ift, fodafs die darin fitzenden Knochen an beiden Seiten hervortreten, fo fagt die Haus-frau: *de Knâken fünd utrift*.

XXVI 78. *rachgierig* habfüchtig.

XXVI. Das *s* in *Sewer* (Käfer) wird für friefifch gehalten und ift es auch wohl.

XXVI 86. XXVII 28. 87. XXVIII 20. *Hulljebâhuttje* Geld.

XXVI 91. *ick kann ni opn Spön kâmen* ich kann mich noch immer nicht recht erholen (z. B. von einer fchweren Krankheit).

XXVI 93. *Tunbiljett*. Ein Zaunbillett nimmt der, der aufserhalb ftehend z. B. ein Gartenkonzert anhört, vgl. Zaungaft.

XXVI 93. *Block*. Wenn Gefahr ift, dafs ein Mädchen beim erften Tanze fitzen bleibt und noch im letzten Augenblick jemand fie auffordert, fo heifst es: *he hett er den Block afnâmen*.

XXVII 6. *fnapplanga Tränen* ift fehr gebräuchlich; ob *Snapp* = Nafenfchleim bei uns gebraucht wird, kann ich nicht beftimmt fagen.

XXVII 9. 24. XXVIII 29. 46. Das Gefchwür am Finger (panaritium) heifst bei uns *ädel*, flüfsige Miftjauche *addel*.

XXVII 4. 23. 45. XXVIII 29. *Hahndrei (d* Übergangslaut zwifchen *n* und *r*) *mit bedrewgen* biefs bei uns das XXVIII 29 befchriebene Kartenfpiel.

XXVII 24. XXVIII 27. *Dâr hett n ûl fêten* es ift anders (d. h. fchlechter) gekommen, als man erwartet hat.

XXVII 25. *Pummel* kleine, dicke Perfon. Anderswo foll es auch ein Brot oder tiebäck von beftimmter Form bezeichnen.

XXVII 26. 45. 46. 55. Die töuernen uud vielfach bunt glafierten

Kugeln hiefsen bei uns *Löpers*, eine aus Marmor oder ähnlichen Steinarten gemachte Kugel biefs, wenn fie ebenfo grofs oder nur wenig gröfser war als die Löpers, *Mardel* (im Werte = 2 Löpers), wenn fie bedeutend gröfser war, *Alabalſter, Alabaiſter* (= 4 Löpers); daneben gab es auch kleinere und gröfsere bunte Glaskugeln, ebenfalls = 2 und 4 Löpers, doch wurden diefe feltener gebraucht. Man *warf* gewöhnlich mit 8 Läufern, von denen der Mitfpieler 4 *geſetzt* hatte, nach der Kuhle.

XXVII 32. Geld heifst *fchûf-arbern-dûm*, wobei der Gebrauch von *aber* befremdet, da man doch das Geld nicht *über* den Daumen fchiebt.

XXVII 43. 72. 88. XXVIII 21. 47. *babar.* Wenn Mitglieder derfelben Familie, zumal Ehegatten, fich gegeneinander unfreundlich benehmen, befonders immer in unfreundlichem Tone miteinander reden, fo fagt man: *dat geit ddr ümmer bû un ba(r).* Ich habe diefe Wörter immer als fchallnachahmend empfunden.

XXVII 49. 69. *trófchullig* bezeichnet nicht fowohl einen »treuen« Menfchen, als vielmehr etwa einen Menfchen, der fich in fein Schickfal ergibt, wobei vielleicht ein wenig Befchränktheit mit im Spiele ift.

XXVII 61. 69. XXVIII 20. 21. 30. *Göps* (Handvoll) hört man von Leuten auf dem Lande; in der Stadt ift es kaum gebräuchlich.

XXVII 66. 87. XXVIII 16. 29. Schlechtgefchriebene Buchftaben heifsen *Kraienföt* oder *Hâken un Stâken.*

XXVII 67. XXVIII 30. 40. *Ile fritt allens för Manfcheſter weg* er ift nicht wählerifch im Effen. *Manfcheſterne* oder *famtmanfcheſterne Bückfen* tragen die Zimmerleute.

XXVII 71. *Krôn oder Münt* war ein Glücksfpiel. Ein Geldftück wurde in die Höhe geworfen; lag *Krôn* (die Bildfeite) oben, fo hatte der Werfer gewonnen, andernfalls verloren. Aufser bei diefem Spiele kamen das Wort *Münt* überhaupt nicht, *Krôn* in der angegebenen Bedeutung nicht vor.

XXVII 71. XXVIII 30. *Slötendriber* ein ungehobelter, ungefchlachter Menfch. Brinckman hat *Slöpendriwer* und erklärt es durch »Herumtreiber« (Kafper-Ohm, Kap. 2).

XXVIII 13. *zipp* oder *sipp* (mit fcharfem *s*) geziert, zimperlich.

XXVIII 20. *fabbeln* einen Gegenftand fo mit dem Munde bearbeiten, dafs Speichel herausfliefst, z. B. *dat Kind fabbelt opn Finger.* Beim Zahnen *feebern* die Kinder. (Auch hier in Solingen fagt man *fe'vern*).

XXVIII 26. *Dat geit all in een Râbûs'* jemand tut alles fchnell, dabei unordentlich und geräufchvoll.

XXVIII 28. *Ile kann mi achter küssen* ift ein tatfächlich gebrauchter befchönigender Ausdruck. Umftändlicher ift die Redensart: *he kann mi küſsen, wo ick am höchſten bün, wenn ick Spön fammel.*

XXVIII 31. Sein Geld *rerklentern* == es für *Klenterkrâm* d. i. unnütze und wertlofe Sachen ausgeben.

XXVIII 44. *klieren* unordentlich, unleferlich fchreiben. Ich glaube, es war auch *afklieren* (unerlaubter Weife abfchreiben) gebräuchlich.

XXVIII 47. *pechreig*, verftärkt oder verdeutlicht auch *wittpechrig* bezeichnet nicht nur die blaffe, krankhafte Gefichtsfarbe, fondern auch das helle Ausfehen der Semmeln (Rundftücke, Franzbrote); befonders ift *de eerfte Back* (die zuerft gebackenen) hell und weich, weil der Ofen noch nicht die wünfcheuswerte Hitze hat.

XXVIII 48. *Perfenning* heifst in Gl. *Präfenning.*

Aus Solingen ift folgendes beizutragen:

XXIII 53. XXIV 41. Mit *Kaland* hängt wohl das Wort *Klandife* Schlingel, Schelm (in fchlechtem Sinne) zufammen.

XXIII 72. *Weihnachtsgebrauch.* Um die Zeit von Nikolaus (6. Dezbr.) bis Weihnachten ftellen die Kinder beim Zubettgehen einen Schuh (Pantoffel) auf die Fenfterbank oder auf einen Stuhl, ein Nachtkonfölchen oder fonftwohin und finden am nächften Morgen Gebäck u. dgl. darin. In einigen Häufern geht auch der Nikolaus mit feinem Sack ufw. noch herum.

XXIV 20. 38. 61. *Blag* (neutr.) Kind ohne Unterfchied des Gefchlechts. Das Wort ift kein feines Wort und wird nur gebraucht, wenn man ausdrücken will, dafs die Kinder auf irgend eine Weife läftig find; auch *dumm Blag*.

XXIV 86. *Braffel* (mask.), *Braffelei* Arbeit, die viel Mühe erfordert und Unruhe mit fich bringt, z. B. ein Wohnungswechfel; dazu *braffeln.*

XXIV 94. Der Häher heifst hier meiftens *Marklöwer.*

XXV 67. XXVI 18. *Müff* Geftank, übler Geruch. In ungelüfteten Zimmern ift ein Müff (mask.); dazu *müffen.*

XXVI 22. 61. 74. *Schmaitreemen* Leibriemen

XXVI 24. 78. *fangen* »auftecken« (in übertragener Bedeutung) und »angefteckt werden«. Schnupfen fängt (fteckt an), ich habe die Krankheit gefangen.

XXVI 47. *Kinkerlitzchen* wertlofes Zeug (in weitefter Bedeutung): er kauft allerlei K., er macht Kinkerlitzchen (etwa: hrotlofe Künfte, dummes Zeug), er erzählt Kinkerlitzchen.

XXVI 53. Etwas *in die Gribbelgrabbel fchmeifsen* fagt man hier, während es in Glückftadt nur in die *Grabbel* fchmeifsen (inne Grabbel fmiten) heifst.

XXVI 62. *verbafelt* verwirrt.

XXVI 83. Windbeutel (*wenkbüdel*) ift jemand, der etwas tut (z. B. fich kleidet), was ihm feine Vermögensverhältniffe eigentlich nicht erlauben.

XXVII 9. Flüffige Miftjauche heifst hier *adel.*

XXVII 26. *knütfchen* bezeichnet das über das erlaubte Mafs hinausgehende und darum nicht mehr ganz anftändige Drücken von Liebenden; kleine Kinder *knudelt* man.

XXVIII 31. 39. Auch hier in Solingen erregt der Lumpenfammler (Lumpenmann, Lumpenkerl) die Aufmerkfamkeit der Leute durch eine Flöte, der er eine möglichft disharmonifche Reihe von Tönen entlockt. Die Lumpen und fonftigen unbrauchbar gewordenen Sachen werden ihm von den Kindern gebracht, und er gibt ihnen dafür nicht wie anderswo Geld, fondern wertlofe Sachen wie Windmühlen aus Papier, Armbänder aus Perlen, Papierfächer, Brofchen u. dgl.

XXVIII 39 »laufen gehn« fagt man hier in Solingen tatfächlich.

Wörter und Redensarten, die eine weitere Verbreitung haben.
XXVI 46. 61. *im Lichten, lichte Weite* fagen auch Tifchler und Zimmer-
leute, z. B. die lichte Weite der Tür, das Büchergeftell ift im Lichten fo
und fo breit.
XXVII 62. Über *Meedeland* handelt am ausführlichften Detleffen,
Die Entdeckung des germanifchen Nordens im Altertum. Berlin 1904.
Seite 10 ff.; vgl. Die Heimat, Jahrg. 17 Seite 3 f.
XXVIII 12. 28. Über *Reife, Reefe* vgl. XIX 32. — Das Wort wird
hier in Solingen auch für »Gang, Mal« gebraucht. Der Briefträger ant-
wortet auf die Frage, ob er etwas habe: *Döfs Re¹s nit* diesmal nicht.
Solingen.   J. Bernhardt.

Padduk — Wifpeln (XXVII, 79. XXVIII, 20).

Das Paddukfpiel ift in Eilsdorf (12 km nördl. v. Halberftadt) unter
dem Namen *Wifpeln* bekannt. Auf der Erde liegen 4 Kugeln, eine fünfte
wird emporgeworfen, eine liegende aufgerafft und die fallende gefangen.
Das wird fortgefetzt, bis alle 4 aufgegriffen find. Darauf werden die
4 Kugeln paarweife gelegt und zwifchen werfen und fangen der fünften
2 gleichzeitig aufgerafft; dann fucht man drei und zuletzt alle vier gleichzeitig zu greifen. Wird ein Fehlgriff getan, fo beginnt ein anderer Spieler
die Reihe. — Darauf folgt der zweite Gang; er heifst *Spitsken*. In der
Reihenfolge des erften Ganges werden die Kugeln jetzt mit den Spitzen
der Finger gefafst. Sind am Schlufs der Reihe alle 5 Kugeln wieder in
der rechten Hand, fo werden fie einzeln in die linke geworfen; diefer Gang
heifst *Bukspanale*. Im 4. Gange wird der erfte wiederholt mit der Abweichung, dafs man die aufgefangene Kugel in eigentümlicher Weife durch
den winklig gebogenen kleinen Finger aus der Hand gleiten läfst; man
hat dafür den Namen: *lütjen Kötl*. Den folgenden Gang nennt man
grôstn Kötl, weil man dabei 2 Kugeln in der vorhin angegebenen Weife
aus der Hand gleiten läfst. Die nächfte Form des Spieles heifst *Butfen*.
Man fchlägt dabei zwifchen werfen und fangen mit der flachen Hand auf
die Erde. Beim folgenden Gange läfst man im Verlauf der Reihe die 2.,
3. und 4. Kugel während des Auffangens der 5. aus der Hand fallen und
nennt danach den Gang: *drei atar hunt faln latn*.
Bei der nächften Abänderung behält man die aufgegriffenen Kugeln
in der Hand und wirft fie mit der 5. empor; man wirft alfo zunächft die
fünfte, greift die 1. von der Erde auf und fängt die 5.; dann wirft man
5 und 1, greift 2 und fängt 5 und 1; darauf wirft man 5, 1 und 2,
greift 3 ufw., bis alle fünf in der Hand find. Danach nennt man diefe
Spielform *alla hôspa in einar hant*. Im neunten Gange wird die Art des
Greifens verändert, indem in der Reihenfolge des 1. Ganges die liegenden
Kugeln aufgerafft werden, wie man eine Fliege zu fangen fucht. Man
nennt das *Grapfchen*. Dabei fuchen die Spielenden eine Ehre darin, die
gleichzeitig zu greifenden Kugeln möglichft weit auseinander zu fetzen. —
Diefe 9 Gänge beginnen nun von neuem, und man erfchwert jetzt das
Spiel, indem man die geworfenen Kugeln mit gekrümmter Hand von oben
zu fangen fucht; man nennt diefe Form *krumm fengen*.
Leipzig.   R. Block.

Reefe (XXVIII, 11 ff.).

In Eilsdorf ift das Wort in der Form Reife, und zwar nur in der
Bedeutung »Tracht Prügel« gebräuchlich.

Leipzig. R. Block.

Anfrage.

Kann mir jemand folgenden Vers deuten?

Drös, Drös, Drät,
Hat n läddern Bart,
Hat n läddern Slipſtein,
Kan nich in de Sunne fein (feben).

Leipzig. R. Block.

Pebig, peberig, — affpebern [päpelig] (XXVIII, S. 47. 48.)

Wenn auch die angegebenen Wörter »pebig« und »peberig« etymologifch wohl nicht gut mit »päpelig« zufammenzubringen find, fo haben fie
eine gleiche oder doch fehr ähnliche Bedeutung. »Päpelig« wird in Lippe
jemand genannt, der bleich, krankhaft, ungefund ift, doch ift, foviel ich
weifs, immer ein fehr wichtiger Nebenbegriff damit verknüpft: das »Bleich-
fein, Krankfein ufw.« foll als vom ungenügenden Effen herrührend bezeichnet werden und diefes wieder in übertriebenem »Wählerifchfein« beim
Effen feinen Grund haben.

Frankfurt a. M. K. Wehrbau.

Peberig (XXVIII, 47).

Das Wort ift hier ebenfalls gang und gäbe, ganz in dem vom Frage-
fteller mitgeteilten Sinne.

Lübeck. C. Schumann.

Vorpâl (XXVIII, 42).

Dafs mit dem Worte vorpâl in feiner Bedeutung als Grenzpfahl urfprünglich ein Furchenpfahl bezeichnet worden ift, vermag ich freilich nicht
durch den Nachweis einer Stelle, wo diefes Wort fonft noch in diefer Bedeutung vorkommt, zu beftätigen, glaube aber hier meine Meinung ausfprechen zu dürfen, dafs Furchenpfähle in früheren Jahrhunderten oft, und
namentlich dort gefetzt worden find, wo es wichtig geworden war, die
Grenze zwifchen der gemeinen Weide oder fonftwie ungeteiltem Lande und
den Ackerftücken der einzelnen Landwirte zu bezeichnen. Es beftand vielfach das Streben der Ackerbefitzer bei der Beftellung der Äcker ihr Land
durch Hineinpflügen in die Gemeinheiten zu erweitern und durch diefes
Vorgehen die bepflügte Fläche der allgemeinen Weide oder anderer Aus-
nutzung zu entziehen. Aus älteren Flurkarten ift nicht felten erfichtlich,
wie allmählich die Ackerftücke durch Hineinpflügen in das Weideland ver-
längert worden find.*) Es wird dabei öfters vorgekommen fein, dafs zur
Verhinderung diefer, zum Nachteil der zur Ausübung des Weiderechts auf

---

*) Noch jetzt läfst die Grenzlinie zwifchen dem hamburgifchen Stadtteil Eppendorf
und der Preufsifchen Gemeinde Lokftedt durch ihre eckige unregelmäfsige Form erkennen,
wie einft die Eppendorfer Bauleute in die ehemalige Lokftedt-Eppendorfer Gemeinweide
hineingepflügt und ihr Saatland vergröfsert haben.

den angrenzenden Flächen Berechtigten oder etwaiger herrſchaftlicher Nutzungen dienenden, Landerweiterungen auf Grund obrigkeitlicher Anordnung, vielleicht auch infolge Dorfbeſchluſſes, am Ende der Saatlandſtücke Pfähle geſetzt worden ſind, um zu zeigen, dafs nur bis zum eingeſetzten Pfahl Furchen auf dem Saatlande gepflügt werden dürften. Ein Analogon für Furchenpfahl iſt der in der bedeichten Marſch übliche »Deichpfahl« zur Kenntlichmachung der von den einzelnen Hofbeſitzern im Stande zu erhaltenden Deichſtrecken. Eine Vorſchrift, dafs an den Grenzen der Deichſtrecken Pfähle einzuſchlagen ſeien, die mit einer Bezeichnung verſehen ſein müfsten, findet ſich z. B. in der Vierländer Deichordnung von 1741 unter III.

Hamburg. J. F. Voigt.

Krüdſch (XXVII, 64. XXVIII, 32. 47).

Krüdſch (krüſch) möchte ich weniger von *krud* ableiten als von *kruden, krüden,* krauten, jäten. *Krüdſch,* ähnlich vom Verb abgeleitet wie *infrätſch* (Ärger in ſich infreſſend), wäre jemand, der in den Speiſen chenſo herumſtocherud ausſucht wie der Gärtner im Beete voll Unkraut zwiſchen dem Kraute. Dieſe Tätigkeit des Mäklers beim Eſſen nennt man hier *örtern, öckern* und auch *kören,* eig. prüfend betrachten. Zu dem letzten gehört *körſch* in derſelben Bedeutung wie das hier gleichfalls übliche *krüdſch.* Entſtellungen davon mögen ſein die hier mitunter gehörten Adjektive *krüdauſch* und *öberkrautſch.* Der auch ſeltenere Ausdruck *kankööſch* ſtammt aus dem Mecklonburgiſchen; ſ. bei Mi *kanköſch* und bei Berghaus, Sprachſchatz der Saſſen *kankäyſch.* Letzterer verzeichnet als Lübeckiſch noch die Form *kankauſk,* der ich nie begegnet bin.

Lübeck. C. Schumann.

Erklärung des Brausbartliedes (XXVIII, 23).

Die höchſt willkommene Mitteilung des vollſtändigen hamburgiſchen Brausbartliedes beſtätigt meine Vermutung über die nahe Verwandtſchaft des geſchilderten Kartenſpieles mit dem Karnöffeln. Es ſind Unterſchiede in den Namen der Karten und der Zahl der Stiche vorhanden, wenn man aber die im Korr.-Bl. X, 69 ff. von Zahn und Carſtens gegebenen Nachrichten mit der Landeshuter Karnöffelgrammatik zuſammenhält — ich gebrauche im folgenden dafür die Abkürzungen Z C und L — ſo läfst ſich das Lied in faſt allen Stücken wohl erklären. Die Spielausdrücke ſtimmen bis ins einzelne überein, auch die »ungehobelten«.

Im Brusbartſpiel ſind nach Z Treff-Bube, Herz-König und Pik-Acht die höchſten Karten, dann folgen, und zwar an wertvollſten in Treff, dann in Pik, Herzen, Karo, die Neunen, die Aſſe und die Sechſen. Eine Sieben kann von keiner andern Karte geſtochen werden, iſt aber ſelbſt kein Stecher. Alle anderen 17 Blätter ſind wertlos, nur dafs die gleichen ſich unter einander nach der angegebenen Farbenfolge ordnen. Jeder Spieler erhält zuerſt drei Karten und hebt nach jedem Stich eine neue von dem Haufen, den Brennern (C), ab.

Das Lied folgt dem Gange eines Spieles, bei dem die zuſammenſpielenden I und III ihre Gegenpartei II und IV völlig beſiegen, indem ſie alle neun Stiche machen. I führt im ganzen Liede das Wort, er »kommandiert« (L) feinen Mitfpieler.

Strophe 5 erwähnt »Beyfitzer« die auf gute Ordnung fehen und auch »Bothe« fein müffen. Auch nach der Befchreibung des Karnöffelfpiels im Teutfchen Merkur von 1783 können vier oder auch fechs Perfonen am Spiel teilnehmen, und L fagt, man dürfe Stellvertreter einfetzen, die felhft wider ihr eigenes Intereffe zu handeln gehalten feien.

Strophe 6. Jan machen heifst alle Stiche machen. Jan ift gleich Schneider (C). Wenn eine Partei keinen Stich macht, ift fie gejannt (Z). »Wann einer im Spielen ein doppeltes Spiel verlieret, fo fagt man: he is Jan. Auch die Franzofen nennen einen folchen Jean, qui ne peut, Johann, der nicht kann.« Brem. Wb. Im Toccateglifpiel gibt es nach von Abenftein, Spielalmanach, Berlin 1815, S. 328 ebenfalls einen kleinen Jan, auch Schuftern oder kleines Zumachen genannt, d. h. völliges Befetzen des erften Bretts, und einen grofsen Jan im zweiten Brett. L hat die Bezeichnung matfch machen nach dem ital. marcio.

Strophe 7. I fpielt eino Sieben aus und macht darauf den erften Stich. Auf Treff-Neun, die vierthöchfte Karte, gewinnt er den zweiten, da die Gegner keine höheren Trümpfe haben; diefe müffen alfo noch im Haufen liegen.

IH, fein Partner oder Aide, heifst, wie fchon Walther angemerkt hat, mit einem Worte, welches das Niederländifche, das Dänifche und auch das Brem. Wb. kennen, fein Macker, ags. gemaca. L hat dafür »fein Mann«, »der Mann«.

»Die Anfrage: Soll ich einen fahren laffen? gibt eine Anzeige, dafs der Mann Kräfte habe. Bin auch ich ziemlich gut befchlagen, fo antworte ich ihm: Ich werde felbft! Denn fo habe ich zu erwarten, dafs er mich deckt, wenn ich den Feind angreife.« (L). Im hamburgifchen Liede hat III ähnlich gefragt.

Strophe 8. I erwidert: »Lafs mich!« Seine ausgefpielte Karte wird von H geftochen. Doch fetzt III die fechfthöchfte Karte, die rote Neun darauf und macht damit für die Partei den dritten Stich. Denn dem Spieler IV konnte man am Geficht anfehen, dafs er kein befferes Blatt habe.

Strophe 9. I hat beim Abheben etwas Gutes »gegriffen« und hofft das auch von III. Diefer macht mit feiner abgehobenen Karte den vierten Stich.

I deutet ihm nun durch Zukneifen eines Auges den Stand der Dinge nach erneutem Abheben an. »Bei einer Böfen (d. i. Sieben) drückt man ein Auge, bei zweien beide zu« (L). Das gilt hier offenbar von anderen guten Karten. III wird wohl durch ein ähnliches »Signieren« (L) geantwortet und verraten haben, welche Karte er hinzubekommen habe. So ermuntert ihn I: »Den fpiele aus! du haft ihn doch? Diefer Gegner —— wahrfcheinlich II — wird nicht fchaden können; man fieht an feinem Geficht, dafs er nichts Gutes hat.« Die andere Partei mufs in der Tat ihren Feinden den fünften Stich laffen.

Hier kommen folgende Sätze aus L zur Vergleichung: »Heifst es: Drauf, drauf! oder: Hau ihn, nimm ihn, hau ihn auf die Frack! fo fticht der Mann möglichft fo, dafs er nicht überftochen werden kann.« »Um fich gegenfeitig in Kenntnis zu fetzen, wie ftark man fei, bewirkt man durch Zeichen, welche man in dem Augenblicke feinem Mann, mit dem man zufammenfpielt, nach und nach zukommen läfst, wenn die Gegner gerade nicht darauf acht geben.« Die Geberden beim Befitz einzelner Karten werden dann ausführlich befchrieben.

Bei diefer Interpretation habe ich »Ich fteche glubfch!« in Str. 8 aufgefafst als »Ich fpiele hoch aus« und »Den ban!« in Str. 9 als »Den fpiele aus« oder »Den fpiele her«, wie es in Str. 10 heifst. Stechen und hauen wird in der Verwendung, die hier allein Sinn gibt, gebraucht, wenn man fagt einem eine (Ohrfeige) ftechen und eine Karte auf den Tifch (hin-)hauen. Die letzte Redensart erinnert an karnöffeln = drefchen oder kloppen. Was man gewöhnlich unter ftechen verfteht, mit einer höheren Karte nehmen, wird in Str. 10 durch überftechen ausgedrückt, bei L durch abftechen. In Str. 8 heifst dreinftechen, in Str. 11 hineinftechen ebenfalls blofs ins Spiel werfen, nur dafs hier die hineingeworfenen Karten allerdings die gewinnenden find. Andere Belege vermag ich leider nicht beizubringen, und die Richtigkeit der Deutung bleibt mir zweifelhaft.

Strophe 10. I hat die höchfte Karte abgehoben. Er hofft oder erfährt durch Zeichen, dafs auch fein Mann eine fehr gute bekommen habe (es fcheint Pik-Acht zu fein) und ruft triumphierend: »Ich fitz' umfonft hier nicht, ich alles freffen kann.« Bei L lautet das: »Ich nehme alles mit.« Aber III macht fchon auf die Pik-Acht, den tollen Hund (Z), die Dullacht (C), den fechften Stich; I kann feine befte Karte fchonen.

Strophe 11. Er rühmt fich weiter: »Ich leide kein Überftechen, denn ich kann eine Karte ins Spiel werfen, die alle andern fchlägt.« Doch kommt es dazu noch nicht: auf zwei Sieben werden von III der fiebente und achte Stich gewonnen, und I kann dabei unbedeutende Karten abwerfen.

Sonft bedeutet »Ich wage« beim Ausfpielen des tollen Hundes oder des Brusharts aus erfter bis dritter Haud den Verfuch, einen oder zwei Striche, die für das Durchbringen gutgefchrieben werden, zu gewinnen (Z).

Vielleicht foll der Anfang diefer Strophe das bei dem Spiele übliche Renommieren zur Einfchüchterung der Gegner charakterifieren. Denn I hat den Brushart nicht, wie Str. 12 zeigt, und wählt doch feine Worte fo, dafs man es annehmen müfste. »Prahlen und Lügen find bei diefem Spiele notwendige Eigenfchaften, fo häfslich fie auch im anderen menfchlichen Verkehr fein mögen; denn alles mufs auf das Unfichermachen des Feindes abgefehen fein« (L). In Wahrheit bezieht fich »Ich ftech ihn frifch hinein« auf den Trell'-Buben, die Spitze. »Zur Brausbarts Ehr« hier und in Str. 4 entfpricht dem Ausdruck »zur Ehr der Brausbarts-Wahl« in Str. 14 und ift wie »nach rechtem Brausbarts Brauch« und »Brausbart getreu« in Str. 5 eine allgemeine das Spiel preifende Wendung.

Strophe 12. Die jetzt von III gefpielte Karte nimmt IV mit dem Brushart, und nun geht I mit der Spitze darüber, neunter Stich.

Dafs die beiden höchften Karten zum Schlufs zufammenfallen, wird mit »Brill« bezeichnet. Ich kann den Ausdruck fonft im Kartenfpiel nicht nachweifen, aber im Franzöfifchen hat lunette einen fehr nahe ftehenden Sinn. Nach Littré bedeutet im Damenfpiel mettre dans la lunette: placer une dame entre deux dames de fon adverfaire, en forte 'qu'elle ne peut être prife ni par l'une ni par l'autre, und im Schachfpiel donner une lunette: mettre fon adverfaire à même d'attaquer deux pièces avec un pion. So auch »Brille« im deutfchen Damenfpiel, Neueftes allgemeines Spielbuch, Wien 1829, II S. 50 und Lucas, Deutfch-englifches Wb. unter dem Stichwort.

Strophe 14. Die Trumpffarbe auffchlagen heifst in der älteren Spielerfprache wählen, der Trumpfkönig z. B. der gewählte König. Nach Z fteht zwar im Brusbartfpiel der Wert der Farben feft. Der Ausdruck Brausbarts-Wahl läfst jedoch vermuten, dafs früher wie im Karnöffelfpiel eine oder zwei Farben zu Trumpffarben gewählt fein mögen. Es könnte aber auch fein, dafs die Gruppierung der Spieler, die nach L durch Ziehen von Karten beftimmt wird, damit gemeint ift.

Man ficht, welch lärmenden Gang ein Spiel genommen haben mufs, bei dem das Dreinreden und »Signieren« in fo weitgehendem Mafse geftattet war. Es ging dabei ohne brüfen fchwerlich ab. Und doch ift der Name Brufebart im Grunde nicht recht verftändlich. Deshalb weife ich nochmals darauf hin, dafs nach Korr.-Bl. X, 10 Prof. Sartori in Lübeck, nnfer achtzigjähriges und zweitälteftes Mitglied, fich erinnerte Bufebort gehört zu haben, und frage, ob diefe Form fonft noch irgend bekannt ift. In Schleswig-Holftein kennt C nur Brufebort, Brushart, Brûs. Mich veranlafst zu der Frage eine Ortsnamenform. Nach Koppmanns Strafsennamen Roftocks S. 11 heifst Bûfebart eine Strafse vor dem Bramowfchen Tor, und Bufsebahr, früher Butzebar, biefs ein 1613 durch Brand zerftörter Turm auf einem Weichhaufe der Stadtmauer. Koppmann meint, diefer heifse fo »wohl nach einem Mitgliede der Familie diefes Namens, das ihn als Wächter bewohnte« und vergleicht die Rothbars-Mauer in Lübeck zwifchen der Hundeftrafse und Glockengiefserftrafse.

Ich kam auf den Gedanken, Brufebart könne aus Bufebart entftellt fein, das ein Schreckbild oder einen Popanz bezeichnet. Die Geftalt des Kartenbildes mag Anlafs zu der Benennung gegeben haben. Bufebart gehört zu dem oftfriefifchen bûs(c)heller, bûfeman, nordfrief. buffemann, ebenfo in Eiderftedt, dänifch bufemand, buffemand, hochdeutfch butzemann, putzemann, kölnifch pufslmannus und fo auch in Stapelholm bûfelmann. Man fehe ten Doornkaat Koolman, Oftfrief. Wb. I, S. 260 ff., Grimm DW. 2, 591. 595, Jahrbuch XXVII, S. 57. Das bairifche »Bürftenbart« beruht doch jedenfalls auf Entftellung.

Breslau.   P. Feit.

Rätfel vom Ei (XXVIII, 33).

Diefes, in allen germanifchen Ländern verbreitete, aber mehrere andere Deutungen zulaffende, Volksrätfel ift mir aus Travemünde in folgender eigenartiger Form zugegangen:

> Hentebetente woll ünner de Bargen,
> Hentebetente woll öber de Bargen,
> Kömen dree Herren ut Haken un Staken,
> Kunnen likers Hentebetente nich maken.

Lübeck.   C. Schumann.

Enke (XXVIII, 12. 28).

Für das Abnehmen oder Abfenken eines Setzreifes von einer Topf-
pflanze vernahm ich jüngft in Seehaufen i. A. von einer alten Frau den
Ausdruck *abenken*. Das Stammwort *Enke* war ihr nicht bekannt.
Lübeck.   C Schumann.

Kronenfohn (XXVII, 78. XXVIII, 11. 27).

Kronenfohn, oller Kronenfohn erinnert mich an eine unter uns älteren
Domfchülern um 1860 in Magdeburg beliebte Anrede an einen Mitfchüler.
Aller Glatzkopf! Nun hat *krone* fowohl mhd. wie mnd. die Bedeutung
Glatze (vgl. Kränzchen). Sollten alfo die beiden Schmeichelworte etwa
den gleichen Wert haben?
Lübeck.   C. Schumann.

Kinderreime von den 5 Fingern [oder Zehen] (XXVIII S. 38).

Wie das Rätfel vom Ei in unzähligen Varianten bekannt ift, und
fowohl im Deutfchen als auch im Englifchen wohl ziemlich in allen Kinder-
ftuben feine Rolle fpielt, fo ift es auch mit einigen anderen Reimen, auf
welche S. 37. 38 fobou hingewiefen worden ift. Zu dem fogenannten
Fingermärchen möchte ich hier einige Parallelen bringen, von denen die
eine uns zeigt, dafs felbft die franzöfifche Sprache diefen Reim mit erheb-
licher Übereinftimmung kennt.

1. Der ift ins Waffer gefallen,
   Der hat ihn wieder herausgezogen,
   Der hat ihn heimgetragen (oder: ins Haus gebracht),
   Der hat ihn ins Bett gelegt,
   Und der kleine, ganz kleine Nickel hat ihn zugedeckt.
   [Aus Lippe.]

2. Das ift der Daumen;
   Der fchüttelt die Pflaumen,
   Der liest fie auf,
   Der isst fie auf,
   Und der fagt: Warte, warte, ich werde es der Mama fagen.
   [Aus Lippe.]

3. Der ift ins Waffer gefallen,
   Der hat ihn wieder 'rausgeholt,
   Der hat ihn ins Bett gelegt,
   Der hat ihn zugedeckt,
   Und der Kleine Kleine (ift hingelaufen und) hat's der Mama gefagt.
   [Aus Lippe.]

4. Dä es in't Water plumpft,
   Dä hät'n wier herriutkriejen,
   Dä hät'n up'n Nacken fchlagen,
   Dä hät'u in't Bedde lägt,
   Un dä ganze ganze lütke röip: Toif, toif, wat fall de Mamme
           föjjen!   [Aus Lippe]

5. C'eſt lui qui va à la chaſſe;
   C'eſt lui qui a tué le lièvre;
   C'eſt lui qui l'a rôti;
   C'eſt lui qui l'a mangé;
   Et le petit glinglin,
   Derrière le moulin,
   Diſait: Moi, j'en veux, j'en veux,
   J'en veux, j'en veux, j'en veux.

Die franzöſiſche Faſſung ſtimmt am genaueſten mit der S. 38 gegebenen Form überein.

Frankfurt a. M. K. Wehrbau.

Die Franzoſen haben.

Meines Wiſſens iſt bisher die Verbreitung dieſes Ausdrucks noch nicht unterſucht worden. Er iſt ſeit mehreren Jahrhunderten für verſchiedene Dialekte mehrfach belegt und auch noch in einigen lebenden Dialekten nachzuweiſen, ſowohl im Ober-, Mittel- und Niederdeutſchen.

An anderer Stelle[1]) habe ich kürzlich eine genauere Zuſammenſtellung der Dialekte und Wörterbücher gegeben, die den Ausdruck kennen und möchte mir hier nur geſtatten, auf ihn hinzuweiſen und um Mitteilung bzw. des früheren und jetzigen Vorkommens und ſeiner Bedeutung erſuchen. Zur Sache ſelbſt ſei folgendes ausgeführt.

Der Ausdruck »die Franzoſen haben« bezieht ſich auf intim ſexuelles Gebiet und iſt = morbus gallicus, lues veneris, Luſtſeuche, Syphilis im weiteſten Sinne, wörtlich = ſyphilitiſch ſein. Es wird ſowohl auf Menſchen als auch auf Vieh angewandt. Nur einige Beiſpiele mögen hier Platz finden.[2]) In Lippe ſagt man von einem mit der Krankheit behafteten Menſchen: »hö hät de Frantzöuſen; hö hät de frantzoiske Krankhöit.« Auf das Vieh wird die Bezeichnung im Lippiſchen nicht angewandt, wie es z. B. im Eifel-, Hunsrück- und Saargebiete der Fall iſt, wo es heiſst: »Die Kuh hat die Franzoſen; die Kuh iſt franzöſiſch«.[3]) Es wird damit die Perlſucht und die Rindertuberkuloſe bezeichnet, vielleicht auch noch eine andere Krankheit, denn jemand ſagte: wenn die Kuh franzöſiſch »iſt«, ſo kann ſie ſich nicht vorwärts bewegen, weil die Gelenke angeſchwollen find.

Soviel ich bis jetzt weiſs, kennt man den Ausdruck in Lippe, Waldeck, Heſſen, in der Schwälmer Mundart, in Mecklenburg und im Eifel-, Hunsrück- und Saargebiete. Im oberdeutſchen Gebiete iſt er verbreiteter, z. B. in Bayern, in der Schweiz, in Steiermark und im Elfaſs. Auch die bei Grimm,[4]) Weigand,[5]) Höfler[6]) und Wander[7]) ſich findenden Belege entſtammen faſt ausſchlieſslich dem Oberdeutſchen.

---

[1]) Zeitſchrift des Vereins für rheiniſche und weſtfäliſche Volkskunde IV, Elberfeld 1907, Heft 3 S. 193—203.

[2]) Weitere ſind noch zu finden in M Höfler: »Deutſches Krankheitsnamenbuch«, München 1899, S. 168 f.

[3]) Nach frdl. Mitteilung von Herrn Gymnaſ.-Oberlehrer Fr. Joſ. Müller in Bonn.

[4]) Wörterbuch. [5]) Wörterbuch. [6]) Deutſches Krankheitsnamenbuch. [7]) Sprichwörter-Lexikon.

Wie fchon oben gefagt wurde, ift die Bedeutung nicht immer gleich, je nachdem der Ausdruck entweder auf den Menfchen, oder auf das Vieh, oder auch auf verfchiedene Krankheiten des Letzteren angewandt wird. Es gilt alfo, das feftzuftellen.

Aufserdem mufs wohl auch hier und da ein Irrtum richtig geftellt werden. Wiederholt habe ich ausgefprochen gefunden, dafs der Ausdruck gewiffermafsen eine gefchichtliche Erinnerung fei an jene Zeit, in der franzöfifche Sprache, franzöfifche Sitte und Art fich im deutfchen Lande breit gemacht und mit den vielen Franzofen uns auch die berüchtigte Krankheit gebracht habe und natürlich damit den »bezeichnenden« Ausdruck dafür, fodafs diefer noch heute als ein Zeugnis des entfittlichenden Einfluffes jener Zeit gelten könne.

Das ift nun aber nicht der Fall, denn der Ausdruck ift mindeftens zwei Jahrhunderte älter als jene eben berührte Zeit, wie Grimm, Weigand und Höfler fchon nachgewiefen haben. Während Grimms ältefte Quelle bis 1509 zurückliegt, und ich felber in der Zeitfchrift des Vereins für rheinifche und weftfälifche Volkskunde[1]) eine folche von 1496 anführen konnte, weift M. Höfler die Krankheit bei uns fchon für 1457 als malum Franciae nach. Doch find die Belege des 15. Jahrhunderts fehr fpärlich und Höfler hat unter feinem reichen Material nur fieben Beifpiele, die vor 1496 datieren.

Jedenfalls ift die Bezeichnung fchon mindeftens 450 Jahre alt, hat feinen Urfprung nicht in der erften Hälfte des 18. Jahrhunderts und gehört alfo nicht zu den Worten, welche uns diefe franzöfifche Periode brachte, wie auch die Krankheit nicht erft damals bei uns aufgetreten ift.

Frankfurt a. M.   K. Wehrbau.

----

[1]) A. a. O., wofelbft noch weitere gefchichtliche Angaben auf S. 201—203.

Notizen und Anzeigen.

Beitragszahlungen find an unfern Kaffenführer Herrn Joh: E. Rabe, Hamburg 1, gr. Reichenftrafse 11, zu leiften.

Veränderungen der Adreffen find gefälligft dem genannten Herrn Kaffenführer zu melden.

Beiträge, welche fürs Jahrbuch beftimmt find, belieben die Verfaffer an das Mitglied des Redactions-Ausfchuffes, Prof. Dr. W. Seelmann, Charlottenburg, Peftalozziftrafse 103, einzufchicken.

Zufendungen fürs Korrefpondenzblatt bitten wir an Dr. C. Walther, Hamburg 24, Uhlandftrafse 59, zu richten.

Bemerkungen und Klagen, welche fich auf Verfand und Empfang des Korrefpondenzblattes beziehen, bittet der Vorftand direct der Expedition, »Diedrich Soltau's Verlag und Buchdruckerei« in Norden, Oftfriesland, zu übermachen.

Redigiert von Dr. C. Walther in Hamburg.
Druck von Diedr. Soltau in Norden.

Ausgegeben: Oktober 1907.

Jahrg. 1907.   Hamburg.   Heft XXVIII. № 5.

Korrefpondenzblatt

des Vereins
für niederdeutfche Sprachforfchung.

I. Mitteilungen aus dem Mitgliederkreife.

Nach Cölnifchem Gewicht (XXVII, 60).

Die Erklärung, welche Dr. O. Haufchild von der Redensart »mit Cölnifcher Münze oder Cölnifchem Gewichte bezahlen« gegeben hat, dafs fie von den blaugeftreiften Tüchern entlehnt fei, die nach ihrer Fabrikation in Cöln als Cölnifche gingen, halte ich für einleuchtend richtig. Dafs man von alters her blutunterlaufene Stellen der Haut, wie fie nach Schlägen fich zeigen, als blau bezeichnet hat, braucht nicht bewiefen zu werden; f. Mndd. Wb. blâ und Subftantiv blâwe, Grimm's Deutfch. Wb. blau.

Der Umfchreibung folcher Bläue durch »Cölnifch Gewicht« bedient fich auch Holberg in dem Schaufpiel 'Mefter Gert Weftphaler', 1. Ausgabe von 1723 in fünf Acten, IV, 7 und 2. Ausgabe von 1724 in einem Act Sc. 13. Der Barbier Mefter Gert will eben zur Unzeit einen feiner üblichen Schnäcke, nämlich den über die fieben deutfchen Kurfürften herleiern: »Som for Exempel, de Geiftlige ere (find): Churfyrften (der K.) af Cøln ...«, da unterbricht ihn feine Mutter mit einem Paar Ohrfeigen und den Worten: »Seet der har (haft) Du et Par af de Geiftlige og Højlærde *efter Cølns Vægt.* Vil Du nu holde Din Mund!« Diefe Verbindung, Schläge nach Cölnifchem Gewicht, ift bisher weder aus dem Hd. noch Ndd. belegt; fie war aber wohl ficher auch deutfch.

Hamburg.   C. Walther.

Marcht (XXVIII, 50).

Die Form Marcht ift im Neumärkifchen als m. fowohl für den Ort als die Tätigkeit des Marktens gebräuchlich. Lautliche Umwandlung aus market nach dem Mufter föket ➤ föcht ift mir wahrfcheinlich.

Bonn.   H. Teuchert.

Zur Redensart »flöten gehn« (XXVIII, 31. 39).

Die Entftehung der Redensart *flöten gehn* aus ndd. *verleden gaan* hat Herr Sandvofs fcbou vor bald dreissig Jahren in feiner pfeudonymen Schrift »Xanthippus, Das Wort fie follen laffen ftan« behauptet. Dagegen hat fich Latendorf im Ndd. Kbl. V, 67 ausgefprochen, jedoch ohne feinen Widerfpruch zu begründen. Er ftellte blofs jener Erklärung die von Fr. Woefte in Frommann's Mundarten VII, 433 gegebene aus dem ndd. ndl. *vloten* oder *vlotten* = natare, fluctuare (Kilian. Dufflaeus, Etymologicum), alfo *vloten gaan* = über See gehn = verfchollen fein, gegenüber, offenbar als die ihm glaublichere. Im Kbl. VI, 20 f. erfuhr dann die Woefte'fche Deutung eine dreifache verdiente Zurückweifung. Sandvofs bemerkte mit Recht, dafs »vloten« nicht »über See gehn« bedeute und dafs die Gleichung vloten gaan = über See gehn = verfchollen fein unglaublich fei. Lübben wies nach, dafs Woefte die aus einer Weftfäl. Urkunde zum Beweis eines mndd. vloten gan angezogene Stelle falfch interpungiert und verftanden hatte. Herr Winkler wendete mit Fug ein, dafs das ebenfalls ndl. *fluiten gaan* nur auf fluiten »mit den Lippen pfeifen«, nicht aber auf vloten (vlotten, vlieten) = natare zurückgeführt werden dürfe. Sandvofs hielt zugleich feine Meinung aufrecht: »*flöten gahn* ift unverftandenes nd. *verleden* (genauer *rleden*) *gan* und erft aus dem quafi-Hochdeutfchen ins nd. als floiten gan zurücküberfetzt.«

    Verlęden (ę = frz. è) ift noch jetzt ein ganz gebräuchliches Wort. Es bedeutet niemals weder »verloren«, noch »flüchtig geworden, weggelaufen, durchgebrannt«; es wird und ward auch fchon im 17. und 18. Jahrhundert nur, und felbft im Mittelalter faft ausfchliefslich, von der verfloffenen Zeit gebraucht; f. Brem. Wb. verlęden Nacht, verwichene Nacht; verlęden Maal, das letzte Mal, jüngft; adv. verlęden, vor einiger Zeit; und ebenfo verlęden Węke, Jaar u. f. w. Weiter, es wird ftets ver-, vor-, var-, auch wohl valęden gefprochen; aber ein contrahiertes vlęden habe ich nie gehört, auch kann ich es in keinem Wörterbuche finden, alfo wird es nimmer vorhanden gewefen fein. Ein hd. vleten oder fleten gehn läfst fich gleichfalls nirgends belegen. Aus einem folchen hd. Worte aber foll floiten eine Rücküberfetzung fein, in einer Entftellung deren Urfache unerfindlich ift. Vielmehr wenn fleten gehn im Hd. gefagt werden wäre, würde es wahrfcheinlicher als flöten gaan (fliefsen gehn) herübergenommen fein, weil daraus fich die Bedeutungen des jetzigen floiten gaan, flöten gehn leicht ergeben. Dafs man alfo in der Redensart nicht fleten, fondern floiten, flöten fagt, das eben zeugt noch zum Schlufs befonders einleuchtend, dafs die Redensart nicht aus verleden gaan ftammen kann. Übrigens ift Sandvofs aufserdem der Irrtum begegnet, *verleden* als ndd. Entfprechung des hd. *verglitten* zu betrachten. Das (erft durch das Mitteldeutfche dem Mittelhochdeutfchen als gliten zugeführte?) ndd. gliden, gleiten lautet urfprünglich auf einen anderen Confonanten des Stammes aus als liden, gehn, und verliden, vergehn, wie aus den altfächf. und angelfächf. Formen beider Verben erhellt: glidan und liðan (= lidhan, lithan = got. leiþan; ein gleidan ift got. nicht überliefert). Auch gehört gl in glidan zum Stamme, während das got. ga-leiþan, agf. ge-liðan durch das Präfix ga gebildet ift. Aufserdem haben die Stämme glid- und lið- ganz verfchiedene Bedeutung.

    Dafs floten gehn aus dem jüdifch-deutfchen *plëite gehn* geworden fei, diefe Etymologie rührt meines Wiffens von Weigand her, der fie in feinem Deutfchen Wb. behauptete. Plëite geben für »flüchtig fich fortmachen« fei z. B. in der Wetterau volksüblich. Auch ein ndl. Sprachforfcher Oort hat diefen jüdifchen Urfprung aufgeftellt für das ndl. fluiten; f. Kbl. XIII, 95. Nach Weigand ift jüdifch plëtó aus hebr. p'le'tah = Flucht. Das Wort ift in die Gaunerfprache übergegangen: plchto oder bleete = fort, auch: die Freiheit; mit dem Verb bolchen (gehn, kommen) verbunden = durchbrechen, durchgehn, fliehen, mit fcheffen (harren, fitzen) = verfchwinden; f. Anton, Wb. der Gauner- oder Diebesfprache. Auf diefem Umwege wird plete, plcite deutfchen Volksdialekten zugegangen fein, die das bolcben und fcheffen durch gehn überfetzten. Direkt aus dem Jüdifchen fcheint neuerdings *pleite* für Bankerott und *pleite gehn, fein* für »bankerott gehn, fein« ins Deutfche gekommen. Die Bedeutungsentwicklung läfst fich verftehn aus dem früher gewöhnlichen Brauch der Bankerottierer fich durch Flucht zu falvieren; in Hamburg ward im 18. Jhdt. ähnlich—»austreten« für fallieren gefagt, nämlich aus der Börfe, event. auch der Stadt.

Weigand bleibt jeglichen Beweis dafür fchuldig, dafs flöten gehn aus plete oder pleite gehn gebildet worden fei. Es läfst fich kein Grund denken für die Änderung von plete, pleite in flöten, floiten. Da der Ausdruck flöten gaan nicht füd- und mitteldeutfch, fondern nur norddeutfch ift, fo hätte Weigand durch analoge Fälle von Veränderungen eines anlautenden pl zu fl und eines ê oder ei zu oi bei Aufnahme von Fremdwörtern ins Niederdeutfche feine Behauptung ftützen müffen. Freilich gibt es auch dafür keine Beifpiele. Das auslautende 'n' in flöten hätte gleichfalls einer Erläuterung bedurft. Die ähnliche Bedeutung des jüdifchen und des deutfchen Ausdruckes ift allerdings nicht zu leugnen, allein daraus darf man noch nicht die Folgerung der Abhängigkeit des deutfchen vom jüdifchen ziehn, es feien denn beftimmte ältere Zeugniffe und fprachliche, litterarifche oder andere Beweisgründe für die Identität beider Ausdrücke vorhanden. Endlich wird 'flöten gehn', wie Herr Wehrmann oben S. 39 mit Fug betont, garnicht für 'bankerott fein' gebraucht. Woeftes Angabe im Weftf. Wb. S. 304, dafs es das in Weftfalen bedeute, fteht ganz vereinzelt und ift daher wohl des Irrtums verdächtig.

Weigand fowohl wie Grimm (Deutfch. Wb. III, 1824) irren in der Meinung, dafs der Ausdruck *flöten gehen* nicht vor der zweiten Hälfte des 18. Jahrhunderts nachzuweifen fei. Der Grund diefer Behauptung liegt offenbar in ihrer Annahme, dafs die Redensart eine urfprünglich hochdeutfche fei. Richtig ift nur, dafs fie in der hochdcutfchen Litteratur erft feit ca. 1780 begegnet, bei J. B. Michaelis und Burmann. Aber beide, obfchon aus Mitteldcutfchland, jener aus Zittau, diefer aus Lauban gebürtig, lebten in Norddeutfchland, Michaelis in Hamburg und fpäter in Halle, Burmann in Berlin. Und grade aus Hamburg ift uns das ndd. fleuten gahn durch Richey's Idiotikon fcbou 1743 bezeugt. Erft aus dem Ndd. wird die Redensart in das hd. flöten gehn überfetzt fein.

Ein älteres Zeugnis als Richey's kenne ich aus dem Ndd. nicht, wohl aber aus dem Dänifchen, wo ich es fünfmal bei Holberg gefunden habe; vielleicht gebrauchte er es noch öfter. In der Komödie 'Mefter Gert Weftphaler', in der Ausgabe von fünf Acten, die nach Rahbek, Holbergs Skrifter 6, 235 im J. 1723 herauskam, begegnet der Ausdruck zweimal. Act III Sc. 3 fagt der Wirt, wenn er keine Ahndung der ihm durch Weftphaler zugefügten Schädigung feines Gefchäftes erführe, *faa er min Nœring fløjten*; und V, 3 fragt derfelbe, ob der gegnerifche Advocat die Sache feines Clienten vor Gericht verlaufen habe: løb han da bort? worauf des Wirtes Procurator entgegnet: ja, *han gik fløjten*, da han hørte mig tale. — In demfelben Stück in der 1724 erfchienenen Bearbeitung von einem Açte (f. a a. O.) Scene 25 erhält der gefchwätzige Barbier, der über feiner Auseinanderfetzung, was Whigs und Tories feien, ganz vergeffen hat, dafs er

1*

zu feiner Verlobung hergekommen ift, auf feine Frage, als er fich endlich befinnt: hvor er Jomfruen? von deren Zofe Pernille die fpöttifche Antwort: *hun er alt fløjten*, während Ihr in England wart, hat fie fich fortgeftohlen und mit ihrem Liebhaber trauen laffen. — Eine vierte Stelle fteht in der Komödie 'Den pantfatte Bondedreng' (Der verpfändete Bauerjunge) III, 6. In diefem Stück macht ein Schwindler, indem er einen einfältigen Bauerjungen als einen vornehmen jungen Herrn ausftaffiert uud fich für deffen Hofmeifter ausgibt, es möglich, im Gafthof üppig zu leben und koftbare Einkäufe auf den Credit feines Zöglings zu bewerkftelligen, um dann zu verduften. Der Junge, vor Gericht geführt, verweift die Gläubiger an feinen Hofmeifter. Auf die Frage des Richters: Hvor er han da? antwortet der Wirt ftatt des Jungen; *Han er alt fløjten*. Rahbek bemerkt Bd. 4, 51 zu dem Stück, es fei zwar erft 1731 gedruckt worden, aber auf dem älteften Theater unter Friedrich IV († 1730) gefpielt worden. — In der Komödie 'Don Ranudo' IV, 4 (Rahbek Bd. 5, 269) fagt Donna Olympia, die Gemahlin des verarmten Ranndo, aus: Ich werde mich rächen, und wenn es auch mein ganzes Vermögen koften follte. Gusman (Ranudo's Page) leife: Ja, *den har været fløjten længe fiden* (das ift fchon lange futfch gewefen). Nach Rabbek dafelbft S. 304 ift dies Stück erft 1745 gedruckt worden; doch fcheine es eins der früheften Dramen Holberg's zu fein.

Wenn die Redensarten *at gaae fløjten* und *at være fløjten* fich vor Holberg nicht nachweifen laffen, was der Fall zu fein fcheint, fo ift ihr erftes Vorkommen in der dänifchen Litteratur ins J. 1723 zu fetzen, alfo zwanzig Jahre früher, als *fleuten gahn* durch Richey bezeugt ift. Mir ift augenblicklich nicht möglich, den Redensarten weiter in feinen Schriften nachzufpüren; follten fie bereits im Epos Peder Paars verwendet fein, fo wären fie noch etwas früher, 1719—1720, zu datieren. An den fünf angeführten Stellen fällt auf, dafs 'at gaae fløjten' nur einmal vorkommt neben viermaligem 'at være fløjten'. Die Belege, die Grimm aus der hd. Litteratur bringt, haben alle flöten gehen. Und auch die älteren ndd. Idiotika bringen allein fleuten gaan. Erft Schütze im Holfteinifchen Idiotikon hat daneben auch: dat Geld is fleuten. Dies fehlt aber wieder in den neueren Idiotiken, aufser bei Woefte (im Weftfäl. Wb und bei Frommann, Mundarten VII, 433), der aufser *flöten* oder *flöiten gaon* auch *hai es flöten, flöiten* angibt. Indertat ift aber floiten fyn oder wefen, wie auch das blofse floiten (für 'verloren, verfchwunden') jetzt ganz gewöhnlich, wenigftens in Hamburg und Umgebung; auch in Mecklenburg (obfchon es bei Mi, Mecklenb. Wb. fehlt), denn Fritz Reuter gebraucht fläuten fin, wie C. F. Müller im Reuter-Lexikon verzeichnet.

Es liegt nahe, diefe Conftruction des Wortes mit »fein« als eine Verkürzung von »flöten gegangen fein« anzufehen. Aber auffällig ift, dafs diefelbe in den meiften ndd. Idiotiken nicht gebucht ift, und dafs hingegen »være fløiten« fchon fo früh begegnet. Mir fcheint der Grund der unterfchiedlichen Behandlung in der verfchiedenen Auffaffung zu liegen, welche die Deutfchen von der grammatifchen Function ihres »floiten«, die Dänen von der des ihrigen hatten. Der Deutfche fühlt das Wort als Infinitiv, der Däne als Adverb. In den Dänifehen Wörterbüchern wird *fløiten* durchweg als Adverb bezeichnet und durch »bort oder borte« (weg, hinweg, fort, davon) und deutfch durch »all, fort, hin, weg« gloffiert. Während in den deutfchen Redensarten, die aus »gehen« mit Infinitiv gebildet werden, erft allmählich im Ndd. und im nordd. Hd. der Sprachgebrauch fich einen Wegfall des »gegangen« im Perfekt und Plusquamperfekt geftattet hat, fodafs man fagt »er ift fpazieren, fchlafen, flöten« ftatt »er ift fpazieren gegangen« u. f. w.: lag im Dänifchen die Verwendung des Adverbs fløjten mit være ebenfo nahe wie die mit gaae und als Bezeichnung der bereits gefchehnen Entfernung näher.

Schon aus folcher Differenz zwifchen der grammatifchen Stellung des dänifchen Wortes, das allein fteht, und des deutfchen, welches in der feften Verbindung mit »gehn« fich einer ftark vertretenen und zumal im Ndrd. fehr beliebten*) Art fyntaktifcher Fügung einreiht, läfst fich vermuten, dafs »fløjten« nicht original dänifch fein möchte. Und das wird dadurch zur Gewifsheit, dafs es etymologifch aus dem Dänifchen nicht gedeutet werden kann. Zwar hat fchon Gramm bei Richey (2. Aufl.) und noch Molbech im Danfk Ordbog es »formodentlig« von *flyve* (fliegen) leiten wollen; allein es bietet fich keine Flexionsform diefes Zeitworts, die fo lautet, denn die einzige die in Betracht kommen könnte, die des zweiten Particips heifst *fløien*, bzw. *fløiet*, aber nicht »fløiten«. Will man es aber von *fløite* (flöten) leiten, fo müfste man ausgehn von »gaae fløite« als der urfprünglichen Redensart; allein auch diefes Verb liefert keine Form »fløiten«. So bleibt nur der Schlufs, dafs Holberg die Redensart aus einer feftländifchen Sprache, fei es das Niederländifche oder das Niederdeutfche, in die dänifche Sprache eingeführt hat. Er hat fowohl in Norddcutfchland wie befonders in den Niederlanden zwifchen 1702 und 1716 fich mehr als einmal aufgehalten. Wie es um das Aufkommen der Redensart im Niederländifchen ftebe, bin ich aufser Stande zu fagen. Im Niederdeutfchen hat, wie fchon bemerkt, fie fich bis jetzt nicht vor Richey (1743) nachweifen laffen. Dafs fie dort aber früher bekannt gewefen, ift glaublich.

Zum Schlufs will ich zum Beweis dafür, dafs der wörtliche Sinn der Redensart indertat »flöten oder pfeifen gehn« ift, hinweifen auf die Tatfache, dafs die verfchiedenen Dialekte ftets in derfelben fich derjenigen Form bedienen, welche fie für »fibilare und tibicinare« gebrauchen, wie dies für das Niederländifche Herr Johan Winkler im Ndd. Kbl. VI, 21 fobon mit Recht hervorgehoben hat: *fluiten* und *fluiten gaan*. Die gleiche Uebereinftimmung in der Form *fleuten* finden wir bei Richey, Strodtmann, im Bremer Wb. (auf dem Lande *fleutjen*), bei Dähnert. Schütze; ebenfo meklenburgifch *fläuten* bei Mi und Fritz Reuter (f. Müller's Reuterlexikon); göttingifch *fleitjen* bei Schambach; in Fallersleben *fleutjen* bei Hoffmann in Frommann's Mundarten V, 56; oftfriefifch *fleuten* und moderner *fleiten* bei Stürenburg und Doornkaat; hannöverfch *fleutjen* bei Fröbing, Sprachfehler der Niederfachfen (1796), jetzt wohl *fleitjen*; auch in Hamburg haben wir als ältere Form *floiten* und als jüngere *flaiten*, wer jene braucht für »flöten«, verwendet fie auch in der Redensart, und desgleichen fteht es um *flaiten*; Danneil giebt für die Altmark in beiden Verwendungen *fleit'n*, Frifchbier für Preufsen *flöte*; und auch das Hochdeutfche fchliefst fich nicht aus, indem es in beiden Fällen *flöten* gebraucht. Die einzige Ausnahme macht Woefte im Weftfälifchen Wb. S. 304, der für pfeifen *flaüten* giebt, aber

---

*) gaan fitten, liggen, ftaan, flêgen, driven, ftriken, flechten, maken u. a.

für verloren gehn *flôten* (in Frommann's Mundarten VII, 433: *flöiten*) *gdn*; allein wahrfcheinlich hat ihn bei diefer Unterfcheidung feine oben angeführte Ableitung der Redensart von mndd. *vloten* beeinflufst. Souft finden wir überall durchftehend die Anfchauung des Volkes, dafs in der Redensart das Zeitwort »flöten« = pfeifen gemeint fei. Am deutlichften findet dies feinen Ausdruck in der von Stcett, Nederlandfche Spreekwoorden (1901) S. 150 beigebrachten limburgfchen tautologifchen Faffung *hä is fleutepiepe* = hij is weg; vgl. lippifch *floitepûipen!* oben S. 39 und die in mehreren Idiotiken verzeichnete Redensart *Floiten find holle Pipen.*

Hamburg C. Walther.

Pebig, peberig (XXVIII, 27).

Diefe Ausdrücke fehlen allcrdings bei Richey, aber Schütze's Idioticon (1802) hat III, 207 als Hamburgifch und Altonaifch »*pewerig, he fütt man pewerig ut,* er fiebt blafs, kränklich aus; dies Wort ift entweder aus dem franz. pauvre oder aus feeberig, fieberhaft, gebildet«. Mi, Wb. der Mecklenburgifch-Vorpommerschen Mundart (1876) bringt nicht blofs *pewerig,* fieberhaft, fiech, fondern auch das Subftantiv *pewer,* Fieber. Doornkaat dagegen im Oftfrief. Wb. läfst das Schütze'fche Adjektiv mit dem oftfrief. *pêfke, pêwke, peweke* (gegen Witterungseinflüffe etc. fehr empfindliches zartes Kind, Schwächling) von einem aufzuftellenden Verb pêwen mit den angenommenen Bedeutungen weinen, ftöhnen, klagen ftammen, welches »leicht aus pauen (kreifchen, fchreien, winfeln) entftehen konnte«, während Stürenburg, Oftfr. Wb. (1857) *peefken* an engl. *peevish* (launifch) und fchott. *pew* (klagen) angeknüpft hatte. Die Möglichkeit der Entftehung eines pewen, richtiger peven, aus pauen ift zu leugnen, wenigftens für das Sächfifch-Nddtfche, wo v und w ftreng auseinander gehalten werden, nämlich jenes v auf f und b zurückgeht und nur mit diefen Konfonanten taufchen kann, diefes w aber Halbvokal ift, der im Auslaut und zwischen Vokalen mit dem Vokal u wechfelt.*) Die Schreibung *pewer* beruht auf verkehrter Anpaffung an die nhd. Orthographie, welche bekanntlich aufser in Fremdwörtern kein v im Inlaut duldet. Diefe Setzung des w für v ift ja leider neuerdings fehr allgemein in der plattdeutfchen Litteratur geworden; fie ift aber unhiftorifch und unrichtig, und verführt zu folchen falfchen Ktymologien. Doornkaat's Etymologie läfst aufserdem aufser Acht, dafs *peverig* nur vom Ausfehn gefagt wird. Das von ihm als Synonym des *pêfke* angeführte *piperling* geht dagegen, wie er richtig angibt, auf *pipen* (pfeifen, in den entwickelten Bedeutungen von ftöhnen, klagen, winfeln und kränkeln) zurück. In Hamburg fagt man für *pipen* in diefem Sinne auch *pipeln* und bildet davon das Beiwort *pipelig,* klagend über Unwohlfein, gegen Schmerz empfindlich, fchwächlich, kränklich. *Pipelig utfeen* wird daher als fynonym von *peverig utfeen* gebraucht von Kranken, aber nie vom Brote oder von Zeug.

Das Adjektiv *peverig* für bleich, blafs kenne ich als einen gewöhnlichen Hamburger Ausdruck feit länger als funfzig Jahren. Neuerdings habe ich, weil das inlautende v in Hamburg in gewiffen Lagen mehr und mehr wie b gefprochen wird, auch *peberig* gehört und daneben *pebig.* Ein Verb *afpevern,* refp. *afpebern* ift mir unbekannt geblieben; es ift eine leicht denkbare Ableitung.

---

*) Ausnahmsweise dialektifch mit g: grâg, Pagel u. a.

Einer etymologifchen Deutung mufs ich mich aus Unwiffenheit enthalten. Falls Mi's Angabe, dafs *pever* für *ferer* (Fieber) gebraucht werde, Grund hat, woran ich aber zweifele, dann freilich wäre die Herkunft aus einer folchen, vielleicht anfänglich fcherzhaften, Lautentftellung klar. Hamburg. C. Walther.

Perfenning (XXVIII, 48).

Aus Lübeck ift mir der Ausdruck Perfenning bekannt, in Bremen fagt man, wie das gleich anzuführende Citat zeigt, Prefenning, niederländifch prefenning und prezenning. Offenbar durch Umdeutung entftand die in Sachs' deutfch-franzöfifchem Wörterbuch verzeichnete Form Preferving. Die Herkunft des Wortes hat Breufing in feinem fchönen Auffatz über die Sprache des deutfchen Seemanns (Jahrbuch V, 5) befprochen: »Geteertes Segeltuch, welches zum Bedecken von Luken und anderen Öffnungen dient und im Englifchen tarpauling heifst, nennen wir Prefenning. Es ift das veraltete franzöfifche Wort préceinte d. h. Umhüllung oder Schurz«. Dazu ift zu bemerken, dafs Littré nur die Form perceintes als veraltet angibt. Préceinte ift nach ihm: série de bordages de bois de chêne, plus larges, plus épais et par cela plus forts que les autres, qui sert comme de ceinture au navire, dont elle entoure les côtes pour les maintenir à leurs places respectives et les lier solidement entre elles. Diefe »Barkhölzer« (nl. barkhout, berkhout) werden auch mit dem Simplex ceinte oder ceintes benannt.

Das lateinifche praecinctus Umgürtung bedeutet in fpäterer Zeit allgemein Kleidung. Als Bekleidung der Schifftteile werden alfo diefe Schutzhölzer angefehen entfprechend dem Seemannsbrauch, vom menfchlichen Körper Hergenommenes auf das Schiff zu übertragen; Grimm Gramm. 3, 435. Dafs das franzöfifche Wort auch eine Decke zum Schutz der im Freien lagernden Waren bezeichnet hat, ift aus den mir zugänglichen Wörterbüchern nicht erfichtlich. Breslau. P. Feit.

Multum (XXVI, 91).

Das lateinifche Wort kommt auch in der Volksfprache anderer Gegenden vor. Ein Kollege teilt mir mit, dafs er es in Prenzlau gehört habe. »Haben Sie nicht noch Korn lagern?« »*Multum!*« So antwortete ein Gutsbefitzer.

Ein anderer Herr fagt mir, feine Grofsmutter in Krossen habe das Wort zu gebrauchen gepflegt, z B. gefagt: »Er hat Geld *und zwar multum.*« Ganz gewöhnlich ift es in Schlefien. »*Es hat multum Kartoffeln.*« Namentlich ift die Verbindung »*multum viel*« beliebt.

Vergleichbar fcheint zu fein, dafs in der Provinz Pofen Deutfchredende das polnifche *mocno*, ftark, fehr, in ihre Sprache aufnehmen, z. B. »hau ihn einmal durch mocno«!

Der Grund ift wohl darin zu fuchen, dafs die Volksfprache zur Bezeichnung eines hohen Grades übertreibende Ausdrücke, ausrufartige Verftärkungen und auch Fremdwörter oder fremdartige Bildungen gern verwendet, z. B. riefig, fürchterlich, hafte nich gefehn u. f. w., aber auch kolossal, knappemang und ähnliches. So ruft z. B. in Schlesien beim Abladen von Ziegeln der Ablader beim letzten Stück: *Ultemân*. In Trachenberg heifst der letzte Erntewagen *Ultemân*, anderwärts der Schnitter so, der zuletzt fertig wird und für seine Versäumnis einen Trunk ausgeben mufs. S. Weinhold, Beiträge zu einem schlef. Wörterbuch, Wien 1855. Ein latein. ultimanus giebt es nicht.

Breslau. P. Feit.

Fatzke (XXVIII, 49).

Mit italiänischem Facivetta hat fatzke m. E. nichts zu tun; Lautform und Bedeutung widersprechen solcher Ableitung. Fa-civetta ist, wie einfaches civetta (eigentlich Käuzchen), eine Kokette, ein gefallsüchtiges, männerangelndes Frauenzimmer, eine Buhlerin, Dirne; ob auch 'ein Kerl', der 'ihre Rolle spielt', ist mir zweifelhaft. Jedesfalls bedeutet *fatzke* etwas anderes als eine ins Männliche übersetzte (Fa-)civetta. Unter 'fatzke' versteht man doch nicht einen Schürzenjäger, sondern etwa 'einen selbstgefälligen, eingebildeten Menschen, der auf nichtige Äufserlichkeiten Wert legt und sich dem entsprechend beträgt'. — Das Wort fatzke gehört zu dem Stamme Fatz, der in der deutschen Schriftsprache des 16. Jahrhunderts in zahlreichen Ableitungen und Zusammensetzungen belegt ist, aber auch bis zu unserer Zeit in nieder-, mittel- und oberdeutschen Mundarten sich erhalten hat. *fatzen* (s auch Schiller-Lübben, Mttln. Wb. Bd. V) heifst foppen, hinters Licht führen, Narrenspossen treiben, Faxen machen; dazu fatzicht (spafshaft, possenhaft), fatzer, fatzerei, fatzbruder, fatzbub, fatzmann, fatzmeister, fatznarre, fatzpossen, fatzvogel, fatzwerk, fatzwort u. a. (Deut. Wörterb. Bd. 3 Sp. 1363 ff.).

Von diesem Stamme Fatz scheint das Wort Fatzke abgeleitet zu sein unter Anlehnung an die zahlreichen, besonders auch in Berlin sehr häufigen Familiennamen auf -ke, wie Reinke, Wilke, Tölcke, Stübke, Siebke, Geffcke, Schwetschke, Putschke, Nitschke, Laske, Lieske, Netzke, Patzke, Natzke, Ratzke, Schätzke usw. usw.; im Berliner Adrefsbuch 1906 fand ich bei flüchtigem Durchblättern z. B. die Namen Kutzke, Butzke, Petzke, Paetzke, Patzke zusammen 114 mal vertreten.

Die ältere Geschichte des Stammes *fatz* ist noch nicht aufgehellt. Könnte Fatzen aus Fackezen entstanden sein, also eine Wiederholungs- oder Verstärkungsform darstellen zu Facken*) in *fickfacken* (wie *schmatzen* aus *schmackezen* zu *schmacken*)? Dann würde fatzen wohl zusammenhangen mit *faxen*, westfälischem *fikfefakfe*, kölnischem *fixfaxerei* usw. (Woeste, Westf. Wb.; Hönig, Wb. d. köln. MA.; Kluge, Etym. Wb.).

Kaffel. Edward Lohmeyer.

Pappen.

Im Augustheft des Korrespondenzblattes (Nr. 3 Heft 28) finde ich auf Seite 38 in dem deutschen Analogon zu dem dort angeführten ersten englischen Gedichtchen am Schlusse »gepappt« m. E. fälschlich übersetzt mit »geplappert«. Pappen ist ein mir wenigstens ganz bekannter Kinder-

---

*) Ob dazu auch *focken* = 'illudere, vexare, foppen' sich stellt? (Deut. Würterb. 3, 1864 f.)

ausdruck für Eſſen, und dieſe Bedeutung des Ausdruckes iſt dort offenbar anzunehmen. Woher ſtammt wohl dieſer Ausdruck?

Greifswald.   Ernſt Bernheim.

Dibbern — queſen — quaſſeln — tünen.

Alle vier Wörter ſind in Hamburg und wahrſcheinlich auch im Holſteiniſchen gebräuchlich, und bezeichnen beſtimmte, aber nicht gerade angenehme Arten des Sprechens bei einer Unterhaltung oder ſonſt im mündlichen Verkehr.

Dibbern (intranſ) und *bedibbern* (tranſit.) bedeuten ſoviel wie »umſtändlich und dabei in kleinlicher Weiſe eine Angelegenheit beſprechen, Unwichtiges als beſonders wichtig darlegen«. — Jemand, der gern ſo »dibbert«, wird als »Dibberklas« oder »Dibberlieſe« bezeichnet.

Queſen entſpricht etwa dem hochdeutſchen »nörgeln«, d. h. jedes kleine Verſehen, jede kleine Unannehmlichkeit gleich mit vielen Worten und in unfreundlicher Weiſe tadeln; es bedeutet auch unter Umſtänden ſo viel wie: »aus einer Mücke einen Elefanten machen«. In dieſer Hinſicht iſt es etwas ſinnverwandt, aber nicht gleichbedeutend mit »dibbern«. — Einer, der viel »queſt«, heiſt »en olen Queſenkopp«.

Quaſſeln und *tünen* ſind ebenfalls mit »dibbern« ſinnverwandt, inſofern auch ſie ein umſtändliches Sprechen über unbedeutende Angelegenheiten bedeuten. *Quaſſeln* würde etwa dem hochdeutſchen »ſchwatzen« entſprechen, vielleicht mit der Nebenbedeutung von »ſich um Dinge kümmern, die einen nicht angehen«, oder von einer Art des Redens, um die man ſich nicht zu kümmern braucht.« »Lat em doch quaſſeln, wat he will« = Laſs ihn ſchwatzen ſo viel er will. — Einer, der gern ſo viel unnütz redet, heiſt ein »Quaſſelhans«.

Tünen hat auſser der vorhin angegebenen Bedeutung auch noch die Nebenbedeutung von »weitſchweifig ſein, vom Hundertſten ins Tauſendſte kommen und dabei womöglich auch eintönig ſprechen.« Bei ſolchem »Tünen« können ſowohl der Sprecher als auch der Zuhörer leicht den Faden der Unterhaltung verlieren. Ein ſolcher »Tünbüdel« kann oft das Ende nicht finden, und wird dadurch ein Schrecken der Zuhörer.

Von allen vier Verben ſind Adjektive abgeleitet: *dibberig, queſig, quaſſelig, tünig*, und dieſe Wörter bezeichnen Eigenſchaften, die von der jungen Welt gern älteren Leuten zugeſchrieben werden, ſobald jener die Vorhaltungen oder Ermahnungen der Älteren läſtig werden, oder wenigſtens als unverdient oder übertrieben erſcheinen.

Richeys Idiotikon hamb. wie auch das Mittelniederdeutſche Handwörterbuch enthalten keins der genannten Wörter, obgleich ſie in mündlicher plattdeutſcher Rede nicht ſelten gebraucht werden. Prof. K. Müllenhoff gibt in ſeinem Gloſſar zur 3. Auflage von Klaus Groths Quickborn auf Seite 313 nur das Adjektiv »queſi« an, und zwar als figürliche Bezeichnung für »einen verdrehten, wunderlichen Kopf und Sinn«. Er führt es zurück auf »Quees«, das im Holſteiniſchen den Blaſenwurm (Coenosurus cerebralis) bezeichne, die Urſache der Drehkrankheit der Schafe. Von dieſer Krankheit befallene Schafe würden »queſige Schap« genannt. Ob die Erklärung M.'s im figürlichen Sinne zutrifft, vermag ich nicht zu ent-

fcheiden. Vielleicht kanu einer der gefchätzten Lefer d. Bl. etwas Näheres über den Urfprung der in der Überfchrift genannten Verben mittcilen.
Hamburg. C. Rud. Schnitger.

arig.

Auch diefes Wort ift in Hamburg und feiner weiteren Umgebung nicht felten. Es wird adjektivifch und adverbial gebraucht, und bedeutet: »ziemlich viel«. Häufig wird es mit dem Pronomen »wat« verbunden. »Da is arig wat bi öber weft« d. h. es ift bei dem Handel oder Gefchäft ganz gut verdient worden — »Dat is noch en arig Flag (en arigen Weg) bet dahen« d. h. der Weg bis dahin ift noch ziemlich weit, weiter vielleicht als nach der Entfernung Fragende meint.

Auch diefes Wort fehlt bei Richey. Zu bemerken wäre noch, dafs das »a« in »arig« gedehnt, aber mit dem Klang zwifchen »a« und »o« gefprochen wird.
Hamburg. C. Rud. Schnitger.

Zur »Anfrage« (XXVIII, 57).

Der unter obiger Überfchrift angeführte Vers ift fehr wahrfcheinlich ein Rätfel, deffen Löfung vielleicht »der Hahn« ift. In der erften Zeile (Drös, Drēs, Drāt) könnte der Ruf, nicht etwa des ausgewacbfenen Hahnes, fondern des jungen Hähnchens ftecken, an deffen etwas heiferen Schrei jene Silben ein wenig anklingen. — Der »läddern Bart« der zweiten Zeile wären denn die Hautlappen am Halfe des Hahnes, die in ihrer feften Befchaffenheit etwas Lederartiges haben. — In dem »läddern Slipftein« der dritten Zeile möchte ich den Schnabel erkennen, den der Hahn ähnlich fo am Sande hin und her reibt (wetzt), wie der Schnitter den fchmalen Wetzftein an der Senfe hin und her führt, wenn er diefe fchärft. Das Adjektiv »läddern« wäre wohl gerechtfertigt durch die der Lederfarbe etwas ähnliche Färbung des Schnabels. — Endlich kann der Hahn »nich in de Sunne fein (fehen)«; (vierte Zeile) denn feine Augen find ja feitwärts gerichtet, und er kann den Kopf wohl nach den Seiten, aber nicht aufwärts bewegen.

Ob diefer Verfuch eine richtige Löfung des in Rede ftehenden Rätfels ift, mufs ich freilich dem Urteil der geneigten Lefer überlaffen.
Hamburg. C. Rud. Schnitger.

Eine Umfrage, den Ausdruck »Sage« betreffend.

Die heute vorwiegende Bedeutung von »Sage« als eine unbeglaubigte, meift auch wohl dichterifch ausgefchmückte Erzählung hat fich erft im 18. Jahrhundert herangebildet. Vgl. u. a. Moriz Heyne, Dtfchs. Wörterbuch Leipzig 1895. J. u. W. Grimm Deutfches Wörterbuch. Bd. VIII, Leipzig 1893 u. a. Daher mag es wohl kommen, dafs der Ausdruck in den verfchiedenen Mundarten in diefer Bedeutung, wenigftens foviel mir bekannt ift, nicht vorhanden ift. Die Durchficht einer Reihe der bedeutendften Sammlungen des deutfchen Dialektfchatzes war wenigftens ergebnislos; doch ift es gerade in diefem Falle leicht möglich, etwas zu überfehen. Vielleicht ift das Subftantiv »Sage« im Niederdeutfchen vollftändig verfchwunden. Nur im Oberdeutfchen des Bayrifchen fand ich in ·Schmellers Wörterbuch einige Belege: Ich hab fundern Gefallen in deiner Sag [= Erzählung]; das Gefag = Gerede: is des net allewoal e Gfa und waes niemd nicks! Die Sag-Mär, z. B. Des glab i net, is fcbed e Sa-Ma. In meiner lippifchen Heimat gebraucht man für das, was wir hochdeutfch mit Sage (Volksfage) bezeichnen, allerlei Umfchreibungen, wie z. B.: de Lui fögget olltuit —, dat wert jümmer feu fäggt — dat het olltüit feu höiten — dat wert fick vertellt — ufw.

Nach Grimms Wörterbuch VIII, S. 1644 hat Frifchbier, Preufs. Wb. II, 336: he heft ne göde fegg, er verfteht fliefsend zu reden, und im Bremifchen Wörterbuch IV, 736: dat is ene gemene. fegge. Da haben wir noch zwei niederdeutfche Subftantive für Sage, allerdings nicht in der heutigen Bedeutung Volksfage. Bei Frifchbier ift fegg = Sprache, Fähigkeit zu fprechen, auch Tätigkeit des Sprechens, im Bremifchen Wörterbuch ift fegge = Gerücht, alfo nicht Überlieferung.

Ift das Subftantiv »Sage« [von fagen] noch in Mundarten angewandt und welche Bedeutung hat es dann? Wie wird das in der Mundart bezeichnet (umfchrieben o. dgl.), was wir Volksfage nennen?

Frankfurt a. M.   K. Wehrbau.

Plattdeutfches Rätfel aus dem Weftfälifchen.

Üleken fatt up en Stüleken.
Je länger dat he fatt,
Je lütker dat he watt —
Bums, fallt he dal!

Die Auflöfung ift wohl: die alte Kienfpanlampe.

Frankfurt a. M.   K. Wehrban.

Einen die Hamburger oder Bremer Gänfe fehen laffen
(XXVIII, 51).

Die Veranlaffung zu obiger Redensart ift mir freilich nicht bekannt, wohl aber kenne ich fcbou aus meiner Kinderzeit her den durch fie bezeichneten fehr gefährlichen fogenannten »Scherz«, der zuweilen fogar den Tod des betr. Kindes zur Folge gehabt hat. — In Hamburg nannte man es kurzweg »Bremen fehen laffen«. Diefer Unfug fcheint jetzt glücklicherweife in Vergeffenheit geraten zu fein.

Hamburg.   C. Rud. Schnitger.

Diefen mit Kindern vorgenommenen Scherz kennt fchon das Bremifch-niederfächfifche Wörterbuch Bd. II (1767) S. 529 als in Bremen felbft üblich unter der Benennung »*De Bremer Göfe wifen*, die Kinder mit beyden flachen Händen bey den heyden Backen faffen und fie fo beym Kopfe in die Höhe heben«. Schütze hat im Holftein. Idiotikon Th. I (1800) S. 162 unter »Bremen«: »von diefer niederfächfifchen Reichsftadt ift der platte Ausdruck, den man in Holftein zu einem kleinen Kinde, auch Hunde fagt, die man mit beiden Händen an den Kopf gefafst in die Höhe hält, genommen: *Ik will di Bremen ·feen laten:* nun follft du Bremen fehn!« Diefe holfteinifche Faffung der Redensart ift auch hamburgifch, wie Herr

Schnitger angibt und wie ich beſtätigen kann, da ich das Spiel ſeit meiner Jugendzeit kenne. Und eine jetzt getane Umfrage hat das gleiche Reſultat ergehen, daſs in Hamburg man die Kinder nur Bremen, aber keine Bremer oder Hamburger Gänſe ſeben läſst. Ich bin geneigt, den holſtein-hamburgiſchen Ausdruck für urſprünglicher zu balten, als den lippe-bremiſchen. Seine und des Spieles Entſtehung möchte ich mir auf folgende Weiſe denken, welche zugleich die zwecklos ſcheinende Derbheit der Procedur aus der Entwicklung verſtehn laſſen würde.

Es hat im älteſten Deutſch ein dem latein. fremere nach Laut und Sinn entſprechendes Verbum *briman* gegeben, an deſſen Stelle in jüngerer Zeit mhd. mudd. *brimmen*, mndl. *brennmen* trat, von welchem unſer *brummen* ſtammt. Im Altndd., wo es breman gelautet haben muſs, iſt es zwar nicht überliefert, wohl aber im Althd. *preman, breman* als Ueberſetzung von fremere, rugire und ſpäter noch im Mndl. und im mittelalterlichen Mitteldeutſchen als *bremen* für brummen, brüllen. Von demſelben Stamm ſind das angelf. und altnord. *brim*, die Brandung, das rauſchende Meer, ſowie die Ableitungen: agf. *bremung*, fremitus, rugitus, und die Benennungen für einige lautſummende Fliegenarten, *breme* (af. *bremo*, ahd. *premo*, mhd. *breme*) und *bremſe* (ahd. *primiſſa*, agf. *brimſe*, mndd. *bromeſe*.[1])

Wenn man die flachen Hände gegen die Ohren preſst, ſo hört man ein Brauſen oder Brummen, was Kinder, wenn ſie es zuerſt zufällig oder gewöhnlich durch Andere kennen lernen, erſtaunt und ergötzt. Wie, wenn man im Altdeutſchen das Experiment genannt hätte ›jemanden bremen hören laſſen‹? Als das Zeitwort im Niederdeutſchland erſtorben und unverſtändlich geworden war, mag man das Wort als den Plural des Subſtantivs Breme aufgefaſst haben. Allein auch dies Wort hat die ndd. Sprache im Mittelalter eingebüſst und dafür bromeſe zu gebrauchen ſich gewöhnt, wenigſtens in den Küſtenlanden. Breme iſt bis jetzt nur einmal aus dem 15. Jahrhundert belegt und ebenſo einmal die Form brame, welche letztere für Bremſe (neben brome für Horniſſe) ſich noch im Göttingiſch-Grubenhagenſchen erhalten hat. Die Bremen als Bremſen gaben daher ſchlieſslich den Kindern, die ja leider alles auch begreifen wollen, keinen Sinn mehr. Da bot ſich den Eltern der Name der allbekannten Stadt Bremen als Erſatz. Bei ſolcher Umdeutung des Ausdruckes war ein Bedecken der Ohren allein nicht zureichend; denn um das Kinder etwas entferntes ſehn zu laſſen, muſs man ſie emporheben. In dieſem Falle aber konnte das nicht dadurch geſchehn, daſs man die Kinder wie ſonſt unter die Arme faſste; um das akuſtiſche Experiment, auf das es ankam, ausführen zu können, muſste man ſie beim Kopfe aufheben, indem man ſeine Hände gegen ihre Ohren drückte. Die Bremer aber, welche ihren Kindern die Stadt Bremen nur hätten weiſen können, wenn ſie grade in Bremen ſich nicht befanden, halfen ſich dadurch, daſs ſie ihnen die auf den Wieſen vor der Stadt weidenden Gänſe zeigten. Daſs die Bremer Redensart dann auch auſerhalb Bremens verbreitet ward, darf bei der Bedeutung der Stadt, beſonders für das Weſergebiet nicht befremden; und auch die Er-

---

[1] Grimm, Dtſch. Wb. breme, brimmen; Kluge, Etymolog. Wb. bremſe, brummen; Franck, Etymol. Woordenboek brommen.

fetzung der Bremer durch Hamburger Gänfe findet in dem neuerdings ge-
wachfenen Einflufs Hamburgs auf Nordweftdeutfchland feine Erklärung.
Vielleicht dürften noch mehr eigentümliche Gebräuche und Spiele
einfacher und begreiflicher fich aufklären laffen, wenn man, ftatt ihren
Urfprung aus ethifchen Urfachen zu leiten, ihre Benennungen durch philologifche Forfchung zu ergründen fuchte. Max Müller — parvis liceat
componere magna — hat uns in feinem Effay über vergleichende Mythologie
gezeigt, wie indogermanifche Sprachwiffenfchaft mit Erfolg bei der Mythen-
forfchung verwertet werden kann und mufs. Wie in befcheidnerer Weife
etwa auch die germanifche Philologie der Volkswiffenfchaft Dienfte zu
leiften vermöge, habe ich an dem obigen Beifpiele zu entwickeln verfucht.
Wie aufserdem philologifche Behandlung von Volksüberlieferungen bisher
unbekanntes· Sprachgut zutage bringen kann, dafür will ich noch ein Beifpiel anführen. In dem Hamburgifchen Dorfe Farmfen lernte ich vor 50 bis 60 Jahren
einen Schabernack kennen, welchen Bauerjungen an jüngeren Knaben verübten, das *Doornſtöterneſt wiſen*. Nachdem das Verlangen diefer durch
emfiges Suchen nach dem angeblich fchwer zu findenden Neft eines Dorn-
ſtöfsers, einer befonders fchönen Vogelart, rege gemacht war, entdeckte
ein kundiger Thebaner endlich ein fulches in cinem Knick oder einer Hecke.
Die Zweige wurden vorfichtig auseinander gezogen; der fpähend fich vor-
biegende Neuling ward »gluupfch« in den Bufch hineingeftofsen; und wenn
er danach mit etwas gefchundenem und zerritztem Geficht wieder herauskam, ward er mit dem höhnifchen Ruf empfangen: *nu heſtu en Doornſtöterneſt feen*.
Unter dem Dornſtöfser als Vogel ift gewifs der Neuntöter zu verftehn,
welcher Infekten an Dornen zu fpiefsen pflegt, um fie hernach ftückweife
zu verzehren. Von diefer Eigenheit heifst er weftfälifch *dârnexter* und in
hochdeutfchen Mundarten *dornheher, dorndreher, dornkrelle*. Im Holfteinifchen
wird er davon *doornſtöter* genannt worden fein, ehe diefer Namen durch einen
andern, vielleicht »nẹgenmörder« oder »nẹgendöder«, verdrängt ward.
Während das Appellativ wohl noch bekannt war, aber nicht mehr recht
verftanden ward, wird die Jugend fich veranlafst gefühlt haben, ihm durch
jene Neckerei wieder eine Bedeutung zu geben. Von dem Brauch des Vogels,
den Dornbufch zu einer Speifekammer zu machen und die Dornen als
»Wiemen« zu benutzen, werden die Farmfener nichts gewufst haben; denn
wenn fie davon erzählt hätten, wäre mir eine fo wunderbare Tatfache
gewifs unvergeffen geblieben, dafs ich fie bei der manche Jahre fpäteren
Aufzeichnung nicht übergangen hätte.
Weder im Holfteinifchen Idiotikon von Schütze, noch fonft in einem
Wörterbuche habe ich ein ndd. Doornſtöter oder hd. Dornſtöfser finden
können, fodafs alfo vielleicht durch dies Kinderfpiel die einzige Kunde
von dem vormals in Holftein geltenden Vogelnamen bewahrt worden ift.
Hamburg.   C. Walther.

Hamburger Gänfe (XXVIII, 51).

Hier in Lübeck lautet die betreffende Frage nur: *Sall ik di mal
Hamborch wiſen?* Auf die bejahende Antwort hebt man das Kind an den

Ohren hoch und fragt jetzt: *Kannst nu H. ſehn?* Ebenſo bei Molema, Wtb. der Groninger Mundart, *Bremen wiſen.*

Lübeck. C. Schumann.

Zum mittelniederdeutſchen Wörterbuche.

Auf der hieſigen Stadtbibliothek hat ſich vor kurzem ein Blatt iu Grofsfolio gefunden, gedruckt in Antwerpen im Jahre 1525 und enthaltend in vlämiſcher Überſetzung (Copie effte Uthſchrift) einen Erlaſs des Burgundiſchen Rates, der im Auftrage des Kaiſers allen Behörden und Untertanen die ſtrenge Beobachtung des Wormſer Ediktes zur Pflicht macht. Ich gebe daraus folgende Ausdrücke, welche im mnd. Wtb. gar nicht oder in anderer Form verzeichnet ſind.

Behaget, eingeſperrt, in der Verbindung *begrepen unde behaget geſettet,* ergriffen und gefangen geſetzt. Wtb. behagen, mit Hecke umgeben; niederl. beheinen.

Dwalinge, Irrung. Wtb. dwelinge.

Fransoses, franzöſiſch. Wtb frantzos, franſois.

Ketterye, Ketzerei. Wtb. ketter, ketterſche, ketteren, ketterheit.

Kletynge, Streit; im Texte: disputationen effte kletynge. Alſo für *kretinge?* Wtb. kret. Dieſer Wandel des r in l ſcheint freilich nach Lübben, mnd. Gramm. § 29, nicht üblich zu ſein, während der umgekehrte nicht ſelten iſt auch in unſerm Stücke durch *vorvroken,* verfluchen, belegt wird. Doch ſiehe fürs Hochdeutſche Wilmanns, deutſche Gramm. I § 114.

Myslover, Ungläubiger. Wtb. mislove, misloven.

Plakatzy, öffentlicher Anſchlag, niederl. plakkaat.

Profitie, Prophezeiung. Wtb. prophecie, niederl. profecy, profetie.

Todeder, Anhänger: todeders unde volgers unde gunners (Luthers). Wtb. todedig, zugetan.

Vordenkinge, Auslegung, Erklärung, verbunden mit *vorneminge.* Wtb. vordenken, bedenken, auslegen.

Wartlik, weltlich, die Mittelform zwiſchen warlik und werltlik im Wtb.

Weſtwerdesk, weſtlich; weſtwerdeske ſprake ſ. v. a. franzöſiſch

Lübeck. C. Schumann.

Elte.

Wo im Gebiete hat ſich abd. *alti, elti,* mhd. *elte,* altſ. *eldi,* das Alter, im Volksmunde erhalten? Ich habe hier mehrmals *Elte* gehört und geleſeu, obgleich dieſes Wort nicht zum hieſigen Sprachſchatze zu rechnen iſt.

Lübeck. C. Schumann.

Branzen.

Mein Vater, gebürtig aus der Priegnitz, bediente ſich zu ſcherzhafter Ablehnung einer Bitte gern des Ausdruckes: Ich werde dir was *branzen.* Dieſes Verb habe ich nirgend ſonſt ſo gehört noch geleſen. Woeſte, weſtfäl. Wtb., hat *branſen* im Sinne von eigenſinnig weinen, weinen überhaupt. Näher kommt Danneil, altmärkiſches Wtb., mit *bramſen,* ſeinen Unwillen zu erkennen geben. Dazu ſtimmt Grimms Wtb. mit *brancen,* zanken, ſtreiten. Iſt das Wort in der erſtangegebenen Bedeutung noch irgendwo bekannt?

Lübeck.   C. Schumann.

Heeſeh.

Heeſch (Heiſch), Heeſchplatz, auch *Pingſtheeſch,* heiſst in unſern lauen-burgiſchen Enklaven der freie Platz, auf dem die Jugend am 2. Pfingſttage ihr altes Feſt, den *Heeſch* oder *Pingſtheeſch* begeht. Der Name kommt ohne Zweifel von der Sitte, die dazu nötigen Gaben durch einen Bittgang im Dorfe zu ſammeln. In ihm hat ſich das urſprüngliche lange *e* — altſ. êskôn — erhalten gegenüber dem mnd. *eſchen, heſchen, heſken, eſche* neben *eiſchen, eiſch.*

Lübeck.   C. Schumann.

Roggenwolf.

Dieſer Name gilt nach dem Grimmſchen Wtb. auch für die wirklich geſpenſtiſch ausſchauende Maulwurfsgrille. Bei Müller, Mecklenburgiſcher Volksmund in Fritz Reuters Schriften, ſoll ſogar die groſse Grasheuſchrecke ſo heiſsen. Wer kann das beſtätigen? Liegt etwa eine Verwechſelung zugrunde?

Lübeck.   C. Schumann.

Die Bremer Gänſe, Bremen weiſen.
(Nachtrag zu S. 75 ff.).

J. ten Doornkaat Koolman, Wörterbuch der Oſtfrieſiſchen Sprache I, 226: »*Schal 'k di inſen* (einmal) *de Bremer goſen wiſen?* Bei der Frage hebt man die Kinder, wenn ſie ſolche bejahen, mit beiden Händen an Kopf und Ohren in die Höhe, eine alte Unſitte, welche leicht üble Folgen haben kann und der deshalb überall von Eltern und Lehrern etc. geſteuert werden ſollte.«

· H. Handelmann, Volks- und Kinderſpiele aus Schleswig-Holſtein, 2. vermehrte Ausgabe S. 40 § 59: »*Bremen ſehen.* Ein Scherz, welchen Er-wachſene mit Kindern zu treiben pflegen. Man fragt das Kind: Willſt Du Bremen ſeben? und wenn es: Ja! ſagt, faſst man es mit beiden Händen am Kopf oder an den Ohren und hebt es in die Höhe. — Entſprechend iſt das *Paris zeigen* bei Schmeller, bayriſches Wörterbuch II, 375. In gleicher Weiſe hebt man das Kind in Schweden, wenn es auf die Frage: Haſt du des Herrn Hühner (die Marienkäfer) geſehen? oder: Haſt du den König geſehen? Nein! antwortet. Arwidſon, Svenska fornſånger III, 494 a.«

Die aus Schmeller angeführte Stelle lautet vollſtändig: »Knirren, kneipen. Einen knirren läßen, ihn ſchreyen machen, indem man ihm die Finger hinter den Ohren eindrückt; ihm *Paris zaigen.*«

H. G. Ehrentraut, Frieſiſches Archiv I, 63 in den Mitteilungen aus der Sprache der Wangerooger· »Quârk, erſticken. Man pflegt wohl ſcherzend zu einem Kinde zu ſagen: *kum, ïk wul di Brümme ſjô lait* (komm, ich will dich Bremen ſehn laſſen), und ihm dabei den Hals recht zu drücken. Dann ruft wohl die Mutter: quârk mi dait bên nich (erſticke mir das Kind nicht).«

Hamburg.   C. Walther.

Mutfch (S. 71).

Mit »multum« und »mocno« läfst fich das hamburgifche *mutfch* vergleichen, das ich früher oft von älteren Leuten gehört habe für »viel«,
befonders in der Verbindung *to mutfch*, zu viel. Obfchon der Zufammenhang der Rede nie einen Zweifel liefs über die Bedeutung, habe ich einmal
nach diefer gefragt; die Antwort war: es fei foviel wie »vçl', ryv', viel,
reichlich.«

Es kann fowohl aus dem fpan. *mucho*, wie aus dem engl. *much*
ftammen. Zu beiden ftimmt es nicht ganz: gegen jenes läfst die Kürze
des Vokals im hamburgifchen Worte fich geltend machen, gegen diefes das
u ftatt ö. Letztere Abweichung fcheint mehr ins Gewicht zu fallen, zumal
da jetzt folche Leute, welche, wie z. B. Seeleute und Amerikamüde, gerne
ihr Deutfch mit englifchen Ausdrücken verbrämen, richtig *mötfch* fprechen.
Darum glaube ich, dafs mutfch das entlehnte mucho ift. Es wird zu Anfang
des vorigen Jahrhunderts aufgenommen fein. Am 8. Auguft 1807 war, von
Napoleon gefandt, ein fpanifches Armeecorps in Hamburg eingerückt, das
bis zum 5. März 1808 blieb. »Deffen Soldaten wurden wegen ihrer
Gemüthlichkeit und Originalität bald die Lieblinge unferer unteren Volks-
claffen«; Gallois, Chronik von Hamburg S. 315. Th. Holzmann, Das fpan.
Militär in Hamburg 1807/8. Der fpanifche Urfprung fcheint mir dadurch
beftätigt zu werden, dafs die Leute, welche mutfch gebrauchten, in einer
Stadtgegend aufgewachfen waren und einem bürgerlichen Stande angehörten,
welche beide ihnen keinen Anlafs boten, englifche Worte nach Art der
commerziellen Kreife und der Hafenanwohner fich anzueignen. Bemerkenswert ift, dafs Schütze, deffen Idiotikon 1806 vor dem Aufenthalt der Spanier
abgefchloffen ward, noch kein mutfch kennt, auch kein mötfch, trotz des
damals und zwar fobou feit Jahrzehnten in Hamburg herrfchenden englifchen
Einfluffes und Anfehens.

Hamburg.   C. Walther.

Notizen und Anzeigen.

Beitragszahlungen find an unfern Kaffenführer Herrn John E. Rabe, Hamburg 1,
gr. Reichenftrafse 11, zu leiften.

Veränderungen der Adreffen find gefälligft dem genannten Herrn Kaffenführer
zu melden.

Beiträge, welche fürs Jahrbuch beftimmt find, belieben die Verfaffer an das Mitglied
des Redactions-Ausfchuffes, Prof. Dr. W. Seelmann, Charlottenburg, Peftalozziftrafse 103,
einzufchicken.

Zufendungen fürs Korrefpondenzblatt bitten wir an Dr. C. Walther, Hamburg 24,
Uhlandftrafse 59, zu richten.

Bemerkungen und Klagen, welche fich auf Verfand und Empfang des Korrefpondenzblattes beziehen, bittet der Vorftand direct der Expedition, »Diedrich Soltau's Verlag
und Buchdruckerei« in Norden, Oftfriesland, zu übermachen.

Redigiert von Dr. C. Walther in Hamburg.
Druck von Diedr. Soltau in Norden.

Ausgegeben: November 1907.

Jahrg. 1907.   Hamburg.   Heft XXVIII. № 6.

Korrefpondenzblatt

des Vereins
für niederdeutfche Sprachforfchung.

I. Kundgebungen des Vorftandes.

Mitgliederftand.

Adreffenänderungen:

Herr Paftor F. Bachmann, jetzt Pampow bei Holthufen, Mecklenburg-Schwerin,

Herr Archivaffiftent Dr. A. Eggers, jetzt Wiesbaden.

II. Mitteilungen aus dem Mitgliederkreife.

Das Rätfel vom Ei (XXVIII. 26. 33 ff.)

Zu dem engl. rätfel vom ei kenne ich aus meiner heimat ein fehr anklingendes. (Weftönnen, kr. Soeft).

> Hümpəlkən-pümpləkən op dər baŋk,
> Hümpəlkən-pümpləkən nnər dər baŋk;
> Et iəs kain doktər in Äŋəlant,
> Dai hümpəlkən-pümpləkən kurwiərn kan.[1]
> Wat is dat?

Hümpəlkən heifst das ei, weil es beim rollen hin und her fchwankt, gleichfam »hümpəlt«. Vgl. humpəln = lahmgehen.

Ein andres rätfel vom ei lautet:

> Ik smŋitə wu.ət[2] wītəs opən dak,
> Dat kumət dər ɦiäl wqiər af.
> Wat is dat?

Wongrowitz.   Joh. Banfe.

Katthagen (kathägən).

Diefes wort findet fich in mehreren ftädten des Münfterlandes, z. b. in Münfter und Rheine. Der Münfterfche katthagen ift ein neben der hauptftrafse liegender, nicht all zu grofser häuferkomplex, der rundherum von ftrafsen bezüglich gaffen umfangen wird. Ähnlich foll der katthagen in Rheine befchaffen fein. Da mehrfach Polnifche wörter beziehungen zu deutfchen wörtern zeigen, kann uns vielleicht ein Polnifclies wort zur er-

---

[1] In dem zwielaut ɐi (= mndd. ê) ift der erfte beftandteil nicht â, fondern ein dem a näher liegender laut. [2] ə = â.

klärung verhelfen. Im Polnifchen heifst *kat* fcharfrichtor, henker. Auch im dtf., hez. ndd. haben wir ein ähnliches wort mit ähnlicher bedeutung: als fchimpfwort wird nämlich gebraucht: *kats*. ·Diu kats!· heifst es wohl mal; namentlich aber wird das wort gebraucht in verbindung mit eigennamen. So kannte ich den ausdruck: ·*kats Wilm*·. Das wort hat etwa die bedeutung: roher, gefühllofer menfch, abfchlächter, ·*fiiler*· d. i. abdecker, fchinder.

Demnach würde fich alfo für katthagen als mutmafsliche bedeutung ergeben: ·Schinderhagen, henkerhagen, richthagen·. Solche deutung fcheint für die geftalt und lage des platzes in Münster wohl zu paffen. Freilich würden wir dann wohl in eine zeit zurückgeführt, in der die umgebung noch nicht bebaut war. Später lag übrigens der richtplatz der stadt Münfter meines wiffens vor demfelben tore, in deffen nähe fich der katthagen befindet.

Anknüpfend hieran erwähne ich, dass der alte richtplatz der ftadt Werl galgenpläs (·' fialgonplas) genannt wurde; das angrenzende land aber hiefs gewöhnlich ·am gerichte·.
Wongrowitz.   Joh. Banfe.

Hellweg.

Der bekannteste Hellweg (hiolwiäß) führt von der Wefer über Paderborn, Dortmund zum Rheine. Er ift offenbar eine uralte landftrafse und eine annehmbare deutung ift meines wiffens noch nicht gegeben. Hellweg heifst auch eine alte landftrafse, welche von Soeft nach Hamm führt: chenfo eine folche von Werl nach Hamm. Auch habe ich den namen Hilwäg (hilwäß) im Münfterlande gefunden. Von dem grofsen, erftgenannten wege habe ich folgende erklärung gehört. Einft war das land voll wälder: als nun die Römer kamen, fagten fie: Lafst uns einen ·hellen weg· machen. Dann bauten fie den weg in gerader richtung durch den wald. Daher erhielt der Weg den namen ·Hellweg·.

Die erklärung hat einen viel zu gelehrten auftrieb, als dafs fie glaubhaft fcheinen könnte. Dagegen fpricht auch die niederdeutfche form: hiolwiäß, auch wohl hilwäß. Nach jener erklärung müfste der name auch im ndd. lauten: *helleviäg* oder *hellwiäg* (helwiäß).

Eine andre erklärung lautet, es bedeute der name: ·heilsweg·, weil auf diefem wege das kriftentum fich über das land verbreitet habe; das kriftentum aber habe das heil gebracht. Auch diefe erklärung klingt nicht wahrfcheinlich. Man würde dann als form erwarten: *hoilsviäß* oder *hilgowiäß*. Vgl. hilgonhius = heiligenhaus.

Wahrfcheinlicher klingt eine erklärung, die ich in der gegend von Unna, bei Flierich, vernahm. Ein mann auf dem felde erklärte mir dort, hellweg fei der gegenfatz zu flnipwiäß und fei etwa gleichbedeutend mit ·kriminalweg· (er meinte ·kommunalweg·), d. i. öffentlicher weg. Slnipwiäß dagegen fei ein nicht öffentlicher nebenweg, ein richtweg (etwa vicinalweg). Bei diefer erklärung, die deshalb etwas für fich hat, weil fie nicht ausfieht, als ob fie nachträglich aus dem gleichklang ähnlicher wörter abgeleitet und zurechtgemacht fei, hätten wir an *hoilo* == ganz zu denken. Wir müfsten dann annehmen, dafs ·hiol· eine andre ablautstufe fei zu hoilo = ganz, vollftändig.

Früher habe ich auch bei Warendorf nachforfchungen angeftellt.
Ich hörte, der alte Münfterweg werde auch ›hiälwäß‹ genannt; bei Beelen,
öftl. Warendorf, gibt es einen ›hiärwäß‹. In der bauerfchaft Hohenhorft-
Buttrup dafelbft hörte ich ebenfalls, hiälwäß heifse jeder öffentliche weg.
In der bauerfchaft Hohenhorft hörte ich, der alte weg über Warendorf-
Ennigerloh-Beckum werde daneben auch genannt: Römerländftrate (römer-
läntftrate).

Wenn wir davon ausgehen, dafs hiärwäy mit hiälwäy gleichgeftellt
ift. dann kommen wir auch leicht zu der ableitung von ahd. hilta, hiltja[1]
= kampf, fodafs dann hilwäß, hiälwäß, hiolwiäß = kriegsweg wäre. Es
wäre dann eine ähnliche bezeichnung wie die benennung: ›königsweg‹;
letztere aber ift wohl die jüngere.

Wongrowitz.   Joh. Banfe.

Jüdefeld, Judenkirchhof, Judinashuvil, Jönfthôwel.

In feiner programmabhandlung über die Varusfchlacht, Paderborn
1878, die, nebenbei bemerkt, viel zu wenig beachtet ift, verfolgt Hülfenbeck
den unglückszug des Varus, indem er fich teilweife auf volksfagen ftützt.
Dabei kommt er an einer ftelle auf gräberartige fteinpackungen, die fich
auf dem ›Judenkirchhofe‹ befinden (Gegend von Hirfchberg) Der platz
liegt hoch in den bergen. fodafs nicht daran zu denken, dafs bier ehemals
ein jüdifcher kirchhof fich befunden haben follte. Heim lefen der Hülfen-
beckfchen ausführungen fiel mir unwillkürlich ein die Sanskrit. Wurzel
judh = kämpfen; juddha, n. = kampf, fchlacht. Da jud in der bedeutung
fchlacht, kampf auch in den keltifchen mundarten vorliegt, unterliegt es
keinem zweifel, dafs es in den wefteuropäifchen fprachen in alter zeit
weiter verbreitet gewefen.

Ndd. ift die form ›jud‹ lautgefchichtlich anzunehmen Nun findet
fich in der Freckenhorfter heberolle 269 und 324 Judinashuvila; heute
heifst der ort Jönfthôwel (bei Hoetmar), wie ich von einem ftudiengenoffen
vernommen. Das würde alfo bedeuten: ›fchlachthügel, kampfhügel‹.

Dazu fcheint auch zu gehören: Jüdefeld, weftlich von Münfter i. W..
und dazu, in der ftadt, die Jüdefelder ftrafse. Da in der dortigen mundart Jüden = Juden nicht üblich ift, man bei ableitung von Jude auch
Judenftrafse oder wenigftens Jüdenftrafse erwarten müfste, ift es nicht
wahrfcheinlich, dafs das wort mit dem volksnamen ›Juden‹ zufammenhängt.
Eine fage, welche es damit zufammenbringen will, klingt ziemlich gefucht
und gezwungen. Jüdefeld wird alfo wohl zu deuten fein als fchlachtfeld.
Judenkirchhöfe heifsen übrigens noch an mehreren ftellen plätze, wo ein
zufammenhang mit den Juden ausgefchloffen fcheint. Die deutung ›fchlacht-
kirchhof, fchlachtfriedhof, fchlachtgräberftelle‹ liegt alfo nahe.

Wongrowitz.   . . .   Joh. Banfe.

Ndd. heefs = heet?

In Joh. Hinr. Fehrs' neuem Romane ›Maren‹ fand ich als Imperfekt
von heeten (heifsen) die Form ›heefs‹ (zur Unterfcheidung vom Präf. ik
heet), was ich anfangs für einen Druckfehler hielt. bis ich diefelbe Form

---

[1] Vgl. Hildebrandslied: ... dô sie tô derô hiltju ritun.

an verfchiedenen Stellen S. 5. 50. 298. 301 u. ö. wiederholt fand. Nach der Ausfage des Autors wurde in feinem Heimatdorfe Mühlenbarbek bei Itzehoe fo gefprochen, obwohl man dort ik leet (liefs) geeteu, fcheteu ufw. fagt. Sollte diefe jedenfalls ganz anomale Form auch fonft vorkommen??
Itzehoe.   K. Seitz.

Meyfeld (XXVII, 68).

Auf Johannes Mejer's Landkarte von Süderkul, Ditmarfchen, 1648 (in Danckwerth's Landesbefchreibung der Herzogtümer Schleswig und Holftein) fteht auf dem Aufsenland vor dem Marner Seedeich Dafs gröne Meyfeldt.
Hamburg.   J. F. Voigt.

Zu Korr.-Bl. XXVIII, 72.

Auf die Belehrung über das vb. *fatzen* hab' ich nicht einzugehen, da ich darüber gar nicht gehandelt hatte, nur dawider mufs ich proteftieren, dafs man mich fagen läfst, was mir nicht eingefallen war.
Weimar.   Franz Sandvofs.

Klumpatfch.

Es scheint Einigen Befchwerden verurfacht zu haben, dafs zur Erklärung des berlinifchen Wortes »Fatzke« auf italienifchen Urfprung zu fchliefsen war. Wir haben hier wieder ein italienifches Wort vor uns.

Ich erinnere mich, dafs vor Jahren in Berlin ein armer Kerl wegen Beleidigung verurteilt wurde, weil er eine Äufserung als *Klumpatfch* oder *Klompatfch* bezeichnet hatte. Dafs das keine Schmeichelei hatte fein follen, darüber herrfchte kein Zweifel, aber die Herren Sachverftändigen erklärten, den eigentlichen Sinn des Wortes kennten fie auch nicht. Er ift viel harmlofer, als das Gericht annahm. Es ift nämlich einfach die Verficherung der Hochachtung oder Ergebenheit am Brieffchlufs, con compiacenza ....

Man ftelle fich einen Gefchäftsmann vor, der mit Italienern verkehrt, fo liegt es nahe, dafs der nach Durchlefung des Begleitbriefes, wenn er ihn etwa im Comptoir vorlieft, ausruft ... na und nun folgt der gewöhnliche Compiatfch. Das ergiebt mit leichter Metathefis den *Klumpatfch* oder Klumpatfch. So fagt man auch bei andern Gelegenheiten: »Ach, det find Redensarten!« — Sehr möglich, dafs auch der *Lumpazi* Vagabundus ein volksetymologifch verzerrter *Klumpazi* ift, denn das wufste ja fchon Goethe: nur die Lumpe find befcheiden.
Weimar.   Franz Sandvofs.

Johr — Johrén — Johrendén.

Eine Art Steigerung oder Verftärkung eines fubftantivifchen Begriffes, die auch der Umgangsfprache Hamburgs nicht fremd ift, zeigen zwei Stellen in Heinrich Seidels Werke »Reinhard Flemmings Abenteuer zu Waffer und zu Lande«. Da heifst es im 3. Bande S. 52, wo der Kutfcher Johann feine Theorie vom Wachfen der Steine auseinanderfetzt: »Wo füllen dei woll herkamen, wenn dei nich waffen debren, grar fo, as dei Getüffel, blot dat dei Getüffel in einen Sommer farig fünd, un mit dei Stein duert

dat Johr. *Wat fegg irk Johr? Johrén*) duert dat, Johrendén kann dat duern.* « Und S. 292 fagt die etwas gebildetere Mamfell Kallmorgen: »Nu ein Färkenftall, *wo in Jahrén — ne, was fag ich — in Jahrendén* nichs nich gemacht war, blofs ümmer von frifchen wieder neu ein geaft.«
Wie ift diefe merkwürdige Redeweife, der aus andern Mundarten wohl kaum etwas Ähnliches zur Seite geftellt werden könnte, zu erklären? Wie es fcheint, ift zunächft die Endung des dat. plur., die deutlicher als *Johr* die Mehrzahl ausdrückt, benutzt, um zufammen mit dem Wortton eine finnfällige Steigerung hervorzubringen. Die Verfchiebung des Tones foll natürlich den Gegenfatz zu dem vorausgehenden niederen Grade ausdrücken, den der Sprechende als nicht zutreffend wieder vorwirft. Was ift aber *Johrendén?* Ift hier die gewonnene Steigerungsfilbe verdoppelt (mit lediglich verbindendem d)? Man kann übrigens auch, wie das zweite Beifpiel zeigt, und wie man es auch in Hamburg gewöhnlich hört, den niedrigften Grad ganz weglaffen, er ift aber zur Erklärung der ganzen Reihe nötig.

Hamburg. O. Haufchild.

Kurfürft.

Plats dor för'n Kurfürften! vergröbert — — *för'n Kurfürften fin'n Mefswagen!* ruft man hier auf dem Lande, wenn eine gewichtige oder wichtig tuende Perfon auftritt. *He kümmt dor achter as de Kurfürft achter de Bicht* ift ein Vorwurf für jemand, der aus Gleichgiltigkeit oder Vornehmheit fäumt. Ift etwa der Grofse Kurfürft gemeint, und wo lebt er noch im Volksmunde fort?

Lübeck. C. Schumann.

Plaz vör'n Kurfürften kennt auch Schütze, Holft. Idiotikon III (1802) S. 217 als hamburgifche Redensart »von dem, der über feine Wenigkeit fich platzmachend Spafs treibt.« Er meint, dafs einft »ein Inkognito-Kurfürft in Hamburg ins Gedränge gekommen und durch jenen Ausruf eines Kundigen ins Freie gebracht fein foll.«

Hamburg. C. Walther.

Kannenglück.

Diefen nach Frifch und Adelung ins Grimmfche Wtb. aufgenommenen Ausdruck für »Neige« habe ich bis jetzt nirgends gehört noch gelefen. Die Holländer haben ihr *kanluk.* Das Brem. Wtb. erklärt *kannengluck* als den »letzten Trunk aus der Kanne, da einem bald zu viel, bald zu wenig darin gelaffen wird«. Richey und Schütze fagen: »Kannenglück nennt man es, wenn einer den letzten Trunk aus einem Gefchirre tut und eben noch foviel darin findet, als ihm genügt.« Richtiger vermutet Hildebrand bei Grimm einen Aberglauben, erinnert an die Redensart: »die Gottlofen bekommen die Neige«, an Ausdrücke wie Diebs-, Schelmen-, Hurenglück und fügt hinzu: Gewifs hatte die Neige irgend eine fcherzhafte Bedeutung von Alters her. Solch fcherzhafter Aberglaube hat fich in und um Lübeck erhalten in dem Trinkfpruche: *Dit Johr de Neeg, anner Johr de Weeg,*

---

*) Die Tonbezeichnung vom Schriftfteller.

oder *Erſt de Neeg, denn de Weeg*, noch kürzer: *De Neeg, de Weeg.* Diefer wird noch heute bei Hochzeiten angewandt, aber auch bei anderen Gelegenheiten, ohne dafs immer eine befondere Beziehung vorhanden wäre. Das bei Grimm angeführte dän. *fønnelykke* kommt, foweit ich gehört habe, nur in der Wendung vor: *han har fønnelykken*, die auf den gleichen Glauben deutet. Eine mir von jeher bekannte Rede ift: »In der Neige fitzt der Teufel«. Wie die Neige in folchen Ruf gekommen ift, weifs ich auch nicht. Es fcheint aber damit das andere Wort zufammenzuhängen, dafs man niemals in ein noch nicht ganz geleertes Glas (oder Taffe) nachgiefsen dürfe, damit der Trinkende nicht Reifen im Magen oder eine böfe Schwiegermutter kriege. So z. B. in der Ratzeburger Gegend. Ebenfo galt es, wenigftens in meiner Jugend, für unfchicklich, einen Reft im Trinkgefäfse ftehen zu laffen. — Ift *Kannenglück* noch irgendwo lebendig? (Die Engländer nennen es *potluck*.)

Lübeck.   C. Schumann.

Herfchen.

Das im mnd. Wtb. verzeichnete Adverb *herfchen*, herrifch, herrenmäfsig, findet fich hier noch in der Zufammenfetzung *grotherfchen*, »grofsartig, vornehm«, wofür auch *grotbrittannifch* gefagt wird. Mit feinem Gegenteile zufammen erfcheint in dem Sprichworte: *Beter lüttherfchen föhren as grotherfchen gahn.* In einer anderen Faffung ift lüttherfchen durch *armfelig* erfetzt.

Lübeck.   C. Schumann.

Gröl.

Dat geiht in'n Gröl mit hen heifst bei uns fo viel wie »das wird nicht befonders berechnet beim Handel, es hat nur geringen Wert«. Auch wird es geringfchätzig von Menfchen gefagt: *He geiht* ufw. Das Wort ift mir fonft noch nicht vorgekommen. Sollte es mit *grölen*, »laut fchreien«, zufammenhängen?

Lübeck.   C. Schumann.

Knappe.

Diefe hochdeutfche Form erfcheint hier in dem gelinden Tadel: *In büft mi 'n fchönen Knappen* = hd. du bift mir ein fchöner »Gefelle«. Beide Ausdrücke meinen wohl zunächft den Handwerksknecht, mnd. *knape*.

Lübeck.   C. Schumann.

Krefig.

Krefiges Bier, plattdeutfch: *krefig* Beer, wird in Hamburg und feiner Umgebung folches Bier genannt, das nicht befonders kühl geftanden hat, und daher heim Aufziehen der Flafche ftark auffchäumt, fo dafs es zuweilen nicht fchnell genug eingefchenkt werden kann, fondern aus der Flafche überfliefst. Im übertragenen Sinne bezeichnet man kleinere, fehr lebhafte Kinder, namentlich Knaben, als *krefig*. »Dat is ja en ganzen krefigen lütten Jung« wird wohl halb verwundert, halb lobend von folch einem lebhaften Knaben gefagt.

Im Mittelniederdeutfchen Handwörterbuche von Lübben-Walther, in Richeys Idiotic. hamb. und in Müllenhoffs Gloffar zur 3. Auflage von Groths ›Quickborn‹ habe ich das Wort vergebens gefucht. Schütze, Holftein. Idiotikon, II, Seite 345, hat ein Verbum ›kreefen‹ = fchäumen, und auch das Adjektiv ›kreefig‹, ›kreefig Beer‹, kräftiges, fchäumendes Bier, ›en kreefigten Kerl‹, ein leicht aufbraufender Menfch. In diefer zweiten Verbindung und Bedeutung erinnere ich nicht, es gehört zu haben.

Wie Herr Dr. Walther mir mitteilt, findet fich in Dähnerts Platt-Deutfchem Wörterbuch der Pommerfchen und Rügifchen Mundart (Straifuud 1781) das Wort ›kräfig‹ (kurräfig), mutig‹, mit dem Zufatze ›das verdorbene courageux‹. Ob Dähnert die Form ›kurräfig‹ noch gehört hat oder ob er fie feiner Ableitung zulieb nur vermutet, bleibt unklar.

Mi, Wörterbuch der Mecklenburgifch-Vorpommerfchen Mundart (Leipzig 1876) gibt ›kräfig‹ = frifch, munter‹, und Dr. C. F. Müller, Reuter-Lexikon, hat ›kräfig‹ (aus franzöf. courageux?) herzhaft‹.

Das Wort fcheint demnach im niederdeutfchen Sprachgebiet, wenigftens öftlich der Elbe, ziemlich weit verbreitet zu fein; ob es weftlich der Elbe (in Hannover, Oldenburg, Weftfalen) vorkommt, kann ich nicht fagen. Die Ausfprache der erften Silbe fcheint nach den obigen Anführungen zwifchen e, ee und ä zu fchwanken. In Hamburg habe ich nur ›krefig‹ gehört,· d. h. ein gefchloffenes ›e‹.[1]

Für fehr zweifelhaft halte ich die Ableitung des Wortes ›krefig‹ von dem frz. courageux, vor allem deshalb, weil das weiche franzöfifche ›fch‹ doch auch in den aus dem Franzöfifchen herübergenommenen, zum Teil auch korrumpierten Wörtern bleibt, wie in Etage, Courage (Kura'fch oder gar Kra'fch) ufw., es wird aber nicht zum (weichen) ›f‹. Höchftens wird das weiche frz. ›fch‹ in Hamburg zu dem halbvokalifchen ›j‹ abgefchwächt; ich meine wenigftens, einzeln ›Etaje‹ ftatt ›Eta'fche‹ gehört zu haben, wenn fouft plattdeutfch redende Leute hochdeutfch fprechen.

Auffallend ift das Verbum ›kreefen‹ bei Schütze, das fonft nicht erwähnt wird, und· m. W. im Hamburger Dialekt auch nicht vorkommt.

Es ift alfo zu fragen, ob ein Verb ›kreefen (oder krefen, kräfen)‹ = fchäumen überhaupt im niederdeutfchen Sprachgebiet nachzuweifen ift; dann wäre das Adjektiv ›kreefig bezw. krefig, kräfig‹ zu diefem Verb zu ftellen, oder ob fich eine andre Etymologie zu dem iu Rede ftehenden Adjektiv finden läfst, da die Ableitung von courageux doch wohl nicht als ftichhaltig anzufehen ift.

Hamburg.   C. Rud. Schnitger.

En Eiermann gewinnen.

Unter einem Eiermann verftand man früher in Hamburg, wie auch im Holfteinifchen, ein Gebäck aus einfacherem Kuchenteig mit Korinthen. Es hatte innen eine gelbliche Farbe, die von dem zur Teigbereitung mit verwendeten Eigelb herrühren folite. In Wirklichkeit mag wohl ein kleiner Zufatz von Safran die Färbung bewirkt haben, wie es in einem

---

[1] Vielleicht deutet die Schützefche Schreibung ›kreefen, kreefig‹ auf eine etwas breitere Ausfprache des ›e‹, die aber noch von dem ›ä‹ verfchieden wäre.

Kinderliedchen heifst: »Safran macht die Kuchen gehl.«[1]) Der Eiermaan
hatto eine runde, ringartige Form, die durch das Grundwort »Maan« bezeichnet wird. Diefes ift wohl das mittelniederdeutfche Subftantiv mane
oder mân, für welches das Mittelniederdeutfche Handwörterbuch als erfte
Bedeutung: »Mond, Mondring, überhaupt Ring, circulus« gibt.
Schütze befchreibt in feinem Holfteinifchen Idiotikon, Band III, Seite
63, dies Gebäck ähnlich wie oben angegeben, führt indes die gelbe Farbe
geradezu auf einen Zufatz von Safran zurück. Er fügt noch hinzu, dafs
der Eiermaan ein Gebäck fei, »welches die mehrften Stadt-, auch wol
Landbecker feil haben.« Jetzt fcheint der Eiermaan aus den Bäckerläden
fo ziemlich verfchwunden zu fein; höchftens wird, wie ich kürzlich hörte,
ein folcher einzeln auf befondre Beftellung, und dann ziemlich grofs gebacken. Nach meiner Erinnerung war der Eiermaan, wie er früher gewöhnlich verkauft wurde, etwa fo grofs wie eine fog. Maulfchelle.
In Hamburg gab es früher eine Redensart: »En Eiermaan gewinnen«,
wenn man fagen wollte, dafs auf ein Lotterielos, oder im Zahlenlotto auf
gefetzte Zahlen kein Gewinn gefallen war. Der Eiermaan diente denn
feiner Form wegen als Symbol für die »Null« = nichts. In diefer Bedeutung kennt auch Schütze a. a. O. das Wort Eiermaan; denn er fagt
dort: »En Eiermaan! heifst auch (Hamb. Alt.) eine 0, Niete, nichts gewonnen, gereicht! (wie en Plumm, Pflaume) und wird oft zur Devife eines
Klaffen-Lotteriefes, vorahnend, gewählt.«
In Richeys Idioticon hamb. findet fich weder das Wort Eiermaan,
noch die erwähnte Redensart, fomit kann man annehmen, dafs fie erft in
der letzten Hälfte des 18. Jahrhunderts entftanden fei. Fraglich ift es,
ob fie eine reale Grundlage hat.
Ift diefe oder eine entfprechende Redensart für »in der Lotterie mit
einer Niete herauskommen« auch fonftwo gebräuchlich?
Hamburg.   C. Rud. Schnitger.

ar.

Den Buchftaben r fprechen vereinzelt alte Leute in Dithmarfchen
noch als ar aus. Meine Tante, die 1875 ftarb und eine geb. Lundenerin
war, fprach den Laut r ftets als ar, dat ar. Ebenfo gefchieht es im
Oftfriefifchen.
Dahrenwurth b. Lunden.   Heinr. Carftens.

Zur Volksetymologie von Freimaurer.

Ift etwas zur Volksetymologie des Namens Freimaurer bekannt?
Mit dem Namen fcheinen die Leute wenig anfangen zu können, obfchon
fie fich fonft allerhand über die »Freimaurers« erzählen. Hin und wieder
knüpft fich an den Namen die Erklärung, dafs fie fo hiefsen, weil fie alle
Jahre bauen müfsten, da fie andernfalls dem Tode verfallen feien und der
Teufel ihnen den Hals umdrehe. Weiter verbreitet fcheint auch der au

---

[1]) Eigentlich follte es wohl heifsen: »Safran makt de Koken gehl«; denn die
plattdeutfche Form ift doch wohl die ältere. Ich kenne das Lied (»Backe, backe Kuchen
ufw.«) aber nur in der hochdeutfchen Form, in der fich das plattdeutfche »gehl« nur
wegen des Reimes auf »Mehl« findet. (? mhd. und noch in hd. Mundarten »gel«. C. W.)

den Namen wenigftens äufserlich anknüpfende Witz zu fein, fchlecht ziehende, kohlende und übelduftende Zigarren mit dem Namen Freimaurerzigarren zu bezeichnen. Um nähere Mitteilungen wird erfucht.

Frankfurt a. M.   K. Wehrbau.

Als guter Frankfurter.

In einer mecklenburgifchen Volksfage fand ich (Niederhöffer, Mecklenburgs Volksfagen II S. 168) obigen Ausdruck in folgender Verbindung: die Küfterfrau zu Eldena butterte — ihr unbewufst — mit Hülfe des Teufels und dreier einer Nachbarsfrau entliehener, urfprünglich vom Teufel ftammender Knebel eine grofse Menge Butter. Durch Dazwifchentreten ihres Mannes wurde der mittlerweile fcbou erfchienene Bruder Pferdefufs erkannt, fie unterliefs die Verfchreibung ihrer Seele; da tat »der Teufel, *als guter Frankfurter*«, einen kühnen Griff in die Butter, um fie wieder mitzunehmen, was ihm aber nur teilweife gelang. Was bedeutet der Name hier, wie ift er entftanden und kommt er fonftwo noch vor?

Frankfurt a. M.   K. Wehrbau.

Vorpâl. Dodel-, Dodenftein.

Zu meiner Bemerkung über Vorpâl — Furchenpfahl — (Heft XXVIII. 4) trage ich nach, dafs ich aus den, von mir wegen anderer Fragen durchgefehenen Agrar-politifchen Auffätzen von G. Hanffen (1880) das oftmals vorgekommene Bezeichnen der Grenze von Ackerftücken erfehen habe; freilich fand ich in dort mitgeteilten älteren Dorfsbeliebungen nicht das Wort Furchenpfahl, wohl aber das — wie es fcheint vielfach übliche — Bezeichnen der Ackerftücke durch Grenzfteine, die auf der Infel Fehmarn auch »Dodel-, Dodenfteine« genannt werden.

Es heifst z. B. in der Bannersdorfer Behebung von 1712 (Hanffen II, S. 108: Niemand foll über gefetzte *Dodelfteine* graben.

Petersdorfer Behebung von 1799: nicht über die Scheidefteine hinaus in die nachbarliche Freiheit pflügen.

Dünfchendorfer Behebung von 1829: Wenn Jemand unverfehens Grenzfteine auspflügt, fo mufs er das — — den Dorfgefchworenen anzeigen — —

Vadersdorfer Beliebung von 1834: Strafe für Überpflügen über die End-, Grenz- oder *Dodenfteine* hinaus.

Hamburg.   J. F. Voigt.

Vörpâl (XXVIII, 57).

Auch in Mecklenburg-Strelitz, meinem Heimatsland, ift mir das Wort Vorpâl, oder in mecklenburgifcher Mundart, Vörpâl, öfters begegnet und zwar hauptfächlich bei älteren Leuten auf dem Lande, oder bei folchen, die vom Lande in die Stadt verzogen waren. Jedoch habe ich das Wort nur in übertragenem Sinne gehört und zwar in der Redensart: Vörpâl flägen oder flåhn, was foviel bedeutet wie »Einhalt tun«. Diefe Redensart wird jedoch nur von unfinnigem, oder doch überflüffigem Treiben gebraucht, dem Einhalt geboten werden foll. — Dies meine Beobachtung.

Münfter i. W.   Ernft Preufs, ftud. phil.

Vörpâl flaan (XXVIII, 57).

bedeutet in Dithmarſchen durch irgend eine paſſende Bemerkung ſorgen, dafs einer ſeine etwaige Bitte nicht erſt ausſpricht. Wenn jemand einen andern anpumpen will, und dieſer merkt die Abſicht ſchon vorher und nun anfängt zu ſtöhnen und zu klagen, dafs er ganz und gar kein Geld habe, denn »ſleit he ('n) Vörpäl«.

Dahrenwurth b. Lunden.   H. Carſtens.

Tünen (XXVIII, 73).

Tünen lebt hier und in Holſtein in der angegebenen Bedeutung, »um-ſtändlich über Unwichtiges reden, weitſchweiſig ſein«; gewöhnlich aber braucht man es für »auſſchneiden, prahlen, lügen«. *He tünt* = he ſnitt up. *Tünbüdel, Tünklas,* Auſſchneider, Prahlhans. Die Grundlage iſt »zäunen, flechten, ſpinnen«, wie Schambach, Wtb. der Mundart von Gruben-hagen, tönen richtig überſetzt. »Spinnen« iſt ja wie »weben« ein altes Bild für das Erfinden und Vortragen längerer Erzählungen; ich erinnere hier nur an *Schiemannsgorn ſpinnen.* Die Handſchrift des niederd. Wtbs von J. v. Melle, welche die hieſige Stadtbibliothek bewahrt, unterſcheidet *tünen,* zäunen«, und »tüneken, mentiri, liegen«, darüber von ſpäterer Hand »fingere«. Vgl. auch Dähnert, Wtb. der pommerſchen Mundart, und das Bremer Wtb.

Dibbern, queſen und *quaſſeln* ſind gleichfalls hier nicht fremd, von Adjektiven kenne ich nur *quaſſelig.*

Lübeck.   C. Schumann.

Bemerkungen zu XXVIII, Nr. 5.

1) S. 73 *tünen* (= zännen, d. h. einen Zaun aus Strauchwerk flechten) in der Bedeutung: nichtiges Zeug ſchwatzen, iſt eine Abkürzung der Redensart: tünen ahn Strük (= zäunen ohne Sträucher). »Du tünſt ahn Strük« bedeutet: Du redeſt unbegründete Dinge.

2) zu *orig* S. 74. In Mecklenburg und Pommern lautet das Wort »orig« = ordentlich, in der Bedeutung: gehörig. Z. B.: Bet an 't Dörp is 't noch 'n orig En'n = bis zum Dorf iſt es noch eine gehörige Strecke. »Wes orig« = betrage dich ſo, wie es ſich gehört. »He deht orig as fühſt mi woll« = er tut ordentlich wie ſiehſt du mich wohl? d. h. er geberdet ſich ſo, als ob er ſich wirklich ſehen laſſen könnte. »Dat is orig wat!« = das iſt ordentlich etwas (ironiſch).

3) zu *Sage* S. 74 f. In Pommern begegnet die Redensart: »De Säg' is« = es geht das Gerücht. Z. B.: »Wat is dat denn mit Möllern? De Sag' is jo, he het ſtahlen« = was iſt es denn mit Müller? Das Gerücht geht ja, er habe geſtohlen.

4) zu *Marcht* S. 65. In Mecklenburg hört man dies Wort nur in der miſſingſchen Redeweiſe, d. h. von Solchen, deren Sprache ſonſt plattdeutſch iſt, die ſich jetzt aber hochdeutſch ausdrücken wollen. Kurzes a vor rkt widerſtrebt dem Plattdeutſchen, daher die Verwandlung des k in ch. Richtiges Plattdeutſch für Markt iſt Märk.

Greifswald.   Löper.

Tang.

Im Ndd. Kbl. XX, 31 wird der füdgermanifche Urfpruug des engl. *lang* und *tangle*, des hd. *Seetang* von Jellinghaus gegen A. Wall's (Anglia Bd. VIII) Ableitung aus dem Skandinavifchen in Schutz genommen: »Tang fei ein gut niederfächfifch-friefifches Wort.‹ Ich meine dagegen, dafs die Sache zunächft etwas anders liege, nämlich dafs es fich nicht blofs um das Wort, fondern ebenfofehr um die Form »Tang‹ des Wortes handele. Diefe ift ficher weder englifch noch niederfächfifch noch niederländifch, fondern neufkandinavifch.

Im Altfächf., Angelfächf., Altfrief. ift das Wort nicht überliefert. Bei der Menge der auf uns gekommenen agf. Litteraturdenkmäler und Wörterbücher mufs man annehmen, dafs das Wort nicht in diefer Sprache vorhanden gewefen ift; vielmehr ward, wie es fcheint, *wâr* dafür gebraucht. Die einzige altgermanifche Sprache, welche uns dasfelbe kennen lehrt, ift das Altnordifche: *thang*, ntr., famt dem Ausdruck für den einzelnen Tang-ftrunk oder -ftengel *thöngull*, mfc. (Zufammenfetzung mit *völr*, mfc., Stab, Stock? vgl. Kluge, Etymolog. Wb. unter »Wurzel‹). Das Dänifche und Schwedifche wandeln anlautendes th (mit Ausnahme der Pronominalftämme) in t, daher dän. *tang*, fchwed. *tång*. Im Englifchen hingegen dauert der alte Laut th. Somit ift mit Kluge, Etymolog. Wb. unter »Tang‹, und mit Wall zu fchliefsen, dafs engl. *tang* und *tangle* aus dem Skandinavifchen ftammen. Die Wandlung von anlautendem th fetzt Noreen (Paul's Grund-rifs 1. Ausg. I, 485) für das Adän. vor 1350, für das Jütifche fchon etwas früher an. Damals war aber die dänifche Periode der englifchen Gefchichte und Sprache längft verfloffen. Dafs die beiden Wörter erft nach diefer Periode oder gar in der Neuzeit aus dem Dänifchen aufgenommen worden feien, ift auch nicht glaublich, fchon deshalb nicht weil thöngull im Dänifchen, wie auch im Schwedifchen nicht erhalten geblieben ift. Sie könnten aber aus dem Shetländifchen, Orkneyifchen oder aus einem englifchen Dialekte ftammen, der zur dänifchen Zeit eine ftarke Beeinfluffung durch das Skan-dinavifche erfahren und fpäter felbftändig th in t gewandelt hätte. Es findet fich z. B. in Robinfon's Gloffary of Whitby (in Yorkfhire), Englifh Dialect Society, Series C, IV (1876), S. 193 verzeichnet: *tangles, or fea-tang*, the fea wrack, laminaria digitata. In die engl. Schriftfprache fcheinen die Ausdrücke erft neuerdings Aufnahme gefunden zu haben; denn felbft die 8. Aufl. von Samuel Johnfon's Dictionary of the Englifh Language v. J. 1799 führt fie noch nicht auf. Die gewöhnlichen engl. Ausdrücke find auch jetzt noch nicht, fo viel ich weifs, tang und tangle, fondern *feawrack* und *feaweed*.

Im Ndländ. fehlt tang. Kilianus Dufflaeus im Etymologicum (1599) hat dafür *wier*, holland., idem *zeegras*, alga, ulva, fucus marinus. Beide Ausdrücke heftchen noch, daneben *zeerui*. *Wier* entfpricht nicht im Vokal, wohl aber in den Konfonanten dem agf. *wâr*; f. Kluge, Etymolog. Wbuch und Franck, Etymolog. Wboek.

Ebenfo fehlt dem Weft- und Oftfrief. das Wort »Tang‹. Im Frief. Archiv von Ehrentraut fcheint kein wangeroger Ausdruck für den Begriff gebucht zu fein. Wenn ten Doornkaat Koolman *tang* angiebt, das bei Stürenburg, Oftfrief. Wb., noch fehlt, fo bringt er ein offenbar erft aus dem Nhd. übernommenes Wort. Im Nordfrief. aber findet »Tang‹ fich

als einheimifcber Ausdruck. Johanfen, Die Ndfrief. Sprache S. III giebt
es amrumifch und föhringifcb als *thong* und S. 128 als *thaung*, dazu *thaany-*
redl, der Wall oder die Linie des uns Land geworfenen Tanges. Hier
fcheint alfo der alte Anlaut bewahrt zu fein; denn S. 2 fagt er, dafs th
faft wie das engl. th. ausgefprochen werde. Die übrigen nordfrief. Mundarten haben aber, wie (mit Ausnahme der Pronomina) alle anlautenden
th, auch in diefem das th in t gewandelt. Schon Schütze, Holft. Idiot.
IV, 248 hat für Eiderftädt *tang*; Outzen, Gloffarium der Frief. Sprache
für das Feftland *tàng*, Hoffmann von Fallersleben (Frommann's Mundarten
III, 34) und Oetker, Helgoland (1855) S. 218 für diefes Eiland *tung*;
Siebs im Gloffar zu den Sylter Luftfpielen S. 218 ehenfo *tung* für Sylt
und *tungklat*, Tangbüfchel. Wenn blofs die Form tang vorkäme, könnte
Entlehnung aus dem Dänifchen in Frage kommen; die Formen mit th und
mit å (refp. ua = å), o und u laffen aber vermuten, dafs das Wort nicht
aus dem Dänifchen entlehnt ift. Freilich ift es ja auch möglich, dafs es
als fehr früh aufgenommen die fpäteren Lautentwickelungen der friefifchen
Dialekte erfahren hat.

Wir kommen endlich zum Sächfifchen. In der mndd. Litteratur des
Mittelalters läfst lich das Wort nicht nachweifen. In einem Greifswalder
Gloffar v. J. 1461 findet fich aber zu dem Artikel: alga proprio dicitur
purgamentum maris five herba, quae crescit in mari, et eft quafi fenum,
quae dicitur teutonice *raterfwamp*, am Rande der Zufatz: *dank*, herba quae
provenit ex aquis; f. Al. Reifferfcheid, Mitteilungen aus Handfchriften zu
Greifswald, Beilage zum Greifswalder Vorlefungsverzeichnis, Winter 1902/3
S. 8. Ferner bringt das Mndd. Wb. VI, 94 einen Beleg, den Dr. F. Crull
aus einem Wismarer Briefe v. J. 1560 mitgeteilt hat: dat fo tho beteringe
eines weges *ein foder danck* halen laten.

An der deutfchen Oftfeeküfte hat fich das Wort in diefer Form bis
in die neuefte Zeit lebendig gehalten. Dähnert, Wb. der Pommerfch. u.
Rüg. Mundart (1781): »*Dank*, Kraut das die See an den Ufern auswirft«;
A. W. Hupel, Idiotikon der dtfch. Sprache in Lief- und Ehftland (1795)
S. 216: »*Seedang, der*, ftatt Seedünger, Seemift, Düngung aus der See«
(! Auch Nemnich, Polyglotten-Lex. der Naturgefchichte IV, 1050: Seetang,
eig.: Seedung oder Seedünger). Noch 1880 kennt Berghaus, Sprachfchatz
der Saffen *dank* als pommerfch für das angefchwemmte Seegras; darunter
zoftera marina, die bekanntefte Art. Dafs ferner *dung* an der Oftfeeküfte
Holfteins vorkommt, erfahre ich von unferm Vereinsmitgliede, Herrn Dr.
J. Schufter, der es in diefem Sommer von einem alten Bootsmann in
Kellenhufen bei Neuftadt vernommen hat. Auf die Frage, wie er das am
Strande liegende Kraut nenne, war feine Antwort: *wy nöemt dat dany*,
und auf die Bemerkung, ob es nicht richtiger *tany* heifse, erklärte er mit
Emphafe: *nee, it heet nich tany, fannern dany*. Ebenfalls an der Oftküfte
des füdlichen Schleswig gilt das Wort noch: wie ich von einem mir befreundeten Gutsbefitzer aus der Gegend von Eckernförde weifs, nämlich
dany, gewöhnlich im Plural *dany'n* für Seegras, *flewodany'n* für den Blafentang. (In den Schleswig-Holftein. Provinzialberichten 1811 S. 509 wird
ebenfo der grasartige Seetang, zoftera marina, vom *Blatt-* und *Steintany*
unterfchieden.)

Ob die niederfächfifche Form »dang« auf die Oftfeeküfte befchränkt ift? Wie die Pflanze weftlich von der Elbe von den Küftenbewohnern genannt wird oder vor der Aufnahme des nhd. »tang« genannt worden ift, habe ich nicht ermitteln können, und ebenfowenig, welchen Namen fie jetzt an der Weftküfte von Holftein hat. Dafs aber einft auch hier »dang« gegolten hat, darf aus folgenden zwei Belegen des Wortes gefchloffen werden.

Gories Peerfe bedient fich in feinem Gedicht »Van Yfslandt«, das zuerft 1561 in Hamburg bei Jochim Löw herauskam, der fächfifchen Form »dang«. Prof. W. Seelmann hat die Schrift nach einem Druck vom J. 1594 im Ndd. Jahrbuch IX, 110 ff. abdrucken laffen. Peerfe fagt Z. 125 von den Isländern, dafs fie infolge der Seltenheit des Holzes mit ·torff, danck, kodreck und vifcheknaken« heizen müfsten. Als Hamburger Islandsfahrer hatte er 1560 die Infel kennen gelernt; er läfst fich als folcher bis 1586 nachweifen.[1] Er war kein Herkömmling von der Oftfeeküfte, fondern ftammte von der Niederelbe aus der Gegend von Wedel her, wo im Dorfe Hollen auf der Geeft und in der Hafeldorfer Marfch die Familie Peerfe oder Peers angefeffen war.[2] In der Elbe wächft freilich kein Tang, aber Sturmfluten können ihn aus der See in den Fluf führen und an den Elb-ftrand verfchlagen. Vor allem aber ift das Kraut gewifs den Seeleuten von der Niederelbe von jeher bekannt gewefen. Jene Stelle in der Befchreibung von Island beweift, dafs in ihrer Sprache der niederfächfifche Name der Pflanze herrfchte.

Ein jüngeres Zeugnis für die Geltung desfelben in der Sprache der Bewohner der Weftküfte von Holftein findet fich im Nachtrag Bd. VI zum Bremifchen Wörterbuche S. 23: »diftel un dan, Unrath der nach der Fluth am Fufse des Deiches liegen bleibt.« Den Ausdruck verdankte der Heraus-geber des Wörterbuchs, Prof. E. Tiling, dem aus Bremen gebürtigen Paftor Heinrich Wolf zu Weslingburen in Ditmarfchen (1762—92). Dan läfst fich auf keine andere Pflanze deuten als auf Tang. Entweder liegt hier un-genaue Auffaffung des gehörten Wortes durch Wolf vor oder wahrfchein-licher fprach man in Ditmarfchen die Pluralform dange, dang' wie dan oder dann' aus; vgl. penn', penn = penninge, büfen = hüfinge.

Es wäre wichtig feftzuftellen, ob und wo der Name in der Form dang an unferer Weftküfte noch vorkommt; ebenfo wären weitere Zeugniffe von der Oftküfte, befonders aus Oftholftein wünfchenswert. Jetzt wäre das noch möglich; in wenigen Jahren möchte vielleicht »daug« durch das hd. »tang« verdrängt fein. Dafs diefe hd. Form aus dem Dänifchen herüber-genommen worden ift, darüber kann kaum Zweifel fein. Wer mag es zuerft gebraucht haben? etwa der Naturforfcher Oken? Hat Adelung es fobou in der erften Ausgabe feines Wörterbuchs 1773? Nemnich, Polyglotten-Lexikon der Naturgefchichte (1793 ff.) II, 1673. IV, 1050. 1590. V, 382. 536. 588 fchreibt bereits Tang, Meertang, Seetang. Erft aus ihm vermag das Grimm'fche Deutfche Wtb. Tang zu bringen; die dort von Lexer gemachte Angabe, dafs es aus ndl. »tang, zeetang« ftamme, ift irrtümlich, da kein ndl. Wtb. diefe Wörter kennt. Zu unterfuchen wäre, ob nicht norddeutfche Schriftfteller, aus Schleswig-Holftein, Mecklenburg, Pommern,

---

[1] f. R. Ehrenberg in der Ztfchr. f. Hamb. Gefch. X, 27.
[2] f. R. Ehrenberg in den Mittheil. des Vereins f. Hamb. Gefch. Bd. VI, 379. 428. und Detleffen, Gefchichte der Holftein. Elbmarfchen I, 418.

94

es zuerft gebraucht haben? Ihnen konnte das dänifche Wort am erften
bekannt fein; fie konnten auch durch das ndd. Dang beeinflufst werden,
infofern die Form Tang ihnen zugleich als richtige Verhochdeutfchung der
ndd. Lautung erfcheinen mochte.

Zuletzt mufs noch gefragt werden, ob von *dang* auf ein einheimifches
altfächf. *thang* gefchloffen werden darf? Da (mit möglicher Ausnahme des
Nordfriefifchen) *thang* fich fonft in keiner germanifchen Sprache nachweifen
läfst, als im Skandinavifchen, fo dünkt es mich wahrfcheinlich, dafs auch
die nddtfchen Küftenbewohner das Wort zu einer Zeit, als der Anlaut th
noch beftand, von den Skandinaven entlehnt und es dann, als das afächf.
th zu d gewandelt ward, zu ›dang‹ mit verfchoben haben. Welches einheimifche Wort fie in diefem Falle für die Pflanze mögen gebraucht haben,
ift nicht überliefert.

Hamburg. C. Walther.

Arig (XXVIII, 74).

Orig, wie man hier fpricht, ift nichts anderes als ›artig‹ im Sinne
von ›Art habend, tüchtig‹ ufw. S. mnd. Wtb. ardich und Paul, Deutfches Wtb.

Lübeck. C. Schumann.

Pappen (XXVIII, 73).

Lat. *papa* oder *pappa*, Kinderfpeife, Brei. Daraus unfer *Pappe*, Brei
mancher Art, auch Kleifter, verdickte Breimaffe. Pappe. So *pappen*, effen
und kleben.

Lübeck. C. Schumann.

Zu XXVIII, 73 f. 78.

Zu S. 73 *dibbern*. Im Berlinifchen bedeutet bedibbert eingefchüchtert.
Es ftammt ficher aus dem Rotwelfch, hebr. dibbér == reden.

Zu S. 73 *quaffeln*. Es ift ebenfalls im Berlinifchen vorhanden. Dort
wird das ff ftimmhaft gefprochen.

Zu S. 74 *Sage*. Es möchte zu bemerken fein, dafs das englifche faw
nicht zu der Bedeutung, die hd. Sage erhalten hat, entwickelt worden ift.
Bei Shakefpeare und Spencer ift es nur fo viel wie Wort, Spruch, Sprichwort, das heutige wife faws heifst kluge Redensarten.

Zu S. 78 *branzen*. Sollte nicht eine Entftellung von brunzen anzunehmen fein? Ähnlich wird gefagt: ich will dir was —, ich will dir was
huften, Scheibe u. f. w., um ein unanftändiges Wort zu verhüllen.

Zu S. 78 *elte*. In Berlin ftellen fich Kinder beim Spiel ›nach de
Elte‹ auf. Nie gehört habe ich ›nach de Jünge‹, was von H. Meyer,
Der richtige Berliner, als fcherzhafter Gegenfatz angeführt wird. Dabei
ift zu erwägen, dafs es auch ein ahd. jungi gibt, alfo doch vielleicht Erhaltung einer alten Form anzunehmen ift.

Breslau. P. Feit.

Marcht (XXVIII, 50).

Wir Dithmarfcher fagen *Mart*, der Stapelholmer *Mark*. Das Wort
wird hier in der Redensart *en böf Mart maken* auch verwendet in den

Bedeutungen ›übel anlaufen, eine böfe Erfahrung machen, Schläge bekommen.‹ Eine Nachbarin von mir, die in Lehe bei Lunden gebürtig ift, fagt vielfach von einem, der übel angekommen: ›De het en böſ Mart makt.‹ In dem benachbarten St. Annen fragte der Lehrer einſt einen kleinen Knirps: ›Bis al mal to Mart wen?‹ Antwortet er: ›Ja, in Claudius ſin Graff: dar hef ik en höf Mart makt.‹ Er war nämlich ins Waffer gefallen gewefen. Es wird diefe Redensart wohl mit dem Jahrmarkt zufammenhängen, weil dort oftmals jemand betrogen worden und auch von dort mit zerfchundenem Geficht heimkehrt.

Dahrenwurth b. Lunden.   Heinr. Carftens.

Krüdifch, krüd'fch, krüüfch (XXVIII, 47. 58).

Gleichfalls vom Verb und nicht vom Subftantiv leitet Lyra, Plattdeutfche Briefe, Erzählungen und Gedichte, Osnabrück 1856, das Adjectiv ›krüüfk, eigen, lecker, der das Befte ausfucht‹, nämlich von krüüen ausjäten. Ich möchte diefer Ableitung nicht zuftimmen. Das Suffix isk dient von altersher zur Bildung der Adjective aus Subftantiven, aber nicht aus Verben. Es verbindet fich nur lieber mit perfönlichen Wörtern, während ig mehr mit fächlichen; fo wird jenes vornehmlich zum Ausdruck der Abftammung, Abkunft gebraucht. Dafs es dann zur Bezeichnung des Tadelhaften mit Vorliebe verwendet wird, ift jüngere Entwickelung. S. darüber J. Grimm Dtfche Gramm. II, 378 und F. Kluge, Nominale Stammbildungslehre § 211. Das Ndd. geht, wie Prof. Schumann angibt, einen Schritt weiter und leitet folche Adjective auf ifch mit moralifcher Bedeutung neuerdings auch von Verbalftämmen, fo fretifch gefräfsig, gerifch freigebig. fupifch faufluftig u. a. Allein krüdifch fcheint mir nicht fo gebildet zu fein. Denn das krüden gefchieht nicht behufs Auswällung der guten Pflanzen, fondern zur Ausfonderung des Unkrauts, während krüdifch im Gegenteil die Wahl und Vorliebe für Gutes und Leckeres bezeichnet. Ich leite darum mit Herrn Dr. Fabricius das Adjectiv vom Subftantiv krüd, nur weiche ich von ihm darin ab, dafs ich es lieber in der Bedeutung von Gewürz, Specerei, Confect faffen möchte. In diefem Sinne wird befonders auch die Bildung dat krude, krüde gebraucht, aus welchem krüdifch ebenfowohl gebildet werden konnte.

Hamburg.   C. Walther.

Krüdfch (XXVII, 64; XXVIII, 32. 47. 58).

Krüdfch kann ich auch aus Norderdithmarfchen und Stapelholm bezengen; desgl. körfch, aber nicht das Verb kören.

Dahrenwurth b. Lunden   Heinr. Carftens.

Qui (XXVIII, 49).

In Dithmarfchen heifst die junge Kuh quän', felten qui; in Stapelholm qui, in Eiderftedt qui, in Nordfriesland queg und quieg, im Dänifchen (bei Tondern) qui, in Angeln qui. Hier in Angeln hört man auch febou vielfach Starke, desgl. im Dänifchen Wohld und in Oftholftein.

Dahrenwurth b. Lunden.   H. Carftens.

pebig, peberich, afpebern (XXVIII, 47. 57).
Ich kenne nur *fewerig*: he füht banni fewerig ut. De Bäcker fin Semmeln fünd fo feweri, oder: hebbt dat Fewer. Meine Gewährsleute aus Wilfter und der Hohenweftedter Gegend kennen aber pewerig. Sollte fewerig aus pewerig mit Anlehnung an Fewer (Fieber) entftanden fein? Auf der Norderdithm. Geeft in Linden hörte ich *pewe*. Meine Frau, geb. in Süderftapel in Stapelholm, kennt gleichfalls »pewe ausfehen«. Ich kenne ein *pewêk* = zart, empfindlich, keinen Schmerz vertragen können. Mein Nachbar kennt das Adjektiv *pewcki* dazu (die 2. Silbe zu betonen).
Dahrenwurth b. Lunden.   Heinr. Carftons.

Das Rätfel vom Ei (VII, 86. 87; XI, 54; XXVIII, 26. 33. 61).
Dazu finden fich in meiner Sammlung folgende Lesarten·
 Entjer, pertentjer leeg op de Bank,
 Entjer, pertentjer full vun de Bank,
 Dar keem en Mann mit Haken un Staken,
 kunn Entjer pertentjer ni weller beel maken.
Delve in Dithm.
 Entjer pertentjer leeg up de Bank,
 Entjer pertentjer full dal de Bank,
 keem' dre Lüd ut Engelland
 de Entjer pertentjer weller beel maken kunn'.
Lunden i. Dithm.
 Heedjer pertetjer leeg up de Bank,
 Heedjer pertetjer full vun de Bank,
 Dar keem en Mann mit Haken un Staken,
 kunn Heedjer pertetjer ni weller beel maken
Süderftapel in Stapelholm. Mitget. in der Zeitfchr. d. V. f. Volksk. 1896 H. 4 S. 145.
Eine Weffelburener Lesart beginnt auch: Heedjer, pertotjer ufw.
Dahrenwurth b. Lunden.   Heinr. Carftens.

Notizen und Anzeigen.

Beitragszahlungen find an unfern Kaffenführer Herrn Joh: E. Rahe, Hamburg 1, gr. Reichenftrafse 11, zu leiften.
Veränderungen der Adreffen find gefälligft dem genannten Herrn Kaffenführer zu melden.
Beiträge, welche fürs Jahrbuch beftimmt find, belieben die Verfaffer an das Mitglied des Redactions-Ausfchuffes, Prof. Dr. W. Seelmann, Charlottenburg, Peftalozziftrafse 103, einzufchicken.
Zufendungen fürs Korrefpondenzblatt bitten wir an Dr. C. Walther, Hamburg 24, Uhlandftrafse 59, zu richten.
Bemerkungen und Klagen, welche fich auf Verfand und Empfang des Korrefpondenzblattes beziehen, bittet der Vorftand direct der Expedition, »Diedrich Soltau's Verlag und Buchdruckerei« in Norden, Oftfriesland, zu übermachen.

Redigiert von Dr. C. Walther in Hamburg.
Druck von Diedr. Soltau in Norden.

Ausgegeben: Dezember 1907.

Register*)

von

W. Zahn.

Sachen.

---

*) Die eingeklammerten römischen Ziffern weisen auf die früheren Hefte.

Zum Mittelniederdeutschen Wörterbuch, s. die Wörter: bare (bore), behaget, bundeswise (XXVII), dank, dwalinge, vordenkinge, vorpâl (XXIII. XXIV), fransoses, herschen = herrisch, ketterye, kietinge, mislover (myslover), pla katzy, profitie, todedor, wartlik, waterswamp, westwerdesk.
Mühlenbarbek bei Itzehoe: heess statt heet 84.
Müller, Max: Essay über vergleichende Mythologie 77.
Münster: Spiegelturm 26. Katthagen 81 f. galgenplas 82.
Mycket aff munnen, lijtet af ullen, sade han som klipte soon 45.

Nachtigall in schwed. und ndd. Sprichwörtern und Redensarten 44 f.
När kattan är borter, dantzar musen på bordet 45.
När man stryker kattan på ryggen, så slitter hon up rumpan 45.
När man talar om trollet (fan ulfven), är det icke långt borta (är han i farstun) 45.
Namen und Ausdrücke: s. Acker-Grenzpfähle oder -steine, Backwerk, Botanische A., Brusbart, Familien-N., Fangsteinspiel, Fisch-N., Flur-N., Gärtnerei, Geld, Grenzpfahl, Häher, Häuser-N., Hahnrei, Handwerksgebräuche, Karten und Kartenspiele, Kinder, Kleidungsstücke, Krankheiten, Kuh (junge), Landwirtschaftliches, Lotterie, Marmelspiel, Neuntöter, Orts-N., prügeln, Schiffs-A., Schimpfwörter, Schrift(schlechte), Schüler-A., Seetang, sehr, Speisen, Sperling, Spiele, Spott-N., sprechen, Strassen-N., Tiere, Viehzucht, wählerisch, Wirtshaus-N., Zähne (rauhe).
Neige im Glase: Trinksprüche und Aberglaube 85 f.

Neumark, s. d. Wörter anke, bemich (bäumig), börge, kronensohn, marcht, rese.
Neuntöter: Namen, en dörnstöternest wisen 77.
Niederdeutsche Ausdrücke im Französischen: klapps 51.
Niederländisch: Ausdrücke für Seegras 91. 93 bakeljauw, kabeljauw 13. barkhont, berkhout 71. beheinen 78. boomig 46 f. Brenien wisen 78. vloten (fluiten) gaan, fleutepiepe 65 f. 69. 70. kanluk 85. klant 51. plakkaat, profecy (profetie) 78. ruizemuizen 26. stomp, stroof 47.
Nikolaustag (XXIII) 55.
Nordfriesisch: Namen des Seetangs 92. th :t 92. 94. bussemann 61. queg, quig = junge Kuh 95.

Orckar man öfwer bunden, så hinner man fulle öfwer rumpan 45.
Ortennamen: Jönsthöwel(Judinashuvila), Jüdefeld 83.
Osnabrück: zippe, petit 13.
Ostfriesisch: r wie ar gesprochen 88. de Bremer gosen wisen 79. busebeller, buseman 61. fleuten (fleiten) 69. klant 51. kwün(e), kwin(e)49 pefke, pew(e)ke, pefken 70. petüt(jes 13. sedät 10. tang 91.

Pavilly, franz. Kloster: dessen Gründer Amalbert Ketelbuter 12.
Zu Peerse's Van Ysslandt: danck = Seetang 93.
Pferd in schwed. und ndd. Sprichwörtern u. Redensarten 44 f.
Pflanzennamen, s.Botanische Ausdrücke.
Pissewitken op der bank ... 35.
Polnisch: mocno (= sehr) ins posensche Deutsch eingedrungen 71. kat, davon Kalthagen? 82.
Pommern: Rätsel vom Ei 38. arig, orig 90. dank = Seegras 92. kräsig, kurräsig 87. penüterig 14.

petünt 13. pewerig 70. Sage 90. tünen (än strûk) 90.
Preussisch: flöte 69. segg 75.
Priegnitz: börge 30. branzen 78. petüntig 13.
prügeln, Ausdrücke und Redensarten: knuffen, karnuffeln, karnöffeln (VI. XXVII) 25. 60. donner un klapps 51. eine (Ohrfeige) stechen 60. mit kölnischer Münze (kölnischem Gewichte) bezahlen (XXVII) 65. geprügelt werden: enen bösen mar(k)t maken 94 f.
Rätsel: vom Ei (VII, 86 - 88. XI, 54. XII, 83) 26. 33 — 36. 38 f. 61. 81. 96. von der Erbse 36. vom Hahn? 57. 74. von der Kienspanlampe 75.
Redensarten: schwed. R. verglichen mit den ndd.: de katt in'n sack kopen, as'n besnigten (begaten) pudel (hund) aftrecken, mit de gös in'n percess liggen, sö wiss as amen in de kark (XXII. XXIII), bindfaden regen, dör stän as botter an de sünn, bevern as'n espenlöf, weten wö de has' löppt, över krid' un rothstein gän; ferner: über die Schnur hauen 47 f. über schlechte Schrift (XXVII) 16 29. 54 beim Kartenspiel: jan sin, matsch machen, einen fahren lassen, Karten hauen, stechen, dreschen, kloppen, dat den Tisch hin hauen 59 f. franz. beim Damen- und Schachspiel: mettre dans la lunette, donner une lunette 60 f. achter küssen 54. de swatte Margrêt küssen 28 f. in de arften sin 39. de bärmoder stiggt em up 21. in die Binsen usw. gehen 39 f., nöten gän 40. den block afnehmen (XXVI) 53. Bremen (Hamburg, die Gänse usw.) sehen lassen 51. 55. 77 — 79. einem was branzen 78. in de brüche kamen (gän) 19. 46. (bü un) baff, ba(r) sin 21. 47. 54. sö hutt sin 47. enen

Wolf in schwed. und ndd.
Sprichwörtern u. Redens-
arten 44 f.
Wortbildung: adjektivische
Lehnwörter auf -sch:
obstinätsch, zedätsch 10f.
Adjektiva auf -isch 95.

alte jôn- und jan- Stämme
30. Streckformen 25 f. 72
zusammengezogene For-
men: lûnk, penn, schillen,
hêrn, fûern, bûsn, ladin,
dan 41. 93 pulterômb 32.

Zähne, rauhe: Adjektive 12.
28. 46. 47.
Zehen: Kinderreime dar-
über 38.
Zweibein sitzt auf Drei-
bein . . ., Rätsel von der
Melkerin 37.

Wörter und Wortbestandteile.

abenken 62.
abklieren 44. 54.
abknutschen 19.
abkucken 16.
abluchsen 16.
abschmieren 44.
absehen 16.
abstechen (im Karten-
spiel) 60.
abteeren 44.
achter kamen su de
kurfürst in de bicht
85. achter küssen
54.
ad(e)l (XXVII), addel,
âl = Mistjauche 29.
46. 53. 55.
afbullern 16.
afkliren 44. 54.
afpebern, -pevern 47f.
57. 70. 96.
afschillern 16.
âl = Jauche 46. vgl.
ad(e)l.
alabaster, alabaister
= Marmel 54.
alen = mit Jauche
düngen 46.
alle hoope in einer
hand (Gang beim
Wispelspiel) 56.
alti, ahd. 78.
âltunne 46.
amen in de kark: sô
wiss as n. in de k.
(XXII. XXIII) 45.
amen i kyrkan: så
säkert som n. i. k.
45.
angeven 52.
anke 12. 28. enke 62.
arften: in de a. sîn 39.
arig, orig; a. wat 74.
90. 94.
Arslecken einem alten
Weibe (XXVII) 28f.
s. achter küssen.

asplöf: darra som ett a.
45.
au, wgerm. = braun-
schw. ûo 30.
austreten = Bankerott
machen 67.

back, de êrste b. 54 f.
de bärmoder stiggt em
up 21.
bäumig 28. 46.
baff 21. 47.
bakeljauw = kabel-
jauw 13.
ba(r): bu un b. gân 54.
bare, mudd. = Bahre
30.
Barkhölzer 71.
barkhout, berkhout,
ndl. 71.
bedibbern 73. bedib-
bert 94.
Beebek, Flurn. 32.
begôschen 21.
begrismulen (XXVII)
14 f. 21.
behaget setten, mndd
78.
beheinen, mndl. 78.
beinig 46. s. bemich.
Beisitzer (im Karten-
spiel) 23. 59.
Bellerbek, Flurn. 32.
bemich 12. 28. 46. 47.
berkhout, barkhout,
ndl. 71.
Berlicke, Berlocke 20.
bindfaden regen 45.
in die Binsen gehen
39 f.
blag(e), ntr. XXIV),
dumm b. 55.
bleete holchen, schef-
fen (in der Gauner-
sprache) 66.
block (XXVI): den bl.
afnemen 53.

bömig 46 f. s. bemich.
höre, mndd. = Bahre
30.
börge = Totenbahre
30.
brûse (Sieben) (im Kar-
tenspiel) 59.
de Bötj, Flurn. 32.
boomig, boomigheid,
ndl. 46 f.
bore, mndd., = Bahre
30.
born: bronnen 32.
bo(r)st: brust 32.
Bote (im Kartenspiel)
23. 59.
botter: dor stân as b.
an de sünn 45
brame = Bremse 76.
bramson 78.
bransen, westf. 78.
branzen, einem was
br. 78. 94.
brassel, brasseln, bras-
selei (XXIV) 55.
brausbart, s. brûsbârt.
breloques 20.
*breman, andd., ahd.
76.
breme, mhd., nhd.,
mudd. 76.
Bremen (die Bremer
Gänse) sehen lassen
(de Bremer göse)
wisen, sên laten
51. 75 f. 78. 79.
bremmen, mndl. 76.
bremo, as. 76.
bremse 76.
bremung, ags. 76.
brenner (X) 58.
brill (in Karten- und
Damenspiel) 23. 60.
brim, ags., an. =
Brandung 76.
briman 76.
brimmen, mndd. 76.

brimse, ags. 76.
brome = Hornisse 76.
bromese, mudd. 76.
bronnen: born 32.
brûche: in de b. ka-
men (gân) 19. 46.
Brümme sjô, fries., =
Bremen sehen 79.
brummknůst 53.
brunzen 94.
brûs (X XXVII) 61.
brůs(e)bârt (IX. X
XXVII) 23. 58 f.
brusen = brausen 61.
brusen (X) = brûsbart
24.
brust: bo(r)st 32.
bu un baff sîn 21.
bu un ba(r) gân 54.
buba(r)(XXVII) 21. 47.
54.
bürstenbart, bairisch
(XXVII) 61.
bukspanale 56.
bull: schriwen as wenn
de b. pisst 16.
bullerjahn (IX. XIX.
XXVII) 52.
bullern (X) 52.
bundeswise, bunden-
wise (XXVII) 42 =
Lüore, braunschw.,
Bahre 30.
Buschart 61.
busebort (X.XXVII) 61
bus(e)beller, -man, ost-
fries. 61.
buselmann, stapelh.61
busemann, dän. 61.
Bussebahr, Turm in
Rostock 61.
Bussebart, Strassen-
name 61.
bussemann, nordfrs.,
eiderstedt.; busse-
mand, dän. 61.
butsen 56.

galeithan, got. 66.
galgenplas = Richt-
platz 82.
gán: verleden g.(V.VI)
39. 65. vloten (V),
vlotten g. 65 f. 70.
över kride un röt-
stein g. 45. — s.
gehen.
gäsunge: ligga i pro-
cess med gäsun-
garna 45.
ge, franz., im Plattd,
sch od. j 87.
gehen: flöten, pleite,
laufen g. 31. 39.
55. 65. in die Bin-
sen (Wicken, Erb-
sen, Hecken, Nüsse,
Pilze), zu Holz g.
39 f. in die Brüche
19. 46. gehen mit
dem Infinitiv 39.69.
gelidhan, ags. 66.
gemaca, ags. 59.
gemarkstein 43.
gepse (XXVII) 20. vgl.
göps(e).
Gesag 75.
gesangbök, ein Spiel
Karten (XXV) 52.
gevisch 95.
Gewicht: mit kölni-
schem G. bezahlen
= prügeln (XXVII)
65.
Glatzkopf, alter G.162.
glidan, as. 66.
gliden, ndd. 66.
gliten, mhd. 66.
glůbsch, glůpsch 23.
60. 77.
glück in Kannenglück
85.
glůpsch, glůbsch 23.
60. 76.
göps(e),göpsche, göps-
full (XXVII) 21. 30.
54.
görps,görpsch(XXVII)
21. 32.
gös: mit de gösen in'n
porcess liggen 45.
de Bremer (Hamb.)
gös(e) wisen 51.75.
79.
Die Gottlosen bekom-
men die Neige 85.
grabbel, gribbel-grab-
bel: in de gr.
smiten 55.

grabbeln, Spiel 20.
grág (g für w) 70.
grapsch (XXVII) 20.
32.
grapschen 56.
greifen = abheben(im
Kartenspiel) 59.
(gribbel)grabbel: in de
g. smiten 55.
gris, schwed. (Ferkel):
köpa grisen i säcken
45.
grismulig (XXVII) 15.
gris(t)mũl? 15.
gröl: in'n g mit hen
gån 86.
grölen 86.
grötbrittannsch 86.
grötherschen 86.
gsa, bair. 75.
hahn(d)rei(er) (Kar-
tenspiel) (X.XXVII)
29. 53.
haken un staken
(XXVII) 16. 29. 54.
61.
Hamburg (die Ham-
burger Gänse)sehen
51. 75 f. 77 f.
handfull, verschieden
von göpsfull 21.
hansbunkenstreiche
(-strēk) (XXIV.
XXV), Johann
Bunck sine knép
(XXIII) 52.
hare: veta, hvar baren
har sin gång 45.
harvest: harst =
Herbst 50.
hase: weten, wo de
h. löppt 45.
haste nich gesehen?
71.
bauen (im Karten-
spiel), Karten auf
den Tisch h. 59. 60.
hebben: se hebb
(statt hebbt) 50.
in die Hecken gehen
39 f.
heess als Imperf. von
heten 83 f.
hek statt hekt 50.
Hellweg, ·wiłg =
Herweg? 82 f.
sik henfletsen 52.
hering: bêrn (XXVII)
41.
des Herrn Hübner

(Marienkäfer)sehen
79.
herschen,grót·,lütt·86.
herũmmedriver 31.
herumkalandriren 50.
Herweg = Hellweg?
83.
hèsch, pingst- 79.
hèschen, hèsken,
mndd. 79.
heten; Imperf.: heess
83 f.
hiärweg = hiälwäg?
83.
Hielwiłg 82 f.
hilgenhius 82.
hilt(j)a, ahd. 83.
Hilwäg 82.
hineinstechen (im
Kartenspiel) 60.
hinbacken: Karten auf
den Tisch 59.
hinbimmeln(X.XXIV)
52.
höden: se höd (statt
höJ(e)t) 50.
holchen:plehto,bleete
h. (in der Gauner-
sprache) 66.
Holz: zu H. gehen 40.
die Hühner des Herrn
(Marienkäfer)sehen
79.
Hühnerloch(XXV)52.
hũsinge: hũ·n
(XXVII) 41. 93.
huk, kreien·, pad· 31.
Humpty-Dumpty 26.
hund, schwed: sloka
af som en vät h. 45.
bunnendans (XXIV—
XXVI) 52.
Hurenglück 85.
hutje bi u o (XXI)
= Gebdtj (XXVI.
XXVII) 20. huttje-
bãbuttje 53.
infrätsch 58.
·ing: verkürzte For-
men von Substan-
tiven auf ·ing
41. 93.
instippen 53.
inventeren = invi-
tieren 13.
·isch in Adjektiven
von moralischer
Bedeutung 95.
iulen = Eule: dor
hett ên iulen schet
ten 27.

j, franz., im Plattdeut-
schen sch oder j 87.
Jahr: Jahrén, Jahren-
dén 85.
jammer = Fallsucht
21.
jan (im Kartenspiel)
(X) 23. grosser,
kleiner; im j. sin 59.
jappen (XXVI) 53.
jappsch (XXVI) 53.
jappschöttel 53.
jo floiten (floitepöi-
pen!) 39.
Jönsthöwel, alt Judi-
nashuvila 83.
jör: jorén, jorendén
84 f. Dit j. de neg',
anner j de weg'!
85.
jud, kelt. 83.
juddha, skrt. 83.
Judenkirchhof 83.
Y judh, skrt. 83.
Judinashuvila (in der
Freckenhorster
Heberolle) 83.
Jüdefeld, Ortsname
83.
jünge 94.
jung1, ahd. 94.
k aus ch 50. ch aus
k 65. 90.
kabeljauw, bakeljauw
13.
kåduck (XXVII) 53.
vgl. parduck.
kaland (XXIII), davon
klandern, klentern
50 f. klaudise? 55.
kalandrieren, herum-
50.
kalante 51.
kandett = Kadett 13.
kankösch, kankägsch,
kankausk 58.
kanluk, ndl. 85.
Kannenglück 85 f.
karduck (XXVII) 31.
karnöffel, karnöffeln,
(VI. XXVII) 23. 25.
60.
karnulen (XXVII) 25.
ka(r)stick = Stacket
13.
kaschett, obersächs.,
= Jaquett 14.
kat, poln. 82.
Kater Lück (Lux,

Berichtigungen und Zusätze.

In dem Mitgliederverzeichnis auf S. 1 ff. sind leider einige Angaben unrichtig. Bei folgenden Namen ist so zu bessern: Almstedt, Herm., Dr., Prof.; Bertheau, C., Dr. th., Pastor; Brandes, H., Dr. ph., Prof.; Kock, Ernst A., Dr. ph., Prof.; Ræthe, G., Dr. ph., Univ.-Prof., Geh. Reg. Rat.

S. 22, Z. 2 v. u. lies den Namen des Verfassers: Dr. J. F. Voigt.

S. 33 lies unter „Mitgliederstand': Johns Hopkins University.

S. 11, Z. 9 v. u. lies: intervokalisch.

S. 20, Z. 20 v. o. lies: ci statt çi.

S. 21, Z. 1 v. o. füge nach 61 hinzu: XXVIII, 14; und Z. 21 v. o. lies un statt uu.

S. 28, Z. 22 v. u. lies also statt das; Z. 17 v. u. streiche bei ganz allgemein die Anführungszeichen und setze ein solches vor es; Z. 12 v. u. lies hochdeutsch statt norddeutsch.

S. 29, Z. 21 v. u. füge nach 87 hinzu: XXVIII, 16.

S. 32, Z. 16 v. o. füge nach 49 hinzu: XXVIII, 14; und im letzten Artikel lies durch Metathesis.

S. 38, Z. 7 v. u. füge nach 86 hinzu 87.

S. 46, Z. 19 v. o. lies Reese statt Beese.

S. 52, Z. 4 v. o. ist vor 54 XXV einzusetzen.

S. 55, Z. 20 v. u. lies brotlose statt brotlose.

S. 61, Z. 18 v. u. lies bezeichnet statt bexeichnet.

S. 65, Z. 17 v. o. lies Seel statt Seet.

S. 68, Z. 3 v. u. lies Dänischen.

S. 70, Z. 11 v. o. lies 47. 54. 57. statt 27.

S. 84, Z. 7 v. o. lies Süderteil statt Süderkul.

Verzeichnis der Mitarbeiter

am achtundzwanzigsten Jahrgange des Korrespondenzblattes.

J. Bause	R. Ferber	O. Mensing	K. Seitz
J. Bernhardt	A. Gebhardt	C. F. Müller	R. Stammerjohann
E. Bernheim	O. Glöde	E. Preuss	H. Teuchert
M. Betthmann	A. Grabow	M. Roediger	J. F. Voigt
R. Block	E. Hansen	G. Röthe	C. Walther
G. Burchardi	O. Hauschild	F. Sandvoss	K. Wehrhan
H. Carstens	F. Jostes	C. R. Schnitger	J. Weiland
F. Fabricius	Loeper	E. Schroeder	F. Wippermann
C. Fass	E. Lohmeyer	L. Schröder	W. Zahn
P. Feit	K. Lohmeyer	C. Schumann	

des

Vereins für niederdeutsche Sprachforschung.

Jahrgang 1908.

Heft XXIX.

Norden und Leipzig.

Diedr. Soltau's Verlag.

1909.

Statuten

des Vereins für niederdeutfche Sprachforfchung gemäfs den Befchlüffen der Generalverfammlung zu Stralfund, Pfingften 1877.

§ 1. Der Verein fetzt lich zum Ziele die Erforfchung der niederdeutfchen Sprache in Litteratur und Dialekt.

§ 2. Der Verein fucht feinen Zweck zu erreichen

    1) durch Herausgabe eines Jahrbuches und eines Korrefpondenzblattes,

    2) durch Veröffentlichung von niederdeutfchen Sprachdenkmälern.

§ 3. Der Sitz des Vereins ift vorläufig in Hamburg.

§ 4. Den Vorftand des Vereins bilden wenigftens lieben von der Generalverfammlung zu erwählende Mitglieder, von denen zwei ihren Wohnort am Sitze des Vereins haben müffen. Aus dem Vorftande fcheidet jährlich ein Mitglied aus, an deffen Stelle die Generalverfammlung ein neues erwählt.

§ 5. Die Generalverfammlung findet jährlich zu Pfingften ftatt.

§ 6. Die literarifchen Veröffentlichungen des Vereins beforgen im Auftrage des Vorftandes Redaktionsausfchüffe, in denen wenigftens je ein Mitglied des Vorftandes fich befinden mufs.

§ 7. Der jährliche Minimalbeitrag der Mitglieder ift fünf Reichsmark. Für denfelben wird die Zeitfchrift und das Korrefpondenzblatt geliefert.

Vorftand des Vereins.

Denfelben bilden zur Zeit die Herren:

Dr. C. Walther, Hamburg.

Dr. W. Seelmann, Profeffor, Oberbibliothekar, Berlin.
    Zweiter Vorfitzender für 1909.

Kaufmann Joh. E. Rabe, Hamburg I, gr. Reichenftr. 11.
    Schatzmeifter.

Dr. G. Roethe, Profeffor, Geh. Reg.-Rat, Weftend b. Berlin, Ahornallee 30.

Dr. Edw. Schröder, Profeffor, Geh. Reg.-Rat, Göttingen, Grüner Weg 2.
    Gefchäftsführender Vorfitzender für 1909.

Dr. C. Borchling, Profeffor, Pofen, Schützenftr. 28.

KORRESPONDENZBLATT

DES VEREINS

FÜR NIEDERDEUTSCHE SPRACHFORSCHUNG.

HERAUSGEGEBEN

IM AUFTRAGE DES VORSTANDES.

JAHRGANG 1908.
HEFT XXIX.

HAMBURG.

NORDEN & LEIPZIG. DIEDR. SOLTAU. 1909.

Jahrg. 1908.   Hamburg.   Heft XXIX. № 1.

Korrefpondenzblatt

des Vereins

für niederdeutfche Sprachforfchung.

I. Kundgebungen des Vorftandes.

Mitgliederftand.

Neue Mitglieder: die Herren
Dr. Heinrich Klenz, Herausgeber des Deutfchen Literatur-
Kalenders, in Leipzig-Gohlis;
Cand. paed. A. Indorff in Giefsen
und die Bibliothek des märkifchen Mufeums in Berlin.
Adreffenänderungen von Herren
Schulrat a. D. Prof. Dr. A. Stuhlmann, jetzt Schwarzenbeck,
Herzogt. Lauenburg;
Oberlehrer H. Zahrenhufen, jetzt Droyffig bei Zeitz;
Prof. Dr. E. Mackel, jetzt Profeffor;
von Fräulein Dr. Clara Holft, jetzt Lawrence, Kanfas, V. St.
v. Amerika.

2. Generalverfammlung 1908.

Der Vorftand giebt den geehrten Vereinsmitgliedern kund, dafs die
Generalverfammlung des Jahres 1908 um Pfingften zu Roftock ftattfinden
wird. Zugleich fpricht er die Bitte aus, die für diefe Zufammenkunft beabfichtigten Vorträge und Mitteilungen möglichft bald bei Herrn Oberbibliothekar Prof. Dr. W. Seelmann, Charlottenburg Peftalozziftrafse 103,
anmelden zu wollen.

II. Mitteilungen aus dem Mitgliederkreife.

beemig (XXVIII, 11, 46).

Das eigenartige Gefühl, das man empfindet nach dem Genufs von
Beeren und Obft, nennt man in Dithmarfchen und Stapelholm ftump und
ftrüf; in Wilfter und bei Hohenweftedt desgleichen.
Dahrenwurth b. Lunden.   H. Carftens.

Begrismulen (XXVIII, 14).

Begrismulen für betrügen ift in Dithmarfchen und Stapelholm fehr
gebräuchlich. Hier in und bei Lunden gebraucht man auch häufig befufen,
befchubben und befchummeln. Stark im Schwange für betrügen ift hier

»anfchiten«. Eine alte Frau in einem Nachdorfe fagte einft zu einem Prediger: *Anfchäten, Här Pafter!* und feit der Zeit fagt man hier überall fprichwörtlich: Anfchäten, Här Pafter.
Dahrenwurth b. Lunden.   H. Carftens.

Kalant (XXVIII, 51).

kalant ift keineswegs der Genoffe im fchlimmen Sinne, wenigftens nicht hier in Dithmarfchen. »Dat fünd recht fon par Kalanten« d. h. es find Genoffen, die zufammen paffen, die recht fchön mit einander fpielen können, die immer beifammen find.
Dahrenwurth b. Lunden.   H. Carftens.

---

kuntfchen (XXVII, 26. 46. 49; XXVIII, 11).

Zu diefem kann ich noch *knullern* aus Dithmarfchen beibringen: knuller mi dat ni fo dull.
Dahrenwurth b. Lunden.   Heinr. Carftens.

---

harfeh (XXVII, 43).

Harfch kann ich beibringen aus Dithmarfchen in der Form *verharfcht* — de Wunde is verharfcht —. Ein anderes Wort ift *verhärt* (von Haar?), wenn die Haut rauh wird, fich wie mit Haaren befetzt anfühlt, feine Riffe bekommt und fchmerzt.
Dahrenwurth b. Lunden.   Heinr. Carftens.

»Freimaurer« (XXVIII, 88).

wird in Vorpommern durch die Volksetymologie in »Friemür(d)er« um- gebildet. Es begegnet dort die Meinung, das Wefen der Freimaurerei beftehe darin, dafs die Mitglieder diefer Verbindung Jemand anders an ihrer Stelle dadurch fterben laffen könnten, dafs fie bei Todesgefahr deffen Bild in der Herzgegend mit einer Nadel durchftächen, fodafs fie fich auf diefe Weife durch einen Mord vom drohenden Tode frei machen würden. — Ob die Umbildung des Wortes diefem Glauben, oder der Glauben der Umbildung die Entftehung verdankt, kann ich nicht entfcheiden.
Greifswald.   Loeper.

Zu Pfendo-Gerhard von Minden.

Im Jahrb. XXXIII, 139 hatte ich Fabel 92, 19:
> unwitliken ane finen dank
> de ammer weder mit om fauk,
> de ander gink ût

das *weder* in *neder* geändert. Für die Richtigkeit diefer Änderung fpricht, dafs in einer hochdeutfchen Faffung diefer Fabel, die fich in der St. Galler Papierhandfchrift 643, XV. Jahrh., befindet und von J. Baechtold in der Germania 33, 258 veröffentlicht ift, die entfprechenden Verfe lauten:
> zwen eimer dar ab hiengen
> die uff uñ nider giengen

in einen eimer er do fprang
der eimer mit dem fuchs nider traug
Der ander eimer gieng überfich do.

Blankenburg a. H.   Ed. Damköhler.

Mültekum, Mültkum.

Bei einem Prozefs über das Eigentum am Gange zwifchen zwei
Häufern in der Altftadt Schleswig wurde 1650—2 den Zeugen die Frage
vorgelegt, ob es wahr, dafs in der Küchen eine grofse Wafferkuefen oder
Mültekum gewefen? Diefe grofsen Kufen wurden wohl hauptfächlich zum
Malzen gebraucht und daher der Name.

Schleswig.   Hille.

Zur Redensart »flöten gehn« (XXVIII, 31. 39. 65).

Weigand hat an das jüdifche »*pleite*« erinnert und »*pleite gehn*« aus
der Wetterau belegt. Auch in meinem Geburtsort Darmftadt ift *bleets gehn*
= »fich davon machen« durchaus üblich. Es wäre doch fehr wunderlich,
wenn eine Form mit anlautendem ƒ zugrunde läge und nur mit Beziehung
auf das jüdifche Fremdwort *pleite, pleete* volksetymologifch umgedeutet und
umgebildet worden wäre. Umgekehrt ift es ohne Zweifel viel wahrfcheinlicher, dafs ein Fremdwort mit Anlehnung an ein einheimifches, lautlich
einigermafsen entfprechendes Wort zunächft fcherzhaft, dann dauernd umgebildet wird. In meiner heffifchen Heimat, deren Sprache einen nicht
ganz unbedeutenden jüdifchen Einfchlag aufweift, wird das hebräifche Wort
nicht als Fremdwort empfunden und daher nicht umgedeutet. Anders in
andern Landfchaften, in denen weniger Juden wohnen. Ich halte deninach
daran feft, dafs »flöten gehn« volksetymologifche Umdeutung von »pleete
gehn« ift.

Freiburg im Breisgau   Fridrich Pfaff.

toännern.

Ein einfacher Landmann aus Süderftapel in Stapelholm brauchte die
Bezeichnung »toännern« für zufchreiben laffeu: »Ik hef em dat Land
toännern laten«. Dasfelbe Wort wird mir aus Drage in Stapelholm bezeugt.

Dahrenwurth b. Lunden.   H. Carftens.

Krefig (XXVIII, 86).

Das hierüber Gefagte gilt ganz für Lübeck; »fchäumig, frifch, munter,
kräftig« bedeutet es hier.

Krefen ift hier unbekannt.

Lübeck.   C. Schumann.

Anfrage.

Kann jemand über die Herkunft des bekannten Volkswortes *der Piez*
oder *die Pieze*, »weibliche Bruft, Euter« etwas mitteilen? In den Wörterbüchern finde ich es bei Danneil und bei Schütze (unter *Titt*, »Pöbel-
wort« genannt). Literarifch weifs ich es nur aus **Chriftian Reuters**
Schelmuffsky zu belegen: »der Frau Mutter Pietz war mir zu eckel«.

Lübeck.   C. Schumann.

Tang (XXVIII, 91).

Die Travemünder Fifcher nennen das Seegras von altersher *Dank* oder häufiger einfach *Gras*, womit fie allerlei ähnliche Waffergewächfe bezeichnen, wie mit *Bled* alle Kräuter und Blattpflanzen. Jacob von Melle († 1743; f. XXVIII, 90 unter tünen) fagt: »*Danck* n., alga marina, Seekraut«, ohne Quellenangabe.

Lübeck. C. Schumann.

Zu der Angabe auf S. 93 »dafs in der Elbe kein Tang wachfe, aber Sturmfluten ihn aus der See in den Flufs führen können,« bemerke ich, dafs die Meinung, mit Tang werde nur Seegras und Seetang bezeichnet, alfo Zoftera und Fucus, irrtümlich ift; fie trifft für hier und auch manche andere Gegend nicht zu. Mit Tang werden auch Brackwafferpflanzen bezeichnet; ja, wie ich in einem Lexicon finde, fogar Feftlandspflanzen der Salzflora.

Den plattdeutfchen Ausdruck »Dank« finde ich bei A. Chr. Siemssen »Beitrag zur Naturkunde Mecklenburgs« in der Monatfchrift von und für Mecklenburg 1790, St. XII, Spalte 820, wo es heifst: »*Dank* (Zoftere) Zoftera marina. Mit diefem elenden Dünger machen uufere Küftenbewohner ihre Äcker fruchtbar «

1795 fchreibt derfelbe Verfaffer in feinem »Magazin für die Naturkunde und Oekonomie Mecklenburgs« Bd. II, S. 288 in einem Auffatze »Linnäifche Synonymie zu den Mecklenburgifch-platten Pflanzen-Nahmen« : »*Dank*, Strandgras, Zoftera marina«. [Er bezeichnet mit Strandgras alfo das, was wir heute Seegras nennen.]

Der Ausdruck »Dang« wird hier auch heute noch gebraucht, fowohl für Seegras und Seetang bei Warnemünde, als auch für Brack- und Süfswafferpflanzen der Warnow (in Gehlsdorf, Oldendorf und Krummendorf) und der Ribnitzer Binnenfee (in Ribnitz). Das Herausholen der Wafferpflanzen aus der Warnow refp. aus der Ribnitzer Binnenfee heifst »*Dangdreihen, Dangdreigen*«, hochdeutfch »*Tangdrehen*«, beide Bezeichnungen werden nebeneinander gebraucht. Die Bezeichnung »Drehen« ift terminus technicus. Es wird nämlich ein Staken mitten in eine Stelle im Waffer geftofsen, wo viel Kraut wächft. Dann wird diefer Staken (oder Stange, auch Bootsruder) fo lange umgedreht, bis fich ein dicker Klumpen Kraut um ihn gewickelt hat. Mit diefem Kraut wird der Staken dann ans Land oder ins Boot geholt. So habe ich das Tangdrehen an der Warnow bei den erft erwähnten Orten oft gefehen und als Junge auch felbft mitgemacht. Das auf diefe Weife aus der Warnow geholte Kraut beftand meift aus verfchiedenen grünen Ulven und Wafferfäden, verfchiedenen Potamogeton-Arten, Chara, Myriophyllum fpicatum, Ruppia maritima, Najas major, fpäter auch Wafferpeft (Elodea canadenfis) und dergl. durcheinander. Eine befondere Bezeichnung der einzelnen Pflanzen habe ich hier nicht gehört. Am gefuchteften waren die Charen wegen ihres Kalk- etc. Gehaltes, fie galten als die heften Düngerpflanzen.

Von der Ribnitzer Binnenfee finde ich von meinem verftorbenen Vater, Gymnafialdirektor K. E. H. Kraufe, noch eine Notiz aus der 2. Hälfte der 80ger Jahre des 19. Jahrhunderts. Danach werden an der Ribnitzer Binnenfee bezeichnet mit *Art*: Potamogeton perfoliatus, *Swendel*: Potamogeton pectinatus und zwar anfcheinend fcoparius, *Dang:* Chara (2 Arten) und Myriophyllum fpicatum. — Das Dangdrehen wurde (und wird es noch jetzt) bei Ribnitz grade fo betrieben wie oben von der Warnow angegeben. Vor Ribnitz waren 2 *Danghäfen* zum Anbringen des Krautes als Dünger, von wo er dann auf die Äcker abgefahren wurde. Auch dies dürfte heute dort noch grade fo fein. In der Roftocker Zeitung von 1890 (Nr. 7, vom 5. Januar) heifst es in einer Korrefpondenz aus Ribnitz: ›In der Nähe der Stadt fieht man viele Leute mit ›Tangdrehen‹ befchäftigt. Die zahlreichen Wafferpflanzen der Binnenfee, deren Wachstum in den letzten Jahren ganz bedeutend zugenommen hat, geben ein treffliches Düngemittel für unfere Gärten.‹

Zum Schlufs noch einige Notizen aus zwei technologifchen Wörterbüchern über ›Tang‹. In Joh. Georg Krünitz, Ökonomifch-technologifche Encyklopädie, Th. 87 (Berlin, 1803), heifst es S. 136: ›Meergras, ein vielumfaffender Nahme, unter dem man fonft allerley Seegewächfe aus den Gattungen Fucus, Zoftera und andern begriff, in welcher Bedeutung diefes Wort auch im Artikel Alga, Th 1, S. 497 gebraucht worden ift. Da die Gattung Fucus aber bey allen fachkundigen Schriftftellern (S. insbefondere Icones Fucorum, oder Abbildungen der Tange etc. von E. J. C. Esper. Nürnberg 1797, 1798, 1799 ff. in 4. mit ausgemahlten Kupfern) ausfchliefslich den Nahmen Tang und Zoftera den Namen Wafferriemen fiihrt: fo kann bei Tang und Wafferriemen auch das nöthige von den dahin gehörigen zum Theil merkwürdigen Gewächfen gefagt werden.‹

Unter ›Tang‹ heifst es dann ebenda Teil 179 (Berlin 1842) S. 604: ›Auch ift Tang in den nördlichen Ländern Europas ein Name einer Art des Seegrafes oder Seemoofes, welches fehr häufig auf dem Grunde des Meeres wächft, und feine Spitze bis auf die Oberfläche des Waffers treibt; f. Meergras Th. 87 S. 136.‹

Ganz etwas anderes wird unter ›Seetang‹ oder ›Varec‹ verftanden in: Joh. Karl Gottfr. Jacobfons technologifches Wörterbuch oder alphabetifche Erklärung aller nützlichen mechanifchen Künfte, Manufacturen, Fabriken und Handwerke wie auch aller dabey vorkommenden Arbeiten, Inftrumente, Werkzeuge und Kunftwörter nach ihrer Befchaffenheit und wahrem Gebrauche, fortgefetzt von Gottfr. Erich Rofenthal, Berlin und Stettin, 1794, Th. 7. S. 318. Hier heifst es nämlich: ›Seetang, Varec, ein allgemeiner Name für das Sodasalzkraut, Salfola foda, des gemeinen ftachlichten Salzkrautes (Salfola Kali L.) und des Sohlenglasfchmalzes (Salicornia Europaea L.).‹

Salfola und Salicornia find Salzpflanzen, die am Seeftrande und an den Dünen häufig find, die Bezeichnung Seetang habe ich hier aber nie dafür gehört.

Roftock. L. Kraufe, Archivfekretär.

klentern (XXVIII, 31. 37).

Klentern, verklentern für Geld unnütz ausgeben, verfchwenden, kann ich aus Glefchendorf bei Segeberg, aus der Hohenweftedter Gegend, aus Jersbeck bei Oldesloe und aus dem öftlichen Holftein, Gegend von Lütjenburg beibringen; in Jersbeck und der Gegend von Lütjenburg kennt man auch eiu Subftantiv *Klenterbüdel.* ln Lunden in Dithmarfchen hörte ich *klempern, verklempern* für »unnütz Geld ausgeben«. Häufig braucht man hier auch *verklain, utklain, rerâsen.* Von einem alten Dithmarfcher hörte ich: »De Fruns kôpt fik dar Tinken un Tanken vör«. Damit wollte er fagen: Sie geben Geld für allerlei unnötige Sachen und Verzierungcn aus.

Dahrenwurth b. Lunden.   Heinr. Carftens.

Zu »Vörpâl« XXVIII, 57 und 89.

Mir ift aus meiner Jugendzeit, die ich in Schwerin in M. verbrachte. das Wort »Vörpâl« auch nur in der Redensart »Vörpâl flagen« geläufig, aber nicht in dem S. 89 angegebenen Sinne »Einhalt tun«, fonderu vielmehr im Sinne von »eine ausweichende Antwort geben«, alfo in ähnlicher Bedeutung wie fie Carftens S. 90 angibt. Auch in der Bedeutung »ein- lenken« habe ich die Redensart gehört; wenn von zwei Streitenden der eine nachgiebig zu werden und einzulenken beginnt, fagt man: »he deit all Vörpâl flagen«.

Heidelberg.   Fr. Neumann.

Mnd. fide.

lm Mnd. Wb. IV, S. 204 heifst es: »*fide,* Grabfcheit oder Worffchaufel? (hieber gehörig: *pala, eyn worp fchuffel; palas* [acc. plur.], *deghele, potte. gropen; pale,* pl. *zyden; de hogheften knoken.* Diefenb. n. gl. f. v.?) *Bil noch barden, exen, noch fide, noch fesnen, noch nen eqgetowe mot he* (der nicht zünftige Schmidt) *fineden.* Gosl. Stat. 105, 6«. Diefelbe Stelle findet fich jetzt im Urkundenbuch der Stadt Goslar. III (1900), S. 344. Nr. 504. Die Zufammenftellung *noch fide noch fesnen noch fekelen* läfst es mir wahrfcheinlich erfcheinen, dafs *fide* Pl. von *fide* ift und Kniefenfen bedeutet. In Andree's Braunfchweiger Volkskunde S. 179 bis 180 [zweite Aufl. S. 243] ift diefe kurze Seufe befchrieben und abgebildet. In Berel im Amte Salder lautet das Wort mit Diphthongierung der Länge *î* zu *ei fei* und ift männlich, während es bei Andree *fie* lautet und weiblich ift. Schambach 191a *fid,* u.; agf. *fiðe.* i. c. *figðe,* f. falx (Ettmüller 667).

Blankenburg a. H.   Ed. Damköhler.

Müfchen mit de Beleg.

Mit diefem Ausdruck bezeichnet man in Hamburg, m. W., altklug mitfprechende oder mitfprechen wollende Kinder, namentlich Mädchen, etwa bis zu 12 oder 13 Jahren. Richey hat diefen Ausdruck nicht; dagegen hat Schütze, Holftein. Idiotikon I, S. 89, das Subftautiv »dat Beleg« (mit kurzem e in der betonten zweiten Silbe), und überfetzt es: »das Belegen (*befeggen*) mit viel Worten, *befchwögen*«. Er gibt dann noch zwei Redens- arten: 1. »*Gefch mit de Beleg* fagt man von einer fchwatfeligen (fchwatz- feligen?) Perfon, die alles weitläuftig zu begründen und zu belegen fucht. 2. »*Engel mit de Beleg*« mit dem vorigen gleichbedeutend, aber nur in der Gegend von Krempe gebräuchlich.« — »Engel« ift hier wohl der weibliche Eigenname und die Abkürzung von »Angelika«. »Gêfch« ift »Gefcka«, Diminutiv von »Gefa«.

Eigentümlich ift der Gonuswechfel des Wortes »Beleg«. Als einzelnes Wort führt Schütze es als Neutrum auf *dat* Belog; in der Redensart heifst es »Gefch (Engel) mit *de* Beleg«, da ift es alfo Femininum. Im Hochdeutfchen haben wir das Subftantiv auch, aber mit langem e in der betonten zweiten Silbe, und da ift es Maskulinum: *der* Beleg. Es gilt befonders im Rechnungswefen bei Kaffen von Behörden, Korporationen ufw., wo der Rechnungsführer bei einer Revifion oder bei Vorlegung der Jahresrechnung die Richtigkeit der verfchiedenen Pöfte in der Ausgabenrubrik durch Beibringung der quittierten Rechnungen oder entfprechender Dokumente, der *Belege,* nachzuweifen hat. — »Mit Beifpielen belegen« = »Beifpiele für die Richtigkeit einer Behauptung anführen« ift ebenfalls gebräuchlich.

Dlefes hochdeutfche Subftantiv »Beleg« im eben angegebenen Sinne fcheiut indes eine neuere Form zu fein. In Dr. Daniel Sanders' Handwörterbuch der deutfchen Sprache, Leipzig 1869*), Seite 101, 1. Spalte unten, findet fich: »Belag, m.: Etwas, das als Zeugnis für etwas zu Beweifendes, infofern es fich daraus abnehmen läfst, dient, auch. Beleg (Mehrz. Beläge, Belege).« M. W. wird Bel*a*g jetzt nur als Bezeichnung für Wurft, Käfe ufw. gebraucht, die auf Butterbrot fcheibenweife aufgelegt werden. In dicfer Bedeutung führt Dr. Sanders das Wort nicht an.

Die erwähnte plattdeutfche Redensart »Müfchen (Gefcb, Engel) mit de Beleg« fcheint indes nicht fehr verbreitet zu fein, vielleicht ift fie fchou im Holfteinifchen nicht mehr gebräuchlich, oder irre ich darin? In Dr. C. F. Müller's Der Mecklenburger Volksmund in Fr. Reuters Werken habe ich fie gleichfalls nicht gefunden.

Hamburg.   C. Rud. Schnitger.

Kannenglück (XXVIII, 86).

Das englifche »Pot-luck« hat mit »Neige« nichts zu fchaffen, fondern bezieht fich aufs Effen. Wird Jemand eingeladen, am Mahle teilzunehmen, ohne dafs die Hausfrau Gelegenheit hatte, befondere Vorbereitungen zu treffen, fo heifst es: »Come on pot-luck«, alfo »Nimm vorlieb mit dem was der Kochtopf bietet.«

Allerdings finde ich in Thieme's Wörterbuch die Erklärung: »Potluck: Topfglück, Kannenglück, grade fo viel als zum Sättigen des Hungers oder Stillen des Durftes erforderlich ift,« aber diefe Überfetznng ift unrichtig. Das mafsgebende »Oxford Englifh dictionary« erklärt: »Pot-luck. One's luck or chance as to what may he in the pot, i. e. cooked for a meal: used in reference to a perfon accepting another's hofpitality at a meal without any fpecial preparation having been made for him. Chiefly in phrafes »to take pot-Inck«. Alfo transferred.« Durch Auszüge aus alten und neuen Schriftftellern wird diefe Auffaffung erhärtet, auch Zufammenfetzungen wie »pot-luck company« und »pot-luck dinner« finden fich angeführt, aber von einer Kanne ift nicht die Rede.

Herr Rob. Meisner macht mich aufmerkfam, dafs die franzöfifche Wendung »à la fortune du pot« fich gleichfalls nur auf den Kochtopf beziehe.

Hamburg.   Joh⁺ E. Rabe.

---

*) Erfte Auflage diefes verdienftlichen Werkes; ob weitere Auflageu davon erfchieneu find, weiss ich nicht.

Preckumfär.

He is recht up ſin Preckumfär ſagt man hier von einem, der ſich in ſeiner Haut recht wohl fühlt, dem es durchaus gut geht. Kommt der mir unverſtändliche Ausdruck ſonſt noch vor?
Lübeck.   C. Schumann.

In de Krimm gahn.

Dieſe Redensart, die ihren urſprünglichen Sinn im Volksbewuſstſein verloren hat, iſt durch den Krimmkrieg ſ. Z. neu belebt worden und bedeutet hier noch jetzt ſo viel als »verloren gehen«. Daſs *Krimm* = *Krümpe*, »Einſchrumpfen«, iſt — mnd. Wb.: *tor Krimpe gán*, einſchrumpfen, kleiner werden — weiſs man nicht mehr.
Lübeck.   C. Schumann.

Zu »Kurfürſt« (XXVIII, 85).

Die Redensart »Plats dor för'n Kurfürſten« habe ich auch in meiner Heimat Schwerin i. M. oft gehört.
Heidelberg.   Fr. Neumann.

In meiner Kinderzeit meine ich hier in Hamburg auch die Redensart »Platz da för den Kurfürſten« gehört zu haben, aber mit dem Zuſatz »de Graf de kummt«. Der Sinn iſt wohl derſelbe wie in der erſten Mitteilung angegeben iſt; der Zuſatz ſcheint aber eine leichte, ſpöttiſche Hindeutung darauf zu ſein, daſs die Perſon des Kommenden doch nicht ſo beſonders wichtig iſt.
Hamburg.   C. Rud. Schnitger.

Quaſſeln, quaſen (XXVIII, S. 73 f.).

Von den Seite 73 genannten Wörtern ſind mir im Lippiſchen nur *quaſſeln* (mit kurzem a und weichem ſ) und das ganz verſchiedene *quaſen* (mit langem a) bekannt. *quaſſeln* bedeutet nicht nur umſtändlich ſprechen, ſo daſs es dem Zuhörer langweilig wird, ſondern auch »unſinnig« ſchwatzen. Der Sprecher wird dann mit den Redensarten: Dat es jo doch bleuſs Quaſſelüjje! — diu quaſſelſt wall! u. a. abgetan. Derjenige, welcher quaſſelt, heiſst Quaſſelhans oder meiſtens Quaſelhans (die erſte Silbe gedehnt!).

Quaſen bedeutet im Lippiſchen ſoviel wie praſſen, das Eſſen im Übermaſs und ohne Gennſs einſtopfen. Das Wort wird immer im abſtoſsenden Sinne gebraucht.

Ndd. Jahrbuch (Schwalenbergiſche Mundart) XXXII, 1906, S. 156 hat abweichend kwazen (z = ſtimmhaft oder weich s), ſchwatzen.
Frankfurt a. M.   K. Wehrbau.

Zu dem Hildebrandlied (IV, 12. 13. 50. 79. VI, 46. 47).

Zu demſelben fand ich hier bei einem Arbeiter in Lehe folgende Lesart:
Der Pfaffe ſingt: »Ein'n Boten hab` ich ausgeſandt
. . . .
Die Frau ſingt: 2 Bröte hab` ich ihm mitgegeben
. . . . für ſein (?) Leben.

Kiepenkerl: »Hörſt du wohl, Hans Hildebrand,
hängſt in der Kiepen an der Wand.«
Mann: »Wenn 't ſo is, ſeggt Hans Hildebrand,
ſo ſchall den Paap de Düwel haln.«
Und damit ſteigt Hans Hildebrand aus der Kiepe heraus und prügelt den
Pfaffen tüchtig durch. — Ein Büſumer, der als Pflugtreiberjunge das Lied
hat ſingen hören, kannte noch die Strophe:
»Ehr Mann heet Hans Hillebrand,
hankt in 'e Kiepe an 'e Wand.«
Nach einer Mitteilung aus Linden in Norderdithmarſchen iſt der
Kiepenkerl ein Töpfer — ſonſt meiſtens ein Bäcker — der mit Töpferwaren von Haus zu Haus geht und handelt, und der ſtellt die Kiepe mit
dem Mann (Hans Hildebrand) darin bei der Frau ein. Die Frau ſingt:
»Min Mann de is na *Fiſebrunn* (S. Lesart Fiſebrun aus
un kümt no lange ni weller. Ravensberg Kbl. IV, 12.)
Der Mann in der Kiepe ſingt zum Schluſs:
»Nu kann ik doch ni länger ſwign,
un mut wul ut de Kiep rutſtiegn.«
Nach einer anderen Lesart aus Lehe b. Lunden iſt Meiſter Hildebrandt
auch ein »Pütjer«, der Töpferwaren in einer Kiepe verhauſieret. Ein Jude
hält mit ſeiner Frau zu. Er ahnt etwas davon und kriecht in die Kiepe
hinein, die an der Wand bängt. Die Frau merkt das, und als der Jude kommt,
ſingt ſie: »Unſer Meiſter Hildebrandt
ſitt in 'e Kiep un hankt an 'e Wand.
Nutje, nutje, nei; nutje, nutje, nei;
untje, nutje, nei; nntje, nutje, nei.«
Als der Jude das noch nicht zu verſtehen ſcheint, ſingt ſie nochmals:
»Unſer Meiſter Hildebrandt,
ſitt in 'e Kiep un hankt an 'e Wand.
Nutje, nutje, nei uſw.«
Da ſingt auch Meiſter Hildebrandt in der Kiepe:
»Nu kann ik dat ni länger lidn,
un mut wul ut de Kiep rutſtieg'u.
Nutje, nutje, nei uſw.«
Da macht der Jude ſich eiligſt auf die Socken.
Dahrenwurth b. Lunden. _____ Heinrich Carſtens.

Johr uſw. (XXVIII, 84).

Johr, Johréu, Johrendén, in Verbindung mit: *Wat ſegg ik?* habe ich
vor längerer Zeit hier von einem, nunmehr verſtorbenen älteren Manne
gehört, ohne zu ahnen, daſs dieſe Steigerung weiter verbreitet iſt. Ich
möchte mich der gegebenen Erklärung anſchlieſsen mit dem Hinweiſe auf
die hier übliche Betonung *wenigſténs* u. ähnl.
Lübeck. C. Schumann.
Die von Hauſchild S. 84 beſprochene Steigerung Johr-Johrén-Johrendén
erinnert mich an eine in meiner Heimat Schwerin oft gehörte Wendung:
»Da hört ſich nicht bloſs *alléß,* da hört ſich *ulléns* bei auf«. Auch hier
die Verſchiebung des Tuns.
Heidelberg. Fr. Noumann.

Zu ›johrendén‹ wäre wohl zu bemerken gewefen, dafs es nur meinen kann: Jahr und ein, wie Jahr und Tag.
Weimar.   Franz Sandvofs.

Das Rätfel vom Ei (XXVIII, 96).

In dem ›Entjer pentertjer‹ liegt die Erklärung des etepetete (pet = mit, alfo ete und nochmal ete). Die Wendung *um un dumm*, z. B. er rennt ja allens um un dumm ift alfo auch nur verftärkende Iteration.
Weimar.   Franz Sandvofs.

Die Kinderreime von den 5 Fingern (XXVIII. 62).

Das ift der Daum,
der fchüttelt die Pflaum,
der fammelt fie auf.
der trägt fie nach Haus,
und der kleine Schelm hat fie alle aufgegeffen. ›
                         Blickftedt im Dänifchen Wohld.

Lüfenknicker, Puttenflicker, lange Meier, golle Rink, lütje Finger oder lütje Peter Fuhrmann oder korte Jebann. (Dithmarfchen).

Lüfenknicker, Putten-(Potten-)flicker, lange Jehann, Stockjehann, lütje Peter Fuhrmann. (Stapelholm).

Tummellort (dün. tomme = Daumen), Slickerpott, lange Mann, Goldrand, lütje Peter Spillemann (däu. Spillemand = ndd. Speelmann). (Tondern).
Dahrenwurth b. Lunden.   H. Carftens.

Einen die Hamburger Gänfe fehen laffen (XXVIII, 51).

Diefes allerdings nicht fehr zu empfehlende Vexierfpiel heifst in Dithmarfchen: *Hamborg wifen.* Schal 'k di mal Hamborg wifen? Desgl. in Stapelholm. In Drage in Stapelholm hörte ich auch: *Lübek feen!* In Oftholftein in Wagrien heifst es auch: Lübek feen. Diefelbe Vexierfrage lautet auch: Wullt du mal de Klocken in Engelland Inden hören? (S. mein ›Tographifcher Volkshumor aus Schleswig-Holftein‹ in der Zeitfchrift des Vereins für Volkskunde, Heft 3. 1906, S. 305).
Dahrenwurth b. Lunden.   H. Carftens.

Einen die Bremer Gänfe fehen laffen (XXVIII, 51. 75. 79).

In der Lüneburger Heide fagt man ftellenweife, z. B. in den Kreifen Winfen und Ulzen, *de willen Goif* (die wilden Gänfe). Ob nicht auch bei diefem Volksfcherz, wie in taufend andern Fällen, die bäuerliche Überlieferung das Alte bewahrt hat? Die Gänfe fieht das Kind täglich auf dem Hof und im Dorf, aber die wilden Gänfe, ja die möchte es gar zu gern auch mal fliegen fehen! Später find dann die Namen grofser Städte (Bremen, Hamburg) an die Stelle getreten, und fchliefslich haben fich durch eine Vermifchung auch die Bremer und die Hamburger Gänfe eingeftellt.
Friedenau-Berlin.   Dr. Eduard Kück.

Bedibbert (XXVIII, 94).

Aus der Provinz Sachfen kenne ich *betippert* in dem angegebenen Sinne als ein häufig gebrauchtes Wort, bes. als Prädikat: Er war fehr b.
Lübeck.   C. Schumann.

Gröl (XXVIII, 86).

Hierzu kann ich jetzt felbft den Namen *Grölfeft* beibringen. Diefes fand ich neulich bei Möller und Juft, 100 Entwürfe zu Vorträgen ufw. Gütersloh 1906, S. 196, erwähnt als ein niederfächfifches Volksfeft, bei dem »Schreien« die Hauptfache gewefen fei. Ich weifs darüber nichts, aber vermute, dafs die Wendung: *Dat geit in'n Gröl mit hen,* damit zufammenhängt.
Lübeck.   C. Schumann.

Fünfch.

Schon bei Richey, Idioticon hamb., Seite 47, findet fich das Wort *fünifch,* für das er kurzweg das Wort »tückifch« fetzt. Schützes Holft. Id. hat die, foviel ich weifs, auch jetzt noch im hamburgifchen und holfteinifchen Dialekt gebräuchliche kürzere Form »fünfch«, ebenfalls mit der hochdeutfchen Bedeutung »tückifch«. Das von Schütze gegebene Beifpiel: »Ik bün em *fünfch* to = ich bin auf ihn höfe« entfpricht zwar nicht dem »tückifch«, wohl aber dem noch heutigen üblichen Sprachgebrauch. »Fünfch« bedeutet m. W. einen hohen Grad des Erzürntfeins, bei dem fich der Zorn auch in dem düftern, erregten Gefichtsausdruck und in heftiger Rede kund gibt; es ift fo faft fynonym mit »wütend«. In K. Müllenhoffs Gloffar zur 3. Auflage von Kl. Groths Quickborn findet fich das Wort »fünfch« nicht.

Woher mag nun diefes fowohl adjektivifch wie auch adverbial gebrauchte Wort ftammen? Im Mittelniederdtfch. Handwörterbuch, Seite 474 findet fich ein Verbum *reninen* = vergiften, giftig machen, giftig fein, vielleicht abgeleitet von dem Subftantiv *renin, rennin,* (vom lateinifch. *renenum*), Gift, im figürl. Sinne: teuflifche Bosheit. Dazu ftellt fich das Adjektiv »*reninich* oder *reninifch*« giftig, im figürlichen Sinne »boshaft«, was alfo der oben angegebenen Bedeutung »tückifch« für »fünfch« nahe käme. Im mecklenburger Plattdeutfch kommt das Adjektiv *reninfch* (*venynfch*) vor, das Dr. C. F. Müller in feinem »Reuter-Lexikon«, Seite 151, ebenfalls vom lat. *renenum* ableitet, und mit »giftig, heimtückifch, maliliös« im Hochdeutfchen wiedergibt.

Sollte das in Hamburg und Holftein gebräuchliche »fünfch«, das ja von Richey und Schütze in erfter Linie mit »tückifch« überfetzt wird, mit dem mittelniederdeutfchen *reninifch* und dem mecklenburgifchen veninfch (venynfch) zufammenhangen, und etwa durch Kontraktion entftanden fein?
Hamburg.   C. Rud. Schnitger.

Backe, backe Kuchen (XXVIII, 88).

Diefes beliebte Kinderverschen habe ich hier allerdings in kaum veränderter niederd. Form gehört und fo auch in meine »Volks- und Kinderreime aus Lübeck und Umgegend« aufgenommen. Aber gewöhnlicher ift die hochdeutfche, wie ich gleich dabei bemerkt habe, uud diefe wird die urfprüngliche fein. Denn dem ganzen Ausdruck und Inhalte nach reicht der Vers nicht in die alte Zeit hinab, der der Kern der Volksreime angehört.

Lübeck. C. Schumann.

Sinen (richtigen) Tappen krigen, hebben.

In diefer Redensart habe ich *Tappen* immer für das dem hd. *Zapfen* entfprechende ndd. Wort gehalten. So erklärt auch Prof. Carl Friedrich Müller, der Mecklenburger Volksmund in Fritz Reuters Schriften § 725: *de kreeg finen richt'yen Tappen* »er bekam feinen richtigen Zapfen« = er bekam fein Teil, die gebührende Antwort, eig. wohl »ihm wurde (mit dem richtigen Zapfen) der Mund geftopft.« Kürzlich aber habe ich aus Andreas Schmeller's Bayerifchem Wörterbuch (1827) erfehn, dafs die Redensart auch in Oberdeutfchland bekannt ift und zwar mit derfelben Form »Tappen« und nicht mit dem zu erwartenden hd. »Zapfen«. Schmeller fagt 1, 450: *Der Tappen,* Portion, Theil. *Da haft dein Tappm! an iada kriegt fein Tappm.* Diefen Ausdruck haben wir wol zunächft von dem franzöfifchen Militärworte *étape,* welches feit mehr als einem Jahrhundert oft genug in bayrifche Ohren geklungen hat.« Er führt dazu aus einem kaiferlichen Reglement von 1708 an: die Verpflegung der Miliz befteht »fowol für die logiert als durchmarfchirende Truppen in Abreichung der gewöhnlichen *Eftappen,* welche in 1 Pfd Fleifch, einer öfterreichifchen Mafs Bier und 2 Pfd Brod« befteht; und bemerkt, dafs Eftape als Portion übrigens nur eine Figur von Eftape fei als Lagerftatt, Niederlage, aus welcher folche Portionen abgegeben werden und Ein Wort mit dem niederdeutfchen »Stapel«, oberdeutfch »Staffel«. Wie die Stelle in der zweiten Auflage des Bayerifchen Wörterbuchs von Frommann lautet, kann ich augenblicklich nicht nachfehn. Ebenfo weifs ich nicht, ob diefe Übereinftimmung des bayerifchen und des mecklenburgifchen Sprachgebrauchs von den Herausgebern der Reuter'fchen Schriften bereits erwähnt und erwogen ift. Die Stellen, an denen Reuter die Redensart plattdeutfch verwendet, ift mir jetzt nicht geglückt wiederzufinden. Einer hochdeutfchen entfann ich mich fogleich; fie fteht gegen Ende von »Abendteuer des Entfpekter Bräfig«. wo, nachdem Bräfig einen »Gewiffen« abgetrumpft hat, der Eine fagte: »Der hat feinen richtigen Tappen!« und der Andere fagte u. f. w.

Hamburg. C. Walther.

Gnäterfwart (XXVI, 45. 57. 63. 75).

Gnäterfwart ift in angegebener Bedeutung in ganz Dithmarfchen uud Stapelholm bekannt. In der Lundener Gegend hörte ich auch *gnitterficart* und *gnifterfwart,* in Lunden aufserdem noch *gnäterblank* (gneterblank). welches Wort man auch in Oftholftein in der Gegend von Lütjenburg kennt. Müllenhoff führt im Gloffar zum Quickborn, 3. Aufl., Gneterfteen = Perlftein, Gnetern = Granaten an.

Dahrenwurth b. Lunden. H. Carfteus.

Kumâbend.

Schambach, Wörterbuch der Mundart von Göttingen und Grubenhagen, hat: ›*Kumâbend,* der Abend· des 8. Januars‹, ohne weitere Erklärung. Eine glaubliche bietet die mittelalterliche Bezeichnung des 9. Januars, welcher Tag nach dem heiligen Jucundus oder Jocundus benannt war; f. Grotefend, Hiftorifche Chronologie. Man darf alfo wohl ›kum‹ als entftellt aus ›kund‹ und diefes als gekürzt aus Jucûnd erklären. Der 9. Januar mufs irgend eine befondere Wichtigkeit für die Stadt Göttingen gehabt haben, dafs, wie bei hohen kirchlichen Feften (Weihnacht-, Ofter-, Pfingftabend), die Benennung des vorhergehenden Tages als eines ›heiligen Abendes‹ fich bis in die Neuzeit hat erhalten können.

Hamburg.   C. Walther.

Quitfcher (Quidje).

Ein Auffatz in den ›Hamburger Nachrichten‹ vom 2. Dezbr. 1906 über den Dom, den weitbekannten Hamburger Weihnachtsmarkt, wird mit den Worten eingeleitet: ›Wer fo als *Quidje* nach Hamburg hereingefchneit kommt — und nächftens gibt es ja überhaupt nur noch *Quidjes* — dem mufs die Hamburger Preffe alljährlich ein Licht auffteckt über die hiftorifche Entwickelung des Doms‹.

Das hervorgehobene Wort, das, nach einer freundlichen Mitteilung des Herrn Dr. C. Walther, hier erft nach der Mitte des vorigen Jahrhunderts in Zeitungen*) auftaucht, und zwar in der Form *Quittfcher*, wie es das Volk auch heute noch ausfpricht, bezeichnet ungefähr dasfelbe wie der *Butenminfch,* d. h. der von auswärts Hereingekommene. Im Munde felbftbewufster, alteingefeffener Hamburger ftreift es fogar ein wenig an die Bedeutung ›Hergelaufener‹.

Dafs das Wort von feiten der Gebildeten als *Quidje* aufgefafst worden ift, liegt an der Hamburger Ausfprache, die das fchliefsende r nur eben andeutet und nicht nur das fch nach T-lauten ganz weich hören läfst, fondern auch j diefem fch ähnlich wiedergibt. So reihte fich das Wort im Hochdeutfch der Hamburger Umgangsfprache der Klaffe der fog. Kefeformen auf *-je* ein, deren es hier nicht wenige gibt, wie z. B. *Thêtje* (Theodor), *Âtje* (Adolf), fogar *Sottje,* der Schornfteinfeger (von *fott,* Rufs).

Von Erklärungen des Wortes *Quitfcher* ift mir nur eine bekannt, die des Dr. Otto Rüdiger, die die Hamb. Nachrichten im Briefkaften auf Anfragen über die Herkunft des Wortes einige Male gebracht haben. Rüdiger ftellt es zu altfächf. quedhan, mittelhochd. quêden ufw., reden fprechen, fchreibt übrigens das Wort nur *Quidje* oder *Quitfche.* Jenes Zeitwort habe in der Volksfprache mehrere Nebenformen und Nebenbedeutungen erhalten, die meiftens ein häfsliches, undeutliches und dummes Sprechen bezeichneten Solche Wörter feien: *quitfchen, quofen, quaffeln, quatfchen* und *der Quatfch.*

Nach meinen Erkundigungen bei Leuten aus dem Volke — denn ich gehöre auch zu den Quitfchern — ift hier ein Zeitwort *quitfchern* (nicht

---

*) In meinen Collectaneen finde ich die Notiz (zwischen Aufzeichnungen aus 1865, alfo wohl aus diefem Jahr): ›Quittfcher, fo foll man in Hamburg fpottweife einen Ausländer nennen; nach Mitteilung meines Bruders, der es in der Zeitung 'Reform' gelefen haben wollte.‹ C. W.

quitfchen) in Gebrauch; man verwendet das Wort für die kunftloferen Laute der Vögel, bei denen man nicht (oder noch nicht) von einem richtigen Gefange reden kann. Nun fagt man aber auch bildlich *quitfchern*, wenn ein Fremder verfucht plattdeutfch zu reden und es doch nicht recht kann. Der Begriff der Unfertigkeit im Reden (Singen) ift der Vergleichspunkt. Aus diefem niedlichen Vergleiche wurde nun der Name *Quitfcher* für den Fremden leicht geboren; bei der Taufe ftanden der Scherz und der Spott Gevatter.

Das Zwitfchern der Vögel wird auch fonft in unferen Mundarten gebraucht, um unverftändliches Reden, das leicht für unverftändig gehalten wird, zu bezeichnen. In Köln (F. Hönig, Wörterbuch der Kölner Mundart 1905 S. 146) ift *quiddele* ·unverftändlich· reden, iron. eine Rede halten: Zwitfchern bei jungen Vögeln.· Nach Molema (Wörterbuch der Groningenfchen Mundart S. 233 b) ift dort *kwstelu* = ·fnappen, babbelen etc. en van de geluiden van jonge kauaries en van zwaluwen gezegd.· Nach ten Doornkaat Koolman II, 445 b bedeutet oftfriefifch *kwiddern* nicht nur fchwatzen, plaudern, fondern auch zwitfchern. Bei allen dreien müfste eigentlich das Zwitfchern als das zu Grunde liegende an erfter Stelle ftehen. Wenn die Eichsfelder das Sprechen ihrer niederdeutfchen Nachbarn *quakeln* nennen (Hertel, Thür. Sprachfchatz S. 187), fo befagt das, dafs ihnen die plattdeutfche Rede nicht viel verftändlicher erfcheint als das Schnatteru der Enten. Das ift die Rache der *Quitfcher*.

Dafs *quiddeln, quiddern* und *quitfchern* (zwitfchern) denfelben Naturlaut nachahmen follen, ift leicht einzufehen. Der Einwand, dafs bei quitfchern und zwitfchern wie bei vielen Verben auf -tfche(r)n ein Kehllaut als urfprünglicher Stammauslaut vorauszufetzen fei (vgl. Winteler in Paul und Braunes Beiträgen XIV. 461), würde bedeutungslos fein, denn bei fchallnachahmenden Wörtern wechfeln die Hartlaute (tenues) beliebig. So verzeichnet z. B. Woefte (im weftfäl. Wb. S. 200 b) als Namen für den doch unleugbar nach feinem Gefchrei benannten Kiebitz: *piwik, piwip, piwit* neben *kiwit* und *tiwit*. Übrigens tritt der Kehllaut in uuferem Falle noch ganz offen zu Tage im oftfriefifchen *quikken*, von jungen Vögeln (Stürenburg 191 b) und in dem bairifchen *quickezen*, zwitfchern (Schmeller-Froumann I, 1392).

Ob der *Quitfcher* auch noch anderwärts bodenftändig ift, weiss ich nicht. Jedenfalls ift die Grofsftadt mit ihrem ungeheuren Zufammenflufs von Fremden die befte Heimat für ein Wort, das die Heimatlofen bezeichnet.

Ift nun die gegebene Erklärung von hamb. *Quitfcher* als ·der uudeutlich Redende, der Fremde· richtig, fo wäre das eine im Deutfchen vielleicht einzige Parallele zu griechifch *barbaros*, das ja auch urfprünglich den unverftändlich Redenden und dann den Ausländer, Nichthelleuen bedeutet.

Hamburg.   Oskar Haufchild.

Commentel.

Im Mndd. Wörterbuch ift *commentel* für ·kleine Schüffel· verzeichnet. An diefer Bedeutung laffen die beiden Belege, welche dort gegeben werden, keinen Zweifel. Es find Auszüge aus Wismarer Inventaren: *commenteln oder falterigen* (Salfenfchüffeln, fancières) nennt das eine von 1596; *zin[n]en fchüffelchen oder commentlin* das andere von 1598. Herr Dr. F. Crull, dem Lübben diefe Nachweife verdankte, hatte dazu bemerkt, der Ausdruck fei in Wismar noch (in den fiebziger Jahren des vorigen Jahrhunderts) bekannt, nämlich, wie derfelbe mir 1899 brieflich mitteilte, einem aus einer Bürgerfamilie ftammenden, etwa 1806 gebornen Freunde, welchem das Wort *Kommentel* gebiufig gewefen fei, während ihm felbft dasfelbe fremd gewefen fei und er es nie fonft gehört habe. Einen dritten Beleg aus dem 16. Jahrhundert hat Dr. Crull in dem erhaltenen Rechnungsbuche des Güftrower Goldfchmiedes Matz Unger (1562—1589) gefunden; f. Meklenburger Jahrbücher Bd. 63 (1898) S. 161: »ein *Kommentel* oder *Napf* hat Matz Unger nur aufgebeffert, aber *drei vergoldete Salfere* (Brühnäpfe, Saucenpfannen) neu geliefert.«

Die Wörterbücher, in denen ich das Wort gefunden habe, find die von Dähnert, Adelung und Nemnich. Dähnert, Wörterbuch der Pommerfchen und Rügifchen Mundart (1781), hat S. 67: »*Commentelken* ein kleiner tiefer Teller oder Schüffelchen zum Obft oder Zugemüfe beym Braten«: als Nebenform hat er S. 215 *Kamentelken* notiert. Adelung, Wörterbuch der Hochdeutfchen Mundart, 2. Aufl. (1793), I. 1342 fagt: »das *Comméntchen* in einigen liegenden eine kleine flache Schüffel, Saufsen darin aufzutragen, ingleichen ein kleiner flacher, unten halbrunder Becher, auf Reifen daraus zu trinken.« Der Vorpommer Adelung wird »Kommentelken« gewifs gekannt haben: er erwähnt diefe Form nicht; die er bringt, wird wohl Thüringifch-Meifsnifch fein. Campe hat in feinem Wörterbuch der Deutfchen Sprache (1807), dem er doch das Adelungfche zu Grunde legte, den Artikel geftrichen. Auffallenderweife fehlt das Wort auch in dem trefflichen Teutfch-Lateinifchen Wörterbuch von Leonhard Frifch (1741), und ebenfo im Grimmfchen Deutfchen Wörterbuch, fowohl bei Jacob Grimm unter C, wie bei Rudolf Hildebrand, dem fonft doch nicht leicht etwas entging, unter K. Nemnich, Neues Waaren-Lexikon in zwölf Sprachen (1821) I, 551, bringt »*Komentchen*, kleine Teller zu Oliven etc.«

»Vermutlich,« meint Adelung, »ift das Wort aus einer fremden Sprache hergenommen worden; aber im Grunde ift es doch deutfch. Das Niederfächf. Kumm, Kump und holländ. Komme bedeutet eine tiefe Suppenfchüffel, und Spülkumpf den tiefen Spülnapf zu den Theefchalen. Das Diminutiv Kumpken, holländ. Kommeken und das hochdeutfche Commentchen bedeuten alfo einen kleinen Kump.« Lübben im Mudd. Wörterbuch befchränkt fich vorfichtiger auf die Frage, ob es zu komme, kunnne geftellt werden dürfe. Man mufs mit Nein antworten. Schon allein die Betonung der zweiten Silbe (comméntel, comméntchen) verbietet eine Ableitung aus dem Deutfchen und macht die Herkunft aus dem Lateinifchen oder aus dem Romanifchen glaublich. Aus romanifchen Sprachen vermag ich kein Wort beizubringen, auf welches der deutfche Ausdruck zurückgeführt werden könnte. Auch das klaffifche Latein bietet nichts. Dagegen aus dem mittelalterlichen Latein hat Diefenbach im Gloffarium Latino-Germanicum mediae et intimae Latinitatis (1856) S. 135c verzeichnet: *commentum, eyn bijgerichte; eyn uberdracht merunge.* Bijgerichte ift verftändlich, es kommt auch fonft vor für Nebengericht, ein Gericht das zu einem Hauptgericht gegeben wird. Merunge ift eine Art Suppe aus Brot und Wein. Da mhd. trabt »Gericht« bedeutet, wird uberdracht dasfelbe wie bijgerichte ausdrücken follen; es wird deshalb zur näheren Beftimmung der merunge gefetzt fein, weil diefes

Wort auch für »Abendeffen« gebraucht ward. Diefenbach hat diefe Gloffe einem Vocabularius des 15. Jahrhunderts entnommen, welcher auch *condimentum* durch *eyn bijgericht* gloffiert. Commentum wird in den übrigen mittelalterlichen Wörterbüchern entweder im klaffifchen Sinne als Erdichtung verftanden oder vorzugsweife als Gloffe, Auslegung. Condimentum wird nicht nur durch Gewürz, Speifewürze überfetzt, fondern auch als gewürzte oder gefalzene Speife, als Salfe gefafst und aufserdem auch durch *byfpife* gloffiert. Darf man annehmen, dafs commentum im Sinne von Beigericht aus condimentum entftellt ift? oder follte eine Metapher des klaffifchen commentum vorliegen, indem man die Beifpeifen, welche die Mahlzeit fchmackhaft machen, mit Gloffen verglich, welche den Text verftändlichen? in diefem Falle möchte es klöfterlichem oder ftudentifchem Witze entftammen.

Angenommen, dafs durch jenes eine Zeugnis ein commentum im Sinne von Beigericht hinreichend verbürgt fei, fo bleibt doch die Frage, wie der Name für das Gericht fich habe zur Bezeichnung des Gefäfses, in welchem diefes Gericht aufgetragen ward, entwickeln können. Aber vielleicht ift das anzunehmen gar nicht nötig; fondern die deutfchen Wortformen könnten aus einer mittellateinifchen Suffixbildung, die das Gefäfs für commenta bezeichnete (commentulum, was freilich eigentlich ein Diminutiv wäre, oder commentaculum?), hervorgegangen fein?

Hamburg. C. Walther.

Anzeige.

Zwei Bruchftücke einer mittelniederdeutfchen Faffung des Wisbyer Stadtrechts aus dem 13. Jahrhundert, herausgegeben und mit fprachlichen Erläuterungen verfehen von **Dr. W. Schlüter.** Mit einer Tafel in Lichtdruck. Sonderabdruck aus den Mittheilungen der Gefellfchaft für Gefchichte und Alterthumskunde der Oftfeeprovinzen Rufslands. Bd. XVII. Riga 1907. — Zu beziehen durch die Buchhandlung R. Peppmüller in Göttingen für 2,50 M.

Notizen und Anzeigen.

Beitragszahlungen find an unfern Kaffenführer Herrn Joh! E. Rabe, Hamburg 1, gr. Reichenftrafse 11, zu leiften.

Veränderungen der Adreffen find gefälligft dem genannten Herrn Kaffenführer zu melden.

Beiträge, welche fürs Jahrbuch beftimmt find, belieben die Verfaffer an das Mitglied des Redactions-Ausfchuffes, Prof. Dr. W. Seelmann, Charlottenburg, Peftalozziftrafse 103, einzufchicken.

Zufendungen fürs Korrefpondenzblatt bitten wir an Dr. C. Walther, Hamburg 24, Uhlandftrafse 59, zu richten.

Bemerkungen und Klagen, welche fich auf Verfand und Empfang des Korrefpondenzblattes beziehen, bittet der Vorftand direct der Expedition, »Diedrich Soltau's Verlag und Buchdruckerei« in Norden, Oftfriesland, zu übermachen.

Redigiert von Dr. C. Walther in Hamburg.
Druck von Diedr. Soltau in Norden.

Ausgegeben: März 1908.

Jahrg. 1908.   Hamburg.   Heft XXIX. № 2.

Korrespondenzblatt

des Vereins
für niederdeutfche Sprachforfchung.

I. Kundgebungen des Vorftandes.

1. Mitgliederftand.

Neue Mitglieder: die Herren
Dr. A. Römer, Charlottenburg;
Albert Röhrs, Buchdruckereibefitzer, Northeim i. H.;
Prof. Dr. Ernft Brandes, Demmin;
Dr. G. Kohfeldt, Univ.-Bibliothekar, Roftock.
Veränderte Adreffen der Herren
Th. Reiche, jetzt Braunfchweig;
Dir. Dr. K. H. Bojunga, jetzt Frankfurt a. M.-Sachfenhaufen;
Dr. H. Teuchert, jetzt Berlin.
In der vorigen Nummer S. 1 ift verfehentlich der neue Wohnort des
Herrn Prof. Dr. E. Mackel nicht genannt: Stettin.

2. Jahresverfammlung in Roftock.

Am 9. und 10. Juni wird die Jahresverfammlung des Vereins in
Verbindung mit dem Hanfifchen Gefchichtsverein in Roftock ftattfinden.

Folgende Vorträge find vorgefehen:

Dienstag, den 9. Juni.

Prof. Dr. Borchling aus Pofen: Poefie und Humor im friefifchen Rechte.
Prof. Dr. Lehmann aus Roftock: Altnordifche und hanfeatifche
Handelsgefellfchaften.
Senator Ehmig aus Roftock: Der Roftocker Stadtplan in gefchicht-
licher, ftädtebaulicher und äfthetifcher Hinficht.

Mittwoch, den 10. Juni.

Prof. Dr. Golther aus Roftock: Mitteilungen über niederdeutfche
Handfchriften und Drucke der Univerfitätsbibliothek und Be-
fichtigung einzelner ausgeftellter Handfchriften und Drucke.
Oberlehrer Baufe aus Tremeffen: Über niederdeutfche Lautfchrift.
Prof. Dr. Seelmann aus Berlin: Wirklichkeit und Dichtung in Fritz
Reuters Stromtid.
Archivar Dr. Witte aus Schwerin: Zur Erforfchung der Germanifation
unferes Oftens.

Am Abend des 9. Juni wird »Ein Winterabend in einem mecklenburgifchen Bauernhaufe«, Dichtung von Prof. Woffidlo, durch Mitglieder
des Plattdeutfchen Vereins für Roftock und Umgegend aufgeführt werden.

Zu Vorſitzenden des Vereins für niederdeutſche Sprachforſchung im
laufenden Jahre ſind von dem Vereinsvorſtande die Herren Prof. Dr. W.
Seelmann und Geh. Reg.-Rat Dr. G. Roethe gewählt worden.

II. Mitteilungen aus dem Mitgliederkreiſe.

Hahnemann.

Im Grimm'ſchen Deutſchen Wörterbuch IV, 2 Sp. 166 bringt Moriz
Heyne *hahnemann* erſtens in der richtigen Bedeutung von Hahn, lat.
gallus, hat dann aber vergebens eine zweite nachzuweiſen verſucht: ›ein nd. gloſſar
des 15. Jahrh. gibt militaris: *hanemann*, Diefenb. 361a., das ſuſst wohl
auf *hahn* no. 3 (ſp. 163) [Hahn von Menſchen gebraucht] und bezeichnet
vielleicht ſobou früh und ironiſch einen ſich ſehr kriegeriſch gebahrenden
menſchen, daher iſt *hahnemann* ſpottname, z. B. in Schleswig für den
Dänen, die Kinder ſingen dort *Hannemann von Jütland an*; in dem
wol über ganz Deutſchland verbreiteten volksreime aus dem märchen von
den ſieben kriegeriſchen Schwaben: *Hahnemann, geh du voran, du haſt die
waſſerſtiebeln an*, dasz dich das thier nicht heiszen kann. Auf ſolch
ſpottenden ſinn kann vielleicht der viel verbreitete eigenname *Hahnemann*
zurückgehen, wenn auch die möglichkeit nicht ausgeſchloſſen iſt, daſs ihm
ein älteres *Hagene-man* zu grunde liegen könnte, das dieſelbe Bedeutung
hätte, wie der ahd. eigenname *Hagandeo*, *Heindeo* (Förſtmann, Altdeutſches
Namenbuch) 1, 578.‹

Hanemann iſt in jenem mnd. Gloſſar von Diefenbach verleſen ſtatt
haueman, d. i. *haveman*, eine jüngere form für *hoveman*, was beſonders
einen Hofbeſitzer, ſpeciell einen adelichen, ritterlichen, und daher auch
einen das Waffenhandwerk treibenden Miniſterialen bezeichnete. Andere
Gloſſare ſowie häufige Belege in der mittelniederdeutſchen Litteratur laſſen
an dieſer Bedeutung keinen Zweifel. *Hove-, haveman* kommt oft als Synonym
von *en eddele man* oder *en guder hande man* oder *de to dem wapene geboren
is* d. h. ein Edelmann vor, und wird in Vocabularien gloſſiert durch *decurio*,
decurienſis, curienſis, armiger, wepener, ruter.

Das *Hannemann* — nie *Hahnemann* — als Spottname iſt ſcherzhafte
Entſtellung von däniſchem *Dannemand* = 1) Däne, 2) ein braver Mann.
Älteren Leuten in Schleswig-Holſtein iſt dieſer Urſprung des Namens
Hannemann noch ſehr wohl bekannt. Das Hahnemann in dem Märchen
von den ſieben Schwaben hat nichts damit zu tun. Wie dies Hahnemann
auch zu erklären ſein mag, ſo ſcheint mir doch ſeine Ableitung aus einem
angenommenen, nirgends überlieferten Hagane-man ſehr zweifelhaft. Das
einmal von Förſtemann aus Baiern um ca. 1000 belegte Heindio wird er
mit Recht auf älteres Haganthiu zurückgeführt haben; ob aber die Bedeutung des Namens die von vir militaris iſt?

Hamburg.   C. Walther.

Zu altwil.

Im Nd. Jb. 31 (1905) habe ich das Sachſenſpiegelwort *altwil* im
Anſchlufs an Nd. Korrbl. 5 (1880), S. 17 f. als ›Wechſelbalg‹ gedeutet
und als aus *alf-twil* ›Albenſprofs, Elfenkind‹ entſtanden erklärt.

Eine Beſtätigung dieſer Deutung ergibt ſich jetzt aus dem unlängſt erſchienenen ſiebenbürgiſchen Wörterbuch von Schullerus, auf deſſen S. 81 der ſieb. Ausdruck *âlfskängd* (alſo Alfs-, Elfen-Kind) für »Wechſelbalg« verzeichnet iſt.

Straſsburg i. E.   ————   F. Mentz.

Zu mnd. sliren.

Das Verb *sliren* iſt im Mnd. Wb. IV, 244 zweimal belegt: *Wan se (die amie) lachede, so was am wol unde lachede er en jeghen; men wan se unmodich was, so krikede he mit er unde besachtede se mit slirende.* Serm. evang. f. 144c; *men rint ril manghen ralschen man, De anders nicht wer sliren kan By den rorsten unde by den heren, De sick sumwiles dar ok van neren* etc. Shaeksp. f. 84b. Dazu bemerkt das Wb.: »Die Bedeutung ʻſchlecken, naſchen' (Richey) paſst hier nicht; es muſs etwa ʻſchmeicheln' bedeuten. *sehlieren*, ſchleichen, halb gleiten, hinſchlüpfen; Stürenb. s. v. Bei uns (im Oldenb.) hat man den Ausdruck: *sliren laten*, hingehen laſſen, eine Sache gehen laſſen, wie ſie will, vernachläſſigen; ähnlich dem im Brem. Wb. 4, 834 angeführten flipern laten; Schamb. unter *flüren*. Vielleicht heiſst *fliren* in den obigen Stellen: alles gut heiſsen, keinen Widerſpruch erheben, was auch ja eine Art Schmeichelei iſt; (oder ſchmeichleriſch umſchleichen?).«

Bei Schambach 196 heiſst es unter *flüren:* »1. tr. ſchleudern. *ek wil dek mâl slûren.* 2. intr. ſchlendern, langſam und gemächlich gehen. *ek wil anthand runder slûren. — herümmer slûren. — slûren lâten.* a. etwas gehen laſſen, wie es eben gehen will. b. etwas unbemerkt laſſen, ungerügt hingehen laſſen. *lât slûren* iſt ein gewöhnlicher Zuruf. Der Volkswitz erklärt die Zeichen L(oco) S(igilli) durch lât flûren.« Statt *lât flûren* ſagt man am Harz *lât fehliken.*

Daſs die Bedeutung ʻſchmeicheln' für mnd. *fliren* richtig ſein wird, dafür ſpricht das ſchottiſche Adj. *flid,* ʻglatt, ſchmeichelnd in Rede und Geberde'. R. Motherby, Taſchen-Wörterbuch des Schottiſchen Dialekts. 1828, S. 168. Dieſes *flid* wird zu ags. *flidan,* lahi, gehören. Die Bedeutung macht keine Schwierigkeit, vgl. *glat* ʻglatt' und *glat* oder *glatjen keddern,* ʻſchmeichelnd reden' (am Harz). Dann wäre in *fliren* ein d ausgefallen; Schwund eines intervokaliſchen d kommt jedoch im Mnd. ſchon früh vor, z. B. *Alheidis, Alheidi* im Urkundenbuche des Kloſters Drübeck (in der Graffchaft Wernigerode) Nr. 25 vom Jahre 1256. In welchem Verhältnis *flûren* zu mnd. *fliren*, ags. *slidan* ſteht, bleibt noch zu unterſuchen. Vielleicht iſt es zunächſt zu mhd. *flûr* ʻfaules Geſchöpf' zu ſtellen.

Blankenburg a. H.   Ed. Damköhler.

———————

Quitſcher, Quitje (XXIX, 13).

Es iſt mir in der Zwiſchenzeit gelungen, zwei Belegſtellen für das Wort *Quitſcher,* deſſen Übergang in die Koſeform *Quitje* in der vorigen Nr. s. 13 zu erklären verſucht wurde, aufzutreiben. Die erſte iſt die von Dr. Walther a. a. O. in der Hamburger Zeitung »Reform« von 1865 vermutete. Sie ſteht in der Nr. vom Mittwoch, d. 3. Mai 1865 in dem Auf-

fatze von Paul: Bilder aus dem Garnifonleben, worin der Dienft des ehemaligen, 1867 aufgelöften hamburgifchen Contingents gefchildert wird.   In
diefer Truppe dienten viele Auswärtige als bezahlte Stellvertreter.   Im
Arreftlokal unterhalten fich zwei Soldaten, ein Einheimifcher und ein Fremder.
»Aber fegg man Du to mi,« fagt der erftere, »un fpräk platt.   Wo to de
Vifematenten? wi litt doch mal beide in de Bood (Bude), hier kannft Du
datt mit Platt aff, oder büst Du *en Quittfcher* (Fremder, Ausländer), wie
fe fo veel hierher kamt un uns de Kantüffeln opeeten doht.«   Worauf
der andere: »Ich fpreche weder platt, noch fage ich Du auf Commando.«

In demfelben Jahrgange und in den folgenden finden fich eine Reihe
plattdeutfcher Schilderungen des hamburgifchen Volkslebens von Johannes
Meyer.   Verfchiedene diefer Eintagsfliegen hat M. 1889 in einem kleinen
Bändchen unter dem Titel »Hamburg, wie's weint und lacht« gefammelt
herausgegeben.   Hierunter ift nun eine Erzählung, betitelt: »Eine Jubiläums-
vorftellung,« in der eingangs von der in früheren Zeiten fehr fchwierigen
Stellung der Fremden in Hamburg geredet wird.   »Der Eingewanderte,
deffen Idiom zu der Umgangsfprache einen grellen Contraft bildete, wurde
nicht für voll angefehen, felbft die hochdeutfch fprechenden Stellvertreter
unferer Hanfeaten bezeichnete man als 'Quitje' und [fie] hatten von den
in der Wolle gefärbten echten 'Diekers'*) und anderen hanfeftädtifchen
Urftämmen viel zu leiden.«   Leider ließ fich der Originalauffatz in der
Reform von 1865—67 (foweit habe ich durchgeblättert) nicht finden und
daher nicht feftftellen, ob M. früher *Quittfcher* oder auch fchon *Quitje* gefchrieben hat.   Ein näherer Vergleich zeigt übrigens deutlich, dafs Meyer
jene Paulfchen Schilderungen aus dem Garnisonleben benutzt hat.   Ob,
wie einige vermuten, das Wort der hamburgifchen Soldatenfprache entftammt oder in diefer nur hauptfächlich zur Anwendung kam, läfst fich
nicht entfcheiden.

Dafs *Quitfcher (Quitje)* als Bezeichnung des Fremden wirklich mit
dem Zwitfchern (quitfchern) der Vögel zufammenhängt, fteht mir deshalb feft, weil diefe Bedeutungsentwickelung auf einer allgemeinen, nicht
blofs germanifchen Volksanfchauung beruht.   Zu dem im erften Auffatze
aus Köln, Oftfriesland und den Niederlanden verzeichneten Bedeutungs-
übergange von »zwitfchern« zu »unverftändlich reden, fchwatzen« erwäge
man noch folgendes: 1) Malius in feinen Naturftudien I⁸ S. 371 weift auf
eine Bemerkung Jacob Grimms in feinem Reinhart Fuchs, S. III Anm.),
wo G. fagt: »Der Gefang der Vögel heifst im Mittelalter ihr Latein, wie
eine fremde, unverftandne Menfchenfprache latein oder welfch.«   Dazu gibt
Haupt in den Altdeutfchen Blättern von Haupt und Hoffmann Bd. I S. 1
Belege aus dem Altfranzöfifchen.   2) ahd. *quitilôn* wird in einer Gloffen-
fammlung (Graffs Sprachfchatz IV, 648) mit *mussitare* überfetzt, d. h. leife
vor fich hin (in den Bart) reden (alfo doch auch undeutlich reden); in
Otfrids Evangelienharmonie V, 9, 5. wird es von dem aufgeregten Gefpräch
der beiden Jünger von Emmaus gebraucht (nach Wackernagel, Voces variae
animantium ² S. 74, Anm. 171).   3) bei den Griechen bedeutete χελιδονίζειν
(nach Papes Wb.) zwitfchern wie die Schwalben, übtr. die Schwalbe an

---

*) »*Dieker* der auf dem Deich wohnt. (Hamb.) Deich, Hamb. Vorftadt.« (Schütze,
Holft. Id. I. 219.

Gefchwätzigkeit nachahmen, unvernehmlich oder falfch fprechen. Unter γελιδών wird eine Stelle aus Aefchylos' Agamemnon v. 1004/5 (Kirchhoff) angeführt:

ἀλλ' εἴπερ ἐστὶ μὴ χελιδόνος δίκην
ἀγνῶτα φωνὴν βάρβαρον κεκτημένη

wenn fie nicht, der Schwalbe gleich, eine unbekannte, barbarifche (d. i. fremde) Sprache befitzt. Alfo *Quitfcher* = barbaros.

Hamburg. Oskar Haufchild.

Ewalleri.

Auf Fehmarn ift das Wort *éwalleri(g)* in der Bedeutung »widerfpenftig« noch in Gebrauch, wenn auch nicht eben häufig: *wes ni fo fürchterli ewalleri* = fei nicht fo fchrecklich widerfpenftig. Das Wort ift mir fonft noch nirgends begegnet; es macht einen fehr altertümlichen Eindruck. Der erfte Beftandteil *ě* ift doch wohl das alte *ê* in der heute verlorenen Bedeutung »Gefetz« (wie fie mnd. z. B. in den Zufammenfetzungen *ělik, ěhaft* = gefetzmäfsig, *ělos* = gefetzlos, *ěklôk* = gefetzeskundig, fchriftgelehrt vorliegt, auch in *ébreker*, wenn z. B. die Pharifäer von Jefus fagen *he is en ébreker, averträder der ê*; vgl. Sch.-L. 1, 619). Der zweite Teil der Zufammenfetzung *walleri* dürfte das Adjektivum zu mundartlichem *waller* = mnd. *wedder* »wider«, »entgegen« fein (vgl. mnd. *wedderich* = feindlich, auffäffig; Sch.-L. 5, 628). Noch heute wird in manchen Gegenden Holfteins *waller* für *wedder*, *werrer*, *weller* gefprochen. Danach dürfte das Wort eigentlich denjenigen bezeichnen, der fich gegen das Gefetz, gegen die Vorfchriften auflehnt, alfo »widerfpenftig«. Schütze 1, 305 verzeichnet aus Ditmarfchen ein Wort *ewerdig* mit der Erklärung »widerfetzlich, befonders von unruhigen Kindern und Sachen, die fich nicht fügen wollen«. Es ift mir zweifelhaft, ob Schütze dies Wort richtig wiedergegeben hat; ich möchte glauben, dafs wir hier diefelbe Bildung vor uns haben wie im fehmarnfchen *ewalleri*, dafs alfo in dem *werdig* das *wedder*, *werrer* fteckt. Es wäre wichtig zu erfahren, ob das *ê* in feiner alten Bedeutung auch noch in anderen Wörtern des Volksmundes unverftanden mitgeführt wird. Man könnte etwa denken an das vom Brem. Wbch. 1, 327 (vgl. Nachtrag S. 58) mitgeteilte *ewill, ewille* = eigenfinnig, halsftarrig: *de ko is fo ewille*; denn dafs das Wort aus *eyenwillig* verftümmelt fein follte, glaube ich nicht. Vielleicht gehört auch das von Schütze 1, 285 verzeichnete *ebörftig* = trotzig in diefem Zufammenhang. — Ift das Wort *ewalleri* aus anderen Mundarten zu belegen?

Kiel. O. Menfing.

Einige neumärkifche Wörter.

Im Begriff, als Anhang meiner Arbeit über die neumärkifche Mundart ein Idiotikon auszuarbeiten, möchte ich folgende Wörter zur Diskussion ftellen.

1) *bena* f. Viehraufe.

2) *buxt* f. Verfchlag für Kälber, Schweine; übertragen für Bett, befonders, wenn es unordentlich ausfieht. Es wäre intereffant feftzuftellen, ob fich lautliche Formen fänden, die fich auf mhd. *bäht* n. Unrat, Morast

zurückführen liefsen. Richey und das brem. Wtb. bieten das merkwürdige *puuch, puuk* fchlechtes Bette.

3) *dalšn* unverftändlich, zugleich töricht reden; vgl. uckerm. *fɔrdal(t)šn* zertreten. Kommt eine Form mit *dɯ-* vor?

4) *dǫdɔr* m. Nafenfchleim; *dǫdɔrn* den Nafenfchleim mit Geräufch hochziehen.

5) *füdɔ* f. Staude Gras (bei Frifchbier *fauɔ* f. für Wiepe als Warnungszeichen).

6) Wo findet fich noch *grę̄nɔr* Kammer zum Aufbewahren von Häckfel (< lat. *granarium*)?

7) *kūdɔ* f. 3—4 Zöpfe Flachs, 12 Händevoll.

8) *lorɔ* f. eiferner Ring mit Öfe, mit dem der *lɩnštaf* m. (d. h. Lünfenftab) auf der Achfe des Erntewagens befestigt wird.

9) *luzɔ* f. tiefe Wiefe im Wartbebruch.

10) Wo findet fich *pę̄dɔ* f. Quecke in der gleichen Bedeutung? Beziehung zu mnd. *peddik* Mark des Baumes oder Hornes ift wahrfcheinlich. *pę̄dnkorf* ift ein aus gefpaltenen Kiefernwurzeln geflochtener Futterkorb.

11) *taxɔ* f. Hund.

12) Wo findet fich *teykl* m. Zweig?

13) *rokɔ* und *rokŋ* m. Spinnrocken.

Berlin.   H. Teuchert.

Hirren.

Das mir fonst nur aus der Zufammenfetzung *Hirrenettel (Hiddenettel)*, ›Brennneffel‹ bekannte Zeitwort *hirren* ift, wie ich kürzlich aus Anlafs eines mir zugeftellten Heilfpruches erkundet habe, hier und weiter füdlich und öftlich in Lauenburg und Mecklenburg durchaus üblich für allerlei Brennreize der Haut. In dem Spruche ift es mit *Brennen* gepaart: *Du fast nich hirren, du fast nich brennen.*

Lübeck.   C. Schumann.

Stênbôm.

In einem hiefigen Segen finde ich ftatt des gewöhnlichen Ausdrucks *Fruchtbôm, Artbôm, Bêrbôm, Appelbôm* das Wort *Stênbôm*, welches mir fremd ift, aber m. E. fo viel als *Stênirtbôm* fein mufs. Darf man annehmen, dafs hier, wie fo vielen anderen Fällen der mittlere Wortftamm ausgefallen fei, und lebt der Name überhaupt irgendwo im Volke?

Lübeck.   C. Schumann.

Gaffeldôk.

Über diefes, gleichfalls in einem Segen erfcheinende, Wort habe ich nichts erforfchen können, auch nicht beim Bäcker. Der kennt wohl *Gaffelbredd, -pinfel, -hüt*, aber kein *-dôk*. Sollte der Name und Begriff etwa aus der ehemaligen Hausbäckerei ftammen und fich in dem alten Spruche unverftanden erhalten haben?

Lübeck.   C. Schumann.

Sweideln.

Diefes Zeitwort ift mir erft kürzlich zu Ohren gekommen. Es hat hier den Sinn von *fchwanken* und *fchwenken*. Man fagt z. B. *he sweidelt*, »er geht fchwankend«, und *he sweidelt mit 'n Dok, mit 'n Hot*, »er weht mit einem Tuche, einem Hute«. Ich finde das Wort nur bei Schambach als *swedeln* »fpülen«, vom Waffer gebraucht. Ein Hauptwort *Schwedel* erfcheint bei Grimm als »Rakete« und als »Weichwafferquaft«. Das mnd. Wtb. gibt *sweideler* »Tafche, Beutel, Mantelfack«. *sweideler, swedeler* in ähnlicher Bedeutung kennen noch andere Wörterbücher, aber *sweideln* m. W. nicht.

Lübeck. C. Schumann.

Plus.

Im Lippifchen ift *plus* als Adjektiv allgemein bekannt; von fehr korpulenten Leuten fagt man: hö es fëu plus; auch von gefchwollenen Körperftellen, mag es fich um gröfsere oder kleinere Teile handeln, heifst es: hö es ganz *plus* — dat Böin, de Arm es düjet *plus* — hö hät de Waterfucht, dat Lüif es oll fëu *plus*. Man kennt das Wort felbft flexibel: hö hät *pluffe* Foite, Böine — dat es ollens pluffet Flöisk. Anfangs glaubte ich, das Wort könnte wohl mit dem lateinifchen Wörtchen plus in Verbindung ftchen, bis mich Herr Dr. C. Walther freundlichft auf eine Reihe gleicher oder ähnlicher Wörter in anderen Mundarten aufmerkfam machte, die auch ähnlich als Adjektive gebraucht werden. So fteht z. B. bei Strodtmann im Osnabrückfchen Idiotikon (1756): *plüfs* = aufgeblafen, aufgedunftet; von Leuten, die aufgeblafen Fleifch haben. Ebenfo J. C. Fröbing, Ueber einige der gewöhnlichften Sprachfehler der Niederfachfen (1796) S. 55: in Hannover fagt man hdtfch. auch! *plufs* für derb, dicht, voll, rund, z. E. ein pluffes Geficht. Alfo hier genau wie noch heute im Lippifchen. Und Fritz Böger gibt gleichfalls aus dem Lippifchen, fpeziell als Schwalenbergifch: *plus* für gedunfen (Ndd. Jahrbuch XXXII, 1906 S. 159). Andere Dialekte haben dafür *plüffig* und *plutzig*, z. B. Richey, Hamburg. Idiotikon (1755): *plüffig* = völlig, rund und fett von Anfehen; Einige fagen *plützig*, auch wohl *plötzig*, welches die Unwiffenden lächerlich verhochdeutfchen, z. E. ein *plötzliches* Geficht. Strodtmann kennt für das Osnabrückfche gleichfalls *plüffig* neben *plüfs*. Das Bremer Wörterb. (1768) fagt: *plutzig*; een plutzig Geficht; plutzige Finger = runde fleifchige Finger; holländ. = plots, plotfig, plump. Dähnerts Wb. der Pommerfchen und Rügenfchen Md. (1781): *plutzig*, een plutzig Geficht. Woefte hat *plüffig* = dick, aufgedunfen, vom menfchlichen Körper (in Frommanns dtfchen Md. IV S. 4), und chenfo in feinem Wörterb. der weftfäl. Md., wo er daneben fetzt: oftfrief.: *plüffig, plufs*. Diefe beiden Formen finden fich denn auch bei Stürenburg, während Doornkaat Koolman für das Oftfriefifche nur *plüffig* kennt.

Doornkaat Koolman fetzt es, wie das Bremer Wb., dem von Kilianus Dufflaeus, Etymologicum (1599), als niederl. (aber als veraltet) angegebenen *plotfigh* = bot, plomp gleich, und leitet es mit diefem vom Verb *plotfen*, plumpen, unverfehens fallen, ndl. fpeziell ins Waffer. Danach wäre es daffelbe Wort wie nndl. *plotfig* = overhaaft, und aufs nächfte verwandt mit unform *plötzlich* (trotz Richey). »Plötzlich« ift nach Kluge, Etymolog. Wb. d. dtfchn Spr. 6. Aufl. 1905 S. 301 durch Luther fchriftdeutfch geworden und hiefs fpätmhd. *plozlich*, altnhd. auch *blotz*, *plotz* und foll als Adverb im Oberdeutfchen ganz fehlen. Weigand, Dtfchs Wb. II⁴ 1882 führt es auf das Verbum *plotzen*, *blotzen*, 1663 bei Schottelius *blutzen*, zurück, das fich in feiner eigentlichen Bedeutung bereits im 16. Jahrh. bei Fifchart finde; 1517 *plutzlich*, im 15. Jahrh. *plutztlich*, d. i. plutzlich, am früheften bezeugt um 1320 mitteld. *plozlich* in *unplozlich* = allzuplötzlich. »So war Verwunderung daheim über meiner plotzen wiederkunft« (Hans von Schweinichen II, 50); »kamen zu mir plotz und flugs!« (Logan). Im 17. Jahrh. wurde plötzlich adverbial und adjektiv gebraucht. Diefe Ableitung wird wohl beftätigt durch oberdeutfch *plunfchig*, *plünfchig*, fchweizerifch *blunfchig*; fchlef. *pluntfchig* = aufgedunfen, dick, plump; bairifch-öfterr. *pluntzet*; vgl. Grimms dtfchs Wb. II, 169 und VII, 1949, wo angeführt ift: *plunfchig*, *pluntfchig*, Adj., und mit Umlaut *plünfchig* = aufgedunfen, dick, plump. Doornkaat vergleicht noch engl. to plump fchwellen, plump dick, fett, feift. Nach Frommanns Mundarten IV, 4 kommt in Vorarlberg auch *pflotfchig* und Sbft. *Pflotfch* für aufgedunfene fchwammichte Leibeskonftitution, und *pflotfchen* für fchlottern vor, welche Wörter fich noch genauer zum ndd. Adj. ftellen, denn nd. p = hd. pf.

Dazu möchte ich noch einige andere Mundarten zum Vergleich heranzichen. T. Tobler, Appenzell. Sprachfchatz 1837 hat *plätfchlig*, Adj. = plötzlich und ferner Sbft. *Blös* (Blas), *Blöft*, Diminut. *Blöftli* eigentlich = das Geblafene, die eingeblafene Luft, z. B. der Blosbalg lot de Bloft go; uneigentlich a) unordentliche Falte im Kleide, welche ihren Grund in einem fehlerhaften Schnitte hat, z. B. der Jack wörfft en Bloft; b) die Gefchwulft, z. B. es hed em e Blöftli gworffa = er hat eine Gefchwulft, namentlich einen kleinen Bruch bekommen; c) eine Gewitterwolke, auch ein fchnell vorübergehender Sturm, ein Schauer, z. B. es chönt en Bloft geh. Als Eigenfchaftswort und Adverb heifst es im Appenzell.: *blöftet*, *bblöftet* und bedeutet a) eigentlich: aufgedunfen, z. B. er fiehd bblöftet us, er fieht aufgedunfen aus; b) uneigentlich = unordentliche Falten werfend, z. B. er hed e bbloftets Hüfs a, er hat ein Kleid an, das unordentliche Falten wirft.

Mit diefer Bedeutung fteht wieder im Zufammenhange elfäffifch *Blaft* = 1) zufammengeprefste Luft, 2) Atem, Blaskraft, 3) Blafe, 4) lufthaltiges Gewebe des Körpers (medizinifch) Netzbruch, alfo ausgetretener, aufsen fichtbar werdender Bruch. (E. Martin und H. Lienhart, Wb. der elfäff. Md. 1904 II S. 167).

Endlich hat Vilmar, Idiotikon von Kurheffen 1883 S. 45: *bluftern* = Blafeu treiben; ferner Fr. Hönig, Wörterbuch der Kölner Md. S. 140: fich *plüftern*, von Vögeln; Woefte, Wb. d. weftfäl. Md. *plüfe* f. = Federchen. Die älteren Belege dafür finden wir bei Schiller und Lübben, Mittelnd. Wb. III. 1877, S. 356: *pluftern*, zerzaufen, durchwühlen, vom Federvieh, wenn es mit dem Schnabel in den Federn wühlt; fik pluftern, von Zeug, wenn es durchs Nähen oder fonft ein Verfehen uneben geworden ift, z. B. dat Kleed pluftert; plufterich zerzauft, verworren, von Vögeln, die fich pluftern; von Menfchen bedeutet es: aufgedunfen, aufgetriebenes Geficht, auch vom ungekämmten Haar beim Menfchen.

So führen alle die vorftehend angeführten Wörter zu dem einen wefentlichen Begriffe, dem des Aufgedunfenen, Gefchwollenen zurück und zwar ift die dadurch bezeichnete Fülle, die Einnahme eines gröfsern Raumes (des Fleifches, der Federn, des Haares etc.) fozufagen ohne innere Berechtigung, ohne Kern, ohne Echtheit.

Frankfurt a M.   K. Wehrbau.

Arig (XXVIII, 74. 90. 94).

In Lippe lautet das betr. Wort *orch*, eigentlich *oɔrcb*, das ch wie in hd. ich gefprochen; es bedeutet 1) das hd. artig und 2) gehörig, z. B. dat ës 'en orch kind! dat find oɔrje (pl.) jungens! dä hüt fick oorch öiuen anfoppen! (der hat fich gehörig einen angetrunken!) dat ès näu 'en oɔrjeu end! (das ift noch ein gehöriges Ende). Die Form oɔrch = ordentlich ift m. W. dem Lippifchen ganz fremd, in diefer Bedeutung heifst es immer: *órnɔck*. Zur Ausfprache wäre noch zu bemerken, dafs die Qualität des o-Lautes in diefen Ausdrücken nicht feftfteht, foweit meine Beobachtungen in meiner Heimat reichen; meiftens habe ich überall ein offenes o gehört, wie in hd. Mord, öfter aber auch ein gefchloffenes o, wie in hd. tot, doch habe ich in ornɔck nur ein offenes o wahrgenommen.

Frankfurt a. M.   K. Wehrhan.

Katthagen (XXVIII, 81).

In Feddringen in Norderdithm. liegt mitten im Dorf ein kleiner freier Platz namens *Dingdang*, den der Volksmund für den ehemaligen Gerichtsplatz hält. Eben aufserhalb des Dorfs liegt der *Kattburg*, wo der Tradition zufolge ehedem die Hinrichtungen ftattgefunden haben follen. Der gefpenftifche Nachthund geht jede Nacht vom Dingdang nach dem Kattbarg. Der Nachthund, der auch in Weddingftede und Albersdorf vorkommt, ift ein Höllenhund, und Höllenhunde ftehen zu Hinrichtungsplätzen mehrfach in Beziehung. Aber hier im Dithmarfchen dürfte doch wohl nicht an ein polnifches Wort zu denken fein.

Dahrenwurth b. Lunden.   Heiur. Carftens.

För Manchefter weg eten (XXVII, 67).

Die Redensart: »Alles für Manchefter weg etn«, kenne ich nicht, wohl aber: »'t geit alles för Manchefter weg«. Ich habe mir dabei ftets gedacht: dafs unter dem Manchefterfammet fich wohl vielfach betrügerifche, minderwertige Stoffe befanden und dafs daraus die Redensart entftanden ift. Meine Frau indefs kennt aus Süderftapel in Stapelholm: »He it alles för Manchefter weg«; mein Gewährsmann, ein Wilfteraner desgl.

Dahrenwurth b. Lunden.   . Heinr. Carftens.

Kurfürft (XXVIII, 85. XXIX, 8).

Die Redensart: »Platz vörn Kurfürften!« kennt Herr Lehrer Dibbern aus Wagrien (Geg. v. Lütjenburg). Herr Hauptlehrer Ziętz-Lunden will diefelbe auch in Meldorf (?) gehört haben. Bei uns hier in Dithmarfchen, in dem benachbarten Eiderftedt, in Stapelholm, wie überhaupt in Süd-Schleswig heifst es: »Platz, Burl de Eddelmann kümt,« bei Lunden auch mit dem Zufatz »mit de Miftkar!« In Deetzbüll und Niebüll fagt man: »Platz vörn Landvagt!« In Gefchendorf bei Segeberg heifst es wohl beim

Spiel, wenn man Schwächere beifeits fchiebt: »Platz vörn Börgermeifter!«
Neueren Urfprungs dürfte fein: »Wahr di weg (vom Stuhl nämlich), Mus-
kant, dar kann en Minfch fittn.« (Dithmarfchen).
Dahrenwurth b. Lunden. Heinr. Carftens.

Preckumfär (XXIX, 8).

Hier fagt man: »He is recht up fin Jüft.« Viel wird auch die
Wendung »he is recht up'n Strek« (und fogar »Strich«) gebraucht; aber
der mir befreundete Mufikdirektor Bauer-Flensburg, ein gebürtiger Preetzer,
kennt *Preckumfür*. Ift der Ausdruck flav. Urfprungs?
Dahrenwurth b. Lunden. Heinr. Carftens.

Tang (XXVIII, 91. XXIX, 4).

In Dithmarfchen fagt der Volksmund ftets *dan*. Gemeint ift vorzugsweife wohl der Blafentang (Fucus vesiculofus L.). »De Lüd fünd an't
Danfahrn« heifst es hier z. B. in der Marfch. Dafs P. Wolf die Pflanze
nicht gekannt haben follte, wundert mich faft, da fie jedem Kinde bekannt
ift. Übrigens ift mir die Zufammenftellung »Diftel un Dan« nicht vorgekommen.
Dahrenwurth b. Lunden. Heinr. Carftens.

Dryer.

In Broder Boyffens Kirchenregifter vom Jahre 1609 (Jahrbücher für
die Landeskunde von Schleswig, Holftein und Lauenburg Bd. V S. 128)
heifst es unter Weddingftede: Von dem Baulande auf dem Weddingftetter
Velde gehört dem Paftoren der Kamp befüden der Paftorei 5 Scheffelfaat,
1 *Dryer* auf den Langenftücken. Auf Niederqualen 1 *Dryer*. Auf Ofter-
efche 1 Scheffelfaat; noch 2 Morgen und 1 *Dryer*. Zu St. Andreas gehört
und hat der Paftor im Gebrauch: 1½ Morgen beoften der Kirche, 1 Scheffelfaat auf Hundekamp, noch 1 *Dryer*. Noch einige Morgen und *Dryer* auf
Stuvebreding, Neuenlande, Heidtweg. Was bedeutet *Dryer*?
Dahrenwurth b. Lunden. Heinr. Carftens.

Judenkarkhof (XXVIII, 83).

Bei Stelle in Norderdithmarfchen in der Nähe der Steller Burg liegt
ein *Judenkarkhof*. Juden, wie der Volksmund meint, find hier ficherlich
nicht begraben worden. Eine Schlacht aber könnte da ftattgefunden haben.
Vielleicht 1226, als Waldemar II. Dithmarfchen zurückerobern wollte?
Dahrenwurth b. Lunden. Heinr. Carftens.

Moller, dat Moller.

Mein Landsmann, der † Profeffor Kl. Groth fchenkte mir f. Z. den
Nachtragsband zum Brem. Wb., wozu P. Wulff-Weffelburen Beiträge geliefert hat. Diefer Band ift mit weifsem Papier durchfchoffen und mit
handfchriftlichen Bemerkungen von Groths Hand verfehen. S. 205 fteht
das Wort *Möller* für das Korn, welches man nach der Mühle bringt und
von der Mühle holt, und dabei die handfchriftliche Bemerkung: »Ganz
lieber nicht richtig!« Nun bringt man aber im Kirchfpiel Delve noch

heute »dat Mollor — wir fagen hier nicht Möller — na de Mâhl. Meinen
† Schwiegervater in Schwienbufen hörte ich mehrfach fagen: Dat Moller
mut ok noch na de Mâhl!

Dahrenwurth b. Lunden.   Heinr. Carftens.

En Eiermaan gewinnen (XXVIII, 88).

Da ich eben in meinen Sammlungen zu einem Hamburgifchen Idiotikon
etwas nachfehe, findet fich, dafs ich *Eiermaan* = Null, Niete, Nichts in
den Redensarten *Myn Lofs* (kurzes o) *is mit en E. rutkamen, Ik heff en
E. gewunnen, Ik heff en E. kregen*, als öfter von verfchiedenen Leuten
gehört, notiert habe und zwar nicht blofs vom unglücklichen Lotteriefpielen,
fondern, zumal die beiden letzten Redensarten, auch vom Fehlfchlagen
irgend eines Unternehmens oder einer Erwartung. Als einmal von der
beabfichtigten Freierei jemandes die Rede war, äufserte Einer: *Mi fchall
do* (= doch; o kurz, während dô = da, die Zeitpartikel) *wunnern, of dar
en Pankoken ut ward or en Eiermaan*, ob das Ergebnis eine Verlobung
oder ein Miserfolg der Werbung fein wird.

Hamburg.   C. Walther.

klentern (XXVIII, 31. 37. XXIX, 5), klüngeln, verplempern.

Unnützes Geldausgeben, etwas verfchwenden befonders in Kleinigkeiten, bezeichnet man im Lippifchen mit »*klüngeln*«, auch wohl »*verklüngeln*«; dä verklüngelt allens; datt werd dann feu verklüngelt un noheer
wett'et fe nich, wo 'et Geld blieben es! Der Ausdruck *verplempern* befagt
in der Hauptfache dasfelbe, wird aber auch mit Bezug auf höheren Wert
angewandt, wobei zuweilen der Nebenbegriff des Vertrinkens verbunden ift.
Das Subftantiv zu klüngeln »*Klüngeln*« bezeichnet die bekannte Tätigkeit
des Austaufches, die unter Kindern als Untugend geübt wird; dä Junge
hätt füine Knicker (Kugeln) wahrhaftig olle verklüngelt. Das Subftantiv
»*Klüngelüjje*« bezeichnet Langfamkeit, Trägheit; einem Ankommenden, der
etwas verrichten follte und auf den man fchon längft gewartet hat, empfängt
man mit den Worten: »Watt es datt für 'n Klüngelüjje?«

Frankfurt a. M.   K. Wehrbau.

fûnfch (XXIX, 11), vernüinig.

Während das Adjektiv »*fûnfch*« im Lippifchen meines Wiffens unbekannt ift, fehlt »*vernüinig*« nicht, es wird fogar häufig gebraucht; die
Bedeutungen ftimmen mit den S. 11 angegebenen im grofsen und ganzen
überein: boshaft, giftig, heimtückifch«; befonders aber »höfe, aufgebracht,
zornig«.

Frankfurt a. M.   K. Wehrhan.

Backe, backe Kuchen (XXVIII, 88. XXIX, 11).

Die plattdeutfche Faffung des Reimes im Lippifchen ift:
Backe, backe Këuken,
Dä Bäcker, dä hätt rëupen.
Wer will gëue Këuken backen,
Dä mott häbben fieben Saken:

Öjjer un Schmolt,
Bottern (!) un Solt,
Mülke un Mäll,
Sapfer makt dä Këuken gäll [gelb].

Auch ift in Lippe die hochdeutfche Form die vorwiegende. Ob fie aber
die urfprüngliche ift? Jedenfalls ift der Reim doch nicht fo jung, wie
man nach der Bemerkung auf S. 12 annehmen könnte; denn fchon in einer
älteren Handfchrift [Nro 12503 (Suppl. 8) ch XV] der Wiener Hofbibliothek
ift er in folgender Faffung enthalten, die wir hier nach der Mitteilung von
C. M. Haas in Pfeiffers Germania XXIII S. 343 wiedergeben:

Wer will ein gut mus machen
Der bedarff fibenley fachen:
Eyer, falcz,
milch, fmalcz,
pfeffer vnd mel,
Saffran der macht es gel.

Leider ift weder Alter noch die Gegend anzugeben, aus der diefer Reim
ftammt, wohl zeigt er uns aber, dafs er auch unfern Vorfahren fcbon ein
guter und recht alter Bekannter war.

Frankfurt a. M.   K. Wehrbau.

Grôl (XXVIII, 86. XXIX, 11), grölen.

Mit »grölen« bezeichnet man im Lippifchen lautes Schreien; de Jungens
grölt jo, dat 'et nich tëu'n Anhoern es. Auch bezeichnet es lautes Geräufch
überhaupt z. B., was datt öwwer 'n Gewitter! et gröle [donnerte] man
jümmer fëu. Es bedeutet auch anhaltendes und lautes Gefchimpfe z. B.
do upp'n Howe ging 'et giftern wi'er helle beer, dä Äule was 'en ganzen
Dag an 'en grölen. Das entfprechende Subftantiv ift Gegröle.

Frankfurt a. M.   K. Wehrbau.

bedibbert (XXVIII, 94. XXIX, 11).

bedibbern ift in der Gaunerfprache üblich, wo es foviel wie betrügen
bedeutet; in Lippe kennt man den Ausdruck nicht, wohl aber gebraucht
man neben den übrigen a. a. O. angeführten Bezeichnungen auch das ebenfalls der Gaunerfprache nicht unbekannte »begaunern« dafür.

Frankfurt a. M.   K. Wehrbau.

Rodeln.

Überall ift der Rodelfport in den letzten Jahren zum Modefpiel und
Modefport des Winters geworden. Natürlich haben wir alle in der Jugend
»gerodelt«, nur nicht unter diefer Bezeichnung, wir nannten es einfach
»Schlittenfahren« oder umfchrieben: »den Berg hinab fahren«, »affchlien«
(in Lippe). Im »Kleidungsbüchlein« des Augsburgers Veit Conrad Schwarz
finde ich nun eine Abbildung des jungen Veit (geb. 1541) als zehnjähriger
Junge im Wintervergnügen, wie er fich auf einem einfachen, aus drei
Brettern zufammengenagelten Schlitten von feinen Kameraden über den

Schnee fahren läfst, wobei er fich an dem Stricke festhält. Daneben stehen die Worte: »Magst *redeln* mit mir, mueft mich abor nit abwerfen.« Da hätten wir alfo das Wort rodeln vor ca. 350 Jahren.

Frankfurt a. M.   K. Wehrbau.

Flöten gehn (XXIX, 3).

Ich halte die Deutung der Redensart »flöten gehn« aus fremden Sprachen oder Mundarten für unrichtig: es ist m. E. das Blafeu auf der kleinen Kinderflöte mit 2 oder 3 Löchern gemeint, die die Lumpenfammler zu gebrauchen pflegen, um in kleinen Städten und Dörfern fich ihrer Kundfchaft bemerkbar zu machen. Da Händler diefer Art oft in beffer bezahlten Berufen Schiffbruch gelitten haben, fo bedeutet »flöten gehen« foviel wie Lumpenfammler fein oder werden. So droht man in der Mark: »Den werr' ick die Flötentöne beibringen, oder: den werr' ick flöten lernen,« das bedeutet: den werde ich foweit herunterbringen, dafs er Lumpenfammler wird. In übertragener Bedeutung fagt man wohl auch: »den fein janzet Vermögen ift flöten gegangen«. Hierbei kann ich wohl noch an einen Scherz auf die Figuren auf den Sockeln vor dem Schaufpielhaufe erinnern, zwei Knaben, von denen einer die Leier fpielt, der andere die Flöte bläft. Man deutet das: »Wenu't bei de alte Leier bleibt, jeht do Kunft flöten.«

Wilmersdorf.   A. Grabow.

Sinen richtigen Tappen krigen, hebben (XXIX, 12).

Die Redensart findet fich aufser in der citierten Stelle bei Fritz Reuter noch Läufchen un Rimels II, No. 17 und 42, Montecchi un Capuletti 5 (im Anfang; Bd. XV S. 81 meiner Ausgabe).

Die Erklärung bei Schmeller hat viel für fich; franzöfifche Ausdrücke im mecklenburgifchen Plattdeutfch find ja häufig genug, wie ich in meinem Büchlein »Zur Sprache Fritz Reuters« näher ausgeführt habe. Vermutlich ift im Mecklenburgifchen eine volksetymologifche Umdeutung des Worts vor fich gegangen. Reuter wird jedenfalls nicht an étape gedacht haben; denn in einer Anmerkung zu der Stelle in L. un R. II, 17 erklärt er »Tappen« durch »Zapfen«, mit dem Zufatz: »in diefer Redensart bedeutet es jedoch 'fein richtig Theil'«. Dafs Reuter und wohl auch der Mecklenburger allgemein fich »den Tappen« volksetymologifch zurecht gelegt hat, fcheint auch aus dem bei Reuter dreimal (Franzofentid 1 [IX, 47], Feftungstid 11 [X, 96] und Stromtid I, 12 [XII, 220]) verwendeten Vergleich »as wenn en Tappen ut 'ne Tunn treckt is« (vgl. mein Buch »Mecklenb. Volksmund« Nr. 725) fich folgern zu laffen. Je mehr ich über die Redensart »finen richtigen Tappen krigen (hebben)« nachdenke, defto mehr gewinne ich die Ueberzeugung, dafs diefes »Tappen« von étape abzuleiten ift.

Kiel.   C. Fr. Müller.

Matanten Haus.

Am 10. Juli 1715 verkauft Johann Walter Indervelden fein »auf Nordftrand ftehendes fo genanntes *Matanten Haus* cum pertinentiis, ausgenommen den kleinen Stall, fo daran — gebauet.«

Wie ift das Wort zu erklären? Ein Lefefehler ift ausgefchloffen.

Schleswig.   Hille.

Vörpal (XXVIII, 57. 89. XXIX, 6).

Vörpal flagen kenne ich auch fehr wohl, aber nur im Sinne von vorbauen, wenn jemand vorausfieht, daſs an ihn ein Anſinnen geſtellt werden ſoll, worauf er nicht eingehen will.

Wismar.   F. Techen.

Die Redensart iſt der ſinnlichen Anſchauung entnommen: ſchlägt man vor eine nach aufsen ſich öffnende Tür einen Pfahl, ſo kann der dahinter Stehende nicht heraus, ſeiner Tätigkeit iſt Einhalt getan. Die Bedeutung ›einlenken‹ aber kommt von den Pfählen her, die zum Richtunggeben eingefchlagen werden. Das Vörpal oder Vorpal ſchlagen iſt alſo Anzeichen einer Richtungsänderung.

Wilmersdorf.   A. Grabow.

För Manfchefter (XXVII, 67. XXVIII, 40).

Manfchefter iſt kein koſtbares Zeug, vielmehr ein gewöhnliches; es ward z. B. von Zimmerleuten bei der Arbeit getragen. Darum hat mich die Bedeutung, welche für die Redensart *för Manfchefter weg eten* angegeben iſt, etwas befremdet; doch konnte ich mich nicht genau erinnern, in welchem anderen Sinne ich den Ausdruck hatte gebrauchen hören. Jetzt finde ich unter meinen Notizen folgende ältere Faſſungen und Bedeutungen angegeben: *för Manfchefter opdrẹgen, verbruken, weeh eten* ſagt man, wenn jemand etwas Koſtbares, Teures für gewöhnlich braucht, als ſei es von geringem Wert; ſo zunächſt von der Kleidung geſagt, dann übertragen von anderen Gegenſtänden, endlich auch von Speiſen.

Hamburg.   C. Walther.

Knutfchen (XXVII, 26. 46. 49. XXVIII; 11. XXIX, 2).

Das Wort dürfte wohl von ›kneten‹ abzuleiten ſein: der u-Vokal, der die Bedeutung ›ein wenig kneten‹ oder ›unnütz kneten‹ vermittelt (vgl. meine Schrift ›Die Muſik in der deutſchen Sprache‹), findet ſich in den Ableitungen knudeln, knüllen. Durch die Endung ›fchen‹, die den Begriff verſtärkt, erhalten wir die Bedeutung ›unnütz und tüchtig kneten‹.

Wilmersdorf.   A. Grabow.

Bucht, pl. Büchte = Geld (XII, 11. XIII, 5).

In des Magdeburgers Gabriel Rollenhagen Schaufpiel Amantes amentes (1609) Act II Scene 2 wirbt der Knecht Hans um die Magd Aleke mittels lügenhafter Angaben über ſeine Vermögensverhältniſſe. Die Täufchung bewerkſtelligt er, indem er ſich doppelſinniger Worte bedient, welche von Aleke nur in der gewöhnlichen Bedeutung und als Beweiſe ſeines Wohlſtandes verſtanden werden können, während er den Ausdrücken einen ganz anderen Sinn beilegt. Die erſte zweideutige Vorſpiegelung lautet: *Aleke, ick hebbe einen heilen hoet vull buchte;* (zu den Zufchauern) *ein fingerhoet mein ick, fus nichtes;* ſ. Gaedertz, Gabriel Rollenhagen S. 67.

Die richtige Erklärung der ſchwierigen Zeile hat zuerſt R. Sprenger im Kbl. XII, 11 gegeben. Er faſst hoet im gewöhnlichſten Verſtande als

Hut, die Kopfbedeckung, und bucht als Geld, weil Aleke fo die Worte verftehen mufste. Es ift ja auch ganz begreiflich, dafs Hans in der Aufzählung feiner Mittel mit dem baren Gelde, das er fich erfpart oder das er geerbt hat, beginnt; auf feinen Grundbefitz kommt er in der zweiten Angabe über fein Vermögen: ein winbarg u. f. w. Entfcheidend für Sprenger's Erklärung von buchte ift, dafs er bichte = Geld als noch gebräuchlich nachweifen konnte; er habe es von Knochenhauern (Fleifchern) in Braunfchweig gehört, und es fei dort wohl noch gebräuchlich. Leider ift keine Äufserung darüber von Braunfchweigern im Kbl. erfolgt; vielleicht verhilft die hier wiederholte Mahnung dazu. Bichte darf man als dialektifche Ausfprache für büchte faffen und dies fcheint Plural von bucht zu fein, fodafs alfo das Wort eigentlich ein Geldftück bedeutete und büchte für Geld fich fo verftünde, wie penninge in demfelben Sinne. Den Umlaut des Plurals beftätigt der Reim buchte : nichtes, der durch die Lefung büchte, wenn auch nicht völlig, doch vollkommener wird.

Für ein Geldftück beftimmter Art erklärte dann im Kbl. XIII, 5 K. E. H. Kraufe das Wort bucht: »Buchten find kleine verbogene oder doch biegfame alte Münzen; ob Brakteaten urfprünglich oder die dünnen Silberbleche (Blafferte), ift fchwer auszumachen.« Da Kraufe den Plural buchten ftatt buchte oder büchte braucht und feine Behauptung auf keinen Beleg ftützt, fo ift fie wohl für feine Meinung anzufehen, die aber famt der Ableitung von »bringen« alle Beachtung verdient, befonders die Deutung auf die Brakteaten, de holen penninge oder dat hole geld, wie fie im Mittelalter hiefsen.

Die Richtigkeit der Sprenger'fchen Deutung wird bewährt durch eine hochdeutfche Ueberfetzung aus dem Anfange des 17. Jahrhunderts. Unter den Stücken der Englifchen Komödianten, die 1620 gefammelt und gedruckt worden find, findet fich eine Comoedia von Sidonia und Theagenes, welche »nichts ift als eine Profaauflöfung von Rollenhagen's Amantes amentes«, f. Julius Tittmann, Die Schaufpiele der Englifchen Komödianten in Deutfchland, Einleitung S. XII ff. Tittmann hat dies Stück in feiner Auswahl nicht mit veröffentlicht. Aber Rob. Pilger hat in feiner Abhandlung über die Dramatifierungen der Sufanna im 16. Jahrhundert, in der Zeitfchrift für Deutfche Philologie Bd. XI, auf S. 208 den Wortlaut der entfprechenden Stelle mitgeteilt: *ich habe einen gantzen Hut roll Gelt;* (fachte zu den Zufchauern) *ein Fingerhut mein ich.*

Nach dem Dargelegten möchte demnach buchte oder büchte der Plural fein von bucht, welches Wort ein Geldftück, vielleicht einen Hohlpfennig bedeutete. Ob nicht noch in einer anderen als der Braunfchweigfchen Mundart das Wort fich erhalten findet? Eine oftfriefifche gewöhnliche Redensart ift: *he hett de Bucht um de Arm,* er kann es wohl ausführen, er hat die Macht, das Vermögen dazu; f. Stürenburg und ten Doornkaat Koolman. Das Groningefche kennt diefelbe Redensart: de bocht om de arm hebben; f. Molema, Gron. Wb. Doornkaat erklärt den Sinn, den hier bucht hat, aus der anderen Redensart: *he hed gên bugt mêr in de arms,* er hat keine Biegfamkeit, Gelenkigkeit mehr in den Armen, feine Arme find fteif und kraftlos. Es liefse fich aber vielleicht denken, dafs jene Redensart einft gelautet hätte: he heft de(n?) bucht und den arm, er hat den Pfennig d. h. das Geld und die Kraft.

Dafs man im ältern Flämifchen *den bucht* für das Geld gefagt habe, giebt De Bo au, Weftvlaamfch Idioticon S. 193, und bringt dafür Belege, nämlich aus einer Schrift des Brüggefchen Dichters Ed. de Dene: *roor wien ick gheerne den bucht huut docke* (für den ich gerne das Geld hervorziehe, ausgebe) und *zij ronder den haeszack metten bucht* (fie fand da den Ränzel mit dem Gelde), und aus den »Conftigen Refereynen« (refrains) der Antwerper Dichterin Anna Bijns, die um die Mitte des 16. Jhdts. lebte: *helulij bucht, ghy werdt zeer wel ontfanghen.* Die Bedeutung »Geld« fchliefst die Möglichkeit nicht aus, dafs der Singular urfprünglich ein einzelnes Geldftück beftimmter Art bezeichnet habe.

Hamburg.   C. Walther.

III. Litteraturanzeige.

Deutfche Mundarten. Zeitfchrift für Bearbeitung des mundartlichen Materials hrg. von J. W. Nagl. Bd. 2, Heft 1—2. Wien, C. Fromme 1906. S. 1—52 gibt F. Mentz eine Bibliographie der deutfchen Mundartenforfchung für die Jahre 1900 bis 1903. — S. 86—103 berichtet J. W. Nagl fehr eingehend über den Inhalt des nd. Korrefpondenzblattes, Jahrg. 21—25 und des Nd. Jahrbuches, Bd. 27—30. Er nimmt dabei häufig Gelegenheit füddeutfche Parallelen anzumerken und durch eigene Hinweife vieles, was in jenen Zeitfchriften gefagt ift, zu beftätigen oder anzufechten. Um einzelnes anzuführen, bringt er (zu Kbl. 24, S. 7) *kungeln* 'taufchen, fchachern' mit *Kunde* 'Käufer', *Jurfskauken* = *Gêrkauken* (ebd. S. 25) mit mhd. *gerwe* 'Hefe' und obd. *Germkuchen* zufammen. Zu *Meersman* 'Haufierer' (21, 80) wird bemerkt, dafs in Gottfchee die gefchäftehalber zur Küfte Wandernden *Meerer* heifsen, zu *goder* (21, 88), dafs fich in Oberdeutfchland *er, fie* oder auch *alle beide* »also nass-er« ins Bett legen. *jifchen* (22, 6) = obd. *jêfn* 'gären'. *Wieben, Wiehm* (22, 8) fei affimiliert aus *Widem*, zu *widu* 'Holz', vgl. öfterr. *zfri(b)m* 'zufrieden'.

Notizen und Anzeigen.

Beitragszahlungen find an unfern Kaffenführer Herrn Joh. E. Rabe, Hamburg 1, gr. Reichenftrafse 11, zu leiften.

Veränderungen der Adreffen find gefälligft dem genannten Herrn Kaffenführer zu melden.

Beiträge, welche fürs Jahrbuch beftimmt find, belieben die Verfaffer an das Mitglied des Redactions-Ausfchuffes, Prof. Dr. W. Seelmann, Charlottenburg, Peftalozziftrafse 103, einzufchicken.

Zufendungen fürs Korrefpondenzblatt bitten wir an Dr. C. Walther, Hamburg 24, Uhlandftrafse 59, zu richten.

Bemerkungen und Klagen, welche fich auf Verfand und Empfang des Korrefpondenzblattes beziehen, bittet der Vorftand direct der Expedition, »Diedrich Soltau's Verlag und Buchdruckerei« in Norden, Oftfriesland, zu übermachen.

Redigiert von Dr. C. Walther in Hamburg.
Druck von Diedr. Soltau in Norden.

Ausgegeben: Juni 1908.

Jahrg. 1908.   Hamburg.   Heft XXIX. № 3.

Korrefpondenzblatt

des Vereins
für niederdeutfche Sprachforfchung.

I. Kundgebungen des Vorftandes.

1. Mitgliederftand.

Dem Vereine find beigetreten die Herren
Dr. Erich Seelmann, Berlin.
Dr. Ernft Baafch, Bibliothekar der Commerzbibliothek, Hamburg.
Prof. Dr. Lauffer, Direktor des Mufeums für Hamburgifche
    Gefchichte, Hamburg.
v. Pleffen Trechow, Rittergutsbefitzer auf Kurzen Trechow bei
    Bützow, Mecklenburg.
Dr. Witte, Kaufmann, Roftock.
Dr. jur. Adolf Straufs, Rittergutsbefitzer auf Gneven bei Raben-
    fteinfeld, Mecklenburg.
Geh. Kommerzienrat Clement, Bürgermeifter, Roftock.
Dr. Guftav v. d. Often, Direktor der königl. Realfchule, Ottern-
    dorf, Hannover.
Johannes Daene, Friedenau bei Berlin;
und das Stadtarchiv, Kiel.
Veränderte Adreffen der Herren
Oberlehrer Jofeph Banfe, jetzt Tremeffen, Pofen.
Paftor O. Nöldeke, jetzt Höckelheim bei Northeim, Hannover.
Lektor Dr. Artur Korlén, jetzt Falun, Schweden.

2. Generalverfammlung zu Pfingften 1909.

In der diesjährigen Generalverfammlung des Hanfifchen Gefchichtsvereins und des Niederdeutfchen Sprachvereins zu Roftock ift als Ort der
nüchften Tagung die Stadt Münfter beftimmt worden.

3. Abrechnung über den Jahrgang 1907.

Einnahme.

333 Mitgliederbeiträge	Mk. 1667.—
Gewinn auf Veröffentlichungen:		
a. Jahrbuch und Korrefpondenzblatt . . Mk. 187.03		
b. Denkmäler, Wörterbücher, Drucke und		
Forfchungen. . . . . „ 153.12		
	„ 340.15
Verkauf von 1 Exempl. Doornkaat Koolman Wörterbuch .	„ 15.—
	Mk. 2022.15

Zinfen der Sparkaffe fiehe unten.

Ausgabe.

· Jahrbuch XXXII Verfand und XXXIII Honorar . . . . Mk. 1195.30
Korrefpondenzblatt XXVII, 2 bis 6 und XXVIII, 1. Druck
und Verfand . . . . „ 605.52
Druckfachen, Koften der Vorftandsfitzungen und Auslagen
der Kaffenführung . . . . „ 133.38
Belegt Neue Sparkaffe Buch 55083 . . . . „ 87 95

Mk. 2022.15

Das Guthaben bei der Neuen Sparkaffe in Hamburg auf
Buch 55083 betrug laut letzter Abrechnung . . . . Mk. 7941.88
Gutgefchriebene Zinfen Ende Juni 1907 . . . . „ 246 76
Belegt wie oben . . . . „ 87.95

Heutiges Guthaben Mk. 8276.59

Hamburg, den 8. April 1908.

Joh! E. Rabe, Schatzmeifter.

Mit den Belägen verglichen und richtig befunden.

Lucas Gräfe.

4. Abrechnung der Theobald-Stiftung für 1907.

Einnahme.

1) Guthaben bei der Sparkaffe, Ende 1906 . . . . . . Mk. 1277.35
2) Kaffenbeftand . . . . „ —.08
3) Zinfen der Staatspapiere . . . . „ 192 50
4) „ der Sparkaffe vom Jahre 1906 . . . . „ 41.23
5) Vorfchufs des Kaffenführers . . . . „ 5.—

Mk. 1516.16

Ausgabe.

1) Bücher und Zeitfchriften . . . . Mk. 55.55
2) Buchbinder . . . . „ 6.55
3) Mitgliedsbeiträge an Vereine . . . . „ 12.90
4) Zurückzahlung von Vorfchüffen aus 1906 und 07 . . . „ 9.—
5) Ankauf Hamburgifcher 3½ % Staatsrente . . . . . „ 979.90
   Guthaben bei der Sparkaffe, Ende 1907 . . . . . „ 382.43
   Kaffenbeftand „ „ . . . . . „ 69.83

Mk. 1516.16

Hamburg, den 23. März 1908.

H. J. Jänifch Dr., Kaffenführer.

Mit den vorgelegten Belägen verglichen und übereinftimmend gefunden.

Heinr. Schmerfahl. Dr. E. Finder.

Hamburg, den 19. Mai 1908.

II. Mitteilungen aus dem Mitgliederkreife.

henfe.

Das alte Wort hanfa tritt, als es im 12. Jahrh. hervortaucht, nur in lateinifchen Urkunden auf, zuerft in England in der Zufammenfetzung hanshus, dann in Flandern in der Form banfa. Später erfcheint es in deutfchen Texten bald als hanfe, bald aber auch als benfe. Der ältefte Beleg des mnd. Wbs. ift aus den Bremer Statuten von 1303: fo fcal he ver fchillinghe gheven vor line benfe. Auch die lateinifchen Formen nehmen das e an, z. B. mercatores in henfa Theutonicorum exiftentes, Lübeck 1343 Hanf. Urk.-B. 3 Nr. 17; civitates quae funt in henfa Theutunicorum, Roftock? 1360 Hanf. Urk.-B. 3 Nr. 489. Im Mnd. fetzen fich dann die Wortformen henfe henze durch, fo dafs fie überwiegen.

Die Frage, wie dies gekommen fei, ift in neuerer Zeit behandelt worden von R. Meifsner in der Feftfchrift dem hanfifchen Gefchichtsverein und dem Verein für niederdeutfche Sprachforfchung dargebracht zu ihrer Jahresverfammlung in Göttingen Pfingften 1900, von C. Walther in der Anzeige diefer Schrift K.-Bl. XXI S. 60 und von Fr. Kauffmann in der Zeitfchrift für deutfche Philologie Bd. 38 Halle 1906. Der erfte nimmt an, das e fei aus afrz. Formen wie henfer = nfrz. hanfier eingedrungen; Walther ift der Meinung, benfe erkläre fich am einfachften aus der englifchen Ausfprache des Wortes, und fei über England ins Mnd. gelangt; Kauffmann fragt, ob der Umlaut vom Verbum häufeln bezogen fei und vergleicht das fchweizerifche heifel.

Ich will einen vierten Erklärungsverfuch aufftellen, indem ich an die Keures de la draperie d'Audenarde anknüpfe, die jetzt in dem Recueil des documents relatifs à l'hiftoire de l'induftrie drapière en Flandre, publiés par Georges Efpinas und Henri Pirenne, Bd. 1, Brüffel 1906, in fchönem fauberem Abdruck vorliegen. Dort findet fich das Wort in den §§ 60, 95—99, 101, 102 in dem Kompofitum de heinsgraven, deinsgraven. Diefe Keuren find in einer Handfchrift des 14. Jahrhunderts überliefert, haben aber, wie Pirenne in der Abhandlung La hanfe flamande de Londres (Schriften der belgifchen Akademie, Bulletin de la Claffe des Lettres, Brüffel 1899) mit Recht fagt, zahlreiche Spuren fehr alter Bräuche bewahrt. Die Schöffenftühle haben die Stellung, die fie nach Pirennes Gefchichte Belgiens (überf. von Arnheim, Gotha 1899, I S. 305 f. und 317—321) im 13. Jahrh. eingenommen hatten. Aber die ausreifenden Kaufmanns-genoffenfchaften erfcheinen auch in der älteren Geftalt der Handelskarawanen, die dort S. 202 gefchildert werden. Namentlich ift § 96 intereffant: Voert, ware dat zake, dat twift gheviele in jaermaercten, daer fchepenen niet vor negben en waren, fo moeften de heinsgraven ofte deen van hemlieden die van fchepenen weghen ghemacct zijn, verde nemen ghelijc fchepenen. Ende waert dat men hemlieden verde ontfeide ende line hiesfchen, alfo zij fchuidech waren te heefchenne, ende dien ne daerboven ontfeide, verbuerde 10 lb. Den Heinsgraven fiel nämlich nach § 60 auffer der Auffficht in der Halle zu Oudenarde auch das Amt zu, mit den Kaufleuten auf die Märkte von Ypern, Brügge, Thourout, Lille, Doornik und Meffines zu ziehen. Dort hatten fie neben den Prüfern die Aufftellung der Verkäufer und die Überwachung des Tuchhandels zu beforgen, die Bufsen einzuziehen, aber auch die Aufgaben der Richter und Friedensftifter wahrzunehmen. Darum heifst es hier: bei einem Bruch des Marktfriedens haben fie oder der eine von ihnen (vermutlich der, dem die höchfte Gewalt gegeben war,) die Brüche für den verletzten Frieden einzunehmen. Wer ihnen die verfagte, wurde vor das Marktgericht gefordert, und wenn er da widerfprach, fchwer geftraft. Der Ausdruck »verde (= fredus, poena pacis) nemen« findet fich fo noch in den friefifchen Rechtsquellen (Richthofen 159,10 und 503,11). Er erfcheint altertümlich. Vrede wird fonft kaum in der Bedeutung Geld-ftrafe für Friedensbruch nachzuweifen fein, fondern nur für den Friedens-bruch felbft, vgl. Mnd. Wb. unter vrede 3. Die Erwähnung der Schöffen beruht wabrfcheinlich auf fpäteren Zufätzen.

In den übrigen angeführten Paragraphen werden die Heinsgraven den Siegelern und Wardierern gleichgeftellt. Diefe aber waren unzweifelhaft Kaufleute: 1260 in Soeft find es quatuor viri de fraternitate lanificum, Hanf. Urkh. 1 Nr. 149; 1347 wird für Poperinghe feftgefetzt, dat gheen wardeire fiins zelves lakenen vonneffen fal, ebenda 3 Nr. 116 (2); 1350 heifst es für Löwen dit mogen die guldekenen van Lowene befueken ende warderen .. ochte die van der gulden wegen wisheit dartoe gefcict fullen fin, ebenda 3 Nr. 677. Man mufs alfo folgern, dafs unter den älteren Verhältniffen, die in den Keuren durchfcheinen, auch die Heinsgraven die *von der Hanfe* gewählten Handelsrichter waren. Ift aber die Abfaffung des Grundftocks jener Beftimmungen einer frühen Zeit angehörig, fo dürfte füglich auch die Form heinsgrave mindeftens bis in den Anfang des 13. Jahrhunderts hinaufzurücken fein.

Das Niederländifche hat mehrfach ei auftelle eines urfprünglichen a. So z. B. bei langem a in den Fremdwörtern auf -teit, worauf Jakob Grimm in der Schrift über das Pedantifche (Kl. Schr. 1, 337 f.) hinwies. te Winkel in Pauls Grundrifs I S. 908 vermutet, dafs diefe Wörter fchon mit dem ei-Laut aus der hennegauifchen Mundart entlehnt wurden. Auch ŏ aus germanifchem ã wird öfters zu ei, zumal vor n + Konfonant. te Winkel I S. 819 ftellt dies für das Brabantifche, Holländifche und die nl. Schrift-fprache feft und führt deinzen einde heinde geinfter als dahin gehörige Beifpiele an. Der Lautwandel kommt im Flandrifchen ebenfalls vor. In § 98 der Keuren von Oudenarde heifst es: voert fo zijn deinsgraven vorf. machtech op jaermaercten ende op dalle elken man ... ftede te wiennē, daer hi fine lakenne *feiten* fal = fetten fal. So erklärt fich die Form heinsgraven. Ob die Neigung zu diefem ei-Laut ebenfalls auf französifchen Einflufs zurückzuführen ift, wage ich nicht zu fagen. Oudenarde liegt nur eine Meile nördlich von der Sprachgrenze, aber die Erfcheinung dehnt fich doch weit durch das nl. Gebiet aus.

Neben dem ei ftehen in denfelben Worten e und i, jenachdem fich bei Verdichtung des Diphthongs der erfte oder zweite Beftandteil hervor-drängte. Neben einde eind gilt ende ond und inde (: minde), neben geinfter(e) geenfter(e) und genfter, neben heinde behende, neben den Lehn-wörtern peinfen und gepeins penfen pinfen und gepens (: mens = mendes). Ich beziehe mich auf das Mnl. Wb. von Verwijs und Verdam, Francks Etymol. Wb. und das Gloffar zu Mafsmanns Partonopeus und Melior, Berlin 1847. Nach diefen Analogien ift für beinsgrave hensgrave zu erwarten. Verwijs und Verdam und Franck führen auch als ein 'veraltetes' Wort hens- oder henzebeker an, jedoch ohne die Zeit und den Ort des Vorkommens nachzuweifen. In dem Niederländifchen, denke ich, haben wir den Urfprung der Form benfe zu fuchen. Sie wird nach England und dem Often gedrungen und durch den hanfifchen Handelsverkehr allmählich ins Mnd. übergegangen fein. Übernahm doch auch das Mhd. die Formen auf -teit, aus denen fich die fpäteren auf -tet und -tät entwickelten: Gottfried von Strafsburg hat im Triftan 202, 9 und 25 (Mafsmann) moraliteit.

Breslau. P. Feit.

___

Bürhafe.

Kluge führt im Etym. Wb. für Kaninchen aus der Magdeburger Gegend *Burhafe* an. In Eilsdorf bei Halberftadt ift Burhafe ein beftimmtes Stück Fleifch vom Schwein.

Leipzig. R. Block.

___

Marcht (XXVIII 50. 65. 94).

In Eilsdorf bei Halberftadt fagt man auch *Marcht* (m.) und bildet daraus das Ztw. *marchten,* kaufen. *Wei het gut emarcht,* wir haben gut gekauft.

Leipzig. R. Block.

___

Kannenglück (XXVIII, 86. XXIX, 7).

Kannenglück erklärt fich ungezwungen aus ältern Trinkfitten, die durch befondere hier und da erhaltene Trinkkannen bezeugt find. Es gibt nämlich folche — eine haben wir im Wismarfchen Mufeum, dem 17. Jh. angehörig — die unter dem eigentlichen noch einen zweiten durchbrochenen Boden haben. Zwifchen beiden befinden fich einige Würfel; und man wird annehmen können, dafs derjenige, der die Neige ausgetrunken, zum Wurfe kam und sich einen neuen Trunk zu gewinnen Gelegenheit hatte.

Wismar. F. Techen.

___

Quatfchen (XXIX, 13).

Das Wort quatfchen dürfte zu ahd. quëdan fprechen gehören, das fich noch im Nhd. erhalten hat: erft kürzlich habe ich ein güldenes Abc gelefen, in dem es unter Q heifst: »Quat nicht fo viel«. — Quatfchen ift das davon abgeleitete Verftärkungswort. Das Diminutiv ift quaffeln, das Frequentativum oder Defiderativum quaddern, koddern; dahin dürfte die koddrige Schnauze gehören, die allerdings auch zu quat, höfe, fchlecht, nhd. Kot gehören kann. Koddrig zu Mute fein = fich unwohl fühlen gehört wohl zu letzterm; wer aber eine koddrige Schnauze hat, der fühlt fich nicht unwohl, fondern fchwatzt: er kann das Maul nicht halten. Man könnte das Ztw. quatfchen ja auch als lautnachahmendes erklären, dann hätte es den tiefen Ton, während quietfchen den hohen Ton bezeichnete; aber Menfchen können auch quietfchen, d. h. einen hohen Sprachlaut hören laffen. Ich halte den Zufammenhang aller diefer Wörter mit ahd. quëdan, got. quiþan für richtig. Dazu dürfte dann auch das hamburgifche Quitfcher gehören.

Wilmersdorf. A. Grabow.

Der Volksglaube von der Sonne am Oftertage,

dafs fie drei Freudenfprünge mache oder tanze, ift bekannt. Soviel ich weifs, wird das nur von der aufgehenden Sonne behauptet. Wenigftens finde ich es fo überall angegeben in den mir zu Gebote ftehenden deutfchen Mythologien und Sammlungen über Volksaberglauben und Volksgebräuche. Die vierte Ausgabe der Grimm'fchen Mythologie habe ich allerdings nicht benutzen können. Dafs auch in England und Schottland das dancing or playing der aufgehenden Sonne zugefchrieben wird, weift Adalbert Kuhn in den Sagen, Gebräuche und Märchen aus Weftfalen II, 143 nach. Von diefer gewöhnlichen Vorftellung abweichend ift der Glaube, dafs die Sonne am Oftertage beim Untergehen tanze. Diefen bekundet der Roftocker Profeffor Peter Lauremberg in feiner Acerra Philologica, das ift, Vierhundert auserlefene Hiftorien und Discurfen, in der 235. Hiftorie 'Ob die Sonne am Oftertage tanze'. Die erfte Ausgabe (zwei Centurien) erfchien 1633, die zweite 1635 zu Roftock. Ich gebe jene Hiftorie nach der auf vier Centurien vermehrten Amfterdamer Ausgabe vom Jahre 1654: »Es glaubet nicht allein der gemeyne Mann allhie bey uns, fondern man find es auch in etliche (fic) Poftillen gefchrieben, dafs am frölichen Ofterfefte, die liebe Sonno am Himmel zu Abendzeiten, wann fie untergebet, tantze, und dreymal Frewdenfprüng thue, nach den Worten defs 19. Pfalms [Vers 6], Exultavit ut Gigas ad currendam viam fuam. Defshalben pflegen Alte und Junge, defs Abends wann die Sonne wil untergehen, fürs Thor fpatzieren, mit groffen hauffen, vnd zufehen, wie die Sonne tantzet. Wann fie nun diefelbe fo lange angefchawet, bifs ihnen braun, blaw, und finfter für die Augen kompt, fo meyuen fie gewifs, fie haben die Sonne tantzen gefehen. Diefes ift eine groffe Thorheit und Aberglaube. Dann es beweifen fo wol die alten als newe Sternfeher, dafs weder Sonn noch Mond, noch einiger Stern ein Haarbreit aufs feinem Stand und ordentlicher Bewegung abweich, fpringe oder tantze. Ja wann die Sonne ein Fingerbreit fich erhübe, oder niederfetzte, nach vnferm Geûchte, fo würde die gantze Welt zugleich mit fich erheben und krachen müffen. Warlich, wanns fich alfo verhielte, dafs am heiligen Oftertage die Sonne fichtbarlicherweife tantzete, fo bedürffte man ja nit defs vielen disputirens, wann die rechte Oftern wäre? Im Martio oder im April, im newen, oder alten Calender? dann Gott hätte ein fichtbar Zeichen am Himmel gefetzt, dabey man den rechten Oftertag erkennen könte, nemblich der Sonnen Abendtantz.«

Der Plural 'zu Abendzeiten' fcheint dafür zu fprechen, dafs der Aberglaube nicht auf den Ofterfonntag fich befchränkte. Sollten die Roftocker fobou am Abend des Ruhetages eine, fozufagen, Vorfreude der Sonne zu beobachten vermeint haben? Obfchon der Spott Laurembergs diefo Mutmafsung empfehlen könnte, weil eine Kundtuung des Ofterdatums durch die Sonne erft am Abend des Oftertages felbft zu fpät für die anzuftellende Feier diefes Tages käme, fo fpricht doch dagegen, dafs 'Ofterabend' nie zu den fröhlichen Tagen des Ofterfeftes gerechnet worden ift. Eher dürfte an den zweiten Fefttag zu denken fein. Diefe Vermutung wird beftätigt durch eine Stelle in des Roftocker Predigers Nicolaus Gryfe Spegel des Antichriftifchen Paweftdoms, Roftock 1593, Bog. Ll 1a: »Des Mandages in den Pafchen ghan de meiften Lüde na Emahus fpatzeren, und dat nömen fe feftum fpacimentorum oder fpacimenta holden, vorfögen fick hen in de negeſten Veltkercken, beth ſo lange de Sonne wil nedderghan, na welckerem Sonnenſpil men desſülven Avendes mit avergelöviſchen Ogen ſchowet.«

Alſo mindeſtens für Oſterſonntag und Oſtermontag galt der Aberglaube, wahrſcheinlich aber für die kirchlich gefeierten erſten vier Tage der Oſterwoche im Mittelalter, für die drei Feſttage in der proteſtantiſchen Zeit. Und dieſelbe ·Dauer wird wohl für die Vorſtellung von der beim Aufgang tanzenden Sonne anzunehmen ſein, während in der Neuzeit der Sonne die Freudenbezeugung nur am erſten Oſtertage zugeſchrieben wird.

Ob die Vorſtellung vom Abendtanz der Oſterſonne noch heutzutage in Mecklenburg vorkommt? Karl Bartſch, Sagen, Märchen und Gebräuche aus Mecklenburg (1880) Bd. II S. 261 erwähnt ſie nicht; ihm iſt nur von drei Freudenſprüngen der aufgehenden Sonne berichtet worden.

Gieht es auch aus anderen Gegenden Zeugniſſe für den Abendtanz der Sonne? Lauremberg beruft ſich auf 'etliche Poſtillen'. Vielleicht hat er aber dabei überhaupt den Glauben an die tanzende Sonne gemeint, nicht ſpeziell den an die tanzend untergehende.

Hamburg.   C. Walther.

Müſchen mit dat Beleg (XXIX, 6).

Ich kenne »dat Belegg« und »dat ol Belegg« und wenn weiblich »dat Beleggſcher, dat ol Beleggſcher«, vom Verb beleggen, beleggn (auch belengn geſprochen), und verſtehe darunter eine überkluge Perſon, die etwa in ſalbungsvoller (Schütze hat: beſwögt) langgedehnter Weiſe etwas belegt und erklärt. Stets iſt es Neutrum und das e wird geſchärft geſprochen. Bei Schütze dürfte das Femininum ein Schreibfehler ſein. In dem Hochdeutſchen Beleg wird das e gedehnt und ſtets wie ä geſprochen. Meiſtens ſchreibt man aber jetzt wohl Belag und Beläge.

Dahrenwurth b. Lunden.   . Heinr. Carſtens.

Belög (XXIX 6).

Dieſes Wort findet ſich auch in Lübeck, doch nach meiner Beobachtung nur in der Redensart: ſpreken mit en Belög, »mit Nachdruck· reden«.

Lübeck.   C. Schumann.

Aus (Poel) Bilder aus vergangener Zeit, Th. II S. 16: »nur konnte ſie (Eliſe Reimarus) im Geſpräch wohl zu lange bei einem Worte, das ihr einer längeren Erklärung bedürftig ſchien, ſtehen bleiben; dann verlor die Doktorin (die Frau des Dr. J. A. H. Reimarus), die ſich mit keiner Art von Pedanterie vertragen konnte, leicht die Geduld, und die bedächtige Schwägerin mit Lebhaftigkeit unterbrechend, führte ſie die Geſellſchaft mit einem Sprunge über alle Bedenklichkeiten hinweg. Nach einem ſolchen Auftritt pflegte ſie auch wohl mit dem Namen der Tante Eliſe eine, dieſer höchſt unangenehme Umwandlung vorzunehmen, indem ſie Tante »Lieſchen« daraus machte, in Anſpielung auf eine von der Profeſſorin Büſch herrührende Bezeichnungsart ſolcher Perſonen, die zu fleiſſig nach überflüſſigen Gründen ſuchend und an unnötigen Bedenklichkeiten hängend, von ihr Lieſche mit de Beleg genannt wurden.«

»Herrührend« ift wohl nicht zu preffen, der Ausdruck wird älter
fein. *Lyfchen mit de Belech* für eine überweife Perfon kannten auch unfere
verftorbenen Vereinsmitglieder Dr. Koppmann aus Hamburg und Juftizrat
Römer aus Holftein; dagegen habe ich in Hamburg aus dem Munde von
drei Leuten *Moder* oder *Mudder mit de Belech* für allzuvorfichtig oder
bedenklich fich äufsernde Perfonen notiert, befonders in dem fpöttifchen
Ausruf gegen folche: ah! dår kumt Moder mit de Belech; aufserdem das
Adjectiv *beleggich* für einen, der alles weitläuftig und altklug erklärt. Im
Gloffar zu Groth's Quickborn giebt Müllenhoff das dithmarfche *Antje Belegy*
Spottname für eine redfelige Perfon, und *beleggen* überlegen, weitläuftig und
mit Wichtigtuerei befprechen.
Belag kenne ich z. B. in *Balenbelach* Bohlenlage, Bohlenbedeckung,
und für den Auffchnitt auf Butterbrot.

Hamburg.   C. Walther.

Begrismulen u. a. (XXVII, 61. XXVIII, 14. XXIX, 1).

Das Wort *begrismulen* fcheint mit folgenden derb-plattdeutfchen Verben
eine Gruppe zu bilden: *belämmern, (sik) beswinegeln, (sik) befarken, begöschen.*
Man fagt in Holftein: dat het mi belämmert: ein Zuftand, eine Aufgabe
ift mir (unverfehens, unerwarteterweife) über den Kopf gewachfen; dat is
en belämmerten kram: unvollkommene oder zu mächtig gewordene Verhältniffe, in denen nichts auszurichten ift. Lamm ift der Vertreter des
Schwächlichen, der nicht zureichenden Kraft; der belämmerte ift der den
Lämmern Beigefellte, zum Lamm Gewordene. — Sik befwinegeln = fich
betrinken, fich zum fwinegel machen, der das Unanftändige des Raufches
verfinnbildlicht, fich 'bei die' Swinegel tun. — Sik befarken: dat kind het
fik befarkt = fich befchmutzt, fich wie ein Ferkel zugerichtet, das fich
im Schmutze wohl fühlt. Den Verben entfprechend fagt man ja zum
Betrunkenen und zum Schmutzfinken: ol fwinegel und ol farken. — Begöfchen
(magdeburgifch: begöfeken): Den Erzürnten, Aufgebrachten begöfchen =
ihn begütigen, ihn fo harmlos, fanft, friedlich machen, wie es die flaum-
bedeckten Gänschen find, die freilich von der ftreitbaren Natur der
Kapitolswächterinnen noch nichts verraten, vielmehr die zarten verhätfchelten
Lieblinge der Kinder find. Dat göfchen bezeichnet Sanftmut und Ungefähr-
lichkeit; ihm zugefellen, zum göfchen machen, ift begöfchen.

Wer ift nun *dat grismul* anders als der Efel, der Vertreter der
unzulänglichen Einficht, der Dummheit, welche fich oft mit dem Übermute
verbunden findet? Man vergleiche doch den Efel, der aufs Eis geht, und
Paul Groterjahn, der fich aufs glatte, runde Bugfpriet wagt. Dabei kann's
ihm wie dem Efel gehen, es kann ihn begrismulen, er kann den grismülern,
den Efeln gleich werden. Dafs nun die Sprache nicht »beefeln« gebildet
hat wie belämmern u. f. w., hat wohl in dem Hiatus des unbequem zu
fprechenden Wortes feinen Grund; begrismulen aber verdankt feine Verb-
exiftenz dem glücklich veranfchaulichenden Witz feines Grundworts zufamt
der Komik feines Wortklangs. Diefe hat es meines Erachtens ins Holfteinifche erft eingeführt, wo es fo wenig bodenftändig ift wie der Efel felber.

Magdeburg.   O. Callfen.

Flöten gehn (XXVIII, 31. 39. 65. XXIX, 3).

Bei Erforfchung der Gefchichte des Ausdruckes »flöten gehn« hatte fich mir als fehr wahrfcheinlich ergeben, dafs wir denfelben aus dem Niederländifchen entlehnt haben und dafs er in den Niederlanden und wohl in Holland als *fluiten gaan* entfprungen fei. Weil meine Kenntniffe in niederländifcher Sprache und Litteratur zu einer Unterfuchung über feinen Urfprung nicht reichen, habe ich im Kbl. 28, 69 von einer folchen abgeftanden. Seitdem habe ich zwei frühe Belege gefunden, welche meine Meinung von der Herkunft der Redensart ftärken.

Peter Langendijk in feinem 1699 gefchriebenen und 1711 aufgeführten Luftfpiel Don Quichot I, 5 läfst den Sanche Pance, als Don Quichot den davon eilenden Bafilius zurückrufen will, feinen Herrn auf die Nutzlofigkeit folches Beginnens hinweifen: Ja oele![1] *hij gat fluiten.* Wou jij die vengel in zijn vlucht zoo makk'lijk ftuiten? (ft., hemmen.)

Noch früher fällt das zweite Beifpiel in einer Amfterdammer »Klucht van de Lift fonder Voordeel« von E. Luyders. J. van Vloten, Het Nederlandfche Kluchtfpel, der III, 35 f. eine Scene aus diefem, ohne Jahresangabe erfchienenen Stücke mitteilt, ftellt es zwifchen Kluchten, die ca von 1660 datiert find. Hier fchildert ein Dieb, wie liftig er feine Wirtin um die Bezahlung geprellt habe, indem er ihr durch ähnliche Feffelung im Keller, wie Herr Süfsmann fie an feinem Principal Kurz im Laden verübte (Reuter, Stromtied Kap. 42), die Verfolgung unmöglich gemacht: toen ick boven was (als ich aus dem Keller war), *ginck ick fluyten*, fonder haer oyt (ohne ihr etwas) te betalen.

Es werden fich gewifs noch andere und wohl auch frühere Belege aus der ndl. Litteratur des 17. Jhdts. beibringen laffen; vornehmlich aus der volkstümlichen, denn der Ausdruck hat offenbar nie der gebildeten Sprache angehört. Er mag recht wohl aus der ndl. Gaunerfprache ftammen, die vermutlich ebenfo, wie unfer Rotwälfch, manche jüdifche Ausdrücke entlehnt und zumteil mundgerecht gemacht und umdeutend entftellt hatte. Aus dem Hebräifchen ift indertat *fluiten gaan* von Oort in dem Tijdfchrift voor Nederlandfche Taal- en Letterkunde Jgg. 8, 318 gedeutet worden. Im Kbl. 28, 66 habe ich auf die Anzeige diefes mir nicht zugänglichen Auffatzes im Kbl. 13, 95 hingewiefen; weiter darauf eingegangen bin ich deshalb nicht, weil ich die dort als hebräifch angegebene Form *fleito* mit dem althebr. *p'leïtah* und dem neuhebr. *pleto* und dem jüdifch-deutfchen *pleite* nicht zu reimen vermochte. Nachher habe ich aus F. A. Stoett, Nederlandfche Spreekwoorden, Spreekwijzen, Zutphen 1901, § 472 erfahren, dafs die portugiefifch-hebräifche Form des Wortes *feleta* fei. Wenn das fich fo verhält und alfo die Sephardim in Abweichung von den deutfchen Juden die fechs Stummlaute, zu denen Pé gehört, im Anlaut eines Wortes, auch wenn kein vorhergehender Vokal diefe beeinflufst, afpirieren, dann mag allerdings fluiten gaan aus diefem jüdifchen Worte durch Anlehnung an das deutfche ähnlich klingende geworden fein. Aber dafs das deutfch-hebräifche *pleito, plete* zu flöten umgebildet fein follte, fcheint mir nicht glaublich. In Deutfchland tritt die Redensart ja auch weit fpäter auf als

---

[1] Ein Ausruf, dem ungefähr das hd. Ja Kuchen! entfpricht. Er ist noch gebräuchlich, unter anderm auch in der Zusammenftellung oele! *fluiten!* f. v. Dale, Ndl. Wb.

in den Niederlanden, und zwar nicht in Mitteldeutfchland, fondern in dem
mit Holland und befonders mit Amfterdam damals in regem Verkehr
ftehenden Nordweften und noch früher dänifch in den Schriften von Holberg, von dem feftfteht, dafs er vorher fich in Amfterdam aufgehalten
hatte. Dafs dort die Redensart ihren Urfprung hat, wird darum anzunehmen
fein. Aus dem Germanifchen fie zu erklären hat feine Schwierigkeit, wie
die vielen verfchiedenen Verfuche, den Sinn des »flöten« hier zu faffen,
beweifen. Wenn daher wirklich feléta als Ausfprache der, im 16. Jahrhundert nach Amfterdam zahlreich geflüchteten, portugiefifchen Juden fich
erhärten läfst, fo hat die Annahme, dafs die Niederländer das Wort in
ihr fluiten umgebildet und umgedeutet haben, eine grofse Wahrfcheinlichkeit
der richtigen Erklärung.

Hamburg. C. Walther.

Plus.

Plus wird im Braunfchweigifchen ebenfo gebraucht wie im Lippifchen.
Zu meiner Freude kann ich es auch aus einem Braunfchweiger Volksreime
belegen, deffen Anfang lautet:

Ihr Diener, Herr Praetorius!
Da ftàt ja frifche Greben.
Se find ja alle glike plus,
Wat fall 'k vor 't Vertel geben?

Braunfchweig. Otto Schütte.

Bucht.

Bichte ift auch heute noch im Braunfchweigifchen im Volksmunde
für Geld recht beliebt. »Der hat aber Bichte« kann man oft hören,
daneben »die hat aber Putje Putje«.

Braunfchweig. Otto Schütte.

Lakazie.

Ein fchönes Beifpiel, wie Namen aus der Fremde in den Sprachfchatz
des Volkes übernommen werden, bildet »de Lakazie« »die Lakazie« = hd.
die Akazie, womit wir gewöhnlich die weifse oder gemeine Rubinie, d. h.
die gewöhnliche oder falfche Akazie (Robinia pfeudacacia) bezeichnen.
Im Norden Deutfchlands ift der Baum felten oder fehlt ganz, dagegen ift
er im mittleren Deutfchland, u. a. in meiner Heimat Lippe, fo bekannt —
er findet fich häufig an Bahndämmen, in Anlagen u. f. w. — dafs ihn faft
jedes Kind kennt. Aus Amerika ftammend, foll er unter dem König
Heinrich IV. von Frankreich um 1600 von Jean Robin zuerft in Paris aus
Samen gezogen und verbreitet worden fein. Dafs er von Frankreich aus
zu uns gekommen ift, beweift der Name Lakazie, denn unter keinem andern
kennt ihn der gewöhnliche Mann im Lippifchen. Der Artikel des französifchen
Namens l'acacia ift mit dem Namen verfchmolzen und vor den fo neu-
gebildeten Ausdruck der plattdeutfche Artikel »de« gefetzt; denn erft fo
wurde der Name für das Volk vollftändig.

Man kann fich die neue Bezeichnung ebenfowohl von dem gefprochenen als von dem gefchriebenen Namen l'acácia entftanden denken, in beiden Fällen konnte das Volk die Bedeutung des l' nicht erkennen und zog es ohne weiteres zum Namen.

Sind vielleicht ähnliche Beifpiele uud Zufammenziehungen bekannt?

Frankfurt a. M.   K. Wehrban.

Rätfel vom Ei (XXVIII, 26. 34 u. f. w.).

Meine Eltern berichten mir aus Eilsdorf, nördl. von Halberftadt, die Faffung:

Ümmelke, Trümmelke lag op de Bank,
Ümmelke, Trümmelke felt (!) von de Bank;
da war kein Dokter in Engelland,
de Ümmelke, Trümmelke heilen kenne.

Leipzig.   R. Block.

Reim von den 5 Fingern (XXVIII, 62. XXIX, 10.).

In Eilsdorf b. Halberftadt benennt man die Finger:

lütge Finger, Goldinger, Goldamer,
Potlicker, Lufeknicker.

Leipzig.   R. Block.

Buddel an de Kai.

In meiner Kindheit (50er Jahre des vor. Jabrhdts) war bei der hamburgifchen Strafsenjugend in der Stadtgegend Poggenmühle-Teerhof ein Spiel beliebt, das den Namen »Buddel an de Kai« führte Es hatte diefen Verlauf: Eine Wand wird als »Mal« bezeichnet und in einer kurzen Entfernung davon mit dem Abfatz ein Strich gezogen. Dann wird »abgemeelt« oder auf dem Rücken eines der Mitfpielenden »afkloppt«, wer »fien« (der Spielmacher fein) foll. Diefer hält nun fein Geficht verdeckt dicht an die Wand und zählt: »hal een, hal twee, hal dree!« Bei »dree« fucht jeder der andern möglichft weit vom Male fortzulaufen. Gleich darauf ruft jener: »Buddel an de Kai!« Auf diefen Ruf müffen alle Mitfpielenden ftehen bleiben. Dann geht der Spielmacher bis an den erwähnten Strich vor und mufs von da aus mit drei Sprüngen auf dem einen Bein dem am weiteften Zurückgebliebenen fo nnhe zu kommen fuchen, dafs er ihm, wenn auch mit vorgebeugtem Oberkörper, einen Schlag geben kann, worauf der Getroffene an die Stelle des andern treten mufs. Andernfalls hat der vorige Spielmacher nochmals feines Amtes zu walten.

Ift diefes Spiel auch aufserhalb Hamburgs bekannt, und ift es noch irgendwo im Gebrauch? Wie mag die Bezeichnung des Spiels bezw. der Ruf: »Buddel an de Kai!« zu erklären fein?

Temuco (Chile).   Walter Redslob.

In de Krimm gahn (XXIX, 8).

Ich kenne aus Dithm. »to Krümp gahn«, nahezu aufgezehrt fein, mit irgend einer Speife oder einem Getränk oder einer Sache zu kurz kommen: »De Kantüffeln gaht to Krümp«. Meine Frau dagegen kennt aus Stapelholm (Süderftapel) »in'e Krümp gahn« und »to Krümp krupen« für fich bücken, fich demütigen: »He krupp to Krümp«. Schütze (II 356) hat: »In de Krümp gahn« = verloren gehen. Das fcheint nicht genau überfetzt zu fein. Richey (S. 139) hat: »in de Krimpe gahn«.

Dahrenwurth b. Lunden.   II. Carftens.

öldklötig.

Ift ôldklötig, »altklug, überklug« u. f. w. noch anderswo bekannt als hier? Was heifst es wörtlich?

Lübeck.   C. Schumann.

Mafföken.

Das plurale tantum Mafföken, das auch bei Fritz Reuter begegnet, ift doch wohl auf das franzöfifche »ma foi!« zurückzuführen[1]). »Ick hetf Se lickers an Se ehr Mafföken erkannt«, fagte mir mal ein Mann, der mich Jahre lang nicht gefehen hatte. Es find die unbewufsten Bewegungen des Armes gemeint, auch des Ganges.

Weimar.   Franz Sandvofs.

Dütten.

In unferm Jahrbuch XXXIII befpricht E. Schröder in feinem lehrreichen Auffatz über die Gefchichte des Münznamens Düttchen zweifelnd und tadelnd die in meinem Wortfchatz von Lübeck gegebene knappe Erklärung. Da feine Vermutungen zum Teil nicht das Rechte treffen, ich aber allerdings f. Z. mich in einem Irrtume befunden habe, wie es mir, der ich nicht von klein auf mit der biefigen Mundart vertraut und daher, zumal bei ausfterbenden Ausdrücken, vielfach auf fremde Angaben hingewiefen bin, in diefen und in andern Fällen wohl begegnet ift, fo teile ich hier das Ergebnis meiner neuerdings angeftellten möglichft eingehenden Erkundigungen mit. Dütten oder Düttjen ift ein älteren Leuten noch ganz geläufiger Name 1) für das Lübecker 3-Schillingftück und das dänifche, aus Schleswig-Holftein einftrömende 2½-Schillingftück, 2) für den Geldwert der Lübecker Münze, überhaupt für 3 Stück von einer Sache, gradezu für die Zahl 3. Das letzte bezeugt der Spruch: En is en, twe fünd en Por, dre fünd en Dütten, ver fünd en ganfen Hupen. Damit wird auch zufammenhängen der Name Dütten fpelen für ein jetzt verfchwundenes Kinderfpiel, bei dem mehrere Häufchen von je 3 Kernen, Steinchen o. a. gelegt und mit einem vierten gekrönt wurden, nach welchem man mit einem fünften warf. Doch könnte auch Vermifchung mit unferm Dutt oder Dutten, »Pflock, Nafenfchmutz, Kötel, Häufchen« anzunehmen fein, wofür Schütze im Holft. Idiot. Dutten und Dütten gibt.

Mit dem Münznamen Dütten oder Düttjen ift nun von mir leider verwechfelt worden die Bezeichnung der Geldrollen oder Stapel mit dem Inhalte von 30 Mk. oder 10 Rtl. in 480 Lüb. Schillingen, die früher hier gebräuchlich waren und Tüten, Düten, Dütchen hiefsen.

Lübeck.   C. Schumann.

---

[1]) Mafäuken (Maföken, aus frz. ma foi!), Plur. Winkelzüge, Spitzfindigkeiten, dummes Zeug; C. F. Muller, Reuter-Lexikon S. 83. Auch H. Berghaus, Sprachfchatz der Saffen II, 455 erklärt es aus ma foi.   C. W.

Eenem Hamborg (Bremen) wifen (XXVIII, 51. 75. 79. XXIX, 10).

Von der weiten Verbreitung des groben Scherzes zeugt auch der Vermerk Lexers im Kärntner Wbch. Sp. 95 *'âme Villa'* (Villach) *zâg'n*, ihm die Ohren in die Höhe ziehen, oder ihm die Finger hinter den Ohren eindrücken, wie bair. Paris zeigen Schm. II 375'. Es steckt wohl weiter nichts dahinter, als dafs man den neugierigen Kleinen, um fie im Emporheben zu quälen, etwas, was angeblich die Grofsen feben können, zeigen will, feien es die hochragenden Türme einer fernen Stadt oder die hoch ziehenden wilden Gänfe oder auch, wie vielleicht aus der Lippefchen Benennung des graufamen Spiels zu fchliefsen ift, die Engel im Himmel. Dafs 'die Hamburger (Bremer) Gänfe wifen' ein Ineinanderlaufen verfchiedener Redensarten ift, ift fehr einleuchtend.

Hamburg.   Haufchild.

Pûk.

»Pük«, mit langem Vokal, wird im Hamburger Dialekt adjektivifch und adverbial angewandt, und bedeutet fo viel wie »fehr hübfch«, »aus teurem Stoff forgfältig hergeftellt«, »gefchmackvoll angeordnet«, »vornehm«, meift aber mit der mehr oder weniger betonten Nebenbedeutung von »glänzend«, »in die Augen fallend«. »En pük Hus« ift ein fchön gebautes und hübfch eingerichtetes Haus; »en pük Kled« ein aus wertvollem Stoff gearbeitetes, gefchmackvoll verziertes Kleid. »Wi hebbt da pük to Middag eten« die Tafel war reich gedeckt und mit leckeren Speifen befetzt. »Pük« hat einen fozufagen fuperlativifchen Sinn. Im Hochdeutfchen entfpricht ihn ungefähr das Wort »piekfein«; doch wird dies in Hamburg fehr felten gebraucht.

Ein urfprünglich niederdeutfches Wort fcheint »pük« nicht zu fein; es kommt weder im Mittelniederdtfch. Handwörterbuch, noch in Richey's Idioticon hamb., auch nicht in Dr. C. Fr. Müllers Wörterbüchern zu Fritz Reuters Schriften vor. Auch Müllenhoff hat es nicht in feinem Gloffar zu Kl. Groths Quickborn. Kommt das Wort fonft noch im Niederdeutfchen vor, und woher ftammt es?

Hamburg.   C. Rud. Schnitger.

Fûnfch.

C. Rud. Schnitger fcheint in Heft XXIX Nr. 1, S. 11 die von Richey und Schütze für fünfch angegebene Bedeutung »tückifch« zu bezweifeln. Auch mir ift diefe unbekannt; in der Gegend von Segeberg-Plön wird das Wort bei Perfonen nur für 'böfe, zornig, wütend, aufgebracht' gebraucht, z. B. Dat is en fünfchen kêrl, dor wör he awer fünfch. Aber auch eine *fünfche Küll* gibt es, die keine tückifche noch giftige, fondern einfach eine ftarke, eine rafende Kälte ift. Schon daher will mir ein Zufammenhang mit dem mecklenburgifchen veninifch (veninich) und mit dem lippifchen vernünig (f. S. 27), die doch wohl dasfelbe find und tückifch, giftig, argliftig bedeuten, nicht in den Sinn. Auch widerfpricht dem das ü in fünfch gegenüber dem i in veninifch, das hier doch das ältere und allgemeinere zu fein fcheint. Endlich haben die Mundarten, welche veninifch kennen, nicht daneben auch fünfch, foviel ich wenigftens febe, fondern es ift auf

(Schleswig?-)Holſtein und Hamburg beſchränkt. Und die angenommene
Zuſammenziehung von veniniſch in fünſch iſt nicht ohne ſtarke Bedenken.
Vielleicht kommt man dem Richtigen folgendermaſsen näher. Ein
Pferd, das durchgeht, löpt in Ditmarſchen denſch, anderswo im Holſteiniſchen, wie mir verſichert worden iſt: lübſch (doch bedarf mir dieſe
letztere Redensart noch der Beſtätigung, um die ich hiermit bitte). Lübſch
weiſt für denſch (kurzes e) auf das urſprüngliche dänſch. Das raſende
unſinnige Laufen nennen die Nachbaren lübiſch oder däniſch laufen. Auch
wentſch, wohl beſſer wendſch (= wendiſch) lopen ſoll es geben. — In
dieſe Reihe ſtellt ſich nun fünſch, füniſch von Fünen, der Inſel, die, wohl-
bemerkt, auf däniſch Fyen ohne inlautendes n heiſst. In der Fünenſchen
oder Füniſchen Garniſon Odenſe muſsten unſere holſteiniſchen Bauern- und
Tagelöhnerſöhne nicht ſelten ihrer Dienſtpflicht genügen, und den fünſchen
Kerl und die fünſche Küll hatten ſie in ihrem Unteroffizier und auf der
Wache erlebt und dieſen Zorn wie dieſe Kälte als über das holſteiniſche
Maſs hinausgehend erkannt. Von den Heimgekehrten für das Übermaſs
weiterverwendet, bürgerte es ſich in Holſtein ein und wanderte nach Hamburg.
Magdeburg. O. Callſen.

Fûnſch (XXIX, 11).

Es intereſſiert vielleicht zu erfahren, daſs der verſtorbene Profeſſor Dr.
Handelmann dieſen Ausdruck von der däniſchen Inſel Föhnen (Fyen) ableitet
(S. Carſtens, Topographiſcher Volkshumor aus Schleswig-Holſtein, Zeitſchrift
des Vereins für Volkskunde in Berlin H. 3 1806 S. 306.)[1]
Dahrenwurth b. Lunden. Heinr. Carſtens.

Fûnſch — venînſch (XXIX, 11. 27).

Beide Wörter einen ſich hier in der Bedeutung »böſe«, aber dioſes
bezeichnet Kraft, jenes Falſchheit. Alſo fünſch »zornig, grimmig, wild,
ſchnauzbärtig«, veninſch »höhniſch, tückiſch, hinterliſtig, falſch«.
Lübeck. C. Schumann.

Üppen.

Jemand üppen kennt die Umgangsſprache hieſiger gebildeter Kreiſe
im Sinne von »jemand ehrend und zuvorkommend behandeln«. Im Volksmunde habe ich es bis jetzt nicht finden können, wohl aber üppich für
»hochfahrend, eingebildet« u. ſ. w.
Lübeck. C. Schumann.

Lüze.

K. Weinhold, Beitr. zu einem ſchleſ. Wörterb, Wien 1855, hat:
»Lüſche, ſ. Pfütze. Auch in andern nordoſtdeutſchen Grenzländern und in
Baiern. Aus dem ſlaviſchen: ruſſ. luſcha, böm. lanze«. — Das Wort iſt
in Schleſien ganz gebräuchlich. Slaviſch lug iſt Sumpf.
Breslau. P. Feit.

---

[1] Gegen Einſendung von 25 Pfg. in Marken iſt ein Sonder-Abzug von mir zu
bekommen. H. C.

Promûfchen.

Unter den zahlreichen volkstümlichen Schimpf- und Necknamen, die ich hier gefammelt habe, ift mir nicht recht verftändlich *Promûfchen* (auch *Pre-, Per-, Pamûfchen*) »Knirps«, wozu das Beiwort *promûfchig*, »unanfehnlich«, und die Zufammenfetzung *promûfchenprefter* oder nur *Mûfchenprefter*, »Duckmäufer, Stubenhocker«.

Lübeck.   C. Schumann.

Promûfchenprêfter kenne ich nicht, wohl aber *Mûfchenprêfter* als Bezeichnung eines Pedanten. Schon Richey, Hamburgifches Idioticon S. 170 hat *Mûfken-Prefter*, aber für einen kleinen fchmächtigen Menfchen, der fich trefflich eingehüllt hat. Faft dasfelbe fei *Mûfken in der Heede*, im eig. Sinne Nonnen-Nägelein, nigella, als Spottname für einen Menfchen, der ein kleines Geficht in einer grofsen Perrücke oder einen kleinen Leib in einem grofsen Pelze habe. Schütze giebt »*Mûfchenpreefter*, ein eingehüllter Menfch, fig. ein Schleicher«.

Hamburg.   C. Walther.

Bucht (XII, 11. XIII, 5. XXIX, 30 ff.).

Das Wort »bucht« ift im Lippifchen in mehrfacher Bedeutung noch heute lebendig.

1. teer bucht bringen = fparen, anftrengend fparen, z. B. de hät oll düjet wat teer b. brocht = der hat fchon viel Geld gefpart; de hät na nicks upper b. = der hat noch nichts gefpart; er hat noch nichts auf die Seite gebracht.

2. teer oder uppe bucht (bringen oder) krüijen = viel getan, viel erreicht haben, z. B vandaje häw we fchön wat uppe (teer) bucht kriejen = heute haben wir fchön was fertig gebracht.

3. teer bucht gibeu, meift negativ angewandt, z. B. hö woll fick affchliut nich teer b. giben = er wollte fich abfolut nicht (z. B. vor einer Krankheit) der Krankheit hingeben, hielt fich aufrecht, fo lange es eben ging; oder ähnlich von einem Befitzer in dem Sinne = er wollte fein Anwefen dem Sohne nicht abtreten, fondern felber Herr fein.

4. bucht = Raum im Unterftock, pl. büchte. Diefe vierte Bedeutung ift mir perfönlich im Lippifchen noch nicht entgegengetreten, fie ift aber im Schwalenbergifchen gebräuchlich (vgl. Nd. Jahrbuch XXXII, S. 147).

Frankfurt a. M.   K. Wehrbau.

Tutig.

Das Wort *tutig* wird in Hamburg fowohl als Adjektiv wie auch als Adverb gebraucht: »En tutigen lütten Jung«, »He füht fo tutig ut«, »He vertell dat fo tutig«. Es ift im Hochdeutfchen nicht ganz leicht wiederzugeben; denn es bedeutet fo viel wie naiv, ungekünftelt, harmlos, unbefangen, hat zuweilen jedoch auch die leife Nebenbedeutung von fchelmifch, fchlau oder komifch. »He makt fo'n tutig Geficht, un hett et dahi doch fuftdick achter de Ohren«.

Mit »tuten = blafen, ins Horn ftofsen« kann m. E. das Wort nicht zufammenhangen; wenigftens wüfste ich keine Verbindung zwifchen den beiden Wörtern herzuftellen. Ich habe »tutig« weder im Mittelniederdeutfchen Handwörterbuch und in Richey's Idioticon hamb. noch in den Wörterbüchern von Dr. C. F. Müller zu Fritz Reuters Schriften gefunden. Auch in Müllenhoffs Gloffar zu Klaus Groths Quickborn findet es fich nicht. Kommt das Wort überhaupt noch irgendwo im Niederdeutfchen vor, und wie ift feine Etymologie?

Hamburg.   C. Rud. Schnitger.

Oldbellti, oldbeldi utfebn.

Oldbellti = altfaltig im Geficbt, hörte ich von einem verftorbénen Nachbar, gebürtig in Feddringen in Norderdithmarfchen.

Dahrenwurth b. Lunden.   Heinr. Carftens.

Hadnfchop.

Für Zank und Streit habe ich in Lunden in Dithmarfchen gebört: »De beidn Lüd levt jümmers in *Hadnfchop*«.

Dahrenwurth b. Lunden.   Heinr. Carftens.

Eine merkwürdige Wortbildung, die an »Leidenfchaft, Wiffenfchaft« erinnert. Die Bildung *Hatenfchop* kommt fonft nicht vor; auch in den übrigen germanifchen Sprachen begegnet nichts entfprechendes.

         C. W.

Kwifpel.

So nennen die Schneider, wie mir gefagt worden, überall in ganz Schleswig-Holftein und darüber hinaus den Doppelfaden, der mittelft der Innenfläche der Hände zufammengerollt (tofamkrellt) wird und der befonders beim Knopfannühen Verwendung findet.

Dahrenwurth b. Lunden.   Heinr. Carftens.

Notizen und Anzeigen.

Beitragszahlungen find an unfern Kaffenführer Herrn Joh: E. Rabe, Hamburg 1, gr. Reichenftrafse 11, zu leiften.

Veränderungen der Adreffen find gefälligft dem genannten Herrn Kaffenführer zu melden.

Beiträge, welche fürs Jahrbuch beftimmt find, belieben die Vorfaffer an das Mitglied des Redactions-Ausfchuffes, Prof. Dr. W. Seelmann, Charlottenburg, Peftalozziftrafse 103, einzufchicken.

Zufendungen fürs Korrefpondenzblatt bitten wir an Dr. C. Walther, Hamburg 24, Uhlandftrafse 59, zu richten.

Bemerkungen und Klagen, welche fich auf Verfand und Empfang des Korrefpondenzblattes beziehen, bittet der Vorftand direct der Expedition, »Diedrich Soltau's Verlag und Buchdruckerei« in Norden, Oftfriesland, zu übermachen.

Redigiert von Dr. C. Walther in Hamburg.
Druck von Diedr. Soltau in Norden.

Ausgegeben: September 1908.

Jahrg. 1908. Hamburg. Heft XXIX. № 4/5.

Korrespondenzblatt

des Vereins
für niederdeutfche Sprachforfchung.

I. Kundgebungen des Vorftandes.

Mitgliederftand.

Dem Vereine find beigetreten die Herren
Dr. Wilh. Harring, Halberftadt;
Prof. Dr. Rob. Petfch, Heidelberg:
Stud. phil. Alfr. Huhnhäufer, Roftock;
Stud. phil. Max Carftenn, Kiel;
Prof. Dr. H. Deiter, Hannover;
A. Türkheim, Hamburg;
und das Germanifche Seminar der Univerfität Kiel.

II. Mitteilungen aus dem Mitgliederkreife.

Zur Erklärung Fritz Reuters.

Fr. 16 (Bd. IX S. 162 meiner Ausgabe) fteht: »denn fühft du, ick
dacht ok fo, dat Fander is di knapp, un in defe Johrstid *verpedden fei* [de
Schap] *fick all 'ne Mahltid up den Feiln,* un fo jög ick fei denn·'rut [up
den Roggen].« Was heifst hier fick 'ne Mahltid verpedden? Seelmann
gibt in feiner Ausgabe keine Erklärung, in der Volksausgabe von Hinftorff
wird als Fufsnote zu fick verpedden die wörtliche Überfetzung »fich vertreten« gegeben, aber weiter nichts hinzugefügt; Gaedertz erklärt frifch
drauf los: »fie *ergattern* fich fchon« . . . und führt dadurch dem Lefer
vollftändig in die Irre. In meinem Reuter-Lexikon hatte ich die Wendung
— ähnlich wie in der Fufsnote zu der gröfseren Hinftorff-Ausgabe ftand —
kurz, doch nicht genau und fcharf gefafst, wiedergegeben: »beim Herum-
gehen auf dem Felde fich feine Mahlzeit fuchen«. Richtiger hätte ich
fchreiben follen: wörtlich »fich eine Mahlzeit vertreten«, humoriftifch übertragen = f. v. w. »heim Grafen auf den Feldern die (bisher regelmäfsig ver-
abreichte) Fütterung ('Mahltid') vergeffen«. Feftungstid 1 (B. X S. 1a)
findet fich »fick de Likdürn en Beten verpedden«; heifst das »durch
Spazierengehen über die Leichdornfchmerzen hinwegkommen«? Beim Gehen
foll, wie mir Sachverftändige verfichern, ein Leichdorn in zu engem Fufs-
zeug weniger fchmerzen, als beim Sitzen. Wäre dies richtig, fo würde
fich diefe Stelle als paffende Parallele zu der obigen Wendung verwerten
laffen. Indeffen wollen andere in Bezug auf die Leichdornfchmerzen eher
die entgegengefetzte Erfahrung gemacht haben. Wir werden wohl anzunehmen haben, dafs der Ausdruck fick de Likdürn verpedden weiter nichts
ift als eine humoriftifche Variation der ganz gewöhnlichen Wendung fick
de Fäut verpedden = fpazieren gehen.

    Kiel.   C. Fr. Müller.

Eine poetifche Umfchreibung des 5. Pfalms.

Im Korrefpondenzblatt 18 Seite 67 teilt Ad. Hofmeifter ein paar
niederdeutfche Verfe aus Joachim Schröders Vnderrichtinge vam warhaff-
tigen vnd valfchen Gebede 1554 mit. Er erwähnt dort aus derfelben Handfchrift auch noch ein längeres Gedicht, das — weil auf zufammengeklebten
Blättern ftehend — »bisher den Entzifferungsverfuchen noch widerftanden«
habe. Das Gedicht ift eine Überfetzung des 5. Pfalms, es rührt zweifellos
von Joacb. Schröder her und hat folgenden Wortlaut:

De Summa desses vofften psalmi.

De kercke lytt nen groter noth,
Alse er de valsche lere doth,
Dar yegen de billige Dauid hedet,
Und vor de kercke Gades redet.

De Text des psalmi.

1. Herr hore myn wordt, myn rede merck
Myns schryends hebbe acht, myn koninck sterck
Denn vor dy beden wyll yck Godt,
Herr, frö erbor myn stemmen in nodt.
2. Fro wyll ick schycken my tho dy,
Und mercke dar up, denn du byst fry,
Eyn Godt dem Godtloss haget nicht,
Wol boss ys vor dy ock nicht blyfft.
3. De Grothspreker vor dy nicht bestan.
Du hatest Herr de dar ouel don.
De Logeners bryngest umm. Du Herr,
Vor Blotgyrn, valschen gruwelt dy seer.
4. Ick gha ynt huss in gudicheyt dyn,
Und hede ym Tempel myt fruchten fyn.
In dyner Gerechticheyt leyde my Herr
Umm myner vyend den wech rychte her.
5. In erem munde ys nichts gewyss
Er ynwendige doch men herteleyt yss,
Er kele ys eyn apen graff,
Myt tungen huchein ys er hebach.
6. Beschulde se Godt, so vallen se hyn,
Van ern dancken in erem synn
Vorstot se um erer bosheyt groth,
Dy wedderspennich ys ere moth.
7. Lath frouwen de dar truwen don
Up dy, lath römen se ewich schon,
Du bschermest se, lath frolick syn,
In dy, de leuen den Namen dyn.
8. Denn Here Oodt, du segenst se recht,
De framen synt ock dyne knecht,
Du kronest se recht, myt gnaden dyn,
Glyck alss myt reynem schylde fyn.

Roftock.   Dr. G. Kohfeldt.

Zwillingsfrüchte.

Bekanntlich find Zwillings- und Drillingsbildungen bei Hafelnüffen die Regel, bei Zwetfchgen (Pflaumen) und Äpfeln fehr felten, während fie fich bei den Birnen gar nicht finden. Bei den Getreidearten zeigt nur der Roggen (Korn) ganz felten die Neigung, zwei Ähren auf einem Halme hervorzubringen, Gerfte und Weizen meines Wiffens überhaupt nicht. Solche Doppelfrüchte fpielen nun wegen ihrer Seltenheit in Sprache und Glauben des Landvolkes eine gewiffe Rolle, worauf, wie es fcheint, noch wenig geachtet ift. Ich ftelle einiges, namentlich aus Mitteldeutfchland, zufammen und hoffe, dafs auch aus dem Niederdeutfchen allerhand zu berichten ift.

In Oberfachfen heifst ein Halm mit zwei Ähren »die Zwiefche« (fo in Waldenburg, Limbach, Hohenftein, Zfchr. f. deutfche Mdaa. 1907 S. 31), was fich ja leicht als die zweifache erklärt. Nach dem Volksglauben in Naffau foll man doppelte Kornähren an den Spiegel ftecken, damit der Blitzengel an dem Haufe vorübergehe (Kehrein, Volksfprache und Volksglauben in Naffau II 245). Auch in der Zeitzer Gegend werden Doppelähren an den Spiegel oder in die Ritzen des Tragebalkens (Trägers) gefteckt, der fich durch die Mitte der Zimmerdecke zieht, doch nur als Seltenheit. An den Träger werden ebenda an Fäden auch die *Baatze* gehängt, die Doppelbildungen von Äpfeln und Pflaumen. Baatz würde dort hochdeutfch Bâtz (Pâtz) lauten. Für eine Erklärung des Wortes wäre ich dankbar. Slavifche Einflüffe find in der Gegend nicht felten. In Naffau lautet ein Gebot des Volksglaubens: Doppelte Zwetfchen foll deine Frau nicht effen, fie möchte fonft Zwillinge gebären und eine grofse Laft über dich bringen (Kehrein a. a. O.). Dasfelbe unerwünfchte Tempo des Anwachfens der Familie hat eine fchwangere Frau zu fürchten, wenn fie zwei Ähren an einem Halme findet. (Kehrein II 261). In Weftfalen (Woefte, Wbch. 284b) heifsen Doppelnüffe, Doppelpflaumen vaddernuət, vadderprûme. (Ebenfo bei Köppen, Dortmunder Idiotismen S. 63). Warum nennt man fie fo?

Hamburg.   Oscar Haufchild.

Auch eine Kriegserinnerung.

In den Jahren nach dem Kriege gegen Frankreich hörte man unter der lieben Schuljugend in der Zeitzer Gegend nicht felten als Ausdruck grober Ablehnung fagen: *Lefchmûnki!* (lèche mon cul!) Soldaten hatten es wohl, wie manches andre, mitgebracht, und fo trat auf eine Weile die entfprechende deutfche, fehr deutfche Redewendung, die Götz von Berlichingen im dritten Aufzuge nur halb ausfpricht, in den Hintergrund. Aber auch die Lüneburger Heide befitzt eine Trophäe diefer Art, wie eine Stelle in K. Söbles Schummerftunde (1905) S. 234 zeigt, wo der Spatz in Spatjers Morgenfalm fagt: »Ha, *Bismakü*, Bur, gab, wifch dick de Suut.« Nach der dazu gegebenen Anmerkung ift das = baife ma cul! Woher aber *ma* cul? Sollte man damit wohl in der noch lange welfifch gefinnten Heide beabfichtigt haben, eine kleine Anfpielung auf den »beftgehafsten« Mann mit unterlaufen zu laffen?

Hamburg.   O. Haufchild.

52

Rätfel (XXI, 87).

Das im lübifchen Schofsregifter von 1472 aufgezeichnete Rätfel: Dre
ftene, dre blomen, dre hovede, dar fteit de warlt by: rat, welke fin de?
könnte theologifchen Sinn und Bezeichnung auf folgende Stellen der Bibel
haben.

Dre ftene. 1) 2. Mof. 17, 6. En ego ftabo coram te ibi fupra
petram Oreb: percnties petram et exibit ex ea aqua, ut bibat populus.
2) 1. Cor. 10, 4. Bibebant autem de fpirituli confequente eos *petra:*
petra autem erat Chriftus. 3) Matth. 16, 18. Tu es Petrus et fuper hanc *petram* aedificabo
ecclefiam meam.

Dre blomen. 1) 4. Mof. 17, 8. Invenit germinaffe virgam Aaron . . .
et turgentibus gemmis eruperant *flores.*
2) Jef. 11, 1. Egredietur virga de radice Jeffe et *flos* de radice
eius ascendet. 3) Cant. cant 2, 1. Ego *flos* campi et lilium convallium. Das
geht nach Auguftinus de uni‍tate ecclefiae c. 4 auf die Kirche.

Dre hovede. 1) Jer. 31, 7. Exfultate in laetitia Jacob et binnite
contra *caput* gentium, d. i. Jakob, oder 2. Reg. 22, 44. Cuftodies me
(d. i. David) in *caput* gentium.
2) Eph. 5, 23. Vir caput eft mulieris, ficut Chriftus *caput* eft
ecclefiae. 3) 1. Cor. 11, 3. Omnis viri caput Chriftus eft, caput autem mulieris
vir, *caput* vero Chrifti deus. *Dar fteit de warlt by.* Röm. 3, 22.
Subditus fiat omnis *mundus* deo.

Jeder der drei Begriffe, nach denen das Rätfel fragt, wird in Schrift-
ftellen genannt, die vom alten Bunde, vom neuen Bunde und vom Gottes-
reiche handeln. Gott und der chriftlichen Kirche untertan zu fein, das
ift die Beftimmung der Welt.

Breslau. P. Feit.

Faftgelljas (XVII, 66 f.).

Der Brinckmannfche Ausdruck ift von Gödel als fchnelles Schiff, Jacht
erklärt worden. In dem Deutfchen Seemännifchen Wörterbuch von
A. Stenzel, Berlin 1904, werden jedoch als Abarten der Galeaffe mit
geringen Unterfchieden im Takel- und Segelwerk die *Jacht-* oder Pfahl-
Galeaffe, die Schlup-, die *Faft-*, die Huker-, die Schurer-Galeaffe aufgeführt. Das macht mir die gegebene Auslegung etwas zweifelhaft. Ein
befreundeter Seemann gab mir folgendes an: Während beim Bau von
Holzfchiffen, die auf frifchem Waffer fahren, zur Befeftigung der Planken
vielfach anftelle der teueren Kupferbolzen Holznägel angewendet würden,
könne bei Schiffen für grofse Fahrt Kupfer nicht entbehrt werden. Es
habe fich bei Bau- und Verficherungsverträgen der Ausdruck kupferfeft,
engl. copperfaftened, oder einfach *feft* eingebürgert. Vgl. DW. 5, 2762.
Da Kaspar Ohm bis nach Batavia gekommen fein will, wird feine Gelljas
ficher *feft* gewefen fein.

Breslau. P. Feit.

Lakazie (XXIX, 42).

Auch in dem Namen des Kartenſpieles Lomber, nd. Jummer, iſt der
fremdländiſche Artikel mit dem Subſtantivum ſo verwachſen, daſs es einen
neuen Artikel bekommt. Die häfsliche Berliner Redensart 'nich in die la
main' gehört ebenfalls hierher. Lafette iſt aus l'affût entſtanden.

Als Gegenſtück kann angeführt werden, daſs die Niederländer abberdaen (Kilianus), die Engländer haberdine aus dem franzöſiſchen laberdan =
piscis Laburdanus gemacht haben, indem ſie in dem l irrig den Artikel ſaben.

Breslau.   P. Feit.

Buddel an de Kai (XXIX, 43).

Ein ähnliches Spiel habe ich als Knabe in Berlin geſpielt. Es biefs
'ran an'n Bafs'.

Breslau.   P. Feit.

Plus (XXIX, 23).

Die fleiſsige Sammlung zerlegt ſich in folgende Teile.

1) plus aufgeblaſen zu Danneil, Schütze, Richey plûſen zauſen, mnd. plû-
steren zerzauſen, neumärk. plůstern ebenſo. Stamm plûs.
2) plotzich, plutzich, hierher alle tz-Formen, auch nhd. plötzlich; Stamm
plotz, urſprünglich Interjektion: plötzlicher Schlag, der ſich in zwei
Bedeutungen ſpaltet: a) von der Schnelligkeit, b) von der Wirkung des
Schlagès; zu a abd. plötzlich, vgl. neumärk. upm pluts ſchnell, plötzlich,
zu b ndld. plotſen ins Waſſer plumpen, ſchwäb. plotzen ſtoſsen, ſchlagen,
mfränk. plotzen beſonders Äpfel durch Aufſchlagen zum Platzen bringen.
Hierher auch vorarlberg. pflotſchig? Sicher appenzell. plätſchlig.
3) plunſchig, bair.-öſterr. pluntzet; Stamm blunz. Vgl. Fiſcher ſchwäb.
Wtb. I 1226 Blunze 1. Blutwurſt, 2. dicker, kurzer Menſcb < mhd.
*blunze ſwf.
4) Blös, Blöſt (appenzell.) zu blaſen und blähen.

Berlin.   H. Teuchert.

Klütern.

Dieſes im hamburgiſchen wie auch im holſteiniſchen Plattdeutſch
gebräuchliche Verb erklärt Richey, Idioticon hamb., Seite 126, als »an
Kleinigkeiten hämmern und beſſern«, und Schütze, Holſteiniſches Idiotikon,
2. Teil, Seite 293, hat dieſe Erklärung übernommen. Eigentlich beſagt
das Wort aber nicht blofs ein Ausbeſſern, ſondern auch ein Herſtellen von
ganz einfachen Hausgeräten (z. B. Schemeln, Gartenbänken und -Tiſchen
uſw.), ohne daſs der Betreffende dieſe Fertigkeit handwerksmäſsig erlernt
hätte. In der Erklärung des von »klütern« abgeleiteten, in Hamburg wohl
verſchwundenen Subſtantivs »Klüterer« wird jedoch von beiden genannten
Schriftſtellern auf dieſe Fähigkeit Bezug genommen. Richey erklärt a. a. O.:
»een Klüterer = der ſich mit Verbeſſerung oder Verfertigung allerhand
Geräthe und anderer nöthigen Dinge zu behelffen weiſs.« Schütze a. a. O.
nennt dagegen genauer einen Klüterer jemand, »der ein natürliches Geſchick
zu mechaniſchen Künſten und Arbeiten hat«; der Nachſatz aber, . . . wie
manche Tiſchler, die beſſer beſſern, als ganze Geräthſchaften machen«

fcheint anzudeuten, dafs das Wort »Klüterer« auch eine fpöttifche Nebenbedeutung hat.

Dasfelbe Wort »klütern« bedeutet in Hamburg aber auch fo viel wie »fich mit Schneeballen werfen« »Wölt wy uns mal klütern?« fragen die Knaben einander, wenn im Winter der Schnee einigermafsen »backt« d. h. zufammenbält. Hier ift die Ableitung von Klütjen, Klofs, unverkennbar; unklar ift mir dagegen die Ableitung des Wortes »klütern« in der erftgenannten Bedeutung.

»Klütern« in der Bedeutung »mit Schneeballen werfen« findet fich weder bei Richey noch bei Schütze. Im Reuter-Lexikon von C. Fr. Müller, Seite 70, finden fich die Wörter »klütern« und »Klüterer« nicht; dagegen ift ein Verb '»klüten, mit Erdklöfsen werfen« aufgeführt, das in Hamburg jetzt unbekannt ift.

Kommen die Wörter »klütern« und »Klüterer« in den oben genannten Bedeutungen auch fonft noch im niederdeutfchen Sprachgebiet vor?

Hamburg. C. Rud. Schnitger.

En Slikker op de Tung hebben.

Von jemandem, der bei der Ausfprache der Konfonanten »f« und »z« mit der Zunge auftöfst (oder »lifpelt«) fagte man früher in Hamburg fcherzweife: »He hett en Slikker op de Tung«. Bei Richey (Idiot. hamb. Seite 262) findet fich weder die obige Redensart noch das Subftantiv »Slikker« fondern nur ein Subftantiv »Slick« (= Schlamm), ein Adjektiv »flikkerig« (= »kothigt«) und ein Verb »flikkern« (= »fchlupffen, durchwifchen wie die glatten Aale«). Die beiden letztgenannten Wörter find wohl von dem Subftantiv »Slick«, das fchon im Mittelniederdeutfchen fich findet, abgeleitet.

Ein alter Hamburger, den ich nach diefer Redensart fragte, kannte fie in der Form »En *Slick* op de Tung hebben«, und meinte, bei dem Anftofsen mit der Zunge bei der Ausfprache des »f« und »z« fcheine es, als ob der Betreffende, der fo »lifpelt«, etwas, das ihm auf der Zunge unangenehm fei, (»Slick«) fortftofse.

Ift diefe Redensart auch fonftwo bekannt und ift die zuletzt gegebene Erklärung richtig? In Dr. C. F. Müllers: »Der Mecklenburger Volksmund in Reuters Schriften« und »Reuter-Lexikon« findet fich die Redensart nicht.

Hamburg. C. Rud. Schnitger.

Tutig (XXIX, 47).

In dem angegebenen Sinne hört man hier *tuttig* und *tuntig*, daneben *tönsig* und *drutig*, auch *drüt* und *trut*. Dazu tritt *tüntelig*, »langfam im Denken und Handeln«. Das betreffende Zeitwort *tünteln*, das Doornkaat Koolman u. a. bringen, fcheint hierorts fremd zu fein.

Lübeck. C. Schumann.

Lund.

De Sünn geiht to Lund,
Morgen regent't, dat dat plumpt.

Diefer alte Wetterfpruch Lübeckifcher Fifcher, in dem, wie in dem Kinderreime »Regen, Regen, rufch, de König geiht to Bufch« mit dem Walde die Regenwolke gemeint ift, fällt mir auf durch die allerdings erklärliche Verwendung des dänifchen Wortes (lund = Hain) in niederdeutfcher Rede. Findet fie fich auch fonft?

Lübeck.   C. Schumann.

Krüdfch (XXVIII, 58. 95).

Auch Dähnert fagt: »krüden, das Befte, was man auf dem Teller hat, ausfuchen. Trotz Walthers Einwand halte ich die Ähnlichkeit der Vorgänge des Jätens und des Auslefens für grofs genug, um den Gebrauch des Wortes im Sinne von »lecker« zu rechtfertigen.

Lübeck.   C. Schumann.

Winker.

Bis gegen Ende des vorigen Jahrhunderts hiefsen die Gehilfen und Vertreter der Weinfchröter und der Holzträger, wozu nur fachkundige und geübte Leute angenommen wurden, hier in Lübeck allgemein *Winkers (Delenwinkers)*. Der mir von anderswoher nicht bekannte Name ftammt m. E. aus dem Norwegifchen. Dort bezeichnet nach Aafen, Norsk Ordbog, *Vinnekar* oder *Vinnemann* einen tüchtigen Arbeiter, bef. für Waldarbeit. *Vinna* bedeutet jede Art von Landarbeit, *kar* ift = *Karl*, Kerl, Mann. Der Name ift mit der Ware hierher gekommen und geblieben.

Lübeck.   C. Schumann.

Der Name Externftein.

Mit nun annähernd 100 Jahren ift der Name Externftein, abgefehen von wenigen älteren Erklärungen, fo oft nach feiner Bedeutung und feinem Urfprung unterfucht, von vielen berufenen und unberufenen Forfchern gedeutet worden, dass es als ein Wagnis erfcheinen mufs, von neuem an die Sache heranzutreten. Nun, es foll hier auch keine .neue Deutung verfucht werden, jedoch möchte ich auf eine vielleicht nicht unwichtige Tatfache, eine dialektifche Wendung, aufmerkfam machen, die meines Wiffens bisher von keinem einzigen Forfcher betont und beachtet worden ift, ficherlich nur deshalb, weil fie ihnen nicht bekannt war.

Ich will vorausfchicken, dass die Externfteine jene bekannten und berühmten Felfen an der Nordfeite des Teutoburgerwaldes find, an der grofsen Strafse von Paderborn über Lippfpringe, Schlangen, Kohlftädt nach Horn in Lippe, 20 Minuten von letzterer Stadt entfernt liegend. Im Kultleben unferer Vorfahren haben fie zweifelsohne eine grofse Rolle gefpielt, wie die Felfenkapelle, das grofse Relief ufw. beweifen und gar mancher hat den Namen nach diefer Richtung hin zu erklären verfucht. Daran knüpft denn auch gleich eine der erften Erklärungen, deren hauptfächlichfte hier kurz der Orientierung wegen angeführt werden follen.

1. Externftein foll gleich fein Eafterftein, Eoftraftein nach der Göttin Eoftra, Oftara. Die Deutung ift ohne jeden haltbaren Grund.

2. Der Name E. foll von dem lippifchen Exterbache, der bei Rinteln in die Wefer mündet, von dem daran liegenden Dorfe Exten, von der in der Nähe Herfords gelegenen Dorffchaft Exter, bezw. von der adeligen

Familie v. Exterde herrühren. Eine Beziehung zwifchen diefen Orten, dem Bache und der Familie einerfeits und den Felfen andererfeits ift aber nicht nachzuweifen.

3. Externftein gleich Echsterftein, gleich Stein oder Felfen in einer Eichenholzung. Echster foll gleichbedeutend fein mit Eichenholzung wie Bochster mit Buchenholzung. Diefe Ableitung — Bochster kommt allerdings 1330 in einer Brakefchen Holzordnung vor, deren Echtheit aber nicht feftfteht — hält vor der Forfchung nicht ftand.

4. Externftein gleich Eggeftein, Eggefterftein, gleich Stein an oder auf der Egge. Egge bedeutet einen langgeftreckten fteilen (fcharfkantigen) Bergrücken. Nun findet fich in der Nähe der Externfteine ein Gebirgszug, der die »Egge« heifst, aber die Steine felbft ftehen wo anders, nämlich auf dem Knickhagen. Dann ift aber auch das ft in dem Namen nicht erklärt; denn bei diefer Ableitung müfste man doch Eggeftein oder Eggerftein vermuten.

5. Externftein gleich Agis-dor, gleich Sckreckenstorftein; der kleine Bach der vorbeifliefenden Wiembecke fei früher reifsend und fchrecklich gewefen. Nun, dagegen braucht man kein Wort zu verlieren.

6. Externftein gleich Ehegefternftein, d. h. fie find Steine nicht von heute oder geftern, fondern von ehegeftern, fie find fehr alt. Diefe Ableitung würde wohl nicht foviel von fich reden gemacht haben, wenn fie nicht den Namen Jakob Grimm trüge.

7. Externftein gleich Elfternftein. Diefe Deutung ift wohl die am allgemeinften verbreitete, die entfchieden viel für fich hat. Einmal haben ältere Schriftfteller (Hermann Hamelmann, Ferdinand von Fürstenberg) den Namen ausdrücklich im Lateinifchen durch Rupes picarum wiedergegeben. Ferner laffen fich auch alle älteren, in Urkunden vorkommenden Schreibarten mit diefer Deutung in Einklang bringen. Die älteren Schreibarten find (nach Helwing-Cloftermeier, Der Eggefterftein im Fürftentum Lippe, 2. Aufl. Lemgo und Detmold 1848.)

1093: Agifterfteyn, Agifterftein,
1140: Egefterenftein,
1360: Egefterenfteyn, Egefterenftein, Eghefterenfteue,
1369: Eghefterenfteyn,
1469, 1546, 1547, 1560: Egefterenftein, egefteren fteyn.
1560: zum Egefterenfteine,
1584: Egefterenftein,
1592: in lapideo monte, vulgo Eggefternfteyn; thon Eggefterenftein; Thom Eggefternftein,
1627, 1654: Egerfterftein,
1672: Picarum rupes, vulgo Exterenftein,
1693: Egifterftein feu Exterftein. Von da ab bis heute heifst es immer nur Exterftein, Externftein oder Exterenftein.

Damit vergleiche man die älteren Namen für Elfter, die wir hier nach Grimm Wb. I, 189 und III, 417 geben: agalafter, egerfte, alfter; agalafter, noch beinahe ganz die wohllautende ahd. Geftalt des Wortes agalftra, ageleftra, ein atzel oder agalafter, agelafter, mhd. agelfter.

Dazu kämen noch die heutigen dialektifchen Formen für Elfter: fchwäbifch: ägerft, ägerfte; fchweizerifch: ageft, agefta; vor allem aber die niederdeutſchen Bezeichnungen ackſter, ekſter, exter, egeſter, ageſter, agerſt, aegerſt, egerſt, häckſter, hekſter, hexter, hegeſter, heſter, heiſter; niederländiſch: aakſter, ekſter.

Es iſt ferner nicht ſelten, daſs Örtlichkeiten nach Vogelnamen benannt werden: Vogelsberg, Falkenſtein, Falkenburg, Schwalenberg, Rabenſtein uſw.

Der Name Exſternſtein würde demnach — ich will auf manche Einzelheiten der Erklärung hier nicht näher eingehen — der Stein der Elſtern ſein, plattdeutſch der Ekſtern, Extern, die ſich in der Umgehung wohl viel aufgehalten haben.

Im Lippiſchen heiſst die Elſter noch jetzt mnd. Ekſter; die munteren ſcheuen Tierchen ſind dort noch faſt überall anzutreffen.

· Nun iſt aber ferner das Wort extern, ekſtern in dem Dialekt meiner lippiſchen Heimat bekannt und zwar nicht in der von Grimm III 1208 angeführten Bedeutung von lat. vexare, anhaltend, bis zum Peinlichen quälen, durch zudringliches Bitten, Necken uſw. (Man ſoll ein Kind nicht extern z. B.) Dieſe Bedeutung iſt ja nach Grimm III, 399 auch wohl erſt neueren Urſprungs, aus dem 18. Jahrhundert nämlich. Ich kenne das Wort extern noch aus einem Kinderſpiel, das in Lippe »Extern ſchieſsen«, »Ekſtern ſchieſsen« genannt wird. Speziell in meinem Heimatsorte Waldheide bei Heidenoldendorf, in der Nähe von Detmold in Lippe iſt es ſehr bekannt, und ich ſelber habe es vor 25 bis 30 Jahren als kleiner Junge unzählige Male ausgeübt. Es beſteht in dem ſogenannten Purzelbaumſchlagen. Die Kinder tummeln ſich auf Weide und Heide, beſonders gern auf den ſanften Abhängen der mit Heide beſtandenen Sandhügel und laſſen ſich »kopsüber« hinunterrollen, einen Purzelbaum nach dem andern ſchlagend. Das nennen ſie denn »Extern ſchieſsen«.

Das kann mit dem Namen des Vogels zuſammenhängen, der ja auch kopfüber purzelt, wenn er geſchoſſen wird, was um ſo beſſer bemerkt werden kann infolge ſeines hellen und dunklen Gefieders; ein einfarbiges Gefieder ohne grellen Farbengegenſatz würde dieſes Purzeln, dieſes Schieſsen nicht ſo handgreiflich vor Augen führen.

Man könnte auch daran denken, daſs der erſte Teil des Namens »Extern ſchieſsen« nicht mit dem Vogelnamen in Beziehung ſtände, ſondern auf ein eigenes Wort zurückginge, doch das ſcheint mir nicht der Fall zu ſein, ſonſt müſſte es doch wohl z. B. ein Extern ſtehen (ſtatt vielleicht »Baum ſtehen = Kopfſtehen«) gehen.

Weitere Mitteilungen aus anderen Gegenden bringen vielleicht weiteres Material dazu.

Frankfurt a. M.   K. Wehrbau.

Literatur zu Externſtein.

Nur aus den letzten Jahrzehnten ſoll hier einige Literatur zur Deutung des Namens Externſtein verzeichnet werden, ſoweit ſie mir bekannt geworden iſt; für Ergänzung wäre ich dankbar. Die ältere Zeit iſt abſichtlich unberückſichtigt geblieben, trotzdem die neueren Erklärungen faſt ausſchlieſslich auf ſie zurückgehen, alſo nichts eigentlich Neues bringen, wenn ſie der Deutung auch ein etwas anderes Gewand anlegen:

Th. Lohmeyer, Was bedeutet der Name Externſteine? (Niederd. Korreſpondenzbl. IX, 1884, S. 55. 56.)

Th. Lohmeyer, Zu den Namen Exter und Externftein. (Ebda. X, 1885, S. 8.)

G. Aug. B. Schierenberg, Exter und Externftein. (Ebda. XI, 1886, S. 39—42.)

O. Preufs, H. Lemcke und G. Aug. B. Schierenberg, Externfteine. (Ebda. XI, 1886, S. 76. 77.)

Häfterfteine. (Ebda. XIV, 1889, S. 78.)

G. Aug. B. Schierenberg und Lohmeyer, Nochmals: Externftein oder Exsternftein? (Ebda. XII, 1887, S. 50—55.)

Die Externfteine. [Name ufw.] (Daheim 1898 in der Beilage: Frauendaheim Nr. 46.)

Hölfcher, Die Externfteine [Name]. (Jahresbericht des Vereins für die Graffchaft Ravensberg, XII, Bielefeld, 1898, S. 85. 86.)

G. A. Müller, Der Name »Exterfteine«. (Niederfachfen. X. Bremen, 1904/05, S. 142. 196.).

A. Reupke, Nochmals die Externfteine [und ihr Name]. (Niederfachfen, X, 1904/05. S. 160).

Lindenberg, Extern- oder Exterfteine. (Ebda. S. 237.)

Martin Boelitz, Exterfteine [erklärt]. (Ebenda S. 237.)

Ob Exterfteine oder Externfteine. (Ebda. S. 291.)

Helmuth Schröder, Zur Bedeutung von extern. (Ebda. S. 291.)

G. M., Extern und Externfteine. (Ebda. S. 327.)

Heidjer, Exterfteine und extern, aifch und aifern. (Ebda. S. 366.)

Die felbftändig erfchienenen Werke über die Externfteine, die fich ebenfalls alle mit dem Namen befaffen, find hier nicht berückfichtigt. Nachträge erwünfcht.

Frankfurt a. M.   K. Wehrban.

_____

Genie.

Eine über .70 Jahre alte Frau aus Heidenoldendorf bei Detmold in Lippe fagte kürzlich von einer anderen Frau in abfälligem Sinne: *»Dä hätt jo gar köinen Genie.«* Sie wollte dasfelbe fagen, was wir in etwas humoriftifcher Weife ausdrücken, wenn wir fagen: die hat ja keinen Genierer, d. h. fie geniert fich nicht.

Das Verbum genieren kennt die betr. Frau in der richtigen Bedeutung. Ob fie das Subftantiv »Genie« nun felbftändig abgeleitet hat — und das wäre immerhin beachtenswert — oder ob es ein Mifsverftändnis von Genie — Geiftesgröfse ift, vermag ich nicht beftimmt zu behaupten. Ich neige zu erfterer Annahme.

Frankfurt a. M.   K. Wehrbau.

Elte (XXVIII, 78. 94).

In Lippe werden die Kinder, wenn fie in die Schule kommen, »nach der Älte« gefetzt, wie die Leute fich ausdrücken, die umgekehrte Redewendung »nach der Jünge« ift mir nicht bekannt. »Nach der Älte« fagt man auch fonft, wenn es fich um eine Reihenfolge nach dem Alter handelt, auch wenn es fich nicht auf Perfonen bezieht: Die Häufer, Stätten ufw. an der Strafse, dem Bache liegen »nach der Älte«, der Samen geht »nach der Älte« auf, wobei in diefem Falle aber gemeint wird, dafs der jüngere Same zuerft aufgeht.

Frankfurt a. M.   K. Wehrbau.

Die gegebenen Nachweife fcheinen fich auf das norddeutfche Hochdeutfch zu beziehen. Das Wort könnte aus der nhd. Litteraturfprache, in der es noch im 16. und 17. Jahrhundert, wenn auch fpärlich, begegnet (f. Aelte im Grimm'fchen Deutfchen Wörterbuch), oder wahrfcheinlicher aus ober- und mitteldeutfchen Mundarten, in denen es noch lebt, eingedrungen fein. Kommt das Wort in der Form *Elte* oder einer anderen auch in der lübeckifchen, brandenburgifchen und lippifchen **niederdeutfchen Mundart** vor?

Altniederdeutfch war das Wort jedenfalls vorhanden, wie Prof. Schumann bereits angegeben hat, als *eldi,* das fich im Heliand findet, in den Pfalmen, wo auch die Zufammenfetzung *ureldi,* und in einer Gloffe. Die Bildung ift gemeindeutfch: ahd. *alti elti,* angelf. *yldo,* afrief. *elde,* anord. *elli.* Mndd. ift das Wort nicht mehr nachzuweifen, weder elde noch in der Form olde; dennoch wäre möglich, dafs es fich in der Volksfprache gehalten hätte. So läfst fich auch das mhd. *elte* nur einmal belegen und doch kennen es neuere ober- und mitteldeutfche Dialekte als *elti, elte, elt, ell.* Im Dänifchen gilt noch *ælde* in der Schriftfprache. Das Mndl., weil es ald in oud wandelt, erfetzt *elde* durch *oude,* doch dauert nfläm. *elde* neben *oude.* Im Nndl. wird *oute* gebraucht, das auf älteres *oudde,* was Kilianus (1599) neben ende hat, bzw. auf oudte zurückgeht und das dem ahd. altida entfpricht und einem afächf. alditha entfprechen würde. Doch wird das nndl. Wort eine neuere Bildung fein nach Analogie von grotte, kleinte, breedte, fläm. jongde jongte u. f. w. So erklärt auch Holthaufen, Die Soefter Mundart § 165 das foeftifche *ölda* aus öldde als neugefchaffen nach dem Mufter ähnlicher Bildungen, z. B. bredə, widə. Woefte, Weftf. Wb. kennt aufser *əlde ölde* noch *elle,* wie vom Adjectiv àld die Comparation eller, elft neben øller, ellern (Eltern) neben dem Verb ollern. In andern ndd. Dialekten fcheint weder elde noch ölde fich zu finden, auch im Göttingifchen nicht, wo nach den von Schambach verzeichneten àld öld, älder öller, ölleft ölft, elderen, elder- ellervader, alder- olderman ebenfo wie im Weftfälifchen beide Formen elde und olde denkbar wären. Wenn *elte* wirklich ndd. mundartlich fich nachweifen läfst, fo wäre die Möglichkeit nicht ausgefchloffen, dafs es wie nndl. oute nach Analogie von grötte, längte u. a. neugebildet wäre, doch würde das für diejenigen Mundarten, welche kein ald kennen, fondern nur old öld auld, wohl ausgefchloffen fein.

Hamburg.   C. Walther.

Hanemann — Hawermann (XXIX, 18).

Vielleicht ift mit »Hanemann« das im Lippifchen häufig gebrauchte »Hawermann« in Beziehung zu fetzen. Es heifst in Lippe fcherzhafter Reim, der kleinen Knaben beim Anziehen oder Tragen der erften liofen zugerufen wird:

Hawermann,
Tui(t) de Büxen an!

2*

Kinder rufen es als Neck- und Spottreim erwachfenen Männern nach, die fie bei Verübung eines böfen Bubenftreiches zur Verfolgung reizen wollen oder die nicht imftande find, den kleinen flinken Schlingeln zu folgen. Endlich, aber feltener, hat der Reim eine fcherzhaft mahnende Bedeutung in dem Sinne: Pafs auf! Nimm dich in acht, es droht dir eine Gefahr, ein Schaden! und wird fo auch von Erwachfenen gebraucht!

Frankfurt a. M. K. Wehrban.

fliren — flüren — fchlüren (XXIX, 19).

Die Bedeutung des Wortes »fchlüren« entfpricht im Lippifchen im allgemeinen der von Schambach angegebenen: 1) Schluren (Subft. m. und fem.) = Pantoffel; 2) fchluren = fchleifen, auf Steinen, Brettern ufw.; jedoch heifst das Schleifen auf dem Eife fchlindern; 3) fchluren = langfam und unordentlich gehen, mit den Sohlen über den Boden fchleifend; 4) fchluren loten = gleichgültig fein, etwas gehen laffen, wie es gehen will.

Frankfurt a. M. K. Wehrbau.

Kalant (XXVIII, 51. XXIX, 2), Kaniut.

Der Ausdruck Kalant für Genoffe ift im Lippifchen weder in gutem noch fchlechtem Sinne gebräuchlich, in erfterem Falle fagt man für zwei Genoffen, die gut zu einander paffen, die fich gut vertragen, immer bei einander, die fo recht »dicke« Freunde find: *Kaniuten,* z. B. dä böiden find rechte Kaniuten, dicke Kaniuten. Sollten Kalant und Kaniut verwandt fein?

Frankfurt a. M. K. Wehrbau.

Begriesmulen (XXVIII, 14, XXIX, 1), anfchüiten.

In Lippe ift *begriesmulen* in dem angedeuteten Sinne »betrügen« unbekannt, foviel ich weifs, dafür gebraucht man ähnlich wie im Dithmarfchen die rotwelfchen Ausdrücke *befchummeln, belämmern, betuppen, belummern, berewweln* (felten), *anfchmeern, anfohrn,* vor allem auch der erwähnte *anfchüiten,* z. B. hö es düjet anfchetten. Als derbe Abweifung einer Bitte oder um den Gegenfatz deffen auszudrücken, was der Zuhörer erwartet, fagt man: »Jo, fchüite(n)!« Für *anfchüiten* ift auch *befchüiten* gebräuchlich.

Frankfurt a. M. K. Wehrbau.

beemig (XXVIII, I1. 46. XXIX, 1), fchlaie.

Das erwähnte eigenartige Gefühl an den Zähnen, nach dem Genufs von Beeren, wird in Lippe fchlai genannt, man fpricht von »fchlaien tchuen« (Zähnen); auch fagt man dafür dort hochdeutfch lange oder auch fcharfe Zähne haben. Es ift der Ausdruck »fcharfe Zähne« alfo der direkte Gegenfatz zu dem Dithmarfchen: ftump.

Frankfurt a. M. K. Wehrbau.

Rätfel vom Ei (XXVIII, 26. 34 uff.)

Die englifche Faffung des Rätfels vom Ei wird mir durch einen Engländer folgendermafsen mitgeteilt:

Humpty Dumpty fat on a wall,
Humpty Dumpty had a great fall —

All the king's horfes
And all the king's men
Couldn't put Humpty Dumpty together again.

Frankfurt a. M. K. Wehrban.

Einem die Bremer (Hamburger) Gänfe zeigen (XXVIII, 51. 75. 79. XXIX, 10. 45).

Zu den verfchiedenen Lesarten und Abweichungen der Redensart kann hier noch eine aus München-Gladbach und aus Immerath im Kreife Jülich nachgetragen werden, wo man das etwas rohe Spiel mit der Frage begleitet: »Wellft du ens et Herrgöttfche fehn?« Während diefe Ausdrucks-weife in einem Stadtteil von München-Gladbach, der Eicken-Als genannt, noch heute vorkommt, kann fie für Immerath fchon für die Zeit vor der Mitte des 19. Jahrhunderts nachgewiefen werden.

Frankfurt a. M. K. Wehrbau.

In meiner heimat fagte man ähnlich: Sa-k di Köln mol wqifɔn? = Soll ich dir Köln einmal zeigen?

Tremessen. J. Baufe.

Fünsch (XXIX, 11).

Zunächst ist zu erwähnen, dass »tückisch« doch dem finne nach genau entsprechen kann, denn in einigen gegenden wird tückisch auch gebraucht in dem finne »böfe auf jemand, verkracht mit jemand«. Ich hörte von jemand, der aus der gegend von Jena gebürtig: Wir fiud uns tücksch = Wir find uns höfe. Ich bin ihm tücksch = Ich bin ihm höfe, bin mit ihm entzweit.

In meiner heimat fagte man: Hai hiät süɔkɔ fünnɔ = Er hat folche heimtückische streiche, nachstellungen. (Ähnliche bedeutung hat »finesse«). Ich glaubte zunächst, das wort ableiten zu follen von fund; alfo fünnɔ ‹ fünde, funde. Das scheint mir aber doch fehr zweifelhaft. Mit jenem worte »fünnɔ« könnte fünsch zufammenhängen. Im Münsterlande ist fünniß = schimmelig.

Tremessen. J. Banfe.

Görps (XXVII, 43; 61; 69. XXVIII, 20; 21; 30).

Die verschiedenen mitteilungen über dies wort zeigen, wie vorfichtig man fein muss in beurteilung abweichender lautformen. Ich dachte auch zuerst, wie Walther XXVII, 43, das r fei in görps nur irrig eingefetzt. Man findet nämlich in volksschreibungen öfter ein r falsch eingefetzt, namentlich für ein flüchtig nachschlagendes ɔ. Namentlich die mitteilung Carstens' (XXVII, 69) zeigt aber, dass r in dem worte auch anderweitig erscheint. Ich kenne das wort aus meiner heimat, kr. Soest, in der form flöpskɔ, auch wohl flöpsɔ. Dies kann aber fehr gut stehen für flörpskɔ; denn r vor konfonanten verstummt meist ganz. Z. b. hat = hart; kuat = kurz; flüätɔ = grütze; diäskɔn = dreschen ufw. Wenn wir diefe umstellung und diefes schwinden des r berückfichtigen, kommen wir auch leicht auf eine naheliegende ableitung. Westf. flrapsɔn bedeutet nämlich hastig (nach) etwas greifen. Vgl. Woeste, wörterbuch, der noch heranzieht: ahd. raspóu, ags. räps, engl. to grasp, nds. grapschen. Vgl. auch ßrawwoln, ßrabboln = vielfach nach etwas greifen. Wenn wir annehmen, dass in ßöpsko nfw. ein r ausgefallen ist, dann können wir auch fogar zum vergleich heranziehen poln. garść = handvoll; die zum fassen gebogene hand. Es gibt noch verschiedene andre ndd. wörter, die eine auffällige beziehung zu poln. wörtern zeigen, worüber ich nächstens noch befonders sprechen will.

Tremessen.   J. Banfe.

Flurnamen (XXVIII, 32).

Bellerbek ist offenbar derselbe name, der vorliegt in dem Münsterländischen ortsnamen Billerbeck. Dieser ist nebst andern in genannter gegend vorkommenden namen in einem etwa 1880 bis 1883 in Münster erschienenen kleinen fchriftchen recht ansprechend erklärt worden und von as. bilur = beile[1]) abgeleitet. Das beil, symbol eines heidnischen gottes (ich glaube Wodans), weist auf eine altheidnische götterstätte, opferstätte hin. (Jenes fchriftchen ist mir leider verloren gegangen; verfasser und titel vergessen.)

Wieren. In vielen gegenden geht d zwischen zwei felbstlautern oft über in r. Sollte demnach nicht wieren = weiden fein können? In meiner heimat (kr. Soest) heifst weide: wqio oder, namentlich der einzelne zum binden dienende zweig, no wiodo (auch wohl wioro?) d ≥ r z. b. in mirron neben middon; wiorrofrau = wittfrau = witwe (In meiner heimat gibt es eine flur »am Wqidāgo«; -āgo wohl aus hag, hagen. Eine andre heifst Räowqio. räo wohl für räod = rot).

De Lei'n (wohl zu sprechen lai'n?) könnte zufammenhängen mit laie, lägge = stein. Vgl. Lorlei = lauerstein, lauerfelfen. In meiner heimat war das wort nur üblich in der zufammenfetzung laiondekkor = schieferdecker, dachdecker. Weiter füdlich, an der Ruhr, aber ist läggo, leggo allgemein üblich für stein, glatter, flacher stein. Ik niämo ßleik[2]) no leggo un smeito[2]) di an-n kop = Ich nehme gleich einen stein und werfe dich an den kopf. In den Lei'n, Lai'n könnte alfo wohl fein = in den steinen d. i. in einer gegend, in der viel steine liegen. Dabei können die steine natürlich jetzt längst fortgeschafft fein.

Winfl oder Winzl scheint von win = wein abgeleitet zu fein. Da im mittelalter wegen schlechter wegeverhältnisse der wein aus ferngelegenen gegenden schwer zu beziehen war, überall aber messwein erforderlich war, legte man auch in kälteren gegenden weinpflanzungen an. So begegnet auch hier in verschiedenen orten des Pofener landes ein winiary oder winica (c = ts) d. i. weingarten, weinberg. Die ableitung -fl, zl entspricht offenbar dem im Münsterlande viel vorkommenden -sel d. i. as. seli, ahd. sal = haus, wohnung, tempel (grofses, nur einen raum enthaltendes gebäude).

Röt. Dem wird wohl entsprechen Westf. runt (rund), stelle, wo etwas am verrotten, verfaulen ist. Es entspricht dann aber offenbar auch den vielen ortsnamen auf -rode (Wernigerode ufw.). Alfo de Röt wohl = die rodung.

---

[1]) in welcher af. Quelle überliefert? (C. W.)   [2]) ei = e+i, nicht wie hd. ei = ai.

Das in Mastélfen der zweite teil elfen = erlen ist, bedarf wohl keines hinweifes.

Bei Darrn könnte man vielleicht denken an darre, alfo stelle wo etwas getrocknet wird; doch ist das wohl zu unficher. Vgl. Darnsted bei bad Sulza in der gegend von Auerstedt. Mit darrɔ bäugt wahrscheinlich auch zufammen darnɔ = drohne (im ·Münsterlande). In meiner heimat biefs die drohne brodɔlqimɔ d. i. brutbiene, brütende biene. Nach dem volksglauben meint man nämlich die drohnen fäfseu auf der brut, um diefe zu wärmen. Ein dem Darrn ähnlicher name scheint vorzuliegen bei Warendorf in der bauerschaft Vohren (ndd. Fɔrɔn) a d. Ems. Dort gibt es nämlich einen ort, der heifst: up dɔ Dɔrɔn. Freilich ist in meinem heimischen ndd. dɔrɔn = dorn; pl. däörɔn. Ich glaube aber nicht, dass jener ortsname davon abgeleitet ist.

Der name Vohren übrigens wird wohl farn (farnkraut) bedeuten. Diefer heifst ndd. fɔrn, fɔrɔn. Nach kräutern aber find öfter orte benannt. So kannte ich eine gegend, die biefs »in-n baifɔn« d. i. in den binfen.

Tremessen. J. Banfe.

Bubar (XXVII, 43).

Betreffeud bubar denke ich, dass das wort auch abgeleitet fein könnte von bär (= wilder bär), mit vorgeschlagenem bu-, ähnlich wie būkau = hd. muhkuh. Für »grober ungeschliffener kerl« kenne ich noch lūlätsch (Münster) und bimbam (in m. heimat). Letzteres namentlich = einer, der in nachlässiger haltung umberlungert. Das »bu-« könnte auch zufammenbangen mit dem worte buff, welches mir nur bekannt ist in der redensart: op n willn buff wuɔt dauɔn = auf einen wilden, unvorher-gefehenen befehl, antrieb hin etwas tun. Z. b. Dat kam-mɔ (= kann-mɔ) nit op-n willn buff fadɔus danɔn = Das kann man nicht auf einen plötz-lich und unmotiviert gegebenen befehl, antrieb hin fofort tun. Das wort kann vielleicht zufammenbangen mit puff = stófs. Hai hiät iämɔ n puff fiɔwɔn = Er hat ihm einen stofs verfetzt. Puffen = stofsen. Vgl. die puffer an den eifenbahnwagen.

Der bedeutung nach kommt in meiner heimat »stuss« dem bubar einigermafsen nahe; stuss = einer der aus trotz oder ungezogenheit fich abstofsend beträgt. Dies wort könnte ähnlich von stäoten = stofsen abgeleitet fein. Das t geht auch fonst im ndd. öfter in s oder ts über, ohne dass an hd. einfluss zu denken wäre. Bubar kenne ich im gebrauche nicht.

Tremessen. J. Banfe.

Fɔrklüŋɔln (XXIX, 27).

Fɔrklüŋɔln kenne ich in dem finne »durch nachlässiges betragen in verlust bringen« ferner »zögern«. Daher kann man in meiner heimat auch wohl fagen: »*Dai jupe hiät syinɔ knikkɔls fɔrästifi (wɔrhaftifi) allɔ fɔrklüŋɔlt.*« Dann ist damit aber nur ausgedrückt, dass er fie verbummelt hat, kann fein durch verlieren, kann auch fein durch ungehöriges aus-tauschen. Ungehöriges austauschen im befondern dagegen wird bezeichnet mit kuŋɔln, fɔrkuŋɔln. Hai hiät dɔ knikkɔls all fɔrkuŋɔlt. Hai dait niks är kuŋɔln. Dai ßantsɔ kuŋɔlɔryi (kuŋɔlɔriggɔ) dößt nit. ›kuŋɔlltſɔ‹ wird wohl ein mädchen genannt, das viel kungelt.

Pandɔln, fɔrpandɔln, hat einen ähnlichen ſinn, wird aber meist nur gebraucht vom heimlichen handeln erwachsener mit lebensmitteln und hausrat, wo es ſich alſo um gegenstände von gröſserem werte handelt.

Tremessen.   J. Banſe.

Freimaurer (XXVII, 88).

Er ›mauert‹ heiſst es beim kartenspiel von einem, der kein spiel wagt, obwohl seine karten es ihm wohl erlaubten. Er heiſst dann ein maurer, wenn ich nicht irre, auch wohl freimaurer.

Tremessen.   J. Banſe.

Pulter (XXVIII, 14).

Zur erklärung kann vielleicht beitragen, dass in der gegend von Minden (Vloto) ein nachtwams hd. *nachtpolter* heiſst; ndd. wohl pultɔr (?). *pulteriſ* heiſst in meiner heimat ein gegenstand, z. b. erdboden, bett, anzug uſw., wenn er viele lästige, hässliche unebenheiten zeigt. ɔt berrɔ suit säo pultɔricß iut, är wann-t ßär noß nit mäkɔt wäör = Das bett sieht ſo wüst aus, als ob es gar noch nicht gemacht wäre. Dai wiäß is säo pultɔriß, dat dɔ wagɔ hallɔ ümmɔfalln is = Der weg ist ſo holperig, dass der wagen beinah umgefallen ist. Dai rokk sitt-t säo pultɔriß = Der rock ſitzt ſo unordentlich. Vielleicht ist davon erst abgeleitet ›pultɔrn = fallen, über eine unebenheit stolpern. Ich glaube auch, dass man sagen kann: n pultɔr = unordentlich holperig-unebener platz oder anderer unordentlicher gegenstand.

Tremessen.   J. Bauſe.

Kreſig (XXVIII, 86/87).

Gegen die ableitung ›kreſig‹ aus courageux führt Schnitger vor allem an, dass franz. weiches sch (j) in andern lehnwörtern bleibt. Das· ist aber kein stichhaltiger beweis. Jene angeführten wörter ſind halb gelehrte entlehnungen, mehr buchlehnwörter. Erst recht die angeführte aussprache etaje beruht darauf, dass ıeute, die kein Franzöſich kennen, das geschriebene wort nach deutschem buchstabenwerte aussprechen. Solches kann man öfter bei ungebildeten hausbeſitzern beobachten. Leute, die es besser wissen, machen es ihnen dann zum ulk nach. Auf dieſe weiſe kann freilich genannte aussprache dann doch volkstümlich werden. (Ähnlich hörte ich früher, als noch meist Cʒar statt Zar geschrieben wurde, einen einfachen mann leſeu: der ›Ezar‹. Um jene schreibung zu verhöhnen, habe ich es ihm oft nachgesprochen.) In wörtern aber, die aus dem gesprochenen Franzöſisch entlehnt ſind, gebt franz. j in ſ über. Westf. kuɪäſſe ‹ courage ist ein ganz volkstümliches wort. Davon wieder abgeleitet *hɔɪkurȁſſe* = ereiferung, aufbrauſen. Ähnlich wird franz. j zu ſ oder auch s in loſſɣiern, oder lössɣiern = logieren.

Demnach steht der ableitung von kreſig aus courage in dieſer hinſicht nichts im wege. Allerdings ist es dann nicht aus courageux entnommen, ſondern mit der dt. bildeſilbe -ig aus kuraſſe ‹ courage gebildet.

Dem worte kreſig könnte aber doch noch eine andre echtdeutsche grundlage zukommen. Ich kenne im Westf. ndd. *krȧüſɔn* = in verärgerung schimpfen. Hai is n ßantsɔn daß am krȧüſɔn =. Er hat den ganzen tag etwas auszuſetzen und zu schimpfen über etwas. Davon abgeleitet *krȧüſig* = immer etwas auszuſetzen und zu schimpfen habend. In den meisten gegenden würde dieſem Soester »krȧüſig« wohl ein »kröſig« entsprechen, doch nach anderem lautstande kann auch »kreſig«, »kräſig« entsprechen. Wie gedanklich ſich dazu das wort krȧüſe (Woeste: kröſe) (ein gericht aus fleischbrühe und graupen oder hafergrütze) stellt, ist mir unklar. Das wort wird auch übertragen auf jeden mischmasch, im verächtlichen ſinne. *Da liɔt dɔ ßantsɔ allɔ krȧüſɔ* = Da liegt die ganze bescherung. Dai allɔ krȧüſɔ däoß nit; diür kam-me all's tautruggen = Die alte ſippschaft taugt nicht; der kann man alles zutrauen. Vielleicht ist eine mischung beider ableitungen vorhanden. Form und bedeutung geben aber doch zu bedenken anlass. Vgl. auch bei Woeste »*kraſɔ*« = schmutzige arbeit, »*kraſɔn*« = unordentliche, schmutzige arbeit verrichten »*kraſɔr*« = 1) der mit ſolcher arbeit ſich beſchäftigende, 2) kleine jätbacke Dieſe wörter würden lautlich eine genaue entsprechung ergeben. Mir ſind ſie nicht geläuſig.

Dass fremdwörter in doppelter gestalt aufgenommen werden, will ich noch an einem andern beispiele zeigen. Aus franz. couleur wird *klȧüɔrɔ*. Dies wort ist wohl nur gebräuchlich bei der farbe des gedroschenen getreides. Dɔ waitɔ hiät nɔ ßuɔrɔ klȧüɔrɔ = Der weizen hat eine gute, reine farbe. Daneben wird ſonſt aber in andern verbindungen auch die regelrechte franz. aussprache kulör gebört; mehr in gebildeten kreiſen. Dat is nɔ annɔrɔ kulör = Das ist eine andre farbe (beim kartenſpiel; dann, übertragen, allgemein).

Tremeſſen.   J. Bauſe.

Flöten gehen (XXVIII, 31; 39 uſw.)

Die bemerkung Wehrhans, in Westfalen bestehe nicht die ſitte, dass lumpenſammler durch blaſen auf einer flöte die jugend heranlocken, muss ich als irrig erklären. In meiner heimat, kr. Soest, habe ich in meiner jugend oft lumpenſammler ſo auftreten ſehen. Von in betracht kommenden redensarten kenne ich folgende: *Flaitpɣipen sind hualdɔ stökkɔr* = Flöt-pfeifen ſind hohle stöcke. *Ik well di wuat flaiten!* ſagt man jemand, wenn mau nicht tun will, was jener wünscht. *Nɔ flaitpɣipɔ; nɔ allɔ flaitpɣipɔ; flaitpɣipɔn* antwortet man in dem ſinne von »gar nicht, durchaus nicht«. Ebenſo: »n flait«, »n allɔn flait« = »gefehlt«, »durchaus nicht«. Ich kenne »flaiten gan« nicht in der bedeutung »durchgehen, durchbrennen« ſondern nur in dem ſinne: »verloren gehen, zu grunde geben«. *Dat is flaiten* = Das ist weg, das ist futsch[1]), das ist nicht mehr zu gebrauchen. *Hai flött op mɔ lestɔn luakɔ* = Er flötet auf dem letzten loch = Bald geht es nicht mehr mit ihm.

Tremessen.   J. Banſe.

----

[1]) Futsch ndd. futsk. Dies letztere ist ſicher abgeleitet von fut = fort. Dieſe ndd. form scheint dann verhochdeutscht »futsch« zu ergeben. Eine ableitung aus dem Italieniſchen, von der ich einmal geleſen, scheint mir verfehlt.

Mutsch (XXVIII, 80).

Dem Hamb. mutsch scheint Westf. *muɔtsk* oder muɔts zu entsprechen. Bedeutung: tüchtig, rühmlich, viel. Dat is n muɔtskɔn juŋɔn = Das ist ein herzerfreuend tüchtiger junge. Diu bis n muɔts kål = Du bist ein mordskerl. Hai hiät muɔtskɔ wuɑt bracht = Er hat lobenswert viel gebracht, hat ziemlich viel gebracht. Nach meinem gefühl ist vor t ein r ausgefallen; wenn ein folches r auch meist ganz verstummt ist, hat es doch in der aussprache oft einen gewissen rest hinterlassen. Das wort ist also wohl von mord abzuleiten, etwa entsprechend mordsmässig. Oder ob *mordsmässig, mordskerl* nur wegen des ähnlichen klanges an mord angelehnt sind? (Vgl. abmurksɔn = umbringen.) Ähnlich wie muɔtsk, muɔts wird hellsk gebraucht (helle = hölle). Hai hiät hellskɔ wuɑt bracht = Er hat entfetzlich viel gebracht. Hai kŋik sik bellskɔ in dɔ sꭓit = Er war fehr unangenehm überrascht.

Tremessen.   J. Banfe.

Pebig (XXVIII, 47).

In demfelben finne, der für »pebig, peberig« angegeben, wurde in meiner heimat gebraucht: piɔpmŋififi (auch piɔpmuififi??), wie ich glaube, auch wohl piɔpstɔrifi. Doch bin ich wegen letzterer form fehr unficher. Man gebraucht das wort von einem kinde, aber auch von einem erwachsenen, der von krankhafter blässe, der elend und schlecht genährt ausfieht. Wenn einer bloss schlecht genährt ausficht, heisst es wohl: »Er fieht aus, als ob ihm die mäufe das brot alle gefressen hätten.«

Tremessen.   J. Baufe.

Mümler.

Mümler ift ein Menfch, auf deffen Wort nichts zu geben ift, ein charakterlofer Menfch. »Ik bin doch mau en Mümler,« fagte ein Mann bei Wöhrden. Hier hörte ich heute von einem alten 80jährigen: »Ik war mi doch ni to'n Mümler makn,« d. h. wortbrüchig machen.

Dahrenwurth b. Lunden.   H. Carftens.

---

herschen (XXVIII, 86).

Das Wort ift auch in Dithmarfchen und Stapelholm bekannt: »De kann banni *herfch* uptredn.«

Dahrenwurth b. Lunden.   H. Carftens.

Quittje (XXIX, 13. 19).

H. F. W. Schultz, Erinnerungen eines Hamburger Proletariers, Hamburg 1899, S. 5: »Im Eichholz [e. Strafse], auf der Korntreppe,[1]) in der vierten Etage wurde ich geboren. Es ift alfo abfolut kein Zweifel an meinem Hamburgenfierthum erlaubt, und wenn fich etwa doch einmal Einer erdreiftete, eine Andeutung zu machen, dafs ich ein »Quittje« fei, fo brachte ich ihm immer den fchuldigen Refpekt bei durch die kurze Bemerkung: Datt will ick di verteilen, ick bün in Hamborg in'n Eekholt op de Koorntrepp geboren.«

---

[1]) Name eines Haufes.

Als Bedeutung des Wortes ward mir von einem älteren Hamburger angegeben, es bezeichne einen Hochdeutfchen, der plattdeutfch fprechen wolle, ohne es zu können.

Hamburg.   C. Walther.

Dat Moller (XXIX, 26).

Das Wort geht auf mudd. *molder malder*, afächf. *maldar* zurück; ahd. *maltar*, mhd. *malter malder*, nhd. *malter*. Es bedeutet ›was man auf einmal zum Mahlen giebt‹ (Kluge, Etymolog. Wb.), dann ein Getreidemafs. Die Form Möller im Brem. Wb. wird falfch fein.

Hamburg.   C. Walther.

Kam(e)lottenfleefch.

Kam(e)lottenfleefch und ebenfo hd. Kamelottenfleifch. heifst in Hamburg dasjenige Fleifch, das an den Knochen, befonders an den Beinknochen des Rindes fitzt; auch von Schaffleifch wird es gebraucht. Es gilt für wohlfchmeckend. Ich habe deu Ausdruck nirgend anderswo gehört und auch in keinem Wörterbuch verzeichnet gefunden, als in Schütze's Holfteinifchem Idiotikon, der II, 220 fagt: ›*Kamlot* (frz. camelot), kameelhaarener Zeug, daher wahrfcheinlich und weil diefes gewöhnlich geftreift ift, in Hamburg und Altona *Kamlottenfleefch*, das aus Sehnen und Muskeln gemifchte Fleifch vom Bein, Bog, Lende des Ocbfen, [das] unter diefem Namen vom Schlachter gefodert und gegeben und zu Kraftfuppen verkocht wird.‹ Diefe Ableitung ift wohl richtig angegeben, vielleicht auch der Grund der Benennung. Mir freilich fchien früher die dunklere, bräunliche Farbe diefes Fleifches den Anlafs gegeben zu haben. Hält überhaupt der Vergleich mit dem Kamelotzeuge Stich? oder läfst fich eine beffere Deutung finden? Ift der Ausdruck vielleicht einer englifchen oder französifchen Bezeichnung diefes Fleifches nachgebildet? und fchliefslich noch die Frage: kommt das Wort Kamelottenfleifch auch aufserhalb Hamburgs und Altonas vor?

Hamburg.   C. Walther.

Dang (XXIX, 4).

In einem Auffatze des früheren Roftocker Gymnafialdirektors Dr. K. E. H. Kraufe — in welcher Zeitfchrift und wann erfchienen, weifs ich nicht, da der mir einft vom Verfaffer gefchenkte Sonderabzug darüber nichts angiebt — wird mitgeteilt, dafs man den ftahlblauen, unten filberweifsen, aus dem Brackwaffer der Warnow wieder auffteigenden Aal, der dem von oben kommenden Blankaal faft gleich fei, auch Blankaal oder *Dangaal* nenne. ›Der 'Seeaal' heifst nur fo nach feinem Aufenthaltsorte; doch wird er auch nach der Farbe unterfchieden: er hat die grünliche Seewafferfarbe, fowohl der in See gefangene, wie der in Warnemünde den Strom einpaffierende; im Breitling fcheint fcheint fich die Färbung rafch zu ändern, die alfo nur vom Salzgehalt abhängen würde. Der Dangaal nähert fich beim Aufwandern rafch dem Blankaal.‹

Hamburg.   C. Walther.

Ane berât, mit beråte.

Reynke de Vos III, 14 (5551—5562):

Sus konde Reynke de word ftofferen,
So dat alle, de dar weren,
Meneden, *he fpreke ane beraet* —
Wente he hadde ernftaftich ghelaet —
5555 Van den kleynôden in fynen worden,
So dat alle, de dyt horden,
Meneden ok, dat he waer fede,
Unde fpreken en int hefte to frede.
Sus makede he deme konnynge wes vroet,
5560 Wente deme konnynge de fyn feer ftoet
Na den kleynôden, *de Reynke myt berathe*
So groet hadde lovet boven mathe.

Soviel ich weifs, ift dies »berât« bisher ftets als »dat beråd« verftanden worden, das die Bedeutung von Beratung, Überlegung, Beratfchlagung hat, das hier aber in dem Sinn von Bedacht, Arglift, Betrug, betrügerifche Abficht zu nehmen fei. Dem widerfpricht aber 5561 *myt berathe*: es müfste *myt berade* heifsen. Auch läfst fich aus keinen anderen Stellen, an denen beråd vorkommt, die Beftätigung dafür entnehmen, dafs das Wort jene fchlimmen Bedeutungen entwickelt habe. Berât mufs ein anderes Wort fein als beråd und zwar dasfelbe mit dem mndl. *baraet* oder *beraet*, mhd. *bârât* oder *pârât*, Trug, Betrug, das aus dem Romanifchen entlehnt ward. Dem Verfe 5553 entfpricht auch im mndl. Original 6204 *meenden dat was fonder baraet*, wo die Brüffeler Handfchrift *beraet* lieft; f. Reinaert, hrsg. von Ernft Martin S. 285. In 5561 f. findet fich im Reinaert nichts entfprechendes.

Noch eine andere Stelle im Reynke enthält das felbe Wort, I 38 (3154 ff.):

My heft *myt fyneme bôzen beraet*
Eyn quaet fchalk fo verne ghebracht,
Dat ick myne vrunde hebbe vorwracht,
Den ftolten Brunen unde Yfegryn:
Dat ruwet my in deme herten myn.

Hier im Reinaert 3406 (Martin S. 196): mi heeft mit fineu lofen *barate* (Brüffel. Hdfchr. *beraet*) een quaet fchalc fo verre ghebrocht etc. Beråd pafst aufserdem hier nicht, weil es Beratung, deliberatio, confultatatio, nicht Ratfchlag, confilium bedeutet. Als habe der Verfaffer des Reynke einer Verwechslung beider Wörter vorbeugen wollen, fchreibt er an der Stelle, wo er jenes Wort »berât« verwendet, 1277: nemet myt wyfsheyt yuwe *berad* (überlegt euch die Sache weislich).

Hamburg.   C. Walther.

Zwei Hamburger Strafsenfpiele.

Im Anfchlufs an die XXIX, 43 gegebene Darftellung des »Buddel an de Kai«-Spiels möchte ich noch zwei mir aus meiner Jugendzeit erinnerlich gebliebene, vielleicht längst der Vergefsenheit anheimgefallene Spiele der Hamburger Strafsenjugend mitteilen.

1. Schraffel un Dôf.

Ein etwas grobes Vexierfpiel. Von den Eingeweihten wird ein des Spiels noch unkundiger Knabe dazu beftimmt, die Rolle eines Richters zu übernehmen. Nachdem er auf einem geeigneten Sitze Platz genommen, wird ihm ein Delinquent mit fcheinbar auf dem Rücken gefeffelten Händen von zwei »Putzen« (Polizisten) vorgeführt und von diefen des Diebftahls bezichtigt. Der Richter, der feltfamerweife »Schraffel« benannt wird, hat den Angeklagten nun zu verhören und ihn, nachdem er fein Vergehen eingeftanden, zu einer Gefängnisftrafe zu verurteilen. Der Miffetäter fleht um Gnade: »Mîn lewe, gode Herr Schraffel, laten Se mi doch dütmal noch lopen, ik will 't ôk ganz gewifs nich wedder dôn!« Dabei fährt er, wie um fein Flehen durch Liebkofungen zu unterftützen, dem Richter mit den Händen, die er vor Beginn des Spiels mit Rufs, Wagenfchmiere u. dgl. befchmiert hat, ins Geficht und beginnt es gehörig abzuftreicheln, bis Schraffel den Poffen merkt, worauf er mit übel zugerichtetem Geficht unter dem Hohngelächter der übrigen in der Regel fchleunigft das Weite fucht.

2. Ik fitt, ik fitt in'n Keller.

Die Mitfpielenden bilden einen Kreis, indem fie einander bei den Händen faffen. In der Mitte des Kreifes fitzt der jeweilig dazu Beftimmte in der Huke. Der Kreis der Teilnehmer fetzt fich fodann in drehende Bewegung, und es werden zwifchen dem in der Mitte, dem f. g. »Honnigfreter«, und den übrigen Zurufe gewechfelt:

Honnigfreter: Ik fitt, ik fitt in'n Keller!
Die übrigen: Wat deift du dor?
Honnigfreter: Honnig eten, ik heff kên'n Lepel!
Die übrigen: Denn go hen un hôl di ôn'n!

Darauf fucht der Honnigfreter, immer in der Huke, einen der ihn Umtanzenden zu faffen. Gelingt ihm dies, fo mufs der Betreffende das nächfte Mal Honnigfreter fein.

Temuco (Chile).   **Walter Redslob.**

Lapskau (XXV, 49 f. 80 f. XXVI, 32. 55 f. 91).

Wenn ich auch die anfangs gegebene Erklärung des weit verbreiteten Wortes nach August Gebhardts Einwendung nicht aufrecht erhalten kann, fo haben doch die aus Goedels Etym. Wörterbuch mitgeteilte Deutung »Schüffel mit Hackfleifch« und die Gebhardtfche »Gericht der Fahrenden« mich nicht überzeugt.

Die verfchiedenen Wortformen fcheinen in zwei Klaffen geteilt werden zu können. Einmal find es folche, nach denen ein Kompofitum vorliegen müfste. Dazu gehören engl. lob's course lap's course, Zufammenfetzungen mit course, Gericht, Gang bei der Mahlzeit, und die Formen auf kaus oder kaufch, engl. couse couce, nl. kous, die auf mnd. kouwefe, Schüffel, weifen, ein über das nd. Gebiet hinaus vorkommendes Wort, welches im DW 5, 362 und bei ten Doornkaat Koolman unter kaufe behandelt worden ift. Auch das hamburgifche labskavs labskaws und engl. labscows, das mir ein Bremer Herr mitgeteilt hat, gehören wohl dahin.

Eine zweite Gruppe umfafst das hamburgifche und lübifche lapskau, das lübifche lapsko und das dänifche lobscover mit pluralifcher Endung.

Da diefe Formen fchwerlich auf kouwefe zurückführbar find, werden fie durch die gegebenen Deutungen nicht erklärt. Es wird aber methodifch richtig fein, gerade von diefen fchwierigeren Wortformen auszugehen. Denn bei denen der erften Klaffe liegt es nahe, volksetymologifche Erklärungsverfuche eines unverftandenen Wortes anzunehmen.

Diefen Gedanken verfolgend glaubte ich mich nach einem Fremdling umfehen zu müffen, der Aufnahme ins Deutfche gefunden habe.

In dem Finnifch-deutfchen Wörterbuch von K. Erwaft, Tawaftehus 1888, findet fich das Subftantiv *lopuska*, Überbleibfel, abgeleitet von loppu, Ende, plur. loput, ebenfalls Überbleibfel bedeutend. Nun stimmen alle Befchreibungen der Speife darin überein, dafs fie aus Fleifchreften hergeftellt wird. Durch ftarke Betonung der erften Silbe konnte die zweite Silbe in lopuska schwachtonig bis zum Verfchwinden werden. Das o hat fich zum Teil erhalten, in den meiften Formen ift es durch a erfetzt worden, der helleren Ausfprache gemäfs, die wir im Mnd. vielfach finden, z. B. in got, gen. gades. Zugleich mag Umdeutung mitgewirkt haben. Die letzte Silbe ift in o verdumpft oder in au vergröbert worden. Hat fich im dänifchen lobscover etwa das Bewufstfein ausgedrückt, dafs das Wort den Sinn eines Plurals hat?

Auf eine Anfrage erteilte Herr Prof. Dr. Emil Setälä, Ordinarius für finnifche Sprache an der Univerfität Helfingfors, den Befcheid, dafs ihm die Etymologie anfprechend erfcheine, lopuska aber feines Wiffens nicht für ein Gericht vorkomme, und dafs auch die dortigen Ethnographen eine folche Bedeutung nicht kennten. Weitere Mittel, dem Worte genauer nachzugehen, fehlen mir. Ich kann fobou deshalb den Deutungsverfuch nur als Vermutung aufftellen, glaube aber doch ihn zur Erörterung ftellen zu dürfen. Träfe er zu, fo hätten wir eine gewifs feltene Entlehnung zu verzeichnen und müften wohl Einführung in die germanifchen Sprachen durch Seeleute annehmen.

Breslau. P. Feit.

fünfch (XXIX, 11. 27. 45. 46).

Die Ableitung des Wortes in feiner echten Bedeutung 'zornig, grimmig, wild' von dem Namen der dänifchen Infel Fünen (Fyen) hat, namentlich mit der Begründung von Callfen, manches für fich. (Hie und da fcheint das ähnlich lautende veninfch 'giftig, tückifch' ftörend eingewirkt zu haben.) Namen benachbarter Völker und Stämme nämlich werden im Volke auch fonft für Eigenfchaften, befonders folche übler Art, gebraucht. Grenzhafs mit Spottnamen und gelegentlich mit blutigen Raufereien der jungen Burfchen gibt es überall. Wenn Schütze aus Holftein anführt 'ik bün em fünfch to = ich bin auf ihn höfe, fo erinnert auch das an den Zeitzer Ausdruck 'mit einem breifch (preufsifch) fein' d. h. mit ihm höfe, uneins fein, nicht mehr mit ihm reden, was gewifs auf den alten Hafs diefer ehemals zu Sachfen gehörenden, fpäter preufsifchen Landesteile zurückweift. Ähnlich in Torgau 'du büft ja hüt recht preifch', d. h. kurz angebunden (Bruns, Volkswörter der Provinz Sachfen [Oftteil] S. 10); in Steiermark 'böhmifch tun = untreu werden (Unger-Khull, fteir. Wortfchatz S. 100); in Berlin 'kiek nich fo fchlee'fch' (fchlefifch) = fieh mich nicht fo mifstrauifch an (Meyer, Der richtige Berliner, S. 108). Sicher ftecken in den

Mundarten noch viele folcher freundnachbarlicher Charakteriftiken. Intereffant wäre es, zu wiffen, ob in Pommern oder Rügen die von Dähnert 1781 verzeichneten Redensarten von den Schweden noch lebendig find. Ob jedoch bei fünfch der Begriff des Übermafses der urfprüngliche ift, erfcheint fraglich. Die Verwendung des Wortes bei der Kälte kann Übertragung fein, wie wir ja auch von 'grimmiger' Kälte reden. Auch fcheint es mir unlieber, ob 'denfch, lübfch (und wendfch?) lopen" von durchgehenden Pferden, hierher gehört. Übrigens hat Mi (Sibeth) im mecklenb. Wbch. 105 b den Vermerk 'wedderdänfch, widerfpänftig'. 'Wendfch fpielen' fagt man in der Zeitzer Gegend beim 'Schafkopp', wenn recht vom regelmäfsigen Verlauf abweichend, mit 'Schikanen', wild durcheinander gefpielt wird. Die Sache bedarf wohl noch der Klärung.

Hamburg. Oscar Haufchild.

Fünifch (XXIX, 11. 27. 45 f. 61).

Fünifch — fo ift die volle Form des Wortes, wie fie auch in einigen Idiotiken des 18. Jahrhunderts gefchrieben wird; und fo habe ich fie mir noch in den funfziger Jahren des vorigen Jahrhunderts aus dem Munde eines Jugendfreundes notiert, der allerdings kein geborener Hamburger, fondern ein Cuxhavener war; fo habe ich fie auch häufig gehört und gefprochen, wenn das Wort in hochdeutfcher Rede verwendet wird. *Fünfch* ift nur daraus contrahiert, wie denn meiftens im neueren Niederdeutfchen die Adjectivendung -ifch zu -fch verkürzt wird.

Was zunächft die örtliche Verbreitung des Ausdruckes anbelangt, fo ift derfelbe nicht nur holfteinifch, lübeckifch und hamburgifch, fondern findet fich in verfchiedenen anderen Mundarten. Strodtmann, Osnabrück. Idiot. (1756) S. 356 hat *fünfk*, fünfch; dagegen giebt er S. 264 *underfünfk*, tückifch, mit dem Zufatz: von fünfch, fo in Niederfachfen gebräuchlich ift. Das Simplex fcheint alfo in Osnabrück nicht recht gänge gewefen zu fein. Dasfelbe ift vielleicht für Bremen anzunehmen, da der Herausgeber des Bremer Wörterbuchs (1767—71), Prof. Tiling, unter fünfk auf underfünfk verweift, wo er fagt: »*underfünfk*, rachgierig und tückifch, heimtückifch. S. [d. h auch bei Strodtmann]; Gloffarium Chaucicum [d. i. nach R v. Raumer, Gefch. der German. Philologie S. 243, ein von J. J. Kelpius zu Ottersberg gefammeltes Verzeichnis ndfächf. Wörter aus den Herzogtümern Bremen und Verden in Leibnitii Collect. etymolog. 1717, I 33 sq.|: *fühnifch*. Diefs fünfk oder vienfk ift vermuthlich verderbt aus *venienfk*, welches wir auch fonft in derfelben Bedeutung oft gebrauchen.« K. Tannen aber, der aus den von Tiling hinterlaffenen und eigenen Zufätzen 1869 einen VI. Theil des Brem. Wbs. zufammenftellte, hat einen eignen Artikel *fünfk* = böfe, während er *underfünfk* mit heimtückifch überfetzt: »dat is unnerfünfch, ruft ein Junge dem andern nach, der ihm heimlich einen Stofs verfetzte und floh«. Er behauptet irrtümlich, dafs Tiling es von Fijnd, Feind ableite: »andere denken dabei an den Hafs gegen die Fünen, heimtückifch wie die Fünen; Schambach erklärt es durch veninfch, giftig; die letzte Erklärung ift wohl die richtige.« Schambach, Wb. der Mundart der Fürftentümer Göttingen und Grubenhagen (1858) giebt indertat diefe Etymologie ebenfalls wie Tiling: *vûnfch* (eig. giftig) griftig, aufgebracht, zornig, boshaft, rachfüchtig; *ek mofde erft vûnfch wëren.* Für die Stadt

Hannover wird f. bezeugt durch Fröbing, Sprachfehler der Niederfachfen (1796) S. 50: *fühnifch*, eigenfinnig, unwillig, z. E. im Anfange liefs er alles mit fich machen, aber zuletzt wurde er fühnifch d i. höfe.

Ob das Wort in Braunfchweig Geltung hat, habe ich nicht feftftellen können. Da Hoffmann von Fallersleben es für diefen Ort nicht in Frommann's Deutfchen Mundarten Bd. IV verzeichnet, auch Bierwirth, Die Vocale der Mundart von Meinerfen, es nicht anführt, fo ift wohl anzunehmen, dafs es im Braunfchweigifchen fehlt. Dagegen ift es in der benachbarten Altmark zuhaufe; Danneil giebt an: »*fünfch*, launifch, fein Mifsbehagen über eine Perfon durch Handeln zu erkennen geben[d?]; *he is f. upp mi*, er giebt mir durch ganzes Benehmen zu erkennen, dafs er mir Etwas übel gedeutet hat.« Desgleichen ift das Wort meklenburgifch; bei Mi (d. i. Sibeth): *fünfch*, feindlich, zornig geftimmt. Ebenfalls vorpommerfch: *fünifch*, heimtückifch, bei Dähnert (1781).

Ueber Osnabrück hinaus nach Süden fcheint das Wort unbekannt und aus dem eigentlichen Weftfalen völlig unbezeugt zu fein. Nordweftlich aber reicht fein Gebiet bis an den Dollart. »Wollte man ausdrücken: er hafst ihn, fo könnte man etwa fagen: *häi is dull, fünfk up hem*, er ift toll über ihn, erbittert auf ihn«; A. von Eye (in Frommann's Mundarten II, 313) aus »Nordweftfalen« d. h. dem hannöverfchen Weftfalen zwifchen Ems und Hafe. Ferner in Oftfriesland *füünfk*, boshaft im Sinn und Wort, bei Stürenburg; und *fünifk, fünfk*, giftig, heimtückifch, boshaft, rachfüchtig, hämifch, höhnifch (de kerel, dat is fo'n regten fünfken dönner [Satan]; f. kiken, lachen) bei ten Doornkaat Koolman. Wenn Letzterer wangerogifch *fihnfk* dazu ftellt, fo irrt er wohl; denn *fihnfk* wird von Ehrentraut im Friefifchen Archiv I, 92 durch »feindfelig« erklärt und ift eher von wangerog. *fin* (I, 366) = Feind gebildet (doch f. hier S. 73). Freilich möchte Stürenburg auch *füünfk* aus Fiand, Fiend = Feind leiten, fodafs es urfprünglich nichts anders als »feindfelig« wäre. Doornkaat dagegen fchwankt zwifchen der Ableitung von ndl. *fun* (Schelm, Schurke), engl *fun* (Poffe, Betrug), welche Wörter fchon Stürenburg fragend verglichen hatte, und der vom gotifchen *funifks* (feurig), eine Vermutung, welche zuerft Frommann in den Deutfchen Mundarten II, 318 geäufsert hatte.

Was zweitens die Bedeutung betrifft, fo kann ich den Angaben der Herren Schnitger, Callfen und Schumann nur beiftimmen, dafs es »aufgebracht, zornig, grimmig, wütend« bedeutet. In dem Sinne von »tückifch, hinterliftig, rachfüchtig, hämifch, höhnifch, oder feindlich, feindfelig, oder gar eigenfinnig, launifch« habe ich das Wort nie gebrauchen hören. Die von den Idiotiken beigebrachten Beifpiele der Verwendung des Wortes fprechen auch nicht grade für jene anderen Bedeutungen. Et is en fünfchen Keerl fagt man von einem, der leicht »geraakt« ift, alles übelnimmt, gleich höfe und zornig wird. Fünfch kiken, f. lachen heifst ingrimmig fehn, lachen; es kann aber auch — und die Begriffsentwicklung ift leicht zu verftehn — in diefen beiden Anwendungen fünfch den Sinn von boshaft erhalten. Dafs aber »boshaft, heimtückifch, hinterliftig« nicht die urfprüngliche Bedeutung gewefen ift, wird durch underfünfch = tückifch erwiefen. Das »under« hat hier die Function die Bedeutung zu verböfern, wie im mndd. underlift = Hinterlift, Land underhüren = heimlich pachten zum Schaden eines Andern. Vermutlich beftand underfünfch einft noch in anderen Dialekten als im osnabrückischen und bremischen und übernahm fünsch hernach, als jenes obsolet ward, auch dessen Bedeutung.

Die Etymologie des Wortes ist nicht festgestellt. Die Zusammenziehung aus veninsch ist wohl unhaltbar: das ü aus i läsat sich nicht begründen, die Bedeutungen sind verschieden (s. oben S. 46), und in einer Reihe von Mundarten bestehen beide Wörter neben einander. Gegen die Herkunft aus fiandisch fiendisch, bzw. feendisch müsste nicht nur die rätselhafte Vokalwandlung, sondern auch der Ausfall des d bedenklich machen. Das erste Bedenken würde zwar gehoben durch Zurückgreifen auf die altsächs. Form fiund; allein aus dem Worte Feind haben, soviel ich weiss, sämtliche germanische Sprachen bis in die Neuzeit kein Adjectiv durch das Suffix -isch gebildet, also gewiss auch das As. nicht. — Die Ableitung aus ndl. engl. fun ist schon unmöglich wegen der verschiedenen Quantität des Vokals, ganz abgesehn von der Unvereinbarkeit der abweichenden Bedeutungen. — Ich glaube, dass gleichfalls die Herleitung aus dem Namen der Insel Fünen, obschon in sprachlicher Beziehung sich nichts gegen sie einwenden läsat, nicht unanfechtbar ist. Ja, wenn fünsch auf Schleswig-Holstein beschränkt wäre. Schleswigsch ist es übrigens nicht, wenigstens finde ich es weder im Nordfriesischen noch im Anglischen; wenn es im schleswigschen Plattdeutsch vorkommt, so muss es darum aus dem holsteinischen (zu dem auch das Stapelholmer, Hüttener und Dänischwohlder Ndd. zu rechnen sind) stammen. Ferner wird wahrscheinlich die Leistung der Dienstpflicht der schleswig-holsteinischen Soldaten in Odensee auf einer frühstens im 18. Jahrhundert gegebenen Anordnung beruht haben. Fühnisch ist aber bereits um 1700 aus der Bremisch-Verdischen Gegend bezeugt. Dazu kommt nun noch die weite Verbreitung des Wortes von Vorpommern bis nach Göttingen und Osnabrück, von der Altmark bis Ostfriesland; sodann die altertümliche Bildung underfünsch, die dem fünsch altheimischen ndd. Ursprung sichert. — Die Gleichsetzung von fünisch mit dem got. funisk, feurig, hält ebensowenig vor der Prüfung Stich. Sie hat allerdings etwas bestechendes, und ich gestehe, dass ich sie vormals für richtig gehalten habe. *Funisk* ist abgeleitet von dem got. Wort für Feuer, einem anomalen Neutrum *fôn*, das nach der schwachen Deklination den Gen. *funins* und den Dat. *funin* bildet. Von allen germanischen Sprachen kennt nur auch das Altnordische denselben Wortstamm in dem schwachen Masculinum *funi*, einem poetischen Ausdruck für Feuer oder Flamme. Wer das got. funisk und das ndd. fünisk für dasselbe Wort hält, muss also annehmen, dass auch das Westgermanische einst den Stamm fun besessen habe. Das ist möglich und nicht unwahrscheinlich. Da aber im ältesten Deutsch weder ein Substantiv funa, bzw. funo noch ein Adjektiv funisk sich nachweisen lassen, muss die Annahme, dass das Adjektiv im Volksmunde sich gehalten haben soll und zwar nur im metaphorischen Sinne, ohne dass es während mehr als tausend Jahre je litterarisch und sei es auch nur in Vokabularen zutage getreten ist, Zweifel an ihrer Richtigkeit erwecken. Auch würde unser fünisch lautlich nicht zu dem gotischen Worte funisk stimmen. Die betreffenden ostgermanischen Wörter haben nämlich kurzes u (vgl. E. Sievers in den Beiträgen zur Geschichte der Deutschen Sprache und Literatur, hrsg. von H. Paul und W. Braune VI, 564). Wenn es ein dem gotischen funisk genau entsprechendes altsächs. funisk gab, so müsste dies nach einem Gesetze der ndd. Vokalentwicklung mndd. fonifk und nndd. fönifch lauten. Fünifch kann aber nur aus fünifk ftammen, mit langem Vokal. Man kann einwenden, dafs aus dem got fôn vielleicht auf ein ähnlich unregelmäfsiges af. fûn gefchloffen werden dürfe. Da wir aber nichts darüber wiffen, fo mufs auch diefe Etymologie von fünifch beanftandet werden.

Hamburg.   C. Walther.

Pûk (XXIX, 45).

Das Wort ift auch in meiner aus Dortmund ftammenden Familie gebräuchlich in der Bedeutung »tadellos«, wird aber wohl nur mit der Negation angewandt: *nicht ganz pûk* = verdächtig in Bezug auf gute Befchaffenheit von Speifen, Makellofigkeit des Charakters eines Menfchen ufw. Auch meine Frau (Heimat: Volmetal) kennt das Wort. Ich habe es immer für hebräifchen Urfprungs gehalten (es berührt fich zuweilen mit »kofcher« in unferm Sprachgebrauch), einen Beweis kann ich nicht dafür erbringen.

Dortmund.   W. Ruhfus.

Zu der Angabe von Dr. Ruhfus ftimmt die von H. Köppen, Verzeichnis der Idiotismen in Dortmund S. 47: *püek*, ficher, haltbar; *he is nit püek*, ihm ift nicht zu trauen. Woefte hat fie unter Köppen's Namen ins Weftfälifche Wörterbuch aufgenommen. Auch das Oftfriefifche kennt das Wort; Stürenburg: *püük*, rein, fchön, fauber, nett, vortrefflich, auch redlich (*he is nich püük*); ten Doornkaat: *pûk*, rein, fauber oder echt, dann vom Charakter oder im Handel und Wandel, im Gefchäft ehrenhaft, redlich, zuverläffig, brav, weiter von Waaren feft, haltbar oder beft, auserlefen, ausgezeichnet, vortrefflich z. B. *pûke Ware;* beide geben aufserdem das Subftantiv *dat Pûkje,* ten Doornkaat auch *dat Pûk, Pûkfte,* das Ausgefuchte, das Befte. Mi (d. i. Sibeth) hat als mecklenburgifch und vorpommerfch *pûk,* fein, zierlich. Als holfteinifch (Kremper Marfch) verzeichnet Outzen, Gloffar der Friefifchen Sprache (1837) *pûk,* hübfch, nett, fein, z. B. in der Kleidung. Schütze dagegen im Holft. Idiot. (1802) 3, 240 bringt *püik* nur aus Hamburg und in der befonderen Verwendung: *he is püik,* er ift reich, fchwerreich, hat viel Geld, und aufserdem in der Bedeutung »was auf fich haltend«. Ich habe mir aus Hamburg notiert *pûk* und als Steigerung *pûkfein,* fein, fchön, prächtig von der Kleidung (fik p. maken, p. ûtfên), von einem ftattlichen Haufe, einem einträglichen Gefchäft oder Amt (en p. Gefcheft, Bântje, en püken Handel); en püken Mann, der gut in der Wolle fitzt, Zahlung leiften kann; von einer Waare: auserlefen, hefter Qualität. Comparation *püker, pük(e)ft.* Heyfe im Fremdwörterbuch (16. Ausg., 1879), der wunderlicherweife *puique* oder *pique* anfetzt, giebt als hamburgifche Form *piek* »Kaufmannsfprache: auserlefen, untadelhaft, zur Bezeichnung von Waaren, bef. Südfrüchten.« Diefe Form ift aber in Hamburg nicht gebräuchlich; fie wird zwar von Nichthamburgern gehört, weshalb manche Hamburger, wie Herr Schnitger angiebt, fie für hochdeutfch halten und auch meinen fie anwenden zu follen, wenn fie hochdeutfch reden. Das ift aber falfch, denn *piek* ift nur Ausfprache einiger ndd. Mundarten.

Schon 1768 findet fich diefe Form im Bremer Wörterbuch: *piek,* Adj. und Adv., auch wohl Subft., das Befte in feiner Art, vortrefflich, auserlefen; dat is p., ausnehmend fchön; p. fett, fehr fett. Ob dies piek wirklich die bremifche Ausfprache wiedergiebt, müffen Bremer entfcheiden.

Es ift möglich, denn im Bremer Wörterbuch kommen viele Wörter vor fowohl mit û wie mit i und manche mit û, wo andere Dialekte i, und mit i, wo folche û bieten; z. B. flinkfûften und ftiukfûften neben Fieft und fieften, füve neben five (fünf), Kieken neben Küken (ndl. kieken), kietjebüten neben kûtjebüten, fchüfeln neben fchifeln, bûfter ftatt bifter, lierlütj ftatt lûrlütj, nirig ftatt nürig, prinen ftatt prünen, fchicns ftatt fchûns. Es kann alfo eine Eigentümlichkeit des Bremer Dialektes fein, die Ausfprache von û und i nicht fcharf zu fcheiden. Wenn aber Dähnert 1781 vorpommerfch *piik*, fett, auserlefen, *piik* Fleefch, fchreibt, fo möchte ich glauben, dafs er fich hat durch das Bremifche·Wörterbuch beeinfluffen laffen, da er fonft jene Ausfprache des û wie i nicht kennt und da Mi als vorpommerfch pük verzeichnet. Anders fteht es um diejenigen oftdeutfchen Mundarten, in denen die Verlautung des û zu i mehr oder minder durchgedrungen ift. So heifst es demnach berlinifch *piek*, *piekfein* (f. Den richtigen Berliner von Hans Meyer), ebenfo im modernen Hallifchen (an der Saale) Rotwelfch: *piek* = gut, bei F. Kluge, Rotwelfch I, 492, und bei Frifchbier im Preufsifchen Wörterbuch: *pik*, vortrefflich, auserlefen, z. B. vom Wein, und *pikfein*; fcharf, heftig, ftrenge, es friert p.; viel, der Kerl kann p. fanfen.

Pûk wird von den Lexikographen übereinftimmend auf das ndl. *puik* zurückgeführt, und diefe Annahme ift ficher richtig, weil es fich ndl. nicht vor 1768 (Brem. Wb) nachweifen läfst, dagegen ndl. bereits feit dem Anfange des 17. Jahrhunderts. Im Mndl. findet es fich nicht (Franck, Etymol. Woordenboek); auch im 16. Jahrhundert fcbeint es noch nicht vorzukommen. Aber Weiland, Nederlandfch Woordenboek, kann es fchon aus Hooft (1581 bis 1647) belegen und zwar als Subftantiv: al 't puik der ridderfchap. Het puik, het puikje fcheint befonders oft in der früheren nndl. Litteratur gebraucht zu werden, aufserdem begegnen häufig Zufammenfetzungen, wie z. B. puikjuweel. Wenn auch fchon früh das Adjectiv vorkommt, z. B. 1619 bei van Vloten, Kluchtfpel II, 81 duyvels puyck, 1657 III, 19 dit's puyk; 1669 III, 95 geen water . . . , dat zo fchoon is noch zo puik, fo habe ich doch den Eindruck gehabt, als wenn das Subftantiv älter ift als das Adjectiv. So gebraucht auch der friefifche Dichter Gijsbert Japicx (1603—1666), nach den von Epkema im Wörterbuch zu feinen Schriften angeführten Stellen, puwck (d. i. puuk) blofs als Subftantiv und mit befonderer Vorliebe in Zufammenfetzungen: puwck-cier (Zierat), -blomme (Blume), -eel (edel), -moy (fchön). Ebenfo bat das Nndl. het puik, het puikje = het befte, de bloem, und Compofita, wie puik-dichter, -juweel, -fchilder (Maler), -fieraad, aufserdem freilich auch das Adjectiv puik, und ein vom Subftantiv gebildetes puikfch: puike of puikfche haring, puike waar, de thee is puik (Van Dale, Ndl. Wboek). Desgleichen gilt im Flämifchen (De Bo, Westvlaamfch Idioticon) puuk fowohl fubftantivifch wie adjectivifch; hier ftimmt eine Begriffsentwicklung des Adjectivs zu der dortmundifchen und fonft nddn, indem niet puuk auch bedeutet niet pluis (nicht fauber, nicht wie es fich gehört), niet goed, niet te betrouwen.

Nach Deutfchland ift das Wort offenbar als kaufmännifche Bezeichnung für die Vorzüglichkeit einer Waare gelangt und allein in adjectivifcher Function aufgenommen, wohl fchon im 17. Jahrhundert, als der Handel unter niederländifchem Einflufs ftand, fo dafs in Hamburg Korrefpondenz und Rechnungsbücher vielfach in diefer Sprache geführt wurden. Das dauerte auch noch bis tief ins 18. Jahrhundert hinein. So erkläre ich mir, dafs Richey püük nicht verzeichnet hat; er wird es als »holländiſch« ausgelaſſen haben. Aus demſelben Grunde fehlt es bei dem Hamburger Nemnich im Comtoir-Lexicon (1803) und im Waaren-Lexikon (1821) im deutſchen Teile, obſchon er das deutſche pük kennt und gebraucht; nur im »holländiſchen« giebt er »puik: pük, auserleſen; puik, puikgoed: püke oder auserleſene Waare; puikspuik: ein noch höherer Grad von Auserleſenheit, das Auserleſenſte.«

Die Etymologie des Wortes puik iſt bisher noch nicht gefunden. Aber einen Weg ſie zu ermitteln hat der frühere Lübecker Archivar C. Wehrmann gewieſen. In den von ihm 1872 herausgegebenen Lübeckiſchen Zunftrollen nennt die 1500 gegebene und 1586 revidierte Rolle der Wantfarver oder Tuchfärber eine Gattung von wollenen Laken, die *puck* heiſst. »Idt ſchal kein farver Engelſch lacken, kirſey, *puck* und andere netten (dazu W.: naſs machen; die Tücher werden ins Waſſer gelegt, ehe ſie gefärbt werden, alſo die Arbeit gar nicht beginnen), idt hebben de warderers (die Lakenwardeine) denne ehr wardehrloeth darvor geſchlagen;« S. 487. »De lacken, ſo *einem puck* gelick ſin und dat grote loeth (l., die Bleimarke des Wardierers) hebben, ock frombde lacken, ſo denſulven an wulle und wevende gelick ſin, ſchoelen mit neinen gallen, ſunder mit mede (Krapp) gefarvet werden, na erkentniſſe der wardebrer, und den frombden lacken ſchoelen de wardehrers ein P vorſchlaen, up dat men erkenne, dat idt *ein puck* ſin ſchoele und kein Engelſch«; S. 489. Im Gloſſar erklärt Wehrmann: »puck (holl. puik, das Beſte, etwas Auserleſenes, auch: ein wolleues Tuch) Bezeichnung der beſten Art der hier verfertigten Tücher.« Er faſste alſo puck als pûk auf, was berechtigt iſt, da in der ſpäteren mndd. Orthographie ganz gewöhnlich ck für k geſetzt wird, wie ja auch an der obigen zweiten Stelle gelick (gleich) ſteht. Die Bedeutung »wollenes Tuch« entnahm er ohne Zweifel aus des Cornelius Kilianus Dufflaeus Etymologicum Teutonicae Linguae, Antverpiae 1599: *puyck* (hollandice) pannus laneus. Auch der Kilianus auctus, Amſtelodami 1641, führt keine andere Bedeutung an und ſetzt nur hinzu: drap de laine. Das Mndd. Wb. hat weitere Belege des Ausdruckes gebracht, ſo aus Wismar 1560: »ock ſcholen diſſe lackenmackers *de puicklacken* und middellacken ſcheren tho 54 gengen (gang, Zahl der Fäden in der Kette) . . . und de ſegellacken tho 50 gengen«; und aus Göttingen 1476: »nemant ſchal ſine wullen vorleſin (ausleſen) noch utſcheiten (ausſuchen), *puckelaken* darvon to makende.« Dazu läſt ſich jetzt noch ein fernerer Beleg geben (Bodemann, Lüneburg. Zunftrollen S. 251) aus dem Willekore der Wullenwevere in Lüneburg, wo der urſprünglichen Faſſung von 1432 in einer Abſchrift des 16. Jahrhunderts bei der Aufzählung der Lakenſorten hinzugefügt iſt: »ock willen ſe maken *gude puchlaken,**) de upſettels (Aufzüge, Ketten) van 15 pipen (p. nach B. Fäden von 2 Spulen bei dem Scheren der Ketten) und de brede van 52 gengen; diſſe laken ſcholen gemaket werden van guder Rinſcher wulle.«

Dieſen Zeugniſſen zufolge bezeichnete man in Deutſchland eine beſte Gattung von Wollentuch mit dem Namen puck oder pucke — puck-, puick-

---

*) puch iſt entweder hd. Färbung des Wortes, oder es ſteht puck, denn in der Schrift des 16. Jhdts. ſehen ch und ck ſich oft zum Verwechſeln ähnlich.

laken. Die letzte Form braucht nicht holländifch zu fein, man fchrieb auch mudd. oft ui wie ftatt û ebenfo für û; da nun im Mndd. der Umlaut meift nicht durch die Schrift angegeben wird, bleibt zweifelhaft, ob pu(i)ck als pûk oder als pûk gelefen werden mufs; doch ift mir aus etymologifchem Grunde die erftere Ausfprache wahrfcheinlicher. Jedenfalls wird einmal durch puicklaken die Länge des Vokals erwiefen, und mufs zweitens Kilian's puyck dasfelbe Wort fein, da dem ndd. û im Neundl. ein ui entfpricht. Die Worte »pannus laneus« können nicht befagen, dafs puyck im Holländifchen als Synonym von laecken vorkomme, fondern dafs es eine Tuchforte bezeichne.

Aus den Belegen der mudd. Wortformen ergibt fich, dafs »dat pûk« erft verkürzt ift aus »dat pûke- oder pûklaken«. Zur Erklärung des erften Teiles diefer Zufammenfetzung dient das »vorlefin noch utfcheiten« der Wolle in der Göttinger Rolle, welcher Ausdruck gestattet an das Verbum »puken« zu denken. Dasfelbe ift freilich in Schambach's Göttingifchem Wörterbuch nicht verzeichnet, fondern nur im Hamburgifchen von Richey, im Bremifchen, im Vorpommerfchen von Dähnert, im Holfteinifchen von Schütze, im Mecklenburgifchen von Mi und im Gloffar von Müllenhoff zu Klaus Groth's Quickborn, mit den Bedeutungen klauben, zwacken, fchaben, kratzen, fcharren, ftochern, zupfen, auflöfen, mit langweiliger Mühe etwas zu ftande bringen, bei Kleinigkeiten ftehlen; daher: afpuken, abkneipen, wie die Kinder an den Blattern und Narben tun (Richey), pukige Arbeed, Puk-Arbeed, eine fubtile Arbeit, die nicht viel fchafft was ins Auge fällt, ein langweiliges Werk (Dähnert); pukig pukerig, ärmlich; Pukens, Ausgezupftes; pükern, mühfam zupfen; Knuppen uppükern, Knoten auflöfen (Mi); pükerig, geduldig bei kleinlicher, verwickelter Arbeit (C. F. Müller, Reuter-Lexikon). Mndd. läfst fich das Zeitwort bis jetzt nur einmal belegen aus einem Ditmarfifchen hiftorifchen Liede: wat in den fchappen und kiften was, *hebben fe* (die Feinde) *dar ut gepuket* (: gebruket); Neocorus, hrsg. v. Dahlmann I, 499, und Ztfchrft f. Schleswig-Holftein-Lauenb. Gefch. VIII, 226, 29, wo Müllenhoff: »eig. nur weg maufen, wegftipitzen«, der es alfo vielleicht für Entftellung hielt aus puchen, puchgen, das fowohl pochen als auch plündern bedeutet. »Maufen« ift aber für puken die uneigentliche Bedeutung; und die gleichfalls metaphorifche »plündern« von puchen, hd. pochen nötigt nicht, puken als Entftellung von dem aus dem hd. pochen entlehnten puchen, anzufehn. Verwandt allerdings wird puken mit hd. pochen fein, wie ebenfalls mit ndd. pukken und pukkern (Brem. Wb.) und engl. peke (Müllenhoff z. Quickborn).

Im Niederländifchen gibt es kein dem ndd. puken entfprechendes Verbum und durchaus keinen Wortftamm, der fich zur Ableitung des Wortes puik eignete. Somit darf man wohl fchliefsen, dafs die Benennung pukelaken in den fächfifchen Lauden aufgekommen ift. Hier ift auch zufrühft (1586) die Verkürzung puk bezeugt, wenig fpäter (1599) puik im weftlichen Gebiet. Das Wort wird aber indertat fchon eine geraume Zeit vorher aus puklaken verkürzt und hier wie dort in Kurs gekommen fein. Das läfst fich daraus folgern, dafs die Verallgemeinerung des Begriffes vom heften, auserlefenen Tuche zum Beften, Auserlefenen überhaupt, fei es zunächft irgendwelche Ware, dann irgendeine Sache, ja endlich felbft ein Menfch oder gar eine Eigenfchaft, bereits bald nach 1600 als vollzogen fich in der ndl. Literatur offenbart. Diefo Entwicklung kam durch verfchiedene Faktoren zuftande. Unter den Manufakturen und den Handelswaren fpielte damals das Tuch eine hervorragende Rolle. Als Bezeichnung einer befonderen Tuchforte fcheint aber das Wort nach 1600 aufser Brauch gekommen zu fein. Und den Niederländern lag es dann wohl grade darum, weil ihnen das Wort puik als Bezeichnung des Vorzüglichften einer beftimmten Ware aus der Fremde zugeführt war und fie an feiner Prägung eben für diefe Ware keinen Anteil gehabt hatten, näher als den Niederdeutfchen, von der Befchränkung auf diefelbe abfehend allein den Begriff des Auserlefenen feftzhalten und den Gebrauch des Ausdruckes zu verallgemeinern.

Hamburg.   C. Walther.

Bucht, bichte = Geld (XXIX, 30. 42. 47).

Als ich K.-Bl. XXIX, 30 das Wort *bucht* für Geld befprach, war mir unbekannt, dafs der Ausdruck rotwelfch ift, was ich feitdem aus dem vortrefflichen, fowohl für die Kultur- wie die Sprachgefchichte fehr wertvollen »Rotwelfchen Quellenbuch« von Prof. Friedrich Kluge, Strafsburg 1901, erfeben habe. Die Quellen, welche das Wort bringen, find folgende. Zu frühft begegnet das Wort in dem ohne Druckort und Jahr erfchienenen Buche »Der bedeler orden und er vocabular in rotwelfch«, einer ndd. Ueberfetzung des hd. »Liber vagatorum Der betler orden« vom J. 1510. Im Vocabular bringt der Ueberfetzer manche Zufätze zu dem Vocabular des Originals, darunter: *bedie den bucht,* nemet id (d. i. dat) geldt, S. 75. — Ebenfo hat die ndl. Brüffeler Ueberfetzung von 1547 in der nur erhaltenen Haarlemer Ausgabe von 1613 S. 92 *bucht* = geldt (Kluge S. 92) und *monye oft buche* (»lies bucht«) = gelt (S. 93). Dafs dies keine Zufätze der jüngeren Ausgabe find, wird bewiefen durch Bonaventura Vulcanius in Brügge, der in feiner Schrift De literis et lingua Getarum five Gothorum, Lugduni Batavorum 1597, aus der erften Ausgabe (libellus ante annos quinquaginta confcriptus) *bucht* = pecunia citiert (S. 114). — Ein Duisburger Vocabular von 1724 giebt aus dem Idiom niederrheinifcher und bergifcher Gauner *bucht* = geldt (S. 184). — Der Kieler Polizeimeifter C. D. Chriftenfen ftellt 1814 in feinem »Alphabetifchen Verzeichnifs einer Anzahl von Räubern, Dieben und Vagabonden nach den Ausfagen einer 1811 und 1812 eingezogenen Räuberbande«, die Verfchiedenheiten des oberd. und des ndd. Rotwelfchen zufammen; fo entfprächen dem obrd. *lowi* für Geld die nordd. *bicht und mingen* (S. 325), und zwar heifst es *der bicht* (S. 315). — Von den Geheimfprachen der Krämer und Haufierer, welche Prof. Kluge gleichfalls behandelt, kennt das nordweftfälifche Bargunfch oder Humpifch das Wort: *büchte, pûnen (pune)* = Geld (S. 445).

Büchte fcheint der Plural von *bucht* zu fein, wie auch punen Plural fein wird, und diefer Pluralform *büchte* entfpricht offenbar jenes braunfchweigifche *bichte.* Vermutlich geht *bichte* nicht auf den ndd. Singular *bucht* zurück, fondern auf *bicht,* das Chriftenfen aus der (holfteinifchen?) Gaunerfprache verzeichnet. Diefes *der bicht* wird das entlehnte ndl. Masculinum *bucht* (u im Ndl. gefprochen ü) fein, wie das Synonym *mingen* gleichfalls auf das ndl. *monye* zurückzuführen fein wird.

Während das ältere hd. Rotwelfch des Wortes entbehrt, kennt das neuere ein *picht* fowohl für Geld, als auch zuerft fpeciell für Silbergeld.

In letzterer Bedeutung erfcheint es zuerft 1812 im Speffart und Odenwald
(S. 304); dann in der Form *pich* = Silber in einem 1840 zu Erfurt gedruckten Wortverzeichnifs (S. 369). In der befondern Bedeutung Silbergeld
finde ich es auch bei F. E. Anton, Wörterbuch der Gauner- und Diebes-
fprache, 2. Aufl. Magdeburg 1843, S. 56: *picht*, Silbergeld; *pichtgenter*,
Zimmer worin eine Geldkaffe fteht. Jüngere hd. Quellen bei Kluge verzeichnen das Wort in dem allgemeineren Sinne von »Geld«; fo aus Berlin
1847 *pich*, ntr. (S. 384), aus Wien 1851 uud 1886 *pich*, *picht*, ntr. (S 406.
417); ferner kennt es die moderne Pfälzer Händlerfpracho als *pech* (S. 438),
die fchwäbifche als *pich* und *fpich* (S. 481). Das ndl. bucht fcheint auch
hier zugrunde zu liegen; es möchte rheinaufwärts gedrungen fein. Jenes
der bicht und der braunfchweigifche Plural *bichte* find wegen des abweichenden,
zum Ndl. und zum älteren Ndd. ftimmenden Gefchlechtes und wegen des
anlautenden b nicht als durch Vermittelung des oberdtfch. picht, fondern
als direkt aus dem Ndld. herübergenommen anzufehn.

De Bo nennt wfl. bucht für Geld veraltet. Vielleicht gilt das auch für
das ndl. Rotwelfch. Im neueren oftflandrifchen Bargoenfch exiftiert zwar
ein Wort *bucht*, das aber erklärt wird: »doedel, klein volk. — Bucht, mit
verachting toegepaft op alles wat men klein acht. Allgemeen Nederlandfch«
(Kluge S. 471). De Bo kennt bucht ebenfalls in diefer Bedeutung. Bucht
ift hier nichts anders, als die flandrifche Form des gemeinndld. *bocht*, ntr.,
Auswurf, Ausfchufs, alles was fchlecht ift und gering geachtet wird, fowohl
von Dingen wie von Menfchen gebraucht. J. Franck, Etymologifch Woordenboek der Nederlandfche Taal, möchte zur Erklärung das gotifche *usbaugjan*,
wegfegen, auskehren, heranziehen und Kehricht, Fegfel für die urfprüngliche
Bedeutung halten. Ob bucht = Geld ein anderes Wort vorftellt, etwa von
bûgan, bôgian, alfo das gebogene Kleingeld, Bracteaten (Kraufe's Etymologie,
f. Kbl. XIII, 5. XXIX, 31)? Es liefse fich aber ebenfowohl denken, dafs
im ndl. ndd. Rotwelfchen jenes bucht, bocht, Kehricht, Unrat, fpottweife
zur Bezeichnung des Geldes oder fpeziell des Klein- oder des Silbergeldes
gewählt worden wäre. Allerdings ift bucht = Kehricht, Unrat, Dreck
ndd. nicht nachzuweifen, da es aber aufser ndl. auch mitteldeutfch vorkommt, fo kann es mudd. gewefen fein.

Hamburg.   C. Walther.

Leine.

Henrich Stange's Einkunftsregifter des Haufes Ritzebüttel aus dem
Jahre 1577, hrsg. von Georg Hindrichfon (Schulprogr., Cuxhaven 1907)
S. 10: Hinrick Becker hefft eine boffftede und negen morgen ackers;
... de wifche, de he hefft, fint *de leinen und fiteniffen* in fynem acker, de
he nicht kan feien, und fin mede in bavengefchr[even] uegen morgen ackers
gerekent. S. 19: Hartich Schulte hefft eine ... boffftede, ... dartho 10
himten faet; ... item hefft *eine leine*, dar he grafs uth meiget.

Siteniffe ift gleich fitniffe, das gebildet ift von fit, niedrig. Siteniffe
alfo, wie das Bremer Wb. IV, 784 fiednifs erklärt, f. v. wie ein niedriger
Grund, Thal. Leine wird als Synonym zu faffen fein und Bodenfenkung,
Niederung bedeuten. Etymologifch weifs ich leine nicht ficher zu deuten.
Man ift zunächft verfucht, an löge, niedrig, zu denken und an Contraction

80

aus lègene. Nun werden aber Abftractfeminina auf enà fonft aus Verbalftämmen gebildet; f. F. Kluge, Nominale Stammbildungslehre § 151, nicht
aus Adjectiven. Dagegen tritt das Suffix unnia, innia auch an Adjectiv-
ftämme, wie ahd. wuoftinna, af. wôftunnia, wôftinnia, wôftennia, afrif.
wôftene, wüftene (Wüfte) zeigt. Sollte leine alfo auf lêginnia zurückgeführt
werden dürfen? Es liefse lich fonft vielleicht auch an das göttingifche
(lêne) leine, fanft anfteigend, denken (Schambach S. 121 b), das mit leinen
und lenen (lehnen) zufammenhängt, Stamm hli und mit Ablautsftufe hlai;
Kluge, Etymolog. Wb. unter 'lehnen'. Zwar glaube ich, dafs bei diefer
Ableitung das Wort im Hadeler Ndd. nicht Leine, fondern Leene (Lêne)
lauten müfste. Doch ich befcheide mich und überlaffe das Urteil über die
Herleitung des Wortes Leine den Etymologen von Fach.

Hamburg. C. Walther.

Aufruf.

Mit der Bearbeitung einer „Niederfächfifchen Literaturkunde" (Nieder-
fachfen-Verlag von Carl Schünemann in Bremen) befchäftigt, die fämtliche plattdeutfche Dichter und Schriftfteller von den älteften Zeiten bis
zur Gegenwart und ihre Schöpfungen enthalten foll, bitte ich alle, die in
plattdeutfcher Sprache fchreiben und dichten oder wiffenfchaftliche Werke
über diefen Zweig der deutfchen Sprache veröffentlicht haben, mir hiervon
geneigteft Mitteilung zu machen. Erwünfcht ift mir, wenn irgend möglich,
die Einfichtnahme in diefe Schriften. Kurze biographifche Notizen möge
man der Einfendung beifügen. Bei reger Beteiligung wird in der »Niederfächfifchen Literaturkunde« ein Werk erfteben, das in Wirklichkeit
eine Lücke in der deutfchen Literaturforfchung auszufüllen beftimmt ift.
Die Einfendungen find zu richten an Rudolf Eckart in Nörten (Hannover).

Rudolf Eckart.

Notizen und Anzeigen.

Beitragszahlungen find an unfern Kaffenführer Herrn Joh? E. Rabe, Hamburg 1,
gr. Reichenftrafse 11, zu leiften.

Veränderungen der Adreffen find gefälligft dem genannten Herrn Kaffenführer
zu melden.

Beiträge, welche fürs Jahrbuch beftimmt find, beliehen die Verfaffer an das Mitglied
des Redactions-Ausfchuffes, Prof. Dr. W. Seelmann, Charlottenburg, Peftalozziftrafse 103,
einzufchicken.

Zufendungen fürs Korrefpondenzblatt bitten wir an Dr. C. Walther, Hamburg 24,
Uhlandftrafse 59, zu richten.

Bemerkungen und Klagen, welche fich auf Verfand und Empfang des Korrefpondenzblattes beziehen, bittet der Vorftand direct der Expedition, »Diedrich Soltau's Verlag
und Buchdruckerei« in Norden, Oftfriesland, zu übermachen.

Redigiert von Dr. C. Walther in Hamburg.
Druck von Diedr. Soltau in Norden.

Ausgegeben: Januar 1909.

Jahrg. 1908.   Hamburg.   Heft XXIX.   № 6.

Korreſpondenzblatt
des Vereins
für niederdeutſche Sprachforſchung.

I. Kundgebungen des Vorſtandes.

Mitgliederſtand.

Dem Vereine beigetreten ſind die Herren

Stud. phil. Karl Kernig in Kiel,
Oberlehrer Dr. Richter in Gütersloh i. W.,
Dr. med. Carl Alfeld, prakt. Arzt in Salzwedel,
Kaud. des höh. Schulamts Fr. Kaak in Harburg a. d. Elbe.

Alexander Reifferſcheid †.

Der Vorſtand erfüllt die ſchmerzliche Pflicht, dem Vereine Kunde zu geben von dem am 11. Februar 1909 erfolgten Ableben ſeines Mitgliedes und langjährigen Vorſitzenden, des **Geh. Regierungsrats Prof. Dr. Alexander Reifferſcheid**, o. Profeſſors der deutſchen Philologie und Direktors des germaniſtiſchen Seminars an der Univerſität Greifswald.

Als Bonner Privatdozent zu Anfang des Jahres 1876 in den Verein getreten, bezeugte er ihm ſein warmes Intereſſe zu Pfingſten desſelben Jahres bei Gelegenheit der zweiten Jahresverſammlung in Köln durch eine Begrüſsungsſchrift »Kölner Volksgeſpräche und Sprichwörter«, ſowie die Vorlage des ſpäter in ſeine »Weſtfäliſchen Volkslieder (Heilbronn 1876)« aufgenommenen Textes des alten Liedes von den zwei Königskindern, dem er auſser der Melodie wertvolle liedervergleichende Anmerkungen beigefügt hatte. Sein Intereſſe für den Verein wuchs, als er Profeſſor an der Univerſität Greifswald geworden war; er betätigte es nicht nur durch wiederholte Beiträge für das Niederdeutſche Jahrbuch, ſondern auch durch ſeine ſtete Bereitwilligkeit, Vorträge für die Vereinstagungen und Gutachten über die angebotenen Publikationen zu übernehmen. Von dem Vorſtande nach Krauſes Tode zum Vorſitzenden gewählt, leitete er von 1893—1907 mit Ausnahme der Eimbecker ſämtliche Pfingſtverſammlungen. Um ihre Ausgeſtaltung hat er ſich das Verdienſt erworben, daſs als ſtändige Teile des Programms in dasſelbe Rezitationen in der Mundart des Verſammlungsortes und Ausſtellungen dort vorhandener niederdeutſcher Handſchriften und alter Drucke aufgenommen wurden. Als gewandter Redner pflegte er nicht nur die Vereinsſitzungen durch Vorträge einzuleiten, ſondern auch bei den Feſtmahlen ſich regelmäſsig als ſchwungvoller Toaſtſprecher zu zeigen. Die Rührigkeit, welche er früher bei den Verſammlungen und im Geſchäftsbetriebe bewieſen hatte, verminderte ſich, nachdem ihn das Unglück betroffen hatte, bei einem Sturze beide Beine zu brechen und auſserdem Anfänge

eines inneren Leidens fich bemerkbar machten. Er ftimmte deshalb, trotzdem ihm fchwer wurde, auf die ihm liebgewordene regelmäfsige Teilnahme
an den Pfingftverfammlungen zu verzichten, 1907 dem Vorfchlage zu, dass
künftig der Vorfitz alternieren und er nach 1908 nur in rechtselbifchen
Orten die Jahresverfammlungen leiten, ihm alfo die anftrengenderen weiteren
Eifenbahnfahrten erfpart bleiben follten. Er ift geftorben, ohne dass es
ihm vergönnt war, einen feiner Lieblingspläne, die cooperative Erforfchung
der pommerfchen Mundarten, der Ausführung nahe zu bringen.

Generalverfammlung 1909.

Die Jahresverfammlung unferes Vereines wird 1909 in der Pfingftwoche
am 1. und 2. Juni zu Münfter in Weftfalen ftattfinden, in hergebrachter
Verbindung mit der Jahresverfammlung des Hanfifchen Gefchichtsvereins.

Anmeldungen von Vorträgen, Mitteilungen und Anträgen bittet der
Vorftand, dem Vorfitzenden des Vereins, Herrn Geh. Reg.-Rat Prof. Dr.
Edw. Schröder in Göttingen, baldmöglichft zukommen zu laffen.

II. Mitteilungen aus dem Mitgliederkreife.

Zur Erklärung Fritz Reuters (XXIX, 49).

Die Redensart: »de Schap verpedden fick all 'ne Mahltid up den Felln«
hört man von den Schäfern häufig dann gebraucht, wenn bei ungewöhnlich
lange anhaltendem Winter das knappwerden des Futters zur Sparfamkeit
zwingt, weil noch keine Ausficht auf Weide vorhanden ift. In der von
C. Fr. Müller gegebenen Erklärung wäre daher das Wort »Grafen« zu
beanftanden, denn wenn die Schafe wirklich grafen könnten, wäre alle
Not vorbei. Die Erklärung würde alfo wohl lauten müffen: beim umber-
laufen auf dem Felde eine Mahlzeit vergeffen. Wie es denn ja wohl auch
vorkommen mag, dafs ein Menfch das fehlende Mittagessen durch einen
Spaziergang zu vergeffen fucht.

Greifswald. Loeper.

Nr. 7.

»He is up Nummer föben« wird hier von einem gefagt, der fo viel
getrunken hat, dafs feine Gedanken fich verwirren. »Nummer föben is
noch fri!« hört man, wenn jemand Unfinn fchwatzt und gleichfam verrückt
geworden ift. Welchen beftimmten Anlafs mögen diefe Wendungen haben?

Lübeck. C. Schumann.

Hänken.

Hänken vor allen Högen ift der hiefige Name für das hochd. Haus
in allen Gaffen. Wo ift die Form Hänken fonft üblich?

Lübeck. C. Schumann.

Matanten (XXIX, 29).

Ein ähnliches merkwürdiges Wort ift Metente in der Zufammenfetzung
Metentewif. Diefes findet fich in einer hiefigen Faffung des Kinderreimes,
der beginnt: »Scet (fitt) en lütt Jung in'n Himmel« — f. meine Volks-

und Kinderreime aus Lübeck S. 196. In einer zweiten Faſſung ſteht dafür *Barwikerwif.* Dieſes habe ich als *Bardowikerwif* gedeutet, jenes dagegen zweifelnd als *Marketenderin.* Vielleicht iſt es dasſelbe wie *Matante?*
Lübeck. C. Schumann.

Dönkenſchoſteen.

Dönkenſchoſteen follen noch in der erſten Hälfte des vorigen Jahrhunderts hierorts die grofsen Schornſteine geheifsen haben, die vom Herde unmittelbar zum Dache hinaus führen. Mir iſt der Name ſonſt nie begegnet, er hängt aber gewiſs zuſammen mit *Dönkter,* einem ebenfalls veralteten Ausdruck der Schornſteinfeger für einen aus Latten, Stroh und Lehm aufgebauten, ſchmäleren »Kamin«, den ich in meinem »Wortſchatz von Lübeck« S. 53 erwähnt habe. Zur Erklärung dient mnd. *donneken, donken,* tünchen, mit Kalk bekleiden, *Donker,* Tüncher, Kalker, beides jetzt ausgeſtorben.
Lübeck. C. Schumann.

Baatz (XXIX, 51).

Aus Thüringen kenne ich *Mummumbaatz* und *Wullebaatz.* Einen M. ſtellt jemand, meiſt ein Kind, vor, das, gewöhnlich mit »vermummtem« Kopfe, im Dunkeln andre mit Brummen oder dem Rufe: »Jetzt kömmt der Mummumbaatz!« zu fürchten machen will. Auch nennt man dunkle Wolken ſo. *Wullebaatz* heifst das Wollgras, Eriophorum, das mit ſeinen wallenden weiſsen Samenbüſcheln eine gewiſse Ähnlichkeit mit einem langbärtigen Alten befitzt. *Baatz* iſt dasſelbe Wort wie *Petz,* die Kofeform zu den mit *Bär* gebildeten Namen und der bekannte volkstümliche Ausdruck für den ehemaligen König des deutſchen Waldes. Seine dräuende Geſtalt, die ihn in Märchen und Volksbräuchen mit Donnar und Teufel zuſammenbrachte, liefs ihn zum Schreckbild werden. Ein *Baatz* entſpricht alſo Bezeichnungen wie »Butze, Butzemann, Bumann, Popanz« u. a. m. Auf den Bären mag auch das Brummen zurückgehen.
Lübeck. C. Schumann.

Puken (XXIX, 77).

Puken bedeutet bei uns meiſt rupfen, zupfen, eig. mit dem Fingernagel ab- und auskratzen, z. B. Hautpickel, Schorfe u. a. »He pukt ümmer achter mi an« wird gehört, wenn jemand, hinter einem andern ſtehend, dieſen fortwährend mit unangenehmen Reden beläſtigt, ihn alſo gleichſam kratzt. Die Verwendung für »auslefen«, welche der des Stehlens, heimlichen Herausnehmens nahe kommt, deutet mir auf das Auslefen z. B. von Erbfen, Linſen u. a. m. mittelſt des gekrümmten Fingers. So mag *Puk* zur Bezeichnung erlefener, hefter Ware gebraucht worden fein. Ich glaube es wiederzufinden in *Pükenkramer,* Kleinhändler mit allerlei für den täglichen Bedarf nötigen Dingen. Diefe hier in Lübeck etwa um 1830 noch lebendige Benennung geht wohl darauf zurück, dafs folcher Händler von allen Waren nur wenig auf Lager hielt, ſo zu ſagen, nur eine Probe; wobei die Eigenſchaft der Güte hinter ſich trat. Übrigens iſt *pük* als Adjektiv, feltner als Adverb, hier in allen angegebenen Richtungen durchaus gebräuchlich. Von den Hanfen iſt es auch nach der Deutſchen

Brücke in Bergen gebracht worden. Wenigftens fagt Aafen im nordifchen Wörterbuche: *pyk, fiin*, ftadfelig, prægtig. Ved Bergen. Holl. *puik*, fortræffelig.

Lübeck. ──────── C. Schumann.

Kamelott (XXIX, 67).

Diefes Wort wird hier für das fehnige, dünne Fleifch am Unterbeine des Ochfen und des Kalbes gefagt. Irre ich nicht, fo gilt es auch in der Mark und der Prov. Sachfen.

Lübeck. ──────── C. Schumann.

Elte (XXIX, 59).

In niederdeutfcher Rede hier nicht gebräuchlich, fonft aber volkstümlich, z. B. »das ift eine ganz fchöne Elte«.

Lübeck. ──────── C. Schumann.

Flöten gehn (XXVIII, 31. 39. 65. XXIX, 3. 29. 41. 65).

Auch ich habe noch vor etwa 16 Jahren zu Münfter in Weftfalen felbft gehört, wie die Lumpenfammler durch Blafen auf einer Flöte die Kinder heranlockten; jene bezahlten die Lumpen nicht mit Geld, fondern nur mit Kirfchen, und kündigten diefes im voraus an, indem fie riefen: »Kirfchen für Lumpen!« — Meine Anficht über den Urfprung der Redensart »flöten gehn« habe ich in meinen Erläuterungen zu Fritz Reuters Stromtid I (1905) S. 17 f. auseinandergefetzt. Dort heifst es: »... Man wird an flöten = pfeifen fefthalten müffen ... Nun finden fich aber in der Berliner Mundart aufser der Redensart: 'Det jeht ooch noch fiöten' noch folgende: 'Der bläst uf de letzten Flötentöne' = es ift bald mit ihm zu Ende, und 'Ich werde dir die Flötentöne fchon beibringen' (P. Lindenberg, Berliner geflügelte Worte 1887 S. 29. 42. 24), mit welch letzterer wiederum aus der Gaunerfprache 'Flöte anlegen' = (den Verbrecher) zum Geftändnis bewegen (H. Göllnitz, Das Wefen der Verbrecher- oder Gaunerfprache 1893 S. 15) zur Vergleichung einladet. Danach dürfte auch der Urfprung unferer Redensart in der Gaunerfprache zu fuchen fein: der durch die Folter zum Geftändnis gebrachte Verbrecher ging damit für die Gaunerwelt verloren.«

Leipzig. ──────── Heinrich Klenz.

Piez (XXIX, 3).

Bei einem Dichter aus dem Anfange des 18. Jahrhunderts (der Name ift mir entfallen) erinnere ich mich gelefen zu haben: »die füfse Mutter-Bieze«. Noch jetzt ift in Leipzig »Piez« der gemeine Ausdruck für die weibliche Bruft. Das Wort dürfte mit »Bieft« in »Bieftmilch« zufammenhangen.

Leipzig. ──────── Heinrich Klenz.

Preckumfär (XXIX, 8. 26).

Sollte »Preckumfär« aus dem Franzöfifchen, etwa aus »pré comme fer« (eiferner Belitz) ftammen? Dann wäre der eigentliche Sinn: er fühlt fich wohl wie einer auf feinem feften Belitz.

Leipzig. ──────── Heinrich Klenz.

Die Kinderreime von den fünf Fingern (XXVIII, 62. XXIX, 10. 43).

Im Mecklenburgifchen heifsen die fünf Finger: Lüfchenknicker, Botterlicker, Langmarten (vgl. ahd. ›lancmar‹), gollen Ringer, lütten Finger. — In Münfter i. Weftf. hört man folgende Reime:

> ›Dümling haut Holt kaput,
> Fingerling drecht in,
> Langmann koakt Eten,
> Joram fchöppt up,
> De kleine Quickfteert frett all up.‹

Leipzig.   Heinrich Klenz.

Einen die Hamburger (Bremer) Gänfe fehen laffen (XXVIII, 51. 75. 79. XXIX, 10. 45. 61).

Kürzlich las ich in dem Roman von Emma Vely ›Prinz Niko‹ S. 27 folgende hierher gehörige Stelle: ›Grofsvater ... zog fie an den Haaren und fragte, ob fie die Schöppenftedter Gänfe fehen wolle.‹ Alfo auch Schöppenftedt kommt in diefer Verbindung vor.

Leipzig.   Heinrich Klenz.

Katthagen (XXVIII, 81. XXIX, 25).

›Katthagen‹ heifst auch eine Strafse zu Münfter in Weftfalen.

Leipzig.   Heinrich Klenz.

En Eiermaan gewinnen (XXVIII, 88. XXIX, 27).

›Eiermaan‹ ift der Name eines Gebäcks in des Holfteiner Joh. Hinr. Fehrs plattdeutfchem Roman ›Maren‹ (1907) S. 254, wo es heifst: ›Se pack Franzbröd, Krinthenbolln, Eiermaan, Kringel un Krummbrod to Sit.‹

Leipzig.   Heinrich Klenz.

Bucht, bichte = Geld (XXIX, 30. 42. 47. 78).

Ob ›Bucht‹ in der Redensart ›in de Bucht fpringen‹ = hilfreich beifpringen auch hierher gehört? Dann wäre ›Bucht‹ darin als ›Geldbeutel‹ zu verftehen. Da ›Bucht‹ aber auch einen ›eingefriedigten Raum, befonders um Weidevieh hineinzutreiben‹ (Danneils Wörterbuch der altmärk.-plattd. Mundart) bedeutet — vgl. bef. ›Gausbucht‹ —, fo habe ich in meinen Erläuterungen zu Fritz Reuters Stromtid II (1906) S. 92 im Gegenfatze zu C. Fr. Müller, der an den eingefriedigten Kampfplatz beim Turnier denkt, die Frage aufgeworfen: ›Wäre es nicht natürlicher, das Bild von dem Hirten herzunehmen, der dem irgendwie gefährdeten Vieh in der 'Bucht' mit fchnellem Sprunge zu Hilfe kommt?‹

Leipzig.   Heinrich Klenz.

ôldklötig (XXIX, 44).

›ôldklötig‹ kenne ich zwar nicht, wohl aber ›trûerklötig‹ in der Bedeutung von ›jämmerlich, erbärmlich‹. ›klötig‹ wird zu ›Klöten‹ (tefticuli) gehören.

Leipzig.   Heinrich Klenz.

Promûfchen (XXIX, 47).

In Mecklenburg fagt man von einem fchmächtigen Menfchen, der aus einer übermäfsigen Umhüllung hervorfieht: »Hei kickt herut as 'ne Mus ut 'ne Dis' Heid'«, d. h.: »Er fieht heraus wie eine Maus aus einem Knäuel Werg«. Bei F. Reuter findet fich diefe Redensart z. B. in der Stromtid, Kap. 5. Infolge Mifsverftandes des Wortes »Heid'« heifst es in Cafpar Abels Satirifchen Gedichten 1714 S. 22:

> »Bald wie ein Ungeheur in ihren Staatsbarucken,
> Woraus fie wie die Maus aus wilder Heide gucken,
> Durch alle Gaffen gehn.«

(S. meine Erläuterungen zu Reuters Stromtid I 64 u. II 102).

Leipzig.   Heinrich Klenz.

Tutig (XXIX, 47. 54).

»tutig« wird zu »Tüt« gebören, wie es z. B. in der Redensart: »Hei is ganz ut de Tüt« = Er ift ganz aus der Faffung vorkommt. Demnach »tutig« = gefafst, ruhig.

Leipzig.   Heinrich Klenz.

Zwillingsfrüchte (XXIX, 51).

Hierzu möchte ich auch das Ei mit zwei Dottern ftellen. In Joachim Rachels »Teutfchen Satyrifchen Gedichten« 1664 wird von der Überklugen I. V. 83 f. gefagt:

> »...... und wenn ein einigs Ey
> Zwey Dotter hat, weifs fie, was ihre Deutung fey.«

Johs. Giehlen (Eine Satire Joachim Rachels und ihre antiken Vorbilder. Eupener Programm 1900 S. 15) bemerkt dazu: »Noch heute heifst es unter dem Volke: 'wenn ein Ei zwei Dotter hat, fo deutet es auf eine Über-rafchung hin'«. Karl Drefcher fragt in feiner Rachel-Ausgabe (1903 S. 18 Anm.) mit Recht: »Wo?« Das von letzterem angezogene Sprichwort aus der Frankfurter Sammlung 1548 Bl. 140b fteht hier in folgendem Zufammen-hang: »Grofs frawen geboren in dreien monaten. Den reichen leget mann alle ding wol aufs . . . Als Linia mit Augufto 3. wochen hochzeit hẹt gehabt, gebar fie Claudium Tiberium, niemandt aber dorfft fagen dafs ein hurn kind were, aber das fprichwort kam auff, Die reichen hetten das glück, dafs fie im dritten monat gebern. Wir fagen: Grofser herren hennen legen eyr mit zweyen dottern . . .« Dasfelbe Sprichwort mit derfelben Gefchichte findet fich auch in Schottelii Opus de lingua germanica, Braun-fchweig 1663 S. 1122.

Leipzig.   Heinrich Klenz.

Der Name Externftein (XXIX, 55).

Dafs »Extern fchiefsen« wirklich mit dem Namen der »Exter« d. i. Elfter zufammenhängt, beweift die mecklenburgifche Redensart »Kopphefter fcheiten«, auch »Hefterkopp fcheiten« für »kopfüber fchiefsen, einen Purzel-baum fchlagen«. C. Fr. Müller (Der Mecklenburger Volksmund in Fritz Reuters Schriften [1902] Nr. 388) leitet fie richtig daher, »dafs die Elfter, wenn fie in ihr Neft oder vom Baume niederfährt, mit ihren grofsen, beweglichen und radförmig fich ausbreitenden Schwanzfedern kopfüber zu fchiefsen fcheint«. (Vgl. meine Erläuterungen zu Reuters Stromtid I S. 49 f.).

Leipzig.   Heinrich Klenz.

klütern (XXIX, 53).

klütern und klüterer kommen auch im Braunfchweigifchen vor. Das Verbum bedeutet auch hier nicht nur ein Ausbeffern, fondern auch ein Herftellen einfacher Hausgeräte, ohne dafs der »Klüterer« diefe Fertigkeit handwerksmäfsig erlernt hätte.

klütern (= schneebällen) tut man fich am Elme, am Hilfe fragt man: Willt we uus mal *klümpen*?

Braunfchweig.   Otto Schütte.

kaniut (XXIX, 60).

kaniut ift eine Entftellung, *karnuten* nennt man dicke Freunde oder auch Kameraden am Hilfe, und dies Wort geht zurück auf kôr-note, vgl. Lübben, mittelniederd. Handwörterb. S. 185.

Braunfchweig.   Otto Schütte.

Sprichwörter.

Ein Deichvorfteher des Landes Wurften, Tante Sibberus, geboren 1699 und zu Dingen 1754 geftorben, hat Nachrichten über fein Gefchlecht und fein Leben, über wirtfchaftliche Erlebniffe und zeitgefchichtliche Vorgänge mit Rechnungen in einem ziemlich ftarken Bande, der mir vorliegt, vereinigt. Aufser vielem volkskundlich Beachtenswerten enthält diefe Handfchrift einen mit Sorgfalt ausgearbeiteten Auffatz über die Anlage der Wurfter Deiche. Niederdeutfch ift nur eine eingefchobene Sammlung von Sprichwörtern. Unter diefen find viele weitverbreitete, eine ganze Reihe findet fich, wie der Wohnort des Sammlers erklärlich macht, im Bremifchen Wörterbuch, doch ift auch eine Anzahl eigenartiger darunter.

Sprüchwörter in der niderfächfifchen Sprache.

1) De ko de melcket där den hals, un dat hoen lecht där den krop.
2) Wat een goet hack werden will, de moet fick froe krummen.
3) Junok gewanet, oelt gedahn.
4) Wen de höner feddert, fo is am heften de perde tho voren.
5) De morgenftunne het golt in den mundt.
6) As de ohlen fungen, fo lernen de jungen.
7) In harfft fo giff de pehrde wat in den fetten darm,
     dat holt fe den gantzen winter warm.
8) Wen du wult een junges wiefke han,
     fo fühe värher de moder an;
     is de moder van goden fitten,
     fo magftu um de dochter bidden.
9) De appell falt nich wiet van den boom.
10) Junck gefreit und woll gefreit, dat het niemandt gereut.
11) De will wehfen funder pien,
     de blief van fteefkinder un winterfchwien.
12) Dat bloet, dat nich geit, dat krüpt doch.

13) Een lütke ftubbe fchmitt een groet för hau um.
14) Oelt gelt in de kift, oelden mes in de kule, de verwarft beyde nicks.
15) De lider beholt dat landt.
16) Holt den kop und de föte warm,
    dat is gefundt dien lief un darmm.
17) In de mafch wart de mefs tho den roeklock henut fört.
18) Dar de korte wage kehret, dar kehret oek de lange.
19) Dat is heter eng un woll as wiet un wee.
20) De fien föte wider ftreckt as de dehk, den wehrt fe kohlt.
21) De fien finger twüfchen borck un boom ftickt, de beklemt emm.
22) De een andern veracht, de docht fülveft nich.
23) De daler gelt nargens mehr, as dar he fchlagen wart.
24) De fagell mag fo boech fiegen, as he will, he moct doch wedder an de erde.
25) De klatterfche falen wehrt de hefte pehrde.
26) Den fagell kent man bi de feddern un den narren bi dat lachen.
27) Mien vaer wull een bullen kopen un harr neen gelt.
28) Mien fühn, it (hdfchr. is) brodt tho de wurft. Vader, ick kan fe fo
    lange fär den mundt nich weg mifsen.
29) Ule, du deift mi unrecht,
    de mues was mi thofecht.
    Katte, du fchaft weten,
    mifsgunt brodt warrt oek eten.
30) De ko weet nich, dat fe een kalf wefen is.
31) De fär 50 jahr ritt, de moet na 50 jahr gahn.
32) De löverke, de lechtmifsen fingt, de moct maydag fchwigen.
33) Den Pa fär lechtmifsen fchall man anfpeyen.
34) Wüppen moders maekt fitten dochters.
35) Een hoff um den mahn
    de kan vergahn,
    aver een hoff um de funn
    dar weent frou un kinder um.
36) Een ftint uht dat water un een fchnider achter den aven weg, de fünt
    beyde ftracks doet.
37) Mit vele holt man hues un mit weinigen kumbt man oek uht.
38) Het de moder een goden feh,
    fe gifft de dochter watt meh.
39) De ko deckt den difch des dages dre mahl.
40) Dat fpeck, dat man de fchwien gifft, dat krigt man oek wedder.
41) Egen herd is golt wehrt.
42) De fagell, de in den buhr is, de will dar gern uht, un de dar buten
    is, de will dar gern in.
43) Man kan de ohlen woll entgahn averft nich entrabn.
44) Wen de kohl waft aver de thün,
    fo will dat hau nich in de fchün.
45) De woll litt, de laht fin rückent.
46) Dar kumbt fo dra een kalver- as een offen-huet to marckct.
47) Watt van katten kumbt, datt mufett.
48) De kunft ftigt höger,
    van een organift warrt een kröger.

49) Watt de göfe blaeft, dat fchwillt nich.
50) De witte katten wilt nich gern achter de okern.
51) Dar de thun am fideſten is, dar ſticht man gern aver.
52) Een junge dern krigt ſo licht een fchnack
    aꞩ eene witte färfchortt een plack.
53) Den ofs härt ſtro, de ko härt bau, dat pehrt hürt haver.
54) Ey is een ey, un een jeder langt doch na dat grötſte.
55) De vader un moder nich härt, de moet dat kalfffcll büren.
56) De hier nich docht, de docht tho Lüebk oek nich.
57) Lehr watt, fo weeftu watt; ſtill watt, fo heftu watt; laht aver en jeder
    dat fien.
58) Rom is neen botter.
59) Lechtmifsen duncker,
    fo wartt de bur een juncker.
60) De grote vagell het fien fedder fo woll nödig as de lütke.
61) Acht is behter as dufendt.
62) Wen de minfch is wehten,
    fo is he hallff verfchlehten.
63) Watt Hänschen nich lehrt, dat lehrt Hanfs oek nich.
64) De minfche let dat fündigen nich, bet dat ehm mit de fchüppe na
    fchmehten warrt.

Anmerkungen. 1) Doornkaat Koolman 2, S. 101. — 4) voren = voderen,
Brem. Wb. 1, S. 432. Vgl. Nr. 7. — 8) Wander 3, S. 809 (106). — 8) u. 10) aus dem Hd.
— 12) Wander 1, S. 410: Dat blöt kruppt, war't nich gän kan, oftfrieſiſch. — 15) Brem.
Wb. 3, S. 64. Schütze 3, S. 84. — 21) Brem. Wb. 1, S. 122. — 25) Brem. Wb. 2, S. 796. —
29) Die letzte Zeile im Br. Wb. 1, S. 142. — 32) Doornkaat 2, S. 501: Wen't lèverke
för lechtmes fingt, mut't na lechtmes pipen, und Wander 3, S. 124 (71). — 33) Pa fär
lechtmiffen = Pauli converfio, 25. Januar. Das Anfpeien foll ungünftige Witterung ab-
wehren Nicht nur das Ausfpucken gilt für nützlich, um Unheil abzuwenden, fondern
es ift auch das Anfpeien glückbringend. Nach Athenaeus befpeit der Tauber feine
Jungen gegen Zauber; Grimm, Myth. IV Bd. 3, 319. Bei Plautus in den Captivi 551
heifst es:
       et eum morbum mi esse, ut qui med opus fit infputarier
   und 553 quibus infputari faluti fuit atque eis profuit.
Hierzu macht Brix in feiner Ausgabe (Leipz. 1876) die Bemerkung, dafs der Volksaberglaube plötzliches Anfpucken für ein fympathetifches Heilmittel halte, z. B. bei Gelbfucht.
Plinius berichtet (28, 4, 7), dafs Ammen die fchlafenden Kinder anfpien. Wenn man
fich von ungetähr befpeit, erfährt man Neues; Grimm, Myth. IV Bd. 3, 449 (Nr. 453).
    Ein deutfches Sprichwort ähnlicher Art ſteht mir nicht zu Gebote. Jedoch kommt
dem Wurfter nahe eine Stelle des heiligen Namenbuches von Konrad Dangkrotzheim
(Ausgabe von K. Pickel, Strafsb. 1878), nur dafs der chriftlich gewandte Schlufs milder
ift. Es heifst dort vom Tage der Bekehrung Pauli:
   59 Des tages nim war: fchint denn die funne,
      das betütet vil frucht und alle wunne;
      regent es aber oder vellet ein fnee,
      fo fwindet die frucht und gefchicht ir we;
      wo aber ein nebel des tages ufftot,
      das bezeichet der lüte und vihes tot;
      lot fich aber ein fcharf wint an,
      fo muofs man kriege und urlüge han.
    Doch mag das kint (d. i. das Chriftkind) das alles wol gewenden.
In den Anmerkungen führt Pickel die lateinifchen Verfe an:
      Clara dies Pauli bona tempora denotat anni,
      fi fuerint venti, defignant proelia genti,
      fi fuerint nebulae, pereunt animalia quaeque,
      fi nix, fi pluvia, defignant tempora cara.

Diefe müffen fehr bekannt gewefen fein, denn fie find in Alexandriner überfetzt in Zedlers Univerfallexikon (Leipz. u. Halle 1740) Bd. 26, 1459 übergegangen. Dort wird auch Bd. 38, 1541 die Sitte erwähnt, in den rechten Schuh zu fpucken, damit man an dem Tage nichts Böfes erlebe, allerdings unter Beziehung anf Plinius. — 34) Wander 3, S. 811 (156): Swippêrfte moders gäft fûlêrfte dochters, umgekehrt (154): Sittêrs moder giwwt lichtêrs dochters. — 35) Doornkaat 3, S. 146. — 38) Ähnlich bei Wander 3, S. 808 (97): Hat die Mutter guten Flachs, fo kriegt die Tochter auch einen Zopf davon. — 40) Wander 4, S. 453 (148): Was man feinem Schwein gibt, ift nicht weggeworfen. Schütze 2, S 218. — 45) Doornkaat 3, S. 66. — 47) Brem. Wb. 2, S. 751. — 48) Brem. Wb. 2, S. 877: De kunft ftigt jummer böger, uut dem koster wart een kröger. — 49) Brem Wb. 2, S. 530 von Drohworten ohne Nachdruck: Wat de göfe blafet, lopt nig hoog up. — 50) Brem. Wb. 3, S. 261. — 56) Wander 4, S. 1049 (12): Wer nichts taugt daheim, wird auswärts nicht heffer fein. — 57) Brem. Wb. 4, S. 1023. — 59) Doornkaat 2, S. 482. Wander 3, S. 120 ff. — 61) Brem. Wb. 1, S. 4. — 62) Brem. Wb. 4, S. 836. 5, S. 242: Man ward nig eer wies un weten, eer man is half verfleten. Schütze 4, S. 854.

Breslau.   P. Feit.

Appegirhus.

Meine verftorbene Tante, eine gebürtige Lundenerin, fprach viel von dem grofsen Appegirhus am Gänfemarkt in Lunden. Denfelben Ausdruck hörte ein Freund von mir von feinen Grofseltern in Lunden. Gemeint ift ein Gaft- und Logierhaus, von welcher Bezeichnung es auch eine merkwürdige Verdrehung zu fein fcheint.

Dahrenwurth b. Lunden.   H. Carftens.

Der Volkswitz als Namengeber für Strafsen (XXVII, 62 f.).

Der in dem Auffatze »Lilien- und Rofenftrafse« verteidigten Meinung, dafs manche Strafsennamen urfprünglich Spott- oder Scherznamen feien, alfo dem Volkswitz ihre Entftehung verdanken, kann man nur zuftimmen. Auch K. Koppmann vertritt diefe Anficht, indem er in feinem Auffatze: »Die Strafsennamen Roftocks«[1] auf Seite 28 als achte Gruppe diejenigen aufzählt, welche »durch den Volkswitz oder aus Wirtshausnamen entftanden zu fein fcheinen.« Freilich ift ihre Zahl nicht überall grofs; auch find manche von ihnen nur zeitweilig im Gebrauch gewefen.

Auch für Hamburg laffen fich mehrere folcher Strafsennamen anführen. Ich möchte folgende nennen: *Hahntrapp* und *Kurzes Tafellaken*. Beides waren kurze Strafsen, die vor dem grofsen Brande (1842) vom Nikolai-Kirchhof, die erfte zum Grofsen Burftah, die zweite zur Neuenburg führten. Der *Hahntrapp* war vor dem Brande nur 60 hamb. Fufs (= 17,20 m) lang, alfo eine recht kurze Strafse.[2] So konnte alfo der Scherz entftehen, dafs die Strafse nur fo lang fei wie der Schritt (trapp[3]) eines Hahnes. Das *Kurze Tafellaken* wird noch kürzer gewefen fein; denn diefer Weg enthielt nur ein Grundftück. *Tafellaken* ift ein fchon im Mittelniederdeutfchen vorkommendes Wort und bezeichnet ein Tifchtuch. Wie der Vergleich entftanden ift, kann ich nicht fagen.

Der Hahn ift anfcheinend auch noch für zwei andre Strafsen, eigentlich Twieten, namengebend gewefen. In der Nähe der St. Catharinenkirche

[1] In den »Beiträgen zur Gefchichte der Stadt Roftock«. Bd. III. Heft 3 S. 1 ff.
[2] F. H. Neddermeyer, Zur Statiftik und Topographie der Stadt Hamburg (Hamburg 1847) S. 34.
[3] »trapp« hängt möglicherweife mit dem mittelnieddtfch. »trappen«, mit dem Fufs laut auftreten, zufammen (Mittelnieddtfch. Handwörterbuch S. 415).

befanden fich bis vor dem Zollanfchlufs Hamburgs zwei kleine Sackftrafsen: die *Hänkentwiete* und die *Hankentwiete*, nahe beieinander. Jene wird 1393 als »twita Domini Johannis Hoyers«, und 1402 als »*Hanentwiete*« genannt. Die Hankentwiete biefs urfprünglich twita Domini Johannis Hameken, *Hamekentwiete*[1]). Aus diefem Namen ift dann im Laufe der Zeit »Hankentwiete« geworden, und die Vermutung liegt nahe, dafs der Volksmund dann den Namen der benachbarten Twiete zu »Hänkentwiete« umformte[2]).

Ein noch jetzt beftehender »Hof«, der vom Gänfemarkt zur Königsftrafse hindurchführt, und eigentlich »Wohldorpshof« heifst, führt im Volksmunde, wegen feiner einem Ärmel (Maue[3]) ähnlichen Geftalt, den Namen *Hemdsmau.*[4])

Ob die Strafse *Herrlichkeit* nach früher hier befindlich gewefenen herrfchaftlichen Gärten benannt, oder ob der Name nur ein Spottname für die fchmale und nicht fehr freundliche Strafse ift, läfst fich nicht mit Beftimmtheit fagen; vielleicht trifft hier beides zufammen.

Ebenfo fcheint mir der Name *Paradieshof*, den ein von der Michaelisftrafse zum alten Steinweg führender bebauter Durchgang trägt, eine ironifche Bezeichnung zu fein; denn diefer Weg, der als eine Art Twiete zu bezeichnen wäre, hat in feinem Ausfehen abfolut nichts paradiefifch Anmutiges.

Der *Kehrwieder* war ehemals eine Sackftrafse; war man an dem weftlichen Ende diefer Strafse angelangt, fo mufste man wieder umkehren, wenn man es nicht vorzog, fich mittels einer Jolle nach dem Baumwall überfetzen zu laffen.

Kibbeltwiete und *Slamatjenbrücke* follen, fagen wir, mundfertigen Frauen den Namen verdanken. »Kibbeltwyte«: fo definiert Richeys Idioticon hamb. Seite 114, »der Nahme eines Neben-Gäfschens in Hamburg, worin fich vielleicht Haderkatzen befunden haben«. Kibbeln (kabbeln) ift auf *kiven*, hochdeutfch keifen, zurückzuführen. Diefes »kiven« ift nicht nur in Hamburg, fondern auch in Wismar, Roftock und Stralfund namengebend für Strafsen gewefen, deren Namen jetzt zum Teil durch andre erfetzt find. Eine *Slamatje* ift nach Richey[5]) ein faules und plauderhaftes Frauenzimmer. Er will freilich nicht behaupten, dafs die Brücke davon ihren Namen trage; aber da in älterer Zeit das Waffer, das in der Haushaltung zum Wafchen und Scheuern benutzt ward, zum Teil den Fleeten entnommen wurde, fo liegt die Vermutung nicht fo fern, dafs die mit dem Wafferholen beauftragten Frauen und Dienftmädchen die günftige Gelegenheit zum Plaudern nicht unbenutzt liefsen, und dabei mehr Zeit zubrachten, als zum Wafferholen nötig war; und die Hausfrau, die auf die Rückkehr der Frau oder des Mädchens vergeblich wartete, mag dann wohl ihren Ärger in jenem allerdings etwas derben Scheltwort ausgefprochen haben. Die Ableitung des Wortes Slamatje ift bei Richey freilich nicht gegeben.

Im jetzigen Stadtteil St. Georg ift endlich eine Strafse *Hühnerpoften*, die nahe der letzten ehemaligen Befeftigung der (jetzt fog. innern) Stadt fich befindet. Die Strafse foll ihren Namen von einem von den betreffenden

---

[1]) C. F. Gaedechens, Hiftor. Topogr. von Hamburg. S. 89. [2]) Wobei an das plattdeutfche Wort »Häne« (Henne) zu denken wäre. (Richey, Idioticon hamb. S. 87) [3]) Zu »Maue« vergl. Richey a. a. O. S. 162. [4]) Vgl. Wichmann a. a. O. S. 177 [5]) a. a. O. S. 260.

Soldaten für zwecklos erachteten, fog. verlorenen Poften tragen. Man nannte es vermutlich »Poften ftchen für die Hübner«[1]). Die Redensart »dat is för de Höhner« ift noch jetzt in Hamburg, auch im Hochdeutfchen, gebräuchlich, mit der Bedeutung: »Das ift nichts, oder nur fehr wenig wert.«

Diefe kleine Aufzählung ift vielleicht noch nicht ganz vollftändig, und ähnliche Zufammenftellungen werden fich aus den Strafsennamen andrer Städte machen laffen. Sie wird aber fchon genügend beweifen, dafs der Volkswitz als Namengeber für Strafsen durchaus nicht von der Hand zu weifen ift. Es kommt noch dabei in Betracht, dafs die Strafsennamen bis weit hinein in die neuere Zeit im Volksmunde entftanden find, und daraus erklärt es fich auch, dafs manche Strafse zu verfchiedenen Zeiten verfchiedene Namen getragen hat. Dies hörte erft auf, als, freilich erft fehr fpät (in Hamburg erft um 1788), die Strafsennamen durch Anfchlag an den Strafsen-ecken fixiert wurden. — Jetzt werden die Strafsennamen von Amtswegen gegeben, oder — bei Privatftrafsen — amtlich beftätigt.

Hamburg.   C. Rud. Schnitger.

Dat hiere — dat dare.

Eine fonderbare adjektivifche Anwendung der Adverbien *hier* und *dar* fand ich in einer kleinen humoriftifchen Erzählung »De Müsfanger« (in: Die Heimat. Monatsfchrift des Vereins zur Pflege der Natur und Landes-kunde in Schleswig-Holftein ufw. 1908, Seite 290 und 291). Die Pointe diefer Erzählung ift der bekannte Scherz, dafs ein nicht fehr arbeitsfreudiger Knecht auf die Frage feines Herrn, der ihn auf dem Heuboden findet, was er dort tue, antwortet: »Ick fang' Müs!« Die Antwort auf die weitere Frage, ob er fchon welche babe, ift dann: »Wenn ick de heww, op de ick luer, un denn noch een, denn heww ick twee!«

Das ift nun in der genannten Erzählung fo wiedergegeben: »*Dat dare Aaftüg* fret uns noch all dat leev Korn up, und ick lat nu ni ehr Fre' (ich gebe nicht eher Frieden), bit ick fe alltohop an de Siet heff.« Und die zweite Antwort: »Ja, wenn ick *dat hiere Deert* to faten heff, wo ick nu achter her bün, un denn noch een, denn heff ick twee.«

Der Verfaffer der Erzählung, W. Bebenfee, in Eckernförde, hat fie »dem Volksmunde in Schwanfen« nacherzählt, und wie mir gefagt wird, find die Ausdrücke »dat biere« und »dat dare« im Schleswigfchen ganz gebräuchlich; im Holfteinifchen, fpeziell in Hamburg kommen fie nicht vor. Sie find augenfcheinlich nur Umfchreibungen für die Pronomina »diefe« und »jene«.

Hamburg.   C. Rud. Schnitger.

Höltendraetick.

In John Brinckmans Erzählung »Kafpèr-Ohm un ick«[2]) wird auf Seite 14 und 15 ein »Spiel mit Nüffen« unter dem Namen *Höltendraetick* gefchildert, das Unkel Andrees als Knabe mit feiner ungefähr gleichalterigen

---

[1]) Wichmann a. a. O. S. 215, und O. Beneke, Hamburgifche Gefchichten und Denkwürdigkeiten, 2. berichtigte u. ergänzte Aufl. Berlin 1886. S. 27.
[2]) Sie bildet den 2. Band von John Brinckmans fämtlichen Werken in fünf Bänden, mit Einleitungen und Anmerkungen herausgegeben von Otto Weltzien. Leipzig, Max Heffe's Verlag, o. J.

Kufine (ireitenwäfchen[1]) gefpielt hat. Es geht, wie es nach der Befchreibung fcheint, nach einer beftimmten Formel, und läuft darauf hinaus, dafs
der eine Spieler errät, ob der andre eine gerade oder ungerade Zahl von
Hafelnüffen in den beiden gefchloffenen Händen hat.

Es verläuft nach der Erzählung folgendermafsen:

Andr.: Willn wi 'n bitten Höltendraetick? Grar ore ungrar? Hä?
Grar ore nngrar? Höltendraetick!

Greit.: Lat'n *drawen!*

A.: Dor drawwt hei hen! (fchüttelt die beiden Hände mit den
Hafelnüffen und fagt wieder:) Höltendraetick!

Gr.: Lat'n *raeteln!*

A.: Dor raetelt hei hen! (fchüttelt wieder).

Gr.: Tom drürr'n, lat'n *runfcheln!*

A.: Tom drürr'n, (fchüttelt fo, dafs die Nüffe laut klappern).
Dor runfchelt hei hen! Höltendraetick! Grar ore ungrar?

Nachdem nun das eine oder das andre geraten ift, werden die Nüffe
gezählt.

Auffallend ift der Name des Spiels »Höltendraetick«, für das Weltzien
auf der Seite 13 zur Kapitelüberfchrift in der Fufsnote nur die Erklärung
»Spiel mit Nüffen« gibt. In Reuters Schriften wird das Wort nicht
vorkommen; wenigftens hat Dr. C. Fr. Müller es weder in feinem »Mecklenburger Volksmund in Fritz Reuters Schriften« noch in feinem »Reuter-
Lexikon« erwähnt. In diefem finden fich dagegen die Bezeichnungen für
das Geräufch der gefchüttelten Nüffe: *drawen* == traben; *rätern* (Brckm.:
raeteln) == raffeln, klappern, und *runfchen* (Brckm. runfcheln) == raufchen,
raffeln. Ob mit der Aufeinanderfolge diefer drei Ausdrücke beim Spiel eine
Verftärkung des Geräufches der gefchüttelten Nüffe angedeutet werden foll?
Wie ift aber das Wort »Höltendraetick« etymologifch zu erklären?

Hamburg.   C. Rud. Schnitger.

Hallig.

So bekannt die *Halligen* felbft find, fo wenig fcheint man von ihrem
Namen zu wiffen. Nirgends habe ich darüber gelefen, niemand hat mir
fichere Auskunft geben können. Ich werfe daher hier die Frage nach
Urfprung und Bedeutung des Wortes auf.

Lübeck.   C. Schumann.

Koberg.

Diefer bekannte Ortsname fcheint nicht überall durch *Kuhberg*
genügend erklärt werden zu können, vielleicht fteckt ein flavifcher Stamm
darin. Es wäre mir lieb, zu erfahren, wo und unter welchen Verhältniffen
er fich noch erhalten hat. Hier ift er leider in *Geibelplatz* umgeändert.

Lübeck.   C. Schumann.

Leerbeern.

Vor kurzem hörte ich die Umfchnürung eines gröfseren Poftpackets
mit allzu dünnem Bindgarn als *leerbeern Kraam* bezeichnen. Der den Aus-

----

[1] »Wäfchen« == Bafe; f. das Wörterbuch im 5. Bande der angeführten Ausgabe.

druck gebrauchte ift geborner Hamburger. Auf meine Frage nach der Bedeutung antwortete er mir, dafs er von feiner Jugend her das Wort kenne als Bezeichnung für folche Sachen und Arbeiten, die fchwach, nicht haltbar, bzw. wackelig, überhaupt für ihren Zweck ungenügend feien. Ich finde das Wort nur noch bei Schambach im Göttingifch-Grubenhagen'fchen Idiotikon: *lêrbèrn*, Adj., nachläffig ·gearbeitet, wenig haltbar, zerbrechlich; mit der Frage, ob gleich lorbeeren?

Leider gibt Schambach nicht an, wie die Lorbeere und der Lorbeerbaum in feiner Mundart heifsen. Die Form lèrbôm, -bere eignet, foviel ich fehn kann, keinem ndd. Dialekte, fondern entweder hat man den Vokal au von lat. laurus, lauribacca beibehalten, bzw. zu auwe zerdehnt, oder meiftens zu ô, feltener zu â zufammengezogen. Laarbere, Laarölje gibt z. B. das Bremer Wb. 3, 15; lare-, larbom kommt fchon mudd. vor und bacca lauri ift ndl. zu bakelaar (daneben aber lauwer für den Baum) geworden. Lêr- kann Umlaut von lâr- darftellen, etwa aus dem lat. Genitiv lauri herrührend. Da aber die fonft bekannten ndd. Formen ohne Umlaut find und alfo auf laur zurückgehn, erfcheint die Annahme von 'lêrbere' bedenklich.

Näher liegt au eine Verkürzung des 'lêr' aus 'leder' (Leder) zu denken. Nemnich, Polyglottenlexikon der Naturgefchichte 3, 352 hat: »Lederbirn, eine Sorte gedrückt runder Birnen, erft im Anfange des Novembers geniefsbar; in der Reife wird fie fo braun, als braunes Leder.« Lederboum und lederbirnboum belegt Lexer im Mhd. Handwörterbuch fchon aus dem 14. Jahrhundert.

Bei beiden Ableitungen bleibt die Schwierigkeit, den Grund des metaphorifchen Gebrauches von lèrbèrn zu entdecken. Mir wenigftens ift unklar, welche Eigenfchaft der Lorbeere oder der Lederbirne, refp. der betreffenden Bäume oder ihres Holzes zur Verwendung des Adjektivs lèrbèrn für den Begriff der Zerbrechlichkeit ufw. hat Anlafs geben können.

Hamburg.   C. Walther.

Vogelftimmen.

Aus Uhrsleben (Kreis Neuhaldensleben) wird mir folgender Vers berichtet:

Lerche: Wekke fchönen Meken!
Schwalbe: Awer wenn ick fe fei
            Morgens in Dreck rum klein,
            Könneck meck fobou breken.

Man vergleiche dazu den Schwalbenruf im Nd. Jb. XXXIV, 148.

Leipzig.   R. Block.

Gefchenkfchriften zum Roftocker Vereinstage.

Bei der letzten Vereinstagung in Roftock find den Teilnehmern folgende Feft- u. a. Schriften überreicht worden:

(1) **Plattdeutfche mecklenburgifche Hochzeitsgedichte aus dem 17. und 18. Jahr-hundert**. Flir die Roftocker Pfingfttagung des Vereins für niederdeutfche Sprachforfchung und des Hanfifchen Gefchichtvereins im Auftrage des Vereins für Roftocks Altertümer hrg. von G. Kohfeldt. Roftock, Adlers Erben 1908. (61 Bl.) 4°.

(2) **Das Roftocker Welnbuch** von 1382 bis 1391. Hrg. von Ernſt D r a g e n d o r f f
und Ludwig K r a n f e. Roſtock, Adlers Erben 1908. (Feſtſchrift für die
Jahresverfammlung des Hanf. Gefchichtsvereins und des Vereins für ndd.
Sprachforfchung im Auftrage der Seeſtadt Roſtock veröffentlicht vom Verein
für Roſtocks Altertümer. Pfingften 1908). (XVII, 139 S.). 4°.

(3) **Emil Henrici, Andreas Mylius der Dichter der Warnow.** Abhandlung und Texte.
Schwerin i. M., Bärenſprung 1908. (Den Hanf. Gefchichtsverein und den
Verein für ndd. Sprachforfchung begrüsst im Lande ſeiner Tätigkeit der
Verein für Mecklenburgiſche Gefchichte und Altertumskunde. Roſtock, am
9. Juni 1908.) (67 S.). 8°.

(4) **Topographiſche Studie über die innere Stadt Roſtock.** Maſsſtab 1 : 5000. Roſtock,
Pfingften 1908. (1 Kartenblatt, Straubedruck, Berlin).

(5) **Roſtock und feine Umgebung.** Illuſtrierter Führer bearbeitet und hrg. durch die
Gemeinnützige Gefellfchaft. Neunte Auflage. Roſtock, Volckmann Nachf.
1908—1909. (65 S. & Pläne),

(6) **Kühne, Die Kirche zu Doberan.** Ein Führer durch ihre gefchichtlichen und
religiöſen Denkmäler. Grofse Ausgabe mit einem Grundriſs mit ſechs Bildern
der Kirche. Doberan, Rehſe & Co. (62 S. u. Tafeln). 8°.

Der ſtattliche Band der Hochzeitsgedichte, welchen der Verein für
Roſtocks Altertümer dargebracht hat, bietet eine in ſprachgefchichtlicher
Beziehung ſehr wertvolle Gabe. Die Zahl niederdeutſcher Texte aus dem
17. und 18. Jahrhundert iſt nicht ſehr grofs, und kein Gebiet konnte ſich
bisher rühmen, eine den verfchiedenſten Jahrzehnten angehörende Reihe auf-
zuweifen. In dieſer Hinſloht tritt Mecklenburg jetzt an die erſte Stelle
durch den vorliegenden Neudruck von 34 durch den Univerſitätsbibliothekar
Dr. K o h f e l d t hier vereinigten, nachweisbar oder wahrfcheinlich in Roſtock
gedruckten Hochzeitsgedichten aus der zwifchen Lauremberg und Bahſt
liegenden Zeit von 1656 bis 1759, denen noch zwei ſpätere v. J. 1790
beigegeben find. Zunächſt überrafcht den Leſer dieſer Roſtocker Texte die
Beobachtung, wie mannigfach bei denfelben Wortformen, mitunter ſogar
innerhalb derfelben Stücke, Laute oder Schreibungen differieren. Es iſt
z. t. nicht leicht, z. t. einſtweilen noch unmöglich, immer ſicher zu erfchliefsen,
in wie weit jene Differenzen durch abweichende Mundart einzelner Verfaffer
oder durch blofse Verfchiedenheit der Orthographie bedingt find. Immerhin
iſt auch ohne umſtändliche Unterfuchungen mancherlei aus den Texten zu
lernen und anzumerken. In der meckl. Mundart iſt vor r langes *e* zu *i*,
langes *ō* zu *ū* geworden. Nach Nergers Grammatik S. 133 iſt dieſer Laut-
übergang zu Ende des 18. Jahrhunderts eingetreten. In den Hochzeitsgedichten läſst ſich nun dieſes *i* bis 1741 zurückverfolgen, vgl. in Nr. 27
fiern fern, *ihrbaar* ehrbar, *Kierls* Kerle, *mier* mehr uſw. Dafelbe iſt der
Fall mit *ū*, vgl. ebd. *wurt* Wort, 1742 *Uhr* Ohr. Merkwürdig iſt die
Schreibung *ei*, welche ſich 1739 (in den Worten *Deirn* Dirne, *geirn* gern,
eirst erſt, *Keirl* Kerl, *seir* ſehr, *weirt* war es) findet. Sie legt die Vermutung nahe, dafs *ei* nicht unmittelbar ſich zu *i* gewandelt hat, ſondern
über *ēi*. Bemerkenswert iſt auch die verfchiedene Wiedergabe der aus
mnd. *ō* entſtandenen Laute. Für mnd. $\bar{o}^2$ (got. *au*) wird heute in und bei
Roſtock *ō*, für mnd. $\bar{o}^1$ (got. *ō*) ein ſonſt gleicher, aber zu Schluſs mehr
oder minder deutlich in *u* übergehender, mitunter *ōu* klingender Laut geſprochen. Lauremberg und Babſt fchreiben beide Laute gleichmäſsig o,
die Gebrüder Eggers den einen *o*, den anderen *oo*, alle vier reimen aber

beide *ö* miteinander. In den Hochzeitsgedichten findet man *ö¹* bis 1706 *o*, von 1709 ab bald *o*, bald *au*, 1739 auch *ou* gefchrieben. Man wird vermuten dürfen, dafs der diphthongifche Charakter des Lautes früher deutlich in der Ausfprache zur Geltung kam und feine Schreibung mit einfachem o Tradition aus älterer Zeit ift. Von anderen Einzelheiten fei noch angemerkt, dafs in Nr 6 v. J. 1705 in den Worten *ik let min Brüning* (mein braunes Pferdchen) ein Beleg der heute in Mecklenburg im Übermafs verbreiteten, dort aber vor dem 19. Jahrh. m. W. noch nicht nachgewiefenen Kofeform auf *-ing* vorliegt. In Nr. 26 von 1740 findet fich auf dem Titelblatte zweimal archaiftifches *unde*, im Gedichte felbft ftets *un*, in Nr. 21 (1727) die bei Brinckmans Kafper Ohm beliebte Form *on*. Das aus *nd* befonders vor *er* nafalierte ng, *nj* begegnet fo häufig, (z. B. in *anjer*, anderer, *Kingere* Kinder, *wanjern* wandern, *wunjer* Wunder), dafs man auf feine frühere weitere Verbreitung fchliefsen mufs. Ich möchte dazu bemerken, dafs in der Mark, wo *-ner* aus *-nder* noch heute verbreitet ift, dafür mitunter von den Bauern *nn* gefprochen wird, wenn fie Fremden auf hochdeutfche Fragen Auskunft geben. In andern Fällen begegnet in den Hochzeitsgedichten nur vereinzelt *j* ftatt *d*. Ich habe mir nur angemerkt Nr. 5 *Brag* Braten, Nr. 16 (wie Nr. 14 von einem Weftmecklenburger?) *goje Frünje, goje Fründj* gute Freunde, *Lundj* Land, *büm Oeljen* beim Alten.

(2) Die zweite gleichfalls fchön ausgeftattete Gabe, das in lateinifcher Sprache gefchriebene **Weinbuch**, hat hiftorifchen Wert: Es ift ein Rechnungsbuch für alle Präfente an Wein u. a. Getränken, welche die Stadt Roftock von 1382 bis 1391 vornehmen Fremden, die hierher kamen, verehrte, bei feftlichen Gelegenheiten und Zufammenkünften ihren Bürgern fpendete oder Ratsmitgliedern als Deputat gab.

(3) Henricis Schriftchen ftellt forgfältig zufammen, was fich über Andreas Mylius (1528—1594), den Freund und Rat des mecklenburgifchen Herzogs Johann Albrecht (1547—76) und feine nicht bedeutenden lateinifchen Gedichte aus gedruckten und handfchriftlichen Quellen ermitteln liefs.

W. S.

Notizen und Anzeigen.

Beitragszahlungen find an unfern Kaffenführer Herrn Joh. E. Rabe, Hamburg 1, gr. Reichenftrafse 11, zu leiften.

Veränderungen der Adreffen find gefälligft dem genannten Herrn Kaffenführer zu melden.

Beiträge, welche fürs Jahrbuch beftimmt find, belieben die Verfaffer an das Mitglied des Redactions-Ausfchuffes, Prof. Dr. W. Seelmann, Charlottenburg, Peftalozziftrafse 103, einzufchicken.

Zufendungen fürs Korrefpondenzblatt bitten wir an Dr. C. Walther, Hamburg 24, Uhlandftrafse 59, zu richten.

Bemerkungen und Klagen, welche fich auf Verfand und Empfang des Korrefpondenzblattes beziehen, bittet der Vorftand direct der Expedition, »Diedrich Soltau's Verlag und Buchdruckerei« in Norden, Oftfriesland, zu übermachen.

Redigiert von Dr. C. Walther in Hamburg.
Druck von Diedr. Soltau in Norden.

Ausgegeben: März 1909.

Regiſter XXIX*)

von

W. Zahn.

Sachen.

---

*) Die eingeklammerten römiſchen Ziffern weiſen auf die früheren Hefte.

Dänifch: ælde dütten
Fingernamen: tomme, fpille-
mand at gaae fløjten
(XXVIII) lobfcover
f. lund — Spott-
name der Dänen· hanne-
mann Holfteiner in
dänifchen Regimentern auf
Fünen als Urheber des
Wortes »fûn(i)fch« (?)
70—74. denfch (dénfch)
lopen
Dangkrotzheim (Kourad):
zum Namenbuch
Dar de korte wage keret...

Dar de tûn am fidaften is...

Dar kumt fô drà ên kalver-
as ên offenbût tô market
»Das ift der Daum«...,
Fingerreim (XXVIII)
Dat blôt, dat nich geit, dat
krûpt doch
Dat is heter eng un woll as
wîd un wê
Dat fpeck, dat man de fchwîn
gift...
De appel fallt nich wît van
den bôm
De daler gelt nargens mêr
as dàr he fchlagen wart
De ên andern veracht, de
docht fûlveft nich
De grote vagel hett fîn fedder
fô woll nôdig als de lûtke
De bîr nich docht, de docht
to Lûebk ôk nich
De klatterfche falen wert de
befte pêrde
De kô de melket dàr den
hals...
De kô deckt den difch des
dages drêmal
De kô wêt nich, dat fo ên
kalf wefen is
De kunft ftigt hôger...
De lider heholt dat land
De löverke, de lechtmiffen
fingt, de môt maidag fchwigen
De minfche lett dat fûndigen
nich...
De morgenftunne het gold in
den mund
De fîn finger twûfchen hork
un bôm ftickt, de beklemt
em
De fîn fôte wider ftreckt as
de dêk'...
De fûnn geit to lund... f.

De vader un moder nich
hoart...
De vagel, de in den bûr is...

De vagel mag fo hôch flegen
as he will...
De vœr jàr ritt...
De will wefen funder pîn...

De witte katten wilt nich
gern achter de okern
Do woll fitt, de làt fîn rückent

Den öss hoart ftrô...,
Den Pa vœr lechtmiffen fchall
man anfpeien
Den vagel kennt man bî de
feddern...,
zu Diefenbach's Wörterbuch:
haneman
Dithmarfchen: Dingdang und
Kattbarg von Feddringen,
Nachthunde Appegîr-
hûs zu Lunden Juden-
karkhof Ausdrücke für
»betrügen« f. für »ver-
fchwenden« Fingernamen
Lied vom alten Hilde-
brand (IV. VI. VIII) f.
rauhe Zähne anfcheten,
her pafter! Antje Be-
legg dan (= Seetang),
daufaren denfch lopen
dryer êwerdig
gnàterfwart, -blank,
gnitterfwart hadonfchop
Hamborg wifen
herfch kalant (XXVIII)
knullern tô krümp
gàn kwifpel für
Manchefter weggàn dat
moller f. mûmler
oldbelti . platz fôr'n
kurfürften! etc., wàr dî weg,
mûskant! recht up fîn
jüft (ftrêk, ftrich) fîn .
verharfcht, verhàrt
Doberan: Kirche
Dre ftene, blomen unde ho-
vedo: Râtfel (XXI)
Drohnen im weftf. Volks-
glauben, brûtende; Namen

Dümling haut holt kaput...,
Fingerreim
Duisburger Vokabular von
1724:

Eckart (Rudolf): Aufruf für
feine »Niederfächfifche Literaturkunde«

Egen hêrd is gold wêrt
Egge-Gebirge (IX—XII)
Eheregeln
Ei: Râtfel (VII, 86—88. XI,
XII, XXVIII)
f. Ei mit zwei
Dottern in Volksglauben
und Sprichwort .
Ei is ên ei...
Eichsfeld: quakeln
Eilsdorf bei Halberftadt: bûr-
hafe marcht, marchten
Râtfel vom Ei
Fingerreim
Elmwald: klütern
Elfafs: blaft
Elfter: Namen f. Extern
(Kopphefter, Hefterkopp)
fchiefsen f.
Ên hof um den màn...
Ên is ên... (Spruch)
Ên junge dàrn krigt fô licht
ên fchnack...
Ên lûtke ftubbe fchmitt ên
grôt fôr hau um
Ên ftint ôt dat water...
England: Râtfel vom Ei
(XXVIII) f. Oftertag
der Sonne de klocken
in Engelland hören fun
to grafp haber-
dine hanfa, haushus
lob's (lab's) courfe
(coufe, couce), labfcows
poke pot-luck
Entjer, pertentjer lêg op de
bank... (VII, XII,
XXVIII)
Efel: grismûl, davon begris-
mûlen?
Etymologieen: Flur-, Berg-
und Ortsnamen f. —
f. die Wörter altwil, blôs(t),
blunz, buhar, bucht, ewal-
lorig, Externftein, venîufch,
fûnfch, futfch, Hahnemann,
Hannemann, jarfkauken,
jorendén, kaniut, karnut,
knôtfchen, commentel, krefig, kungeln, lapskau, loine,
lêrbêrn, ôldklötig, plotz,
plôs, pûk, quidje (quitfcher),
fitenifte, f liren, ftuîs, wînker.
Eule und Katze ftreiten um
die Maus ja oele!
v. Exterde, Familie
Externfteine (IX—XII. XIV)
f f. Literatur f.

Fàrber-Rolle von 1500 (1586),
Lübecker

Familiennamen: v. Exterde
Hahnemann
Feddringen in Dithmarfchen:
Dingdang, Kattbarg, Nacht-
huud
Fehmarn: ewalleri(g)
zu Fehrs, Maren: Eiermaan
u. a. Backwerk
Fefte: Grölfeft kumäbend

Finger: Namen und Kinder-
reime (XXVIII)
Finnifch: loppu, lopuska (davon lapskau?)
Fifche: laberdan Aal-
Arten Stint im Sprich-
wort
Fifcher: Lübecker Wetter-
fpruch f. Aalfang bei
Warnemünde
Flandern: hanfa, beinsgraven;
ei für a, ei oder für e
f. bucht, bocht
elde puuk
Flurnamen: Bellerbek, Wieren, Lei'n, Winsl (Winzl),
Ræt, Maftelfen, Darrn
(XXVIII) f. Wuidage,
Räowuie, Vohren, Baifen.
Formeln: diftel un dan
(XXVIII) müfchen mit
de belegg 6 f. f. müfchen
in de hede hänken
vor allen bögen eine
ganz fchöne cite tinken
untanken um undumm

Französifch: Einfluß aufs
Flämifche (ei ftatt e)
fortune du pot in deut-
fchen Lehnwörtern: camelot
> kamlot, kamlotteufléfch
courageux > kreiïg?
(XXVIII), courage > weftf.
kuraffe f. couleur >
kleuore ätape > tappen
fineffe genie
henfer, hanfier > hanfe?
loger > lofangieren
mafoi > maföken ma-
tante? f. pré comme
fer > preckumfär?
puique, pique > pûk, pîk?
lîche mon cul >
lefchmunki, baife mon cul!
> bismakü Der franz.
Artikel geht ins deutfche
Lehnwort über: l'acacia >
lipp. lakazie, l'hombre >
> lummer, l'affût > Lafette,
die la main f. Da-
gegen: frz. laberdan > ndl.

Abberdaen, engl. haberdine
frz. j bleibt in ndd.
Lehnwörtern oder wird zu s
Freimaurer in der Volksetymologie (XXVIII): frîmûr-
(d)er beim Kartenfpiel 64.
Freundfchaft, dicke (XXVII.
XXVIII)
Friefifch: elde verdenemen
fîhnsk fûnfch .
puwck (bei Japicx) —
f. Altfriefifch.
Funen, ehemalige Garnifon
der Holfteiner in Odenfe,
daher fûn(i)fch?

Galeaffen: Arten
Gäns: im Sprichwort
begœfchen Gänfe fehen
laffen, Spiel (XXVIII)

Gaunerfprache: Ausdrücke für
> betrügen < für
> Geld < f. Flöte anlegen
fluiten gaan pik
Gebären in drei Monaten, im
Sprichwort
Geheimfprachen der Krämer
und Haufierer: Ausdrücke
für Geld — Gau-
nerfprache.
Geld: buchte, bichie (XII.
XIII. XXII) f. f.
puije putje (XXVI.
XXVII) lowi, mingen,
punen, pich(t), pech, fpich
f. dütt(j)en (IV. XV.
XVI. XXVII), ftapel
Taler im Sprichwort
zu Gerhard von Minden f.
Gefundheitsregeln
Göttingen: Ableitungen von
ûld und óld vûnfch
f. kumäbend
lene, leine lérbörn
puckelacken flüren

Goslar: Verbot für unzünftige
Schmiede, Senfen u. a. Dinge
anzufertigen
Gotifch: funifks, fôn
quithan usbaugjan
zu Gottfried von Strafsburg:
moraliteit
Gottfchee: meerer
Griechifch: χελιδών, χελι-
δονίζειν f.
Grölfeft
Grouingen: de bocht (= Geld)

om de arm hebben
kwetelu
Grofse Frauen gebären in drei
Monaten
Grofser Herren lÍennen legen
Eier mit zwei Dottern
Groth, Klaus: dat möller
f.
zu Gryfe, Spegel des Anti-
chriftifchen Paweftdoms:
Oftertanz der Sonne f.

Hahn in Strafsennamen f.
hahnemann — f. Huhn.
Hahnemann, geh du voran . . .

Halberftadt, f. Eilsdorf.
die Halligen
Hamburg: fcherzhafte Strafsennamen 90 f. Haus > Korntreppe < Bezeichnungen
für Nichthamburger: quidjo
(quitfcher), butenminfchen,
dikers f. f. f.
Kofeformen auf -je f.
f. Kinderfpiele (Buddel
an de kai!) (Schraf-
fel un döf; Ik litt, ik litt
in'n keller) (die
Hamburger Gänfe) zeigen
(XXVIII)
belag beleggich
fûnfch f.
70—74. kamelottenfléfch
klütern, klüterer f.
in de krimpe gän lér-
börn f. lapskau
müfchen (Lieschen, moder)
mit de belegg
müfchenprélter, müfchen in
der hede mutfch
(XXVIII) platz för'n
kurfürften! plufen
pûk, pîkfein 74—76.
puken 'n flick(er) op
de tung' hebben tutig
f.
Hannemann kommt von Jüt-
land . . .
Hannover: fühnifch
Hanfe, ihr Name (XXI) f.
Kontor in Bergen
Harz: L. S. glat keddern
— Goslar.
Hat die Mutter guten Flachs . . .
90.
Hausgerät: mûlt[e]knm
Speifenfchüffelu, Kummen
f.
Hausnamen: Appegîrhûs
Korntreppe

Hausteile: bucht
grener döökenfchoften,
dönkter ;
Hawermann, tui de büxen an!
f.
Hebräifch: Urfprung von
pleite, bleete, flöten (Xill.
XXVIII), fleito, feleta
f. — f. Heffen.
Henne im Sprichwort. — f.
Huhn.
Hennegau: ei Laut
Heffen: hebräifcher Einflufs
auf den Dialekt; bleete
gehen bluftern
Hett de moder en goden fê ...

Hildebrand: Lied vom alten
(IV. VI. VIII) f.
Hils: klümpen, karnüten .
Hochzeitsgedichte aus Mecklenburg 94—96.
Höltendraetick, Spiel f.
zu Holberg: at gaae flöjten
(XXVIII)
Holland: ei-Laut
Holftein: Backwerk rauhe
Zähne belämmern
bicht (im Rotwelfch?)
flufch f. 70—74.
gneter, -ften, -blank ·
kamlot, kam(e)lottenflöfch
(ver)klentern, klenter-
büdel klütern f.
lühfch lopen Lübeck
fên, de klocken in Engel-
land lüden hören alles
für Manchefter weg eten
müfchenprefter
platz für'n kuriürften, börgermeifter etc. f. plufen
preckumfür
puken waller = wedder
Holfteiner in fünifchen
Garnifonen
— f. Dithmarfchen, Feh-
marn.
Holt den kopp un de füte
warm ...
Huhn in Sprichwörtern
in Hamburger Strafsen-
namen 90—92. für de höner
fin kiken = küken
— f. Hahn.
Humpty Dumpty fat on a
wall ... f.
Hund: tache

Ick fitt, ick fitt in'n keller,
Spiel

Igel, davon: fik befwinegeln,
öl fwinegel!
Ihr Diener, Herr Prätorius!
... ;
In de ma[r]fch wart de mess
tö den röklock benôt fœrt 88.
In harfft fo giff de pérde
wat in den fetten darm ...

immerath (Kreis Jülich): et
Herrgöttfche fên
Jahrbuch, Niederdeutfches:
zu Bd. XXXI: altwil (I.
II. V) zu Bd XXXII:
bucht kwafen zu
Bd XXXIII: düttchen .
Pfeudo-Gerhard von Minden
f.
zu Japicx (Gijsbert): puwck
Jucundus in Göttingen: kum-
âbend
Jülich: et Herrgöttfcho fên
Jung gefreit un woll gefreit ...

Jung gewanet, öld gedàn

Kartenfpiel: lomber, lummer
kulör mauern,
Maurer, Freimaurer?
wendfch fpielen
Katze in Sprichwörtern
Streit mit der Eule
um die Maus .
Kiebitz: weftf. Namen
Kinderreime, f. Rätfel,
Sprüche.
Koberg .
Köln: fich plüftern quid-
dele K. weifen
Körperteil: piez, pieze, titt
Kohl im Sprichwort
Komparativ: goder, nafler .
zu Koneman's Kaland: goder
(XXI)
Konfonanten: epenthetifches
d in frimürder f
d > r d gefchwun-
den d > j, g dm
> bm > ben t > to
> s franz. j in ndd.
Lehnwörtern nd > ng
(nj), bef. vor er, in Mecklenb. und in der Mark
nd > nn in der Mark
r eingefügt in görps oder
gefchwunden in göps?
r vor t gefchwunden (in
fut, .
Kornähren an den Spiegel
ftecken

Korrefpondenzblatt des Vereins für ndd. Sprachfor-
fchung: Befprechung
Kofeformen: auf -je (quidje,
Thétje etc.) . f. auf
-ing im Mecklenb.
kränkliches Ausfeben: Ausdrücke
Krieg von 1870: in Deutfchland eingewanderte franz.
Redensarten
die Krimm (?) in der Redensart: in de k. gàn f.
Kurfürft in Redensarten
(XXVIII) f.

Lamm, davon belämmern
Landwirtfchaftliches: Düngen
mit Seetang, Tangfahren
f. Sprichwörter und
Bauernregeln aus Land
Wurften f. — f. Spin-
nerei, Viehzucht, Wagen
und die Wörter bene, bucht,
dryer, grener, kleuere,
krafer, kude, leine, lluftaf,
lorwe, fide, fitenifle, woke(n).
zu Langendijk's Don Quichot:
fluiten gaan
Lateinifch, mittelalterliches:
commentum, condimentum
f. pala 6. Vögellatein
Lauenburg: birren
zu Lauremberg, Acerra Philologica: Oftertanz der Sonne

zur Lautfprache, f. Konfonanten, Vokale.
Lechtmiflen dunker, fo wart
de hôr ên junker .
Lehnwörter: ndl. und mhd.
auf -teit — f. die Wör-
ter bedibbern, bleete, voni-
nifch, gonie, genierer, gnetern, hannemann, haufe,
kalant, kamlot, klentern,
kleuere (kulör), commentel,
krefig, kumàbend, kuraïle,
labordan, lapskau, lakazic,
la main, loffongieren, lufe,
lummer, maföken, Manche-
fter, matante, mutfch?,
peinfen, ploite, preckumfür,
pôk, fallere, tappen; bis-
makû, lefchmauki.
Leipzig: picx
Lêr wat, fô wêft wat ...
Lerche im Sprichwort
Lerchenruf ·
zum Liber vagatorum

über bucht
op'n willen buff wat daun
denfch(lübfch, wendfch)
lopen, wendfch fpielen
über eiermàn (XXVIII),
pankôken extern (kopp-
héfter, béfterkopp) fcheten
  f. den verde nemen
  f. fik 'ne màltid (de
likdürn, fàut) verpedden
    über: flöten (pleite)
gehen (V. VI. XIII. XXVIII),
fleitpüipen (XXVIII), flöten
lernen, Flöte anlegen, Flötentöne   f.
    vörpàl flagen (XXIII.
XXIV. XXVIII)
fünfch tô fin, tückfch, breifch
(preufsifch) fein mit . . . ,
fchle(fi)fch kiken, böbmifch
tun   70–72. koinen
genie hebben   in'n gra:l
mit hen gàn (XXVIII)
hànken vor allen högen fin
för de höner fin
über koddrig   über
kränkliches Ausfehen
über kreufen, kreufe
in de Krimm (krümp' ufw.)
gàn 43 f. to lund (bufch)
gàn   f. über Mauchefter
(XXVII. XXVIII)
fik to'm mümler maken
mûs' fangen = faulenzen
herùt kiken as 'ne mûs ût
'ne dis' heid'   über
nummer föhen   über
pot-luck recht up fin
preckumfür (jüft, ftrék,
ftrich) fin   achter
enen an puken   über
quaffelüjje   'n flicker
(flick) op de tung' hebben
    finen tappen krigen
(hebben)   tinken
un tanken kopen ût de
tüt' fin   über tutig
um un dumm rennen
da hört fich nicht blofs
allés, da hört fich alléns
bei auf anfcheten, herr
palter! ja (jo) kuchen,
oele, fluiten, fchûite(u)!
  nich in die la main!
lefchmunki! bismakü!
platz für'n kurfürften
(XXVIII) (eddelman, land-
vagt, börgermeifter)!

Regen, regen, rufch . . .
Reifferfcheid, Dr. Alexander,

Geh. Regierungsrat Pro-
feffor † f.
Reimarus, Elife : Liefche mit
de beleg
Reime in Formeln: entjer,
pertentjer, um un dumm
  — f. Ràtfel, Sprüche.
zum Reinaert: baraet, beraet
zu Reinke de Vos: beràt
zu Reuter (Chriftian), Schelmuffsky: Pietz
zu Reuter (Fritz): bucht
draven, rätern, runfchen
ventnfch fik 'ne màl-
tid (de likdürn) verpedden
    flöten gehen
koppheifter fcheten   f.
mafùken   herùt kiken
as 'ne mûs ût 'ne dis' heid'
    finen tappen krigen
Ribnitz: Tangdrehen, Düngen
  mit Seetang, Danghäfen f.
Richtftätten, gefpenftifche
Nachthunde daf.
zu Rollenhagen, Amantes
amentes: hoet vull buchte
(XII) f.
Röm is nén botter
Roftock: Strafsennamen
Oftertanz der Sonne f.
Jahresverfammlung des Vereins für añd. Sprachfor-
fchung (1908)   Ge-
fchenkfchriften dazu, u. a.
das Roftocker Weinbuch
von 1382—1391, Topogra-
phifche Studie über die
innere Stadt R., R. und
feine Umgebung 94–96.
Rotwelfch, f Gaunerfprache.
Ruffifch: lufcha

Sachfen, Provinz: betippert
  — f. Eilsdorf. Zeitz.
  — Königreich, f. Ober-
fachfen.
zum Sachfenfpiegel: altwil
(I. II. V) f.
Schiffe: Ausdrücke
Schimpfwörter: Antje (Engel,
Géfch, Lifche, moder, mö-
fchen mit de beleg(g), beleggfcher 6 f.   bubar
XXVII. XXVIII), lulatfch,
bimbam, ftufs hanne-
mann   kleuterbüdel
klüterer   kungellife
mümler   (pro)mûfchen-
préfter, mûfchen in der hede

qua(s)selhans (IX
    quidje, quitfcher
f.   f. flamatje
flûr, mhd.   fwinegel,
farken
Schlachterausdrücke : kam(e)-
lottenflèfch
Schlefien: lùfche   pluntfchig   fchléfch kiken
Schleswig (Land): Fingerreim
  Hannemann kommt von
  Jütland   fùnfch ?
  dat hiere — dat dare
  — f. Stapelholm.
Schleswig (Stadt): mült(e)kum
Schmiede: Gegenftände, die
  der nicht zünftige Sch. in
  Goslar nicht herftellen
  durfte
Schneebälle werfen: klütern,
  klümpen
Schneider: im Sprichwort
  kwifpel
Schöppenftedt: die Schöppenftedter Gäufe fehen laffen
Schornfteinfeger - Ausdrücke :
  dönkenfchoiten, dönkter
Schottifch : flid
Schraffol un déf, Spiel
zu Schröder, Joachim: Un-
  derrichtinge vam warhaff-
  tigen und valfchen gebede
  (XVIII)
Schüffel, Ausdrücke dafür :
  commentol etc. f.
zu Schultz, Erinnerungen eines
  Hamburger Proletariers :
  quittje f.
Schwaben: Märchen von den
  fieben Sch. Namen der
  Elfter f. blunze, plotzen
  pich, fpich = Geld
  redeln
Schwalbe: Gezwitfcher f.
  Schwalbenruf
Schwalenberg: bucht, büchte
  kwafen   plus
Schwein : in Sprichwörtern
  fik befarken, öl farken!
Schweiz: blunfchig, plätfchlig,
  blös(t), blöstli, blöstet
  heifel
Seetang (XXVIII), Drehen
  desf., Fahren, Düngen f.
  Dangaal
»fehr« : arig (XXVIII), orch
  mutfch (XXVIII),

muetsk, mordsmäfsig, hellsk
feir
Senfe: mudd Ausdrücke .
Sét én lütt jung in'n himmel ...
f.
Sibberns (Taote): Wurfter
Sprichwörterfammlung f.
Siebenbürgen: älfskäugd
Sittérs moder gift lichtêrs
dochters
Slavifch: lug, lufcha, lauźe
in Koberg? in
preckumfär? fl. Ein-
flüffe in der Gegend von
Zeitz
zu Söhle, Schummerftunde:
bismakü
Soeft: Köln wifen, fünne,
cböpfe, cböpske Name
der Weide brodeluime

Sonne: ibr Oftertanz f.
»fpazieren gehen«, Ausdrücke

Speifen: blunze bûrhafe
(XXI) kreufe, kröfe
lapskau (XXV. XXVI)
f. meruuge Wer will
ein gut Mus macheu ...
Spiele: Hamburg (Bremen,
Lübeck, Köln, Schöppen-
ftedt, Paris, Villach, die
(wilden) Gänfe, die Engel,
den Herrgott) fehen laffeu
(XXVIII), de klocken in
Engelland läden hören
Extern (Kopp-
beifter, Heifterkopp) fchiefsen f. Schneeball
werfen: klütern, klümpen
rodeln, redeln,
affchlien f. Buddel an
de kai, 'Ran an'n hafs
dütten fpelen
Höltendractick 92 f. Schraffel un déf; Ik fitt, ik fitt
in'n keller — f. Karten-
fpiele.
Spinnerei-Ausdrücke: kude,
woke(n)
Spottnamen: bannemann,
bahnomann putz,
fchraffel
»fprechen«, Ausdrücke dafür:
quaffeln (XXVIII) quafen
quitfchen, quofen,
quatfchen, quitfchern, quid-
dein, qucteln, quakeln f.
f. koddern
dalfchen fpreken mit
én beleg

Sprichwörter: Sibberns'
Sammlung Wurfter Spr.
f. Grofse Frauen ge-
hären in drei Monaten,
Grofser Herren Hennen
legen Eier mit zwei Dot-
tern .
Sprüche, Reime: Fingerreime
XXVIII) Sib-
berns' Sammlung vou Land
Wurfter Spr. f. Zauber-
fprüche Wetterfprüche
f. Backe, backe Kuchen
...(XXVIII) u. a. f.
f. Vogelftimmen
Hannemann kommt von Jüt-
land ..., Hahnemann, geh
du voran!... Hawer-
man, tui de bûxen an!
Ihr Diener, Herr Prätorius
... En is én ...
Sét én lütt jung in'n himmel ... f. — f. Rätfel
Stadtrecht von Wisby
Stammbildung der abftrakten
Feminina auf -enä, -unnia
(-innia)
zu Stange (Henrich), Ein-
kunftsregifter des Haufes
Ritzebüttel aus dem J.
1577, hg. v. Hindrichfon:
de leinen und fitenillen
Stapelholm: Ausdrücke für
rauhe Zähne für »be-
trügen« f. Fingernamen
guäterfwart herfch
in'e krümp krup, to
krümp krupen Lübeck
feheu alles för Man-
chefter weg eten
Steiermark: böhmifch tun
Steigerungen: jör : jorén :
jorendén (XXVIII) f.
allés : allés
Stiefkinder im Sprichwort
Stint im Sprichwort
Strafsburg: zu Gottfried von
Str.: moraliteit
Strafeunamen: fcherzhafte
in Hamburg f. Katt-
hagen in Münfter Ko-
berg in Lübeck
Suffixe: f Ableitungsen-
dungen.
Swippérfte moders gevt fü-
lérfte dochters

Tang, f. Seetang.
Tauben befpeien ihre Juugen

Theobald-Stiftung

Thüringen: mummumbàtz,
wullebàtz tückfch fein

Tiere: Bär (bàtz) bûrhafe
= Kaninchen tache =
Hund brätende Drohnen
(darne, brodeluime)
Verba, die von Tiernamen
abgeleitet find — f.
Fifche, Katze, Kuh, Maus,
Ochfe, Pferd, Vögel.
Tondern: Fingernamen
Tuch: kamlot Tuch-
bandel im Mittelalter (in
Flandern) f. (puck,
puyck, puckelaken) f.

Uckermark: verdal(t)fchen
Ümmelke Trümmelke lag op
de bank ...
Uhrsleben: Vogelftimmen
Ule, du deift mi unrecht ...
»und« in Mecklenburg

zu Vely (Emma), Prinz Niko:
die Schöppenftedter Gänfe
feben
Verein für ndd. Sprachforfchung: Mitgliederftand
Jahres-
verfammlungen: 1908 zu
Roftock f. (Ge-
fchenkfchriften:) f. 1909
zu Münfter Ab-
rechnung für 19c7 f.
Theobald-Stiftung Geb.
Regierungsrat Prof. Dr.
Reiflerfcheid † f.
»verfchwenden«, Ausdrücke
dafür f. f.
Viehzucht: Wurfter Sprichwörter und Bauernregeln
f. Redensarten über
hungrige Schafe
bene, grener, pedenkorf
f. bucht Von
Pferden: deufch (lübfch,
wendfch) lopen
Vögel: Ausdrücke für Zwitfchern f. Vögel-
latein Vogelftimmen
V. in Ortsnamen
Hahn und Huhn in Strafsennamen 90—92. Kiebitz
V. in Sprichwörtern
Tauben im Volksglauben
Elfter f. Kie-
bitz plufo, fik pluftern,
plufterich

Vokabular von 1724, Duisburger

Vokale: ê > ei > ie; ô > û vor r im Mecklenb. ô-Laut daf. f. Wechfel von û und in pûk und pîk . im Ndl â > ei; e (aus a) > ei oder vor + Konfonant (heinsgrave)

Volksetymologie: flöten gehen in de Krimm gån kumåhend lapskau étape > tappen lefchmûnki, bismakü frimürder

Volksglaube, Aberglaube: von den Freimaurern (XXVIII) von den Externfteinen f. Oftertanz der Sonne f. Nachthunde bei ehemaligen Richtftätten mummumbâtz brütende Drohnen Zwillingsfrüchte und -åhren Eier mit zwei Dottern Anfpeien am Tage Pauli Bekehrung Befpeien der jungen Tauben Zauberfprüche , Volkswitz: in der Namengebung für Strafsen f. über LS über die Sockelfiguren vor dem Berliner Schaufpielhaufe . Vorarlberg: pflotfch, pflotfchig Vorpommern: Freimaurer, frimûr(d)er . pûk puken zu Vulcanius (Bonaventura), De literis et lingua Getarum five Gothorum: bucht

Wagen: lorve und linftaf am Erntewagen Waldnamen: bochfter, ochfter (?)

Wangeroge: fihnfk Wantfarver-Rolle von 1500 (1586), Lübecker . Was man feinem Schwein gibt, ift nicht weggeworfen Walferpflanzen, f. Seetang. Wat de göfe blåft, dat fchwillt nich Wat ên gôd håk werden will . . . . Wat van kalten kumt, dat mufet . Wat Hänschen nich lért . . .

Wecke fchönen meken! . . .

Weddingftede: Nachthund . Pfarreinkünfte im J. 1609, dryer Weinbuch von Roftock Wenn dat leverke für lechtmefs fingt, mutt et na lichtmefs pipen . Wenn de höner feddert . . . Wenn de kôl wafst aver de tûn . . . Wenn de minfch is weten . . . Wenn du wult ên junges wifke hån . . . Wer nichts taugt daheim . . . Wer will ein gut Mus machen . . . Weftfalen: Geld in den Geheimfprachen der Krämer und Haufierer Schimpfwörter Lumpenfammler gehen flöten, Redensarten über fleiten, fleite püipen etc. Kiebitz öldo, elde; Komparation von ald op'n willen buff wat daun . chöpfo, chöpske; Schwund von r im Inlaut daren = Dorn vaddernuet, -prume

verklüngeln, (ver)kungeln, (ver'pandeln f. fünnich fünfch? hellsk kleuere, kulör Köln wifen kreufen, kröfe, krafen kuraffe, huikuraffe muetsk, muets piepmuifig, piepfterig plüffig pûk pulter ruat — f. Münfter,Münfterland,Soeft. Wetterfpruch f. Wishy: Stadtrecht aus dem Jh. Wismar: puicklacken Trinkkanne im Mufeum Wodan: Boil als Symbol Wollenweber-Rolle von Lüneburg: puchlaken Wollgras: wullebätz Wüppen modern måkt fitten dochters »wütend«, Ausdrücke: fûnfch, venfnfch f. 70—74. tück(i)fch breifch, preufsifch . Wurften, Land: Sprichwörterfammlung f.

Zähne, rauhe (XXVIII): Adjektive Zauberfprüche: gegen die »hirrenettel«, über den »fténbôm«, über »gaffeldôk«

Zeitz: Doppelähren, Zwillingsfrüchte (bätze) werden aus Aberglauben aufgehängt lefchmunki wendfchfpielen Zwetfchen: Aberglaube . Zwillinge: Verhütung der Geburt von Zw. Zwillingsfrüchte: Ausdrücke und Volksglaube (bätz)

»zwitfchern«, Ausdrücke dafür f.

Wörter und Wortbeftandteile.

a > e > ei vor + Konfonaut im Ndl.
à > ei im Ndl.
aakfter = Elfter, ndl.
aal, blank-, dang-, sec-
abberdaen, ndl.
abmurkfen
acacia, frz., lipp.: lakazie 42 f.
ackfter, axter = Elfter

Adelheidis > Alheidis
alde, dän.
ägerft(e) = Elfter, fchwäb. ndd.
älte, elte (XXVIII) f.
afkloppen = abzählen (beim Spiel)
afmelen (XXII)
afpuken
affchlien = rodeln
agalftra, agelcftra (ahd.), agalafter, agelfter (mhd.) = Elfter
ageft(a) fchweiz. = Elfter
agefter, agerft, ndd. = Elfter
agisdor
Agifterftein
ald kompariert
alderman
alditha, af.
älffkäugd, fiebeubürgilch
Alheidis < Adolheidis
alles : allens
alti, ahd. (XXVIII)
aitida, ahd.
altwil (I. II. V.)
ander > anjer
anforen = betrügen
anjer < auder
anfchiten, anfchüiten = betrügen
anfcheten, herr pafter
anfchmeren = betrügen
anfchüiten, f. anfchiten.

Antje Belegg
Appegirhús
arig (XXVIII)
art = Potamogeton perfoliatus
Atje = Adolf
atzel ausfehen, als ob die Mäufe alles Brot gefreffen haben
axter, ackfter = Elfter

b < d vor m
bacca lauri, lat.
bäht, mhd.
baife mon cul: hismakü
in'u Baifen
bakelaar, ndl.
halenbelach
här in bubar?
baract, mndl.
bárat, mhd.
Bar(do)wikerwif
bätz mummum-, wulle-
bblöftet, appenzell.
bedibbern (XXVIII) = betrügen
bedibbert (XXVIII)
beefelu?
befarken, fik b.
begaunern
begofchen (XXVIII)
begrismulen (XXVII. XXVIII. angrismulen: XVI) 1 f.
belämmern, en belämmerten kräm fin
belag
belegen
beleg(g), belech: müfchen (Gefch, Engel, Liefche, moder) mit de h., öl (Antje) B., fpreken mit en b. 6 f.
beleggen
beleggich
beleggfcher, öl b.
belengen
Bellerbok

belummern = betrügen
bemig (XXVIII)
bene = Viehraufe
beràd
beraet, mndl.
beràt (im Reinke de vos)
berewwelu
befchiten, befchüiten = betrügen
befchubben = betrügen
befchüiten = betrügen
befchummeln = betrügeu
befchwögen
befeggen
befufen = betrügen
befwinegeln, fik b.
befwögen
betippert
betuppen = betrügen
bichte = Geld (XII. XXII) f. bucht.
hieft, -milch
bieze, mutter-
bigericht 15 f.
Billerbek
bilur, af.
bimbam
bismakü
bitter, büfter
blankaal
blaft, elfäff.
bled = Blattpflanzen
blote gehen (XXVIII)
blöf(t), blöftli, blöftet, appenzell.
blome: dre blomen, Rätfel
blotz, plotz; blotzen
blunfchig, fchweiz.
blunze, fchwäb.
bluftern
blutzen
bochfter = Buchengehölz
bocht, ndl. = Geld 31. de b. om de arm hebben f. bucht.
böhmifch tun

bömig (XXVIII), bemig
botterlicker = Zeigefinger
brag = Braten
breedte, ndl.
breifch, oberfächf., = preufsifch, böfe
brodeluime = Drohne
Brüning
bubar (XXVII. XXVIII)
bucht, Plur. büchte, buchten (XII. XIII), bichte (XII. XXII) = Geld f. de b. um de arm hebben b. für Vieh (XXII) gausbucht verfchiedeue Bedeutungen und Redensarten bucht, ndl., = Geld f bocht.
buddel an de kai!
büfter, bifter
buff: op'n willen b. wat daun
hûkau
bumann
bûrhafe (XI)
bufch: to b. gàn
butenminfch
butze, -mann
buxt f. bucht.
camelot, franz., > kamlot, kam(e)lottenflefch
χελιδών
χελιδονίζειν 20 f.
chöpske, chörpske, f. gö(r)pf(e).
chrabbeln, chrawweln
chrapfen, weftf.
chüäte, weftf. = Grütze
commentum, mlat.
couce, lobs-
couleur > weftf. kleuere
coufe, lobs-, engl.

courageux (XXVIII): krelig f.
courfe, Iob's (lap's) c.

d: epenthetifch in fri-
mürder d > r
d > ge-
fchwunden zwifchen
zwei Vokalen
d > j, g d vor
m > b
dalfchen, dwalfchen?
= unverftändlich
redon
dan=Seegras(XXVIII)
diftel un d.
(XXVIII) —
f. dang.
danfaren
dang = Seegras
(XXVIII) f.
f. dan.
daugaal
dangdreihen (-dreigen)
danghafen
dank (XXVIII)
f. daug.
Dannemand, dän., dar-
aus Hannemann
där: dat dare
daren, weftf. = Dorn;
plur. däören
Daren bei Warendorf

darne = Drohne
Darnsted
darre
Darrn (XXVIII)
deirn = Dirne
delenwinker
denfch lopen
dißken, weftf. = dre-
fchen
diker (iu Hamburg)
Dingdang
diftel un dan (XXVIII)

doder = Nafenfchleim
doderu
dönkenfchoftèn
dönkter
donker = Tüncher
dou(ne)ken, mndd.
draven (im Hölten-
draetick-Spiel)
dre ftene, blomen, ho-
vede, Rätfel
drüt

drutig
dryer
dümling = Daumen
dütchen = Geldrolle

düte = Geldrolle
dütt(j)en (Münze) (IV.
XV. XVI. XXVII)
.= Geldrolle?
= drei Stücke
d. fpelen =
Pflock .
dull siu up ...
dutt, dutten = Schmutz

dwalfchen?

e (aus a) > ei vor +
Konfonant im Ndl.

è > ei > i vor r im
Mecklenb.
è (= Gefetz) in ewalle-
rig und anderen
Compofitionen
ebörftig
ebreker
echfter = Eichen-
gehölz?
egenwillig: ewill(e)

egerft(e), egefter =
Elfter
Egefterenftein
Egge, Gebirge(IX-XII)

éhaft, mndd.
*ehegefternftein (XI)

ei < é vor r im Meck-
lenb. ei < e (für)
a vor + Kou-
fonant, ei < à im Ndl.

ciermän(XXVIII):eine
Art Kuchen 85. Niete
in der Lotterie: mit
én ei. rûtkamen, én
ei. gewinnen, én ei.
(= nichts) wart
darût
eind(e), iude = end(e),
fläm.
eirft = erft
eklék, mudd.
ekfter, ndd., ndl.
elde, afrf., nfläm.
elderen, ellern =
Eltern
eldervader, ellervader

eldi, af.
èlik, mudd.
elli, an.
élôs, mudd.
elfe = Erle
elte (XXVIII); nach
der e. f. eine
ganz fchöne e.
elte, mbd.
elti, abd. (XXVIII)
-enà, in abftrakten
Femininis
end(e), eind(e), inde,
vläm.
die Engel . im Him-
mel pfeifen hören
(XXVIII)
Engel mit de beleg
England: de klocken
in Engelland lüden
hören
entjer portentjer (VII.
XII. XXVIII.
Eoftra
èr > eir > ir im Meck-
lenb.
eftappen
étape, franz, davon
tappen?
etepetcte (XI. XII
XVIII. XX)
ewalleri(g)
èwerdig, dithm.
ewill(e)
Exten, Dorf (X—XII.)
f.
exter = Elfter (II. IX)
f. extern fchiefsen,
Spiel f.
Exter, Dorf (X—XII.)
f.
Exter(bach) (IX. XII.)
v. Exterde, Familie
extern = plagen
Externftein (IX—XII.
XIV) 55—58.
vaddernuet
vadderprume
Falkenburg, -ftein
varec = Salfola und
Salicornia
far(e)n = Farnkraut
farken, ol fik be-
farken
faftgelljas (XVII)
faude
feleta, portugiefifch
jüd.

veuln, veninen, mudd.
venin(i)fch, venluich
(XVIII) f.
vernüinig
verafeu = verfchwen-
den 6.
verdal(t)fcheu,uckerm.
verde (= frodus, poena
paecis) nemen, vläm.
frief. f.
verbarfcht
verhärt
verkleien = verfchwen-
den
verklempern
verklentern (XXVIII)
f.
verklüngeln f.
verkupgeln f.
vernüinig vgl. ve-
nin(i)fch.
verpandeln
verpedden, fik 'ne mäl-
tid (de likdürn, de
fäut) v.
verplemperu
fiandifch? fiendifch?
viensk
fiern = fern
five, füve = fünf
fihusk, wangerog.
Villach zeigen, kärntn.
fineffe = heimtückifche
Streiche
finger: lütje f.
fingerling=Zeigefinger
vinna, norw.
vinnekar, -mann, norw.
Fifobrunn
fift, fiften und füft,
füften
fiund, af.
flait, flaiten, flaitpuipe,
f. flöten gehen,
floit(e),floiten,floite-
pipe.
fleito, hebr. (XIII,
Flöte anlegen (Gauner-
fprache)
flöten gehen (V. VI.
XIII. XXVIII)
f. fl. lernen

fl. op 'mo leften lock
Flötentöne: uf de letzten F. blafen, die F. beibringen .
floit(e), flait; 'n (allen) flait .f
floiten (XXVIII), flaiten .
floitepipe (XXVIII), flaitpuipe in Kedensarten
fluiten gaau (VI. XIII. XXVIII); ja il. l, ndl.
Vögellatein
vörpäl, vorpål (XXIII XXIV XXVIII)
flän
Vogelsberg
Vohren a. d Ems
voke, vokn, f woke
fön, got. f.
voren = voderen
vorpål, f. vörpål
fortune du pot
föt: fik de fiut ver pedden
franzbröd .
vrede, mudd. Geldftrafe
Freimaurer (XXVII XXVIII)
frimürer, frimürder
frünje = Freunde
fude
Fünen, davon fünfch?

fün(i fch, fünsk = wütend f

fünne = heimtückifebe Streiche
fünnich, weftf. = fchimmelig
fünfch, f. fün(i fch.
füft, füften und fift, fiften
füve, five = fünf
fun, ndl, engl
füu, af.?
funi, an.
funifks, got. .
fut = fort
futfch, ndd : futsk
Fyen, davon fünfch?

g < d
Günfe fehen laffen

(XXVIII)
galeaffe (XVII), jacht-, pfahl-, fchlup-, faft-, huker-, fchurer-garfé, poln.
gaffelbredd, -pinfel, -hüt
gaffeldök
gausbucht
gegröle
geinfter(e), geeufter(e), geufter, ndl. = Ginfter
geirn = gern
genie: köineng.bebben = fich nicht genieren
genierer: keinen g habeu
gepeins, gepons, ndl.
geräkt
gerkauken
germkuchen .
geru, geirn
gorwe, mhd. = Hefe
Géfch mit de boleg
glat, glatjen = fchmeicheind
gueterblank, -ften, -fwart (XVII. XXVI)
gnetern (XXVI)
gnifterfwart, gnitterfwart
göd: Komparativ goder in Kouemans Kalaud (XXI) gojefrünje
gö(r)ps(e) (XXVII. XXVIII', gö r)pske, chö(r)pske
gufchen = Gänschen, davon begafchen .
goldamer = Mittelfinger
goldinger, goldrand, golle ring, gollen ringer = Goldfinger
gös: de willen gois' wifen — f.
gufchen.
grabbeln, chrabbeln
grapfen, chrapfen
grapfchen
gras = Seegras .
to grasp, engl.

grawweln, chrawweln
Greitenwäfchen
grener = granarium
grismül (XXVII. XXVIII)
græl, in'n g. mit hengån (XXVIII)
grölen (XXVIII)
Grölfeft
grotte, ndl., = Gröfse

haberdine, engl.
hadenfchop, batenfchop; in h. leven
Häukentwicte
hänfeln
Hagendeo, ahd.
hahn, davon hahnemann, hanuemann in Hamburger Strafsennamen
Hahnemann
Hahntrapp, Strafsenname
Hallig
Hamborg wifen (XXVIII)
Hamekentwiete
haueman (richtig: haveman) = militaris
Hanentwiete
hänken vor allen högen 82.
Hankentwiete
Hannemann
Hans in allen Gaffeu
hanfa, banfe(XXI) 85 f.
hanshus
hanfier, frz.
harfch (XXVII)
hat = hart
batenfchop, hadenfchop
haveman = militaris
Hawermann f.
hegefter
heinde, ndl., = behende
Heindeo, ahd.
heinsgraven, fläm. 35 f.
beifel, fchweiz.
hoifter = Elfter
hellsk

Hemdsmau (Wohnhof in Hamburg)
heufa, henfe = hanfe (XXI) f.
hensbeker, henzebeker, ndl.
benfer, afrz.
et Herrgöttfche fen
Herrlichkeit, Strafsenname
herfchen (XXVIII), herfch; h. uptreden

hefter = Elfter
hefterkopp fcheten
hexter
hiddenettel
hier: dat hiere
hirren .
hirrenettel
höge : hänken vor allen bögen
hültendraetick f.
hoet vull buchte (XII) f.
hön: för de höuer fin
honnigfreter
hoved: dre hovede
hoveman, haveman
Hühnerpoften, Strafsenname f.
huikuraffe, weftf.
hukergaleaffe
Humpty Dumpty (XXVIII) f.

ei = e im Fläm und û wechfelnd
< ei < è vor r im Meckleub.
ihrbaar = einhar
lk fitt, ik fitt in'n keller, Spiel
inde, eind(e) = eud(e), fläm.
-ing in mecklenb. Kofeformen
-inn(i)a in abftrakten Femininis
ir < eir < êr im Mecklenb.
irhår = ehrbar
j < d frz. j in ndd. Lehnwörtern
ja Kuchen, oele, fluiten!
jo fchüite(n)
jachtgaleaffe
jarfskauken (XXIII. XXIV)

-je in Koseformen
Jebann, f. Johann.
jefen, oberd.
jifchen (XXII)
jo, fchüite(n)! —
f. ja.
Johann, Johann: lange
J. (X) = Mittel-
finger, korte J. =
der kleine Finger
jongdo.jongte,fläm
joram = Goldfinger
jör : joren : jorendèu
(XXVIII) f.
Jucundus: kumàbend

Judenkarkhof
(XXVIII)
jünge (XXVIII)
jüft: recht up fin j.
fin

kabbeln
kai : buddel an de k.

kalant (XXIII.
XXVIII)
kam(e)lot, kam(e)-
lottenfléfch
kamentelken
kaniut
Kannenglück (XXVIII)

knr, norw.
karnute
Kattbarg
Kattbagen (XXVIII)

kaus(ch), lab-
kaufe, oftfrief.
koddern: glat, glatjen
k. — f. koddern.
Kehrwieder, Strafsen-
name
kerl, keirl, kierl
kibbeln
Kibbeltwiete
kierl, f. kerl.
kiken as 'ne müs üt
'ne dis' heid' (IV)

kiken = Küken
kind, Plur. kingere
Kirfchen für Lumpen!

kitjebüten, kütjebüten

kiven
kiwit, tiwit, piwik, pi-
wip, piwit = Kiebitz

kleien, ver-, üt-
kleinte, ndl.
klempern, ver-
klenterbüdel
klentern (XXVIII),
ver- f.
kleuere, weftf., =
couleur
de klocken in Engel-
land lüden hören
klöten, davon öld-,
trüerklötig?
klötig, öld-, trüer-
klümpon = fchnee-
ballen
klüngeln, ver- 63 f.
klüngelüjje
klüten = mit Erd-
klöfsen werfen
klüterer f.
klütern f.
klütjen = Klofs
knoten, davon knüt-
fchen?
kundeln
knüllen
knullern
knütfchen (XXVII.
XXVIII)
Koberg
koddern (VIII—X)
— f. keddern.
koddrig: k. zu Mute
fein, eine k. Schnauze
haben (VIII)
Köln wifen
komme, kommeken,
ndl., = Suppen-
fchüffel
kommentel, komment-
lin, kommentelken,
ko(m)ment(s)chen
f.
koppho(i)fter fcheten
körnote, mndd.
korntreppe (Haus in
Hamburg)
korte Jehann == der
kleine Finger
kous, ndl.
kouwefe, mndd.
krafe, weftf.
krafen, weftf.
krafer
krellen, tofam-
krefen (XXVIII)
krefig (XXVIII)
kreufe, kröfe
kreufen, weftf., am kr.
fin

kreufig
Krimm: in de K gän

krimpe, mndd.: tor k.
(jetzt: in de krimm)
gän — f.
krümpe.
kringel
krintenbollen
kröfe, kreufe; Redens-
arten
kröfig
krüden (XXVIII)
krüdfch (XII. XVI.
XXVII. XXVIII)
krümp(o', krimp(e):
tor (in de) k. (in de
Krimm) gän f
to kr. krupen
krummbröd
kuat, weftf., kurz
Kuchen, ja K
kude
küken, kiken = Küken

küljebüten, kitjebüten

kulör
kumàbend
kumm'e), kump, kump-
ken = Spülnapf
Kumpf, Spül-
kunde, davon kungeln?

kungelori, kungelo-
rigge
kungellife
kungeln (XXIII.
XXIV), ver-,
kuraffe, hui-, weftf.
Kurfürft: platz für'n
kurfürften (XXVIII)

kw-, f qu-.

la main: nich in die
m.
laberdan
l'acacia : lakazie
labscows, mndd.
labskaus, f. lapskau(s).
lägge, legge = Stein

lafette :
l'affüt > lafette
laic, leie = Stein
lakazie f.
lamm, davon beläm-
mern
lancmar, ahd.

land, landj lund?
f.
lange Meier (Jehann,
mann), langmann,
langmarten = Mit-
telfinger
lap's courfe
lapskau(s) (XXV.
XXVI), lapsko f.
lärbere
lar(e)böm, mndd.
lärölje
làt flüren (fchliken),
d. L[oco] S[igilli]

latein = fremdfprach-
lich: Vögellatein
laurus, lauri bacca
lauwer, ndl
lauźe, böhm.
lèche mon cul: lefch-
munki
lederbirn, -houm
lederboum, mhd.
lego = niedrig
legge, lägge = Stein

leie, laie = Stein
Lorlei
leiendecker
de Lei'n (XXVIII)
leine = Niederung?
f.
leinen
lene, leine = fanft
anfteigend
lonen
lèrbere?
lèrbêrn f.
lèrbôm?
lefchmunki
l'hombre > lomber,
lummer
likdorn: fik de likdürn
verpedden
linftal
Lifchen mit de beleg
f.
lob's courfe
lobscover, dän. f.
Loco Sigilli : làt flüren
(fchliken)
logieren > lofsngiorn

lomber = l'hombre
lopen: denfch, lübfch,
wendfch
loppu (Plur. loput),
finn.
lopuska, finn., davon
lapskau?

Lorlei
lorve
lofsngiern = logieren
lowi, rotwelfch, =
  Geld
Lübeck fén
lübfch lopen
lünfenftab
lüfche, fchlef., hair.
lüfenknicker, lüfchen-
knicker, lufeknicker
= Daumen
lütje finger (Peter
Fuhrmann, Peter
Spillemann) = der
kleine Finger

lug, flav.
lülütfch
lummer = l'hombre
Lumpen: Kirfchen für
l.
lund: de fünn geit to
f.
lufcha, ruff.
lufe, lüze
lufeknicker, f. lüfen-
knicker.
luze, f. lufe.

m affimiliert d zu b
mafoi, daraus maffüken

maf(f)üken, mafäuken

main: nich in die la
m.
mál (im Spiel)
maldar, af.
malder, mudd, mhd,

maltar, ahd.
malter, mhd, nhd.
máltid: fik 'ne m.
verpedden
Manchefter (XXVII.
XXVIII): alles för
M. weg eten, för M.
weggàn, opdregen,
verbruken
mann: lange m.
Mittelfinger
marcht (XXVIII),
marchten
Maftélfcn (XXVIII)
matante, matauten-
haus
mauern (beim Karten-
fpiel)

maurer (beim Karten-
fpiel)
Maus: ausfehen, als
ob die Mäufe alles
Brot gefreffen haben
  — f. müfchen,
mûs.
meerer
meersmann (XXI)
Meier: lange M. =
Mittelfinger
mér, mier = mehr
metente, -wif f.
midden, mirren
mier = mehr
mingen, rotwelfch, =
Geld
mirren = midden
moder (mudder) mit
de belech
möller, dat m. f.
molder, mudd.
moller, dat m. f.
moraliteit, mhd.
mordsmäfsig, mords-
kerl
mudder (moder) mit
de belech
mült(e)kum
mümler, fik to'm m.
maken
müfchen in der hede
  f. mûs — m.
mit de (dat) beleg(g)

müfchenpréfter
müsken, f. müfchen
muets, muetsk, weftf.

mummumbätz
mûs: herût kiken as
'ne m. ût 'ne dis'
heid' (IV) mûs'
fangen = faulenzen
  — f. Maus,
müfchen.
mutfch (XXVIII)
mutterbieze

nachthund
nachtpolter
nd > ng, nj vor er 96.
nd > nn
ng < nd vor er
nj < nd vor er
nn < nd
nummer föben: up
f. fin, f. is noch
fri

ô > û vor r im Meck-
  Ausfprache
daf. f.
ôlde, weftf.
oele, ndl., ja o.
ôld: kompariert
bûm œljen
ôldbelti(g), ôldbeldi(g)
olderman
ôldklötig
ollern = altern
on = und
ôr > ûr im Mecklenb.
orch = fehr
orig (XXVIII) = fehr
orneck, lipp. = ordent-
  lich
Oftara (XI. XII)
ou im Mecklenb. f.
oude, oudde, oute,ndl.,
  = Alter
oute, f. oude.

Pa = Pauli Bekeh-
rung: den Pa an-
fpeien
pala, lat., mndd. Aus-
drücke dafür
pamüfchen, f pro-
müfchen.
pandeln, ver-
pankonken: én p. wart
darût = etwas hat
Erfolg
Paradieshof, Strafsen-
name
pàràt, mhd.
Paris zeigen (XXVIII)
peberig (V. XXVIII)

pebig (XXVIII)
pech, pfälz.,= Geld 79.
peddik, mndd.
pede = Quecke
pedenkorf
peinfen,penfen,pinfen,
  ndl.
permüfchen, f. pro-
müfchen.
Peter Fuhrmann
(Spillemann), lütje
= der kleine Finger
petz, hätz = Bär
pfahlgaleaffe

pflotfch, pflotfchen,
  pflotfchig
pich(t) = Geld, picht-
genter, rotwelfch
  f.
piepmuifig, weftf.
piepfterig, weftf.
piez, pieze
pik, pûk f.
pikfein, pûk-
fein
pinfen,penfen,peinfen,
  ndl.
pique
piwik, piwip, piwit =
  Kiebitz
plätfchlig, appenzell.

platz för'n kurfürften
  (landvagt, börger-
meifter)! etc.
(XXVIII) f.
p'leitah, pleto, hebr.
  (XXVIII)
pleite gehen (XIII.
  XXVIII)
pleto, pleito, hehr.
plötzig
plötzlich f.
plots, plotfig, ndl.

plotz, plotzen
plozlich, mhd.
plüfs, plüfsig —
  f. plus.
plüftern, f. pluftern.
plützig, plutzig
plun(t)fchig, plünfchig

pluntzet, bair.
plus
plufe
plufén
pluftern (I. XIII.
  XXIV), plûftern,
  fik pl.
plufterig (XIII)
pluts, upm p.
plutzig
plutz(t)lich
pochen
poke, engl.
polter, nacht-
popanz
pot-luck, engl.
  (XXVIII); to come
  on p., to take p., p.
  company (dinner)
pottlicker = Zeige-
finger potten-
slicker

preckumfär (XII):
recht up fin p. fin

preifch, oberfächf., =
kurz angebunden
premüfchen, f. pro-
müfchen.
preufsifch, preifch,
breifch, oberfächf.,
= unfreundlich
promüfchen, (pro)-
müfchenpréfter

puchen = pochen
puchlaken
puck .
puck(e), -laken, mndd.
f.
pucken, puckern
püik
pük f. .
pükenkramer f.
pükerig
pükern, up-
pükfein pikfein
pükje, oftfrf.
pütjer
puff (buff), puffen,
puffer
puik, -dichter, -juwcel,
-fchilder, -fierad,
-goed, puikspuik,
puikje, puikfche, ndl.
76—78.
puique
pük, pük(e)laken
(Tuchforte),
pük = Bett .
pükarbéd
puken, af-
achter enen an p.
pukens
pukig, pukerig
püklaken, puiklaken

pulter (XXVIII) .
pulterig
pullern (XXVII.
XXVIII)
pume = Geld
punen = Geld
putje putje = Geld
(XXVI. XXVII)
puttenflicker = Zeige-
finger — f. pott-
licker.
putz = Polizift
puuk, fläm.
puwck,-cier, -blomme,
-eel, -moy, frief.

puyck, ndl., = Tuch
pyk, norw.

quaddern (XIII)
quakeln (XI. XVII)
quafelhans
quafen, kwafen
quaffelhans (IX.
XXVIII)
quaffeln (XI. XXVIII)
quaffelüjje: dat es
bleufs
quat = fchlecht(XVII)
quaten: quat nicht fo
viel
quatfch,quatfchen(XI)
queteln, kweteln, gro-
ning.
quicken, oftfrf., =
junge Vögel
quickezen, bair.
quickftért = der kleine
Finger
quiddeln, köln., =
unverftändlichreden
quiddern, kwiddern,
oftfrief.
quidje, quitfche, quit-
fcher, quit(t)je f.
quifpel, kwifpel
quitilôn, abd.
quitje, quitfche, f.
quidje.
quitfchen f.
qnitfcher, f. quidje.
quitschern f.
quittje, s. quidje.
quosen (XI. XIII)

r: eingefügt oder ge-
schwunden f. vor
t geschwunden (in
fut) (in mutsch)
r < d
Einwirkung auf vor-
hergehende Laute
im Mecklenb.: ér >
eir > ir; ôr > ûr ;
òder > nger, njer
Râowuie, westf. Flur-
name
räps, ags.
räteln, rätern
'ran an'n bass
raspôn, abd.

redeln = rodeln
ringer: gollen r. =
Goldfinger
-rode in Ortsnamen
rodeln, redeln 28 f.
Roet (XXVIII)
ruat, weftf.
runfchen, runfcheln

f < ts < t
falferigen, falfere,
mndd. f.
-fchen in knútfchen
fchifeln, fchüfeln
fchiten: jo, fchüite(n)
fchlai = flé (XXVIII)
fchlaie tene
fchle(fi)fch kiken
fchlieren, fliren
fchliken: L(àt) S(chli-
ken)
fchlindern
fchlüren
fchlupgaleaffe
fchluren, sch. loten
Schüppenstedter
Gänse sehen laffen
fchraffel ; Sch. un déf,
Spiel
fchüfeln, schifeln
fchüite(n):
fchurergaleaffe
Schwalenberg (XXVII)
fchwedel, hd.
seeaal .
Seetang im allg. f.
= Salsola und
Salicornia
sei = Sense
seir = sehr
seiten, fläm. = ndd.
setten
-sel in Ortsnamen
sér, seir = sehr
sid = Sense
side, mndd.
sîôe, ags.
sîdniss, sit(e)nisse
sîe = Sense .
sîn = Spielmacher sein
sit = niedrig
sit(e)nisse, sidniss
-sl in Ortsnamen
slamatje
Slamatjenbrücke
slé (XXVIII), s. schlai.

slick = Schlamm : 'n
sl. op do tung'
hebben
slicker: 'n sl. op de
tung' hebben
slickerig
slickern
slid, schott.
slidan, ags.
slinkfüsten
slipern laten
sliren, mndd., nndd.

slüren, sl. laten
L(àt) S(lüren)
slûr, mhd.
söben: up nummer s.
sîn, nummer s. is
noch fri !
sottje = Schornstein-
feger
spélmann = der kleine
Finger
spich, schwäb., = Geld
spillemann: lütje Peter
Sp. = der kleine
Finger
spillemand, dän. =
der kleine Finger
spreken mit en beleg
stäoten, westf, =
stossen
staffel
stapel Geldrolle
stèn: dré stene (Rätsel)
stènbôm = stènàvt-
bôm?
stinkfüsten
Stockjehann = Gold-
finger .
stoten,stäoten(westf.),
dazu stuss ?
strèk: recht up'n st.
stn
strich: recht up'n st.
stn
strûf (von Zähnen)
(XXVIII)
stump (von rauhen
Zähnen)
stuss
swedeler
swedeln
sweideler, mndd.
sweideln
swendel = Potamoge-
ton pectinatus f.
swinegel, davon sik
beswinegeln

Literaturanzeigen.

Zwei Bruchstücke einer mndd. Faſſung des Wisbyer Stadtrechts aus dem 13. Jh., hg. v. Schlüter 16.

Eckart, Niedersächsische Literaturkunde 80.

Henrici, Andreas Mylius, der Dichter der Warnow 95. 96

Plattdeutsche mecklenburgische Hochzeitsgedichte aus dem 17. und 18. Jh., hg. v. Kohfeldt 94. 95.

Kühne, Die Kirche zu Doberan 95.

Deutsche Muudarten, Zeitschrift 82.

Rostock und seine Umgehung, 9. Aufl. 95.

Topographische Studie über die innere Stadt Rostock 95.

Das Rostocker Weinbuch von 1382 bis 1391, hg. v. Dragendorff und Krause 95. 96.

Verzeichnis der Mitarbeiter
am neunundzwanzigſten Jahrgange des Korreſpondenzblattes.

J. Bause.	G. Hille.	C. F. Müller.	O. Schütte.
R. Block.	H. Klenz.	F. Neumann.	C. Schumann.
O. Callsen.	G Kohlfeldt.	F. Pfaff.	W. Seelmann.
H. Carstens.	L Krause.	J. E. Rabe.	F. Techen.
E. Damköhler.	E. Kück.	W. Redslob.	H. Teuchert.
R. Eckart.	Loeper.	W. Ruhfus.	C. Walther.
P. Feit.	O. Mensing.	F. Sandvoss.	K. Wehrhan.
A. Grabow.	F. Mentz.	C R. Schnitger.	W. Zahn.
O. Hauschild.			

Berichtigungen und Zusätze.

S 1, Z. 12 v. o. füge zu Professor: in Stettin

S. 2, Z. 1 v. o. lies Nachbardorfe statt Nachdorfe.

S. 7, Z. 12 v u. lies may be statt may he.

S. 10, Z. 5 v o. lies pertentjer statt pentertjer.

S. 10, Z. 13 v. u. lies Topographischer statt Tographischer.

S. 14, Z. 2 v. u. lies saucières statt sancières.

S. 15, Z. 6 v. u. lies aetatis statt Latinitatis.

S. 22, Z. 3 v. o. lies fardal(t)ån statt fardal(t)ån.

S. 25, Z. 19 v. u. lies in statt im.

S. 30, Z. 13 v. o. füge nach 40 ein: XXIX, 25.

S. 31, Z. 22 v. o. lies biegen statt bringen.

S. 46, Z. 23 v. o. lies 1906 statt 1806.

S. 46, Z. 6 v. u. lies Lüsche statt Lüsche, Z. 5 lauze statt lanze.

S. 59, Z. 5 v. u. lies ein scherzhafter.

S. 59, Z. 6 v. u. lies Hanemann.

S. 64, Z. 7 v. o. lies XXVIII statt XXVII.

S. 67, Z. 4 v. u. streiche einmal scheint.

S. 72, Z. 6 v. u. lies V statt IV.

S. 73, Z. 23 v. o. lies Odense statt Odensee.

S. 76, Z. 3 v. u. lies pucke- st. pucke—.

S. 78, Z. 3 v. u. bessere: auf das frz. monnaie(?); ein ndl. monye mit gleicher Bedeutung hat es nie gegeben. (C. W.)

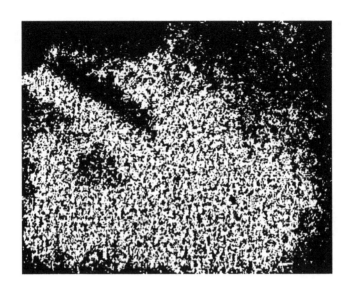

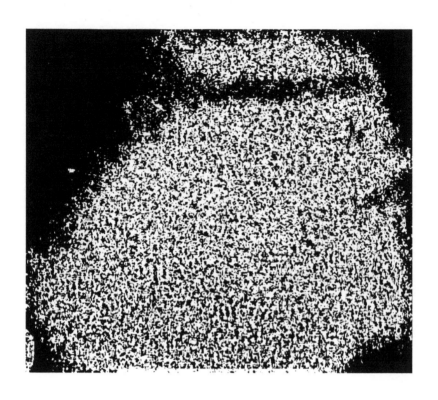

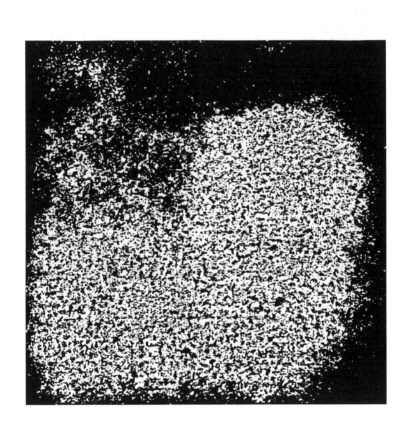

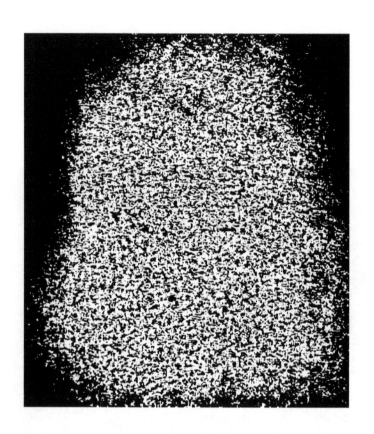

Lightning Source UK Ltd.
Milton Keynes UK
UKHW020017201118
332599UK00016B/1801/P